中華大藏經編輯局編

# 中華大藏經

漢文部分
七五

中華書局

**圖書在版編目(CIP)數據**

中華大藏經:漢文部分. 第75册/《中華大藏經》編輯局編. —
北京:中華書局,1984. 4(2023. 11 重印)
ISBN 978-7-101-01269-9

Ⅰ. 中… Ⅱ. 中… Ⅲ. 大藏經 Ⅳ. B941

中國版本圖書館 CIP 數據核字(2016)第 050284 號

内封題簽: 李一氓
裝幀設計: 伍端端

**中華大藏經(漢文部分)**
第 七五 册
《中華大藏經》編輯局 編
*
中 華 書 局 出 版 發 行
(北京市豐臺區太平橋西里 38 號 100073)
http://www.zhbc.com.cn
E-mail:zhbc@zhbc.com.cn
北京建宏印刷有限公司印刷
*
787×1092 毫米 1/16 · 60¾印張 · 2 插頁
1984 年 4 月第 1 版 2023 年 11 月第 4 次印刷
定價:600.00 元

ISBN 978-7-101-01269-9

# 中華大藏經（漢文部分）

## 第七十五册目録

雷庵受禪師行業

師諱正受字虛中號雷庵出蘇之常熟邵氏年十六肄儒業因游邑之慧日寺與主僧心鑑語異其敏慧類若夙習乃曰世境虛幻百年一瞬讀世書選官盍若究出世法以選佛邪師善其言毅欲趍俗坐孤養毋懷不敢發居鬱鬱若有失毋怪而詰之具道所以頻難之師遂舉偈曰唱徹黃鐘宮吹成大石調萬古絶知音驢揀濕處尿毋知其志不可奪即赴泖於外祖祖贊成之俾禮鑑薙落登具游方首見應庵華於天童機緣不契回淨慈依月堂昌昌峭峻少許可識師於室中留侍左右一旦指續燈嘆曰佛祖之道潛通廣被曾何僧俗之間是書獨取於比丘而於王侯士庶尼師皆遺而不録燈雖曰續如照之不普何爾盍為掇所闕遺扶具宗眼者備成之普燈之作遂權輿矣尋謁無庵全於道場瞎堂遠於虎丘仁俯堂住中竺延寘上首未幾還里真查梨王化萬壽一見相得俾之分座說法師視之不屑慶元之初泛雪過鄮慈湖上之壽星院翛然返關邀與世接愚時獲摳衣予進請益竊謂達磨西來直指人心見性成佛不立文字及傳二祖付楞伽四卷以印佛心非文字而何顧柱其惑師闡示善巧疑情氷釋因言是經緼奧讀者尚不能句讀為詮辨以幸來學當為鋟梓師乃欣然發揮義趣又因寂音所著楞嚴竄正補葺廣為合論繼踐月堂之屬成普燈三十卷歲十七遷而絶編表進于　朝三書咸板行于世又藏經四大部華嚴居一焉李長者復衍而論之文冨義博鮮有能終誦者師乃括摘樞要芟夷冗長貫八十卷之經兼四十卷之論束為三卷言約理詣如措諸掌悉蒙指授師天資純至識見超卓以闡教弘宗為心斥遠毅利故屢却名刹之招方遁跡藏密庵居北郊迺以嘉定改元歲在戊辰示微疾索筆書偈奄忽而逝時十一月二十八日也壽六十三臘四十七辛未歲元日授法弟子武德郎敬庵黃汝霖謹誌

人未有不以文字語言相授者今七佛偈是其一也乃若中夏則三十萬年之前包犧氏作已畫八卦造書契為文字權輿至釋迦之興固亦無異今一大藏教可謂冨矣乃獨於最後舉華示其上足弟子迦葉迦葉欣然微笑不立文字不形語言謂之正法眼藏然師舉華而傳弟子一笑而受既書之木葉旁行之間矣亦未見其與古聖異也豈謂之文而非文謂之言而非言耶昔有景德傳燈三十卷者蓋非文之文非言之言也燈既傳矣自一而千萬烏有窮盡故廣之於天聖續之於靖國然二家所著皆草創趣成凡例不立詳簡失中雖聖君賢臣之事有不具者獨旁見間出於諸祖章中識者以為恨吳僧正受始著普燈凡十有七年成三十卷前日之恨毫髮無遺矣尤為光明崇顯者我　祖宗之明詔睿藻一語半偈裒集登載皆有據依足以傳示萬世寶為大訓其有功於釋門最大方上之御府副在名山又以其別本示游俾得紀述梗槩于後游自隆興距嘉泰五備史官今雖告老待盡山澤猶於祖宗遺事思以塵露之微求足山海不自知其力之不逮也嘉泰四年三月乙酉太中大夫充寶謨閣待制致仕山陰縣開國子食邑五百戶賜紫金魚袋陸游謹書

進

聖宋嘉泰普燈録上

皇帝書

月日平江府報恩光孝禪寺臣僧正受謹昧死上書　皇帝陛下臣聞孤山智圓之言曰吾道如鼎也三教如足也足一虧而鼎覆焉臣嘗慕其人稽其說乃知儒之為教其要在誠意道之為教其要在虛心釋之為教其要在見性誠意也虛心也見性也異名同體究

厥攸歸無適而不與此道會 聖帝明王以精一相授元默躬行亦豈外是智圓其知言哉然釋氏見性之道自如來於三藏所詮之外乃以先佛一心法印付上足飲光自飲光至達磨凡二十八傳達磨西來至于曹溪是爲六祖合而言之爲三十有三如燈傳燈光光相續故付法藏傳曰以此慧燈次第傳授自達磨而來則此燈分輝廣照雖佛祖不可得而掩蔽矣不可得而掩蔽則往往其人謂之流通其語謂之總持總持之爲言也則有佛祖之異以佛而言者謂之結集即尊者阿難是矣以祖而言者謂之編錄即沙門道原是矣若夫世尊以青蓮目顧視飲光飲光但一微笑達磨命門弟子各言其所得二祖唯禮三拜其旨固不可以語言結集編錄然顧視而微笑扣問而作禮蓋亦心傳冥契之跡耳發明後學自茲而始孰謂不可以集錄哉維其金章玉句歷涉梁隋之來雖嘗聞著於簡編尚亦未精於筆削故不能彖彖白于世至 我宋勃興 聖聖相繼 祖述既彰於 洪烈 睿謨咸極於法源繇是七佛之微言諸祖之奧旨粲然備見乎龍藏琅函之間則三燈是已臣嘗侍淨慈佛行禪師道昌一日指續燈錄喟然謂臣曰三華二本之不

同及其受潤則一也彼之云潤者即此之被照也夫燈之明等及一切初不擇物而照何獨收於此立而遺於 帝王公卿師尼道俗耶如梁武帝問聖諦於達磨即棄有爲唐肅宗請塔樣於國師後明深旨粲休契機於黃檗白居易悟心於鳥窠丹霞出於名儒龐蘊 四 素一 生於俗俚古之劉鐵磨末山尼靈照女凌行婆昏戴之諸集采之祖圖獨是錄未嘗及之燈雖曰續惜其照之不普汝能擇正悟扶宗眼以補其遺則我志也靈隱佛海禪師慧遠亦嘗督臣爲之臣因自惟祝髮入道安逸林下微此無以仰報 聖君賢臣天覆海涵之恩即佩服二師之訓繇昔之今凡三燈之所不與者莫不旁搜曲取會粹斂聚於十有七年攟摭以成是書凡三十卷目錄三卷擬命其題曰嘉泰普燈錄謂既備於衆機庶可名之以普況其間登載 聖朝 太宗皇帝至 孝宗皇帝宸音 聖訓及熙世名臣見道因緣按諸奏對等錄紀述頗詳而傳廣續三燈誠未始方臣伏覩景德之初宣慈禪師道原所 進傳燈錄 眞宗皇帝有旨 命翰林楊億撰序以 賜天聖之初駙馬都尉李遵勖所 進廣燈錄 仁宗皇帝親製序以 賜建中靖國之初佛國禪師惟白所

進續燈錄 徽宗皇帝亦親製序以 賜爲其道可以參贊化育啓迪生民故得膺 上聖之 發揮爲有國之靈鎭臣顧惟何幸而是書復得際遇於 陛下成第四燈夫以傳燈二十年之後而有廣燈廣燈七十九年之後而有續燈續燈百有一年之後而有普燈非天所相曷其使然恭惟 皇帝陛下法天 五 素一 剛健 履道希夷 丕承無疆之休增錫有永之祚 會三教同歸於 至治 建皇極崟宜於 重光 典御萬方 宏濟羣品自然玉燭調金輪統車書同民物阜佛法於今正賴 陛下舉而振之譬如大功德天清淨摩尼寶珠雨於 陛下之手罔不稱慶普燈之行茲維其時臣謹繕寫嚴爲兩封躬詣 登聞檢院投 進伏望 陛下尚憶靈山付囑之切仰稽 列聖外護之隆有彰千載之逢略賜乙夜之覽乞 詔景德天聖建中靖國故事特攄睿斷 錫以序文 冠于卷首俾祖門微旨增重於將來流芳於不朽仍乞降付福州東禪寺與大藏一就刊行庶幾佛法 帝道萬世同昌顧不盛歟臣安敢不揆狂僭妄擬前修仰希 聖製以千 鈇鉞之誅誠以生逢 昌運蒙被 至化念佛祖之傳授慮載述之闕遺機動籟鳴不能自已越

超退縮至于再三是以籍蘘山樊冐昧塵瀆尚冀頒行式裨宗教寔爲法門莫大之幸倘臣祕之行篋不過一私書耳此燈何自而昔哉持此一毫善力恭祝兩宮　聖壽無疆國作延鴻天眷綿衍實臣之至禱至願忤犯宸嚴罪在不赦臣下情無任激切屏營之至

嘉泰普燈錄總目



嘉泰普燈錄總目終

# 嘉泰普燈錄卷第一

平江府報恩光孝禪寺臣僧正受編

## 紀佛祖

傳燈曰如來將化預命摩訶迦葉云吾以清淨法眼涅槃妙心實相無相微妙正法今付於汝汝當護持并敕阿難貳其傳化無令斷絕廣燈曰大迦葉謂阿難云婆伽婆未圓寂時多子塔前以正法眼藏密付於我我今傳付於汝原是二者蓋體涅槃及阿含等經承述之也爾後祖祖授受凡二十八傳至菩提達磨自達磨五傳而至曹溪曹溪一傳而角立是爲青原是爲南嶽自青原南嶽不十傳則嶽分矣曰臨濟曰曹洞曰雲門曰潙仰曰法眼其印度佛祖密乘與旨歲時詳略胥備冠乎傳燈三錄之首今茲纂集不復稠疊直自此土初祖菩提達磨以下依次編錄垂之無窮獨潙仰法眼數傳而絕者不可得而載焉（現在宗師機緣未詳當留以俟來哲）

六代祖師

初祖菩提達磨大士
二祖慧可大士
三祖僧璨大士
四祖道信大士
五祖弘忍大士
六祖慧能大士

曹溪分派宗師

吉州青原弘濟行思禪師
潭州南嶽大慧懷讓禪師
南嶽石頭無際希遷禪師（青原一世）
江西馬祖大寂道一禪師（南嶽一世）
隆興府百丈大智懷海禪師（南嶽二世）
荊州天皇道悟禪師（青原二世）
澧州藥山弘道惟儼禪師（青原二世）
筠州黃蘗斷際希運禪師（南嶽三世）
澧州龍潭崇信禪師（青原三世）
潭州雲巖無住曇晟禪師（青原三世）
鎮州臨濟慧照義玄禪師（南嶽四世）
常德府德山見性宣鑑禪師（青原四世）
筠州洞山悟本良价禪師（青原四世）
福州雪峰真覺義存禪師（青原五世）
韶州雲門大慈雲匡真弘明文偃禪師（青原六世）

三宗正傳宗師

魏府興化廣濟存獎禪師（南嶽五世臨濟一世）
南康軍雲居弘覺道膺禪師（青原五世洞山一世）
汝州南院慧顒禪師（南嶽六世臨濟二世）
隆興府鳳棲同安丕禪師（青原六世洞山二世）
汝州風穴延昭禪師（南嶽七世臨濟三世）
益州香林澄遠禪師（青原七世雲門一世）
隆興府同安第二代志禪師（青原七世洞山三世）
汝州首山省念禪師（南嶽八世臨濟四世）
隨州智門光祚禪師（青原八世雲門二世）
常德府梁山緣觀禪師（青原八世洞山四世）
汾州大中無德善昭禪師（南嶽九世臨濟五世）

慶元府雪竇明覺重顯禪師青原九世雲門三世
郢州大陽明安警玄禪師青原九世洞山五世
已上分派正傳宗師語具三燈除同安第二代外並不列章次

聯芳宗師
筠州洞山延禪師嗣曹山
襄陽府石門獻蘊禪師嗣青林
襄陽府廣德第一代道延禪師嗣青林
洛京靈泉歸仁禪師嗣踈山
襄陽府洞山崇慧守初禪師嗣雲門
建康府清涼智明禪師嗣雲門
隨州護國演化知遠禪師嗣護國澄
襄陽府石門慧徹禪師嗣石門蘊
江陵府福昌重善禪師嗣明教
常德府德山慧遠禪師嗣雙泉
汝州葉縣歸省禪師嗣首山
襄陽府石門慈照蘊聰禪師嗣首山
汝州廣慧元璉禪師嗣首山
丞相王隨見首山念語見賢臣
已上聯芳宗師皆有法嗣者語具三燈亦不列章次後有法嗣無機緣者例此

傳廣二燈遺錄及未詳宗師
隆興府鳳棲同安第二代志禪師
隆興府同安慧敏禪師
襄陽府廣德第二代義禪師
郢州大陽堅禪師
潭州福嚴良雅禪師
吉州西峰祥符圓淨雲豁禪師
懷安軍雲頂德敷禪師
潭州北禪懷感禪師
襄陽府石門紹遠禪師
鳳翔府青峰義誠禪師
筠首座
襄陽府石門聰禪師
潭州神鼎洪諲禪師
潭州北禪智賢禪師語見續燈
殿院李璪語見賢臣
劍門慈雲重謐禪師
鎮江府金山瑞新禪師
廬山開先善暹禪師
濠州南禪聰禪師
潭州道吾詮禪師
鄧州廣濟方禪師
已上傳廣二燈遺錄及未詳宗師機緣語句除北禪賢禪師李殿院外悉補於祖師卷後云

六代祖師

初祖菩提達磨大士姓刹利帝南天竺國香至王之季子也因二十七祖般若多羅行化其國王與三子迎請供養施以無價寶珠祖知其機道時至顧所施珠問三王子曰此珠圓明有及此否二王子皆云此珠七寶中尊唯大士所對才辯清發稱有理趣祖歎異之及香至歿衆俱號絶獨大士志求出家端坐不動尋辭二兄禮祖足曰某素不顧國位欲以法利物而未得其師久有所待今遇尊者出家決矣願悲智見容祖與披剃受具即説偈付法眼藏仍讖往震旦歲月留難佛法隆替服勤四十餘年迨祖順世遂化本國摧六宗異解由是轂馳五印歲逾五紀度無量衆後值異見王輕蔑三寶俾無相宗首波羅提往詣王所廣開法要王悟入悔謝遂問仁者之師其誰耶曰即王之叔達磨大士也王駭然久之敕令近臣邀至宮被為懺往咨大士復念震旦緣熟行化時至乃辭祖塔同學及異見王躬付護持王具大舟親率臣屬送至海壖歷歲三周以梁普通元年庚子九月之二十一日始達于南海廣州刺史蕭勵具主禮迎接表奏武帝帝遣使齎詔迎歸京城十月一日抵金陵車駕郊迎延居別殿遂問聖諦機語不契至十九日潛往江北傳燈云記以丁未普

通八年至韶州時刺史蕭昂具禮迎接表奏據明教禪師正宗記乃曰祖以庚子普通元年至韶州刺史蕭勵迎接具奏蕭昂不曾刺韶州勵乃昂之子也以南北史驗之則當以正宗記為是先是誌公修高座寺謂寺主靈觀曰當有大乘菩薩自西而來廣化此國聽吾讖曰仰觀兩扇低腰捻鉤九烏射盡惟有一頭至即不至要假須刀逢龍即住遇水即逃靈觀聞已默而識之十一月二十三日屆于洛陽時後魏孝明正光之元年傳燈云太和十年寓止嵩山少林寺面壁而坐未嘗輒語人莫之測有僧神光者久居伊洛博窮內外之書嘗歎曰孔老之教粗述玄微經論之詮未盡妙理近聞達磨大士住止少林至人不遠當造玄境乃夤夕參承大士闃然屹坐莫聞誨勵光念曰昔人求道敲骨取髓布髮掩泥古尚若此我何人哉其年十二月九日夜天大雨雪光堅立不動遲明積雪齊腰大士見而問曰汝久立雪中當求何事光泣曰惟願慈悲開甘露門廣度羣品曰諸佛無上妙道曠劫精

素一　十二

勤難行能行非忍而忍豈以小德小智輕心慢心欲冀真乘無勞勤苦光聞斷其左臂置大士前大士器而謂曰諸佛最初求道為法忘形汝今斷臂吾前求亦可也因為易名曰慧可光曰諸佛法印可得聞乎曰諸佛法印匪從人得光曰我心未寧乞師與安曰將心來與汝安光曰覓心了不可得曰與汝安心竟光即大契悟自後同得開悟者數人魏帝聞其異三詔不至就賜伽梨飛鉢繒帛等九年欲返天竺命門人各言所得道副等陳所得竟遂顧光囑令綏護說付法偈及讖語傳衣畢與其徒衆往禹門千聖寺止三日為期城太守楊衒之說法歸少林寺端居而逝即孝莊永安二年己酉十月五日也帝遣中使何弘簡馳書至梁告哀武帝感悵久之下詔皇太子備誄文偕百官就奠賜寶鉢一十六事充祭杓綃百束為賻助之禮誄文見寶林傳十二月二十八日魏詔奉全身塔於熊耳山定林寺後三年武帝聞魏使宋雲見之葱嶺手携隻履而歸即以所聞并魏啓壙事製始末行實唐代宗謚曰圓覺大師塔名空觀傳燈云祖以後魏明帝太和十九年丙辰歲卒以史考之太和丙辰較天鑑元年壬午隔一十七年是時梁武帝尚未立又况太和乃孝文帝朝年號明帝朝即無太和之編推明教禪師正宗記編年次第與史傳雅合往往集傳燈時以寶林傳為據故差之特甚

二祖慧可大士武牢人也生姬氏自承委寄繼闡玄風博求法嗣至北齊天平二年有居士年四十餘不言名氏作禮曰弟子身纏風恙請和尚與懺罪曰將罪來與汝懺士良久曰覓罪性了不可得曰與汝懺罪竟宜依佛法僧住士曰今見和尚已知是僧未審何名佛法曰是心是佛是心是法法佛無二僧寶亦然士曰今日始知罪性不在內不在外不在中間如其心然佛法無二也祖然之即為剃髮曰是吾寶也可名僧璨乃受具說偈付衣法後三十四載混迹人間隋開皇癸丑三月十有六日因事怡然委順時年一百七歲塔于磁州滏陽東北七十里德宗謚曰大祖禪師

素一　十三

三祖僧璨大士未詳族里自謁大祖受度傳法隱于舒之皖公山屬周武破滅佛法往來司空山十有餘載人無知者至開皇十二年有沙彌道信年始十四前禮足云願和尚慈悲乞與解脫法門曰誰縛汝云無人縛曰何更求解脫信於言下大悟巾侍九祀屢以玄微試之即授衣法往羅浮二秋回舊止大業二年十月十五日受士民檀供已復為四衆廣宣心要於法會大樹下合掌屹立而終奉真身塔於山谷寺後玄宗謚曰鑑智禪師覺寂之塔

四祖道信大士族司馬氏世居河內後徙蘄之廣濟生而超異於解脫法契如夙昔自繼祖位脅不至席者殆六十年隋大業中領徒抵廬陵值羣盜圍城七旬乃解唐武德甲申歲歸住破頭山禪侶雲集一日至黃梅路逢

小兒骨相奇偉遂問曰子何姓云姓即有不是常姓曰是何姓云是佛性曰汝無性耶云性空故祖默識之俾侍僧至其舍誘出家母亦知其宿緣殊無難色祖以衣法付之永徽辛亥閏月四日誡門人曰一切諸法悉皆解脫汝等各自護念流化未來言訖安坐而逝壽七十有二奉真身于本山至今塔戶不閉儀相如生代宗謚大醫禪師塔曰慈雲

五祖弘忍大士蘄之黃梅人出周氏處女以栽松道者假陰而生隨母姓焉既稟大醫之任遂嗣化破頭山咸亨中有盧居士者名慧能來謁祖問曰汝自何來云嶺南曰欲須何事云唯求作佛曰汝嶺南人無佛性安能作佛云人有南北佛性豈然耶祖陰異之令著槽廠逾八月潛以所傳屈眴伽梨說偈付之且曰昔達磨初至人未之信傳衣以明得法今信心已熟衣乃爭端止於汝邊不復傳也兼記所隱之地能禮辭捧衣南邁衆無知者祖自此不復上堂經四載至上元二年忽告衆曰吾今事畢時可行矣即入室安坐而逝壽七十有四塔於黃梅之東山真身迄今不壞代宗謚曰大滿禪師法雨之塔

六祖慧能大士盧氏子父行瑫本范陽人也武德三年左宦新州正觀十二年戊戌二月八日夜子時誕質祥光滿室父亡三歲家貧母李氏徙居南海既長市薪爲養一日至邸聞誦金剛經至應無所住而生其心豁然開悟歸告母以爲法尋師之意遂往韶州遇高行士劉志略結爲友及爲尼無盡藏說涅槃妙理延居寶林寺四衆雲集俄成寶坊忽自念曰我求大法豈中道而止耶即抵西山之石室遇智遠禪師指見黃梅大滿和尚滿見而器之令入廠下一夕密授衣盂隱于懷集四會之間儀鳳元年正月八日届南海法性寺夜寓廊廡聞二僧競辯風幡祖爲決其疑有法師印宗者嘗講大涅槃經衆所推重服其語異請問勤渠祖以理曉之宗駭然起問何以證此祖直叙得法始末出信衣悉令瞻拜印宗等作禮已復問忍大師付囑如何指授曰唯論見性不論禪定解脫無漏無爲又問何故不論禪定解脫曰爲是二法不是佛法佛法是不二之法又問何名不二之法曰法師講涅槃經明佛性是不二之法且如高貴德王菩薩白佛言世尊犯四重禁作五逆罪及一闡提等當斷善根佛性否佛言高貴德王菩薩善根有二一者常二者無常佛性非常非無常是故不斷名之不二一者善二者不善佛性非善非不善是故不斷名之不二蘊之與界凡夫見二智者了達其性無二無二之性即是實性故知佛性乃不二之法也印宗聞已起立合掌願事爲師且告衆曰此居士者真肉身菩薩也我所講說猶如瓦礫彼所談論譬若精金諸人信否衆皆稽首歸依至十五日會諸名德爲之剃落二月八日受滿分戒於智光律師明年春欲還舊隱宗與緇白千餘人送歸寶林韶剌史韋據請於大梵寺普爲四衆說心地法門度諸弟子於先天二年七月一日謂門人曰吾欲歸新州速理舟檝時大衆哀慕乞師少留祖乃爲說法要遂往國恩寺復爲四衆說法有僧從幽州來參禮白言大士佛說三乘法又言最上乘弟子不解願賜慈悲祖告之曰汝須自身心見莫著外法相無有乘法人心量有等見聞轉讀是小乘悟法解義是中乘依法修行是大乘言下識自本心見自本性萬法盡通萬行俱備一切不染離諸見相念念無住建立萬法是名最上乘乘是行義不在口說汝須自修法不相待莫問吾也僧於言下心大啓悟又爲道俗開示種種譬喩并讖記曰後留難及說偈竟中夜加趺而化異香襲人白虹墜地時八月三日也韶新各崇靈塔爭欲迎請二郡剌史焚香決之遂鎮曹溪以十

一月十三日入塔世壽七十有六前後帝王所賜珍具甚夥同信衣藏于塔所寔宗謚曰大聖塔曰元和靈照如上祖師實錄詳備見傳廣二燈云

傳廣二燈遺録及未詳宗師

隆興府鳳棲同安第二代志禪師嗣同安丕侍先同安之久丕將順世上堂謂衆曰多子塔前宗子秀五老峰前事若何如是三舉師出應云夜明簾外排班立萬里歌謠道太平丕曰須是這驢漢始得即以院付師端然而逝師繼席後有僧問凡有言句盡落今時學人上來請師直指曰目前不現句後不迷云向上事如何曰迴然不換標的即乖以胡州宗派并曹洞宗旨考之洞山价出雲居膺膺出同安丕丕出同安志今傳燈等列志在同安威下棲威之嗣曰九峰滿威興雲居膺皆嗣洞山若列志在威下誤矣

隆興府同安慧敏禪師嗣洞山延初到洞山問諸聖以何爲命曰不聞斷云還有向上事也無曰有云如何是向上事曰不從聞斷師於言下有省住同安日上堂曰若是作家應須如是舉雖然恁麼也是厨寒甑足塵

襄陽府廣德第二代義禪師嗣廣德延傳燈録綜其名僧問如何是古佛心曰千年曆日雖無用犯著依前總滅門　問如何是廣德境曰清流無間斷碧樹不曾凋　問不聞三乘教如何話祖宗曰誕生王子非修進判斷山河自有人　問如何是學人相契處曰方木逗圓孔　問時人有病醫王醫醫王有病甚人醫師展手曰與我診候云不會曰須彌徒作樂四海護爲湯　問如何是出家幽暢處曰瑞草爲饑不覺秋　問向上一路千聖不傳和尚還傳否曰鐵丸驀口塞難得解吞人　問如何是賓中賓曰蕩子無家計飄蓬歲不知云如何是賓中主曰茆戶挂珠簾云如何是主中賓曰龍樓鋪草座云如何是主中主曰東宮雖至嫡不面聖堯顏　問如何是不昏底事曰夜半無燈燭家書歷歷宣　問如何是逢門生貴子曰襴衫不自遮　問體妙玄玄爲甚麼今人不曉曰四足踞地乾坤黷黑　問有室女未嘗嫁娉生得一子姓箇甚麼曰偶然衫子破闌外沒人蹤　問戀崖峭峻還具得失也無曰忻逢良便好與一推　問如何是不睡眠底眼曰昨夜三更擘不開　問如何是密室曰茆茨當大道云如何是密室中人曰歷劫沒人敲　問衆星攢夜月時如何曰互影不交光

郢州大陽堅禪師嗣靈泉仁傳燈出百丈超下僧問如何是玄旨曰壁上挂錢財　問如何是無相道場曰不坐菩提樹懶向雪山游

潭州福嚴良雅禪師嗣洞山初居洞山第一座山參次僧出問如何是佛山荅曰麻三斤參罷山至寮謂師曰我今日荅這僧話得麼云恰值某淨髮山曰你元來作這去就拂袖便出師云這老漢將謂我明他這話頭不得因作偈呈之曰五彩畫牛頭黃金爲點額春晴二三月農人皆取則寒食賀新正鐵錢三五百山見深肯之大慧武庫中誤引此頌爲洞山初和尚作後人又誤認初和尚麻三斤爲价和尚語二俱訛州蓋雪竇頌古舉語中但曰洞山故也住福嚴日僧問如何是和尚家風曰入門便見　問如何是佛曰臂長衫袖短

吉州西峰祥符圓淨雲豁禪師嗣清涼月或出雲居膺下郡之永和曾氏子幼棄儒爲比丘巡禮方外發明己事晚見清涼出問佛未出世時如何曰雲遮海門樹云出世後如何曰擘破鐵圍山於言下大悟始蒙印可歸住西峰之寶龍雲侶駢集祥符二年　眞宗皇帝聞其名遣中謁者　召至訪問宗要留上苑經時冥坐不食　上嘉異賜號圓淨既而辭歸留之不可乃聽　珍錫甚隆皆不受加侍者四人命服度弟子十人以　詩寵其行四年改寶龍曰祥符亦旌師之居也嘗有問易中要旨者師曰夫神生於無形而成於有形從有以至於無然後能合乎妙圓正覺之道故自四十九衍以至於萬有一千五百二十以窮天下

之理以盡天下之性不異吾聖人之數也師示寂之夜鳴鼓告衆仍說偈曰天不高地不厚自是時人覷不透但看臘月二十五依舊面南看北斗瞑然而逝茶毗獲設利五色者無數合靈骨爲塔焉壽七十有七臘五十

懷安軍雲頂德敷禪師嗣護國遠嘗問護國直截根源佛所印摘葉尋枝我不能時如何曰罷攀雲樹三秋果休弄碧潭孤月輪師乃頓釋所疑遂返雲頂衆請住持成都帥請就衙陞座時有樂營使禮拜起回顧堦前下馬臺云一口吸盡西江水即且置請和尚吞却堦前下馬臺師展兩手唱曰細抹將來營使猛省

潭州北禪懷感禪師嗣石門徹僧問如何是諸聖爲人底句曰紅輪輝萬戶光燭本無心　問師唱誰家曲曰石戶不留心洞玄通妙的　問如何是佛曰尺短寸長

襄陽府石門紹遠禪師嗣石門徹僧問四方八面來時如何曰赤脚波斯鼻觸天　問如何是祖師西來意曰石牛攔古路木馬驟高樓

鳳翔府青峰義誠禪師嗣石門徹僧問三際不生是何人境界曰白雲連雪嶽明月混漁鉤云未審向上更有事也無曰有云如何是向上事曰靈光爍破瑠璃色大地明來絕點痕　問如何是青峰家風曰向大喫甜瓜

鋤首座者嗣石門徹太原人也自至石門逾三十年叢林慕之有僧請喫茶次乃問如何是首座爲人一著子曰適來猶記得云即今又如何曰好生點茶來一日荷鋤入園僧問三身中那一身去作務師拄鋤而立僧曰莫便當也無師攜鋤便行

襄陽府石門聰禪師嗣大陽堅僧問大陽遷化向甚麼處去曰騎牛不戴帽正坐不偏行

潭州神鼎洪諲禪師嗣首山念族扈氏襄水人也自游方一衲以度寒暑嘗與數耆宿至襄沔間有僧舉論宗乘頗博捷會飯于野店中而論說不已師謂曰三界唯心萬法唯識唯識唯心眼聲耳色是甚麼人語云法眼偈也曰其義如何云唯心故根境不相到唯識故聲色縱然曰舌味是根境否云是師以筯筴菜置口中含胡而言曰何謂相入耶一座驚顧莫能加答師曰路途之樂終未到家見解入微不名見道參須實參悟須實悟閻羅大王不怕多語僧拱而退後返長沙隱于衡嶽三生藏有湘陰豪貴來游福嚴即師之室見其氣貌閑靜一鉢挂壁餘無長物傾愛之遂拜跪請曰神鼎乃我家植福之地久乏宗匠願師俱往何如師笑而諾之即以己馬負師至十年始成叢席一朽床爲說法座其甘枯淡無比又以德臘俱高諸方尊仰之如古趙州　上堂舉洞山云貪嗔癡太無知賴我今朝識得伊行便打坐便趉分付心王子細推無量劫來不解脫問汝三人知不知師曰古人恁麼道神鼎即不然貪嗔癡實無知十二時中任從伊行即往坐即隨分付心王擬何爲無量劫來元解脫何須更問知不知　上堂舉古龍牙頌曰一云金峰學道如鑽火逢煙未可休直待金星現歸家始到頭師曰神鼎即不恁麼學道如鑽火逢煙即便休莫待金星現燒脚又燒頭且道神鼎恁麼道爲當違古人順古人別有道理汝道恁麼去底人好恁麼來底人好到這裏須具衲僧眼始得莫受人瞞珍重　上堂風不鳴條雨不破塊即且止作麼生打得箇飜車筋斗到梵天去若有出來作箇伎倆有麼莫教帝釋惡發後有僧入室云某甲當時出來左轉一轉便歸衆師曰莫教帝釋惡發又作麼生云知恩者少負恩者多曰築著鼻孔　僧問魚鼓未鳴時如何曰看天看地云鳴後如何曰捧鉢上堂　問輪迴六道底人畢竟如何曰不願成佛云爲甚麼不願成佛曰佛亦不究竟云請師一言曰昨日猶記得今朝話無門　問疋馬單槍時如何曰神鼎打退鼓云畢竟事如何曰想你

不是這手脚　問撥塵見佛時如何曰佛亦是塵問如何是和尚家風曰饑不擇食　問殺父殺母佛前懺悔殺佛殺祖向甚處懺悔曰水長船高問布以七淨華浴此無垢人既是無垢人爲甚麼却浴曰清淨亦不立

劒門慈雲重謐禪師（嗣首山念）僧問如何是和尚家風師竪起拂子僧云究竟如何曰煎茶者水云好日多同曰休更忉忉　問如何是祖師西來意曰紅輪輝萬戶緑水遶青山

鎮江府金山瑞新禪師（嗣福昌善）後住天聖　上堂曰德山一棒當甚麼英雄金山只靈他解偷楚號而斫楚營臨濟一喝當甚麼婁羅金山只重他奪賊刀殺賊自餘天下老和尚並是攻墻劃壁都市曰拈動便納敗闕且未自一箇是盜狐白裘底手脚金山恁麼剖判諸方聞得無不努唇胖嘴何也如今即是覺華舍春風習習菩提樹上華蔟蔟豈知迦葉有宗風盡把玄微爲眼目致使金山這裏土曠人稀相逢者少然性巳習成難爲改革金山乍可凍殺餓殺終不肯著他鶻臭布衫所以爲善知識者擘金鑼於病猿碎衣珠於醉客尚未免止濼棲蘆不可向鷙縣社裏說心說性說玄說妙去也金山終不事悠悠一言遣合死即休大鵬展翅蓋十洲籬邊之物鳴啾啾　上堂世間所貴者和氏之璧隋侯之珠天聖喚作驢屎馬糞出世間所貴者眞如解脫菩提涅槃天聖喚作豪沸椀鳴且道恁麼說話落在甚麼處故不是取捨心重信邪倒見諸人要知麼猛虎不顧几上肉洪爐豈鑄囊中錐　僧問吾有大患爲吾有身父母未生未審此身在甚麼處曰曠大劫來無處所若論生滅盡成非云恁麼則周徧十方心不在一切處曰泥裏攙椿

廬山開先善暹禪師（嗣德山遠）臨江人也徧游師席以明悟爲志依德山日値山上堂顧視大衆曰師子嚬伸象王回顧師猛省因入室陳所見山曰子畢竟作麼生會師回顧云後園驢喫草山然之後至雪竇竇與語鋒捷喜其超邁目曰海上橫行暹道者遂命分座四方英衲敬畏之　一日舉令出世師至夜書二偈於壁遯去偈曰不是無心繼祖燈道慚未厠嶺南能三更月下離巖竇眷眷無言戀碧層二十餘年四海聞尋師擇友未嘗閑今朝得到無心地却被無心趁出山　晩年衆請滋甚遂闡法開先以慰道俗之望　上堂曰德山先師道落葉霜風青黃閒紅爾也何也片西片東衲僧家謂之無味之譚若雜糅不分則一切渾成若離披去也則一彼一此是以祖師道不是風動不是幡動還有見祖師底麼於此未證不惜眉毛爲汝說破但請孤運其照各究其源謂之落葉歸根諸禪德佛法事大開先說得天華亂墜於汝諸人分上著一點不得何故如人上山各自努力　僧問師唱誰家曲宗風嗣阿誰曰一月在天　問如何是祖師西來意曰洛陽城古云學人不會曰少室峰高　問年窮歲盡時如何曰依舊孟春猶寒　問雨雪連天爲甚麼孤峰露頂曰有甚遮掩處（其開堂語要具在續燈）

濠州南禪聰禪師（嗣北禪感）僧問如何是大道根源曰雲興當午夜石虎吽連霄

潭州道吾詮禪師（嗣石門遠）僧問達磨未來時如何曰番人不展陣漢地沒胡蹤云來後如何曰八方歌道泰一國賀無私

鄧州廣濟方禪師（嗣石門遠）僧問如何是佛曰騎牛趂春草背却少年爺　問寶劍未磨時如何曰烏龜鶻黑豆云磨後如何曰庭柱挂燈籠

嘉泰普燈錄卷第一

嘉泰普燈録卷第一

校勘記

一 底本，明洪武南藏本。無校。

嘉泰普燈録卷第二

平江府報恩光孝禪寺臣僧正受編

南嶽第十世(臨濟六世)

汾陽善昭禪師法嗣六人

袁州南源慈明楚圓禪師

筠州大愚守芝禪師

滁州瑯瑘廣照慧覺禪師

舒州法華全舉禪師

蘄州龍華曉愚禪師

撫州疎山曉珠禪師

葉縣歸省禪師法嗣一人

舒州浮山圓鑑法遠禪師

石門慈照蘊聰禪師(一名谷隱)法嗣五人

鎮江府金山達觀曇頴禪師

荆南府竹園法顯禪師

唐州大乘遵禪師

附馬都尉李遵勗居士(語見賢臣)

丞相英公夏竦居士(語見賢臣)

廣慧元璉禪師法嗣一人

内翰文公楊億居士(語見賢臣)

青原第十世(雲門四世)

雪竇明覺重顯禪師法嗣六人

紹興府天衣義懷禪師

湖州報本有蘭禪師(語見續燈)

岳州君山顯昇禪師

平江府水月慧金典座

南嶽雲峯元益首座(語見賢臣)

脩撰曾會居士(語見賢臣)

洞山曉聰禪師法嗣二人

南康軍雲居曉舜禪師

郎中許式居士(語見賢臣)

北禪智賢禪師法嗣二人

隆興府法昌倚遇禪師

福州廣因擇要禪師

開先善暹禪師法嗣一人

東京智海正覺本逸禪師

青原第十世(洞山六世)

大陽明安警玄禪師法嗣六人

郢州興陽清剖禪師

惠州羅浮如禪師

復州乾明機聰禪師

襄陽府白馬歸春禪師

潭州福嚴審承禪師

舒州投子義青禪師(已上宗師法嗣餘見續燈其後數世如之)

續燈所録機語有不能精備及闕遺者今重依宗派編入

南嶽第十世(臨濟六世)

汾陽善昭禪師法嗣

袁州南源慈明楚圓禪師族李氏全之清湘人少為書生年二十二依城南湘山隱靜寺得度其母有賢行使之游方聞汾陽道望往謁焉陽顧而器之經二年未容入室見必罵詬及所聞皆流俗鄙事一夕訴曰自至法席不蒙指示歲月飄忽已事未明有失出家之利語未卒陽叱曰是惡知識敢裨販我舉杖逐之師擬伸救陽忽掩其口乃大悟曰是知臨濟道出常情(僧寶傳敘師見汾陽時朝廷方問罪河東道路梗行易服類廝養之語以師行實訂之乃生於雍熙丙戌入滅於寶元己卯河東平八年而師始生寂音失於討論矣)服役七稔去謁唐明嵩神鼎諲洞山聰暨楊李二公之門機語契投於是法道大振宜春守黄公宗且請開法南源次遷道吾石霜福嚴興化都尉李侯遵勗奏　賜命服徽號　上堂曰若向言中取則埋沒宗風直饒句下精通敢保此人未悟所以山青水緑雀噪鵶鳴萬派同源海雲自興未来諸佛口似燈籠過去諸佛應病施方現在諸佛墮坑落壍且不落凡聖一句作麼生道良久曰矢上加尖　上堂藥多病甚網細魚稠便下座　上堂道吾打鼓四大部洲同条柱杖橫也挑括乾坤鉢盂轉也覆却恒沙世界且問諸人向甚麼處安身立命若也知得北俱盧洲喫粥喫飯若也不知長連床上喫粥喫

飯　上堂上来也步步登高下去也通身無礙所以道有時先敲後唱有時先唱後敲有時敲唱同時有時敲唱不同時所以王登寶殿野老謳歌如今還有謳歌者麼良久曰木人雖舉手石女不擡頭咄　上堂法身無相應物現形豎起拄杖曰這箇是柱杖阿那箇是法身這箇葛藤且止僧堂佛殿穿入汝等諸人鼻孔裏去也四大海水在汝頭上海龍王在汝指甲下汝等還覺麼若覺去晝行三千夜行八百脚下煙生頭上火起若也不覺飢來喫飯困來眠卓拄杖下座　上堂以拄杖擊禪床召大衆曰還聞麼不見道一擊忘所知更不假修持諸方達道者咸言上上機香嚴恁麼悟去分明悟得如来禪祖師禪未夢見在且道祖師有甚麼長處若向言中取則誤賺後人直饒棒下承當辜負先聖萬法本閑唯人自鬧所以山僧居福嚴只見福嚴境界晏起早眠有時雲生碧嶂月落寒潭音聲鳥飛鳴般若臺前桫欏華香散祝融峰畔把瘦筇坐磐石與五湖衲子時話玄微灰頭土面住興化只見興化家風迎來送去車馬駢闐漁唱瀟湘猿啼嶽麓絲竹歌謡時時入耳復與四海禪人日譚禪道歲月都忘且道居深山住城郭還有優劣也無試道看良久曰是處是彌勒無門無善財　僧問如何是道曰踏著不嗔云如何是道中人曰智馱皆負　問如何是祖師西來意曰渾家送上渡頭船　問如何是佛曰水出高源　問如何是異類中人曰頭長脚短云謝師指示曰半幅封全云直恁麼去也曰闍梨鼻孔爲甚麼在山僧手裏僧無語師便打　問山深覔不得時如何曰口能招禍　問東湧西没時如何曰尋　問夜靜獨行時如何曰三把節　問寶劍未出匣時如何曰響云出匣後如何師噓一聲　問鬧中取靜時如何曰頭枕布袋　問牛頭未見四祖時如何曰堆堆地云見後如何曰堆堆地　問一得永得時如何曰抱石投河　問達磨未來時如何曰物逐人興　問佛祖不立時如何曰舌上生節　問古人封白紙意旨如何曰家貧路富　問蓮華未出水時如何曰水深蓋不得云出水後如何曰不礙往來看云華開後如何曰南北馨香云結子後如何曰餧魚餧鼈　問如何是禪曰鼻孔入地　問已事未明以何爲驗曰玄沙曾見雪峰來云意旨如何曰一生不出嶺　問久昧衣珠請師指出曰草賊大敗云走透無路也曰脚踢不動以寳元二年正月五日沐浴跏趺而逝壽五十四夏三十二

筠州大愚守芝禪師族王氏太原人也幼棄家依潞州承天寺試法華得度從賢首諸師甞講金剛般若名滿三河學者宗之時昭禪師出世汾水因往觀聞其語異遂投誠入室未及闔疑情頓釋乃蒙印可出住高安大愚後遷南昌翠巖　開堂日問荅罷乃曰問話且止山僧道薄人微素無德行叨承密諫諸官僚同伸堅請陞於此座上荅　皇恩國祚永安法輪常轉大衆且法輪作麼生轉欲得會麼須彌山上倒翻身却來堂中疊足坐阿呵呵是甚麼飯籮裏坐却受餓和泥合水焦麽過上士聞之熙熙下士聞之肯可子細思量却成口過要會麼一六三四二直言四七一桃李火中開黄昏候日出久立尊官伏惟珍重　上堂德山入門便棒臨濟入門便喝一棒一喝若雙鋒而互出賓主未辯恓恓而萬里望鄉關照用雙行擬議而千差塞路到這裏如何話會棒喝齊施早已睽古今皆贊出周遮二途不涉憑何説南海波斯進象牙　上堂舉雪竇云一問一荅總未有事在假饒盡乾坤大地草木叢林都爲衲僧異口同音致百千問難不消老僧彈指一下並乃高低普應前後無差師曰翠巖即不然盡乾坤

大地微塵化為衲僧各致一問問問各別却向伊道許多衲僧皮下還有血麼　上堂一擊響玲瓏喧轟宇宙中知音纔側耳項羽過江東恁麼會得恰認得箇驢鞍橋作阿爺下頷　上堂翠巖路滑徒勞佇思又曰翠巖路嶮巇舉步涉千溪更有洪源水滔滔在嶺西擊禪床下座　僧問如何是洪州境曰出入敲金鐙朱衣對錦屏云如何是境中人曰朝去暮歸　問如何是祖師西來意曰天寒日短　講金剛經僧問如是信解不生法相意旨如何時有狗卧繩床前師踢之狗去乃問解麼云不解曰若解即成法相嘉祐初示寂塔于西山

滁州瑯琊廣照慧覺禪師叙語見續燈　上堂曰剪除狂冦掃蕩攙搶猶是功勳邊事君臣道合海晏河清猶是法身邊事作麼生是衲僧本分事良久曰透網金鱗猶滯水回途石馬出紗籠 素二 上堂本來無一物壓殺世 六 間人直饒便分明坐在糞坑裏作麼生是透脫一路妙音觀世音梵音海潮音　上堂拈拄杖曰盤山道向上一路滑南院道壁立千仞嶮臨濟道石火電光鈍瑯琊有定乾坤底句各各高著眼高著眼卓拄杖下座　上堂舉僧問馬祖如何是佛曰即心是佛云如何是道曰無心是道云佛與道相去多少曰佛如展手道似握拳師曰古人方便即不可山僧這裏也有些子若無人買山僧自賣自買去也如何是佛巖前多瑞草如何是道澗下絶靈苗佛與道相去多少數片白雲籠古寺一條綠水繞青山　上堂汝等諸人在我這裏過夏與你點出五般病一不得向萬里無寸草處去二不得孫峯獨宿三不得張弓架箭四不得物外安身五不得滯於生殺何故一處有滯自救難為五處若通方名導師汝等諸人若到諸方遇明眼作者與我通箇消息貴得咀風不墜若是常徒即便寢息何故騾形國裏誇服飾想君太煞不知時　僧問如何是無縫塔曰永鎮紅霞裏云如何是塔中人曰常伴白雲眠　問如何是沙門行曰左手書方右手畫圓　問如何是賓中賓曰手攜書劒謁明君云如何是賓中主曰卷起珠簾無可觀云如何是 素二 主中賓曰三更過 七 孟津云如何是主中主曰獨坐鎮寰宇　問如何是佛曰銅頭鐵額云意旨如何曰烏觜魚腮　問蓮華未出水時如何曰猫兒戴紙帽云出水後如何曰狗子著靴行

舒州法華全舉禪師未詳族里號舉道者所造高邈汾陽稱之自并汾謁諸名宿靡不與酬酢咸推為飽參住法華未幾還白雲海會　上堂曰語漸也返常合道論頓也不留朕迹直饒論其頓返其常也是抑而為之　上堂釋迦不出世達磨不西來佛法徧天下談玄口不開　上堂心不是佛智不是道且道是甚麼刻舟尋劒膠柱調絃　僧問如何是本來宗曰密室不通風却問僧你作麼生會云不會師曰春日櫻桃朶朶紅　問智識不到處如何曰三門不曾開云誰是知音者曰口似鼻孔　問如何是祖師西來意曰唇紅齒白　問如何是佛曰手不如脚又曰蘆芽穿膝　一日與僧山行僧問香林道老僧三十年來不能打成一片便遷化此意如何曰老僧亦恁麼復曰會麼云乞師指示師曰香林成一片老僧亦恁麼不待此月終重為子決破至月末示寂

蘄州龍華曉愚禪師辭汾陽至五祖戒禪師處戒問不落唇吻一句作麼生道云老老大大話頭也不照顧戒便喝師亦喝戒拈棒師拍手便出戒白闍梨闍梨話在師將坐具搭肩上竟不顧後住龍華　上堂曰摩騰入漢已涉繁詞達磨西來不守已分山僧今日恁麼道也是為他閑事長無明便下座

撫州踈山曉珠禪師　僧問如何是佛曰五

彩畫鷺鷥　問如何是透法身句曰皮穿肉綻云畢竟如何曰雀噪鵶鳴

葉縣省禪師法嗣

舒州浮山圓鑑法遠禪師族王氏鄭之圃田人年十九將并州見三交嵩禪師求出世法嵩顧其犀骨揷腦目光射人且異之曰汝當剃染愼三寶數乃可授法云法有僧俗手曰殊不知僧能續佛壽命師欣從未幾遇嵩爲衆入室一僧請問趙州栢樹子因緣嵩詰之師旁侍忽契悟進具後謁汾陽葉縣皆蒙印可天禧中至大陽明安安與語遂以衣屨命師求人續洞上宗旨元豐辛酉出住舒之太平興國次徙姑蘇天平晚住浮山　受請日上堂有僧出禮拜師曰大獵之家豈藉狐兔雖然如是小慈妨大慈便打僧起問大善知識言無所墮有出人眼如何是出人眼曰黃河九曲云恁麼則眞善知識曰陝府鐵牛乃曰諸仁者欲得英俊麼仍須四事具備方顯宗師蹊徑何謂也一者祖師巴鼻二具金剛眼睛三有師子爪牙四得衲僧殺活拄杖得此四事縱橫變態任運卷舒高聳人天壁立千仞儻不諳此守死善道者敗軍之兆何故棒打石人貴論實事所以到這裏得不倫江耿耿大野雲凝綠竹含煙青山鎖翠風雲一致水月齊觀一句該通已彰殘朽　上堂諸佛出世建立化門不離三身智眼亦如摩醯首羅三目何故一隻水泄不通緇素難辨一隻大地全開十方通暢一隻高低一顧萬類齊瞻雖然若是本分衲僧陌路相逢別具通天正眼始得所以道三世諸佛不知有狸奴白牯却知有且道狸奴白牯知有箇甚麼事要會麼深秋簾幕千家雨落日樓臺一笛風　上堂天得一以清地得一以寧帝王得一以治天下衲僧得一禍患臨身擊禪床下座　上堂大丈夫擬欲劈裂陣索霸王昇騰麼第一不得騰蛇繞足路布纏身高著眼睛勿存依掛設使澄瀾淼邈同風而未可停舟雲月彌天隱顯兮豈拔圓照儻或言超表略事越機諧觸目荒榛論年放曠簷前捧日未是高明狹路分岐寧同大轍應是從前會解平昔見知自負依他宜須退步直須乾曝曝地水灑不著便是齩一粒米著一片衣脚踏實地自不欺瞞輒莫朝雲暮雨變化不開春茂秋凋仇讎不動平生慷慨事合如斯山僧今日恁麼道大似聱縣茶瓶　上堂垂慈則有法無法不垂慈古人道末後一句始到牢關把斷要津不通凡聖尋常向你諸人道任從天下樂欣欣我獨不肯如靈龜負圖自取喪身之兆鳳縈金網趨霄漢以何期須於旨外明機莫向言中取則是以石人機似汝也會唱巴歌汝若似石人雪曲也應和　僧問三世諸佛不知有意旨如何曰弄巧成拙云狸奴白牯却知有又作麼生曰鈍鳥逆風飛

問衆手淘金誰是得者曰入水見長人

問如何是面前事曰鼻孔云如何是向上事曰眼睛　問金鏃慣調曾百戰鐵鞭多力恨無讎學人上來請師端的曰誅龍之劒豈可揮蛇僧噓噓師曰而今大有如君者不到烏江未肯休　問路逢達道人不將語默對未審將甚麼對曰玉樹夜凋零不待狂風掃

問從上諸聖傳不到處請師道曰番人愛囊鵰鼠帽云斬新日月特地乾坤曰鐵鞭遥指賀蘭山　師暮年休於會聖巖敘佛祖奧義作九帶曰佛正法眼帶佛法藏帶理貫帶事貫帶理事縱橫帶屈曲垂帶妙叶兼帶金鍼雙鎖帶平懷常實帶學者既已傳誦師曰若據圓極法門本具十數今此九帶已爲諸人說了更有一帶還見得麼若也見得親切分明却請出來對衆說看說得分明許汝通前九帶圓明道眼若見不親切說不相應唯依吾語而爲已解則名謗法諸人到此如何衆無語師叱之而去末篇論南華眞經曰莊子

與惠子遊於濠梁之上莊子曰儵魚出游從容是魚樂也惠子曰子非魚安知魚之樂莊子曰子非我安知我不知魚之樂惠子曰我非子固不知子矣子固非魚也子之不知魚之樂全矣莊子曰請循其本子曰汝安知魚樂云者既已知吾知之而問我我知之濠上也郭象註曰凡相知者果可以此知彼不待是魚然後知魚也師曰郭象於魚猶勢鬁矣且魚以水爲命見於水即見於魚所謂色心不二彼我無差其或離岸見水則水外別有岸也水岸既立二法迭失魚水各異乃亂天之經逆物之情其或情不逆經不亂均順天和魚相忘於江湖人相忘於道術見岸即水見水即魚天地一指萬物一馬空同實相一體無諸不待水而水不待岸而岸不待魚而魚然後知魚水也首楞嚴經曰如來藏中性水眞空性空眞水清淨本然周徧法界隨衆生心應所知量又曰於一毫端現寶王刹豈惟魚水矣又經曰一即一切一切即一無異相無別相前後際斷如此而無處不魚無處不水豈待游濠梁之上然後知魚水哉

石門慈照蘊聰禪師法嗣一名谷隱

鎮江府金山達觀曇穎禪師錢塘人也族丘氏於隆興寺得度神宇凜然嘗通內外墳典出游師席首謁大陽明安問洞上所立偏正君臣當明何事曰父母未生時事云如何體會曰夜半正明天曉不露師惘然乃往石門理前語云未審師意如何曰不道不是但口門窄滿口說未盡耳云如何是父母未生時事曰糞墼子云如何是夜半正明天曉不露曰牡丹華下睡貓兒師愈疑一日以石頭執事元是迷契理亦非悟問之門曰你道此語是藥語是病語云是藥語門叱曰汝尚以病爲藥豈知祖師透脫意師聞灑然云如何受用曰語不離窠臼焉能出蓋纏師歎曰纔涉唇吻便落意思皆是死門終非活路即再拜禮辭初住舒之爐峰次遷因聖隱靜暨雪竇金山　上堂舉身是菩提樹心如明鏡臺時時勤拂拭莫使惹塵埃又道菩提本無樹明鏡亦非臺本來無一物何假拂塵埃師曰此二尊宿同床打睡各自做夢喫茶去　上堂諸方鈎又曲餌又香奔湊猶如蜂抱王因聖這裏鈎又直餌又無猶如水底捺葫蘆舉拄杖作釣魚勢曰深水取魚長信命不曾將酒祭江神擲拄杖下座　上堂舉長沙岑和尚與仰山翫月次仰云人人盡有這箇只是用不得沙云恰是倩汝用去仰云師叔作麼生用沙踏倒仰山山云一似箇大蟲師曰仰山喚作大蟲因聖道似箇狂狗　上堂山僧門庭別已改諸方輒爲文殊拔出眼裏楔教普賢休嚼口中鐵勸人放開髑髏手與汝斫却繫驢橛駐意擬思量喝曰捏捏參　上堂始從鹿野苑終至跋提河於是二中間未嘗說一字師曰世尊只知靈龜曳尾後人不覺見兎守株　上堂萬里長途去不回此人空道已心灰若從因聖門前過須解逢春却再來　僧問如何是向去底人曰從歸青嶂裏不出白雲來云如何是却來底人曰自從游紫陌誰肯隱青山　問如何是奪人不奪境曰家裏已無回日信路邊空有望鄉牌云如何是奪境不奪人曰滄海盡教枯到底青山直得礙爲塵云如何是人境兩俱奪曰天地尚空秦日月山河不見漢君臣云如何是人境俱不奪曰鶯囀千林華滿地客游三月草侵天　問如何是和尚家風曰伸手不見掌云忽遇仙陀客來又作麼生曰對面千里　問師唱誰家曲宗風嗣阿誰曰臨濟云恁麼則谷隱的子也曰德山　問亡僧遷化向甚麼處去曰驢胎馬腹云以何爲驗曰種如是因獲如是果　問臨濟入門便喝德山入門便棒未審和尚如何爲人曰靈雲見桃花云莫是和尚爲人處也無曰趙州對栢樹　問如

何是長法身曰拄杖長六尺云如何是短法
身曰筭子短三寸云恁麼則法身有二去也
曰更有方圓在　問馬大師一喝百丈三日
耳聾意旨如何曰我平生不曾著人喝一生
耳聾云如何領會曰近來又眼暗太子少保
李公端愿嘗館之內園日夕問道故公卿求
發藥者隨機開示悉令契入其辯才無礙王
文康公夏英公諸鴻儒咸事以師禮錄其語
曰登門集嘉祐四年除夜遣侍者持書別揚
州刁景純學士明旦當行辱自愛刁發緘駭
然急遣吏持書報之船將抵岸師欣然登座
叙出世本末及謝其輔贊者囑令進修遂舉
監寺賢公補處下座讀刁學士書畢大衆擁
至丈室加趺而逝五年元日也世壽七十有
五僧臘五十有三
荆南府竹園法顯禪師　僧問萬法歸一一
歸何所曰水深不見底云如何湊泊曰須是
本行人　問如何是道曰交橫十字云如何
是道中人曰往往不相識
唐州大乘遵禪師侍慈照日嘗問古人索火
意旨如何曰任他滅云滅後如何曰初三十
一云恁麼則好時節也曰汝見甚麼道理云
今日一場困師便打師即大悟有頌曰索火
之機實快哉藏鋒妙用少人猜要會我師親
的旨紅爐火盡不添柴
青原第十世雲門四世
雪竇明覺重顯禪師法嗣
紹興府天衣義懷禪師永嘉樂清陳氏子也
世以漁爲業母夢星殞于屋乃孕及產尤多
吉祥兒時坐船尾父得魚付師貫之師不忍
乃私投江中父怒笞師怙然如故長游京師
依景德寺爲童行天聖中試經得度自言法
華所記之後去謁金鑾善葉縣省徽有契晚
至姑蘇禮明覺於翠峯峯問汝名甚麼云義
懷曰何不名懷義云當時致得曰誰爲汝立
名云受戒來十年矣曰汝行脚費却多少草
鞋云和尚莫瞞人好曰我也沒量罪過汝也
沒量罪過你作麼生師無語峯打曰脫空謾
語漢出去入室次峯曰恁麼也不得不恁麼
也不得恁麼不恁麼總不得師擬議峯又打
出如是者數四徐爲水頭因汲水折擔倏悟
作投機偈曰一二三四五六七萬仞峯頭獨
足立驪龍頷下奪明珠一言勘破維摩詰峯
聞撫几稱善後七坐道場化行海内嗣其法
者悉龍象　上堂舉法眼道昇元閣爲御街
裏人說法師曰諸人還知崇壽佛殿上蚩吻
昨夜三更大笑一聲三門頭金剛咄云你笑
箇甚麼我笑茫茫宇宙人空延歲月兀兀度
時道德不修衣食斯費忽然築著閻羅老子
禍事禍事　上堂枯桑知天風海水知天寒
金色頭陀見處不真雞足山中與他看守衣
鉢三千大喻八百小喻大似泥裏洗土塊四
十九年三百六十餘會摩竭提國猶較些子
德山臨濟雖然丈夫爭似罽賓國王一刀兩
段如今若有箇人鼻孔遼天山僧性命何在
良久曰太平本是將軍致不許將軍見太平
上堂夜來寒霜凜冽黄河凍結陝府鐵牛
腰折盡道女媧煉石補天爭柰西北一缺如
今欲與他補却又恐大地人無出氣處且留
這一竅與大地人出氣參　上堂虛明自照
不勞心力上士見之鬼神茶飯中下得之狂
心頓息更有一人切忌道著　上堂光透日
月明暗不收智出聖凡賢愚不歷所以道不
在低頭思量難得良久曰是甚麼　上堂須
彌頂上不扣金鐘畢鉢巖前無人聚會山僧
倒騎佛殿諸人反著草鞋朝游檀特暮到羅
浮拄杖針筒自家收取　僧問天不能蓋地
不能載未審是甚麼人曰掘地深埋云此人
還受安排也無曰土上更加泥　問大修行
人還具因果也無曰只聞人作鬼不見鶴成
仙云古人又作麼生曰且識前話　問如何
是古佛機曰得　問牛頭未見四祖時如何

曰長江無六月云見後如何曰一年一度春
室中問僧無手人能行拳無舌人能解語
忽然無手人打無舌人無舌人道箇甚麼又
曰蜀魄連宵叫鵶鳩終夜啼圓通門大啓何
事隔雲泥晚年以疾居池陽杉山菴門弟子
智才住臨平之佛日迎歸侍奉才如蘇城未
還師速其歸及踵門師已書偈遺衆才問卵
塔已成如何是畢竟事師舉拳示之遂就寢
推枕而寂偈曰紅日照扶桑寒雲遮華嶽三
更過鐵圍撥折蒼龍角壽七十二夏四十六
塔全身於寺東之原師嘗設百問勘驗學者
今載其二又摭古今尊宿契悟因緣號通明
集盛行於世崇寧中　謚振宗大師

岳州君山顯昇禪師　上堂曰大方無外含
裹十虛至理不形圓融三際高超名相妙體
全彰迥出古今眞機獨露握驪珠而鑑物物
物流輝擲寶劒以揮空空絕迹把定則摩
竭掩室淨名杜詞放行則拾得搖頭寒山拊
掌且道是何人境界拈拄杖卓一下曰瞬目
揚眉處憑君仔細看

平江府洞庭水月慧金典座　慶曆中之四明
依明覺聞舉須彌山話默有契一日欲往訊
遇之殿軒覺問汝名甚麼云慧金曰阿誰惠
汝金云容少間去方丈致謝曰即今聻云這
裹容和上不得覺休去於是衆所推敬命掌
香積後告別覺述偈送之曰野水輕舟來興
分流秋光不盡誰也爭求握松爲柄未極折
柳贈行豈休休休百川駭浪兮空悠悠他日
復寄以偈曰老衲枯藤一一分天涯無侶道
方存因思龍朔年中事負石高風不易論此二偈與書刻之水月

洞山曉聰禪師法嗣

南康軍雲居曉舜禪師入道機語見續燈録　上堂曰
聞說佛法兩字早是汚我耳目諸人未跨雲
居門脚跟下好與三十棒雖然如是也是爲
衆竭力　上堂舉夾山示衆道百草頭上薦
取老僧鬧市裏識取聖人雲居即不然婦搖
機軋軋兒弄口喎喎　上堂諸方有弄蛇頭
撥虎尾跳大海劒刃裏藏身雲居這裏寒天
熱水洗脚夜間脫襪打睡早朝旋打行纏風
吹籬頭倒喚人夫劈篾縛起

北禪智賢禪師法嗣

隆興府法昌倚遇禪師臨漳高亭人也族林
氏幼棄家依郡之崇福得度有大志自受具
游方名著叢席浮山遠禪師嘗指謂人曰此
後學行脚樣子也辭遠謁芭蕉菴主又謁圓
通興化諸名宿機語見僧寶傳留北禪最久於是師
資敲唱妙出一時晚至西山睠雙嶺深邃植
息三年始應法昌之請　上堂曰你若退身
千尺我便當處生芽你若覿面相呈我便藏
身露影你若春池拾礫我便撒下明珠直得
水灑不著風吹不入如箇無孔鐵鎚相似且
道法昌還有爲人處麼遂曰利刀割肉瘡猶
合惡語傷人恨不消　上堂春山青春水綠
一覺南柯夢初足攜筇縱步出松門是處桃
英香馥郁因思昔日靈雲老三十年來無處
討如今競愛摘楊華紅香滿地無人掃　上
堂拈起拄杖曰我若拈起你便喚作先照後
用我若放下你便喚作先用後照我若擲下
你便喚作照用同時忽然不拈不放你向甚
麼處十度直饒會得倜儻分明若遇臨濟德
山便須腦門著地且道伊有甚麼長處良久
曰曾經大海休誇水除却須彌不是山　上
堂舉大地雪漫漫春來依舊寒說禪說道易
成佛作祖難法昌道大地雪漫漫春來便不
寒到頭成佛易却是說禪難有一般人聞恁
麼說鼻孔冷笑道有甚麼難朝到西天暮歸
唐土南山起雲北山下雨甘草甜黃檗苦魚
入深淵鳥棲高樹拈起拄杖達磨眼睛放下
數珠釋迦鼻孔若是這箇禪三家村裏臭口
老婆也解說得成佛則未在你且道畢竟那
箇是禪遂曰直得額頭汗出　上堂靈山會

上三乘行位解脫法身正是乞兒殘飯祖師西来直指人心見性成佛正是祭鬼神茶飯汝等若見如經蠱毒之鄉更莫覷著覰著則禍生法昌這裏有一般茶飯尋常不曾拈出今日事不獲已將供養諸人他時若到諸方受用殷繁切須記取法昌今日供養遂作一圓相擲拄杖下座　上堂夜半烏鷄誰捉去石女無端遭指注空王令下急搜求唯心便作軍中主雲門長驅溈山隊伍列五位槍旗布三玄戈弩藥山持刀青原荷斧石鞏彎弓禾山打鼓陣排雪嶺長蛇兵屯黃檗飛虎木馬帶毛烹泥牛和角煑賞三軍犒師旅打葛藤分露布截海飈塵橫山鐵土擊玄關除徼路多少平人受辛苦無邊剎海競紛紛三界聖凡無覔處無覔處還知否昨夜雲收天宇寬依前帶月啼高樹　上堂閑来只麼坐拍手誰賡和回頭忽見獄箕星水墨觀音解推磨拍手一下曰還會麼八十翁翁錐皓首看不見老人容 素二 　上堂法昌今 十八 日開爐行脚僧無一箇唯有十八高人緘口圍爐打坐不是規矩嚴難免見諸人話墮直饒口似秤鎚未免燈籠勘破不知道絕功勲妄自修因證果喝曰但能一念廻光定脫三乘羈絆　黃龍南禪師至上堂拏雲攫浪數如麻點著銅睛眼便花除却黃龍頭角外自餘渾是赤斑蛇法昌小剎路遠山遙景物蕭踈游人罕到敢謂黃龍禪師曲賜光臨不唯泉石增輝亦乃人天欣悅然雲行雨施自古自今其柰爐鞴之所鈍鐵猶多良醫之門病者愈甚瘥病須求靈藥銷頑必藉金鎚法昌這裏有幾箇垛根阿師病者病在膏肓頑者頑入骨髓若非黃龍老漢到來總是虛生浪死拈拄杖曰要會麼打麵還他州土麥唱歌還是帝鄉人

僧問古鏡未磨時如何曰却須磨取云未審如何下手曰鏡在甚麼處僧遂作一圓相師便打曰這漆桶碌甎也不識　問二龍爭珠時如何曰法昌小出大遇云忽然傾湫倒嶽又作麼生師便打　冬夜與感首座喫菓子師拈起橘曰這箇滋味何似黃龍云更須嘗過始得曰驗人端的處下口便知音云末代禪師多虛少實又拈橐子曰這箇作麼生嘗云須是和尚始得曰一箇橐子早不柰何云饒人不是癡漢 素二 歲夜喫湯次感 十九 云昔日北禪分歲曾烹露地白牛和尚今夜分歲有何施設曰臘雪連山白春風逼戶寒云大衆喫箇甚麼曰莫嫌冷淡無滋味一飽能消萬劫飢云未審是甚麼人置辦曰無慚愧漢來處也不知　喆首座至師曰山深路遠何煩訪及云仁義道中不爲分外曰將得甚麼來喆叉手近前師曰只這箇爲別有喆展坐具師曰前頭較些子後頭打不著喆曰且容某人事曰近離甚處云雲居曰峰頂事作麼生云多少人疑著師卓拄杖曰宏覺鼻孔何似這箇云草賊大敗曰這僧話頭也不識云和尚問甚麼曰我問你宏覺鼻孔云又道不識話頭曰不謬爲翠巖弟子一日喆問和尚室中尋常開示機源願聞一兩則曰暗裏抽橫骨明中坐舌頭你作麼生云和尚本是雲門宗胄爲甚麼舉洞上因緣師乃踢出一隻鞋喆便休　晦堂心禪師至坐次師曰近日法度可煞興盛云家家觀世音曰還有齩人師子麼云爐鞴之所鈍鐵猶多曰汝聞室中有拳頭話是否云家醜莫外揚師拈起钁曰何如我這箇云眞不掩僞曰生死界中使那箇即是云不勞懸石鏡天曉自雞鳴曰恁麼討人驢年去龍圖徐公禧布衣時與師往來爲法喜之游及將化前一日作偈遺之曰今年七十七出行須擇日昨夜問龜哥報道明朝吉徐覽偈瞿然邀靈源清禪師同往師方坐寢室以院務誡知事曰吾住此山二十三年護惜常住每自菹之令行矣汝輩著精彩言畢舉拄杖曰且道這箇分付阿誰徐與靈源皆

屛息遂擲杖投床枕臂而化

福州廣因擇要禪師　上堂曰王臨寶位胡漢同風紐半破三佛殿倒卓藏身句即不問你透出一字作麼生道拈拄杖曰春風開竹戶夜雨滴華心　上堂古者道只恐爲僧心不了爲僧心了總輸僧且如何是諸上座了底心良久曰漁翁睡重春潭闊白鳥不飛舟自橫　僧問如何是祖師西來意曰長安東洛陽西云如何是佛曰福州橄欖兩頭尖問佛未出世時如何曰隈巖傍壑云出世後如何曰前山後山

開先善暹禪師法嗣

東京智海第一代正覺本逸禪師敘語見續燈

上堂曰憶得老僧年七歲時於村校書處得一法門超情離見絕妙絕玄爰自染神逾六十載今日輒出普告大衆若欲傳持宜當諦聽遂曰寒原耕隴罷牽犢負薪歸此夜一爐火渾家身上衣諸禪德達人不得錯舉　上堂觀乎乾坤之內洪荒之間人人有脚要行便行要住即住不由別人箇箇有口欲開即開欲合便合豈假他力正恁麼時非今非古非理非事非凡非聖非迷非語包羅沙界籠罩二儀三世如來分踈不下諸大祖師提唱不起德山臨濟有棒有喝不敢施行衲子滿慈有智有辯無門測度然雖如是若到這裏須是眼裏有筋眼裏無筋還同天瞽又須皮下有血知痛知痒痛痒不知何殊土木直饒有眼有筋知痛知痒正好打草鞋行脚若到諸方莫教打破洛浦偏參底　上堂古者道接物利生絕妙外甥終是不肯他家自有兒孫將來應用恰好諸禪德還會麼菜園墻倒晴方築房店籬穿雨過修院宇漏時隨分整兒孫大小盡風流　上堂舉暹和尚道寒寒地爐火暖開坐蒲團說迦葉不是談達磨無端此也彼也必然一般師召大衆曰迦葉甚處不是達磨那裏無端若點檢得出彼之二老一場懡㦬若點檢不出三十年後莫道不被人瞞好　僧問如何是道曰龍吟金鼎虎嘯丹田云如何是道中人曰吐故納新云道與道中人相去多少曰胥鶴顛崖上冲天眛米民　問如何是佛曰東涌西沒云如何是道曰七顛八倒云如何是法曰你問我荅云如何是禪曰不方不圓云便恁麼去時如何曰靈利人難得

青原第十世洞山六世

大陽明安警玄禪師法嗣

郢州興陽清剖禪師不知何許人嘗爲大陽園頭種瓜次陽問甜瓜何時得熟云即今熟爛了也曰揀甜底摘來云與甚麼人喫曰不入園者云未審不入園者還喫也無曰汝還識伊麼云雖然不識不得不與陽笑而去住興陽曰　上堂曰西來大道理絕百非句裏投機全乖妙旨不已而已有屈祖宗豈況忉忉有何所益雖然如是事無一向且於唱教門中通一線道大家商量僧出問娑竭出海乾坤震覩面相呈事若何曰金翅鳥王當宇宙箇中誰是出頭人云忽遇出頭時又作麼生曰似鶻提鳩君不覺髑髏前驗始知真云恁麼則叉手當胸退身三步也曰須彌座下烏龜子莫待重遭點額痕　問從上諸聖向甚麼處去也曰月照千江靜孤燈海底明鄭金部問和尚甚時開堂曰不歷僧祇數日月未生前

惠州羅浮如禪師至大陽曰陽問上座是甚處人云益州曰此去多少云五千里曰你恁麼來還曾踏著麼云不曾踏著曰汝解騰空那云不解騰空曰爭得到這裏云步步不迷方通身無辨處曰汝得超方三昧耶云聖心不可得三昧豈彰名陽曰如是如是汝應信此即本體全彰理事不二善自護持

復州乾明機聰禪師　僧問如何是佛法大意曰此問不虛　問如何是東禪境曰定水

不曾離舊岸紅塵爭敢下波來

襄陽府白馬歸春禪師　僧問如龜藏六時如何曰布袋裏弓箭　問如何是佛法大旨曰善狗帶牌

澧州福嚴審承禪師因丞相參次（亡其姓）乃問如何是祖師西來意師指庭際栢樹示之如是者三丞相有省作偈曰出沒開雲滿太虛從來眞相一塵無重重請問西來意唯指庭前栢一株

舒州投子義青禪師青社人也族李氏（續燈曰王氏非）甫七齡穎異往妙相寺出家試經得度習百法論未幾歎曰三祇塗遠自困何益哉乃入洛五載聽華嚴於義若貫珠嘗讀諸林菩薩偈至即心自性遽省曰法離文字寧可講乎即棄游宗席時圓鑑禪師居會聖巖一夕夢畜青色俊鶻爲吉徵屆旦師來鑑禮延之三年一日問曰外道問佛不問有言不問無言世尊良久如何師擬對鑑掩其口師了然開悟遂禮拜鑑曰汝妙悟玄機耶云設有也須吐却時資侍者旁立曰青華嚴今日如病得汗師回顧曰合取狗口若更忉忉我即便歐服勤又三載禮辭鑑以大陽衣履付之書偈送曰須彌立太虛日月輔而轉羣峰漸倚

秦二　二十三

他白雲方改變少林風起叢曹溪洞簾卷金鳳宿龍巢宸苔豈車碾復指依圓通秀禪師至樓賢無所參問唯嗜睡而已執事白秀云堂中有僧日睡當行規法秀曰是誰云義青上座曰未可待與按過秀即曳杖入堂見師正睡乃擊床呵曰我這裏無閑飯與上座喫了打眠師云和尚待教某何爲曰何不參禪去云美食不中飽人喫曰爭柰大有人不肯上座云待肯堪作甚麼曰上座曾見甚麼人來云浮山曰怪得恁麼頑賴遂握手相笑歸方丈由是道聲籍甚熙寧六年至龍舒道俗迎住白雲次遷投子以符慈濟禪師之記

上堂召大衆曰若論此事如鸞鳳冲霄不留其跡羚羊掛角那覓乎蹤金龍不守於寒潭玉兔豈棲於蟾影其或主賓若立須威音世外搖頭問荅言陳仍玄路傍提爲唱若能如是猶在半途更乃凝眸不勞相見　上堂宗乘若舉凡聖絕宗樓閣門開別户相見設使卷簾悟去豈免旁觀春遇桃華重增眼病所以古人道向上一路千聖不傳諸仁者旣是不傳爲甚麼鐵牛走過新羅國裏遂唱曰達者須知暗裏驚　僧問師唱誰家曲宗風嗣阿誰曰威音前一箭射透兩重山云如何是相傳底事曰全因准地月得照郢陽春云恁麼則入水見長人也曰只知剃玉異那辨楚王心僧禮拜師以拂子擊之復曰更有問話者麼如無彼此著便元豐五年五月一日中夜索筆書偈曰兩處住持無可助道珍重諸人不須尋討投筆泊然奄息闍維多靈異獲設利五色以閏月同靈骨塔于寺北三峰養壽五十一臘三十七

秦二　二十四

嘉泰普燈録卷第二

嘉泰普燈録卷第三　素三

平江府報恩光孝禪寺臣僧　正受　編

南嶽第十一世 臨濟七世

南源慈明楚圓禪師法嗣七人

隆興府黄龍普覺慧南禪師

袁州楊岐方會禪師

素三　一

隆興府大寧道寬禪師

隆興府翠巖可眞禪師

潭州道吾眞禪師

隆興府景德惟政禪師

建康府蔣山賛元禪師 語具續燈

大愚守芝禪師法嗣二人

南嶽雲峯文悅禪師 語具續燈及僧寶傳

平江府瑞光月禪師

龍華齊岳禪師法嗣一人

湖州西余師子淨端禪師

瑯琊廣照慧覺禪師法嗣六人

平江府定慧海印信禪師 語具續燈

紹興府姜山方禪師

福州白鹿顯端禪師

寧國府興教坦禪師

江州歸宗可宣禪師

嘉興府長水子璿講師

金山達觀曇穎禪師法嗣一人

節使李端愿居士 語見賢臣

青原第十一世 雲門五世

天衣振宗義懷禪師法嗣十五人

東京慧林圓照宗本禪師

東京法雲圓通法秀禪師 語具續燈及僧寶傳

北京天鉢文慧重元禪師

眞州長蘆廣照應夫禪師 語具續燈

紹興府天章元善禪師

臨安府佛日智才禪師

台州瑞巖子鴻禪師 語具續燈

無為軍佛足處祥禪師

平江府明因慧贇禪師

興化軍西臺其辯禪師

泉州資壽捷禪師 具續燈

臨安府法雨慧源禪師

撫州延恩法安禪師 機語未見事具僧寶傳及山谷塔銘

紹興府淨衆梵言首座

禮部楊傑居士 語見賢臣

素三　二

南嶽元益首座法嗣一人

中書李林宗居士 語見賢臣

報本有蘭禪師法嗣二人

福州中際可遵禪師

邢州開元法明上座

雲居曉舜禪師法嗣二人

建康府蔣山佛慧法泉禪師

明州天童澹交禪師

廣因擇要禪師法嗣二人 一人見録

福州妙峯如璨禪師

福州靈山合知禪師 機語未見

智海正覺本逸禪師法嗣五人 二人見録

福州大中海印德隆禪師

簽判劉經臣居士 語見賢臣

饒州薦福嚴禪師　福州幽巖覺禪師　福州雙峯㲉禪師　已上機語未見

青原第十一世 洞山七世

投子義青禪師法嗣四人

東京天寧芙蓉道楷禪師

隨州大洪第一世報恩禪師

沂州洞山雲禪師

長安福應文禪師

南嶽第十一世 臨濟七世

南源慈明楚圓禪師法嗣

素三　三

隆興府黄龍普覺慧南禪師信之玉山人族章氏童齔深沉年十一去家師事定水智鑾甞侍鑾行次見祠廟輙杖擊而往十九落髮受具遠游至廬山依歸宗寶棲賢諟逾三秋渡淮謁三角澄乂之分座雲峯悅禪師勉趨石霜至中道聞石霜不事事因寓福嚴時賢

禪師命典記室賢歸寂適慈明繼席師出迎之悚然及聞其說法乃貶剝諸方盡為邪解皆師歷參所契證者遂憒然曰大丈夫心膂之間豈可自為疑礙造室求發藥明指坐師固辭哀懇明曰書記參雲門禪必善其旨如放洞山三頓棒是合喫不合喫云合喫曰吾始疑不堪汝師令乃可使拜之復曰洞山三頓棒即且置那裏是趙州勘破婆子處師擬對明擊其口師大悟述偈呈之留月餘辭去時年三十五初住同安次擢歸宗黃檗黃龍得大法者七十有九人然在積翠庵所接者多衲子趨風相與交武竭蹷于道初受請日三角遣僧來審師提唱之語有曰智海無性因覺妄而成凡覺妄元虛即凡心而見佛便爾休去將謂同安無折合隨汝顛倒所欲南斗七北斗八僧歸舉似澄澄不懌儀聞開堂為慈明嗣澄揞之而三角徒侶棄去者過半

上堂問答罷乃曰未登此座一事全無纔登此座便有許多問答敢問大眾只如一問一荅還當宗乘也無若言當去一大藏教豈無問荅為甚道教外別傳傳上根輩若言不當適來許多問荅圖箇甚麼行腳人當自開眼勿使後悔君論此事非神通修證之能到非多聞智慧之所談三世諸佛只言自知一大藏教詮註不及是故靈山百千萬衆獨許迦葉親聞黃梅七百高僧衣鉢分付行者豈是汝等貪瞋愚執勝負為能夫出家者須稟丈夫決烈之志截斷兩頭歸家穩坐然後大開門户運出自己家財接待往來賑濟孤露方有少分報佛深恩若不然者無有是處以拂子擊禪床一下遂布謝云云

上堂說妙談玄乃太平之姦賊行棒行喝為亂世之英雄英雄姦賊棒喝玄妙皆為剩物黃檗門下總用不著且道黃檗門下尋常用箇甚麼喝一喝

上堂時人住處我不住時人行處我不行於此了然明的旨須會全身入火坑以拂子畫一畫云與煙燼焞紅焰熾然眼來明者總在裏許從上古聖無非入生死坑中向無明火裏提拔有情汝等諸人且如何入若人入得可謂在火不燒在水不溺若入不得非但不能自利亦乃不能利他既不能自利利他圓頂方袍殊無利益良久召大眾眾舉首師曰牛頭出馬頭回

上堂眾集久之師曰嘉魚在深處幽鳥立多時便下座

上堂撞鐘鐘鳴擊鼓鼓響大眾殷勤問訊同安端然合掌這箇是世法那箇是佛法咄

上堂有一人朝看華嚴暮觀般若晝夜精勤無有暫暇有一人不參禪不論議拖箇破席日裏睡於此二人同到黃龍一人有為一人無為安下那一箇即是良久曰功德天黑暗女有智主人二俱不受

上堂心王不妄動六國一時通罷拈三尺劍休弄一張弓擊禪床下座

上堂大覺世尊道我今為汝保任此事終不虛也汝等當勤精進行此三昧師曰精進即不無諸人作麼生是三昧遂曰迦葉糞埽衣價直百千萬輪王髻中寶不直半分錢以拂子一擊下座

僧問一不去二不住請師道曰高祖殿前樊噲怒云恁麼則今日得遇和尚也曰仰面看天不見天問德山棒臨濟喝直至如今少人拈掇請師拈掇曰千鈞之弩不為鼷鼠而發機云作家宗師今朝有在師便喝僧禮拜師曰五湖衲子一錫禪人未到同安不妨疑著

問舊歲已去新歲到來不涉二途乞師指示曰東方甲乙木

問如何是黃龍境曰昨日方到此未曾子細看云如何是境中人曰長者長短者短

師燕坐次有僧侍立師顧睞久之曰百千三昧無量妙門作一句說與汝汝還信否云和尚誠言安敢不信師指其左曰過這邊來僧將趨師喝曰隨聲遂色有甚了期出去一僧聞之即趨入師復理前語問之亦云安敢不信師又指左曰過這邊來僧堅立不往師喝曰汝來

親近我反不聽我語出去　室中舉手問僧
我手何似佛手垂足曰我脚何似驢脚人人
盡有生緣上座生緣在何處學者莫有契其
旨叢林目之爲黄龍三關脱有酬者師未嘗
可否人莫涯其意有問其故師曰已過關者
掉臂徑去安知有關吏從吏問可否此未透
關者也熙寧二年三月十六日上堂辭衆説
偈語見續燈至十七日飯四祖慧日兩專使已趺
坐寢室前大衆環擁良久而化七日闍維得
五色設利塔于山之前嶂閲世六十八坐五
十夏大觀四年春謚曰普覺
袁州楊岐方會禪師郡之宜春人續燈曰衡陽非族
冷氏少警敏及冠不事筆硯繫名征商課最
坐不職乃宵遁入九峯恍若舊遊眷不忍去
遂落髮續燈曰依九峯勤禪師感道吾和尚每閲經心融神會
能折節扣參老宿慈明自南源徙道吾石霜
師皆佐之總院事依之雖久然未有省發每
咨參明曰庫司事繁且去他日又問明語如
前或謂曰監寺異時兒孫遍天下去何用忙
爲有一老嫗近寺而居人莫之測所謂慈明
婆也明乘閒必至彼一日雨作知明將往師
偵之小徑既見遂搊住云這老漢今日須與
我説不説打你去明曰監寺知是般事便休
語未卒師大悟即於泥途拜之起問狹路相
逢時如何明曰你且嚲避我要去那裏去師
歸来日具威儀詣方丈禮謝明呵曰未在一
日當參粥罷久之不聞撾鼓師問行者今日
當參何不擊鼓云和尚出来歸師徑往婆處
見明執爨婆煮粥師曰和尚今日當參大衆
久待何以不歸明曰你下得一轉語即歸下
不得各自東西師以笠子蓋頭上行數步明
大喜遂與同歸自是明每山行師輒瞰其出
雖晚必擊鼓集衆明遽還怒曰少叢林暮而
陞座何從得此規繩師云汾陽晚參也何謂
非規繩乎今叢林三八念誦罷猶參者此其
原也又一日明陞堂師出問云幽鳥語喃喃
辭雲入亂峯時如何曰我行荒草裏汝又入
深村云官不容針更借一問明便喝師云好
喝明又喝師亦喝明連喝兩喝師禮拜明曰
此事是箇人方能擔荷師拂袖便行明移興
化師辭歸九峯陸沉金穀而萍實道俗迎居
楊岐次還雲蓋及請語見續燈　上堂曰霧鎖長空
風生大野百草枯木作師子吼演説摩訶大
般若三世諸佛在你諸人脚跟下轉大法輪
若也會得功不浪施若也不會莫道楊岐山
勢嶮前頭更有最高峰　上堂景色乍晴物
情舒泰舉步也千身彌勒動用也隨處釋迦
文殊普賢總在這裏衆中有不受人謾底便
道楊岐和麩糶麵然雖如是布袋裏盛錐子
　上堂有句無句如藤倚樹文殊維摩撒手
歸去楊岐恁麼道也是看鍋鏴更有後語不
得錯舉　上堂只箇心心心是佛十方世界
最靈物釋迦老子説夢三世諸佛説夢且問
諸人還曾作夢麼若也作夢向半夜裏道將
一句来良久曰人間縱有真消息偷向楊岐
説夢看參　上堂薄福住楊岐年来氣力衰
寒風凋敗葉猶喜故人歸囉唻哩拈上死柴
頭且向無煙火　上堂釋迦老子初生時周
行七步目顧四方一手指天一手指地今時
衲僧盡皆打模畫樣便道天上天下唯我獨
尊雲蓋不惜性命亦爲諸人打箇樣子遂曰
陽氣發時無硬地　晚參示衆一切智通無
障礙拈起拄杖曰向汝諸人面前逞神通去
也擲下曰直得乾坤震裂山嶽揺動會麼不
見道一切智智清淨拍禪床曰三十年後莫
道楊岐龍頭蛇尾　僧問撥雲見日時如何
曰東方来者東方坐　問師唱誰家曲宗風
嗣阿誰曰隔江打鼓不聞聲云興化的子臨
濟親孫曰今日因齋慶讃　問如何是祖師
西来意曰擔頭不負畜　問少林面壁意旨
如何曰西天人不會唐言　問天得一以清
地得一以寧衲僧得一堪作甚麼曰鉢盂口

向天　室中問僧栗棘蓬你作麼生吞金剛
圈你作麼生跳　一日二暫到相看師問三
人同行必有一智提起坐具曰參頭上座喚
這箇作甚麼云坐具曰眞箇那云是師復曰
喚作甚麼云坐具師顧視左右曰參頭却具
眼問第二人欲行千里一步爲初如何是最
初一句云到和尚這裏爭敢出手師以手劃
一劃僧云了師展兩手僧擬議師曰了問第
三人近離甚處云南源曰楊歧今日被上座
勘破且坐喫茶　問僧雲深路僻高駕何來
曰天無四壁曰路破多少草鞋僧便喝師曰
一喝兩喝後作麼生云看這老和尚着忙曰
拄杖不在且坐喫茶　問僧敗葉堆雲朝離
何處云觀音曰觀音脚跟下一句作麼生道
云適來相見了也曰相見底事作麼生僧無
對師曰第二上座代參頭道看亦無對曰彼
此相鈍置　慈明忌晨設齋衆集師至眞前
以兩手捏拳安頭上以坐具一畫打一圓相
便燒香退身三步作女人拜首座云休捏怪
師曰首座作麼生云和尚休捏怪曰兎子喫
牛嬭第二座近前打一圓相便燒香亦退身
三步作女人拜師近前作聽勢座擬議師打
一掌曰這漆桶也亂做　興化孜禪師遷化
(孜嗣神鼎證)僧至下遺書師問世尊入滅槨示雙

趺和尚歸眞有何相示僧無語師搥胷一下
曰蒼天蒼天皇祐解元示寂(未詳事迹)壽五十八
隆興府大寧道寬禪師　上堂拈拄杖曰前
佛性命後佛紀綱總在這裏如今用去也爲
雲爲雨爲瑞爲祥利人利天出生入死他方
世界出沒卷舒若也通身是口說不能盡通
身是眼照不能窮一念相應刹那萬劫　上
堂從上來事非從佛得不向祖求丈夫稟性
本自天眞動止合儀去来無著如魚在水任
性浮沉似鳥飛空俱無罣礙如斯說話誰是
知音良久曰一氣不言含有象萬靈何處謝
無私　僧問既是一眞法界爲甚麼却有千
差萬別曰根深葉茂云未審還出得這箇也
無曰弄巧成拙　問作止任滅教中四病後
學之流如何趣向曰巧匠運斤斧斫木不抨
繩　問丹霞燒木佛院主爲甚麼眉鬚墮落
曰賊不打貧兒家　問飲光尊者見世尊拈
花因甚麼微笑曰忍俊不禁　有僧造師之
室問如何是露地白牛師以火筯挿火爐中
曰會麼云不會曰頭不欠尾不剩　師在同
安日時有僧問既是同安爲甚麼却有病僧
化去曰布施不如還却債
隆興府翠巖可眞禪師(族里未詳)以徧參自負叢
林貌爲眞點胷後至慈明明見乃問如何是

佛法大意云無雲生嶺上有月落波心明叱
曰頭白齒黃猶作這箇見解師悚然求指示
明曰汝問我師理前語問之明震聲曰無雲
生嶺上有月落波心乃於言下大法頓明住
翠巖時推爲天下法窟　上堂曰不見一法
是大過患山河大地日月星辰色空明暗不
是一法拈起拄杖曰凡夫見拄杖喚作拄杖
聲聞人見拄杖認得頑空撥無拄杖菩薩人
見拄杖幾曾挂牙齒饑来喫飯困来打睡寒
来向火熱則取凉不見道一切智智清淨恁
麼說話笑破土地鼻孔　上堂捫空無迹追
響無聞釋迦達磨貶向他方文殊普賢權爲
小使汝等諸人向甚麼處安身立命所以道
也有權也有實也有明也有暗也有照也有
用也有賓也有主放過一着何不道取乃喝
一喝卓拄杖一下下座　上堂舉僧問巴陵
如何是道巴陵云明眼人落井又問寶應如
何是道寶應云五鳳樓前又問首山如何是
道首山云脚下泥深三尺此三轉語一句壁
立千仞一句陸地行舡一句賓主交參諸人
莫有揀得者麼出来道看如無且行羅漢慈
破結賊故行菩薩慈安衆生故行如來慈得
如相故　上堂聲不雜聲色不雜色何哉鐘
聲無鼓響鼓聲無鐘響拈起拄杖云這箇豈

不是色聲在甚麼處聲不到耳色何從眼眼色耳音聲萬法自成辦夜来觀音勢至菩薩二人論功到翠巖所輙與他一判三十年後依而行之　上堂舉龍牙頌云學道如鑚火逢煙未肯休直待金星現歸家始到頭神鼎云學道如鑚火逢煙即便休莫待金星現燒脚又燒頭師曰若論頓也龍牙正在半途若論漸也神鼎猶少悟在於此復且如何諸仁者今年多落葉幾處掃歸家　上堂上不在天下不在地中不在人拈起拄杖曰如今在翠巖手中作無邊身菩薩諸人還見麼若見果不見如来頂相若不見今日當巡寮問訊

僧問如何是學人著力句曰千日斫柴一日燒云如何是學人親切處曰渾家送上渡頭船　問如何是道曰出門便見云如何是道中人曰擔枷過狀　問如何是祖師西来意曰滐耕淺種　問如何是佛法大意曰五通賢聖云學人不會曰舌至梵天　問如何是學人轉身處曰一堵墻百堵調室中問僧曾祖當日見僧来參何故便面壁衆下語不契師作偈曰坐斷千山與萬山勸人除却事非難池陽近日無消息果中當年不自觀（汾）（燈異續）治平改元師將入滅示疾甚勞若席藁于地轉側不少休詰侍者垂泣曰平生呵佛罵祖今何為乃爾師熟視呵曰汝亦作此見解耶即起趺坐呼侍者燒香煙起遂示寂

潭州道吾眞禪師　上堂曰拗折秤衡將甚麼定斤兩拈却鉢盂匙筯將甚麼喫粥喫飯不如向三家村裏東卜西卜忽然卜著脫却鼻孔　上堂師子兒哮吼龍馬駒踍跳古佛鏡中明三山孤月皎遂作舞下座　上堂若據祖令到這裏盡須茫然放老僧一線且向眉毛裏東覷西覷　上堂普化明打暗打布袋橫撒竪撒石室行者踏碓因甚忘却下脚上堂古今日月依舊山河若明得去十方薄伽梵一路涅槃門若明不得謗斯經故獲罪如是　上堂舉洞山道五臺山上雲蒸飯佛殿堦前狗尿天刹竿頭上煎䭔子三箇胡孫夜藪錢老僧即不然三面狸奴脚踏月兩頭白牯手拏煙戴冠碧兔立庭柏脫殼烏龜飛上天老僧葛藤盡被汝諸人覷破了也洞山老人甚是奇特雖然如是只行得三步四步且不過七跳八跳且道殺訛在甚麼處老僧今日不惜眉毛一時布施良久曰叮嚀損君德無言眞有功任從滄海變終不為君通

僧問凝然便會時如何曰老鼠尾上帶研槌　問如何是眞如體曰夜叉屈膝眼睛黑云如何是眞如用曰金剛杵打鐵山摧　問如何是常照曰針鋒上須彌云如何是寂照曰眉毛裏海水云如何是本来照曰草鞋裏踍跳僧退師曰寂照常照本来照草鞋底下常踍跳更會針鋒上須彌眉毛中水常渺渺

隆興府景德惟政禪師後住百丈　上堂曰打動法鼓徵塵諸佛列在面前来審諸人還見也未若道見眼裏生華若道不見眸中有翳離此二途道將一句来若也擬議商量咄這障蔽魔王　上堂巖頭和尚用三文錢索得箇妻只解撈鰕捷蜆要且不解生男育女直至如今門風斷絶大衆要識巖公妻麼景德今日不惜唇吻與你諸人注破蓬鬢荊釵世所希布裙猶是嫁時衣　上堂天台普請人人知有南嶽游山又作麼生會則燈籠笑你不會則有眼如盲　僧問牛頭未見四祖時為甚麼百鳥啣華獻曰有錢千里通云見後為甚麼不啣華曰無錢隔壁聾　問達磨未来時如何曰六六三十六云来後如何曰九九八十一　問如何是祖師西来意曰木耳樹頭生　問一切法是佛法意旨如何曰一重山下一重人　問以然如然時如何曰枯木不逢春云以然不然時如何曰穿靴水上行　問如何是不来相而来曰雲生嶺上云如何是不見相而見曰水出高源　問上

行下數未是作家背楚投吳方爲達士豈不是和尚語曰是云父財子用也曰汝試用看僧擬議師便打

大愚守芝禪師法嗣

平江府瑞光月禪師　僧問俱胝一指意旨如何曰月落三更穿市過

龍華齊岳禪師法嗣

湖州西余師子淨端禪師（貳出洞庭月下）本郡人也遺其氏始見弄師子發明心要往見龍華蒙印可遂旋里合綵爲師子皮時被之因號端師子丞相章公慕其道躬請開法吳山化風盛播　受請日問答已乃曰獨勤眞獨勤分身千百億時時示時人時人自不識衆中還有識得底麽出來通箇消息若無爲蛇畫足去也大衆爲甚麽不識只爲太近衆生久流轉生死蓋爲日用而不知未登眞覺常處夢鄉古人道昨夜得箇夢夢見一團空今朝擬說夢擧頭又見空山僧亦得一夢與古人不同夜來夢見土地向山僧道來曰野狗先生諸人入山請和尚住持壽聖禪刹況和尚平生不曾行脚焉可住持山僧却向土地道禪得之在心何勞廣走若是眞師子兒生下便能哮吼土地却問如何是眞師子兒豈不見永嘉道師子兒衆隨後三歲便能大哮吼若是野干逐法王百年妖怪虛開口也大奇也大奇讀書山上師子兒數年長臥深林裏今朝徐步出巖扉露牙爪展毛衣雙睛晃晃迸光輝猪眼胡僧猶不識土地山精焉得知夢中被山僧拄杖子打一下忽然不見大衆不須久立伏惟珍重　開堂日僧官宣疏至推倒回頭趯翻不托七軸之蓮經未誦一聲之漁父先聞師止之遂登座拈香祝　聖罷引聲吟曰本是瀟湘一釣客自西自東自南北大衆雜然稱善師顧笑曰諦觀法王法法王法如是便下座　上堂二月二禪翁有何謂春風觸目百華開公子王孫日日醺醺醉唯有殿前陳朝檜不入時人意禪家流只這是莫思慮坦然齋後一甌茶長連床上伸脚臑咄　到華亭衆請上堂靈山師子雲間哮吼佛法無可商量不如打箇筋斗便下座　僧問羚羊未挂角時如何曰怕云既是善知識因何却怕曰山僧不曾見恁麽差異畜生師病牙久不愈一日忽謂衆曰明日打筋斗去衆以爲戲言書曰端師子太慵懶未死牙齒先壞爛二時伴衆赴堂粥飯都趕不辦如今得死是便宜長眠百事皆不管第一不著看官第二不著喫粥飯至五鼓果趨寂壽七十有二

瑯琊廣照慧覺禪師法嗣

紹興府姜山方禪師　上堂曰穿雲不渡水渡水不穿雲乾坤把定不把定虛空放行不放行橫三竪四乍離乍合將長補短即不問汝諸人飯是米做一句要且難道良久曰私事不得官酬　上堂不是道得道不得諸方盡把爲奇特寒山燒火滿頭灰笑罵豐干這老賊　僧問如何是一塵入正受曰蛇銜老鼠尾云如何是諸塵三昧起曰鱉齩釣魚竿云恁麽則東西不辨南北不分去也曰堂前一桃夜明燈簾外數莖青瘦竹　問諸佛未出世時如何曰不識酒望子云出世後如何曰釣魚舡上贈三椎　問如何是不動尊曰單著布衫穿市過云學人未曉曰騎驢踏破洞庭波云透過三級浪專聽一聲雷曰伸手不見掌云還許學人進向也無曰路地告虛空云雷門之下布鼓難鳴曰八華毬子上不用繡紅旗云三十年後此話大行師便打　問蓮華未出水時如何曰穿針嫌眼小云出水後如何曰盡日展愁眉　問奔流渡刃疾焰過風未審姜山門下還許借借也無曰天寒日短夜更長云錦帳繡鴛鴦行人難得見曰髑髏裏面氣衝天僧召云和尚師曰雞頭鳳尾云諸方泥裏洗姜山盡將來曰姜山今

日為客且望闍梨善傳然雖如是不得放過便打

福州白鹿顯端禪師　僧問如何是無相佛曰灘頭石師子云意旨如何曰有心江上任不怕浪淘沙　問凝然湛寂時如何曰不是闍梨安身立命處云如何是學人安身立命處曰雲有出山勢水無投澗聲

寧國府興教坦禪師永嘉牛氏子業打銀因淬礪瓶器有省即出家披削謁廣照於瑯琊機語頓契後依天衣懷禪師懷時住興教擢為第一座懷受他請乃聞府乞師繼之受請日有雪竇化士省宗出問諸佛未出世人人鼻孔遼天出世後為甚麼杳無消息曰雖足山中風凜然云未在更道曰三十棒寄打雪竇僧禮拜師曰新興教今日失利便下座(有本小異)

江州歸宗可宣禪師漢州人也壯為僧即出峽依廣照一語忽投擊疑頓息照可之來衆令分座淨空居士郭功甫過門問道與厚及師領歸宗時功甫任南昌尉儀郡守憲師不為禮捃甚遂作書寄功甫曰某世緣尚有六年奈州主抑遏當棄餘喘託生公家願無見阻功甫閱書驚喜且領之中夜其妻夢聞身師入其寢失聲曰此不是和尚來處功甫撼而問之妻詳以告呼燈取書示之相笑不已遂孕及生乃名宣老朞年記問如昔至三歲白雲端禪師抵其家始見之曰吾姪來也端云與和尚相別幾年宣倒指曰四年矣(盖與相別一年方死)云甚處相別曰白蓮莊上云以何為驗曰爹爹媽媽明日請和尚齋忽聞推車聲端問門外是甚麼聲宣以手作推車勢端云過後如何曰平地兩條溝果年六周無疾而逝餘語未見所出

嘉興府長水子璿講師郡之嘉興人也自落髮誦楞嚴不輟從洪敏法師講至動靜二相了然不生有省謁敏曰敲空擊木(一云擊竹)尚落荃蹄舉目揚眉已成擬議去此言端方契斯旨敏拊而證之然欲探禪源罔知攸往聞瑯瑯道重當世即趨其席值上堂次出問清淨本然云何忽生山河大地瑯憑陵荅曰清淨本然云何忽生山河大地師領悟禮謝曰願侍巾瓶瑯謂曰汝宗不振久矣宜厲志扶持報佛恩德勿以殊宗為介也乃如教再拜以辭後住長水承稟日顧四衆曰道非言象得禪非擬議知會意通宗曾無別致由是二宗仰之嘗疏楞嚴等經盛行於世

青原第十一世(雲門五世)

天衣振宗義懷禪師法嗣

東京慧林圓照宗本禪師常之無錫人也族管氏體皃厖碩所事淳厚年十九往姑蘇承天依永安道昇禪師執舂炊不自疲猒遇昇入室隨衆諮參昇曰道者竭力如此有少勞乎師曰若捨一法不名滿足菩提寔欲此生身證何勞之有昇陰奇之越十年剃染受具又巾侍三載請辭遊方至池陽謁天衣於景德衣舉天親從彌勒內宮而下無著問云人間四百年彼天為一晝夜彌勒於一時中成就五百億天子證無生法忍未審說甚麼法天親云只是說這箇法如何是這箇法久而開悟一日室中問師即心即佛時如何云殺人放火有甚麼難於是名播寰宇漕使李公復圭命師開法瑞光法席日盛武林守陳公襄以承天興教二剎命師擇居蘇人擁道遮留又以淨慈堅請移文諭道俗曰借師三年為此邦植福不敢久占道俗始從元豐五年神宗皇帝下詔闢相國寺六十四院為八禪二律驛召師為慧林第一祖既至　上遣使問勞閱三日傳　宣就寺之三門為士民演法翌日　召對　延和殿　賜坐師即盤足加趺攙仆　上亟令近臣盜以錦座二隻(事見師行實及無為居士楊傑眞贊)神宗登遐　命入福寧殿說法以老乞歸林下得旨任便雲遊州郡不得抑令住持擊鼓辭衆說偈曰本是無

家客邢堵任意遊順風加櫓棹舩子下揚州
既出都城王公貴人送者車騎相屬師臨別
誨之曰歲月不可把玩老病不與人期唯勤
修勿怠是眞相為聞者莫不感涕晚居靈巖
其嗣法傳道者百餘人　上堂曰洪音一剖
震動乾坤法令施行萬機頓削聖凡路絕佛
祖情忘當此之時東西不辨南北不分從教
千古萬古黑漫漫塡溝塞壑無人會卓拄杖
下座　上堂嶮峻無過難足峯行人到此路
難通唯恐祖師門下客不移毫末到其中參
　上堂問也無妨答亦無答何也得之不為
先失之不為後若達此宗豈論空有千聖從
来也只寧任他烏兔爭頭走成住壞空彈指
間得失是非唯一口咄　上堂姑蘇臺畔不
話春秋衲僧面前豈論玄妙只可著衣喫飯
翫水看山夜見星晝見日兩手扶犂水過膝
靈山授記只如斯歷劫何曾異今日　上堂
於一毫端現寶王剎坐微塵裏轉大法輪拈
起拄杖曰這〔素三〕箇是麼作麼生說箇〔大〕轉法輪底
道理山僧今日不惜眉毛與汝諸人說破拈
起也海水騰波須彌岌峇放下也四海晏清
乾坤爾靜敢問諸人且道拈起即是放下即
是當斷不斷兩重公案擊禪床下座　上元
日僧問千燈互照絲竹交音正恁麼時佛法

在甚麼處曰謝布施　云莫便是和尚為人處
也無曰大似不齋來　問上是天下是地未
審中間是甚麼物曰山河大地云恁麼則謝
師答話曰大地山河云和尚何得瞞人曰却
是老僧罪過　問如何是祖師西來意曰韓
信臨朝云中下之流如何領會曰伏屍萬里
云早知今日事悔不忌當初曰三皇冢上草
離離　問春風吹古樹殘日下前山如何是
不遷義曰青山誰管你閑事白日鄽中自有
人　問師唱誰家曲宗風嗣阿誰曰調古神
清風自高貌悴骨剛人不顧云恁麼則薦福
的子雲竇親孫也曰想得未知落處　問如
何是露地白牛曰放出無尋處　問適来消
息從何而得曰合　問知師久蘊囊中寶今
日當場略借看曰何必如此元符二年十二
月二十八日沐浴而卧門弟子環列請偈乞
強起安坐以化道俗師熟眡曰癡子我尋常
尚懶作偈今日特地圖箇甚麼尋常要卧便
卧不可今日〔素三〕特地坐也索筆大書〔丸〕曰後事付
守榮擲筆憨睡而逝士庶獻最後供者彌月
還然　斂全身塔於寺之上方閱世八十坐
夏五十二　謚法空塔曰瑞光（塔曰生亡其具迹見僧寶傳）
北京天鉢文慧重元禪師　上堂曰若據宗
乘正令莫不動用全威如聖輪王寶劍飛空

誰是不賓之者是以王道平平和風扇物使
群邦貢獻萬里梯航六合澄清狼煙永息於
是四魔絕迹九類亡機即且置作麼生是動
用全威底道理驀拈拄杖橫按曰休休動不
如靜靠拄杖下座　上堂古今天地萬象森
然歲歲秋收冬藏人人道我總會還端的也
無直饒端的比他難是峯前是甚麼閑事良
久曰今朝十月初旬天寒不得普請參　僧
問如何是禪曰入籠入檻僧拊掌師曰跳得
出是好手僧擬議師曰了　問學人上来請
師舉唱曰善財別後誰相訪樓閣門開竟日
開云恁麼則定光金地遙招手智者江陵暗
點頭曰大衆喚覺這僧著　問如何是觸目
之機曰摩斯吒落木云謝師荅話曰鼻孔不
存　問昨日雨今日晴於曹溪路上成得箇
甚麼邊事曰昨日雨今日晴
紹興府天章元善禪師　上堂曰君問西来
意馬師踏水潦若認一毛頭何曾知起倒劫
火繞洞然愚夫覓乾草寧知明眼人為君長
懊惱　僧問如何是最初句曰末後問將来
云為甚麼如此曰先行不到云入水見長人
也曰秦皇擊缶
臨安府佛日智才禪師　上堂曰諸禪德還
知麼山僧生身父母一時喪了直是無依倚

處以手搥胸曰蒼天蒼天復顧大衆良久曰你等諸人也是鐵打心肝便下座　上堂舉栢樹子話師曰趙州庭栢說與禪客黑漆屏風松欏亮隔　僧問如何是無為曰山前雪半消云請師方便曰水聲轉嗚咽

無為軍佛足處祥禪師　僧問大悲千手眼如何是正眼曰暗裏施文彩明中不見蹤云學人為甚麼不見曰杲日當空盲人摸地　問如何是般若體曰瑠璃殿裏隱寒燈云如何是般若用曰活卓卓地　問一色無變異喚作露地白牛還端的也無曰頭角生也云頭角未生時如何曰不要犯人苗稼

平江府明因慧贇禪師　上堂拈拄杖橫按曰若恁麼去直得天無二日國無二王釋迦老子飲氣吞聲一大藏教如虫蝕木設使錯仰不及正是無孔鐵鎚假饒信手拈來也是殘羹餿飯一時吐却方有少分相應更乃隨在空亡依舊是鬼家活計要會麼雨後始知山色翠事難方顯丈夫心卓拄杖下座

興化軍西臺其辯禪師　上堂舉臨濟無位眞人話師召大衆曰臨濟老漢尋常一條脊梁硬似鐵及乎到這裏大似日中迷路眼見空華直饒道無位真人是乾屎橛正是泥龜曳尾其僧只知季夏極熱不知仲冬嚴寒若據當時合著得甚麼語塞斷天下人舌頭西臺只恁麼休去又乃眼不見為淨不免出一隻手狼籍去也臨濟一擔西臺一堆一擔一堆分付阿誰從教撒向諸方去笑殺當年老古錐

臨安府法雨慧源禪師　僧問如何是最初一句曰梁王不識云如何是末後一句曰達磨渡江

紹興府淨衆梵言首座　示衆曰說法有所得斯則野干鳴說法無所得是名師子吼古德恁麼道大似掩耳偷鈴何故說有說無盡是野干鳴諸人要識師子吼麼咄

報本有蘭禪師法嗣

福州中際可遵禪師郡之梁氏子　上堂曰八萬四千深法門門門有路超乾坤如何箇箇踏不著只為蜈蚣太多脚不唯多脚亦多口釘觜鐵舌徒增醜拈椎豎拂泥洗泥揚眉瞬目籠中雞要知佛祖不到處門掩落華春鳥啼　上堂昨夜四更起來呵呵大笑不歇幸然好一覺睡霜鐘撞作兩橛　上堂野外桃華爭爛熳亭前栢樹葉婆娑世人莫作尋常見多少英雄不奈何

邢州開元法明上座依報本未久深得法忍後歸里事落魄多嗜酒呼盧每大醉唱柳詞數闋日以為常鄉民侮之召齋則拒召飲則從如是者十餘年咸指曰醉和尚一日謂寺衆曰吾明旦當行汝等無他往衆竊笑之翌晨攝衣就座大呼曰吾去矣聽吾一偈衆聞奔眎明乃曰平生醉裏顛蹶醉裏却有分別今宵酒醒何處楊柳岸曉風殘月言訖寂然撼之已委蛻矣衆盡禮以葬之

雲居曉舜禪師法嗣

建康府蔣山佛慧法泉禪師世號泉萬卷者　上堂曰古人恁麼南禪不恁麼古人不恁麼南禪却恁麼大衆還委悉麼王婆衫子短李四帽簷長　聖節上堂拈拄杖擊法座一下曰以此功德祝延　聖壽便下座　上堂時人欲識南禪路門前有箇長松樹脚下分明不較多無奈行人恁麼去莫恁去急回顧樓臺煙鎖鐘鳴處　雪下上堂召大衆曰還有過得此色者麼良久曰文殊笑普賢嗔眼裏無筋一世貧相逢盡道休官去林下何曾見一人　上堂快人一言快馬一鞭若更眼睛定動未免紙裹麻纏脚下是地頭上是天不信但看八九月紛紛黃葉滿山川　僧問白雲本無心為風出巖谷時如何曰晴作雨備　問如何是祖師西來意曰髮長僧兒醜云未審意旨如何曰閉戶怕天寒　問久雨不晴時

如何曰白日無閙人云来曉玄言乞師直指
曰看看便是春　問南禪結夏為甚麼却在
蔣山解曰衆流逢海盡云恁麼則事同一家
也曰夢裏到家鄉　問蓮華未出水時如何
曰西瞿耶尼云出水後如何曰泗州大聖
問如何是衲僧行履處曰甲不開倉　問二
祖立雪齊腰意旨如何曰三年逢一閏云為
甚麼付法傳衣曰村酒足人酤
明州天童澹交禪師　上堂曰也大奇也大
差十箇指頭八箇罅由来多少分明不用鑽
龜打瓦便下座　僧問臨雲閣襟太白峰高
到這裏如何進步曰但尋荒草際莫問白雲
深云未審如何話會曰寒山逢拾得兩箇一
時癡云向上宗乘又且如何舉唱曰前言不
及後語
廣因擇要禪師法嗣
福州妙峰如璨禪師　上堂曰今朝是如来
降生之節天下緇流莫不以香湯灌沐共報
素三　二十三
洪恩為甚麼教中却道如来者無所從来既
是無所從来不知降生底是誰試請道看若
道得其恩自報若道不得明年四月八還是
驀頭澆
智海正覺本逸禪師法嗣
福州大中海印德隆禪師　上堂曰法無異
法道無別道時時逢見釋迦處處撞著達磨
放步即交肩開口即齩破不齩破大小大
上堂夫欲智拔先須定動拈拄杖卓一下曰唵
穌嚧悉唎娑婆訶歸堂喫茶　上堂觸境無
滯底為甚麼擡頭不起田地穩密底為甚麼
下脚不得譬如天王賜與華屋雖獲大宅要
因門入門贊樊噲踏開眞主出巨靈擡手錦
鱗噴參　上堂平旦寅曉何人處處彌陀佛
家家觀世音月裏麒麟看北斗向陽桿子一
邊青　僧問夜半正明天曉不露如何是不
露底事曰日落月未上云恁麼則五天唱不
起漢地和難齊曰方人以己云鐵狗吠開巖
上月泥牛觸破嶺頭雲曰元来猶在云可謂
不落今時句如在白雲中曰崔崔嵬嵬霄漢
半開云全因今日去也曰且喜闍梨當地
問寒来暑往日居月諸心地未明乞師指示
曰臂長衫袖短脚瘦草鞋寬云莫便是和尚
為人處也無曰日午游都市天明往華山
青原第十一世（洞山七世）
投子義青禪師法嗣
東京天寧芙蓉道楷禪師沂之沂水人族崔
氏自幼學辟穀隱伊陽山後游京師籍名術
臺寺試法華得度具戒趨淮西謁投子於海
會乃問佛祖言句如家常茶飯離此之外別
有為人言句也無曰汝道寰中天子敕還假
堯舜禹湯也無師欲進語青以拂子摵師口
曰汝發意来早有三十棒也師即開悟再拜
便行青曰且来闍梨師不顧青曰汝到不疑
之地耶師以手掩耳後還沂上居馬鞍山元
豐壬戌（時年四十）道俗迎處僊洞次遷招提龍門
又徙太陽大洪皆一時名卿鉅公為之勸請
素三　二十四
自是洞上之風大行西北崇寧三年　詔住
京師淨因大觀改元　敕移天寧　上堂曰
喚作一句已是埋沒宗風曲為今時通途消
耗所以借功明位用在體處借位明功體在
用處若也體用雙明如門扇兩開不得向兩
扇上著意不見新豐老子道峰巒秀異鶴不
停機靈木迢然鳳無依倚直得功成不處電
火難追擬議之間長途萬里　上堂良久曰
青山常運步石女夜生兒便下座　上堂入
道之徑內虛外靜如水澄凝萬象光映不沉
不浮萬法自如所以道火不待日而熱風不
待月而凉堅石處水天聱猶光明暗自爾乾
濕同方若能如是巖前枯木半夜開華木女
携籃清風月下石人舞袖共賀太平野老謳
歌知音者和於斯明得何必重登塔廟再見
文殊道在目前一時參取　上堂假言唱道
落在今時設使無舌人解語無脚人能行要

且未能與那一人相應還會麽龍吟徒側耳虎嘯謾沉吟　僧問如何是兼帶之語曰妙用全施該世界木人閑步火中來云如何是和尚家風曰衆人皆見云未審見箇甚麽曰東壁打西壁　問如何是無縫塔曰白雲籠嶽頂終不露崔嵬二年春開封尹李公孝壽奏師道行卓冠叢林宜有褒顯即　賜紫方袍號定照禪師內臣持　敕命至師迎謝曰某辭父母出家時嘗陳重誓不為利名專誠學道用資九族苟渝願心當棄身命父母以此聽許今若不守本志竊冒　寵光則佛法親盟背矣於是修表具辭復降　旨京尹堅伻受之師確守不回以拒　命坐罪奉　旨下棘寺與從輕寺吏聞有司欲徒淄州有司曰有疾與免刑及吏問之師曰無疾吏云何有灸瘢耶曰昔者疾今日愈吏令思之曰已悉厚意但妄非所安乃恬然就刑而行從之者如歸市師以法語施之獲益光衆靈源清禪師評曰夫楷公大士也其建志立行當素有根本豈悠悠者之所能知因贊其像曰惟唐正覺靈潤投驩匪移所守能適其安乃曰此行略有三益一酬往譴二順厭生三成大行今日淄州楷公亦云嚴天大雪始見松筠媚草夭華亦成造化苟竊世榮實辜恩者師抵淄川僦居學者愈親明年冬　敕令自便庵於芙蓉湖心道俗川湊僅數百人日食粥一杯故多引去政和七年冬　賜額曰華嚴禪寺八年五月十四日索筆書偈付侍僧曰吾年七十六世緣今已足生不愛天堂死不怕地獄撒手橫身三界外騰騰任運何拘束移時乃逝

隨州大洪第一世報恩禪師衛之黎陽人族劉氏而劉氏世皆碩儒師未冠舉方略擢上第後厭塵境請于朝乞謝簪紱為僧　上從其請遂游心祖道至投子未久即悟心要子曰汝再來人也宜自護持辭謁諸名宿皆蒙印可丞相韓公縝慕師道望請開法於西京之少林未幾大洪革律為禪　神宗親灑宸翰改　賜今額　詔師居之　上堂曰五五二十五案山雷主山雨明眼衲僧莫教錯舉

上堂若向這裏說即心即佛大似頭上安頭若說非心非佛何異迷頭認影實箇名安箇字定箇是立箇非向甚麽處見達磨祖師然雖如此放一線道別有商量諸仁者是復誰是非復誰非是非杳絕分明萬機會麽前是官不容針後是私通車馬於斯明得盡見日夜見星於斯不明有寒暑兮促君壽有鬼神兮妬君福　上堂如斯話會誰是知音直饒向一句下千眼頓開端的有幾箇是迷逢達磨諸人要識達磨祖師麽乃舉手作捏勢曰達磨祖師鼻孔在少林手裏放開去也從教此土西天說黃道黑欺胡謾漢若不放過不消一捏有人要與祖師作主便請出來與少林相見還有麽良久曰果然　問祖師西來九年面壁最後一句請師舉唱曰面黑眼睛白　師嘗設百問以問學者其略曰假使百千劫所作業不忘為甚麽一稱南無佛罪滅河沙劫又作此相○曰森羅萬象總在其中具眼禪人請試甄別　師素與無盡居士張公商英友善無盡數以書問儒釋大要師隨問以答之無盡問曰清涼疏第三卷西域邪見不出四見此方儒道亦不出此四見如莊老計自然為因能生萬物即是邪因易曰太極生兩儀太極為因亦是邪因若謂一陰一陽之謂道能生萬物亦是邪因若計一為虛無則是無因今疑老子自然與西天外道自然不同何以言之老子曰常無欲以觀其妙常有欲以觀其徼無欲則常有徼則已入其道矣謂之邪因豈有說乎易曰一陰一陽之謂道陰陽不測之謂神神也者妙萬物而為言寂然不動感而遂通天下之故今乃破陰陽變易之道為邪因撥去不測之神豈有

說手望紙後批示以斷疑綱故也師荅曰西域外道宗多途要其會歸不出有無四見而已謂有見無見亦有亦無見非有非無見也蓋不即一心為道則道非我有故名外道不即諸法是心則法隨見異故名邪見如謂之有有則有無如謂之無無則無有有無則有見競生無有則無見斯起若亦有亦無見非有非無見亦猶是也夫不能離諸見則無以明自心無以明自心則不能知正道矣故經云言詞所說法小智妄分別不能了自心云何知正道又云有見即為垢此則未為見遠離於諸見如是乃見佛以此論之邪正異途正由見悟殊致故也故清涼以莊老計道法自然能生萬物易謂太極生兩儀一陰一陽之謂道以自然太極為因一陰一陽為道能生萬物則是邪因計一為虛無則是無因嘗試論之夫三界唯心萬緣一致心生故法生心滅故法滅推而廣之彌綸萬有而非有統而會之究竟寂滅而非無非非無非非無非有亦非非有四執既亡百非斯遣則自然因緣皆為戲論虛無真實俱是假名矣至若謂太極陰陽能生萬物常無常有斯為衆妙之門陰陽不測是謂無方之神雖聖人設教示悟多方然既異一心寧非四見何以明之蓋虛無為道道則是無若自然若太極若一陰一陽為道道即是有常無常有則是亦無亦有陰陽不測則是非有非無先儒或謂妙萬物謂之神則非物物物則亦是無故西天諸大論師皆以心外有法為外道萬法唯心為正宗蓋以心為宗則諸見自亡言雖或異未足以為異也心外有法則諸見競生言雖或同未足以為同也雖然儒道聖人固非不知之乃存而不論耳良以未即明指一心為萬法之宗雖或言之猶不論也如西天外道皆大權菩薩示化之所施為橫生諸見曲盡異端以明佛法是為正道此其所以為聖人之道順逆皆宗非思議之所能知矣故古人有言緣昔真宗未至孔子且以繫心今知理有所歸不應猶執權教然知權之為權未必知權也知權之為實斯知權矣是亦周孔老莊設教立言之本意一大事因緣之所成始所成終也然則三教一心同途異轍究竟道宗本無言說非維摩大士孰能知此意也

沂州洞山雲禪師　上堂曰秋風卷地夜雨飜空可中別有清涼箇裏更無熱惱是誰活計到者方知纔落見聞即居途路且道到家後如何任運獨行無伴侶不居正位不居偏

長安福應文禪師　上堂曰明明百草頭明明祖師意直下便承當錯認弓為矢惺惺底築著磕著懵懂底和泥合水龜毛拂逼塞虛空兔角杖撐天拄地日射珊瑚林知心能幾幾以拂子擊禪床下座

嘉泰普燈錄卷第三

# 嘉泰普燈録卷第四　素四

平江府報恩光孝禪寺臣僧正受編

南嶽第十二世（臨濟八世）

黄龍普覺慧南禪師法嗣二十三人

盧山東林照覺常總禪師（語具續燈）
隆興府黄龍寶覺晦堂祖心禪師
筠州黄檗眞覺惟勝禪師
袁州仰山行偉禪師（語具續燈）
隆興府泐潭洪英禪師
湖州報本慧元禪師
潭州大溈懷秀禪師（語具續燈）
蘄州開元子琦禪師
潭州雲蓋守智禪師
隆興府泐潭眞淨雲庵克文禪師
南康軍雲居元祐禪師（語具續燈）
潭州石霜琳禪師（語具續燈）
吉州隆慶慶閑禪師（語具續燈）
隆興府黄龍元肅禪師（語具續燈）
衡州華光恭禪師（語具續燈）
隆興府上藍順禪師
盧山圓通璣禪師（語具續燈）
舒州三祖法宗禪師
南安軍雲峰道圓禪師
南嶽福嚴鐵面慈感禪師（語具續燈）

一

隆興府祐聖法宮禪師
南康軍清隱潛庵清源禪師
盧山歸宗志芝庵主

楊歧方會禪師法嗣三人

舒州白雲守端禪師
建康府保寧仁勇禪師
比部孫居士（遺其名語見賢臣）

翠巖可眞禪師法嗣一人

潭州大溈眞如慕喆禪師

蔣山贊元禪師法嗣二人

邵州丞熙應悦禪師
慶元府雪竇法雅禪師

雪峰文悦禪師法嗣一人

潭州鄴山霖禪師（機語未見）

定慧海印超信禪師法嗣一人

平江府穹隆智圓禪師

南嶽第十二世（臨濟八世）

黄龍普覺慧南禪師法嗣

素四　二

隆興府黄龍寶覺祖心禪師，南雄始興人，族鄔氏。為書生有聲，年十九目盲，父母禱圓通大士，許出家，即覩物。乃依龍山寺慧全，明年試經，唯師獻詩，得奏名剃染，繼住龍山，以律身不嚴，幾逢橫逆，遂入叢林。謁雲峰悦禪師，留三年，告悦將去，悦特指見南禪師（時住積翠）。往居四年無所入。一日傾湯誤注手指，豁如夢覺，知有而機不發。南抑之，師復雲峰，悦已謝世，就止石霜。因讀傳燈，至僧問多福：如何是多福一叢竹？曰：一莖兩莖斜。云：學人不會。曰：三莖四莖曲。於是頓證二師垂手處。徑回積翠，方展坐具，南曰：子始入吾室矣。師禮謝，乃謁翠巖眞、泐潭月，皆器之，自爾名冠叢社。南以熙寧二年歸寂，郡守及龍圖徐公禧挽師嗣居。上堂曰：大凡窮生死根源，直須明取自家一片田地，教伊去處分明，然後臨機應用，不失其宜。只如鋒鋩未兆已前，都無是箇非箇，瞥爾爆動，便有五行金木相生相尅，胡來漢現，四姓雜居，各任方隅，是非鋒起，致使玄黄不辨，水乳不分，疾在膏肓，難為救療。若不當陽曉示，窮子無以知歸，欲得大用現前，便可頓忘諸見，諸見既盡，昏霧不生，大智洞然，更非他物，珍重。○上堂，擊禪床曰：一塵纔舉，大地全收，諸人耳在一聲中，一聲遍在諸人耳。若是摩霄俊鶻，便合乘時，止濼困魚，徒勞激浪。○上堂：不與萬法為侶，即是無諍三昧，便恁麼去，爭奈紋急則聲促，若能向紫羅帳裏撒眞珠，未必善因而招惡果。○上堂：有句無句，如藤倚樹，且任諸人點頭，及乎樹倒藤枯，上無衝天之計，下無入地之謀，靈利漢

素四　三

這裏著得一隻眼便見七縱八橫舉拂子曰
看太陽溢目萬里不挂片雲若是覆盆之下
又爭怪得老僧　上堂若也單明自己不悟
目前此人有眼無足若悟目前不明自己此
人有足無眼據此二人十二時中常有一物
蘊在胷中物既在胷不安之相常在目前既
在目前觸途成滯作麼生得平穩去祖不言
乎執之失度必入邪路放之自然體無去住
　僧問達磨九年面壁意旨如何曰身貧無
被蓋云莫辜負他先聖也無曰闍梨見處又
作麼生僧畫一圓相師曰鷲雀不離窠僧禮
拜師曰更深猶自可午後始愁人　問未登
此座時如何曰一事全無云登後如何曰仰
面觀天不見天　師住持十有二年性眞率
不樂事務凡五辭乃退揖其室曰晦堂衲子
源源而來揮之不去士夫慕風求開發者衆
因撫教門祖宗言句及儒道經書作徵問辨
通如論語曰參乎吾道一以貫之曾子曰唯
子出門人問曰何謂也曾子曰夫子之道忠
恕而已矣師曰吾道既一則可以統貫萬善
之事當其一貫萬事之中可容其見若容其
見則不爲一若不見時萬事顯然一何形狀
苟能見達忠恕之道可得而明道德經出生
入死章曰生之徒十有三死之徒十有三人
之生動之死地亦十有三夫何故以其生生
之厚蓋聞善攝生者陸行不避兕虎入軍不
被甲兵兕無所投其角虎無所措其爪兵無
所容其刃夫何故以其無死地焉師曰十中
有三三者何耶其三三者蓋取九數以爲生
生之攝用也有何所以不盈十數若盈十數
[四]形器所拘則不能明出生入死既[四]不能明出
生入死寧逃兕虎投角措爪所以其一不用
而用而能善用非數而數而能善數夫何故
以其無死地也既知無死則見無生無生無
死則可以明出生入死可謂生而無生死而
無死非獨入軍不被甲兵蹈火履水而無焦
溺亦皆如之請問既有其生不無其死何由
得歸無死之地維摩經曰此室常以金色光
照晝夜無異不以日月所照爲明師曰若以
金色光照爲明現居之室轉流晝夜若以日
月所照爲明現居之室晝夜流轉識是非眼
入是非看元符三年十一月十六中夜入滅
命門人黃公庭堅主後事荼毘日隣峰爲重
炬火不續黃顧師之得法上首新禪師曰此
老師有待於吾兄也新以喪拒黃強之新執
炬召衆曰不是餘殃累及我彌天罪過不容
誅而今兩脚捎空去不作牛兮便作驢以火
炬打一圓相曰只向這裏雪屈擲炬應手而
爇壽七十有六臘五十有五塟于普覺塔之
東　賜號寶覺
筠州黃檗眞覺惟勝禪師梓之中江人族羅
氏居講聚時偶以扇勘窓櫺有聲忽憶教中
道十方俱擊鼓十處一時聞因大悟白本講
講令參問徑往黃檗值　上堂踞座曰鐘樓
[四]上念讚床脚下種菜若人道得分[五]半院與伊
師出荅曰猛虎當路坐檗大悅徐以法席付
之諸方宗仰（其示衆機語見續燈）
隆興府泐潭洪英禪師邵武人也族陳氏幼
穎邁一目五行及長棄儒得度訪道曹山依
雅禪師久之辭登雲居聽其勝絕殆終于此
山因閱華嚴十明論乃證宗要即詣黃檗檗
與語達旦曰荷擔大法盡在爾躬厚自愛所
至議論奪席晚游西山與勝首座棲雙嶺熙
寧改元分座廬山圓通學者歸之二年冬開
法石門久之遷泐潭　開堂日問荅罷乃曰
問也無窮荅也無盡問荅去來於道轉遠何
故況爲此事直饒棒頭薦得不是丈夫喝下
承當未爲達士那堪更向言中取則句裏馳
求語路尖新機鋒捷疾如斯見解盡是埋沒
宗旨玷污先賢於吾祖道何曾夢見只如我
佛如來臨般涅槃乃云吾有正法眼藏涅槃
妙心付囑摩訶大迦葉迦葉遂付阿難暨商

那和修緻多大士諸祖相繼至於達磨西來直指人心見性成佛不立文字語言豈不是先聖方便之道自是當人不信却自迷頭認影奔逐狂途致使竛竮流浪生死諸禪德若能一念回光返照到自己脚跟下穙剥究竟將來可謂洞門豁開樓閣重重十方普現海會齊影便乃凡聖賢愚山河大地以海印三昧一印印定更無纖毫透漏山僧如是舉唱若是衆中有本色衲僧聞之實謂掩耳而歸笑破他口大衆且道本色衲僧門下一句作麼生道良久曰天際雪埋千尺石洞門凍折數株松　上堂釋迦老子當時一手指天一手指地云天上天下唯我獨尊釋迦老子旁若無人當時若遇箇明眼衲僧直教他上天無路入地無門然雖如是也須是銅鈔鑼裏滿盛油始得　問逢場作戲時如何曰紅爐拋出鐵烏龜云當軒布鼓師親擊百尺竿頭事若何云山僧不作這活計三年六月知事紛争止之不已初九日謂衆曰領衆不肅正坐無德吾有媿於黃龍令集衆叙行脚始末復曰吾滅後火化以骨歸普同塔明生死不離清衆也語終而逝壽五十有九夏四十有三

蘄州開元子琦禪師泉之惠安人族許氏九歲依開元智訥二十二試經剃染具戒精楞嚴圓覺棄謁翠巖眞禪師問佛法大意眞唾地曰這一滴落在甚麼處師捫膺曰學人今日脾疼眞解顏辭參積翠歲餘盡得其道乘間侍而商確古今適大雪南指山斯可以一致否對曰不能然則天霽日出雲物解駮豈復有哉知有底人於一切言句如破竹雖百節當迎刃而解詎容聲於擬議乎一日南遣僧逆問老和尚三關語如何師厲聲曰你理會久遠時事作麼南聞益奇之於是名著叢席南歿四祖演禪師命分座室中垂語曰一人有口道不得姓字爲誰傳至東林總禪師總歎曰琦首座如鐵山萬仞卒難退他語脉未幾以開元爲禪林請師爲第一世（語錄）

湖州報本慧元禪師　上堂僧問諸佛所說法種種皆方便是否曰是云爲甚麼諸法寂滅相不可以言宣曰且莫錯會僧以坐具一畫師喝曰諸法寂滅相不可以言宣今之學者方見道不可以言宣便擬絶慮忘緣杜塞視聽如斯見解未有自在分諸人要會寂滅相麼出門不見一纖毫滿目白雲與青嶂

潭州雲蓋守智禪師劍之龍津人族陳氏幼依劍浦林重院年二十三得度進具已至豫章大寧時法昌遇禪師韜藏西山師聞其飽參即之遇問曰汝何所來云大寧又問三門夜來倒汝知麼師愕云不知遇曰吳中石佛大有人不曾得見師惘然即展拜遇使謁翠巖眞禪師雖久之無省且不舍寸陰及謁黃龍於積翠始盡所疑留五年復謁英邵武於同安積翠殁首衆於石霜遂開法道吾徙雲蓋　上堂曰昨日高山看釣魚步行騎馬失却驢有人拾得駱駝去重賞千金一也無若向這裏薦得不著還草鞋錢　上堂緊帩履水靴踏破湖湘月手把鐵蒺藜打碎龍虎穴翻身倒上樹始見無生滅却笑老瞿曇彈指超彌勒　上堂唯一堅密身一切塵中現雲蓋今日千山鬱茂鳥獸嘶鳴百草競發萬木抽枝盡是諸佛箇箇眞如汝等諸人游山翫水直須急著眼睛莫被伊瞞　上堂舉趙州問僧向甚處去云摘茶去州曰閑師曰道著不著何處摸索背後龍鱗面前驢脚翻身筋斗孤雲野鶴阿呵呵　僧問鼓聲繞罷大衆臨筵祖意西來請師舉唱曰雨過路頭乾云祖意既如是家風事若何曰腦後合掌云全因今日謝汝到來　問有一無絃琴不是世間木今朝負上來請師彈一曲師拊膝一下僧云金風颯颯和清韻請師方便再垂音

曰陝府出鐵牛　元祐初退居西堂不出山三十年政和四年周公權守潭遣長沙令佐以詭計邀至開福齋罷鳴鼓問其故曰請師住持此院遂不得辭時年九十矣五年三月七日陞座說偈曰未出世口如驢觜出世後頭似馬杓百年終須自壞一任天下卜度歸方丈安坐良久乃化闍維得設利五色經旬撥灰爐猶得之坐六十六夏

隆興府泐潭真淨雲庵克文禪師陝之閿鄉人族鄭氏世多名卿師生而挺異讀書知要事後母失愛因游方至復之　塔閣廣禪師說法泣而師之二十五試所習得度受具講演名著伊洛義學者宗之偶游龍門至殿廡見入定比丘像幡然語其儔曰我所負者如吳道子畫人物雖妙盡一時然終非活者於是棄游湘潭治平二年坐夏大溈聞舉僧問雲門佛法如水中月是否曰清波無透路釋然穎悟徑之積翠翠問從甚麼處來云溈山曰恰值老僧不在云未審向甚麼處去曰天台普請南嶽游山云若然者學人亦得自在去也曰脚下鞋是何處得來云廬山七百錢唱得曰何曾自在來師指云何曾不自在來翠異之顧其機鋒莫觸唯英邵武與之階熙寧八年住筠之聖壽擢居洞山後謝事東游至金陵王荆公以師禮迎之施第為寺命開山奏　賜真淨號未幾還高安庵于九峰越六秋從歸宗泐潭　開堂日拈香祝聖問荅罷乃曰問話且止只知問佛問法殊不知佛法來處且道從甚麼處來垂一足曰昔日黃龍親行此令十方諸佛無敢違者諸代祖師一切聖賢無敢越者無量法門一切妙義天下老和尚舌頭始終一印無敢異者無異即且置印在甚麼處還見麼若見非僧非俗無偏無黨一一分付若不見而我自收遂收足喝一喝曰兵隨印轉將逐符行佛手驢脚生緣老好痛與三十棒而今會中莫有不甘者麼若有不妨奇特若無新長老謾你諸人去也故我大覺世尊昔日於摩竭陁國十二月八日明星現時豁然悟道大地有情一時成佛今有釋子沙門某於東震旦國大宋筠陽城中六月十三日赫日現時又悟箇甚麼以拂子畫曰我不敢輕於汝等汝等皆當作佛

上堂天地與我同根萬物與我一體脚頭脚尾橫三竪四北俱盧洲火發燒著帝釋眉毛東海龍王忍痛不禁轟一箇霹靂直得傾湫倒嶽雲黯長空十字街頭廖胡子醉中驚覺起來拊掌呵呵大笑云筠陽城中近來少賊乃拈拄杖曰賊賊

上堂道泰不傳天子令行人盡唱太平歌五九四十五莫有人從懷州來麼若有不得忘却臨江軍豆豉

上堂世尊拈華迦葉微笑拈拄杖曰洞山拈起拄杖子你諸人合作麼生擊香卓下座

上堂衹無襠袴無口頭上青灰三五斗趙州老漢少賣弄然則國清才子貴家富小兒驕其奈禾黍不陽艶競栽桃李春麤令力耕者半作賣華人

上堂佛法兩字直是難得人有底不信自己佛事唯憑少許古人影響相似般若所知境界定相法門動即背覺合塵黏將去脫不得或學者如印印泥遞相印授不唯自誤亦乃誤他洞山門下無佛法與人只有一口劒凡是來者一一斬斷使伊性命不存見聞俱泯却向父母未生前與伊相見見伊纔向前便為斬斷然則剛刀雖利不斬無罪之人莫有無罪底麼也好與三十拄杖

上堂今日供養羅漢夜來四方高人諷誦妙法蓮華經安樂行品一遍大眾作麼生是安樂行擬心早不安樂了也乃喝一喝曰豈不是安樂行如何是透法身句北斗裏藏身豈不是安樂行如何是祖師西來意庭前栢樹子豈不是安樂行如何是超佛越祖之譚胡餅豈不是安樂行以至僧俗大眾一一清淨光明住持豈不是安樂行乃至一佛二菩薩

一一羅漢一一辟支佛無不清淨實相住持所爲安樂行也大衆唯有髻中寶珠不妄與之雖然不與亦人人具足十二時中光明烜赫阿誰欠少還會麼歸堂喫茶復喝一喝下座　解夏上堂以拂子擊禪床曰天地造化有陰有陽有生有殺日月照臨有明有暗有隱有顯江河流注有高有下有壅有決明主治化有君有臣有禮有樂有賞有罰佛法住世有頓有漸有權有實有結有解結也四月十五日十方法界是聖是凡若草若木以拂子左邊敲曰從這裏一時結舉起曰總在拂子頭上還見麼遂喝曰解也七月十五日十方法界若草若木乃聖乃凡以拂子右邊敲曰從這裏一時解舉起曰總在拂子頭上還見麼遂喝曰只如四月十五日已前七月十五日已後且道是解是結復舉拂子曰總在拂子頭上還見麼遂喝曰諸高德此三喝中有一喝是金剛王寶劒有一喝是踞地師子有一喝是探竿影草若人一一辨得始見臨濟大師道出常情黄檗被掌大愚遭築雖相去三二百年許你親爲的子然後大開不二妙門權諸祖道攞邪顯正扶宗立教整頓頹綱縱大知見耀大法眼不動本際決勝魔軍遂喝曰更須知有一喝不作一喝用到這裏須是具爍迦羅眼向未屙已前驀提得去諸高德且道提得箇甚麼良久喝一喝下座

僧問新豐吟雲門曲舉世知音能和續大衆臨筵願清耳目師以右手拍禪床一下僧云木人拊掌石女揚眉師以左手拍禪床一下僧云猶是學人疑處師曰何不脚跟下薦取僧以坐具一拂師曰爭奈脚跟下何　問遠遠馳符命禪師俯應機祖令當行也方便指羣迷曰深云深意如何曰淺云教學人如何領會曰點　問馬祖下尊宿一箇箇阿轆轆地唯有歸宗老較些子黄龍下兒孫一箇箇硬剝剝地只有真淨老師較些子學人恁麼還扶得也無曰打疊面前搕𢶍却云若不同床睡焉知被底穿師不荅僧云這箇爲上上根人忽遇中下之流如何指接師亦不荅僧云非但和尚𢥠㦬學人亦乃一場敗闕曰三十年後悟去在　問承古有言衆生日用而不知未審不知箇甚麼曰道云忽然知後如何曰十萬八千僧提起坐具云爭奈這箇何師便喝崇寧改元休於雲庵十月旦示疾望乃愈出道具散諸徒翌日中夜沐浴更衣趺坐衆請說法師示以偈及遺誡宗門大略言卒而逝越七日火葬焰成五色白光上騰煙所及成設利道俗千餘人咸得之分靈骨塔于泐潭新豐壽七十有八

隆興府上藍順禪師　上堂曰夏日人人把扇搖冬來以炭滿爐燒若能於此全知曉塵劫無明當下消　上堂舉勘婆話師乃曰趙州問路婆子荅云恁麼去皆云勘破老婆婆子無你雪處同道者相共舉

舒州三祖法宗禪師　上堂曰架梯可以攀高雖升而不能達河漢鑄鍬可以掘鑿雖利而不到風輪其器者費功其謀者益妄不如師家坐免使走塵壞大衆那箇是塵壞祖佛禪道　僧問如何是正法眼曰泥裏有刺云如何是道曰老僧落第二云如何是禪曰你且莫少叢林

南安軍雪峯道圓禪師南雄人也依積翠日宴坐下板時一僧論野狐話一云不落因果也未脫得野狐身一云不昧因果又何曾墮野狐來師聞之悚然因詣積翠庵渡澗猛省述偈曰不落不昧僧俗本無忌諱丈夫氣宇如王爭受囊藏被蓋一條楖栗任縱橫野狐跳入金毛隊南見爲助喜出任雪峯　上堂舉風幡話師曰不是風兮不是幡白雲依舊覆青山年來老大渾無力偷得忙中些子閑

隆興府祐聖法窨禪師潮陽鄭氏子晚見黄龍深蒙印可　上堂曰此事如醫家驗病方

且雜毒滿腹未易攻治必瞑眩之藥而後可
瘳就令徇意投之適足狂惑增其沈痼求其
已病不亦左乎法堂前草深於心無媿崇寧
三年十二月六日泊然坐逝
南康軍清隱潛庵清源禪師豫章人族鄧氏
依洪巖處信得度具戒參武泉常雲居舜泐
潭月疑未決始趨黃龍一日聞舉洞山初和
尚見雲門因緣遂失笑龍問胡爲而笑云笑
黃面浙子憐兒不覺醜自是容爲侍者閱七
年精微奧妙叢林稱之初住西山次遷清隱
上堂曰寒風激水成冰杲日照冰成水冰
水本自無情各各應時而至世間萬物皆然
不用強生擬議　上堂先師初事棲賢諟泐
潭澄歷二十年宗門奇奧經論玄要莫不貫
穿及因雲峰指見慈明則一字無用遂設三
關語以驗學者而禪者如葉公畫龍龍現即
怖建炎三年八月五日示寂于撫之漳江壽
九十八臘七十八
廬山歸宗志芝庵主臨江人也壯爲苾芻依
黃龍於歸宗遂領深旨有偈曰未到應須到
到了令人笑眉毛本無用無渠底波俏未幾
龍引退芝陸沈于衆一日普請罷書曰茶芽
麁鞭初離焙筍角狼忙又吐泥山舍一年春
事辦得閑誰管板頭低由是衲子親之芝不

懌結茅絕頂作偈曰千峰頂上一間屋老僧
半間雲半間昨夜雲隨風雨去到頭不似老
僧閑(有本小異)竟終于此山
楊岐方會禪師法嗣
舒州白雲守端禪師衡陽人族葛氏(續燈云關氏非)
幼事翰墨惡俗務冠依茶陵郁禪師披削往
參雲蓋顒禪師顒殁楊岐繼焉岐見之與語
終夕一日忽問受業師爲誰云茶陵郁和尚
曰吾聞伊過溪有省作偈甚奇能記否師誦
云我有明珠一顆久被塵勞關鎖今朝塵盡
光生照破山河萬朵岐笑而趨起師愕視不
寐黎明咨詢之適歲暮岐曰汝見昨日打敺
儺者麼云見曰汝一籌不及渠師復駭云意
旨如何曰渠愛人笑汝怕人笑師大悟巾侍
久之嘉祐四年辭游廬阜圓通訥禪師一見
自謂不及舉住承天聲名藉甚又遜居圓通
次徙法華龍門興化海會所至衆如雲集開
堂日問荅已乃曰昔日靈山會上世尊拈華
迦葉微笑世尊道吾有正法眼藏分付摩訶
大迦葉次第流傳無令斷絕至于今日大衆
若是正法眼藏釋迦老子自無分將箇甚麼
分付將箇甚麼流傳何謂如此況諸人分上
各各自有正法眼藏每日起來是是非非分
南分北種種施爲盡是正法眼藏之光影此

眼開時乾坤大地日月星辰森羅萬象只在
面前不見有毫釐之相此眼未開時盡在諸
人眼睛裏今日已開者不在此限有未開者
山僧不惜手爲諸人開此法眼藏看舉手豎
兩指曰看看若見得去事同一家若也未然
山僧不免重說偈言諸人法眼藏千聖莫能
當爲君通一線光輝滿大唐須彌走入海六
月降嚴霜法華雖恁道無句得商量大衆旣
是滿口道了爲甚麼却無句得商量喝一喝
曰分身兩處看　上堂乾坤之內宇宙之間
中有一寶祕在形山大衆眼在鼻上脚在肚
下且道寶在甚麼處遂曰人面不知何處去
桃華依[illegible]笑春風　上堂豎起拄杖曰鋒刃
上蹺跳橫按曰微塵裏走馬勞勞去復來箇
是惺惺者擲拄杖下座　上堂不曾迷莫求
悟爲甚麼從上來却有師承祖嗣若也會得
入鄉隨俗若也不會餓死首陽山然雖如是
入水見長人　上堂今日至節一陽生於此
日拈起拄杖召大衆曰且道這箇作麼生若
也見得且恁麼應時納祐若數至大年朝前
頭大有雪在所以承天尋常十度發言九度
休何謂如此當門不用栽荆棘後代兒孫惹
著衣然雖如是三十年後太公釣魚參　上
堂古者道將此深心奉塵剎是則名爲報佛

恩圓通即不然時挑野菜和根煮旋斫生柴帶葉燒　上堂江月照松風吹到這裏還有漏網者麽良久曰皇天無親　上堂釋迦老子有四洪誓願云衆生無邊誓願度煩惱無盡誓願斷法門無量誓願學佛道無上誓願成法華亦有四洪誓願饑來要喫飯寒到即添衣困時伸脚睡熱處愛風吹　上堂日消萬兩黄金法華門下不著直饒不直半分錢正入得法華門未陞得法華堂未入得法華室且道甚麽人陞得法華堂入得法華室乃曰眼有三角頭峭五嶽　上堂今日也是這箇明日也是這箇作麽生是那箇漆桶參堂去　淨空居士郭功甫訪師上堂夜來枕上作得箇山頌謝功甫大儒直要與天下有鼻孔衲僧脱却著肉汗衫莫言不道遂曰上大人丘乙已化三千七十士尓小生八九子佳作仁可知禮也　上堂古人留下一言半句未透時撞著鐵壁相似忽然一日覷得透後方知自己自是鐵壁如今作麽生透復曰鐵壁鐵壁　僧問如何是佛曰鑊湯無冷處云如何是佛法大意曰水底按葫蘆云如何是祖師西來意曰鳥飛兎走　問不求諸聖不重己靈未是衲僧分上事如何是衲僧分上事曰死水不藏龍云便恁麽去時如何曰賺殺你熙寧五年遷化壽四十八

建康府保寧仁勇禪師四明人族竺氏容止淵秀齠爲大僧通台教儀黟服依雪竇明覺顯禪師顯意其可任一日誚之師憤悱即往依泐潭踰紀疑情未泮聞楊歧移雲蓋能鈐鍵學者直造丈室一語未及頓明心印出住保寧餘二十年大揚祖道　上堂曰塵塵爾剎剎爾山是山水是水彌勒不入樓閣善財不須彈指以手一畫曰微塵世界冰消瓦解且道彌勒善財在甚麽處若向這裏參徹去不妨在處稱尊若也不見客路如天遠侯門似海深　上堂立春日打春牛一棒兩棒千頭萬頭雪華深處辨不得頂門有眼空悠悠拍手曰囉囉哩惱亂春風卒未休　上堂秋風凉松韻長未歸客思故鄉且道誰是未歸客何處是故鄉良久曰長連床上有粥有飯　上堂舉三聖云我逢人即出出則不爲人興化道我逢人即不出出則便爲人師曰此二尊宿恁麽爲人猶在半途保寧今日路易不平拈拄杖下座大衆一時走散擲下歸方丈　上堂天上無彌勒地下無彌勒打破太虛空如何尋不得垂下一足曰大衆向甚麽處去也　上堂祖師門下絶人行深嶮過于萬仞坑垂手不能空費力任他堂上緑苔生　上堂若説佛法供養大衆未免眉鬚墮落若説世法供養大衆入地獄如箭射去此二途且道保寧今日當説甚麽三寸舌頭無用處一雙空手不成拳　上堂齧鏃之機猶是鈍當鋒點的未爲親那吒十面千眸動無相靈光騎日輪咄　上堂拈起拄杖曰宮商角徵羽金木水火土卓一下曰卦上吉凶分三日後看取　上堂看看山僧入拔舌地獄去也以手拽舌曰啊哪哪　上堂古人底今人用今人底古人爲古今無背面今古幾人知哪嗚咿一九與二九相逢不出手　上堂以兩手畫一圓相擘開捺膝曰渾崙擘不破三人共兩箇滋味信全無有誰吞得過吞得過且恁麽吞不過莫亂做　上堂有手脚無背面明眼人看不見天左旋地右轉拍膝曰西風一陣來落葉兩三片　上堂風鳴條雨破塊曉來枕上鶯聲碎蝦蟆蚯蚓一時鳴妙德空生都不會都不會三箇成群四箇作隊窈窕窱飄飄颻颻向南北東西折得梨華李華一佩兩佩　再受保寧請上堂拍手三下指口搖手三下便下座　上堂智不到處切忌道著道著則頭角生大衆頭角生了也是牛是馬　上堂無漏眞淨云何是中更容他物喝曰好人不肯做須要屎裏卧　上堂恁

歷來傾湫倒嶽恁麼去塡溝塞壑總不恁麼錯錯　上堂吞却乾坤大地開口何處出氣永嘉一宿曹溪至今猶未瞥地　上堂十目視十手指一不成二不是會麼寒鷹未舉首俊鶻已冲霄　僧問昔年雲外人皆委今日當場略借看曰山僧愛嗔不愛喜云斬新日月特地乾坤曰恰似不相逢　問如何是佛曰近火先焦云如何是道曰溺泥有刺云如何是道中人曰切忌踏著　問靈山指月曹溪話月未委保寧門下如何曰嗄　問先德道寒風凋敗葉猶喜故人歸未審誰是故人曰楊岐和尚遷化久矣云正當恁麼時更有甚麼人爲知音曰無眼村翁暗點頭　問如何是保寧境曰主山頭倒卓云如何是境中人曰鼻孔無半邊　問如何是佛曰自屎不覺臭　問蓮華未出水時如何曰半陰半陽云出水後如何曰七零八落

翠巖可眞禪師法嗣 素四

潭州大潙眞如慕喆禪師臨川人族聞氏未 十六 總角禮建昌永安圓覺律師試所習得度剛簡有識以荷法爲志翠巖處衆日師得與從游幾二十載雖羣居常尊以師禮巖謂人曰三十年後喆子必大作佛事巖歿塔于西山師心喪三年去依黃檗游湘中時謝公師直守潭慕其名以嶽麓禮迎之累日方就遷慈光大潙紹聖改元奉驛召引對　延和殿稱旨錫紫服眞如號尋補大相國寺　上堂曰古者道一釋迦二元和三佛陀自餘是甚麼椀脫丘慧光即不然一釋迦二元和三佛陀總是椀脫丘諸人還知慧光落處麼若也知去許你具鐵眼銅睛若也不知莫謂幾經風浪險扁舟曾向五湖游　上堂不用思而知不用慮而解廬陵米價高鎭州蘿蔔大　上堂阿喇喇是甚麼飜思破竈墮杖子繞擊著方知辜負我以拄杖擊香卓一下曰墮墮　上堂十方同聚會箇箇學無爲此是選佛場心空及第歸慧光門下直拔超升不歷科目諸人既到這裏風雲布地牙爪已成但欠雷聲燒尾如今爲你諸人震忽雷去也以拄杖擊禪床下座　僧問大通智勝佛十劫坐道場爲甚麼不得成佛道曰苦殺人　問牛頭未見四祖時如何曰寒毛卓豎云見後如何曰額頭汗出 素四　問如何是教外別傳一句曰 十九 飜譯不出師自分座至終室中唯問學者洗鉢盂話上人如何會僧擬對師即以手托曰歇去二年十月八日無疾說偈別衆良久示寂偈曰昨夜三更風雷忽作雲散長空前溪月落闍維設利大如豆斛許目睛齒爪不壞門弟子分塔于京潭

蔣山覺海贊元禪師法嗣

郢州丞熙應悅禪師撫之宜黃戴氏子　上堂曰我宗無語句徒勞尋路布現成公案已多端那堪更涉他門戶覿面當機直下提何用波吒受辛苦咄

明州雪竇法雅禪師　僧問學人不問西來意乞師方便指迷情曰霹靂過頭猶瞌睡云謝師答話云再三啓口問何人云爭奈學人未禮拜何曰休鈍置

定慧海印超信禪師法嗣

平江府穹隆智圓禪師本郡人族沈氏未冠依能仁曇卿下髮習台教校譯梵葉謁甘露夫禪師及保寧眞淨之室始發明後依海印一日汲水滌衣忽大悟與印咨答若符契留侍再閱遂首衆於和之開聖出住慶善移穹隆　上堂曰三月晚春華正紅馨香惹得亂羣蜂只知安計競頭採不覺從前造化空　上堂福臻不說禪無事日高眠有問祖師意連擉兩三拳大衆且道爲甚麼如此不合惱亂山僧睡師性眞率雖僕夫亦與偶坐室中唯蒲團紙帳而已有求示衆語者師答曰汝覓上堂語我今重爲舉莫向句中求箇裏全不許圖悟禪師行化至蘇城詣山炷香拜之

宣和甲辰五月中澣語門人曰吾翊且行矣
漏盡沐浴端坐而終茶毘設利五色無數合
遺骨建窣堵波於西北隅壽六十九臘五十
二

嘉泰普燈録卷第四

千未　素四

# 嘉泰普燈錄卷第五

平江府報恩光孝禪寺臣僧正受編

青原第十二世（雲門六世）
慧林圓照宗本禪師法嗣十五人
東京法雲太通善本禪師
鎮江府金山去印寧禪師（語見續燈）
鎮江府甘露傳祖仲宣禪師（語見續燈）
台州瑞巖有居禪師（語見續燈）
東京淨因佛日惟岳禪師（語見續燈）
嘉興府本覺法眞守一禪師
舒州投子證悟脩顒禪師（語見續燈）
常州無錫南禪寧禪師
揚州石塔慧禪師（語見續燈）
眞州長蘆淨照宗信禪師（語見續燈）
紹興府石佛密印曉通禪師
平江府萬壽圓禪師（語見續燈）
福州地藏守恩禪師
筠州壽聖省聰禪師（語見續燈）
鎮江府金山智覺法慧禪師
法雲圓通法秀禪師法嗣六人
建康府保寧覺印子英禪師（語見續燈）
舒州甘露德顒禪師（語見續燈）
東京法雲佛國惟白禪師
廬山開先心印智珣禪師

溫州僊巖景純禪師
寧國府廣教守訥禪師
天鉢文慧重元禪師法嗣二人
衛州元豐清滿禪師
青州定慧法本禪師
長蘆廣照應夫禪師法嗣四人（三人見錄）
眞定府洪濟慈覺宗賾禪師
慶元府雪竇覺印道榮禪師
平江府慧日廣燈智覺禪師
（和州開聖覺禪師機語未見）
佛日智才禪師法嗣一人
澧州夾山自齡禪師（語見續燈）
瑞巖子鴻禪師法嗣一人
慶元府育王眞戒曇振禪師（語見續燈）
資壽捷禪師法嗣二人（一人見錄）
泉州慧空圓覺大智文宥禪師
（泉州資壽思永禪師機語未見）
淨衆梵言首座法嗣一人
西京招提廣燈惟湛禪師
蔣山佛慧法泉禪師法嗣一人
清獻公趙抃居士（語見賢臣）
九峰鑒韶禪師法嗣一人
慶元府大梅祖鏡法英禪師（韶嗣泐潭澄澄嗣五祖戒戒取雲門爲的孫）

青原第十二世（洞山八世）
芙蓉道楷禪師法嗣十八人（十三人見錄）
鄧州丹霞子淳禪師
東京淨因枯木法成禪師
襄陽府石門元易禪師
長安天寧大用齊璉禪師
潼川府梅山已禪師
東京淨因自覺禪師
福州普賢善秀禪師
襄陽府鹿門法燈禪師
西京天寧禧誧禪師
隆興府泐潭闡提惟照禪師
建昌軍資聖南禪師
筠州洞山微禪師
太傅高世則居士（語見賢臣）
（西京招提寶禪師
廬山慧日南禪師
隨州大洪恭禪師
西京少林江禪師
潼川府景山居禪師
已上機語未見）
大洪恩禪師法嗣二人（一人見錄）
隨州大洪淨嚴守遂禪師
（隨州大洪智禪師機語未見）
青原第十二世（雲門六世）
慧林圓照宗本禪師法嗣
東京法雲大通善本禪師族董氏漢仲舒之

嗇也大父琪父温皆官于穎遂爲穎人毋無子檮白衣大士乃得師及長博極羣書然清修無仕官意嘉祐八年與弟善思從京師地藏院選經得度習毗尼東游至姑蘇禮圓照於瑞光照特顧之於是契旨經五稔益躋微奥照令依圓通秀禪師（秀時住棲賢）師至又盡其要元豐七年渡淮留太守巖父之出住雙林遷淨慈尋被　旨徙居法雲　上堂良久曰只恁麼休去累他毘耶老人棒喝交馳鈍置德山臨濟紐半破三即不要你話會不觸平常一句作麼生道未能分皂白且莫亂針錐　上堂上不見天下不見地畐塞虛空無處回避爲君明破即不中且向南山看鼈鼻蛇拄杖下座　上堂三界有無一切法不能與佛爲譬喻老胡從來名邈不得處今日不惜眉毛試爲諸人舉看良久拈拄杖卓一下曰數尺水聲繞卓地一條虬勢欲騰空　上堂僧家無事實謂高閑困即烹茶寒來向火林間笑傲物外忘懷揮松柄以清談伴煙霞而遣日暮天席地誰是誰非三十年後有人問極則事但向伊道賊過後張弓　上堂言無展事語不投機踏飜大海趯倒須彌直得洞山老無隱身之處你等諸人何不救取若救不得雙林爲你救看遂喝一喝下座　僧問九夏賞勞即不問從今向去事如何曰光剃頭淨洗鉢云謝師指示曰滴水難消　問如何是祖師西來意曰你行脚來圖箇甚麽云學人不會曰且待驢年　問春山疊亂青春水漾虛碧未審是何境界曰要道有甚麽難云便請曰月似彎弓少雨多風　問涅槃心易曉差別智難分如何是差別智曰燈籠呑露柱云學人未委曰佛殿出三門　開堂日僧問寶塔元無縫如何指示人曰煙霞生背面星月繞簷楹云如何是塔中人曰竟日不干清世事長年占斷白雲鄉後得　旨還乃庵於西湖龍山（今號崇德）大觀三年十二月甲子屈三指謂左右曰有三日耳至期果加趺而化異禽翔鳴于庭　勅塔全身於上方　諡曰圓定塔名定光壽七十五臘四十七

嘉興府本覺法真守一禪師　上堂舉拂子曰三世諸佛六代祖師總在這裏還見麼見汝不相當又爲說法云無二無二分無別無斷故還聞麼汝又不惺惺一時却往上方香積世界去也摵拂子曰退後退後突著你眼睛　上堂古者道佛似握拳道如展手乃合掌曰這箇似甚麼若道得許你是箇了事人若道不得莫道不疑好　上堂觸目不會道運足焉知路三家村裏築著磕著借較些子若是佛法禪道拈放一邊去伊分上總使不著爲甚麼如此眞人面前不得說假　上堂拈拄杖曰平戎破虜蓋代功勳只如四海晏清還用得這箇麼良久曰李將軍有嘉聲在不得封侯也是閑　僧問如何是祖師西來意曰擔水河頭賣云意旨如何曰欺胡謾漢云勞而無功也曰九年人不識隻履自空回　問如何是句中玄曰崑崙騎象藕絲牽云如何是體中玄曰影浸寒潭月在天云如何是玄中玄曰長連床上帶刀眠云向上還有事也無曰放下着

常州無錫南禪寧禪師　僧問初生孩兒還具六識也無曰水長船高云盧陵米價作麼生酬曰款出囚口

紹興府石佛寄印曉通禪師　上堂曰冷似秋潭月無心合太虛山高流水急何處駐游魚　僧問如何是頓教曰月落寒潭云如何是漸教曰雲生碧漢云不漸不頓時如何曰八十老婆不言嫁

福州地藏守恩禪師　上堂曰古聖道夫說法者當如法說山僧今日如法說似大衆乃垂下一足曰一任諸方貶剝　上堂良久曰一境誰相到翛然絕點塵天花莫狼藉吾匪解空人又曰樵夫跣足下層巒大笑漁翁溪

上寒山色橫擔鄽市去家家門底透長安
僧問如何是佛曰晝眠無益云意旨如何曰
早起甚長　問善惡不修底人落在甚麼處
曰一步一彈指云謝師指示曰回首念觀音
　問如何是西來祖意曰風吹滿面塵
鎮江府金山智覺法慧禪師　僧問大修行
人還落因果也無曰鳩鳥入水魚皆死毒龍
行處草不生
法雲圓通法秀禪師法嗣
東京法雲佛國惟白禪師初住泗之龜山次
遷湯泉法雲建中靖國二年以所集宗門續
燈録三十卷上進稱　旨恭承　御製序文
仍　勑其録入藏頒行天下　上堂曰曷要
有意白浪徒以滔天罔象無心明珠忽然在
掌以手打一圓相召大衆曰還見麼良久曰
看即有分　上堂拈拄杖示衆曰山僧住持
七十餘日未曾拈動這箇而今不免現些小
神通供養諸人遂卓拄杖下座　上堂過去
素五　六
已過去未來且莫筭正當現在事今朝正月
半明月正團圓打鼓普請看大衆看即不無
畢竟喚甚麼作月休於天上覓莫向水中尋
　僧問以心中眼觀身外相如何是心中眼
曰紅日照扶桑云如何心外相曰白雲封華
嶽

溫州僊巖景純禪師初住智廣次擢護國江
心　僧問不作佛法相見世諦相酬請師速
道曰遇唐虞即禮樂逢桀紂即干戈云不是
學人問處曰生擒虎兕死怕盲龜　問德山
棒臨濟喝和尚如何作用曰老僧今日困
便喝師曰却是你惺惺
寧國府廣教守訥禪師圓照上足也世稱訥
叔　僧問如何是古今常存底句曰鐵牛橫
海岸云如何是衲僧正眼曰針劄不入
天鉢文慧重元禪師法嗣
衛州元豐慧圓清滿禪師　上堂曰老胡生
下行七步明星現時又説悟并贓捉獲這無
端鐵棒三十略輕恕驀拈拄杖曰祖師合契
多少要知麼古今罪犯彌天盡是諸人致得
　歲旦上堂憶昔山居絕糧有頌舉似大衆
饑飡松栢葉渴飲澗中泉看罷青青竹和衣
自在眠大衆更有山懷爲君説今年年是去
年年　上堂喝一喝曰不是道不是禪每逢
素五　七
三五夜皓月十分圓參　上堂此劒刃上事
須是劒刃上漢始得有般名利之徒爲人天
師懸羊頭賣狗肉壞後進初機滅先聖洪範
你等諸人聞恁麼事豈不寒心由是疑誤衆
生墮無間獄苦哉苦哉取一朝快意受萬刦
餘殃有甚麼死急來爲釋子喝曰瞶人徒側

耳便下座　僧問如何是佛曰天寒地冷云
如何是道曰不道云爲甚麼不道曰道是閑
名字　問如何是全彰底事曰秋日春風動
　有座主問維摩默然意旨如何師展手曰
會麼云不會師曰也是難　師凡見僧乃曰
佛法世法眼病空華有僧云翳消華滅時如
何曰將謂汝靈利
青州定慧法本禪師　僧問古人到這裏爲
甚麼拱手歸降曰理合如是云畢竟如何曰
夜眠日走
長蘆廣照應夫禪師法嗣
眞定府洪濟慈覺宗賾禪師　上堂曰近日
身心頑鈍恰似一片鐵板内無玲瓏機智外
無華藻文章誰能打作鄆州針笑殺泰時鐸
輅鑚四稜著地萬事無心雖然看不入畢竟
撲不破何也不見道大都好物不堅牢彩雲
易散瑠璃脆　上堂金屑雖貴落眼成翳金
屑既除眼在甚麼處若如是者未出荆棘林
中棒頭取證喝下承當正在金峰窠裏　上
堂樓外紫金山色秀門前甘露水聲寒古槐
陰下清風裏試爲諸人再指看拈拄杖曰還
見麼擊香卓曰還聞麼靠却拄杖曰眼耳若
通隨處足水聲山色自悠悠　僧問如何是
上元境曰燈毬大底大小底小云只如車馬

往來成得箇甚麼邊事曰爭似山僧到曉眠　問六門未息時如何曰鼻孔裏燒香云學人不會曰耳朶裏打鼓　問如何是無功之功曰泥牛不運步天下沒荒田云恁麼則功不浪施也曰雖然廣大神通未免遭他痛棒

慶元府雪竇覺印道榮禪師郡之陳氏子也

素五 八

僧問寒山逢拾得時如何曰揚眉飛閃電云更有何事曰開口放毫光云如何是向上一路曰七六八

平江府慧日廣燈智覺禪師本郡人族梅氏久游師席未有省晚契機於廣照未幾歸里開法慧日遷城南高峰　上堂良久曰休休休徒悠悠釣竿長在手魚冷不吞鉤喝一喝下座紹興丁巳秋日將昳呼侍僧令集衆叙平昔參問勉衆辦己躬事引筆書曰南北無寸影東西絕四隣一息故鄉信曉風吹宿雲置筆而逝

資聖捷禪師法嗣

泉州慧空圓覺大智文宥禪師郡之晉江人族陳氏數歲日記千言熙寧中兄皓上書語犯朝政捕甚急從兄遁羅浮後依資壽思永禪師披削（捷乃永之得法師也）因就參之室中垂示漫不省一日聞捷古人向關合眼處示密作用有是哉捷叱曰驢前馬後漢有甚用處拈拄杖逐之師大悟捷笑曰這鈍漢（餘語未見）

淨衆梵言首座法嗣

西京招提廣燈惟湛禪師出嘉禾倡室王氏七歲依淨嚴院出家有逸才一覽不再目十四得度徧扣禪扃機契淨衆去游京師侍佛國白禪師入對　賜號廣燈與䞟服自出世

素五 九

招提屢遷巨刹開堂日拈香祝聖罷復拈香曰此一瓣香二十年前雲門山畔若耶溪邊得處有根不同栽接今日爇向爐中供養我越州淨衆院言首座和尚令鐵樹抽枝芬芳無盡遂就座上首白椎曰法筵龍象衆當觀第一義師拍禪床呵呵大笑曰好箇第一義剛被少林禪師一椎打作兩橛即今莫有接得者麼（問荅在後）復曰拈華已錯微笑乖差四七虛傳聲流谷響二三妄指月散溪光五派狂分千枝橫出指鹿爲馬認弓作蛇首感安心次迷得髓黃梅席上南北宗開曹溪岸頭東西浪起自爾波瀾競發阡陌支離標路空多無人蹤斷隨流愈遠誰解歸源棒喝臨機白雲萬里直得黃頭結舌碧眼吞聲如斯話會猶是道途之說被明眼人傍觀一場笑具雖然如是今日爲國開堂於第二義門爲諸人試通一線豎起拂子曰還委悉麼石女舞成長壽曲木人唱起太平歌　上堂忍對春風百鳥啼桃華潛入武陵溪謝郎回棹歸來晚不似秦人一向迷　上堂偏不偏正不正那事從來難比並滿天風雨骨毛寒何須更入那伽定卓拄杖下座　上堂六塵不惡還同正覺馬上誰家白面郎穿華折柳垂巾角夜來一醉明月樓呼盧輸却黃金宅臂鷹走狗歸不歸娥眉皓齒嗔無力此心能有幾人知黃頭碧眼非相識囉囉哩拍手一下下座　上堂直鉤釣鯤鯨曲鉤釣魚鼈古人用力太多所得甚少承天今日沈巨網於滄溟魚龍不選舉長網於大野頭角奚分且道其中還有透網羅底麼良久曰等閑不用擡頭角他日風雲會有時　僧問祖祖相傳無間斷師今端的嗣何人曰若耶水急秦望峰高云當年得底分明句今日無私願舉揚曰霜高鷹隼疾舉翼過新羅　問如何是和尚家風曰秋風黃葉亂遠岫白雲歸云專爲流通也曰即今且作麼生舉僧便喝師便打　問如何

素五 十

是招提境曰砌華金布地庭樹碧參空云如何是境中人曰有時開碧眼無處覓黃頭　問引退荆州之祖席復登丹嶠之道場如何是不動尊曰浮杯來楚澤飛錫過錢塘云莫便是不動尊麼曰却須緊帩草鞋建炎初終於當湖之南庵今號南塔

九峯鑒韶禪師法嗣

慶元府大梅祖鏡法英禪師郡之鄞縣人族張氏棄儒試經爲大僧肄講延慶凡義學有困於宿德輒以詰師師縱辯辯之爲衆所敬忽曰名相迂曲豈吾所宗哉乃更服之九峯九峯見器之與語若久在叢席因痛劄之師領旨自爾得譽出游京雒所至道俗爭迎判宗留後仲爰以道見交久而益敬奏錫紫衣師名命居襄陽白馬逾二年退休東歸太守迎補大梅法席盛於歐粵宣和改元勑天下僧尼爲德士雖主法者聚議無一言以回上心師肆筆解老子詣進　上覽謂近臣曰法英所進道德經解言簡理詣於古未有宣賜入道藏流行仍就　賜冠珮壇誥世不知師意者往往以其爲佞諛明年秋　詔復天下僧尼師獨無改志至紹興初晨起戴樺皮冠披鶴氅執象簡穿朱履使擊鼓集衆陞座召大衆曰蘭芬春谷菊秋籬物必榮枯各有時昔毀僧尼專奉道後平道使復僧尼大衆且道僧尼形相作麼生復取冠示衆曰吾頂從來似月圓雖冠其髮不成仙今朝拋下無遮障放出神光透碧天擲之隨易僧服提鶴氅曰如來昔日貿皮衣數載慚將鶴氅披還我丈夫調御服須知此物不相宜擲之舉象簡曰爲嫌禪板大無端豈料遭他象簡瞞今日因何忽放下普天致仕老仙官擲之提朱履曰達磨勞將一隻歸兒孫從此赤脚走借他朱履代麻鞋休道時難事掣肘化鵬未遇不如鯤畫虎不成反類狗擲之橫拄杖曰今朝拄杖化爲龍分破華山千萬重復倚肩曰珍重佛心眞聖主好將堯德振吾宗端然斂目而逝壽八十餘有刋正錄并易註行于世

青原第十二世（洞山八世）

天寧芙蓉道楷禪師法嗣

鄧州丹霞子淳禪師劒門人族賈氏幼出家大安寺弱冠爲僧初參玉泉芳禪師次扣大溈眞如之室後徹證於芙蓉　上堂曰乾坤之內宇宙之間中有一寶祕在形山肇法師恁麼道只解指蹤話迹且不能拈示於人丹霞今日擘開宇宙打破形山爲諸人拈出具眼者辨取以拄杖卓一下曰還見麼鷺鷥立雪非同色明月蘆花不似他　上堂寶月流輝澄潭布影水無蘸月之意月無分照之心水月兩忘方可稱斷所以道昇天底事直須颺却十成底事直須去却擲地金聲不須回顧若能如是始解向異類中行諸人到這裏還相委悉麼良久曰常行不舉人間步披毛帶角混塵泥　上堂舉德山示衆曰我宗無語句實無一法爲人德山恁麼說話可謂是只知入草求人不覺通身泥水子細觀來只具一隻眼若是丹霞即不然我宗有語句金刀剪不開深深玄妙旨玉女夜懷胎　上堂亭亭日午猶虧半寂寂三更尚未圓六戶不曾知曉意往來常在月明前　上堂舉北院問青峯洛浦道入荒田不揀信手拈來草何不道作麼生是信手拈來草峯作拈勢師別曰是則是只是未能契草又甘贄行者接待有僧曰行者接待不易贄云譬如餵驢餵馬明安曰也知行者常行此路師別曰來年與行者買一領直裰　僧問牛頭未見四祖時如何曰金菊乍開蜂競採云見後如何曰苗枯華謝了無依宣和己亥春示寂塔全身於洪山之南

東京淨因枯木法成禪師嘉興崇德人（事詁未詳）　上堂曰燈籠忽爾笑咍咍如何露柱亦懷胎天明生得白頭女至今游蕩不歸來這冤家好歸來黃花與翠竹早晚爲誰栽　上堂達磨九年垂一則語直至如今諸方賺舉欲得不賺舉麼香山爲汝諸人再舉大龍山高小龍山低香山處中恰好相宜恁麼舉了還得不賺麼良久曰葱嶺罷詢熊耳夢雪庭休話少林春　上堂孤峯絕頂靈松上聳於千

尋萬里江湖皓月光輝於碧落正當恁麽時野鶴無因措足游魚何處藏形眼睛定動十萬八千擬議之間鄉關阻隔香山今日已是開眼溺床汝等諸人切莫夢中說夢　上堂歸源性無二方便有多門但了歸源性何愁方便門諸人要會歸源性麽露柱將來作木杓旁人不肯任從伊要會方便門麽木杓將來作露柱撐天柱地也相宜且道不落方便門一句作麽生道三十年後莫教錯舉　上堂知有佛祖向上事方有說話分諸禪德且道那箇是佛祖向上事有箇人家兒子六根不具七識不全是大闡提無佛種性逢佛殺佛逢祖殺祖天堂收不得地獄攝無門大衆還識此人麽良久曰對面不仙陀睡多饒寐語

鄧州招提元易禪師潼川銅山𣏌氏子大觀四年出住招提凡十更名刹　上堂曰十方同聚會箇箇學無爲此是選佛場心空及第歸大衆只如聞見覺知未嘗有間作麽生說箇心空底道理莫是見而不見聞而不聞爲之心空耶錯莫是忘機息慮萬法俱捐銷能所以入玄宗泯性相而歸法界爲之心空耶錯恁麽也不得不恁麽也不得恁麽不恁麽總不得未審畢竟作麽生還會麽良久曰若寔無爲無不爲天堂地獄常相隨三尺杖子攪黃河八臂那吒冷眼窺無限魚龍盡奔走捉得循河三脚龜脫取殼鑽錐錐吉凶之兆便分輝借問東村白頭老吉凶未兆若何爲休休休古往今來春復秋白日騰騰隨分過更嫌何處不風流咄　上堂今朝四月初一衲僧雙眼如漆顧著露柱燈籠平地一聲霹靂驚起金剛出戶半夜荒村失路天明却到門前眼耳鼻中塵土大衆只如金剛眼睛爆破四天下爲甚迷却路頭還會麽爲憐風月好忘却故園春　上堂皓月當空澄潭無影紫微轉處夕陽輝彩鳳歸時天欲曉碧霄雲外石笋橫空淥水波中泥牛駕浪懷胎玉兔曉過西岑抱子金雞夜棲東嶺於斯明得始知夜明簾外別是家風空王殿中聖凡絕跡且道作麽生是夜明簾外事還委悉麽正值秋風來入戶一聲碪杵落誰家　上堂舉雪峰示衆云盡大地撮來如粟米粒大拋向面前漆桶不會打鼓普請看大衆雪峰恁麽說話還出有身處也無若道有爲甚麽大千法界在一粒之中若道無是甚麽人打鼓普請看若也會得不用周遮其或未然聽取一頌撥動乾坤步轉移南觀北斗有誰知金烏暮向西山急曉逐扶桑半夜飛　僧問古者道迥絕無人處聚頭相共舉既是迥絕無人處是誰相共舉曰青山與白雲云只如青山白雲還知有也無曰若知有即有人也云未審是甚麽人證明曰白雲與青山云莫便是和尚爲人處麽曰莫錯認　問古鏡未磨時如何曰精靈皺眉云磨後如何曰波斯彈指云爲甚麽如此曰好事不出門紹興丁丑七月二十五日索筆書偈安然坐寂火後收設利塔于學射山壽八十五

長安天寧大用齊璉禪師　上堂曰清虛之理佛祖同歸畢竟無身聖凡一體理則如是滿目森羅事作麽生纖塵絕際渠儂有眼豈在旁窺官不容針私通車馬若到恁麽田地始可隨機受用信手拈來妙應無妨當風玄路直得金針綿線脚不彰玉殿寶階珠簾未卷正當此時且道是甚麽人境界古渡秋風寒颼颼蘆華紅蓼滿江灣

潼川府梅山已禪師　僧問如何是法身邊事曰枯木糝華不犯春云如何是法身向上事曰石女不粧眉

東京淨因自覺禪師青州人族王氏幼以儒業見知於司馬溫公留門下十餘年事高尚而無意功名一旦落髮從芙蓉游覆踐精密契悟超絕崇寧四年出住大乘

徽宗皇帝聞其名　詔居淨因　上堂曰祖師西來特唱此事自是諸人不肯委悉向外馳求投赤水以尋珠詣荊山而覓玉殊不知從門入者不是家珍認影迷頭豈非大錯直得宗門提唱體寂無依念異不生古今無間森羅萬象觸目家風烏道遼空不妨舉步金雞報曉丹鳳翱翔玉樹華開枯枝結子只有太陽門下日日三秋明月堂前時時九夏要會麼無影樹垂寒澗月海潮東注斗移西

上堂召大衆曰還會麼佛也不信祖也不信只箇自己猶是冤家豈況自餘有甚麼信處大衆且道爲甚麼不信不信不信不見道事莫等閑信人須悠久看　僧問陞座既登於此日請師一句定乾坤曰大旱連天三尺雨驚人平地一聲雷云知師久韞囊中寶今日當場略借看曰木馬踏開雲外路泥牛耕盡海中田云只這消息今知已何須更問洞中天曰來到潼關即便休　問如何是佛法大意曰有問不當頭箇中無説路云學人不會乞師再指曰空劫那邊開得口石人也解皺雙眉

福州普賢善秀禪師　僧問如何是正中偏曰龍鳴初夜後虎嘯五更前云如何是偏中正曰輕煙籠皓月薄霧鎖寒巖云如何是正中來曰松癢何曾老華開滿未萌云如何是兼中至曰狖啼音莫辨鶴唳響難明云如何是兼中到曰撥開雲外路脫去月明前

襄陽府鹿門法燈禪師成都華陽人族劉氏少依大慈寶範爲僧俾聽華嚴得其要棄謁芙蓉蓉見乃問如何是空劫已前自己師於言下心跡[素五]泯然從容進曰靈然一[十六]句超羣象迥出三乘不假修證揩而印之後開法鹿門　上堂召大衆曰耳底泉聲眼前山色簷頭雨滴籬畔黃華嗈嗈新鴈唳南雲片片亭梧紅滿地恁麼指示大小分明本色底人便須薦取雖然如是猶落聲色邊事只如不落聲色一句作麼生道還會麼露柱燈籠常對語夜深拈轉大虛空　僧問西天解夏以蠟人爲驗未審鹿門以何爲驗曰雨來山色暗雲出洞中明　問虛玄不犯寶鑪光寒時如何曰掘地深埋　問如何是道遺物外底人曰徧身紅爛不可扶持

西京天寧楮諦禪師蔡之西平人族宋氏齠齔辭親師開元繼平熙寧六年中經選下髮受具初游講聚洞究入微學徒宗之一日罷講淨食方外僅二十年始蒙記於芙蓉自振法天寧繼徙韶山觀音丹霞　上堂曰韶山近日沒巴鼻眼裏聞聲鼻嘗味有時一覺到天明不在床上不落地大衆且道在甚麼處諸人於斯下得一轉語非唯救得韶山亦乃不辜行脚其或未然三級浪高魚化龍癡人猶戽夜塘水　上堂拈起拄杖曰混然無內外和融上下平喚作清淨法身以拄杖橫按曰天台楖栗木南嶽萬年藤喚作圓滿報身卓拄杖一下曰[素五]敲空作響擊木無[十七]聲喚作千百億化身遂倚拄杖曰三名一體座主家風靠在虛堂俗流見解總不恁麼如何商量擲下拄杖曰驚起木雞啼子夜能教芻狗吠天明　僧問如何是君曰宇宙無雙日乾坤只一人云如何是臣曰德分明主化道契物情機云如何是臣向君曰赤心歸舜日盡節報堯天云如何是君視臣曰玄眸凝不瞬妙體鑒旁來云如何是君臣合曰帳符尊賤隔潛信往來通政和五年九月四日忽召主事令以楮囊分而爲四衆僧童行常住津送各一既而復曰丹霞有箇公案從來推倒扶起今朝普示諸人且道是箇甚底顧眎左右曰會麼云不會師曰偉哉大丈夫不會末後句遂就寢右脇而化壽五十九夏三十九

隆興府泐潭闡提惟照禪師簡之陽安人族李氏幼超邁而惡俗一日授書至性相近也習相遠也遽曰凡聖本一體以習故差別我

知之矣即去家趨成都師鹿苑清泰年十九
剃染登具泰嘗令聽起信於大慈師輒歸臥
泰詰之師曰既稱正信大乘宜言說所能了
乃虛心游方謁芙蓉於大洪嘗夜坐闇道適
風雪震薄聞謦欬者傳呼過之隨有所得辭
去大觀中芙蓉嬰難師自三吳欲趨沂水僕
夫迷道師舉杖擊之忽大悟歎曰是地非鬱
山也耶比至沂芙蓉望而喜曰紹隆吾宗必
子數輩矣因留躬耕湖上累年智證成就出
領招提還甘露三祖宣和壬寅　詔補圓通
棄去復居泐潭　上堂曰古佛道我初成正
覺親見大地衆生悉皆成正覺後來又道深
固幽遠無人能到因沒見識漢好龍頭蛇尾
便下座　上堂過去諸佛已入涅槃了也汝
等諸人不應追念未來諸佛未出於世汝等
諸人不要妄想正當今日你是何人參　上
堂伯夷隘柳下惠不恭君子不由也二邊不
立中道不安時作麼生拈拄杖曰鷺鷥繡出
素五
從君看不把金針度與人　上堂太陽門下
十八
妙唱彌高明月堂前知音蓋寡不免舟橫江
渚棹舉清波唱慶堯年和清平樂如斯告報
晉請承當擬議之間白雲萬里　上堂本自
不生今亦無滅是死不得底樣子當處出生
隨處滅盡是活生受底規模大丈夫漢直須

處生死流卧荆棘林俯仰屈伸隨機施設能
如是也無量方便莊嚴三昧大解脫門蕩然
頓開其或未然無量煩惱一切塵勞嶽立面
前塞却古路　上堂玄道不可以強為得妙
智不可以有心知真諦不可以存我解至理
不可以營事為若薦得去迦葉糞埽衣價直
百千萬若薦不得輪王髻中寶不直半分錢
參　上堂古人道隳肢體黜聰明離形去智
同於大道正當恁麼時且道是甚麼人刪詩
書定禮樂還委悉麼禮云禮云玉帛云乎哉
樂云樂云鐘鼓云乎哉　僧問真如界內
無迷悟之因方便門中願示無生之曲曰六
六三十六清風動脩竹云洪音一剖驚天地
有無情類盡霑恩曰一曲兩曲無人會雨過
夜塘秋水深　問承師有言雲黯黯處獨秀
峰挺出月朦朦裏泐潭水先生豈不是寶峰
境曰若是寶峰境憑君子細看云如何是境
中人曰看取今行時云只如承言須會宗勿
素五
自立規矩如何是和尚宗曰須知雲外千峰
十九
上別有靈松帶露寒　雪下僧問祖意西來
即不問時節因緣事若何曰一片兩片三四
片落在眼中猶不薦建炎二年正月辛丑晚
參舉論曹洞宗旨不絕如綫復歎息今之世
續慧命者諮朝聞門稱疾安居如常俄書別

耆宿中夜戒執事者毋以俗禮治喪侍者請
遺偈師笑以夔語荅之而逝七日闍維得設
利如珠琲舌齒不變提舉馮公温舒深異其
事以二月庚申塔于寺之西峰壽四十五臘
二十五
建昌軍資聖南禪師　聖節上堂顧眎左右
曰諸人還知麼夜明簾外之主萬化不渝瑠
璃殿上之尊四臣不昧端拱而治不令而行
壽逾百億須彌化洽大千沙界且道正恁麼
時如何行覆野老不知黃屋貴六街慵聽靜
鞭聲
筠州洞山徽禪師　上堂曰日暖風和柳眼
青冰消魚躍浪花生當鋒妙得空王印半夜
崑崙戴雪行　僧問如何是默默相應底事
曰瘂子喫苦瓜
大洪恩禪師法嗣
隨州大洪淨嚴守遂禪師　遂寧蓬溪人族
章氏未冠禮南巖自慶為師年二十七落髮
進具遠扣師門後密證於洪山出住水南遷
大洪　上堂召大衆曰一拳拳倒黃鶴樓一
踏踏翻鸚鵡洲慣向高樓驟玉馬曾於急水
打金毬然雖恁麼爭奈有五色絲條繫手腳
三鑐金鏁鏁咽喉直饒鎚碎金鏁割斷絲條
須知更有一重礙汝在且道如何是那一重

還會麼善吉維摩談不到目連鶖子看如盲上堂舉昔日有官人問藥山和尚何姓藥山云正是時官人罔措下至知事處問云適來問長老何姓荅道正時的當是性箇甚麼知事云只是姓韓藥山聞云若六月道正是時不可道我姓熱也又巖頭問講僧見說大德

素五 下

會教是否云不敢巖頭舉拳云是甚麼教僧云是權教巖頭云苦哉我若展脚問你不可道是脚教也師曰奇怪二老宿有殺人刀有活人劒一轉語似石上栽華一轉語似空中挂劒當時若無後語達磨一宗掃土而盡諸人要見二老宿麼寧可截舌不犯國諱

嘉泰普燈録卷第五

# 嘉泰普燈録卷第六

平江府報恩光孝禪寺臣僧　受編

南嶽第十三世（臨濟九世黃龍二世）

黃龍寶覺晦堂祖心禪師法嗣十六人

隆興府黃龍死心悟新禪師

隆興府黃龍佛壽靈源惟清禪師

隆興府泐潭草堂善清禪師

溫州護國寄堂景新禪師

漳州保福本權禪師

泗州龜山曉津禪師

舒州天柱修靜禪師

吉州青原惟信禪師

鄂州黃龍智明禪師

成都府海雲法琮禪師

潭州道吾仲圓禪師

漢州三聖繼昌禪師

舒州龍門純禪師

太史黃庭堅居士（語見賢臣）

中大吳中立居士（語見賢臣）

正言王居士（名犯欽宗皇帝廟諱語見賢臣）

東林照覺常總禪師法嗣九人（八人見録）

隆興府泐潭應乾禪師

廬山開先廣鑑行瑛禪師

廬山圓通可僊禪師

臨江軍慧力可昌禪師

紹興府象田梵卿禪師

隆興府上藍希肇禪師

開封府建福慧圓上座

內翰蘇軾居士（語見賢臣）

（成勝軍天寧道才禪師機語未見）

黃檗真覺惟勝禪師法詞一人

成都府昭覺純白禪師

大溈懷秀禪師法詞一人

潭州大溈祖瑃禪師（語見續燈）

開元琦禪師法嗣一人

泉州尊勝有朋講師

雲蓋守智禪師法嗣十二人（三人見録）

湖州道場十同法如禪師

福州寶壽最樂禪師

紹興府石佛解空慧明禪師

袁州仰山普禪師

福州連江報恩有機禪師

潭州開福宣秘文王禪師

吉州挑林希倩禪師

隆興府上藍師中禪師

道州天寧與權禪師

撫州疎山法秦禪師

湖州彌勒省文禪師

湖州道場俊禪師

已上機語未見

南嶽第十三世（臨濟九世黃龍二世）

黃龍寶覺晦堂祖心禪師法嗣

隆興府黃龍死心悟新禪師，韶之曲江人，以慶曆三年二月二十九日生於黃氏，有紫肉冪左肩，右袒如僧伽梨狀，白光照室，襁褓而未嘗號啼，稍長穎脫，壯依佛陀院德修祝髮進具，已謂朋舊曰：爲僧當慕世出世法，安可汩汩於鄉井中。遂杖笠游方。熙寧八年至黃龍謁晦堂，堂竪拳問曰：喚作拳頭則觸，不喚作拳頭則背，汝喚作甚麼。師罔措，經二年方領解，然尚談辯，無所抵捂，堂患之，偶與語至其銳，堂遽曰：住住，說食豈能飽人。師窘乃云：某到此弓折箭盡，望和尚慈悲指箇安樂處。堂曰：一塵飛而翳天，一芥墮而覆地，安樂處政忌上座許多骨董，直須死却無量劫來全心乃可耳。師趨出，一日默坐下板，聞知事捶行者，而迅雷忽震，即大悟，趨見晦堂，忘納其屨，即自譽曰：天下人總是參得底禪，某是悟得底。堂笑曰：選佛得甲科，何可當也。因號死心叟。執侍扶翊凡一十八秋，不自疲厭，始命分坐，後徧登諸老之門，機語超絕。元祐七年出住雲巖，紹聖四年徙翠巖，政和初居黃龍。上堂曰：深固幽遠，無人能到，釋迦老子到不到，若到，因甚麼無人；若不到，誰道幽遠。上堂：祖師心印，狀似鐵牛之機，去即印住，住即印破，只如不去不住，印即是，不印即是，全果早朝猿摘去，玉華晚後鳳銜歸。上堂：德山入

門便棒臨濟入門便喝也是作賊人心虛雲巖入門亦不棒亦不喝且道用箇甚麼幾度敲門招不出縣身直入裏頭看　上堂行脚高人解開布袋放下鉢囊去却藥忌一人所在須到半人所在須到無人所在也須親到　上堂拗折拄杖將甚麼登山渡水拈却鉢盂匙筯將甚麼喫粥喫飯不如向十字街頭東卜西卜忽然卜著是你諸人有彩若卜不著也怪雲巖不得　上堂文殊騎師子普賢騎象王釋迦老子足蹋紅蓮且道黃龍騎箇甚麼良久曰近來年老一步是一步　上堂有時破二作三有時會三歸一有時三一混同有時不落數量且道甚麼處是黃龍為人處良久曰珍重　上堂麤言及細語皆歸第一義你這一隊溺床鬼子三生六十劫也未夢見第一義在　上堂古人道藏人不藏照藏照不藏人人照俱藏人照俱不藏後來舉者甚多明者極少黃龍今日不惜眉毛與你諸人說破藏人不藏照鷺鷥立雪非同色藏照不藏人明月蘆華不似他人照俱藏了了了時無可了人照俱不藏玄玄玄處亦須呵復曰會麼殷勤為唱玄中曲空裏蟾光撮得麼上堂清珠下於濁水濁水不得不清念佛投於亂心亂心不得不佛佛既不亂濁水自清濁水既清功歸何所良久曰幾度黑風翻大海未曾聞道釣舟傾　僧問如何是四大毒蛇曰地水火風云如何是地水火風曰四大毒蛇云學人未曉乞師方便曰一大䞘爾四大同　問弓箭在手智刃當鋒龍虎陣圓請師相見曰敗將不斬云恁麼則銅柱近標脩水側鐵關高鏁鳳凰峯曰不到烏江未肯休云若然者七擒七縱正令全提曰棺木裏瞠眼僧禮拜師曰苦苦　問承師有言老僧今夏向黃龍潭內下三百六十箇釣筒未曾遇著箇錦鱗紅尾為復是鉤頭不妙為復是香餌難尋曰雨過竹風清雲開山嶽露云恁麼則已得真人好消息人間天上更無疑曰是鉤頭不妙是香餌難尋云出身猶可易脫體道應難曰亂統禪和如麻似粟　問如何是黃龍接人句曰開口要罵人云罵底是接人句驗人一句又作麼生曰但識取罵人　問如何是先照後用曰清風拂明月云如何是先用後照曰明月拂清風云如何是照用同時曰清風明月云如何是照用不同時曰非清風而無明月云若然者龍岫清風藏不得西安明月却相容曰貧無達士將金濟病有閑人說藥方　室中問僧月晦之陰以五色彩著於瞑中令百千萬人夜視其色寧有辦其青黃赤白者麼僧無語師代曰箇箇是盲人又問僧大衆宗旨如何領會僧無對師曰譬如死人手執利刃截死人頭來呈似吾吾即許汝其為人若此至於去廣化神祠犧牲之祀碎雲巖輪藏碑碣之陰擲陳公妻拏記寂音留難皆師無作之功而致然也故道場嚴淨魔外革心不敢窺其藩籬政和五年春偶謂侍者曰今年有一件好事人莫之知衆罔測是歲十二月十三日就昭默堂為法弟靈源清禪師置食次荅故人書系之以頌是日巡寮薄暮小參勸諭學徒詞旨曲折仍說偈曰說時七顛八倒默時落二落三為報五湖禪客心王自在休參十四日下白石莊自書其閣曰安心并題脊記食和羅飯如常時食畢偃息日晡從者請歸師曰大千為家何以歸為衆譁然議云師卧不起殆病乎呼醫僧化冲至將診師叱之知藏慧宣云和尚到這裏且宜警省師曰川藞苴莫亂道言訖趺坐而化舁歸至法堂端嚴如在三日入龕遠近士庶嗚咽瞻仰以手探懷肌體尚暖二十二日荼毘衆得設利五色雪後有過其區所者獲之尤甚塔于晦堂丈室之北世壽七十有二夏臘四十有六

隆興府黃龍佛壽靈源惟清禪師南州武寧人

族陳氏方齔入學日誦千言風神瑩徹吾伊異比丘見之熟眎曰此兒苦海法船也以出家白其父母父母聽之去依戒律師年十七為大僧往謁延恩安禪師安指參寶覺師至黃龍雖與衆作息而問荅茫然偶閱玄沙語倦即經行步促遺履俯取之乃大悟以告寶覺覺曰從緣入者永無退失於是名卿宿衲師友之屢以名山見邀堅不許淮南漕朱公京以舒之太平力請乃肯就道俗爭迎之次遷黃龍　上堂曰鼓聲纔動大衆雲臻無限天機一時漏泄不辜正眼便合歸堂更待繁詞沈埋宗旨譏謂釋迦不出世四十九年說達磨不西來少林有妙訣修山主也似萬里望鄉關又道若人識祖佛當處便超越直饒恁麼悟入親切去更有轉身一路勘過了打以拂子擊禪床一下下座　上堂江月照松風吹永夜清宵更是誰霧露雲霞遮不得箇中猶道不如歸復何歸荷葉團團似鏡菱角尖尖尖似錐　上堂三世諸佛不知有恩無重報狸奴白牯却知有功不浪施明大用曉大機絕縱跡不思議歸去好無人知衝開碧落松千尺截斷紅塵水一溪　上堂至道無難唯嫌揀擇但莫憎愛洞然明白祖師恁麼說話瞎却天下人眼識是非别緇素底衲僧到這裏如何辨明未能行到水窮處難解坐看雲起時師既託疾告閑居昭默堂十有五年頹坐一室而天下莫屈其高致然念宗徒墮在見聞嘗謂曰今之學者所造不能脫生死者病在甚麼處在偷心未死然非其罪乃師家之罪也如漢高帝紿韓信而殺之信雖曰死其心果死乎古之學者言下脫生死效在甚麼處在偷心已死然非學者自能實師家鉗鎚妙密也如梁武帝御大殿見侯景不動聲氣而景之心已枯竭無餘然諸方所說非不美麗要知如趙昌畫華逼真非真華矣政和七年十月十八日食罷掩室門名以栖首座敘說決別起浴更衣以手指頂侍僧為淨髮安坐趨寂前十日作無生常住真歸告銘及遺訓數百言誡藏骨於海會示生死不與衆隔也門弟子不敢違其誡克奉之云

隆興府泐潭草堂善清禪師南雄保昌人族何氏少依香雲寺思法元豐四年試經得度初謁大溈喆禪師次趨晦堂之席堂問不是風動不是幡動如何師佇思堂打出頃之再詣乞指南時有貓旁伏因謂師曰子見彼欲搏鼠乎雙目不瞬四足踞地首尾一直擬無不中子誠能如是心無異緣則六根自靜默默究之萬不失一師於是向來義學一掃無餘堂罷許之政和乙未出住黃龍後居曹谿二山復移泐潭

上堂曰色心不異彼我無差竪起拂子曰若喚作拂子入地獄如箭不喚作拂子有眼如盲直饒透脫兩頭也是黑牛卧死水　上堂舉阿難問迦葉世尊傳金襴外別傳何法迦葉召阿難阿難應諾迦葉曰倒却門前刹竿著師曰刹竿未倒穿却諸人髑髏換却諸人眼睛刹竿倒後向甚麼處見釋迦老子參

上堂法眼道識得凳子周匝有餘雲門道識得凳子天地懸殊雪竇道澤廣藏山理能伏豹師曰三箇漢總是依他作解明昧兩歧不脫見聞如水中月黃龍即不然過塞乾坤內開張日月新　上堂湛水無波漚從風激風停漚滅水靜涵虛正當恁麼時設有燕金塞海蚊蚋搖山賴尾金鱗優游自適如今莫有辨浮沈識深淺垂綸擲鉤者麼有即出來相見如無且歸巖下去同看月圓時　上堂舉浮山遠和尚云欲得英俊麼仍須四事俱備方顯宗師蹊徑何謂也一者祖師巴鼻二者俱金剛眼睛三者有師子爪牙四者得衲僧殺活拄杖得此四事方可縱橫變態任運卷舒高聳人天壁立千仞儻不如是守死善道者敗軍之兆何故棒打石人貴論實事是以

到這裏得不脩江耿耿大野雲凝綠竹凝煙青山鑠翠風雲一致水月齊觀一句該通已彰殘朽師曰黃龍今日出世時當末季佛法澆漓不用祖師巴鼻不用金剛眼睛不用師子爪牙不用殺活拄杖只有一枝拂子以爲蹊徑亦能縱橫變態恁運卷舒亦能高聳人天壁立千仞有時逢強即弱有時遇貴即賤拈起則羣魔屏跡佛祖潛蹤放下則合水和泥聖凡同轍且道拈起好放下好竿頭絲綫從君弄不犯清波意自殊 僧問牛頭未見四祖時如何曰京三卞四云見後如何曰灰頭土面云畢竟如何曰一場懡㦬紹興壬戌上元後示微恙晦日出衣橐唱鬻書偈遺衆日將昳傳言諸寮可罷旦謁遠夜漏盡三問侍者頗向曉否少選泊然而化衆哀慕火後睛舌堅淨如故設利明瑩大如珠顆其徒合靈骨塔於晦堂之側壽八十六臘六十二

溫州護國寄堂景新禪師郡之樂清人族陳氏於崇德寺得度習台教游方謁三祖宗禪師宗詈之後依晦堂始有深造堂一日竪拳擬問師亦竪拳曰是得皮是得髓堂笑而稱善大觀二年溫守章公憑請住江心普寂次居西山 上堂曰有處若有賭却天下人眼無處若無失却衲僧鼻孔古今成現不用針鑱紫胡半夜高敲捉賊維那只得旁觀丹霞白日要見國師侍者但知其一且道本分相見合作麼生陌路相逢舜若多切忌額頭汗如雨 上堂三界無法何處求心欲知護國當陽句且看門前竹一林 僧問古曲無音韻如何和得齊曰石女著枷鏁云全非今日事只在未生前曰山僧不答這話云爲甚麼不答曰有甚救處 問我手何似佛手曰天空無四壁云我脚何似驢脚曰聞時九鼎重見後一毫輕云黃龍正派流入永嘉也曰勺卜聽虛聲紹興巳未示寂塔于西山

漳州保福本權禪師臨漳人也性質直而勇於道乃於晦堂舉拳處徹證根源機辯捷出山谷黃太史初有所入問晦堂此中誰可與語堂曰漳州權師方督役開田山谷同晦堂往致問曰直歲還知露柱生兒麼曰是男是女谷擬議師揮之堂謂曰不得無禮師曰這木頭不打更待何時谷大笑後歸里陸沈山寺郭功甫倅漳過山谷谷力稱彼有權道者深得晦堂之道公宜見之郭抵郡訪尋人無識者後得之命住保福 上堂舉寒山偈曰吾心似秋月碧潭清皎潔無物堪比倫教我如何說老僧即不然吾心似燈籠點火內外紅有物堪比倫來朝日出東傳者以爲笑黃龍死心見之歎曰權兄提唱若此誠不負先師所付囑也竟終於保福

泗州龜山曉津禪師閩之連江人歷參宗匠機契未投晚依晦堂堂舉德山小參不答話闕之師聞脫然穎悟留侍日久初說法於西京石壁次徙龜山 上堂曰摩竭掩室盡大地人被他熱瞞毘耶杜詞金毛師子敗闕不少便恁麼去大似停橈舉棹且向灣內泊舡而今莫有喚不回頭底麼擔板禪和如麻似粟上堂田地穩密過犯彌天灼然擡脚不起神通游戲無瘡自傷特地下脚不得且道過在甚麼處具參學眼底出來共相理論要見本分家山不支歧路莫只管自家點頭蹉過歲月他時異日頂上一椎莫言不道崇寧三年八月十四日泊然而逝

舒州天柱修靜禪師 歲旦上堂曰北帝收威東君布政律初標於四氣刻已動於三陽山川無索寞之容草木有芬芳之意玉簪墜簷而河冰漸泮錦字橫漢而塞鴈將回熙熙萬里盡含春誰悟毘盧真境界大衆若向這裏悟徹去則許汝應時納祐與世均休踞兎角床握龜毛拂或縱或奪或晦或明鐃益羣生得大自在若也未悟依例奔波添一歲滿身塵土傍人門

吉州青原惟信禪師　上堂曰老僧三十年前未參禪時見山是山見水是水及至後来親見知識有箇入處見山不是山見水不是水而今得箇休歇處依前見山只是山見水只是水大衆這三般見解是同是別有人緇素得出許汝親見老僧

鄂州黄龍智明禪師　上堂南北一訣斬釘截鐵切忌思量鬭成途轍　一日上堂衆纔集師乃曰不可更開眼說夢去也便下座　僧問世尊說法魔界傾頹和尚開堂有何祥瑞曰一夜落華雨滿城流水香成都府海雲法琮禪師　上堂亞身曰一兩灑乾坤我這裏爲甚麼不濕便下座

潭州道吾仲圓禪師　上堂曰不是心不是佛不是物古人恁麼道譬如管中窺豹但見一斑設或入林不動草入水不動波亦如騎馬向冰凌上行若是射鵰手何不向虵頭上揩癢具正眼者試辨看良久曰鴛鴦繡出自金針

素六　十一

漢州三聖繼昌禪師彭之九隴人族黎氏自少出關至黄龍即有趣入久之乃盡所疑歸住三聖遷雲居上堂曰木佛不度火甘露臺前逢達磨惆悵洛陽人未来面壁九年空冷坐金佛不度爐坐歎勞生走道途不向華山圖上看豈知潘閬倒騎驢泥佛不度水一道靈光照天地堪羨玄沙老古錐不要南山看鼈鼻　上堂舉趙州訪二庵主師曰五陵公子爭誇富百衲高僧不厭貧近来世俗多顛倒只重衣衫不顧人

舒州龍門純禪師　上堂曰有箇漢自從曠大劫無住亦無依上無片瓦蓋頭下無寸土立足且道十二時中在甚麼處安身立命若也知得朝到西天暮歸唐土

東林照覺常總禪師法嗣

隆興府泐潭應乾禪師　上堂曰靈光洞耀迥脫根塵體露真常不拘文字心性無染本自圓成但離妄緣即如如佛古人恁麼道殊不知是箇坑穽貼肉汗衫脫不去過不得直須如師子兒壁立千仞方能斷絕去然雖如是也是布袋裏老鴉拍禪床下座

廬山開先廣鑑行瑛禪師東溪開居示衆曰聯絡藤蘿一徑行窮始到松門蘿畔野華不艷堂前流水非喧午飯龍離鐵鉢夜深月落金盆此是真修行處何人得意忘言靈山河沙聖衆黄梅七百高僧悟華曉稱迦葉傳衣夜喚盧能心自本来不有法道得了何曾齋後釅茶三盞叢林一任喧騰　僧問如何是祖師西来意曰君山點破洞庭湖云意旨如何曰白浪四邊繞紅塵何處来　問如何是道曰良田萬頃僧云不會師曰春不耕秋無望

隆興府黄龍法鏡可僊禪師嚴陵陳氏子於長壽寺得度元豐間說法圓通次遷石霜黄龍　僧問如何是佛法大意曰寸釘牛力六學人不會曰參取不會底

素六　十二

臨江軍慧力可昌禪師初自黄龍會中去依照覺獲證微密逾二十年出居慧力　上堂曰佛法根源非正信妙智不能悟入祖師關鍵非大悲重願何以開通具信智則權實雙行如金在鑛全悲願則善惡可辨似月離雲大衆只如父母未生時許多譬喻向甚麼處吐露良久曰十語九中不如一默　僧問如何是末後一句曰少林依位立馬祖喝孅低云三十年後專為流通曰也不得草草　問承師有言忍別三徵高卧者慚為一請便行人就中還有殽訛也無曰有人斷得許伊具眼云大衆臨鑒乞師不吝師便打

紹興府象田梵卿禪師嘉興華亭人族錢氏幼慧靜秉志純實弱冠投超果寺德強披削初游講聚後易服謁圓通秀又謁投子青久之青入滅往依照覺頓契機語歸省親道俗迎居白牛海慧遷永嘉靈峰及會稽象田　上堂曰春已暮落華紛紛下紅

兩南北行人歸不歸千林萬林鳴杜宇我無家兮何處歸十方剎土奚相依老夫有箇真消息昨夜三更月在池上堂佛法到此命若懸絲異日越宗亦難承紹豎起拂子曰賴有這箇堪作流通於此覷得便見三世諸佛向燈籠露柱裏轉大法輪六趣衆生於鐵圍山得聞法要殺非殺見色非色隨異類四生各得解脫如斯舉唱非但埋沒宗風亦乃平沈自己且道如何得不犯今去拍禪床下座

僧問大悲菩薩用許多手眼作甚麼曰富嬾千口少云畢竟如何是正眼曰從來共住不知名　問寒風乍起衲子開爐忽憶丹霞燒木佛因何院主落眉鬚曰張公喫酒李公醉云爲復是逢強即弱爲復是妙用神通曰堂中聖僧却諳此事　問海慧有屠龍之劒欲借一觀時如何師以拄杖橫按示之僧便喝師擲下拄杖僧無語師曰這死蝦蟇　問有佛處不得住無佛處急走過意旨如何曰穿靴衣錦云此外還更有也無曰緊帩草鞋　問牛頭未見四祖時如何曰醯酸蚋聚云見後如何曰家破人亡　問久嚮白牛未審牛在甚麼處曰掘地覓天云爭柰目前露迥迥地曰切忌見鬼云莫是和尚爲人處麼曰會則直下承當不會則一任顛倒政和六年九月中休說偈曰五陰山頭乘駿馬一鞭策起疾如飛臨行莫問棲真處南北東西隨處歸言訖脫然坐逝四衆蟻至觀其容止安詳歎未曾有

隆興府上藍希肇禪師　僧問古者道修證即不無汚染即不得未審是何宗旨曰不可更說道理去也云莫便是和尚爲人處麼曰狂狗趁塊云只如禁足護生得何果報曰一月普現一切水云恁麼則他家得自由也曰好箇師僧却恁麼去

慧圓上座開封酸棗干氏子世業農少依邑之建福寺德光爲師性椎魯然勤渠祖道堅坐不卧居數歲得度出游廬山至東林每以己事請問朋輩見其貌陋舉止乖踈皆戲侮之一日行殿庭中忽足顛而仆了然開悟作偈俾行者書於壁曰這一交這一交萬兩黃金也合消頭上笠腰下包清風明月杖頭挑即日離東林衆傳至照覺覺大喜曰衲子參究若此善不可加令人迹其所往竟無知者（大慧武庫謂妊非顯語非也）

黃檗真覺惟勝禪師法嗣

成都府昭覺紹覺純白禪師　上堂曰寒便向火熱即揺扇飢時喫飯困來打眠所以趙州庭前栢香嚴嶺後松栽來無別用只要引清風且道畢竟事作麼生甲子乙丑海中金丙寅丁卯爐中火

開元子琦禪師法嗣

泉州尊勝有朋講師郡之南安人族蔣氏年二十試經中選下髮多歷教肆嘗疏楞嚴維摩等經學者宗之每疑祖師直指之道故多與禪衲游一日謁琦禪師於承天跡未及閫心忽領悟琦出遂問座主來作甚麼云不敢貴耳賤目曰老老大大何必如是云自是者不長曰朝看華嚴夜讀般若則不問如何是當今一句云日輪正當午曰聞言語更道來云平生仗忠信今日任風波然雖如是只如和尚恁麼道有甚麼交涉須要新戒草鞋穿曰這裏且放你過忽遇達磨問你作麼生道朋便喝琦曰這座主今日見老僧氣衝牛斗朋曰再犯不容琦撫掌大笑自爾師資契投後開法興福宣和六年九月二十一日說偈無疾而終

雲蓋守智禪師法嗣

湖州道場十同法如禪師衢之江山人族徐氏自開法五遷巨剎　上堂曰知見立知即無明本知見無見斯即涅槃無漏真淨云何是中更容他物釋迦老子和身放倒後代兒孫如何接續要會麼通玄不是人間世滿目

青山何處尋
福州寶壽最樂禪師古田人也　上堂曰諸佛不真實說法度羣生菩薩有智慧見性不分明白雲無心意灑為世間雨大地不含情能長諸草木若也會得猶存知解若也不會墮在無記去此二途如何即是海闊難藏月山深分外寒
紹興府石佛解空慧明禪師　僧問如何是寶相境曰三生鑿成云如何是境中人曰一佛二菩薩
嘉泰普燈録卷第六

嘉泰普燈録卷第七

平江府報恩光孝禪寺臣僧正受編

南嶽第十三世 臨濟九世 黃龍二世

泐潭真淨雲庵克文禪師法嗣三十三人 二十人見錄

隆興府兜率真寂從悅禪師
東京法雲佛照杲禪師
桂州壽寧善資禪師
南嶽祝融峯上封慧和禪師
筠州五峯淨覺本禪師
永州太平安禪師
潭州報慈進英禪師
筠州洞山至乾禪師
隆興府泐潭湛堂文準禪師
德安府文殊宣能禪師
廬山慧日文雅禪師
筠州洞山梵言禪師
平江府寶華佛慧普鑑禪師
筠州九峯希廣禪師
筠州黃檗道全禪師
筠州清涼寶覺寂音慧洪禪師
衢州超化靜禪師
南嶽石頭懷志庵主
婺州雙溪印首座

荊公王安石居士 謚見賢臣

隆興府慧安慧淵禪師
撫州光孝慧滿禪師
袁州仰山乘祖禪師
郢州大陽允平禪師
潭州南臺洪禪師
潭州北禪慧昭禪師
潭州石霜紹珂禪師
台州慈雲敦雅禪師
隆興府泐潭樞深禪師
衢州華藏英禪師
成都府嘉祐道用禪師
眉州比禪惟孝禪師
眉州象耳山惟古禪師
巴上機語未見

雲居元祐禪師法嗣六人 三人見錄

亳州白藻清儼禪師
臨江軍慧力崇教禪師
信州永豐慧月庵主

石霜琳禪師法嗣一人

江州歸宗子章禪師
筠州黃檗覺智禪師
信州龜湖子昌禪師
巴上機語未見

夔府卧龍思順禪師

泐潭洪英禪師法嗣八人 三人見錄

南嶽法輪齊添禪師
泉州慧明雲禪師
潭州大溈齊恂禪師
潭州寶蓋自俊禪師
袁州仰山友恩禪師
建康府華藏叔聰禪師
南嶽方廣懷紀禪師
潭州石霜子高禪師
巴上機語未見

仰山行偉禪師法嗣二人 一人見錄

襄陽府谷隱靜顯禪師
潭州龍王善隨禪師
機語未見

黃龍元肅禪師 先住百丈 法嗣六人 三人見錄

袁州仰山清簡禪師
隆興府九仙齊輔禪師
嘉州月珠祖鑑禪師

華光恭禪師法嗣一人

郴州萬壽念禪師
隆興府百丈維古禪師
興元府垂拱法滿禪師
漢州清泉道隆禪師
巴上機語未見

圓通圓璣禪師法嗣七人 二人見錄

台州真如戒香禪師
慶元府育王無竭淨曇禪師
福州圓明戴清禪師
常州南禪立崇禪師
建寧府靖山正覺文瑞禪師
潭州開福世遷禪師
吉州龍須懷宗禪師
巴上機語未見

三祖法宗禪師法嗣三人 一人見錄

寧國府光孝惟爽禪師
南康軍棲賢利貫禪師
池州梅山海良禪師
巴上機語未見

祐聖法窘禪師法嗣一人

潭州道林了一禪師

南嶽第十三世 臨濟九世 黃龍二世

泐潭真淨雲庵克文禪師法嗣

隆興府兜率從悦禪師贑城人族熊氏兒時
多病父母許為僧即愈悔而又病迺依郡西
普圓院德嵩年十五下髮十六進具學止觀
於賢法師賢曰子法船也吾學不足以成子
當數善財遍參知識由是多歷法社抵洞山
一日入室於爭鋒之際倏然領悟後游湖湘
學者歸之俄領徒至鹿苑有清素首座者年
逾八旬晦藏絶交往師食蜜漬荔子次素偶
過門師謂曰此老兒鄉果也可同餉素曰自
先師亡後不食此久矣曰先師為誰素曰慈
明師聞駭然遂饋以餘果而日親之素忽問
子所見何人曰洞山文和尚又問文所見何
人曰黄龍老南素曰南匾頭見先師不久後
來法道大振如此師益疑即持香展拜素避
席曰吾雖侍先師十有三年以福鮮不許為
人月餘師固請素曰以子勤渠致我違先師
記子平生知解試以語我師具通所見素曰
可以入佛而不能入魔曰何謂入魔素曰豈
不見古人道末後一句始到牢關累月始豁
印可素戒之曰文所示子者皆正知正見吾
雖為子點破使子受用自在恐子離文太早
不能盡其道他日切勿嗣吾元祐改元師首
衆樓賢洪帥待制熊公伯通以兜率力挽開
法而禪侶雲集　上堂曰常居物外度清時

牛上横将竹笛吹一曲自幽山自緑此情不
與白雲知慶快諸禪德翻思范蠡謾泛滄波
因念陳摶空眠太華何曾夢見浪得高名實
未神游閑漂野跡既然如此具眼衲僧莫道
龍安非他是己好　上堂拈一放一何得何
失前三後三誰聖誰凡因思黄龍昔到慈明
處吞盡玄微眉卓豎是何人是何人軟時歡
喜硬時嗔咄　一日漕使無盡居士張公商
英按部過分寧請五院長老就雲巖説法師
最後登座横拄杖曰適来諸善知識横拈竪
放直立斜抛换步移身藏頭露角既於學士
面前各納敗闕未免喫兜率手中痛棒到這
裏不由甘與不甘何故見事不平爭忍得衲僧
正令自當行卓拄杖下座　上堂無法亦無心無
心復何拾要真盡屬真要假全歸假平地上
行舡虚空裏走馬九年面壁人有口還如啞
參　上堂兜率雖無定度不踏聖賢舊路有
時挨轉雙睛幾箇眉毛卓竪咄　上堂夜夜
抱佛眠朝朝還共起起坐鎮相隨語默同居
止欲識佛去處只這語聲是諸禪客大小大
傳大士只會抱橋柱澡洗把纜放船印板上
打将来模子裏脱将去豈知道本色衲僧塞
除佛祖窟打破玄妙門跳出斷常坑不依清
淨界都無一物獨奮雙拳海上横行建家立

國有一般漢也要向百尺竿頭凝然端坐泊
乎飜身之際捨命不得豈不見雲門大師道
知是般事拈放一邊直須擺動精神著些筋
骨向混沌未剖已前薦得猶是鈍漢那堪更
於他人舌頭上咂啖滋味終無了日諸禪客
要會麼剔起眉毛有甚難分明不見一毫端
風吹碧落浮雲盡月上青山玉一團喝一喝
下座　僧問提兵統将須憑帝主虎符領衆
匡徒密佩祖師心印如何是祖師心印曰滿
口道不得云只這箇别更有曰莫将支遁鶴
喚作右軍鵝　問如何是兜率境曰一水挼
藍色千峯削玉青云如何是境中人曰七凹
八凸無人見百手千頭只自知　室中設三
關語以驗學者其一曰撥草瞻風只圖見性
即今上人性在甚麼處其二曰識得自性方
脱生死眼光落地時作麼生脱其三曰脱得
生死便知去處四大分離向甚麼處去六年
十一月三日浴訖集衆坐定囑累已説偈曰
四十有八聖凡盡殺不是英雄龍安路滑奄
然而化其徒遵師遺誡欲火葬捐骨江中得
法弟子無盡居士張公遣使持祭且曰老師
於祖宗門下有大道力不可使来者無所起
敬俾塔於龍安之乳峯臘三十有三大觀中
謚曰真寂

東京法雲佛照杲禪師自妙年遊方謁圓通
璣禪師入室次璣舉僧問投子大死底人却
活時如何子云不許夜行投明須到意作麼
生師曰恳大難酬璣大喜命師首衆至晚爲
衆秉拂機遲而訥衆笑之師有赧色次日於
僧堂點茶師慚甚因觸茶瓢墜地見瓢跳乃
得應機三昧後依真淨一日讀祖師偈曰心
同虚空界示等虚空法證得虚空時無是無
非法豁然大悟後謂人曰我於紹聖三年十
一月二十一日悟得方寸禪出住歸宗久之
詔居淨因　上堂曰西來祖印教外別傳
非大根器不能證入其證入者不被文字語
言所轉聲色是非所迷亦無雲門臨濟之殊
趙州德山之異所以唱道須明有語中無語
無語中有語若向這裏薦得可謂終日著衣
未嘗挂一縷絲終日喫飯未嘗齩一粒米直
是呵佛罵祖有甚麼過雖然如是欲得不招
無間業莫謗如來正法輪喝一喝下座　上
堂拈拄杖曰歸宗會斬蛇禾山解打鼓萬象
與森羅皆從這裏去擲下拄杖曰歸堂喫茶
師以力參深到語不入時每示衆嘗舉老僧
熙寧八年文帳在鳳翔府供申當年崩了華
山四十里壓倒八十村人家汝輩後生茄子
瓠子幾時知得或問云寶華王座上因甚麼

一向世諦師曰癡人佛性豈有二種耶　僧
問達磨西來傳箇甚麼曰周秦漢魏　問如
何是透法身句北斗裏藏身意旨如何曰赤
心片片云若是學人即不然曰汝又作麼生
云昨夜擡頭看北斗依稀却似點糖糕曰但
念水草餘無所知
桂州壽寧善資禪師　上堂曰若論此事如蚊子
鐵牛無下口處無用心處更向言中問覓句下
尋思縱饒卜度將來翻成戲論邊事殊不知本來
具足直下分明佛及衆生纖毫不立尋常向諸人
道凡夫具足聖人法凡夫不知聖人具足凡夫法
聖人不會聖人若會即同凡夫凡夫若知即是
聖人然則凡聖一致名相互陳不識本源迷
其真覺所以逐境生心徇情附物苟能一念
情忘自然真常體露良久曰便請薦取
南嶽祝融上封慧和禪師　上堂曰未陞此
猊座已前盡大地人成佛已畢更有何法可
說更有何生可利况菩提煩惱本自寂然生
死涅槃猶如昨夢門庭施設誑謼小兒方便
門開羅紋結角於衲僧面前皆成幻惑且道
衲僧有甚麼長處拈起拄杖曰孤根自有擎
天勢不比尋常曲彔枝卓拄杖下座
筠州五峯淨覺本禪師　上堂僧問寶座既
陞願聞舉唱曰雪裏梅華火裏開云莫便是

爲人處也無曰井底紅塵已漲天　問同聲
相應時如何曰鵓鳩樹上啼云同氣相求時
如何曰猛虎巖前嘯　問一進一退時如何
曰脚在肚下云如何是不動尊曰行住坐卧
永州太平安禪師　上堂以拄杖卓一下曰
還會麼空王佛已前之事太平今日一時漏
泄了也還委悉麼一大藏教未嘗切著佛之
一字尚污心田豈况其餘若也未然且聽太
平葛藤擲拄杖下座
潭州報慈進英禪師　上堂曰報慈有一公
案諸方未曾結斷幸遇改旦拈出各請高著
眼看遂趯下一隻鞋云還知麼達磨西歸時
提携在身畔　上堂與麼上來猛虎出林與
麼下去毒蛇入草不上不下日輪杲杲喝曰
瀟湘江上碧溶溶出門便是長安道
筠州洞山至乾禪師潭之瀏陽人嘗謁真淨
於歸宗令看狗子無佛性話一夕危坐聞鐘
鳴了然悟達後往洞山　上堂曰洞山不會
談禪不會說道只是饑來喫飯困來打眠你
諸人必然別有長處試出來盡力道一句看
有麼有麼良久曰睦州道底
隆興府泐潭湛堂文準禪師興元唐固人族
梁氏師襁褓中見佛像輒笑甫八齡不喜酒
胾偶金僊寺虛普乞食至家師應門酬酢有

老成相乃辭親從普普授以法華一日輒記元豐以籍名先後試所集師雖甚精主司以年幼不得度陝西經畧范公一日過普次與師語大悅欲携與俱師辭曰登山求玉入海求珠人各有志本行學道世好非素心范即為剃染往依梁山乘禪師乘呵曰驅烏未受戒敢學佛乘師捧手曰壇場是戒耶三疊羯磨是戒耶阿闍棃是戒耶乘大驚師曰雖然敢不受教遂登具於唐安律師繼游成都講聚倡諸部綱目遽棄曰吾不求甚解法師曇演拊師曰真棟梁材也南方有亞聖大士若溈山真如九峯真淨者宜往求之竟與同學志恭詣溈山久之不契造九峯見真淨於投老庵淨問曰甚處來云興元府曰近離甚處云大仰曰夏在甚處云溈山淨展手曰我手何似佛手師惘然淨叱曰適來祗對句句無絲毫差錯靈明天真纔說箇佛手便成隔礙病在甚麼處云不會曰一切現成更教誰會服勤十載所往必隨紹聖三年真淨移居石門衆益盛凡衲子扣問但瞑目危坐無所示見來學則往治蔬圃率以為常師謂恭曰老漢無意於法道乎一日舉杖決渠水濺衣因大悟淨詒曰此中乃敢用蓋直耶自此述愈晦而名益著顯謨李公景直守豫章請開法雲巖未幾移居泐潭　上堂曰五九四十五聖人作而萬物觀泰時輗軏鑽頭尖漢祖殿前樊噲怒曾聞黃鶴樓崔顥題詩在上頭睛川歷歷漢陽式芳草萋萋鸚鵡洲可知禮也君子務本本立而道生道生一一生二二生三三生萬物驀拈拄杖起身立云大衆寶峯何似孔夫子良久曰酒逢知己飲詩向會人吟卓拄杖下座　上堂劄久雨不晴直得五老峯頭黑雲叆叇洞庭湖裏白浪滔天雲門大師忍俊不禁向佛殿裏燒香三門頭合掌禱祝呪願黃梅石女生兒子母圞圞少室無角鐵牛常甘水草喝一喝曰有甚麼交涉故衆曰不因楊得意爭見馬相如　上堂混元未判一氣岑寂不聞有天地玄黃宇宙洪荒日月盈昃秋收冬藏正當恁麼時也好箇時節叵耐雪峯老漢却向虛空裏釘橛輥三箇木毬直至後人搆占不上便見溈山水牯牛一向膽大心麤長沙大虫到處齩人家猪狗雞然無禮難容而今且放過一著孝經序云朕聞上古其風朴畧山前華亮民解元且喜尊候安樂參　上堂今朝臘月十夜來天落雪羣峯極目高低白綠竹青松難辨別必是來年蠶麥熟張公李公皆忻悅皆忻悅鼓腹謳歌笑不徹把得雲簫捺亂吹依稀有如楊柳枝又不覺手之舞之足之蹈之左之右之喝曰禪客相逢只彈指此心能有幾人知　上堂太陽門下日日三秋明月堂前時時九夏洞山和尚只解夜半捉烏雞殊不知驚起隣家睡寶峯相席打令告諸禪德也好冷處著把火咄　上堂古人道不看經不念佛看經念佛是何物自從識得轉經人舉拂子曰龍藏聖賢都一拂師以拂子拂一拂曰諸禪德正當恁麼時且道雲巖土地向甚麼處安身立命擲下拂子以兩手握拳叩齒曰萬靈千聖千靈萬聖　上堂僧問承教有言若有一人發真歸源十方虛空悉皆消殞未審此理如何師遂展掌點指曰子丑寅卯辰巳午未一羅二土三水四金五太陽六太陰七計都今日計都星入巨蟹宮寶峯不打這鼓笛便下座　問教意即且致未審如何是祖意曰煙村三月裏別是一家春　問寒食因悲郭外春墅田無處不傷神林間壘壘添新冢半是去年來哭人這事且拈放一邊如何是道曰蒼天蒼天云學人特伸請益曰十字街頭吹尺八村酸冷酒兩三循　問一法若有毘盧墮在凡夫萬法若無普賢失其境界去此二途請師一決曰大黃甘草云此猶是學人疑處曰放待冷來看　問向上一路千聖不

傳未審如何是向上一路曰行到水窮處坐看雲起時云為甚麼不傳曰家家有路透長安云只如衲僧門下畢竟作麼生曰放你三十棒　師自浙回泐潭謁深禪師尋命分座聞有悟侍者見所擲爨餘有省詣方丈通所悟深喝出因喪志自經於延壽堂厠後出没無時衆憚之師聞中夜特往登溷方脫衣悟即提淨水至師曰待我脫衣脫罷悟復至未幾悟供籌子師滌淨已召悟淨桶去悟擬接師執其手問曰汝是悟侍者那悟曰諾師曰是當時在知客寮見棹下火柴頭有箇悟處底麼參禪學道只要知箇本命元辰下落處汝剗地作此去就汝在藏殿移首座鞋豈不是汝當時悟得底又在知客寮移他枕子豈不是汝當時悟得底汝每夜在此提水度籌豈不是汝當時悟得底因甚麼不知下落却在這裏惱亂大衆師猛推之索然如倒壘鶩由此無復見者政和五年夏師卧病進藥者令忌毒物師不從之有問其故曰病有自性乎云病無自性曰既無自性則毒物寧有心哉以空納空吾未嘗顛倒汝輩一何昏迷十月二十二日更衣說偈而化世壽五十有五僧臘三十有六闍維得設利晶圓光潔道俗千餘人皆獲之睛齒數珠不壞塔于南山之陽

德安府文殊宣能禪師　上堂曰石鞏箭秘魔叉直下會得眼裏空華堪悲堪笑少林客暗携隻履渡流沙僧問如何是祖師燈曰四生無不照一點任君看

廬山慧日文雅禪師受請日　僧問向上宗乘乞師不吝曰拄杖正開封云小出大遇也曰放過即不可便打

筠州洞山梵言禪師太平州人也　上堂曰吾心似秋月碧潭清皎潔無物堪比倫教我如何說寒山子勞而無功更有箇拾得道不識這箇意修行徒苦辛恁麼說話自救不了尋常拈糞箕把掃帚掣風掣顛猶較些子直饒是文殊普賢再出若到洞山門下一時分付與直歲燒火底燒火掃地底掃地前廊後架切忌攙匙亂筯豐干老人更不饒舌參退喫茶　上堂一生二二生三過捺不住廓周沙界德雲直上妙峯善財却入樓閣新婦騎驢阿家牽山青水綠桃華紅李華白一塵一佛土一葉一釋迦乃合掌曰不審諸佛子今辰改旦季春極暄起居輕利安樂行否少間尋到諸寮問訊不勞久立　上堂臘月二十日一年將欲盡萬里未歸人大衆揔是他鄉之客還有返本還源者麼擊拂子曰門前殘雪日輪消室內紅爐遣誰掃　上堂有一物上拄天下拄地若也築著磕著便乃轉凡成聖超佛越祖衲僧一動一靜舉足下足須彌屹屹土上加泥咄　解夏上堂應緣數刹皆居山寺唯此夏天寧偶當藩府長沙要會之地天寧賴國法禁制庶幾僧人可居每戒禪徒各須禁足吾不見時何不見吾不見之處若見不見自然非彼不見之相若不見吾不見之地自然非物云何非汝大衆若謂擧首楞嚴經却非自恣之日也參　僧問如何是祖師西來意曰真鍮不博金云莫便是和尚為人處也無曰幾處松聲似雨聲云爭奈一言已出曰猶欠注脚在　問幸值作家相見擬伸一問時如何曰青山不礙白雲飛云可謂伯牙與子期不是閑相識曰重說偈言云爭奈流水有知音曰也是剜肉作瘡問如何是一真法界曰杲日照長空云如何是無量妙門曰海嶽鎮乾坤云得聞於未聞也曰波斯模大象　問梵王請佛天雨四華太守請師有何祥瑞曰柳條垂宿雨華蘂綻初晴

一日上堂有二僧齊出一僧禮拜一僧便問得用便用時如何曰伊蘭作旃檀之樹云有意氣時添意氣不風流處也風流曰甘露乃蒺梨之園

平江府寳華佛慧普鑑禪師本郡人族周氏髫齔不茹葷依景德寺清智下髮十七游方初謁覺印英禪師不契遂扣真淨之室淨舉石霜虔侍者話問之釋然契悟作偈曰枯木無華幾度秋斷雲猶挂樹稍頭自從闢折泥牛角直至如今水逆流淨肯之命侍巾鉢晚

卷七 十三

徇衆開法寳華次移高峯 上堂曰參禪別無奇特只要當人命根斷疑情脫千眼頓開如大洋海底輥一輪赫日上昇天門照破四天之下萬別千差一時明了便能握金剛王寳劒七縱八横受用自在豈不快哉其或見諦不真影像彷佛尋言逐句受人指呼驢年得快活去不如屏淨塵緣豎起脊梁骨著眥精彩究教七穿八穴百了千當向水邊林下長養聖胎亦不枉受人天供養然雖如是卧雲門下有箇鐵門限更須猛著氣力跳過始得擬議之間墮坑落壍以拂子擊禪床下座

上堂月圓伏惟三世諸佛狸奴白牯各各起居萬福時中淡薄無可相延切希寛抱老水枯牛近日亦自多病多惱不甘水草遇著暖日和風當下和身便倒教渠攙杷牽犁直是搖頭擺腦可憐萬項良田一時變爲荒草紹興甲子八月十日書數紙以戒門弟子薾爾而逝

筠州九峯希廣禪師游方日謁雲蓋智和尚乃問興化打克賓維那意旨如何智下禪床展兩手吐舌示之師打一坐具智曰此是風力所轉又問石霜琳禪師琳曰你意作麼生師亦打一坐具琳曰好一坐具只是不知落處又問真淨淨曰你意作麼生師復打一坐具淨曰他打你也打師於言下大悟淨因有頌曰丈夫當斷不自斷興化爲人徹底漢已後從教眼自開棒了罰錢趂出院後住九峯衲子宗仰

筠州黄檗泉禪師 上堂以拂子擊禪床曰一槌打透無盡藏一切珍寳吾皆有枯來普濟貧乏人免使波吒路邊走遂喝曰誰是貧乏者（有本小異）

筠州清涼寂音慧洪禪師郡之新昌人族彭氏（續僧寳傳誤作喻）年十四父母俱亡乃依三峯靘禪師爲童子日記數千言覽羣書殆盡靘器之十九試經於東京天王寺得度從宣

卷七 十四

秘講成實唯識論逾四年棄謁真淨於歸宗淨遷石門師隨至淨患其深閎之弊每舉玄沙未徹之語發其疑凡有所對淨曰你又說道理耶一日頓脫所疑述偈示同學曰靈雲一見不再見紅白枝枝不著華叵耐釣魚舡上客却來平地摝魚鰕淨見爲助喜命掌記室未久去謁諸老皆蒙賞音由是名振叢林顯謨朱公彦請開法於北禪景德後住清涼

示衆舉首楞嚴如來語阿難曰汝應齅此鑪中旃檀此香若復然於一銖室羅筏城四十里内同時聞氣於意云何此香爲復生旃檀木生於汝鼻爲生於空阿難若復此香生於汝鼻稱鼻所生當從鼻出鼻非旃檀云何鼻中有旃檀氣稱汝聞香當於鼻入鼻中出香說聞非義若生於空空性常恒香應常在何藉鑪中爇此枯木若生於木則此香質因爇成煙若鼻得聞合蒙煙氣其煙騰空未及遥遠四十里内云何已聞是故當知香鼻與聞俱無處所即齅與香二處虚妄本非因緣非自然性師曰入此鼻觀親證無生又大智度論問曰聞者云何聞用耳根聞耶用耳識聞耶用意識聞耶若耳根聞耳根無覺識知故不能聞若耳識聞耳識一念故不能分別不應聞若意識聞意識亦不能聞何以故先

卷七 十五

五識識五塵然後意識識意識不能識現在五塵唯識過去未來五塵若意識能識現在五塵者盲聾人亦應識聲也何以故意識不破故師曰究此聞塵則合本妙既證無生又合本妙畢竟是何境界良久曰白猿已叫千巖晚碧縷初横萬字鑪住景德日僧問南有

南景德北有北景德德即不問如何是景曰頸在項上崇寧二年會無盡居士張公於峽之善溪張嘗自謂得龍安悅禪師末後句叢林畏與語因夜話及之曰可惜雲庵不知此事師問所以張曰商英頃自金陵酒官移知豫章過歸宗見之欲為點破方叙悅末後句未卒此老大怒罵曰此吐血禿丁脫空妄語不得信既見其盛怒更不欲叙之師笑曰相公但識龍安口傳末後句而真樂現前不能辨也張大驚起執師手曰老師真有此意耶曰疑則別參乃取家藏雲庵頂相展拜贊之書以授師其詞曰雲庵綱宗能用能照天鼓希聲不落凡調冷面嚴眸神光獨耀孰傳其真覲面為肖前悅後洪如融如肇大慧禪師處衆日嘗親依之每歎其妙悟辯慧建炎二年五月示寂于同安壽五十有八臘四十太尉郭公天民奏　賜椹服號寶覺圓明所著僧寶傳三十卷僧史十二卷智證十卷志林十卷楞嚴尊頂法論十卷法華合論七卷圓覺證義二卷金剛法源論一卷起信解義二卷易註三卷林間錄二卷冷齋十卷禁臠二卷文字禪三十卷廿語集三十卷

衡州超化靜禪師　上堂聲前認得已涉塵纖句下承當猶為鈍漢電光石火尚在遲疑點著不來橫屍萬里良久曰有甚用處咄

南嶽石頭懷志庵主婺之金華人族吳氏年十四師智慧院實偁二十二試所習落髮肄講十二年宿學敬慕嘗欲會通諸宗正一代時教有禪者問曰杜順乃賢首宗祖師也談法身則曰懷州牛喫禾益州馬腹脹此偈合歸天台何義耶志無對即出游方晚至洞山謁真淨問古人一喝不作一喝用意旨如何淨叱之志趍出淨笑呼曰浙子齋後遊山好志忽領悟久之辭去淨曰子所造雖逸格惜緣不勝耳因識其意自爾諸方力命出世師却之庵居二十年不與世接士夫踵門畧不顧有偈曰萬機休罷付癡憨蹤跡時容野鹿參不脫麻衣拳作枕幾生夢在綠蘿庵或問住山多年有何旨趣曰山中住獨掩柴門無別趣三塊柴頭品字煨不用援毫文彩露崇寧改元冬曳杖造龍安人莫之留明年六月晦問侍僧曰早暮云已夕矣遂笑曰夢境相逢我睡已覺汝但莫負叢林即是報佛恩德言訖示寂於最樂堂荼毘收骨塔于乳峯之下壽六十四夏四十三

婺州雙溪印首座自見真淨徹證宗猷歸遯雙溪一日偶書曰折脚鐺兒謾自煨飯餘長是坐堆堆一從近日生涯拙百鳥銜華去不來又以觸衣碎甚作偈曰不挂寸絲方免寒何須特地褁長竿而今落落零零也七佛之名甚處安

雲居元祐禪師法嗣

亳州白藻清儼禪師信之玉山人一僧問楊廣失橐駞到處無人見未審是甚麼人得見師以拂子約曰退後退後妨他別人所問云畢竟落在甚麼處曰可煞不識好惡便打

臨江軍慧力崇教禪師　僧問佛力法力即不問如何是慧力曰推倒人我山扶起菩提樹云菩提本無樹和尚向甚麼處下手曰田庫奴

信州永豐慧月庵主縣之丘氏子卅歲出家於明心寺得度自襆契雲居熟游湘漢暨歸永豐或處巖谷或居市鄽令鄉民稱丘師伯凡有所問以莫曉答之一日語邑人曰吾明日行脚去汝等可來相送於是賚路者畢集月笑不已衆問其故即書偈曰丘師伯莫曉寂寂明皎皎日午打三更誰人打得了投筆而逝

石霜琳禪師法嗣

夔府卧龍恩順禪師綿州人也　上堂僧問我手何似佛手曰潘閬倒騎驢云我脚何似驢脚曰白雲深處居云人人有箇生緣如何是和尚生緣曰九九八十一僧禮拜師乃曰我手何似佛手覷面相呈已了頂門眼若未

開切忌隨他亂走我脚何似驢脚擬議思量已錯要見宗師端的薦取頭上一著人人有箇生緣分明只在目前迦葉嶺頭雲起澗下緑水潺潺

仰山行偉禪師法嗣

襄陽府谷隱靜顯禪師　僧問覿面相呈事若何曰清風来不盡云通上徹下絲毫不納也曰明月照無私　聞文彩既彰願聞舉唱曰巡海夜叉頭戴角云秖園五葉華開處不屬東君别是春曰重疊關山路聞一鏃破三關即不問道人相見時如何曰賊身已露

沩潭洪英禪師法嗣

南嶽法輪齊添禪師　上堂良久曰性靜情逸遂喝曰心動神疲顧左右曰守真志滿拈拄杖曰逐物意移召衆曰見怪不怪其怪自壞　僧問學人上来乞師指示曰汝適来聞鼓聲麼云聞曰還我話頭来僧禮拜師曰令人疑着

泉州慧明雲禪師　僧問般若海中如何爲人曰雲開銀漢迥云畢竟如何曰棒頭見血　問毘婆尸佛早留心直至如今不得妙竟旨如何曰醜拙不堪當

潭州大溈齊恂禪師　僧問玉兎不懷胎特牛爲甚麼生兒曰著檀厰去

黄龍元肅禪師法嗣

袁州仰山清簡禪師　僧問集雲峯下分明事請師分付四藤條曰趙州八十方行脚云得恁麼不知時節曰行到南泉即便休

隆興府九仙齊輔禪師蜀之閬苑人丞相陳公堯叟之孫也幼聰敏趣向異倫年二十四得度學於成都講聚會真覺勝禪師與之議論指令南游元豐間出峽徧跡祖闈後造黄龍之室龍見乃問古人見桃華悟道子作麼生云只可背摩霄漢不可入他蘆葦曰爲甚麼玄沙道敢保老兄未徹云却請和尚一處道看曰也須親切始得然只如從上諸聖以心傳心更無别法汝還知麼師於言下徹證崇寧丙戌開法九仙　上堂以拄杖畫一畫曰會麼真俗雙泯二諦猶存空有兩亡一塵不立尋言逐語有甚了期何也性相無以攝其門色心不能到其境遂卓拄杖喝一喝下座　上堂百丈開田說大義仰山夢裏起白椎靈照笊籬只五文千載之下並光輝蓬蓬茸茸師子出窟雍雍籠籠猛虎截峯更若不會擾擾匆匆　僧問昨夜三更木馬嘶碧眼胡僧特地疑今朝善法堂前見元是金毛師子兒文彩已彰願聞法要曰青山作畫屏流水清行止云承師磊落驚人句意氣風光滿座生曰一鶚落長空白雲千萬里　問踏飜海水未爲奇特如何是奇特事曰久向紅霞居不出若非清世見應難宣和庚子九月十日示化

嘉州月珠祖鑑禪師因僧請筆其語要師曰達磨西来單傳心印曹溪六祖不識一字今日諸方出世語句如山重增繩索乃拍禪床曰於斯薦得猶是鈍根若也未然白雲深處從君卧切忌寒猿中夜啼

華光恭禪師法嗣

郴州萬壽第一代念禪師　歲旦上堂曰往復無際動静一源含有德以還空越無私而迴出昔日日今日日日照無兩明昔日風今日風鼓無兩動昔日雨今日雨澤無兩潤於其中間覔去来相而不可得何故自他心起起處無蹤自我心忘忘無滅跡大衆若向這裏會去與天地而同根共萬物爲一體若也未明山僧爲你重重頌出元正一古佛家風從此出不勞向上用工夫歷劫何曾異今日元正二寂寥冷淡無滋味趙州相喚喫茶来剔起眉毛須瞥地元正三上来稽首各和南若問香山山上事靈源一派碧如藍遂喝一喝下座　上堂香山一路本無遮護虎嘯龍吟蟬噪高樹皇相山頭風起高須獨頂上華重吐

嘵僧問龍華聖會擘起兹辰未審彌勒世尊
現居何處曰猪肉案頭云既是彌勒世尊為
甚麼却在猪肉案頭曰不是弄潮人莫入洪
波裏云畢竟事又且如何曰番人不繫腰
問曙色未分人盡望圓當午意如何曰龍蛇
混雜凡聖同居云未審還有祖師意也無曰
碧潭秋夜玲明月印滄洲云學人未曉其言
請師端的曰蔡倫池内石馬猶存以拂子擊
禪床曰會麼云不會曰毘婆尸佛早留心直
至如今不得妙
圓通圓機禪師法嗣
台州真如戒香禪師興化林氏子　上堂曰
孟冬改旦曉天寒葉落歸根露遠山不是見
聞生滅法當頭莫作見聞看
臨安府法慧無竭淨曇禪師嘉興崇德人久
住名藍晚居法慧　上堂曰本自深山卧白
雲偶然来此寄閑身莫来問我禪兼道我是
喫飯屙屎人　上堂拈拄杖曰經無量劫枉
受沈淪有王今日淨地掃塵三十年後莫錯
怪人卓拄杖下座紹興丙寅夏或云丑徧辭朝
貴歸付院事四衆擁睎禪扇久之書偈曰這
漢從來莫縫罅五十六年成話霸今朝死去
見閻王劒樹刀山得人怕遂打一圓相曰嚘
一德諸方鑽龜打瓦收足而化太師秦公檜
施千緡以助襄事火後設利如霰門人持骨
歸四明之阿育王山建塔奉藏焉
三祖法宗禪師法嗣
寧國府光孝惟奕禪師　上堂曰今朝六月
旦一年已過半奉報參玄人識取孃生面孃
生面薦不薦鷺鷥飛入碧波中抖擻一團銀
繡線
祐聖法宮禪師法嗣
潭州道林了一禪師四明人族臧氏自發明
後鷹舉四方至祐聖投誠入室聖舉拂子問
曰雲歸山水歸海且道祐聖拂子歸甚麼處
云銀蟾皚散彩萬類盡瞻光曰且喜没交涉
云便唱還鄉曲高歌樂太平也曰何不到春
来華競吐秋去葉凋零云謝指示曰老僧未
曾開口云伯牙與子期不是閑相識便禮拜
自爾師資契合大觀初出住南嶽大明遷智
度及道林正和四年二月十五日說偈而終
嘉泰普燈錄卷第七

# 嘉泰普燈録卷第八

平江府報恩光孝禪寺臣僧正受編

南嶽第十三世 臨濟九世 楊岐二世

白雲守端禪師法嗣三人

蘄州五祖法演禪師

滁州瑯琊永起禪師 語見續燈

中丞郭祥正居士 語見賢臣

南嶽第十三世 臨濟九世 翠巖二世

眞如慕喆禪師法嗣十六人 九人見録

東京智海普融道平禪師

隆興府泐潭景祥禪師

潭州東明仁仙禪師

廬山東林正覺自遵禪師

泗州普照明悟曉欽禪師

和州光孝碧落慧蘭禪師

吉州光孝慧曉禪師

潭州福嚴賓禪師

潭州東明遷禪師

婺州瑞峰道宗禪師　成都府昭覺師範禪師　郢州興陽賢禪師　南嶽萬壽道琮禪師　潭州雲峰清悟禪師　眉州象耳子眞禪師　衡州淨福悠文禪師　已上機語未見

雪竇法雅禪師法嗣一人

衢州光孝慈覺普印禪師

青原第十三世 雲門七世

法雲大通善本禪師法嗣二十三人 九人見録

潭州雲峰祖燈志璿禪師

臨安府淨慈寶印楚明禪師

東京慧林常悟禪師

眞州長蘆祖照道和禪師

湖州道場草堂有規禪師

湖州道場顏禪師

鄭州資福寶月法明禪師

福州雪峰妙湛思慧禪師

臨安府上天竺慈辯從諫講師

慶元府香山淨淵禪師　嚴州南山文則禪師　處州資聖果宣禪師　衢州超化靈曉禪師　平江府淨慧擇偁禪師　處州壽寧介通禪師　嚴州烏龍眞悟禪師　溫州天寧用忠守節禪師　鎮江府焦山從禪師　紹興府佛智慧通禪師　福州龜洋法海禪師　溫州資聖曉初禪師　臨安府淨慈瑞禪師　平江府壽聖鑒禪師　已上機語未見

金山法印寧禪師法嗣六人 一人見録

吉州禾山用安禪師

溫州仙巖慧初禪師　衢州超化守曇禪師　湖州西余道孜禪師　寧國府廣教道本禪師　台州鴻福道才禪師　已上機語未見

甘露傳祖仲宣禪師法嗣一人

平江府妙湛尼慧鑑大師文照

瑞巖有居禪師法嗣一人

台州萬年處幽禪師

淨因佛日惟岳禪師法嗣一人

福州鼓山禪鑒體淳禪師

本覺法眞守一禪師法嗣三人 二人見録

台州天台如庵主

平江府西竺尼法海

建康府蔣山欽禪師 機語未見

南嶽第十三世 臨濟九世 楊岐二世

白雲守端禪師法嗣

蘄州五祖法演禪師綿之巴西人族鄧氏年三十五始棄家祝髮受具往成都習唯識百法論因聞菩薩入見道時智與理冥境與神會不分能證所證西天外道嘗難比丘曰既不分能證所證却以何為證無能對者外道貶之令不鳴鐘鼓反披袈裟三藏奘法師至彼救此義曰如人飲水冷暖自知乃通其難師曰冷暖則可知矣作麼生是自知底事遂質本講曰不知自知之理如何講莫疏其問但誘曰汝欲明此當往南方扣傳佛心宗者即負笈出關由京師渡淮浙所見尊宿無不以此語咨決所疑終不破後謁浮山圓鑑禪

師鑑舉如來有密語迦葉不覆藏令究之及耆一日謂曰子來何晚吾老矣恐虛度子光陰可往依白雲此老雖後生吾未識面但見渠頌臨濟三頓棒話有過人處必能了子大事師潛然禮辭至白雲遂舉僧問南泉摩尼珠話請問雲叱之師領悟獻投機偈曰山前一片閑田地叉手叮嚀問祖翁幾度賣來還自買爲憐松竹引清風雲特印可令掌磨事未幾雲至語師曰你知一件事麼云不知曰近日有數禪客自廬山來皆有悟入處教伊說亦說得有來由舉因緣問伊亦明得教伊下語亦下得只是未在師聞愕眙曰既悟了說亦說得明亦明得如何却未在孤疑七日忽假息洞然照徹曰元來恁麼地其智中珍惜到此盡去走見白雲雲爲手舞足蹈師亦一笑而已雲一日示衆曰古人道如鏡鑄像像成後鏡在甚麼處衆下語不契舉以問師師近前問訊曰也不較多雲笑曰須是道者始得乃命分座開示方來初住四面遷白雲晚居東山　上堂曰古人道我若向你道即禿却我舌若不向你道即啞却我口且道還有爲人處也無四面有時擬爲你吞却只被當門齒礙擬爲你吐却又爲咽喉小且道還有爲人處也無乃曰四面自來柳下惠

上堂結夏無可供養大衆作一家醲管顧諸人遂擡手曰囉邏招囉邏搖囉邏送莫怪空疎伏惟珍重　上堂白雲不會說禪三門開向兩邊有人動著關棙兩片東扇西扇　上堂一向恁麼去路絕人稀一向恁麼來辜負先聖去此二途祖佛不能近設使與白雲同生同死亦未稱平生何也鳳凰不是凡間物不得梧桐誓不棲　上堂千峰列翠岸柳垂金樵父謳歌漁人鼓舞笙簧聒地鳥語呢喃紅粉佳人風流公子一一爲汝諸人發上上機開正法眼若向這裏薦得金色頭陀無容身處若也不會喫粥喫飯許你七穿八穴　上堂此箇物上拄天下拄地皖口作眼皖山作鼻太平退身三步放你諸人出氣　上堂狗子還有佛性也無也勝貓兒十萬倍　上堂太平溷湑瀆事事盡經徧如是三十年也有人讚歎且道讚歎箇甚麼好箇溷湑瀆　上堂難難幾何般易易沒巴鼻好好催人老默默從此得過這四重關了泗州人見大聖參　上堂你等諸人見老和尚鼓動脣吻豎起拂子便作勝解及手山禽聚集牛動尾巴却將作等閑殊不知簷穀不斷前句兩電影還連後夜雷　謝監收上堂人之性命事第一須是　欲得成此　先須防於　若是真人　上堂有佛處不得住換却你心肝五藏無佛處急走過鴈過留蹤三千里外逢人不得錯舉出門便錯恁麼則不去也種粟却生豆摘楊華不覺日又夜爭教人少年　上堂悟了同未悟歸家尋舊路一字是一字一句是一句自小不脫空兩歲學移步潙水生蓮華一年生一度　上堂舉陸亘大夫問南泉和尚弟子家中有一片石也曾坐也曾卧擬鐫作佛得麼曰得云莫不得麼曰不得師召大衆曰夫爲善知識須明決擇爲甚麼他人道得也道得他人道不得也道不得還知南泉落處麼白雲不惜眉毛與你註破得又是誰道來不得又是誰道來你若更不會老僧爲你作箇樣子乃舉手曰將三界二十八天作箇佛頂金輪水際作箇佛脚四大洲作箇佛身雖然作此佛兒子了你諸人却在那裏安身立命大衆還會也未老僧作第二箇樣子去也將東弗于逮作一箇佛南贍部洲作一箇佛西瞿耶尼作一箇佛北鬱單越作一箇佛草木叢林是佛蠢動含靈是佛既恁麼又喚甚麼作衆生還會也未不如東弗于逮還他東弗于逮南贍部洲還他南贍部洲西瞿耶尼還他西瞿耶尼北鬱單越還他北鬱單越草木叢林還他草木叢林蠢動含靈

還他蠢動含靈所以道是法住法位世間相常住旣恁麼你又喚甚麼作佛還會麼忽有箇漢出來道白雲休寐語大衆記取這一轉語　僧問承師有言山前一片閑田地只如威音王已前未審甚麼人爲主曰問取寫契書人云和尚爲甚倩人來荅曰只爲你教別人問云與和尚平出去也曰大遠在　問如何是佛曰口是禍門又曰肥從口入　問一代時教是箇切脚未審切那箇字曰鉢囉娘云學人只問一字爲甚麼却荅許多曰七字八字問如何是臨濟下事曰五逆聞雷云如何是雲門下事曰紅旗閃爍云如何是曹洞下事曰馳書不到家云如何是潙仰下事曰斷碑橫古路僧禮拜師曰何不問法眼下事僧云留與和尚師曰巡人犯夜問如何是和尚家風曰鐵旗鐵鼓云只有這箇爲復別有曰捩石渡頭看云忽遇客來將何祇待曰龍肝鳳髓且待別時云客是主人相師曰謝供養　問如何是先照後用曰王言如絲云如何是先用後照曰其出如綸云如何是照用同時曰舉起軒轅鑑蚩尤頓失威云如何是照用不同時曰金將火試　問佛未出世時如何曰大愁不如小愁云出世後如何曰小愁不如大愁　問牛頭未見四祖時如何曰

頭上戴纍垂云見後如何曰青布遮前云未見時爲甚麼百鳥銜華獻曰富與貴是人之所欲云見後爲甚麼不銜華獻曰貧與賤是人之所惡　問如何是佛曰露胷跣足云如何是法曰大赦不放云如何是僧曰釣魚船上謝三郎　問四面無門山嶽秀箇中時節若爲分曰東君知子細徧地發萌芽云春去秋來事宛然也曰纔方撥彈子便要捏金剛

一日顧問門人曰諸子已後如何荷負吾宗佛鑑曰彩鳳舞丹霄佛眼曰鐵蛇橫古路佛果舉足曰看脚趯師曰滅吾宗者克勤見

崇寧三年六月二十五日上堂辭衆曰趙州和尚有末後句你作麼生會試出來道看若會得去不妨自在快活如或未然這好事作麼說良久曰說即說了也只是諸人不知要會麼冨嫌千口少貧恨一身多珍重時山門有土木之役躬往督之且曰汝等勉力吾不復來矣歸丈室淨髮澡身迄旦吉祥而化是夕山摧石隕四十里內巖谷震吼闍維設利如雨塔于東山之南壽八十餘

南嶽第十三世（臨濟九世　翠巖二世）

大潙眞如慕喆禪師法嗣

東京智海普融道平禪師仙都人族許氏嘗師事泉萬卷會荊公請泉居蔣山師與之偕往命掌牋記辭謁眞如於大潙聞舉洗鉢盂話倏然啓悟述偈曰七顛八倒業識忙忙螺江回首處笑殺謝三郎趙璧與燕金寶環并玉珮拈起兎角鎚一時俱擊碎如詰之無奕於是聲名四馳後六坐道場四被　詔旨

上堂曰山僧不會佛法爲人總沒來由或時半開半合或時全放全收還如萬人叢裏地掉箇石頭忽然打著一箇方知觸處周流　上堂趙州有四門門門通大道玉泉有四路路路透長安門門通大道畢竟誰親到路路透長安分明進步看拍膝一下曰歲晚未歸客西風門外寒　上堂舉盤山示衆曰似地擎山不知山之孤峻如石含玉不知玉之無瑕古人恁麼說話大似抱贓叫屈普融門下人人慷慨生擒虎兕活捉獰龍眼裏著得須彌山耳裏著得大海水遂拈拄杖曰不是向人誇伎倆丈夫標致合如斯卓拄杖下座

靖康初謝事歸黃州栢子山建炎改元十月二日示化

隆興府泐潭景祥禪師建昌南城人族傅氏父翼爲永豐令母上官氏夢絳幘皂纛擁一偉丈夫至稱塞上將軍已而出胎因以塞上公名之及長警敏強記博覽常夜夢持刃刺人一日睡中神人授以偈後不復夢適永豐

下世追念罔極非出世間法無以報聞有琦禪師說法于靈鷲往聽頓有省發依琦剃染受其乃之遠方至大溈久而開悟日常留侍盡其機用溈既趨寂歸隱臨川越十年列剎迎居堅不就大觀四年偶泐潭虛席府差以書幣三邀不得已而應命　上堂舉鏡清和尚示衆曰若據令而行碧眼老胡不得無過若盡令而行須閉却僧堂門倩人守院始得時有僧問盡令而行時如何曰汝欲散衆那師曰寶峰今日舉話不得動著留與諸方檢點　至節上堂世謂君子道長小人道消消底向甚麼處去長底自何而來所以道若言其有無物可守若言其無觸應萬途若言其新自古風因若言其故物不能汙是故在鳥鳥鳴在獸獸鳴在天同天處人同人遂拈拄杖曰且道在這裏同箇甚麼良久曰祖室傳來行正令撥發靈芽徧地春　中秋上堂靈山話曹溪指放過初生斫額底未問龍眠老古錐昨夜三更轉向西正當恁麼時有人問如何是月向明暗未分處道得一句便與古人共出一隻手如或未然寶峰不免依模畫樣應箇時節乃打一圓相曰清光萬古復千古豈止人間一夜看　僧問如何是祖師西來意曰十箇指頭八箇了　問我手何似佛手曰金鍮難辨云我脚何似驢脚曰黃龍路險云人人有箇生緣如何是和尚生緣曰把定要津不通凡聖　室中問僧達磨西歸手攜隻履當時何不兩隻都將去云此土也要留箇消息曰一隻脚在西天一隻脚在東土著甚來由僧無語　問僧唯一堅密身一切塵中現如何是塵中現底身僧指香爐云這箇是香爐師曰帶累三世諸佛生陷地獄佶囹措師便打　問僧布袋開裏撒開作麼生會云某不會曰鐵銚但言鐵銚木履但言木履眼前蹉過彌勒天宮討甚麼屎遂推出　師不安次有僧問和尚近日尊候如何曰土地前燒二陌紙著　師常叉手夜坐如對大賓初坐手與趺綴至五鼓必齊膺因號祥叉手其莊肅若此建炎初荷策游天台郡守聞于朝以　詔居浮山紹興二年十月七日集衆言別侍僧請偈師曰幸無去來何偈之有即加趺而逝火後目睛齒舌不壞獲設利五色其徒分塔于浮山泐潭

潭州東明仁仙禪師　開堂日僧問世尊出世梵王前引帝釋後隨和尚出世有何祥瑞曰任是百千諸佛一時趕向水牯欄裏云有何祥瑞曰山僧不曾眼華廬山東林正覺自遵禪師　上堂曰十五日已前放過一著十五日已後未可商量正當十五日試道一句看良久曰山色翠穠春雨歇栢庭香擁木蘭開

泗州普照明悟曉欽禪師　上堂曰引手撮空展轉莫及翻身擲影徒自勞形當面拈來却成蹉過畢竟如何拍禪床曰泊合錯商量　僧問師唱誰家曲宗風嗣阿誰曰東邊更近東云溈山的子智海親孫也曰却笑傍人把釣竿

和州光孝慧蘭禪師不知何許人也自號碧落道人嘗以觸衣書七佛名叢林稱爲蘭布衲一日擬草庵歌示衆其辭曰吾結庵兮非世寶通身盡是無生草本來基址坦然平四維上下無邊表庵中人匪生老妙用縱橫無作造不村不郭不深山暑往寒來俱不到問此庵在何處父母未生好薦取掣電之機儱未分穿雲陟嶺反相誤住庵人何面目混沌初分堪委曲此時一著太分明不解依前打兎卜或言大等閑收向針鋒界或言小森羅普印毫端杪或言貴覿面指陳無可示或言賤萬斛驪珠終不換或言顯爍迦羅眼覷難見或言隱塞破虛空光烱烱欲識庵中舊日人大千沙界俱銷殞建炎末逆虜犯淮執師見酋長長曰聞我名否師曰我所聞者唯大

宋　天子之名長恚令左右以鎚擊之鎚至
輒斷壞長驚異延麾下敬事之經旬師索薪
自焚無敢供者親拾薪成龕怡然端坐煙焰
一起流光四騰虜跪伏灼膚者衆火絕得五
色設利併其骨而壯歸所執僧尼悉得自便
和人至今詠之

吉州光孝慧曉禪師　僧問若能轉物即同
如來露柱是物請和尚轉曰不放落華隨水
去云因甚麼如此曰恐招凡客入山來

潭州福嚴實禪師　上堂曰福嚴山上雲舒
卷任朝昏忽爾落平地客來難討門　上堂
舉趙州問僧近離甚麼處云雪峰曰雪峰近
日有何言句云和尚嘗示衆道盡大地是沙
門一隻眼汝等諸人向甚麼處屙曰汝回去
麼云便行曰我寄汝一鍬子去師曰如今諸
方商量趙州寄鍬子與雪峰便是剗却那屙
底我當時若問這僧汝回去麼云便行只向
他道我寄你一副鉢盂去你又如何商量

卷八　十一

潭州東明遷禪師又侍眞如晚居潙山眞如
庵忠道者高其風每叩之一日閱首楞嚴次
忠問如我按指海印發光佛意如何曰釋迦
老子好與二十棒云爲甚麼如此曰用安指
作麼云汝暫舉心塵勞先起又作麼生曰亦
是海印發光

雪竇法雅禪師法嗣

衢州光孝慈覺普印禪師泉之晉江許氏子
室中問僧父母未生已前在甚麼處行履僧
擬對即打出或曰達磨在你脚下僧擬看亦
打出或曰道道僧擬開口復打出

青原第十三世 雲門七世

法雲大通善本禪師法嗣

潭州雲峰祖燈志璿禪師南粵人族陳氏母
因雷震而生五歲授書至未知生焉知死恍
如夢覺歸以出家告父母未冠爲僧謁大通
於雙林一夕登大士殿作禮既而經行於善
惡不思中尋即開悟住雲峰日　上堂曰休
去歇去一念萬年去寒灰枯木去古廟裏香
爐去一條白練去大衆古人見處如日曜空
不著二邊豈墮陰界堪嗟後代兒孫多作一
色邊會山僧即不然不休去不歇去業識忙
忙去七顛八倒去十字街頭鬧浩浩地聲色
裏坐卧去三家村裏盈衢塞路荆棘裏遊戲
去刀山劍樹劈腹剜心鑊湯爐炭皮穿骨爛
去如斯舉唱大似三歲孩兒輥繡毬　上堂
一切聲是佛聲塗毒鼓透入耳朶裏一切色
是佛色鐵蒺藜穿過眼睛中好事不如無便
下座　上堂孟冬薄寒且道寒作何色　上
堂盡乾坤大地是箇熱鐵圓汝等諸人向甚
麼處下口良久曰吞不進吐不出　上堂瘦
竹長松滴翠香流風踈月度炎涼不知誰住
原西寺每日鐘聲送夕陽　上堂聲色頭上
睡眠虎狼羣裏安禪荆棘林內翻身雪刃叢
中遊戲竹影掃堦塵不動月穿潭底水無痕
上堂良久曰吾道一以貫之話作兩橛

卷八　十二

上堂不是風動不是幡動衲僧失却鼻孔是
風動是幡動分明是箇漆桶兩段不同眼暗
耳聾澗水如藍碧山華似火紅　上堂僧問
如何是西來意曰築著額頭磕著鼻云意旨
如何曰驢馱馬載云向上還有事也無曰朝
到西天暮歸唐土云謝和尚答話曰大乘砑
郎當僧退師乃曰僧問西來意築著額頭磕
著鼻意旨又如何驢馱馬載朝到西天暮
歸唐大乘恰似砑郎當何故沒量大人被語
脉裏轉却遂拊掌大笑下座　僧問丹霞燒
木佛院主爲甚麼眉鬚墮落曰一人傳虛萬
人傳實云恁麼則不落也曰兩重公案云學
人未曉特伸請益曰鷄袁度吉頭上插筆
問德山入門便棒意旨如何曰東村理民云
臨濟入門便喝又作麼生曰不言而化云未
審和尚如何爲人曰一刀兩段　問無縫鐵
門請師一啓曰進前三步云向上無關請師
一閉曰退後一尋云不開不閉又作麼生曰

吽吽便打問雪峰輥毬意旨如何曰千鈞之弩云禾山打鼓又作麼生曰老不歇心

臨安府淨慈寶印楚明禪師百粤人族張氏祝髮後謁大通通夢日月並出曉則師至稱楚明上座通陰奇之令參堂久而契悟出住淨慈大播祖道左丞蒲公宗孟奏以師名

上堂曰若論此事如散鋪寶貝亂堆金玉眛已者自甘窮困有眼底信手拈來所以道閻浮有大寶見少得還稀若人將獻我成佛一餉時乃拈拄杖曰如今一時呈似普請大衆高著眼擲拄杖下座　上堂祖師道吾本來茲土傳法救迷情一華開五葉結果自然成淨慈當時若見恁麼道用黑漆拄杖子一棒打殺埋向無陰陽地上令他出氣不得何故叵耐他瞞我唐土人衆中莫有為祖師出氣底麼出來和你一時埋却

東京慧林常悟禪師　僧問若不傳法度衆生舉世無由報恩者未審傳箇甚麼法曰開宗明義章第一　問達磨未來時如何曰省得草鞋錢云來後如何曰重疊關山路

真州長蘆祖照道和禪師興化仙游人族潘氏少警敏博學從伯父往京師累舉不第遂師天清釋迦院德璋以資　慈聖光獻皇后恩例得度登具謁淨因臻圓通秀秀謝世遵大通繼居師就參之一日以硯黃續火釋然契悟尋室一鎮四衆雲趨　上堂曰一二三四五六碧眼胡僧數不足泥牛入海過新羅木馬追風到天竺天竺茫茫何處尋補陀巖上問觀音普賢拍手呵呵笑歸去來兮秋水深　上堂觀身實相觀佛亦然道裏見得黃面瞿曇隱身無地其或渺漫不分照顧眉毛鼻孔　上堂良久曰還會麼大施門開便請單刀直入寶所在近莫教空手而回三十年後自看記取睦州道底　上堂欲渡巨海必假方舟櫓棹俱全風帆兩便夜觀星月晝視雲山萬里之遥一瞬可到莫有洗脚上船底麼遂曰人心盡畏波濤嶮未必波濤嶮似心　僧問無遮聖會還有不到者麼曰有云誰是不到者曰金剛脚下鐵崑崙　問不許夜行投明須到意旨如何曰羊頭車子推明月云便恁麼去時如何曰鐵門路嶮　問教外別傳未審傳箇甚麼曰鐵彈子　問一梴兩當時如何曰踏藕得魚歸　問百城游罷時如何曰前頭更有趙州關宣和六年八月七日書偈端坐而化茶毗得設利五采合靈骨塔於摩尼峰下壽六十八臘四十五

湖州道場有規禪師婺之金華人族姜氏幼有逸才自薙髮趨師席後徹證於大通　上堂曰種田博飯地藏家風客來喫茶趙州禮度且道護聖門下別有甚麼長處良久曰尋常不放山泉出屋底清池冷照人　上堂拈拄杖曰還見麼窮諸玄辯若一毫置於太虛竭世樞機似一滴投於巨壑德山老人雖則焚其疏鈔也是賊過後張弓且道文彩未彰以前又作麼生理論三千紛客今何在獨許莊周致太平　化士出問促裝已辦乞師一言曰好看前路事莫比在家時云恁麼則三家村裏十字街頭等箇人去也曰照顧打失布袋

湖州道場頴禪師　上堂曰世尊據指海印發光遂拈拄杖曰莫忘想便下座有僧登五鳳樓宴座數日光焰透戶師聞曳杖往扣之僧舉目師以杖擊之逐出寺

鄭州資福寶月法明禪師　上堂曰若論此事譬如伐樹得根灸病得穴若也得根豈在千枝徧斫若也得穴不假六分全燒遂卓拄杖曰這箇是根那箇是穴擲下拄杖曰這箇是穴又喚甚麼作根咄是何言歟

福州雪峰妙湛思慧禪師錢塘人族俞氏俞氏方貴且富師抗志慕出家為童子大通見之與語如流即與染削讀圓覺至知幻即離不作方便離幻即覺亦無漸次豁然自契求

證於通通曰汝試向未開口時道一句來師震威一喝而出通大笑於是道聲譪著次詔眞淨淨一見知非凡材留三年力烹煉之因歸禮大通則曰未始有異也第人各行之耳故道俗爭挽出住雲川道場法席不減二本之盛繼徙徑山淨慈　詔居京師智海又移補顯親黃檗雪峰　上堂曰一法若通萬緣方透拈拄杖曰這裏悟了提起拄杖海上橫行若到雲居山頭爲我傳語雲峰和尚咄　上堂布大教網摝人天魚護聖不似老胡拖泥帶水只是見兎放鷹遇麞發箭乃高聲召衆曰中　上堂昔日藥山早暮不參動經旬月一日大衆集藥山便掩却方丈諸禪德彼時佛法早自淡薄論來猶較些子如今每日鳴鼓陞堂切切怛怛地問者口似紡車荅者舌如霹靂總似今日靈山慧命殆若懸絲少室家風危如壘卵又安得箇慨然有志扶豎宗乘底衲子出來喝散大衆非唯耳邊靜辦當使正法久住豈不偉哉如或捧上不成山僧倒行此令以拄杖一時趂退　上堂眼睫横亘十方眉毛上透青天下徹黃泉且道鼻孔在甚麼處良久曰劄　上堂妙高山頂雲海茫茫少室巖前雪霜凜凜齊腰獨立徒自苦疲七日不逢一場懡㦬別峰相見落在半途隻履西歸遠之遠矣卓拄杖下座　上堂大道只在目前要且目前難覩欲識大道眞體今朝三月十五不勞久立建建炎改元上堂天地之大德曰生聖人之大寶曰位　今上皇帝踐登寶位萬國歸仁草木禽魚咸被其德此猶是　聖主應世邊事王宮降誕已前一句天下人摸索不著　上堂一切法無差雲門胡餅趙州茶黃鶴樓中吹玉笛江城五月落梅華慚愧太原孚上座五更聞鼓角天曉弄琵琶喝一喝下座　上堂南詢諸友踏破草鞋絕學無爲坐消日月凡情易脫聖解難忘但有纖毫皆成滲漏可中爲道似地擎山應物現形驢覰井縱無計較途轍已成若論相應轉沒交涉勉諸仁者莫錯用心各自歸堂更求何事　僧問古殿無燈時如何曰東壁打西壁云恁麼則撞著露柱也曰未敢相許　問九夏賞勞即不問從今向去事如何曰光剃頭淨洗鉢云謝師指示曰滴水難消師住持四十餘年所至衲子不下萬指未嘗干謁而檀信嚮風紹興甲子罷寺居東庵明年秋絕食清坐出二指示門人曰更兩日在至期易衣儼然而逝時七月甲寅也壽七十五塔全身於東庵

臨安府上天竺慈辯從諫講師處之松陽人也具大知見敎播講叢於止觀深有所契每與禪衲游嘗以道力扣大通通一日作書寄之諫發緘覩黑白二圓相乃悟荅偈曰黑相白相擔枷過狀了不了兮無風起浪若問究竟事（相一作）如何洞庭山在太湖上後拈香嗣之

金山法印寧禪師法嗣

吉州禾山用安禪師　僧問蓮華未出水時如何曰魚揬鼈倚云出水後如何曰水仙頭上戴好手絕蹤攀云出與未出時如何曰應是乾坤惜不教容易看

甘露傳祖仲宣禪師法嗣

平江府妙湛尼慧鑑大師文照溫陵人族董氏十七得度徧迹祖關獲證甘露郡守陳公師錫聞其名命居妙湛後五遷道場皆革律爲禪吳中尼剎禪林寔始於照也太宰鄭公居仁奏　賜號并紫方袍　上堂曰靈源不動妙體何依歷歷孤明是誰光彩若道眞如實際大似好肉剜瘡更作祖意商量正是迷頭認影老胡四十九年說夢即且止僧堂裏憍陳如上座爲你諸人舉覺底還記得麼良久曰惜取眉毛好

瑞巖有居禪師法嗣

台州萬年處幽禪師　上堂曰先聖行不到

處凡流恰到凡流旣到先聖莫知到與不到知與不知總置之一壁只如僧問乾峰十方薄伽梵一路涅槃門未審路頭在甚麼處峰以拄杖一畫曰在這裏且道此老與他先聖凡流相去幾何南山虎齩石羊見須向其中識生死

淨因佛日岳禪師法嗣

福州鼓山禪鑒體淳禪師　上堂曰養由弓矢不射田蛙任氏絲輪要投溟渤發則穿楊破的得則脩鯨巨鼇隻箭旣入重城長竿豈釣淺水而今莫有吞鉤齧鏃底麼若無山僧卷起絲輪拗折弓箭去也擲拄杖下座

本覺法眞守一禪師法嗣

台州天台如庵主久依法眞因看雲門東山水上行語發明已見歸隱故山侶猿鹿五馬聞其風遣使逼令住持如作偈曰三十年來住此山郡符何事到林間休將瑣瑣塵寰事換我一生閑又閑遂焚其廬竟不知所止

平江府西竺尼法海寶文呂嘉之姑也首參法雲秀禪師後領旨於法眞言下諸名儒屢挽應世堅不從殂日說偈曰霜天雲結霧山月冷涵輝夜接故鄉信曉行人不知屆明坐脫

嘉泰普燈錄卷第八

嘉泰普燈録卷第九

平江府報恩光孝禪寺臣僧正受編

青原第十三世 雲門七世

投子證悟脩顒禪師法嗣二人

鄧州香嚴海印智月禪師

丞相富弼居士 語見賢臣

素九

金山智覺法慧禪師法嗣一人

常州報恩寶月覺然禪師

長蘆淨照崇信禪師法嗣十四人 五人見錄

東京慧林慈受懷深禪師

平江府光孝證悟如璝禪師

紹興府天衣如哲禪師

婺州智者法銓禪師

臨安府徑山妙空智訥禪師

紹興府天衣智遇禪師

嘉興府資聖懷悟禪師

平江府光孝覺照明禪師

廬州資福梵欽禪師

眞州靈巖覺顒禪師

臨安府慶善智照禪師

平江府光孝無著淨眞禪師

福州西禪道還禪師

龍門法秀庵主 已上機語未見

萬壽圓禪師法嗣三人

平江府慧嚴珏禪師

台州國清照禪師

平江府永懷榮禪師 已上機語未見

壽聖省聰禪師法嗣一人

黃門侍郎蘇轍居士 語見賢臣

保寧覺印子英禪師法嗣八人 二人見錄

臨安府鹽官廣福惟尚禪師

慶元府雪竇法寧禪師

漢州無爲志全禪師

平江府虎兵通禪師

寧國府廣教守淵禪師

汝州香山常禪師

建康府華藏宜禪師

寧國府廣教寄印元照禪師

已上機語未見

甘露德顒禪師法嗣一人

揚州光孝元禪師

法雲佛國惟白禪師法嗣六人 二人見錄

東京慧林月印慧海禪師

揚州建隆原禪師

舒州三祖策禪師

溫州天寧祖鑑替禪師

南康軍羅漢遇禪師

寧國府廣教堯禪師 已上機語未見

開先心印智珣禪師法嗣一人

廬山開先宗禪師

元豐慧圓淸滿禪師法嗣二人

素九　二

福州雪峰圓覺宗演禪師

衢州王大夫 語見賢臣

洪濟慈覺宗賾禪師法嗣七人

福州賢沙智章禪師

臨安府淨慈惟一禪師

台州天寧子深禪師

福州瑞峰延禪師

建康府蔣山善欽禪師

嘉興府本覺道如禪師

長安僧忠禪師 已上機語未見

雪竇道榮禪師法嗣一人

福州雪峰大智禪師

夾山自齡禪師法嗣三人 一人見錄

潭州石霜法聰禪師

澧州藥山琳禪師

潭州龍安惟顯禪師 已上機語未見

育王眞戒曇振禪師法嗣一人

慶元府岳林眞禪師

招提廣燈惟湛禪師法嗣二人 一人見錄

嘉興府華亭觀音禪師 遺其名

嘉興府南塔守聰禪師 機語未見

青原第十三世 洞山九世

丹霞子淳禪師法嗣七人 四人見錄

眞州長蘆眞歇淸了禪師

慶元府天童宏智正覺禪師

隨州大洪慧照慶預禪師

處州治平湡禪師

素九　三

郢州大陽滿禪師

廬山歸宗明禪師

商州大乘昇禪師 已上機語未見

淨因枯木法成禪師法嗣十人 五人見錄

太平州吉祥法宣禪師

台州天封子歸禪師

台州護國守昌禪師

鄧州丹霞普月禪師
東京妙慧尼淨智大師慧光
石門元易禪師法嗣五人三人見錄
太平州天寧珂禪師
池州龍池頴禪師
襄陽府雙泉月禪師
福州妙峰雲禪師
鎮江府金山堅禪師
已上機語未見
吉州青原齊禪師
紹興府天衣法聰禪師
遂寧府廣利尼佛通大師名遺其
漢州無爲義瑩禪師
嘉州九頂慈普禪師
已上機語未見
淨因自覺禪師法嗣一人
東京華嚴眞懿慧蘭禪師
天寧檀誧禪師法嗣一人
西京熊耳慈禪師
寶峰闡提惟照禪師法嗣七人五人見錄
江州圓通眞際德止禪師
興國軍眞如道會禪師
興國軍智通景深禪師
衡州華藥智朋禪師
衡州烏巨癡慈如懿禪師
袁州仰山李禪師
嘉興府報恩大顯通禪師
平江府薦福臻禪師
已上機語未見
大洪智禪師法嗣一人

紹興府天章樞禪師
大洪淨嚴守遂禪師法嗣二人一人見錄
隨州大洪慶顯禪師
荆南府公安慈禪師
機語未見
青原第十三世
投子證悟脩顒禪師法嗣
鄧州香嚴海印智月禪師不知何許人也久參證悟滐達法源自京師出居穎之薦福紹聖三年移香嚴　上堂曰判府吏部此日命山僧開堂祝　聖紹續祖燈只如祖燈作麼生續不見古者道六街鐘鼓響鼕鼕即處鋪金世界中池長芰荷庭長栢更將何法演眞宗恁麼說話也是事不獲已有旁不肯底出來把山僧拽下禪床痛打一頓許伊是箇本分衲僧若未有這箇作家手脚切不得草草匆匆勘得脚跟下不實頭沒去處卻須倒喫薦福手中钁柄莫言不道　僧問法雷已震選佛場開不昧宗乘請師直指曰三月三日時千華萬華拆云普天匝地承恩力覺苑仙葩一夜開曰切忌隨他去
金山智覺法慧禪師法嗣
常州報恩實月覺然禪師越之嵊縣鄭氏子
上堂曰學者無事空言須求妙悟去妙悟而事空言其猶逐臭耳然雖如是罕逢穿耳客多遇刻舟人紹興六年五月旦誡其徒曰世緣易染道業難辦汝等勉之語卒而逝
長蘆淨照崇信禪師法嗣
東京慧林慈受懷深禪師壽春六安人族夏氏生而祥光現舍文殊行堅禪師遥見疑火也詰旦知師始生堅歎曰非凡兒往訪之師見堅輒笑母張氏許出家十四割愛冠祝髮後四年訪道方外崇寧初往嘉禾依淨照於資聖照舉良遂見麻谷因緣問曰如何是良遂知處師即洞明照徙長蘆命首衆政和初儀眞守吏部李公釜以城南資福邀師䠞蒲戶外蔣山佛鑑勲禪師渡江行化見之茶退師引巡寮至千人街坊鑑問既是千人街坊爲甚麼只有一人師曰多虛不如少實鑑曰恁麼那師赧然偈　朝廷以資福爲神霄宮因棄往蔣山留西庵陳請益鑑曰資福知是般事便休曰某實未穩望和尚不外鑑舉倩女離魂話反覆窮之大豁疑礙呈偈曰只是舊時行李處等閑舉著便殽訛夜來一陣狂風起吹落桃華知幾多鑑拊几曰這底豈不是活祖師意未幾被　旨居焦山閱四稔詔住慧林靖康改元乞歸不聽秋再辭乃允徑之天台石橋尋徙靈巖久之　勑補蔣山未數月退居洞庭之包山後應王氏請爲

圓覺第一祖　上堂曰不是境亦非心喚作佛時也陸沈箇中本自無堦級切忌無堦級處尋總不尋過猶深打破雲門飯袋子方知赤土是黃金　上堂古者道忍忍三世如來從此盡饒饒萬禍千殃從此消默默無上菩提從此得師曰會得此三種語了好箇不快活漢山僧只是得人一牛還人一馬潑水相嚅掉背廝罵卓拄杖曰平出平出　上堂雲自何山起風從甚澗生好箇入頭處官路少人行　上堂昔有人獲一塊鐵鑄作一座方響人聞之便生逸樂之情謂之樂器後將方響打作一口磬人聞之便生善此後因人從軍却將磬鑄成一口劒人見之便生驚怖更後時又將劒鑄成一尊佛人見之便生歸向諸仁者大都只是一塊鐵因甚麼起得許多驚喜善惡之念試思之　僧問甚麼人不被無常吞曰只恐他無下口處云恁麼則一念通玄箭三尸鬼失對也曰汝有一念定被他吞了云無素九一念時如何曰捉著闍梨六　問知有道不得時如何曰啞子喫蜜云道得不知有時如何曰鸚鵡喚人僧禮拜師叱曰這傳語漢　問如何是佛曰面黃不是真金貼云如何是佛向上事曰一箭一蓮華僧作禮師彈指三下紹興二年四月望爲衆小參僧問末後句師良久曰後五日看至二十日果示微疾竟爾告終壽五十六臘三十六火浴戒體光分五色獲設利者無數竹石草木煙所及處累累如綴珠穴土爲坑隨钁亦有之分靈骨塔于包山之顯慶思溪之圓覺

平江府光孝證悟如璝禪師建寧魏氏子

開堂日僧問如何是蘇臺境曰山橫師子秀水接太湖清云如何是境中人曰衣冠皇宋後禮樂大周前師凡見僧必問曰近日如何僧擬對即拊其背曰不可思議不可思議及將示寂集徒曰不可思議乃合掌而終

紹興府天衣如哲禪師族禮未詳自退席寓平江之萬壽飲啖無擇人多侮之有以瑞巖喚主人公話問者師荅以偈曰瑞巖長喚主人公突出須彌最上峰大地掀翻無覓處笙歌一曲畫樓中一日曰吾行矣令拂拭所乘笋輿乃書偈告衆曰道在用處用在死處時人只管貪歡樂不肯學無爲叙平昔參問勉衆進修已忽竪起拳曰諸人素九且道七這箇落在甚麼處衆無對師揮案一下曰一齊分付與秋風遂入輿中端坐而逝實紹興庚辰八月二十三日也火葬日闔郡捧香薪送者擁道師蛻身搖動咸謂其復生

婺州智者法銓禪師　上堂曰要扣玄關須是有節操極慷慨斬得釘截得鐵硬剥剥地漢始得若是隈刀避箭碌碌之徒看即有分以拂子擊禪床下座

臨安府徑山妙空智訥禪師　僧問牛頭未見四祖時如何曰生久成勞云見後如何曰不妨截東行西行

保寧覺印子英禪師法嗣

臨安府鹽官廣福惟尚禪師自幼南詢至泗州依覺印於普照一日詣方丈問云南泉斬貓兒意旨如何曰須是南泉始得印即以前語詰之師不能對至僧堂忽大悟曰古人道從今日去更不疑天下老和尚舌頭信有之矣述偈呈印曰須是南泉第一機不知不覺驀頭錐覿面若無青白眼還如鸕鷀守空池舉未絶印竪拳曰正當恁麼時作麼生師掀倒禪床印遂喝師曰賊過後張弓便出住廣福日室中問僧提起來作麼會又曰且道是箇甚麼要人提起餘語未見

慶元府雪竇法寧禪師衢之西安人族杜氏父母禱金華聖者一夕夢梵僧入家乃生弱冠祝髮志慕游歷因閱趙州語默契心源及見覺印言其所得印特稱之後八坐道場　上堂曰百川異流以海爲極森羅萬象以空爲極四聖六凡以佛爲極明眼衲僧以拄杖

子爲極且道拄杖子以何爲極有人道得山
僧兩手分付儻或未然不如閑倚禪床畔留
與兒孫指路頭
甘露德顒禪師法嗣
楊州光孝元禪師　僧問如何是和尚家風
曰七顛八倒云忽遇客來如何祗待曰生鐵
蒺藜劈口楔
法雲佛國惟白禪師法嗣
東京慧林月印慧海禪師初住湯泉　上堂曰黃
金地上具眼者未肯安居荊棘林中本分底
留伊不得只如去此二途作麼生是衲僧行
履處良久曰舉頭煙霧裏依約見家山　上
堂顧眎大衆拍禪床一下曰聊表不空便下
座　僧問師唱誰家曲宗風嗣阿誰曰黃金
地上玉樓臺云如何是祖師西來意曰三月
洛陽人戴華
楊州建隆原禪師姑蘇洞庭人族夏氏初得
法於甘露顒禪師後機契於佛國以步武高
妙侍國入　禁中陞座問荅稱　旨賜金襴
伽梨自京回蔣山值佛鑑　上堂師出問如
何是蔣山境鑑抗聲曰你次第問我境中人
那師便禮拜歸衆鑑大喜端明蔡公襄請開
法建隆後住洞庭翠峰　上堂拈拄杖曰買
帽相頭依模畫樣從他野老自顰眉誌公不

是閑和尚卓拄杖下座　上堂舉僧問鏡清
明教新年佛法有無師曰新年景物漸舒蘇
佛法徒勞論有無得失是非都喪却波斯鼻
孔自來麤　僧問大覺世尊昔於波羅奈國
轉四諦法輪建隆今日開堂未審轉那箇法
輪曰千江同一月萬户盡逢春云法輪轉處
達者皆知旃檀藝時香風匝地曰寒山拊掌
拾得呵呵
開先心印智珣禪師法嗣
廬山開先宗禪師　上堂曰一不做二不休
挨轉鼻孔捺下雲頭禾山解打臚官鼓僧繇
不寫戴嵩牛廬陵米投子油雪峰依舊輥毬
夜來風送衡陽信寒鴈一聲霜月幽
元豐慧圓清滿禪師法嗣
福州雪峰圓覺宗演禪師恩州人也　上堂
曰道箇直下便會早是枝生節外更若舉古
明今笑殺德山臨濟驀拈拄杖召衆曰且道
德山臨濟有甚麼長處卓一卓喝一喝曰曾
經大海休誇水除却須彌不是山　上堂遣
迷求悟不知迷是悟之鉗鎚愛聖憎凡不知
凡是聖之爐鞴只如聖凡雙泯迷悟俱忘一
句作麼生道半夜彩霞籠玉像天明峰頂五
雲遮　僧問不慕諸聖不重己靈時如何曰
款出囚口云便恁麼會去時如何曰換手搥

胷　問如何是大善知識心曰十字街頭片
毛子　辭衆日僧問如何是臨歧一句曰有
馬騎馬無馬步行云途中事作麼生曰賤避
貴
雪竇道榮禪師法嗣
福州雪峰大智禪師　僧問如何是祖師西
來意師衘拂柄示之僧云此是香嚴底和尚
又作麼生師便喝僧大笑師叱曰這野狐精
夾山自齡禪師法嗣
潭州石霜法聰禪師　僧問如何是君王劒
曰四塞輸降款梯山入貢來云如何是諸侯
劒曰瞻之仰之云如何是百官劒曰四海煙
塵淨六合一家昌云如何是和尚劒曰理長
即就
育王眞戒曇振禪師法嗣
慶元府岳林眞禪師　上堂曰古人道初秋
夏末今有責情三十棒岳林則不然靈山會
上世尊拈華迦葉微笑正當恁麼時好與三
十棒何故如此太平時節強起干戈教人吹
大法螺擊大法鼓舉步則金蓮蹤蹀端居則
寶座巍峩梵王引之於前香華繚繞帝釋隨
之於後龍象駢羅致令後代兒孫遞相倣斆
三三兩兩皆言出格風標劫劫波波未肯歸
家穩坐鼓脣搖舌究如鐘磬笙竽奮臂點胷

何啻稻麻竹葦更逞游山翫水撥草瞻風人
前說得石點頭天上飛來華撲地也好與三
十棒且道坐夏賞勞如何酬奬良久曰萬寶
功成何原薄千鈞價重自低昂
招提廣燈惟湛禪師法嗣
嘉興府華亭觀音禪師遺其名　僧問如何是
佛曰半夜烏龜火裏行云意作麼生曰虛空
無背面僧禮拜師便打
青原第十三世洞山九世
丹霞子淳禪師法嗣
眞州長蘆眞歇清了禪師左綿安昌人族雍
氏襁褓入寺見佛喜動眉睫咸異之年十一
依聖果清俊歷七稔試法華得度往成都大
慈習經論領大意出蜀至沔漢扣丹霞入室
次霞問如何是空劫時自己時擬對霞曰你
鬧在且去一日登鉢盂峰豁契悟徑歸見霞
方侍立次霞掌曰將謂你知有師欣然拜之
翌日霞上堂曰日照孤峰翠月臨溪水寒
素九　十一
祖師玄妙訣莫向寸心安便下座師直前云
今日陞座更瞞某不得也霞曰你試舉我今
日陞座看師良久霞曰將謂你瞥地師便出
後游五臺之京師浮汴抵長蘆謁祖照禪師
一語契投命為侍者踰年分座宣和三年照
稱疾退院四年秋經制陳公璋請師繼席納

子憧憧堂盈千七百衆建炎末自儀眞游四
明之補陀洛迦山又之丹丘天峰受閩中象
骨請紹興初　勑住育王徙溫之龍翔禪其
律居移徑山及崇先新寺　上堂曰我於先
師一掌下伎倆俱盡覓箇開口處不可得如
今還有恁麼快活不徹底漢麼若無銜鐵負
鞍各自著便　上堂鹽決定鹹醋決定酸大
家知有這滋味因甚麼却喚作劄茅刈草底
人還知他家未穩處麼不行尊貴路爭路上
頭關　上堂久默斯要不務速說釋迦老子
待要款曲賣弄爭奈未出母胎已被人覷破
且道覷破箇甚麼瞞雪峰不得　上堂上孤
峰頂過獨木橋驀直恁麼行猶是時人脚高
脚低處若見得徹不出戶身徧十方未入門
常在屋裏其或未然趂涼般取一轉柴　上
堂大曉濃霜白依然境未分出門無所辨華
鳥寂無聞正恁麼時作麼生是虛不齒位要
須擊起冰河焰莫使凝然凍不回　上堂道
得第一句不被拄杖子瞞識得拄杖子猶是
途路中事作麼生是到地頭一句　上堂處
處覓不得只有一處不覓自得且道是那箇
一處良久曰賊身已露　上堂口邊白醭去
始得入門通身紅爛去方知有門裏事更須
知有不出門底後曰喚甚麼作門僧問三世

諸佛向火焰裏轉大法輪還端的也無師大
笑曰我却疑著云和尚為甚麼却疑著曰野
華香滿路幽鳥不知春　問不落風彩還許
轉身也無曰石人行處不同功云向上事作
麼生曰妙在一漚前豈容千聖眼僧禮拜師
曰即恐不恁麼　問不求諸聖不重己靈時
素九　十二
如何曰古鏡臺前荒草秀云便恁麼去時如
何曰金烏銜片玉二十一年九月壬子慈
寧皇太后幸寺　命開堂垂箔聽法　賜金
襴銀帛等月末示疾十月旦　太后遣中使
宣醫候問從容而別即加趺而逝龕留七日
　太后降香錫金以侑齋祭塔全身于院西
桃華塢壽六十四臘四十五二十三年秋
謚曰悟空塔名淨照
慶元府天童宏智正覺禪師隰之隰川人族
李氏母夢五臺一僧解環與環其右臂乃孕
遂齋戒及生師右臂特起若環狀七歲日誦
千言祖寂父宗道久參佛陀遜禪師遜嘗指
師謂其父曰此子道韻勝甚非塵埃中人苟
出家必為法器十一得度於淨明本宗十四
具戒逾三年渡河之洛坐夏少室秋至香山
謁枯木成禪師染指法味即造丹霞霞問如
何是空劫已前自己云井底蝦蟆吞却月三
更不借夜明簾曰未在更道師擬議霞打一

拂子曰又道不借師於言下釋然作禮霞曰何不道取一句云某今日失錢遭罪霞曰未賘打得你且去十時三年二霞領大洪師掌牋記宣和三年命首衆得法者已數人四年過圓通時眞歇初住長蘆遣僧邀至衆出迎見其衣鶡穿弊且易之眞歇俾侍者易以新履師却曰吾爲鞋來耶衆聞心服慊求說法居第一座六年出住泗之普照次補太平圓通能仁及長蘆天童而天童屋廬湫隘師至創闢一新衲子爭集萬指餘　上堂曰黃閻藤垂難傳家信紫羅帳合暗撒眞珠正恁麼時視聽有所不到言詮有所不及如何通得箇消息去夢回夜色依稀曉笑指家風爛熳春　上堂心不能緣口不能議直須退步荷擔切忌當頭觸諱風月寒清古渡頭夜船撥轉瑠璃地　上堂空劫有眞宗敎前問已窮赤窮新活計清白舊家風的的三乘外寥寥一印中却來行異類萬派自朝東　上堂句裏明宗則易宗中辨白則難良久曰還會麼凍雞未報家林曉隱隱行人過雪山　上堂今日是釋迦老子降誕之辰長蘆不解說禪與諸人畫箇樣子只如在摩耶胎時作麼生以拂子畫此　相曰只如以清淨水浴金色身時又作麼生復畫此　相曰只如周行七步目顧四方指天指地成道說法神通變化智慧辯才四十九年三百餘會說青道黃指東畫西入般涅槃時又作麼生乃畫此　相復曰若是具眼衲僧必也相許其或未然一一歷過始得　僧問如何是向去底人曰白雲投壑盡青嶂倚空高云如何是却來底人曰滿頭白髮離巖谷半夜穿雲入市鄽云如何是不去來底人曰石女喚回三界夢木人坐斷六門機　問一絲不著時如何曰合同船子並頭行云其中事作麼生曰快刀快斧斫不入　問布袋頭開時如何曰一任塡溝塞壑　問清虛之理畢竟無身時如何曰文彩未痕初消息難傳際云一步密移千聖外通身放下劫壺空白誕生就父時合體無遺照云理既如是事又作麼生曰歷歷纔回通化事十方機應又何妨云恁麼則塵塵皆現本來身去也曰透一切色超一切心云如理如事又作麼生曰路逢死蛇莫打殺無底籃子盛將歸云入市能長嘯歸家著短衫曰木人嶺上歌石女溪邊舞師住持以來受無貪而施無厭歲艱食竭已有及贍衆之餘賴全活者數萬日常過午不食紹興丁丑九月謁郡僚及種度次謁越帥趙公令誤與之別十月七日還山翌日辰巳間沐浴更衣端坐告衆顧侍僧索筆作書遺育王大慧禪師請主後事仍書偈曰夢幻空華六十七年白鳥煙沒秋水天連擲筆而逝龕留七日顏貌如生爪髮漸長奉全軀塔于東谷僧臘五十有三其生前所遺髮齒設利綴之如珠或髮貫其中至今以誠心求者必得戊寅春　諡宏智塔妙光

隨州大洪慧照慶預禪師　上堂曰進一步踐他國王水草退一步踏他祖父田園不進不退正在死水中還有出身之路也無蕭騷晚籟松釵短游漾春風柳線長　上堂舉船子囑夾山云直須藏身處無蹤跡無蹤跡處莫藏身吾在藥山三十年只明此事今時人爲甚麼却造次丹山無彩鳳寶殿不留冠有時愁有時癡非我途中爭得知

處州治平湡禪師　上堂曰優游實際妙明家轉步移身指落霞無限白雲猶不見夜乘明月出蘆華

焦山枯木法成禪師法嗣

太平州吉祥法宣禪師　上堂曰離四句絕百非德山棒猶鈍臨濟喝還遲七佛已前消息子相逢何待更揚眉諸仁者若作無事商量正落闇提群隊若作佛法領解又是特地新條而今直須撥開向上一竅坐斷千聖舌

頭運出自已家珍始有衲僧巴鼻儻不如是滿口嚼冰霜逢人向誰說　僧問如何是祖師西來意曰久旱無甘雨田中稻穗枯云意旨如何曰今年米價貴容易莫嫌麤

台州天封子歸禪師　上堂以拄杖卓一下召大衆曰八萬四千法門八字打開了也見得麼金風夜樓無影樹峰巒纔露海雲遮

上堂天封一語時時直與莫挂胷襟切須記取

台州護國守昌禪師　上堂拈拄杖卓曰三十六旬之開始七十二候之起元萬邦迎和氣之時東帝布生成之令直得天垂瑞彩地擁貞祥微微細雨洗寒空淡淡春光籠野色可謂應時納祐慶無不宜盡大地人皆添一歲敢問諸人且道那一人年多少良久曰千歲老兒顏似玉萬年童子鬢如絲

鄧州丹霞普月禪師初住汝州寶應次遷丹霞　上堂曰威音已前誰當辨的然燈而後孰是知音直饒那畔承當未免打作兩橛縱向這邊行履也應未得十全良由杜口毗耶已是天機漏泄任使掩室摩竭終須縫罅離披休云體露眞常直是純清絕點說甚皮膚脫落自然獨運孤明雖然似此新鮮未稱衲僧意氣直得五眼齊開三元洞啓從此竿頭絲線自然不犯波瀾須明轉位回機方解入鄽垂手所以道任使板齒生毛莫教眼睛顧著認著則空花繚亂言之則語路參差既然如是敢問諸人不犯鋒鋩一句又且如何道得良久曰半夜烏龜眼豁開萬象曉來都一色

東京妙慧尼淨智大師慧光宣和三年春敕住妙慧　上堂舉趙州勘婆話乃曰趙州舌頭連天老婆眉光覆地分明勘破歸來無限平人瞌睡

石門元易禪師法嗣

吉州青原齊禪師長樂人族陳氏年二十八辭父兄從雲蓋智禪師出家執事首座寮座一日秉拂罷師前曰某竊聞首座所說莫曉其義伏望慈悲指示座諄諄誘之使究無著說這箇法踰兩日有省以偈呈曰說法無如這箇親十方剎海一微塵若能於此明眞理大地何曾見一人座駭然因語智得度徧扣諸方後至石門深蒙器可出住青原僅十二年示寂曰說偈遺衆曰昨夜三更過急灘灘頭雲霧黑漫漫一條拄杖爲知己擊碎千關與萬關

紹興府天衣法聰禪師　上堂曰幽室寒燈不假挑虛空明月徹雲霄要知日用常無間烈焰光中發異苗蒙普賢大士開光明次師登榻秉筆顧大衆曰道得即爲下筆衆無對師召侍者曰與老僧牢扶榻子遂點之

遂寧府香山尼佛通大師遺其名因誦蓮經有省往見石門乃曰成都喫不得也遂寧喫不得也門拈拄杖打出通忽悟曰榮者自榮謝者自謝秋露春風好不著便門拂袖歸方丈尼亦不顧而出由此道俗景從得法者衆

淨因自覺禪師法嗣

東京華嚴眞懿慧蘭禪師　上堂曰達磨大士九年面壁未開口已前不妨令人疑著卻被神光座主一覷脚手忙亂便道吾本來茲土傳法救迷情一華開五葉結果自然成當時若有箇漢腦後有眼破古今底眼目手中有截斷虛空底鉗鎚纔見道便與驀胷搊住一花五葉且拈放一邊作麼生是你傳底法待伊開口便與掀倒禪床直饒達磨全機也倒退三千里免見千古之下負累兒孫華嚴今日豈可徒然非唯重整頹綱且要爲諸人雪屈遂拈拄杖橫按召大衆曰達磨大師向甚麼去也擲拄杖下座　中秋雨下上堂家家啓戶待嬋娟豈謂風雲翳碧天以手打一圓相曰賴得箇中消息在團圞不動照三千

上堂拈拄杖曰靈山會上喚作拈華少室

峰前名爲得髓從上古德只可傍觀末代宗師盡皆拱手華嚴今日不可逐浪隨波擬向萬仞峰前點出普天春色會麼髑髏無喜識枯木有龍吟

天寧禧誧禪師法嗣

西京熊耳慈禪師　上堂曰般若無知應緣而照山僧今日撒屎撒尿這邊放那邊屙東山西嶺笑呵呵幸然一片清涼地剛被熊峰涂汙他涂汙他莫啾唧泥牛木馬盡呵叱過犯彌天且莫論再得清明又何日還會麼來年更有新條在惱亂春風卒未休

寶峰闡提惟照禪師法嗣

江州圓通青谷眞際德止禪師金紫徐公閎中之季子也世居歷陽師雙瞳紺碧神光射人十歲未知書多喜瞻其父目爲惸然子豎成童彊記過人學文有奇語弱冠夢異僧授四句偈已而有以南安巖主像遺之者即傍所載聰明偈自是持念不忘後五年隨金紫將漕西洛素九一夕忽大悟連作數偈十八一曰不因言句不因人不因物色不因聲夜半吹燈方就枕忽然這裏已天明時闡提主招提寺已與往來一日詣寺提望見拊掌笑曰曹洞之宗賴子振矣師嘯歌自若衆莫測之乃力求出家父弗許欲以官授之曰某方將脫世網不著三界豈復剃頭於利名中耶請移授從兄玨遂祝髮受具未數載名振京師宣和三年春徽宗皇帝特　賜號眞際俾居圓通　上堂曰山僧二十年前兩目雙盲了無所覩唯是聞人說道青天之上有大日輪照三千大千世界無有不徧之處籌策萬端終不能見二十年後眼光漸開又值天色連陰濃雲亂湧四方觀察上下推窮見雲行時便於行處作計較見雲住時便於住處立箇窠臼正如是間忽遇著箇多知漢問道莫是要見日輪麼何不向高山頂上去山僧卻徵他道那裏是高山頂上他道紅塵不到處是諸仁者好箇端的消息還會麼長連床上佛陁耶　上堂昨夜黃面瞿曇將三千大千世界來一口吞盡如人飲湯水蹤跡不留應時消散當爾時諸大菩薩聲聞羅漢及與一切衆生盡皆不覺不知唯有文殊普賢瞥然覷見雖然得見渺渺茫茫恰似向大洋海裏頭出頭沒相似諸人素九且道是甚麼消息若也檢點得破十九許他頂門上具一隻眼紹興乙亥夏某月五日有異識次日泊然示寂闍維煙氣所及悉成設利塔司空山又分窆疊石原壽五十六臘三十二其偈頌流行者幾數百篇

台州眞如道會禪師　上堂曰空劫中事自肯承當日用全彰有何滲漏正好歸家穩坐任他雪覆青山不留元字挂懷誰顧波翻水面且道正不立玄偏不附物一句如何舉似機絲不挂梭頭事文彩縱橫意自殊

興國軍智通大死翁景深禪師台之仙居人族王氏自幼不羣年十八依廣度院德芝披削始謁淨慈象禪師一日曰思而智慮而解皆鬼家活計興不自還閱寶峰名尊當世往求入室峰曰直須斷起滅念向空劫已前掃除玄路不涉正偏盡卻今時全身放下放盡還放方有自由分師聞頓領厥旨峰擊鼓告衆曰深得闡提大死之道後學宜依之因號大死翁建炎改元開法智通　上堂曰來不入門去不出戶來去無痕如何提唱直得古路苔封羝羊絕迹蒼梧月鑠丹鳳不棲所以道藏身處沒蹤跡沒蹤跡處莫藏身若能如是去住無依了無向背還委悉麼而今分散如雲鶴你我相忘觸處玄　上堂火裏靈苗秀無根徧界生諸人如體悉千里共途行若也未然放出連天荊棘直教大地崢嶸　僧問如何是大死翁道曰不落正偏圓云如何是大死翁德曰深山藏不得獨露有乖蹤　問如何是正中偏曰黑面老婆披白練云如何是偏中正曰白頭翁子著皂衫云如何是

正中來曰屎裏𧌐筋斗云如何是蕃中至曰雪刃籠身不自傷云如何是兼中到曰崑崙夜裏行云向上還有事也無曰捉得烏龜喚作鼈云乞師再垂方便曰入山逢虎卧出谷見來牽云何得干戈相待曰三兩綫一片麻紹興初歸住寶藏巖以事民其服至壬申二月示微恙乃曰世緣盡矣三月十三留兄滋家寫遺書別道舊隣里爲衆小參仍說偈曰不用剃頭何須澡浴一堆紅焰千足萬足雖然如是且道向上還有事也無遂歛目而逝世壽六十有三坐夏四十有五

衢州華藥智朋禪師四明人族黄氏未冠爲僧依寶峰有年無省因爲衆持鉢峰自提其像曰雨洗淡紅桃萼嫩風搖淺碧柳絲輕白雲影裏怪石露流水光中古木清噫你是何人師即禮辭持以還淅至南徐焦山展拄次枯木成禪師見之歎曰今日方知此老親見先師來師聞即契悟（有本小異）遂曰元來侭麽地成白汝作麽生會師曰春生夏長秋收冬藏成曰直須保任師應喏紹興初出住華藥次遷清涼　上堂曰海風吹夢嶺猿啼月教問諸人是何時節恁麽會得無影樹下任遨遊其或未然三條椽下直須打徹後退居四門之瑞巖建康帥再以清涼挽之明守亦勉其行師不從作偈送使者曰相煩專使入煙霞灰冷無湯不點茶寄語甬東賢太守難教枯木再生華未幾終於瑞巖

衢州烏巨癡慈如懿禪師　上堂曰至道休存佛祖言更須放下莫論禪未彰文彩全提妙暗裏盧明徹底圓

大洪智禪師法嗣

紹興府天章樞禪師　上堂召大衆曰春將至歲已暮思量古往今來只是箇般調度凝眸昔日家風下足舊時岐路勸君休莫莽鹵貶上眉毛須薦取東村王老笑呵呵此道今人棄如土

大洪淨嚴守遂禪師法嗣

隨州大洪慶顯禪師　僧問須菩提巖中宴坐帝釋雨華和尚新據洪峰有何祥瑞曰鐵牛耕破扶桑國迸出金烏照海門云未審是何宗旨曰熨斗煎茶銚不同

嘉泰普燈録卷第九

嘉泰普燈錄卷第十 素十

平江府報恩光孝禪寺臣僧 正受 編

南嶽第十四世 臨濟十世 黃龍三世

泐潭應乾禪師法嗣十三人 見七人錄

楚州勝因戲魚咸靜禪師

潭州龍牙宗密禪師

素十

福州雪峯有需禪師

福州東禪從密禪師

慶元府天童普交禪師

江州圓通圓機道旻禪師

慶元府中峯知和庵主

吉州南岡熙禪師 隆興府雲巖如山禪師 潁州薦福寘禪師 潭州石霜楚蟾禪師 袁州木平覺澄禪師 潮州資福省悟禪師 洪州景福良玉禪師 衡州開福德筠禪師 已上機語未見

開先廣鑑行瑛禪師法嗣十四人 見二人錄

紹興府慈氏瑞仙禪師

潭州大溈海評禪師

慶元府蘆山智通禪師 蘄州德山數絕禪師 潭州道林法照禪師 建昌軍光孝文璟禪師 隆興府九仙尖彥禪師 福州游地汝英禪師 泉州三植瀧沖禪師 紹興府寶蓋用興禪師 廣州天寧宗顯禪師 潮州靈山慧浩禪師

筠州黃蘗道欽禪師 婺州淨土熙禪師 已上機語未見

圓通可仙禪師法嗣二人

婺州明招法鏡禪師 語見續燈

舒州浮山法真禪師 機緣未見

象田梵卿禪師法嗣六人 見二人錄

慶元府雪竇持禪師

紹興府石佛益禪師

信州光孝宗益禪師 常州光孝淨源禪師 紹興府九巖仲文禪師 紹興府象田珎禪師 已上機語未見

黃龍死心悟新禪師法嗣十六人 見八人錄

吉州禾山超宗慧方禪師

臨安府崇覺空禪師

潭州上封祖秀禪師

嘉州九頂寂惺慧泉禪師

嘉興府華亭性空妙普庵主

嚴州鐘山道隆首座

素十

揚州齊諡首座

空室道人智通

楚州寧國道宗禪師 廬州羅漢守節禪師 饒州薦福慧捷禪師 彭州曲尺宗裔禪師 臨江軍樓賢曇禪師 荊州竹園道珠禪師 東京天寧慧副禪師 慧宣首座

二

已上機語未見

黃龍靈源惟清禪師法嗣十六人 見九人錄

舒州真乘靈峯慧古禪師

潭州上封佛心才禪師

隆興府黃龍通照德逢禪師

潭州法輪應端禪師

東京天寧長靈守卓禪師

信州博山子經禪師

隆興府百丈以栖禪師

邵州光孝曇清禪師

溫州光孝德週禪師

潭州法輪守寔禪師 邵州天寧宗覺禪師 澧州欽山元德禪師 福州廣化岩秀禪師 廬陵隆慶海禪師 信州龜峯僧琇禪師 隆興府滿月寧禪師 已上機語未見

黃龍草堂善清禪師法嗣八人 見四人錄

隆興府黃龍山堂道震禪師

台州萬年雪巢法一禪師

素十

福州雪峯東山慧空禪師

慶元府育王野堂普崇禪師

撫州疎山如禪師 潭州雲蓋因禪師 潭州慈雲隆禪師 鎮江府金山一禪師 已上機語未見

三

青原惟信禪師法嗣六人 見三人錄

潭州槃山惟禪師
成都府正法希明禪師
澧州浮山光選禪師（語具續燈）
祖庵主（成都府正法明禪師　成都府昭覺符禪師　已上機語未見）
昭覺紹覺純白禪師法嗣二人（一人見錄）
成都府信相正覺宗顯禪師（邛州蟠像萬禪師　機語未見）
大溈祖瑃禪師法嗣五人（二人見錄）
眉州中巖慧目蘊能禪師
懷安軍雲頂寶覺宗印禪師（建寧府乾元希式禪師　嘉州雲峯了眞禪師　榮州天寧法空禪師　已上機語未見）
龍門純禪師法嗣三人
澧州欽山普初禪師（語具續燈）（澧州洛浦惟昉禪師　希祖首座　已上機語未見）
三聖繼昌禪師法嗣三人
溫州淨光佛日了威禪師（語具續燈）（彭州曲只慧照禪師　彭州大隨元照禪師　已上機語未見）
泗州龜山曉津禪師法嗣二人（泗州普照齊禪師　安豐祖曇禪師）

（已上機語未見）
兜率眞寂從悅禪師法嗣七人（三人見錄）
撫州踈山了常禪師
隆興府兜率慧照禪師
丞相張商英居士（語見賢臣）（舒州投子慈勝禪師　隆興府兜率慧宣禪師）（袁州楊岐子圓禪師　台州慈雲明鑑禪師　已上機語未見）
法雲佛照杲禪師法嗣三人
筠州洞山辯禪師
東京智海儀禪師
西蜀鑾法師
泐潭湛堂文準禪師法嗣三人（二人見錄）
隆興府雲巖典牛天游禪師
潭州三角智堯禪師（隆興府乾元宗選禪師　機語未見）
文殊宣能禪師法嗣一人
常德府德山瓊禪師
慧日文雅禪師法嗣二人
隆興府九仙祖鑑法清禪師
平江府覺海法因庵主
洞山梵言禪師法嗣一人
筠州洞山擇言禪師
道林了一禪師法嗣一人
潭州大溈大圓智禪師
南嶽第十四世（臨濟十世　曹龍三世）
泐潭應乾禪師法嗣
楚州勝因咸靜禪師郡之山陽人族高氏甫冠落髮受具游講肆慨然曰義學豈吾事哉乃去謁名宿晚契悟於泐潭望重江湖凡三董名剎住勝因日嘗臨池爲堂以燕息名曰戲魚故叢林雅以稱焉　上堂曰游徧天下當知寸步不曾移歷盡門庭家家竈底少煙不得所以肩筇帽履乘興而行擊釣沈絲任性而住不爲故鄉田地好因緣熟處便爲家今日信手拈來從前幾曾計較不離舊時科段一回舉著一回新明眼底瞥地便回來悟者識取面目且道如何是本來面目良久曰前臺華發後臺見上界鐘聲下界聞以拂子擊禪床下座　上堂氣候欲流金炎威將鑠石扇子搖明月雲片聳奇峯蠶成繭而麥漸收笋抽簪而梅已熟薰風習習逝水滔滔鵲噪森松鶯啼脩竹觀音勢至文殊普賢有願必從無剎不現正當今日人天會上還有得見底麼如無聽取崇寧老從頭說向公　上堂匣中寶劍袖裏金鎚時節既彰莫辭拈出擊開關鎖斬斷葛藤令他跳出生死門驀過荆棘路人人似生師子箇箇如活大蟲休教

著布過他州直待還鄉衣畫錦　上堂舉世尊在摩竭陀國為衆說法是時將欲白夏乃謂阿難曰諸大弟子人天四衆我常說法不生敬仰我今入因沙臼室中坐夏九旬忽有人来問法之時汝代為我說一切法不生一切法不滅言訖掩室而坐師召衆曰釋迦老子初成佛道之時大都事不獲已纔方成箇保社便生退倦之心勝因當時若見將釘釘却室門教伊一生無出身之路免得後代兒孫遞相倣斆不見道若不傳法度衆生是不名為報恩者擊拂子下座後晦處逮澝之天寧示微疾書偈曰弄泒影戲七十一載更問如何回来別賽置筆儼然而逝荼毘收設利靈骨建塔奉藏臘五十二

潭州龍牙宗密禪師豫章人虎丘隆禪師游方尚及覲見　上堂曰休把庭華類此身庭華落後更逢春此身一徃知何處三界茫茫愁殺人

福州雪峯有需禪師素十興化莆田洪六氏子　上堂曰山僧尋常不欲潑水向諸人耳裏撒砂向諸人眼裏何故水若入耳終壞耳根砂若人眼必為眼翳若是皮下有血漢聞恁麼道便好瞥地去若能如是三世諸佛覔他蹤跡不得十聖三賢階級他不得一大藏教說他不著為甚麼如此只為他聖凡情盡數量管他不得於衲僧分上早不著便了也那堪向老胡口頭盛將涕唾向口中咂啗如人患癡喫鹽梅相似雖則一期引發津液豈知他日抵債去在

福州東禪祖鑑從密禪師汀州人也　上堂曰開口不是禪合口不是道踏步擬進前全身落荒草

慶元府天童普交禪師郡之萬齡人族畢氏幼穎悟未冠得度徃南屏聽台教因為檀越修懺摩有問曰公之所懺罪為自懺耶為他懺耶若自懺罪罪性何来若懺他罪他罪非汝烏能懺之師不能對遂改服游方造泐潭足纔踵門潭即呵之擬問即曳杖逐之一日忽呼師至丈室曰我有古人公案要與你商量師擬進語潭遂喝師豁然領悟乃大笑潭下繩床執師手曰汝會佛法耶師便喝復托開潭大笑於是名聞四馳學者宗仰後歸桑梓素十留天童掩關却掃者八年寺偶虛席七郡僚命師開法恐其遁預遣吏候于道故不得辭受請日

上堂曰咄哉黃面老佛法付王臣林下無情客官差過殺人莫有知心底為我免得麼若無不免將錯就錯便下座師凡見僧来必叱曰楖栗未擴時為汝說了也且道說箇甚麼招手洗鉢拈扇張弓趙州栢樹子靈雲見桃華且擲放一邊山僧無恁麼閑唇吻與汝打葛藤何不休歇去拈拄杖逐之宣和六年三月二十沐浴陞堂說偈遺衆脫然示寂偈曰寶杖敲空觸處春箇中消息特彌綸昨宵風動寒巖冷驚起泥牛耕白雲壽七十七臘五十八

江州圓通圓機道旻禪師世稱古佛興化仙遊人族蔡氏母夢吞摩尼寶珠有孕生五歲足不履口不言母抱遊西明寺見佛像遽履地合爪稱南無佛仍作禮人大異之及官學大梁依景德寺德祥出家熈寧二年以試經得度徧徃叅徼皆染指親溈山喆禪師最久晚慕泐潭徃謁潭見默器之師陳歷叅所得不蒙印可潭舉世尊拈華迦葉微笑語以問復不契後侍潭行次潭以拄杖架肩長噓曰會麼師擬對潭便打有頃復拈草示之曰是甚麼亦擬對潭遂喝於是頓明大法作拈華勢曰這迴瞞旻上座不得也潭挽曰更道更道師曰南山起雲北山下雨即禮拜潭首肯建中靖國出住灌溪三年謝去未幾居圓通以符道濟禪師之記學者嚮臻　朝廷聞其道會宰臣復為之請錫以命服與圓機號　上堂曰諸佛出世無法與人只是抽釘拔楔除疑斷惑學道之士不可自謾若有一疑如

芥子許是汝眞善知識喝一喝曰是甚麽切莫刺腦入膠盆　上堂拈拄杖示衆曰看看這箇變作執金剛神被金甲持叉當門而立佛來魔來天來人來被喝云道得也又下死道不得也又下死直得釋迦勞耳彌勒攢眉自餘依草附木無主孤魂孰敢正眼覰着咄饒他氣宇如王也是冬行夏令　上堂把定乾坤照破髑髏即且從你如何道得雲龍亨會句良久曰袖頭打領腋下剜襟　福嚴專使至僧問如何是把得住底句曰巍巍石耳峯云如何是把不住底句曰渺渺侯溪水云云則不去時如何曰三峯指天云去則便去時如何曰一驢兩脊云恁麽則小出大遇也曰舌拄上齶　問如何是佛曰狗銜赦書云如何是祖師西來意曰黄鶴樓前鸚鵡洲政和二年建窣堵波于西峯之麓庵其傍明年十月九日乞　旨以嫡子守慧繼席　朝廷從之退藏西庵緇白僉敬四年十月九日鞠嚴忽集衆書偈已趺坐垂誡二百餘言其畧曰至道虛寂迥脫根塵光境俱忘靈機絶待眞常任運寧屬去來應用無方不存格則牢關敲磕電激難通直須鐵眼頓開可以死生無閒自兹訣別可葬全身三百年後當興佛事臨行一著不落見知折半破三好好薦取隨斂拊膝一下端然而逝世壽六十有八僧臘五十門人如其誡奉全身入窣堵波有聚師平日所遺髪爪者火之收設利甚富郡守上其事　謚妙空之塔

慶元府二靈知和庵主蘇臺玉峯人族張氏兒時嘗習坐垂堂堂傾父母意其必死師瞑目自若因使出家年滿得度趨謁泐潭潭見乃問作甚麽師擬對潭便打復喝曰你喚甚麽作禪師驀領旨即曰禪無後無先波澄大海月印青天又問如何是道曰道紅塵浩浩不用安排本無欠少潭深然之次謁衙嶽辯禪師辯尤器重元符間抵四明遂留中峯有僧來禮拜師曰近離甚處云天童曰太白峯高多少僧以手斫額作望勢師曰猶有這箇在云却請庵主道師却作斫額勢僧擬議便打師則教志高少借天童交禪師問道盟曰他日吾二人宜踞孤峯絶頂目眎霄漢爲世外之人不可作今時藉名官府屈節下氣於俗子者交爽盟交至師竟不出正言陳公瓘書堂爲庵延師咨參居三十年殊無長物唯二虎侍其右一日感於人以偈遣之宣和七年四月十二趺坐終于此山陳公嘗狀師行實及示寂異跡甚詳仍塑其像二虎侍之至今存焉

投子廣鑑行瑛禪師法嗣

紹興府慈氏瑞仙禪師郡之餘姚人年二十去家以試經披削習毘尼因覩戒性如虛空持者爲迷倒師謂戒者束身之法也何自縛乎遂探台教又閱諸法不自生亦不從他生不共不無因是故說無生疑曰又不自他不共不無因生畢竟從何而生即省曰因緣所生空假三觀抑揚性海心佛衆生名異體同十境十乘轉識成智不思議境智照方明非言詮所及棄謁承天英天童交白牛卿保寧璣佛鑑懃龍門遠死心新三祖宗洞山微皆有機語始至投子鑑問鄉里甚處云兩浙東越曰東越事作麽生云秦望峯高鑑湖水闊曰秦望峯與你自已是同是別云西天梵語此土唐言曰此猶是叢林祇對畢竟是同是別師便喝鑑便打師曰恩大難酬便禮拜後歸里開法慈氏　上堂曰吾心似秋月碧潭清皎潔無物堪比倫教我如何說堪羞古人心難與今人說語與時人同意與時人別語同人盡知意別少人別今人不會古人意今日教我如何說直饒會得寒山意秋月碧潭猶未徹如何得徹去此夜一輪明皎潔幾目觀瞻不是月是箇甚麽咄　上堂舉德山托鉢話乃曰棚頭鼓未鳴部樂未抹擒竿木逞

伇倆著忙出定場懡㦬便回去一跂景光揚室中嘗問僧三箇橐駝兩隻脚日行萬里趂不著而今收在玉泉山不許時人亂斟酌諸人向甚麼處與仙上座相見

潭州大溈海評禪師　上堂曰燈籠上作舞露柱裏藏身深沙神惡發崑崙奴生嗔喝一喝曰一句合頭語萬劫墮迷津

象田梵卿禪師法嗣

慶元府雪竇持禪師郡之盧氏子壯棄俗為僧徧造禪關晚謁象田始悟心要　上堂曰休將碧落中秋節來並曹溪無相月令淡非關玉兎光虛明直透銀蟾究圓不圓缺不缺一道靈光無間歇照人何處不分明直下承當眼添屑本無生亦無滅只有休心最親切採石江頭弄影時謫仙到此空顛蹶咄　上堂悟心容易息心難息得心源到處閑斗轉星移天欲曉白雲依舊覆青山　僧問中秋不見月時如何曰更待夜深看云忽若黑雲未散又且如何曰爭怪得老僧

紹興府石佛益禪師　上堂曰一葉落天下秋一塵起大地收一法透萬法周且道透那一法遂喝曰切忌錯認驢鞍橋作阿爺下頷便下座

黃龍死心悟新禪師法嗣

吉州禾山超宗慧方禪師臨江人族龔氏少依禪居寺十七試經得度歷參名宿後契機於死心執侍十有四年以大法託之心去世師跡晦而價愈崇宣和中開法隆慶次補禾山　上堂舉拂子曰看看只這箇在臨濟則照用齊行在雲門則理事俱備在曹洞則偏正叶通在溈山則暗機圓合在法眼則何止唯心然五家宗派門庭施設則不無直饒辨得倜儻分明去猶是光影邊事若要抵敵生死則霄壤有隔且超越生死一句又作麼生道良久曰泊合錯下注脚　上堂死心先師每舉使履西歸話以問衲子而實難明諸方或謂之隱顯或謂不可有兩箇或謂唯此一事實若也恁麼殊未識祖師意旨諸人要見麼濁中清清中濁勿謂麒麟生隻角西行東向路不差大用頭頭如啐啄莫莫玄要靈機休卜度

臨安府崇覺空禪師姑孰人也　上堂曰十方無壁落四面亦無門淨躶躶赤灑灑沒可把遂舉拂子曰灌溪老漢向十字街頭逞風流賣惺惺道我解穿眞珠解玉版過亂絲卷筒鮹娃坊酒肆丸合輿臺虎穴魔宮那吒忿怒過文王興禮樂逢桀紂逞干戈今日被崇覺覷見一場懡㦬　上堂崇覺門下莫有體悟三空心明八解底衲僧麼若無則辜負己靈若有喚来與崇覺提鞋挈杖便下座

潭州上封祖秀禪師常德興陽何氏子　上堂曰枯木巖前夜放華鐵牛依舊臥煙沙儂家鞭影重拈出擊拂子曰一念回心便到家遂喝一喝下座

嘉州九頂寂惺慧泉禪師戎都靈泉人族張氏自幼業儒嘗從眞覺勝禪師游有省即辭親師中江資教希則崇寧改元得度學楞嚴踰三祀既極其要南下謁玉泉勤大洪恩谷隱顯未能深到聞死心受晦堂囑附其門庭壁立多詬罵諸方即往謁踰數年未能徹證令親慧宣首座一日與宣食餐次偶舉公安二聖嘗遺履長數尺於富室倉廩間事及干祿射利網捕偷兒等華禱之皆遂其志豈正直所用心我宣不答師辯不已宣以筋揖之即領悟曰今日食餐方得其味心開然之後笑謂師曰吾老矣欲得一孝順子分付活計柰汝兄弟頻来反倒何云不彎射羿弓何以報深德心復笑曰賊賊巾侍六載以母老西歸初受香於廣漢之龜山成都之保福繼四董名剎　上堂曰若論此事譬夫望中秋月色十分圓滿正當滿時缺向甚麼處去泊乎十六十七漸漸復缺圓滿之相又却向甚麼處

去若云月體本無圓缺我信是人未識其月
學道之人亦復如是正當迷時悟向甚麼處
去及乎悟後迷却向甚麼處去若云本無迷
悟我信是人未達其道還委悉麼百尺竿頭
天欲暮急須進步問曹溪　上堂昔日雲門
有三句謂函蓋乾坤句截斷衆流句隨波逐
浪句九頂今日亦有三句所謂饑來喫飯句
寒即向火句困来打睡句若以佛法而論則
九頂望雲門直立下風若以世諦而論則雲
門望九頂直立下風二語相違且如何是九
頂爲人處　僧問心迷法華轉心悟轉法華
未審意旨如何曰風暖鳥聲碎日高華影重
問如何是無生路曰五里復五里云向上還
有事也無曰一步一徘徊紹興乙丑九月十
六沐浴淨髮書偈囑累已復曰叢林事例合
則爲昔趙州道底好屈好屈侍僧曰和尚五
十年手段至此當如何師曰明破即不中擲
筆乂手而逝茶毘設利五色門人合靈骨塔
于寺之西原壽六十有七臘四十有三
嘉興府華亭性空妙普庵主漢州人遺其氏
久依死心獲證乃抵秀水追船子遺風結茆
青龍之野吹鐵笛以自娱多賦詠士夫俊衲
得其言必珎藏建炎初徐明叛道經烏鎮肆
殺戮民多逃亡師獨荷策而往賊見其偉異

疑必詭伏者問其来師曰吾禪者欲抵密印
寺賊怒欲斬之師曰大丈夫要頭便斫取奚
以怒爲吾死必矣願得一飯以爲送終賊奉
肉食師如常齋出生畢乃曰孰當爲我文之
以祭賊笑而不荅師索筆大書曰嗚呼惟靈
勞我以生則大塊之過役我以壽則陰陽之
失我以貧則五行不正困我以命則時日
不吉吁哉至哉賴有出塵之道悟我之性與
其妙心則其妙心孰與爲隣上同諸佛之真
化下合凡夫之無明纖塵不動本自圓成妙
矣哉妙矣哉日月未足以爲明乾坤未足以爲大
磊磊落落無罣無礙六十餘年和光混俗四十
二臘逍遥自在逢人則喜見佛不拜笑矣乎
笑矣乎可惜少年郎風流太光彩坦然歸去
付春風體似虚空終不壞尚享遂舉筯飲啖
賊徒大笑食罷復曰刼數既遭離亂我是快
活烈漢如今正好乘時便請一刀兩段乃大
呼斬斬賊方駭異稽首謝過令衛而出烏鎮
之廬舍免焚實師之恵也道俗聞之愈敬有
僧覲師見佛不拜歌遂問曰既見佛爲甚麼
不拜師掌之曰會麼云不會師又掌曰家無
二主紹興庚申冬造大盆穴而塞之修書寄
雪竇持禪師曰吾将水葬矣壬戌歳持至見
其尚存作偈嘲之曰咄哉老性空剛要餧魚

鼈去不索性去只管向人說師聞偈笑曰待
兄來證明耳令遍告四衆衆集師爲說法要
仍說偈曰坐脫立亡不若水葬一省柴燒二
免開壙撒手便行不妨快暢誰是知音船子
和尚高風難繼百千年一曲漁歌少人唱遂
盤坐盆中順潮而下衆皆随至海濵望欲斷
目師取塞戽水而回衆擁觀水無所入復乘
流而往唱曰船子當年返故鄉没蹤跡處妙
難量真風徧寄知音者鐵笛横吹作散場其
笛聲嗚咽頃於蒼茫間見以笛擲空而没衆
號慕圖像事之後三日於沙上趺坐如生道
俗爭往迎歸留五日闍維設利大如菽者莫
計二鶴徘徊空中火盡始去衆奉設利靈骨
建塔于青龍壽七十二臘五十三
嚴州鐘山道隆首座桐廬董氏子於鐘山寺
得度自游方所至耆衲皆推重晚抵黄龍死
心延爲座元心順世遂歸隱鐘山慕陳尊宿
高世之風掩關不事事日鬻數屨自適人無
識者手常穿一機凡有禪者至提以示之曰
老僧這機著三十年了也有寺僧戲問云如
何是無諍三昧師便掌
揚州齊謐首座本郡人也死心稱爲飽參諸
儒屢以名山致之不可後示化於潭之谷山
異跡頗衆門人嘗繪其像請贊爲書曰箇漢

友頭土面尋常不欲露現而今寫出人前大
似盧空著箭慈慈可惜人間三尺餚
空室道人智通者龍圖范珣女也幼聰慧長
歸丞相蘇頌之孫悌未幾厭世相還家求祝
髮父難之遂清修因看法界觀頓有省連作
二偈見意一曰浩浩塵中體一如縱横交互
印毗盧全波是水波非水全水成波水自殊
次曰物我元無異森羅鏡像同明明超主伴
了了徹真宗一體含多法交參帝網中重重
無盡處動靜悉圓通後父母俱亡兄消領分
寧尉通偕行聞死心名重往謁之心見知其
所得便問常啼菩薩賣却心肝教誰學般若
曰你若無心我也休又問一雨所滋根苗有
異無陰陽地上生箇甚麼曰一華五葉復問
十二時中向甚麼處安身立命曰和尚惜取
眉毛好心打曰這婦女亂作次第通禮拜心
然之於是道散籍甚後為尼名永久挂錫姑
蘇之西竺緇白日夕師問得其道者頗衆俄
不疾書偈趺坐而終有明心録行於世佛果
禪師為之序靈源佛眼皆有偈賛之

黄龍靈源惟清禪師法嗣

舒州真乘靈峯慧古禪師鄱之宿松人族項
氏早年試經得度首謁靈源源令看踈山造塔
話倏然領契源難之無奕由是知名出住真
乘還光孝淨光二刹　上堂遂諸路化主次
乃曰梵語比丘此云乞士何謂乞士上從諸
佛乞法以資慧命下從檀越乞食以資色身
乞食資色身也則千門萬戶貴賤隨緣折我
慢之幢益他人之善乞法資慧命也則三祿
位坐寂照凝神内忘智照之勤外息大悲之
本脩然與拳有永分混爾與太虛同體更有
一人亦不大智上求亦不大悲下化當堂不
正坐不赴兩頭機在凡凡莫能測在聖聖莫
能知十方按不得三世莫能該且道喚渠作
甚麽即得龍向洞中銜雨出蝶從華裏𢴲香
歸　上堂瞻仰尊顏巾子峯寂然不動證圓
通善財別後無消息落日樓臺一笛風紹興
丙辰八月十九示寂塔于黄巖之方山

潭州上封佛心才禪師七閩長溪人族姚氏
幼得度受具遊方至大中依海印隆禪師有
老宿居几右閱華嚴金師子章師旁聽至一
毛頭師子百億毛頭一時現因疑之會海印
為衆徒請益嚴擲拄杖曰了即毛端吞巨海
始知沙界一微塵師猛省通夕不寐迨曉語
老宿宿曰吾不如汝然可謁東林總必了子
大事師至東林總已歸寂乃依死心久之往
叅靈源於黄龍留三年源每以向上事激之
無所湊泊偶讀古洞山録豁如也作偈曰徹
徹大海乾枯虛空迸裂四方八面絶遮攔萬
象森羅齊漏泄後分座真乘應上封之命遷
道林退歸閩中居大乘乾元靈石鼓山　上
堂曰達磨未來偎藏至寶頂髻有珠達磨既
来卞和刖足楊朱途窮来與未來何處得這
箇消息還知麽擬議之間知君罔措　上堂
一法有形該動植百川湍激競朝宗昭琴不
鼓雲天淡想像毗耶老病翁維摩病則上封
病上封病則拄杖子病拄杖子病則森羅萬
象病森羅萬象病則凡之與聖病諸人還覺
病本起處麽若也覺去情與無情同一體處
處皆同真法界其或未然甜瓜徹蔕甜苦瓠
連根苦紹興閒說偈遣衆泊然示寂

隆興府黄龍通照德逢禪師郡之靖安人族
胡氏師生有龐眉年十七從上藍晉禪師下
髮往依靈源即明深旨宣和初江守徐公任
道請居天寧三年遷黄龍六年　詔住京師
天寧　皇叔祖仲恭表　賜命服師名　上
堂舉夾山境話師曰法眼徒有此語殊不知
夾山老漢被這僧輕輕撥著直得脚前脚後
設使不作境話會未免猶在半途　僧問人
天普集龍象交叅學人上來請師說法曰枯
木無横枝鳥來難措足

潭州法輪應端禪師南昌人族徐氏少依化

度善月圓顧登具謁眞淨文禪師機不諧至
雲居會靈源分座爲衆激昂師扣其旨然以
妙入諸經自負源嘗痛劄之師乃援馬祖百
丈機語及華嚴宗旨爲表源笑曰馬祖百丈
固錯矣而華嚴宗旨與箇事喜没交涉師憤
然欲他往因請辭及揭簾忽大悟汗流浹背
源見乃曰是子識行好惡矣馬祖百丈文殊
普賢幾被汝帶累由此譽望四馳名士夫爭
挽應世皆不就政和末大帥張公司成以百
丈堅命開法師不得已始從　上堂舉大隨
劫火洞然話遂曰六合傾翻劈面來暫披麻
縷混塵埃因風吹火渾閑事引得游人不肯
回壞不壞隨不隨徒將閑見強針錐太湖三
萬六千頃月在波心說向誰　僧問如何是
賓中賓曰芒鞋竹杖走紅塵云如何是賓中
主曰十字街頭逢上祖云如何是主中賓曰
御馬金鞭混四民云如何是主中主曰金門
誰敢擡眸覷云賓主已蒙師指示向上宗乘
嘉十　十八
又若何曰昨夜霜風刮地寒老猿嶺上啼殘
月
東京天寧長靈守卓禪師泉南人族莊氏冠
游京師於天清寺試經得度至三衢謁南禪
雅禪師次依東吳定慧式禪師通華嚴奧妙
聞靈源開法太平道鳴四方即往造值夜參
適中其病遂猛省挨誠入室源鍛以差別機
智且戒其緘默餘十年辭謁佛鑑命分座舒
守孫公傑以甘露請開法後徙天寧　上堂
曰三千劍客獨許莊周爲甚麼跳不出良鑒
之門多病人因甚麼不消一劄已透關者更
請辨看　上堂譬如眼根不自見眼性自平
等無平等者便恁麼去無孔鐵鎚聊且安置
直得入林不動草入水不動波也是一期方
便若也離內竹抽籬外筍潤東華發潤西紅
更待勘過了打　僧問丹霞燒木佛院主爲
甚麼眉鬚墮落曰猫兒會上樹云早知如是
終不如是曰惜取眉毛　問如何是衲衣下
事曰天旱爲民愁　問佛未出世時如何曰
絶毫絶釐云出世後如何曰塡溝塞壑云出
與未出相去幾何曰人平不語水平不流宣
和五年十二月二十七奄然示寂闍維日
皇帝遣中使　賜香持金盞求設利爇香羅
盤中鏗然視之五色者數顆大如豆使者馳
嘉十　十九
還　上見大悅而京城傳爲盛事
信州博山無隱子經禪師　歲旦上堂曰和
氣生枯枿寒雲散遠郊木人占吉兆夜半露
龜爻諸禪德龜爻露處文彩已彰便見一年
十二月月月如然一日十二時時時相似到
這裏直似黃金之黃白玉之白自從曠大劫
來未嘗異色還見麼其或未然且徇張三通
節序從教李四鬢蒼浪
隆興府百丈以栖禪師興化人也　上堂曰
摩騰入漢達磨來梁途轍既成後代兒孫開
眼迷路若是箇惺惺底終不向空裏捺華波
中捉月設勞心力畢竟何爲山僧今日已是
平地起骨堆諸人行時各自著精彩看
郢州光孝曇清禪師　上堂曰殺父殺母佛
前懺悔殺佛殺祖不消懺悔爲甚不消懺悔
且得究家解脫
溫州光孝德週禪師信之上饒人族璩氏於
景德尊聖院染削聞道有年後至靈源開舉
少林面壁頓悟述二偈以呈源許之自爾名
流江浙　上堂曰舉體露堂堂十方無罣礙
十聖不能傳萬靈咸頂戴擬欲共商量開口
百雜碎只如未開口已前作麼生咄　上堂
回互不回互覿見没可覩透出祖師關路斷
入天路阿呵呵悟不悟落華流水知何處紹
興甲戌九月十三集衆說偈而逝
黃龍草堂善清禪師法嗣
隆興府黃龍山堂道震禪師金陵人族趙氏
少依覺印英禪師爲童子英移居泗之普照
適淑妃擇度童行師得圓具久之辭謁丹霞
淳禪師一日與論洞上宗旨師呈偈曰白雲

深覆古寒巖異草靈華彩鳳銜夜半天明日當午騎牛背面著靴衫澤器之師自以為礙棄依草堂一見契合日取藏經讀之一夕聞晚叅鼓步出經堂舉頭見月遂大悟亟趨方丈堂望見即為印可初住曹山次遷廣壽黃龍　上堂曰舉箇古人因緣問闍黎闍黎不得作古會若作古會失却當面眼舉箇即今因緣問闍梨闍黎不得作今會若作今會障却闍黎本來眼假饒不失不障非古非今猶是藥病相治止啼之說只如透脫一句闍黎還道得也無若道不得直待羅漢峯漈談實相即向汝道　上堂眼見色時耳便聾耳聞聲處眼無功朝來不耐靈禽報樹上楊梅似火紅　上堂雷轂震地室內不聞天鼓游光攬不盈手靈利漢直下便了何須撞入膠盆若更問龜毛有幾莖兎角長多少直饒你一鑁鑁斷雲山我亦不向汝道　上堂黑漢賣炭不識秤上星狂了疑頭將謂頭在鏡忽然省悟非邪非正山河大地久成正覺釋迦老子未有佛性　上堂少林冷坐門人各說異端大似衆盲摸象神光禮三拜依位而立達磨云汝得吾髓這黑面婆羅門脚跟也未點地在　上堂石人問枯樁何時汝發華枯樁怒石人何得口吧吧石人呵呵笑枯樁吐異葩紅霞輝玉象白玉碾金沙借問通玄士何人不到家

台州萬年雪巢法一禪師太師襄陽郡王李公遵勉之玄孫也世居開封祥符縣母夢一老僧至而產師年十七試上庠從祖仕淮南欲官之不就將棄家事長蘆慈覺賾禪師翁弗許母曰此必宿世沙門願勿奪其志未幾慈覺沒大觀改元禮靈巖通照悉禪師祝髮登具依悉十年迷悶不能入圓悟禪師住蔣山見曰此法器也悟奉　詔徙京師天寧師侍行靖康末自天寧至蔣山一語之及大法頓明紹興七年泉守寶文劉公彥脩請居延福後四遷巨剎　上堂曰衲僧正法眼照破鐵圍山四方并八面尖角更團圝雙椎轟法鼓一擊透玄關乾坤收不得留與後人看既是乾坤收不得後人作麼生看要會麼門庭閑處無施設松檜風生助寂寥　上堂拈拄杖曰拄杖子有時作出水蛟龍萬里雲煙不斷有時作踞地師子百年妖怪潛蹤有時心法兩忘照體獨立有時照用同時主賓互用以拄杖畫曰延福門下總用不著且道延福尋常用箇甚麼卓拄杖喝一喝下座　上堂仰面不見天低頭不見地古劒髑髏前大海波濤沸二十八年春退席長蘆歸天台萬年之觀音院繞浹日忽示微疾囑門人具龕釘內至三月四日書偈曰今年七十五歸作庵中主弥重觀世音泥蛇吞石虎入龕趺坐別衆曰吾不能聽諸方來此寱語即自扃鑰有項主事令匠者啓龕捫之肉猶未冷八日塔於觀音院之後臘五十二

福州雪峯東山慧空禪師本郡人族陳氏十四圓頂即游方徧謁諸老晚契悟於草堂紹興癸酉開法雪峯受請日　上堂曰俊快底點著便行癡鈍底推挽不動便行則人人歡喜不動則箇箇生嫌山僧而今轉此癡鈍為俊快去也彈指一下曰從前推挽不出而今出從前有院不肯住而今住從前嫌佛不做而今做從前嫌法不肯說而今說出住不住即且置敢問諸人做底是甚麼佛空王佛耶然燈佛耶釋迦佛耶彌勒佛耶說底又是甚麼法根本法耶無生法耶世間法耶出世間法耶衆中莫有道得底麼若道得山僧出世事畢如或未然逢人不得錯舉喝一喝下座　上堂舉雲門示衆云只這箇帶累殺人師曰雲門尋常氣宇如王作恁麼說話大似貧恨一身多山僧即不然只這箇快活殺人何故大雨方歸屋裏坐業風吹又過山行然雖如是也是乞兒見小利且不傷物義一句作

麼生道　上堂一拳拳倒黃鶴樓一趯趯翻鸚鵡洲有意氣時添意氣不風流處也風流俊哉俊哉快活快活一似十七八歲狀元相似誰管你天誰管你地心王不妄動六同一時通羅拈三尺劒休弄一張弓自在自在快活快活恰似七八十老人作窣相相似風以時雨以時五穀植萬民安竪起拄杖曰大衆這兩箇并山僧拄杖子共作得一箇衲僧到雪峯門下但知隨例餐鎚子也得三文買草鞋喝一喝卓拄杖下座　僧問和尚未見草堂時如何曰江南有云見後如何曰江北無戌寅三月十三示寂於東庵壽六十三臘四十八

慶元府育王野堂普崇禪師本郡人也　示衆舉巴陵和尚道不是風動不是幡動不是風幡又向甚麼處著有人為祖師出氣出來與巴陵相見雪竇和尚道風動幡動既是風幡又向甚麼處著有人為巴陵出氣出來與雪竇相見師曰非風非幡無處著是風是幡無著處遶天俊鶻悉迷蹤踞地金毛還失措阿呵呵悟不悟令人轉憶謝三郎一絲獨釣寒江雨

青原惟信禪師法嗣

潭州梁山權禪師　僧問大衆雲臻請師開示曰天靜不知雲去處地寒留得雪多時云學人未曉玄言乞師再垂方便曰一重山後一重人

成都府正法希明禪師漢之綿竹人弱冠從馬鞍廣禪師下髮登具南遊至夾山依曉純禪師咨參有省棄謁芙蓉楷梁山歡歡指見青原師抵青原一日原入室舉拳以示師勢悟原肯而印之踰年歸隱故居郡守以延祚補處次遷彭之曲尺　解制上堂曰林葉紛紛落乾坤報早秋分明西祖意何用更馳求若恁麼會得始信佛祖之道本自平夷大解脫門元無關鑰彌綸宇宙偪塞虛空量不可窮智莫能測若也未明此旨不達其源任是百劫薰功千生煉行徒自疲苦了無交涉若深明此旨洞達其源乃知動靜施為經行坐臥頭頭合道念念朝宗祖不云乎迷生寂亂悟無好惡得失是非一時放卻如是則誰迷誰悟誰是誰非自是諸人獨生異見觀大觀小執有執無已靈獨耀不肯承當心月孤圓自生違背何異家中捨父衣內忘珠致使善提路上荊棘成林解脫空中迷雲蔽日山僧今日幸值衆僧自恣化主還山諸上善人得得光訪不可緘默隨分葛藤曲為今時少聞方便也須是諸人著眼各自諦觀若更擬議尋思白雲萬里遂拈拄杖曰於斯明得靈山一會儼在目前其或未然更待來晨分付

祖庵主者不知何許人也見青原之後縛屋衡嶽間餘三十年人無知者偶遣興作偈曰小鍋煑菜上蒸飯菜熟飯香人已饑一補饑瘡了無事明朝依樣畫貓兒由是衲子披榛扣之無盡居士張公力挽其開法不從竟終于此山

昭覺紹覺純白禪師法嗣

成都府信相正覺宗顯禪師潼川飛烏人族王氏少為進士有聲嘗晝掬溪水為戲至夜思之遂見水泠然盈室欲汲之不可而塵境自空曰吾世網裂矣往依昭覺得度具滿分戒後隨衆咨參覺一日問師高高峯頂立深深海底行汝作麼生會師於言下頓悟曰釘殺腳跟也覺拈起拂子云這箇又作麼生師一笑而出服勤七祀南游至京師歷淮浙晚見五祖演和尚於海會出問未知關棙子難過趙州橋趙州橋即不問如何是關棙子祖曰汝且在門外立師進步一踏而退祖曰許多時茶飯元來也有人知滋味明日入室祖云你便是昨日問話底僧否我固知你見處只是未過得白雲關在師珍重便出時圜悟為侍者師以白雲關意扣之悟云你但直下

會取師笑曰我不是不會只是未諳待見遠老漢共伊理會一上明日祖往舒城師與悟繼住適會於興化祖問師記得曾在那裏相見來師曰全火秖候祖顧悟曰這漢饒舌自是機緣相契遊廬阜回師以高高峯頂立深深海底行向所得之語告之祖曰吾嘗以此事詰先師先師云我曾問遠和尚遠云貓有歃血之功虎有起尸之德非素達本源不能到也師給侍之久祖鍾愛之後辭西歸為小恭復以頌送云離鄉四十餘年一時忘却蜀語禪人回到成都切須記取魯語時覺尚無恙師冊侍之名藪蕩著遂出住長松遷保福

信相　上堂舉仰山問中邑如何是佛性義邑曰我與你說箇譬喻汝便會也譬如一室有其六窓中有一箇獮猴外有人喚云狌狌獮猴即應如是六窓俱喚俱應仰乃禮拜却云適來蒙和尚指示某有箇疑處曰你有甚麼疑云只如獮猴睡時又作麼生邑下禪床把住曰狌狌我與你相見師曰諸人要見二老麼我也與你說箇譬喻中邑大似箇金師仰山將一塊金來使金師酬價金師亦盡價相酬臨成交易賣金底更與貼秤金師雖然闇喜心中未免偷疑何故若非細作定是賊贓便下座　僧問三世諸佛六代祖師總出這圈繢不得如何是這圈繢曰井攔脣

大溈祖瑃禪師法嗣

眉州中巖慧目蘊能禪師本郡人族呂氏年二十二於村落一富室為校書偶游山寺見禪冊閱之似有得即裂冠圓具一鉢游方首參寶勝澄甫禪師所趣頗異至荆湖謁永安喜真如喆德山繪造詣益高追抵大溈溈問上座桑梓何處曰西川云我聞西川有普賢菩薩示現是否師曰今日得瞻慈相云白象何在曰尒牙已具云還會轉身麼師提坐具繞禪床一匝溈云不是這箇道理師趨出一日溈為衆入室問僧黃巢過後還有人收得劒麼僧豎起拳溈云菜刀子僧云爭柰受用不盡溈喝出次問師黃巢過後還有人收得劒麼師亦豎起拳溈云也只是菜刀子師曰殺得人即休遂近前攔胷築之溈云三十年弄馬騎今日被驢子撲後還蜀庵於舊址應四衆之請出住報恩等刹厭於世務結茅頫姥曰慧目竟終老焉師道望顯著行解相應又以慈忍接人為士大夫者衲宗仰　上堂曰龍濟道萬法是心光諸緣唯性曉本無迷悟人只要今日了師曰既無迷悟了箇甚麼咄　上堂舉雪峯一日普請擬柴中路見一僧遂擲下一塊柴云一大藏教只說這箇後來真如喆道一大藏教不說這箇據此二尊宿說話是同是別山僧即不然豎起拂子曰提起則如是我聞放下則信受奉行　室中問崇真氊頭如何是你空劫已前父母真領悟云和尚且低聲遂獻投機頌云萬年倉裏曾饑饉大海中住儘長渴當初尋時尋不見如今避時避不得師為印可一日與黃提刑奕棊次黃問數局之中無一局同千著萬著則故是如何是那一著師提起棊子示之黃佇思師曰不見道從前十九路迷殺幾多人師住持三十餘載凡說法不許錄其語臨終書偈趺坐而化闍維時暴風忽起煙所至處皆雨設利道俗斸其地皆得之心舌不壞塔于慧目

懷安軍雲頂寶覺宗印禪師　上堂曰古者道識得凳子周匝有餘又道識得凳子天地懸殊山僧總不恁麼識得凳子是甚麼閑家具　一日普說罷師曰諸子未要散去更聽一頌乃曰四十九年一場熱鬧八十七春老漢獨弄誰少誰多一般作夢歸去來兮梅梢雪重言訖下座扶策行數步屹然而化

兜率真寂從悅禪師法嗣

撫州踈山了常禪師　上堂曰等閑放去佛手捲不住特地收來大地絕纖埃向君道莫

疑猜處處頭頭見善財槌下分明如得旨無限勞生眼自開　僧問如何是踈山為人底句曰懷中玉尺未輕擲袖裏金鎚劈面來

隆興府兜率慧照禪師南安郭氏子　上堂曰龍安山下道路縱横兜率宮中樓閣重疊雖非天上不是人間道者心安全忘諸念善行者不移雙足善入者不動雙扉自能笑傲煙蘿誰管坐消歲月既然如是且道向上還有事也無良久曰莫教推落巖前石打破下方遮日雲　開堂日僧問如何是第一義諦曰槌下分付云第二義門又作麼生曰千家簾幕春光在幾處園林秀色新

法雲佛照杲禪師法嗣

筠州洞山辯禪師　上堂曰不是心不是佛不是物鑽天鷂子遶天鶴不度火不度水不度爐離弦箭發沒迴途直饒會得十分去笑倒西來碧眼胡

東京慧海儀禪師　上堂曰無相如來示現身破魔兵衆絶纖塵七星斜映風生處四海還歸舊主人諸仁者大迦葉靈山會上見佛拈華投機微笑須菩提聞佛說法深解義趣涕淚悲泣且道笑者是哭者是不見道萬派横流總向東超然八面自玲瓏萬人膽破沙場上一箭雙雕落碧空　上堂舉潙山坐次仰山問和尚百年後有人問先師法道如何祇對潙曰一粥一飯仰曰前面有人不肯又作麼生潙曰作家師僧仰便禮拜潙曰逢人不得錯舉師曰自古及今多少人下語道嚴而不威恭而無禮横按拄杖竪起拳頭若只恁麼却如何知得他父子相契處山僧今日也要諸人共知莫分彼我彼我無殊困魚止濼病鳥棲蘆逡巡不進泥中履爭得先生一卷書

西蜀鑾法師者遺其氏里幼為苾蒭通大小乘佛照謝事居景德師適至問照曰禪家言多不根何也照曰汝習何經論曰諸經粗知頗通百法照曰只如昨日雨今日晴是甚麼法中收師懵然照舉癢和子擊曰莫道禪家所言不根好師憤曰昨日雨今日晴畢竟是甚麼法中收照曰第二十四時分不相應法中收師恍竊即禮謝後歸蜀居講會以直道示徒不泥名相而衆多引去遂說偈罷講曰衆貴華兮獨貴松青青顏色不如紅筭來終不與時合歸去來兮翠靄中由是隱居二十年道俗追慕復命演法笑荅偈曰遁迹隱高峯高峯又不容不如歸鄉里依舊貴青松衆列拜悔過兩川講者爭依之

泐潭湛堂文準禪師法嗣

隆興府雲巖典牛天游禪師成都人族鄭氏世為鴻儒嘗兩與貢籍不第慨然慕丹霞祝髮受具浮峽而下謁名宿於諸席後至泐潭潭方自吳中回首衆一日普說衆集潭曰諸人苦苦就準上座覓佛法遂拊膝曰會麼雪上加霜又拊膝曰若也不會豈不見乾峯示衆云舉一不得舉二放過一著落在第二師聞脫然穎悟潭對衆為印可於是道聲四播去游淮浙未幾旋豫章廬於泐潭之前嶂目曰典牛庵出住雲蓋從雲巖　上堂卓拄杖曰久雨不晴劉金烏飛在鍾樓角又卓一下曰猶在殼復卓曰一任衲僧名邈　上堂馬祖一喝百丈蹉過臨濟小廝兒向糞掃堆頭拾得一隻破草鞋胡喝亂喝師震聲喝曰喚作胡喝亂喝得麼　上堂象骨輥毬能已盡玄沙斫牌伎亦窮還知麼火星入袴口事出急家門　上堂三百五百銅頭鐵額木笛横吹誰來接拍時有僧出師曰也是賊過後張弓

潭州三角智堯禪師　上堂曰捏土定千鈞秤頭不立蠅箇中些子事走殺嶺南能還有薦得底麼直饒薦得也是第二月

文殊宣能禪師法嗣

常德府德山瓊禪師受請日　上堂曰作家

撈籠不肯住呼喚不回頭爲甚麼從東過西
自代曰後五日看
慧日文雅禪師法嗣
隆興府九仙祖鑑法清禪師嚴陵人也　上
堂曰萬柳千華暖日開一華端有一如來妙
談不二虛空藏動着微言徧九垓笑哈哈且
道笑箇甚麼笑覺苑脚跟不點地　上堂自
古至今叢林道丹霞燒木佛院主眉鬚墮落
大衆會麼萬仞崖頭曾借路百千禪侶盡生
疑只因滿眼多嚱嶮不識天然却問誰荼
上堂舉睦州示衆云汝等諸人未得箇入頭
處須得箇入頭處既得箇入頭處不得忘却
老僧明明向汝道尚自不會何况蓋覆將來
師曰睦州恁麼道意在甚麼處其或未然覺
苑下箇注脚張僧見王伴王伴呌張僧昨夜
放牛奧嶺上及前村溪西水不飲溪東草不
吞教覺苑如何即得會麼不免與麼去遂以
兩手按空下座　僧問如何是奪人不奪境
曰惺惺寂寂云如何是奪境不奪人曰寂寂
惺惺云如何是人境兩俱奪曰惺惺惺惺云
如何是人境俱不奪曰寂寂寂寂云學人今
日買鐵得金去也曰甚麼處得這話頭來
師度夏池之天寧以伽梨覆頂而坐侍郎曾
公開問曰上座仙鄉甚處曰嚴州云與此間
是同是別師拽伽梨下地揖曰官人曾到嚴
州否曾罔措師曰待官人到嚴州時却向官
人道
平江府覺海法因庵主郡之嵎山人族朱氏
年二十四被緇服進具游方至東林謁慧日
日舉靈雲悟道機語問之擬對日曰不是不
是豁有所契占偈曰巖上桃華開華從何處
來靈雲纔一見回首舞三臺日曰子所見雖
已入微然更着鞭當明大法師承教居靈阜
三十年不與世接叢林尊之建炎中盜起江
左順流東婦邑人結庵命居緇白繼踵問道
嘗謂衆曰汝等飽待定力無憂晨炊而事于
求也晚年放浪自若稱五松散人
龍牙梵言禪師法嗣
筠州洞山擇言禪師　僧問如何是十身調
御拽子下禪床立未審意旨如何曰脚跟下
有七穿八穴
道林了一禪師法嗣
潭州大潙大圓智禪師四明人也　上堂舉
南泉道三世諸佛不知有狸奴白牯却知有
師曰三世諸佛既不知有狸奴白牯又何曾
夢見灼然須知向上有知有底人始得且作
麼生是知有底人喫官酒卧官街當處死當
處埋沙場無限英靈漢堆山積嶽露屍骸

嘉泰普燈録卷第十

嘉泰普燈録卷第十一　史一

平江府報恩光孝禪寺臣僧　正受編

南嶽第十四世(臨濟十世　楊岐三世)

五祖法演禪師法嗣十八人(十二人見録)

舒州太平佛鑑慧懃禪師

東京天寧佛果圜悟克勤禪師

舒州龍門佛眼清遠禪師

潭州開福道寧禪師

嘉州九頂清素禪師

彭州大隨南堂元靜禪師

蘄州五祖表自禪師

蘄州龍華道初禪師

漢州無為泰禪師

元禮首座

普融知藏

法閦上座

蜀山大明因禪師

舒州海會慧宗禪師

懷安軍雲頂崇慧才良禪師

唐州天目齊禪師

舒州太平處清禪師

嘉州義首延福遠禪師

(已上機語未見)

瑯琊永起禪師法嗣一人

金陵俞道婆

南嶽第十四世(臨濟十世　楊岐三世)

五祖法演禪師法嗣

舒州太平佛鑑慧懃禪師郡之懷寧人族汪氏丱歲師廣教圓深試所習得度每以唯此一事實餘二則非眞味之有省乃徧參名宿往来五祖之門有年恚祖不為印據與圓悟相繼而往及悟在金山染疾因慷過歸白雲方大徹證師忽至意欲他邁悟勉令挂錫且曰某與兄相別始月餘比舊相見時如何師曰我所疑者此也遂參堂一日聞祖舉僧問趙州如何是和尚家風曰老僧耳聾高聲問將来僧高聲再問州曰你問我家風我却識你家風了也即大豁所疑曰乞和尚指示極則祖曰森羅及萬象一法之所印師展拜令主翰墨與圓悟語次悟舉東寺問仰山索珠話至無言可對無理可伸處曰既云收得遠索此珠却云無言可對無理可伸是如何師曰東寺當時索一顆仰山當下傾出一栲栳悟曰兄向時安有此語耶相笑不已明年謁太平清禪師命為第一座會清之黃龍以師繼之法道大播政和初　詔住東都智海五年乞歸得　旨居蔣山樞密鄧公子常奏賜徽號椹服　開堂日上首白椎罷師曰南瞻部洲北鬱單越西瞿耶尼東弗于逮於此觀得可謂妙圓超悟只在如今其或未然遂指問話僧曰且看這僧敗闕(已問荅)乃曰問話且止何必紛紜不見道窮諸玄辯若一毫置於太虛竭世樞機似一滴投於巨壑況祖師心印諸佛本源千聖悟由群生性命非中非外不滅不生在聖在凡無增無減彌綸天地混茫太虛而不知其大鼓變陰陽陶鑄萬物而不宰其功浩浩然不可以語言造昭昭然不可以寂默通語言求之翻成諍論寂默求之墮於斷滅到此唯聖與聖乃能共知以何為證豈不聞我　大宋仁宗皇帝有修心偈曰初祖安禪在少林不傳經教但傳心後人若悟眞如理密印由来妙理深敢問諸人如何是眞如之性如何是密印妙理假使目連鶖子無礙辯才到此也須亡鋒結舌唯有山僧今日幸逢快便為國開堂得路便行豈畏旁觀笑怪舉拂子曰看看豈不是諸人眞如之性竪兩指曰豈不是諸人密印妙理於斯薦得同報　國恩其或未然別容理論(已歛)謝後舉二祖安心話遂曰覔心不得乃安心悟了爭如未悟深萬丈寒潭秋月白一穀雲外老猿吟積塵成嶽削鐵成針少室山前無異路遊人来往自崎嶮上堂至道無難唯嫌揀擇桃華紅李華白誰道融融只一色鷰子語黃鸝鳴誰道關關只一聲不逢祖師關捩子空認山河作眼睛

上堂日日西沉日日日東上若欲學菩提
獅下拄杖曰但看此榜樣　上堂鐵非至寶
錚太阿而價直萬金心是塵緣悟眞空而頓
超十地所以道無邊剎境自他不隔於毫端
十世古今始終不離於當念移南作北一任
縱橫坐斷十方一句作麼生道龍袖拂開全
體現象王行處絕狐蹤　五祖周祥上堂去
年今日時紅爐片雪飛今日去年時曹娥讀
夜碑末後一句子佛眼莫能窺白蓮峰頂上紅
日繞須彌烏啄珊瑚樹鯨吞麗水犀太平家
業在千古襲楊歧　上堂橫拄杖曰先照後
用竪起曰先用後照倒轉曰照用同時卓一
下曰照用不同時汝等諸人被拄杖一口吞
盡了也自是你不覺若向這裏道得轉身句
免見一場氣悶其或未然老僧今日失利
上堂金烏急玉兎速急急流光七月十無窮
遊子不歸家縱歸只在門前立門前立把手
牽伊不肯入萬里看看寸草無殘華落地無
人拾無人拾一回雨過一回濕　上堂舉僧
問乾峰十方薄伽梵一路涅槃門未審路頭
在甚麼處峰以拄杖一畫云在這裏雲門云
扇子踍跳上三十三天築著帝釋鼻孔東海
鯉魚打一棒雨似盆傾此二老宿一人向陸
地行船一人向針鋒走馬同時同日到長安

其中一箇最尖要　上堂八月二十五有賓
無有主輥出雪峯毬打動禾山鼓天帝釋搥
頭大梵王作舞不透上林關未敢輕相許空
生不解此家風惹得巖前華似雨　上堂舉
世尊有密語迦葉不覆藏乃曰你尋常說黃
道黑評品古今豈不是密語你尋常折旋俯
仰拈匙把筯秖揖萬福是覆藏不覆藏忽然
瞥地去也不可知要會麼世尊有密語冬到
寒食一百五迦葉不覆藏水淺不通已露贓
靈利衲僧如會得一重雪上一重霜　僧問
如何是祖師西來意曰喫醋知酸喫鹽知鹹
云弓折箭盡時如何曰一場懡㦬　問不與
萬法爲侶者是甚麼人曰撥破露柱云歸鄉
無路時如何曰王程有限　云前三三後三三
又作麼生曰六六三十六　問承聞和尚親
見五祖是否曰鐵牛齧碎黃金草云恁麼則
親見五祖也曰我與你有甚冤讎云只如達
磨見武帝意旨如何曰胡言易辨漢語難明
云爲甚悽悽暗渡江曰因風借便　問如何
是主中賓曰進前退後愁殺人云如何是賓
中主曰眞實之言成妄語云如何是賓中賓
曰夫子遊行厄在陳云如何是主中主曰終
日同行非伴侶云賓主已蒙師指示向上宗
乘事若何曰大斧斫了手摩挲　問即心即

佛即不問非心非佛事如何曰昨日有人問
老僧不對云未審與即心即佛相去多少曰
近則千里萬里遠則不隔絲毫云忽被學人
截斷兩頭歸家穩坐又作麼生曰你家在甚
麼處云大千沙界內一箇自由身曰未到家
在更道云學人到這裏直得東西不辨南北
不分去也曰未爲分外　室中以木骰子六
隻面面皆書幺字僧纔入獅曰會麼僧擬不
擬即打出七年九月八日上堂示衆曰祖師
心印狀似鐵牛之機去即印住住即印破直
饒不去不住亦未是衲僧行履處且作麼生
是衲僧行履處待十月前後奉爲諸人注破
至後月八日沐浴更衣端坐手寫數書別故
舊停筆而化火後門弟子奉靈骨設利塔于
本山
東京天寧佛果克勤禪師彭之崇寧人族駱
氏世宗儒師犀顱月面骨相不凡幼日記千
言偶遊妙寂寺見佛書三復悵然如獲舊物
曰予殆過去沙門也即去家依自省祝髮從
文照通講說又從敏行授楞嚴俄得病瀕死
歎曰諸佛涅槃正路不在文句中吾欲以聲
求色見宜其無以死也遂棄去至眞覺勝禪
師之席勝方創臂出血指示師曰此曹溪一
滴也師矍然良久曰道固如是乎即徒步出

蜀首謁玉泉皓次依金鑾信大溈喆黃龍心東林總㑹指為法踞而晦堂稱他日臨濟一派屬子矣最後見白雲盡其機用紐皆不諾且訶曰汝欲了生死大事何以意氣得耶師不顧趨出抵吳中巳而復還祖迎笑曰吾望子久矣即命入侍司會部使者解印還蜀詣祖作禮問佛法大意祖曰不見小艷詩云頻呼小玉元無事只要檀郎認得聲使者惘然師旁侍竊聆忽大悟立告祖曰今日去却膺中物喪盡目前機祖曰佛祖大事非小根劣器所能造詣吾助汝喜師述偈曰金鴨香囊錦繡幃笙歌叢裏醉扶歸少年一段風流事只許佳人獨自知由此所至衆推為上首崇寧中還里省覲四衆迓拜成都帥翰林郭公知章請開法六祖更昭覺冉出蜀次荆南會無盡居士張公商英以師禮留居碧巖復徙道林樞密鄧公子常奏賜紫服師名政和中　詔住金陵蔣山學者無地以容名振京師勅補天寧萬壽　上召見褒寵甚渥建炎初又遷金山適　駕幸維揚入對賜圜悟禪師改雲居久之後領昭覺　上堂曰通身是眼見不及通身是耳聞不徹通身是口說不著通身是心鑒不出直饒盡大地明得無絲毫透漏猶在半途據令全提且道如何展演域中日月縱横挂一亘晴空萬古奏　上堂山頭鼓浪井底揚塵眼聽似震雷耳觀如張錦繡三百六十骨節一一現無邊妙身八萬四千毛端頭頭彰寶王剎海不是神通妙用亦非法爾如然苟能千眼頓開直是十方坐斷且超然獨脫一句作麽生道試玉須經火求珠不離泥　上堂本来無形段那復有脣觜特地廣稱揚替他說道理且道他是阿誰　上堂十五日已前千牛拽不回十五日已後俊鶻趂不及正當十五日天平地平同明同暗大千沙界不出當處可以含吐十虚進一步超越不可說香水海退一步坐斷十里萬里白雲不進不退莫道闍梨老僧也無開口處舉拂子曰正當恁麽時如何有時拈在千峰上劃斷秋雲不放高　上堂十方同聚會本来身不昧箇箇學無為項上用鉗鎚此是選佛場深廣莫能量心空及第歸利劒不如錐龐居士舌拄梵天口包四海有時將一莖草作丈六金身有時將丈六金身作一莖草甚是奇特然雖如此要且不曾動著向上關且如何是向上關鑄印築高壇　上堂有句無句超宗越格如藤倚樹鋃山鐵壁及至樹倒藤枯多少人失却鼻孔直饒收拾得来已是千里萬里只如未有恁麽消息時如何逐透得麽風暖鳥聲碎日高華影重　上堂舉步越東勝身退身入西瞿耶回首望北鬱單捏拳觸南閻浮淨地裏看是箇没量大人正眼觀来猶是麻滓麴末須知四維上下無邊香水海不可說淨幢王刹裡為微塵一一塵中現無邊身說無量法猶只是順機教看窟竉著楔而況提向上鉗鎚用作家爐韛便是徧界德山有棒無下手處徧界臨濟有喝無啓口處徧界金色頭陀有定力無容身處正當恁麽時驀然有箇承當擔荷得趣向得行履得且道向甚麽處著渠山僧有箇著處待說又恐成露布擬不說又却辜負當機說與不說一時拈却最後一句放開諸會去也青松下明窻内玉殿珠樓未為對衲帔蒙頭萬事休此時山僧都不會委悉麽天台華頂秀南嶽石橋高　上堂第一句薦得祖師乞命第二句薦得人天膽落第三句薦得虎口横身不是循途守轍亦非革轍移途透得則六臂三頭未透亦人間天上且三句外一句作麽生道生涯只在絲綸上明月扁舟泛五湖　僧問雲門道須彌山意旨如何曰推不向前約不退後云未審還有過也無曰坐却舌頭問法不孤起仗境方生提坐具云這箇是境那箇是法曰却被闍梨奪却槍

問古人道楖栗横擔不顧人直入千峰萬峯去未審阿那裏是他住處曰騰蛇纏足露布遶身云朝看雲片片暮聽水潺潺曰却須截斷始得云此回不是夢真箇到廬山曰高著眼　問不歷化城便登寶所時如何曰滿眼本非色滿耳本非聲云親到寶山空手回時又作麼生曰入荒田不揀　問勿謂無心云是道無心猶隔一重關如何是一重關曰十重也有云如何是關中主曰放過一著云作何面目師便喝　問猿抱子歸青嶂後鳥啣華落碧巖前此是和尚舊時安身立命處如何是道林境曰寺門高開洞庭野殺脚棒入赤沙湖云如何是境中人曰僧寶人人滄海珠云此是杜工部底作麼生是和尚底曰且莫亂道云如何是奪人不奪境曰山僧有眼不曾見云如何是奪境不奪人曰闍黎問得自然親云如何是人境俱奪曰收云如何是人境俱不奪曰放　問玄沙不過嶺保壽不渡河未審意旨如何曰直超物外云雪峰三度到投子九度到洞山又作麼生曰別是一家春云恁麼則春色無高下華枝自短長曰一任十度　問有句無句如藤倚樹如何得遶脱曰倚天長劒逼人寒云只如樹倒藤枯潙山為甚麼呵呵大笑曰變他底著他底云忽被學人掀倒禪床拗折拄杖又作箇甚麼伎倆曰也是賊過後張弓　問無邊身菩薩為甚麼不見如來頂相曰有持恁麼有時不恁麼云如何是和尚頂相曰錯僧禮拜師曰果然果然　問明歷歷露堂堂因甚麼乾坤收不得曰金剛手裏八稜棒云忽然一喚便回還當得活也無曰鶖子目連無奈何云不落照不落用如何商量曰放下雲頭云忽遇其中人時如何曰騎佛殿出三門云萬象不來渠獨語教誰把手上高峰曰錯下名言絲興五年八月己酉示微恙趺坐書偈遺衆投筆而逝茶毗舌齒不壞設利五色無數塔于昭覺之側壽七十有二臘五十有四六年三月　謚曰真覺塔曰寂照

舒州龍門佛眼清遠禪師蜀之臨邛人族李氏為人嚴正寡言年十四圓具常依毗尼師因讀法華至是法非思量分別之所能解持問講者莫能對遂南遊江淮首參真覺勝禪師無契棄依太平事祖數載因丐於廬州偶雨足趺仆地煩懣間聞二人交相惡罵諫者曰你猶自煩惱在師於言下有省及歸侍祖祖見師凡有所問即曰我不如你你自會得好或曰我不會我不如你師愈疑每咨決於元禮首座禮一日見師欲許意遂引師耳繞圍爐旋行旋告之曰你自會得好師曰憑公開發乃爾相戲耶禮曰你他後悟去方知今日曲折耳後典賓海會雨夜讀傳燈錄至破竈墮因緣忽撥火大悟作偈曰刀刀林鳥啼披衣終夜坐撥火悟平生窮神歸破墮事皎人自迷曲淡誰能和念之永不忘門開少人過圓悟聞之問曰青林搬土話古今無人出得你如何會云也有甚難曰只如他道鐵輪天子寰中旨意作麼生云我道帝釋宮中放赦書悟喜曰遠兄便有活人句祖亦然之自是隱居四面大中庵屬天下一新崇寧萬壽寺舒守王公渙之命師開法次補龍門道望尤振學者爭集逾十二年　勑居和之襃禪樞密鄧公洵武奏　賜師號及紫方袍上堂曰臺山路上過客全稀破竈堂前感恩無地雪埋庭柏冰鏁偃谿雖在南方火爐頭不入他家齋甕裏看看臘月三十日便是孟春猶寒你等諸人各須努力向前切忌自生退屈　上堂卓拄杖曰圓明了知不由心念抵死要道墮坑落塹畢竟如何乃倚拄杖下座　上堂泡幻同無礙如何不了悟眼裏瞳人吹叫子達法在其中非今亦非古六隻骰子滿盆紅大衆特人為甚麼坐地看揚州鉢盂英柄新翻樣牛上騎牛笑殺人　上堂趙州不

見南泉山僧不識五祖甜瓜徹蔕甜苦瓠連根苦　上堂一葉落天下春無路尋思笑殺人下是天上是地此言不入時流意南作北東作西動而止喜而悲蛇頭蝎尾一試之猛虎口裏活雀兒是何言歸堂去　上堂面前過便知是張三李四背後過爲甚麼却不見壁這邊便見條臺倚子壁那下爲甚麼分踈不得咫尺之間尚爾况十方世界耶參學人若不明此當知參學事卒未在　上堂蘇武牧羊辱而不屈李陵望漢樂矣忘歸是在外國在本國佛諸弟子中有者雙足越坑有者聆箏起舞有者身埋糞壤有者呵罵河神是習氣是妙用至於擎叉打地竪拂敲床睦州一向閉門魯祖終年面壁是爲人是不爲人信知一切凡夫埋沒寶藏殊不丈夫諸人何不攞柂張帆拋江過岸休更釘樁搖櫓何日到家既作曹溪人又是家裏漢還見家裏事麼　僧問劫火洞然大千俱壞未審這箇壞不壞曰黑漆[十二]桶裏黃金色　問[十一]道遠乎哉觸事而眞如何是道曰頂上八尺五云此理如何曰方圓七八寸　問劫火威音前別是一壺天御樓前射獵不是刈茅田提起坐具云這箇喚作甚麼曰正是刈茅田僧便喝師曰猶作主在　問僧孤燈獨照時如何僧無對

代曰露柱證明閑閑靜板數師乃曰據款結案　宣和初以病辭歸蔣山之東堂二年書雲前一日飯食訖趺坐謂其徒曰諸方老宿臨終必留偈辭世世可辭耶且將安住乃合掌怡然趨寂門人函骨歸龍門塔于靈光臺側壽五十四臘四十

潭州開福道寧禪師歙溪汪氏子也壯爲道人於崇果寺執浴一日將濯足偶誦金剛經至於此章句能生信心以此爲實遂忘所知忽垂足沸湯中發明已見後祝髮蔣山依雪竇老良禪師踰二年次參涌泉誠子湖覺開先暹羅漢英三祖宗太平清鍾山佛慧圓通法鏡諸名宿晚至白蓮聞五祖小參舉忠國師古佛淨瓶趙州狗子無佛性話頓徹法源大觀中潭師席公震請住開福衲子景從　上堂曰未離兜率已降王宮未出母胎度人已畢諸禪德日日日從東畔出朝朝雞向五更啼雖然不是桃華洞春至桃華亦滿溪又道毗藍園内右脇降生七步周行四方目顧天上天下唯我獨尊大似貪觀天上月失却掌中珠還知落處麼若知落處方爲孝子順孫苟或未然不免重下注脚良久曰天生伎倆能奇怪末上輸他弄一場　上堂徧界不曾藏通身無影像相逢莫訝大愚癡曠劫至今無伎倆無伎倆少人知大抵還他肌骨好何須臨鏡畫蛾眉　上堂摩竭正令未免崎嶇少室垂慈早傷風骨腰囊挈錫辜負平生煉行灰心遠相鈍置爭似春雨晴春山青白雲三片四片黃鳥一聲兩聲千眼大悲看不足王維雖巧畫難成直饒便恁麼猶自涉途[十三]程且不涉途程一句作麼生道人[十四]從汴州来不得東京信　僧問蓮華未出水時如何曰人天合掌云出水後如何曰不礙往来看　問如何是句到意不到曰瑞草本無根信手拈来用云如何是意到句不到云領取鉤頭意莫認定盤星云如何是意句俱到曰大悲不展手通身是眼睛云如何是意句俱不到曰君向瀟湘我向秦政和三年十一月四日淨髮沐浴次日齋罷小參勉衆行道辭語誠切期初七示寂至日酉時加趺而逝十一闍維獲設利五色歸藏于塔

嘉州九頂清素禪師本郡人族郭氏於乾明寺剃染徧扣禪扃晚謁五祖聞舉首山荅西来意語倏然契悟述偈曰顛倒顛顛到顛新婦騎驢阿家牽便恁麼太無端回頭不覺布衫穿祖見乃問百文野狐話又作麼生曰来說是非者便是是非人祖大悅久之辭歸住青溪太守呂公来瞻大像問曰既是大像因

甚麼肩負兩楹曰船上無散工至閣下覩翻音像又問彌勒化境觀音何來曰家富小兒嬌守乃禮敬勸老宿至師問舞翎當咽時如何云伏惟尚享師詬曰老賊死去你問我勸理前語問之師叉手揖曰挽破師後遷九頂道播閩中紹興乙卯四月二十四日得微疾書偈遺衆白木人備舟鐵人備馬丙丁童子穩穩登喝散白雲歸去也竟爾趨寂示衆機語未見

彭州大隨南堂元靜禪師（後名道興）閬之玉山人大儒趙公約仲之子也十歲病甚母禱之感異夢捨令出家師成都大慈寶生院宗裔示祐三年通經得度留講聚有年而南下首參永安恩禪師於臨濟三頓棒話發明次依諸名宿無有當意者聞五祖機峻欲抑之遂謁祖見乃曰我此間不比諸方凡於室中不要汝進前退後竪指擎拳繞禪床作女人拜提起坐具千般伎倆只要你一言下諦當便是汝見魔師茫然退參三載一日入室罷祖謂曰子所下語已得十分試更與我說看師即剖而陳之祖曰說亦說得十分更與我斷看師隨所問而判之祖曰好則好只是未曾得老僧說話在齋後可來祖師塔所與汝一一按過及到見師來便問即心即佛非心非佛睦州擔板漢南泉斬貓兒趙州狗子無佛性有佛性之語編辟之其所對了無凝滯至紫胡狗話祖遽轉面曰不是云不是却如何曰此不是則和前面皆不是云望和尚慈悲指示曰你看他道紫胡有一狗上取人頭中取人腰下取人脚入門者好看纔見僧入門便道看狗向紫胡道看狗處下一轉語教紫胡結舌無言老僧鈴口有分便是你了當處次日入室師默答其說祖笑曰不道你不是千了百當底人此語只似先師下底語師曰某何人得似端和尚祖曰不然老僧雖承嗣他謂他語拙者蓋只用遠錄公手段接人故也如老僧共遠錄公便與百丈黃檗南泉趙州輩把手共行纔見語拙即不堪師以為不然乃曳杖渡江適大水泛漲因留四祖儕輩挽其歸又二年祖方許可嘗商略古今次執師手曰得汝說須是吾舉得汝舉須是吾說而今而後佛祖秘要諸方關鍵無逃子掌握矣遂創南堂以居之於是名冠寰海成都帥席公旦請開法嘉祐未幾徙昭覺遷能仁及大隨　上堂曰夫參禪至要不出箇最初句與末後句透得過者參學事畢儻或未然更與你分作十門各各印證自心還得穩當也未一須信有教外別傳二須知有教外別傳三須會有情說法與無情說法無二四須見性如觀掌中之物了了分明一一田地穩密五須具擇法眼六須行鳥道玄路七須文武兼濟八須摧邪顯正九須大機大用十須向異類中行凡欲紹隆法種須盡此綱要方坐得這曲彔床子受得天下人禮拜敢與佛祖為師若不到恁麼田地只一向虛頭他時異日閻老子未放你在有則出來大家證據若無不用久立珍重　上堂君王了了將帥惺惺一回得勝六國平寧　上堂舉臨濟參黃檗之語白雲端和尚頌云一拳拳倒黃鶴樓一趯趯翻鸚鵡洲有意氣時添意氣不風流處也風流師曰大隨即不然行年七十老躘踵眼目精明耳不聾忽地有人欺負我一拳打倒過關東　上堂問答已乃曰有祖已來時人錯會只將言句以為禪道殊不知道本無體因體而得名道本無名因名而立號只如適來上座纔恁麼出來便恁麼歸衆且道具眼不具眼若道具眼纔恁麼出來眼在甚麼處若道不具眼爭合便恁麼去諸仁者於此見得倜儻分明則知二祖禮拜依位而立真得其髓只這些子是三世諸佛命根六代祖師命脉天下老和尚安身立命之處雖然如是須是親到始得　上堂自己田園任運耕

祖宗基業力須爭悟須千聖頭邊坐用向三塗底下行　上堂舉雪峰普請自負一束藤中路見一僧來便拋下僧擬取次峰便踏倒歸舉似長生生曰和尚替這僧入涅槃堂始得峰休去雪竇云長生大似東家人死西家助哀也好與一踏師曰雪峰一踏別傳教外雪竇一踏千古無對長生荅對失錢遭罪若人點檢得出老僧只呵呵大笑且道笑與踏是同是別良久曰參　僧問祖師心印請師直指曰你聞熱麼云聞曰且不聞寒云和尚還聞熱否曰不聞云為甚麼却不聞師搖扇曰為我有這箇　問如何是奪人不奪境曰活捉魔王鼻孔穿云如何是奪境不奪人曰中心樹子屬吾曹云如何是人境兩俱奪曰一釣三山連六鼇云如何是人境俱不奪曰白日騎牛穿市過　問蓮華未出水時如何曰好云出水後如何曰好云如何是蓮華曰好僧禮拜師曰與他三箇好萬事一時休問藏天下於天下即不問乃舉拳云只如這箇作麼生藏曰有甚麼難云且作麼生藏曰衫袖裏云未審如何是紀綱佛法底人曰不可是鬼云忽遇殺佛殺祖底來又作麼生支遣曰老僧有眼不曾見　問學人乍入叢林乞師指示曰喫粥喫飯莫教放在腦後云終日喫時未嘗喫曰負心衲子不識好惡　問劫火洞然大千俱壞未審這箇壞也無曰阿誰教你恁麼問僧進前鞠躬云不審師曰是壞不壞僧無語　問如何是山裏禪曰庭前嫩竹先生筍澗下枯松長老枝云如何是市裏禪曰六街鐘鼓韻鼕鼕即處鋪金世界中云如何是村裏禪曰賊盜消亡蠶變熟謳謌鼓腹樂昇平　問如何是諸佛出身處曰問得甚當云便恁麼去時如何曰荅得更奇問因山見水見水忘山山水俱忘理歸何所曰山僧坐却舌頭天地黯黑有一老宿埀語云十字街頭起一間茅廁只是不許人屙僧舉以扣師師曰是你先屙了更教甚麼人屙宿聞焚香遙望大隨再拜謝之紹興乙卯秋七月大雨雪山中有異象師曰吾期至矣十七日別郡守以次越三日示少恙於天彭二十四夜謂侍僧曰天曉無月時如何僧無對師曰倒教我與汝下火始得翌日還堋口廨院留遺誡蛻然示寂壽七十有一臘四十有七門弟子奉全身歸煙霧四合猿鳥悲鳴八月一日茶毗異香徧野舌本如故設利獲五色者不可計瘞于定光塔之西

蘄州五祖表自禪師懷安人初依祖令看德山小參不荅話因緣未有省時圓悟為座元師往請益悟云兄有疑處試語我師遂舉五祖所示德山小參不荅話悟掩其口云但恁麼看師出揚聲曰屈屈豈有公案只教人看一句麼道理有僧謂師曰兄不可如此說首座須有方便因靜坐體究及旬頓釋所疑詣悟禮謝悟云兄始知不歎汝又詣方丈祖迎笑自爾日深玄奧㤠𢣉祖將示寂遺言郡守守命嗣其席衲子四至不可過師榜侍者門曰東山有三句若人道得即挂搭衲子皆披靡一日有僧携坐具徑造丈室謂師云某甲道不得只是要挂搭師大喜呼維那於明窻下安排　上堂曰世尊拈華迦葉微笑時人只知拈華微笑要且不識世尊　僧問如何是祖師西來意曰荊棘林中舞柘枝云如何是佛曰新生孩子擲金盆

蘄州龍華道初禪師梓之馬氏子為祖侍者有年住龍華日　上堂曰雞見便鬬犬見便齩殿上崟刎終日相對為甚麼却不嗔便下座師機辯峻捷門人罔知造詣一日謂眾曰昨日離城市白雲空往還松風清耳自端的勝人間召眾曰此是先師末後句有須脫然而逝

漢州無為宗泰禪師涪城人自出關徧游叢社後至五祖告香日祖舉趙州洗鉢盂話俾

參祖入室舉此話問師你還趙州向伊道甚麼這僧便悟去師曰洗鉢盂去礬云你只知路上事不知路上滋味曰旣知路上事路上有甚滋味云你不知耶又問你曾遊浙否曰未也云你未悟在師自此凡五年不能對祖一日陞堂顧衆曰八十翁翁輥繡毬便下座師欣然出衆云和尚試輥一輥看祖以手作打仗鼓勢操蜀音唱綿州巴歌曰豆子山打瓦鼓揚平山撒白雨白雨下取龍女織得絹二丈五一半屬羅江一半屬玄武師聞大悟撥祖口曰只消唱到這裏祖大笑而歸祖入寂師還蜀四衆請開法無爲遷正法　上堂曰此一大事因緣自從世尊拈華迦葉微笑世尊云吾有正法眼藏分付摩訶大迦葉以後燈燈相續祖祖相傳迄至于今綿綿不墜直得遍地生華故號涅槃妙心亦曰本心亦曰本性亦曰本來面目亦曰第一義諦亦曰爍迦羅眼亦曰摩訶大般若在男曰男在女曰女汝等諸人但自悟去這般盡是閑言語遂拈起拂子曰會了喚作禪未悟果然難難難目前隔箇須彌山悟了易易易信口道來無不是　僧問如何是佛曰阿誰教你恁麼問僧擬議師曰了

元禮首座七閩人也依祖於白雲凡入室必謂曰衲僧明取緇素好疑之不已一日祖陞堂舉首山新婦騎驢阿家牽語乃曰諸人要會麼莫問新婦阿家免煩路上波吒遇飯即飯遇茶即茶同門出入宿世寃家禮谿如且曰今日緇素分明矣二下祖遷席祖山命分座不就祖歸寂即他往崇寧間再到五祖僧逆問五祖遷化向甚麼處去曰有眼無耳朶六月火邊坐云意旨如何曰家貧猶自可路貧愁殺人或問金剛經云一切善法如何是善法曰上是天下是地中間坐底坐立底立喚甚麼作善法僧無對禮便打後終於四明之瑞巖

普融知藏閩之古田人遊方至五祖隨衆入室祖舉倩女離魂話問之有契呈偈曰二女合爲一媳婦機輪截斷難回互從來往返絕蹤由行人莫問來時路凡有鄉僧來謁則發閩音誦俚語曰書頭教娘勤作息書尾教娘莫瞌眠且道中間說箇甚麼僧擬對即推出

法閦上座久依五祖未有所入一日造室祖問不與萬法爲侶者是甚麼人云法閦即不然祖以手指曰住住法閦即不然作麼生於言下啓悟後至東林宣密度禪師席下見其得平實之旨一日拈華繞度禪床一匝背手挿香爐中曰和尚且道意作麼生度擬下語皆不契踰兩月遂問閦令試說之閦曰某只將華挿香爐中和尚自疑有甚麼事來

瑯琊永起禪師法嗣一人

俞道婆金陵人也市油餈爲業常隨衆參問瑯琊以臨濟無位眞人話示之一日聞丐者唱蓮華樂云不因柳毅傳書信何緣得到洞庭山忽大悟以餈盤投地夫傍睨云你顛耶婆掌曰非汝境界往見瑯琊琊望之知其造詣問那箇是無位眞人婆應聲曰有一無位人六臂三頭努力嗔一擘華山分兩路萬年流水不知春由是聲名藹著凡有僧至則曰兒兒僧擬議即掩門佛燈珣禪師往勘之婆見如前所問珣云爺在甚麼處婆轉身拜露柱珣即踏倒云將謂有多少奇特便出婆曰兒兒來惜你則箇珣竟不顧安首座至便問甚處來云德山曰德山泰乃老婆兒子云婆是甚人兒子曰被上座一問直得立地放屎安休去嘗頌馬祖不安因緣曰日面月面雲光閃電雖然截斷天下禍僧舌頭分明只遣得一半

嘉泰普燈録卷第十一

嘉泰普燈録卷第十二　史二

平江府報恩光孝禪寺臣僧正受編

南嶽第十四世臨濟十世華藏三世

東京淨因蹣庵繼成禪師

智海普融道平禪師法嗣十三人三人見録

南嶽法輪達宗彥孜禪師

衡州開福崇哲禪師

史二

太平州隱靜妙義恭禪師
鎮江府金山曉常禪師
台州淨慧從應禪師
福州東禪佛燈法珊禪師
潭州方廣明覺智京禪師
黃州柏子慧崇禪師
筠州黃蘗敏從禪師
平江府靈巖修辯禪師
衡州雲陽廣悟禪師
寧國府廣教從愿禪師

一

已上機語未見

汾潭景祥禪師法嗣十四人八人見録

台州鴻福德昇禪師

建寧府萬壽慧素禪師

慶元府香山道淵禪師

隆興府汾潭惟足禪師

慶元府啓霞德宏禪師

建寧府開善木庵道瓊首座

景淳藏主

信州懷玉用宣首座

福州中際繼寧禪師
寧國府多寶道成禪師
寧國府天寧孝宗禪師
饒州密巖子瑎禪師

袁州鳳山瑋禪師
泉州龍江鳳山師閔禪師
已上機語未見

普照曉欽禪師法嗣一人

建寧府永安可文禪師機語未見

光孝慧蘭禪師法嗣一人

慶元府蘆山無相法真禪師

青原第十四世雲門八世

淨慈寶印楚明禪師法嗣三人

温州靈巖德宗禪師

臨安府淨慈象禪師

福州雪峰隆禪師

長蘆祖照道和禪師法嗣十一人三人見録

鎮江府甘露達珠禪師

沂州天寧明禪師

臨安府靈隱圓智法淳禪師

福州精嚴鳳藻禪師
慶元府清凉可昇禪師
東京華嚴尚劉禪師
和州褒禪道天禪師
慶元府定水然禪師
遵廣府興國遠禪師

史二

臨安府鳳山顯親正祖永禪師

二

法音首座
已上機語未見

雪峰妙湛思慧禪師法嗣十四人五人見録

臨安府淨慈佛行月堂道昌禪師

臨安府徑山照堂了一禪師

福州大吉法圓禪師

鎮江府金山了心禪師

福州石松祖天禪師

福州慶成悟叉禪師
福州興王寶換禪師
臨安府淨慈法忍昇禪師
宣州寶勝守寧禪師
福州建善法藏禪師
臨安府淨慈穆禪禪師
處州南明戒通禪師
汀州南安巖達禪師

福州中峰寧禪師
已上機語未見

報恩寶月覺然禪師法嗣一人

嘉興府資聖元祖禪師

慧林慈受懷深禪師法嗣七人四人見録

台州瑞巖寂室慧光禪師

台州國清垂慈普紹禪師

台州國清愚谷妙印禪師

泉州九座慧邃禪師

湖州思溪圓覺曇禪師
台州淨慧法如禪師
湖州思溪圓覺勝禪師
已上機語未見

慧林月印慧海禪師法嗣二人

廬山萬杉壽堅禪師

史一

廬山萬杉壽隆禪師

二

羅漢過禪師法嗣一人

撫州曹山月禪師機語未見

開先宗禪師法嗣二人

筠州黃蘗惟初禪師

潭州嶽麓海禪師

雪峰圓覺宗演禪師法嗣二人

福州鳳山道沼禪師

福州西禪慧舜禪師

香嚴海印智月禪師法嗣一人

鄧州香嚴倚松如瑩禪師

南嶽第十四世臨濟三十世華嚴三世

智海普融道平禪師法嗣

東京淨因佛慈蹣庵繼成禪師袁之宜春人族劉氏冠以博學知名崇寧中入貢于宗伯不第慨然有出塵志師仰山普禪師得度去依雲蓋老智得其大略往扣普融深明旨要融力稱之遂往玉泉分座名震舊京宣和六年春　詔住右街顯忠寺久而徙淨因　高宗皇帝潛邸時賜　御書扇面二十一事及賜錢飯僧命陞座建炎初居天台華頂紹興間移閩中秀峰　上堂拈拄杖曰清淨本然云何忽生山河大地看看冨樓那穿過釋迦老子鼻孔釋迦老子鑽破虛空肚皮且道山河大地在甚麼處擲下拄杖召大衆曰虛空翻筋斗向新羅國裏去也是你諸人切忌認葉止啼刻舟尋劒　上堂太陽門下日日三秋從東過西明月堂前時時九夏指鹿爲馬會麼珊瑚枝枝撐著月　上堂茫茫盡是覓佛漢舉世難尋閑道人棒喝交馳成藥忌了亡藥忌未天眞　上堂崑崙如著鐵袴打一棒行一步爭似火中釣鼈日裏藏冰陰影問翻魍魎虛空縛殺麻繩　上堂踞坐曰擒虎兕則於菟坐斷千聖路頭打破群魔境界還有如是衲僧麼時有僧問不求諸聖不重已靈時如何曰一釣便上去學人會也曰休將拔地竹擬比拂雲松云爭奈上無攀仰下絕己躬曰一任撐天拄地僧禮拜師拍禪床下座一日同法眞慈受圓悟十法師洎四禪諸講千僧赴太尉陳公良弼府伊蒲塞供徽宗皇帝私幸觀之太師曾國公與焉有善華嚴者乃賢首宗之義虎也對衆問諸禪曰吾佛設教自小乘至於圓頓掃除空有獨證眞常然後萬德莊嚴方名爲佛嘗聞禪宗一喝能轉凡成聖則與諸經論似相違背今一喝若能入吾宗五教是爲正說若不能入是爲邪說諸禪視師師曰如法師所問不足三大禪師所酬淨因小長老可以使法師無惑也師召善善應諾師曰法師所謂愚法小乘教者乃有義也大乘始教者乃無義也大乘終教者乃不有不空義也大乘頓教者乃即有即空義也一乘圓教者乃不有而有不空而空或作空而不有有而不空義也如我一喝非唯能入五教至於工巧技藝諸子百家悉皆能入師震聲喝一喝問善曰聞麼云聞曰汝既聞此一喝是有能入小乘教須臾又問善曰聞麼云不聞曰汝既不聞適來一喝是無能入始教遂顧善曰我初一喝汝既道有喝久聲消汝復道無道無則元初實有道有則而今實無不有不無能入終教我有一喝之時非有是有因無故有無一喝之時非無是無因有故無即有即無能入頓教須知我此一喝不作一喝用有無不及情解俱忘道有之時纖塵不立道無之時橫徧虛空即此一喝入百千萬億喝百千萬億喝入此一喝是故能入圓教善乃起再拜師復謂曰非唯一喝爲然乃至語默動靜一切時一切處一切事一切物契理契機周遍無餘聞者靡不歎仰　皇帝顧謂近臣曰禪宗玄妙深極如此淨因才辯亦罕有也近臣奏云此宗師之緒餘耳癸亥秋終于秀峰祥異甚衆

潭州南嶽法輪達宗孝牧禪師處之龍泉陳氏子也　上堂曰若是諦當漢通身無隔礙舉措絕毫釐攏手出紅塵撥開向上竅當頭劃定不犯鋒稜轉握將來應用恰好絲毫不漏函蓋相應任是諸佛諸祖覷著寒毛卓竪會麼喫茶去　僧問如何是不涉煙波底句曰皎皎寒松月飄飄谷口風云萬差俱掃蕩

一句截流機曰點僧云到師曰借人面具舞三臺　問如何是佛曰白額大虫云只如洞山道麻三斤又作麼生曰毒蛇鑽露柱云學人不曉曰踏著始驚人

衡州開福崇哲禪師郡州人族劉氏於新化廣福寺得度徧踵叢席晚見普融深得法忍出住開福　上堂曰妙體堂堂觸處彰快須回首便承當今朝對衆全分付莫道儂家有覆藏擲拂子召侍者曰因甚打下老僧拂子　上堂山僧有三印更無增減剃觀面更相呈能轉凡成聖諸人還知麼若也未知不免重重注破一印印空日月星辰列下風一印印泥頭頭物物顯真機一印印水撥轉魚龍頭作尾三印分明體一同看來非赤又非紅互換高低如不薦青山依舊白雲中　僧問一水吞空遠三峰峭壁危現臺重拂拭共喜主人歸未審到家如何施設曰空手捻雙拳云意旨如何曰突出難辨

史三

六

泐潭景祥禪師法嗣

台州鴻福德昇禪師衡陽人幼選經得度即依泐潭密授法印　上堂曰諸人恁麼上來墮在見聞覺知恁麼下去落在動靜施為若也不去不來正是鬼窟活計如何道得出身底句若也道得則分付拄杖子若道不得依而行之卓拄杖下座

建寧府萬壽慧素禪師郡之浦城人族黃氏年二十七依南峰俊禪師下髮持頭陀行閱三載辭謁圓悟草堂諸宗匠尋詣寶峰頓悟心法服勤久之龍圖祖公秀實開府座以萬壽固請師不得辭　上堂僧問劫火洞然大千俱壞未審這箇還壞也無大隨云壞脩山主云不壞未審孰是孰非師曰一壞一不壞笑殺觀自在師子驀齩人狂狗盡逐塊復曰會麼云不會師曰漆桶不快便下座　一日有僧來作禮師問甚處來云和尚合知某來處曰湖南擔屎漢江西刈禾客云和尚真人天眼目某在大溈充園頭東林作藏主師打三棒喝出紹興二十三年六月朔沐浴趺坐書偈曰昨夜風雷忽爾露柱生出兩指天明笑倒燈籠拄杖依前扶起拂子踍跳過流沙奪轉胡僧一隻履於是儼然而逝壽七十有九臘五十有三

史二

七

慶元府香山道淵禪師本郡人　上堂曰酒市魚行頭頭寶所鵶鳴鵲噪一一妙音卓拄杖曰且道這箇是何佛事狼藉不少　上堂香山有箇話頭彌滿四大神洲若以佛法批判還如認馬作牛諸人既不作佛法批判畢竟是甚麼道理擊拂子曰無鐃鏺子不厭動撻半夜枕頭要須摸著珍重

隆興府泐潭惟足禪師　上堂曰奔流渡刃疾焰過風已是鵶子過新羅倒拈蝎尾逆捋虎鬚作死馬醫了移星換斗倒嶽傾湫却較些子喚足上座前言不副後語便下座

慶元府啓霞德宏禪師衡陽人徧遊師席後契悟於泐潭出住烏回次遷啓霞　上堂曰上士相逢擊石火迸出流星眨眼過是渠成佛已多時堪笑癡禪黑處坐阿呵呵冥然作夢幾時休守却飯籮空忍餓

建寧府開善木庵道瓊首座信之上饒人叢林以耆德尊之泐潭亦謂其飽參分座日嘗舉隻履西歸語謂衆曰坐脫立亡倒化即不無要且未有逝而復出遺履者惟瓊後代兒孫不及祖師惟瓊祖師剩有這一著子乃大笑曰老野狐紹興庚申冬信守以超化革律為禪迎為第一祖瓊語專使曰吾初無意人間欲為山子正其宗派耳然恐多不能往受請已取所蔵實峰繪像與木庵二字仍書偈囑清泉亨老寄得法弟子慧山偈曰口觜不中祥老子愛向叢林鼓是非分付雪峰山首座為吾痛罵莫饒伊顧專使曰為我傳語侍郎行計迫甚不及修答聲絕而化時十月十六日也

景淳知藏梅州人於化度寺得度往依寶峰入室次峰問陝府鐵牛重多少淳义手近前云且道重多少峰曰尽在黄河北頭枕黄河南善財無鼻孔依舊向南參淳擬議峰便打忽頓徹巾侍有年竟隱居林壑嘗作偈曰怕寒懶剃鬈鬆髮愛暖頻添榾柮柴破衲伽梨撩亂搭誰能勞力強安排

信州懷玉用宣首座四明人族彭氏幼為僧徑趨叢室侍泐潭於黄檗一日自臨川持鉢歸值潭晚參有云一葉飄空便見秋法身須透聞啾啾宣聞領旨潭為證據後依大慧蘂亦謂其類已以是名卿鉅公以列剎禮迎不就嘗頌大愚荅佛話曰鋸解秤鎚出老杜詩紅稻啄殘鸚鵡顆碧梧棲老鳳凰枝

光孝碧落慧蘭禪師法嗣

慶元府蘆山無相法真禪師江南後主之裔也於和之東城廣聖圓具歆遊叢社即光孝之室遂舉臨濟參黄檗因緣問之師擬對孝震聲一喝師聞竟死偷心乃蒙記莂留一宿而退由此名重一時出住興教遷薦福及蘆山　上堂曰蘆峰深處無人到門前雪壓枯松倒板聲驚起夢中人一條古路清風掃

上堂欲明向上事須具頂門眼若具頂門眼始契出家心既契出家心常具頂門眼要會頂門眼麼四京人著衣喫飯兩浙人飽暖自如通玄峰頂香風清華發蟠桃三四株

青原第十四世雲門八世

淨慈寶印楚明禪師法嗣

温州靈巖德宗禪師會稽人族李氏於大善寺得度為城下都表白去趨寶印之席清苦為志日唯一食久乃開悟未幾聞文關西道化盛行往謁文見稱賞印聞迎歸為第一座聲名籍籍温守以靈巖遣使命住持堅卧不荅閉户絶糧屢日而後就學侶雲華入院日僧問如何是靈巖境曰地從三島裏分出門向雙峰中處開會方臘嘯聚衆奔逃師端坐怡然賊至拜敬而去宣和辛丑六月二十三日應供次偶中油毒病革門人請以酒進藥師叱曰有生則有死可破戒而逃死乎乃擇偈曰一住二十四年隨宜建立因緣如今去也何時節風在青松月在天斂目而化

臨安府淨慈象禪師　上堂古者道一翳在眼空華亂墜拈拄杖曰淨慈拈起拄杖豈不是一翳在眼百千諸佛總在拄杖頭現丈六紫磨金色之身乘其國土遊歷十方說一切法度一切衆豈不是空華亂墜即今莫有向拄杖未拈已前坐斷得底麼出來與淨慈相見如無切忌向空本無華眼本無翳處著到了擲拄杖下座

福州雪峰海月隆禪師　上堂曰一不成二不是口喫飯鼻出氣休云北斗藏身說甚南山鼈鼻家財運出任交關勸君莫競錐頭利

長蘆祖照道和禪師法嗣

鎮江府甘露達珠禪師福之長樂人妙齡得度一鉢遊方高行異倫叢林尊仰出住甘露上堂曰聖賢不分古今惟一可謂火就燥水流濕鑿井而飲耕田而食大衆東村王老去不歸紛紛黄葉空狼籍

沂州天寧明禪師　僧問靈雲見桃華悟道還端的也無曰窮有所自云只如玄沙道諦當甚諦當敢保老兄未徹意作麼生曰疑殺天下人

臨安府靈隱圓智法淳禪師　上堂曰吾心似秋月碧潭清皎潔師喝曰寒山子話墮了也諸禪德皎潔無塵豈中秋之月可比靈明絶待非照世之珠可倫獨露乾坤光吞萬象普天匝地耀古騰今且道是箇甚麼良久曰此夜一輪滿清光何處無　臘八上堂舉祖照和尚云半夜逾城喚不回雪山深處絶纖埃蘆芽穿膝尋常事一見明星眼豁開先師恁麼說話盡善盡美要且未有出身一路山僧見處也要諸人共知半夜逾城景象虛霄

山深處甯盧都直鏡一見明星悟已是當時
不丈夫明眼衲僧一任貶剝
雪峰妙湛思慧禪師法嗣
臨安府淨慈佛行月堂道昌禪師雪之寶溪
人族吳氏母感異夢而生六歲從鹿苑證大
德十三祝髮逾二年謁妙湛於道場聞擧須
彌山話言下知歸湛戒其藏器於身復示以
雪竇為道日損偈令洞究一日始徹證淵徹
亟往告湛湛為助喜於是以徧參為志率時
輩俊傑如聞庵宗正堂辯偕游淮楚湖湘間
依長靈卓保寧璣圓悟勤諸大宗師咸器賞
之尤於圓悟室中問答無滯待加前席命典
鑰拂衣不顧歸省湛於淨慈俾掌藏為衆讃
法道聲藹著時年二十三久之湖守以何山從妙
湛內有道者住持以師應命未幾補穹窿瑞
光遷育王建炎中退席跨黃檟游天台紹興
初居閩中大吉徙秀峰靈山方來萬指詔
移金陵蔣山蔣山新經戎燼師至一新之後
奉旨權徑山靈隱庚辰冬上表乞行度勝
辛巳春衆放行是年退藏靈泉乾道丙戌秋
適淨慈闕主法衲子荷包懶師壓乞師振之
王公夾入山禮請遂不得辭　上堂曰道不
屬知不屬不知知是妄覺不知是無記若眞
達不疑之道礙他銅籠不打老鼠所以抽身
入還從屋裏來投敎臺覓穩聊且勸三杯兄
吁爭奠數勤勳留得兒孫辦劫灰　上堂未
透祖師關千難與萬難既透祖師關千難與
萬難未透時難即且置既透了因甚麼却難
放下莾蘿雖得價動他杓柄太無端　上堂
與我相似共你無緣打翻藥銚傾出爐煙還
丹一粒分明在流落人間是幾年咄　上堂
鴈過長空影沈寒水鴈無遺蹤之意水無沈
影之心若能如是正好買草鞋行脚所以道
動則影現覺則冰生不動不覺正在死水裏
薦福老人出頭不得即且置育王今日又作
麼生向道莫行山下路果聞猿叫斷腸聲巖
歲旦上堂擧拂子曰歲朝把筆萬事皆吉忽
有箇漢出來道和尚道箇是三家村裏保正
書門底為甚麼將在華王座上當作宗乘只
向道他牛進千頭馬入百疋　僧問大用現
前不存軌則時如何曰張家兄弟太無良云
恁麼則一切處皆是去也曰莫唐突人好
問心生則法生心滅則法滅只如心法雙忘
時生滅在甚麼處曰左手得來右手用　問
如何是從上宗門中事曰一畝地云便恁麼
會時如何曰埋沒不少　問擊頭戴角來時
如何曰老僧只管看云看後如何曰自起自
倒云和尚還出得麼曰銜取一莖草來僧擬
議師曰著甚死急　問如何是諸佛本源曰
屋頭問路云向上還有事也無曰月下拋塼
問如何是十身調御曰喫水論嚵師以智證
精徹操履高邈垂手之際不少假透關之士
多望崖而退紹興之來叢林殆欲委地師力
扶之以正教化餘五十年而王公大臣有過
門者將迎未嘗垂堂嘗謂衆曰吾欲得眞實
慕道之士令大徹大悟起雲門一派俾天下
向吾教者知有此宗則人自然如水赴壑豈
為枉道而涉叢林耶辛卯正月二十擊鼓辭
衆遠近咸集無不泣留侍者請偈至再師呵
曰圓照大通與先師皆不作此態即瞑目而
逝後七日塔全身於寺之東嶼號曰常樂壽
八十有三臘六十有九
臨安府徑山照堂了一禪師　上堂曰參玄
之士觸境遇緣不能直下透脫者蓋為業識
深重情妄膠固六門未息一處不通絕點純
清舍生難到直須入林不動草入水不動波
始可順生死流入人間世諸人要會麼以拄
杖一畫曰只向這裏薦取
福州大吉法圓禪師　上堂豎拂子曰揹不
成畫不就吞熱鐵圓解開大口吉山報應如
斯自笑人間罕有
鎮江府金山了心禪師　上堂曰佛之一字

執云無木馬泥牛滿道途倚徧欄干春色聯
海風吹斷碧珊瑚還有同聲相應同氣相求
者麼百鳥不來樓閣閑只聞夜雨滴芭蕉
福州石松祖天禪師　僧問如何是一心不
生曰七縱八橫云如何是萬法無咎曰一場
懡㦬

報恩寶月覺然禪師法嗣

嘉興府資聖元祖禪師　僧問紫金蓮捧千
輪足白玉毫輝萬德身如何是佛曰拖槍帶
甲云貫華千偈雖殊品標月還歸理一如如
何是法曰元豐條紹興令云林下雅爲方外
客人間堪作火中蓮如何是僧曰披席把攙

慧林慈受懷深禪師法嗣

臨安府靈隱寂室慧光禪師錢塘夏侯氏子
爲人克苦凡四坐道場三奉　詔旨　上堂
曰不用求眞何須息見倒騎牛兮入佛殿羌
笛一聲天地空不知誰識瞿曇面　僧問飛
來峰頂山色示清淨法身合澗橋邊溪聲演
廣長舌相正當恁麼時如何是雲門一曲曰
芭蕉葉上三更雨云一句全提超佛祖滿筵
朱紫盡智音曰逢人不得錯舉
台州國清愚谷妙印禪師　上堂曰滿口道
得底爲甚麼不知有十分知有底爲甚麼滿
口道不得且道穀訛在甚麼處若也知得許
你照用同時明闇俱了其或未然道得道不
得知有不知有南山石大虫解作師子吼
台州國清垂慈普紹禪師　上堂曰靈雲悟
桃華賢沙傍不肯多少癡禪和擔雪去塡井
今春華又開此意誰能領端的少人知華落
春風靜
泉州九座慧邃禪師　上堂曰九座今日向
孤峰絕頂駕一隻鐵船截斷天下人要津教
他揮篙動棹不得有箇錦標子且道在甚麼
人手裏舉拄杖曰看看向道是龍則不信等
閑奪得始驚人

慧林月印慧海禪師法嗣

廬山萬杉壽堅禪師相州人也　歲旦上堂
曰有一人不拜歲不迎新寒暑不侵其體聖
凡不能混其跡從來鼻孔遼天誰管多年曆
日大衆且道此人即今在甚麼處卓拄杖曰
咄咄咄沒處去
廬山萬杉壽隆禪師自繼兄堅禪師之席學
者四至一夕小參敘語畢復曰不免舉箇公
案辭別大衆良久曰青山無限好猶道不如
歸聲輟而卒衆愕眙時方仲夏如焚留七日
神色無少變火後設利如雨

開先宗禪師法嗣

筠州黃檗惟初禪師毗陵錦溪人族蔡氏妙
齡捨家試經得度即諸關先先問十方智者
皆入此宗只如此宗作麼生入師擬對先喝
曰你纔開口堪作甚麼師倸然曰願師指示
先曰譬如習射念念只在紅心眼無異眄手
不虛拈箭發離弦管取中的於是豁然領解
出住黃檗　上堂曰我見宗大哥平生槁默
危坐所謂朽木形骸未嘗口角譊譊將佛祖
言教以當門庭只要當人歇得十成自然不
向道殼漏子上著到時有僧問既不向道殼
漏子上著到未審如何保任曰無你用心處
曰和尚豈無方便曰鐵餅既無汁壓沙那有
油
潭州嶽麓海禪師　僧問進前三步時如何
曰撞頭磕額云退後三步時如何曰墮坑落
塹云直得不進不退時又作麼生曰立地死
漢

雪峰圓覺宗演禪師法嗣

福州鳳山道沼禪師　上堂曰如來正眼列
祖眞規迥出聖凡超諸有表不是目前法莫
生種種心起滅不相知箇中無向背既無向
背如何湊泊徹底若能無見見舉頭方證不
空空
福州西禪慧舜禪師眞定府人也　上堂曰
五巳一參三八普說千說萬說橫說堅說忽

有箇衲僧出來道說即不無爭柰三門頭兩箇不肯山僧即向他道瞎漢若不得他兩箇西禪大似不過知音 上堂今朝清旦萬事成辦直饒只麼休去已是生枝引蔓且道截斷葛藤一句作麼生道卧水鐵牛歸北嶺雙趺單枕鴈南飛 上堂說不得處作麼生舉舉不得處作麼生會會不得處作麼生明明不得處作麼生遶良久曰乞火和煙得擔泉帶月歸箇中如未委紅日曉來輝

香嚴海印智月禪師法嗣

鄧州香嚴倚松如璧禪師撫之臨川人族饒氏舊名節字德操業儒起家自妙齡飽於學優於才工於搜抉高於志節滐爲人所知然連蹇場屋不第後走京師以詩文鳴上庠故一時名士皆與之遊丞相曾公布聞其名延爲上客一日上書陳利害曾不納去之鄧依俞公彥明留數月因館僕占對異常竊雄之謂僕曰汝其有以語我來僕徐對曰某向守今無所用心閒隣寺海印長老有道價往請一轉語體究忽爾覺悟身心泰然無它也顧僕曰汝能是我乃不能何哉徑往扣印旬餘忽掣鐮而悟印印之以偈師作書報友人呂公本中舍人曰某自去年十二月二十八日於海印老人處請話咨決從此日日去參正月半閙暫然有箇省處奇哉奇哉世間元來有此不可說不可說不可說無量無邊勝事佛言一大事因緣豈欺我哉便向山河大地草木叢林墻壁瓦礫雞鳴狗吠著衣喫飯舉手動足處一一見本來面目始悟無始以來生死顛倒爲物所轉到這裏如燈破暗一時失却豈不是無量大緣乎於是棄婚宦盡發囊橐市之與僕同祝髮僕名如琳尊爲兄巳而偕琳遍參諸名宿所至蒙肯可歸結茆香嚴之鵲壁賢士大夫初聞師圓顱太息曰吾黨中失一國士重爲四海惜襄守趙公岍以天寧挽師開法衲子爭集檀信委施無虛日方盛而棄去鄧帥王公仲嶷請居香嚴未幾復棄去道俗遮留不可遂隱於故廬示衆曰變化密移何太急刹那念念一呼吸八萬四千方便門且道何門不可入入不入曉來兩打芭蕉濕颭動更問箇中人門外堂堂相對立閒啄木鳥鳴說偈曰剥剥剥裏面有蟲外面啄多少茫茫瞌睡人頂後一椎猶未覺若不覺更聽山僧剥剥剥餘語未見惜其録非衲子所編今唯文集行於世建炎三年四月旦書偈遺衆無疾而逝士庶致祭不輟五月旦奉全身塔于白崖之下世壽六十有五夏臘二十有七

嘉泰普燈録卷第十二

# 嘉泰普燈録卷第十三

平江府報恩光孝禪寺臣僧（正受）編　史三

青原第十四世（十洞山十世）

天童宏智正覺禪師法嗣十四人（八人見録）

慶元府雪竇聞庵嗣宗禪師

常州善權法智禪師

隨州大洪法爲禪師

眞州長蘆琳禪師

臨安府淨慈自得慧暉禪師

慶元府瑞巖石窻法恭禪師

襄陽府石門清涼法眞禪師

慶元府光孝了堂思徹禪師

慶元府廣慧法聰禪師

衢州烏巨光禪師

慶元府保福悟禪師

慶元府雪竇謹禪師

韶州鳳凰世劍禪師

紹興府能仁理禪師

已上機語未見

長蘆眞歇清了禪師法嗣十一人（五人見録）

眞州長蘆妙覺慧悟禪師

福州龜山義初禪師

建康府保寧興譽禪師

眞州北山法通禪師

慶元府天童宗珏禪師

溫州鴈山能仁壽崇禪師

潭州上藍祖卿禪師

溫州龍翔道聰禪師

溫州幽巖子諒禪師

潮州龜山趙如禪師

福州仲光道新禪師

已上機語未見

隱靜宣禪師法嗣一人

韶州南華明禪師　機語未見

大洪慧照慶預禪師法嗣五人（二人見録）

臨江軍慧力悟禪師

福州雪峯慧深首座

饒州薦福濟禪師

泗州普照克禪師

隨州智門雅禪師

已上機語未見

天封子歸禪師法嗣一人

江州東林通理禪師

天衣法聰禪師法嗣六人（四人見録）

平江府慧日法安禪師

溫州護國欽禪師

無爲軍吉祥元實禪師

道宣知藏

紹興府能仁晉林禪師

紹興府石佛宗幸禪師

已上機語未見

史三

南嶽第十五世（臨濟十一世　黃龍四世）　二

勝因戲魚咸靜禪師法嗣六人（三人見録）

漣水軍萬壽夢庵普信禪師

平江府慧日默庵興道禪師

廣德軍光孝果懃禪師

寧國府廣教昌禪師

廣德軍崇寧超禪師

臨安府法慧才禪師　已上機語未見

雪峯有需禪師法嗣三人（一人見録）

福州雪峯毬堂慧忠禪師

福州鼓山草舍宗譚禪師

福州鼓山水地靖禪師

已上機語未見

天童普交禪師法嗣一人

慶元府蓬莱圓禪師

圓通圓機道旻禪師法嗣五人

江州圓通冲眞密印通慧守慧禪師

隆興府黃龍道觀禪師

左丞范冲居士（語見賢臣）

中丞盧航居士（語見賢臣）

左司都貺居士（語見賢臣）

明招法鏡文慧禪師法嗣二人（一人見録）

揚州石塔宣秘禮禪師

溫州淨光藏禪師　機語未見

禾山慧方禪師法嗣一人

袁州仰山谷堂船禪師　機語未見

史三

上封祖秀禪師法嗣一人　三

文定公胡安國居士（語見賢臣）

靈峯慧古禪師法嗣一人　一

舒州四面欣禪師　機語未見

鼓山佛心才禪師法嗣四人（三人見録）

福州普賢元素禪師

福州鼓山山堂僧洵禪師

福州鼓山師子祖珍禪師

福州仁王大心誤禪師 機語未見

浮山法真禪師法嗣一人

峨嵋靈巖徽禪師

黃龍通照德逢禪師法嗣一人

饒州薦福常庵擇崇禪師

長靈守卓禪師法嗣八人 六人見錄

慶元府育王無示介諶禪師

湖州道場普明慧琳禪師

湖州道場無傳居慧禪師

臨安府顯寧松堂圓智禪師

湖州烏回唯庵範禪師

溫州本寂靈光文觀禪師

溫州符庵主 徑山惟東首座 已上機語未見

黃龍山堂道震禪師法嗣三人 一人見錄

常德府德山無諍慧初禪師

常德府大龍越禪師 眞州北山作禪師 已上機語未見

萬年雪巢法一禪師法嗣二人 一人見錄

嘉興府報恩法常首座

紹興府石佛淨禪師 機語未見

祖庵主法嗣一人

廬山延慶叔禪師

信相正覺宗顯禪師法嗣一人 一人見錄

成都府金繩文禪師

泐潭典牛天游禪師法嗣二人 一人見錄

臨安府徑山塗毒智策禪師

廣安軍徹德智一禪師 機語未見

大溈大圓智禪師法嗣三人

紹興府泰嶽火禪師 潭州石霜能禪師 潭州雲蓋澄禪師 已上機語未見

青原第十四世 洞山十世

天童宏智正覺禪師法嗣

慶元府雪竇聞庵嗣宗禪師

徽城人，族陳氏。幼業經圓具，冠依妙湛慧禪師。詰問次，釋然契悟，慧以麈尾付之。後謁宏智，蒙印可，其道愈尊。出住普照，徙善權、翠巖，還雪竇。上堂曰：人人有箇鼻孔，唯有善權無鼻孔，爲甚麼無？二十年前被人掣落了也。人人有兩箇眼睛，唯有善權無眼睛，爲甚麼無？被人木槵子換却了也。人人有箇髑髏，唯有善權無髑髏，爲甚麼無？借人作屎杓了也。召大衆曰：鼻孔又無，眼睛又無，髑髏又無，諸人還識善權麼？若也不識，是諸人埋沒善權。其或未然，更聽一頌：澗底泥牛金貼面，山頭石女著眞紅。繫驢橛上生芝草，不是雲靄香爐峯。上堂：空劫田地，歷歷分明；域外風光，堂堂不隱。憑祖父舊年書契，付兒孫今日耕鋤。箇中道種不枯，直下靈苗秀實。功中得妙，自然活計興隆；足下無私，方信本無滲漏。得力底須知來處，飽參底切忌顢頇。若能步步不迷，即是吾家眷屬。上堂：翠巖不是不說，只爲無箇時節。今朝快便難逢，一句爲君剖決。露柱本是木頭，秤鎚只是生鐵。諸人若到諸方，莫道山僧饒舌。上堂：少林坐，庾嶺行，書偈傳衣成戰爭；庾嶺行，少林坐，得髓安心成話墮。兩家公案未曾圓，後代兒孫作殃禍。這殃禍，可煞大，天下衲僧透不過。僧問：眼若不睡，諸夢自除。如何是不睡底眼？曰：論劫不曾開。云：爲甚麼論劫不曾開？曰：不顧一切。問：如何是道？曰：雨多根脚爛，日盛鬢毛焦。云：如何是道中人？曰：冰肌明似玉，雪體瑩如珠。問：如何是大通智勝佛？曰：半夜紅輪輝大地，森羅萬象一時明。云：如何是十劫坐道場？曰：大地紅塵起，虛空不展顏。云：如何是佛法不現前？曰：陶潛醉石今猶在，五柳陰中不變春。問：如何是常在底人？曰：石裏無星火，拶著便光生。云：如何是不在底人？曰：翻身直透千峯外，更不回頭望故關。云：未審此人如何親近？曰：白雲路斷無消息，佛祖從來不得名。問：蓮華未

出水時如何曰沒却你鼻孔云出水後如何
曰穿著你眼睛　問如何是返本還源事曰
泥牛入土云如何是禪曰強詞奪正理云如
何是正法眼曰烏豆二十三年十月朔示微
恙初三與得法上足翠巖宗靜言別泊然而
逝是月十三日塔全身於寺之西南隅
常州善權法智禪師陝府人族栢氏壯於西
京聖果寺祝髮習華嚴棄謁南陽謹次參洪
峯智踰十年無所證後於宏智言下豁然出
住善權次居金粟　上堂曰明月高懸未照
前雪眉人凭玉欄干夜深雨過風雷息客散
雲樓酒椀乾　上堂三界無法何處求心驚
蛇入草飛鳥出林雨過山堂秋夜靜市聲終
不到孤峯
隨州大洪法爲禪師天台鮑氏子　上堂曰
法身無相不可以音聲求妙道忘言豈可以
文字會縱使超佛越祖猶落堦梯直饒說妙
談玄終挂唇齒須是功勲不犯影迹不留枯
木寒巖更無津潤幻人木馬情識皆空方能
垂手入鄽轉身異類不見道無漏國中留不
住却來煙塢卧寒沙　上堂舉香嚴上樹話
乃曰綠鬢紅裙窈窕娘百華園裏採蚕桑三
三兩兩羞人見偷眼覷他年少郎
真州長蘆琳禪師　上堂拈拄杖曰其宗也

離心意識其旨也超去来今離心意識故品
萬類不見差殊超去来今故盡十方更無滲
漏當頭不犯徹底無依悟向朕兆未生已前
用在功勲不犯之處平常活計不用躊躇擬
議之間即沒交涉
臨安府淨慈自得慧暉禪師會稽上虞人族
張氏幼依澄照道凝年十二祝削進具甫二
十扣真歇於長蘆微有所證旋里謁宏智智
舉當明中有暗不以暗相遇當暗中有明不
以明相覩問之語不契初夜定回往聖僧前
燒香而宏智適至師見之頓明前話次日入
室智舉堪嗟去日顏如玉却嘆回時鬢似霜
詰之師曰其入離其出微自爾問荅無滯智
許爲室中真子紹興丁巳待制仇公悆請開
法補陁徙萬壽及吉祥雪竇淳熙三年　勑
補淨慈　上堂曰朔風凛凛掃寒林葉落歸
根露赤心萬派朝宗船到岸六窻虛映芥投
針本成現莫他尋性地閑閑耀古今戶外凍
消春色動四山渾作木龍吟　上堂釋迦老
子窮理盡性金口敷宣一代時教珠回玉轉
被人喚作拭不淨故紙達磨祖師以一乘法
直指單傳面壁九年不立文字被人喚作壁
觀婆羅門且道作麼生行履免被傍人指注
去衲帔蒙頭萬事休此時山僧都不會　上

堂舉風幡話師曰風幡動處著得箇眼即是
上座風幡動處失却箇眼即是風幡其或未
然不是風幡不是心衲僧徒自強錐針巖房
雨過昏煙淨卧聽涼風生竹林七年秋退歸
雪竇晦藏明覺塔十年仲冬二十九日中夜
沐浴書偈而逝窆全身於中峯號雙塔世壽
八十有七僧臘七十有五
慶元府瑞巖石窻法恭禪師郡之奉化人族
林氏於棲真院下髮受具往延慶講下一夕
誦蓮經至父母所生眼悉見三千界時聞風
刺樓櫚葉聲欻然有省棄依天童始明大事
凡當世弘法者悉往咨决之出住能仁次補
光孝瑞巖　上堂曰春風楊柳眉春禽弄百
舌一片祖師心兩處俱漏泄不動步還家習
漏頓消滅暗投玉線若曉貫金針穴深固實
幽遠無人孰辨別慚愧可憐生頭頭皆合轍
不念阿彌陁南無乾屎橛無智癡人前第一
不得說　上堂馬祖纔始陞堂百丈卷席歸
去不是拾得寒山有理也無雪處　上堂見
得徹用時親相逢盡是箇中人望空雨寶休
誇富無地容錐未是貧踏著秤鎚硬似鐵八
兩元来是半斤　上堂舉世尊生下一手指
天一手指地云天上天下唯我獨尊師曰五
天一隻蓬蒿箭攪動支那百萬兵不得雲門

行正令幾手錯認定盤星
襄陽府石門清涼法眞禪師翎門人也後住萬壽　上堂曰柳色含煙春光迴秀一峯孤峻萬卉爭芳白雲淡泞已無心滿目青山元不動漁翁垂釣一溪寒雪未曾消野渡無人萬古碧潭清似鏡賓中有主拄杖横挑日月輪主中有賓踏破草鞋赤脚走直得賓主互顯殺活自由理事混融正偏不滯入荒田不揀信手拈來草且道如何委悉塵中雖有隱身術爭似全身入帝鄉
慶元府光孝了堂思徹禪師　上堂曰羊頭車子推明月沒底船兒載曉風一句頓超情量外道無南北與西東所以刼前消息非口耳之所傳格外眞規豈思量之能解須知佛佛祖祖了無一法爲人子子孫孫直下全身荷負既已萬機寢削自然一緣不留湛湛之波碧水泠涵於秋色靈靈之照霽天淨洗於冰輪究轉旁參叶通蕪帶夢手推開玉戶飜身撥動機輪正令纔行又見一陽萌動化功密運俄驚三世變遷雖則黙爾無言爭奈熾然常說無遷無變今朝拈置一邊有故有新且道如何話會諸人還委悉麼群陰消剥盡來日是書雲
長蘆眞歇清了禪師法嗣
眞州長蘆妙覺慧悟禪師　上堂曰盡大地是箇解脫門把手拽不肯入雪峯老漢抑逼人作麼既到這裏爲甚麼鼻孔在別人手裏良久曰貪觀天上月失却手中橈　僧問鴈過長空影沈寒水鴈無遺蹤之意水無沈影之心還端的也無曰蘆華兩岸雪江水一天秋云便恁麼去時如何曰鴈過長空聻僧擬議師曰靈利衲子
福州龜山義初禪師　上堂曰久黙斯要不務速說釋迦老子寢語作麼我今爲汝保任斯事終不虛也大似壓良爲賤既不恁麼畢竟如何白雲籠嶽頂翠色轉崔嵬
建康府保寧興譽禪師　上堂曰步入道場影涵宗鑑粲粲星羅霽夜英英華吐春時木人密運化機絲毫不爽石女全提空印文彩未彰且道不一不異無去無來合作麼生體悉的的縱横皆妙用阿儺元不異中來
眞州北山法通禪師　上堂曰呑盡三世底爲甚麼開口不得照破四天下底爲甚麼開眼不得作麼生得十成通暢去金針雙鏁備叶露隱全該　僧問斷言語絕思惟處乞師指示曰滴水不入石
慶元府天童宗珏禪師　上堂曰刼前運步世外横身妙契不可以意到眞證不可以言傳直得虛靜歛氣白雲向寒巖而斷靈光破暗明月隨夜船而來正恁麼時作麼生履踐偏正不曾離本位縱横那涉語因緣　僧問如何是道曰十字街頭休斫額
大洪慧照慶預禪師法嗣
臨江軍慧力悟禪師　上堂曰一切聲是佛聲簷前雨滴響泠泠一切色是佛色覿面相呈諱不得便恁麼若爲明碧天雲外月華清
福州雪峯慧深首座示衆曰未得入頭應切切入頭已得須教徹雖然得入本無無莫守無無無間歇照聞乃曰深兄說禪若此惜福緣不勝耳一日普說罷揮偈辭衆以筆一拍手竟不收而化
天封子歸禪師法嗣
江州東林通理禪師　上堂曰峯頂駕鐵船三更日輪杲心閑不自明落葉知誰掃等閑摘箇鄭州梨放手元是青州棗
天衣法聰禪師法嗣
平江府慧日法安禪師本郡人也　僧問如何是和尚爲人一句曰狗走抖擻口云意旨如何曰猴愁摟擻頭
温州護國欽禪師　上堂曰有句無句明來暗去活捉生擒捷書露布如藤倚樹物以類聚海外人參川中附子樹倒藤枯切忌名模

句歸何處𡅏嚧𡅏嚧呵呵大笑破鏡不照大
地茫茫一任蹺跳
無爲軍吉祥元實禪師高郵人也自到天衣
晝夜精勤而脇不席一日偶失笑宣衆衣擯
之中夜宿田里覩星月粲然有省曉歸趨方
丈衣見乃問洞山五位君臣如何話會云我
這裏一位也無衣令參堂謂侍僧曰這漢却
有箇見處奈不識宗旨何入室次衣預令行
者五人分序而立師至俱召云實上座於是
密契奧旨述偈曰一位纔彰五位分君臣叶
處紫雲屯夜明簾卷無私照金殿重重顯至
尊衣稱善後住吉祥道宜知藏久侍天衣無
所契衣叱之宣忘寢食者月餘一夕聞巡更
鈴𩐌忽猛省曰住住一𩐌直透青霄路寒潭
月皎有誰知泥牛觸折珊瑚樹衣聞命職堂
司後住投子凡有所問以拂子作搖鈴勢
南嶽第十五世（臨濟十一世 黃龍四世）
勝因戲魚咸靜禪師法嗣
史三
漣水軍萬壽夢庵普信禪師（後住雞山）十二 上堂曰
殘雪既消盡春風日漸多若將時節會佛法
又如何且道時節因緣與佛法道理是同是
別良久曰無影樹栽人不見開華結果自馨
香 上堂空生巖中宴坐諸天空裏雨華山
僧高陞此座諸人如何領會若委悉得去八
部不言而自會其或未然責心求得又何禁
平江府慧日默庵興道禪師 上堂曰同雲
欲雪未雪變日似晴不晴寒雀啾啾闘籬落
朔風冽冽舞簾帷要會韶陽親切句今朝親
面爲提撕卓拄杖下座
廣德軍光孝果慜禪師德安桃源人 上堂
舉南泉斬貓兒話乃曰南泉提起下刀誅六
臂修羅救得無談使兩堂俱道得也應流血
滿街衢
雪峯有需禪師法嗣
福州雪峯毬堂慧忠禪師 上堂曰眞覺彈
廣陵散欽山唱菩薩蠻總被巖頭教壞山僧
今日輪須彌槌擊虛空鼓𩐌萬歲樂唱萬年
歡且道被阿誰教壞少林澄九鼎浪動百華
新 上堂終日忙忙那事無妨作麼生是那
事良久曰心不負人面無慚色
天童普交禪師法嗣
慶元府蓬萊圓禪師不知何許人住山三十
年足不越閫道俗尊仰之師有偈曰新縫紙
被烘來暖一覺安眠到五更聞得上方鐘鼓
動又添一日在浮生餘語未見
圓通圓機道旻禪師法嗣
江州圓通沖眞密印通慧守慧禪師 上堂
曰但知今日復明日不覺前秋與後秋平步
坦然歸故里却乘好月過滄洲喫不是苦心
人不知
隆興府黃龍道觀禪師 上堂曰古人道眼
色耳𩐌萬法成辦你諸人爲甚麼從朝至暮
諸法不相到遂喝曰牽牛入你鼻孔禍不入
愼家之門
明招法鏡文慧禪師法嗣 史三 上
揚州石塔宣秘禮禪師 上堂曰奪不奪縱
有餘臨歧不分秩畱貴却蕭疎句裏不曾舒
慷慨爲門先自透金魚 上堂舉百丈野狐
話乃曰不是翻濤手徒誇跨海鯨由基方撚
鏃枝上衆猿驚 一日上堂至座前師揚一
僧上法座僧惶惶欲走師遂指座曰這棚子
宕牽一頭驢上去他亦須就上厠在汝諸人
因甚麼却不肯以拄杖一時趕散顧侍者曰
趁 僧問山河大地與自己是同是別曰長
亭凉夜月多爲客鋪舒云謝師荅話曰網大
難爲鳥綸稠始得魚僧作舞歸衆師曰長江
爲硯墨頻寫斷交書
上封佛心才禪師法嗣
福州普賢元素禪師建寧人也 閒堂日示
衆曰拈華微笑猶乖量外之機斷臂安心何
異捉月之見設使萬機休罷千聖不携遂同
待兎守株未是通方達士明眼漢沒窠臼高

高處觀之不足低低處平之有餘神光照徹
大千萬有全歸掌握大機大用草偃風行全
睹全明超情離見所以道神光不昧萬古徽
猷入此門來莫存知解知解既泯眞智現前
八字打開分明顯示豎起拂子曰還見麼於
斯見得言語路絶取捨情忘了非生佛未分
堂是威音那畔權實俱備照用雙行流出自
己智襟要且不從人得既不從人得正當今
日祝延　聖壽一句作麼生道良久曰四海
浪平龍睡穩萬年松在祝融峯　上堂未開
口時先分付擬思量處隔千山莫言佛法無
多子未透玄關也大難只如玄關作麼生透
喝一喝　上堂南泉道我十八上便解作活
計囊無繫蟻之絲廚之聚蠅之糝趙州道我
十八上便解破家散宅南頭買賤北頭賣貴
檢點將來好與三十棒且放過一著何故曾
為宕子偏憐客自愛貪杯惜醉人
福州鼓山山堂僧洵禪師郡之長溪阮氏子
上堂曰盡力道不得底句和盲勃塑瞎一
時推出來飽飯泥茶爐總不恁麼天高東南
地傾西北這王轉語天下衲僧跳不出莫有
跳得出底麼喝一喝卓拄杖下座　上堂黃
檗手中六十棒不會佛法的的大意却較些
子大愚肋下築三拳便道黃檗佛法無多子

毬置殺人須知有一人大棒驀頭打他不回
頭老拳劈面揎他亦不顧且道是誰
福州鼓山師子祖珍禪師興化林氏子　上
堂曰大道只在目前要且目前難覩欲識大
道眞體不離聲色言語卓拄杖曰這箇是聲
豎起拄杖曰這箇是色喚甚麼作大道眞體
直饒向這裏見得也是鄭州出曹門　上堂
尋牛須訪跡學道貴無心跡在牛還在無心
道易尋豎起拂子曰這箇是跡牛在甚麼處
直饒見得頭角分明鼻孔也在法石手裏
上堂舉僧問投子月未圓時如何曰吞却三
箇四箇月圓後如何曰吐却七箇八箇師曰
投子和尚雖然善能吞吐要且未知月之所
在或問鼓山月未圓時如何只對他道天上
有星皆拱北圓後如何人間無水不朝東僧
問趙州遶禪床一匝轉藏已竟此理如何曰
畫龍看頭畫蛇看尾云婆子道此來請轉全
藏為甚麼只轉得半藏此意又且如何曰人
無遠慮必有近憂未審甚處是轉半藏處曰
不是知音者徒勞話歲寒
浮山法眞禪師法嗣
峨嵋靈巖徽禪師　僧問文殊是七佛之師
未審誰是文殊之師曰金沙灘頭馬郎婦
黃龍通照德逢禪師法嗣

饒州薦福常庵擇崇禪師寧國府人也行實未詳
上堂舉僧問古德生死到來如何免得曰
柴鳴竹爆驚人耳僧云不會德曰家犬聲獰
夜不休諸人要會麼柴鳴竹爆驚人耳大洋
海底紅塵起家犬聲獰夜不休陸地行船三
萬里堅牢地神笑呵呵須彌山王眼覷鼻把
手東行却向西南山聲應北山裏千手大悲
開眼看無量慈悲是誰底良久曰頭長脚短
少喜多嗔　上堂西山青無謂情洪井碧無淯
滴西山人見曷親西山事無可似若是靈利
底舉著便知懵懂者付與德山臨濟擲拂子
下座　一日上堂顧問侍者曰還記得昨日因
緣麼云記不得復顧問大衆曰還記得麼衆
無對豎起拂子曰還記得麼良久曰也忘却
了也三處不成一亦非有諸人不會方言露
柱且莫開口以拂子擊禪床下座
天寧長靈守卓禪師法嗣
慶元府育王無示介諶禪師溫之永嘉人族
張氏年十六禮崇德慧徵落髮微持律刻苦
嘗然身燈為佛事師見曰大丈夫當明佛祖
意以光明照大千何區區於此辭謁徑山悟
佛鑑懃晚依長靈餘八載悉得其道宣和六
年太師劉公正夫捨臨安第為顯寧寺請師
出世未幾擢廬山瑞巖育王法道大振　上

堂曰出西天入東土雲從龍風從虎一任諸方點頭擧拂子曰只如這箇順行三千倒行八百又作麽生辨若也辨得横按鏌鎁全正令若辨不得百千年後與人看　上堂尺頭有寸鑑者猶稀秤尾無星且莫錯認若欲定古今輕重較佛祖短長但請於中著一隻眼果能一尺還他十寸八兩元是半斤自然内外和平家國無事山僧今日已是兩手分付汝等諸人還肯信受奉行也無尺量刀剪遍世間誌公不是閑和尚　上堂文殊智普賢行多年曆日德山棒臨濟喝亂世英雄汝等諸人穿僧堂入佛殿還知㘘過鐵圍關麽忽然踏著釋迦頂𩕳磕著聖僧額頭不免一場禍事　上堂我若説有你為有礙我若説無你為無礙我若横説你又跨不過我若竪説你又跳不出若欲叢林平貼大家無事不如推倒育王且道育王如何推得倒去召大衆曰著力著力復曰苦哉苦哉育王被人推倒了也還有路見不平拔劍相為底麽若無山僧不免自倒自起擊拂子下座師性剛毅蒞衆有古法時以諶鐵面稱之紹興十八年五月十三示寂於無異堂後七日塔全軀於烏石菴之左閲世六十有九坐夏五十有四

湖州道場普明慧琳禪師七閩福清人　上堂曰有漏笊籬無漏木杓庭白牡丹檻紅芍藥因思九年面壁人到頭不識這一著且道作麽生是這一著以拄杖擊禪床下座　上堂一即多多即一毘盧頂上明如日也無一也無多現成公案沒𣪍訛拈起舊來檀拍板明時共唱太平歌

湖州道場無傳居慧禪師本郡人族吴氏幼師景德寺宗省十九中經選授僧服從南屏妙慧習教觀越十年易服依長蘆淨照最久晚至長靈未幾總院事一日擬食酸𧄼豁然有省亟造方丈陳所入靈詰之師呈偈曰打破多年赤肉團大千俱現一毫端縱横妙用無多手妙用縱横總一般乃蒙印可靈沒師還里謁天聖琳禪師琳命首衆説法復退席令主盟後移靈石何山道場　上堂曰鐘樓醉裏唱凉州小妹門前只點頭巡海夜叉相見後大家拍手上高樓大衆若會得去鑊却天下人舌頭若會不得將謂老僧別有奇特　上堂百尺竿頭弄影戲不唯瞞你又瞞天自笑平生歧路上投老歸來沒一錢　上堂擧臨濟示衆云一人在高高峯頂無出身之路一人在十字街頭亦無向背且道那箇在前那箇在後師曰更有一人不在高高峯頂亦不在十字街頭臨濟老漢因甚不知便下座紹興辛未九月二十四日示微疾而終壽七十五夏五十六

臨安府顯寧松堂圓智禪師　上堂曰蘆華白蓼華紅溪邊脩竹碧煙籠閑雲抱幽石玉露滴巖叢昨夜烏龜變作鼈今朝水牯悟圓通咄

湖州烏回唯菴範禪師　上堂曰塵劫已前事堂堂無背面動靜莫能該舒卷快如電莫道凡不知佛也覷不見決定在何處合取這兩片鷹不鷹更為諸人通一線良久曰天下太平皇風永扇　上堂擧僧問趙州至道無難唯嫌揀擇是時人窠窟否曰曾有人問老僧直得五年分踈不下大衆趙州具頂門眼向擊石火裏分緇素閃電光中明縱奪為甚麽却五年分踈不下還委悉麽易分雪裏粉難辨墨中煤

温州本寂靈光文觀禪師郡之瑞安人族葉氏年十九依白巖慧通二十得度游方謁長靈於天寧因看栢樹子頌有省靈歿旋里菴居二紀待制王公輝守郡請開法本寂　上堂曰過去諸如來斯門已成就好事不如無現在諸菩薩今各入圓明好事不如無未來修學人當依如是法好事不如無還知麽除却華山陳處士何人不帶是非行參　上堂

舉罽賓國王斬師子尊者雪竇拈云作家君王天然有在師曰路見不平當與雪屈雪竇只解據款結案要且不知尊者不曾被斬淳熙五年正月二十六日端坐而逝壽九十六臘七十七

黄龍山堂道震禪師法嗣

常德府德山無諍慧初禪師靖江府人也自見山堂得大受用三據寶坊衆所宗仰　上堂顧眎大衆曰見麼在天成象在地成形在日月爲晦爲朔在四時爲寒爲暑致之以雷霆潤之以風雨且道在衲僧分上又作麼生一趯趯翻四大海一拳拳倒須彌山佛祖位中留不住又吹漁笛汨羅灣　上堂九月二十五聚頭相共舉瞎却正法眼拈却雲門普德山不會說禪贏得村歌社舞阿呵呵邏囉哩遂作舞勢下座

萬年雪巢法一禪師法嗣

嘉興府報恩法常首座開封人丞相薛居正之裔宣和七年依長沙益陽華嚴元軾禪師下髮徧依叢社於首楞嚴經深入義海自湖湘至萬年謁雪巢機契命掌賤翰淳熙初抵報恩室中唯一矮榻餘無長物庚子九月中語寺僧曰一月後不復留此十月二十一往方丈謁飯將曉書漁父詞於室門就榻收足而逝詞曰此事楞嚴嘗露布梅華雪月交光處一笑寥寥空萬古風甌語迥然銀漢橫天宇蝶夢南華方栩栩斑斑誰跨豐干虎而今忘却來時路江山暮天涯目送鴻飛去

歙山祖庵主法嗣

廬山延慶叔禪師　僧問多子塔前共談何事曰一回相見一回老能得幾時爲弟兄僧禮拜師曰唐興今日失利

信相正覺宗顯禪師法嗣

成都府金繩文禪師　僧問如何是大道之源曰黄河九曲云如何是不犯之令曰鐵蛇鑽不入僧擬議師便打

渺潭典牛天游禪師法嗣

臨安府徑山塗毒智策禪師天台人族陳氏十六依護國楚光授方服首謁國清光禪師次謁育王諶萬壽智後於雲居聞板聲契入抵雲巖巖見然之（游時住雲巖）留歲餘告別巖送以偈爲首衆大潙歸里開法黄巖之普澤歷數刹淳熙戊申冬　詔居徑山　上堂曰著意忘懷掘地深埋空洞無象觸髏妄想譬如兩鏡相照中間早巳立象直饒東澗水流西澗水南山燒炭北山紅到這裏正好喫棒爲甚如此我王庫内無如是刀　上堂舉教中道若以色見我以音聲求我是人行邪道不能見如來然雖恁麼正是捕得老鼠打破油甕懷禪師道你眼在甚麼處雖則識破釋迦老子爭柰拈鎚豎指者是塗毒即不然色見聲求也不妨百華影裏繡鴛鴦自從識得金針後一任風吹滿柚香紹熙壬子秋七月示疾至二十七辰初說偈而逝八月二日道全身於東麓壽七十六臘六十

嘉泰普燈録卷第十三

嘉泰普燈錄卷第十四　平江府報恩光孝禪寺臣僧　正受　編

南嶽第十五世（[illegible]）

天寧佛果圜悟克勤禪師法嗣三十人（十五人[illegible]）

潭州大溈佛性法泰禪師 史四

鄧州丹霞佛智端裕禪師

建康府華藏密印安民禪師

眉州象耳山袁覺禪師

成都府昭覺徹庵道元禪師

平江府虎丘紹隆禪師

眉州中巖華嚴祖覺禪師

潭州福嚴文演禪師

平江府明因曇玩禪師

平江府虎丘雪庭元淨禪師

懷安軍雲頂六庵宗正禪師

衢州天寧訥堂梵思禪師

岳州君山佛照覺禪師

平江府寶華顯禪師

紹興府東山覺禪師

泗州普照佛心勝禪師　漢州無爲燕面勝禪師　遂寧府雷泉希壽禪師　建康府保寧如庵祖禪師　平江府永讓有從禪師　福州山巖禪師　潼川府乾明印禪師　鈞州景德旻禪師

南嶽第十五世（[illegible]）

東京天寧佛果圜悟克勤禪師法嗣上卷

潭州大溈佛性法泰禪師，漢州人，族李氏。冠爲大僧，習南山教久，而游方，機契五祖，後於圜悟語下頓明大法。出住鼎之德山，郡之西湖，及谷山、道吾。勅居大溈，賜號佛性。

上堂曰：惟眞無眞，無有相窮；妄妄無妄，無有形眞妄。兩無所有，廓然露出眼睛。眼睛既露，見箇甚麽？曉日爍開巖畔雪，朔風吹綻蠟梅華。上堂：涅槃無異路，方便有多門。拈起柱杖曰：看！看！山僧柱杖子一口吸盡西江水，東海鯉魚跨跳上三十三天，帝釋忿怒，把須彌山一摑粉碎，堅牢地神合掌讚歎曰：諦觀法王法，法王法如是。以柱杖擊禪床下座。史四　二　上堂：今朝正月已半，是處燈火撩亂，滿城羅綺駢闐，交互往來遊翫。文殊走入閙籃中，普賢端坐高樓看。且道觀音在甚麽處？震天椎畫鼓，貼地奏笙歌。上堂：渺渺邈邈，十方該括；坦坦蕩蕩，絕形絕相。目欲眂而睛枯，口欲談而詞喪。文殊普賢全無伎倆，臨濟德山不妨提唱。龜吞陝府鐵牛，蚘鼓嘉州大像，嚇得東海鯉魚，直至如今肚脹。嘻！上堂：火雲燒田苗，泉源絕流注，娑竭大龍王不知在何處？以柱杖擊禪床曰：在這裏，看看！南山起雲，北山下雨。老僧更爲震雷聲，助發威光，令遠布。乃高聲曰：閙弄閙弄。上堂：得念失念，無非解脫，是甚麽語話？成法破法，皆名涅槃，料掉沒交涉。智慧愚癡，通爲般若，顢頇佛性。菩薩外道，所成就法，皆是菩提，猶較些子。然雖如是，也是楊廣失駱駝。上堂：德山棒下，金沙與臨濟喝中，賓主分到此，若無眞正眼，可憐辜負本來人。喝一喝，拍禪床下座。上堂：欲識佛去處，只這語聲是。咄！傅大士不識好惡，以胎胎靈靈，教壞人家男女，被誌公和尚一喝曰：大士莫作是說，別更道看。大士復說偈曰：空手把鋤頭，步行騎水牛，人從橋上過，橋流水不流。誌公呵呵大笑曰：前頭由似可，末後更愁人。史四　三　上堂：憶昔游方日，獲得二種物：一是金剛鎚，一是千聖骨。持行宇宙中，氣岸高突兀。如是三十年，用之爲準則。而今年老矣，二物知何物。擲下金剛鎚，擊碎千聖骨。拋向四衢道，不能更惜得。任意過浮生，指南將作北。呼龜以爲鼈，喚豆以爲粟。從他明眼人，笑我無繩墨。僧問：理隨事變，該萬有而一片虛凝；事逐理

融等千差而咸歸實際如何是理法界曰山河是地云如何是事法界曰萬象森羅云如何是理事無礙法界曰東西南北云如何是事事無礙法界曰上下四維　問如何是十身調御挍子下禪床立未審意旨如何曰脚跟下七穿八穴

鄂州丹霞佛智蓬庵端裕禪師吴越王之裔六世祖安守會稽因家爲師生而挺嶷眉目淵秀十四驅烏於大善寺十八得度受具往依淨慈法眞一禪師未幾偶僧擊露柱曰你何不說禪師聞微省去謁龍門遠甘露卓泐潭祥皆以穎邁見推晚見圜悟於鍾阜一日悟問誰知正法眼藏向這瞎驢邊滅却即今是滅不滅云請和尚合取口好曰此猶未出常情師擬對悟擊之師頓去所滯嘗述偈自適侍悟居天寧命典記室尋分座道聲藹著京西憲王公請開法丹霞次遷虎丘徑山謝事徇平江道俗之請庵于西華閱數稔　勅居建康保寧後移蘇城萬壽及閩中玄沙壽山西禪復被　旨補靈隱　慈寧皇太后幸韋王第　召師演法　賜金襴僧伽梨乞歸西華紹興戊辰秋四明育王遣使固邀月餘始就　上堂曰德山入門便棒多向皮袋裏埋蹤臨濟入門便喝總在聲塵中出没若是英靈衲子直須足下風生超越古今途轍拈拄杖卓一下喝一喝曰只這箇何似生若喚作棒喝瞎驢未有不喚作棒喝未識德山臨濟畢竟如何復卓一下曰總不得動著　上堂盡大地是沙門眼徧十方是自己光爲甚麽東弗于逮打鼓西瞿耶尼不聞南贍部洲點燈北鬱單越暗坐直饒向箇裏道得十全猶是光影裏活計撼拂子曰百雜碎了也作麽生是出身一路擲下拂子曰參　上堂頂顆一著佛祖不知若玄機尚戢影草未彰通身有透關眼也照不著若過這邊來正按金剛寶王放出踞地師子許你挨拶一步地雖然已是頭角不全即今莫有疾焰過風者麽喝曰甚麽處去也復喝一喝下座　上堂動則影現覺則水生直饒不動不覺猶是秦時轆轢鑽到這裏便須千差密照萬户俱開毫端撥轉機輪命脈不沈毒海有時覺如湛水有時動若星飛有時動覺俱忘有時照用自在且道正恁麽時是動是覺是照是用還有人區分得出麽鐵牛橫古路觸著骨毛寒　上堂易塡巨壑難滿漏巵若有操持了無難易拈却大地寬綽有餘放出纖毫礙塞無路忽若不拈不放向甚麽處履踐同誠共休戚飲水亦須肥　僧問如何是賓中賓曰你是田厙奴云如何是賓中主曰相逢猶莽鹵云如何是主中賓曰劒氣爍愁雲云如何是主中主曰敲骨打髓師涖衆色必凜然寢食不背衆唱道無倦紹興庚午十月初示微疾至十七夜書偈付王事曰吾小休至五鼓起坐首座法全請遺訓師曰盡此心意以道相資語絶而逝火後目睛齒舌不壞其地發光終夕得設利者無筭踰月不絶黄冠羅肇常平日問道於師適外歸獨無所獲道念勤切方與客食咀嚼間若有物吐哺則設利也大如菽色若琥珀好事者持去遂再拜於闍維所聞香匳有聲亟開所獲如前而差紅潤門人奉遺骨分塔於鄮峰西華壽六十有六夏四十有八　謚曰大悟塔名寶勝

建康府華藏密印安民禪師嘉定人族朱氏初講楞嚴於成都爲義學所歸時圜悟居昭覺師往扣悟令看國師三喚侍者之語趙州云如人暗中書字字雖不成文彩已彰那裏是文彩已彰處但恁麽參取（小有異本）後因悟普說僧出請問十玄談云只如古人道問君心印作何顔意旨如何悟曰文彩已彰師於言下有省悟未之許一日造室白悟曰和尚休舉話待某說看悟諾之師曰尋常拈槌竪拂豈不是經中道一切世界諸所有相皆即菩

從妙明眞心悟笑曰你元來在這裏作活計師又曰下喝敲床時豈不是返聞聞自性性成無上道悟曰你豈不見經中道妙性圓明離諸名相本來無有世界衆生師釋然悟出蜀居夾山師罷講侍行值悟爲衆夜參舉古帆未桂因緣師聞未領遂求決悟曰你問我師舉前話悟曰庭前栢樹子師即洞明謂悟曰古人道如一滴投於巨壑殊不知大海投於一滴悟笑曰奈這漢何未幾令分座悟說偈曰懶誇四分與楞嚴按下雲頭子細參不學亮公親馬祖還如德嶠訪龍潭七年往返來昭覺三載翺翔上碧巖今日煩充第一座百華叢裏現優曇後謁佛鑑於蔣山鑑問佛果有不曾亂爲人說底句曾與你說麼師曰合取狗口鑑震聲云不是這箇道理師曰無人奪你鹽茶袋亂叫作甚麼鑑云佛果若不爲你道我爲你說師曰和尚疑時退院別參去鑑呵呵大笑鑑入滅圜悟繼席未幾師開法保寧遷華藏旋里領中峰　上堂曰衆賣華兮獨賣松青青顏色不如紅算來終不與時合歸去來兮翠靄中可笑古人恁麼道大似逃峰赴壑避溺投火爭如隨分到尺八五分鑁頭邊討一箇半箇雖然如是保寧半箇也不要何故富嫌千口少貧恨一身多　上堂呵佛罵祖須是德山作家渡馬渡驢還他趙州手段瞎驢滅却正法眼藏利動君子襲人不用二種語言慣釣鯨鯢集雲峰下四藤條雙明雙暗大愚肋底築三下同死同生祖佛未興已前向上人提撕此事羝羊桂角之後仙陁客拳鼓掣旗露刃藏鋒作師子哮吼裂破祖師印掃蕩衲僧蹤硬如蜣蜋綿軟似南賓鐵摩竭陁國水洩不通少室峰前親行此令所以定光招手智者點頭可謂良馬不窺鞭側耳知人意還會麼三面狸奴手捉月兩頭白牯脚擎煙戴冠碧兔立庭栢脫殼烏龜飛上天　冬夜示衆舉玉泉皓和尚云雪片片不別下到臘月再從來年正月二月三月四月五月六月七月八月九月十月依前不歇凍殺餓殺免教胡說亂說師曰不是罵人亦非贊嘆高出臨濟德山不似雲居羅漢且道玉泉意旨作麼生良久曰但得雪消去自然春到來師後示寂於本山闍維設利頗騰細民究地尺許皆得之尤光明瑩潔心舌亦不壞

眉州象耳山袁覺禪師眉山人族袁氏幼於傳燈院試所習得度始名圓覺郡守填綾牒誤以圓作袁守慊然戲謂師云一字名可乎師笑曰一字已多郡守異之具戒後即出蜀謁五祖自海會宗龍門遠皆未得其津涯又謁闡提照於寶峰久之值照入寂往侍石門政執役數秋親承記莂時圓悟遣望頓一時師曳杖欲一見石門徒衆顧師云兄既有得自宜縫炊巾何區區復行遣耶師曰不然我是則所往無礙弗麾守株于此師至蔣山適悟被　旨居天寧遂往大溈依佛性頎之入室陳所見性云汝忒驄遠在然知其爲法器俾充侍者掌賓客師每侍性性必舉法華開示悟入四字令下語又云直待我豎點頭時汝方是也偶不職被斥制中無依寓俗士家一日誦法華至亦復不知何者是火何者爲舍乃豁然制服歸省性見首肯之圓悟再得旨住雲居師至彼以所得白悟悟呵云本是淨地屙屎作麼師所疑頓釋紹興丁巳眉之象耳虛席郡守謂此道場久爲蟊螣囊橐非名流勝士莫能起廢諸禪舉師應聘嘗語客曰東坡云我持此石歸袖中有東海山谷云惠崇煙雨蘆鴈坐我瀟湘洞庭欲喚扁舟歸去傍人謂是丹青此禪髓也又曰我敲床豎拂時釋迦老子孔夫子都齊立在下風有舉此語似佛海遠禪師遠曰此覺老語也我此間即不恁麼

成都府昭覺徹庵道元禪師綿之巴西人族

鄧氏幼於降寂寺圓具東遊謁大別心道禪師因看廓然無聖之語忽失笑曰達磨元來在這裏道聲之往參佛鑑佛眼蒙實識後依圓悟於金山以所見告悟弗之許 高宗皇帝駕幸維揚 召悟說法 賜號圓悟又賜侍僧十人款衣師與焉圓悟 詔住雲居師從之雖有信入終以梗胷之物未去爲疑會悟問參徒生死到來時如何僧云香臺子笑和尚次問師汝作麼生云草賊大敗悟曰有人問你時如何師擬荅悟憑陵曰草賊大敗師即徹證圓悟以拳擊之師拊掌大笑悟曰汝見甚麼便如此云毒拳未報永劫不忘悟歸昭覺命首衆悟將順世以師繼席（幾語未見）

平江府虎丘紹隆禪師和之含山人也九歲謝親居佛慧院踰六年得度受具又五年荷包謁長蘆淨照信禪師得其大略有傳圓悟語至者師讀之嘆曰想酢生液雖未澆腸沃胃要且使人慶快第恨未聆謦欬耳遂由寶峰依湛堂客黃龍叩死心其機語妙出一時即至夾山謁悟移道林師隨往一日入室悟問曰見見之時見非是見見猶離見見不能及舉拳曰還見麼云見曰頭上安頭師聞脫然契證悟叱曰見箇甚麼云竹密不妨流水過悟肯之自此旦旦不忘二十年盡圓悟之妙歸邑繼住城西開聖建炎之擾乃結廬銅峰之下郡守尚書李公光延居彰教四年徒虎丘道化益盛 上堂曰凡有展托盡落今時不展不托墮坑落塹直饒風吹不入雨灑不著檢點將來自救不了豈不見道直似潭月影靜夜鍾聲隨扣擊以無虧觸波瀾而不散此猶是生死岸頭事拈拄杖畫一畫曰畫斷玄沙老漢許多葛藤點頭石不覺拊掌大笑且道笑箇甚麼腦後見腮莫與往來 上堂百鳥不來春又暄凭欄溢目水連天無心還似今宵月照見三千與大千 上堂摩竭陀國親行此令拈拄杖卓一下曰大盡三十日小盡二十九 上堂眼裏不着砂耳裏不着水堪笑老俱胝無端豎一指諸禪德且道誰是解笑者還會麼鬧市摽出憍尸迦吃嗏舌頭三千里 上堂不犯之令明古今風月靈機常獨耀萬象悉澄徹更說甚麼正法眼藏瞎驢邊滅無計較中翻成計較無途轍中翻成途轍一時與你截斷秤鎚硬似鐵別別八月秋何處熱 上堂有佛處不得住上無佛處急走過下絕已躬從來無向背本自絕羅籠出門撞着須菩提寸草不生千萬里自是長靑鳥休言芳樹不棲護自說禪說道摩斯吒直饒心桂樹頭未免身沈海底莫動着動着三十棒且置休夏自恣一句作麼生道青山綠水元依舊明月清風共一家 僧問爲國開堂一句作麼生道曰一願皇帝萬歲二願重臣千秋云只如生佛未興時一着落在甚麼處曰吾常於此切云實不容針更借一問時如何曰據虎頭收虎尾云中間事作麼生曰草繩自縛漢云毗婆尸佛早留心直至如今不得妙曰幾行巖下路少見白頭人 問九旬禁足意旨如何曰理長即就云只如六根不具底人還禁得也無曰穿過鼻孔云學人今日小出大遇曰降將不斬云恁麼則和尚放某逐便也曰停囚長智 問雪峰道盡大地撮來如粟米粒大抛向面前漆桶不快打鼓普請看未審此意如何曰一畝之地三蛇九鼠云乞師再垂指示曰海口難宣 問如何是大道眞源曰和泥合水云便恁麼去時如何曰截斷草鞋跟 問如何是佛法的的大意曰蛇頭生角 問古人到這裏因甚麼不肯住曰老僧也恁麼云忽然一刀兩段時如何曰平地神仙 問萬機休罷千聖不携時如何曰未足觀光云還有奇特事也無曰獨坐大雄峰紹興丙辰感微疾白衆曰當以首座宗達承院事請於郡從之乃書偈而逝五月八日也塔全軀於寺之

西南隅住世六十。臘五坐夏四十有五

眉州中巖華嚴祖覺禪師嘉之龍游人族楊氏世業儒父洪有大名後居眉師生而偉異少爲書生志齊昌黎嘗著文大排釋教忽患贅瘡醫莫愈乃自悔從彌勒慧目能禪師疾瘳然右膝不舉師因手書華嚴合論畢夜感異夢旦即捨杖步趨心意快然因習誦一日誦至現相品曰佛身無有生而能示出生法性如虛空諸佛於中住遂悟旨趣四衆命講不輟大觀庚寅師佐慧目來居中巖政和乙未春得度明年成都帥周公燾俾朝請李隲制疏以貽覺寺命師大敞講筵師詞辯橫放若決江河衆所歆歎適南堂靜禪師過門謂師曰觀公講說獨步西南惜未解離文字相耳儻問道方外即今之周金剛也師欣然罷講南至荊渚會丞相張公商英撰歲眉寺記證辯舊文誤以賢首位等普賢修書破之復著三聖圓融論四篇公讀之撫几稱善乃曰

史四 十一

師果不爾負可往蔣山依佛果老發明向上關棙他日豈易量哉師如其言徑至鍾阜一日入室悟舉羅山要語問之師罔措夙夜數年有省述偈曰家住孤峰頂長年半掩門自嗟身已老活計付兒孫悟爲印可次日見之悟曰昨日公案作麼生師佇思悟呵遣之又五載莫能領解辭之廬山於棲賢寺聞浮山圓鑑禪師削執論遂大悟方知佛果鉗鎚妙密作偈寄悟曰出林依舊入蓬蒿天網恢恢不可逃誰信業緣無避處歸來不怕語聲高悟大喜持以示衆曰覺華嚴徹矣悟歸蜀再住昭覺適師亦西還命掌牋記令嗣座力辭隱歲眉之南堙撰佛祖紀傳六百卷將成復出峽探索遺逸以彌縫之初抵長沙丞相張公浚力以智度請開法堅卧不起公諭曰師以固守爲志節豈從上傳持此道者乃爾用心耶師翻然就之法席大盛如三佛時癸亥八月謝院事入浙以華嚴要訣并錄大藏不備載者傳入海東又欲適發經旨償所志願複泝流西歸部使者大監榮公嶷以成都信相延之未幾移苑歷開善僅二年前邛守史公堪顧中巖久不振乃移文漕使迎師主之師欣從凡於椎拂之下未嘗有倦色故道俗親之者無虛時

上堂曰靈光洞耀迥脫根塵大用現前不存軌則一見便見擬議則差起意推求便成剩法所以祖師道圓同大虛無欠無餘良由取捨所以不如若能取捨俱忘觸目無滯祐來便用立處皆眞譬如擲劍揮空不論及之不及若更推尋玄妙枒出精明病在鑽穴索空撥波求水念念忘本步步迷源借使窮究萬法始末洞明來契本源但名假法喚作從門入者不是家珍直得大地山河無絲毫過患先要得箇入門方知性海圓澄萬有俱備無有一法從外而入未有一法從內而出直饒如此猶是無風匝匝之波乃至萬緣俱喪表裏一如三際十方坦然平

史四 十二

等聊且得箇轉身句子尚在半途更須掃蕩玄機盡却聖解即偏而常正猶如鶴在銀籠即正而常偏大似龍銜異寶萬年松徑白雲漫漫異草寒巖未嘗顧戀尚坐一色喚作貼肉汗衫教中謂之解脫坑亦名寂滅病須是不稟威音佛透出未生前不挂萬年衣不坐空王殿視本來人如破草鞋見佛祖似生冤家不入異類中不行無間路雖然恁麼奇特猶未是渠儂極則處不見道不見一色始是半提更須知有全提時節始得我若全提去法堂前定是草深一丈盡大地道絕人稀諸禪德快須著些精彩豈可取次承當他時異日只成自誤山僧恁麼道還有知落處底麼良久曰夜行人只貪明月不覺和衣渡水寒

上堂一塵起大地收一葉落天下秋懸須彌於諸人鼻孔上著大海於諸人眼睛中得則得只是未知有向上一竅在古人事不獲已垂一言半句只要教人會去殊不知向好肉

上剜瘡豈況舉古明今遠照近用大似嚼飯
餧嬰兒有甚麼用處所以雲門道西天二十
八祖唐土六祖盡乾坤大地天下老和尚總
在拄杖頭上直饒會得儱侗分明放過你去
只在半途若不放過盡是野狐精去還委悉
麼燕市屠牛春色好釣齊元在直鈎中　到
虎丘請上堂恭逢敵手雖有行而難藏月到
天心得無遮而自在欲行向上路須得同參
證明方可脫體提持全機出沒更不必優游
性海入理深談只知語妙意玄切恐渾身泥
水又不欲破三作五換斗移星免使家醜外
揚教他傍觀者哂且不敢正偏回互隱密全
該正按則理事雙忘言思路絕傍提則龍吟
枯木韻出青霄又恐劒已化龍刻舟無益亦
不敢說四種料簡列四主賓一句具三玄一
玄具三要一喝分賓主照用一時行自知是
已陳芻狗靈龜負圖只欲說句裏明機風前
有路未語先分付用處絕蹤由終是野鴈見
人意已先改更說言無展事語不投機承言
者喪滯句者迷不犯波瀾迢然自異不立窠
臼徧界難藏大似滯殼迷封日中逃影擊禪
床一下曰今日一齊打破更不用這箇閑家
具別有騎聲蓋色越格超宗底一著子不免
對衆拈出舉拂子曰還見麼滲山幸有任公
子一釣曾達十二鼇　上堂舉石霜和尚遷
化衆請首座繼踵住持虔侍者所問公案師
曰宗師行處如火消冰透過是非關全機亡
得喪盡道首座滯在一色侍者知見超師可
謂體妙夫宗全迷向背殊不知首座如鷺鷥
立雪品類不齊侍者似鳳翥丹霄不縈金鎖
一人高高山頂立一人深深海底行各自隨
方而來同會九重城裏而今要識此二人麼
竪起拂子曰龍卧碧潭風凜凜垂下拂子曰
鶴歸霄漢背摩天　僧問最初威音王未後
婁至佛未審最初參見甚麼人曰家住大梁
城更問長安路云只如德山檐疏鈔行腳盡
在甚麼處曰撥破你眼睛云與和尚悟華嚴
宗旨相去幾何云同途不同轍云昔日德山
今朝和尚曰夕陽西去水東流　問世尊拈
華當爲何事曰揭開腦蓋云爭奈迦葉微笑
何曰情知你落第二頭云恁麼則截斷腳跟
曰猶自不知羞　問如何是一喝如金剛天
寶劒曰血濺梵天云如何是一喝如踞地師
子曰驚殺野狐狸云如何是一喝如探竿影
草曰驗得你骨出云如何是一喝不作一喝
用曰直須識取把針人莫道鴛鴦好毛羽
問如何是荆南境曰千里雲濤三峽嶮一帆
風浪五湖寬云如何是境中人曰直諫豈無
唐獨座英權宜有漢鬍翦云人境已蒙師指
示高提祖印事如何曰巡海夜叉頭戴角電
光石火莫踟躕僧禮拜師曰更須透過未生
前　問如何是正中偏曰更深垂却夜明簾
云如何是偏中正曰天曉賊人投古井云如
何是正中來曰百卉乘春在處開云如何是
兼中至曰雨雪交加無處避云如何是兼中
到曰兩頭截斷無依倚心法雙忘始得玄絡
輿庚午孟夏示少恙至五月朔晨起衆衲環
擁求末後句師撝之曰吾平生口過不少今
尚何言去去吾將少憩遂瞑目而逝三日
慈容嚴如火浴後獲設利有大如蚌珠五色
者莫計塔于院之東師以踐履無玷而嚴於
授受宣撫郡公溥給事馮公械與數十勝流
皆以師事之閱世六十四坐夏三十五
潭州福嚴文演禪師成都新繁人族楊氏年
十八依廣孝寺安爲僧登戒往習經論久之
謁正法明禪師聞舉雲門胡餅話有省後見
圓悟始極法源初住智度晚遷福嚴　上堂
曰當陽坐斷凡聖跡絕隨手放開天回地轉
直得日月交互虎嘯龍吟頭頭物物耳聞目
眎安立諦上是箇甚麼還委悉麼阿斯吒咄
上堂等閑地明白不思量現成前佛後佛於
此指注不及天下衲僧計較不就制遏不住

迴脫情塵唯自肯方親全機放下一向靠將去上無佛祖可依下無自已可據如太虛空更無執礙直是烜赫地不昧一切得這些巴鼻子了便乃應用無窮然亦須隨手摟破始得何故大紅爐中不容點雪　僧問如何是定林正主曰坐斷天下人舌頭云未審如何親近曰覷著則瞎　問學人上來請師相見曰三要印開云功不浪施也曰見箇甚麼云賓主儼然曰望空啓告紹興曰子十一月二十六端坐忽集耆舊囑以後事書偈罷偈一喝擲筆而逝壽六十五臘四十八闍維獲設利五色同靈骨藏于院之三生塔

平江府西山明因曇玩禪師溫之樂清人族黃氏妙齡披剃徧參叢杜宣和庚子回至鍾阜適　朝廷易僧爲德士師與同志數人入頭陁巖食松自處久之圓悟被　旨居是山親至巖所令去髮變及悟　詔補京師天寧與師俱往命掌香水海未幾因擧槌擊鼓頓明大法悟默識之室中凡有所問皆對曰莫理會故流輩咸以莫理會稱之　皇叔齊安郡王乞　旨請開法明因次遷寶華　上堂曰你有一對眼我也有對眼汝若瞞還自瞞汝若成佛作祖老僧無汝底分汝若做驢做馬老僧救汝不得　一日衆檀越入山請師上堂說偈曰我無長處名虛出謝汝殷勤特地來明因無法堪分付護把山門爲汝開　僧問和尚未見圓悟時如何曰莫理會云見後如何曰莫理會云見與未見時如何曰莫理會莫理會紹興二十三年謝事居四明雪竇明覺塔所　皇叔欲　奏四衆軾竟以疾辭之明年歸寂[史四]顯異特甚故不詳[十六]錄

平江府虎丘雪庭元淨禪師嬰溪人也　上堂曰要行便行要坐便坐六處神通是箇甚麼把定時一物不爲放行時殺人放火忽有箇衲僧出來道道無面目漢不要亂做雪庭只向伊道將謂無人證明　上堂知有底人過萬年如同一日不知有者過一日如同萬年不見死心和尚道山僧行脚三十餘年以九十日爲一夏增一日也不得減一日也不得取不得捨不得不可得中只麼得翠雲見處又且不然山僧行脚三十來年誰管他一日九十日也無得也無不得處處當來見彌勒且道彌勒在甚麼處金風吹渭水落葉滿長安　上堂說得須是見得見得又須說得見得說不得落在陰界見解偏枯說得見不得落在時機墮在毒海若是翠雲門下直饒說得見得好與三十棒說不得見不得也好與三十棒翠雲恁麼道也好與三十棒遂高聲召大衆曰噞　上堂日日日東出日日日西沒是時人知有自古自今如麻似粟忽然挾轉話頭亦不從東出亦不從西沒且道從甚麼處出沒若是透關底人聞恁麼道定知五里牌在郭門外若是透不過者往往道半山熱瞞人　僧問如何是到家一句曰坐觀成敗　問不與萬法爲侶者是甚麼人曰遠[史四]親不如近隣云待汝一口吸盡西江[十七]水即向汝道又作麼生曰近隣不如遠親　問亡僧遷化向甚麼處去曰糞堆頭云意旨如何曰築著磕著

懷安軍雲頂六庵宗正禪師潼川郪縣人　上堂拈柱杖卓一下曰聞處絕聞豎起曰見處絕見風動塵起探生招箭未恁麼已前分明成兩片德山橫按絕商量黃檗用時機掣電大千沙界一毛頭手眼通身無背面咄

衢州天寧訥堂梵思禪師蘇臺人族朱氏年二十一去髮受具游師席往來佛鑑佛眼會下有年晚依圓悟徹證後七坐道場　上堂曰超離生死海踏倒涅槃岸世上無活人黃泉無死漢遂拈柱杖曰訥堂今日柱杖子有分付處也還有承當得者麼試出來擔荷看有麼有麼良久擲柱杖下座　上堂知有底也喫粥喫飯不知有底也喫粥喫飯如何直

下驗得他有之與無是之與非邪之與正若驗不出參學事大遠在喝一喝下座　上堂山僧是楊岐四世孫這老漢有箇三脚驢子弄蹄行公案雖人人舉得只是不知落處山僧不惜眉毛爲諸人下箇註脚乃曰八角磨盤空裏走

岳州君山佛照覺禪師　上堂曰是即徹底是從來脫體先天地非即徹底非萬別千差共一機是也是不著非也非不及此時佛祖從何立曉天霜重泄真機一顆圓明色非色既非色且道是箇甚麼妙體全標處分明只自知　上堂舉古者道仰之彌高鑽之彌堅瞻之在前忽焉在後諸人還識得麼若也不識爲你註破仰之彌高不隔絲毫要津把斷佛祖難逃鑽之彌堅真體自然鳥啼華笑在碧巖前瞻之在前非正非偏十方坐斷威鎮大千忽焉在後一場漏逗堪笑雲門藏身北斗咄

史四

平江府寶華顯禪師本郡人也　十八　上堂曰喫粥了也頭上安頭洗鉢盂去爲蛇畫足更問如何自納敗闕良久高聲召大衆衆舉首師曰歸堂喫茶　上堂禪莫參道休學歇意忘機常廓落現成公案早周遮只箇無心已穿鑿直饒坐斷未生前難透山僧錯錯錯

紹興府東山覺禪師後住因聖　上堂曰三通鼓罷諸人各各上來擬待理會祖師西來意還知觔去久矣麼設使直下悟去也是斬頭覓活東山事不獲已且向第二頭鞠拶看以手怕禪床下座　上堂花爛熳景暄妍休說壺中別有天百草頭邊如薦得東高三丈西闊八寸　上堂東弗于代與西瞿耶尼鬭額會麼你諸人猶自不知鉢盂口向天在上堂滿口道不得偶爾成文良久曰喫棒得也未　上堂老演師翁道說心說性老僧道裏是惡口山僧道若是外別傳乃是當的當都丁　上堂舉昔廣額屠兒日殺千羊一日至佛所颺下屠刀云我是千佛一數世尊云如是如是今時叢林將謂廣額過去是一佛權現屠兒日殺千羊如此見廣額且喜沒交涉又曰廣額正是箇殺人不眨眼底漢颺下屠刀立地成佛且喜沒交涉又道廣額颺下屠刀云我是千佛一數這一佛多少分明且喜沒交涉　史四　要識廣額麼夾路桃華風雨後　十九　馬蹄何處避殘紅

嘉泰普燈録卷第十四

# 嘉泰普燈録卷第十五

平江府報恩光孝禪寺臣僧正受編

南嶽第十五世（臨濟十一世楊岐四世）

天寧佛果圜悟克勤禪師法嗣十六人

臨安府徑山大慧普覺宗杲禪師

台州護國此庵景元禪師

台州鴻福子文禪師

福州玄沙僧昭禪師

平江府南峯雲辯禪師

臨安府靈隱佛海慧遠禪師

成都府正法建禪師

溫州靈峰㣲堂中仁禪師

台州天封覺禪師

昭覺道祖首座

雲居宗振首座

樞密徐俯居士（語見賢臣）

郡王趙令衿居士（語見賢臣）

覺庵道人祖氏

令人本明

成都府范縣君

南嶽第十五世（臨濟十一世楊岐四世）

天寧佛果圜悟克勤禪師法嗣（下卷）

臨安府徑山大慧普覺宗杲禪師宣城人族奚氏夙有英氣年十三試入鄉校一日偶同舍見譴師怒即以硯投之誤中廣文帽償金而歸曰大丈夫讀世間書曷若究出世法即詣東山慧雲院事慧齊明年雜髮具毗尼偶閱古雲門錄怳若舊習往依廣教理禪師棄游四方從曹洞諸老宿既得其說去登寶峰謁湛堂準禪師準一見異之俾侍巾棫指以入道捷徑師横經無所讓準呵曰汝曾未悟病在意識領解則為所知障準疾革囑師曰吾去後當見川勤必能盡子機用（勤即圜悟）準卒師趨謁無盡居士求準塔銘無盡延之名師庵曰妙喜且為令見圜悟師至天寧值悟陞堂舉僧問雲門如何是諸佛出身處門曰東山水上行若是天寧即不然如何是諸佛出身處薰風自南來殿閣生微涼師聞豁然神悟踰月悟謂曰也不易你到這田地只是可惜你死了不能活又却不疑言句是為大病不見道懸崖撒手自肯承當絕後再甦欺君不得須信有這箇道理延為擇木堂侍者日同士大夫入室至數次（擇木乃朝士止息處）悟舉有句無句如藤倚樹問之師擬對悟曰不是經半載問曰聞和尚當時在五祖曾問這話不知五祖如何荅悟俛首師曰和尚當時對人天大衆問之如今說亦何妨悟不得已謂曰我問有句無句如藤倚樹時如何祖曰描也描不成畫也畫不就忽遇樹倒藤枯時如何祖曰相隨來也師於言下去盡知見悟曰始知吾不汝欺遂命掌翰墨著臨濟正宗記付之未幾令分座室中裡竹篦以驗學者叢林浩然歸重名振京師右丞呂公舜徒奏錫紫衣佛日之號會女真之變其酋欲取禪僧十數人師在選得免趨吳門虎丘度夏因閱華嚴至菩薩登第七地證無生法忍其向所請問湛堂央崛摩羅持鉢至產婦家因緣曉然洞明聞圜悟　詔住雲居詣之後為第一座為衆授道譽望益著後留古雲門庵學者雲集久之入閩結茅於長樂洋嶼從之得法者十有三人從居小溪庵圜悟在蜀右丞張魏公浚曰杲首座真得法髓茍不出無支臨濟宗者魏公還朝以徑山迎之道法之盛冠于一時衆二千餘皆諸方俊乂侍郎張公九成亦從之游灑然契悟一日因議及朝政與師連禍師恬然紿興辛酉五月毀衣牒屏居衡陽乃裒先得機語間與拈提離為三帙目曰正法眼藏凡十年移居梅陽又五年高宗皇帝特　恩放還明年春復僧伽梨四方虛席以邀率不就後奉　朝命居育王逾年有　旨改徑山道俗歆慕如初時

孝宗皇帝爲晉安郡王時遣內都監入山謁師師作偈爲獻及在建邸復遣內知客詣山供五百應真請師說法　覩書妙喜庵三字并製贊寵寄之　上堂曰祖師道一心不生萬法無咎無咎無法不生不心能隨境滅境逐能沈境由能境能由境能大小祖師却作座主見解徑山即不然眼不自見刀不自割喫飯濟饑飲水定渴臨濟德山特地迷枉費精神施棒喝除却棒拈却喝孟八郎漢如何止遏　上堂舉僧問利山眾色歸空空歸何所曰舌頭不出口云爲甚麼如此曰內外一如故師曰事存函蓋合理應箭鋒拄須還利山始得若是徑山即不然或問眾色歸空空歸何所芍藥花開菩薩面椶櫚葉散夜叉頭爲甚麼如此但辦肯心必不相賺　上堂拈拄杖卓一下喝一喝曰德山棒臨濟喝今日爲君重拈掇天何高地何闊休向糞堆上更添楂㭴換却骨洗却腸徑山退身三步許你諸人商量且道作麼生商量擲下拄杖喝一喝曰紅粉易成端正女無錢難作好兒郎　上堂正月十四十五雙徑椎鑼打鼓要識祖意西來看取村歌社舞　上堂舉僧問風穴古曲無音韻如何和得齊曰木鷄啼子夜芻狗吠天明這黃面淅子恁麼荅話也

做他臨濟兒孫未得在今日或有人問徑山古曲無音韻如何和得齊只向他道木鷄啼子夜芻狗吠天明　上堂舉僧問臨濟如何是三眼國土曰我共汝入淨妙國土著清淨衣說法身佛又入無差別國土著無差別衣說報身佛又入解脫國土著光明衣說化身佛師顧視大眾曰還見臨濟老漢麼若也未見徑山爲你指出法身報身化身咄哉魍魎妖精三眼國中逢著笑殺無位真人　上堂久雨不晴豁然天清祖師門下事何用更施呈　上堂舉僧問五祖牛頭未見四祖時爲甚麼百鳥銜華獻曰富與貴是人之所欲云見後爲甚麼不銜華獻曰貧與賤是人之所惡師曰師翁恁麼荅話雖則善赴來機爭奈語驚時聽徑山亦有兩轉語要與師翁相見牛頭未見四祖時爲甚麼百鳥銜華獻茆屋上安蚩刎見後爲甚麼不銜華獻佛殿裏掘東司　上堂舉僧問六祖黃梅意旨甚麼人得曰會佛法人得云和尚還得否曰我不得云和尚爲甚麼不得曰我不會佛法大眾還見祖師麼若也不見徑山爲你指出蕉芭蕉芭有葉無丫忽然一陣狂風起恰似東京大相國寺裏三十六院東廊下北角頭王和尚破袈裟畢竟如何歸堂喫茶　上堂舉

圓通秀禪師示眾曰少林九年冷坐剛被神光覷破如今玉石難分只得麻纏紙裹這一箇那一箇更一箇若是明眼人何須重說破徑山今日不免狗尾續貂也有些子老胡九年話墮可惜當時放過致令默照之徒鬼窟長年打坐這一箇那一箇更一箇雖然苦口叮嚀却似樹頭風過　結夏上堂文殊三處安居誌公不是閑和尚迦葉欲行正令未免眼前見鬼且遺徑山門下今日事作麼生下座後大家觸禮三拜　上堂僧問有麼有麼庵主竪起拳頭還端的也無師便下座歸方丈　上堂舉趙州洗鉢盂話乃曰諸方拈掇甚多下註腳亦不少未曾有一人分明說破妙喜今日爲諸人分明說破喫粥了便洗鉢盂且道還曾指示無黑頭從來好合醬比丘尼定是師姑　上堂纔方八月中秋又是九月十五拈拄杖卓曰惟有這箇不遷擲下曰一眾耳聞目覩　上堂舉五祖舉僧問趙州如何是祖師西來意曰庭前柏樹子恁麼會便不是了也如何是祖師西來意庭前柏樹子恁麼會方始是要識五祖師翁麼腦後見腮莫與往來　孝宗皇帝在建邸時遣內知客入山供養羅漢祝聖請上堂乃曰欲識佛性義當觀時

即因緣時節若至其理自彰故問大衆作麼生是自彰底道理擧起拂子曰還見麼擊禪床曰還聞麼聞見分明是箇甚麼若向這裏提得去皇恩佛恩一時報足其或未然徑山打葛藤去也復擧起拂子曰看看無量壽世尊在徑山拂子頭上放大光明照不可說不可說又不可說佛刹微塵數世界中轉大法輪作無量無邊廣大佛事其中若凡若聖若正若邪若草若木有情無情遇斯光者皆獲無上正等菩提所以諸佛於此得之具一切種智諸大菩薩於此得之成就諸波羅蜜辟支獨覺於此得之出無佛世現神通光明諸聲聞衆洎夜來迎請五百阿羅漢於此得之得八解脫具六神通天人於此得之增長十善修羅於此得之除其憍慢地獄於此得之頓超十地餓鬼傍生及四生九類一切有情於此得之隨其根性各得受用無量壽世尊放大光明作諸佛事已竟然後以四大海水灌彌勒世尊頂與授阿耨多羅三藐三菩提記當於補處作大佛事無量壽世尊有如是神通有如是自在有如是威神到這裏還有知恩報恩者麼若有出來與徑山相見爲汝證明如無聽取一頌十方法界至人口法界所有即其舌只憑此口與舌頭祝 吾君壽無間歇德萬斯年注福源如海濤瀾永不竭師子窟內產俊猊鸑鷟定出丹山允爲瑞爲祥遍九垓草木昆蟲盡懽悅稽首不可思議事喻若衆星拱明月故今宣暢妙伽陁第一義中眞實說 圓悟禪師忌師拈香曰這箇尊慈平昔強項 氣壓諸方逞過頭底顢頇用格外底儱侗自言我以木槵子換天下人眼睛殊不知被不孝之子將斷貫索穿却鼻孔索頭既在徑山手裏要教伊生也由徑山要教伊死也由徑山且道以何爲驗遂燒香曰以此爲驗 僧問達磨西來將何傳授曰不可總作野狐 精見解云如何是麤入細曰香水海裏一毛孔云如何是細入麤曰一毛孔裏香水海 問古鏡未磨時如何曰火不待日而熱云磨後如何曰風不待月而涼云磨與未磨時如何曰交 問不與萬法爲侶者是甚麼人待汝一口吸盡西江水即向汝道意作麼生曰釘釘膠黏問一法若有毗盧墮在凡夫萬法若無普賢失其境界去此二途請師速道曰脫殼烏龜飛上天 問高揖釋迦不拜彌勒時如何曰夢裏惺惺 問大修行底人還落因果也無前百丈云不落因果爲甚麼墮野狐身曰逢人但恁麼擧云只如後百丈道不昧因果爲甚麼脫野狐身曰逢人但恁麼擧云或有人問徑山大修行底人還落因果也無未審和尚向他道甚麼曰向你道逢人但恁麼擧 問明頭來時如何曰頭大尾纖云暗頭來時如何曰野馬嘶風蹄撥剌云明日大悲院裏有齋又作麼生曰雪峯道底 問過去心不可得現在心不可得未來心不可得如何曰親言出親口云未審如何受持曰但恁麼受持決不相賺 問我宗無語句實無一法與人時如何曰五味饡秤鎚 問心佛俱忘時如何曰賣扇老婆手遮日 問教中道塵塵說刹刹說無間歇未審以何爲舌師拍禪床右角一下僧云世尊不說說迦葉不聞聞也師拍禪床左角一下僧云也知今日令不虛行曰識甚好惡 師室中問僧不是心不是佛不是物你作麼生會僧云領師曰領你屋裏七代先靈僧便喝師曰適來領而今喝干他不是心不是佛不是物甚麼事僧無語師打出 僧請益夾山境話聲未絕師便喝僧茫然師曰你問甚麼僧擬擧師連打喝出 師纔見僧入便云不是出去僧便出師曰沒量大人被語脈裏轉却次一僧入師亦云不是出去僧却近前師曰向你道不是更近前覓箇甚麼便打出復一僧入云適來兩僧不會和尚意師低頭

噓一聲僧罔措師打曰却是你會老僧意
問僧我前日有一問在你處你先前日荅我
了也即今因甚麼瞌睡僧云如是如是師曰
道甚麼僧云不是不是師連打兩棒曰一棒
打你如是一棒打你不是　舉竹篦問僧曰
喚作竹篦則觸不喚作竹篦則背不得下語
史五　八
不得無語速道速道僧云請和尚放下竹篦
即與和尚道師放下竹篦僧拂袖便出師曰
侍者認取這僧著又舉問僧僧云甕裏怕走
却鱉那師下禪床擒住曰此是誰語速道僧
云實不敢謾昧老師此是竹庵和尚教某恁
麼道師連打數棒曰分明舉似諸方師年邁
求解辛巳春得　旨退居明月堂隆興改元
一夕星殞于寺西流光赫然尋示微恙八月
九日學徒問安師勉以宏道徐曰吾翌日始
行至五鼓親書遺奏又貽書辭紫巖居士侍
僧了賢請偈復大書曰生也只恁麼死也只
恁麼有偈與無偈是甚麼熱大擲筆委然而
逝平明有蛇尺許腰首白色伏于龍王井欄
如義服者即山之昭濟示現也四衆哀號
皇帝聞而歎惜丞相以次致祭者沓來門弟
子塔全身於明月堂之側壽七十有五夏五
十有八　詔以明月堂爲妙喜庵　謚曰普
覺塔名寶光淳熙初　賜其全録八十卷隨
大藏流行
台州護國此庵景元禪師永嘉楠溪人族張
氏年十八依靈山希拱爲僧習台教歷三祺
衣夏淨慈謁圓悟於鐘阜未幾睹二僧閱死
心小參語曰既迷須得箇悟既悟須識悟中
迷迷中悟迷悟雙忘却從無迷悟處建立一
史五　九
切法師拂袖行至殿廡洞然曉悟即以所證
白悟悟弗許師沂流從之圜勞薦拂當侍悟
入　對維揚　賜椹服及悟歸蜀以法衣付
之太尉居士龍學耿公延禧守括蒼尊其道
請開法南明留二年遷居永嘉護國憲使明
公槀太守呂公丕問以連雲邀之三請克至
法杜大興而括蒼叢林實由師振奕遷眞如
護國　上堂曰威音王已前這一隊漢錯七
錯八威音王已後這一隊漢落二落三而今
這一隊漢坐立儼然且道是錯七錯八落二
落三還定當得出麼舉拂子曰吽吽　上堂
拈拄杖横按曰有時嗔有時喜有時觀音面
有時夜叉觜或現鼠尾龍頭或現鼠頭龍尾
偏要檢非不曾檢是何故是金不博金是水
不洗水卓拄杖曰梢公自應喏只你是直符
滿船都是鬼　浴佛上堂這釋迦老子初
生下來便作箇笑具一手指天一手指地云
天上天下惟我獨尊後來雲門大師道我當
時若見一棒打殺與狗子喫却貴圖天下太
平尚有人不肯放過却道讚佛讚祖須是雲
門始得且道那裏是讚他處莫是一棒打殺
處是麽且喜沒交涉今日南明乍此住持只
得放過若不放過盡大地人並皆乞命始得
如今事不獲已且同大衆向佛殿上每人與
他一杓何故豈不見道乍可違條不可越例
以拂子擊禪床下座　上堂野干鳴師子乳
張得眼開得口動南星蹉北斗召曰大衆還
知落處麼金剛堦下蹲神龜火裏走　師在
西山爲西堂耿龍學請就淨光陞座靈峰古
禪師舉茶陵郁和尚悟道頌曰我有明珠一
顆久被塵勞關鎖今朝塵盡光生照破山河
萬朵又舉白雲端和尚見楊岐日令舉此頌
岐大笑雲疑之因問其故時方歲暮岐曰汝
見昨日打敺儺者麼云見曰汝一籌不及渠
雲益疑之云意旨如何曰渠愛人笑汝怕人
笑雲大悟請前南明和尚爲衆判斷師乃曰
史五　十
諸禪德楊岐大笑眼觀東南意在西北白雲
悟去聽事不眞喚鐘作甕撿點將來和楊岐
老漢都在架子上將錯就錯若是南明即不
然我有明珠一顆切忌當頭蹉過雖然覿面
相呈也須一鎚打破舉拂子曰還會麼棊逢
敵手難藏行詩到重吟始見功　僧問三聖

道我逢人即出出則不爲人意旨如何曰八十翁翁嚼生鐵云興化道我逢人即不出出則便爲人又作麽生曰須彌頂上浪齹空　問蓮華未出水時如何曰一任摸索云出水後如何曰有眼如盲　問天不能蓋地不能載是甚麽物曰無孔鐵鎚云天人群生類皆承此恩力也曰莫妄想　問三世諸佛說不盡底句請師速道曰貶上眉毛　問昔年三平道場重興是日圓悟高提祖印始自師傳如何是臨濟宗曰殺人活人不貶眼云目前抽顧鑑領略者還稀如何是雲門宗曰頂門三眼耀乾坤云未舉先知未言先見如何是潙仰宗曰推不向前約不退後云三界唯心萬法唯識如何是法眼宗曰箭鋒相拄不相饒云建化何妨行鳥道回途復妙顯家風如何是曹洞宗曰手執夜明符幾箇知天曉云向上還有路也無曰有云如何是向上路曰黑漫漫地僧便喝師曰貪他一粒粟失却半

史五　十一

年糧紹興乙丑冬示微疾丙寅正月九日請西堂曇華禪師爲座元繼禁主事付囑殆盡示訓如常俄握拳而逝學者悲慕茶毗得五色設利齒舌右拳無少損二月二日塔于寺東劉阮洞前壽五十三臘三十五

台州鴻福子文禪師　上堂曰不昧不落作麽會會得依前鹽野狐一夜涼風生畫角滿船明月泛江湖　上堂鈞錐不到處千眼頓開箭鋒不及時萬機併會無邊差別智三昧總持門喝一喝則日照天臨打一棒乃雲行雨施拈却面前案山子倒轉舌頭試爲我道一句看若道不得三十年後莫道見鴻福來

福州玄沙僧昭禪師　上堂曰天上無彌勒地下無彌勒且道彌勒在甚麽處良久曰夜行莫踏白不是水便是石　上堂撥轉關棙透出情塵截斷古今露箇面目理事俱到敲唱雙行直得泥牛哮吼露柱驚忙佛殿走出三門金剛開口大笑且道笑箇甚麽遂曰自家屋裏事難爲說向人以拂子擊禪床下座

平江府南峰雲辯禪師本郡人也壯年棄妻孥入閩依瑞峰章禪師圓顱旋里謁穹窿圓禪師中夜忽有得述二偈呈圓曰子雖得入未至當也切宜著鞭乃辭扣諸席後造圓悟直入室纔踵門悟曰看脚下師打露柱一下悟曰何不著實道取一句云師若搖頭弟子擺尾悟曰你試擺尾看師飜筋斗而出悟大笑由是知名歸住城西之思憶移小湖之觀音晚居南峰　僧問如何是奪人不奪境曰霸主到烏江云如何是奪境不奪人曰築壇拜將云如何是人境兩俱奪曰萬里山河摟太平云如何是人境俱不奪曰龍吟霧起虎嘯風生云向上還有事也無曰當面蹉過僧云眞箇作家師曰白日鬼迷人一日入城與道俗行至十郎巷有問巷在這裏十郎在甚麽處師奮臂曰隨我來

臨安府靈隱佛海慧遠禪師眉之眉山人族彭氏世業儒年十三因兄從釋師問曰出家

史五　十二

何爲兄曰求解脫法師曰如是我亦可爲遂白母宋氏願偕往母欣然遂事藥師院宗辯爲僧諳大慈習經論四年去依靈巖徽禪師久之微有契會圓悟領昭覺師即之聞悟普說忽頓悟仆於衆衆被之乃曰吾夢覺矣至慕與悟問荅無滯悟大喜以偈贈之自此機鋒峻發紹興乙卯春眉守以象耳命師開法不就是嵗圓悟順世師東下抵淮南出住蟠龍遷瑯瑘又移婺普濟衢定業光孝郡王趙公令衿侍郎曾公開皆問道於師後居南臺未幾過天台歷護國國清鴻福三寺尚書沈公介守平江以虎丘久廢邀師振之乾道已丑　敕居崇先明年被　旨補靈隱　孝宗皇帝　召入　禁中與酬酢其道愈尊癸巳春特　賜佛海禪師　上堂曰道絶名言法離聞見打破虛空成七八片直饒鋼鐵完全也是由基副箭　上堂昨夜來報五嘇

正值老僧洗脚起來抖擻精神來上輪他一著　上堂天道虧盈地道變盈鬼神害盈人道惡盈老僧本貫眉州眉山縣人事行年癸未十二月十六日巳時建生自小出家橫草不拈竪草不把路轉山回君自看南不龜頭北不厦　上堂滴水冰生分外寒凍雲環合鐮峰巒根塵不昧心珠露眨上眉毛子細看　上堂新歲有來由煮茶上酒樓一雙無兩脚半箇有三頭突出神難辨相逢鬼見愁倒吹無孔笛促拍舞凉州咄　上堂好是仲春漸暖那堪寒食清明萬壘雲山聳翠一天風月爲隣在處華紅柳綠湖天浪穩風平山禽枝上語諄諄再三瑣瑣碎碎囑付叮叮嚀嚀你且道他叮嚀囑付箇甚麽卓拄杖曰記取明年今日依舊寒食清明　上堂舉僧問睦州以一重去一重即不問不以一重去一重時如何州曰昨日栽茄子今朝種冬瓜師曰問者善問不解答答者善答不解問山僧今日向餓鷹爪下奪肉猛虎口裏橫身爲你諸人說箇樣子登壇道士羽衣輕呪力雖窮法轉新擲楷破開天地闊蛇頭擷落鬼神驚　僧問十二時中教學人如何用心曰熱雪突冬瓜　問浩浩塵中如何辨主曰木杓頭邊鐮切菜云莫便是和尚爲人處也無曰研槌撩飯飩　問即心即佛時如何曰頂分了角云非心非佛時如何曰耳墜金環云不是心不是佛不是物又作麽生曰禿頂修羅舞柘枝　問東山水上行意旨如何曰初三十一不用擇日　問文殊是七佛之師爲甚麽出女子定不得曰擔頭不挂針　問昔有一秀才作無鬼論論成時有一鬼叱曰你爭奈我何意作麽生師以手斫額曰何似生僧云只如五祖以手作鵜鶘觜云谷味味又且如何曰自領出去　問庵內人爲甚麽不知庵外事曰柱杖橫挑鐵蒺藜　問不與萬法爲侶者是甚麽人曰脚踏髑髏　一日鳴鼓陞堂師潜坐帳中侍僧尋之師忽撥開帳曰只在這裏因甚麽不見僧無對師曰大斧斫三門　問僧一大藏教是惡口如何是本身盧舍那僧云天台普請南嶽游山師陞座別曰阿耨達池深四十丈闊四十丈乙未秋師示衆曰淳熙二年閏季秋九月旦閻處莫出頭冷地著眼看明晴不相干彼此分一半一種作貴人教誰賣柴炭向你道不可毀不可讚體若虛空沒涯岸相喚相呼歸去來記取明年正月半都下喧傳之果於丙申得辛後一日感微疾至上元揮偈安坐而化偈曰拗折秤鎚掀翻露布突出機先鵶飛不度留七日顏色不異是月二十五日塔全身於寺之烏峰送者幾萬人世壽七十四僧臘五十九

成都府正法建禪師　上堂曰兔馬有角牛羊無角絕毫絕釐如山如嶽針鋒上師子鬬身藕竅中大鵬展翼等閑突過北俱盧日月星辰一時黑

溫州鴈山靈巖仂堂中仁禪師洛陽人也少依東京奉先院出家宣和初賜牒於慶基殿落髮進具後往來三藏譯經所諦窮經論特於宗門未之信時圓悟詔居天寧凌晨謁之悟方爲衆入室師見敬服奮然造前悟曰依經解義三世佛冤離經一字即同魔說速道師擬對悟劈口擊之因墜一齒即大悟竟留天寧由是師資契合請問無間自南渡隆興初開法大覺遷中天竺次徙靈峰　上堂曰九十春光已半過養花天氣正融和海棠枝上鶯聲好道與時流見得麽然雖如是且透聲透色一句作麽生道金勒馬嘶芳草地玉樓人醉杏花天　上堂舉狗子無佛性話乃曰二八佳人刺繡遲紫荊花下囀黃鸝可憐無限傷春意盡在停針不語時淳熙甲午四月八日　孝宗皇帝詔入　賜座說法　皇帝遂舉不與萬法爲侶因緣俾拈提師拈頌曰秤鎚搦出油閑言長語休膠纏

十萬貫騎鶴上楊州癸亥中陞堂告衆而逝

台州天封覺禪師　上堂曰無生國裏未是安居萬仞崖頭豈容駐足且望空撒手直下翻身一句作麽生道人逢好事精神爽入火眞金色轉鮮

成都府昭覺道祖首座初見圓悟於卽心是佛語下發明久之悟命分座一日爲衆入室餘二十許人祖忽問曰生死到來如何回避衆無對祖擲下拂子奄然而逝衆皆愕眙亟以聞悟悟至召曰祖首座祖張目眎之悟曰料撒精神透關去祖點頭竟爾趨寂

南康軍雲居宗振首座丹丘人也依圓悟於雲居一日因仰瞻鐘閣倏然契證有詰之者振酬以三偈其後曰我有一機直下示伊青天霹靂電卷星馳德山臨濟棒喝徒施不傳之妙於汝何虧悟見大悅竟以節操自高道望愈重嘗書壁曰住在千峰最上層年將耳順任騰騰免教名字挂人齒甘作今朝百拙僧

覺庵道人祖氏建寧游察院之經女也幼志不出適留心祖道趨圓悟之席於悟示衆語下了然明白悟曰更須颺却所見始得自由祖荅偈曰露柱抽横骨虛空弄爪牙直饒玄會得猶是眼中沙

令人本明亡其族里號明室自識契圓悟偹參名宿皆蒙印可紹興庚申二月望親書三偈寄呈泐潭草堂清禪師徵露謝世之意至句末別親里而終草堂跋其偈後爲刊行大慧禪師亦嘗埀語發揚偈曰不識煩惱是菩提若隨煩惱是愚癡起滅之時須要會鷂過新羅人不知不識煩惱是菩提淨華生淤泥人来問我若何爲喫粥喫飯了洗鉢盂莫嘗他莫嘗他終日癡愁筭海沙要識本來眞面目便是祖師一木叉道不得底叉下死道得底也叉下死畢竟如何不許夜行投明須到

成都府范縣君者嫠居歲久常坐而不卧聞圓悟被旨歸住昭覺徃禮拜請示入道因緣悟令看不是心不是佛不是物是箇甚麽久無所契范泣告悟曰和尚有何方便令某易會悟曰却有箇方便遂令只看是箇甚麽後有省曰元來恁麽地近那

嘉泰普燈録卷第十五

嘉泰普燈錄卷第十六

平江府報恩光孝禪寺臣僧　正受　編

南嶽第十五世（臨濟十一世　楊岐四世）

太平佛鑑慧懃禪師法嗣十七人（十人見錄）

常德府文殊心道禪師
韶州南華知昺禪師
潭州龍牙䲭䲭智才禪師
慶元府蓬萊卿禪師
湖州何山佛燈守珣禪師
隆興府寶峯明禪師
台州寶藏本禪師
吉州大中祥符清海禪師
潭州淨衆佛真𤇆禪師
隆興府谷山海禪師

平江府靈巖圓明晝禪師
常德府福聖深禪師
潭州天寧道禪師
明州啓霞楚璉禪師
建寧府十山智萬禪師
發書記
馭知藏
已上機語未見

龍門佛眼清遠禪師法嗣十八人（十三人見錄）

溫州龍翔竹庵士珪禪師
南康軍雲居高庵善悟禪師
遂寧府西禪文璉禪師
潭州大溈牧庵法忠禪師
衢州烏巨雪堂道行禪師
撫州白楊法順禪師
南康軍雲居法如禪師
南康軍歸宗真牧正賢禪師
湖州道場正堂明辯禪師
潭州方廣深禪師
成都府世奇首座
溫州淨居尼慧溫
給事馮檝居士（語見賢臣）

紹興府石佛奇禪師
蘄州三角劾禪師
南康軍雲居祖禪師
敘崟主
辯侍者
已上機語未見

南嶽第十五世（臨濟十一世　楊岐四世）

太平佛鑑慧懃禪師法嗣

常德府文殊心道禪師，眉之丹稜人，族徐氏。年三十得度具戒，游成都，從師授唯識論，自以為至。有同齋詰之曰：「三界唯心，萬法唯識。今目前境象縱然，心識安在？」師愕立，遂出關，依谷隱顯禪師，歷十杞，周流江淮。抵舒之太平，遇鑑小參，舉趙州栢樹子話，至覺鐵觜云：「先師無此語，莫謗先師好。」因疑之，求挂錫，以宴寂為務。一夕理前話，豁如夢覺，趨丈室，擬叙所悟，鑑首肯。後命分座。政和二年，襄守游公定夫請師開法天寧，未幾擢大別文殊。上堂曰：「師子嚬呻，象王哮吼。雲門北斗裏藏身，白雲因何喚作牛？三世諸佛不能知，狸奴白牯却知有。且道作麼生是他知有底事？雨打梨華蛺蝶飛，風吹柳絮毛毬走。」上堂，拈拄杖直上指曰：「恁麼時，剌破憍尸迦脚跟。」卓一下曰：「恁麼時，卓碎閻羅王頂骨。」乃指東畔曰：「恁麼時，穿過東海鯉魚眼睛。」指西畔曰：「恁麼時，塞却西王母鼻孔。且道總不恁麼時如何？今年雨水多，各宜頻曬眼。」宣和改元，下詔改僧為德士。上堂：「祖意西來事，今朝特地新。昔為比丘相，今作老君形。鶴氅披銀褐，頭包蕉葉巾。林泉無事客，兩度受君恩。所以欲識佛性義，當觀時節因緣。且道即今是甚麼時節？毗盧遮那頂戴寶冠，為顯真中有俗；文殊老叟身披鶴氅，且要俯順時宜。一人既爾，衆人亦然。大家成立叢林，喜得群仙聚會。共酌迷仙酎，同唱步虛詞。或看靈寶度人經，或說長生不死藥。琴彈月下，指端發太古之音；碁布軒前，妙著出神機之外。進一步便到大羅天上，退一步却入九幽城中。只如不進不退一句，又作麼生道？直饒羽化三清路，終是輪迴一幻身。」二年九月復僧。上堂：「不挂田衣著羽衣，老君形相顛相宜。一年半內閑思想，大底興衰各有時。我佛如來預識法之有難，教中明載，無不委知。較量年代，正在于茲。魔

得其便惑亂正宗僧改俗形佛更名字妄生邪解删削經文鐃鈸停音鉢盂添足多般矯詐欺罔　聖君賴我　皇帝陛下聖德聖明不忘付囑不廢其教特賜　宸章頒行天下仍許僧尼重新頒削實謂寒灰再焰枯木重榮不離俗形而作僧形不出魔界而入佛界重鳴法鼓再整頹綱迷仙酎變為甘露瓊漿步虛詞翻作還鄉曲子放下銀木簡拈起尼師壇昨朝稽首擎拳今日和南不審只改舊時相不改舊時人敢問大眾舊時人是一箇是兩箇良久曰秋風也解嫌狼籍吹盡當年道教灰建炎三年春示衆舉臨濟入滅囑三聖因緣師曰正法眼藏瞎驢滅臨濟何曾有是說今古時人皆妄傳不信但看後三月至閏三月賊鍾相叛其徒欲奉師南奔者師曰學道所以了生死何避之有賊至師端坐自若賊扣而不荅即舉槊殘之血皆白乳賊駭引席覆之而去壽七十二臘四十二塔于文殊

五髻峯

韶州南華知昺禪師蜀之永康人也久從佛鑑始蒙印可繼住太平法席鼎盛後奉　旨居南華　上堂曰此事最希奇不礙當頭說東隣田舍翁隨例得一橛非唯貫聲色亦乃應時節若問是何宗八字不著丿擊禪牀下座　上堂曰日日說時時舉似地擎山爭幾許隴西鸚鵡得人憐大都只為能言語休思惟帶伴侶智者聊聞猛提取更有一般也大奇猫兒偏解捉老鼠　上堂以拄杖向空中攪曰攪長河為酥酪蝦蟹猶自眼搭眵卓一下曰變大地作黃金窮漢依前赤骼䯊為復自家無分為復不肯承當可中有箇漢荷負得行多少人失錢遭罪再卓一下曰還會麼實山到也須開眼勿使忙忙空手回　上堂春光爛熳華爭發子規啼落西山月憍梵鉢提長吐舌底事分明向誰說啞

潭州龍牙蘇嚧智才禪師舒人族施氏年十八師事靈隱院道詮以試經下髮初謁三祖宗禪師次依佛鑑鑑一見曰異日大弘楊歧之道當在爾躬後見死心靈源圓悟皆冥符前記由是道聲四播潭師服師之名以嶽麓延請開法踰三月遷龍牙

欽宗皇帝登位衆官請　上堂祝　聖已就座拈拄杖卓一下曰朝奉疏中道本來與境諸佛妙場適來拄杖子已為諸人說了也於斯悟去理無不顯事無不周如或未然不免別通箇消息舜日重明四海清滿天和氣樂昇平延祥拄杖生歡喜擲地山呼萬歲聲擲拄杖下座　上堂彈指一下曰彈指圓成八萬門剎那滅卻三祇劫若也見得行得徤即經行因即欲若也不會兩箇鸕鷀扛箇鷺　示衆舉死心和尚小參曰若論此事如人家有三子第一子聰明智慧孝養父母接待往來主掌家業第二子兇頑狡猾貪婬嗜酒倒街卧巷破壞家業第三子盲聾喑啞菽麥不分是事無能只會喫飯三人中黃龍要選一人用更有四句死中有活活中有死死中常死活中常活將此四句驗天下衲僧師曰喚甚麼作四句三人姓甚名誰若也識得與黃龍把手並行更無纖毫間隔如或未然不免借水獻華去也三人共體用非用四句同音空不空欲識三人并四句金烏初出一團紅師每登座凡有所問皆荅曰蘇嚧故叢林稱之居龍牙十三載以清苦涖衆衲子敬畏大師席公震遷住雲溪經四稔紹興戊午八月望俄集衆付寺事仍書偈曰戊午中秋之日出家住持事畢臨行自已尚無有甚虛空可覔其垂訓如常二十三日再集衆示問曰涅槃生死盡是空華佛及衆生並為增語汝等諸人合作麼生衆皆下語不契師喝曰苦苦復曰白雲湧地明月當天言訖儼然而逝火浴日緇白會送者數千人慟震林壑獲設利五色者夥併靈骨塔於寺之西北隅世壽七十

有二臘戒四十有二
慶元府蓬萊卿禪師　上堂曰有句無句如藤倚樹且任諸方點頭及乎樹倒藤枯上無衝天之計下無入地之謀靈利漢這裏著得一隻眼便見七縱八橫舉拂子曰看看一曲兩曲無人會雨過夜塘秋水深上堂杜鵑聲裏春光暮滿地落華留不住瑠璃殿上絕行蹤誰人解揷無根樹舉拄杖曰這箇是無根底且道解開華也無良久曰只應連夜雨又過一年春　上堂蓬萊突元無遮護鐵壁銀山無入處有時關捩一時開放出毒蛇當大路參禪人早回顧莫待臨時生怕怖荊棘林中瞎坐時百尺竿頭須進步三十三人老古錐象轉龍蟠曾指注休指注成露布蚊子上鐵牛無你下嘴處　上堂舉法眼道識得凳子周匝有餘雲門道識得凳子天地懸殊師曰此二老人一人向高高山頂立一人向深深水底行然雖如是一不是二不成落華流水裏啼鶯鬧事兩歇夜將半片月還從海底生
湖州何山佛燈守珣禪師郡之安吉人族施氏甫冠師實梵院道才剃染即謁徑山常悟禪師久之隨往隱靜悟問曰登天不假梯徧地無行路時如何云清光何處無悟稱善師退謂仝衣曰一語偶投非解脫法橐參廣鑑行瑛禪師不契遂造太平隨衆咨請彌扣彌深始知所見未出常情乃封其衾曰此生若不徹去誓不展此於是晝坐宵立逾七七日鑑忽上堂謂衆曰森羅及萬象一法之所印師聞損悟尋語鑑鑑詰曰靈雲道自從一見桃華後直至如今更不疑如何是他不疑處云莫道靈雲不疑只今覓箇疑處了不可得曰賢沙道諦當甚諦當敢保老兄未徹在那裏是他未徹處云深知和尚老婆心切鑑然之師拜起呈偈曰終日看天不舉頭桃華爛熳始擡眸饒君更有遮天網透得牢關即便休鑑囑令護持是夕厲聲謂衆曰這回珣上座穩睡去也鑑移蔣山命分座說法出住廬陵之禾山退藏故里道俗迎居天聖後徙何山及天寧　上堂曰鍍鑅鑽住山斧佛祖出頭未輕與縱使醍醐滿世間你無寶器如何取阿呵呵神山打鑼道吾作舞甜瓜徹蒂甜苦瓠連根苦　上堂舉婆子燒庵話師曰大凡扶宗立教須是其人你看他婆子雖是箇女人宛有丈夫作畧二十年簇油費醬固是可知一日向百尺竿頭做箇失落直得用盡平生腕頭氣力自非箇俗漢知機泊乎巧盡拙出然雖如是諸人要會麼雪後始知松栢操事難方見丈夫心　上堂如來禪祖師道切忌將心外邊討從門所得即非珍特地埋藏衣裏寶禪家流須及早撥動祖師關棙抖擻多年布襖是非毀譽付之空竪闊橫長渾恰好君不見寒山老終日嬉嬉長年把掃人問其中事若何入荒田不揀信手拈來卓拳　僧問如何是賓中賓曰客路如天遠侯門似海深云如何是賓中主曰長因送客處憶得別家時云如何是主中賓曰相逢不必問前程云如何是主中主曰一朝權祖令誰是出頭人云賓主已蒙師指示向上宗乘事若何曰向上問將來云如何是向上事曰大海若知足百川應倒流僧禮拜師曰珣上座三十年學得底師入院日謂衆曰兄弟如有省悟處不拘時節請來露箇消息雪夜有僧扣方丈門師起秉燭震威喝曰雪深夜半求決疑情鬧甚麼威儀不具僧顛躓衣裓師遂出院每曰先師只年五十九吾年五十六矣來日無多紹興甲寅解制退天寧之席謂雙槐居士鄭續曰十月八日是佛鑑忌則吾時至矣丐還鄭南十月四日鄭公遣弟僧道如訊之師曰汝來正其時也先一日不著便後一日蹉過了吾雖與佛鑑同條生終不同條死明早可爲我尋隻小船子來如云要長者要高者曰

高五尺許越三日雞鳴端坐如平時侍者請辭世偈師曰不曾作得言訖而逝十一月四日闍維舌根不壞郡人陳師顏以寶函藏其家門弟子奉靈骨塔于普應院之側

隆興府泐潭明禪師　上堂舉趙州訪茱萸探水因緣師曰趙老雲收山嶽露茱萸雨過竹風清誰家別館池塘裏一對鴛鴦畫不成又舉德山托鉢話曰從來家富小兒嬌偏向江頭弄畫橈引得老爺把不住又來船上助歌謳

台州寶藏本禪師　上堂曰清明已過十餘日華雨闌珊方寸深春色惱人眠不得黃鸝飛過綠楊陰遂大笑下座　住烏鎮壽聖日大慧禪師行化至師上堂敘謝畢乃曰鮑老當年笑郭郎郭郎舞袖太郎當及乎鮑老當場舞鮑老郎當勝郭郎下座大慧炷香拜之

吉州大中祥符清海禪師初見佛鑑鑑問三世諸佛一口吞盡何處更有衆生可教化此理如何師擬進語鑑喝之師忽領旨述偈曰實際從來不受塵箇中無舊亦無新青山況是吾家物不用尋家別問津鑑曰放下著師禮拜而出

漳州淨衆佛真了燦禪師泉南羅氏子　上堂顧四衆曰昨夜安排得兩段禪末後一句也用不著今朝打鼓陞堂一句也未嘗安排但見諸人簇簇上來山僧不免胡說亂說囂孫三黑李四箇箇解唱囉囉哩雖然如是入著光孝門未免穿過髑髏換了眼睛參　上堂重陽九日菊華新一句明明亘古今楊廣橐駞無覓處夜來足跡在松陰

隆興府谷山海禪師　上堂一舉不再說已落二三相見不揚眉翻成造作設使動絃別曲告往知來見鞭影便行望刹竿回去脚跟下好與三十棒那堪更向這裏撮摩石火收捉電光工夫枉用渾鬧事笑倒西來碧眼胡卓拄杖下座

龍門佛眼清遠禪師法嗣

溫州龍翔竹庵士珪禪師成都人族史氏世宗儒師妙齡明敏年十三求為僧父母難之輒不食伯父使從其志依城下大慈宗雅剃染心醉楞嚴逾五秋南游謁玉泉勤雲蓋智百丈肅靈源清有年始登龍門即以平時所得白佛眼眼曰汝解心已極但欠著力開眼耳遂職堂司一日侍立次問云絕對待時如何曰如汝僧堂中白椎相似師罔措眼至晚抵堂司師復以前話問之眼曰閑言語師於言下大悟眼曰今無復言政和末和守錢公景述請開法天寧次遷褒禪東林及西山繼徙聖泉鼓山尊奉　詔移鴈蕩能仁紹興乙丑蒙　恩補江心龍翔　上堂曰萬年一念一念萬年和衣泥裏輥洗脚上床眠歷劫來事只在如今大海波濤湧小人方寸深拈起拄杖曰汝等諸人未得箇入頭須得箇入頭既得箇入頭須有出身一路始得大衆且作麼生是出身一路良久曰雪壓難摧澗底松風吹不動天邊月卓拄杖下座　上堂萬機不到眼見色耳聞聲一句當堂頭戴天脚踏地你諸人只知今日是五月初一殊不知金烏半夜忙忙去玉兔天明上海東以拂子擊禪床下座　上堂明明無悟有法即迷諸人向這裏立不得諸人向這裏住不得若立則危若住則瞎直須意不停玄句不停意用不停機此三者既明一切處不須管帶自然現前一切處不須照顧自然明白雖然如是更須知有向上事久雨不晴出　上堂一葉落天下秋欲窮千里目更上一層樓一塵起大地收嘉州打大像陝府灌鐵牛明眼漢合作麼生良久曰久旱簷頭句橋流水不流卓拄杖下座　上堂今朝八月二十五老禪問你老人且道是八月二十五不是八月二十五若道不是是何言歟若道是瞞上座即得爭奈諸聖眼何乃擊禪床下座　上堂見見之時

見非是見見猶離見見不能及落華有意隨流水流水無情戀落華諸可還者自然非汝不汝還者非汝而誰長恨春歸無覓處不知得入此中來喝一喝曰三十年後莫道能仁一壞人家男女　上堂僧問如何是祖師西[illegible]意曰東家點燈西家暗坐云未審意旨如[illegible]曰馬便搭鞍驢便推磨僧禮拜師曰靈利衲僧只消一箇遂曰馬搭鞍驢推磨靈利衲僧只消一箇縱使東家明點燈未必西家暗下坐西來意旨問如何多口阿師自招禍　問又何是第一義曰你問底是第二義　問狗子還有佛性也無趙州道無意旨如何曰一度著虵齩怕見斷井索　問鶖子深談實相善說法要此理如何曰不及鴈銜蘆　問如何是佛曰華陽洞口石烏龜　問曾祖面壁意旨如何曰金木水火土羅睺計都星　問有句無句如藤倚樹時如何曰作賊人心虛云國師三喚侍者又作麼生曰打鼓弄胡猻破胡猻走丙寅七月十八日召法屬長者宗範付後事遺偈曰前三十一中九下七老人言盡處龜哥眼睛赤次日沐浴更衣申令擊大鐘欻至衆集處就座泊然趨寂荼毗送者均獲設利奉靈骨塔于鼓山壽六十四臘五十一

南康軍雲居高庵善悟禪師洋之興道人族李氏年十一去家業經得度有風慧聞冲禪師舉武帝問達磨因緣如獲舊物遽曰我既廓然何聖之有冲異其語勉之南詢蒙授記於龍門一日有僧被虵傷足佛眼問曰既是龍門為甚麼却被虵齩師即應曰果然現大人相眼藍毿之初住吉之天寧遷雲居七稔敕從金山以疾辭得免　上堂曰少林面壁懷藏東土西天歐阜陞堂充塞四維上下致使山巍巍而砥掌平水昏昏而常自清華非艷而結空果風不搖而片葉零人無法而得熔問佛無心而更可成野蔌淡飯延時日任運隨緣道自靈畢竟如何日午打三更

遂寧府西禪文璉禪師郡之長江人族張氏天姿頴邁幼從鄉先生趙嗣業頗通儒趙以遠大期之師飄然有出塵志徑依崇福院希澄年二十三薙髮詣成都表言講席聽圓覺起信深得其旨會圓悟歸昭覺往依之久無所入遂東下謁谷隱顯洞山淵復無所證晚抵龍門宴坐忘寢食佛眼憐其為道之篤一夕携師縱步至普現坡下顧師曰望州亭與汝相見了也烏石嶺與汝相見了也師於言下證無生忍佛眼翌日登堂對衆印之道譽籍甚閱三年以母老白還眼贈以偈曰烏石嶺望州亭意未舉道先成十年辛苦遊江海此日言歸不問程桑梓無別路行藏在守護果熟自然香記取來時步復書曰禪者璉上人操心珠入龍岫得之還故丘不忘本也仍率羅參宿衲數十餞之於是泝流歸肆業築堂高隱靖康元郡守更西禪律居迎師開法

上堂曰一向恁麼去直得凡聖路絕水泄不通鐵虵鑽不入鐵鎚打不破至於千里萬里鳥飛不度一向恁麼來未免灰頭土面帶水拖泥唱九作十指鹿為馬非唯辜負先師亦乃埋沒已靈敢問大衆且道恁麼去底是恁麼來底是芍藥華開菩薩面椶櫚葉散夜叉頭　上堂諸方浩浩談玄每日撞鐘打鼓西禪無法可說勘破燈籠露柱門前不置下馬臺免被傍人來借路若借路須照顧脚下若參差邯鄲學唐步　上堂心生種種法生森羅萬象縱橫信手拈來便用日輪午後三更心滅種種法滅四句百非路絕直饒達磨出頭也是眼中著屑心生心滅是誰木人拊手同歸歸到故鄉田地猶遭頂上一錐　上堂正月孟春猶寒直下言端語端拈起衲僧鼻孔穿開祖佛心肝知有者達磨不來東土二祖不往西天不知有者誰知當面蹉過迢迢十萬八千山僧為你重說偈言大衆莫教辜

負盂春猶寒　上堂舉外道問佛今日說甚麼法曰說定法明日又問今日說甚麼法曰不定法云昨日為甚麼定今日為甚麼不定曰昨日定今日不定師曰昨日與今日說定說不定叢中天子敕塞外將軍令外道當年入夢鄉直至如今猶未省　僧問師子未出窟時如何曰爪牙已露云出窟後如何曰龍頭蛇尾云出與未出時如何曰正好喫棒　問以一重去一重即不問不以一重去一重時如何曰闍梨有許多工夫紹興十四年十一月忽示疾二十八日端坐訓從手書命本院書記希秀嗣法住持捐囊資益田贍衆囑累訖有請以頌者師曰先師龍門最後垂範嘗曰無世可辭無法可說無頌可留吾豈負先師意耶語卒而化壽七十二臘五十一

隆興府黃龍牧庵法忠禪師四明人族姚氏七歲師鄞縣國寧道英十九試經得度習台教悟一心三觀之旨而未能泯跡壓扣名緇至龍門觀水磨旋轉發明心要述偈曰轉大法輪目前包裹更問如何水推石磨呈佛眼眼曰其中事作麼生云澗下水長流眼曰我有末後一句待分付汝師即掩耳而出乃之廬山於同安枯樹中絕食清坐宣和間湘潭大旱禱不應師躍入龍淵呼曰業畜當雨一尺雨隨至居南嶽後洞木食澗飲侶虎豹猿狖二十年著正心論十卷每跨虎出遊儒釋望塵而拜紹興甲寅秋樞密折公彥質染疏親往以勝業力挽開法師嘉其勤渠乃赴未幾移南木雲蓋謝事復應二聖起壇及大溈之請晚居黃龍　上堂曰張公喫酒李公醉子細思量不思議李公醉醒問張公恰使張公無好氣無好氣不如歸家且打睡　上堂今朝正月半有事為君斷切忌兩眼睛被他燈火換　上堂我有一句子不借諸聖口不動自己舌非聲氣呼吸非情識分別假使淨名杜口於毗耶釋迦掩室於摩竭大似掩耳偷鈴未免天機漏泄直饒德山入門便棒臨濟入門便喝若向汝庵門下檢點將來只得一橛千種言萬般說只要教君自家歇一任大地虛空七凹八凸　僧問如何是佛曰莫向外邊覓云如何是心曰莫向外邊尋云如何是道曰莫向外邊討云如何是禪曰莫向外邊傳云畢竟如何曰靜處薩婆訶　問大衆臨筵請師舉唱師豎起拂子僧云乞師垂方便師擊禪床一下已已十一月示少恙至望丈室後有白氣二道搖曳而出師遽曰吾期至矣令集衆囑付殆盡引筆書偈而寂塔于香原洞掩壙甑大雪獨及區所壽六十臘四十七

衢州烏巨雪堂道行禪師括蒼人族葉氏父仲諶仕二千石棲心祖道號見獨居一如陶氏夢苾芻抵其室而孕既生莊重警敏肅志學有出塵志然書孜屢前列間從天寧微禪師游於言下知歸以出家陳父母乃聽年十九禮普照覺印英禪師授僧伽梨首謁指源潤禪師無所入徑之龍門質其所得佛眼諭曰到真實不疑方有語話分師無對一日舉賢沙築著脚指師契悟即趨方丈眼曰悟即不無要是千里之起足若向箇裏扶持起來甚生次第事令侍右踰八周辭省親郡守侍御黃公祿光結庵於黃堂後圓力致之建炎二年中散徐公康國來守是郡堅請開法於壽寧次遷法海天寧烏巨大播玄風後名藩賢侯以甲刹迎之者八師悉辭諸方益加尊仰紹興戊辰鄱陽守陳公璹命樞密何公若編修趙公應鼐躬往虔請師不得已而從之　上堂曰會即便會玉本無瑕若言不會碓觜生花試問九年面壁何如大會拈華南明恁麼商確也是順風撒沙參　上堂雲籠嶽頂百鳥無聲月隱寒潭龍珠自耀正當恁麼時直得石梁忽然大悟石洞頓爾心休虛空開口作證溪北石僧點頭諸人總在這裏瞌睡

笑殺陝府鐵牛　上堂佛說三乘十二分頓漸偏圓癡人面前不得說夢祖師西來直指人心見性成佛癡人面前不得說夢臨濟三玄雲門三句洞山五位癡人面前不得說夢南明恁麼道還免得遭人檢責也無所以古人道石人機似汝也解唱巴歌汝若似石人雪曲也應和還有和雪曲底麼若有喚來與老僧洗脚　上堂通身是口說得一半通身是眼用得一撅用不到處說有餘說不到處用無盡所以道當用無說當說無用用說同時用說不同時諸人若也擬議西峯在你脚底到國清衆請上堂句亦剗意亦剗絕毫絕釐處如山如獄句亦到意亦到如山如獄處絕毫絕釐忽若撈通一線意句俱到俱不到俱剗俱不剗直得三句外絕牢籠六句外無標的正當恁麼時一句作麼生道傾蓋同途不同轍相將携手上高臺　上堂舉趙州示衆云老僧除却二時齋粥是雜用心處師曰今朝六月旦行者擊鼓長老陞堂你諸人總来這裏雜用心　上堂舉僧問雲門如何是驚人句門云響師曰雲門荅這僧話不得便休却鼓粥飯氣以當平生　示衆黃梅雨麥秋寒恁麼會太無端時節因緣佛性義大都須是髑髏乾二十一年春示疾門弟子數授汪公喬年至省候師以後事委之示以偈曰識則識自本心見則見自本性識得本心本性正是宗門大病往日爛泥中有刺莫道不疑好乃二月九日也黎明沐浴易服加趺而逝郡守躬營後事道俗瞻禮歎未曾有十七日闍維胃腋出銀液不斷皆五色設利也煙所至纍然綴之人得以市齒舌不壞建窣堵波於寺之西壽六十三夏四十五

撫州白楊法順禪師綿之魏城人族文氏神觀秀發齠時夜視如晝父母異之捨出家依鹽泉香積奉禪師年十八落髮受具崇寧初徧游禪會抵襄陽造谷隱靜覺之室留數載聞佛眼說法龍門即之一日眼上堂舉傅大士心王銘曰水中鹽味色裏膠青只聞其有不見其形師於言下有省後觀寶藏迅轉頓明大法趨丈室作禮呈偈曰頂有異峯雲冉冉源無別派水泠泠游山未到山窮處終被青山礙眼睛眼笑而可之龍圖蔣公璨出守是郡服師大名以白楊迎居衲子蜂集　上堂曰好事堆堆疊疊来不須造作與安排落林黃葉水推去横谷白雲風卷回寒鴈一聲情念斷霜鐘纔動我山摧白楊更有過人處盡夜寒爐撥死灰忽有箇衲僧出来道長老少賣弄得恁麼窮乞相山僧只向他道却被你道著　上堂我手何似佛手天上南星北斗我脚何似驢脚往事都來忘却人人盡有生緣箇箇足方頂圓大愚灘頭立處孤月影射深灣會不得見還難一曲漁歌過遠灘　示衆染緣易就道業難成不了目前萬緣差別只見境風浩浩凋殘功德之林心火炎炎燒盡菩提之樹道念若同情念成佛多時為衆一似為己彼此事辦不見他非我是自然上敬下恭佛法日日現前煩惱時時解脫師律身清苦自住山出入杖笠獨行而已歲序因紬刺賀郡守嘗仆雪中有偈曰垂老住山寺參官走道途前村雪嶺上顛倒沒人扶紹興己未五月十一日感微疾夜聞曉鐘遂憑陵喝之侍僧趨省已坐亡矣闍維收設利目睛齒舌數珠同靈骨塔于寺之西壽六十四臘四十七

南康軍雲居法如禪師丹丘臨海人族胡氏依護國瑞禪師祝髮登具備參浙右諸宗匠晚至龍門以平日所證白佛眼眼曰此皆學解非究竟事欲了生死當求妙悟師駭然諦信一日命主香積以道業未辦固辭眼勉曰姑就職其中大有人為汝說法未幾晨興開廚門望見聖僧契所未證入白佛眼眼曰這裏還見聖僧麼師詣前問訊又手而立眼曰

向汝道大有人為汝說法師禮拜(示衆殺語未見)

南康軍歸宗真牧正賢禪師潼川鄭縣人族陳氏世為名儒幼從三聖滌澄為苾芻具滿分戒游成都依大慈秀公習經論凡典籍過目成誦義亦頗曉秀稱為經藏子正覺顯禪師見之令著鞭荷負大法會圓悟禪師來居昭覺悟勉之南詢乃謁死心靈源湛堂皆蒙安寄遂扣佛眼一日入室眼舉殺動抱得旃檀樹語聲未絕師即頓悟眼曰經藏子漏逗了也自是與師商確淵奧亹亹無盡眼稱善因手書真牧二字授之紹興己巳歸宗虛席郡侯以禮請堅卧不應寶文李公懋嘗問道於師同屬官強之乃就　上堂曰且第一句如何道汝等若向世界未成時父母未生時佛未出世時祖師未西來時道得已是第二句且第一句如何道直饒你十成道得未免左之右之卓拄杖下座　上堂良久召大衆曰作麼生若也擬議賢上座瞞你諸人去也打地和尚嗔他秘魔巖主擎箇叉兒胡說亂道遂將一摑成虀粉散在十方世界還知麼舉拂子曰而今却在拂子頭上說一切智智清淨無二無二分無別無斷故還聞麼闍老子知得乃云賢上座你若相當去不妨奇特或不相當總在我手裏只向他道闍老子你也退步摸索鼻孔看擊禪床下座　僧問久默斯要已泄真機學人上來請師開示曰耳朶在甚麼處云一句分明該萬象曰分明底事作麼生云台星臨照枯木回春曰換却你眼睛

湖州道場正堂明辯禪師本郡人族俞氏年十九事報本蘊禪師圓顱受具辭謁徑山妙湛慧禪師慧移補淨慈因與月堂昌翠巖宗往扣保寧璣禪師師及諸名宿晚依佛眼眼問從上祖師方冊因緣許你會得忽舉拳曰這箇因何喚作拳師擬對眼築其口曰不得作道理於是頓去知見遂作禮眼曰這鈍漢師笑而趨出後造道林參圓悟禪師深蒙印可既而旋里父母亡乃廬其墓待制葛公勝仲訪師議論響合守郡日徽徐溥敦濟以天聖致請師適古墓中使者往返數四後為吏所跡不得辭久之左丞葉公夢得以積善命為第一祖謝事庵居作頌古百首繼住何山衆數千指又遷道場徙衛林為鼻祖　上堂曰猛虎口邊拾得毒蛇頭上安排更不釘樁搖櫓回頭別有生涯婆子被我勘破了大悲院裏有村齋　上堂淨五眼湧金春色曉得五力吹落碧桃華唯證乃知難可測卓拄杖曰一片何人得流經十萬家　上堂三祖道但莫憎愛洞然明白當時老僧若見便與一摑且道是憎耶是愛耶近來經界稍嚴不許詭名挾佃　解夏上堂十五日已前不得去少林隻履無藏處十五日已後不得住桂子天香和雨露正當十五日又且如何呵呵呵風流不在著衣多　育王遺書至上堂黃龍頭角從來異不與今時歲月爭復妙田途何處去月明終夜照虛堂嗚呼無示老人道傳龍岫德播寰中居常吒吒呀呀時塞斷天下人舌頭有時玲玲瓏瓏時通透卓長靈鼻孔驢脚行時收佛手誰是知音拳頭舉處覓生緣了無向背三十載入泥入水今年五月十三日始見長人回途大地覓無蹤只有衲僧知去處山僧今日盡施三昧大展神通直得蕩蕩地絕絲毫巍巍然無背面猶覓他蹤跡不得適來為甚麼却道衲僧知去處還道得麼拄杖子忍俊不禁為你諸人道去也卓一下曰春前得雨華開早秋後無霜葉落遲　上堂舉僧問投子大死底人却活時如何子云不許夜行投明須到師曰我疑千年蒼玉精化為一片秋水骨海神欲護護不得一旦驀頭忽擊出　上堂舉須菩提持鉢維摩詰家滿鉢香飯云汝能謗於佛毀於法不入衆數乃可取食須菩提不知是義置鉢而去師曰當時若

有箇漢倒拈蝎尾逆捋虎鬚摲手出荆棘林纔見他道謗於佛毀於法不入衆數乃可取食但對他道賢賢易色事父母能竭其力事君能致其身與朋友交言而有信直饒淨名老人也須倒退三千里　上堂華開隴上柳綻堤邊黃鸝調叔夜之琴芳草入謝公之句何必開聲悟道見色明心非唯水上覔漚巳是眼中著屑擘開胷曰汝等當觀音紫磨金色之身今日則有明日則無大似無風起浪全不知羞且道今日事作麼生好箇迷逢達磨不知誰解承當　雙槐居士鄭參議入山上堂佛鑑腦後眼不覩瞎却何山珣佛燈佛燈照破四天下又被禹功吹滅却從茲大地黑漫漫物物拈来總一般試問一般何所似蓮華在水藥長乾禹功參議中大使旆俯臨既是屋裏人方說屋裏話不欲世諦飾詞浼瀆台聽今日到這裏所以楊岐門下鍋子大小杓柄短長鼻孔輕重一時被他覰見了也汝等諸人各自照顧雖然如是要且有一處未知端的且道道場八功德池水深多少有幾箇赤梢鯉魚且寬數日方知底裏始信道場逐日吞却三箇四箇吐却七箇八箇豈不見百靈和尚問龐居士曰居士得力句還曾舉似人麼云曾舉来曰舉似阿誰龐以手指胷云龐公龐却問百靈阿師得力句還曾舉似人麼曰曾舉来云舉阿誰靈戴笠子便行龐云善為道路師曰龐公大似堂前開飯店經紀屋裏人百靈正如馬前相撲步步不虧今日忽有人問道場如何是參議見佛燈得力句只向道上士由山水中人坐竹林渠若云曾舉似人麼只向道立行方回也文才比仲壬　上堂舉溈山問仰山天寒人寒話師曰一問一荅玉線交羅雲鋪段成了無滲漏若也見得方知溈仰父子唱拍相隨其或未然更為諸人頌出吹盡風流大呂調唱出富貴黃鍾宮舞腰催拍月當曉更進蒲萄酒一鍾　上堂舉僧問趙州狗子還有佛性也無州云無師曰若於道一句下見得千句萬句一時百雜碎遂喝曰切忌立地作夢且道畢竟如何狗子佛性有毗盧愛飲彌勒酒狗子佛性無文殊醉倒普賢扶扶到家中全酩酊胡言漢語罵妻孥　僧問蓮華出水時如何曰七尺八尺云出水後如何曰三尺四尺　問如何是祖師西来意曰蟒蛇無角最威獰云便恁麼會時如何曰梁山務長云只如教意又作麼生曰長江滾不休　問如何是曹洞宗曰鶴宿梧桐云如何是雲門宗曰木馬上金梯云如何是溈仰宗曰目前無異草云如何是臨濟宗曰我終不向你說　問如何是佛師乃鳴指三下　問語默涉離微如何通不犯曰横身三界外獨脫萬機前云只如風穴道長憶江南三月裏鷓鴣啼處百華香又作麼生曰說這不喞嘈漢作麼云嫩竹搖金風細細百華鋪地日遲遲曰你向甚麼處見風穴云眼裏耳裏絕瀟灑曰料掉沒交涉　問蓮華未出水時如何曰未過冬至莫道寒云出水後如何曰未過夏至莫道熱云出與未出時如何曰三十年後不要錯舉　問如何是佛曰無柴猛燒火云如何是法曰貧做富裝裹云如何是僧曰賣扇老婆手遮日云如何是和尚稟棘蓬曰不荅此話云為甚麼不荅師大笑曰吞不進吐不出　問如何是一喝如金剛王寶劒曰古墓毒蛇頭戴角云如何是一喝如踞地師子曰虛空笑點頭云如何是一喝如探竿影草曰石人拍手笑呵呵云如何是一喝不作一喝用曰布袋裏猪頭云四喝已蒙師指示向上還有事也無曰有云如何是向上事曰鋸解秤鎚隨聲便喝

佛眼禪師忌師拈香曰龍門和尚閙提滌倒不信佛法滅除禪道拶破毗盧向上關貓兒洗面自道好一炷沈香爐上然換手搥胷空懊惱遂搖手曰休懊惱以坐具搭肩上作女

人拜曰莫怪下房媳婦觸忤大人好　室中
垂問曰貓兒為甚麼愛捉老鼠又曰板鳴因
甚麼狗吠紹興二十七年二月上澣遊寺之
西原指地謂侍僧令役工治小塔三月旦示
少恙翌日衛侯遣醫來師笑曰藥能愈人世
無死者寄語衛公佐國厚自重初六日侍僧
白塔將就師遣擊鼓集衆師登座拈拄杖於
左邊卓一下曰三十二相無此相於右邊卓
一下曰八十種好無此好僧繇一筆畫成誌
公露出蘘草又卓一下顧大衆曰莫懊惱直
下承當休更討下座歸方丈儼然趺坐而逝
壽七十有三夏五十有四火後收靈骨設利
藏所建之塔曰仙人山

潭州方廣深禪師　僧問一法若有毗盧墮
在凡夫萬法若無普賢失其境界未審意旨
如何曰富嫌千口少貧恨一身多

世奇首座者成都人也遍依師席晚造龍門
一日因請益次大豁所疑眼命分座奇固辭
史六　冊十三末
曰此非細事也如金針刺眼毫髮若差睛則
破矣須生生居學地而自煅煉眼尤尚之暮
年學者力請不容辭因說偈曰諸法空故我
心空我心空故諸法同諸法我心無別體只
在而今一念中且道是那一念衆罔措奇喝
一喝而終

温州淨居尼慧温　示衆舉法眼上堂云三
通鼓罷簇簇上來佛法人事一時周畢温曰
山僧道三通鼓罷簇簇上來拄杖不在苕帚
柄聊與三十

嘉泰普燈録卷第十六

# 嘉泰普燈録卷第十七

平江府報恩光孝禪寺臣僧正受編

南嶽第十五世（臨濟十一世　楊岐四世）

開福道寧禪師法嗣一人

潭州大潙月庵善果禪師

五祖表自禪師法嗣二人（一人見錄）

蘄州龍華高禪師

懷安軍雲頂谷禪師（機語未見）

大隨南堂元靜禪師法嗣十二人（七人見錄）

簡州南巖勝禪師

常德府梁山廓庵師遠禪師

嘉州能仁默堂悟禪師

合州釣魚臺石頭自回庵主

彭州土溪智陀子言庵主

彭州大隨南修造

龍圖王觀復居士（語見賢臣）

嘉州能仁淨禪師　蘄州黃梅明禪師　昌州妙高則禪師　合州釣魚臺銓禪師

淨因蹣庵繼成禪師法嗣二人（舉巖下附）

提舉吳昕居士（已上機語未見）

台州瑞巖佛燈如勝禪師

無爲軍冶父實際道川禪師

鴻福德昇禪師法嗣一人

舒州甘露常禪師（機語未見）

青原第十五世（雲門九世）

天寧明禪師法嗣一人

容州嵛山寧禪師

淨慈佛行月堂道昌禪師法嗣二人（一人見錄）

臨安府五雲悟禪師

婺州智者廣鑑可昇禪師（機語未見）

瑞巖寂室慧光禪師法嗣三人（一人見錄）

臨安府中天竺癡禪元妙禪師

台州靈石辯禪師　紹興府天衣性禪師（已上機語未見）

嶽麓海禪師法嗣一人

荆門軍玉泉思達禪師

圓覺曇禪師法嗣一人

撫州靈巖圓日禪師

青原第十五世（洞山十一世）

天童大休宗珏禪師法嗣一人

慶元府雪竇足庵智鑒禪師

雪竇聞庵嗣宗禪師法嗣二人（一人見錄）

泰州如皐廣福微庵道勤禪師

慶元府翠巖宗靜禪師（機語未見）

善權法智禪師法嗣二人（一人見錄）

紹興府超化藻禪師

常州宜興保安超禪師（機語未見）

廣慧法聰禪師法嗣一人

慶元府普明戒禪師（機語未見）

南嶽第十六世（臨濟十二世　黃龍五世）

天寧夢庵普信禪師法嗣四人

楚州鹽城永寧道全禪師　建康府能仁琢禪師　真江府鶴林妙禪師　真江府孝威珠禪師（已上機語未見）

光孝果慜禪師法嗣二人（一人見錄）

廣德軍光孝初首座

處州崇聖善行禪師（機語未見）

雪峰毬堂慧忠禪師法嗣一人

隆興府上藍獨秀宋禪師（機語未見）

祥符立禪師法嗣一人

湖南報慈淳禪師

育王無示介諶禪師法嗣六人（五人見錄）

南劒州西巖宗回禪師

台州萬年心聞曇賁禪師

高麗國坦然國師

慶元府天童慈航了朴禪師

臨安府龍華無住本禪師

常州無錫華藏退庵先禪師（機語未見）

道場普明慧琳禪師法嗣二人（一人見錄）

臨江軍東山吉禪師

通州狼山瑎禪師（機語未見）

烏回範禪師法嗣一人

南嶽第十五世（湖州烏回禪師機語未見）（據聯燈改續四十一世）

開福道寧禪師法嗣

潭州大溈月菴善果禪師信之鉛山人族余氏幼孤依七寶元決下髮游方至鵝湖聞二童子戲語師有省遂至雲居一日有僧自黃龍來問死心室中如何爲人云每舉雲門話墮因緣問學者曰那裏是話墮處師聞心大慶快即趨黃龍蒙印可死心謝事乃往開福語尤契命分座福再入寂以麈尾授師師力辭福曰大法末運賴汝以興無拒福歿師慧湘西會佛果禪師住道林命典藏爲衆秉拂師提綱罷舉乾峰示衆云舉一不得舉二放過一著落在第二雲門出衆云昨日有人從天台來却往徑山去峰云典座來日不得普請師曰乾峰平地生堆韶石因風起浪雖然合水和泥千古叢林榜樣旣是叢林榜樣爲甚麼合水和泥要會麼不入洪波裏爭見弄潮人佛果爲擊節自爾有聞郡守曾公孝序以上封請師出世繼補道吾楅嚴徙閩中黃檗及東西禪晚居大溈（兩住楅嚴）　上堂曰奚仲造車一百輻拈却兩頭除却軸以拄杖打一圓相曰且莫錯認定盤星卓一卓下座　上堂八月秋何處熱向上事時時說撥轉天關放迴地軸即不問且道黃金爲地白銀爲屋是甚麼人居止良久曰巍巍聖德邁三皇歷歷清光吞二曜　上堂言語道斷物我皆如義路不生風雲會合直得玄關大啓正眼流通匝地光輝呈祥顯瑞然雖恁麼且應物無私一句作麼生道喝一喝曰頭頭無取捨處處（史七）絕覯踈　上堂是（四）法不可示言詞相寂滅擊破太虛空萬里一條鐵諸禪德適來話頭道甚麼若也見得功不浪施其或未然只知犯重障菩提不見如來眞秘訣擊禪床下座　謝供頭上堂解猛虎頷下金鈴驚羣動衆取蒼龍窟裏明珠光天照地山僧今日到此讚歎不及汝等諸人合作麼生豎起拂子曰眨上眉毛速須薦取擲拂子下座　僧問達磨九年面壁時如何曰魚行水濁云二祖禮三拜爲甚麼却得其髓曰地肥茄子大云只如一華開五葉結果自然成明甚麼邊事曰賊以賊爲驗云有時乘好月不覺過滄洲曰闍梨無分　問如何是月菴曰丹青畫不成云如何是月菴家風曰生鐵鑄就　問有句無句如藤倚樹時如何曰驗盡當行家云樹倒藤枯句歸何處又作麼生曰風吹日炙云溈山呵呵大笑聻曰波斯讀梵字云道吾推倒泥裏溈山不管此意又且如何曰有理不在高聲云羅山道吾是撮馬糞漢又作麼生曰多口阿師云今日足見老師七通八達曰仰面哭蒼天僧禮拜師曰過　問蓮華未出水時如何曰乾坤無異色云出水後如何曰徧界有清香紹興壬申正月十三寢疾書別知舊十九集大衆勉令進道書偈已談笑而逝（史七）二月八日奉全身塔于寺（五）之西峰壽七十四臘五十八

五祖表自禪師法嗣

蘄州龍華高禪師　上堂曰象王行師子住赤脚崑崙眉卓豎寒山拾得笑呵呵指點門前老松樹且道他指點箇甚麼忽然風吹倒時好一堆柴

大隨南堂元靜禪師法嗣

簡州南巖勝禪師　上堂舉拂子示衆曰識取鈎頭意莫認定盤星會麼即心即佛幾人知立雪齊腰只得皮四海浪平龍玩寶儘他螻蟻撼須彌非佛非心絕謂情玄途鳥道急回程爍迦羅眼存機變莫守寒巖異草青心佛物兮俱不是坐斷舌頭除藥忌橫拈倒用總由他活捉魔羣穿却鼻擲拂子下座　上堂召大衆曰護生須是殺殺盡始安居會得箇中意分明在半途且道到家一句又作麼生釋迦彌勒汝量大看來猶只是他奴　僧

問放行五位即不問把定三關爭若何曰橫按鎮鎁全正令云把定三關蒙指示放行五位又如何曰太平寰宇斬凝頑云恁麼則南嶽門下土曠人稀曰靈利衲僧只消一點云自古自今同生同死時如何曰家賊難防云今日學人小出大遇去也師便打曰須是老僧打你始得僧禮拜師曰切忌詐明頭

常德府梁山廓庵師遠禪師合川魯氏子

上堂曰今朝二月半百華開爛熳雲繞翠峰頭鶯啼楊柳岸觀音借路行文殊分主伴獨有解空人支笻渾不管直饒天外兩華飛飜覆都來是這漢且道如何是這漢喫茶去

上堂舉達磨見武帝師曰堯風舜日兩依依一片虛凝截萬機何必胡僧親付囑如人飲水自家知　上堂五日一番陞座拈出現成行貨大衆普請商量恰是老僧罪過既是大衆商量因甚麼恰成老僧罪過不見道常在於其中經行及坐卧　上堂舉楊岐三脚驢子話師召大衆曰揚其湯者莫若撲其火塞其流者莫若杜其源此乃智人之明鑒佛法之至論正在斯焉這因緣如今叢林中提唱者甚多商量者不少有般底只道宗師家無必固凡有所問隨口便荅似則也似是則未是若恁麼只作得箇乾無事會不見楊岐用處乃至祖師千差萬別方便門庭如何消遣又有般底只向佛邊會却與自己沒交涉古人道凡有言句須是一一銷歸自己又作麼生又有般底一向只作自己會棄却古人用處唯知道明自己事古人方便却如何消遣既消遣不下却似抱橋柱澡洗要且放手不得此亦是一病又有般底却去脚多少處會若恁麼會此病最難醫也所以他語有巧妙處參學人卒難摸索纔擬心則差了也前輩謂之楊岐宗旨須是他屋裏人到恁麼田地方堪傳授若不然者則守死善道之謂也這公案直須還他透頂徹底漢方能了得此非止禪和子會不得而今天下叢林中出世爲人底亦少有會得者若要會麼直向威音那畔空劫已前輕輕覷著提起便行捺著便轉却向萬仞峰前進一步可以籠罩古今坐斷天下人舌頭如今還有恁麼者麼有則出來道看如無更聽一頌三脚驢子弄蹄行直透威音萬丈坑雲在嶺頭閑不徹水流澗下太忙生湖南長老誰能會行人更在青山外

嘉州能仁默堂悟禪師　上堂舉趙州訪二庵主師曰一重山盡一重山坐斷孤峰子細看霧卷雲收山嶽靜楚天空闊月輪寒

合州釣魚臺石頭自回庵主郡之石照人世爲石工嘗參禮報恩璉禪師求安心法璉論之因棄家爲道人一日於大隨出石次心光頓發往見南堂蒙印可堂授以僧服後庵居學者從之示衆曰參禪學道大似井底叫渴相似殊不知塞耳塞眼回避不及且如十二時中行住坐卧動轉施爲是甚麼人使作眼見耳聞何處不是路頭若識得路頭便是大解脫路方知老漢與你證明山河大地與你證明所以道十方薄伽梵一路涅槃門諸仁者大凡有一物當途要見一物之根源一物無處要見一物之根源見得源源源無所源所源既非何處不圓諸禪德你看老漢有甚麼勝你處諸人有甚麼不如老漢處還會麼太湖三萬六千頃月在波心說向誰

彭州土溪智陁子言庵主綿之彰明人初至大隨聞舉石頭和尚示衆偈倏然領旨歸隱土溪懸崖絶壑間有石若蹲異獸言鑿以爲室中發異泉無涸溢四衆訝之居三十年化風盛播室成日作偈曰一擊石庵全縱橫得自然清涼無暑氣消潔有甘泉寬廓含沙界寂寥絶衆緣箇中無限意風月一床眠

劒門南修造者淳厚之士自大隨一語契投服勤不怠歸謁崇化賛禪師坐次賛以宗門三印問之南曰印空印泥印水平地寒濤競

起假鏡去就十分也是靈龜曳尾

淨因蹣庵繼成禪師法嗣

台州瑞巖佛燈如勝禪師　上堂曰人人領略釋迦箇箇平欺達磨及乎問著宗綱束手盡云放過放過即不無只如女子出定趙州洗鉢盂又作麼生話會鶴有九皐難翥翼馬無千里謾追風

無爲軍冶父實際道川禪師姑蘇玉峰人爲縣之弓級聞東齋謙首座爲道俗演法遂從之習坐不倦一日因是不職尉笞之師於杖下大悟辭依謙謙爲改名道川且曰汝舊呼狄三今名道川川即三耳此去能竪起脊梁了辦箇事其道如川之增若放倒則依舊狄三也師銘於心建炎初圓頂游方至天峰蹣庵與語鋒投庵稱善歸憩東齋道俗愈敬有以金剛般若經請問者師爲頌之今盛行於世隆興改元殿撰鄭公喬年漕淮西適冶父虛席迎開法　上堂曰羣陰剝盡一陽生草木園林盡發萌唯有衲僧無底鉢依前盛飯又盛羹　上堂舉雪峰一日登座召衆云看看東邊底又云看看西邊底汝若要會拈拄杖擲下云向這裏會取師曰東邊覷了復西觀拄杖重重話歲寒帶雨一枝華落盡不煩公子倚闌干

香原第十五世（雲門九世）

雪竇明禪師法嗣

寧州嵴山寧禪師　上堂曰有時孤峰頂上嘯月眠雲有時大洋海中飜波走浪有時十字街頭七穿八穴諸人還相委悉麼棒樹華開盛芭蕉葉最多　僧問全身放下時如何曰既是全身何消放下云直是步步不將來心心無處所曰亦無步步云不見道直須步步踏著曰落在功勛云不涉功勛爭得到這裏曰庭前樹子一任風吹云而今四海清如鏡暢快漁翁把釣綸曰不見鯨鯢上玉鈎

淨慈月堂佛行昌禪師法嗣

臨安府五雲悟禪師苕溪人謁月堂於何山入室次堂舉雲門須彌山問之擬對堂以拂子擊其口師即契悟命爲侍者後謁諸方皆蒙許可月堂被　旨居靈隱師歸省堂延爲座元未幾出住五雲宿衲所向　上堂謂衆曰月堂老漢道行不見行是箇甚麼坐不見坐是箇甚麼著衣時不見著衣是箇甚麼喫飯時不見喫飯是箇甚麼山野雖與他同床打睡要且各自做夢何故行見行坐見坐著衣時見著衣喫飯時見喫飯無有不見底道理亦無箇是甚麼諸人且道老漢底是五雲底是拈拄杖卓一下曰桃紅李白薔薇紫問著春風總不知乾道戊子秋回冷泉爲西堂十二月望示微疾至二十四夜請堂頭首座龍華本禪師爲衆普說敘師出處及得法（師未開堂故也）躬起爇香至四鼓危坐不動侍僧清隱請偃息師曰更少時鐘鳴報我鐘既鳴書三偈付隱一遺龍華以二別月堂顧隱曰更寫一紙辭衆如何隱曰諾復大書曰倒跨楊歧三脚驢掀折雲門一條杖禪流更擬問如何江西十八灘俱漲隱曰莫更有在師斂手而逝龕留五日顏如生目微開時國使入山觀者如市火浴目睛舌本身根不壞

瑞巖寂室慧光禪師法嗣

臨安府中天竺癡禪元妙禪師雙溪東陽人族王氏年十二去家圓具習台教去依寂室於國清聞舉索命話師有省撫屏大笑辭謁西禪淨禪師淨使職堂司一日舉興化打克賓公案問師師曰知恩方解報恩淨打曰多人作此見解師頻領及寂室　詔補靈隱擢爲第一座自開法靈石凡四坐道場　上堂曰靈石說禪蠢操動著七顛八倒觀妙理玄言恰似屎坑覗諸佛祖師措如糞埽罵詈懵懂禪和排斥杜撰長老有時讚歎使一一人人面前喜歡有時耻剝教一一人人肚裏煩惱雖然九凸十凹鬭湊將來恰好敢問大衆

且道那裏是恰好處提拄杖曰還見麼直饒
向這裏見得儱侗分明須知更有一處未免
殺訛遂橫按曰還委悉麼東籬綻黃菊秋雨
滴青莎　上堂黃昏雞報曉半夜日頭明驚
起雪師子瞠開紅眼睛　上堂去年梅今歲
柳顏色馨香喝一喝良久曰若不得這一喝
幾乎道著依舊且道道著後如何眼睛突出
　上堂舉南泉喫油餈師曰南泉肚裏飽齁
齁莊主雖饑解點頭侍者只聞歌樂響不知
洪飲在高樓　僧問如何是截斷衆流句曰
佛祖開口無分云如何是函蓋乾坤句曰匝
地普天云如何是隨波逐浪句曰有時入荒
草有時上孤峰隆興改元師以足疾退藏攜
李李氏庵明年七月作書偈別參政周公葵
及道俗問侍者立秋近遠以十一日對至期
書偈而逝火浴舌睛齒顱不化設利璨然歸
塔于寺之檣留峰壽五十有四
嶽麓海禪師法嗣
荊門軍玉泉思達禪師　僧問如何是一印
印空曰萬象牀歸古鑒中云如何是一印印
水曰秋蟾影落千江裏云如何是一印印泥
曰細觀文彩未生時
圓覺曇禪師法嗣
撫州靈巖圓日禪師嘉興崇德人年二十六

挍千金妙冲為頭陀獸耆落髮不著書唯務
宴寂夜設香鼎於前昏睡即引指爇之不兩
月盡一指後閱維那白槌推發明往依圓覺
有年辭扣諸方歸侍次問云文殊與三十二
菩薩各說不二法門維摩默然叙語未終覺
喝曰你擬向默然處埰根那所疑冰釋命分
座隆興初住靈巖後居圓覺　上堂曰悟無
不悟得無不得九年面壁空勞力三腳驢兒
跳上天泥牛入海無蹤跡為甚麼如此九九
八十一　上堂舉南泉示衆曰馬大師說即
心即佛王老師不恁麼不是心不是佛不是
物師曰倒腹傾腸幾箇知更無絲髮可相依
直饒徹底承當去也落他家第二機
青原第十五世（洞山十一世）
天童大休宗珏禪師法嗣
慶元府雪竇足庵智鑒禪師　上堂曰世尊
有密語迦葉不覆藏一夜落華雨滿城流水
香
雪竇閣庵嗣宗禪師法嗣
泰州如皋廣福微庵道勤禪師邑之俞氏子
　上堂曰祖師正令不通水泄放一線開露
柱饒舌寒時須寒熱時須熱無欠無餘應時
應節一切成現休強分別纔入思惟便成剩
說不入思惟只得一橛是則金剛眼睛不是

則黃泥土捏　上堂舉僧問同安如何是和
尚家風曰金雞抱子歸霄漢玉兔懷胎向紫
微云忽遇客來將何祇待曰金果早朝猿摘
至玉華曉後鳳啣來師曰廣福即不然有問
如何是和尚家風只向道翠竹叢邊歌欸乃
碧巖深處卧煙蘿忽遇客來將何祇待沒底
籃兒盛白月無心盌子貯清風
善權法智禪師法嗣
紹興府超化藻禪師　開爐日上堂曰雪滿
寒窻燒盡丹霞木佛冰交野渡凍殺陝府鐵
十直得寒灰發焰片雪不留任運縱橫現成
受用諸禪德要會麼衲帔蒙頭坐冷暖了無
知
南嶽第十六世（臨濟十二世　黃龍五世）
光孝果慜禪師法嗣
廣德軍光孝初首座分座日示衆舉風幡話
至仁者心動處乃曰祖師恁麼道賺殺一船
人今時衲僧不可也恁麼會既不恁麼會畢
竟作麼生良久曰六月好合醬切忌著鹽多
祥符立禪師法嗣
湖南報慈淳禪師　上堂曰青眸一瞬金色
知歸授手而來如王寶劒而今開張門戶各
說異端可謂古路坦而荊棘生法眼正而還
自翳辜負趚祖埋沒巳靈且道不埋沒不辜

負正法眼藏畢竟如何話會有吐露得底試出來道看如無擔取詩書歸舊隱野華啼鳥一般春

育王無示介諶禪師法嗣

兩劒州西巖宗回禪師雙溪人久依無示深得法忍紹興已巳春寺僧以茶禁聞有司吏稱知事師謂衆曰此事不直之則罪坐於我若自知彼復得罪不忍爲也令擊鼓陞堂師遂登座說偈曰縣吏追呼不暫停爭如長往事分明從前有箇無尘曲且喜今朝調已成言訖瞑目而逝餘語未見

台州萬年心聞曇賁禪師永嘉人　上堂曰一見便見八角磨盤空裏轉一得永得辰錦朱砂如墨黑秋風吹渭水已落雲門三句裏落葉滿長安幾箇而今被眼瞞竪拂子曰瞞得瞞不得總在萬年手裏還見麼華頂月籠招手石斷橋水落捨身巖　僧問百丈卷席意旨如何曰賊過後張弓

高麗國坦然國師少嗣王位欽鄉宗乘因海商方景仁抵四明錄無示語歸師閱之啓悟即棄位圓顱作書以語要及四威儀偈令景仁呈無示示荅曰佛祖出興於世無一法與人實使其自信自悟自證自到具大知見如所見而說如所說而行山河大地草木叢林相與證明其來久矣後復通嗣書獻其國所賜磨衲袈裟山錦拜褥青磁香爐等洎閱堂語錄其書略曰生死海廣劫殫罔通得遇本分宗師以三要印子驗定其法實謂盲龜值浮木孔耳

慶元府天童慈航了朴禪師七閩人（行實未詳）

上堂曰酷暑如焚不易禁炎炎赫赫欲流金夜明簾外無人到靈木迢然轉綠陰　上堂久雨不晴半睡半醒可謂與天地合其德日月合其明四時合其序鬼神合其吉凶遂喝曰住住內卦已成更求外象卓拄杖曰適來擲得雷天大壯如今變作地火明夷　上堂牛皮鞔露柱露柱啾啾叫燈籠佯不知虛明還自照殿脊老蚩刎聞得呵呵笑三門側耳聽就上打之遶譬如十日菊開徹阿誰要阿呵呵未必秋香一夜裏鬬斗煎茶不同銚　室中問僧賊來須打客來須看只如三更夜半人面似賊賊面似人作麼生辨

臨安府龍華無住本禪師廣德人　上堂舉雲門大師拈起胡餅云我只供養兩浙人不供養向北人衆無語自代云天寒日短兩人共一椀師曰韶陽老漢言中有響痛處著鎚撿點將來翻成毒藥諸人要會麼半在河南半河北一片虛凝如墨黑冷地思量慈殺人叵耐雲門這老賊賊賊下座更不巡堂

道場普明慧琳禪師

臨江軍東山吉禪師因李朝請與甥稀林居士向公子謁訪之遂問家賊惱人時如何師曰誰是家賊李竪拳師曰賊身已露云和尚莫謾人好曰贓證現在李無語師示以偈曰家賊惱人孰柰何千聖回機只爲他徧界徧空無影跡無依無倚絶籠羅賊賊猛將雄兵收不得疑殺天下老禪和笑翻閙市古彌勒休休不用將心向外求回頭瞥爾賊身露并贓捉獲世無儔世無儔真可仰從茲不復誇伎倆貼貼安邦立業時萬象森羅齊拊掌後首衆於閩之開元食時停筯而化

嘉泰普燈錄卷第十七

嘉泰普燈録卷第十八

平江府報恩光孝禪寺臣僧　正受　編

南嶽第十六世 臨濟十二世 楊岐五世

徑山大慧普覺宗杲禪師法嗣七十

五人 二十七人見錄

福州西禪懶庵鼎需禪師

福州東禪蒙庵思岳禪師

泉州教忠晦庵彌光禪師

福州玉泉曇懿禪師

饒州薦福悟本禪師

福州西禪此庵守淨禪師

建寧府開善密庵道謙禪師

慶元府育王大圓遵璞禪師

温州鴈山能仁枯木祖元禪師

江州東林卍庵道顏禪師

潭州大潙寶禪師

眞州靈巖東庵了性禪師

建康府蔣山一庵善直禪師

劒州萬壽自護禪師

潭州大潙了庵景暈禪師

臨安府靈隱誰庵了演禪師

泰州光孝草庵智遠禪師

建寧府竹原宗元庵主

近禮侍者

温州淨居尼定光大師妙道

平江府資壽尼無著妙總

侍郎張九成居士 語見賢臣

參政李邴居士 語見賢臣

寶文劉彥脩居士 語見賢臣

提刑吴偉明居士 語見賢臣

門司黃彥節居士 語見賢臣

秦國太夫人計氏妙眞

成都府正法秀禪師

崇州伊山冲寄禪師

泉州舟峰慶老禪師

泉州清涼殊禪師

嘉州九頂法生禪師

嘉州華嚴覺印禪師

眉州黑水曇振禪師

潭州嶽麓梵禪師

潭州龍王自隱禪師

吉州祥符如本禪師

福州大雲峰顯禪師

福州慶成冲禪師

韶州南華因禪師

婺州明招微禪師

福州秀峰南禪師

廣州報恩崇海禪師

温州靈峰詮禪師

福州太平言禪師

嚴州烏龍彌禪師

漳州法齊僧鶴禪師

史八　二

池州石門仁禪師

福州大明廣容禪師

衢州華樂繼明禪師

澧州洛浦相禪師

信州博山能禪師

興化軍石泉詠禪師

饒州薦福普仁禪師

漢州崇慶崇慶禪師

廣州光孝林禪師

潭州大潙慧仲禪師

荊門軍玉泉如璉禪師

福州光孝圓禪師

隆興府黃龍妙照禪師

衢州光孝立禪師

福州興王如沼禪師

福州雪峰可庵然禪師

建康府蔣山恩禪師

泰州光孝祖彥禪師

紹興府象田信禪師

婺州明招觀禪師

潭州龍牙信禪師

紹興府象田德禪師

成都府昭覺祖明禪師

成都府昭覺品庵子文禪師

嶽山能仁政煥首座

法宏首座

岳侍者

編修黃文昌居士

已上機語未見

南嶽第十六世 臨濟十二世 楊岐五世

徑山大慧普覺宗杲禪師法嗣

福州西禪懶庵鼎需禪師，長樂人，族林氏。幼舉進士有聲。年二十五，因讀遺教經，忽曰：幾爲儒冠誤。欲去家，母難之，以親迎在期，師乃絶之曰：夭桃紅杏，一時分付春風；翠竹黃華，此去永爲道伴。竟依保壽樂禪師爲比丘。探賾方外，踰十年，歸里，庵于窮谷之麓。佛心才禪師出山，首衆于鹿溪。紹興初，大慧來洋嶼，師謁之。一日入室，慧問：内不放出，外不放入，正恁麼時如何？師即大徹。慧曰：此正是汝放身命處。未幾，慧移小溪，令分座。由是得聲。泉守請開法延福，後退處洋嶼八年，挽居東西禪。

上堂曰：太虚挂劒，用顯吾宗；按坐神威，如何近傍？縱具迴天轉地，電卷星馳底手段，要

史八　三

且不堪勍敵而今還有別休咎者麼便請從東過西不妨水雲自若如其稍涉遲回直是一搥粉碎喝一喝下座　上堂懶翁懶中懶最懶懶說禪亦不重自己亦不重先賢又誰管你地又誰管你天物外翛然無箇事日上三竿猶更眠　上堂衆方集定師曰靈利人不勞再舉便下座　元宵上堂心如皎月連入照性似寒潭徹底淸無價夜光人不識夢中虛度幾千春竪拂子曰阿呵呵燈光王如來向這拂子頭上放大光明照大千界未審諸人還見麼若也見得青春無虛度若也未見有眼如盲見與不見拈放一邊忽若毗嵐風起驟雨傾盆正恁麼時且道燈光王如來在甚麼處喝一喝曰莫瞌睡好　上堂舉僧問趙州如何是古人言州云諦聽諦聽師曰諦聽即不無切忌喚鐘作甕　僧問釋迦彌勒猶是他奴未審他是阿誰曰明破即不堪　開堂日僧纔出師曰住住今日不荅話僧擬進語師喝曰退後退後不堪爲種草　問幽鳥語喃喃辭雲入亂峰時如何曰暗寫愁腸寄與誰云恁麼則不離當處常湛然覓即知君不可見曰莫豚沸　室中問僧萬法歸一一歸何處云新羅國裏曰我在青州作一領布衫重七斤聻云今日覿見趙州曰前頭

見後頭見僧乃作斫額勢師曰上座甚處人云江西曰因甚麼却來這裏納敗闕僧擬議師便打紹興癸酉七月望陞堂勉衆激礪凡數百言翌日語門弟子吾世緣盡矣遂書曰十四十五明明已露更問如何西天此土獨首座安永曰汝善保任努力爲人言畢而逝

史八

四

世壽六十有二僧臘三十有七

梅州東禪蒙菴思岳禪師（事敘未見）　入院上堂曰大地茫茫恁麼廣闊窮山漠漠隨分幽深爲衲僧法戰之場報佛祖寃讎之處盡力道得一棒一條痕盡力道不得一掌一手血如以眼見則復耳聞如以心知則復智證是故謂之智證三昧亦是文殊普賢大人境界若也於此共相委悉大千沙界一毫收百億毛頭輥繡毬直是通身還有眼不風流處也風流　上堂蛾羊蟻子說一切法墻壁瓦礫現無邊身見處既精明闇中必透脫所以雪峰和尚凡見僧來輥出三箇木毬如弄雜劇相似賢沙便作斫牌勢畢末謾道將來普賢今日謗古人千佛出世不通懺悔這裏有人謗普賢定入拔舌地獄且道謗與不謗者是誰心不負人面無慚色　上堂達磨來時此土皆知梵語及乎去後西天悉會唐言若論直指人心見性成佛大似羝羊挂角獵犬尋蹤

一意乖蹤萬言無用可謂來時他笑我不知去後我笑他唐言梵語親分付自古齋僧怕夜茶　上堂臘月初歲云徂黃河凍已合深處有嘉魚活鱍鱍跳不脫又不能相煦以濕相濡以沫慚愧菩薩摩訶薩春風幾時來解此黃河凍令魚化作龍直透桃華浪會即便

史八

五

會癡人面前且莫說夢　上堂即心即佛非心非佛不是心不是佛不是物通身無影象徧界不曾藏喚作一物即不中敢保老兄未徹在恁麼說話闇人眼瞎人眼若也不會天寒日短三人共兩椀且道爲諸人說對古人話還會麼禮繁即亂　上堂二祖償宿債萬法絕對待一心無罣礙浮山有九帶十方虛空圓陀陀無量法門百雜碎若言其有非內非外若言其無無在不在智與理冥境與神會如牛拽磨似水打碓三千里外逢人東倒西擂十字街頭遇賤則貴還會也無蘇嚧蘇嚧　上堂僧問如何是初日分以恒河沙等身布施曰從苗辨地因語識人云如何是中日分復亦恒河沙等身布施曰藥著磕著云如何是後日分亦以恒河沙等身布施曰向下文長付在來日復曰一轉語如天普蓋似地普擎一轉語舌頭不出口一轉語且喜沒交涉要會麼慚愧世尊面赤不如語直大小

岳上座口似磉盤今日爲這問話價講經不覺和注脚一時說破便下座

泉州教忠晦庵彌光禪師閩之長樂人族李氏兒時寡言笑聞梵唄則喜十五依幽嚴文慧禪師十八圓頂猶喜閱羣書一日曰既剃髮染衣當期悟徹豈醉於俗典耶遂出領謁圓悟禪師於雲居次參黄蘗祥高庵悟機語皆契以淮楚盜起歸謁佛心會大慧寓廣因往從之慧謂曰汝在佛心處所得者試舉一二看師舉佛心上堂拈普化公案云佛心即不然總不恁麼來時如何劈脊便打從教徧界分身慧曰汝意如何云某不肯他後頭下箇注脚慧曰此正是以病爲法師毅然無信可意慧曰汝但揣摩看師竟以爲不然經旬因記海印信禪師拈曰雷聲浩大雨點全無始無滯趣告慧慧以舉道者見瑯琊并賢沙未徹語詰之師對已慧笑曰雖進得一步只是不著所在如人斫樹根下一刀則命根斷矣汝向枝上斫其能斷命根乎今諸方浩浩說禪者見處總如此何益於事其楊岐正傳三四人而已師愠而去翌日慧問汝還疑否云無可疑者曰只如古人相見未開口時已知虛實或聞其語便識淺深此理如何師悚然汗下莫知所詣慧令究有句無句慧過雲門庵師侍行一夕問曰某到這裏不能得徹病在甚處慧曰汝病最癖世醫拱手何也別人死了活不得汝今活了未曾死要到大安樂田地須是死一回始得師疑之愈深後入室慧問喫粥了也洗鉢盂了也去却藥忌道將一句來云裂破慧震威喝曰你又說禪也師大悟慧擿鼓告衆曰龜毛拈得笑哈哈一擊萬重關鏁開慶快平生在今日執云千里賺吾來師亦以頌呈之曰一拶當機怒雷吼驚起須彌藏北斗洪波浩渺浪滔天拈得鼻孔失却口邵武黄端夫創庵乞師住持留二年東歸分座於鼓山參政李公邴以教忠迎開法閱十年移龜山　上堂曰有句無句如藤倚樹放憨作麼及至樹倒藤枯句歸何處情知汝等諸人卒討頭鼻不著爲甚麼如此只爲分明極飜令所得遲　上堂夢幻空華何勞把捉得失是非一時放却擲拂子曰山僧今日已是放下了也汝等諸人又作麼生復曰侍者收取拂子　上堂卓拄杖喝一喝曰不是坐來頻勸酒自從別後見君稀便下座　上堂一物不將來兩肩擔不起直下便承當坐在屎窖裏還百獨脫出來底麼設有也是黄龍精　僧問文殊爲甚麼出女子定不得曰山僧今日困云罔明爲甚麼却出得曰令人疑著云恁麼則擘開華嶽千峰秀放出黄河一派清曰一任卜度　問如何是向上事曰七十三八十四師住龜山歲餘以疾歸雲門庵紹興乙亥二月八日剃沐更衣告衆右脇而逝十五日闍維獲設利五色門人慧空頂歸教忠六月八日建塔于山之陽

福州玉泉曇懿禪師嘗久依圓悟自謂不疑紹興初出住興化祥雲法席頗勝大慧入閩知其所見未諦致書令來師遲遲慧小參且痛斥仍榜告四衆師不得已破夏謁之慧鞫其所證既而曰汝恁麼見解敢嗣圓悟老人耶師退院親之一日入室慧問我要箇不會禪底做國師師云我做得國師去也慧喝出居無何語之曰香嚴悟處不在擊竹邊俱胝得處不在指頭上師乃頓明後住玉泉爲慧拈香繼省慧於小溪慧陞座舉雲門一日拈拄杖示衆曰凡夫實謂之有二乘析謂之無緣覺謂之幻有菩薩當體即空衲僧見拄杖但喚作拄杖行但行坐但坐總不得動著慧曰我不似雲門老人將虛空剜窟籠驀拈拄杖曰拄杖子不屬有不屬幻不屬空卓一下曰凡夫二乘緣覺菩薩盡向這裏各隨根性悉得受用唯於衲僧分上爲害爲冤要行不得行要坐不得坐進一步則被拄杖子迷却

路頭退一步則被拄杖子穿却鼻孔只今莫有不甘底麼試出來與拄杖子相見如無來年更有新條在惱亂春風卒未休正當恁麼時合作麼生下座煩玉泉為衆拈出師登座叙謝畢遂舉前話曰適來堂頭和尚恁麼批判大似困魚止濼病鳥棲蘆若是玉泉即不然拈拄杖曰拄杖子能有能無能幻能空凡夫二乘緣覺菩薩卓一下曰向這裏百雜碎唯於衲僧分上如龍得水似虎靠山要行便行要坐便坐進一步則乾坤震動退一步則草偃風行且道不進不退一句作麼生道良久曰閑持經卷倚松立笑問客從何處來下座舉衆拜之槭（出圖下）

饒州薦福悟本禪師江之湖口人初住博山

上堂曰高揖釋迦不拜彌勒者與三十拄杖何故為他只會步步登高不會從空放下東家牽犁西家拽杷者與三十拄杖何故為他只會從空放下不會步步登高山僧恁麼道還有過也無衆中莫有點檢得出者麼若點檢得出須獨南畔把手共行若點檢不出布袋裏老鵶雖活如死　上堂釋迦掩室於摩竭淨名杜口於毗耶須菩提唱無說以顯道釋梵絕睬聽而雨華大衆這一隊不唧噹漢無端將祖父田園私地結契一時華擘了也致令後代兒孫千載之下上無片瓦遮頭下無卓錐之地博山當時若見十字路頭撼箇無底坑喚來一時埋却免見遞相鈍置何謂如此不見道家肥生孝子國霸有謀臣

福州西禪此庵守淨禪師（叙語詳）　上堂曰談玄說妙撒屎撒尿行棒行喝將壁止渴立主立賓華擘宗乘設或總不恁麼又是鬼窟裏坐到這裏山僧已是打退鼓且道諸人尋常心憤憤口悱悱合作麼生莫將閑學解埋沒祖師心　上堂坐斷毗盧頂𩕳須是沒量大人若是沒量大人不坐毗盧頂𩕳　上堂若也單明自己不悟目前此人有眼無足若也只悟目前不明自己此人有足無眼直得眼足相資如車二輪如鳥二翼正好勘過了打

上堂今朝臘月九窮漢外邊走雖然不還家却是他好手既是不還家因甚麼却道他好手陋巷不騎金色馬回途却著破襴衫

上堂九夏炎炎大熱木人汗流不輟夜來一雨便涼莫道山僧不說以拂子擊禪床下座

上堂若欲正提綱直須大地荒欲來衝雪刃未免露鋒鋩當恁麼時釋迦老子出頭不得即不問你諸人只如馬鐙裏藏身又作麼生話會　上堂道是常道心是常心汝等諸人聞山僧恁麼道便云我會也大盡三十日小盡二十九頭上是天脚下是地耳裏聞聲鼻裏出氣恩若四大海水在你頭上毒蛇穿你眼睛蝦蟆入你鼻孔又作麼生　上堂文殊普賢談理事臨濟德山行棒喝東禪一覺到天明偏愛風從涼處發咄　上堂佛祖頂𩕳上有破天大路未透生死關如何敢進步進步不進步大千沒遮護一句絕言詮那吒擎鐵柱　開堂日拈香罷師就座南堂和尚白槌云法筵龍象衆當觀第一義師隨聲便喝曰此是第幾義久參先德已辨來端後學有疑何妨請問僧問阿難問迦葉世尊傳金襴外別傳何物迦葉喚阿難阿難應諾未審此意如何曰切忌動著云只如迦葉道倒却門前刹竿著又作麼生曰石牛橫古路云只如和尚於佛日處還有這箇消息也無曰無這箇消息云爭柰定光金地遙招手智者江陵暗點頭曰莫將庭際柏輕此路傍蒿僧禮拜師乃曰定光金地遙招手智者江陵暗點頭已是白雲千萬里那堪於此未知休設或於此便休去一場狼藉不少還有檢點得出者麼如無山僧今日失利　問佛佛授手祖祖相傳未審傳箇甚麼曰速禮三拜　問求嘉道不見一法即如來方得名為觀自在此意如何曰獼猴弄鞦韆云千江有水千江月

萬里無雲萬里天曰胡猻繫露柱問不施寸刃請師相見曰逢強即弱云何得埋兵掉鬬曰只為闍梨寸刃不施云未審向上還有事也無曰有云如何是向上事曰敗將不斬問古佛堂前甚麼人先到曰無眼村翁云未審如何趣向曰楖栗橫擔

建寧府開善謙庵道謙禪師本郡人(遊氏)其具戒游東都於圓悟會中師事大慧追慧補徑山師侍行未幾遣之零陵致訊紫巖居士於中途倏然契悟既回慧特為印可歸隱仙州山四衆雲集法席鼎盛寶學劉公彥脩請居開善　上堂曰去年也有箇六月十五今年也有箇六月十五去年六月十五少卻今年六月十五今年六月十五多卻去年六月十五多處不用減少處不用添既不用添又不用減則多處多用少處少用乃喝一喝曰是多是多良久曰箇中消息子能有幾人知　上堂洞山麻三斤將去無星秤子上定過每一斤恰有一十六兩二百錢重更不少一釐正與趙州殿裏底一般只不合被大愚鋸解秤鎚卻教人理會不得如今若要理會得但問取雲門乾屎橛　上堂有句無句如藤倚樹撞倒燈籠打破露柱佛殿奔忙僧堂回顧子細看來是甚家具咄只堪打老鼠　上堂諸人從僧堂裏恁麼上來少間從法堂頭恁麼下去並不曾差了一步因甚麼卻不會良久曰只為分明極翻令所得遲　上堂舉馬大師道即心即佛師曰錯又道非心非佛師曰錯南泉道不是心不是佛不是物師曰錯若人破得此三箇硬寨許他參學中著得箇眼其或未然毗嵐風忽起驚著梵王睫

慶元府育王大圓遵璞禪師長溪人幼同王泉懿問道圓悟數載建炎初還里佐懿於莆中祥雲紹興甲寅春大慧居洋嶼師往訊之入室次慧問三聖與化出不出為人不為人話你道這兩箇老漢還有出身處也無師於慧膝上打一拳慧曰只你這一拳為三聖出氣為興化出氣速道速道師擬議慧便打復謂曰你第一不得忘了這一棒後因慧室中問僧曰德山見僧入門便棒臨濟見僧入門便喝雪峰見僧入門便道是甚麼睦州見僧便道現成公案放你三十棒你道這四箇老漢還有為人處也無僧云有慧曰劄僧擬議慧便喝師聞遽領微旨大慧欣然許之(出世機語未見)

温州鴈山能仁枯木祖元禪師七閩長樂人族林氏初謁雪峰預次依佛心才皆已機契及親大慧於雲門庵夜坐次睹僧剔燈始棄前證有偈曰剔起燈來是火歷劫無明照破歸堂撞見聖僧幾乎對面蹉過不蹉過是甚麼十五年前奇特依前只是這箇慧亦以偈贈之曰萬仞崖頭解放身起來依舊卻惺惺饑餐渴飲渾無事那論昔人非昔人紹興己巳春出住能仁　上堂曰有佛處不得住踏著秤鎚硬似鐵無佛處急走過腳下草深三尺三千里外逢人不得錯舉北斗掛須彌恁麼則不去也棒頭挑日月摘楊華摘楊華眼裏瞳人著繡靴卓拄杖下座　上堂觀音菩薩買胡餅放下卻是饅頭雲門大師只見錐頭利不見鑿頭方能仁即不然初三十一　上堂鴈山枯木實頭禪師不在尖新語句邊背手忽然摸得著長鯨吞月浪滔天

江州東林卍庵道顏禪師潼川飛烏人族鮮于氏世為名儒少依淨安諫律師試經得度與正贊頭結友南遊凡名緇宿衲無不扣見唯疑圓悟門庭不類諸方(悟時住金山)師親之無所投一日浣衣次忽有得乃曰天知地知你知我知更莫漏泄天機往悟傍將述所證悟不顧異日見之詰曰汝以學解自負意氣凌人臘月三十日能自負否師慚汗俛首悟復謂曰儕輩中如果者(即大慧)汝當就其磨礱師益不悅悟還蜀師願侍行悟曰不可我嘗囑汝依果汝欲決擇大事詎宜以鬧氣介胷中

耶仍以書致慧曰潁川彩繪已畢但欠點眼耳他日嗣其後未可量也久之慧奉　旨住徑山師趨謁質疑朝夕方大契悟分座接納會正歸住雲頂邀師西還正遷無爲命繼席次徙卞山薦福及報恩白楊晚居東林　上堂曰一葉落天下秋一塵起大地收烏窠吹布毛便有人悟去今時學者爲甚麼却不識自己良久曰莫錯怪人好　上堂欲識諸佛心但向衆生心行中識取欲識常住不凋性但向萬物遷變處會取還識得麼欲得不招無間業莫謗如來正法輪　上堂諸人知處良遂總知良遂知處諸人不知作麼生是良遂知處乃曰顱鵝語鶴　上堂仲冬嚴寒三界無安富者快樂貧者饑寒不識玄旨錯認定盤何也牛頭安尾上北斗面南看　上堂一滴滴水一滴滴凍天寒人寒風動幡動雲門扇子跨跳上三十三天築著帝釋鼻孔東海鯉魚打一棒雨似盆傾不出諸人十二時中尋常受用　上堂元宵已過化主出門六羣比丘各從其類此衆無復枝葉純有貞實如是增上慢人退亦佳矣麒麟不爲瑞鸞鷟不爲榮麥秀兩歧禾登九穗總不消得但願官中無事林下棲禪水牯牛飽卧斜陽攙板漢清貧長樂粥足飯足俯仰隨時筋籠不亂攪起老鼠不齩甑箄山家活計淡薄長情不敬功德天誰嫌黑暗女有智主人二俱不受良久曰君子愛財取之以道　上堂去年寒食後今年寒食前日日是好日不是正中偏　上堂客舍久留連家鄉夕照邊簷懸三月雨水沒兩湖蓮鑊滿燒燈盞柴生滿竈煙已忘南北念入望盡平川　上堂向上一竅八面玲瓏覿面一機全身擔荷是則金鍮難辨非則玉石俱焚擬議不來銀山粉碎總不恁麼又且如何是非不挂嘴生口自有旁人話短長　上堂一塵起大地收一葉落天下秋甲巳之年丙作首乙庚之歲戊爲頭　上堂栴檀林無雜樹鬱密深沈師子住所以栴檀叢林栴檀圍繞荆棘叢林荆棘圍繞一人爲主兩人爲伴成就萬億國土士農工商若夜叉若羅刹見行魔業優哉游哉聊以卒歲　僧問香嚴上樹話意旨如何曰描不成畫不就云李陵雖好手爭柰陷蕃何曰甚麼處去來　問如何是佛曰汝是元固僧近前云喏喏師曰裩無襠袴無口　問如何是佛曰誌公和尚云學人問佛何故荅誌公和尚曰誌公不是閑和尚云如何是法曰黃絹幼婦外孫齏曰云是何章句曰絕妙好辭云如何是僧曰釣魚船上謝三郎云何不直說曰賢沙和尚云三寶已蒙師指示向上宗乘事若何曰王喬詐仙得仙僧呵呵大笑師乃叩齒隆興甲申五月二十三日徧辭道俗示寂於昭覺火浴後設利甚富歸葬雲頂壽七十一臘五十四

潭州大潙實禪師　上堂曰喚作竹篦則觸不喚作竹篦則背直須師子齩人莫學韓獹逐塊阿呵呵會不會金剛脚下鐵崑崙捉得明州憨布袋　上堂千般言萬種喻只要教君早回去夜來一片黑雲生莫教錯却山前路

咄

眞州靈巖東菴了性禪師　上堂曰勘破了也放過一著是衲僧破草鞋現修羅相作女人拜是野狐精魅打箇圓相虛空裏下一點是小兒伎倆攔腮贈掌拂袖便行正是業識茫茫無本可據直饒向黑豆未生已前一時坐斷未有喫靈巖拄杖分敢問大衆且道爲人節文在甚麼處還相委悉麼自從春色來嵩少三十六峰青至今　上堂一葦江頭楊柳春波心不見昔時人雪庭要識安心士鼻孔依前搭上脣豎起拂子曰祖師來也還見麼若也見得即今薦取其或未然此去西天路迢迢十萬餘　僧問人天交接如何開示曰金剛手裏八棱棒云忽被學人橫穿凡聖

擊透玄關時又作麼生曰海門橫鐵柱　問如何是獨露身曰牡丹華下睡貓兒

建康府蔣山一庵善直禪師德安雲夢人初住白兆次居保寧蔣山　上堂曰諸佛不曾出世人人鼻孔遼天祖師不曾西來箇箇壁立千仞高揖釋迦不拜彌勒理合如斯坐斷千聖路頭獨步大千沙界不爲分外若向諸佛出世處會得祖師西來處承當自救不了一生受屈莫有大丈夫承當大丈夫事者麼出來與保寧爭交其或未然不如拽破好便下座師每以安州人解嘶撲之語示衆

劒州萬壽自護禪師　上堂曰古者道若人識得心大地無寸土萬壽即不然若人識得心未是究竟處且那裏是究竟處拈拄杖卓一下曰甜瓜徹蔕甜苦瓠連根苦

潭州大溈了庵景暈禪師　上堂曰雲門一曲臘月二十五瑞雪飄空積滿江山塢峻嶺寒梅華正吐手把須彌槌笑打虛空鼓驚起驕梵鉢提冷汗透身如雨忿怒阿脩羅王揎拳當胸問云畢竟是何宗旨咄少室峰前亦曾錯舉

臨安府靈隱誰庵了演禪師　上堂曰面門揬破天地懸殊打透牢關白雲萬里饒伊兩頭坐斷別有轉身三生六十劫也未夢見在喝一喝下座

泰州光孝草庵致遠禪師　上堂舉女子出定乃曰從來打鼓弄琵琶須是相逢一會家佩玉鳴鸞歌舞罷門前依舊夕陽斜

建寧府竹原宗元庵主郡之建陽人族連氏少覽儒林秀傑年二十八悟世虛假乃禮西峰道聳舍縫腋而緇之徑趨大慧入室次慧舉巖頭見德山語問之師所疑頓釋久之分座西禪丞相張公浚帥三山以數院迎居不就歸舊里結茆號衆妙園宿衲皆集士夫交請關法一無所從　示衆曰若究此事如失却鑰匙相似只管尋來尋去忽然撞著噁在這裏開箇鑰了便見自家庫藏一切受用無不具足不假他求別有甚麼事　示衆諸方爲人抽釘拔楔我這裏爲人添釘著楔諸方爲人解黏去縛我這裏爲人加繩加索了送向漆潭裏待他自去理會　示衆主法之人氣吞宇宙爲大法王若是釋迦老子達磨大師出來也教伊叉手向我背後立地直得寒毛卓豎亦未爲分外　一日舉世尊生下一手指天一手指地云天上天下唯我獨尊乃曰見怪不怪其怪自壞淳熙丙申十月初爲衆普說勉勵學者修書別知己復遺囑訓諸徒至初十揮偈而寂闍維設利盈溢歛遺骨窆于園之右崗壽七十七夏五十

近禮侍者三山人也侍大慧最久嘗默究竹箆話無所入一日入室罷求指示慧曰你是福州人我說箇喻向你如將名品荔枝和皮殼一時剝了以手送在你口裏只是你不解吞禮不覺失笑曰和尚吞却即禍事後問禮前日吞了底荔枝只是你不知滋味禮曰若知滋味轉見禍事

溫州淨居尼妙道世居延平尚書黃公裳之女也幼絕嗜好每夜坐忘身父伺其言用無少隙積二十年援以僧服禱諸名宿時大慧來居洋嶼道即之值慧爲衆入室問僧不是心不是佛不是物是箇甚麼道闢頓領厥旨慧可之劒守以福興盡禮迎補後遷毗陵資聖徙淨居慧之法嗣始自道也　開堂日乃曰問話且止直饒有傾湫之辯倒嶽之機衲僧門下一點用不著且佛未出世時一事全無我祖西來便有許多建立列剎相望星分派列以至今日累及兒孫遂使山僧於人天大衆前無風起浪向第二義門通箇消息語默該不盡底彌亘大方言詮說不及處徧周沙界通身是眼覿面當機電卷星馳如何湊泊有時一喝生殺全威有時一喝佛祖莫辨有時一喝八面受敵有時一喝自救不了

且道那一喝是生殺全威那一喝是佛祖莫辨那一喝是八面受敵那一喝是自救不了若向這裏薦得堪報不報之恩脫或未然山僧無夢說夢去也拈起拂子曰還見麼若見被見刹所障擊禪床曰還聞麼若聞被聲塵所惑直饒離見絕聞正是二乘小果跳出一步蓋色騎聲全放全收主賓互換所以道欲知佛性義當觀時節因緣敢問諸人即今是甚麼時節蕩蕩仁風扶聖化熙熙和氣助昇平擲拂子下座　上堂舉僧問米胡自古上賢還達眞正理也無胡曰達僧云只如眞正理作麼生達曰當時霍光賣假銀城與單于時甚麼人作契書道曰福興當時若見只對他道自從胡亂後三十年不少鹽醬　尼問如何是佛曰非佛云如何是佛法大意曰骨底骨董　問言無展事語不投機時如何曰未荷已前墮坑落塹　問古人道楞嚴經中五十種魔如今盡大地人參禪更高也出他魔界不得和尚還出得也未曰不入這保社

平江府資壽尼無著道人妙總丞相蘇公頌之孫女也年三十許厭世浮休脫去緣飾咨參諸老已入正信作夏徑山大慧陞堂次舉藥山初參石頭後見馬祖因緣總聞豁然省悟慧下座不動居士馮公檝隨至方丈云某理會得適來和尚所舉公案慧曰居士如何云恁麼也不得蘇嚧娑婆訶不恁麼也不得唏哩娑婆訶恁麼不恁麼總不得蘇嚧唏哩娑婆訶慧舉似總總曰曾見郭象註莊子識者云却是莊子註郭象慧見其語異復舉巖頭婆子話問之總荅偈曰一葉扁舟泛渺茫呈橈舞棹別宮商雲山海月都拋却贏得莊周蝶夢長慧休去馮公疑其所悟不根後過無錫招至舟中問云婆生七子六箇不遇知音只這一箇也不消得便棄在水中老師言道人理會得且如何會曰已上供通並是詣實馮公大驚慧挂牌次總入慧問古人不出方丈為甚麼却去莊上喫油餈云和尚放妙總過妙總方敢通箇消息慧曰我放你過你試道看云妙總亦放和尚過慧曰爭奈油餈何總喝一喝而出於是聲聞四方隆興改元舍人張公孝祥來守是郡以資壽挽開法入院日　上堂曰宗乘一唱三藏絕詮祖令當行十方坐斷二乘聞之怖走十地到此猶疑若是俊流未言而諭設使用移星換斗底手段施攙旗奪鼓底機關猶是空拳豈有實義向上一路千聖不傳學者勞形如猿捉影靈山付囑徇時機演唱三乘各隨根器始於鹿野苑轉四諦法輪度百千萬衆山僧今日與此界他方乃佛乃祖山河大地草木叢林現前四衆各轉大法輪交光相羅如寶絲網若一草一木不轉法輪則不得名為轉大法輪所以道於一毫端現寶王刹坐微塵裏轉大法輪乘時於其中間作無量無邊廣大佛事周遍法界一為無量無量為一小中現大大中現小不動步遊彌勒樓閣不反聞入觀音普門情與無情性相平等不是神通妙用亦非法爾如然於此倜儻分明皇恩佛恩一時報足且道如何是報恩一句天高羣象正海闊百川朝　上堂舉雲門示衆云十五日已前即不問十五日已後道將一句來自代云日日是好日乃曰日日是好日佛法世法盡周畢不須特地覓幽玄只管鉢盂兩度濕　上堂黃面老人橫說豎說權說實說法說喻說建法幢立宗旨與後人作榜樣為甚麼却道始從鹿野苑終至跋提河於是二中間未嘗說一字點檢將來大似抱贓叫屈山僧今日人事忙冗且放過一著便下座　尼問如何是奪人不奪境曰野華開滿路徧地是清香云如何是奪境不奪人曰茫茫宇宙人無數幾箇男兒是丈夫云如何是人境俱不奪曰處處綠楊堪繫馬家家門底透長安云如何是人境兩俱奪曰雪覆蘆華舟橫斷岸

人境已蒙師指示向上宗乘事若何總便打
秦國夫人計氏法眞自寡處屏去紛華常蔬
食習有爲法因大慧遣謙禪者致問其子魏
公魏公留謙以祖道誘之眞一日問謙徑山
和尚尋常如何爲人謙曰和尚只教人看狗
子無佛性及竹篦子話只是不得下語不得



思量不得向舉起處會不得向開口處承當
狗子還有佛性也無無只恁麼教人看眞遂
諦信於中夜起坐以前話究之洞然無滯謙
辭眞親書入道槩略作數偈呈慧其後曰終
日看經文如逢舊識人莫言頻有礙一舉一
回新

嘉泰普燈録卷第十八

嘉泰普燈錄卷第十九

平江府報恩光孝禪寺臣僧　正受編

南嶽第十六世（臨濟十二世 楊岐五世）

文殊心道禪師法嗣三人（二人見錄）

潭州楚安慧方禪師

常德府文殊思業禪師

常德府文殊瓊禪師（機語未見）

大溈佛性法泰禪師法嗣四人

潭州慧通清旦禪師

澧州靈巖安禪師

成都府正法灝禪師

成都府昭覺辯禪師

虎丘紹隆禪師法嗣一人

慶元府天童應庵曇華禪師

丹霞佛智蓬庵端裕禪師法嗣九人（四人見錄）

福州清涼坦禪師

臨安府淨慈水庵師一禪師

湖州道場無庵法全禪師

泉州延福寒巖慧升禪師

福州大目蓽禪師　隆興府雲巖法秀禪師　處州連雲行殺禪師　婺州上巖詠禪師　慶元府安巖古禪師（已上機語未見）

華藏密印安民禪師法嗣一人

臨安府徑山別峯寶印禪師

昭覺徹庵元禪師法嗣一人

鄂州鳳棲慧觀禪師

虎丘雪庭元淨禪師法嗣一人

台州翠雲僧价禪師（機語未見）

南嶽第十六世（臨濟十二世 楊岐五世）

文殊心道禪師法嗣

潭州楚安慧方禪師鄂之醴陵人族許氏年二十事等覺法思越七稔得度崇寧五年具戒謁開福寧道者次依佛鑑鑑指往大別既至職藏司未幾改大別為神霄因歸長沙附舟至江口聞呼渡船者有省作偈曰汚水江頭叫一聲此時方得契平生多年不識重相見千聖同歸一路行及寧移居文殊復侍之舉前偈乃蒙印可命為第一座久而開法楚安擢澧之欽山　上堂曰臨老方稱住持全無些子玄機開口十字九乖問東便乃荅西如斯出世討甚玄微有時拈三放兩有時就令而施雖然如是同道方知且道知底事作麼生直須打翻鼻孔始得　上堂達磨祖師在脚底路不著兮提不起子細當頭放下看病在當時誰手裏張公會看脉李公會使藥兩箇競頭醫一時用不著藥不相投錯錯喫茶去

常德府文殊思業禪師世為屠宰一日戮猪次忽洞徹心源即棄業為比丘述偈曰昨日夜叉心今朝菩薩面菩薩與夜叉不隔一條線往見文殊殊曰你正殺猪時見箇甚麼便乃剃頭行脚師遂作鼓刀勢殊喝曰這屠兒參堂去師便下參堂住文殊日　上堂舉趙州勘婆話乃曰勘破婆子面青眼黑趙州老漢瞞我不得

大溈佛性法泰禪師法嗣

潭州慧通清旦禪師蓬之儀隴人族嚴氏初出關至德山值山上堂舉趙州云臺山婆子已為汝勘破了也且道意在甚麼處良久曰就地撮將黃葉去入山推出白雲來師聞釋然翌日入室山問前百丈不落因果因甚麼墮野狐後百丈不昧因果因甚麼脫野狐師曰好與一坑埋却出住岳之永慶遷慧通　上堂曰三世諸佛不知有一一面南看北斗狸奴白牯却知有雲外金毛正哮吼箇中隱顯現全身頭頭透脫無前後撥轉機輪向上關八角磨盤空裏走　上堂說佛說祖正如好肉剜瘡舉古舉今猶若殘羹餿飯一聞便悟已落第二頭一舉便行早是不著便須知箇事如天普蓋似地普擎師子游行不求伴侶壯士展臂不借他力佛祖拈掇不起衲僧顧

見無門迷悟雙忘聖凡路絶且道從上諸聖以何法示人喝一喝曰莫妄想　上堂見色明心墮坑落塹聞聲悟道辜負平生直饒聲色純眞塵塵入妙坐在光影跳出窠臼到這裏亦無人亦無佛大千沙界海中漚一切聖賢如電拂且道釋迦老子向甚麼處出頭良久曰放過一著　上堂目前無法埰生招箭意在目前挂箔遮驢鳴非耳目所到出門便是草夾山老子在百草頭上横身鬧市裏打磬諸人還見麼若也不見却歸碧巖去也

上堂正眼豁開照破多年山鬼窟腕頭著力拈却門前下馬臺捨重從輕裁長補短奪饑餐於正食猛自知非驅耕牛於正行不借他力住則當頭印破去則截斷脚跟無卓錐之地者萬德來朝赤骨歷地者現成活計然雖如是忽遇其中人來時如何且待別時相見

佛性和尚忌日上堂三脚驢子弄蹄行步步相隨不相到樹頭驚起雙雙魚拈來一老一不老爲憐松竹引清風其奈出門便是草因喚檀郎識得渠大機大用都推倒燒香勘證見根源糞埽堆頭拾得實叢林浩浩謾商量勸君莫謗先師好　僧問至道無難唯嫌揀擇時如何曰河水從源濁

澧州靈巖仲安禪師（未詳氏里）幼爲比丘壯留講聚因閱首楞嚴至知見立知即無明本知見無見斯即涅槃師破讀爲知見立句知即無明句本知見無句見斯即涅槃句忽開悟棄謁圓悟禪師於蔣山時佛性爲座元師扣之即領旨迨性住德山遣師至鍾阜通嗣書圓悟問云千里馳來不辱宗風公案現成如何通信曰覿面相呈更無回互云此是德山底那箇是上座底曰豈有第二人云背後底聻師投書悟笑云作家禪客天然有在師曰付與蔣山次至僧堂前捧書問訊首座座云玄沙白紙此自何來曰久默斯要不務速說今日拜呈幸希一鑒座便喝師曰作家座又喝師以書便打座擬議師曰未明三八九不免自沈吟首座作麼生會座無語師以書復打一下時圓悟與佛眼見之悟云打我首座死了也復云所謂龍象蹴踏眼云非也官馬廝趯耳悟令召至云我五百人首座你爲甚麼打他云和尚也須喫一頓始得悟顧佛眼吐舌眼云未在却顧師曰空手把鋤頭步行騎水牛意作麼生師鞠躬曰所供並是詣實眼笑云眞箇是屋裏人又往見五祖自和尚通法眷書自云書裏說箇甚麼曰文彩已彰云畢竟說箇甚麼曰當陽揮寶劒云近前來這裏不識幾箇字曰莫詐敗自顧侍者云是那裏僧者云此上座向曾在和尚會下自云怪得恁麼滑頭師曰被和尚鈍置來自乃將書於香爐上熏云南無三滿多沒陀南師近前彈指一下自乃啓書回德山曰佛果佛眼皆有偈送之未幾而靈巖虛席衲子投牒乞師住持出應其命　上堂曰參禪不究淵源觸途盡爲留礙所以守其靜默澄寂虛閑墮在毒海以弱勝強自是非他立人我量見處偏枯遂致優劣不分照不構用用不離窠此乃學處不玄盡爲流俗到這裏須知有殺中透脫活處藏機佛不可知祖莫能測所以古人道有時先照後用且要共你商量有時先用後照你須是箇漢始得有時照用同時你又作麼生抵當有時照用不同時又向甚麼處湊泊還知麼穿楊箭與驚人句不是臨時學得來（餘語未見）

成都府正法灝禪師　上堂舉永嘉到曹溪因緣師曰要識永嘉麼撳翻海嶽求知已要識祖師麼撥動乾坤建太平二老不知何處去卓拄杖曰宗風千古播嘉聲

成都府昭覺辯禪師　上堂曰毫釐有差天地懸隔隔江人唱鷓鴣詞錯認胡笳十八拍要會麼欲得現前莫存順逆五湖煙浪有誰爭自是不歸歸便得

虎丘紹隆禪師法嗣

慶元府天童應庵曇華禪師黄梅人族江氏生而奇傑年十七往東禪院去髮首依水南遂禪師染指法味因徧歷江湖與諸老激揚無不契者至雲居禮圓悟禪師悟一見痛與提策及入蜀指見彰教教移虎丘師侍行未半載頓明大法去謁此庵分座連雲處守以妙嚴請開法繼住衢之明果蘄之德章饒之報恩薦福婺之寶林報恩江之東林建康之蔣山平江之萬壽兩住南康歸宗後居天童　上堂曰九年面壁壞却東土兒孫隻履西歸鈍置黄面老子以拄杖一畫曰石牛攔古路一馬生三寅　上堂德章老瞎禿從来没滋味拈得口失却鼻三更二點唱巴歌無端驚起梵王睡喝一喝曰我行荒草裏汝又入深村上堂臨濟在黄檗處三度喫棒底意旨你諸人還覷得遂也未直饒一齩便斷也未是大丈夫漢三世諸佛口挂壁上天下老和尚將甚麽喫飯　上堂十五日已前水長船高十五日已後泥多佛大正當十五日東海鯉魚打一棒雨似盆傾直得三千大千世界一切衆生悉皆歡喜謂言打這一棒不妨應時應節報恩不覺通身踊躍遂作詩一首舉似大衆蜻蜓許是好蜻蜓飛来飛去不曾停被我捉来摘却兩邊翼恰似一枚大鐵釘

上堂若作一句商量喫粥喫飯阿誰不會不作一句商量屎坑裏蟲子笑殺闍黎拈拄杖曰拄杖子罪犯彌天貶向二鐵圍山且道薦福還有過也無卓拄杖曰遲一刻　上堂明不見暗暗不見明明暗雙忘無異流俗阿師野干鳴師子吼師子吼野干鳴三家村裏臭胡孫價增十倍驪龍頷下明月珠分文不直若作衲僧巴鼻甚處得来三十年後換手搥胸未是苦在　上堂飯籮邊漆桶裏相唾饒你潑水相罵饒你接觜黄河三千年一度清蟠桃五百年一次開華鶴勒那齩定牙關朱頂王呵呵大笑歸宗五十年前有一則公案今日舉似諸人且道是甚麽公案王節級失却帖上堂參學人切忌錯用心悟明見性是錯用心成佛作祖是錯用心看經講教是錯用心行住坐臥語言三昧是錯用心喫粥喫飯局屎送尿是錯用心一動一静一来一往是錯用心更有一處錯用心歸宗不敢與諸人説破何故一字入公門九牛拽不出　上堂舉僧問雲門殺父殺母佛前懺悔殺佛殺祖向甚麽處懺悔門云露師曰光孝著一轉語不是老僧見處亦非垂手為人何故豈不見道字經三寫烏焉成馬　上堂三十二相八十種好從朝至暮啾啾唧唧説黄道黑不知那

裏是二時上堂喫粥喫飯不覺齧破舌頭血濺梵天四天之下霈然有餘玉皇大帝惡發追東海龍王向金輪峰頂鞠勘頃刻之間追汝諸人作證見也且各請依實供通切忌回避儻若不實喪汝性命　上堂趙州喫茶我也怕他若非債主便是寃家倚墻靠壁成羣隊不知誰解辨龍虵　上堂五百力士揭石義萬仞崖頭撒手行十方世界一團鐵虚空背上白毛生直饒拈却臙脂帽子脱却鶻臭布衫向報恩門下正好喫棒何故半夜起来屈膝坐毛頭星現衲僧前　上堂舉泉大道訪慈明因緣師曰二老漢當時若踏著臨濟向上底我等今日飯也無喫還知薦福落處麽遂卓拄杖喝一喝下座　上堂舉雲門大師到乾峰云請師荅話峰云到老僧也未門云恁麽那恁麽那峰云將謂侯白更有侯黑師曰二老宿一等相見就中奇特光孝今日為諸人説道理一徧將謂春歸無覓處不知轉入此中来　上堂舉僧問雲門不起一念還有過也無門云須彌山師曰雲門道得不妨諦當要且落在第二頭若是明果即不然忽有人問不起一念還有過也無只對他道致將一問来　上堂三世諸佛眼裏無筋六代祖師皮下無血明果斂定牙關跨跳也出

他圈繢不得何故南泉斬貓兒僧問機不離位用處停機即不問未審機不到處如何通信曰一舉四十九云坐斷十方去也曰你要啞却老僧口那　問呈橈舞棹則不問且道婆婆手中兒子甚處得來巖頭扣船舷三下未審意旨如何曰爍礴打著連底凍云當時若問和尚如何祇對他曰一棒打殺云藥生七子六箇不遇知音只這一箇也不消得便擲向水中又且如何曰少賣弄云巖頭當時不覺吐舌意又作麽生曰樂則同歡　問如何是清淨法身雲門云華藥欄此意如何曰森沙努眼睛問只這是埋沒自已只這不是辜負先聖去此二途和泥合水處請師道曰王筋撑虎口云一言金石談來重萬事鴻毛脫去輕曰莫謾老僧好　問虛空消殞時如何曰禼婁行處浪滔天　問人皆畏炎熱我愛夏日長薰風自南來殿閣生微凉時如何曰倒戈卸甲　問眞淨和尚道頭陁石被莓苔裹擲筆峰遭薜荔纏羅漢院一年度三箇行者歸宗寺裏參退喫茶未審明甚麽邊事曰他是關西子愛説川僧話虎丘忌日拈香曰平生没興撞著這無意智老和尚做盡伎倆湊泊不得從此卸却干戈隨分著衣喫飯二十年來坐曲彔木懸羊頭賣狗肉知他有甚憑據雖然一年一度燒香日千古令人恨轉深師於室中能鍛鍊耆艾故世稱大慧與師居處為二甘露門嘗誡徒曰衲僧家著草鞋住院何至如蚖蛇戀窟乎隆興改元六月十三奄然而化春秋六十有一夏臘四十有三塔全身於院之西麓

丹霞佛智蓬庵端裕禪師法嗣

福州清凉坦禪師不知何許人也久侍蓬庵深蒙印可屢分座説法住清凉日有僧舉徑山竹篦話請益師示以偈曰徑山有箇竹篦直下別無道理佛殿廚庫三門穿過衲僧眼耳其僧言下有省餘語未見

臨安府淨慈水庵師一禪師婺之東陽人族馬氏年十六披削首參雪峰慧照禪師照舉藏身無迹話問之師數日方明呈偈曰藏身無迹更無藏脫體無依便廝當古鏡不勞還自照淡煙和露濕秋光照質之曰畢竟那裏是藏身無迹處師曰嗄照曰無蹤迹處因甚麽莫藏身師曰石虎呑却木羊兒照深肯之去謁東禪用月庵果皆有所投晚依佛智於西禪盡得其道出住慈雲繼遷數剎乾道辛卯始居淨慈　上堂曰圓悟師翁道參禪參到無參處參到無參始徹頭水庵則不然參禪參到無參處參到無參未徹頭若也欲窮千里目直須更上一重樓　上堂今晨改旦伏惟首座大衆知事頭首一九二九天寒不出手三九二十七籬頭吹觱篥四九三十六夜眠如路宿屈而復伸展而又縮一夜萬筭千思曾中一團麻線聽也聽不熟及至天曉起來脚踏實地頭還戴屋若作佛法商量口啞舌禿若作世諦流布特牛生犢拂子道我悟也山僧道你悟箇甚麽拂子道可憐融逐天下人六六元來三十六　上堂舉法眼示衆云盡十方世界明皎皎地若有一絲頭即是一絲頭師豎起拂子曰還見麽穿過髑髏猶未覺法燈和尚云盡十方世界自然明皎皎地若有一絲頭不是一絲頭師曰夜來月色十分好今日秋山無限清　上堂寂然不動感而遂通古人恁麽説話大似預搔待痒若教踏著衲僧關捩管取別有生涯喝一喝卓拄杖下座　上堂舉僧問雲門如何是超佛越祖之談門云胡餅師曰超談胡餅應時機逐塊知非師子兒敗葉霜風都掃盡古松方見歲寒枝師室中常問學者西天鬍子因甚麽無髭鬚淳熙丙申十二月二十四書偈示寂於嘉禾之光孝壽七十臘五十五

湖州道場無庵法全禪師東吳玉峰人族陳氏幼不茹葷十六師邑之東齋道川禪師川

嘗謂曰汝十二時中承誰恩力後閱法界觀色即不空以即故空始有趣入及冠祝髮進具入閩禮佛智於西禪命為侍者智後庵居西華師每入室智以狗子無佛性話問之罔對一日與僧語次僧舉五祖頌云趙州露刃劒師至此忽大悟造智室酬對如流令加護智徙育王請嗣其座初說法於宜黃之臺山移白楊西華隆興改元少卿鄭公作肅守吴興延居虎巖　上堂拈拄杖曰汝等諸人箇箇頂天立地肩橫楖栗到處行脚勘驗諸方更來這裏覓箇甚麽纔輕輕撥著便言天台普請南嶽游山我且問你還曾收得大食國裏寶刀麽卓拄杖曰切忌口嚌羊角　僧問牛頭未見四祖時如何曰天下無貧人云見後如何曰四海無富漢乾道己丑七月二十五旦將入寂衆求偈師瞪目下視衆請益堅遂書無無二字棄筆而逝火後設利五色塔于金斗峰壽五十六夏三十八

泉州延福寒巖慧升禪師建寧人也　上堂喝一喝曰盡十方世界會十世古今都盧在裏許畐畐塞塞了也若乃放開一針鋒許則大海西流巨嶽倒卓黿鼉魚龍蝦蠏蚯蚓盡向平地上湧出波瀾游泳鼓舞然雖如是更須向百尺竿頭自進一步則步步踏轉無盡藏輪方知道鼻孔搭在上唇眉毛不在眼下還相委悉麽復喝一喝曰切忌轉喉觸諱

華藏密印安民禪師法嗣

臨安府徑山別峰寶印禪師嘉之龍游人族李氏自幼通六經而厭俗務乃從德山院清素得度具戒聽華嚴起信既盡其說棄依密印於中峰一日印舉僧問巖頭起滅不停時如何巖叱曰是誰起滅師豁悟即首肯會圓悟歸昭覺印遣師徃省因隨衆入室悟問從上諸聖以何接人師竪拳悟曰此是老僧用底作麽生是從上諸聖用底師以拳揮之悟亦舉拳相交大笑而止留三年印俾其徒徃昭覺挽歸中峰為第一座火之南下謁佛性泰月庵果草堂清皆契合晚至徑山謁大慧禪師慧問從甚處來曰西川慧曰未出劒門關與汝三十棒了也師曰不合起動和尚慧欣然掃室延之慧南遷師乃西還出住臨邛鳳凰徙廣漢崇慶武信東禪成都龍華眉山中巖復還成都領正法俄再出峽抵金陵留守以保寧延師未幾移居金山遷雪竇淳熙庚子夏　勑補徑山　上堂曰三世諸佛以一句演百千萬億句收百千萬億句只在一句祖師門下半句也無只恁麽合喫多少痛棒諸仁者且諸佛是祖師是若道佛是祖不是祖是佛不是取捨未忘若道佛祖一時是佛祖一時不是顢頇不少且截斷葛藤一句作麽生道大虫裹紙帽好笑又驚人復舉僧問巖頭浩浩塵中如何辨主頭云銅砂鑼裏滿盛油師曰大小巖頭打失鼻孔忽有人問保寧浩浩塵中如何辨主只對他道天寒不及御帽　上堂舉南泉和尚到莊莊主預辦迎禮泉云爭知道老僧來排辦如此主云昨夜土地來報泉云老僧修行無力被鬼神覷破師曰盡道南泉被鬼神覷破不是好手殊不知王老師當面做賊金山今日新請都莊萬一山僧到莊第一不得鬼語　上堂六月初一燒空赤日十字街頭雪深一尺掃除不暇回避不及凍得東村廖胡子半夜著靴水上立　上堂日上月下速如電轂又是重新一陽來復湛不搖處暖生寒谷籬落梅華枝枝綴玉賀客街頭亞肩疊足借婆裙子拜婆年不識本來真面目仲冬嚴寒伏惟尊候起居萬福　上堂將心除妄妄難除即妄明心道轉迂桶底趯穿無忌諱等閑一步一芙蕖師至徑山獨決

孝宗皇帝召對　選德殿稱　旨入對日賜肴輿於東華門內十年二月　上製圓覺經註遣使馳賜命作序師年邁益獻住持十

五年冬奏乞庵居得請紹熈元年十一月往見交承智策禪師與之言别策問行日師曰水到渠成歸索紙書十二月初七夜雞鳴時九字如期而化奉蜕質反寺之法堂留七日顏色明潤鬢長頂温越十日葬于庵之西岡壽八十有二臘六十有四〔十三〕　特謚曰慈辯塔曰智光庵曰别峰

昭覺徹庵元禪師法嗣

鄂州鳳棲慧觀禪師　上堂曰前村落葉盡深院桂華殘此夜初冬節從兹特地寒所以道欲識佛性義當觀時節因緣時節若至其理自彰喝一喝曰恁麽説話成人者少敗人者多

嘉泰普燈録卷第十九

嘉泰普燈録卷第二十

正江府報恩光孝禪寺臣僧　正受編

南嶽第十六世（臨濟十二世 楊岐五世）

龍翔竹庵士珪禪師法嗣二人

南康軍雲居頑庵得昇禪師

通州狼山蘿庵慧溫禪師

史十

護國此庵景元禪師法嗣四人

台州國清簡堂行機禪師

鎮江府焦山或庵師體禪師

常州華藏湛堂智深禪師

參政錢端禮居士（語見賢臣）

天寧訥堂梵思禪師法嗣三人

（吉州青原立禪師 平江府澄照行壽禪師 智首座 已上機語未見）

靈隱佛海慧遠禪師法嗣五人

慶元府東山全庵齋已禪師

撫州疎山歸雲如本禪師

日本國覺阿上人

侍郎曾開居士（語見賢臣）

太守葛郯居士（語見賢臣）

南華知昺禪師法嗣四人

（韶州四祖華禪師 韶州南華明禪師 邵州天寧法清禪師 成都府正法月禪師 已上機語未見）

蓬萊卿禪師法嗣一人

（慶元府延福廣禪師 機語未見）

何山佛燈守珣禪師法嗣四人（二人見錄）

婺州義烏稠巖了贇禪師

侍制潘良貴居士（語見賢臣）

（臨安府天井普應佛慧道知禪師 參議鄭續居士 已上機語未見）

西禪文璉禪師法嗣一人

遂寧府西禪希秀禪師

雲居高庵善悟禪師法嗣九人（四人見錄）

婺州雙林用禪師

台州萬年道閑禪師

福州中際能禪師

南康軍雲居普雲自圓禪師

（信州懷玉堅禪師 福州靈瑞肱禪師 隆興府同安隆禪師 隆興府雲巖宜方禪師 筠州黄檗幻住印禪師 已上機語未見）

史十　二

大溈牧庵法忠禪師法嗣三人（一人見錄）

成都府信相戒修禪師

（潮州崇化道贇禪師 漢州無為道徽禪師 已上機語未見）

寶峰明禪師法嗣一人

漢州無為守緣禪師

谷山海禪師法嗣一人

（衢州報恩法舟禪師 機語未見）

烏巨雪堂道行禪師法嗣六人（三人見錄）

饒州薦福退庵休禪師

信州龜峰晦庵慧光禪師

眞州長蘆且庵守仁禪師

（江州天寧記禪師 饒州薦福忠禪師）

婺（州智者修禪師 已上機語未見）

南嶽第十六世（臨濟十二世 楊岐五世）

龍翔竹庵士珪禪師法嗣

南康軍雲居頑庵得昇禪師。蜀之廣漢德陽人，族何氏。年十七依崇果寺，二十得度，習講。久之棄謁文殊道禪師，請問佛法省要。殊示偈曰：契丹打破波斯寨，奪得寶珠村裏賣，十字街頭窮乞兒，腰間挂箇風流袋。師擬對，殊曰：莫錯。乃退參三年，方得旨趣。往見佛性，機不投。入閩至鼓山，禮覲次，便問：國師不跨石門句，意旨如何？竹庵應聲喝曰：閑言語。師即領悟。命師分座說法。紹興辛酉，丞相魏國張（史十）公浚擁旌閩中，請開法石門，遷明教及報恩（三）開先。　上堂曰：久雨不晴，一箭兩垜，鼻孔一時浸爛。且道是誰之過？賴得老趙州出來，為你勘破。且道勘破箇甚麽？日輪天子現扶桑，誰管西來問達磨。　上堂：萬仞崖頭打一推，待渠絕後復穌來。活鱍鱍，禪須自悟，萬重關

錄一時開僧問應真不借三界高超即不問如何是無位真人曰閙時富貴見後貧窮云擡頭須掩耳側掌便翻身曰無位真人在甚麽處云老大宗師話頭也不識曰放你三十棒乾道己丑九月二十五集衆示偈而化七日茶毗獲設利同靈骨葳于三生塔壽七十四夏五十四

通州狼山蘿菴慧温禪師七閩人族鄭氏甫二十禮靈鳳主僧以巽落髮受具謁棲賢初百丈栖水南遂雲居舒上封才南昌原晚依竹庵於東林未幾庵謝事復謁高庵悟南華昺草堂清皆蒙賞識會竹庵徙閩之乾元師歸省次庵問情生智隔想變體殊不用停囚長智道將一句来師乃釋然述偈曰撈出通身是口何妨罵雨呵風昨夜前村猛虎齩殺南山大虫庵首肯紹興辛未冬出住宣城寶勝後四居望刹　上堂曰釋迦老子四十九年坐籌幃幄彌勒大士九十一劫帶水拖泥凡情聖量不能剗除理照覺知猶存露布佛意祖意如將魚目作明珠大乘小乘似認橘皮為猛火諸人須是豁開胷襟寶藏運出自已家珍向十字街頭普施貧乏衆中忽有箇靈利漢出来道美食不中飽人喫山僧却向他道幽州猶自可最苦是新羅

護國此庵景元禪師法嗣

台州國清簡堂行機禪師郡之仙居人族楊氏風姿挺異器識宏遠年二十五棄妻孥往顯慶寺圓顱受具乃依國清光禪師去游諸席晚契證於此庵出住莞山次遷江之圓通太平之隱靜天台之萬年再居隱靜後處國清　上堂曰單明自己樂是苦因趣向宗乘地獄劫住五日一參三八普說自揚家醜更若問理問事問心問性克由叵耐若是英靈漢窺藩不入據鼎不嘗便於未有生佛已前轉得身却於今時大官路上捷行闊步終不向老鼠窟草窠裏頭出頭没若也根性陋劣要去有滋味處齩嚼遇著義學阿師遮相錮鏴直饒說得雲興雨現也是蝦蟆化龍下梢依舊喫泥喫土堪作甚麽　上堂仲秋八月旦庭戶入新凉不露風骨句愁人知夜長　上堂無隔宿恩可參臨濟禪有肯諾意難續楊歧派窮廝煎餓廝炒大海只將折筯攪你死我活猛火然鐺煑佛喋恁麽作用方可撐門拄戶更說聲和響順形直影端驢年也未夢見　上堂似鏡長明猶是眞常流注圓悟禪師云今時覓一箇半箇似鏡長明底亦難得那堪打破鏡来恁麽說話是則別有清規一期見来大似乞兒見小利殊不知打破鏡来正是貼肉汗衫若到隱靜門下二俱失利何故體才相似可克家箇地不容通水泄　上堂此一段事若道是有與賊為伴若道是無曠野葳身總不恁麽浩浩蕩蕩朝行三千暮行八百忽若眼開方知驢脣先生不是泗州大聖　高宗皇帝慶典請就使廳祝　聖陞座問荅罷師乃曰教中譬如琴瑟箜篌雖有妙音若無妙指終不能發今日天下禪流為
太上皇帝崇慶七十演妙音發妙指驚雷擊電聳動聽觀已自祝　聖了也便恁散去未見末後殷勤記得世尊一日數座而坐須菩提前白佛言希有世尊大衆且道此之希有以端坐為希有以尊重福相為希有以所說為希有若以端坐為希有世尊何嘗不端坐若以尊重福相為希有何獨此日若以所說為希有佛未開唇動舌一字元無將甚麽作希有遂喝一喝曰此之希有在朕兆已前語言未通之際一覷覷破方為希有此名根本法輪亦名正法眼藏亦名眞如解脫亦名般若妙心亦名大圓鏡智平等性智妙觀察智成所作智在華嚴經中男子身中入正定女人身中從定出為希有維摩經中五百長者子各獻寶蓋合成一蓋為希有涅槃經中大

地震動天花紛紛為希有般若經中包含內
空外空內外空統攝欲界色界無色界為希
有法華經中佛放眉間光現諸希有事為希
有一大藏教不可悉說若開第二義門於世
間品類之中物物皆有希有所謂黃河以清
為希有麒麟出現為希有鳳凰來儀為希有
河出圖洛出書為希有今日
太上皇帝崇慶七十壽過五帝之上為天中
天作王中王為希有臣僧行機向河清海晏
之時祝地久天長之筭為希有如上所說盡
是世間之希有大衆還知向上出世間之希
有麼復喝一喝曰四大海水可知滴數諸須
彌山可知斤兩釋尊壽命無量無邊於此見
得徹不妨　太上與釋尊壽命齊年更無優
劣其或未然暫輟玉皇天上位端居德壽福
生宮　僧問三聖問雪峰透網金鱗未審以
何為食峰云待汝出網來即向汝道意旨如
何曰同途不同轍云三聖道一千五百人善
知識話頭也不識峰云老僧住持事繁又作
麼生曰前箭猶輕後箭深云只如雪竇道可
惜放過好與三十棒這棒一棒也較不得直
是罕遇作家意又作麼生曰陣敗說兵書云
這棒是三聖合喫雪峰合喫師以拂子擊禪
床曰這裏薦取淳熙庚子五月六日無疾端

坐握拳而終闍維設利甚夥瘞靈骨于國清
寺之西南隅壽六十八臘四十三
鎮江府焦山或庵師體禪師丹丘黃巖人族
羅氏年十五去家師妙智院守威弱冠為沙
彌登具後會蹣庵成禪師抵其院與語挽歸
典客去游浙右此庵開法真如歸參禮一日
經行殿廡聞庵怒叱知事所疑頓豁翌日入
室庵指師曰是子今日茅廣矣及此庵奄世
護國因結茅白石峰為終計佛海遠禪師移
國清邀師分座授徒衲子宗仰出住吳門之覺
報徙澄照焦山　上堂舉臨濟示衆云一喝
如踞地師子一喝如金剛王寶劍一喝如探
竿影草一喝不作一喝用師曰這箇公案天
下老宿拈掇甚多第恐皆未盡善焦山不免
四棱著地與諸人分明註解一徧如何是踞
地師子咄如何是金剛王寶劍咄如何是探
竿影草咄如何是一喝不作一喝用咄若也
未會拄杖子與焦山吐露看卓一下曰笑裏
有刀又卓一下曰毒蛇無眼又卓一下曰忍
俊不禁又卓一下曰出門是路更有一機舉
話長老也理會不得　上堂年常浴佛在今
朝目擊迦維路不遙果是當時曾示現宜乎
惡水驀頭澆　上堂熱月須搖扇寒來旋著
衣若言空過日大似不知時　上堂古德道

祖師九年面壁為訪知音若恁麼會喫鐵棒
有日在又古德云祖師九年面壁何不懈惺
若恁麼會更買草鞋行脚三十年師曰祖師
九年面壁一似不曾若恁麼會日日香華夜
夜燈　上堂道生一無角鐵牛眠少室一生
二祖父開田說大義二生三梁間紫鷰語呢
喃三生萬物男兒活計離窠窟多處添少處
減大虫怕喫生人膽有若無實若虛爭捲驪
龍明月珠是則是只如焦山坐斷諸方舌頭
一句作麼生道肚無偏僻病不怕冷油齏拍
禪床下座　僧問如何是即心即佛曰鼎州
出獰爭神云如何是非心非佛曰閩蜀同風
云如何是不是心不是佛不是物曰窮坑難
滿　問起滅不停時如何曰謝供養　問我
有沒絃琴久居在曠野不是不會彈未遇知
音者知音既遇未審如何品弄曰鐘作鐘鳴
鼓作鼓響云雲門放洞山三頓棒意旨如何
曰和身倒和身偏云飯袋子江西湖南便恁
麼去又作麼生曰淚出痛腸云真金須是紅
爐煆白玉還他妙手磨曰添一點也難為
室中常舉帚柄問學者曰依稀茗帚柄髣髴
赤斑蛇衆皆下語不契有僧請益師示以頌
曰依稀茗帚柄髣髴赤斑蛇棒下無生忍臨
機不識爺淳熙己亥八月朔示微疾四日除

翰別郡守曾公逮夜半書偈付僧戒遺諸山書復書偈辭衆至鐘鳴趨寂龕留七日塔全軀於石公山壽七十有二臘五十有二

常州華藏湛堂智深禪師武林人也　佛涅槃日上堂曰兜率降生雙林示滅掘地討天虗空釘橛四十九年播土揚塵三百餘會納盡敗闕盡力布網張羅未免喚龜作鼈末後拘尸城畔槨示雙趺旁人冷眼看來大似弄巧成拙卓拄杖曰若無這箇道理千古之下誰把口說且道是甚麽道理癡人面前切忌漏洩

靈隱佛海慧遠禪師法嗣

慶元府東山全菴齊已禪師邛之蒲江人族謝氏年二十五遽脫塵鞅往法輪寺下髮聽圓覺乆之棄游關外謁佛海於蟠龍盡其機用海未之許一日五參出問未審如何是佛海曰齊已你問箇甚麽師於言下大悟遂禮拜海曰這漢今日大似方木逗著圓孔於是名振叢席初住鵝湖遷居廣慧徙東山　上堂舉修山主偈曰是柱不見柱非柱不見柱是非已去了是非裏薦取召太衆曰薦得是移華兼蝶至薦得非擔泉帶月歸是也好鄭州梨勝青州棗非也好象山路入蓬萊島是亦没交涉踏著秤鎚硬似鐵非亦没交涉金剛寶劒當頭截阿呵呵會也麽知事少時煩惱少識人多處是非多　蓮社會道友請上堂漸漸雞皮鶴髮父少而子老看看行步躘踵疑殺木上座直饒金玉滿堂照顧白拈賊豈免衰殘老病正好著精彩任汝千般快樂渠儂合自由無常終是到來歸堂喫茶去唯有徑路修行依舊打之遶但念阿彌陀佛念得不濟事復曰啞這條活路已被善導和尚直截指出了也是你諸人朝夕在徑路中往來因甚麽當面蹉過阿彌陀佛這裏薦得便可除迷倒障拔猶豫箭截疑惑網斷癡愛河伐心稠林浣心垢濁正心諂曲絕心生死然後轉入那邊撞起脚向佛祖履踐不到處進一步開却口向佛祖言詮不到處說一句喚回善導和尚求徑路修行其或準前捨父逃天流落他鄉撞東磕西苦哉阿彌陀佛淳熙丙午秋退居天童示少恙寄古爐瓶別育王佛照德光禪師乃書偈而逝

撫州踈山歸雲如本禪師台城人也　上堂久雨不晴戊在丙丁通身泥水露出眼睛且道是甚麽眼睛卓拄杖曰林間泥滑滑時叫兩三聲　上堂舉丹霞燒木佛話乃曰李四有錢不解飲張三解飲又無錢相招豐樂樓中看不怕寒威雪滿天

覺阿上人日本國滕氏子也十四得度受具習大小乘有聲二十九屬商者自中都回言禪宗之盛阿奮然拉法弟金慶航海而來歲餘始至乾道辛卯夏也袖香拜靈隱佛海禪師海問其來阿輒書而對復書曰我國無禪宗唯講五宗經論國主無姓氏號金輪王以嘉應改元捨位出家名行真年四十四王子七歲令受位令已五載度僧無進納而講義高者賜之某等仰服　聖朝遠公禪師之名特詣丈室禮拜願傳心印以度迷津且如心佛及衆生是三無差別離相離言假言顯之禪師如何開示海曰衆生虗妄見見佛見世界阿書云無明因何而有海便打即命海陞座決疑明年秋辭游金陵抵長蘆江岸聞鼓聲忽穎悟始知佛海垂手旨趣旋靈隱述五偈叙所見辭海東歸偈曰航海來探教外傳要離知見脫蹄筌諸方參遍草鞋破水在澄潭月在天其一掃盡葛藤與知見信手拈來全體現腦後圓光徹太虗千機萬機一時轉其二妙處如何說向人倒地便起自分明驀然踏著故田地倒裏幞頭孤路行其三求真滅妄元非妙即妄明真都是錯堪笑靈山老古錐當陽拋下破木杓其四豎拳下喝少賣弄說是論非入泥水截斷千差休指註一聲歸笛囉囉哩其五海稱善書偈贈其行阿少覩文墨善諸國書

至此未數載徑躋祖域其於華語能自通淳熙乙未與其國僧統遣僧訊海副以水晶降魔杵及數珠二臂綵扇二十事貯以寶函壬寅夏王請住持其國徽山寺復遣僧通嗣書時海已入寂矣

何山佛燈守珣禪師法嗣

婺州義烏稠巖了贇禪師　上堂舉趙州狗子無佛性話乃趙州狗子無佛性萬疊青山藏古鏡赤脚波斯入大唐八臂那吒行正令咄

西禪文璉禪師法嗣

遂寧府西禪第二代希秀禪師　上堂曰秋光將半暑氣漸消鴻鴈横空點破碧天似水猿猱挂樹撼翻玉露如珠直饒對此明機未免認龜作鼈且道應時應節一句作麼生道野色併来三島月溪光分破五湖秋

雲居高庵善悟禪師法嗣

婺州雙林用禪師郡之金華人族戴氏年十四往智者寺出家試所習得度乃遊江表初謁長蘆信保寧璣甘露卓後至龍門久之高庵過廬陵天寧遷雲居師随至一日庵陞座舉僧問投子如何是十身調御投子下禪床义手而立師聞罔知所詣歸坐紙帳中因垂手褰帳忽悟由是往来三佛會下皆蒙肯諾

史十　十二

初住閩之中際次居東西二禪後補天寧雙林　上堂曰拈槌竪拂祖師門下將黄葉以止啼說妙談玄衲僧面前望梅林而止渴際山今日去却之乎者也更不指東畫西向三世諸佛命脉中六代祖師骨髓裏盡情傾倒為諸人說破良久曰啼得血流無用處不如緘口過殘春

台州萬年無著道閑禪師郡之黄巖人族洪氏年二十六師芭蕉庵主以中選籍名九峰興善院得度未久歷諸老之門晚至歐峰機語頓契紹興壬戌以天台太平興國為萬年報恩光孝　勑師居之　上堂曰全機敵勝猶在半途啐啄同時白雲萬里纔生朕兆已落二三不露鋒鋩成何道理且道從上来事合作麼生誣人之罪以罪加之　上堂蕩蕩無迂曲明明透古今曉雲籠碧岫殘葉落踈林脫體全收放當堂定淺深饒君覰薦得未是我知音　上堂舉臨濟侍德山次山云今日困濟云這老漢寐語作麼山便打濟掀倒禪床雪竇云二員作者具啐啄同時眼有啐啄同時用雪竇擬向餓鷹爪下奪肉餓虎口裏爭餐敢謂德山臨濟俱是瞎漢有人辨得天下横行師曰然則栴檀薝蔔氣不相饒鸑鷟麒麟瑞無私出為甚麼雪竇道俱是瞎漢

選佛若無如是眼假饒千載亦奚為　上堂舉乾峰示衆云舉一不得舉二放過一著落在第二雲門出衆云昨日有人從天台来却往徑山去峰曰典座来日不得普請師曰相見不須瞋君窮我亦貧謂言侵早起更有夜行人丁卯九月壬申書偈而寂

福州中際能禪師嚴陵人也往来龍門雲居有年未有所證一日普請擇菜次高庵忽以猫兒擲師懷中師擬議庵攔胷踏倒於是大事洞然所至宗匠倒屣紹興甲子春入閩抵中際歲餘遂繼席　上堂曰萬古長空一朝風月不可以一朝風月昧却萬古長空不可以萬古長空不明一朝風月且如何是一朝風月人皆畏炎熱我愛夏日長薰風自南来殿閣生微凉會與不會切忌承當　僧問國師三喚侍者意旨如何曰路側轉身難云萬象之中獨露身又作麼生師舉拳示之

史十　十三

南康軍雲居普雲自圓禪師綿之巴西人族雍氏年十九以試經披僧服留教苑五祀出關南下謁谷隱顯開福寧百丈古始詣龍門一日於廊廡間覩繪胡人有省夜白高庵庵舉法眼偈曰頭戴貂鼠帽腰懸羊角錐語不令人會須得人譯之復築火示之曰我為汝譯了也於是大法明了呈偈曰外國言音不

可窮起雲亭下一時通口門廣大無邊際呑盡楊歧栗棘蓬庵遺師依佛眼眼謂曰吾道東矣紹興丁巳出住薦福遷雲居　上堂舉僧問雲門如何是透法身句門云北斗裏藏身師曰南北東西萬萬千乾坤上下兩無邊相逢相見呵呵笑屈指擡頭月半天

大溈牧庵法忠禪師法嗣

成都府信相戒修禪師　上堂舉馬祖不安師曰兩輪舉處煙塵起電急星馳擬何止目前不礙往來機正令全施無表裏丈夫意氣自衝天我是我兮你是你

寶峯擇明禪師法嗣

漢州無為隨庵守緣禪師本郡人族史氏年十三病目因去家依棲禪慧目能禪師圓具出峽至寶峯一日峯上堂舉永嘉曰一月普現一切水一切水月一月攝遂舉拂子曰看看千江競注萬派爭流若也素善行舟便諳水脉遂可優游性海笑傲煙波其或未然且歸巖下坐更待月明時師聞釋然領悟翌日詣方丈陳所得峯首肯留五年西歸寓中巖郡守郡公溥挽師開法棲禪遷無為中巖　上堂曰以一統萬一月普現一切水會萬歸一一切水月一月攝展則彌綸法界收來毫髮不存雖然收展殊途此事本無異致但能於根本上著得一隻眼去方見三世諸佛歷代祖師盡從此中示現三藏十二部一切修多羅盡從此中流出天地日月萬象森羅盡從此中建立三界九地七趣四生盡從此中出沒百千法門無量妙義乃至世間工巧諸伎藝盡現行此事所以世尊拈華迦葉便乃微笑達磨面壁二祖於是安心桃華盛開靈雲疑情盡淨擊竹作響香嚴頓忘所知以至盤山於肉案頭悟道彌勒向魚市裏接人誠謂造次顛沛必於是經行坐卧在其中既有如是奇特更有如是光輝既有如是廣大又有如是周徧你輩諸人因甚麼却有迷有悟要知麼幸無偏照處剛有不明時　上堂綠暗紅稀日蜂忙蝶困時本來真面目一點不曾移囙　上堂舉趙州示衆云至道無難唯嫌揀擇纔有語言是揀擇是明白老僧不在明白裏是汝還護惜也無時有僧問既不在明白裏護惜箇甚麼曰我亦不知云和尚既不知為甚麼道不在明白裏曰問事即得禮拜了退師曰世間無物可羅籠獨立嵯峨萬仞峯忽若有人猛推落騰身雲外不留蹤

烏巨雪堂道行禪師法嗣

饒州薦福退庵休禪師　上堂曰恁麼也不是不恁麼也不是針眼裏跳出赤梢鯉魚變化昇騰神通游戲直饒雨似盆傾不是不是

上堂風動耶幡動耶風鳴耶鈴鳴耶非風鈴鳴非風幡動此土與西天一隊黑漆桶誑惑世間人看看滅胡種山僧不柰何趂後也打開鉢子曲彎彎冬瓜長儱侗　上堂結夏時左眼半斤解夏時右眼八兩謾云九十日安居贏得一肚皮妄想直饒七穴八穿未免山僧拄杖雖然如是千鈞之弩不為鼷鼠發機　上堂先師壽常用腦後一鎚卸却學者胷中許多詰曲當年克賓維那曾中興化此毒往往天下叢林喚作超宗異目非唯辜負興化亦乃克賓受辱若是臨濟兒孫終不依單附木資福喜見同參今日傾腸倒腹遂卓拄杖喝一喝曰還知先師落處麼倚死禪和如麻似粟　上堂言發非聲是箇甚麼色前不物莫亂針錐透過禹門風波更險咄

信州龜峯晦庵慧光禪師建寧人也　上堂數日暑氣如焚一箇渾身無處安著思量得也是煩惱人這箇未是煩惱更有已躬下事不明便是煩惱所以達磨大師煩惱要為諸人吞却又被咽喉小要為諸人吐却又被牙齒碍取不得捨不得煩惱九年若不得二祖不惜性命往往轉身無路煩惱教死所謂祖禰不了殃及兒孫後來遷華峯庵主到這裏

煩惱不肯住南嶽思大到這裏煩惱不肯下山更有臨濟德山用盡自己査梨煩惱鉢盂無柄龜峯今日為他閑事長無明為你諸人從頭點破卓拄杖一下云一人腦後露腮一人當門無齒更有數人鼻孔沒半邊不勞再勸你諸人休向這裏立地瞌睡殊不知家中飯籮鍋子一時失却了也你若不信但歸家點檢看

眞州長蘆且庵守仁禪師　上堂曰百千三昧無量妙門今日且庵不惜窮性命只做一句子說與諸人乃卓拄杖下座　上堂雲從龍風從虎吹散江村寒露雨麗天杲日絶纖埃有路明明吞佛祖物見主眼卓竪天邊白鴈送寒歸籬下黃華香半吐　上堂卓拄杖召大衆曰這般曲調豈屬宮商不是知音徒勞側耳且庵今日待為諸人吹一曲舞一拍還有擊節者麽若有乾闥婆王性命難存若無贏得一場懡㦬

嘉泰普燈録卷第二十

嘉泰普燈錄卷第二十一　魚一

平江府報恩光孝禪寺臣僧受編

南嶽第十六世（臨濟十二世 楊岐五世）

大溈月庵善果禪師法嗣十三人（八人見錄）

荊門軍玉泉窮谷宗璉禪師

潭州大溈行禪師

潭州道林淵禪師

隨州大洪老衲祖證禪師

隆興府石亭野庵璇禪師

隆興府泐潭山堂德淳禪師

常州保安復庵可封禪師

潭州石霜宗鑒禪師

（潭州法輪纖庵玫禪師 太平府吉祥槃禪師 襄陽府石門立禪師 夔州雙林遠禪師 平江府穹窿覺文禪師 已上機語未見）

梁山廓庵師遠禪師法嗣一人

（成都府信相宜禪師 機語未見）

雲居法如禪師法嗣二人

太平州隱靜圓極彥岑禪師

鄂州報恩成禪師

歸宗真牧正賢禪師法嗣二人

（漢州無為了悟禪師 潼川永福湖衡禪師 已上機語未見）

道場正堂明辯禪師法嗣五人（二人見錄）

平江府覺報清禪師

湖州何山然首座

（湖州道場言禪師 成都府正法灝禪師 成都府金繩惠禪師 已上機語未見）

白楊法順禪師法嗣二人（一人見錄）

吉州青原如禪師

淨居尼慧溫法嗣一人

（汀州南安巖如禪師 機語未見）

溫州淨居尼無相大師法燈

南嶽第十七世（臨濟十三世 黃龍六世）

萬年心聞曇賁禪師法嗣三人（二人見錄）

溫州龍鳴在庵賢禪師

潭州大溈喚庵鑒禪師

（舒州投子淳禪師 機語未見）

南嶽第十七世（臨濟十三世 楊岐六世）

西禪懶庵鼎需禪師法嗣二人

福州鼓山木庵安永禪師

南劒州劒門安分庵主

東禪蒙庵思岳禪師法嗣二人（一人見錄）

福州鼓山宗逮禪師

（福州鼓山石庵知玿禪師 機語未見）

薦福悟本禪師法嗣一人

（法燈首座 機語未見）

育王大圓遵璞禪師法嗣一人

開善密庵道謙禪師法嗣一人

（然庵主 機語未見）

仙州山吳十三道人

東林卍庵道顏禪師法嗣六人（二人見錄）

荊南府公安遯庵祖珠禪師

汀州報恩法演禪師

（湖州積善道昌禪師 潼川府護聖麟庵開禪師 南康軍棲賢辯禪師 成都府保福芥庵清皎禪師 已上機語未見）

教忠晦庵彌光禪師法嗣二人

泉州法石中庵慧空禪師

臨安府淨慈混源曇密禪師

西禪此庵守淨禪師法嗣二人（一人見錄）

福州乾元宗穎禪師

（福州中際才禪師 機語未見）

天童應庵曇華禪師法嗣六人（三人見錄）

慶元府天童密庵咸傑禪師

南書記

侍郎李浩居士（語見賢臣）

（台州木山心鑒禪師 婺州智者淵禪師 教授嚴康朝居士 已上機語未見）

道場無庵法全禪師法嗣一人

常州華藏伊庵有權禪師

大溈行禪師法嗣一人

常德府德山涓禪師
龜峯晦庵慧光禪師法嗣一人
果州無思智田禪師機語未見
雙林用禪師法嗣一人
建寧府三峯印禪師
靈瑞胠禪師法嗣一人
潭州福嚴絛禪師機語未見
南嶽第十六世臨濟十二世楊岐五世
大溈月庵善果禪師法嗣
荊門軍玉泉窮谷宗璉禪師合郡雲門人族董氏兒時有異言幼師廣化了達試法華凡兩奏名　恩乃及剃染登戒之成都大慈講習往參信相昌禪師值上堂僧問法法不隱藏古今常顯露如何是顯露底法曰山河大地師聞徹有得出關謁鹿苑業文殊道佛性泰皆未釋所滯往扣月庵於道吾隨居福嚴每舉雲門放洞山三頓棒話詰之語不契一日普請擔米至彌陀嶺倦甚去擔嚗之忽大悟拊掌笑曰快活快活亟歸擬白月庵庵見來乃曰信吾不賺汝師禮謝於是命首衆說法衲子踵隨竟晦迹南嶽二十年居思大三生藏亦久因號璉三生會上封虛席潭師龍圖劉公昉力挽開法未幾引退復住報恩福嚴及龍王玉泉　開堂日問答已乃曰衲僧向人天衆前一問一答一擒一縱一卷一舒一棙一拶須是具金剛眼睛始得若是念話之流君向西秦我之東魯於宗門中殊無所益這一段事不在有言不在無言不礙有言不礙無言古人垂一言半句正如國家兵器不得已而用之橫說竪說只要控人入處其實不在言句上今時人不能一徑徹證根源只以語言文字而爲至道一句來一句去喚作禪道喚作向上向下謂之菩提涅槃謂之祖師巴鼻正似鄭州出曹門從上宗師會中往往箕箇以行脚爲事底纔有疑處便對衆決擇只一句下見諦明白造佛祖直指不傳之宗與諸有情盡未來際同得同證猶未是泊頭處豈是空開脣皮胡言漢語來所以南院示衆云諸方只具啐啄同時眼不具啐啄同時用時有僧問如何是啐啄同時用院曰作家不啐啄啐啄同時失僧云猶是學人問處院曰如何是你問處僧云失院便打其僧不契後至雲門會中因二僧舉此話一僧云當時南院棒折那其僧忽悟即回南院院已遷化時風穴作維那問曰你是問先師啐啄同時話底僧那云是穴曰你當時如何云我當時如在燈影裏行穴曰你會也大衆暗穿玉線密度金針如水入水似金博金敢問大衆啐啄同時是親切處因甚却失若也會得堪報不報之恩共助無爲之化便可橫身宇宙獨步大方若跳不出依前只在架子下

上堂拈拄杖曰破無明暗截生死流度三有城泛無爲海須是識這箇始得遂召大衆曰喚作拄杖則觸不喚作拄杖則背若也識得荆棘林中撒手是非海裏橫身脫或未然普賢乘白象土宿跨泥牛參　上堂一切數句非數句與吾靈覺何交涉師曰永嘉恁麼道大似含元殿上更覓長安殊不知有水皆含月無山不帶雲雖然如是三十年後趙婆酤醋　上堂舉溈山問仰山仲冬嚴寒即不問夥運推移事若何仰山進前三步溈曰知子答這話不得時香嚴旁立云某偏答得這話溈理前語問之嚴亦進前三步溈山曰賴遇寂子不會師曰問既一般答亦相似爲甚麼肯一不肯一要識溈山麼脚踏西溪流去水手持南嶽寄來書　上堂宗乘一唱殊途絕轍萬別千差俱泯滅通身是口難分雪金剛腦後三斤鐵好大哥　上堂舉麻谷持錫到章敬又到南泉師曰是是放出南山鼈鼻不是不是勒回千里追風驥終成敗壞可憐生塞斷咽喉無出氣無出氣有巴鼻趙州東壁挂葫蘆堪笑維摩談不二　僧問保壽開堂

三聖維出一僧保壽便打意旨如何曰利劒君子云惟復棒頭有眼惟復見機而作曰獼猴繫露柱云只如三聖道你恁麼爲人瞎却鎭州一城人眼又作麼生曰錦上鋪華又一重問行脚逢人時如何曰一不成二不是云行脚不逢人時如何曰虎齩大虫云只如慈明道釣絲絞水意作麼生曰水浸鋼石夘問三聖道我逢人即出出則不爲人意旨如何曰兵行詭道云興化道我逢人即不出出則便爲人又作麼生曰綿裹秤鎚　問不落因果爲甚麼墮野狐身曰廬山五老峯云不昧因果爲甚麼脫野狐身曰南嶽三生藏云只如不落不昧未審是同是別曰倚天長劒逼人寒　問北斗裏藏身時如何曰從地涌出云便恁麼去時如何曰波斯讀梵書　問初生孩子還具六識也無趙州道急水上打毬子意旨如何曰兩手扶犂水過膝云只如僧又問投子急水上打毬子意旨如何云念念不停流又作麼生曰水晶甕裏浸波斯　問楊岐道三脚驢子弄蹄行意旨如何曰過蓬州了便到巴州　問有句無句如藤倚樹時如何曰昨夜祝融生兩角云樹倒藤枯句歸何處曰今朝突兀又磨光云只如潙山呵呵大笑又作麼生曰海水逆流云羅山道道吾是箇舘驛裏撮馬糞漢又且如何曰衣穿肉露　問文殊是七佛之師爲甚麼出女子定不得曰閑處莫出頭云罔明爲甚麼却出得曰放屁合著大石調云一等是箇時節爲甚麼有出得出不得曰這裏有人教唆詞訟　問達磨未來時如何曰雲籠嶽頂云來後如何曰雨灑瀟湘　問世尊拈華迦葉微笑意旨如何曰路窮山轉云寬有頭債有主曰蘇嚧蘇嚧云忽然百萬大衆一時笑時如何曰你見箇甚麼僧禮拜師曰驢殺一船人　問如何是佛法大意曰騎牛穿市過云學人買鐵得金曰父南子北紹興庚辰十二月二十三日集衆出衣盂令於寺南建二窣堵一以存吾報身劫灰之餘一以奉四衆靈骨書偈而逝七日闍維獲設利五色衆咸得之以正月二十四歸骨奉藏焉壽六十四臘四十一

潭州大潙行禪師　上堂曰不是心不是佛不是物且道是箇甚麼不在内不在外不在中間畢竟在甚麼處苦苦有口說不得無家何處歸　上堂横拄杖曰你等諸人若向這裏會去如記信登九龍之輦不向這裏會去似項羽失千里烏騅饒你總不恁麼落在無事閣裏若向這裏撥得一路轉得身吐得氣山僧與你拄杖子遂靠拄杖下座　上堂舉僧問趙州路逢達道人不將語默對未審將甚麼對州云人從陳州來不得許州信師曰滿滿彎弓射不著長長揮劒斫無痕堪笑日月不到處箇中別是一乾坤

潭州道林淵禪師　上堂曰節近端午乍晴乍雨帶累達磨眼睛特地和泥合土二祖不會承當雪庭枉受辛苦引得後代兒孫各自開張門戶或放南山鼈虵或作玄沙猛虎雪峯連輥三毬禾山一味打鼓上僧撿點將來盡是葛藤露布爭如喫飯著衣此外更無佛祖畢竟如何阿嫂便是大哥妻師姑元是女人做　僧問鐘未鳴鼓未響托鉢向甚麼處去德山便低頭歸方丈意旨如何曰奔雷逆火云巖頭道這老漢未會末後句在又作麼生曰相隨來也云巖頭密啓其意未審那裏是他密啓處曰萬年松在祝融峯云然雖如是只得三年三年後果遷化還端的也無曰嚩呢嚧唎吽發吒紹興二十三年五月七日上堂拈拄杖示衆曰離却聲色言語道將一句來衆無對師曰動靜聲色外時人不肯對世間出世間畢竟使誰會言訖倚杖而逝

隨州大洪老衲祖證禪師潭之瀏陽潘氏子　上堂曰萬象之中獨露身如何說箇獨露底道理豎起拂手曰到江吳地盡隔岸越山

多　僧問雲門問僧光明寂照偏河沙豈不是張拙秀才語僧云是門云話墮也未審那裏是這僧話墮處曰鮎魚上竹竿　問離却言句請師直指師竪起拂子僧云還有向上事也無曰有云如何是向上事曰速禮三拜

隆興府石亭野菴璇禪師　上堂曰喫粥了也未趙州無忌諱更令洗鉢盂太煞没巴鼻悟去由來不丈夫道僧那免受塗糊有指示無指示韶石四楞渾塌地入地獄如箭射雲岫清風生大廈相逢携手上高峯作者應須辨眞假眞假分明爲論午夜寒蟾出海門

隆興府泐潭山堂德淳禪師信之上饒人　上堂曰俱胝一指頭一毛拔九牛華嶽連天碧黄河徹底流截却指急回眸青蒻笠前無限事緑蓑衣底一時休

常州宜興保安復菴可封禪師三山玉融林氏子　上堂曰天寛地大風清月白此是海宇清平底時節衲僧家等閑問著十箇有五雙知有只如夜半華嚴池吞却楊子江開明橋撞倒平山塔是汝諸人還知麼若也知去試向非非想天道將一句來其或未知擲下拂子曰須是山僧拂子始得　上堂舉雲門問僧光明寂照遍河沙豈不是張拙秀才語僧云是門云話墮也師曰向道莫行山下路果聞猿叫斷腸聲

潭州石霜宗鑒禪師　上堂曰送舊年迎新歲動用不離光影内澄輝湛湛夜堂寒借問諸人會不會若也會增瑕纇若不會休前眛與君指箇截流機白雲更在青山外

雲居法如禪師法嗣

太平州隱靜圓極彦岑禪師台城人也　上堂曰韓信打關未免傷鋒犯手張良燒棧大似曳尾靈龜既然席卷三秦要且未能囊弓裹革煙塵自靜我國晏然四海九州盡歸皇化自然牛閑馬放風以時雨以時五穀熟萬民安大家齊唱村田樂月落參横夜向闌　上堂今朝八月初五好事分明爲舉嶺頭漢漢秋雲樹底鳥鳩喚雨昨夜東海鯉魚吞却南山猛虎雖然有照有用畢竟無賓無主唯有文殊普賢住住我識得你　上堂舉正堂辯和尚室中問學者蚯蚓爲甚麼化爲百合師曰客舍并州已十霜歸心日夜憶咸陽無端更渡桑乾水却望并州是故鄉

鄂州報恩成禪師　上堂曰秋雨乍寒汝等諸人青州布衫成就也未良久喝曰雲溪今日冷處著一把火便下座

道場正堂明辯禪師法嗣

平江府覺報清禪師　上堂舉僧問雲門如何是諸佛出身處門云東山水上行師曰諸佛出身處東山水上行石壓筍斜出岸懸華倒生

湖州何山然首座姑蘇人也侍正堂之久入室次堂問貓兒爲甚麼偏愛捉老鼠曰物見主眼卓竪堂欣然因命分座淳熙初終於此山

白楊法順禪師法嗣

吉州青原如禪師　僧問達磨未來時如何曰生鐵鑄崑崙云來後如何曰五彩畫門神

淨居尼慧温法嗣

温州淨居尼無相大師法燈　上堂拈拄杖卓曰觀音出普賢入文殊水上穿靴立擡頭鷂子過新羅石火電光追不及咄

南嶽第十七世（臨濟十二世　黄龍六世）

萬年心聞曇賁禪師法嗣

温州龍鳴在菴賢禪師　上堂舉崇壽示衆云識得凳子周匝有餘雲門道識得凳子天地懸殊師曰崇壽老漢坐殺天下人雲門大師走殺天下人龍鳴即不然識得凳子四脚著地要坐便坐要起便起

潭州大潙寅菴鑑禪師會稽人也　上堂曰木落霜空天寒水冷釋迦老子無處藏身拆東籬補西壁撞著不空見菩薩請示念佛三昧也甚奇怪却向道金色光明雲參退喫茶

去　上堂老胡開一條路甚生徑直只云歇即菩提性淨明心不從人得後人不得其門一向奔馳南北往復東西極歲窮年無箇歇處諸人還歇得麼休休　上堂舉晦堂和尚一日問僧甚處來云南雄州曰出來作甚麼云尋訪尊宿曰不如歸鄉好云未審和尚令承歸鄉意旨如何曰鄉裏三錢買一片魚鮓如手掌大師曰寧可碎身如微塵終不瞎箇師僧眼晦堂較些子有般漢便道熟處難忘有甚共語處

南嶽第十七世（臨濟十三世 楊岐六世）

四禪懶庵鼎需禪師法嗣

福州鼓山木庵安永禪師閩縣人族吳氏弱冠依安國慈濟爲苾芻未幾謁懶庵於雲門一日入室庵曰不問有言不問無言世尊良久不得向世尊良久處會隨後便喝倏然契悟作禮曰不因今日問爭喪目前機庵許之及徙怡山命師首衆閱二年庵將順寂以大慧所傳磨衲授之囑令剪拂學者安撫尚書張公澄請師繼席不數月拂袖雲門庵乾道甲申郡師大資王公之望從衆衲請居乾元遷黃檗又三年移鼓山　上堂曰要明箇事須是具擊石火閃電光底手段方能發峻崖頭全身放捨白雲深處得大安居如其覷地覓金針直下腦門須迸裂到這裏假饒見機而變不犯鋒鋩全身獨脫猶涉泥水只如本分全提一句又作麼生道擊拂子曰淬出七星光燦爛解拈天下任横行　上堂布網垂鈎闊長江不繫舟水寒魚不食特地過滄洲恁麼舉似著甚來由半夜黑風翻大海直得波濤絕點流　上堂拈拄杖曰臨濟小廝兒未曾當頭道著今日全身放憨也要諸人知有遂擲拄杖下座　上堂舉睦州示衆云諸人未得箇入處須得箇入處既得箇入處不得忘却老僧師曰恁麼說話面皮厚多少木庵則不然諸人未得箇入處須得箇入處既得箇入處直須颺下入處始得僧問須彌頂上翻身倒卓時如何曰未曾見毛頭星現云恁麼則傾湫倒嶽去也曰莫亂做僧便喝師曰雷聲浩大雨點全無

南劒州劒門安分庵主號分禪少與木庵同肄業安國後依懶庵未有深證辭謁徑山大慧禪師行次江干仰瞻　宮闕閽街司喝侍郎來釋然大悟作偈曰幾年箇事挂胷懷問盡諸方眼不開肝膽此時俱決盡一聲江上侍郎來徑回西禪懶庵迎之付以伽棃自爾不規所寓後庵居劒門化被嶺表學者從之所作偈頌走手而成凡千餘首盛行於世　示衆曰這一片田地汝等諸人且道天地未分已前在甚麼處直下徹去已是鈍置分上座不少了也更若擬議思量何啻白雲萬里　示衆上至諸佛下及衆生性命總在山僧手裏撿點將來有沒量罪過山僧亦有沒量罪過還有撿點得出者麼卓拄杖一下曰冤有頭債有主遂左顧右視曰自出洞來無敵手得饒人處且饒人　示衆十五日已前天上有星皆拱北十五日已後人間無水不朝東已前已後總拈却到處鄉談各不同屈指曰一二三四五六七八九十十一十二十三十四諸兄弟且道今日是幾良久曰本店買賣分文不賒

東禪蒙庵思岳禪師法嗣

福州鼓山宗逮禪師　上堂曰世尊道應如是知如是見如是信解不生法相遂喝曰玉本無瑕却有瑕

開善密庵道謙禪師法嗣

建寧府仙州山吳十三道人者每以己事扣諸禪及開善歸結茅於其左遂往給侍紹興庚申三月八日夜適然啓悟占偈呈善曰元來無縫罅觸著便光輝既是千金寶何須彈雀兒善荅曰啐地折時眞慶快死生凡聖盡平沉仙州山下呵呵笑不負相期宿昔心

東林卍庵道顏禪師法嗣
荆南府公安遯庵祖珠禪師南平人也依卍庵之久一日入室次庵問僧云如何是佛麻師聞頻契有偈曰機前一句子用處不留情如撞幢子弩箭箭中紅心後開法公安四衆歸仰　上堂曰不是心不是佛不是物瀝盡野狐涎趯翻山鬼窟平田淺草裏露出焦尾大虫大虛寥廓中放出遼天俊鶻阿呵呵露風骨等閑拈出衆人前畢竟分明是何物咄咄　上堂玉露垂青草金風動白蘋一聲寒鴈叫喚起未惺人　上堂鶖子深談實相善說法要可惜玄沙老人漏泄向上一竅自從一見桃華後直至如今更不疑禪客相逢只彈指此心能有幾人知大衆這兩箇老漢一人撥動天關一人掀翻地軸山僧輒爾傚顰敢繼渠儂高蹋蒼鷹爪下分餐猛虎口中奪肉一句當機千足萬足君不見古人有言兮逢船便渡得路便行要會箇中意日午打三更拍禪床下座
汀州報恩法演禪師果州人也　上堂舉俱胝竪指師曰佳人睡起懶梳頭把得金釵插便休大抵還他肌骨好不塗紅粉自風流
教忠晦庵彌光禪師法嗣
泉州法石中庵慧空禪師贛城贛縣人族蔡氏少為書生年三十六投郡之觀音院下髮往依仰山祖禪師有省次參華嚴廣照燈禪師燈與語鋒捄俾典翰墨辭詣大慧於徑山宿疑盡去屬慧貶衡陽遂入閩見鼓山珪淨衆岳皆蒙印可後抵教忠一日入室聞舉女子出定話擬躡門忽大悟乃曰自携瓶去沽村酒却著衫來作主人忠曰中間底是阿誰師禮拜便出忠亟之紹興己巳會忠移住龜山以師繼席後遷大安及崇福乾道丁亥謝事寓雪峯東庵洋嶼雲門庚申春衆守龍學王公十朋挽居法石　受請日上堂曰雲門山中劄硬寨已是經年洋嶼江頭未見有毛頭星出現舉手攀南斗回身倚北辰等閑拋出東山暗號驗盡天下野狐當機覿面不相饒喝下蹉驢成隊走是以藥山道未有長行而不住未有長住而不行欲益無所益欲為無所為冝作舟航無久住此咄古人大似以隋珠彈雀用趙璧抵烏恁麼要續如來正法大似鄭州出曹門且道雲門庵主今日赴法石請為人底句作麼生道八十翁翁輥繡毬直從洋嶼江心過　春日上堂拈拄杖卓一下曰先打春牛頭又卓一下曰後打春牛尾驚起虛空入藕絲裏釋迦無路潛蹤彌勒急走千里文殊却知落處撫掌大笑歡喜且道他歡喜箇甚麼春風昨夜入門來便見千葩生碓觜　上堂舉芭蕉示衆曰你有拄杖子我與你拄杖子你無拄杖子我奪却你拄杖子師曰要識芭蕉用處麼更將歸去夢說與欲行人　上堂千家樓閣一霎秋風只知襟袖凉生不覺園林落葉於斯薦得觸處全真其或未然且作寒溫相見　上堂舉金剛經云佛告須菩提爾所國土中所有衆生若干種心如來悉知何以故如來說諸心皆為非心是名為心要會麼春風得意馬蹄疾一日看盡長安華僧問先佛垂範禁足安居未審是何宗旨曰瑠璃鉢內托須彌僧便喝師便打　問知師久韞囊中寶大衆臨筵乞借看曰猛虎畫蛾眉云今日小出大遇也曰劒去久矣不須刻舟云只如真覺示衆道南山有條鼈鼻蛇汝等諸人切須好看未審此意如何曰黑雲遮古路云長慶道今日堂中大有人喪身失命意作麼生曰抱劒入桑林云只如雲門將拄杖攛向雪峯面前峯作怕勢又且如何曰一家有事百家忙云玄沙道用南山作麼讚曰也要大家知云古人恁麼提持成得甚麼邊事曰兩兩三三成群作隊　問禾山四打鼓意旨如何曰下下打著云打著後如何曰不在鼓聲中頭頭皆漏泄云雪峯

見僧来連輥出三箇毬子又且如何曰兄弟
添十字云學人未曉乞師再指曰退步思量
愁殺人淳熙甲午春偶微恙寶文傳公自得
赴澧江左聞而省之值師偃息即召曰和尚
惺惺着師應曰已與侍郎相見了也傳曰一
鈞便上師曰也不可放過傳謂侍僧曰誰言
渠病師曰雪上加霜翊日剃沐更衣書偈已
端然坐亡乃三月二十三日也闍維數珠不
壞獲設利五色窆于東山之鉢那塔壽六十
有九臘四十有三
臨安府淨慈混源曇密禪師天台人族盧氏
年十二去家師資福道榮十六圓具習台教
棄依大慧於徑山未幾往謁雪巢一此庵元
入閩留東西禪無省遂之泉南教忠求決於
晦庵俾悅衆會解事歸前資偶舉香嚴擊竹
因緣豁然契悟述偈呈庵舉賢沙未徹語詰
之無滯庵曰子今始可見妙喜矣即禮辭至
梅陽服勤四載乾道辛卯出住茗溪上方次
遷台城紫籜鴻福萬年淳熙甲辰夏　詔居
淨慈　上堂諸佛出世打劫殺人祖師西来
吹風放火古今善知識佛口蛇心天下衲僧
自投籠檻莫有天然氣槩特達丈夫爲宗門
出一隻手主張佛法者麽良久曰設有也須
斬爲三段　上堂德山小參不答話千古叢

林成話覇問話者三十棒慣能說訶說夯時
有僧出的能破的德山便打風流儒雅甚甲
話也未問頭上著枷脚下著杻你是那裏人
一回相見一傷神新羅人把手笑欣欣未踏
船舷好與三十棒依前相厮誑混源今日恁
麽批判賞情好與三十棒且道是賞是罰具　焦一　十六
參學眼者試請辨看戊申十二月望書偈入
寂壽六十九臘五十四
西禪此庵守淨禪師法嗣
福州乾元宗頴禪師　上堂卓拄杖曰性燥
漢只在一槌遂靠拄杖曰靈利人不勞再舉
而今莫有靈利底麽良久曰比擬張麟兎亦
不過
天童應庵曇華禪師法嗣
慶元府天童密庵咸傑禪師七閩福清人也
　上堂曰牛頭横說竪說不知有向上關棙
子有般漆桶輩東西不辨南北不分便問如
何是向上關棙子何異開眼尿床華藏有一
轉語不在向上向下千手大悲摸索不著雨
寒無處曬眼今日普請布施大衆良久曰達
磨大師無當門齒　上堂世尊不說說拗曲
作直迦葉不聞聞望空啓告馬祖即心即佛
懸羊頭賣狗肉趙州勘庵主貴買賤賣分文
不直只如文殊是七佛之師因甚出女子定

不得河天月暈魚分子樹葉風從鹿養茸
上堂卓拄杖曰迷時只迷這箇復卓一下曰
悟時只悟這箇迷悟雙忘糞埽堆頭重添榼
𢶍莫有向東涌西没全機獨脫處道得一句
底麽若道不得華藏自道去也擲拄杖曰三
十年後　上堂舉死心和尚示衆云一人所　焦一　十七
在要須到半人所在也須到無人所在亦須
親到一回召大衆曰三邊一箭收功後四海
何愁不太平
南書記者三山人久依應庵於趙州狗子無
佛性話豁然契悟有偈曰狗子無佛性羅睺
星入命不是打殺人被人打殺定庵見喜其
脫略紹興末終於歸宗
道場無庵法全禪師法嗣
常州華藏伊庵有權禪師　上堂曰今朝結
却布袋口明眼衲僧莫亂走心行滅處解翻
身噴嚏也成師子吼栴檀林任馳驟剔起眉
毛頂上生𤵛肉成瘡露家醜　上堂禪禪無
黨無偏迷時千里隔悟在口皮邊
大潙行禪師法嗣
常德府德山涓禪師潼川人也　上堂横拄
杖曰一二三四五六七七六五四三二一循
環逆順數將来數到未来無盡日因七見一
見一亡七踏破太虛空鐵牛也汗出絶氣息

無蹤跡𢫬拄杖曰更須放下這箇始是參學事畢　上堂見見之時見非是見見猶離見見不能及遂喝曰鯨吞海水盡露出珊瑚枝衆中忽有衲僧出來道長老休寐語却許伊具一隻眼　上堂拈拄杖曰有時奪人不奪境拄杖子七縱八橫有時奪境不奪人山僧七顛八倒有時人境兩俱奪拄杖子與山僧削跡吞聲有時人境俱不奪卓拄杖曰伴我行千里㓗君過萬山忽若撞著臨濟大師時如何師喝曰未明心地印難透祖師關

雙林用禪師法嗣

婺州三峯印禪師　上堂舉野狐話曰不落不昧誣人之罪不昧不落無繩自縛可憐柳絮隨春風有時自西還自東

嘉泰普燈録卷第二十一

# 嘉泰普燈録卷第二十二

平江府報恩光孝禪寺臣僧正受編

## 聖君

太宗皇帝

眞宗皇帝

仁宗皇帝

徽宗皇帝

高宗皇帝

孝宗皇帝

## 賢臣

丞相王隨居士

殿院李璟居士

文定公張方平居士

修撰曾會居士

郎中許式居士

參政呂惠卿居士

都尉李遵勗居士

英公夏竦居士

節使李端愿居士

禮部楊傑居士

中書李林宗居士

簽判劉經臣居士

比部孫居士（遺其名）

節推朱炎居士

已上賢臣編目謹依宗派類定不以官品世次校也

## 聖君

太宗皇帝以聖極眞諦而廣闢度門 問發元機鮮克加對者如幸相國寺見僧看經 上問看底是甚麼經云仁王經 上曰既是朕經爲甚却在卿手裏僧無對（雪竇明覺重顯禪師後嘗代對曰皇天無親惟德是輔）幸開寶塔 問僧卿是甚人云塔主 上曰朕之塔爲甚麼卿作主僧無對（明覺代對盡國咸知）因僧見 上問卿居甚處云廬山臥雲庵 上曰朕聞臥雲深處不朝天爲甚到此僧無對（明覺代對曰難逃至化）僧入對次奏云陛下還記得麼 上曰甚處相見來奏云靈山一別直至如今 上曰卿以何爲驗僧無對（明覺代對曰貧道得得而來）京寺回祿藏經悉爲煨燼僧欲乞宣賜 召問昔日摩騰不燒如今爲甚却燒僧無對（明覺代對曰陛下不忘付囑）上嘗夢神人報云請 陛下發菩提心因早朝 宣問左右街菩提心作麼生發街無對（明覺代對曰實謂今古罕聞）智寂大師進三界圖 上問朕在那一界中寂無對（保寧仁勇禪師嘗代對曰 陛下何處不稱尊）一日朝能 擊鉢問丞相王隨曰既是大庾嶺頭提不起爲甚麼却在朕手裏隨無對（慈明楚圓禪師後嘗代對曰陛下有力白雲端禪師拈曰且道嶺頭有力主天下有力試猜斷看）

眞宗皇帝臨御以來 歷覽貝文 探賾祖敎乃於華嚴曉然自得嘗製偈曰寂寂太虛空湛湛如秋水拂拭本無塵不屬張王李因達智海勝藍偉冠都下廣延禪衲馳詔正覺本逸禪師主之逸至入對稱旨賜前偈令和逸謝 恩已覆爲四章一曰寂寂太虛空何人達此宗本來無一物佛祖永潛蹤二曰湛湛如秋水此心誰可委唯有悟空人相逢只彈指三曰拂拭本無塵青天月一輪堂堂無罣礙全露法王身四曰不屬張王李從來自家底山河及大地通身無不是 上大悅乃 錫正覺號

仁宗皇帝垂佛心以治天下四夷來王欲隆宗教乃 詔僧懷璉入對便殿命陞座稱 旨賜號大覺禪師 製詩頌褒之餘二十首及 提綱語二篇璉嘗進偈中有圓相上因製頌二章 賜璉曰今伏覩淨因長老於禪偈内畫圓相 此人人皆有除鈍根下愚人不曉裏面無安排鼻孔處呵呵又一重案底寡學淺近敢吟頌二首一曰接引本無言出沒任往還元無添減處但同秋月圓二曰愚蒙全不會上聖卒難知三十年後更添一 量兒今璉箋註璉註已并進三偈乞歸林下 上註璉頌一首仍 宣諭曰山卽如

如體也將安歸乎今再住京國且興佛法建
頌曰千蔟雲山萬壑流　上曰佛法廣大非
只渠壑也歸心終老此峰頭　上曰不止峰
頭更審細莫錯也朝昏但祝堯多壽　上曰
但是含生皆同天壽也一炷爐煙滿石樓
上曰徧法界白煙灰息也建復進二頌稱
謝有曰中使傳　宣出　禁闈　再令臣此
住禪扉青山未許藏千拙白髮將何補　萬
幾　霄露恩波方湛湛林泉情味苦依依
堯仁況是如天闊應任孤雲自在飛二十日
賜羅扇一把題元寂頌於其上又嘗　製修
心頌曰初祖安禪在少林不傳經教但傳心
後人若悟眞如性密意由來妙理深明年春
建堅辭　上從之特賜　御容一軸以　示
不忘之意
徽宗皇帝踐祚之初　留神禪奧　詔芙蓉
道楷禪師住持法雲以　問宗要二年佛國
禪師惟白奏所集宗門續燈錄三十卷　上
賜其序政和三年夏四月嘉州道傍有大樹
風雷所摧一僧晏坐樹內髭髮被體指爪遶
身本州以事具奏獲　旨令迎至京師供養
時西天總持以金磬出其定乃問何代僧曰
我東林遠法師之弟也因游峩眉不記時代
遠無恙否持曰遠法師晉人也去世七百年

矣遂不復語持曰師欲何歸曰陳留縣即復
入定　帝命繪其像頒行天下并　製三頌
一曰七百年前老古錐定中消息許誰知爭
如隻履西歸去生死徒勞木作皮二曰藏山
於澤亦藏身天下無藏道可親寄語莊周休
擬議樹中不是負趨人三曰有情身不是無
情彼此人人定裏身會得菩提本無樹不須
辛苦問盧能
高宗皇帝以　神武平海內三教　一致尤
宅心少林之道　潛龍時差侍臣韓子原往
天寧寺　命主僧佛果禪師克勤陞堂勤據
座說偈二章曰善因招善果種穀不生豆大
福德人修大福德人受八萬四千波羅蜜一
毫端上已圓成棒頭喝下承當得高步毗盧
頂上行時靖康元年三月二十五日也越三
日　復命陞堂勤遂舉天竺有王者嘗往見
一祖師即請說法祖曰大王來時好道去如
來時王歎伏勤拈曰說法是世法世法即佛
法直道而行風行草偃若未委悉重說偈言
去也至簡至易最尊最貴往還千聖頂顙頭
世出世間不思議彈指圓成八萬門一超直
入如來地韓錄三偈以進　上題其後曰靖
康改元四月初一觀佛果禪師善偈理趣高
妙云二年即皇帝位未幾　幸維揚十一月

詔勤詣　行在引對至　闕下　上遣中使
八人翊之　賜座　上曰朕一一記得昨過
泗洲見普照佛心長老稱是師弟子朕亦素
知師禪道高妙可得聞乎勤曰陛下以
仁孝治天下率土生靈咸被　光澤雖草木
昆蟲各得其所此佛祖所傳之心也此心之
外無別有心若別有心非佛祖之心矣　上
大喜曰可賜圓悟禪師號勤詣畢　上曰師
居金山何如勤曰臣老且病願歸林下　上
曰不可天下名山惟師擇居之勤固辭　上
曰何山可住勤曰願授老雲居　上從其請
勤復奏曰　陛下既以佛心而化育生靈萬
邦稽首臣亦當傳佛心宗以酬覆燾　賜茶
罷傳　宣引詣五府經夕奉　旨五府以次
就雍熙寺請開堂演法　孝宗皇帝道自
生知　性由　天縱　在普安潛藩　閒徑
山佛日宗杲禪師之道委內都監往問要旨
杲作偈以獻及　建邸復令內侍齎束帛等
命杲就山爲衆說法　大書妙喜庵三字
仍　製贊　賜之杲演成四偈以呈　上甚
嘉歎　即皇帝位　詔杲引對杲稱疾乃
特賜大慧禪師一日因門司黃彥節舉傳燈
錄所載二十二祖摩拏羅偈曰心隨萬境轉
轉處實能幽隨流認得性無喜亦無憂　上

即悟其奥乾道庚寅冬景徳靈隱禪寺虚廓詔僧慧遠住持辛卯春　召見　上舉不與萬法爲侶問遠是甚麽人語遠以龐居士奏之（語繫不録）壬辰秋　召入　東閤　上曰前日在此閤静坐忽思向所舉不與萬法爲侶因縁　朕從這裏有箇見處遠曰不與萬法爲侶　陛下作麽生會　上曰四海不爲多遠曰一口吸盡西江水又且如何　上曰亦未曾欠缺　賜佛海禪師癸巳春　駕幸其寺　御方丈見遠畫像　問曰是誰遠曰臣之陋質學者寫以求贊　上曰此是畫底那箇是眞底遠鞠躬奏曰春氣和融恭惟　聖躬萬福　上大笑　至東廊觀畫壁次遠奏曰此乃歷代高僧　上曰如今有否遠曰西廊底筆光工淳熙丙申春僧徳光奉　旨補居靈隱寺冬十一月　召對便殿光舉靈雲見桃華悟道偈曰三十年來尋劒客幾回葉落又抽枝自從一見桃華後直至如今更不疑奏曰那裏是他不疑處　上曰空手牽鐵牛　上曰若問長老如何祇對光曰千聞不如一見光復舉潙山問香嚴汝試向父母未生已前道一句看香嚴無對　上曰朕有一語光曰如何是父母未生已前一句　上曰昨夜今朝又明日示光偈曰大暑流金石寒

風結凍雲梅華香度遠自有一枝春未數　賜佛照禪師號庚子秋延徑山主僧寶印於選徳殿　上曰三教聖人本同道箇道理印奏曰譬如虚空東西南北初無二也　上曰但聖人所立門戸各别爾孔子以中庸設教印曰非中庸之教何以安立世間故華嚴亦不壞世間相而成出世間法法華云治世語言資生産業皆與實相不相違背　上曰今之士夫學孔氏者多只攻文字不見夫子之道不識夫子之心唯釋迦老子不以文字教人直指心源開示衆生各令悟入此爲殊勝也印曰非獨今之學者不見夫子之道當時十哲如顔子號爲具體盡其平生力量只道得箇瞻之在前忽焉在後如有所立卓爾竟捉摸未著而夫子分明八字打開與諸弟子曰二三子以我爲隱乎吾無隱乎爾吾無行而不與二三子者是丘也以此而觀夫子未嘗回避諸弟子而諸弟子自蹉過也昔張商英丞相云惟吾學佛然後能知儒　上曰朕意亦謂如此印曰臣近見　陛下賜徳光長老　御札曰今俗人乃有以禪爲虚空以語爲戲論其不知道也如此切中今日流俗之病蓋流俗例以佛法爲清淨寂滅之教遂引莊老之説以合佛意以臣所觀莊老立地處

上做得經論中二乘人見解　上曰如何見得印曰墮肢體黜聰明形固可使如槁木心固可使如死灰便是二乘人灰心滅智厭身如桎梏棄智如雜毒所以去大乘人遠矣大乘人衆生度盡方證菩提正如伊尹有一夫不被其澤若已推而内之溝中又云予天民之先覺者也將以斯道覺斯民也此便是大乘人履踐處　上然之嘗　製布袋和尚贊曰袋貯乾坤杖挑日月矗矗直直僧中之傑憨憨癡癡域中之絶令行兮一棒一條痕逗機兮殺人須見血別別分明一點紅爐雪又嘗　游戲於圓覺大光明藏中　備覽諸經　發於淵默　疏其至奥　警悟人天如釋清淨慧章至一切障礙即究竟覺則曰菩薩初發心時名始覺圓覺成就名究竟覺今見諸障即究竟覺者蓋已入佛地無一切差別心也　釋得念失念無非解脱則曰得念是無念失念是有念佛知諸念本空了無得失故皆得解脱　釋成法破法皆名涅槃則曰進修曰成毀謗爲破佛知諸法本空了無成壞故皆名涅槃　釋智慧愚癡通般若則曰智慧者已悟之性愚癡者未悟之性究其本源同一佛性故曰通爲般若　釋菩薩外道所成就法同是菩提則曰菩薩外道所立之

法雖有邪正之殊皆是菩提覺性釋無明眞
如無異境界則曰眞妄一體性本解脫 釋
諸戒定慧及婬怒癡俱是梵行衆生國土同
一法性則曰涅槃經云我以佛眼徧觀三界
有情無情一切人法悉皆究竟究竟者即法
性也 釋地獄天宮皆爲淨土則曰佛知善
惡二報皆如空華故謂苦樂二境皆爲淨土
釋有性無性齊成佛道則曰有性三乘也
無性闡提也佛眼觀之悉皆是佛 釋一切
煩惱畢竟解脫則曰佛謂煩惱本空故云畢
竟解脫釋法界海慧照了諸相猶如虛空此
名如來隨順覺性則曰法界海慧者佛之智
慧如法界之廣如大海之深故也其慧光照
了諸相如太虛空廓然無礙方爲佛之隨順
覺性如孔子之無可無不可是也
賢臣
丞相王隨居士嘗謁首山省念禪師得言外
之旨自爾踐履益深竟明大法至臨終日書
偈曰畫堂燈已滅彈指向誰說去住本尋常
春風掃殘雪
殿院李璟居士嘗謁福嚴雅禪師與論倩女
離魂話未終雅曰隨他去也公曰師意如何
雅曰切忌向倩女處著到公領悟曰元來却
在這裏雅哂之翌日同入藏院時雪竇顯禪
師爲藏主公曰便是藏主那顯曰是公曰藏
中還說著下官麼顯曰目前可驗公曰驗底
事作麼生顯曰不消一劄公擬議顯曰且請
殿院歸寮喫茶坐次嵐霧忽起雅曰殿院游
山恰阻烟霧公曰靈峯聖跡爲甚麼却有這
箇顯曰下方無公擬對雅曰藏主壯觀福嚴
顯曰和尚且莫開眼公曰作家作家顯曰殿
院尊重時有道士秀才到院公曰三教中那
教最尊顯起側立公曰有口何不道取顯曰
對夫子難言公曰休休便起顯曰適來造次
公喝之文定公張方平居士字安道知滁州
日嘗游瑯琊山周行廊廡不忍去旋抵藏院
有感流涕指梁間經函曰此吾前身事也今
取而視之乃所書楞伽經始二卷齋沐續之
與前書無少異（前身爲此寺知藏書未終而卒誓再書故也）焚香
展讀佛語心品至贊偈曰世間離生滅猶如
虛空華智不得有無而與大悲心遂洞明已
見書偈曰一念存生滅千機縛有無神鋒輕
舉處透出走盤珠暮年出此經示東坡居士
仍以其事語之坡題其後刻之浮玉山龍游
寺
修撰曾會居士幼與雪竇重顯禪師同舍及
冠異途天禧間值於淮句公遂引中庸大學
參以楞嚴符宗門語句質顯顯曰這箇尚不
與教乘合况中庸大學耶學士要徑捷理會
此事乃彈指一下曰但恁麼薦取公於言下
領旨天聖初公守四明以書幣迎師補雪竇
既至公曰某迎與清長老商量趙州勘婆子
話未審端的有勘破處也無顯曰清長老道
箇甚麼曰又與麼去也顯曰清長老且放過
一著學士還知天下衲僧出這婆子圈樻不
得麼公曰適來別有箇道處趙州若不勘破
婆子一生受屈顯曰勘破了也公大笑顯頌
衆入城緣化欲見之閽者以謁禁告師以偈
寄公曰碧落烟凝雪乍晴住山情緒寄重城
使君道在來相見空鬱甘棠影裏行公荅曰
勞勞世務逐浮沉一性澄明亘古今目擊道
存無阻隔何須見面始知心即請公見問曰
道存無阻因甚入來不得顯曰他日見別處
長老學士不請舉向伊公曰舉著又何妨顯
曰山僧罪過公曰好好顯應喏喏
郎中許式居士守隆興時從洞山聰禪師
（是公山主）得正法眼一日與泐潭澄上藍溥坐次
澄問閑郎中道夜坐連雲石春栽帶雨松當
時荅洞山甚麼話公曰今日放衙早澄曰闔
荅泗洲大聖在揚州出現底是否公曰別點
茶來澄曰名不虛傳公曰和尚早晚回山澄
曰今日被上藍覷破便喝公曰不柰船何打

破庵手公至上藍僧堂問首座年多少座曰六十八公曰僧臘多少座曰四十七公曰聖僧得幾夏座曰與虛空同受戒公拍床振首曰下官喫飯不似首座喫鹽多

參政呂惠卿居士字吉甫於法界觀研味有年後看李長者合論心地豁然說偈曰欲見又殊久馳心向五臺誰知黃卷上指出妙光來

都尉李遵勗居士字用和探索宗要有年聞慈照所舉因緣頓明大法述偈曰參禪須是鐵漢著手心頭便判直趣無上菩提一切是非莫管照諾而即之俄作照塔銘英自敘問道始末曰予早欽風而虎溪世之福地也會師退位以素緣熟乃走香命駕百舍重研道將迎意遂有王城之入創盈寺居之獲陪巾屨之待諦求眉髓之論師嘗諭旁擣問徑山禪可學乎曰此大丈夫事非將相之所能爲一旦開舉一喝耳聾三日之話如處甑室爐鞴而頓明如對靈山所然而微笑自此敘弟子禮或外館開供妙談渴聞旋請入都留閣旬浹或命駕香刹時問輕安服動左右六周歲嗇于是確求歸隱者數四咸鐫以他語貴其廷居亦嘗微露風指謂吾儕汝宿緣祖禰有記事著傳錄今不可泄云云銘曰離四句絕百非嘗以肅國大長公主誕辰命慈照石霜業縣就第演法最後業縣登座拈拄杖拗折擲地便下座公笑曰老作家手段終別照曰都尉亦不得無過一日與堅上座送別公問近離上黨得届中都方接塵談遽回虎錫指雲昇之翠巘訪雪嶺之清流未審此處彼處的的事作麼生堅曰利劍拂開天地靜霜刀纔動斗牛寒公曰恰值今日耳聵堅曰一箭落雙鵰公曰上座為甚麼著草鞋睡堅以衣袖一拂公低頭曰今日可謂降伏也堅曰普化出僧堂又圓禪師未出世時謁公公使童子問曰道得即與上座相見圓曰今日特來相看公又令童子問曰碑文刊白字當道種青松圓曰不因今日節餘日定難逢童子又出曰都尉言恁麼則與上座相見去也圓曰脚頭脚底公乃出揖坐復問我聞西河有金毛師子是否圓曰甚處得這箇消息來公便喝圓曰野干鳴公又喝圓曰恰是公大笑圓留數日乃辭公曰如何是臨岐一句圓曰好自將息公曰恁麼則不異諸方也圓曰都尉見處作麼生公曰放你二十棒圓曰專爲流通公拊掌圓曰瞎公曰好去圓曰喏喏圓歸唐明未幾公遣章介二師訊之圓於書尾畫雙足寫來僧名以答之公作偈寄曰黑毫千里餘金鄉示雙趺人天都莫測珍重赤鬚胡楊文公會次遽問釋迦六年苦行成得箇甚麼邊事公曰擔折方知柴束重其遣入妙寂應機無滯類此及疾篤命邀圓至公畫此　相并書偈曰世界無依山河匪礙大海微塵須彌納芥拈起幞頭解下腰帶若覓生死問取皮袋圓見乃問如何是都尉本來佛性公曰今日熱如昨日卻問圓臨行一句作麼生道圓曰本來無罣礙隨處任方圓公曰晚來困倦更不荅話圓曰無佛處作佛有尼道堅謂曰衆生見劫盡大火所燒時都尉切宜照顧主人翁公曰大師與我煎一服藥來尼無對公曰這師姑藥也不會煎語罷按枕未安而逝公於天聖中以所集宗門廣燈錄三十卷繳進　上製序冠其卷首仍賜入大藏流行

英公夏竦居士字子喬自契機於石門慈照蘊聰禪師（一名谷隱）日與老衲游偶上藍溥禪師至公問百骸潰散時那箇是長老自家底溥曰前月二十離蘄陽公休去溥卻問百骸潰散時那箇是相公自家底公便喝溥曰喝則不無畢竟那箇是相公自家底公對以偈曰休認風前第一機太虛何處著思惟山僧若要通消息萬里無雲月上時溥曰也是弄精魂

節使李端愿居士兒時在館舍常閱禪書長雖婚宦之然篤志祖道遂於後圃築室類蘭若邀達觀曇穎禪師處之朝夕咨參至忘寢食穎一日視公曰非示現力豈致爾哉㮣無箇所入何公問曰天堂地獄畢竟是有是無請師明說穎曰諸佛向無中說有眼見空花
魚二 十五
太尉就有裏尋無手撈水月堪笑眼前見牢獄不避心外聞天堂欲生殊不知忻怖在心善惡成境太尉但了自心自然無惑公進曰心如何了穎曰善惡都莫思量公曰不思量後心歸何所穎曰且請太尉歸宅公曰只如人死後心歸何所穎曰未知生焉知死公曰生則甚已知之穎曰生從何來公罔措穎起揕其胷曰只在這裏更擬思量箇甚麼公曰會得也穎曰作麼生會公曰只知貪程不覺蹉路穎拓開曰百年一夢今朝方省有本小異既而說偈曰三十八歲懵然無知及其有知何異無知滔滔汴水隱隱隋堤師其歸矣箭浪東馳

禮部楊傑居士字次公號無爲歷參諸名宿晚從天衣義懷禪師游懷每引老龐機語令研究深造後奉祠泰山雞一鳴觀日如盤湧忽大悟因以有男不婚有女不嫁之偈別曰男大須婚女長須嫁討甚閑工夫更說無生話書以寄懷懷稱善後會芙蓉楷禪師公曰與師相別幾年楷曰七年公曰學道來參禪來楷曰不打這鼓笛公曰恁麼則空游山水百無所能也楷曰相別未久善能高鑒公大笑嘗以履一緉惠齊曉山主曰葛蒲海內有一犀牛鼻孔遼天不知向背被崑崙兒入水牽回一鉤截斷自後頭角不全慈皮別無用處海上老商截爲隻履祖師歸去只得半邊蔥嶺使還空傳消息至今七百來年未曾踏著完全在縱使背法堂著去未免止宿草庵直饒頂上戴來也救貓兒不得今日無爲子布施與黃梅齊曉山主莫不舉足下足皆是道場東行西行無非佛事雖然如是向道衲僧脚跟未曾夢見在且道如何得與履相應去挂向千年葛藤上洞庭湖內與人看辭世偈曰無一可戀無一可捨大虛空中之乎者也將錯就錯西方極樂

中書李林宗居士久參宗師未契後會益首
魚二 十四
座於南嶽公乃虛心扣之遂問意欲出塵今未出請師端的決疑情益曰作麼生是出塵底意公罔措益召曰會麼公猛省呈偈曰心鏡從來瑩黃河本自深只因師問後砂石化爲金益曰正趣地獄公曰人我無相胡爲地獄益曰汝今何在曰見底對次益曰只此是黃金公曰眼中添屑益大笑公便禮拜

發判劉經臣居士字興朝少以逸才登仕版於佛未之信年三十二會東林照覺總禪師與語啓迪之乃敬服因醉心祖道既而抵京師謁慧林冲禪師於僧問雲門如何是諸佛本源答曰千峰寒色語下有省歲餘官雒幕就參韶山果禪師將罷官辭果果囑曰公如此用心何愁不悟爾後或有非常境界無量歡喜宜急收拾若收拾得去便成法器若收拾不得則有不寧之疾成失心之患矣未幾復至京師趨智海依正覺逸禪師請問因緣逸曰古人道平常心是道你十二時中放光動地不自覺知向外馳求轉踈轉遠公益疑不解一夕入室逸舉傳燈所載波羅提尊者見香至國王問何者是佛提曰見性是佛之語問公公不能對疑甚遂歸就寢熟睡至五鼓覺來方追念間見種種異相而表裏通徹六根震動天地回旋如雲開月現喜不自勝
魚二 十五
忽憶韶山臨別所囑之言姑抑之退明趨逸悉以所得告逸爲證據且曰更須用得始得公曰莫要履踐否逸厲聲曰這箇是甚麼事却說履踐公默契乃作發明心地頌八首及著明道諭儒篇以警世詞曰明道在乎見性余之所悟者見性而已孟子曰口之於味也

目之於色也耳之於聲也鼻之於臭也四支於安佚也性也楊子曰視聽言貌思性所有也有見於此則能明乎道矣當知道不違人人之於道猶魚之於水未嘗須臾離也唯其迷已逐物故終身由之而不知佛曰大覺儒曰先覺蓋覺此耳昔人有言曰今古應無墜分明在目前又曰大道只在目前要且目前難覩欲識大道真體不離聲色言語又曰夜夜抱佛眠朝朝還共起起坐鎮相隨語默同居止欲識佛去處只這語聲是此佛者之語道爲最親者立則見其參於前也在輿則見其倚於衡也瞻之在前也忽焉在後也取之左右逢其原也此儒者之語道最邇者柰何此道唯可心傳不立文字故世尊拈花而妙心傳於迦葉達磨面壁而宗旨付於神光六葉既敷千花競秀分宗列派各有門庭故或瞬目揚眉擎拳舉指或行棒下喝豎拂拈槌或持叉張弓輥毬舞笏或拽石般土打鼓吹毛或一默一言一吁一笑乃至種種方便皆是親切爲人（然只爲大觀故人多同措瞥然見者不隔絲毫其或沉吟迢遞爲星秋明道者宜然急爲）祖祖相傳至今不絕真得吾儒所謂忿而不發開而弗達者矣余之有得實在此門反思吾儒自有其道良哉孔子之言默而識之一以貫之故目擊而道存指掌而意會凡若此者乃合宗門之妙旨得教外之真機然而孔子之道傳之子思子思傳之孟子孟子既沒不得其傳而所以傳於世者特文字耳故余之學必求自得而後已幸余一夕開悟凡目之所見耳之所聞心之所思口之所談手足之所運動無非妙者得之既久



日益見前每以與人人不能受然後知其妙道果不可以文字傳也嗚呼是道也有其人則傳無其人則絕余既得之矣誰其嗣之乎終余之身而有其人耶無其人耶所不可得而知也故既爲記頌歌語以流播其事而又著此篇以諭吾徒云

比部孫居士（遺其名）因楊岐會禪師來謁值視斷次公曰某爲王事所牽何由免離會指曰委悉得麼公曰望師點破會曰此是比部弘願深廣利濟羣生公曰未審如何會示以偈曰應現宰官身廣弘悲願深爲人重指處棒下血淋淋公因此有省

鄧推朱炎居士嘗問義江禪師云未審此身死後此心何往江曰此身未死此心何往公契旨述偈曰四大不須先後覺六根還向用時空難將語默呈師也只在尋常語默中江曰更須吐却

嘉泰普燈録卷第二十二

# 嘉泰普燈錄卷第二十三　魚三

平江府報恩光孝禪寺臣僧　正受　編

賢臣下

文公楊億居士
清獻公趙抃居士
郎中張僅居士
太傅高世則居士
太史黃庭堅居士
中大吳中立居士
荊公王安石居士
提刑郭祥正居士
丞相富弼居士
內翰蘇軾居士
黃門侍郎蘇轍居士
正言王居士名犯欽宗廟諱
樞密徐俯居士
丞相張商英居士
文定公胡安國居士
王大夫居士遺其名
左丞范冲居士
中丞盧航居士
左司都貺居士
郡王趙令衿居士
給事馮揖居士
龍圖王蕃居士
教授蔡㴱居士
待制潘良貴居士
侍郎張九成居士
參政李邴居士
寶學劉子羽居士
提刑吳偉明居士
門司黃彥節居士
參政錢端禮居士
內翰曾開居士
知府葛郯居士
侍郎李浩居士
通判趙善期居士
朝奉俞南仲居士

文公楊億居士字大年幼舉神嬰及壯負才名而未知有佛一日過同僚見讀金剛經笑且罪之彼讀自若公疑之曰是豈出孔孟之右乎何佞甚因竊閱數板懵然始少敬信後會翰林李公維勉令參問及由祕書監出守汝州首至廣慧謁元璉禪師璉接見公便問布鼓當軒擊誰是知音者璉曰來風深辨公曰恁麼則禪客相逢只彈指也璉曰君子可八公應喏喏璉曰草賊大敗夜語次璉曰祕監曾與甚人道話來公曰某曾問雲巖諒監寺兩箇大蟲相齩時如何諒曰一合相某曰我只管看未審恁麼道還得麼璉曰這裏即不然公曰請和尚別一轉語璉以手作拽鼻勢曰這畜生更䟦跳在公於言下脫然無疑有偈曰八角磨盤空裏走金毛師子變作狗擬欲將身北斗藏應須合掌南辰後復杼其師承密證寄李維翰林師見僧寶廣慧傳中既而過門問道者無虛日悉隨機應之嘗爲衆曰此事大難委悉釋迦老子於三七日中思惟如是事便道我寧不說法疾入於涅槃帝釋梵王殷勤三請不得已而許之始自鹿野苑終於拘尸城中間四十九年作大佛事說三乘十二分教如瓶注水末後於靈山會上謂大衆曰吾正法眼已付摩訶大迦葉又云四十九年間未嘗說一字是甚麼道理於諸人分上著一字脚不得爲諸人各各有奇特事在若喚作奇特事早不中了也我道釋迦是敗軍之將迦葉是喪身失命底人汝等諸人作麼生會不見道涅槃生死是夢言佛及衆生爲增語直須恁麼會取不要向外馳求若也不明乖張不少居翰苑日慈明楚圓禪師爲唐明嵩和尚持書至公問對面不相識千里却同風圓曰某舉院門請公曰眞箇謾語圓曰前月離唐明公曰適來悔仲一問圓曰作家

公便喝，圓曰恰是。公又喝，圓以手畫一畫。公吐舌曰：眞龍象也。圓曰是何言歟。公召典客令別點茶，復曰：元来是家裏人。圓曰也不消得。公良久，又問：如何是圓上座爲人一句？圓曰切。公曰：恁麼則長裙新婦拖泥走。曰誰得似內翰。公曰作家作家。圓曰放內翰二十棒。公拊膝曰：這裏是甚麼所在？圓拍手曰也不得放過。公大笑，復問：尊使還記得唐明和尚當時悟底因緣麼？圓曰也曾見舉来。公曰請不吝慈悲。圓遂舉聞僧問首山如何是佛法大意，山云楚王城畔汝水東流。公曰：只如此語意旨如何？圓曰水上挂燈毬。公曰：恁麼則辜負古人去也。圓曰疑則別參。公曰三脚蝦蟆飛上天。圓曰一任踍跳。公哂之。取辭日，公曰：某有一轉語寄上座往唐明處，還得否？圓曰明月照見夜行人。公曰却不相當去也。圓曰更深猶自可，午後更愁人。公曰：開寶寺前金剛近日爲甚麼汗出？圓曰知。公曰：上座臨行豈無爲人底句？圓曰重疊關山路。公曰：恁麼則隨上座去也。圓嘘一聲。公曰眞師子兒大師子吼。圓曰放去又扶来。公曰：某適来失脚倒地，又得家童扶起。圓曰有甚了期。公大笑。因微恙問環大師曰：某今日忽違和，大師慈悲如何醫療？環曰丁香湯一椀。公便作吐勢。環曰恩愛成煩惱。環爲煎藥次，公叫曰有賊。環下藥於公前，叉手側立。公瞪目眎之曰少叢林漢。環拂袖而出。又一日問曰：某四大將欲離散，大師如何相救？環乃搥胷三下。公曰賴遇作家。環曰幾年學佛法，俗氣猶未除。公曰禍不單行。環作嘘嘘聲。公尋書偈付左右，令来早送達李都尉[三]。偈曰：漚生[四]與漚滅，二法本来齊。欲識眞歸處，趙州東院西。李見，遂曰：泰山廟裏賣紙錢。丞跨馬至，公始熟睡，李撼之，已逝矣。朝野聞之，莫不歎慕。後廣慧於公諱日設位供養，爇香次，有僧問：從来弟子供養師，今日爲甚麼師供養弟子？璉曰恩来義往。僧曰：恁麼則令人轉憶龐居士也。璉曰兩彩一賽。僧嘘一聲，璉乃莫茶，顧其僧曰鈍置老僧驢漢。自餘機語見乎它集。

清獻公趙抃居士，字悅道，年四十餘擯去聲色，系心宗教。會佛慧法泉禪師（號泉萬卷）来居衢之南禪，公日親之，泉未嘗容措一詞。後典青州，政事之餘多宴坐，忽大雷震驚，即契悟。作偈曰：默坐公堂虛隱凡，心源不動湛如水。一聲霹靂頂門開，喚起從前自家底。泉見笑曰：趙悅道撞彩耳。富鄭公初於宗門未有所趣，公勉之書曰：伏惟執事富貴如是之極，道德如是之盛，福壽康寧如是之備，退休閑逸如是之高，其所未甚留意者，如来一大事因緣而已。能專誠求所證悟，則它日爲門下賀也。公年七十有二，以太子少保致仕而歸，親舊里民遇之如故。作高齋以自適，題偈見意曰：腰佩黃金已退藏，箇中消息也尋常。世人欲識高齋老，只是柯村趙四郎（復曰切忌錯認）。臨薨遺泉書曰：非師平日警誨，至此必[五]不得力矣。泉悼以偈曰：仕也邦爲瑞，歸歟世作程。人間金粟去，天上玉樓成。慧劍無纖缺，氷壺徹底清。春風瀲水路，孤月破雲明。

郎中張僅居士，嘗戲問桂府義禪師曰：某如今剃却頭，還做得長老也無？義以手摩頂，召曰郎中。公應喏。義曰會麼？公曰不會。義曰干頭甚麼事。公恍然有得。太傅高世則居士，字仲貽，號無功，初依芙蓉道楷禪師，求指心要。楷令去其所重，扣已而參。一日忽造微密，呈偈曰：懸崖撒手任縱橫，大地虛空自坦平。照壑輝巖不借月，庵頭別有一簾明。

太史黃庭堅居士，字魯直，號山谷，以般若夙習，雖膴仕，瀞如也。出入宗門，未有所向。好作艷詞，嘗謁圓通秀禪師，秀呵曰：大丈夫翰墨之妙，甘施於此乎？秀方戒李伯時工畫馬事，公誚之曰：無乃復置我於馬腹中耶？秀曰：汝以艷語動天下人婬心，不止馬腹，正恐生泥

犂中耳公悚然悔謝由是絶筆惟專尊於道著發願文痛戒酒色但朝粥午飯而已往依晦堂祖心禪師乞指徑捷處心曰只如仲尼道二三子以我爲隱乎吾無隱乎爾者太史居常如何理論公擬對心曰不是不是公迷悶不已一日侍心山行次時巖桂盛放心曰聞木犀華香麼公曰聞心曰吾無隱乎爾遂釋然即拜之曰和尚得恁麼老婆心切心笑曰只要公到家耳(有本小異)久之如雲巖謁死心新禪師隨衆入室新見張目問曰新長老死學士死燒作兩堆灰向甚麼處相見公無語新約出曰晦堂處參得底使未著在後左官黔南道力愈勝於無思念中頓明死心所問報以書曰往年嘗蒙苦苦提撕長如醉夢依俙在光影中蓋疑情不盡命根不斷故望崖而退矣謫官在黔南道中晝臥覺忽然廓爾尋思被天下老和尚謾了多少惟有死心道人不肯乃是第一相爲也不勝萬幸後作晦

皇二 六

堂塔銘曰其夙承記莂堪任大法道眼未圓而來驂寧堵實深宗仰之歎乃勒堅珉敬頌遺美云先是晦堂訃音至公設伊蒲塞供拈香說偈曰海風吹落楞伽山四海禪徒著眼看一把柳絲收不得和風搭在玉闌干

中大兵中立居士字德夫居晦堂入室次堂謂曰平生學解記憶多聞即不問你父母未生已前道將一句來公擬議堂以拂子擊之即領深旨連述三偈呈之其後曰咄這多知俗漢巖蠹古今公案忽於狼藉堆頭拾得蜣蜋糞彈明明不直分文萬兩黃金不換等閑拈出示人只爲走盤難看噫堂答曰水中得火世還稀看著令人特地疑自古不存師弟子如今却許老胡知

荊公王安石居士字介甫丁母難讀書定林往來蔣山從贊元禪師游一日問元祖師意旨元不荅公益扣之元曰公於般若有障者三其近道之質一更須一兩生來恐純熟公曰願聞其說元曰公受氣剛大世緣深以剛大氣遭深世緣必以身任天下之重懷經濟之志用舍不能則心未平以未平之心持經世之志何時能一念萬年哉又多怒而學問尚理於道爲所知愚此其三也特視名利如脫髮甘澹泊如頭陀此爲近道且當以教乘

魚三 七

滋茂之可也公再拜後於首楞嚴深得其旨又嘗問眞淨克文禪師曰諸經皆首標時處獨圓覺不然何也文曰頓乘所演直示衆生日用見前不屬古今老僧即今與相公同入大光明藏游戲三昧互爲主賓非關時處又曰一切衆生皆證圓覺而圭峯易證爲具謬譯人之訛其義是否文曰圓覺可易則維摩亦可易也維摩曰亦不滅受而取證證與證義有何異哉蓋衆生現行無明三昧即是如來根本大智圭峯之說但知其具耳公即領解

提刑郭祥正居士字功甫號淨空喜泉石而不羨紛華因謁白雲守端禪師值端說法以上大人一篇示衆公切疑後聞小兒誦之有省書報白雲雲荅偈曰藏身不用縮頭歛跡何須收脚金烏半夜遼天玉兔趕他不著元祐中往衡之南禪謁泉萬卷請陞堂公趨前拈香曰海邊枯木入手成香爇向爐中撘穿香積如來鼻孔作此大事須是對衆白過始得雲居老人有箇無縫布衫分付南禪禪師着得不長不短進前則諸佛讓位退步則海水澄波今日覃伸六種震動遂召曰大衆還委悉麼有意氣時添意氣不風流處也風流泉曰遮相鈍置公曰因誰致得崇寧初到五祖拜演禪師命演舉揚演就座公復趨前拈香曰此一瓣香爇向爐中供養我堂頭法兄禪師伏願於方廣座上擘開面門放出先師形相與他諸人描邈何以如此白雲巖畔舊相逢往日今朝事不同夜靜水寒魚不食一爐香散白蓮風演拍禪床一下僧出問云云

丞相富弼居士字彥國由清獻公警勵之後不舍晝夜力進此道聞顒禪師主投子法席寵准句往質所疑會顒爲衆登座見其顧眄如象王回旋公微有得因執弟子禮趨函丈命侍僧請爲入室顒見即曰相公已入來富弼猶在外公聞汗流浹背即大悟尋以偈寄圓照本禪師曰一見顒公八悟入深賁緣傳得老師心東南謾說江山遠目對雲光與妙音後奏顒得證悟師名遣子晉送至顒上堂謝語有曰彼一期之誤我亦將錯而就錯公作偈贊曰萬木千華欲向榮卧龍猶未出滄溟彤雲彩霧呈嘉瑞依舊南山一色青

內翰蘇軾居士字子瞻號東坡宿東林日與照覺常總禪師論無情話有省黎明獻偈曰溪聲便是廣長舌山色豈非清淨身夜來八萬四千偈他日如何舉似人未幾抵荊南聞玉泉皓禪師機鋒不可觸公擬抑之即微服見皓皓問尊官高姓公曰姓秤乃秤天下長老底秤皓喝曰且道這一喝重多少公無對於是尊師之後過金山有寫公照容者公戲題曰心似已灰之木身如不繫之舟（一作眼似初生）狀今問汝平生功業黄州惠州瓊州

黄門侍郎蘇轍居士字子由元豐三年以罪謫高安會黄檗全禪師於城寺（全嗣老南）熟視公曰君靜而惠苟存心宗門何患不成此道公識之因習坐數求決於全無契後有省聰禪師來居壽聖公以此事徃問聰不荅公又扣之聰徐徐謂曰吾圓照未嘗以道語人吾今亦無語子公於是得言外之妙有偈見于家集云

正言王居士（名犯欽宗廟諱）依晦堂心禪師數載無所入元祐中漕江西辭晦堂乃問嗣九師得甚深法者何人曰雲巖死心新老因即之問曰某常聞三緣和合即生又聞即死即生何故有奪胎而生者某所疑也望師明決新曰且如正言作運使所到處即居其位還疑之否曰不疑新曰復何疑也由是頓去封滯

樞密徐俯居士字師川號東湖每侍先龍圖謁法昌及靈源語論終日公聞之蕤如也及法昌歸寂在笑談間公異之始篤信此道後丁父憂念無以報罔極即命靈源至孝址說法源登座問荅已乃曰諸仁者只如龍圖平日讀萬卷書如水傳器涓滴不遺且道尋常著在甚麼處而今捨識之後這著萬卷書底又卻向甚麼處著公聞灑然有得遂曰吾無憾矣源下座問曰學士適來見箇甚麼便恁麼道公曰若有所見則鈍置和尚去也源曰恁地則老僧不如公曰和尚是何心行源大笑靖康初爲尚書外郎與朝士同志者挂鉢於天寧寺之擇木堂力參圓悟悟亦喜其見地超邁一日至書記寮指悟頂相曰這老漢脚跟猶未點地在悟顰面曰甕裏何曾走卻鼈公曰且喜老漢脚跟點地悟曰莫謗他好公休去

丞相張商英居士字天覺號無盡年十九入京赴春闈抵向氏家向預夢神人報明日接相公淩晨公至向異之勞問勤腆後妻以女一日入寺見僧拂拭藏經梵夾肅莊皆金字公乃怫然曰吾孔聖之教反不如胡人之書夜坐書室吟哦至三鼓向呼曰夜深何不睡去公以前意對曰正此著無佛論向曰既無佛何用論之公疑其言遂已後訪一同列見佛龕前經乃問何書云維摩詰經公信手開閱至此病非地大亦不離地大處嘆曰胡人之語能爾耶因借歸讀之向問看者可書公曰維摩詰所說經向云可熟讀然後著無佛十論公知其爲諳始留心祖道元祐六年奉使江左由東林謁照覺總禪師叙論久之乃曰南昌諸山誰可與語總曰兜率悅玉溪喜公下車至八月按部過分寧諸禪迓之公請俱就雲巖寺陞堂有偈曰五老機緣共一方神鋒各向袖中藏明朝老將登壇看便請橫戈

戰一場悅最後登座其提綱語要盡貫穿前列公大喜遂入兜率祇擬瀑亭公問此是甚處悅曰擬瀑亭公曰捩轉竹筒水歸何處悅曰目前薦取公佇思悅曰佛法不是這箇道理及夜話悅曰某無夢十年矣前五夜夢身立孤峯頂有日輪出于東方而公之來豈東方慧輪乎徐以所見眞淨及素首座事語公公罔措悅因舉德山托鉢話令熟究之公悵然不寐至五鼓忽垂腳翻溺器猛省即造悅寢召曰某已捉得賊了也悅曰贓物在甚麼處公扣門三下悅曰且去來日相見翌旦投偈曰皷寂鍾沈托鉢回巖頭一拶語如雷果然只得三年活莫是遭他授記來悅首肯書長偈付之囑曰參禪爲命根未斷依語生解如是之法公已深知然有至微極細之魔使人不覺不知墮在區宇更宜著便公感甚邀至建昌道中求悅一一窺察之成十偈以誌其事悅依韻酬之是歲書雲日悅濼浴示徒說偈而化訃至公哭而慟及大拜乞　謚悅號眞寂禪師遣親持文祭其塔崇寧中寓江寧戒壇重閱雪竇拈古至百丈再參馬祖因緣云大冶精金應無變色按卷曰審如此言豈得臨濟法道有今日也以偈寄智海普融平禪師曰馬師一喝大雄峯聲入髑髏三日聾黃檗聞知驚吐舌江西從此振宗風仍舉似圜悟克勤禪師時住昭覺勤爲點破公喟然曰始知宗師垂手處果不可以意得旨哉即下拜政和乙未秋大慧禪師宗杲自龍安謁公時爲湛堂侍者公立問曰上座只恁麼著草鞋遠來杲曰某數千里行乞而至公曰年多少曰二十四公曰水牯牛年多少曰兩箇公曰甚麼處學得這虛頭來杲曰今日親見相公公曰念汝遠來且坐喫茶纔坐復問上坐此來有何事杲起稟曰泐潭和尚示寂荼毗睛齒數珠不壞舍利盈溢山中耆宿皆願得相公大手筆爲作塔銘激礪後學得得遠來冒瀆鈞聽公曰某被罪于此未嘗爲人作文字今有一問問上座若道得即與做塔銘若道不得贈公裹足歸龍安參禪去杲曰請相公垂問公曰聞準老眼睛不壞是否杲曰是公曰我不問這箇眼睛杲曰未審相公問甚麼眼睛公曰金剛眼睛杲曰若是金剛眼睛在相公筆頭上公曰恁麼則老夫爲他點出光明令他照天照地去也杲趨階曰先師多幸謝相公作塔銘公大笑以宣和四年十一月邀明口占遺表命子弟書之俄取睡枕擲門窻上聲如雷震衆驚眎之已薨矣享年七十有七

文定公胡安國居士字康侯號草庵久依上封得言外之旨崇寧中過藥山有禪人舉南泉斬貓話問公公以偈荅曰手握乾坤殺活機縱橫施設在臨時滿堂兎馬非龍象大用堂堂總不知又寄上封有曰祝融峰似杜城天萬古江山在目前須信死心元不死夜來秋月又同圓

大夫五居士名遠其以喪偶猒世相即慕南宗於元豐慧圓清滿禪師言下知歸滿一日謂曰子乃今之陸亘也公便掩耳既而回壇山之陽縛茅自處者三十載脇未嘗至席偶歌曰壇山裏日何長青松嶺白雲鄉吟鳥啼猿作道場散髮採薇歌又笑從教人道野夫狂

左丞范冲居士字致虛由翰苑守豫章過圓通謁圓機道旻禪師茶罷曰某宿世作何福業今生墮在金紫囊中去此事稍遠旻呼內翰公應喏旻曰何遠之有公躍然曰乞師再垂指誨旻拊膝一下公擬對旻曰見即便見擬思即差公乃豁如

中丞盧航居士與旻禪師擁爐次公問諸家因緣不勞拈出直截一句請師指示旻厲聲揖曰看火公急撥衣忽大悟公謝曰灼然佛法無多子旻喝曰放下著公應喏喏

左司都貺居士問旻禪師曰是法非思量分別之所能解當如何湊泊旻曰全身入火聚

公曰畢竟如何曉會旻曰驀直去公沈吟旻曰可更喫茶麽公曰不必旻曰何不恁麽會公契旨曰元來太近旻曰十萬八千公占偈曰不可思議是大火聚便恁麽去不離當處旻曰喚猶有這箇在公曰乞師再垂直指旻曰便恁麽去鐺是鐵鑄公頓首謝之

郡王趙令衿居士字表之號超然任南康政成事簡多與禪衲遊公堂閒爲摩詰丈室適圓悟禪師奉　旨來居廬阜公欣然就其鑪鞴悟不少假公　固請悟曰此事要得相應直須是死一回始得公默契嘗自䟽之其略曰家貧遭劫誰知盡底不存空屋無人幾度賊來亦打悟見囑令加護紹興庚申冬公與汪內翰藻李參政邴曾侍郎開詣徑山謁大慧禪師慧聞至令行者擊鼓爲衆入室公欣然袖香趨之慧曰趙州洗鉢盂話居士作麽生會公曰討甚麽碗拂袖便出慧起搊住曰古人向這裏悟去你因甚麽却不悟公擬對慧揕之曰討甚麽碗公曰還這老漢始得

給事馮楫居士字濟川自壯扣諸名宿最後居龍門從佛眼清遠禪師再歲一日同遠經行法堂偶童子趨庭吟曰萬象之中獨露身遠拊公背曰好聻公於是契入紹興丁巳除給事中會大慧就靈隱開堂慧下座公挽之曰和尚每言於士大夫此生決不作道蟲蜀今日因甚麽却納敗闕慧曰盡大地是箇杲上座你向甚麽處見他公擬對慧便打公曰是我招得越月特匃　祠坐夏徑山榜其室曰不動軒一日杲陞堂舉藥山問石頭和尚云三乘十二分教某甲粗知承聞南方直指人心見性成佛實未明了伏望慈悲示誨頭曰恁麽也不得不恁麽也不得恁麽不恁麽總不得你作麽生山罔措頭曰子緣不在此可往江西見馬大師去山至馬祖處亦如前問祖曰有時教伊揚眉瞬目有時不教伊揚眉瞬目有時教伊揚眉瞬目者是有時教伊揚眉瞬目者不是山大悟杲拈罷公隨至方丈曰適來和尚所舉底因緣某理會得杲曰你如何會公曰恁麽也不得囌嚧娑婆訶不恁麽也不得嘇唎嘇唎娑婆訶恁麽不恁麽總不得囌嚧嘇唎娑婆訶杲不顧後出知邛州移帥瀘南所至宴晦無倦嘗自詠曰公事之餘喜坐禪少曾將脇到床眠雖然現出宰官相長老之名四海傳至二十三年秋乞休致預報親知期以十月三日報終至日令後廳置高座見客如平時至辰巳間降堦望　闕肅拜請漕使攝郡事著僧衣履踞高座囑　諸官吏及道俗各宜向道扶持教門建立法幢遂拈拄杖按膝蛻然而化漕使請曰安撫去住如此自由何不留一頌以表罕聞公張目索筆書曰初三十一中九下七老人言盡龜哥眼赤復歛目竟爾長往建炎後而名山巨刹教藏多不存公累以己俸印施凡一百二十八藏用祝　君以康兆民門人蒲大聘嘗誌其事云有語錄頌古行於世公施經有偈曰我賦枕庵鄰有时旴空虛不作子原計不為車馬通不先玩好用不貝聲色娛置鋒無南訟片无無屢廬所得月眷絡唯將噴梵書萬里遣起个哼偃涉長途奉安大剎中閑示堵迷徒庶幾披關者咸得入無像古佛爲半偈尚乃捨全鑑我今以財施肩楚不後膚以我較古佛眷樂萬借妹所以不惜財非是票住愚借問借財人終日較媚鉢無常忽地到宰免生死無

龍圖王蕃居士字觀復留昭覺日聞開靜板聲有省問南堂元靜禪師曰某有箇見處纔被人問著却開口不得未審過在甚處靜曰過在有箇見處却問公朝旆幾時到任曰去年八月四日靜曰自按察幾時離衙公曰前月二十靜曰爲甚麽道開口不得公深領教

授謝鳳居士字子儀號休休未詳參問因疾甚子弟寫遺像公見援筆題曰我心之憂日月如流仰箭必墜覆水難收蝮毒在手火然著頭天下輕於兩臂此身同乎一漚身與物孰重心與身孰優兼儒釋老之學非內外中之求一既不著三何由收殊途同歸萬壑交流道並行而不悖聊卒歲以優游一樂對病

宜問予君臣狠虎一味適口豈擇乎蔡畜玠蚤孰爲瞿聃孰爲孔周雖任重而道遠未嘗休而未嘗不休故曰休休停筆而逝

侍制潘良貴居士字義榮年四十回心祖關所至挂鉢隨衆參扣後依佛燈守珣禪師久之不契因訴曰某只欲死去時如何珣曰好箇封皮且留著使用而今不了不當後去忽被他換却封皮卒無整理處又以南泉斬貓兒話問曰某看此甚久終未透徹告和尚慈悲珣曰你只管理會別人家貓兒不知走却自家狗子公於言下如醉醒珣復曰不易公進此一步更須知有向上事始得如今士夫說禪說道只依著義理便快活大率似將錢買油餈喫了便不饑其餘便道是瞞他亦可笑也公唯唯

侍郎張九成居士字子韶號無垢未第因客談楊文公呂微仲諸名儒所造精妙皆由禪學而至也於是心慕之聞寶印楚明禪師道傳大通居淨慧即之請問入道之要明曰此事唯念念不捨久久純熟時節到來自然證入復舉趙州栢樹子話令時時提撕公久之無省辭謁善權清禪師問曰此事人人有分箇箇圓成是否清曰然公曰爲甚某無箇入處清於袖中出數珠示之曰此是誰底公儗仰無對清復袖之曰是汝底則拈取去纔涉忍惟即不是汝底公悚然未幾留蘇氏館一夕如廁以栢樹子話究之聞蛙鳴釋然契入有偈曰春天月夜一聲蛙撞破乾坤共一家正恁麼時誰會得嶺頭脚痛有玄沙届明謁法印一禪師機語頗契適私忌就明靜菴供雲水主僧惟尚禪師纔見乃展手[十六]公便喝尚批公頰公趨前尚曰張學錄何得謗大般若公曰某見處只如此和尚又作麼生尚舉馬祖陞堂百丈卷席話詰之敍語未終公推倒卓子尚大呼張學錄殺人公躍起問傍僧曰汝又作麼生僧罔措公毆之顧尚曰祖禰不了殃及兒孫尚大笑公獻偈曰卷席因緣也大奇諸方聞舉盡攢眉臺盤趯倒人星散直漢從來不受欺尚答曰從來高價不饒伊百戰場中奮兩眉奪角衝關君會也叢林誰敢更相欺紹興癸丑魁多士復謁尚於東菴尚曰浮山圓鑑云饒你入得汾陽室始到浮山門亦未見老僧在如何公指侍僧曰蝦蟆窟裏討甚蛟龍丁巳秋大慧禪師董徑山學者仰如星斗公聞其語要歎曰是知宗門有人侍以語尚恨未一見及爲禮部侍郎偶參政劉公請慧說法于天竺公三往不值暨慧報謁公見但寒暄而已慧亦黙識之尋奉 桐還里至徑山與馮給事諸公議格物慧曰公只知有格物而不知有物格公茫然慧大笑公曰師能開諭乎慧曰不見小說載唐人有與安祿山謀叛者其人先爲閬守有畫像在焉明皇幸蜀見之怒令侍臣以劍擊其像首時閬守居陝西首忽墮地公聞頓領深旨題不動軒壁曰子韶格物妙喜物格[十七]欲識一貫兩箇五百慧始許可後守邵陽丁父難過徑山飯僧衆鈞者意與慧議及朝政逮寘慧衡陽今公居家守服服除安置南安丙子春蒙恩北還道次新淦而慧適至與聯舟劇談宗要未嘗語性事于氏心傳錄曰寫自嶺下侍舅氏歸新淦因會大慧舅氏令拜之寫曰素不拜僧舅氏曰汝姑扣之寫知其嘗執卷遂舉子思中庸天命之謂性率性之謂道修道之謂教三句以問慧曰凡人既不知本命元辰下落處又要牽好人入火坑如何聖賢於打頭一著不鑿破寫曰吾師能爲聖賢鑿破否慧曰天命之謂性便是清淨法身率性之謂道便是圓滿報身修道之謂教便是千百億化身寫得以告舅氏曰子拜何辭繼鎮永嘉丁丑秋句 祠枉道訪慧於育王（泉作記妙）喜越明年慧得旨復領徑山謁公於慶善院曰某每於夢中必誦語孟何如慧舉圓覺曰由

寂靜故十方世界諸如來心於中顯現如鏡
中像公曰非老師莫聞此論也其頌黃龍三
關語曰我手何似佛手天下衲僧無口縱饒
捺起便行也是鬼窟裏走(諱得不)我脚何似驢
脚又被呵膠黏著飜身直上兜率天已是遭
他老鼠藥(吐出不)人人有箇生緣處鐵圍山下
幾千年三災直到四禪天道驢猶自在旁邊
(熱得工夫)公嘗設心六度不為子孫計因取華嚴
善知識日供其二回食以飯緇流又嘗供十
六大天而諸位茶杯悉變為乳書偈曰稽首
十方佛法僧稽首一切護法天我今供養三
寶天如海一滴牛一毛有何妙術能感格試
借意識為汝說我心與佛天無異一塵才起
大地隔儻或塵銷覺圓淨是故佛天來降臨
我欲供佛佛即現我欲供天天亦現佛子若
或生狐疑試問此乳何處來狐疑即塵塵即
疑終與佛天不相似我今為汝掃狐疑如湯
沃雪火消冰汝今微有疑與惑鷂子便到新
魚三 十八
羅國
參政李邴居士字漢老醉心祖道有年聞大
慧排默照為邪公疑怒相半及見慧示眾舉
趙州庭柏垂語曰庭前栢樹子今日重新舉
打破趙州關特地尋言語敢問大眾既是打
破趙州關為甚麼卻特地尋言語良久曰當

初只道茆長短燒了方知地不平公頌悟謂
慧曰無老師後語幾蹉過後以書咨決曰某
近扣籌室伏蒙激發蒙滯忽有省入顧惟根
識暗鈍平生學解盡落情見一取一捨如衣
壞絮行草棘中適自纏繞今一笑頓釋所疑
欣幸可量非大宗匠委曲垂慈何以致此自
到城中著衣喫飯抱子弄孫色色仍舊既亡
拘執之情亦不作奇特之想其餘夙習舊障
亦稍輕微臨行叮嚀之語不敢忘也重念始
得入門而大法未明應機接物觸事未能無
礙更望有以提誨使卒有所至庶無玷於法
席矣又書曰某比蒙誨荅備悉深旨某自驗
者三一事無逆順隨緣即應不留胷中二宿
習濃厚不加排遣自爾輕微三古人公案舊
所茫然時復瞥地此非自昧者前書大法未
明之語蓋恐得少為足當廣而充之豈別求
勝解耶淨勝現流理則不無敢不銘佩
實學劉子羽居士字彥脩出知永嘉問道於
魚三 十七
大慧禪師慧曰僧問趙州狗子還有佛性也
無趙州道無但恁麼看公後乃於栢樹子上
發明有頌曰趙州栢樹太無端境上追尋也
大難處處綠楊堪繫馬家家門底透長安
提刑吳偉明居士字元昭久參真歇了禪師
得自受用三昧為極致後訪太慧於洋(嶼)庵

隨眾入室慧舉狗子無佛性話問之公擬荅
慧以竹篦便打公無對遂留咨參一日慧謂
曰不須呈伎倆直須啐地折嚗地斷方敵得
生死若只呈伎倆有甚了期即辭去道次延
平倏然契悟連書數頌寄慧皆室中所問者
其頌不是心不是佛不是物不是心不是佛不是
物通身一具金鎖骨趙州親見老南泉解道
鎮州出蘿蔔
門司黃彥節居士字節夫號妙德於大慧一
喝下疑情頓脫慧以衣付之嘗舉首山竹篦
話至葉縣近前奪得拗折擲向堦下曰是甚
麼山曰瞎公曰妙德到這裏百色無能但記
得曾作蠟梅絕句曰擬嚼枝頭蠟蠹香卻肖
蘭前村深雪裏莫作嶺梅看
參政錢端禮居士字處和號松窻從護國此
庵景元禪師發明已事後於宗門旨趣一一
極之淳熙丙申冬簡堂行機禪師歸住平田法
席鼎盛公遂與往來丁酉秋微恙修書召機
及國清瑞巖主僧有訣別之語機與二禪詣
榻次公起趺坐言笑移時出萬緡遺三剎即
書曰浮世虛幻本無去來四大五蘊必歸終
盡雖佛祖具大威德力亦不能免這一著子
天下老和尚一切善知識還有跳得過者無
蓋為地水火風因緣和合暫時湊泊不可錯

認爲己有大丈夫磊磊落落當用處把定立處皆眞順風使帆上下水皆可因齋慶贊去留自在此是上來諸聖鬧大解脫一路涅槃門本來淸淨空寂境界無爲之大道也今吾如是豈不快哉塵勞外緣一時掃盡荷諸山垂顧咸願證明伏惟珍重置筆顧簡堂曰某坐去好卧去好堂曰相公去便了理會甚坐與卧耶公笑曰法兄當爲祖道自愛遂斂目而逝

內翰曾開居士字天游久參圓悟暨往來大慧之門有日矣紹興辛未佛海慧遠禪師補三衢光孝公與超然居士趙公訪之問曰如何是善知識遠曰燈籠露柱貓兒狗子公曰爲甚麼贊即歡喜毀即煩惱遠曰侍郎（時徐翰來）曾見善知識否公曰某三十年參問何言不見遠曰向歡喜處見煩惱處見公擬議遠震聲便喝公擬對遠曰開口底不是公罔然遠召曰侍郎向甚麼處去也公猛省遂點頭說偈曰咄哉瞎驢叢林妖孽震地一聲天機漏泄有人更問意如何拈起佛子劈口截遠曰也只得一橛

知府葛郯居士字謙問號信齋少擢上第玩意禪悅首謁無庵全禪師求指南全以即心即佛因緣令究之久無所契請曰師有何方便使某得入全曰居士大無厭生已而佛海來居劒池公因從游乃舉無庵所示之語請爲衆普說海發揮之曰即心即佛眉拖地非佛非心雙眼橫蝴蝶夢中家萬里子規枝上月三更留句日而後反一日舉不是心不是佛不是物燈爾頌明頌曰非心非佛亦非物五鳳樓前山突兀艶陽影裏倒翻身野狐跳入金毛窟全肯之即遣書頌呈海海報曰此事非紙筆可既居士能過我當有所聞矣遂復至虎丘海迎之曰居士見處止可入佛境界入魔境界猶未得在公加禮不已海正容曰何不道金毛跳入野狐窟公乃痛領嘗問諸禪曰夫婦二人相打通兒子作證且道證父即是證母即是或庵體禪師著語曰小出大遇淳熙六年守臨川八年感微疾一夕忽索筆書偈曰大洋海裏打鼓須彌山上聞鐘業鏡忽然撲破翻身透出虛空召僚屬示之曰生之與死如晝與夜無足怪者若以道論安得生死若作生死會則去道遠矣語畢端坐而化正月二十七日也

侍郎李浩居士字德遠號正信幼閱首楞嚴經如游舊國志而不忘登第後聞應庵曇華禪師（時住明果）與大慧之道爲二甘露門乃造明果投誠入室華揕其胸曰侍郎死後向甚麼處去公駭然汗下華喝出公退參不旬日竟躋堂奧以偈寄同參嚴康朝教授曰門有孫儐鋪家存甘贊妻夜眠還早起誰悟復誰迷華見稱善有眼胭脂者亦久參應庵頗自負公贈之偈曰不塗紅粉自風流往往禪徒到此休透過古今圈圚後卻來這裏喫拳頭華益稱之

通判趙善期居士來詳叅問嘗舉韶州乳源和尚示衆云西來的的意也不易舉唱時有僧出源劈脊便打云如今是甚麼時節汝出頭來便歸方丈公頌曰西來的的意何如舉唱多慚在半途勾賊到門還破賊信知身佩辟兵符

朝奉俞南仲居士字彥若號大山乾道間子激仕三山公與偕往閱乾元安永禪師爲衆納所歸欲謁之會永遷黃檗未辭公說以平日咨參求決永曰所言皆當止欠一味藥耳既去公甚以爲疑永嘗贖稱寄居李倅棨造諸高妙因修敬李舉南泉斬貓話示之仍爲頌曰提處分明斬處親落華飛絮撲行人頭戴草鞋出門去四月圓荷葉葉新公究數月有省謂其子曰我和得此偈了也子請其所以公極力樹掌三下李聞之曰且喜打透漆桶自爾智證成就年七十有二屬疾有至省

問則隨機開諭一日邀僧命看華嚴僧欲歸
請經公曰此自有經僧取經擬展卷公笑曰
幾時得了且只誦多心經僧方誦心經公起
趺坐泊然而逝公之高祖守尚書屯田郎中
汝尚字退翁元豐七年秋與其室黄氏相期
先後亡故墓表有曰夫人則沐浴而化退翁
則隱几而終嘗作發願偈曰我死願作修行
僧出處常與善知識生身永斷塵中緣世世
踐履菩薩道其契悟機緣未詳附見于此

嘉泰普燈録卷第二十三

嘉泰普燈錄卷第二十四

平江府報恩光孝寺僧　正受　編

應化聖賢

千歲寶掌和尚

扣冰澡先古佛

酒仙遇賢和尚

南安巖自嚴尊者

法華志言大士

知足智華道者

風法華

李通玄長者

呂巖真人

張用成真人

拾遺（法嗣未詳者）

福州東山三教雲頂禪師

京洛和尚

婺州雲幽重惲禪師

建寧府等覺智榮禪師

雙溪布衲如禪師

舒州海會如新禪師

舒州投子通禪師

舒州海會通禪師

舒州四面懷清禪師

處州法海立禪師

汝州天寧明禪師

成都府保福贊禪師

蜀中仁王欽禪師

神照本如法師

本嵩律師

臨安府上天竺證悟圓智講師

金陵鐵索山主

泐潭山庵主（遺其名）

溫州淨居尼圓機

溫州陳道婆

應化聖賢

千歲寶掌和尚中印度人也周威烈十二年丁卯降神受質左手握拳至七歲祝髮乃展因名寶掌魏晉間東遊此土入蜀禮普賢留大慈常不食日誦般若等經千餘卷有詠之者曰勞勞玉齒寒似迸巖泉急有時中夜坐堦前神鬼泣一日謂衆曰吾有願住世千歲今年六百二十有六故以千歲稱之次游五臺徙居祝融之華嚴黃梅之雙峯廬山之東林尋抵建鄴會達磨入梁師就扣其旨開悟武帝高其道臘延入內庭未幾如吳有偈曰梁城遇導師參禪了心地飄零二浙游更盡佳山水順流東下由千頃至天竺往鄮峯登太白穿鴈蕩盤礴於翠峯七十二庵回赤城憩雲門法華諸暨里浦赤符大巖等處反飛來棲之石竇有行盡支那四百州此中偏稱道人游之句時貞觀十五年也後居浦江之寶巖與朗禪師友善每通問遣白犬馳往朗亦以青猿為使令故題朗壁曰白犬御書至青猿洗鉢回師所經處後皆成寶坊顯慶二年正旦手塑一像至九日像成問其徒慧雲曰此肖誰雲曰與和尚無異即澡浴易衣趺坐謂雲曰吾住世已一千七十二年今將謝世聽吾偈曰本來無生死今亦示生死我得去住心他生復來此頃時囑曰吾滅後六十年有僧來取吾骨勿拒言訖而逝入滅五十四年有剃浮長老自雲門至塔所禮曰冀塔洞開少選塔戶果啓其骨連環若黃金浮即持往秦望山建窣堵波奉藏以周威烈丁卯至唐高宗顯慶丁巳攷之實一千七十二年抵此土歲歷四百餘僧史皆失載開元中慧雲門人宗一者嘗勒石識之

扣冰澡先古佛建寧新豐翁氏子母夢比丘風神炯然荷錫求宿人指謂曰是辟支佛已而孕生於武宗會昌之四年香霧滿室彌日不散年十三求出家父母許之依烏山興福行全為師咸通乙酉落髮受具初以講說為衆所歸棄謁雪峯真覺禪師手攜鳧茈一包贅一罌獻之峯

曰包中何物云曳茁曰何處得來云泥中得
曰泥深得少云無丈數曰還更有麼云轉深
轉有又問罷中何物云嚮曰何處得來云自
合得曰還熟也未云不較多羣異之曰子異
日必爲王者師後自飜湖歸溫嶺結庵（永令野）
寺繼居將軍巖二虎侍側神人獻地爲瑞巖
院學者爭集嘗謂衆曰古聖修行須憑苦節
吾今夏則衣楮冬則扣冰而浴故世人號爲
扣冰古佛太傅章公仔鈞聞師道譽躬迎瞻
禮未幾捨第爲寺夫人練氏以子孫爵問之
答以十世（其後如訥）住靈曜日　上堂曰四衆雲
臻教老僧說箇甚麼便下座有僧燒炭積成
火龕云請師入此修行曰真玉不隨流水化
瑠璃爭奪衆星明云莫只這便是麼曰且莫
認奴作郎云畢竟如何曰梅華臘月開刺史
陳公誨於建安顯親寺之溪西範鐵爲三大
佛既成飯僧告衆曰有能爲贊者當得奉之
衆皆默然師居座末起對曰百年陳鐵　朝
成佛誨大喜即跪奉以歸（鐵陳小名也）天成戊子
應閩主之召延居內堂敬拜曰謝師遠降賜
茶次師提起槖子曰大王會麼云不會曰人
王法王各自照了留十日以疾辭至十二月
二日沐浴陞堂告衆而逝王與道俗備香薪
蘇油荼毗之祥耀滿山獲設利五色塔於瑞
巖正寢壽八十有五臘六十有三謚曰妙應
法威慈濟師之苦節異行他心慧眼備見于
本録云
酒仙遇賢和尚姑蘇長洲林氏子母夢吞大
珠而孕生多異祥貌偉怪口容雙拳七歲嘗
沉大淵而衣不潤遂去家師嘉禾永安可依
三十剃染圓具往參錢塘龍冊球禪師發明
心印回居明覺院唯事飲酒醉則成歌頌警
道俗因號酒仙初自錢塘歸執鐵鎚路見死
覔即擊或問所謂曰世路不平故碎之耳建
隆間創葺殿宇動費數百萬莫知其所得之
由繼改三門遣匠取石柱於洞庭工久不獲
即登山呼酒仙有頃石湧後泛江風將覆舟
篙人大恐師解袈裟爲帆風即轉有虎入城
見師跪伏師撫摩虎遂去郡守梅公初不識
師夢與之語及見果如所夢益加禮敬凡經酒
家退則座客常滿以是日常俟至聽其所需
師將順世往其家曰平時飲汝酒未嘗酬直
今酬之可冨三世因見石曰遂嘔而羃之曰
閟三日可開三日啓封結如雞子乃酒黃也
是歲疫盛沃以酒服者無不愈其家遂冨郡
人有疾覔符不與者不救符後書陳僧二字
祥符二年上元淩晨浴罷就室合拳右舉左
張其口而化三七日身不歆脣色如故寺僧
欲焚之其徒曰非師意也遂火葬收骨塑其
像壽八十八臘五十八
南安巖自巖尊者衆之同安人族鄭氏世傳
定光如來之應身年十一棄家依建興卧像
寺契緣爲童子十七圓梵相之廬陵謁西峯
雲豁禪師即證心法通宿命辭居黃石巖及
盤古山皆蛇虎窟師至乃爲使令人以雨賜
男女禱者輒應比戶像而事之有沙彌無利
性作禮求偈師爲書曰大智發於心於心何
處尋成就一切義無古亦無今令誦之未踰
月過目成誦凡所述作若隱語於後題贈以
之中四字師服飾純白帽首以布跡既著所
屬聞於朝　詔甚嘉之丞相王欽若參政趙
安仁以下獻詩師置之不視淳化乙卯正月
六日集衆曰汝等當知妙性廓然本無生滅
示有去來更疑何事吾此日生今正是時遂
吉祥而化閱世八十有二坐夏六十有五
謚曰定光圓應禪師
法華志言大士壽春許氏子也弱冠游東都
繼得度於七俱胝院留講聚之久一日讀雲
門録忽契悟未幾宿命遂通獨語笑口吻譁
嚅日嘗不輟世傳誦法華經因以名之每入
市則褰裳而趨或舉手畫空佇立良久或從
屠沽飲啖無擇然識禍福輒應於是名播朝

野至和三年　仁宗皇帝以國嗣未立夜因
焚香默禱曰翌日化成殿具齋處請法華大
士願俯臨無卻清旦　上遣衣巽立以待俄
馳奏有僧言法華者自有披門徑趨將至寢
殿侍衛莫阻　上笑曰朕請而來也有頃至
登　御榻加趺受供將去　上曰朕以繼嗣
未立大臣咸以為言優尊晚景嗣息有無法
華其一決之師索筆連書十三十三字凡數
十行鄰華無他語皆莫測其意後　英宗皇
帝登極在濮邸諸王之數實居十三始符前
讖丞相呂許公問佛法大意曰本來無一物
一味總成真集仙王贊問如何是祖師西來
意曰青山影裏潑藍起寶塔高吟撼曉風又
云請法華燒香曰未從齋戒寬不向佛邊求
國子助教徐岳問如何是祖師西來意曰街
頭東畔底云某未會曰三般人會不得僧問
世有佛否曰寺裏文殊有問師凡耶聖耶舉
手曰我不在此住慶曆戊子十一月二十三
六
日將化謂人曰我從無量劫來成就逝多國
土分身揚化今南歸矣語畢右脇而寂知是
智華道者開封人也（傳失其氏）世務農母孕二年
餉父田間生於林下濯於河兒曰無冰我是
時紅光燭天太史以產異人奏　令物色得
師乃育於近臣家襁褓能語往事三歲起趺
坐知其蕊蕩也及長與國梵相覆體止一衲
祁寒隆暑莫能侵日食或倍二十人不飽水
漿不入口二三月不饑一卧必三載坐立如
之未嘗讀誦辯才無礙未嘗修真而頂出白
光忽張目大呼而非怒終日言笑而非喜發
告人吉凶禍福不差毫釐居京都時五府以
次爭延之間語人曰天平白雲是吾歸處崇
寧初持拂歌笑出東門強挽不回東來姑蘇
天平之白雲寺繼素景從有以佛法問者不
荅以偈請者則大書此凵以示政和中奄然
而逝闍維其胃腸瑩徹若瑠璃骨碧者如玉
貲者如金設利無數道俗以所化之地為塔
奉藏鑿壙三尺得紫石函題其上曰知足道
場衆乃益異入塔日地為之震郡守上其事
賜金襴紫伽梨　諡淨行大師塔曰明因
風法華（亡其名）東京張氏子也於開寶寺得度
誦法華不輟所居無定世稱風法華有以休
咎問之所荅若讖過則有驗及化乃歌曰歸
七
去來兮歸去來不去泗州不五臺脫下舊鞋
著新鞋舊鞋即時磨滅盡新鞋不肯踏塵埃
新鞋卻似舊鞋樣替新換舊人莫猜去時光
明道中去來時平坦路上來今生多少舊相
識幾人似我卻重回歌絕而逝
李通玄長者不知何許人或曰唐宗子殆文
殊普賢之幻有也開元七年（一云十七年）隱於太
原壽陽方山之土龕初至虎為負經而神龍
化泉天女給侍夜則齒光代燭間食棗栢因
號棗栢大士嘗以華嚴大教抉微剔奧論而
明之曲析萬旋如水赴海會釋十門妙盡經
旨總四十卷目曰華嚴論其首敘曰夫有情
之本依智海而為源含識之流總法身而為
體只為情生智隔想變體殊達本情亡知心
體合今此大方廣佛華嚴經者明衆生之本
際示諸佛之果源其為本也不可以功成其
為源也不可以行得功亡本就行盡源成源
本無功能隨緣自在者即此毗盧遮那也以
本性為先智隨根應大悲濟物以此為名依
本如是設其教澤滂流法界以潤含生於是
寄位四天示形八相菩提場內現蘭若以始
成普光法堂處報身之大宅普賢長子舉果得
於藏身文殊小男創啓蒙於金色以海印三
昧周法界而降靈用普眼法門觀塵中之剎
海依正二報身土交參因果兩門體用相徹
以釋天之寶網彰十剎以重重取離垢之摩
尼明十身而隱隱無邊剎境自他不隔於毫
端十世古今始終不移（一作無）於當念其為廣
也以塵空而為量其為小也處極微而無跡
十方無卷匪虧小相之中纖塵不舒含十方

而非離智海果德乃殊分於五位之門常住法堂示進修於九天之上此方如是十剎皆然聖衆如雲海會相入聖凡不等狀多鏡以納衆形彼此無妨若千燈而共一室此經總有四十品之勝典互開果德之智門百萬億之妙言咸舉佛華之行海十身十會闡十十之法門十處十方啓十十之通辯一（云啓十通而證十辯）十現品內示因果以結始終給孤園中剎人天而明法界目連鶖子隔眎聽於對顏六千比丘啓十明於路上覺城東際五衆咸臻古佛廟前同登十智善財發明導首用彰來衆脅然又成五位法門具德行其軌範令使啓蒙易達解行無疑還信首文殊之前證證妙峯之頂經過五衆成一百一十之法門至慈氏之圍結會一生之佛果返視文殊之初友明以果同因後入普賢之妙身彰體用圓極此經名大方廣佛華嚴經者大以無方爲義方以理智爲功廣則毫剎相容佛乃體用無作華喻行門可樂能數理事之功嚴即依正莊嚴經即貫穿纏緻世主妙嚴品者類會同流法門均隔爲品此經總有四十品之勝典此品建初故稱第一是故言大方廣佛華嚴經世主妙嚴品第一釋此一部之經總作十門分別第一明依教分宗第二明依宗分教第三明教義差別第四明成佛同別第五明見佛差別第六明說教時分第七明淨土權實第八明攝化境界第九明因果延促第十明會教始終云云以十八年（歲作二十八年）三月二十八日論成覺爾趨寂是日飛走悲鳴白虹貫天四衆攤觀歎未曾有壘石葬于山北清泰中村民撥石得連環金骨扣之如簧天福三年再造石塔瘞于山之東七里始剏屋瘞號昭化院　皇朝初閩僧志寧以其論義分布經中是爲合論至元祐戊申歲無盡居士張商英漕江左出按壽陽因齋戒至謁於破屋之下散帙間得華嚴修行決疑論四卷疾讀數紙疑情頓釋乃移文令廢淫祀置長者像爲民祈福十月七日治地八日白光現於山南父老扣頭悲泣曰不知長者之福吾土也請併院新之施心雲起不唱而和無盡嘗記其實云

呂巖真人字洞賓京川人也唐末三舉不第偶於長安酒肆遇鍾離權授以延命術自爾人莫之究嘗游廬山歸宗書鍾閣壁曰一日清閑自在身六神和合報平安丹田有寶休尋覓對境無心莫問禪未幾道經黃龍山覩紫雲成蓋疑有異人乃入謁值龍陞堂龍見意必呂公也欲誘而進厲聲曰座傍有竊法者呂毅然出問一粒粟中藏世界半升鐺內煮山川且道此意如何龍指曰這守屍鬼呂曰爭奈囊有長生不死藥曰饒經八萬劫終是落空亡呂薄訝飛劍脅之劍不能入遂再拜求指歸龍詰曰半升鐺內煮山川即不問你如何是一粒粟中藏世界（有本小異）呂於言下頓契作偈曰棄却瓢囊摵碎琴如今不戀汞中金自從一見黃龍後始覺從前錯用心龍囑令加護後謁潭之智度覺禪師有曰余游鄉東下湘江今見覺公觀其禪學精明性源淳潔促膝靜坐收光內照一衲之外無餘衣一鉢之外無餘食達生死岸破煩惱轂方今佛衣寂寂兮無傳禪理懸懸兮幾絕扶而興者其在吾師乎聊作一絕奉記達者推心方濟物聖賢傳法不離真請師開說西來意七祖如今來有人皇祐間至西湖淨慈即圓照本禪師室照見之乃曰黃龍道底呂曰錢大不要饒舌便出（圓照乃錢王後身也見楊無爲圓照贊）時往來接化京華而人鮮遇有偈曰獨自行來獨自坐無限世人不識我唯有橋東老樹精分明知道神仙過（有老宿見此偈問禪者曰既是神仙爲甚麼却被樹精覷破）宣和中抵四明金鵝寺顧方丈蕭然頃有童子出呂問此何寥寥童云莫道寥寥虛空也不著呂嘉其言題詩於壁曰方丈有門出不鑰

見箇山童赤雙脚問伊方丈何寥寥報道虛空也不著聞此語何欣欣主翁豈是尋常人我來謁見不得見渴心耿耿生埃塵歸去也波浩渺路入蓬萊山杳杳相思爲上石樓時雪晴海闊千峯曉

張用成眞人字平叔天台人也熙寧己酉至成都有授以丹砂者久之功乃成且曰吾形雖固而本源眞覺之性有所未究豈宜自怠遂探佛書讀傳燈有省著悟眞篇警於世嘗作禪宗歌頌其自叙曰此恐學道之人不通性理獨修金丹於性命之道未備則運心不普物我難齊又焉能究竟圓通迥超三界故首楞嚴經言十種仙皆是人中鍊心堅固服餌壽千萬歲不修正覺報盡還來散入諸趣彌勒菩薩金剛經頌有云饒經八萬劫終是落空亡故此悟眞篇先以神仙命術誘其修鍊次以諸佛妙用廣其神通後以眞如空性遣其幻妄而歸於究竟空寂之本源矣（近有黃罷謂呂公見黃龍初無是說乃禪輩欲神其禪宗耳苟以平叔方之則呂公參問可見古今服藥鍊形之士不爲不多獨二公不以功成自居回心祖道殆出三界其下於二公者爲如何哉吁）

魚四 十一

拾遺（未詳法嗣者）

福州東山雲頂禪師泉南人（遺其氏）以再下春闈徃雲臺大乳寺剃染具戒即謁大愚芝神鼎諲諸名衲後見羅漢下尊宿始徹己事道學有聞叢林稱爲頂三教出住東山遷數剎

上堂曰一句函蓋乾坤不離毛吞巨海一句截斷衆流不離斬釘截鐵一句隨波逐浪不離目撃銖兩若是通玄上士出言坐斷天下老和尚舌頭若不到這裏進前築著鼻孔退後墮坑落塹各自知時打草鞋行脚去 上堂召大衆曰諸佛說法似擲劍揮空祖師傳心如著鞋上樹天下老和尚指注徧大地盡是葛藤更說無心是道乃同死漢直得山河大地與自己無差坐在法身處見聞不脫光影似搖生死茫然如何辨主直須透過如水入水如風入風拋擲自由開合不成孔竅爲妙 九龍觀道士并三士人請上堂儒門畫八卦造契書不救六道輪迴道門朝九皇鍊眞氣不達三祇劫數我釋迦世尊洞三祇劫數救六道輪迴以大願攝人天如風輪持日月以大智破生死若劫火焚秋毫入得我門者自然轉變天地幽察鬼神使須彌鐵圍大地大海入一毛孔中一切衆生不覺不知我說此法門如虛空俱含萬象一爲無量無量爲一若人得一即萬事畢珍重 上堂夢中作大梵王位不如醒後一縣尉種種勞筋骨何似展脚睡明得自己無許多般若未明自己假饒如今一身現得十身盧舍那佛使雷音徧衆剎化佛滿世間俱是夢中事須知向上一段函蓋乾坤耀古騰今靈光不礙入生入死與物推移救度無量衆生出三界牢獄散壞無量諸魔宮殿息滅無量諸煩惱火便共釋迦彌勒同坐一華老僧如此說箇化門且要人天小果生希奇之念若據迦葉門下從來無這般說話

魚四 十二

華嚴大會上堂廣大寶乘住四衢文殊前引普賢扶肥壯白牛甚有力一念徧游無卷舒世尊御也四十九年三百六十餘會演大乘經有十箇三千大千世界微塵數偈一四天下微塵數品其諸餘部帙不可勝言使大海須彌爲筆墨未能書寫得盡世尊又說過五十六億萬年後有彌勒佛出世悲臻末劫劫海無涯佛海無際非口所宣非心所測皆是世尊度脚買靴之說看風使帆之義世尊又說有大法眼藏付囑迦葉且未有世尊迦葉時此法眼藏在甚麼處安著若有人知得落處出來說看 僧問如何是乾元境曰千峯寒色云如何是境中人曰二尊不並化 問如何是毗盧師曰口吐陰陽宣造化云超然迥出威音外也曰須作披毛帶角人去始得 問如何是有漏曰破屋云如何是無漏曰古井 問如何是祖師

西来意曰孤舟載明月云意旨如何曰来往照閻浮　俗士問三道寶階曲爲初機向上一路請師直指曰高皇斬白虵當年用此劒云不背一切人不向一切人也曰頭在這裏尾在那邊　問昔日相如題柱来是作家今日橋成請師下筆曰彩氣夜常動精靈日少逢云荆山有玉鑒在卞和曰洪州蘄冬瓜滿江皆是血　問月落碧潭時如何曰仙人欏枯骨云轉變後如何曰北邙山下　俗士問如何是即色是空曰春虵入竹筒云暫時調直也曰從地獄出更作畜生　問如何是和尚日用事曰我喫飯汝受餓云法法不相到又作麼生曰汝作罪我皆知　問如何是和尚一枝拂曰打破修行窟云恁麼則本来無一物也曰知無者是誰云學人罪過曰再思可矣　俗士問洞山道有一物上拄天下拄地未審是甚麼物曰擔鐵枷喫鐵棒云天地黑山河走曰閻老殿前添一鬼北邙山下卧千年士吁快活快活師曰也是野狐吞老鼠問如何是佛曰舉世無相似云如何是道曰消風拂白月

京洛和尚不知何許人久居嵩少後廬舒蘄之間嘗沮座下畫行習讀唯令參究適李後主以試經選僧得度者衆諸畫慍見曰和尚止其等誦經令何望師占偈曰比擬將心會太虛免教和氣有觀跡誰知道德渾無用令日爲僧貴識書剌史聞以偈而主悉方其服

婺州雲幽重惲禪師（法令雲曰）初謁雪峯存禪師次依石霜諸禪師乃開悟旋里隱居蔽形唯一衲後住雲幽　上堂曰雲幽有一語入門便相與汝若諦審来我即途中去　上堂雲幽一隻箭虛空無背面射去遍十方要且無人見時有僧出問如何是和尚一隻箭曰盡大地人無髑髏

建寧府千山智榮禪師侍三教頂禪師之久未有所證脇不至席者數年一日飯後至鍾閣經行聞忽雷而悟述偈曰一震驚天地轟轟不是聲何勞勤苦覓時至自然明以所見白頂價曰此乃觀音入道之門也宜自護持出住等覺納子蜂集

雙溪布衲如禪師因嵩禪戲以詩悼之曰繼祖當吾代生緣行可規終身常在道識病懶尋醫貌古筆難邈情高世莫知悉雲布何處孤月自相宜師讀罷舉筆答曰道契平生更有誰閑卿於我最心知當初未欲成相別恐誤同參一首詩投筆坐亡於六十年後塔戶自启其真容儼然

舒州海會如新禪師　僧問承師有言横說竪說猶未知向上關棙子如何是向上關棙子曰賴遇孃生臂短　問羝羊挂角時如何曰恁麼来恁麼去云爲甚麼如此曰只見好笑不知爲甚了如此

舒州投子通禪師　僧問達磨来時如何曰兩岸唱漁歌云来後如何曰大海湧風波　問如何是孤峯頂上節操長松曰能爲萬象主不逐四時凋　問如何是和尚這裏佛法曰東壁打西壁

舒州海會通禪師　僧問如何是和尚爲人一句曰清光滿目云學人不會曰茶灰抹土　問如何是佛法大意曰柿桶蓋樓笠云學人不曉曰行時頭頂戴坐則挂高壁

舒州四面懷清禪師初住蘄口興化　僧問臨濟三玄似石女向波中作舞雲門關棙閃爍如鷂子過新羅去此二途興化當行何令曰道甚麼云恁麼則和尚與古人出氣師以拄杖打禪床曰若不點破將謂山僧瞌睡

處州法海立禪師因　朝廷有　旨革本寺爲神霄宮師陞座謂衆曰都緣未徹所以說是說非蓋爲不真便乃分彼分此我身尚且不有身外烏足道哉正眼觀來一場笑具今則[redacted]聖君垂旨更僧寺作神霄佛頭上添箇冠兒算來有何不可山僧今日不免横擔拄杖高

挂鉢囊向無縫塔中安身立命於無根樹下嘯月吟風一任乘雲仙客駕鶴高人來此兜水書符叩牙作法他年成道白日上昇堪報不報之恩以助無爲之化只恐不是玉是玉也大奇然雖如是且道山僧轉身一句作麼生道還委悉麼擲下拂子竟爾趨寂郡守具奏其事奉　旨改其寺曰真身

汝州天寧明禪師改德士日師登座謝恩畢乃曰木簡信手拈來坐具乘時放下雲散水流去寂然天地空即歛目而逝

成都府保福賛禪師鄭之唐氏子住保福日僧問如何是閬州境曰錦屏天下秀凌水月中清云祖意教意是同是別曰兩輪日月並光輝一合乾坤同覆載

蜀中仁王欽禪師　僧問如何是佛曰閙名不如見面云如何是祖師西來意曰閙市裏弄胡猻云如何是道曰大蟲看水磨

神照本如法師嘗以經王請益四明尊者者震聲曰汝名本如即領悟作偈曰處處逢歸路頭頭達故鄉本來成現事何必待思量

本嵩律師因無爲居士楊傑請問宣律師所講毗尼性體嵩以偈荅曰情智何嘗異犬吠蛇自行終南的的意日午打三更

臨安府上天竺證悟圓智講師台城人族林氏年二十四剃滌依白蓮仙法師入室問具變之道仙指行燈曰如此燈者離性絕非本自空寂理則具矣六凡四聖所見不同變則在馬智不契後因掃地誦法華至知法常無性佛種從緣起始諭旨白仙仙然之自領徒以來嘗患本宗學者囿於名相膠於筆録至以天台之傳爲文字之學南宗鄙之乃謁護國此庵元禪師夜語次智舉東坡宿東林偈且云也不易到此田地庵曰尚未見路徑何言到耶云只如他道溪聲便是廣長舌山色豈非清淨身若不到此田地如何有這箇消息曰是門外漢耳云和尚不吝可爲說破曰卻只從這裏猛著精彩覷捕看若覷捕得他破則亦知本命元辰落著處智通夕不寐及曉鐘鳴去其秘畜以前偈別曰東坡居士太饒舌聲色關中欲透身溪若是聲山是色無山無水好愁人持以告此庵庵曰向汝道是門外漢智禮謝未幾有化馬祖殿瓦者求語發揚智書曰寄語江西老古錐從教日炙與風吹兒孫不是無料理要見氷消瓦解時此庵見之笑曰須是這闍梨始得

金陵鐵索山主遺其名　僧問久嚮鐵索未審作何面目主打露柱僧云謝見示主曰你據箇甚麼便恁麼道僧卻打露柱主曰且道索在甚麼處僧作轟勢主曰今日遇箇同參

泐潭山前一老僧庵居有年未嘗言參問獨秀宏禪師初來主此山僧聞書偈附樵者邀宏飯偈曰瓦甑炊陳粟瓷甌煑脊苗不嫌山味薄必赴老夫招宏讀之曰山前有此老兒耶乃振策獨往言笑終日僧翌旦乃逝

溫州淨居尼圓機出郡之戴氏唐景雲中得度嘗習定於大日山石窟一日忽念曰法性湛然本無去住厭喧趨寂豈爲達耶乃往參雪峯禪師峯問甚處來云大日山來曰日出也未云若出則融卻雪峯曰汝名甚麼云圓機曰日織多少云寸絲不挂遂禮拜而退峯召曰袈裟拖地機繞壁衣峯曰又道寸絲不挂機頗領深旨世傳圓機乃永嘉大師之女弟嘗同遊方以景雲歲月考之是矣第所見雪峰非真覺也永嘉既到曹溪必嶺下雪峰耳

溫州陳道婆若嘗遍扣諸名宿後於長老山淨禪師語下發明有偈曰高坡平頂上盡是採樵翁人人盡懷刀斧意不見山華映水紅

嘉泰普燈録卷第二十四

嘉泰普燈録卷第二十五

平江府報恩光孝禪寺臣僧　正受編

諸方廣語

西蜀仁王欽禪師
泐潭真淨文禪師
天寧芙蓉楷禪師
黄龍死心新禪師
本覺法真一禪師
泐潭湛堂準禪師
太平佛鑑懃禪師
天寧佛果勤禪師
龍門佛眼遠禪師
泐潭闡提照禪師
徑山大慧普覺杲禪師（師語見正法眼藏）
開善密菴謙禪師
徑山別峰印禪師

西蜀仁王欽禪師示衆曰若據德山嚴令豈容一箇上來輙依百丈規繩且許諸人立地

山僧恁麼開口已是不善隄防忽若衆中有箇解倒行此令底衲僧出來喝散大衆掀倒禪床摑下堦來豈不遭他毒手而今既無恁麼底漢教山僧坐地對了諸人說箇甚麼即得若是叢林法則禪苑清規自是諸人知有底事何用山僧苦口相勸自餘無非發明自己決擇死生在衣線下斯爲急要雖然這一段事莫非當人自知皮下有血向己躬下猛省得來瞥地有箇悟入處始知不自外來不從人得若未得箇端的悟入處只是向人口角頭尋言逐句剌頭入經論裏求玄覓妙猶如入海算沙擲空追響只益疲勞終無了日

殊不知大覺老人爲見衆生根器不等出來立箇權實法門隨機設教應疾施方盡是譬喻表顯之談要諸智者以譬喻得解故有大乘小乘半字滿字由漸入頓從始暨終說染說淨揀凡揀聖莫非發明這一段事所以道三世諸佛之所證蓋證此也如來爲一大事

出現蓋爲此也三藏十二部一切修多羅蓋詮此也所謂一切衆生妙圓覺心本無生滅圓同太虛如淨瑠璃内含寶月如大明鏡照了萬殊光體無二如大摩尼寶珠映於五色隨方各現如百千燈光照一室其光圓滿無壞無雜然後便依這裏立箇體用則有三種

土三種身於淨妙國土中則有報身佛解脫國土中則有化身佛所謂身依義立土據體論法性身法性土究竟得來猶是教家極則未離光影邊事到這裏直得言思路絕無可指陳乃云始從光耀土終至跋提河如是二中間未嘗談一字於是廻紫金山擎七寶几瞬青蓮目顧視迦葉迦葉微笑乃普告大衆云吾有正法眼藏涅槃妙心付與摩訶大迦葉爲第一祖教外別傳於五百歲後與大地衆生直證妙心由是佛佛授手祖祖相承達磨爰來此方神光由兹得髓自是曹溪已後列派分宗無非宏法爲人延佛慧命其間忽

若遇箇上上根輩一聞千悟直下無疑如芥投針絲毫不錯或向一棒一喝下明或於一機一境上會自然脫畧窠臼不滯見聞似這般漢聞甚深法如清風屆耳瞥然而過聞百千諸佛出世如不聞相似豈況數伊向經論裏推尋於人口角頭取辦出來眼卓朔地似

箇識蹤獵犬嗅一聲便知落處選甚挂角羚羊賣蹤狡兎聞聲見影去便拏來只是千人萬人中不得一箇半箇所以後代祖師又不免別通線路曲爲中下之機於第二義門東引西接看他還會也無有時就他六根門頭指箇常光獨露底向伊道靈光洞照逈脫根

塵體露真常不拘文字心性無染本自圓成但離妄緣即如如佛且要他從這裏趣入便有沒意智漢纔聞恁麼說話便向自己色身内髑髏前認箇昭昭靈靈底隱隱地似一面古鏡如一顆明珠亘古亘今照天照地殊不知這箇你若識不破正是無始劫來出驢胎

入馬腹底是名無始劫来生死本癡人喚作本来人雖然如是也怪他不得何故且如靈山會上百萬之衆其間智如鶖子辯若滿慈尚乃茫然不知落處豈況乾慧禪客無聞比丘教理未嘗措懷玄道無由契悟是以近代參學人纔入門来便呈箇自己見解云不離當處常湛然覓則知君不可見又云六般神用空不空一顆圓光色非色有底但乂手當胷張目直視云在這裏各把箇死蛇頭有甚麼提撥處或但於一切法空處會將去謂一切諸法本来空寂故云無明實性即佛性幻化空身即法身幻身終歸敗壞法身本體恒然但於理性明將来聲色裏透出去直得綿綿密密不漏絲毫純是真空更無別法又有一般擔板禪和不明回互之機只認箇平實語句但見山是山水是水僧是僧俗是俗板頭只是板頭拄杖只是拄杖移易他絲毫地位不得皆是自不具眼未遇作家於法於人不能甄別由是發明不徹悟入乖差次第相承過非一一師眼不正弟子見邪承授麤浮致斯得失良由不辯佛祖正脈各逐己見開張令後學未識旨歸但望風而言參請更有十年二十年向江湖上走自號飽參遍歷諸家門戶謂祖師言句自有来由從上機緣各有淺深把諸家相似語比類排布錄作大冊小冊藏衣單下不令人見到處把作宗門玄旨或則先明道眼因緣次過擇法眼話然後透聲透色拂跡忘情或有見来參者便舉箇修山主頌與他理論要見一切諸法不離本心大地虛空非心外法所以撲落非他物縱橫不是塵山河及大地全露法王身方明盡大地[四]是箇真實人體盡大地是箇解脫門盡大地是毘盧一隻眼盡大地是自己法身恁麼見得心外無法法實自心一切處總恁麼也或說空劫已前自己日用自己不行鳥道直透龍門言尊貴邊事則忌觸諱當頭於異類中行要須披毛戴角或明一色轉位回機及去及盡然後於枯木上更糝些子華始得或示學者但畫作圓相或全明全暗或半暗半明或偏或正或點或破百數十箇度樣子一一須辨得下始得或但一切法本無自性亦無自己所以祖師云本来無一物何處有塵埃但恁麼會得徹去不為一切諸法所礙其餘更有甚麼事如上許多見解皆是情存滲漏各護師承殊不知宗師家出一言半句乃是方便門中垂手為人物非自立門風為一宗說話後代兒孫忘了祖翁各認箇爺互立宗旨便將他古人一問一荅盡作自受用三昧要得如擊石火閃電光但莫入陰界擬議一向高禪將去或棒喝扶持好睛好兩好燈籠好露柱拂袖便行禮拜出去則無不甚深無不解脫此蓋言其大略爾若論三玄三要四種料揀五位君臣三種滲漏內紹外紹王種臣種同詮性海轉側流注法身有二種病三種光如斯之類不可備舉有底纔聞說著總一[五]味作建立會却便道諸佛未出世祖師未西来時還有恁麼說話也無便舉僧問趙州如何是玄中玄州云闍梨玄来多少時僧云玄来久矣州云你若不得老僧幾乎玄殺便將這箇話印定了也有云古人玄妙之設豈徒然哉若恁麼會則三玄五位皆為施設要須就裏一一明辯出来方見臨濟洞山用處有舉僧問雪峯臨濟四喝意旨如何峯云他家宗旨我所未知汝尋臨濟下兒孫問之僧後問南院仍舉雪峯所遺之意南院大展坐具望南方禮拜云雪峯古佛又以此語印定了也又安可以古人一期救弊之語為定論哉不見道恁麼也不得不恁麼也不得恁麼不恁麼總不得若是頂門具眼底自解出脫設若把一大藏教都作建立會却也怪他不得祖師機緣一一就裏明辯出来亦總由他你有甚麼擬議處豈可互立知解各認門風便道諸家宗

旨各有長處亦不必議他底如兩異姓人隔壁住彼此各不相知閨閣裏事一般是甚麼說話不見臨濟大師道一切處無非是道流歸舍處恁麼見得便能於一剎那間入染入淨入凡入聖入彌勒樓閣入毘盧法界處處遊履國土須知是箇無依道人乘境出來且不是有莫作有見不是無莫作無見不是佛莫作佛見不是法莫作法見且不是你無始時來生死報本又不是你髑髏前昭昭靈靈底又不是你六根門頭攀緣徧計底直須見得透頂徹底和會得來總是一家裏事更無如許殽訛等見解方能為一切人去黏解縛出釘拔楔若具恁麼手段只將平生參得多知多解築向肚皮袋裏飽齁齁地向人家叢林板頭喫了飯坐禪觀行舌拄上齶把捉念漏不令放起是外道法祖師云你若住心看靜舉心外照攝心內澄凝心入定如是之流皆是造作忽若一旦被些福緣推出來便即點胷自負爭人爭我爭勝爭負恣意亂統貶剝諸方道家說平實那家只掠虛有宗一向滯著語言有宗坐在無事閘裏一向開大口道天下無人及乎被明眼人靠著見得他自無眼目不識好惡有時是處又即拋却不是處強作主宰如說藥人真藥現前自不能辨只是學得虛頭到處開眼戲弄鬒俗誑謼無知便有瞎禿子白衣輩十箇五箇簇著他如蒼蠅聞臭肉相似便聚頭鬪唼將去纔經久久臭氣過了見無可嗜依前散去到這裏也須回頭識著始得這箇事且不是你說得底道理直饒你說得天華亂墜頑石點頭也是口頭辦更須就你覓箇履踐處且不是持戒忍辱方便行檀入定修禪強勞精進又不是隨緣消舊業更莫造新殃便當得去須知親近般若有四種藏鋒之用親近以自治藏鋒之用以治物古來住山老衲蛇虎就手而食歸宗禪師見蛇即芟為兩段取性和尚凡見蟲蛇盡皆打殺拋却云取性取性玄沙見虎僧云和尚沙云是你靈潤法師山行野燒迅飛而來衆皆避之法師安步徐行曰心外無火火實自心為火可逃無由免火火至自滅到這箇田地且不是修證得底道理也不是煉得身心如枯木石頭寒灰死火無些子氣焰逼著他便得恁麼地且莫錯你若要得於一切處自由自在直須具大無畏如師子遊行不求伴侶方得名為大自在故教中云辟如人畏時非人得其便如是弟子畏生死故色聲香味觸法得其便也已離畏者一切五欲不能為也然雖恁麼忽若有箇餓來喫飯困即打眠底閑恁麼說話也不用起來與你辯論只是喉嚨裏作箇吽吽般也須更疑著他在珍重

泐潭真淨文禪師示衆喝一喝舉拂子曰㖿㖿盡十方世界若凡若聖若僧若俗若草若木盡向拂子下成佛作祖無前無後一時解脫還有不解脫者麼設有命若懸絲遂拊掌曰知音者少所以此箇事論實不論虛參須實參悟須實悟若纖毫不盡總落魔界豈不見古人道平地上死人無數過得荊棘林是好手如今人多是得箇身心寂滅前後際斷一念萬年去休去歇去古廟裏香爐去冷湫湫地去便為究竟殊不知却被此勝妙境界障蔽自己正知見不能現前神通光明不能發露或又執箇平常心是道以為極則天是天地是地山是山水是水僧是僧俗是俗大盡三十日小盡二十九依草附木不覺不知一向迷將去忽問他我手何似佛手便道是和尚手我脚何似驢脚便道是和尚脚人人盡有生緣處那箇是上座生緣處便道某是某州人是何言歟且莫錯會好凡百施為須要平常一路子以為穩當定將去合將去更不敢別移一步怕墮坑落壍長時一似雙盲底人行路一條拄杖子寸步拋不得緊把著

恐將去步步依倚一日若道眼豁開頓覺前非拋却杖子撒開兩手十方蕩蕩七縱八橫東西南北無可不可豈可一向倚他門戶傍他行脚有甚快活自己畢竟如何不見雲門大師道而今天下老和尚多是師承學解路布葛藤印板上打來模子裏脫出當人若是明去何不一切臨時又不見臨濟大師云我這裏是活祖師西來意把來便用立處皆真他不說古又如何今又如何這語得那語不得那裏是虛這裏是實你與我拈出絲毫許實底道理來看此蓋當人眼不開自無見處一向承虛接響百般忌諱自纏自縛直饒闊悠說當下忽然見得個儻分明去也是棺木裏瞠眼如今還有無師智自然智不與萬法為侶者烜赫底丈夫漢齟齬齟齬千變萬化見我恁麼胡言漢語便好近前驀口摑拽下倚子擲向三門外喝散大眾豈不快哉還有麼良久曰若無且看老僧騎案山跳入你諸人眼睛裏七顛八倒呵佛罵祖去也復喝一喝下座

天寧芙蓉楷禪師示眾曰夫出家者為厭塵勞求脫生死休心息念斷絕攀緣故名出家豈可以等閑利養埋沒平生直須兩頭撒開中間放下遇聲遇色如石上栽華見利見名似眼中著屑況從無始以來不是不曾經歷又不是不知次第不過飜頭作尾止於如此何須苦苦貪戀如今不歇更待何時所以先聖教人只要盡却今時能盡今時更有何事若得心中無事佛祖猶是冤家一切世事自然冷淡方始那邊相應你不見隱山至死不肯見人趙州至死不肯告人匾擔拾橡栗為食大梅以荷葉為衣紙衣道者只披紙玄太上座只著布石霜置枯木堂與人坐臥只要死了你心投子使人辦米同煮共餐要得省取你事且從上諸聖有如此榜樣若無長處如何甘得諸仁者若也於斯體究的不虧人若也不肯承當向後深恐費力山僧行業無取忝主山門豈可坐費常住頓忘先聖付囑今者輒欲略數古人為住持體例與諸人議定更不下山不赴齋不發化主唯將本院莊課一歲所得均作三百六十分日取一分用之更不隨人添減可以備飯則作飯作飯不足則作粥作粥不足則作米湯新到相見茶湯而已更不煎點唯置一茶堂自去取用務要省緣專一辦道又況活計且足風景不疎華解笑鳥解啼木馬長鳴石牛善走天外之青山寡色耳畔之鳴泉無聲嶺上猿啼露濕中宵之月林間鶴唳風回清曉之松春風起時枯木龍吟秋葉凋而寒林華散玉堦鋪苔蘚之紋人面帶煙霞之色音塵寂爾消息宛然一味蕭條無可趣向山僧今日向諸人面前說家門已是不著便豈可更去陞堂入室拈槌竪拂東喝西棒張眉努目如癇病發相似不唯屈沈上座況亦辜負先聖你不見達磨西來到少室山下面壁九年二祖至於立雪斷臂可謂受盡艱辛然而達磨不曾措了一詞二祖不曾問著一句還喚達磨作不為人得麼喚二祖做不求師得麼山僧每至說著古聖做處便覺無地容身慚愧後人軟弱又況百味珍羞遞相供養道我四事具足方可發心只恐做手脚不迭便是隔生隔世去也時光似箭深為可惜雖然如是更在他人從長相度山僧也強教你不得諸仁者還見古人偈麼山田脫粟飯野菜淡黃虀喫則從君喫不喫任東西伏惟同道各自努力珍重

黃龍死心新禪師示眾僧問大柴小柴為甚麼人曰只為愚人云忽遇智人又作麼生曰愚人云智與愚是一是二曰無人知此意令我憶南泉又僧問如何是奪人不奪境曰死中有活云如何是奪境不奪人曰活中有死云如何是人境兩俱奪曰死中恒死云如何

是人境俱不奪曰活中恒活乃曰夫小叅者謂之家教何謂家教辟如人家有三箇五箇兒子大底今日幹甚事小底今日幹甚事是與不是晚間歸來父母一一處斷叢林中亦復如是院門今日幹甚事是與不是住持人當一一處斷覷今之時節叢林淡薄人根狹劣不可說也有一般破落戶長老馳書達信這邊討院住那邊討院住纔討得院子便揀箇好日入院又道我是長老方丈裏自在受快活道般底喚作地獄滓如今叢林中若論叅禪固是難得其人我看見你這一隊漢在這裏心憤憤口悱悱道我會禪會道入方丈裏趂口快撐兩轉語便行不是這般道理又有一般漢影影響響認得箇頑空便道只是這箇事又有一般道見虛空裏光影又有一般道無有不是者錯了也救不得了也這般底只宜色身安樂莫教一頓病打在延壽堂內如落湯螃蟹手忙脚亂見神見鬼這邊討巫師那邊討醫博卜凶卜吉問好問惡你不見我佛如來為三界醫王四生慈父醫一切衆生心病只為你不信自心向外馳求被邪魔魍魎入你心中做得許多見解要識你自心麼如太陽當晝天下皆明那裏更有暗處若到這箇田地亦無吉凶爻象亦無是非好惡

便能向是非頭上坐是非頭上卧乃至婬坊酒肆虎穴魔宮盡是當人安身立命之處只為你無量劫來業識濃厚心中蹺蹺蹊蹊綿綿綿綿信之不及便被世間情愛纏縛得來七顛八倒江南人護江南人廣南人護廣南人淮南人護淮南人向北人護向北人湖南人護湖向人福建人護福建人川僧護川僧浙僧護浙僧道我鄉人住院我未贊佐他一朝有箇不周旋難作是非到處說苦我苦我恁麼行脚掩彩殺人鈍置殺人若是箇漢一劃劃斷多少自由自在若也劃不斷處處被愛之所縛愛色被色縛愛院被院縛愛名被名縛愛利被利縛愛身被身縛你何不退步思量你這臭皮袋子有甚麼好處當時只為你有一念愛心便入母胎中受父精母血交搆成一塊膿團母喫熱時便受鑊湯地獄母喫冷時便受寒冰地獄及至撞從母胎裏出來受寒受熱受饑受飽受病受苦煎煎迫迫直至今日只為你不能返觀便有許多是非生滅我生你死你死我生生生死死死死生生隨業受報無有休時近來又有一般奴狗受顧得錢買度牒剃下狗頭披佛袈裟奴郎不辨菽麥不分入吾法中破壞吾法一向裝裏箇渾身摟腰捺胯胡揮亂擊要做大漢大漢

不恁麼做要做大漢麼須是退步莫面前背後奴骨婢舌嬌好道惡說這裏飲食豐厚那裏寮舍穩便不消得如此諸上座人身難得佛法難聞此身不向今生度更向何生度此身你諸人要叅禪麼須是放下著放下箇甚麼放下箇四大五蘊放下無量劫來許多業識向自己根脚下推窮看是甚麼道理推來推去忽然心華發明照十方剎可謂得之於心應之於手便能變大地作黃金攪長河為酥酪豈不暢快平生莫只管冊子上念言念語討禪討道禪道不在冊子上縱然念得一大藏教諸子百家也只是閑言語臨死之時總用不著古人悟了方求明師決擇去其砂石純一真實稱斤定兩恰如人開雜貨鋪相似無種不有來買甘草便將甘草與他來買黃連便將黃連與他不可買黃連將甘草與他又似你有一塊金將入紅爐裏鍛鍊鍊來去鍊得熟也方上鉗鎚打作釵盤釵釧釵重幾兩盤重幾兩一一分明然後却將此釵盤釵釧鎔成一金喚作一味平等法門若不如此盡是儱侗真如顢頇佛性你還會麼你還信麼山僧適來答這僧四轉語死中有活活中有死死中恒死活中恒活將此四轉語驗天下衲僧且道天下衲僧將甚麼驗黃龍良

久云大體還他肌骨好不塗紅粉也風流
本覺法眞一禪師示衆云宗師爲人只與汝
拈破情解令汝自悟譬如金在鑛中冶者只
是與汝烹鍊除其鑛鐵而已若是金體則是
本有非人造作得來又如磨瑩寶珠只是去
其塵垢而已若光彩是珠體上本來自有亦
非人能與之學者自不向前體究只管望人
說破將謂是教得說得驢年得會麼又曰學
道猶如鑽火一鑽須緊如一鑽若得熱相現
前切要加功不可停息若停息則廢却前功
無由得火龍牙和尚頌云學道如鑽火逢煙
且莫休叅學之士到情識伎倆盡處百不會
如平地上有氣死人相似如熱相現前却須
向前體究忽然有箇省處此即眞實也若一
念退即要悟無因矣又曰學道之人多是不
解用心一向背馳不能返照如人觀射不應
觀垜須看箭發處始得今時人被語脉裏轉
却良爲此也又曰禪家語言不尚浮華唯要
朴實直須似三家村裏納稅漢及嬰兒相似
始得相應他又豈有許多般來此道正要還
淳返朴不用聰明不拘文字令時人往往蚩
笑禪家語言鄙野所謂不笑不足以爲道又
曰古者道自已眼若不開鑽入釋迦老子肚
裏去伺下来只是箇解行底杲橛有般漢雖

在宗師會下全不肯做工夫久後到別處便
云我從某人法席下来及乎問着黑漫漫地
更有般底見他從尊宿處叅學底人到別處
納敗闕便并其師輕薄云不會爲人彼師佛
法元来只如此不道當人自打不徹昔日洛
浦久爲臨濟侍者一日辭去游方濟云我有
一頭赤梢鯉魚搖頭擺腦直往南方去也及
到夾山拜起正身而立山曰雞棲鳳巢非其
同類出去云自遠趨風乞師一接曰目前無
闍梨此間無老僧浦便喝山曰住住闍梨不
得草草匆匆雲月是同溪山各異截斷天下
人舌頭則不無爭教無舌人解語浦茫然山
便打遂留夾山臨濟聞云可惜一頭赤梢鯉
魚向齏甕裏浸殺臨濟可是不解爲人彼師
佛法只如此也不見道一兩所滋根苗有異
切不可容易望風擬議他尊宿大有因果在
又曰古人雖則徧叅知識承嗣燒香只爲最
初發明之師非是別底不如此人揀人承嗣
蓋不忘本也令時見人曾叅某人却不承嗣
却承嗣某人便謂前人不如彼人生輕重心
又有般底或受他摩捋或希他勢望便忘本
逐勢既負慚怍欲釋人非返生毀謗如斯之
輩閻羅王未放你在古人接得弟子却指令
承嗣他人則睦州與雲門大愚與臨濟是也

不似令時勾絕人家男女硬斷送與三間屋
子令承嗣他若總如此佛法豈得殊勝敗壞
宗門有現世報者自不省耳云云
溈潭湛堂準禪師示衆僧問金剛經中道一
切賢聖皆以無爲法而有差別未審如何是
無爲法曰水底泥牛吼火中木馬嘶云爲甚
麼却有差別曰春力無高下華枝自短長云
道箇是教意如何是祖師西來意曰煙村三
月裏別是一家春云恁麼則祖意教意了不
相干曰有不是無云若然者施主虔恩去也
曰但知隨例餐餻子僧禮拜師乃曰井底烏
龜頭帶雪七六五四三二一神通隱顯百千
門一一皆從此經出遂以拂子擊禪床一下
曰豈不是從此經出又喝一喝曰豈不是從
此經出是以過現未来一切諸佛三十二大
人相八十種隨形好十力四無所畏十八不
共法若不從此經出即不能成就地前地後
一切菩薩歷三祇涉五位斷二障明一心自
利利他修行進趣若不依此經即不能成就
一切緣覺一切聲聞觀十二緣空悟四諦眞
理得八解脫證六神通若不依此經即不能
成就乃至西天此土諸代祖師古往今来一
切知識種種建立種種施爲至如禾山打鼓
雪峯輥毬臨濟三玄洞山五位巴陵銀椀裏

風雪雲門北斗裏藏身隱顯縱横千差萬別若不依此經即不能成就是故金剛經中説一切諸佛阿耨菩提之法皆從此經出但是世出世間一切諸法未有不從此經出者佛之與法且拈放一邊且那箇是此經莫是以兩手舒空作展經勢麼莫是叉手當胷進身三步麼又莫道最初是如是我聞未後是信受奉行麼又莫是但莫著他文字語言麼又莫是但向料掉沒交涉處道一句便得麼若作如是見解大似隔靴爬癢若不作如是見解畢竟作麼生遂以拂子擊禪床一下云須是恁麼明得苟能如是明得於曉夕日用之間未有一處而不聞法是以金剛經中道在在處處即爲有佛一切法皆是佛法恁麼見得一任三門頭合掌佛殿裏燒香寮舍裏横拈倒把左卷右舒擲去拋來朝讀暮誦這一卷經若是展去也豎窮三際横變十方周沙界之群生遍剎塵之品類包羅萬有統括二儀無一法而不明無一法而不顯可謂是法門重疊如雲起於長空行解分披似華鋪於錦上言言見諦情忘於二十七疑句句朝宗妙契於三十一分有而不有空而不空明法界則一體同觀説去來則威儀寂靜窮微盡妙豈不極於斯矣其卷去也更討甚麼一點墨經題邊只有一箇以字不成八字不是不知是箇甚麼字設使須菩提解空第一到這裏也只得目瞪口呿懡㦬昔日有一僧問睦州云經頭以字不成八字不是未審是箇甚麼字睦州乃彈指一下云會麼僧云不會州云上來表讚無限聖因蝦蟆䟦跳上梵天蚯蚓驀過東海大衆且道睦州當時爲這僧説這箇字不説這箇字若道説因甚麼睦州却問這僧云會麼若也明得不唯使施主罪滅福生亦乃自家平生慶快其或未明三德六味施佛及僧復喝一喝曰珍重

太平佛鑑懃禪師示衆衆集師曰還委悉麼若也委悉功不浪施如或未然彼此鈍置欲知此事覿面相呈未語已前早是蹉過如金翅鳥王入阿盧大海擘開雲浪直取龍吞眼睛定動之間早已喪身失命況乃低頭卜度識路追尋何當白雲萬里靈鋒寶劒常露現前亦能殺人亦能活人沙門眼目函蓋世界把定乾坤永無絲毫許滲漏所以此事一塵纔起大地全收在天地而不在天地所以爲蓋爲載其實未嘗蓋載在日月而不在日月所以能爲照爲臨其實未嘗照臨在海嶽而不在海嶽所以能爲高爲深其實未嘗高深在陰陽而不在陰陽所以能生能殺其實未嘗生殺在雨露而不在雨露所以能爲濕爲潤其實未嘗濕潤在雷霆而不在雷霆所以能鼓動庶物其實未嘗鼓動在衲僧而不在衲僧且道能箇甚麼切忌道著室中兄弟累累來説久坐看話無所趣向欲得半月十日普請入室　次舉覺古今因緣提撥教訛責得有所滋益既然相諾豈謂起動在上尊宿兄弟曲賜見臨言詞鄙俚無可采聽殊深愧悚然此間爲入室兄弟説話言語似乎太殺近前韋望諸宿德亮察不以見疑即爲幸甚每見學道兄弟有者不求省悟唯務言説要會他古人因緣豈非大錯他古人只是一期對病施方隨機發藥遂有如許多葛藤路門如標月指頭敲門瓦子意只是假扣關門因標見月儻得門開月現瓦子指頭何用之有所以諸佛出世隨宜説法廣設多門如握空拳以止悲啼之子學道兄弟若無省悟謾使智如流水辯若懸河倒念得一大藏教於這事上轉沒交涉參須實參悟須實悟研窮教徹底去不是今日下得一轉語明日過得一則因緣古今因緣數若河沙有甚休歇畢竟不明心地如何了達生死只如達磨初來時未有許多因緣爲甚有人悟道不可道他是聖人我是凡夫這箇事上不論凡聖優劣是

以古今因緣大似世間地符關契相似山河大地廣闊無邊於中置得少許田園物產便以立箇關契分箇界分撥官押印深藏隱笥以為己有忽若一朝踏著皆屬自己從前地符關契何用佛法大海廓周沙界不屬方隅參學之人見不透脫於情識上自分界分疆得一言半句以為奇特於宗師邊相求印證宗師家事不獲已以冬瓜印子印定自此一人傳一人以為究竟忽若一朝金剛眼開照破四天下說甚麼般色道眼識情唯心說甚麼權實平常差別異智都盧是箇甚麼明眼漢沒窠臼突然地蕩蕩無依七縱八橫一切臨時把來便用我為法王於法自在誰肯倚他門户傍他墻壁奉勸兄弟但明心地莫慈不會因緣古今因緣也不道一時不看但將一則去看得透千則萬則皆同若道會得這一則未會那一則決定未是試與你舉尋常大家知底因緣和會將來看是同是別只如

鳥五 十八

釋迦世尊王宮降誕纔出母胎叫一般見人不會遂一手指天一手指地云天上天下唯我獨尊且道明箇甚麼邊事後於涅槃會上拈一枝華以青蓮目顧眎迦葉迦葉微笑世尊遂云吾有正法眼藏涅槃妙心分付摩訶迦葉又是甚麼道理莫是與前來不同麼武帝問達磨如何是聖諦第一義磨云廓然無聖帝云對朕者誰磨云不識又是箇甚麼道理二祖禮拜依位而立磨云汝得吾髓喚作兩般得麼六祖一日云汝等諸人速理舟檝吾欲歸新州僧云和尚去了幾時回祖云葉落歸根來時無口不可也是別有道理麼只如馬大師一喝百丈三日耳聾還別著得箇道理得麼其他德山棒臨濟喝雪峯輥毬俱胝豎指道吾作舞祕魔擎叉丹霞燒木佛趙州勘婆子種種多端較量將來與釋迦老子一手指天一手指地如合符契毫髮無差有般底見人恁麼說話便道但明取道眼因緣其他微細儱侗會却便休殊不知自是你儱侗只箇道眼因緣名字千錯萬錯了也有底道若恁麼只如洞山五位君臣三種滲漏臨濟四料簡近代溥山九帶薦福兩種自己不可也只是一同古人因甚有許多類聚編排殊不知正是一同只為一同所以古人類聚

鳥五 十九

編排若是開悟之士覰來毫髮無異情解之流萬別千差是以古人云鎔瓶盤釵釧為一金攪酥酪醍醐為一味若是徹底漢也不必如此瓶盤釵釧本是一金酥酪醍醐元是一味何須鎔攪又見一般兄弟認得箇昭昭靈靈動轉施為便道會了也到處要人印證揚眉瞬目合掌擎拳一棒一喝皆是我心全體恁麼來開口便是且道還當也不當可謂百千大海棄之唯認一浮漚體目為全潮此事無限量不可思議之事豈可將有作思惟限量情識擬議測度得及豈不見教中道如取螢火燒須彌山縱經塵劫終不能著又道有作思惟從有心起皆是六塵妄想緣氣非實心體又道虛妄浮心多諸巧見不能成就圓覺方便正是此矣然則真妄同源妄因真立其奈少有窮徹根源多是緣枝逐葉返成弄影底漢果若窮徹法源動靜去來皆如來藏如或未然只是認賊為子其家財寶終不成就返被情塵業識蔽塞靈源妙智光明不能發露大用不得現前大丈夫自有彌天意氣匝地威風威音不過彌勒不後忽若道眼頓開坐斷毘盧頂顊不見有祖佛出世天下老和尚瞻仰有分恁麼說話對諸作者面前大似炫耀見知塵瀆清聽然通心之士言外見意情忘之流未免輕笑記得天柱開山崇慧禪師云祖師西來似賣卜漢見你不會為你鑽破卦文吉凶纔生在你分上一時自看時有僧問如何是賣卜底人曰出門便不中也若是山僧即不然祖意西來似鵶鳴相似吉凶將兆報人先知世人不會却謂鵶鳴喚作妖送凶

於人返遭斥逐鵝儻不鳴吉凶自定雖本用好心不得好報忽有箇出來道適來說今古因緣無許多般事如今卻作恁麼說話豈非語自相違但向伊道這裏別有好處待你作老鵶我卻向你說久立

天寧佛果圜悟勤禪師心要示隆知藏曰有祖以來唯務單傳直指不喜帶水拖泥打露布列寘窟鈍置人蓋釋迦老子三百餘會對機設教立世垂範大段周遮是故最後徑捷省要接最上機雖自迦葉二十八世少示機關多顯理智至於付授之際靡不直面提持如倒剎竿盌水投針示圓光相執赤幡把明鑑說如鐵橛子傳法偈達磨破六宗與外道立義天下太平飜轉我天你狗皆神機迅捷非擬議思惟所測暨到梁游魏尤復顯言教外別行單傳心印六代傳衣所指顯著逮曹溪大鑑詳示說通宗通歷涉既久具正眼大解脫宗師變革通途俾不滯名相不墮理性言說放出活卓卓地脫灑自由妙機遂見行棒行喝以言遣言以機奪機以毒攻毒以用破用所以流傳七百來年支分派別各擅家風浩浩轟轟莫知紀極然鞠其歸著無出直指人心心地既明無絲毫隔礙脫去勝負彼我是非知見解會透到大休大歇安隱之場豈有二致所謂百川異流同歸于海要須是箇向上根器具高識遠見有紹隆佛祖志氣然後能深入閫奧徹底信得及直下把得住始可印證堪為種草捨此切宜寶秘慎詞勿作容易放行也五祖老師平生孤峻少許可乾爆爆地壁立只靠此一著常自云如倚一座須彌山豈可落虛弄滑頭瞞人把箇沒滋味鐵酸餡劈頭拈似學者令齩嚼須待渠桶底子脫喪卻如許惡知惡見胷次不挂絲毫透得淨盡始可下手鍛鍊方禁得拳踢然後示以金剛王寶劒度其果能踐履負荷淨然無一事山是山水是水更應轉向那邊千聖籠羅不住處便契乃祖以來所證傳持正法眼藏及至應用為物仍當驅耕夫牛奪饑人食證驗得十成無滲漏即是本家道流也摩竭陀國親行此令少林面壁全提正宗而時流錯認遂尚泯默以為無縫罅無摸索壁立萬仞殊不知本分事恣情識博量便為高見此大病也從上來事本不如是巖頭云只露目前些子箇如擊石火閃電光若搆不得不用疑著此是向上人行履處除非知有莫能知之趙州喫茶去秘魔擎叉雪峯輥毬禾山打鼓俱胝一指歸宗拽石玄沙未徹德山棒臨濟喝並是透底直截剪斷葛藤大機大用千差萬別會歸一源可以與人解黏去縛若隨語作解即須與本分草料譬如十斛驢乳只以一滴師子乳悉皆迸散要腳下傳持相繼綿遠直須不徇人情勿使容易乃端的也末後一句始到牢關誠哉是言透脫死生提持正印全是此箇時節唯踏著上頭關棙子底便諳悉也隆公知藏湖湘接機往還北山十餘年真探賾精通本色衲子遂舉分席訓徒已三載予被　睿旨移都下天寧欲得法語以表道契因為出此數段宣和六年十二月中澣佛果老僧書

龍門佛眼遠禪師示衆曰如今直下信道是也已名不唧嚁者況更不能直下信得又堪作甚麼直下信道是何名不唧嚁者從前許多時甚麼處去來須知已失一橛了也便見從前不了底卻成分外之見我觀從上古人有從迷得悟者所有流布皆是從迷得悟法門有悟了知迷者所以流布皆是悟了知迷法門有無迷無悟者所以流布皆是無迷無悟法門其次來迷外得悟者亦甚多固不足道況不知悟亦不了迷此正是凡夫也從上南泉歸宗諸人方喚作無迷無悟之見如今學者也越口說無迷無悟又何曾到來不得容易出言蓋為你有疑在我今門你一件事

初入母胎時將得甚麼物來你來時並無一物只有箇心識又無形無貌及至死時棄此五蘊擔子亦無一物只有箇心識如今行脚入衆中者箇是主宰也如今問你受父母氣分精血執受名爲我身始於出胎漸漸長成此身皆屬我也且道屬你不屬你若道屬你初入胎時並不將一物來此箇父母精血幾時屬你又只合長在百年依舊拋却死屍又何曾屬你若言不屬見今一步也少不得罵時解嗔痛時能忍作麼生不屬你得試定省看道是有是無管取分踈不下蓋爲疑根不斷道有來初生時漸長至三歲五歲乃至二十時決定不移到四十五十而此身念念遷謝念念無常決定喚作有不得道無來種種運爲皆解作得道無且不得昔有一人因行失路宿一空屋中夜有一鬼負一死屍至續有一鬼來云是我屍前鬼云我在彼處將來後鬼強力奪之前鬼云此中有客子可證二鬼近前云此屍是誰將來客子思惟道二鬼皆惡必有一損我我聞臨死不妄語者必生天上遂指前鬼曰是這鬼將來後鬼大怒拔去客子四肢前鬼愧謝曰你爲我一言之證令你肢體不全遂將死屍一一補却頭首心腹又被後鬼所取前鬼復一一以屍補之二鬼遂於地爭食其肉淨盡而去於是客子眼前見父母身體已爲二鬼所食却觀所易之身復是何物是我耶非我耶有耶無耶於是心大狂亂奔走至一精舍見一比丘具述前事比丘曰此人易可化度已知此身非有也乃爲略說法要遂得道果汝等諸人只說㕘禪舉因緣便喚作佛法此是禪體何不恁麼疑來㕘取會得麼你身不是無有是心有身則未嘗有無是心無身則未嘗無你會得麼更說箇心亦不有亦不無畢竟不是你本有今無本無今有斷常見解久立

泐潭闡提照禪師示衆曰諸公好熱熱一上了又寒一上寒寒熱熱煎迫人太煞你若已事已明時寒也從他寒熱也從他熱若是已事未明時寒時寒殺人熱時熱殺人且道不寒不熱時人在甚麼處佛在甚麼處無佛亦無衆生佛只是覺義謂之自覺覺他覺行圓滿要得會麼只如你被虱齩便是自覺知齩他人亦復如是便名覺他又知我與衆生本來平等是名覺行圓滿那裏更有佛來你輩而今㕘禪只是學佛學佛是心外法故名外道是名邪見豈不見釋迦如來云我於過去世見然燈佛實無一法可得又觀音菩薩云我於過去世見古觀音豈更別有佛來你輩而今不要別見你但張上座見古張上座李上座見古李上座便沒人奈得你何十二時中不得自由只爲愛學佛去被這死屍四大五蘊礙殺你所以寶峯切切教你如大死底人去便不費多心力若能如大死人便不見有四大乃至七大性自滅七大者地水火風空識覺是也空大者是你禪和子坐到一念不生前後際斷物我俱忘唯見空無所有被空性一包却便不見有四而空無自性因性立空又坐之已久不見有空大只有箇曉事底人便喚作識大今時人做工夫到這裏便喚作本來面目便依法身此正是認賊爲子若遇寶峯教你一時放下若能一時放下便待從生至老也只做得箇老爛禪和亦是依教理行果修行且不是教外別傳所謂教理行果者從上諸聖說底名言謂之教依名言趣向謂之理依名言所行謂之行依名言所證謂之果然未免生受但依寶峯如大死人時更不見有唾涕膿血濕潤之體便無水大又不見有溫煖并動轉施爲便無火大風大更不見有前後際斷物我俱忘便無空大更不見有曉事底人便無識大更不見有自覺覺他覺行圓滿便無覺大七大既空三十二相八十種紫磨金色那理得來所以道本覺

妙明性覺明妙亦喚作法身無相猶如虛空你若知法身便屬報身便有著衣喫飯般屎送尿便屬化身不見永嘉大師道三身四智體中玄八解六通心地印又云了了見無一物亦無人亦無佛大千沙界海中漚一切聖賢如電拂若是實峯即向你道了了見如大死人亦無喜亦無嗔直是全身行異類處處相逢處處眞父立

開善密庵謙禪師解夏示衆曰先賢立箇結夏謂之護生禁足三月安居晚學初機修行辦道潔淨三業四威儀中無令過失敢問大衆且作麼生修作麼生行若道有法可修可行便成欺誑若道無一法可修可行又如何得安隱去不見昔有僧問一老宿如何是修行宿曰見性是修行往往叢林中見這般說話便以爲尋常殊不知他古人實證實悟到究竟處只據本分荅他無許多華巧也不行棒亦不下喝又不道蝦蟆跨跳上梵天蚯蚓驀過東海總不如此只平白向他道見性是修行也不妨眞實且作麼生是你諸人性又作麼生見道些子事直是好笑未見時千難萬難及乎見了無易得恁地易因思舊日有箇同參兄弟久在老和尚身畔參禪崖到那伎倆盡處只是不能得透每日入室問他時只荅道不會有箇後生笑他參禪許多年只道得箇不會同參聞得甚叵耐他道小鬼頭你未出世時我已三度去霍山廟裏退牙了也好教你知後來參得禪了到庵中相聚一日因舉勇和尚頌古山僧舉頌五通仙人話云無量劫來曾未遇如何不動到其中莫言佛法無多子最苦瞿曇那一通山僧愛他道如何不動到其中既不動如何到吽吽這裏便是交加處間不容髮難也只在這裏易也只在這裏須是箇沒量漢始得同參却問因甚麼道最苦瞿曇那一通山僧却向他道你未出世時我已向霍山廟裏三度退牙了也相對不覺呵呵大笑自然打著南邊動北邊如此方喚作見性三世諸佛見你迷却此性枉被輪廻所以興慈運悲廣說三乘十二分教如將蜜果換苦葫蘆淘汰諸人業根本無實事爲你有箇衆生見便將箇佛來淘你爲你有箇無明見便將箇菩提來淘你爲你有箇生死見便將箇涅槃來淘你你若無許多見則佛亦不用出世亦不用說法亦不用說見性亦不用說修行蓋此性上本無佛亦無衆生本無菩提亦無煩惱本無涅槃亦無生死所以古人道無三界可出無菩提可求無佛祖可成無衆生可度淨躶躶赤灑灑沒可把雖無可把却能現佛現衆生現菩提現煩惱現涅槃現生死你莫看他現底未現時是箇甚麼所以臨濟和尚云學道人須要得眞正見解若得眞正見解生死不滯去住自由不用求他殊勝殊勝自至如此方喚作修行不是別法教你修行若別有法盡屬三乘因果次第非本來佛古人謂之情存聖量解在果因未能逾越聖情過諸影迹若能一念緣起無生超彼三乘權學等見山僧今夏修行有無量功德凡解夏之日謂之衆僧自恣日有缺犯無缺犯須恣自己意對佛披露今夜不免對人天大衆前一一披露去也好事大家知分明聽取自結夏後聞當山慈覺卧疾即過來問疾又黃亭衆信作水陸請普說赴其普說歸來送慈覺荼毗迤邐受開善請入院開堂賓客往還迎來送去勞勞地直到今日且道是佛法是世法是見性是不見性是修行是不修行到這裏如何定當往往十箇有五雙定當不出因記得鵝湖和尚上堂云莫道未了底人浮逼逼地設使了得底人明得知有去處尚乃浮逼逼地雲門下來舉此話問首座意作麼生座云浮逼逼地門云首座在此久住頭白齒黃作這箇語話座云未審上座又作麼生門云要道即得見即便見

若不見莫亂道座云只如堂頭道淬通過地又作麼生門云頭上著枷脚下著杻座云恁麼則無佛法也門云此是文殊普賢大人境界師曰大小雲門前頭赫殺人後頭笑殺人山僧當時若見便向他道且莫惡口你諸人閒恁麼道又不得去這裏慱量直須實頭到這田地始得若實到這田地方知他雲門落處即知鵝湖落處既知鵝湖落處即知開善落處既知開善落處即知當人自性落處既知當人自性落處未可便休更須參三十年待別有生涯始得為甚麼如此不見道蛇頭却要重揩癢萬萬千千出一毫以拂子擊禪床一下

徑山別峰印禪師示衆曰直截簡徑廣大明白底一段大事諸人自打之遶自求葛藤遂見紛紛紜紜曲曲屈屈卒了不下拈拂子曰見麼屈曲了也擊禪床曰紛紜了也直饒機如掣電辯似懸河分踈得行趑趄得到不如還我第一頭來今早室中初無奇特亦無玄妙只問兄弟荔枝因甚麼赤十箇有五雙莫擬如何秖對只這求詰會欲秖對底是大病也鼻孔在老僧手裏豈是要你荅轉語拖一伎倆合得也便道是也莫道會盡古今會盡差別會盡大機大用石火電光父子君臣擒縱殺活只箇裏一點不明則許多皆沒交涉更說甚麼大話豈不見黃面老子道松直棘曲鵠白烏玄皆了元由敢問大衆松因甚麼直棘因甚麼曲鵠因甚麼白烏因甚麼玄有一般杜撰底便道差別因受差別報我且問你松造甚麼因棘受甚麼報管你分踈不下

廿八

又有一般道松自然直棘自然曲鵠自然白烏自然玄此是西天九十六種中自然外道見解也又有一般喚作唯心便引三界唯心萬法唯識以為證據我且問你既是一心為甚麼有曲有直有玄有白又是分踈不下又有一般道萬法本閑唯人自閙起許多分別作甚麼我且問你喚曲作直得麼喚白作玄得麼又亦分踈不下諸兄弟如上惡知惡見皆是不了元由自打之遶自求葛藤不曾到簡徑直截處廣大明白處豈不見白雲纂展手曰因甚麼喚作手且道白雲意在甚麼處又如何秖對宗門下無有不管底法無有不透底事問著便要七穿八穴不問一點也瞞他不得此是本分參學人分上事莫道喝一喝打一棒蹉過了也直下便是只管口皮上轟將去肚皮裏元黑漫漫地且得沒交涉昔趙州見僧忽焚火起問云不要喚作火喚作甚麼道老漢擔枷過狀而多少開口不得被他換了眼睛也又僧問多福如何是多福一叢竹曰一莖兩莖斜云學人不會曰三莖四莖曲古人不妨簡徑不妨綿密後人喚作問竹荅竹問木荅木有甚麼交涉晦堂和尚初自南雄來負文章慧辯一肚皮依雲峰悅禪師三年並無近傍處又依南禪師二年下盡

廿九宋

工夫亦無近傍處遂棄去不願參禪往山主院中過夏因閱傳燈録至適來僧問多福一叢竹因緣驀然頓悟親見二師祖為處遂徑歸黃檗纔展坐具南曰子入吾室矣且道晦堂見箇甚麼便恁麼不同所以道參禪人切忌向語脉裏轉却晦堂又嘗請益南禪師云大事本來如是和尚何用教人看話頭百計搜尋南曰若不如此令汝究尋到無心處自見自肯吾即埋沒汝也諸兄弟此是古人脚踏實地處吐氣出來無不的確無不諦當而今要會這荔枝因甚麼赤亦須自見自肯與他晦堂趙州白雲把手共行則松直棘曲鵠白烏玄以至天地日月山川草木鳥獸人民四聖六凡皆穿透矣要道便道要拈便拈更不借他鼻孔出氣也果然恁麼則返觀向來蹉過多少好事了也莫有不蹉過底麼在舍只言為客易臨淵方覺取魚難

嘉泰普燈錄卷第二十五

嘉泰普燈錄集卷之十六

平江府報恩光孝禪寺　臣僧正受編

拈古



蔣山佛慧泉禪師二則

舉巴陵示衆祖師道不是風動不是幡動既不是風幡向甚麼處著有人與祖師作主出來與巴陵相見雪竇道風動幡動既是風幡向甚麼處著有人與巴陵作主出來與雪竇相見師曰要知二尊宿落處麼蔣山爲你說箇譬喻一似箇人家祖上從來極有涯業有二兄弟各各鬬使大者使五百小者使一貫日往月來鬬使不已遂將祖父涯業一時蕩盡累他子孫無安身立命處忽有一親友見其子孫孤露遂將伊家祖上宅舍借伊居止其閒子孫須思舊時祖業如何卻屬他人須作方便討得當時契書方爲究竟若趂目前過日得即得未免住在他人屋下大衆蔣山爲你說譬喻了也且問諸人作何方便討得當時契書

舉僧問夾山境話法眼云云師曰諸禪德法眼和尚話墮也不知若不喚作境待喚作甚麼既不能截斷兩頭致令後代兒孫遞相皺嚼便道天地同根萬物一體心外無法法外無心種種計較一似夢中說夢相似豈知鬼子母失卻愛兒無處尋蹤森沙神倒被蛇纏眼中出血

翠巖真禪師三則

舉盤山似地擎山云云師曰盤山力盡神疲
也是望雲上樹還知有不歷諸聖階梯獨
超物外者麼師遂大笑
舉德山托鉢師曰巖頭德山一狀領過雪峰
一千五百人善知識地在
舉寶應示衆云欲得易會麼第一莫將問來
問問在荅處荅在問處你若擬議老僧在
你脚底師曰寶應只解把住翠巖即不然
寒山倒地拾得扶起豐干禮拜不見文殊
更有觀音菩薩魚行酒肆且不識主人翁
乃卓拄杖一下

白雲端禪師三則

舉僧問洞山亡僧遷化向甚麼處去曰火後
一莖茅師曰白雲即不然亡僧遷化向甚
麼處去只向道墻壁有耳
舉甘贄行者接待有僧曰行者接待不易贄
曰譬如餧驢餧馬瑯琊覺和尚云快把飯
來師曰瑯琊雖有不犯之令若是白雲即
不然譬如餧驢餧馬但對道願行者常似
今日
舉龍牙偈曰一切名山到因脚辛苦多年與
穢著而今年老不能行手裏把箇破木杓
師曰龍牙老人可謂熟處難忘

保寧勇禪師二則

舉雪峰示衆云南山有一條鼈鼻蛇汝等諸
人切須好看長慶云云師拈起拄杖召曰
大衆喪身失命了也
舉無著遇文殊喫茶次文殊擡起玻璃盞曰
南方還有這箇麼師代以手指口

黄龍晦堂心禪師二則

舉世尊拈華迦葉微笑師曰直下穿過髑髏
已是換却眼睛臨危不在悚然向甚麼處
見釋迦老子
舉莊宗云朕恢復中原收得一寶只是無人
酬價興化云云師曰興化一期見機而作
爭奈埋沒伊一朝天子當時若但向道蚌
蛤之珠收得也無用處教伊向後別有生
涯免得遞相鈍置而今若有問上座又作
麼生酬價

泐潭真淨雲菴文禪師三則

舉三聖道我逢人即出出則不爲人興化道
我逢人即不出出則便爲人師曰看這兩
箇老古錐竊得臨濟些子活計各自分疆
列界氣衝宇宙使明眼衲僧只得好笑諸
禪德且道笑作甚麼還知落處麼若知一
任七顛八倒若不知且向三聖興化葛藤
裏齩嚼
舉三聖問雪峰透網金鱗以何爲食師曰俊
哉俊哉快活快活恰似一隻鷂子莫驚著
保寧即不然透網金鱗以何爲食待你出
網來即向你道待他道一千五百人善知
識話頭也不識但拽拄杖打出三門外復
曰也好快活恰似一隻虎莫動著諸禪德
且道保寧快活何似三聖快活莫有快活
底漢麽出來定當看良久喝曰把手拽不住
舉臺山路上有一婆子凡有僧問臺山路向
甚麼處去云驀直去僧擬行婆云好箇阿
師又恁麼去也師曰游臺山者憧憧往來
莫知其數未有一人不被伊瞞唯有趙州
一日謂衆曰臺山下婆子被老僧勘破了
也大衆雖然不受伊瞞若點檢來也好喫
婆子手中棒且道趙州過在甚麼處若知
趙州過處方解不受人瞞歸宗門下莫有
不受人瞞底麼咄

大潙真如喆禪師二則

舉芭蕉拄杖子話師曰大潙即不然你有拄
杖子我奪却你拄杖子你無拄杖子我與
你拄杖子大潙既然如是諸人還用得也
未若人用得德山先鋒臨濟後令若也用
不得且還本主
舉世尊一日見文殊在門外立乃云文殊文
殊何不入來文殊曰我不見一法在門外

何以教我入門師代曰吾不如汝
法雲圓通秀禪師二則
舉首楞嚴經云十方薄伽梵一路涅槃門師
以手空中一畫喝曰九流於是乎交歸衆
聖於是乎冥會乃知新羅高麗南番日本
西天此土十方世界一切人民盡在諸人
鼻孔裏叫叫閙閙東頭買賤西頭賣貴諸
人還聞麼若不聞還我耳朵來
舉雲門問僧光明寂照徧河沙豈不是張拙
秀才語僧云是雲門云話墮也師曰甚處
是話墮處忽有人問法雲如何是祖師西
來意只對伊道話墮也還會麼具眼底辨
取
智海正覺逸禪師二則
舉夾山偈曰明明無悟法悟法即迷人長伸
兩脚睡無僞亦無眞師曰諸禪德此乃瘵
久戀寶所者病之妙藥未到化城之士切
忌錯服服之則耆婆拱手醫王皺眉
舉趙州示衆云老僧有時將一枝草作丈六
金身有時將丈六金身作一枝草五峯云
我有時將拄杖子作三世諸佛有時將三
世諸佛作拄杖子師曰此二尊宿一時熱
發亂語狂言指神話鬼智海即不然有時
將丈六金身喚作丈六金身胷題卍字項
佩圓光合掌讚嘆曰容顏甚奇妙光明照
十方我適曾供養今復還親近有時將拄
杖子喚作拄杖子不長不短不直不曲亦
讚嘆曰楖栗出匡頂萬中無一枝得來孤
至寶行坐鎮相隨只如山僧恁麼道還塞
得諸方口麼自曰塞不得又曰為甚麼塞
不得青山只解磨今古流水何曾洗是非
上方益禪師三則
舉趙州洗鉢盂話師曰趙州不唯瞎却這僧
眼直得南北叢林盡向鉢盂上作活計當
時幸好箇喫茶去不解道得
舉臨濟上堂云我在先師處三度喫六十棒
如蒿枝拂相似云云師曰照用之機不無
臨濟要且打得箇皮下無血底這僧當初
若會纔見云誰為我下手但云貧兒思舊
債待伊拈棒却向道自己雖然急他人未
肯忙直饒臨濟令行也是拗曲作直
舉趙州訪二庵主因緣師曰避得風雷重遭
霹靂
五祖演禪師六則
舉教中道若有一人發眞歸源十方虛空悉
皆消殞雙泉即不然若有一人發眞歸源
十方虛空築著礚著
舉梁武帝問達磨如何是聖諦第一義曰廓
然無聖帝云對朕者誰曰不識又僧問六
祖黃梅意旨甚麼人得曰會佛法人得云
和尚還得否曰不得云和尚為甚麼不得
曰我不會佛法師曰大小大祖師問著底
便是不識不會為甚麼却兒孫徧地復曰
一人傳虛萬人傳實
舉靈雲見桃華悟道玄沙未徹師曰說甚麼
諦當更參三十年始得
舉僧請益瑯琊清淨本然云何忽生山河大
地曰清淨本然云何忽生山河大地其僧
悟去師曰金屑雖貴落眼成翳
舉國師無縫塔師曰前面是眞珠瑪瑙後面
是瑪瑙眞珠東邊是觀音勢至西邊是普
賢文殊中間有一首幡被風吹著道胡盧
胡盧
舉趙州狗子無佛性師曰大衆你諸人作麼
生會老僧尋常只舉無字便休你若透得
這一箇字天下人不奈何你諸人作麼生
透還有透得徹底麼有則便出來道看我
也不要你道有也不要你道無也不要你
道不有不無你作麼生道
黃龍死心新禪師四則
舉僧問夾山如何是相似句曰荷葉團團團
似鏡菱角尖尖尖似錐復曰會麼云不會

曰風吹柳絮毛毬走雨打梨花蛺蝶飛師曰夾山巖前棒日未是高明狹路分歧寧同大徹要會相似句麼白鷺沙汀立蘆華相對開

舉多福一叢竹師曰斜即任斜曲即任曲喚甚麼作多福一叢竹

舉僧問雲門樹凋葉落時如何曰體露金風師曰大小雲門境上縛殺雲巖即不然樹凋葉落時如何珊瑚枝枝撐著月

舉南泉問黃檗甚麼處去云擇菜去曰將甚麼擇檗竪起刀子泉曰只解作客不解作主師曰精金百鍊本分鉗鎚往往令時師僧將黃檗南泉只作擇菜會却

兜率真寂悅禪師一則

舉曹山一日入僧堂向火次僧云今日好寒曰須知有不寒者云誰是不寒者山筴火示之僧云莫道無人好山拋下火僧云某到這裏却不會山曰日照寒潭明更明師曰這僧雖行合行不行之路未免草裏藏身曹山有應不應却應之機爭奈爐邊露影這兩箇不解端然向火寧免拄後人齒牙若嚼不破須信言中有味若嚼得破方知舌上無體既然如是兜率何曾踏著古人脚跟遂喝一喝

泐潭祥禪師二則

舉祖師道心隨萬境轉轉處實能幽隨流認得性無喜亦無憂師曰鴈過霜秋山含紅樹文殊與普賢二人爭功未分勝負遂喝曰却被寶峰一喝依舊安家立業

舉雲門一日示衆將拂子撼一下云這裏得箇入處捏怪去也日本國裏說禪三十三天上有箇人出來喚云吽吽特庫兒師曰後來叢林道雲門脚跟不點地誠實苦哉寶峰道日本國人說禪得困却來寶峰拄杖頭上歇息要為大宋人說法還聞麼良久曰矢上加尖

雲峰祖燈璸禪師一則

舉日出連山月圓當户不是無身不欲全露師曰大衆龍牙山裏無眼毒龍從前行脚不曾性懸道得一句及乎住院盡力只道得一半山僧今日為混沌畫眉去也良久曰放憨作麼

泐潭湛堂準禪師五則

舉藥山問雲巖師子師曰藥山雲巖鈍置殺人兩子父弄一箇師子也弄不出若是準上座只消獨自弄拽得來拈頭作尾拈尾作頭轉兩箇金睛攫幾鈎鐵爪吼一聲直令百里内猛獸潛蹤滿空裏飛禽亂墜準上座來弄師子請大衆高著眼先看做一箇定場以拄杖擲下云箇中消息子能有幾人知喝一喝

舉永嘉道直截根源佛所印摘葉尋枝我不能師遂拈拄杖卓一下曰大小直截或有箇秀才出來道雲巖長老你佛法得恁麼簡易即向伊道田庫奴你豈不聞孝經序云朕聞上古其風朴略

舉雪峰低頭歸庵師曰大衆雪峰是會末後句不會末後句若道會巖頭又道當初悔不向他道末後句若道不會因甚而今兒孫徧天徧地雖與我同條生不與我同條死末後句巖頭為劈頭說破也未免有些殺訛久參先得一舉便知後學初機莫道不疑好

舉仰山羅漢騰空而至師曰諸禪德可惜仰山放過這漢當時若是寶峰便與擒住須教維那僧堂前撞鐘集衆責狀趕出況佛法不當人情伊既稱羅漢我生已盡梵行已立為甚麼不歸家穩坐只管游山翫水參

舉雲門拈世尊生下一手指天一手指地師曰雲門大師只知其一不知其二只道我一朝權在手看取令行時殊不知盡法無

民準上座即不然待這老子纔生下来未
行未開口之時向伊面前結一道金櫃藏
虵卯一禁禁定教這老子言詞路絕心行
處滅不唯使釋迦老子自家得箇安樂處
亦乃使十方法界衆生一切安樂諸禪德
且道雲門是準上座是若道雲門是準上
座又何用別說若道雲門非不可將佛法
作得失是非會也若不作得失是非會又
是顢頇佛性儱侗眞如且道畢竟作麼生
莫言佛法無多子不是苦心人不知咄

太平佛鑑懃禪師六則

舉潙山與僧語次僧云大好雨曰甚麼處是
好處僧無語潙却曰大好雨僧云甚麼處
是好處潙乃指雨示之僧又無語潙曰何
得大智而黙師曰潙山尋常眼放電光到
這裏却著賊也不知山僧不是抑強扶弱
黨理不黨親且道那裏是著賊處若於此
撿點得出便能騎賊馬追賊奪賊搶殺賊
魚六 十一
若撿點不出凡有言說皆是與賊過梯智
海今日路見不平與諸人并贓捉獲擲下
拂子曰諸人各自認取贓物

舉潙山同陞侍御入僧堂陞問如許多僧爲
復是喫粥飯僧爲復是參禪僧曰亦不是
喫粥飯僧亦不是參禪僧云在此作甚麼
曰侍御自問取他看師曰潙山元来小膽
被這俗官一問直得手忙脚亂閉戶關門
若是老僧即不然大開門戶放伊入来此
是參禪僧喫粥飯僧向伊道是喫粥飯了
參禪僧待伊眼睛定動便與木槵子換却
教伊做箇惺惺歷歷底侍御看處廟堂之
高則致君爲堯舜之君或在江湖之上則
致民爲堯舜之民豈不快哉乃呈起數珠
曰諸人還見這箇麼良久曰此是老僧来
京師換得底諸人各自歸堂摸索看

舉三平參石鞏平後舉似大顛曰既是活人
箭爲甚麼向弓弦上辨三平無語顛曰三
十年来要人舉此話也難得師曰大小三
平元来只是箇死漢若非死漢又覓甚麼
活人箭石鞏龍頭虵尾矢在弦上又却不
發當時若便與一箭那裏得来大顛作死
馬醫醫之不瘥從他搖地㗭埋且如智海
恁麼批判古今還有過也無細雨灑華千
點淡淡煙籠竹一堆愁

舉谷山問秀溪聲色純眞時如何曰挽鳴作
麼山從東過西立溪曰若不恁麼則禍生
山却從西過東立溪下禪床行三五步山
把住云聲色純眞又作麼生溪打一掌山
云百年後要箇人下茶也無溪曰要谷山
老漢作麼山大笑師舉了呵呵大笑曰也
大好笑有甚好笑處樓前巧鶯雙雙語林
内嬌鸎對對飛因看古人無義語等閑又
得一聯詩

舉南泉示衆曰文殊普賢昨夜三更起佛見
法見趙州出衆云云師曰大似無手人行
魚八 十三
拳無口人叫喚無手人掩著無口人口無
口人皺眉無手人手恁麼會得方知道法
性不動動徧三界之中至理無言言滿四
天之下若也不會紅塵飛碧海白浪湧青
岑

舉披雲去看天仙纔入方丈仙便問未見東
越老時作麼生爲物曰只見雲生碧嶂焉
知月落寒潭云只恁麼也難得曰莫是未
見時麼仙便喝雲展兩手仙云錯怪人者
有甚麼限雲掩耳便出仙云死却這漢平
生也師曰喻似敵手下碁雖則著著不落
別處其奈須有輸贏既有輸贏便成勝負
要得兩無傷損麼待天仙道死卻這漢平
生也便好向道元来是錯怪人天仙却好
展兩手便得始終一貫頭尾雙全雖然如
是你諸人各各摸索腰下斧柄看

天寧佛果圜悟懃禪師四則

舉文殊菩薩問維摩居士云我等各自說已

云何是仁者所說不二法門師曰這一轉語叢林話會不少有道默然有道良久有道不對要且摸索不著直得其聲如雷響驚群動自古及今前聖後聖所說法門只向維摩片時之間一時顯現且道正當恁麼時作箇甚麼得見維摩

舉古者道護生須是殺殺盡始安居要會箇中意鐵船水上浮師曰且道殺箇甚麼殺衆生物命凡夫見解殺六賊煩惱座主見解殺佛殺祖大闡提人見解衲僧分上畢竟殺箇甚麼

舉雪峰示衆云盡大地撮來如粟米粒大師曰絕天維立地紀未足稱奇擘太華迴黃河亦非敏手若向箇裏覷得透便可以撒驪龍窟明珠噴旃檀林香氣豈不快哉山僧今日不避泥水放一線道乃拈拄杖曰還見雪峰麼卓拄杖曰劄

舉興化見同參師曰擲王庫刀振塗毒鼓擊電未足以擬其迅震雷未足以方其威可謂善驅耕夫之牛能奪饑人之食只如主賓互換有照有用有權有實則且置甚處是興化將手向伊面前畫雨遭若這裏洞明可以荷負臨濟正法眼藏如或泥水未分未免瞎驢趂大隊

龍門佛眼遠禪師二則

舉趙州訪二庵主師曰庵主一般竪起拳頭趙州何故肯一箇不肯一箇且道得失在甚麼處趙州自起自倒勘破多少阿師庵主坐斷要津過了幾多寒暑要識趙州麼拍禪床右角曰識取趙州要識二庵主麼拍禪床左角曰識取庵主還有人點檢得失處出底麼易開終始口難保歲寒心

舉洗鉢盂話師曰大衆山僧今朝喫粥也洗鉢盂只是不悟既是為善知識為甚麼却不悟還會麼豈可喚鐘作甕終不指鹿為馬善人難犯水銀無假冷地忽然覷破管取一時放下

大隨南堂靜禪師四則

舉昔有秀才造無鬼論論成纔放筆有鬼現身斫手謂秀才曰你爭奈我何五祖道我當時若見便以手作鵓鳩觜向伊道谷咻師曰秀才雖知無鬼而不知鬼之所以無五祖先師雖知鬼之所以無而不能掃蹤滅跡若是大隨即不然待他斫手道你爭奈我何只向道闊直饒是大力鬼王也教伊頭破作七分如何棃樹枝且道是那箇闊字

舉德山示衆云今夜小參不荅話問話者三十棒師曰要見德山麼悟須千聖頭邊坐用向三塗底下行要見法眼麼閫中猛將要見圓明麼塞外將軍要見新羅僧麼但摘菓子喫莫管樹曲彔要見南堂麼分明記取舉似作家

舉僧問智門如何是般若體話師曰古人是則是荅得太高生山僧即不恁麼如何是般若體一穀一米如何是般若用七擒七縱

舉僧問雲門不起一念還有過也無門云須彌山師曰南堂即不然或有人問不起一念還有過也無只向他道劄

九仙清禪師二則

舉雲門示衆拈起拄杖云拄杖子化為龍吞却乾坤了也山河大地甚處得來師曰大衆會麼雲門大師讚歎拄杖子有出沒神通卷舒妙用擲須彌於他界塞滿虛空大地不容塵纖毫無立處這老漢一期逞俊不顧危亡只知拄杖子吞却乾坤不知拄杖子向何處著如今莫有為雲門救得拄杖子者麼若無天寧自下手去也提起拄杖曰探水卓破金髗頭撥雲敲折老虎脚復卓一下

舉雪峰問德山從上宗乘學人還有分也無德山打一棒曰道甚麼師曰如今若有問

光孝從上宗乘學人還有分也無光孝也不下禪床也不拈拄杖也不劈脊打只向他道窮鬼子不要忙少你一分不得然雖如是癡人面前不得說夢

崇覺空禪師一則

舉藥山小參不點燈示衆曰我有一句子待特牛生兒即向汝道時有僧出云特牛生兒也自是和尚不道山曰把火來其僧便歸衆師曰藥山三寸甚密爭奈被這僧下一粒巴豆直得心肝五臟一時吐出直饒討得火來也是半夜天明

淨因蹣庵成禪師二則

舉栢樹子話師曰蘇武不拜韓信臨朝恁麼會得十萬迢迢

舉黃龍三關話師曰我手何似佛手龍虵易辨我脚何似驢脚衲子難瞞人人有箇生緣舉頭天外看誰是箇中人須知蹣庵更有一關黃龍老漢亦透不得如何是蹣庵一關遂喝一喝拍禪床一下

淨慈月堂昌禪師二則

舉僧問投子月未圓時如何師曰投子只知得路便行不覺渾身泥水瑞光即不然月未圓時如何布施不如還却債圓後如何借婆衫子拜婆年

舉趙州洗鉢盂雲門拈之云云師曰雲門盡誠收拾特地打疊育王見處也要諸人共知敢謂大小趙州死在這僧手裏

大溈佛性泰禪師七則

舉楞嚴曰一人發眞歸源十方虛空悉皆消殞後來五祖和尚道一人發眞歸源十方虛空櫱著磕著若是德山即不然一人發眞歸源十方虛空只是十方虛空

舉耽源問忠國師百年後有人問極則事如何秖對國師曰韋自可憐生須要箇護身符子作麼師曰大小耽源被國師一坐直至而今起不得若是德山要且不然待伊道韋自可憐生須要箇護身符子作麼只對他道暗中為照燭嶮處作津梁

舉興化示衆云我見你諸人前廊也喝後廊也喝云云師曰驅耕夫牛奪饑人食擊碎明月珠敲出鳳凰髓可謂富貴中富貴風流中風流藹藹嘉聲迄今未已敢問大衆只如興化道未曾向紫羅帳裏撒眞珠作麼生會或若總道咄我也知你跳不出

舉僧問地藏如何是佛法的的大意曰山前麥熟也未又問青原如何是佛法的的大意曰廬陵米作麼價師曰平常心地穩審家風隨時應用越格超宗於斯薦得麥裏有麵若也不會米裏有蟲

舉僧問六祖黃梅意旨甚麼人得師曰破布裹眞珠識者方知是寶爛泥藏棘刺踏著方乃驚人諸人還見祖師麼倒騎白額虎突出衆人前

舉教中道是法住法位世間相常住師召大衆曰那箇是常住底法良久曰始逢黃葉落又見一陽生

舉阿育王設三萬大阿羅漢會時上座一位無人王問此位何以無人有海意尊者白王曰有賓頭盧尊者親見佛來故留此位須臾尊者從空而下便就座王曰承聞尊者親見佛來是否尊者以兩手撥開眉曰會麼王曰不會尊者曰阿耨達池龍王請佛齋貧道是時亦與其數師曰阿育王雖飯三萬大阿羅漢要且不識賓頭盧尊者阿育王既已不識諸人還識也無若也不識山僧為諸人指出乃拈拄杖下禪床立曰作麼

徑山大慧普覺杲禪師六則

舉僧問洞山寒暑到來如何回避曰何不向無寒暑處去云如何是無寒暑處曰寒時寒殺闍棃熱時熱殺闍棃又僧問一老宿時節恁麼熱向甚處回避曰向鑊湯爐炭

裏云只如鑊湯爐炭裏如何回避曰衆苦不能到師曰二老宿一人在寒暑裏垂手一人在寒暑外垂手寒暑裏垂手者不見有寒暑之相寒暑外垂手者通身是寒暑徑山恁麼道諸人還辨明得麼若辨明得南天台北五臺若辨明不得今日熱如昨日

舉興化打克賓維那雲居舜和尚拈云大冶精金應無變色其奈興化令行太嚴不是克賓維那也大難承當總似而今泛泛之徒皺轉面皮多少時也師曰雲居恁麼道未免拗曲作直徑山即不然要作臨濟姪赫兒孫直須皺轉面皮始得

舉提婆達多在地獄中受罪師曰既無出分又無入分喚甚麼作釋迦老子喚甚麼作提婆達多喚甚麼作地獄還委悉麼自贊瓶去沽村酒却著衫來作主人

舉讓和尚遣僧問馬祖云作麼生祖云自從胡亂後三十年不少鹽醬師曰雲門即不然夜夢不祥書門大吉

舉無著見文殊師曰徑山當時若見即向他道和尚如此住持直是不易　即

舉龍牙頌云一切名山到因脚白雲端和尚拈云龍牙老人可謂熱處難忘師曰白雲恁麼道大似以己方人杲上座即不然家貧難辦素食事忙不及草書

淨因枯木成禪師二則

舉僧問洞山寒暑到來如何回避師曰衆中商量道這僧問既落偏洞山荅歸正位其僧言中知旨却入正來洞山却從偏去如斯商量不唯謗瀆先聖亦乃屈沈自己不見道聞衆生解意下丹青目前雖美久蘊成病大凡行脚高士欲窮此事先須識取上祖正法眼藏其餘佛祖言教是甚麼熱椀鳴聲雖然如是敢問諸人畢竟作麼生是無寒暑處還會麼玉樓巢翡翠金殿鎖鴛鴦

舉南禪師示衆曰達磨西來十萬里少林冷坐八九年唯有神光知此意尊伸三拜不虛傳後代兒孫忘正覺棄本逐末尚邪言直到臘月三十日一身負債入黃泉師曰奇哉諸禪德本分宗師一言半句如箭中的功不浪施以衲僧正眼觀之大似將方木逗於圓孔何故大凡稱提此事如刀斫水似手捫風兩不相傷彼此無礙香山恁麼說話大似以圓木逗於方孔且道如何得恰好去諸人還知也未佛殿上蚩刎高聲大笑笑罷曰塵世勞生早晚休隨波逐浪謾悠悠如今林下安禪客幾箇無心得到頭乃喝曰且莫以己方人

護國此庵元禪師一則

舉世尊生下一手指天一手指地雲門云云師曰今時有般說快意話底便道當時若不是雲門誰敢恁麼道殊不知雲門落在黃面老子圈繢裏直至而今跳不出若向這裏覷得透不唯識得釋迦老子亦乃覷破雲門脚跟其或未然山僧更為你下箇注脚貪他一盃酒失却滿船魚

西禪懶庵需禪師二則

舉馬祖踏倒水潦師曰大小大水潦喫人拳趯了却道我悟悟甚麼屎及乎起來更不識羞猶道我向一毛頭上識得根源且莫捏目生華住山後告衆曰自從一喫馬師踏直至如今笑不休且道笑箇甚麼

舉臨濟問院主糶來師曰院主一喝雹卷雷奔山摧地裂與座禮拜雲收雨散月白風清然雖恁麼因甚總喫痛棒不見道卧龍纔奮迅丹鳳亦翱翔

大溈月庵果禪師二則

舉趙州訪二庵主師曰泣露千般草吟風一樣松為甚麼肯一不肯一若向這裏見得釋迦不先彌勒不後坐斷要津天長地久

苟或未然月庵老人為諸人下箇註脚良
久曰若不如是爭知如是
舉話墮話師曰雲門大師張幔天網撈龍打
鳳這僧不覺入他陷穽中落他圈繢裏若
是福嚴即不然纔見伊舉道豈不是張拙
秀才語但向道未到雲門不妨疑著然雖
如是也是賊過後張弓
何山佛燈珣禪師一則
舉踈山壽塔師曰踈山傾囊荅謝其奈尺頭
有寸這僧只知造塔元來秤尾無星大嶺
三文兩鎚支破不難慧日若作造僧待踈
山恁麼道但對曰某甲今日功不浪施著
得箇語免被三文兩鎚攪亂一生不教踈
山外揚家醜只如臘月蓮華龜毛三尺又
且如何要會麼待你諸人造塔成就即向
你道
烏巨雪堂行禪師四則
舉僧問雲門如何是驚人句門云響師曰雲
門荅這僧話不得便休却鼓粥飯氣以當
平生
舉雪竇示衆云大施門開無壅塞忽有箇衲
僧出来雪竇退身七百里何故臨危不悚
人後有老宿道大施門開無壅塞忽有箇
衲僧出来兩手分付何故心不負人面無

慚色師曰西山今日亦開大施門忽有箇
衲僧出来三十棒一棒也不較何故許人
一物千金不移
舉懷禪師示衆云無手人能行拳無舌人能
解語忽若無手人打無舌人教無舌人道
箇甚麼白雲端和尚道未舉步時未上一
步踏著未開口時最初一句道著師曰二
老宿向諸人面皮上寫却一本曆日了也
若更眼目定動髑髏前鬼神無數
舉僧問雲門樹凋葉落時如何曰體露金風
死心和尚道大小雲門大師境上縛殺有
問死心樹凋葉落時如何只對道珊瑚枝
枝撑着月師曰大小死心向句裏縛殺
大溈牧庵忠禪師一則
舉長生問靈雲混沌未分話師曰二尊宿發
明本分大事可謂如切如瑳如琢如磨不
妨端的撿點將来大似貼肉汗衫未能脫
體致使有般漢隨語生解便向混沌未分
時生計較打破鏡處說道理驢年解悟去
若據牧庵見處說甚麼混沌分與未分打
鏡破與不破直饒向露柱懷胎魔會得正
是片雲點太清諸仁者還委悉麼良久曰
待虛空落地時却向你道
西禪此庵淨禪師二則

舉教中道佛滅度後其為善知識者總是見
佛来後来歸宗和尚道其為善知識者亦
不可輕慢師曰歸宗恁麼道大似新婦伯
阿家未免隨他舌頭轉殊不知其為善知
識者只是箇瞎漢所觀善知識者如風世
寃家便好劍却眼睛揿却腦蓋雖然如是
未足酬恩
舉誌公令人傳語思大後来白雲端和尚道
思大恁麼說話大似釘樁搖櫓有甚快活
新怡山即不然青山忽憶便歸去浮世要
看還下来
靈隱佛海遠禪師二則
舉興化見同參師曰摳衣問道肝膽相傾及
至揿翻鼻孔倒轉槍旗為甚麼一家不知
一家事是則這僧勢不兩立興化禍不單
行這一頓痛棒架閣来久矣而今拄杖子
在老僧手裏無有不了底公案即今目前
燈籠露柱大地山河豈不是同參築著磕
著底豈不是同參又參見阿誰喝一喝曰
汲水已歸林下去待船猶立渡頭沙徒卓
拄杖一下
舉真淨和尚示衆云天地與我同根萬物與
我同體脚頭脚底横三竪四北俱盧洲火
發燒却帝釋眉毛東海龍王忍痛不禁轟

一穀霹靂直得傾湫倒嶽雲暗長空十字街頭廖胡子醉中驚覺起來拊掌呵呵大笑云筠陽城中近來少賊乃拈拄杖云賊賊師曰是則一場賣弄不少爭奈鼻孔眼睛各有主在何故葛藤堆裏作窠未當白拈酒店門前拾遺不是正賊時東廊下偶犬吠師呼行者探門前有甚客來大衆皆回首師曰要見正賊麼遂啃指一聲搓手下座

天童應菴華禪師五則

舉大恩芝和尚示衆大家相聚喫莖齏若喚作一莖齏入地獄如箭射師曰好語要且無來處有人辨得出與你一兩金

舉六祖曰不是風動不是幡動仁者心動師曰一盲引衆盲相牽入火坑

舉僧問興化四方八面來時如何曰打中間底僧禮拜化曰大衆興化昨日赴箇村齋迴至中路值一陣狂風暴雨却向古廟裏避得過師曰我見燈明佛本光瑞如此

舉僧問雲門不起一念還有過也無門云須彌山師曰雲門道得不妨諦當要且落在第二頭明果即不然忽有人問不起一念還有過也無只對道致將一問來

舉靈雲見桃華悟道玄沙云諦當甚諦當敢保老兄未徹在雪峰云備頭陀何不徧參去沙云達磨不來東土二祖不往西天師曰百鳥不來春又老不知誰是到庵人

舉慈明示衆曰一切賢聖皆以無為法而有差別前是案山後是主山且道無為法在甚麼處良久曰向下文長付在來日師曰天童也著一隻眼一切賢聖皆以無為法而有差別東弗于逮西瞿耶尼南贍部洲北鬱單越到處去來不如在此

道場正堂辯禪師一則

舉達磨初見梁武帝帝問如何是聖諦第一義云廓然無聖曰對朕者誰云不識帝不契遂渡江至魏達磨去後誌公問云陛下還識此人否帝曰不識誌公云此是觀音大士傳佛心印帝悔遣使去取誌公云莫道陛下遣使去取盡國人去他亦不回師曰後來有般漢道以年曆考之誌公圓寂已十四年矣豈有前頭事耶當時雪竇渾不考詳師笑曰從古至今未有一人明得苦哉佛陀耶殊不知雪竇乃於頌古首篇立此一大因緣要見古人明悟正脉者布幔天大網待稱意之魚歲月滋深益見鰕魚小獺多少明眼衲僧髑髏被渠穿過山僧忍俊不禁為諸人露箇消息利刀割肉瘡猶合惡語傷人恨不消只見國清才子貴那知家富小兒嬌

教忠晦庵光禪師一則

舉雪峰在鼇山成道師曰只如巖頭道一一從自己胷襟流出且道雪峰前三次悟還從自己胷襟流出也無若從自己胷襟流出又道未穩在若不從自己胷襟流出又從甚麼處得來莫有斷得出底麼若斷得出不唯雪峰鼇山成道盡大地有情濟成正覺若斷不出說甚麼鼇山成道直饒少室傳心也未夢見在

東禪蒙庵岳禪師一則

舉古澗寒泉師曰雪峰不從口入松栢千年青不入時人意趙州云死牡丹一日紅滿城公子醉

開善密庵謙禪師二則

舉秘魔擎叉霍山往訪師曰秘魔尋常氣宇如王不消一捏便見四棱塌地且作麼生免得他道三千里外賺我來然雖如是殊不知霍山三千里外已死在秘魔叉下了也具眼者辨取

舉洞山冬夜與泰首座喫果子次真如拈云這箇果子莫道泰首座不得喫三世諸佛也不敢正眼覷著師曰洞山倚勢欺人真

如隨風倒拖令夜忽有人問山僧有一物上拄天下拄地常在動用中動用中收不得未審過在甚麼處拈起栗子便喫何故下坡不走快便難逢

東林卍庵顏禪師四則

舉慈明水盆話師曰和尚今日供養家親那
又以手挪揄便作女人拜

舉慈明冬至日榜僧堂前作此相☰題其右曰若人識得不離四威儀中首座一見謂衆云和尚今日放參師曰鐵輪天子下閻浮急急如律令勅攝又曰首座向八八六十四卦中定吉凶

舉橫眸看梵字彈舌念眞言吹火長尖觜柴生滿竈煙師曰大愚老人經事多矣

舉玄沙聞鷲子教師召大衆曰玄沙恁麼道不是苦心人不知

玉泉窮谷璉禪師二則

舉雲門話墮師曰權衡祖道號令宗乘須是雲門老人諸方扶強不扶弱璉上座扶弱不扶強當時若作這僧待他雲門大師道光明寂照徧河沙豈不是張拙秀才語只對道和尚也不謬為大善知識教他雲門進也無門退也無門非但截斷雲門脚跟亦與天下衲僧出氣雖然如是只如雲門道話墮也意作麼生良久曰諦觀萬法交羅處一一塵中更有誰

舉僧問洞山如何是佛曰麻三斤師曰天無四壁地絕八荒向甚麼處與洞山相見咄

國清簡堂機禪師三則

舉僧問廣德周和尚教中道何逸多不斷煩惱不修禪定佛記此人成佛無疑未審此理如何曰鹽又盡炭又無僧曰鹽盡炭無時如何曰愁人莫向愁人說說向愁人愁殺人師曰這老子艱難起家至老慳澁雖然如是畢竟也是看窟籠著楔山僧即不然一尺鮹擣練一杯酒上樓是則是孤窮且要自張穀勢忽有人問教中道何逸多不斷煩惱不修禪定佛記此人成佛無疑未審此理如何只向他道大底還他肌骨好不塗紅粉自風流未審意旨如何更向他道驢事未去馬事到來

舉雪峰山裏有一僧住庵髮長不剃以木杓舀水凡有人問如何是祖師西來意曰溪深杓柄長雪峰聞得乃曰也奇怪一日潛地帶剃刀與侍者同去見之峰曰道得即不剃你頭僧便將水洗頭峰便與剃却師曰這僧大似諸葛亮隱於草廬先主三顧方起且道起後成得箇甚麼邊事利劒拂開天地靜霜刃纔動斗牛寒

舉興化示衆曰今日不用如何若何便請單刀直入興化為你證明時有旻德長老出衆禮拜便喝化亦喝德又喝化亦喝德便禮拜化曰旻德今日較二十棒若是別人一棒也少不得為他旻德會一喝不作一喝用師曰臨濟這一路踏得開步驟闊用者如鴆毒飲者如醍醐用者似醍醐飲者似鴆毒始有說話分興化旻德恁麼敷揚遮相鈍置所謂養子不及父家門一世衰臨濟一宗掃土而盡隱靜今日若更點頭接尾轉見不堪遂顧大衆曰你總在這裏作箇甚麼以拄杖一時趕散復喝一喝

天童密庵傑禪師一則

舉明招到昭慶有度上座問云羅山尋常道諸方盡是麨飯唯有羅山是白飯兄從羅山來却展手云白飯請些子招打兩掌度云將謂是白飯元來是麨飯招曰癡人棒打不死度至夜舉似諸禪客次招近前曰不審度云今日便是這上座下兩掌有瑫上座云不用下掌就裏許作麼生道招曰就裏許也道道瑫無對招曰是你諸人一時縛作一束倒卓放尿蹺下來日相見珍重師曰尋常向諸人道終日在洪波浩渺

中舀水相潑渾身無一點濕是他明踏著這些子自然用出来闘閙地借手鋒頭少鋭引得許多葛藤若是華蔵見他道將謂是白飯元来是麩飯連腮更與兩掌且教這僧疑三十年

賛壽尼無著妙總一則

舉文殊請維摩談不二法門總曰當時好與一喝維摩老人若下得這一喝可謂鍼起膏盲之疾重布龍虵之陣非但文殊讃歎不及亦免使後人向鬼窟裏作活計要見維摩端的處摩臂長衫袖短脚瘦草鞋寬

嘉泰普燈録巻第二十六

嘉泰普燈錄卷第二十七

平江府報恩光孝禪寺臣僧　正受編

頌古上



法昌遇禪師七首

法身

螺螄吞大象石虎齩番馬驚起殴家龍踏落
雲壓死

魚七

盧陵米價

烏龜三眼赤祥麟一角尖騰雲生暮雨溪月
夜明藤

二

風幡

不是風兮不是幡黑花貓子面門斑夜行人
只貪明月不覺和水渡水寒

麻三斤

火麻皮子若何分體雪蒸茶解醉君更有路
行人未到野華含笑舊枝春

三玄

體中玄獨角泥牛水上眠轉身觸破澄潭月
巫山頂上浪滔天

用中玄征人帶甲眠春華風掃盡黄葉落堦
前

句中玄遠道絶人煙甜瓜甜似蜜苦瓠苦如
連

蔣山佛慧泉禪師三首

龐居士云此是選佛場心空及第歸

懷頭壘土靴襴破選佛場中無兩箇若道心
空及第歸頂上一椎難放過

金剛經云於是中無實無虚

菩提無實亦無虚幾箇男兒是丈夫丹穴不
歸金鸑鷟碧潭空浸玉蟾蜍

石霜虔侍者

魚七

石霜會裏擇高才上首貪程去不回只愛寒
灰無焰起不能枯木放華開虔侍者亦堪哀
先師意旨雖明得未免長拖破草鞋

三

翠巖眞禪師七首

百丈再叅馬祖

踏著船頭把釣竿浪麤風緊得魚難翻思幾

處解雲雨只見四方雲出山
臨濟栽松
帶礪山河盡土疆漢高殿下有張良千言萬
語無人會又逐流鶯過短墻
首山答佛法大意
楚王城畔水東流南地禪僧北地游眼目直
教從淺辯權衡爭奈出常流金篦爲子挑除
翳驢上穿靴背打毬
玄沙三種病人
一二三見聞覺更是誰頻鎖爍華簇簇處鷓鴣
啼草薰薰時鶯鶯乘玄沙老玄沙老賴遇當
年欠一著諦當之言徒唯然中間樹子半零落
馬祖即心即佛後云非心非佛
百萬雄兵出將軍獵渭城不關弓矢力斜漢
月初生
麻三斤
如何是佛麻皮三斤咄大地茫茫愁殺人
野狐
百丈野狐語至言麤恒薩阿竭吾有吾廬
白雲端禪師十二首
外道問佛
萬丈寒潭徹底清錦鱗夜靜向光行和竿一
掣隨鉤上水面茫茫散月明
二祖安心
終始覓心無可得寥寥不見少林人滿庭舊
雪重知冷鼻孔依前搭上脣
勘婆
干戈中立太平基甕雨條風勝古時婆子爲
君勘破了趙州脚跡少人知
三頓棒
一拳拳倒魚七黃鶴樓一趯趯翻鸚鵡四洲有意氣
時添意氣不風流處也風流
無位眞人
春風浩浩喧天地是處山藏煙霧裏無位眞
人不可尋落華又見隨流水
臨濟將示寂囑三聖
劈破秦山雷未猛煞開滄海月非光瞎驢滅
却正法眼直得哀鳴滿大唐
德山見龍潭
明瞎相淩不足云絲毫有解未爲親紙燈忽
滅眼睛出打破大唐無一人
麻三斤
斤兩分明不付君眼中瞳子莫生嗔百年三
萬六千日得欣欣處且欣欣
汝是慧超
一文大光錢買得箇油餈喫向肚裏了當下
便不饑
芭蕉拄杖雲蓋鵬和尚與雙泉雅禪師
向火次舉此話鵬擬開口雅以火筯一
摵鵬豁然有省
與奪雙行驗正邪繞爭拄杖便忘家驀然鐵
棒如風至失却從前眼裏華
洗鉢盂
梅華落盡杏華披未免春風著出褫一氣不
言含有象萬靈何處謝無私
北斗裏藏身
五陵公子遊華慣未第貧儒自古多冷地看
他人富貴等閑不柰幞頭何
保寧勇禪師十三首
達磨見武帝
燒得通紅打一鎚周遭無限火星飛十成好
箇金剛鑽攤向門前賣與誰
清淨行者不入涅槃
生平疎逸無拘檢酒肆茶坊信意游漢地不
收秦不管又騎驢子下揚州
不與萬法無侶
風吹日炙露屍骸泣問山人覓地埋忍俊不
禁多口老陰陽無處可安排
日面佛月面佛
蒲團上端坐針眼裏穿線西風一陣來落葉
兩三片
仰山打破溈山鏡

潙山古鏡仰山提日上東方月照西樸落不
知誰拾得秋風索索華蔞蔞
臨濟問黃檗佛法大意
雷電喧轟海嶽昏一家愁悶雨中門狂風忽
起烏雲散白日滿天星斗分
臨濟喝三聖
出門握手再叮嚀往往事從叮囑生夜迴路
長休把火大家吹殺暗中行
須彌山
萬仞峰頭立大乖須臾眨眼落懸崖通身不
損毫毛者天上人間安敢埋
漸源吊慰
終日挨門復倚樓幾回明鏡照梳頭一從事
卻潘郎後也解人前不識羞
大隨龜
露是藏頭可笑奇千年誰謂是靈龜雨傾不
解乘流去浮木相逢又幾時
靈雲悟道玄沙未徹
魚七　六
萬年松下忽相逢扳樹鳴條浩浩風堪笑晚
來無處覓崔嵬和雨在雲中
大禪佛半夜於僧堂前叫云我悟也
夜半高聲似少神箇中明白有蹤親如今隨
例傳其響也道師姑是女人
芭蕉柱杖

你有面前枯取去如無背後奪將來可憚黑
漆光生底擊著千門萬戶開
潙潭眞淨雲庵文禪師八首
栢樹
庭前栢樹子我道不如松枯枝折落地打著
去年樓
吹布毛
烏窠吹布毛紅日午方高道王因好劒滿國
人帶刀
保壽開堂
探驕飛來棒下寧瞎人翻滿鎮州城太平本
是將軍致不許將軍見太平
狗子無佛性
言有業識在誰云意不深海枯終見底人死
不知心
臨濟參黃檗後到大愚二
資糧更不著些些岐路年深恐轉迷直下痛
施三頓棒夜來依舊宿蘆華
魚七　七
便言黃蘗無多法大丈夫兒豈自來肋下三
拳明有信不從黃蘗付將來
百丈再參馬祖
客情步步隨人轉有大威光不能現突然一
喝三日聾那吒眼開黃蘗面
野狐

不落藏鋒不昧分要伊從此脫孫身相逢盡
道休官去林下何曾見一人
淨因枯木成禪師二首
達磨見武帝
閙將一段秦川錦裁作人間巧婦衣幾度著
來呈伎倆暗中曲調少人知
三頓棒
山藤六十輕分付肋下三拳已太遲堪笑不
能知痛癢上堂猶道拂萬枝
慧林慈受深禪師四首
潙山一日坐次仰山從外而入潙山以
兩手握拳相交示之仰山便作女人拜
潙山曰如是如是
佳人十八正嬌癡一曲堂前舞柘枝只有玉
郎知雅態更無人道柳如眉
女子出定
長江覩底浪如銀秋日白蘋紅蓼新莫怪扁
舟到彼岸行船猶在把梢人
麻三斤
洞山麻三斤斤兩不謾人語稀難問事貌古
易傳神
世尊生下
一火鑄成金彈子團圞都不費鉗鎚拈來萬
仞峰頭放打落天邊白鳳兒

雪峰妙湛慧禪師一首

二祖安心

覓心不得得心安安得心來有熱藏好把山藤贈三十免敎千古弄泥團

泐潭湛堂準禪師七首

楞嚴吾不見時

老胡徹底老婆心爲阿難陀意轉深韓幹馬嘶青草渡戴嵩牛卧綠楊陰

黃龍三關

我手佛手十八十九雲散月明癡人夜走

我脚驢脚放過一著龐公笊籬滑平木杓

人人生緣北律南禪道吾打鼓華亭撑船

洗鉢盂

之乎者也衲僧鼻孔大頭向下若也不會問取東村王大姐

勘婆

行路難行路難最難難是過臺山唯有趙州公驗正昂頭掉臂總關關

提婆達多受罪

好笑提婆達多入捺落十小劫波羅得三禪妙樂吹布毛須還烏窠

泐潭闡提照禪師五首

南泉斬貓

縮水酒越濃負心人越窮鐵剛刀自利不用苦磨磨草鞋頭戴今何在我見雲來劈面春

女子出定

小樹子傍山栽華從葉裏開枝高攀不得和樹折將來

巳陵雞寒上樹

梨華一枝春帶雨金色頭陀笑不語龍宮海藏月明前織女姮娥相對舞笑者笑舞者舞

十方無虛空大地無寸土

南泉爲馬祖忌日設齋垂語

千尺絲綸直下垂一波纔舉萬波隨江上晚來堪畫處漁人披得一簑歸

曹山去亦不變異

齋時一鉢飯飯後一覺睡睡起去放屎洗手成變異

太平佛鑑懃禪師七首

達磨見武帝

始聞阿閣一聲鐘日暖蒼龍睡正濃再擊風臺上鼓夜半祥鸞來飛舞帝基永固如磐石胡僧枉費平生力回指少林歸去來春風一陣花狼藉

日面佛月面佛

東街柳色拖煙雨西巷桃華相映紅左顧右盼看不足一時分付與春風

世尊陞座

一輪明月挂天心四海生靈祈照臨何必西風撼丹桂碧霄重送九秋香

離四句絕百非

羨如西子離金闕嬌似楊妃倚玉樓猶把琵琶半遮面不令人見轉風流

十身調御

捉賊分明要見贓十身調御下禪床曾經巴峽猿啼處鐵作心肝也斷腸

三聖逢人即出

城南措大騎驢子市北郎君跨馬兒各各四蹄俱著地三春同到月明池

南泉示衆云文殊起佛見法見貶向二鐵圍山

彩雲影裏仙人現手把紅羅扇遮面無人著眼看仙人却看隨後紅羅扇

天寧佛果圜悟勤禪師七首

德山小參不荅話

大冶烹金忽雷驚春草木秀發光輝日新不費纖毫力擒下天麒麟全威殺活得自在千古照耀同冰輪話作兩橛句中眼活龍頭蛇尾以指喻指撞著露柱瞎衲僧塞斷咽喉無出氣擬議尋思隔萬山咭嘹舌頭三萬里

女子出定

大定等虛空廓然誰辨的女子與瞿曇據令

何調直師子奮迅兮摇乾蕩坤象王回旋兮不資餘力孰勝孰負誰出誰入雨散雲收青天白日君不見馬駒踏殺天下人臨濟未是白拈賊

須彌山

石笋抽條泥牛吼月誰料同舟自胡越應機涌出須彌盧一念不生何處雪無處雪金剛寶劒當頭截

麻谷持錫到章敬又到南泉

如是不是去却藥忌疑犯封疆全軍失利杖頭突出古菱華舉世風流出當家

透網金鱗以何爲食

百草頭出沒三界外遨遊徒布漫天網虛下釣鼇鈎摇鱗振鬣撼乾坤兀目昂頭洪浪噴棒雨點喝雷奔肯將爭戰定功勳

麻三斤

鍾在扣谷受響池印月鏡含像曾非展事投機豈是預擬待擬點鐵成金舉直措枉一箭鵰一雙一綑血一掌君不見跡而不漏兮恢恢天網

龜七

十一

雲門示衆云人人盡有光明在

夜明簾外千峰秀鷲鏡臺前萬象虛掃蹤滅跡不立錙銖誰爲佛殿誰是香廚敲出鳳凰五色髓擊碎驪龍明月珠

龍門佛眼遠禪師五首

俱胝指

老大宗師豎指頭一生用得最風流玄沙拗折無人會年來年去冷颼颼

玄沙三種病人

玄沙三種病人有理不在高聲引得香嚴老子却來樹上懸身

野狐

醉眠醒卧不歸家一身流落在天涯祖佛位中留不住夜來依舊宿蘆華

溈山撼門扇三下

春至百華開朱顏安在哉可憐園裏色不入鏡中來

蜀賓斬師子尊者

楊子江頭楊柳春楊華愁殺渡頭人一聲羌笛離亭晚君向瀟湘我向秦

開福寧禪師三首

女子出定

抹粉塗坏恰我獸神頭鬼面舞三臺千千萬萬人窺看子細不知誰見來

風幡

非風幡動唯心動猶涉廉纖強指陳大地未曾添寸土不知誰是點頭人

風頭稍硬

風頭坐斷進退難衲子相將不易看未到潼關天已曉不堪回首望長安

大隨南堂静禪師六首

即心即佛

即心即佛鐵牛無骨戲海獰龍摩天俊鶻西江吸盡未爲奇火裏生蓮香颼颼

魚七

十二

狗子無佛性

趙州狗子無佛性七佛如來合掌聽須彌崿舞三臺海水騰波行正令

野狐

長蛇偃月鐵旗鐵鼓坐斷乾坤輝騰今古曾騎鐵馬入重城手握金鞭賀太平

女子出定

懷藏日月八面玲瓏袖裏金鎚鮮血通紅香風颼颼華雨濛濛兵隨印轉處萬里長虹將逐符行時些子神通

僧問瑯瑘清淨本然

清淨本然云何忽生山河大地大小瑯瑘禪師借人鼻孔出氣出得氣有巴鼻昨夜那吒生八臂

無縫塔

皎潔天心月朦朧徧九垓三秋黃葉落二月牡丹開每覩南來鴈常詢北五臺均提童子報拾得在天台

龍牙言禪師九首

趙州杉

趙州老對面人難曉一歸何處青州布衫金
銀瑠璃硨磲瑪瑙

靈雲桃華

谷風二月半桃華紅爛熳靈雲到處逢衲僧
眉七 十三
著眼看看看短棹孤舟誰居彼岸

仰山推枕子

田中拂鍬床上推枕千手千眼不審不審

百丈再參馬祖

風雲會合又相期覿面難明第一機霹靂一
聲天地迥西河師子却生兒

栢樹

庭前栢樹子不是祖師心莫執一時見便忘
千古音

雲門放洞山三頓棒二

汗馬功勞要立身將軍一等掃邊塵全身只
待英雄士不遇英雄怒殺人

查渡湖南涉路岐雲門不惜兩莖眉萬古碧
潭空界月再三撈摝始應知

有句無句

仰之彌高鑽之彌固昭昭明明如藤倚樹大
笑呵呵跨白牛碧雲繚繞無尋處

斬貓

當日臨崖看滸眼至今觀水憶南泉趙州頭
戴草鞋去漁翁腰帶好牽船

勝因戲魚靜禪師四首

勘婆二

婆子只知指路難火被人偷去直待趙州勘
了這回緊閉門戶

趙州老大大不解山中打坐自言去勘婆
子倒被婆子勘破

犀牛扇

扇上犀牛從古盡索來既破要元牛縱教戴
子重描出不是當時那一頭

四不遷（心境時起）

稻珠不念佛開眼不見色喫飯誰擇日任東
西南北

薦福常庵崇禪師二首

風幡

浪靜風恬正好看秋江澄徹碧天寬漁人競
把絲綸擲不見氷輪蘸水寒

趙州三不度 卓七 十四

金佛不度爐窮源有處無木佛不度火渾崙
皷不破泥佛不度水何處不是你眞佛屋裏
坐趙州言是禍水枯會耕田黃牛能栰磨

寶華佛慈鑑禪師二首

世尊拈華

拈華覩付老頭陀平地儀興一丈波後代釘
樁搖櫓者竹篙量水轉殺訛

樓子和尚悟道

你若無心我也休鴛鴦帳裏懶擡頭家童爲
問深深意笑指紗窗月正秋

淨慈月堂昌禪師四首

忠國師問紫璘供奉草作何色

慣使渡頭船如今不記年變他風浪惡方是
趂麤錢

秀才讀千佛名經

千佛居何處題詩黃鶴樓感恩并積恨終日
在眉頭

盤山光非照境

光非照境境非存光境俱忘復是痕百鳥不
來春已老落花流水繞江村

丹霞燒木佛

慣行私路乍赴公途幞頭脚短腰帶夸圍不
是伴郎來勸酒誤他年少覓青襖
卓七 十五

天童宏智覺禪師一首

野狐

一尺水一丈波五百生前不奈何不落不昧
商量也依前撞入葛藤窠阿呵呵會也麼若
是你灑灑落落不妨我哆哆和和神歌社舞
自成曲拍手其間唱哩囉

華嚴眞懿蘭禪師五首

五位

正中偏拈轉虛空過那邊夜半金雞生鐵卵
明明誰辨箇中圓

偏中正皎月梳雲華弄影石人驚起夢魂消
帶雪烏雞回鳳嶺

正中來玉兎團天輝九垓萬古碧潭無影像
紅爐焰裏雪華開

兼中至錦縫金針雙鎖備靴頭綠綻足知音
有耳不臨流水洗

兼中到眼裏雙瞳齊喝道少室山前鐵馬駒
三更喫盡無根草

上方益禪師二首

臨濟見普化喫生菜

草裏相逢兩赤眉交鋒一陣疾如飛東西旗
号渾相似試問何人得勝歸

香嚴上樹

狹路轉身難東西盡是山行人不到處風定
落花閑

淨因蹣庵成禪師四首

夾山境話

古路雪深覆好山雲更遮雁聲天外急遊子
夜還家

德山托鉢

巫峽山頭窈窕女朝爲行雲暮爲雨王孫一
見空斷腸便作紅霞隱身去

女子出定

文殊頭白罔明頭黑女子冶容瞿曇是賊山
僧不犯鋒鋩直下弁贓捉獲

龍牙問翠微臨濟佛法大意

駕與青龍不解騎人人盡道阿師癡爛泥中
有傷人刺三度曾施陷虎機

黃龍死心新禪師二首

秀才問長沙千佛

黃鶴樓前法戰時百千諸佛竪降旗渠無國
土居何處留得多才一首詩

魯祖面壁

魯祖垂慈不用功逢僧面壁顯家風若遇上
乘同道者（此精句趕驢頭認錯主人翁呵呵 大有泊撥唐續）

木庵瓊首座二首

達磨見武帝

掩耳不及忽雷奔天低尺五雨傾盆葉隨流
水歸何處牛帶寒鴉過別村

世尊一日坐次見二人舁猪乃問這箇
是甚麼云佛具正徧知爲甚麼猪也不
識世尊曰也要問過

拾筏懷無濟逢耕更問津却持耒歸意說與
欲行人

欽山方禪師二首

乾峰示衆云法身有三種病二種光

三種病兮二種光枘僧於此共商量商量得
到無疑地野草閑華滿地香

燒木佛

覿面難藏最上機家風千古爲人施銀山鐵
壁重重透賴有丹霞院主知

南華昺禪師二首

僧問清平有漏無漏

笊籬木杓鐵貫串索打夜鑽龜徒勞卜度休
卜度麒麟只有一隻角

僧問雲寶明覺如何是佛曰四山圍繞

狂狗逐塊瞎驢趂隊只許我知不許你會

文殊道禪師四首

野狐

石崇富貴錢鏗壽潘岳容儀子建才但願東
風齊著力一時吹入我門來

勘婆

三月春光上國游祥雲瑞氣鎖龍樓親從宣
德門前過更問行人覓汴州

狗子無佛性

狗子佛性無老蚌吐明珠西川鳴杜宇江南
啼鷓鴣

燒木佛

彭祖八百巳延壽秦皇登位更求仙昨向天
津橋上過石崇猶自送窮船
龍牙嶠嚼才禪師二首
溈山百年後向山前檀越家作一頭水
牯牛去
䶨手書空字巳成忙忙人向兩頭爭吞原不
是尋漁父千古誰人論獨醒
玄沙白紙
踏翻漁艇成家業笑出蘆華月正圓地闊天
長三幅紙同風千里爲重宣
何山佛燈珣禪師五首
南泉示衆文殊起佛見法見
鴛鴦繡出世無雙好手元來更有強星羅各
歸香閣去金針難把度蕭郎
德山入門便棒
入門便棒沒商量捘出紅流便廝當不是奴
奴情淡薄無錢難作好兒郎
魚七
臨濟入門便喝
張公未醉李公扶從此嘉聲滿道塗却被金 十八
剛開口笑誰能愛你護身符
央崛取世尊指頭
急行緩步無前後渾路長安路一條央崛回
頭知住處便能平步出雲霄華冠不用孃生
指鬢髮寧煩費力搔好似移華兼蝶至等閑

買石得雲饒
外道問佛
露影藏身問世尊瞿曇一點不加文遂雲舒
卷從斯入十倍精神減八分
龍翔竹菴珪禪師六首
女子出定
不假文殊神通休要罔明彈指罔時靈山會
中女子從定而起
國師三喚侍者
世路風波不見君一回見面一傷神水流華
落知何處洞口桃源別是春
趙州勘婆
劈面三拳連腮七掌盡大地人不知痛癢
趙州七斤衫
夜半墨漆黑捉得一箇賊點火照來看元是
王大伯
南泉油餈
魚七
近在口皮邊遠過河沙國世間多少人不得 十九
油餈喫
罽賓斬師子尊者
船子下楊州浮萍逐水流一聲河滿子千古
動悲愁
大溈牧菴忠禪師三首
女子出定

秤鎚落井只有秤衡兩兩相憶分物不平方
始取出秤鎚忽又失却秤衡始去隣家借覔
衡上不曾釘星休休重者從他重輕者從他
輕
新婦騎驢
柳惲江頭賞白蘋小風吹處曉煙輕漁翁坐
釣秋亭月翻憶苕溪説性情
非心非佛
二月春光景氣浮少年公子御街游銀床踏
坐傾盃樂三箇孩童打馬毬
烏巨雪堂行禪師五首
達磨見武帝
西天屠子氣摧豪欺負神洲罪莫逃武帝當
頭輕一拶果然提起活人刀
風幡
不是風幡動天生李老君出胎頭上髮寸寸
白如銀
陳操尚書驗衲僧
一語離窠窟千生出蓋纏夜來風雪惡木折
古巖前
二祖安心
金不博金水不洗水二祖腦後露腮達磨當
門無齒
夫妻相打到官官問你有誰證見各云

有親兒證見兒到官欲證父不得證母
不得
生死自憐同室宂因何中路隔關山一朝忽
得親兒證趯路方知蓋覆難

嘉泰普燈錄卷第二十七 俞七

二十

# 嘉泰普燈録卷第二十八

平江府報恩光孝禪寺　臣僧　正受編

頌古下



大溈佛性泰禪師十二首

淨果與演化至報慈化問如何是眞如佛性曰誰無云云

朝三暮四一何少暮四朝三何太多多少未能知數量有無從此見殽訛不殽訛唵囌嚧囉嗉唎薩婆訶　二

魚八

楊岐三脚驢

三脚驢子弄蹄行步步蓮華襯足生堪笑草中尋覓者不知芳樹囀新鶯

靈雲悟道玄沙未徹　二

無星秤子兩頭平拈起應須見得明若向箇中爭分兩知渠錯認定盤星十分風采露堂堂玉藥瓊華未比量剛被傍人論好醜因茲難嫁與潘郎

龍牙問翠微臨濟祖師西來意

子卿不下單于拜始末常遵漢帝儀雪後乃知松柏操事難方見丈夫兒

罽賓斬師子尊者

得人一牛還人一馬有往有來可知禮也

侍者報大王來

應用從來不覆藏當機何得昧眞常只知報道王來也不覺渾身在帝鄉

野狐

不落因果何曾墮不昧因果何曾脫當堂鏡破兩頭忘掃影滅蹤無摸索無摸索何倚托秋風吹梧桐樹葉鳴瀑瀑

廊侍者問德山從上諸聖向甚麼處去

商嶺東西路不分兩間茅屋一溪雲師年耳聵知師意人是人非不欲聞　三

魚八

有句無句

樹倒藤枯意若何溈山開口笑呵呵可憐三尺龍泉劒喚作陶家壁上梭

外道問佛有無不問語

有無不問語先墮明鏡當臺雙照破迷雲散盡曉天空杲日團圞紅似火

倒刹竿
多子塔前衣付後更傳何物示於人驟珠迸
出刹竿倒直得寒光徹四隣
徑山大慧普覺杲禪師十首
二祖安心
覓心無處更何安嚼碎通紅鐵一團縱使眼
開張意氣爭如不受老胡瞞
黃檗噇酒糟
身上著衣方免寒口邊說食終不飽大唐國
裏老婆禪今日爲君都說了
不許夜行
禾黍不陽艷競栽桃李春翻令力耕者半作
賣華人
勘婆
天下禪和說勘破爭知趙州已話墮引得兒
孫不丈夫人人點過冷地卧
德山托鉢
一搵塗毒聞皆喪身在其中總不知八十翁
翁入場屋眞誠不是小兒嬉
風頭稍硬
夜半明星當午現愚夫猶待曉雞鳴可憐自
屎不覺臭又欲重新拈似人
罽賓斬師子尊者
殺人須是殺人漢當下一刀成兩段頭臂雖
虧劒刃鋒何似秦時轆轤鑽
一口吸西江
一口吸盡西江水甲乙丙丁庚戊己咄咄咄
囉囉哩
維摩經其施汝者不名福田
獨坐許誰知青山對落暉華須連夜發莫待
曉風吹
產難
華陰山前百尺井中有寒泉徹骨冷誰家女
子來照影不照其餘照斜領
道場正堂辯禪師十六首
達磨見武帝
黃金鑿白玉椎鑿開混沌竅透出玄元檝
達磨分皮髓
杜舞村歌笑殺人騎牛挑鴨走成羣三盃酒
罷歸家去留得猪頭礙塞人
女子出定
要得他家活計強竿頭須解倒拈槍這邊打
鼓那邊拍引得瞿曇笑一場
圓覺於一切時
張果老踏破葫蘆呂洞賓失却寶劒兩箇撒
手相逢囊篋更無一綫何仙姑鐵笛橫吹解
道長江靜如練
尧座主參見馬祖
弓弦雖結鴛鴦紐御道那栽栗棘蓬堪笑香
嚴饒舌老今年猶勝去年窮
野狐
不向東山久蓄殺幾度華白雲他自散明月
落誰家
先師無此語
行主無人能賽姐姐更是好手騰身百尺竿
頭打箇背翻筋斗
因我得禮你
老鼠齩生鐵十分滋味別貓兒左右看噤噤
也不徹
栢樹
百寶光攢無見頂是大神呪最靈奇揭諦波
羅僧揭諦石人半夜失烏雞
十智同眞
畫得眞如活華鬧試展開黃鶯偷眼覷不敢
下枝來
黃龍三關
我手何似佛手黃龍鼻下無口當時所見顢
頇至今百拙千醜
我脚何似驢脚文殊親見無著好箇玻璃盞
子不要當面諱却
人人有箇生緣從來罪大彌天不是牽犁拽
杷便須鼎鑊油煎

小參化爲蝴蝶
春水滿曲澗江風吹斷雲年年那時節憶著
別離人
蚯蚓化爲百合
住山身已老世事任乖張年來無侍者客到
自燒香
兩女合爲一媳婦
兩女合爲一媳婦古寺基前幢子豎髮髻上
有陀羅尼多少行人盡驚怖
萬年雪巢一禪師二首
外道問佛
世尊隻眼通三界外道雙眸貫五天華意正
濃桃臉笑春光不在柳梢邊
晦堂拳頭
背觸人難會憑君子細看片雲繞出洞遮卻
西前山
上封佛心才禪師二首
風幡
指出風幡俱不是直言心動亦還非夜來一
片曾溪月卻照儂家舊翠微
大禪佛參仰山後到霍山
子陵灘水急如弦撲得黃魚縮項鯿提向市
中頰索價他家不著半分錢
崇覺空禪師一首

栢樹
打人罵人易勸人休卻難不識饒人處急水
下高灘
南嶽勝禪師七首
馬祖路水潦
無量妙義昝閣匝旋乾轉坤爲一合當陽橫
按笑中刀猶欠頂門上一路
興化打克賓
瀆祖拜將務決勝非韓誰敢當茲任赤幡高
豎化城降星在盤兮不在秤
廓侍者問德山從上諸聖向甚麼處去
脚踏清波分華嶽手擎紅日轉重雲徒勞設
費干戈力究竟還歸有道君
保壽作街坊見相打有省
借路經過無面目因邪打正有拳頭衲僧門
下無干涉徒用精金換得鍮
金剛經爲人輕賤故先世罪業
藤蘿荊棘離離草枯樹無根還不倒敗葉知
他疊幾重不消一陣秋風掃
侍者報大王來
許由臨岸洗耳巢父不飲牛水侍者親入帝
鄉趙州只在草裏
狗子無佛性
乙巳大人丘叢林爲冤讎利樂如鋤戟生殺

有來由
梁山廓庵遠禪師三首
女子出定
出得出不得定從何處起文殊柱梵天罔明
輕彈指乘流即行遇坎即止君不見虛築防
胡萬里城不知禍起蕭墻裏
普化有齋
不是風兮不是顛長街短巷走如煙院裏有
齋常記得時時挂在口皮邊
有句無句
呵呵大笑不尋常笑得眉間也放光不是明
招重注脚叢林泊合錯商量
道場普明琳禪師二首
北斗藏身
五鳳樓前問洛陽金鞭遙指御街長春風是
處華爭發游子年年憶故鄉
晦堂拳頭
赤體更無藏隱處黃龍未語先分付若將見
解上門來他家自有通霄路
靈隱佛海遠禪師七首
勘婆
繞拈折箭斷弦弓隨手雙鵰落碧空打鼓着
來君不見萬年松在祝融峯
臨濟喝三聖

瀼雲潑墨忽遮山碎雨跳珠亂入船卷地風
來忽吹散望湖樓下水如天
　風幡
不是風幡動亦非人者心自從胡亂後淈腨
到如今
　栢樹
靜鞭聲裏駕頭來緊揑雙拳打不開打得開 八
雲壓香塵何處是靜鞭聲裏駕頭來
　楚王城畔
楚王城畔水東流獨脚山魈趕氣毬貪看六
幺華十八斷頭船子下楊州
　普眼不見普賢
飄飄一鴈落寒空步步追空覔鴈蹤路破草
鞋跟子斷巍巍然獨坐大雄峯
　慈明水盆
暑往寒來春復秋夕陽西去水東流將軍戰
馬今何在野草閑華滿地愁
　本寂靈光觀禪師三首
　　踈山造壽塔
冬瓜蘸雪未爲淡匠者三丈淡最幽淡最幽
天共白雲曉水和明月流
　勸婆
趙州勘破老婆時恰似青春三月裏陌上遊
人爭看華鷓鴣啼處誰相委

　　僧問黄龍南禪師不去不來時如何曰
　　華嶽三峯頭倒卓云却去却來時如何
　曰風吹柳絮毛毬輥
冰雪肌膚西舍女梳粧巧巧畫雙眉傍人埜
力強傳寫戶外如何見得伊
　鼓山蒙庵岳禪師四首
　勸婆 九
本是山中人愛說山中話五月賣松風人間
恐無價
　七賢女遊屍陀林 三
無根樹子一株山翁不費誅鋤鏟碎千年桃
核不須緣木求魚
無陰陽地一片明明賣貴買賤死屍無處活
埋露出三頭兩面
不響山谷一所迸出千門萬戶清曉一聲杜
鵑勸人不如歸去
　萬年閑禪師二首
　世尊拈華
雪壓怪松露風高野渡橫船謂衆生苦更有
苦衆生
　乾峯示衆舉一不得舉二
相見不須嗔君窮我亦貧謂言儂早起更有
夜行人
　靈巖安禪師四首

　文殊白槌
法王法令没周遮一片虛凝絶點瑕槌下不
聞諸聖眼幾多麒麟困鹽車
　野狐
百丈堂前雜野狐紫羅帳裏撒真珠誰家別
館池塘裏一對鴛鴦水上浮
　國師三喚侍者
一段風光畫不成洞房深處暢予情頻呼小
玉元無事只要檀郎認得聲
　三平見石鞏
解劈當胸箭因何只半人爲從途路曉所以
不全身
　天童應庵華禪師三首
　女子出定
出得出不得滿面是埃塵愁人莫向愁人說
說向愁人愁殺人
　風幡
大海波濤湧千江水逆流龍王宮殿裏不見 十
一人遊
　香嚴上樹
故園春色在枝頭惱亂春風卒未休無事晚
來江上望三三兩兩釣魚舟
　潙山枯木元禪師二首
　　香嚴貧

無地無錐未是貧知無尚有守無身儱家近日貧來甚不見當初貧底人

竹篦

不觸又不背徒勞生擬議開口更商量白雲千萬里

東林卍庵顏禪師八首

祖師曰佛說一切法爲度一切心

牛頭菩薩面馬面夜叉頭不作五逆罪快樂百無憂

勸婆

四海同一家萬口同一舌趙州勸婆子有理向誰說

首山竹篦

罵他還自罵嗔他還自嗔戒之慎之出乎爾者反乎爾者也

雲門露

推鑼擂鼓轉船頭席卷波翻喊激流洗脚上船乘快便順風相送下揚州

魚八　普八　十一

芭蕉拄杖

相罵饒汝接觜相唾饒汝潑水等閑撲著虵頭拍手囉囉哩哩

楞嚴妙性圓明離諸名相

一錢爲本萬錢利富不足而貧有餘換骨奪胎些子樂輸他潘閬倒騎驢

南泉油餈

騎虎穿市過把火去偷猪主人開眼睡亟舍叫失驢

臘月火燒山

臘月火燒山苦口是黃連相將歲除夜實八布衫穿大可憐把手入黃泉

雪竇閑庵宗禪師三首

度侍者

石人不怕師子吼須彌頂上翻筋斗滄溟竭盡正三更生鐵崑崙雲外走

香嚴擊竹

粥飯隨時養病軀本無迷悟可關渠無端擊著庵前竹直至如今在半途

二祖得髓

弟昆各自逞功能獨有家兄徹骨貧三拜起來無一語鼻孔彙岳蓋上脣

善權智禪師五首

五王子

誕生

貴胤生時輪擬空玎璫玉珮趍東宮月堂轉側朝君父直扣充堵却借功

朝生

學問詩書德行全金門投策紫微班台星不自離裘鈞那得實晉奉聖顏

末生

貧來今日極清虛悲喜寥寥一物無便欲昇爲九包鳳依稀雲樹月巢孤

化生

帝命傳來下九天禁城中外化親宣回途後妙持金印正令曾無一字傳

魚八　十二

內生

鳳勢龍驤大丈夫天然尊貴六宮殊皆封寶殿無人侍造次九眸識得無

狼山蘿庵溫禪師五首

五位

正中偏玉兔金烏落二邊丫角童兒騎黑象三更穿過御樓前

偏中正過房之子初受命金剛脚下崑崙奴腰閒也佩毘盧印

正中來無著當年訪善財瑠璃盤裏藏明月異草山華處處開

兼中至不墮僧祇超十地雖然踏著舊家鄉更須知有深深意

兼中到天寒大雪長安道五陵才子錦袍新馬蹄亂踏瓊瑤草

國清簡堂機禪師四首

魯祖面壁

葉落崗頭一望長穀苴喬木倚斜陽曾經已

峽猿啼處鐵打心肝寸斷腸
楞嚴吾不見時
隔林髣髴聞機杼知有人家在翠微及至入
門親見了元來只是小兒戲
斬猫
青蛇提起氣腥臊幾箇男兒有痛毛直下血
流猶未覺擧頭還見鐵山高
夾山境話
東西南北無門戸大地山河不覆藏今夜碧
天雲脚盡一鉤月挂幾人腸
焦山或庵體禪師七首
金剛經三心
三清道士無仙骨八教闍黎毀梵書黑漆崑
崙舞華鼓天親無著瞎嘮吁
婆子燒庵
不見人班見虎班算來莫顛見人班虎班見
後通回避唯有人班近最難
南泉油餈
渾身無處著驛路倒騎驢覽盡瀟湘景和船
入畫圖
南泉三世諸佛不知有
越鳥巢南枝胡馬嘶北風狸奴并白牯寸步
不曾通千山都坐斷萬派盡朝東天王總合
掌那吒撲帝鐘

倩女離魂
假使百千劫所作業不忘因緣會遇時果報
還自受
維摩觀身實相觀佛亦然
眼空四海恣縱橫鼻孔遼天信脚行拏得雷
光爲火把却來日午打三更
三十六萬億一十一萬九千五百同名
同號阿彌陀佛
竹溪煙絶雨綫通無數深紅間淺紅山店落
英春寂寂青旗吹動柳華風
玉泉窮谷璉禪師三首
德山見龍潭
南來本欲破邪說紙燈滅處難分雪路著秤
鎚硬似鐵錯認烏龜喚作鼈
新婦騎驢
新婦騎驢阿家牽華裏尋常萬萬千誰在後
兮誰在先不須特地苦加鞭
麻三斤
驢尾猪頭牛脚跡三斤麻子露消息誌公杖
頭剪刀尺從來雨下堦頭濕
文殊能禪師二首
臘月大燒山
巢知風穴知雨可憐謝三郎月中自捷稽
麻三斤

現前三昧料水打碓漏泄天機失錢遭罪
開善密庵謙禪師七首
央崛產難
賢聖劫來未曾殺而今斷這一刀休果然萬
恒胷中落笑殺靈山老比丘
女子出定
四箇沒意智漢做處總無畔岸一狀領過堦
前與伊據款結案
百丈卷席
浩浩長江際碧空片帆高挂便乘風快哉不
費纖毫力萬里家鄉咫尺通
即心即佛
誰家飯挂空梁指與小兒令看解開即是灰
囊當下命根便斷
非心非佛
賣盡田園徹骨貧不知何處可容身樓頭浪
蕩無拘檢鐵笛橫吹過洞庭
不是心不是佛不是物
華嶽三峯擧捙天上頭無路可躋攀不知誰
有神仙手折取峯頭十丈蓮
心不是佛智不是道
太平時節歲豐盈旅不賫糧戸不扃官路無
人夜無月唱歌歸去恰三更
西禪此庵靜禪師一首

竹篦
千山鳥影滅萬里人跡絶孤舟蓑笠翁獨釣
寒江雪
長蘆且庵仁禪師一首
靈雲桃華玄沙未徹
多方窮得破衣裳鑿倒籬坍没起藏更有一
般無賴漢不曾同伴要分贓
淨慈水庵一禪師二首
話墮
二八佳人美態嬌繡衣輕整暗香飄偷身華
園徐徐立引得黄鶯下柳條
慈明水盆
家山指出路非遙萬仞巉巖揷碧霄一片白
雲横谷口幾多歸鳥盡迷巢
德山涓禪師二首
狗子無佛性
狗子佛性無門上釘桃符邪魔并百怪一見
便消除
三聖逢人即出
乍雨乍晴山裏寺或來或去洞中雲滿天星
月明如晝此境此時誰欲分
薦福退庵休禪師四首
興化勘同參
恰如劊子氣雄豪便向咽喉下一刀五臟肝
心皆盡出方知王法不相饒
一口吸盡西江水
淨躶躶赤灑灑没可把嗒可知禮也
廣額屠兒放下屠刀
放下屠刀趣棒打不回頭雲自帝鄉去水歸
江漢流
狗子無佛性 魚八 十六
趙州門前毒蛇當路路著齩你退步退步
劒門分禪庵主六首
勘婆
臺山一路絶纖埃無限英靈被活埋撫掌高
歌天地闊趙州親到勘婆來
臨濟四喝
是非穿鑿不相干四喝諸方莫錯看六道四
生平等法牧童吹笛過前山
興化勘同參
長松不改四時青縱奪當機幾箇明陣敗不
禁茗帚掃眼中瞳子面前人
女子出定
鶻鴿午夜破雲飛寶印無私熱解提若道罔
明能出定是人拔舌入阿鼻
風幡
非風幡動唯心動路雪貧兒徹骨寒在聖在
凡誰改變蝍蟟嚼碎鐵圍山
資壽尼無著道人二首
產難
不遷一步不疾一刻明眼衲僧如何會得粉
骨碎身未足酬一句了然超百億
狗子無佛性
鐵壁銀山一箭穿過渾倒趙州口能招禍 魚八 十七
侍郎楊無爲居士七首
卷席
野鴨飛鼻頭裂卷席更來呈醜拙直饒獨坐
大雄峯也是天邊第二月
擔板漢
睦州喚隨卦斷回不回擔板漢
如驢覷井
驢覷井井覷驢五臺何處不文殊黄面老人
任多口未知道得八成無
僧問古德如何是三乘教外別傳一句
曰東村王老夜燒錢
三乘教外別流傳瞎漢多知喚作禪天下衲
僧參不到東村王老夜燒錢
古德垂語云我喚作火汝不得喚作火
我喚作火汝即不可已道了也喚作甚麼
藥山云恁麼也不得不恁麼也不得
總不得大無端野老爲知天地寬直饒數到
八九十家山猶隔一重關

四祖問牛頭汝在此作甚麼曰觀心
觀者何人心是何物忽解冰消不勞拈出
丞相張無盡居士五
廬陵米價
一派青源出火林信衣到此只傳心尋常示
眾無人會盡向廬陵米價尋
靈照雪中賣笊籬回至一廟前云云
个可饑寒死路邊不勞土地強哀憐滿船家
計沈湘水豈藉芒繩十百錢
兜率三關其一曰撥草參玄只圖見性
即今上人性在甚麼處
陰森夏木杜鵑鳴日破浮雲宇宙清莫對曾
參問曾晳情知孝子諱爺名
其二曰識得自性方脫生死眼光欲落
時作麼生脫
人間鬼使符來取天上華冠色正萎好箇轉
身時節子莫教閻老等閑知
其三曰脫得生死便知去處四大一分
負 十八家
時向甚麼處去
鼓合東州李大妻西風曠野淚霑衣碧蘆紅
蓼江南岸却作張三坐釣磯

嘉泰普燈錄卷第二十八

嘉泰普燈録卷第二十九　愈九

平江府報恩光孝禪寺臣僧正受編

偈贊



愈九　二

翠巖眞禪師三首

占古慶懷

南北無知已東西信有緣祖師言不識眞宰理方宣性海寬長滿心華靜後圓定山三徑草誰爲掃寒煙

偶作

白雲漫世界淸露滴成秦滄海幾回變衲僧把要津

因事

三歲孩兒百歲翁(休少執老)相逢陌路各西東(生死)(交謝)瑠璃殿上蒼苔色(絶人性還)明月堂前匝地風

(我門昌威)

法昌遇禪師九首

看經

半滿藏兮一絡索子細看來特地錯東村王老打張三兩箇善神齊發惡休發惡寒猿昨夜遶窻啼白鳥今朝土虛閙

愈九　三

寄昭師兄

溪月同觀影異圓嶺雲重疊故山關鳥難滯月啼天曉鶴猶華吠斗寒徑直所開蘿却易迂回顧鑒入應難龍川露滴層峰外紅日圓暉北上看

不勸自破

打破虛空不用鎚門頭何假更安鋒從他勝
有張身計不勸還須失利歸

三句

第一句無邊大火聚擬議早身灰誰敢當頭覷
第二句龍蟠并虎踞更問毘耶離已落他路布
第三句脫却𧂐生椊直下便承當鐵山橫在路

三訣

第一訣袖裏三斤鐵忽遇病維摩拈起驀頭楔
第二訣六月漫天雪無處避炎蒸渾身冷如鐵
第三訣八字無兩人胡僧笑點頭眼中重著屑

金山達觀頴禪師一首

荅問曹洞宗旨

洞下門庭理事全白雲巖下莫安眠㵿饒拈
木生華去送出荒郊不直錢

黄龍普覺南禪師二首

荅張職方

夢幻年光過耳順茆庵草座頗相宜日高一
鉢和羅飯禪道是非都不知
不知猶作不知解解在功成百鳥奔欲絕嘀
華箇中意江心明月嶺頭雲

雲峰悅禪師六首

示學者

赫日光中誰不了底事堂堂入荒草攙𨨏負
笈苦勞神從門入者非家寶演宗乘提祖教
千年枯骨何堪齩南北東西歸去來拈得鼻
孔失却口

和泥合水 五

予有一道千聖不到北走南奔相頭買帽是
何之道雲橫碧嶠
予有一辯風生嶽面舉目千差知君不薦是
何之辯僧堂佛殿
予有一說善知時節若人會得眼裏添屑是
何之說春寒秋熱
予有一劒寒光若練虎嘯風生飛霞走電是
何之劒灰頭土面
予有一攙聖凡豈知拈却鼻孔舉起須彌是
何之機淵明皺眉

開先暹禪師一首

寄蓮華峰祥庵主

蓮華峰色撑寥泬中有高人眠歲月勞勞塵
慮不經心凜凜寒姿天欲雪腰間凧文殊逼
佛劒手中擾龍猛金骨筆又不肯掃蕩妖氛
又不肯點化頑石殺勤問師住山得幾秋報
我百年只是三萬六千日

芙蓉楷禪師五首

妙唱非干舌

刹刹塵塵處處談不勞禪子善財叅空生也
解通消息華雨巖前鳥不嘀

死蛇驚出草

日炙風吹草亂埋觸他毒氣又還乖暗地忽
然開死口長安依舊絕人來

解鍼枯骨吟

死中得活是非常密用他家別是長半夜髑
髏吟一曲冰河紅燄却清涼

鐵鋸舞三臺

不是宫商調誰人和一場伯牙何所措此曲
舊來長

古今無風

一法元無萬法空箇中那許悟圓通將謂少
林消息斷桃花依舊笑春風

白雲端禪師四首

應真不借

情塵我自出安用世人知月好還邀客華開
亦詠時訓徒朝有則鍊句夜忘疲頗似區區
者剛然不識伊

涉流轉物

物理詎可忽逢時各解鳴亂蛙迎雨急孤犺
帶霜清歷歷何先後寥寥異性情汨羅嫌醉
者病在不分明

偶作

無華可獻見牛頭竊竊殺光數百秋今日龍
門庵裏老依前獨坐冷颼颼

贊茶陵郁禪師

水月以喻兮古來已多我今不然兮所陳伊何百尺竿頭曾進步溪橋一踏沒山河固不游方兮何游之有玄沙保壽兮師與其偶厲峯之東兮洣川之口三十三秋兮大師子吼舒兮卷兮已而矣依前空濶洣川水九江相去幾千里父有重牙子無齒謾勞提耳一爐香微煙旋逐松風起

保寧勇禪師十首

寄端和尚　二

雲外青山萬萬重有誰千里暗相通明時斂弃乾坤者盡握靈蛇在手中

無限栗蓬吞已了百千圈子透難窮有時共入洪波裏盡日漫天是黑風

上雲蓋顒和尚　二

拈將楖栗路縱橫大地清風颼颼生北斗柄斜輕撥轉大唐人眼直須一

憶昔相將決死生死生難決蓋生盲也知不負歸根處到了還從舊路行

荅舒城范秀才

舉手抹太虛光明能爍爛赤脚上刀梯緩緩緩緩緩

山居　五

石女呵呵笑東君信已通羽毛爭叫噪花木競青紅燕唱深雲裏晨耕驟雨中祖師門下客特地問家風

山家冬景致何處不光輝大地冰凌合漫天雨雪飛松間戴笠去林下拾薪歸盡爇爐中火通宵即當衣

隨分度朝晡客來何所須點茶收卻盞行飯展開盂暑熱同搖扇天寒對擁爐等閒相借問還識老僧無

林下無餘事高眠足曠懷甾將鍋裏粥抽出竈中柴坐久慵移榻人來揖上堦門前千萬仞誰肯度懸崖

卓錫孤峯頂門前滑似苔豐干騎虎去拾得趂牛來倏忽風雲合逡巡境象開相逢語何事搖手任人猜

五祖演禪師三首

山居

床是柴棚席是茅枕頭舊恒半中四霜天索寞人投宿睡到天明手脚交

送分衛者

巖縫迸開雲片片半籠幽石半從龍為霖普潤焦枯後卻入煙蘿第一重

聞角

幽幽寒角發孤城十里山頭漸杳冥一種是聲無限意有堪聽與不堪聽

淨因枯木成禪師一首

示小師思悟

維摩不默不良久打破玄關沒窠臼堪嗟衆箇杜汝斯問著癡凝不開口

黃龍死心新禪師四首

死心室

死心心死死全心死得全心一室深密把鴛鴦閑繡出從教人競覓金針

和方侍者頌曹山雪中因緣

滿山風雪色凝然鳥道玄玄沒二邊鳳翅斂時全叶正龍珠耀處卻還偏通途辯的誰云妙雙鏁金針理未玄若謂孤峯曾不墮依前流落未生前

與方侍者

念念向本家本家即心也念念行吾道吾道即性也吾心性無二佛祖更無也

贊六祖

六祖當年不丈夫倩人書壁自塗糊明明有偈言無物卻受他家一鉢盂

慧林慈受深禪師一首

偶述

萬事無如退步眠松床紙帳暖如氈夢中說話無華草況是山僧不會禪

泐潭湛堂準禪師五首

送雲侍者
鳥窠吹布毛老婆爲侍者今古遺雖同實峯
不然也二月三月時和風滿天下是處百華
開遠近山如畫岐路春禽喧高巖春水瀉頭
頭三昧門虛明周大野好箇真消息書送汝
歸舍衲僧末後句噓是何言歟
送利監收
開眼合眼道契寰中東行西行禪非物外大
仰插鍬叉手靴裏動指頭南泉把鐮刈茅誰
人知此意今也道不及古僧僧解數滿肚但
尋雲月風華失却昔年活路不能返照回光
法界毘盧全露阿呵呵笑倒利頭陀風前月
下囉哩囉渫夜處分諸火客你看是甚麼火
色
自贊 三
我若自贊雲居羅漢我若自毀無主餓鬼贊
之不欣毀之不嗔毀譽不動東魯西秦
爾圖我真又求我贊我真我贊兩重公案家
醜不外揚己德不自談寄之以數六九五十
三
我已是妄爾更妄寫妄我妄寫兩重虛假欲
傳吾真須泯見聞殺色不礙相似十分
長蘆祖照和禪師一首
題永明智覺壽禪師頂相
慧日峯高秋色冷錢唐江靜月華明寒光一
爍周沙界筆下看來十成
泐潭闡提照禪師一首
自贊
自小來打硬佛祖不柰何放蕩茁住院殃害
殺禪和道行闡提道歌唱闡提歌歡喜入地
獄誰管你閻羅
龍門佛眼遠禪師十一首
標指 五
了妄元真
問汝貪嗔癡家住在何處我今要與汝各各
分頭去好好一細思量免被他官府大者名爲
貪養得二舍弟三郎都一處日夜共活計令
汝家戶大使汝善調制子今若厭我我與子
發揞一要子自知二要子依例三要當處生
四要歡喜偈與汝善和同一一無凡織一覺一
切了何須去煩翳我是諸佛毋十方及三世
同居善說
世人不識我求我以形容形容不相似徒觀
紙上龍若要識得我問取主人翁主人好家
業物物要安藏六兄誇藝術三毋足溫良南
廳善書筭北庫多財糧住來但覺久懶去開
張王君若一識得與汝同屋梁
美容可觀
一別海山中十年春草綠相思在方寸顏宓
皎如玉音書杳不來桃李繁且熟唯有意中
人使我眉頭蹙
妙容非觀
通身無影象脫體露堂堂不話非殺色何曾
有短長河沙恒徧現故號法中王優曇華正
開鼻著不聞香
延促自爾
春日春山裏萬事盡皆春春光照春水春氣
結春雲春客春情動春詩春更新唯有識春
人萬劫元一春
祖師地種華及總頌 四
地
性地本無生因生說有地流轉古至今非愚
亦非智
種
從昔未曾迷於今何所悟只緣種性深更亦
無別路
花
有種有心地因緣華自開要知成果處却笑
祖師來
總
五葉華開後山長水更深亂雲橫谷口游子
謾追尋

示衆二
求心心未歇等人人不來巖華曉來雨寂寞
爲誰開
五色燈光皆所成但除其眚莫除塵若言本
眼何曾眚乃是臨河渴死人
龍牙言禪師一首
張提舉到山有作
清世朝賢難會面巖堂語道霜風扇借問何
時出帝鄉笑云西蜀烏頭賤阿呵呵誰人薦
裴相當年典豫章不惜眉毛又相見噁
勝因戲魚靜禪師二十二首
擬寒山自述十
多見擬寒山不然擬拾得冲天各有志擬彼
復何益居山山色翠臨水水聲長風華與雪
月時處自歌揚
頗憶未叅禪教中聽十年晝夜數他寶何曾
得半錢發志出行脚遍求無病藥及至休歇
時依舊沒鞋著
卷九　十一
行時唯信脚到處便爲家午飯隨麤細三衣
亂掩遮空名耳裏水微利眼中砂一覺黃昏
睡金烏出海涯
自述自高吟自高非倨傲高懷育隨動幽鳥
徒輕噪無水定無源有煙必有竈天堂并地
獄自作還自報

近見一般人堂堂似佛祖入室求知識爲明
生死事問汝莫是賊當時面如土語言勿生
嗔只箇是生死
叅禪脫生死輒莫被魔使八風一任吹六塵
終不汚非語亂如麻截斷衆流句仰面看青
天立地趁佛祖
五更一盂粥辰時一頓飯晝夜兩覺眠一日
事俱辦毀我還自毀贊我還自贊是非與榮
辱紅爐赤金彈
良田著力耕自利復利故莫栽荊棘樹子孫
沒出路仁者愛安仁狡佞生嫉妬勸汝早回
頭離覆面前覷
莫笑我自述麤言無義理豈爲騁文辭因筆
寫其志百年呼吸間何用苦較計勸汝莫凝
毒無常忽忽至
一曲樂昇平非關羅哩棱山河俱屬宋雲水
且饒僧時擊松風磬長然澗月燈願王似南
嶽萬世碧層層
十二時
半夜子心境俱忘正芬鹵撚轉天關萬象務
泥牛入海誰親覩
雞鳴丑一聲相報無前後驚覺騰騰夢裏身
釋迦老子交橫走
平旦寅舉竹黃華拂眼明靈禽異獸爭喇哄

總解回頭轉眼睛
日出卯紫霧紅霞騰海島揩排無限利名人
出門忘却衣中寶
食時辰掌鉢徒勞入市巡若將心受檀那飯
也似無功食祿人
禺中巳選甚婬坊并酒肆回頭便是出塵人
卷九　十二
翻笑曼殊携慶喜
日南午卓然獨耀無今古糞埽堆頭王馬嘶
瑠璃殿上金剛舞
日昳未萬樹千峯影斜墜兎角龜毛逵市尋
貴賣還思買時貴
晡時申一日三分過二分直饒省得來時路
到家急急也黃昏
日入酉殘霞返照門前柳無數一曲牧童歸
背跨牛兒師子吼
黃昏戌角韻鍾聲遐邇一要會聞復翳根除
補陀巖上尋彌勒
人定亥念念無常刹那快回光省取不遷心
坐照十虛誰對待
虎丘隆禪師二首
送化士分衛
大地撮來粟米粒一毫頭上現乾坤居家不
離途中事常在途中不出門
贊達磨

盡國人難挽西携隻履歸只因熊耳月千古
冷光輝
薦福常庵崇禪師一首
讀莊子一受其成形不忘以待盡
人生悉如此誰悟此中玄白日無私照青山
任意眠松風來不斷泉石自相便路出千峯 十五
上雲歸竹徑邊 魚九
寶華佛慈鑑禪師五首
五派
臨濟
銅頭鐵嘴百家冤一喝雙分照用全三尺吹
毛定寰宇臨行拋向瞎驢邊
雲門
三句都將一串穿等閑挂向御樓前幾多行
客眼定動東海鯉魚飛上天
曹洞
紫庭黃閣帶春溫寢殿何人侍至尊長愛百
司分職處玉鞭敲鐙出金門
潙仰
一箇撒開千萬箇皺其解說無生話草堂睡
起嘴盧都寂子要須原夢破
法眼
溪光野色浸樓臺一笛遙聞奏落梅風送斷
雲歸嶺去月和流水過橋來

淨慈月堂昌禪師二首
送僧
掃盡諸方路布禪到頭窠臼落誰邊臺盤角
畔重拈起萬里神光頂後全
自贊
丹青寫出剎卸一箇實八布衫著著便破土
面灰頭那畔行水墨觀音解推磨
廣福尚禪師二首
雖黃龍有作
大袖長拖出祖關蛟龍戰罷海濤閒寄言白
首參玄者休把虛空側點斑
次韻答張無垢居士
從來高價莫饒伊百戰場中奮兩眉奪角衝
關君會也叢林誰敢更相欺
長蘆真歇了禪師三首
示衆
意句難分別風駛路外求提刀空四顧駐步
失全牛落眼情塵脫歸根景象幽萬緣俱不
到佛祖莫能酬路斷無依著空舡載月歸力 魚九 十四
窮忘一色功盡喪全機密混凝流處融通向
背特古帆風靜夜任運應高低不犯清波句
澄江浸一鈎棹頭風色靜蓬底夜明秋鴈影
沉寒水蘆華隱白牛須知耕釣外穩密類難
收

靈峯古禪師一首
題佛鑑禪師語錄後
流水高山不在絃等閑成曲又成篇列珊瑚
樹枝枝好撒水銀珠顆顆圓揮落禪關無少
滯增添衲子幾重冤擬於紙上明端的爭似
當機自造玄
黃龍草堂清禪師一首
讀法界觀
多中即一一中多浪裏全提水是波波水滅
時多一盡日輪當午見星河
善權智禪師四首
識自宗
紫微宸幄綠苔封寂寂無人寢殿重玉漏夜
傳尊貴語六宮不許扣金鍾
和宏智頌仰山語=
機絲不立顯真空斷滅應無箇事同⊙沒底
月舡乘夜泛無鑐鏁子兩頭通㊐
回眸照處猶春雨撒手何時正曉風◐白髮 十五
童兒騎雪馬轉身就父豈同功◎ 魚九
如今認得正當初○月下披雲上寶車㊐暮
去朝來誰辨的開門何處不逢渠◑
德山佛性泰禪師五首
四時般若
日暖風和天地春野花芳草一番新靈山佳

致依然在誰是當年微笑人
萬木扶踈夏景長園林梅杏躋紅香山前麥熟還知否一一當機爲舉揚
飄飄黃葉墜幽庭萬里無雲宇宙清颭颭凉颸生戶外韶陽三句轉分明
林木蕭條徑本根嚴霜凍雪鏁松門地爐煨火通身暖寒暑到來休更論

贊達磨

泛舶來梁自普通一鎚擊碎有爲功誰云面壁無言說爭奈當門齒露風

徑山大慧普覺杲禪師十一首

學者請益竹箆五

雲門舉起竹箆開口知君話墮上方香積不餐廿伏食人涕唾
雲門舉起竹箆禪和切忌釘錐鷹鳳不棲荆棘鵁鶄偏守空池
雲門舉起竹箆通身帶水拖泥奉報叅玄上士撒手懸崖勿遲
雲門舉起竹箆擬議知君亂統直饒救得眼睛當下失却鼻孔
雲門舉起竹箆露出心肝五臟可憐倚死禪和猶自寃飛膽喪

示鼎需禪人

頂門豎亞摩醯眼肘後斜懸奪命符瞎却眼解却符趙州東壁挂葫蘆

寄福勝長老

眞人十八衆元空三十一人同姓呂分散游山各占山三十一人又同處

贊普融和尚

示無作相擊瑩壽敷行無緣慈誅佛誅祖如是見得普融妙喜未敢相許直下來也如龍似虎一鎚打破太虛空至今一缺無人補

李漢老參政寫師頂相求贊

這漢沒量罪過不合引惹措大被渠笑裏藏刀殺却吾祖達磨不知有底冤讎一向興災作禍杲上座諾惺惺著莫教話墮

唐道人請贊

這尊慈無摸索忽地喜忽地惡喜也和氣如春百華開惡也雷電風雲一時俱作似恁麼做處若非阿脩羅王即是金仙大覺唐道人緊把却逢人不用展開卷來送在僻角

祖傳禪人求贊

藞苴全似川僧蕭灑渾如浙客偏向情未生時拈出報慈一隔尊性不定莫可窺測見小時嫌蟭螟眼太寬見大時謂太虛空忒窄似這般底阿師如何受人天供養好與劈腮一摑

烏巨雪堂行禪師三首

贈禪者

句下出諸訛翻身古劒寒欲明如上事須是髑髏乾

削東坡宿東林偈

溪聲廣長舌山色清淨身八萬四千偈明明舉似人

贊佛眼和尚

因我得禮你玄沙出案曰龍門與薦福總落然燈後出

護國此庵元禪師二首

荅虎丘隆禪師

佛祖權衡眞妙絕一句通明萬機徹縱橫端似走盤珠念念圓融大休歇要須滴滴爛如臘莫學南方半生滅掀然四海浪翻空撼動須彌石崖裂電光影裏分緇素烈燄堆中掬飛雪玲瓏八面生清風皎潔一輪霜夜月無位眞人乾屎橛紫眞珠帳羅紋結握起吹毛照膽寒撩撥石人驚吐舌全提半提風凜凜奪食驅耕妙無竭棒如雨點聲如雷一劄當機便超越君不見臨濟宗風正令當如此赤骨歷地成活業

送化士

言前薦得成多事句後承當亦未眞截斷兩頭閑路布不知誰是透關人

道場正堂辯禪師五首

送街坊

眞女不着嫌家醜丈夫豈假分時財十五五
坌從何有空費雙拳趁得來

送及禪人

馬面夜叉繞稽首牛頭獄卒便擎拳洞賓唱
箇陶甄理脫殼烏龜飛上天

自贊三

土豹長老悟處殼諸滑頭勝似尊菜軟頑何
壺鑪膠曾被三脚驢子踏得鼻孔成凹
暗老婆半夜吹火張聾子日午閑歌畫得道
般毫相出生入死降魔有時皷起龍門浪婆
竭龍王不奈何
潦倒住持不言規矩聚三百僧說無義語平
生要討便宜落水也求乾處

欽山方禪師四首

四威儀

山中行步步踏無生手把過頭杖輕重不多
爭
山中住生死全無路地獄與天堂總是閑家
具
山中坐松竹大底大時時起淸風自唱還自
和
山中眠祖佛並齊肩神通并妙用盡在枕頭
邊

靈隱佛海遠禪師五首

示無住道人

暗堂有箇不是掃盡衲僧巴鼻驀回陝府鐵
牛吞却山河大地

寄白石峯體首座

白石峯頭衲子多識牛吸盡井中波他年布
袋重開口佛祖依前不奈何

寄道場無庵全和尚

雪頂崑崙著意猜十頭羅刹笑顏開鑊湯冷
處君先入滸眼横時待我來

示道源大師

學佛以悟爲則虛詞不入公門君看義之草
聖一點入石三分

自贊

大地一渾身虛空絶四隣不識栢樹子喚作
麻三斤好時十分瀟灑惡時一味麤苴等閑
牽犂上佛殿乘興鉢盂裏走馬平地撒屎撒
尿知他是眞是假禪人描邈將來大虫頭上
火把

虎丘雪庭淨禪師四首

四牛圖

龍圖王以寧序

本無位次那容横立階梯體絶名言豈許強
生節目玄關跳出何妨土面灰頭金鏁喝開
始解披毛戴角隨機攝化應物現形唯一堅
密身混入諸塵現古今作牧牛圖皆方便之
一端耳或黑或白或有或無然皆未能盡善
今雪庭道人獨以四牛皆一色白中間二位
悟則逆騎迷則順騎前後二位爲牛者表父
母未生及涅槃時也四皆白者表迷亦不失
悟亦不得生亦不來死亦不去露地坦然法
身明矣

一父母未生空劫那畔世界未成此性
已具坦然明白本體純眞衆生因妄發
生聖人從悲起智　頌曰

混沌不分處三緣未合時神通難可測佛眼
莫能窺坦蕩全軀白安眠露地肥爲躭春色
好又被業風吹

二三緣既合六賊互興揞父逃亡迷已
逐物同門出入各不相知向外馳求自
生退屈故謂之迷　頌曰

改換毛衣了從玆不自由只知今日事忘却
舊時牛步步雖同轍昂昂不轉頭四山成隔
闊相逐没時休

三回頭忽見覿面相逢十二時中全承
渠力君臣道合父子相投自利利他續
佛慧命故謂之悟　頌曰

暫爾家欄裏回頭識得伊不須常管帶取次

倒横騎似客歸家日如見得爭時平田淺草
裏吹唱哩囉哩
四始終一貫起滅同時終日生而不生
終日死而不死廓然絕跡湛爾清虛如
金博金似水歸水不斷煩惱而入涅槃
不住玄關匪居正位披毛戴角向異類
中行此諸佛頓證法門非衆生見聞境
界　頌曰
脫下孃生袴還歸不動尊萬緣俱頓罷一路
涅槃門大海波瀾息青天絕點雲披毛同異
類無剎不分身
天童應菴華禪師四首
偶作
黄檗堂前行正令天童今日驗跡親老來柱
杖思分付未見當年喫棒人
贊臨濟
臨濟禿無眼目討便宜兮不知是高懸羊頭
賣狗肉秤頭斤兩惜如玉胷中更有一般毒
天下無人敢輕觸
贊此菴
十分畫得相似只有一處殺訛佛祖撿點不
出從教平地干戈
禪人寫師頂相求贊
身心一如身外無餘不願成佛亦非凡夫甘

作上牢滲桶無心計較錙銖萬古銀山鐵壁
更沒者也之乎是則活埋老僧不是則打殺
曇慧暗透兩重牢關烈燄不藏蚊蚋
博山本禪師二首
浴佛
今日當年佛降生當年今日不多爭若言八
十還歸滅有眼分明特地盲
遣僧通嗣書
射殺南山老大虫行人從此路頭通年來獵
犬渾無用卧對千峯與萬峯
東林卍菴顏禪師七首
明道
心如墻壁眼如眉月餌煙蓑下釣磯湛湛寒
光凝一片波瀾不犯取魚歸
與洞照禪人
拔出趙州舌頭去却當門荊棘歸家倒卧橫
眠冷笑奔南走北
示衆二
無用頑皮作氣毬誰人趯得上高樓如今滲
倒渾無力輥得行時即便休
磐陀石上共安居水遠山高一事無唯有多
情風頂月夜深移影到階除
贊達磨
五乳峰前九年冷坐孤風絕攀名不敢涴斷

臂嗣芳賤賣滯貨螟蛉有子負之蜾蠃即說
呪曰類我類我
自贊二
來自三川應緣兩浙肩擔華木承重擔肚來
馬皺其三箋飯餕鐵釘羹煮木札要是圓悟
兒孫喪却楊岐家法奸漢多疑賺兒落節
即眞非眞是相非相龜毛拂子兔角柱杖自
歌自舞獨吹獨唱認得師姑是女兒誌公不
是閑和尚
國清簡堂機禪師二首
送僧造普同塔
珊珊玉骨本玲瓏挂角羚羊不見蹤特地作
亭圖甚麼爲憐松竹引清風
送育維那
克賓一字入公門有理難伸笑殺人隱靜不
行興化令他年誰道棒頭親
焦山或菴體禪師六首
白石菴偶作
白石居山人不住那伽定拄杖禿却枝鉢盂
倒安柄入草覓寃讎虛空懸業鏡喝下劒光
寒放行摩竭令
忘機絕照
剔起遮天眼空王舊話圓氣毬剛似鐵石臼
軟如綿砦滌無驚浪紅爐斷火煙莊周蝴蝶

夢攀世着爲原
示衆三
著脚孤危草不生沒棲泊處等閑行臨風躅
却嚾空口斷送渾家入火坑
生獰別是一般村品藻先賢薄後昆掉放孤
峯爭合殺棒頭有眼蓋乾坤
男兒脚底透長安得坐披衣宵自護三尺冷
光輝夜月一條秋水迸人寒
贊達磨
萬佛西來老骨檛不遵行止渡流沙被人打
落當門齒啞子依前喫苦瓜
玉泉窮谷璉禪師一首
贊月庵
這箇老漢渾無縫罅點鐵成金指鹿爲馬以
張拙秀才語擒縱多口阿師跨三脚驢兒指
點諸方話覇遇賤時三世諸佛正眼難窺遇
貴時八大龍王亦難酬價阿呵呵也大差只
因會春園裏失却眼睛從此惡名滔滔流遍
天下高挂虛堂兮如師子全威一任百怪千
妖暗中驚訝燈禪燈禪第一不得容易與伊
點化咄
公安遯庵珠禪師二首
題出山相
半夜逾城往雪山龍樓鳳閣絕躋攀如今輥
出草窠裏一箇閑人天地間
自贊
月色照幽谷泉轂落斷崖水光山色裏一堁
爛枯柴
餲門分禪庵主七首
雜詠
參禪雖說做工夫纔涉毫芒自取誅幾度見
君深問訊養雞意在五更初
慣會放步竿頭去坐劫金烏不放東一派天
河流不盡桃華滿眼趂春紅
露地白牛須打殺紅爐鼓浪立教乾脫然透
出縱橫去猶欠平生無病丸
展鉢開單休解會横來直去任生疑隔宵兒
子逢親母豈待傍人說是非
平地黃金成糞土翻然糞土是黃金直饒用
得渾相似畫虎何曾解齩人
隨例抛鈎泛五湖渠船魚滿笑予無豈知予
布釣頭餌獨在蒼龍不在魚
騰今耀古無私句不比偷心捏合成學海義
天無討處見成拈出示禪人
酒仙和尚十首
雜詠
綠水紅桃華前街後巷走百餘遭張三也識
我李四也識我識我不識我兩箇拳頭那箇
大兩箇之中一箇大曾把虛空一戳破摩挲
令教却恁麼拈取須彌枕頭卧
醒也街裏走醉也街裏走無錢買酒乞來嚾
昏昏怛怛忘前失後張開兩眼見北斗拈得
斗柄酌海水望空直接瀉入口誤呷火龍歸
五臟日午夜半大哮吼隨我來隨我來與你
安身法上竿子打筋斗
楊子江頭浪最深行人到此盡沈吟他時若
到無波處還似有波時用心
金擧又聞泛玉山還報穎莫教更漏促趂取
月明迴一六二六其事已足一九二九我要
喫酒長伸兩脚眠一寤起來天地還依舊
凝兀兀兀兀凝落華流水自依依酒飽摩挲
箇肚皮儂家元是林公兒
貴買朱砂畫月筭來枉用工夫醉卧綠楊陰
下起來強說眞如泥人再三叮囑莫教失却
衣珠
門前綠樹無啼鳥庭下蒼苔有落華聊與東
風論箇事十分春色屬誰家
秋至山寒水冷春來柳綠桃紅一點動隨萬
變江村煙雨濛濛有不有空不空笊籬撈取
西北風
生在閻浮世界人情幾多愛惡只要喫箇酒
子所以倒街卧路死後却產娑婆不願超生

淨土何以故西方淨土且魚酒酤

太史黄山谷道人八首

題休堂

頭上安頭如何得休殺佛殺祖方得撥堵北鬱單越西瞿耶尼事同一家喫飯著衣向上一路千聖貶眼韓信打開張良燒棧

贈嗣直弟

去日撒手去來時無與階者將來去會一似不曾齋

呈永首座

奪得胡兒馬便休休嗟李廣不封侯分明射得南山虎子細看來是石頭

爲慧林冲禪師燒香三

昨夜三更狗吠雪東家閉門推出月是渠覺海性澄圓衲子殺人須見血

多年破衲不勝針一曲胡笳無古今往日開韶獨忘味守株人在月西沈

西瞿耶尼開靜北鬱單越受粥慧林也唱雲門曲去年臘月二十六

贊真如喆禪師

即邪是正即藥是病乞水指井乞飯與甑殺人如麻出邪命定尸羅清淨而八萬四千清淨是謂毘盧遮那正法眼藏以平等印封之以僧伽梨蒙之無心者來彈指門開聖凡不盡金鑠生苔丹青回互南北莫露影落千江誰知月處

自贊

道是魯直亦何道不是魯直亦得是與不是且置且道喚那箇作魯直若是斬釘截鐵一句截頭白海頭黑

嘉泰普燈録卷第二十九

魚九

# 嘉泰普燈錄卷第三十

平江府報恩光孝禪寺　臣僧　正受編

## 雜著



蔣山佛慧泉禪師

默庵歌并序

余熙寧九年春自杭之千頃移居是院因其方丈缺爾遂闢半軒結草庵於巖石之下以為宴息之所是年十二月庵成命名曰默蓋取摩竭掩室毘耶杜口之義也未幾有客造余曰師之庵成矣庵之義著矣而師方且勞勞萃徒侶引遊士分燈而啓暗濬源而導深謂其興悲拯物關蒙發蔽則亦至矣而名為默其亦妄乎余謂客曰子是知默而不知其所以默也子居吾語汝夫默者佛祖之真猷含靈之大本也本之正則處喧而常寂本之繆則趣理而厭塵然喧寂正繆雖名數縈然皆不離吾之至默也故西竺聖人佛者應緣感物金文玉句殆不勝紀而卒謂乎無說蓋

嘉十　三

明此也後之人曚昧斯道謂語為語而謂默為默纔謂語默一體而亦不知體為何物也徒憒心口蹈之而不詳用之而不辨揚揚然自以為得復曰彼默傳者斷空絕言而已矣吾佛之道豈然哉於戲是豈識吾佛之道也余學乎默者於默也安能盡之今是養而且

名之者蓋思古人之不可以跂及也而亦有所警也客去復爲歌曰

庵之基兮不崩而不騫庵之形兮似月而孤圓上無其際兮傍無其邊中無其極兮下亦如然斯古今兮未聞其變還西來之人兮獨謂其相傳嗟余之不敏兮實亦紹爲念道之将墜兮欲扶危而持顛彼昏者何知兮逦拘空而滯偏叢蔣種古榦兮綦蠛蠓之臕蹬遥鄉路絶兮嗟荆棘之荼天空花易落兮悲綴景之難延昔人不偶兮亦梁逐而魏還顧余之微兮今復何言結茅宴處兮其樂閑閑朝昏兀兀兮饑飡而困眠九年冷坐兮斯人可儕魯祖面壁兮藩籬未堅跲老敗單兮徒展戈鋋三斗山茶兮聊思共煎伊人不来兮吾意日懸伊人既至兮凝寂異喧噎之至理兮乃黙之源吾無已兮爲若重宣松風之飂飂兮巖溜濺濺峯巒之嶷舉兮浮黛而凝煙竹蔥蒨兮桂魄而宵穿几席英英兮白雲而畫聯春夏兮層飈與百華而鬬妍秋冬兮擁爐視黄葉之翩翩斯物物兮舉妙以談玄伊迷徒兮剛欲而棄捐全體見成兮不勞雕鐫忽爾四光兮乃聖乃賢眞風既復兮捨筏而忘筌野老歌吟兮幸斯言之未愆熙徽幽徑兮薜駮苔纏此庵同歸兮千年萬年劫火洞然兮此不可然重閑之後兮寒山之前

吳山師子端禪師

睡辭

夫人處世身有四儀身之四儀唯卧最奇人間萬慮俱遣名利富貴都不能知翻思釋迦老子不知人之好宜卻教我晝則勤心修習善法初夜後夜事勿有廢中夜誦經以自消息莫以睡眠因緣令一生空過若教老僧當時親見領向靈山頂上大松樹下塊石枕頭大家一時打睡驀地起来知道睡中有此滋味

放牛歌

牛牛牛休休休更莫牽犂拽把任經冬夏春秋無繩無索無準無鈎朝来放向荒郊去杳杳無蹤休復休

易説

夫易之道幽玄難會問著時流指天説地窮他二儀未分已前只言太始太極混沌一氣清濁纔分之後不離乾坎艮震巽离坤兑出来十字街頭撞着南山張二問他上代祖翁却道離鄉日久子孫不知次第

法昌遇禪師

寄徐龍圖歌

獳子從来心性惡不是德山誰敢撲法昌一句没人知信手拗折珊瑚枝也大奇五十年来尋不得顧鑒咦翻身趯倒盡須彌拽下虚空爲井蓋作地衣一等師子兒他時若見毘耶老腦後錐頭角分明辨大潙

荅徐龍圖歌

法昌有條老蘢鼻生得来来没向背藏身露影恰似無觸著令人身粉碎那箇驢更奇異兩耳累垂四脚著地正恁麼来爲蛇出氣蛇不惜命近前噴嚏和那老驢總不靈利

保寧勇禪師

贈洪井朱道人歌

来来去去来嘗休選甚南頭與北頭一錢爲本萬錢利善解看樓便打樓不妨好手着甚来由君不見歸耕有疇歸釣有舟不如奇取箇無眼耳鼻底水牯牛向三家村裏東倒西儽擺尾摇頭清溪萬頃月印中流不牧王粒不擲金鈎悠悠又阿誰管你趙官家世界天下有三百六十州

泐潭眞淨雲菴文禪師

送雅禪者往石城作偈歌

雞不鷇無功之食水長船高物歸乎有道之心泥多佛大德山呵佛罵祖曾遭巖頭僧堂前領過臺山路上老婆有箇趙州不出門勘破獨有雲門古錐有口不妨道火火本無火

承言者紛紛自我不然也非言道不通非言理不果理事通達人利生無不可既然也却不解臨時建立又不解逐旋包褁但可日日用好心殊不知反遭惡禍末法衆生知恩者能有幾箇雅禪者爲你老婆葛藤得麼

寶峯闡提照禪師

和陸德先尚書歌

大道坦然兮殊不用功殊不用功兮何必研窮豁虛離礙兮從空背空不守自性兮雖同不同百無所依兮自西自東照體獨立兮滿目清風廓落大度兮無不包容全身異類兮觸處皆通

勸徒銘

身心無拘動寂無知如大死人無倚無依無拘者寬無知者安無内無外無定無觀無適無莫無造無作無去無來無好無惡一道清虛萬法如如愚極成智智極成愚超諸數量孰云比況淨盡不留無法可尚識不可識智不可知誰家之子兀然巍巍巍巍不存根塵頴脫如憨如癡落落䰟䰟不惜口業爲子說破笑殺闍梨山僧罪過

龍門佛眼遠禪師

坐禪銘

心光虛映體絕偏圓金波匝匝動寂常禪念起念滅不用止絕任運滔滔何曾起滅起滅寂滅現大迦葉坐卧經行未嘗間歇禪何不坐坐何不禪了得如是始號坐禪坐者何人禪是何物而欲坐之用佛覓佛佛不用覓覓之轉失坐不我觀禪非外術初心閙亂未免回換所以多方教渠靜觀端坐收神初則紛紜久久恬淡虛閑六門六門稍歇於中分別分別纔生已成起滅起滅轉變從自心現還用自心反觀一徧一反不再圓光頂戴靈焰騰輝心心無礙橫該竪入生死永息一粒還丹點金成汁身心客塵透漏無門迷悟且說逆順休論細思昔日冷坐尋覓雖然不別也大狼籍剎那凡聖無人能信匝地忙忙大須謹慎如其不知端坐思惟一日築著伏惟伏惟

黃龍佛壽靈源清禪師

無生常住眞歸告

賢劫第四尊釋迦文佛直下第四十八世孫惟清雖從本覺應緣出生而了緣即空初無自性氏族親里莫得而詳但以正因一念爲所宗承是廁釋迦之遠孫其號靈源叟據自了因所了妙性無名字中示稱謂耳亦臨濟無謂眞人傳大士之心王類矣亦正法眼藏涅槃妙心唯證乃知餘莫能測者歟所以六祖問讓和尚甚麼處來曰嵩山來祖曰甚麼物恁麼來曰說似一物即不中祖曰還假修證否曰修證即不無汚染即不得祖曰即此不汚染是諸佛之護念汝既如是吾亦如是玆蓋獨標清淨法身以遣教外別傳之宗而揀云報化非眞佛亦非說法者然非無報化大功大用謂若解通報化而不頓見法身則滯汙染緣乖護念旨理必警省耳夫少室道行光騰後裔則有雲門偃奮雄音絕唱於國中臨濟玄振大用大機於天下皆得正傳世咸宗奉惟清望臨濟九世祖也今宗教衰喪其末盡絕滅者唯二家亂派斑斑有焉然名多媿實顧適當危寄而朝露身緣勢迫睎墜因力病釋俗從眞敘如上事以授二三子吾委息後當用依禀觀究即不違先聖法門而自見深益慎勿隨末法所尚乞空文於有位求爲銘誌張飾說以涴吾至囑至囑因自所敘曰無生常住眞歸告且繫之以銘銘曰無涯湛海瞥起一漚亘乎百年曷浮曷休廣莫清漢欻生片雲有無起滅隱顯何分了玆二者即見實相十世古今始終現量吾銘此旨昭示汝曹況多佛大水長船高

泐潭湛堂準禪師

贈奇松頭歌

種松道者道情孫住箇茅菴事事無壓內钁頭三兩柄煙熏一隻醋葫蘆問渠禪四首指山前問渠道載箇蒻笠去鋤草再三再四再問渠拍手呵呵笑欲倒却言昔日老雲門㮣見睦州陳長老

龍牙言禪師

送務紳禪者分衛歌

谿靈明開正道脫却多年爈臭破布襖頂門一劄眼睛便定動如今識得無能老天真智況非作造卷衲秀節下雲嶠直去廬陵化有緣萬戶室一作千門須徧到禾山鼓清平調俯仰順從心一照那邊若遇本色人點著皆知妙不妙子莫學石頭老書信不通行太早得箇清源鈯斧兒南臺石上鋤荒草

示曇清侍者牧牛歌

儂家牧箇白牛年來可縱可收不用鼻頭索任渠放蕩林丘風清月瑩蹤跡難傳香嚴罷鞭杖石鞏放繩頭跨入白雲深處游直得通身無影象時吹木笛有來由小牛兒莫容易淺草平田且隨意勿令逐隊上高坡筋力未能登嶮巇傍水依山養令頭角完備叱豈不見狸奴白牯解作師子游戲

勝因戲魚靜禪師

拄杖歌

誰人無一條拄杖我家收底醜樸樕徹頭徹尾節目滐從生至老筋骸壯不須修何須淼體段自然成箇格或行或坐儘隨身或倚或攜還任力拋一拋卓一卓三界魔王頓驚愕雨雲雷電匝長空展盡神通難揣摸有時收有時用縱奪臨機恣拈弄儱㦬上士入門來一棒打教知痒痛說道理沒人情動著教伊禍患生休誇昔日化龍勢謾說當年解虎鬬挑日月吞乾坤劃開一路涅槃門大丈夫兒須執捉一言不契命難存

薦福常菴崇禪師

和陶潛歸去來辭

歸去來兮一念相應名曰歸既以此處為我家何外物而可悲審靈靈而自到會了了而堪追在我而無非我其非我而孰非我性之有常如我身之能衣問行人而未悟即迷荒而細微全身不動乃馳乃奔一塵廓然見此法門塵塵有光剎剎儼存唯此多旨匪壺匪罇樂歸來以自得向萬化以開顏居常菴以默照念懶拙之可安將寒暑以為用勞生死而何關借夢幻以游戲統思慮而全觀今無心以放曠適有趣而來還其至至以無外等空空以盤桓歸去來兮請悟此以勝游不動步而到家胡自苦兮多求了千生之活計聆毫髮以忘憂無寸土而耕鋤實萬頃而千疇假道浮囊寄夢扁舟或山丘以城郭或城郭而山丘非變化以能融豈神通而同流㝹寂滅而莫任起三摩而寧休已矣乎只將煩惱正與時舉體不住焉爾留堂堂歷歷宜知之愚智未嘗間螻蟻亦可期幸有田而可種何不及時而耕耔師吉祥而問己從無言而賦詩本如如以獨耀證夫觀而將誰疑

常菴賦

山之前水之後嵜崒乎煙雲之上縹緲乎松竹之杪臧一作會靈跡以託化樂幽居而養浩茲固野人之自得豈心口之所較雖復異心口於思議即聞見於是否破滯著於二乘關圓常於非道然非造詣淺妙與識並遷浮靈易散夜壑匪堅豈獨苟初步之不正翻惜途之能前乃欲超生死之大患出有無之深淵是猶照螢光於撩落指慧日於尼乾則亦沉荒於黑暗之下淪墮於矯妄之邊願衣珠之有在是寶刀之終還者矣若夫徹乎高巖窨鋒中鏑全機全用混塵混跡瞥爾不到遠然難及丧妙用於剎那超情塵於毫忽類春夢之展轉若空華之出沒謂無有以不無言有有而非實妙無無之成病妙有有之成賊四句消融百非絛直暢靈襟而適悅開玄路而

安逸故能隨所而為樂非居而居一邈清風於脩竹聽吟猿於石室廓然寥潔以語以默非禪非誦非忘非憶然後乘萬化之用等衆類之歸以會夫一瞬又胡我胡物

司空山歌

司空山在雲外時人到得方自在義今隨力峯登臨四顧巍巍無向背絕遮攔難比況千山萬山齊侍仰九夏炎炎雪正飛三冬颸颸華初放春不榮秋不落隱隱昭昭倚寥廓直下人間咫尺間欲上之人難措脚人跡絕野境寬觸事無能懶散便有時向日巖前坐有時乘困日高眠不學禪不修道只麼騰騰恣顛倒百種無求箇野人隨分隨緣能作造不從他不覓己一句靈靈萬緣裏自從識得祖師關歷歷明明此為始無姓名無忌諱來者向渠只麼是任你千般與萬般何曾出得箇些子分明說報知音日炙風吹不用尋須獨南畔相逢著積翠臺邊旨更深旨更深誰會得東村王老眼前黑李四張三不信伊問盡隣家轉疑惑轉疑惑不較多為君吟作司空歌宮商角徵任吹唱角徵宮商爭奈何

座右銘

得之在此失之在此得之失之執爾為己己自不形堂堂爾名名由實有唯實爾靈非一非異猶空隨器全空在空在空全器的的自知空器何依匪空匪器不二而誰海慧獨照空跡俱妙妙在無私全心了了一句全提凡聖同機悟不自悟迷不自迷影響萬化苦樂三界誰知不知無在不在唯我行之我不自欺如夜復晝日新日為功不自有唯我持久與物同人唯我為守守之非緣唯我自堅千佛同訓一志無遷

上封佛心才禪師

坐禪儀

夫坐禪者端心正意潔己虛心疊足加趺收視反聽惺惺不昧沈掉永離縱憶事來盡情拋棄向靜定處正念諦觀知坐是心及返照是心知有無中邊內外者心也此心虛而知寂而照圓明了了不墮斷常靈覺昭昭揀非虛妄今見學家力坐不悟者病由依計情附偏邪迷背正因枉隨止作不悟之失其在斯焉若也欻澄一念密契無生智鑑廓然心華頓發無邊計執直下消磨積劫不明一時豁現如忘忽記如病頓瘳內生歡喜心自知當作佛即知自心外無別佛然後順悟增修因修而證證悟之源是三無別名為一解一行三昧亦云無功用道便能轉物不離根塵信手拈來互分主伴乾坤眼淨今古更陳覩體神機自然符契所以維摩詰曰不起寂滅定而現諸威儀是為宴坐也然當知水澄月現鏡淨光全學道之人坐禪為要苟不爾者備途輪轉汩沒四生酸鼻痛心難以自默聊書大槩助發眞源果不廢修即同叅契

治父川禪歌

叅玄歌

一尺水一丈波妙高峯頂笑呵呵七步周行渾屬我不妨閑唱太平歌靈利漢不消多法門廣大徧周沙若能當處分明了只在如今一剎那莫求眞休覓假眞假中間都放下晃晃威光爍太虛不知誰是知音者讚不於徒說謗三際無心俱掃蕩正體堂堂一物無是佛是魔俱一棒小根聞說暗攢眉繩上生蛇又更疑翻轉面前關捩子只許當人獨自知阿呵呵大圓覺流出菩提遍寥廓鬼面神頭幾百般無瑕鏡裏皆消却君不見覿面相逢機掣電直饒天眼不能觀點著不來眞死漢勸君叅叅徹靈明自己禪善財不用南方去黑白分明在目前勸君信信心戰退魔軍陣此是華嚴最上乘森羅萬象皆相應勸君修六門通達任優游寒山拾得纔相見指點豈十哂未休火風催四山逼那時要見君端的有箇眞空解脫門千眼大悲何處覓有時放

有時妝唯有知音瞎點頭杏華時裏如相見
跳出潙山水牯牛有時喜有時嗔無位真人
迸面門懸懸為説西來意暮樓鐘皷月黃昏
有時唱有時歌顛言倒語不柰何穀穀盡出
娘生口不屬宮商一任他有時黙有時笑懵
懂鐵鎚無孔竅輕輕觸著便無明只這無明
元是道有時行有時坐露影藏身成兩箇不
獨張三會打油細觀李四能推磨無縫塔見
無因巍巍本自隱深雲國師樣子應難造不
覺鋒稜露一層無底鉢手中擎百千沙界裏
頭盛大庾嶺頭提不起都緣著力太多生浚
底船不曾漏千重雪浪皆能透只憑一箇把
梢人誰管狂風連地吼無鑐鎖鞁安排鎖斷
重關絶往來巨靈擡手空勞力唯有無心便
得開無毫拂是何物擊碎狐疑山鬼哭一喝
唯言三日聾誰憐大辯翻成訥無孔笛最難
吹角徵宮商和不齊有時品起無生曲截斷
行雲不敢飛無根樹直侵雲枝條欝密蓋乾
坤劫火洞然燒不得利刀斬處亦無痕無面
目擔板漢觀水遊山無侶伴迦葉門前倒剎
竿文殊劒上全身現日面佛乾屎橛八兩半
斤誰辨別七斤衫子恰相當鎮州休更秤蘿
蔔野鴨飛鷺對舞三箇孩兒抱華皷趙老曾
看半藏經靈雲一見桃華悟真實語報君知
不用思量不用疑春來決定千華秀冬盡長
天片雪飛頭頭漏泄真消息那箇休心辯端
的眼横鼻直一般般不離當處休尋覓古佛
言祖師説千聖路頭同一舌他日人天匝地
來那時方表而今決

開善密菴謙禪師

荅陳知丞書

某啓欣審官舍多暇焚香靜黙坐進此道何
樂如之叅禪如應舉應舉之志在乎登第若
不登第而欲功名富貴光華一世者不可得
也叅禪之志在乎悟道若不悟道而欲福德
智慧超越三界者不可得也竊嘗思悟道之
為易登第之為難何故學術在我與奪在彼
以我之所見合彼之所見不易難乎是以登
第之難也叅究在我證入在我以我之無見
合彼之無見不亦易乎是以悟道之為易也
然叅禪者衆悟道者寡何也有我故也有我
則不能證入亦易中之難也讀書者衆及第
者亦衆何也見合故也見合則推而應還是
難中之易也故見合為易無我為難無我為
易無無為難無無為易亦無無為難亦無
無無為易亦無無無亦無為難亦無無無亦
無為易和座子擡翻為難故龐居士云煉盡
三山鐵鎔銷五嶽銅豈欺人哉因筆及此庶
火爐邊圍圝頭説無生話時聊發一笑

劒門分禪菴主

雜句

諸人放下坐禪山僧一向妄想喫盡甘草黄
連熱度春生夏長汝等諸人知不知知與不
知坐禪妄想復是誰游魚吞餌去何時水面

帰

我貴師兄悟本心不貴師兄機辯滦鸞鳳不
棲荆棘林貓兒爭解捕麒麟驪珠撲碎亘天
明救活咸帰劒下親問言有理不能伸到此
須當是箇人

侍郎楊無為居士

了了堂記

了了堂瑯琊詮公之所建也有二野叟登堂
而議其名一叟曰了心則能了法了已則能
了人已未了則人與已迷心未了則法從心
惑了了之義得非是歟一叟曰不然吾聞萬
法本空一心非有心既非有不待了而已圓
法既本空不待了而常寂了有所了困于方
隅了無所了始謂之達了了之旨其在是矣
二叟疑而質于無為子無為子不荅傲而歌
曰山堂曉兮白雲飛仙堂暮兮白雲歸青松
老兮明月溪了不了兮誰與知二叟矍然相
顧而去詮公乃記之于石治平二年三月十

有九日也

太史黃公山谷道人

跨牛菴銘

緋水牯牛頭角堂堂以作意力徧行道場舉頭看月終不覩指浮鼻渡河蹴踏源底三界為田衆生為稻由我深耕世無寸草我跨此牛無繩與鞭要下即下馬後驢前

翠巖眞禪師語錄序

石霜山中有三角虎孤游獨坐萬木生風至於千里無人草深一丈有一人捺其頭而得道是為黃龍慧南有一人履其尾而得道是為翠巖可眞南之子孫江西湖南若揭日月而眞得子晚所乳之子是為潙山道人慕喆林棲谷隱堅密深靜霜露果熟諸聖推出枯木朽株雲行雨施然後翠巖之道光明蓋翠巖之入石霜適遭一吼凡聖情盡參承咨決徹佛徹祖行住坐卧亘古亘今如行川之水無不盈之科似走盤之珠無可留之影十聖三賢當路亦須草偃風行四方八面俱來無不投戈散地金章玉句具在可知然明月夜光多逢案劍陽春白雪難為賞音維黃龍羅參之客必遭之曰百鍊精金直須入翠巖鑪鞴令坐鎮諸方能吟虎嘯者無不稱翠巖室中之句以接大根器凡夫而叢林號為眞點背者蓋同門數老雖目睞眈眈文彩炳煥似從慈明法窟中來實不解石霜上樹之機耳各夢同床不妨殊調冷灰爆豆聊為解嘲云

丞相張無盡居士

金剛經三十二分說

非法無以談空非會無以說法萬法森然曰因一心應感曰由故首之以法會因由分從空起慧請荅雙彰故受之以善現起請分宗絕正邪乘無大小隨三根而化度簡異說而獨尊故受之以大乘正宗分得宗而行不住於相故受之以妙行無住分行行背如謂之實見故受之以如理實見分見而信之善根深固故受之以正信希有分無得之得是名眞得無說之說是名眞說故受之以無得無說分無得無說怖於沈空一切諸佛皆從此出故受之以依法出生分果雖有四相本無二故受之以一相無相分清淨心生是名淨土莊嚴諸相即非莊嚴故受之以莊嚴淨土分有為之福限量有窮無為之福殊勝無比故受之以無為福勝分是經所在天龍敬事故受之以尊重正教分至道無名假之方便以是名字行者受持故受之以如法受持分聞經解義深悟實相故受之以離相寂滅分受持讀誦自利利他功德無邊不可稱量故受之以持經功德分恒沙罪業一念消除果報不虛豈經多劫故受之以能淨業障分本來無我安得有人為度彼人故權立我故受之以究竟無我分一眼攝五眼一沙攝恒河沙一世界攝多世界一心攝若干心故受之以一體同觀分遍周法界一化普通七寶福田寧如四句故受之以法界通化分三身具足諸相圓成人法俱忘即非具足故受之以離色離相分終日譚空不譚一字若云有說即謗如來故受之以非說所說分無上正知實無少法法無所得正徧歷然故受之以無法可得分一法存心情生高下淨心修善法法何窮故受之以淨心行善分施寶如山山非無盡大身妙智斯即實山故受之以福智無比分化門建立未脫筌蹄以要言之實無所化故受之以化無所化分色見聲求是行邪道於茲妙契獨露眞常故受之以法身非相分相而無相空且不空亘古亘今孰云斷滅故受之以無斷無滅分大心成忍本自無貪世福甚多云何有受故受之以不受不貪分去來坐卧無不如如故受之以威儀寂靜分信心不斷斯即微塵信實徧充是名世界界塵一合法爾如然故受之以一合離相分四見俱非是名四見故受之以知見不生分一

念發心獲福亦爾應身化物豈得已哉眞佛流通能事畢矣故受之以應化非眞分終焉此經第十分應無所住而生其心天帝本云慧生無所住心三十二分無法可得平等王本云衆生深信分語錄具意亦大同不必易也小

東林善法堂記

元祐二年七月八日廬山東林禪寺善法堂成其為間七其高為丈者五深而為尺者九十其廣十有一丈六年三月無盡居士自河北来東林徒衆七百人以獮恩度而為上首皆於現在老人照覺禪師親近供養深得法要決擇邪正消隕知解一心精進扶竪宗教於是以獮等和南稽首白居士言我此善法堂蓋嘗走四方求士大夫紀録營建昭示来世終無一人能承當者何以故此堂雄麗難形摹故我師說法難湊泊故今居士適至是我山中天龍藥叉人非人等三歲守護以待居士也居士其舍諸居士曰汝師說法與過去諸佛異非我名言意識之所測度吾無得而記焉何以故毘盧遮那佛說十住品於須彌頂上帝釋於其殿內安置普光明藏師子之座說十行品於夜摩天宮時分天王於其殿上化作寶蓮華師子之座說十回向品於兜率陁天知足天王於其殿上數摩尼藏師子之座夫住於佛住而未離乎住故說法乎然則建斯堂也登斯座也法竟可說乎法竟不可說乎且夫居其堂正則知其位正知其位正則知其眼正知其眼正則知其根正知其根正則知其識正知其識正則知其塵正知其塵正則知其耳正知其耳正則知其鼻正知其鼻正則知其舌正知其舌正則知其身正知其身正則知其意正如是乃至十方虛空八萬四千陀羅尼門莫不皆正古之所謂此處最吉祥者其意在此其亦是乎而自少室之後曹溪以来散之四方分為五派師異訓人殊習祖師之道微矣請畧言之月裏麒麟溪邊石笋寒松庭栢日裏看山雨殼鳩殼迷逢達磨撥塵見佛漁父棲巢吐舌退身擡胼一瞬舉拳竪指擊拂敲床叉手當胷展開雙掌或謂之曰道眼或謂之曰根塵或謂之曰向上或謂之曰末後斯皆順風揚灰於馳突之場浚渠流惡於眢廢之井禪師於是也大奮迅定駕無礙慧主賓問答縱奪取與庶幾乎惑者有解而執者有破垢者有滌而病者有瘳然則有其事者則必有其理有其實者則必有其名莊嚴妙善而不可不建者堂也方便誘誨而不可不說者法也垂信示後而不可不為者記也東林衆以記累吾亦不善乎東林律寺改為十方其本末具於余地中之天而忉利是矣其座則安置之而未至於化者也行行皆眞而超然絕俗故說法乎空中之天而夜摩是矣其座則化之而未至於數者也化則依空矣而非所以入有也眞則自利矣而非所以利他也心也回眞而入俗運智而行悲使上而超之可以出乎欲頂下而即之可以同乎萬物故說法乎天中之天而兜率是矣其座敷而布之則安置能化蓋有不足言者矣古佛之說法也觀根之時依土立義可以科可以釋今子之師建潭潭之堂巍巍之座法鼓在左杖拂在右以忉利言之乎則無住為住以夜摩言之乎則無行為行以兜率言之乎則本自無向今亦無回雖然嘗試為汝議乎其涯彼妙湛靈明曠虛粹精莫之與將莫之與迎未始有夢而未始有覺也未始有淳而未始有漓也未始有壞而未始有成也未始有汙而未始有淨也膠膠以生林林以形生死苦樂之變循環乎去来諸佛為之種種譬喻方便為之說三乘為之說五教河沙句偈不足以勝其情而奪其識其究竟也以清淨法眼涅槃妙心無相實相正法眼藏撥去文字教外別傳囑付飲光宛轉傳授以至今日當法堂未建法座未登掣電呈機猶成第二學人上来頗復何用

語錄序最得以暮去贈歲四月二十四日記

嘉泰普燈錄卷第三十

五燈會元目錄卷上　城一

徑山欽禪師法嗣
鳥窠道林禪師
五祖大滿禪師旁出法嗣第一世
北宗神秀禪師　嵩嶽慧安國師
蒙山道明禪師
資州智侁禪師（不列章次）
五祖下二世
北宗秀禪師法嗣
五臺巨方禪師　中條智封禪師
降魔藏禪師　壽州道樹禪師
嵩山普寂禪師（不列章次）
嵩嶽安國師法嗣
福先仁儉禪師
嵩嶽破竈墮和尚　嵩嶽元珪禪師
資州侁禪師法嗣
資州處寂禪師（不列章次）
五祖下三世
嵩山寂禪師法嗣
終南山惟政禪師
破竈墮和尚法嗣

嵩山峻極禪師
資州寂禪師法嗣
益州無相禪師（不列章次）
五祖下四世
無相禪師法嗣
保唐無住禪師
卷第五
六祖大鑒禪師旁出法嗣第一世
西域堀多三藏　韶州法海禪師
吉州志誠禪師　匾擔曉了禪師
洪州法達禪師　壽州智通禪師
江西志徹禪師　信州智常禪師
廣州志道禪師　永嘉玄覺禪師
溫州淨居尼玄機　司空本淨禪師
婺州玄策禪師　河北智隍禪師
南陽慧忠國師　荷澤神會禪師
卷第六
六祖下二世
南陽忠國師法嗣
耽源應真禪師

荷澤會禪師法嗣
蒙山光寶禪師
磁州法如禪師（不列章次）
六祖下三世
磁州如禪師法嗣
荊南惟忠禪師（亦名南印　不列章次）
六祖下四世
荊南忠禪師法嗣
遂州道圓和尚（不列章次）
六祖下五世
遂州圓和尚法嗣
圭峰宗密禪師
附西天東土應化聖賢
文殊菩薩　天親菩薩
維摩大士　善財童子
須菩提尊者　舍利弗尊者
殃崛摩羅尊者　賓頭盧尊者
障蔽魔王　那吒太子
跋陀禪師　金陵寶誌禪師
雙林善慧大士　南嶽慧思禪師

卷第七



卷第八



卷第九

卷第十

南嶽下三世



卷第十一

南嶽下三世



南嶽下四世

龍潭信禪師法嗣
德山宣鑒禪師　泐潭寶峯和尚
青原下五世
德山鑒禪師法嗣
巖頭全奯禪師　雪峯義存禪師
感潭資國禪師　瑞龍慧恭禪師
泉州瓦棺和尚　高亭簡禪師
青原下六世
巖頭奯禪師法嗣
瑞巖師彥禪師　玄泉山彥禪師
羅山道閑禪師　香溪從範禪師
聖壽院嚴禪師　靈巖慧宗禪師
卷第十八
青原下六世
雪峯存禪師法嗣
雲門文偃禪師 語具別卷　玄沙師備禪師
長慶慧稜禪師　保福從展禪師
鼓山神晏國師
卷第十九
青原下六世

雪峯存禪師法嗣
龍華靈照禪師　翠巖令參禪師
鏡清道怤禪師　報恩懷岳禪師
安國弘瑫禪師　睡龍道溥禪師
金輪可觀禪師　大普玄通禪師
長生皎然禪師　鵞湖智孚禪師
化度師郁禪師　隆壽紹卿禪師
仙宗行瑫禪師　永福從弇禪師
雲蓋歸本禪師　韶州林泉和尚
洛京南院和尚　洞巖可休禪師
法海行周禪師　龍井山通禪師
龍興宗靖禪師　南禪契璠禪師
越山師鼐禪師　福清玄訥禪師
南臺院仁禪師　泉州東禪和尚
大錢從襲禪師　福州永泰和尚
和龍守訥禪師　建州夢筆和尚
極樂元儼和尚　芙蓉如體禪師
憇鶴山和尚　大溈山棲禪師
潮山延宗禪師　普通普明禪師
雙泉山永禪師 即梁家菴主　保福超悟禪師

太原孚上座　南嶽惟勁禪師
感潭資國禪師法嗣
白兆志圓禪師
卷第二十
青原下七世
瑞巖彥禪師法嗣
南嶽橫龍和尚　瑞峯神祿禪師
玄泉彥禪師法嗣
黃龍誨機禪師　洛京柏谷和尚
玄泉二世和尚　妙勝玄密禪師
羅山閑禪師法嗣
明招德謙禪師　大寧隱微禪師
華光院範禪師　羅山紹孜禪師
西川定慧禪師　白雲令弇禪師
天竺義澄禪師　清平惟曠禪師
金柱義昭禪師　潭州谷山和尚
道吾從盛禪師　羅山義因禪師
灌州靈巖和尚　吉州匡山和尚
興聖重滿禪師　寶應清進禪師
玄沙備禪師法嗣

卷第二十二

青原下七世

睡龍溥禪師法嗣

保福清豁禪師

金輪觀禪師法嗣

南嶽金輪和尚

白兆圓禪師法嗣

大龍智洪禪師　白馬行靄禪師

白兆懷楚禪師　四祖清皎禪師

三角志操禪師　興教師普禪師

三角眞鑒禪師　太陽行冲禪師

青原下八世

黃龍機禪師法嗣

紫蓋善沼禪師　黃龍繼達禪師

棗樹二世和尚　城一　二十三　玄都山澄禪師

嘉州黑水和尚　黃龍智顒禪師

昌福院達禪師　呂巖洞賓眞人

明招謙禪師法嗣

報恩契從禪師　普照院瑜禪師

雙溪保初禪師　湧泉院究禪師

羅漢院義禪師

羅漢琛禪師法嗣

清涼文益禪師 語具別卷　清溪洪進禪師

清涼休復禪師　龍濟紹修禪師

延慶傳殷禪師　南臺守安禪師

天龍院秀禪師

天龍機禪師法嗣

雪嶽令光禪師

仙宗符禪師法嗣

仙宗洞明禪師　福清行欽禪師

國泰瑫禪師法嗣

齊雲寶勝禪師

白龍希禪師法嗣

廣平玄旨禪師　白龍清慕禪師

靈峯志恩禪師　東禪玄亮禪師

報劬玄應禪師

招慶匡禪師法嗣

報恩宗顯禪師　龍光澄忙禪師

永興可休禪師　太平清海禪師

慈雲慧深禪師　興陽道欽禪師

報恩資禪師法嗣

福林院澄禪師

翠峯欣禪師法嗣

報恩守眞禪師

鷲嶺遠禪師法嗣

鷲嶺通禪師　戍一　玉

龍華球禪師法嗣

仁王院俊禪師　酒仙遇賢禪師

延壽輪禪師法嗣

歸宗道詮禪師　龍興院裕禪師

保福儔禪師法嗣

隆壽無逸禪師

大龍洪禪師法嗣

大龍景如禪師　大龍楚勛禪師

普通從善禪師

白馬靄禪師法嗣

白馬智倫禪師

白兆楚禪師法嗣

保壽匡祐禪嗣

青原下九世

慧林究禪師法嗣
韶州靈瑞和尚
南嶽下八世
報慈韶禪師法嗣
三角山謙禪師　　興陽詞鐸禪師
法眼宗
青原下八世
羅漢琛禪師法嗣
清涼文益禪師

五燈會元目録卷上

五燈會元目録卷上

校勘記

一　底本，清藏本。本書連同目録三卷共六十卷。校本僅徑山藏本一種，因其分卷不同，連同目録二卷爲二十二卷。
一　二六七頁上四行「卷第一」，徑作「卷一」。
一　二六七頁上一七行及中九行「卷第二」、「卷第三」，徑無。
一　二六七頁中一四行「卷第四」，徑作「卷二」。
一　二六八頁中七行及中一七行「卷第五」、「卷第六」，徑無。
一　二六八頁中一四行「温州浄居尼玄機」，徑無。
一　二六九頁上六行「卷第七」，徑作「卷三」。
一　二六九頁上一六行至一八行「卷第八……法嗣」，徑無。
一　二六九頁中一八行至末行「卷第九……法嗣」，徑無。
一　二六九頁下一九行與二〇行之間，徑有「卷四」二字。
一　二七〇頁上一〇行至一一行「卷第十　南嶽下三世」，徑無。
一　二七〇頁中七行至八行「卷第十一　南嶽下三世」，徑無。
一　二七一頁上一〇行至一一行「卷第十二　南嶽下四世」，徑無。
一　二七一頁中七行與八行之間，徑有「卷五」二字。
一　二七一頁中末行「卷第十三」，徑無。
一　二七二頁上五行至六行「卷第十四　青原下四世」，徑無。
一　二七二頁上一三行與一四行之間，徑有「卷六」二字。
一　二七二頁中八行至九行「卷第十五　青原下五世」，徑無。
一　二七三頁上一行「志罕」，徑作「智罕」。
一　二七三頁上九行至一〇行「卷第

十六　青原下六世」，徑無。

一　二七三頁下一三行「卷第十七」，徑作「卷七」。

一　二七四頁上一三行至一四行「卷第十八　青原下六世」，徑無。

一　二七四頁上一九行至本頁中一行「卷第十九……法嗣」，徑無。

一　二七四頁中一七行「和尚」，徑作「禪師」。

一　二七四頁下四行「卷第二十」，徑作「卷八」。

一　二七五頁上一三行至一五行「卷第二十一……法嗣」，徑無。

一　二七六頁上一行至二行「卷第二十二　青原下七世」，徑無。

一　二七六頁上一一行「太陽行冲禪師」，徑作「大陽行冲禪師」。

一　二七七頁上一五行「卷第二十三」，徑作「卷九」。

一　二七七頁中九行「卷第二十四」，徑無。

一　二七八頁上五行與六行之間，徑有「卷十」。

一　二七八頁上末行經名，徑無（未換卷）。

五燈會元目錄卷中 城二

卷第二十五

青原下九世

清涼益禪師法嗣

天台德韶國師　清涼泰欽禪師
靈隱清聳禪師　歸宗義柔禪師
百丈道恒禪師　永明道潛禪師
報恩慧明禪師　報慈行言導師
崇壽契稠禪師　報恩法安禪師
長安延規禪師　雲居清錫禪師

卷第二十六

青原下九世

清涼益禪師法嗣

正勤希奉禪師　羅漢智依禪師
章義道欽禪師　報恩匡逸禪師
報慈文遂導師　羅漢守仁禪師
黃山良匡禪師　報恩玄則禪師
淨德智筠禪師　高麗慧炬國師
寶塔紹巖禪師　般若敬遵禪師
歸宗策眞禪師　同安紹顯禪師

棲賢慧圓禪師　觀音從顯禪師
興善棲倫禪師　新興齊禪師
慈雲匡達禪師　薦福紹明禪師
古賢謹禪師　興福可勳禪師
上藍守訥禪師　撫州覆船和尚
奉先法瓌禪師　化城慧朗禪師
永明道鴻禪師　高麗靈鑒禪師
荆門上泉和尚　大林僧遁禪師
仁王緣勝禪師

青原下十世

天台韶國師法嗣

永明延壽禪師　長壽朋彥禪師
大寧可弘禪師　五雲志逢禪師
報恩法端禪師　報恩紹安禪師
廣平守威禪師　報恩永安禪師
光聖師護禪師　奉先清昱禪師
紫凝智勤禪師　鴈蕩願齊禪師
普門希辯禪師　光慶遇安禪師
般若友蟾禪師　智者全肯禪師

卷第二十七

青原下十世

天台韶國師法嗣

玉泉義隆禪師　龍册曉榮禪師
功臣慶蕭禪師　稱心敬璡禪師
嚴峯師術禪師　華嚴慧達禪師
清泰道圓禪師　九曲慶祥禪師
開化行明禪師　開善義圓禪師
瑞鹿遇安禪師　龍華慧居禪師
齊雲遇臻禪師　瑞鹿本先禪師
興教洪壽禪師
永安道原禪師（進景德傳燈錄）

清涼欽禪師法嗣

雲居道齊禪師

靈隱聳禪師法嗣

功臣道慈禪師　羅漢願昭禪師
報恩師智禪師　瀫寧可先禪師
光孝道端禪師　保清遇寧禪師
支提辯隆禪師　瑞龍希圓禪師

歸宗柔禪師法嗣

羅漢行林禪師　天童山新禪師

虎溪庵主　覆盆庵主
桐峯庵主　杉洋庵主
定上座　爲上座

卷第二十九

南嶽下六世

興化獎禪師法嗣
南院慧顒禪師　守廓侍者
寶壽沼禪師法嗣
西院思明禪師　寶壽和尚
三聖然禪師法嗣
鎮州大悲和尚　淄州水陸和尚
魏府大覺和尚法嗣
廬州大覺和尚　澄心旻德禪師
竹園山和尚　法華和尚
灌溪閑禪師法嗣　拔二　六
魯祖教禪師
紙衣和尚法嗣
鎮州談空和尚　際上座

南嶽下七世

南院顒禪師法嗣
風穴延沼禪師　潁橋安禪師
西院明禪師法嗣
興陽歸靜禪師

南嶽下八世

風穴沼禪師法嗣
首山省念禪師　廣慧眞禪師
長興滿禪師　潭州靈泉和尚

南嶽下九世

首山念禪師法師
汾陽善昭禪師

卷第三十

南嶽下九世

首山念禪師法嗣
葉縣歸省禪師　神鼎洪諲禪師
谷隱蘊聰禪師　拔二　廣慧元璉禪師　七
三交智嵩禪師　鐵佛智嵩禪師
首山懷志禪師　仁王處評禪師
智門迥罕禪師　鹿門慧昭山主
丞相王隨居士

南嶽下十世

汾陽昭禪師法嗣
石霜楚圓禪師　瑯邪慧覺禪師
大愚守芝禪師　石霜法永禪師

卷第三十一

南嶽下十世

汾陽昭禪師法嗣
法華全舉禪師　芭蕉谷泉禪師
龍華曉愚禪師　天聖皓泰禪師
龍潭智圓禪師　投子圓修禪師
太子院一禪師
葉縣省禪師法嗣
浮山法遠禪師　寶應法昭禪師
大乘慧果禪師
石門守進禪師不列章次
神鼎諲禪師法嗣
開聖寶情山主　妙智光雲禪師
谷隱聰禪師法嗣
金山曇頴禪師　洞庭慧月禪師
伏錫修已禪師
龍華齊岳禪師不列章次　大乘德遵禪師

武泉政禪師法嗣
慶善宗震禪師不列章次
雙峯回禪師法嗣
光國文贊禪師
菩提用禪師法嗣
淨土善思禪師不列章次
定慧信禪師法嗣
穹窿智圓禪師
雲峯悦禪師法嗣
壽寧齊曉禪師
玉泉本禪師法嗣
護國齊月禪師不列章次
淨因臻禪師法嗣
長慶惠暹禪師　棲勝繼超禪師
興化岳禪師法嗣
興化紹清禪師域二　十一
玉泉芳禪師法嗣
慧力善周禪師
卷第三十三
南嶽下十三世

大潙喆禪師法嗣
智海道平禪師　泐潭景祥禪師
光孝慧蘭禪師　東明仁仙禪師
普照曉欽禪師　東林自遵禪師
福巖眞禪師　東明遷禪師
雪竇雅禪師法嗣
光孝普印禪師
慶善震禪師法嗣
慶善普能禪師
淨土思禪師法嗣
萬壽法詮禪師　慶善守隆禪師
護國月禪師法嗣
護國慧本禪師
南嶽下十四世
智海平禪師法嗣
淨因繼成禪師　法輪彦孜禪師
開福崇哲禪師
泐潭祥禪師法嗣
鴻福德昇禪師　萬壽慧素禪師
香山道淵禪師　開善道瓊首座

寶峯景淳知藏　懷玉用宣首座
光孝蘭禪師法嗣
蘆山法眞禪師
南嶽下十五世
淨因成禪師法嗣
瑞巖如勝禪師域二　十二　治父道川禪師
曹洞宗
青原下四世
雲巖晟禪師法嗣
洞山良价禪師
卷第三十四
青原下五世
洞山价禪師法嗣
曹山本寂禪師　雲居道膺禪師
疎山匡仁禪師　青林師虔禪師
白水本仁禪師　白馬遁儒禪師
龍牙居遁禪師
卷第三十五
青原下五世
洞山价禪師法嗣

鹿門譚禪師　佛手巖因禪師
曹山霞禪師法嗣
嘉州東汀和尚
草庵義禪師法嗣
龜洋慧忠禪師
同安丕禪師法嗣
同安志禪師　袁州仰山和尚
歸宗惲禪師法嗣
歸宗弘章禪師
嵇山章禪師法嗣
雙泉道虔禪師
雲居岳禪師法嗣
豐化令崇禪師　藥山忠彥禪師
梓州龍泉和尚
護國澄禪師法嗣
護國知遠禪師　智門守欽禪師
大安能禪師　薦福思禪師
護國志朗禪師
靈泉仁禪師法嗣
大陽慧堅禪師

五峯遇禪師法嗣
五峯紹禪師
廣德延禪師法嗣
廣德義禪師　廣德周禪師
石門藴禪師法嗣
城二　十六
石門慧徹禪師
卷第三十七
青原下七世
含珠哲禪師法嗣
龍穴山和尚　大乘山和尚
延慶歸曉禪師　含珠山眞禪師
紫陵一禪師法嗣
廣福道隱禪師　紫陵微禪師
興元大浪和尚　洪州東禪和尚
同安威禪師法嗣
陳州石鏡和尚
青原下八世
谷隱靜禪師法嗣
谷隱知儼禪師　普寧法顯禪師
同安志禪師法嗣

梁山緣觀禪師
歸宗章禪師法嗣
普淨常覺禪師
護國遠禪師法嗣
雲頂德敷禪師
城二　十七
大陽堅禪師法嗣
石門聰禪師　北禪契念禪師
石門徹禪師法嗣
石門紹遠禪師　北禪懷感禪師
靈竹守珍禪師　四面津禪師
承天義懃禪師　青峯義誠禪師
廣德智端禪師　石門筠首座
青原下九世
谷隱儼禪師法嗣
谷隱契崇禪師
梁山觀禪師法嗣
大陽警玄禪師　梁山巖禪師
藥山利昱禪師　羅紋得珍山主
石門遠禪師法嗣
道吾契詮禪師　雲頂鑒禪師

龜山義初禪師　保寧興譽禪師
北山法通禪師
天童覺禪師法嗣
雪竇嗣宗禪師　善權法智禪師
淨慈慧暉禪師　瑞巖法恭禪師
石門法眞禪師　光孝思徹禪師
大洪法爲禪師　長蘆琳禪師
大洪預禪師法嗣
慧力悟禪師　雪峯慧深首座
天封歸禪師法嗣
東林通理禪師
天衣聰禪師法嗣
慧日法安禪師　護國欽禪師
吉祥元實禪師　投子道宣禪師
青原下十五世
天童珏禪師法嗣
雪竇智鑑禪師
雪竇宗禪師法嗣
廣福道勤禪師
善權智禪師法嗣

超化藻禪師
雲門宗
青原下六世
雪峯存禪師法嗣
雲門文偃禪師
卷第四十
青原下七世
雲門偃禪師法嗣
白雲子祥禪師　德山緣密禪師
巴陵顥鑒禪師　雙泉師寬禪師
香林澄遠禪師　洞山守初禪師
㴐潭道謙禪師　奉先深禪師
雙泉郁禪師　披雲智寂禪師
舜峯義韶禪師　般若啓柔禪師
妙勝臻禪師　薦福承古禪師
清涼智明禪師　南臺道遵禪師
雙峯竟欽禪師　資福詮禪師
黄雲元禪師　龍境倫禪師
雲門爽禪師　白雲聞禪師
淨法章禪師　温門滿禪師

大容諲禪師　羅山崇禪師
雲門常實禪師　林溪竟脱禪師
韶州廣悟禪師　華嚴慧禪師
長樂政禪師　英州觀音和尚
韶州林泉和尚　雲門煦禪師
黄檗法濟禪師　康國耀禪師
谷山豊禪師　羅漢匡果禪師
滄溪璘禪師　洞山清稟禪師
北禪寂禪師　天王永平禪師
永安朗禪師　湘潭明照禪師
青城秉禪師　普通封禪師
淨源眞禪師　大梵圓禪師
藥山圓光禪師　鷲湖雲震禪師
開先清耀禪師　奉國清海禪師
韶州慈光禪師　雙峯慧眞禪師
保安師密禪師　雲門法球禪師
佛陀遠禪師　慈雲深禪師
化城鑒禪師
卷第四十一
青原下七世

雲門偃禪師法嗣
盧山護國和尚　天王崴禪師
盧山慶雲和尚　永福朗禪師
芭蕉弘義禪師　稍横山和尚
西禪欽禪師　南天王海禪師
覺華普照禪師　鐵幢覺禪師
延長山和尚　福化充禪師
黄龍贊禪師　大聖守賢禪師
天柱山和尚　雲門朗上座
纂子山庵主

青原下八世
白雲祥禪師法嗣
韶州大歴和尚　連州寶華和尚
月華山月禪師　南雄地藏和尚
樂淨含匡禪師 城二　後白雲和尚 三三
白雲福禪師
德山密禪師法嗣
文殊應眞禪師　南臺勤禪師
德山紹晏禪師
黑水承璟禪師 不列章次　鹿苑文襲禪師

藥山可瓊禪師　乾明普禪師
中梁山崇禪師　黄龍志愿禪師
東禪秀禪師　普安道禪師
巴陵鑒禪師法嗣
洌潭靈澄散聖　興化興順禪師
雙泉寬禪師法嗣
五祖師戒禪師　福昌重善禪師
乾明居信禪師 不列章次　四祖志諲禪師
興化奉能禪師　天睦慧滿禪師
建福智同禪師　延慶宗本禪師
大龍炳賢禪師　自巖上座
香林遠禪師法嗣
智門光祚禪師　灌州羅漢和尚
香林信禪師
洞山初禪師法嗣
福嚴良雅禪師　開福德賢禪師
報慈嵩禪師　乾明睦禪師
廣濟同禪師　東平洪教禪師
洌潭謙禪師法嗣
了山宗盛禪師

奉先深禪師法嗣
蓮花峯祥庵主　崇勝御禪師
雙泉郁禪師法嗣
德山慧遠禪師　含珠山彬禪師
披雲寂禪師法嗣
開先照禪師 城二　金陵天寶和尚 三四
舜峯韶禪師法嗣
桃園曦朗禪師　法雲智善禪師
般若柔禪師法嗣
藍田縣眞禪師
妙勝臻禪師法嗣
雪峯欽山主
薦福古禪師法嗣
淨戒守密禪師
清涼明禪師法嗣
祥符雲豁禪師

青原下九世
文殊眞禪師法嗣
洞山曉聰禪師
南臺勤禪師法嗣

高陽法廣禪師　石霜節誠禪師
德山晏禪師法嗣
德山志先禪師
黑水璟禪師法嗣
黑水義欽禪師　二十五
五祖戒禪師法嗣
泐潭懷澄禪師　洞山自寶禪師
北塔思廣禪師　四祖端禪師
雲蓋志顒禪師　海會通禪師
洞山妙圓禪師　義臺子祥禪師
天童懷清禪師　寶嚴叔芝禪師
五祖秀禪師　白馬辯禪師
水南智昱禪師
卷第四十二
青原下九世
福昌善禪師法嗣
上方齊岳禪師　育王常坦禪師
金山瑞新禪師
夾山惟俊禪師不列章次
乾明信禪師法嗣

藥山彝肅禪師
智門祚禪師法嗣
雪竇重顯禪師　延慶子榮禪師
百丈智映禪師　南華寶緣禪師
護國壽禪師　九峯勤禪師
雲蓋繼鵬禪師　黃龍海禪師
彰法澄泗禪師　雲臺省因禪師
福嚴雅禪師法嗣
北禪智賢禪師　衡嶽振禪師
開福賢禪師法嗣
日芳上座
報慈嵩禪師法嗣
興陽遜禪師
德山遠禪師法嗣
開先善暹禪師　減二　二十六
欽山悟勤禪師不列章次　禾山楚材禪師
資聖盛勤禪師　鹿苑圭禪師
青原下十世
洞山聰禪師法嗣
雲居曉舜禪師　大溈懷宥禪師

佛日契嵩禪師　太守許式郎中
泐潭澄禪師法嗣
育王懷璉禪師　靈隱雲知禪師
承天惟簡禪師　九峯鑒韶禪師
西塔顯殊禪師　崇善用良禪師
慧力有文禪師　雪峯象敵禪師
雲居守億禪師　洞山求孚禪師
令滔首座
洞山寶禪師法嗣
洞山清辯禪師
北塔廣禪師法嗣
玉泉承皓禪師
四祖端禪師法嗣
廣明常委禪師
雲蓋顒禪師法嗣　減二　二十七
雲居文慶禪師
上方岳禪師法嗣
國慶順宗禪師
金山新禪師法嗣
天聖守道禪師

夾山俊禪師法嗣

夾山遵禪師（不列章次）

雪竇顯禪師法嗣

天衣義懷禪師

五燈會元目録卷中

五燈會元目録卷中

校勘記

一 底本，清藏本。

一 二八〇頁上一行經名，徑無（未換卷）。

一 二八〇頁上二行「卷第二十五」，徑無。

一 二八〇頁上一一行至一三行「卷第二十六……法嗣」，徑無。

一 二八〇頁中末行至本頁下二行「卷第二十七……法嗣」，徑無。

一 二八一頁中三行末字「禪」，徑作「禪師」。

一 二八一頁下五行「翠巖嗣元禪師」，至此，徑目録卷上終，目録卷下始。

一 二八一頁下六行「卷第二十八」，徑作「卷十一」。

一 二八二頁上四行「卷第二十九」，徑無。

一 二八二頁中九行「法師」，徑作「法嗣」。

一 二八二頁中一一行至一三行「卷第三十……法嗣」，徑無。

一 二八二頁中一九行與末行之間，徑有「卷十二」、「臨濟宗」二行。

一 二八二頁下四行至六行「卷第三十一……法嗣」，徑無。

一 二八三頁上一七行至一九行「卷第三十二……法嗣」，徑無。

一 二八四頁上一九行「卷第三十三」，徑無。

一 二八四頁下六行與七行之間，徑有「卷十三」一行。

一 二八四頁下一一行「卷第三十四」，徑無。

一 二八四頁下一八行至末行「卷第三十五……法嗣」，徑無。

一 二八五頁中七行至八行「卷第三十六　青原下六世」，徑無。

一 二八五頁下一三行與一四行之間，徑有「卷十四」、「曹洞宗」二行。

一 二八六頁中七行至八行「卷第三

十七　青原下七世」，經無。

一二八七頁上一八行至末行「卷第三十八……法嗣」，經無。

一二八七頁下一七行「卷第三十九」，經無。

一二八八頁中一行與二行之間，經有「卷十五」一行。

一二八八頁中六行「卷第四十」，經無。

一二八八頁下一九行至次頁上一行「卷第四十一……法嗣」，經無。

一二九〇頁上一四行至一五行「卷第四十二　青原下九世」，經無。

一二九〇頁中一八行「十世」，經作「十世上」。

一二九一頁上二行與三行之間，經有「卷十六」、「雲門宗」、「青原下十世下」三行。

一二九一頁上卷末經名，經無（未換卷）。

五燈會元目録卷下　城三

卷第四十三

青原下十世

雪竇顯禪師法嗣

稱心省倧禪師

萬壽助禪師（不列章次）

城三

稱心守明禪師（不列章次）　承天傳宗禪師

南明日愼禪師　投子法宗道者

寶相緼觀禪師　君山顯昇禪師

洞庭惠金典座　修撰曾會居士

延慶榮禪師法嗣

圓通居訥禪師

百丈映禪師法嗣

慧因懷祥禪師　慧因義寧禪師

南華緣禪師法嗣

興化延慶禪師　寶壽行德禪師

白虎守昇禪師

北禪賢禪師法嗣

興化紹銑禪師　法昌倚遇禪師

廣因擇要禪師

開先暹禪師法嗣

雲居了元禪師　智海本逸禪師

天章元楚禪師

欽山勤禪師法嗣

梁山圓應禪師

青原下十一世

雲居舜禪師法嗣

蔣山法泉禪師　天童澹交禪師

崇梵餘禪師　慈雲修慧禪師

大溈宥禪師法嗣

歸宗慧通禪師　興教慧憲禪師

育王璉禪師法嗣

佛日戒弼禪師　天宮愼徽禪師

靈隱知禪師法嗣

靈隱正童禪師

城三　二

承天簡禪師法嗣

智者利元禪師

九峯韶禪師法嗣

大梅法英禪師

玉泉皓禪師法嗣

興教文慶禪師

夾山遵禪師法嗣

福昌信禪師

天衣懷禪師法嗣

慧林圓照禪師　法雲法秀禪師

慧林覺海禪師　長蘆應夫禪師

佛日智才禪師　天鉢重元禪師

卷第四十四

青原下十一世

天衣懷禪師法嗣

瑞巖子鴻禪師　棲賢智遷禪師

淨衆梵言首座　三祖冲會禪師

資壽捷禪師　觀音啓禪師

天章元善禪師　長蘆體明禪師

開元智孜禪師　澄照慧慈禪師

城三　三

法雨慧源禪師　崇德智澄禪師

棲隱有評禪師　定慧雲禪師

大同旺禪師　鐵佛因禪師

報本法存禪師　開聖棲禪師

衡山惟禮禪師　顯明善孜禪師

啓霞思安禪師　雲門靈侃禪師
太平元坦禪師　佛日文祖禪師
望仙宗禪師　五峯用機禪師
佛足處祥禪師　明因慧贇禪師
西臺其辯禪師　侍郎楊傑居士
稱心倧禪師法嗣
慧日堯禪師
報本蘭禪師法嗣
中際可遵禪師　法明上座
稱心明禪師法嗣
上藍光寂禪師
廣因要禪師法嗣
妙峯如璨禪師
雲居元禪師法嗣
百丈淨悟禪師　善權慧泰禪師
崇福德基禪師　寶林懷吉禪師
資福宗誘禪師
智海逸禪師法嗣
黄檗志因禪師　大中德隆禪師
發判劉經臣居士

青原下十二世
蔣山泉禪師法嗣
清獻趙抃居士
慧林本禪師法嗣
法雲善本禪師　金山善寧禪師
資壽巖禪師　本覺守一禪師
投子修顒禪師　地藏守恩禪師
甘露仲宣禪師　瑞巖有居禪師
廣靈希祖禪師　淨因惟岳禪師
乾明慧覺禪師　長蘆崇信禪師
金山法慧禪師（自禪師至此不列章次）
靈曜瞀良禪師　香山延泳禪師
道場慧印禪師　妙慧文義禪師
靈泉宗一禪師　普照處輝禪師
南禪寧禪師　石佛曉通禪師
法雲秀禪師法嗣
法雲惟白禪師　保寧子英禪師
開先智珣禪師（不列章次）
甘露德顒禪師（不列章次）　仙巖景純禪師
廣教守訥禪師　慈濟聰禪師

白兆珪禪師　淨名法因禪師
福嚴守初禪師　德山仁繪禪師
香積用旻禪師　瑞相子來禪師
眞空從一禪師　乾明廣禪師
慧林沖禪師法嗣
華嚴智明禪師　永泰智航禪師
壽聖子邦禪師
長蘆夫禪師法嗣
雪竇道榮禪師　長蘆宗𧷤禪師
慧日智覺禪師

卷第四十五
青原下十二世
佛日才禪師法嗣
夾山自齡禪師
天鉢元禪師法嗣
元豐清滿禪師　定慧法本禪師
善勝眞悟禪師
瑞巖鴻禪師法嗣
育王曇振禪師
棲賢遷禪師法嗣

報本元禪師法嗣
永安元正禪師
隆慶閑禪師法嗣
安化聞一禪師
三祖宗祖師法嗣
光孝惟爽禪師
泐潭英禪師法嗣
法輪齊添禪師　慧明雲禪師
保寧璣禪師法嗣
育王淨曇禪師　眞如戒香禪師
五祖常禪師法嗣
壽聖楚清禪師
黃龍肅禪師法嗣
百丈維古禪師　月珠祖鑑禪師
石霜琳禪師法嗣
靜照庵什庵主
華光恭禪師法嗣
萬壽念禪師
上藍順禪師法嗣
叅政蘇轍居士

南嶽下十四世
黃龍新禪師法嗣
禾山慧方禪師　崇覺空禪師
上封祖秀禪師　九頂惠泉禪師
性空妙普庵主　鍾山道隆首座
楊州齊謐首座　空室智通道人

卷第四十九

南嶽下十四世
黃龍清禪師法嗣
上封本才禪師　黃龍德逢禪師
法輪應端禪師　長靈守卓禪師
博山子經禪師　百丈以棲禪師
光孝曇清禪師　光孝德週禪師
寺丞戴道純居士
泐潭清禪師法嗣
黃龍道震禪師　萬年法一禪師
雪峯慧空禪師　育王普崇禪師
青原信禪師法嗣
梁山懽禪師　正法希明禪師
嶽山祖庵主

夾山純禪師法嗣
欽山普初禪師
泐潭乾禪師法嗣
勝因咸靜禪師
雪峯有需禪師（不列章次）　龍牙宗密禪師
東禪從密禪師　天童普交禪師
圓通道旻禪師　二靈知和庵主
開先瑛禪師法嗣
慈氏瑞仙禪師　大潙海評禪師
圓通僊禪師法嗣
淨光了威禪師　明招文慧禪師
浮山法眞禪師
祥符立禪師（自靄禪師至此不列章次）
象田卿禪師法嗣
雪竇持禪師　石佛益禪師
褒親瑞禪師法嗣
壽寧道完禪師
兜率悅禪師法嗣
疎山了常禪師　兜率慧照禪師
丞相張商英居士

信相顯禪師法嗣
金繩文禪師
南嶽下十六世
育王諶禪師法嗣
萬年曇賁禪師　天童了朴禪師
西巖宗回禪師　高麗坦然國師
龍華本禪師
道場琳禪師法嗣
東山吉禪師
道場慧禪師法嗣
靈隱道樞禪師
光孝慜禪師法嗣
光孝初首座
南嶽下十七世
萬年賁禪師法嗣
龍鳴賢禪師 城三　十八 大溈鑑禪師
南嶽下十一世
石霜圓禪師法嗣
楊岐方會禪師
南嶽下十二世

---

楊岐會禪師法嗣
白雲守端禪師
卷第五十一
南嶽下十二世
楊岐會禪師法嗣
保寧仁勇禪師　石霜守孫禪師
比部孫居士
南嶽下十三世
白雲端禪師法嗣
五祖法演禪師　雲蓋智本禪師
琅琊永起禪師　保福殊禪師
崇勝珙禪師
提刑郭祥正居士
保寧勇禪師法嗣
壽聖智淵禪師 城三　十九 壽聖楚文禪師
寶積宗映禪師　景福日餘禪師
上方日益禪師
南嶽下十四世
五祖演禪師法嗣
昭覺克勤禪師

---

卷第五十二
南嶽下十四世
五祖演禪師法嗣
太平慧懃禪師　龍門清遠禪師
開福道寧禪師　大隨元靜禪師
無爲宗泰禪師　五祖表自禪師
龍華道初禪師　九頂清素禪師
元禮首座　普融藏主
法閦上座
雲蓋本禪師法嗣
承天自賢禪師
琅琊起禪師法嗣
金陵俞道婆
南嶽下十五世
昭覺勤禪師法嗣
徑山宗杲禪師
卷第五十三
南嶽下十五世
昭覺勤禪師法嗣
虎丘紹隆禪師　育王端裕禪師

卷第五十六
南嶽下十六世
徑山杲禪師法嗣
侍郎張九成居士　叅政李邴居士
寶學劉彥修居士
提刑吳偉明居士
門司黄彥節居士　秦國夫人計氏
虎丘隆禪師法嗣
天童曇華禪師
育王裕禪師法嗣
清涼坦禪師　淨慈師一禪師
道場法全禪師　延福慧升禪師
大溈泰禪師法嗣
慧通清旦禪師　靈巖仲安禪師
正法灝禪師　城三　二十三　昭覺辯禪師
護國元禪師法嗣
國清行機禪師　焦山師體禪師
華藏智深禪師
叅政錢端禮居士
靈隱遠禪師法嗣

東山齊己禪師　踈山如本禪師
覺阿上人　內翰曾開居士
知府葛郯居士
華藏民禪師法嗣
徑山寶印禪師
昭覺元禪師法嗣
鳳棲慧觀禪師
文殊道禪師法嗣
楚安慧方禪師　文殊思業禪師
佛燈珣禪師法嗣
稠巖了贇禪師
侍制潘良貴居士
卷第五十七
南嶽下十六世
泐潭明禪師法嗣
無爲守緣禪師
龍翔珪禪師法嗣
雲居德昇禪師　狼山慧溫禪師
雲居悟禪師法嗣
雙林德用禪師　萬年道閑禪師

中際善能禪師　雲居自圓禪師
烏巨行禪師法嗣
薦福休禪師　龜峯慧光禪師
長蘆守仁禪師
白楊順禪師法嗣
青原如禪師　城三　二十四
雲居如禪師法嗣
隱靜彥岑禪師　報恩成禪師
道場辯禪師法嗣
覺報清禪師　何山然首座
黄龍忠禪師法嗣
信相戒修禪師
西禪璉禪師法嗣
西禪希秀禪師
淨居尼溫禪師法嗣
淨居尼法燈禪師
大溈果禪師法嗣
玉泉宗璉禪師　大溈行禪師
道林淵禪師　大洪祖證禪師
泐潭德淳禪師　保安可封禪師

石亭祖璿禪師　石霜宗鑒禪師
石頭回禪師法嗣
雲居德會禪師
南嶽下十七世
敎忠光禪師法嗣
法石慧空禪師 成三　淨慈曇密禪師 二十五
東林顏禪師法嗣
公安祖珠禪師　報恩法演禪師
淨慈彥充禪師　智者真慈禪師
西禪需禪師法嗣
鼓山安永禪師　龍翔南雅禪師
天王志清禪師　劍門安分庵主
東禪岳禪師法嗣
鼓山宗逮禪師
西禪淨禪師法嗣
乾元宗穎禪師
開善謙禪師法嗣
吳十三道人
天童華禪師法嗣
天童咸傑禪師　南書記

侍郎李浩居士
道場全禪師法嗣
華藏有權禪師
雙林用禪師法嗣
三峯印禪師
大溈行禪師法嗣
德山子涓禪師

五燈會元目録卷下

五燈會元目録卷下
校勘記

一　底本，清藏本。
一　二九三頁上一行經名，[徑]無（未換卷）。
一　二九三頁上二行至四行「卷第四十三……法嗣」，[徑]無。
一　二九三頁下八行至一〇行「卷第四十四……法嗣」，[徑]無。
一　二九四頁下一一行至一二行「卷第四十五　青原下十二世」，[徑]無。
一　二九六頁中一一行「卷第四十六」，[徑]作「卷十七」。
一　二九六頁下一〇行至一二行「卷第四十七……法嗣」，[徑]無。
一　二九六頁下一九行「十三世」，[徑]作「十三世上」。
一　二九七頁中二行至四行「卷第四十八……法嗣」，[徑]無。
一　二九七頁中一二行與一三行之間，[徑]有「卷十八」、「臨濟宗」二行。

一二九七頁中一三行「十三世」，徑作「十三世下」。

一二九八頁中七行至八行「卷第四十九　南嶽下十四世」，徑無。

一二九九頁上一六行至一七行「卷第五十　南嶽下十四世」，徑無。

一二九九頁下一三行「昭慧」，徑作「招慧」。

一三〇〇頁上一六行與一七行之間，徑有「卷十九」、「臨濟宗」二行。

一三〇〇頁中三行至五行「卷第五十一……法嗣」，徑無。

一三〇〇頁下一行至三行「卷第五十二……法嗣」，徑無。

一三〇〇頁下一四行「十五世」，徑作「十五世上」。

一三〇〇頁下一七行至一九行「卷第五十三……法嗣」，徑無。

一三〇一頁上一八行至末行「卷第五十四……法嗣」，徑無。

一三〇一頁中四行與五行之間，徑有「卷二十」、「臨濟宗」二行。

一三〇一頁中五行「十五世」，徑作「十五世下」。

一三〇一頁中末行「南修道者」，徑作「南修造禪師」。

一三〇一頁下四行「卷第五十五」，徑作「南嶽下十六世」。

一三〇二頁上一行至三行「卷第五十六……法嗣」，徑無。

一三〇二頁中一三行至一四行「卷第五十七　南嶽下十六世」，徑無。

一三〇三頁中末行「目録卷下」，徑作「目録卷下終」。

# 五燈會元序



沙　門　廷　俊　撰

原夫菩提達磨遡大龜氏於釋迦文佛瞻責蓮目而得敎外別傳之旨之二十八代之祖也既佩佛心印於梁普通之初至東震旦時學者方以講觀相高迺曰吾不立文字直指人心見性成佛之爲宗六傳至曹溪大鑑支而爲南嶽青原又分而爲雲門臨濟曹洞潙仰法眼五宗支分派列演溢於天下矣圭峰密公禪源詮曰禪之目有五曰外道禪曰凡夫禪曰小乘禪曰大乘禪曰最上乘禪若古高僧之功用與夫他宗之所謂禪者則皆前四種禪惟達磨展轉相傳者頓同佛體迥異諸門葢最上乘禪也紫陽朱文公曰達磨盡翻窠臼倡爲禪宗視義學尤爲高妙矣又曰顧眄指心性名言超有無用是知文公深明別傳之旨要非言敎所及世之人徒見公衛道植敎之語而於吾氏未能窺斑嘗釁輙肆詆訾是不知公也近時淛人黃氏自負博洽以敎外別傳爲非佛氏之學而別爲一學吁得稱通儒哉是又朱子之罪人矣別傳之道本無言説然必因言顯道顧雖明悟如釋迦文佛亦由然燈記莂故知祖祖授受機語不得無述焉宋景德間吳僧道原作傳燈錄眞宗詔翰林學士楊億裁正而叙之天聖中駙馬都尉李遵勗爲廣燈錄仁宗御製叙建中靖國元年佛國白禪師成續燈錄徽宗作序淳熙十年淨慈晦翁明禪師作聯燈會要淡齋李泳序之嘉泰中雷菴受禪師作普燈錄陸游叙斯五燈之所由始與藏典並傳宋季靈隱大川禪師濟公以五燈爲書浩博學者罕能通究迺集學徒作五燈會元以惠後學恩至渥也國朝至元間於越雲壑瑞禪師作心燈錄最爲詳盡特撰丘玄素所製塔銘以龍潭信公出馬祖下致或人沮抑不大傳於世識者惜焉法華經曰世尊放眉間白毫相光照東方萬八千世界慈氏發問文殊決疑以謂日月燈明佛本光瑞如此維摩經云有法門名無盡燈無盡燈者如一燈然百千燈冥者皆明明終不盡昔王介甫呂吉甫同在譯經院介甫曰所謂日月燈明佛爲何義吉甫曰日月迭相爲明而不能並明其能並日月之明而破諸幽暗者惟燈爲然介甫擊節稱善吾宗以傳燈喻諸心法而相授受者其有旨哉會稽開元大沙門業海清公蚤恭佛智熙公於南屏既得其旨復典其藏敎久而歸故隱闢一室以禪燕自娛廣智訢公題之曰那伽室而銘之其鄉先生韓莊節公爲之記公今年及八十每慨五燈會元板燬學者於佛祖機語無所攷見於是罄衣鉢之資以倡施者惟是太尉開府儀同三司上柱國江浙等處行中書省左丞相兼知行樞密院領行宣政院事康里公首捐俸資而吳越諸師聞而翕然相之板刻既成使其徒妙嚴徵言敘其端予視清公葢諸父也嘗承其教誠把其高風茲復樂公之所以爲惠來學之志有成用不辭蕪陋而序之云爾至正廿四年龍集甲辰夏四月結制後五日杭中天竺天曆萬壽永祚禪寺住持番易釋廷俊序江淛等處行中書省左右司員外郎林鏞書

# 五燈會元卷第一

宋沙門大川濟纂

## 七佛

古佛應世綿歷無窮不可以周知而悉數也近故譚賢劫有千如來暨於釋迦但紀七佛按長阿含經云七佛精進力放光滅暗冥各各坐樹下於中成正覺又曼殊室利爲七佛祖師金華善慧大士登松山頂行道感七佛引前維摩接後今之撰述斷自七佛而下

毘婆尸佛（過去莊嚴劫第九百九十八尊）偈曰身從無相中受生猶如幻出諸形象幻人心識本來無罪福皆空無所住長阿含經云人壽八萬歲時此佛出世種刹利姓拘利若父槃頭母槃頭婆提居般頭婆提城坐波波羅樹下說法三會度人三十四萬八千神足二一名騫茶二名提舍侍者無憂子方膺

尸棄佛（莊嚴劫第九百九十九尊）偈曰起諸善法本是幻造諸惡業亦是幻身如聚沫心如風幻出無根無實性長阿含經云人壽七萬歲時此佛出世種刹利姓拘利若父明相母光耀居光相城坐分陀利樹下說法三會度人二十五萬神足二一名阿毘浮二名婆婆侍者忍行子無量

毘舍浮佛（莊嚴劫第一千尊）偈曰假借四大以爲身心本無生因境有前境若無心亦無罪福如幻起亦滅長阿含經云人壽六萬歲時此佛出世種刹利姓拘利若父善燈母稱戒居無喻城坐婆羅樹下說法二會度人一十三萬神足二一扶遊二鬱多摩侍者寂滅子妙覺

拘留孫佛（見在賢劫第一尊）偈曰見身無實是佛身了心如幻是佛幻了得身心本性空斯人與佛何殊別長阿含經云人壽四萬歲時此佛出世種婆羅門姓迦葉父禮得母善枝居安和城坐尸利沙樹下說法一會度人四萬神足二一薩尼二毘樓侍者善覺子上勝

拘那含牟尼佛（賢劫第二尊）偈曰佛不見身知是佛若實有知別無佛智者能知罪性空坦然不怖於生死長阿含經云人壽三萬歲時此佛出世種婆羅門姓迦葉父大德母善勝居清淨城坐烏暫婆羅門樹下說法一會度人三萬神足二一舒槃那二鬱多樓侍者安和子導師

迦葉佛（賢劫第三尊）偈曰一切衆生性清淨從本無生無可滅卽此身心是幻生幻化之中無罪福長阿含經云人壽二萬歲時此佛出世種婆羅門姓迦葉父梵德母財主居波羅奈城坐尼拘律樹下說法一會度人二萬神足二一提舍二婆羅侍者善友子集軍

釋迦牟尼佛（賢劫第四尊）姓刹利父淨飯天母大清淨妙位登補處生兜率天上名曰勝善天人亦名護明大士度諸天衆說補處行於十方界中現身說法普曜經云佛初生刹利王家放大智光明照十方世界地涌金蓮華自然捧雙足東西及南北各行於七步分手指天地作師子吼聲上下及四維無能尊我者卽周昭王二十四年甲寅歲四月八日也至四十二年二月八日年十九欲求出家而自念言當復何遇卽於四門遊觀見四等事心有悲喜而作思惟此老病死終可厭離於是夜子時有一天人名曰淨居於窻牖中叉手

白言出家時至可去矣太子聞已心生歡喜即逾城而去於檀特山中修道始於阿藍迦藍處三年學不用處定知非便捨復至鬱頭藍弗處三年學非非想定知非亦捨又至象頭山同諸外道日食麻麥經於六年故經云以無心意無受行而悉摧伏諸外道先歷試邪法示諸方便發諸異見令至菩提故普集經云菩薩於二月八日明星出時成道號天人師時年三十矣即穆王三年癸未歲也既而於鹿野苑中爲憍陳如等五人轉四諦法輪而證道果說法住世四十九年後告弟子摩訶迦葉吾以清淨法眼涅槃妙心實相無相微妙正法將付於汝汝當護持并敕阿難副貳傳化無令斷絕而說偈曰法本法無法無法法亦法今付無法時法法何曾法爾時世尊說此偈已復告迦葉吾將金縷僧伽梨衣傳付於汝轉授補處至慈氏佛出世勿令朽壞迦葉聞偈頭面禮足曰善哉善哉我當依敕恭順佛故爾時世尊至拘尸那城告諸大衆吾今背痛欲入涅槃即往熙連河側娑羅雙樹下右脅累足泊然宴寂復從棺起爲母說法特示雙足化婆耆并說無常偈曰諸行無常是生滅法生滅滅已寂滅爲樂時諸弟子即以香薪競茶毘之燼後金棺如故爾時大衆即於佛前以偈讚曰凡俗諸猛熾何能致火爇請尊三昧火闍維金色身爾時金棺從座而舉高七多羅樹往反空中化火三昧須臾灰生得舍利八斛四斗即穆王五十二年壬申歲二月十五日也自世尊滅後一千一十七年教至中夏即後漢永平十年戊辰歲也世尊纔生下乃一手指天一手指地周行七步目顧四方曰天上天下唯吾獨尊

世尊一日陞座大衆集定文殊白椎曰諦觀法王法法王法如是世尊便下座

世尊一日陞座默然而坐阿難白椎曰請世尊說法世尊云會中有二比丘犯律行我故不說法阿難以他心通觀是比丘遂乃遣出世尊還復默然阿難又白適來爲二比丘犯律是二比丘已遣出世尊何不說法世尊曰吾誓不爲二乘聲聞人說法便下座

世尊一日陞座大衆集定迦葉白椎曰世尊說法竟世尊便下座

世尊九十日在忉利天爲母說法及辭天界而下時四衆八部俱往空界奉迎有蓮花色比丘尼作念云我是尼身必居大僧後見佛不如用神力變作轉輪聖王千子圍繞最初見佛果滿其願世尊纔見乃訶云蓮花色比丘尼汝何得越大僧見吾汝雖見吾色身且不見吾法身須菩提巖中宴坐却見吾法身

世尊昔因文殊至諸佛集處值諸佛各還本處唯有一女人近彼佛坐入於三昧文殊乃白佛云何此人得近佛坐而我不得佛告文殊汝但覺此女令從三昧起汝自問之文殊遶女人三帀鳴指一下乃托至梵天盡其神力而不能出世尊曰假使百千文殊亦出此女人定不得下方過四十二恒河沙國土有罔明菩薩能出此女人定須臾罔明大士從地涌出作禮世尊世尊敕罔明出罔明却至女子前鳴指一下女子於是從定而出

世尊因波斯匿王問勝義諦中有世俗諦否若言無智不應二若言有智不應一一二之義

其義云何佛言大王汝於過去龍光佛法中
曾問此義我今無說汝今無聽無說無聽是
名爲一義二義世尊一日見文殊在門外立
乃曰文殊文殊何不入門來文殊曰我不見
一法在門外何以教我入門世尊一日坐次
見二人舁豬過乃問這箇是甚麼曰佛具一
切智豬子也不識世尊曰也須問過世尊因
有異學問諸法是常邪世尊不對又問諸法
是無常邪亦不對異學曰世尊具一切智何
不對我世尊曰汝之所問皆爲戲論世尊一
日示隨色摩尼珠問五方天王此珠而作何
色時五方天王互說異色世尊復藏珠入袖
却擡手曰此珠作何色天王曰佛手中無珠
何處有色世尊歎曰汝何迷倒之甚吾將世
珠示之便各彊說有青黃赤白色吾將眞珠
示之便總不知時五方天王悉皆悟道世尊
因乾闥婆王獻樂其時山河大地盡作琴聲
迦葉起作舞王問迦葉豈不是阿羅漢諸漏
已盡何更有餘習佛曰實無餘習莫謗法也
王又撫琴三徧迦葉亦三度作舞王曰迦葉

作舞豈不是佛曰實不曾作舞王曰世尊何
得妄語佛曰不妄語汝撫琴山河大地木石
盡作琴聲豈不是王曰是佛曰迦葉亦復如
是所以實不曾作舞王乃信受世尊因外道
問昨日說何法曰說定法外道曰今日說何
法曰不定法外道曰昨日說定法今日何說
不定法世尊曰昨日定今日不定世尊因五
通仙人問世尊有六通我有五通如何是那
一通佛召五通仙人五通應諾佛曰那一通
你問我世尊因普眼菩薩欲見普賢不可得
見乃至三度入定徧觀三千大千世界覓普
賢不可得見而來白佛佛曰汝但於靜三昧
中起一念便見普賢普眼於是纔起一念便
見普賢向空中乘六牙白象世尊因自恣日
文殊三處過夏迦葉欲白椎擯出纔拈椎乃
見百千萬億文殊迦葉盡其神力椎不能舉
世尊遂問迦葉汝擬擯那箇文殊迦葉無對
世尊因長爪梵志索論義預約曰我義若墮
我自斬首世尊曰汝義以何爲宗志曰我以
一切不受爲宗世尊曰是見受否志拂袖而

去行至中路乃省謂弟子曰我當回去斬首
以謝世尊弟子曰人天衆前幸當得勝何以
斬首志曰我寧於有智人前斬首不於無智
人前得勝乃歎曰我義兩處負墮是見若受
負門處麄是見不受負門處細一切人天二
乘皆不知我義墮處唯有世尊諸大菩薩知
我義墮回至世尊前曰我義兩處負墮故當
斬首以謝世尊曰我法中無如是事汝當回
心向道於是同五百徒衆一時投佛出家證
阿羅漢世尊昔欲將諸聖衆往第六天說大
集經敕他方此土人間天上一切獰惡鬼神
悉皆輯會受佛付囑擁護正法設有不赴者
四天門王飛熱鐵輪追之令集既集會已無
有不順佛敕者各發弘誓擁護正法唯有一
魔王謂世尊曰瞿曇我待一切衆生成佛盡
衆生界空無有衆生名字我乃發菩提心世
尊嘗與阿難行次見一古佛塔世尊便作禮
阿難曰此是甚麼人塔世尊曰此是過去諸
佛塔阿難曰過去諸佛是甚麼人弟子世尊
曰是吾弟子阿難曰應當如是世尊因有外

追問不問有言不問無言世尊良久外道讚歎曰世尊大慈大悲開我迷雲令我得入乃作禮而去阿難白佛外道得何道理稱讚而去世尊曰如世良馬見鞭影而行世尊一日敕阿難食時將至汝當入城持鉢阿難應諾世尊曰汝既持鉢須依過去七佛儀式阿難便問如何是過去七佛儀式世尊召阿難阿難應諾世尊曰持鉢去世尊因有比丘問我於世尊法中見處卽有證處未是世尊當何所示世尊曰比丘某甲當何所示是汝此問

世尊成道後在逝多林中一樹下跏趺而坐有二商人以五百乘車經過林畔有二車牛不肯前進商人乃訝見之山神報言林中有聖人成道經逾四十九日未食汝當供養商人入林果見一人端然不動乃問曰爲是梵王邪帝釋邪山神邪河神邪世尊微笑舉袈裟角示之商人頂禮遂陳供養世尊因耆婆善別音響至一塚間見五髑髏乃敲一髑髏問耆婆此生何處曰此生人道世尊又敲一曰此生何處曰此生天道世尊又別敲一問此生何處耆婆罔知生處世尊因黑氏梵志運神力以左右手擎合歡梧桐花兩株來供養佛佛召仙人梵志應諾佛曰放下著梵志遂放下左手一株華佛又召仙人放下著梵志又放下右手一株華佛又召仙人放下著梵志曰世尊我今兩手皆空更教放下箇甚麼佛曰吾非教汝放捨其華汝當放捨外六塵內六根中六識一時捨却無可捨處是汝免生死處梵志於言下悟無生忍世尊因靈山會上五百比丘得四禪定具五神通未得法忍以宿命智通各各自見過去殺父害母及諸重罪於自心內各各懷疑於甚深法不能證入於是文殊承佛神力遂手握利劍持逼如來世尊乃謂文殊曰住住不應作逆勿得害吾吾必被害爲善被害文殊師利爾從本已來無有我人但以內心見有我人內心起時我必被害卽名爲害於是五百比丘自悟本心如夢如幻於夢幻中無有我人乃至能生所生父母於是五百比丘同讚歎曰文殊大智士深達法源底自手握利劍持逼如來身如劍佛亦爾一相無有二無相無所生是中云何殺世尊因地布髮掩泥獻華於然燈然燈見布髮處遂約退衆乃指地曰此一方地宜建一梵刹時衆中有一賢於長者持標於指處插曰建梵刹竟時諸天散華讚曰庶子有大智矣世尊因七賢女遊屍陀林一女指屍曰屍在這裏人向甚處去一女曰作麼作麼諸姊諦觀各各契悟感帝釋散華曰惟願聖姊有何所須我當終身供給女曰我家四事七珍悉皆具足唯要三般物一要無根樹子一株二要無陰陽地一片三要叫不響山谷一所帝釋曰一切所須我悉有之若三般物我實無得女曰汝若無此爭解濟人帝釋罔措遂同往白佛佛言憍尸迦我諸弟子大阿羅漢不解此義唯有諸大菩薩乃解此義世尊因調達謗佛生身入地獄遂令阿難問你在地獄中安否曰我雖在地獄如三禪天樂佛又令問你還求出否曰我待世尊來便出阿難曰佛是三界大師豈有入地獄分曰佛既無入地獄分我豈有出地獄分世

尊因文殊忽起佛見法見被世尊威神攝向二鐵圍山城東有一老母與佛同生而不欲見佛每見佛來卽便回避雖然如此回顧東西總皆是佛遂以手掩面於十指掌中亦總是佛殃崛摩羅因持鉢至一長者門其家婦人正值產難子母未分長者曰瞿曇弟子汝爲至聖當有何法能免產難殃崛語長者曰我乍入道未知此法待我回問世尊却來相報及返具事白佛佛告殃崛汝速去報言我自從賢聖法來未曾殺生殃崛奉佛語疾往告之其婦得聞當時分免世尊嘗在尼俱律樹下坐次因二商人問世尊還見車過否曰不見商人曰還聞否曰不聞商人曰莫禪定否曰不禪定曰莫睡眠否曰不睡眠商人乃歎曰善哉善哉世尊覺而不見遂獻白氎兩叚世尊在靈山會上拈華示衆是時衆皆默然唯迦葉尊者破顏微笑世尊曰吾有正法眼藏涅槃妙心實相無相微妙法門不立文字敎外別傳付囑摩訶迦葉世尊至多子塔前命摩訶迦葉分座令坐以僧伽梨圍之遂

告曰吾以正法眼藏密付於汝汝當護持傳付將來世尊臨入涅槃文殊大士請佛再轉法輪世尊咄曰文殊吾四十九年住世未曾說一字汝請吾再轉法輪是吾曾轉法輪邪世尊於涅槃會上以手摩胸告衆曰汝等善觀吾紫磨金色之身瞻仰取足勿令後悔若謂吾滅度非吾弟子若謂吾不滅度亦非吾弟子時百萬億衆悉皆契悟

西天祖師

一祖摩訶迦葉尊者摩竭陀國人也姓婆羅門父飲澤母香志昔爲鍜金師善明金性使其柔伏付法傳云嘗於久遠劫中毘婆尸佛入涅槃後四衆起塔塔中像面金色有缺壞時有貧女將金珠往金師所請飾佛面旣而因共發願願我二人爲無姻夫妻由是因緣九十一劫身皆金色後生梵天天壽盡生中天摩竭陀國婆羅門家名曰迦葉波此云飲光勝尊蓋以金色爲號也繇是志求出家冀度諸有佛言善來比丘鬚髮自除袈裟著體常於衆中稱歎第一復言吾以清淨法眼將

付於汝汝可流布無令斷絶涅槃經云爾時世尊欲涅槃時迦葉不在衆會佛告諸大弟子迦葉來時可令宣揚正法眼藏爾時迦葉在耆闍崛山畢鉢羅窟覩勝光明卽入三昧以淨天眼觀見世尊於熈連河側入般涅槃乃告其徒曰如來涅槃也何其駛哉卽至雙樹間悲戀號泣佛於金棺出示雙足爾時迦葉告諸比丘佛已荼毘金剛舍利非我等事我等宜當結集法眼無令斷絶乃說偈曰如來弟子且莫涅槃得神通者當赴結集於是得神通者悉集王舍耆闍崛山畢鉢羅窟時阿難爲漏未盡不得入會後證阿羅漢果由是得入迦葉乃白衆言此阿難比丘多聞總持有大智慧常隨如來梵行清淨所聞佛法如水傳器無有遺餘佛所讚歎聰敏第一宜可請彼集修多羅藏大衆默然迦葉告阿難曰汝今宜宣法眼阿難聞語信受觀察衆心而宣偈言比丘諸眷屬離佛不莊嚴猶如虛空中衆星之無月說是偈已禮衆僧足升法座而宣是言如是我聞一時佛住某處說某

經教乃至人天等作禮奉行時迦葉問諸比丘阿難所言不錯謬乎皆曰不異世尊所說迦葉乃告阿難言我今年不久留今將正法付囑於汝汝善守護聽吾偈言法法本來法無法無非法何於一法中有法有不法說偈已乃持僧伽梨衣入雞足山俟慈氏下生即周孝王五年丙辰歲也尊者因外道問如何是我我者曰覓我者是汝我外道曰這箇是我我師我何在者曰汝問我覓尊者一日踏泥次有一沙彌見乃問尊者何得自爲者曰我若不爲誰爲我爲

二祖阿難尊者王舍城人也姓刹利帝父斛飯王實佛之從弟也梵語阿難陀此云慶喜亦云歡喜如來成道夜生因爲之名多聞博達智慧無礙世尊以爲總持第一嘗所讚歎加以宿世有大功德受持法藏如水傳器佛乃命爲侍者尊者一日白佛言今日入城見一奇特事佛曰見何奇特事者曰入城時見一攢樂人作舞出城總見無常佛曰我昨日入城亦見一奇特事者曰未審見何奇特事佛曰我入城時見一攢樂人作舞出城時亦見樂人作舞一日問迦葉曰師兄世尊傳金襴袈裟外別傳箇甚麼迦葉召阿難阿難應諾迦葉曰倒却門前刹竿著後阿闍世王白言仁者如來迦葉尊勝二師皆已涅槃而我多故悉不能覩尊者般涅槃時願垂告別尊者許之後自念言我身危脆猶如聚沫況復衰老豈堪久長阿闍世王與吾有約乃詣王宮告之曰吾欲入涅槃來辭耳門者曰王寢不可以聞者曰俟王覺時當爲我說時阿闍世王夢中見一寶蓋七寶嚴飾千萬億衆圍繞瞻仰俄而風雨暴至吹折其柄珍寶瓔珞悉墮於地心甚驚異既寤門者具白上事王聞失聲號慟哀感天地即至毘舍離城見尊者在恒河中流跏趺而坐王乃作禮而說偈曰稽首三界尊棄我而至此暫憑悲願力且莫般涅槃時毘舍離王亦在河側說偈言尊者一何速而歸寂滅場願住須臾間而受於供養尊者見二國王咸來勸請乃說偈言二王善嚴住勿爲苦悲戀涅槃當我淨而無諸有故尊者復念我若偏向一國諸國爭競無有是處應以平等度諸有情遂以恒河中流將入寂滅是時山河大地六種震動雪山有五百仙人覩茲瑞應飛空而至禮尊者足胡跪白言我於長老當證佛法願垂大慈度脫我等尊者默然受請即變殑伽河悉爲金地爲其仙衆說諸大法尊者復念先所度脫弟子應當來集須臾五百羅漢從空而下爲諸仙人出家授具其仙衆中有二羅漢一名商那和修二名末田底迦尊者知是法器乃告之曰昔如來以大法眼付大迦葉迦葉入定而付於我我今將滅用傳於汝汝受吾教當聽偈言本來付有法付了言無法各各須自悟悟了無無法尊者付法眼藏竟踊身虛空現十八變入風奮迅三昧分身四分一分奉忉利天一分奉娑竭羅龍宮一分奉毘舍離王一分奉阿闍世王各造寶塔而供養之乃厲王十二年癸巳歲也

三祖商那和修尊者摩突羅國人也亦名舍那婆斯姓毘舍多父林勝母憍奢耶在胎六

年而生梵語商諾迦此云自然服卽西域九枝秀草名也若聖人降生則此草生於淨潔之地和修生時瑞草斯應昔如來行化至摩突羅國見一青林枝葉茂盛語阿難曰此林地名優留荼吾滅度後一百年有比丘商那和修於此轉妙法輪後百歲果誕和修出家證道受慶喜尊者法眼化導有情及止此林降二火龍歸順佛教龍因施其地以建梵宮尊者化緣旣久思付正法尋於吒利國得優波毱多以爲給侍因問毱多曰汝年幾邪荅曰我年十七者曰汝身十七性十七邪荅曰師髮已白爲髮白邪心白邪者曰我但髮白非心白耳毱多曰我身十七非性十七也尊者知是法器後三載遂爲落髮授具乃告曰昔如來以無上法眼付囑迦葉展轉相授而至於我我今付汝勿令斷絶汝受吾教聽吾偈言非法亦非心無心亦無法說是心法時是法非心法說偈已卽隱於罽賓國南象白山中後於三昧中見弟子毱多有五百徒衆常多懈慢尊者乃往彼現龍奮迅三昧以調伏之而說偈曰通達非彼此至聖無長短汝除輕慢意疾得阿羅漢五百比丘聞偈已依教奉行皆獲無漏尊者乃現十八變火光三昧用焚其身毱多收舍利葬於梵迦羅山五百比丘各持一幡迎導至彼建塔供養乃宣王二十三年乙未歲也

四祖優波毱多尊者吒利國人也亦名優波崛多又名鄔波毱多姓首陀父善意十七出家二十證果隨方行化至摩突羅國得度者甚衆由是魔宮震動波旬愁怖遂竭其魔力以害正法尊者卽入三昧觀其所由波旬復伺便密持瓔珞縻之於頸及尊者出定乃取人狗蛇三屍化爲華鬘輭言慰諭波旬曰汝與我瓔珞甚是珍妙吾有華鬘以相酬奉波旬大喜引頸受之卽變爲三種臭屍蟲蛆壞爛波旬厭惡大生憂惱盡已神力不能移動乃升六欲天告諸天主又詣梵王求其解免彼各告言十力弟子所作神變我輩凡陋何能去之波旬曰然則柰何梵王曰汝可歸心尊者卽能除斷乃爲說偈令其回向曰若因地倒還因地起離地求起終無其理波旬受教已卽下天宮禮尊者足哀露懺悔尊者告曰汝自今去於如來正法更不作嬈害否波旬曰我誓回向佛道永斷不善尊者曰若然者汝可口自唱言皈依三寶魔王合掌三唱華鬘悉除乃歡喜踊躍作禮尊者而說偈曰稽首三昧尊十力聖弟子我今願回向勿令有劣弱尊者在世化導證果最多每度一人以一籌置於石室其室縱十八肘廣十二肘充滿其間最後有一長者子名曰香衆來禮尊者志求出家尊者問曰汝身出家心出家荅曰我來出家非爲身心尊者曰不爲身心復誰出家荅曰夫出家者無我我故無我我故卽心不生滅心不生滅卽是常道諸佛亦常心無形相其體亦然尊者曰汝當大悟心自通達宜依佛法僧紹隆聖種卽爲剃度授具足戒仍告之曰汝父嘗夢金日而生汝可名提多迦復謂曰如來以大法眼藏次第傳授以至於我今復付汝聽吾偈言心自本來心本心非有法有法有本心非心非本法付

法已乃踊身虛空呈十八變却復本座跏趺而逝提多迦以室內籌用焚師軀收舍利建塔供養即平王三十一年庚子歲也

五祖提多迦尊者摩伽陀國人也梵語提多迦此云通眞量初生之時父夢金日自屋而出照耀天地前有大山諸寶嚴飾山頂泉涌滂沱四流後遇毱多尊者爲解之曰寶山者吾身也泉涌者法無盡也日從屋出者汝今入道之相也照耀天地者汝智慧超越也尊者聞師說已歡喜踊躍而唱偈言巍巍七寶山常出智慧泉回爲眞法味能度諸有緣毱多尊者亦說偈曰我法傳於汝當現大智慧金日從屋出照耀於天地提多迦聞師妙偈設禮奉持後至中印度彼國有八千大仙彌遮迦爲首聞尊者至率衆瞻禮謂尊者曰昔與師同生梵天我遇阿私陀仙授我仙法師逢十力弟子修習禪那自此報分殊途已經六劫者曰支離累劫誠哉不虛今可捨邪歸正以入佛乘彌遮迦曰昔阿私陀仙人授我記云汝却後六劫當遇同學獲無漏果今也相遇非宿緣邪願師慈悲令我解脫者即度出家命諸聖授戒其餘仙衆始生我慢尊者示大神通於是俱發菩提心一時出家者乃告彌遮迦曰昔如來以大法眼藏密付迦葉展轉相授而至於我我今付汝當護念之乃說偈曰通達本法心無法無非法悟了同未悟無心亦無法說偈已踊身虛空作十八變火光三昧自焚其軀彌遮迦與八千比丘同收舍利於班茶山中起塔供養即莊王七年己丑歲也

六祖彌遮迦尊者中印度人也旣傳法已游化至北天竺國見雉堞之上有金色祥雲歎曰斯道人氣也必有大士爲吾嗣乃入城於闤闠間有一人手持酒器逆而問曰師何方來欲往何所祖曰從自心來欲往無處曰識我手中物否祖曰此是觸器而負淨者曰師識我否祖曰我卽不識識卽非我復謂之曰汝試自稱名氏吾當後示本因彼說偈答曰我從無量劫至於生此國本姓頗羅墮名字婆須密祖曰我師提多迦說世尊昔遊北印度語阿難言此國中吾滅度後三百年有一聖人姓頗羅墮名婆須蜜而於禪祖當獲第七世尊記汝汝應出家彼乃置器禮師側立而言曰我思往劫嘗作檀那獻一如來寶座彼佛記我曰汝於賢劫釋迦法中宣傳至教今符師說願加度脫祖卽與披剃復圓戒相乃告之曰正法眼藏今付於汝勿令斷絕乃說偈曰無心無可得說得不名法若了心非心始解心心法祖說偈已入師子奮迅三昧踊身虛空高七多羅樹却復本座化火自焚婆須蜜收靈骨貯七寶函建浮圖寘於上級卽襄王十七年甲申歲也

五燈會元卷第一

## 重刻五燈會元募緣文

平湖五臺居士陸光祖撰

夫佛道東流而至晉宋齊梁之間學佛者競以名理禪觀相高莫竟本心妙明之蘊自達磨大士來至此方始唱直指人心見性成佛傳至六祖能公斯宗大振厥後五宗並立門風峻甚其間機密義不可以臆言而解用智而求至於揚眉瞬目或喝或棒所以闡呈眞體愈出愈奇有省者若痛處喫拳不會者如聾人聞鼓而膚識之士乃或病其難通訾其詭異蓋由鈍根之無入則謂聖言之有隱大抵然耳然開元之

後宗敎大明上至旒冕簪貂下及販樵孺婦往往能譬咨玄言乃游道妙當斯時也見性知心超凡入聖上下數百年內先後幾千萬人自兩儀分奠以來未有若斯之盛者何儒門淡泊寥寥如此釋敎流通林林如彼其故何歟良以道從多岐智分穿鑿仲尼沒而時乎不再顏淵死而今也則無官失而求之四夷學絕而傳諸方外一晦一明有由然矣至宋巨儒周元公程伯子乃能旁尋墜緒密闡心宗伯子嘆曰我於天壤之間貫自孤立伊川晚閱內典退異人始明此學考亭暮年亦曰達磨盡掃窠臼尤爲高妙乃知齊佛老爲異端非程朱之定論也由是言之維釋與儒自唐及宋曄然其兩盛矣自茲而降去聖時遙儒昧通方釋拘義學由是西來妙旨東土希聞所幸敎外之單傳具載傳燈之五錄濟禪師以其書浩博撮爲會元斯固莊生所謂聖人已往而糟粕徒存焉者然而求道之人有能因言筌窮理窟玩其要妙言端其無義語日由繹之夕鑽劘之忽焉而鋸窮木斷水到渠成所謂因指以見月假筏而渡海亦易易焉則是此土此書之不可一日無矣近者書殘板燬敎末風微有徑山大慈上人苦行萬修發心弘濟欲復募緣刻梓以惠後人不遠千里而來謀因乞一言而爲倡覽予幼慕神仙每符瑞夢旣尚聞訓知反求於六經載過竺墳時泛觀乎三藏冀能通其一貫會其殊塗秪自討論無誰告語嗟乎五千退席惆悵之難移四十無聞嗟寓形之易盡願與同懷之士共成得道之因敢以此書詔同戮力昔在先覺有問半偈而明心或識二字而證果矧二十卷之活句誠百千劫之奇逢入此法門皆當作佛儻有通徹俊彥慧徹高賢盡捨牀頭阿堵物成就世間希有事庶開來而繼往亦自度而度人不亦儒與不亦儒與幸無膠泥自孺談曰非吾孔氏之書也

嘉靖辛酉夏日書于三一齋中

五燈會元卷第一

校勘記

一　底本，清藏本。

一　三〇五頁上一行「五燈會元序」，徑作「重刊五燈會元序」。

一　三〇五頁上二行「沙門廷俊撰」，徑無。

一　三〇六頁上一行卷首前，徑有「重刻五燈會元募緣文」一篇，茲附錄於卷末。

一　三〇六頁上二行「宋沙門大川濟纂」，徑無。以下各卷同。

一　三〇六頁下八行「婆羅」，徑作「婆羅婆」。

一　三一三頁下一行第五字「言」，徑作「在」。

一　三一三頁下一三行卷末經名，徑無（未換卷）。

# 五燈會元卷第二　城五

宋　沙　門　大　川　濟　纂



七祖婆須蜜尊者北天竺國人也姓頗羅墮常服淨衣執酒器遊行里閈或吟或嘯人謂之狂及遇彌遮迦尊者宣如來往誌自省前緣投器出家受法行化至迦摩羅國廣興佛事於法座前忽有智者自稱我名佛陀難提今與師論義祖曰仁者論即不義義即不論若擬論義終非義論難提知師義勝心即欽服曰我願求道霑甘露味祖遂與剃度而授具戒復告之曰如來正法眼藏我今付汝汝當護持乃說偈曰心同虛空界示等虛空法證得虛空時無是無非法即入慈心三昧時梵王帝釋及諸天衆俱來作禮而說偈言賢劫衆聖祖而當第七位尊者哀念我請爲宣佛地尊者從三昧起示衆曰我所得法而非有故若識佛地離有無故語已還入三昧示涅槃相難提即於本座起七寶塔以葬全身即定王十九年辛未歲也

八祖佛陀難提尊者迦摩羅國人也姓瞿曇氏頂有肉髻辯捷無礙初遇婆須蜜出家受教既而領徒行化至提伽國毘舍羅家見舍上有白光上騰謂其徒曰此家有聖人口無言說真大乘器不行四衢知觸穢耳言訖長者出致禮問何所須祖曰我求侍者長者曰我有一子名伏馱蜜多年已五十口未曾言足未曾履祖曰如汝所說真吾弟子伏馱聞之遽起禮拜而說偈曰父母非我親誰是最親者諸佛非我道誰爲最道者祖以偈答曰汝言與心親父母非可比汝行與道合諸佛心即是外求有相佛與汝不相似欲識汝本心非合亦非離伏馱聞偈已便行七步祖曰此子昔曾值佛悲願廣大慮父母愛情難捨故不言不履耳長者遂捨令出家祖尋授具戒復告之曰我今以如來正法眼藏付囑於汝汝勿令斷絕乃說偈曰虛空無內外心法亦如此若了虛空故是達真如理伏馱承師付囑以偈讚曰我師禪祖中當得爲第八法化衆無量悉獲阿羅漢爾時佛陀難提即現神變却復本座儼然寂滅衆興寶塔葬其全身即景王十二年丙寅歲也



九祖伏馱蜜多尊者提伽國人也姓毘舍羅既受八祖付囑後至中印度行化時有長者香蓋攜一子而來瞻禮祖曰此子處胎六十歲因號難生嘗會一仙者謂此兒非凡當爲法器今遇尊者可令出家祖即與落髮授戒羯磨之際祥光燭座仍感舍利三七粒現前自此精進忘疲既而祖告之曰如來大法眼藏今付於汝汝護念之乃說偈曰真理本無名因名顯真理受得真實法非真亦非僞祖付法已即入滅盡三昧而般涅槃衆以香油旃檀闍維收舍利建塔於那爛陀寺即敬王三十五年甲寅歲也



十祖脅尊者中印度人也本名難生初將誕時父夢一白象背有寶座座上安一明珠從門而入光照四衆既覺遂生後值九祖執侍左右未嘗睡眠謂其脅不至席遂號脅尊者焉初至華氏國憩一樹下右手指地而告衆曰此地變金色當有聖人入會言訖即變金色時有長者子富那夜奢合掌前立祖問曰

汝從何來答曰我心非往祖曰汝何處住答
曰我心非止祖曰汝不定邪曰諸佛亦然祖
曰汝非諸佛曰諸佛亦非祖因說偈曰此地
變金色預知有聖至當坐菩提樹覺華而成
已夜奢復說偈曰師坐金色地常說眞實義
回光而照我令入三摩諦祖知其意卽度出
家復具戒品乃告之曰如來大法藏今付於
汝汝護念之乃說偈曰眞體自然眞因眞說
有理領得眞眞法無行亦無止祖付法已卽
現神變而入涅槃化火自焚四衆各以衣祴
盛舍利隨處興塔而供養之卽貞王二十二
年巳亥歲也
十一祖富那夜奢尊者華氏國人也姓瞿曇
氏父寶身既得法於脇尊者尋詣波羅奈國
有馬鳴大士迎而作禮問曰我欲識佛何者
卽是祖曰汝欲識佛不識者是曰佛既不識
焉知是乎祖曰既不識佛焉知不是曰此是
鋸義祖曰彼是木義祖問鋸義者何曰與師
平出馬鳴却問木義者何祖曰汝被我解馬
鳴豁然省悟稽首皈依遂求剃度祖謂衆曰

此大士者昔爲毘舍利國王其國有一類人
如馬裸露王運神力分身爲蠶彼乃得衣王
後復生中印度馬人感戀悲鳴因號馬鳴焉
如來記云吾滅度後六百年當有賢者馬鳴
於波羅柰國摧伏異道度人無量繼吾傳化
今正是時卽告之曰如來大法眼藏今付於
汝卽說偈曰迷悟如隱顯明暗不相離今付
隱顯法非一亦非二尊者付法已卽現神變
湛然圓寂衆興寶塔以閟全身卽安王十四
年戊戌歲也
十二祖馬鳴大士者波羅柰國人也亦名功
勝以有作無作諸功德最爲殊勝故名焉既
受法於夜奢尊者後於華氏國轉妙法輪忽
有老人座前仆地祖謂衆曰此非庸流當有
異相言訖不見俄從地涌出一金色人復化
爲女子右手指祖而說偈曰稽首長老尊當
受如來記今於此地上宣通第一義說偈已
瞥然不見祖曰將有魔來與吾較(音角)力有頃
風雨暴至天地晦冥祖曰魔之來信矣吾當
除之卽指空中現一大金龍奮發威神震動

山岳祖儼然於座魔事隨滅經七日有一小
蟲大若蟭螟潛形座下祖以手取之示衆曰
斯乃魔之所變盜聽吾法耳乃放之令去魔
不能動祖告之曰汝但歸依三寶卽得神通
遂復本形作禮懺悔祖問曰汝名誰邪眷屬
多少曰我名迦毘摩羅有三千眷屬祖曰盡
汝神力變化若何曰我化巨海極爲小事祖
曰汝化性海得否曰何謂性海我未嘗知祖
卽爲說性海曰山河大地皆依建立三昧六
通由茲發現迦毘摩羅聞言遂發信心與徒
衆三千俱求剃度祖乃召五百羅漢與授具
戒復告之曰如來大法眼藏今當付汝汝聽
偈言隱顯卽本法明暗元不二今付悟了法
非取亦非離付囑已卽入龍奮迅三昧挺身
空中如日輪相然後示滅四衆以眞體藏之
龍龕卽顯王三十七年甲午歲也
十三祖迦毘摩羅尊者華氏國人也初爲外
道有徒三千通諸異論後於馬鳴尊者得法
領徒至西印度彼有太子名雲自在仰尊者
名請於宮中供養祖曰如來有教沙門不得

親近國王大臣權勢之家太子曰令我國城之北有大山焉山有一石窟可禪寂於此否祖曰諾卽入彼山行數里逢一大蟒祖直前不顧盤繞祖身祖因與授三皈依蟒聽訖而去祖將至石窟復有一老人素服而出合掌問訊祖曰汝何所止答曰我昔嘗爲比丘多樂寂靜有初學比丘數來請益而我煩於應荅起嗔恨想命終墮爲蟒身住是窟中今已千載適遇尊者獲聞戒法故來謝爾祖問曰此山更有何人居止曰北去十里有大樹蔭覆五百大龍其樹王名龍樹常爲龍衆說法我亦聽受耳祖遂與徒衆詣彼龍樹出迎曰深山孤寂龍蟒所居大德至尊何枉神足祖曰吾非至尊來訪賢者龍樹默念曰此師得決定性明道眼否是大聖繼眞乘否祖曰汝雖心語我已意知但辦出家何慮吾之不聖龍樹聞已悔謝祖卽與度脫及五百龍衆俱授具戒復告之曰今以如來大法眼藏付囑於汝諦聽偈言非隱非顯法說是眞實際悟此隱顯法非愚亦非智付法已卽現神變化火焚身龍樹收五色舍利建塔焉卽赧王四十一年壬辰歲也

十四祖龍樹尊者西天竺國人也亦名龍勝始於摩羅尊者得法後至南印度彼國之人多信福業祖爲說法遞相謂曰人有福業世間第一徒言佛性誰能覩之祖曰汝欲見佛性先須除我慢彼人曰佛性大小祖曰非大非小非廣非狹無福無報不死不生彼聞理勝悉回初心祖復於座上現自在身如滿月輪一切衆唯聞法音不覩祖相彼衆中有長者子名迦那提婆謂衆曰識此相否衆曰目所未覩安能辨識提婆曰此是尊者現佛性體相以示我等何以知之蓋以無相三昧形如滿月佛性之義廓然虛明言訖輪相卽隱復居本座而說偈言身現圓月相以表諸佛體說法無其形用辨非聲色彼衆聞偈頓悟無生咸願出家以求解脫祖卽爲剃髮命諸聖授具其國先有外道五千餘衆作大幻術衆皆宗仰祖悉爲化之令歸三寶復造大智度論中論十二門論垂之於世後告上首弟子迦那提婆曰如來大法眼藏今當付汝聽吾偈言爲明隱顯法方說解脫理於法心不證無瞋亦無喜付法訖入月輪三昧廣現神變復就本座凝然禪寂迦那提婆與諸四衆共建寶塔以葬焉卽秦始皇三十五年己丑歲也

十五祖迦那提婆尊者南天竺國人也姓毘舍羅初求福業兼樂辯論後謁龍樹大士將及門龍樹知是智人先遣侍者以滿鉢水置於座前尊者覩之卽以一鍼投之而進欣然契會龍樹卽爲說法不起於座現月輪相唯聞其聲不見其形祖語衆曰今此瑞者師現佛性表說法非聲色也祖旣得法後至迦毘羅國彼有長者曰梵摩淨德一日園樹生耳如菌味甚美唯長者與第二子羅睺羅多取而食之取已隨長盡而復生自餘親屬皆不能見祖知其宿因遂至其家長者遽問其故祖曰汝家昔曾供養一比丘然此比丘道眼未明以虛霑信施故報爲木菌唯汝與子精誠供養得以享之餘卽否矣又問長者年多

少荅曰七十有九祖乃說偈曰入道不通理復身還信施汝年八十一此樹不生耳長者聞偈已彌加歎伏且曰弟子衰老不能事師願捨次子隨師出家祖曰昔如來記此子當第二五百年爲大教主今之相遇蓋符宿因卽與剃髮執侍至巴連弗城聞諸外道欲障佛法計之旣久祖乃執長旛入彼衆中彼問祖曰汝何不前祖曰汝何不後彼曰汝似賤人祖曰汝似良人彼曰汝解何法祖曰汝百不解彼曰我欲得佛祖曰我灼然得佛彼曰汝不合得祖曰元道我得汝實不得彼曰汝旣不得云何言得祖曰汝有我故所以不得我無我故我自當得彼辭旣屈乃問祖曰汝名何等祖曰我名迦那提婆彼旣夙聞祖名乃悔過致謝時衆中猶互興問難祖折以無礙之辯由是歸伏乃告上足羅睺羅多而付法眼偈曰本對傳法人爲說解脫理於法實無證無終亦無始祖說偈已入奮迅定身放八光而歸寂滅學衆興塔而供養之卽前漢文帝十九年庚辰歲也

十六祖羅睺羅多尊者迦毘羅國人也行化至室羅筏城有河名曰金水其味殊美中流復現五佛影祖告衆曰此河之源凡五百里有聖者僧伽難提居於彼處佛誌一千年後當紹聖位語已領諸學衆泝流而上至彼見僧伽難提安坐入定祖與衆伺之經三七日方從定起祖問曰汝身定邪心定邪提曰身心俱定祖曰身心俱定何有出入提曰雖有出入不失定相如金在井金體常寂祖曰若金在井若金出井金無動靜何物出入提曰言金動靜何物出入言金出入金非動靜祖曰若金在井出者何金若金出井在者何物提曰金若出井在者非金金若在井出者非物祖曰此義不然提曰彼義非著祖曰此義當墮提曰彼義不成祖曰彼義不成我義成矣提曰我義雖成法非我故祖曰我義已成我無我故提曰我無我故復成何義祖曰我無我故故成汝義提曰仁者師誰得是無我祖曰我師迦那提婆證是無我難提以偈讚曰稽首提婆師而出於仁者仁者無我故我欲師仁者祖以偈荅曰我已無我故汝須見我我汝若師我故知我非我我難提心意豁然卽求度脫祖曰汝心自在非我所繫語已卽以右手擎金鉢舉至梵宮取彼香飯將齋大衆而大衆忽生厭惡之心祖曰非我之咎汝等自業卽命難提分座同食衆復訝之祖曰汝不得食皆由此故當知與吾分座者卽過去娑羅樹王如來也愍物降跡汝輩亦莊嚴劫中已至三果而未證無漏者也衆曰我師神力斯可信矣彼云過去佛者卽竊疑焉難提知衆生慢乃曰世尊在日世界平正無有丘陵江河溝洫水悉甘美草木滋茂國土豐盈無八苦行十善自雙樹示滅八百餘年世界丘墟樹木枯悴人無至信正念輕微不信眞如唯愛神力言訖以右手漸展入地至金剛輪際取甘露水以琉璃器持至會所大衆見之卽時欽慕悔過作禮於是祖命僧伽難提而付法眼偈曰於法實無證不取亦不離法非有無相內外云何起祖付法已安坐歸寂四衆建塔當前漢武帝二十八年戊辰

歲也
十七祖僧伽難提尊者室羅筏城寶莊嚴王
之子也生而能言常讚佛事七歲即厭世樂
以偈告其父母曰稽首大慈父和南骨血母
我今欲出家幸願哀愍故父母固止之遂終
日不食乃許其在家出家號僧伽難提復命
沙門禪利多為之師積十九載未嘗退倦每
自念言身居王宮胡為出家一夕天光下屬
見一路坦平不覺徐行約十里許至大巖前
有石窟焉乃燕寂於中父既失子即擯禪利
多出國訪尋其子不知所在經十年祖得法
受記已行化至摩提國忽有涼風襲衆身心
悅適非常而不知其然祖曰此道德之風也
當有聖者出世嗣續祖燈乎言訖以神力攝
諸大衆遊歷山谷食頃至一峰下謂衆曰此 城五 十一
峰頂有紫雲如蓋聖人居此矣即與大衆徘
徊久之見山舍一童子持圓鑑直造祖前祖
問汝幾歲耶曰百歲祖曰汝年尚幼何言百
歲童曰我不會理正百歲耳祖曰汝善機耶
童曰佛言若人生百歲不會諸佛機未若生

一日而得決了之祖曰汝手中者當何所表
童曰諸佛大圓鑑內外無瑕翳兩人同得見
心眼皆相似彼父母聞子語即捨令出家祖
攜至本處授具戒訖名伽耶舍多他時聞風
吹殿鈴聲祖問曰鈴鳴耶風鳴耶舍多曰非
風鈴鳴我心鳴耳祖曰心復誰乎舍多曰俱
寂靜故祖曰善哉善哉繼吾道者非子而誰
即付法眼偈曰心地本無生因地從緣起緣
種不相妨華果亦復爾祖付法已右手攀樹
而化大衆議曰尊者樹下歸寂其垂蔭後裔
乎將奉全身於高原建塔衆力不能舉即就
樹下起塔當前漢昭帝十三年丁未歲也
十八祖伽耶舍多尊者摩提國人也姓鬱頭
藍父天蓋母方聖嘗夢大神持鑑因而有娠
凡七日而誕肌體瑩如琉璃未嘗洗沐自然
香潔幼好閑靜語非常童持鑑出遊遇難提
尊者得度後領徒至大月氏國見一婆羅門
舍有異氣祖將入彼舍舍主鳩摩羅多問曰
是何徒衆祖曰是佛弟子彼聞佛號心神竦
然即時閉戶祖良久扣其門羅多曰此舍無

人祖曰答無者誰羅多聞語知是異人遽開
關延接祖曰昔世尊記曰吾滅後一千年有
大士出現於月氏國紹隆玄化今汝值吾應
斯嘉運於是鳩摩羅多發宿命智投誠出家
授具訖付法偈曰有種有心地因緣能發萌
於緣不相礙當生生不生祖付法已踊身虛 城五 十二
空現十八種神變化火光三昧自焚其身衆
以舍利起塔當前漢成帝二十年戊申歲也
十九祖鳩摩羅多尊者大月氏國婆羅門之
子也昔為自在天人（欲界第六天）見菩薩瓔珞忽
起愛心墮生忉利（欲界第二天）聞憍尸迦說般若
波羅蜜多以法勝故升於梵天（色界）以根利故
善說法要諸天尊為導師以繼祖時至遂降
月氏後至中天竺國有大士名闍夜多問曰
我家父母素信三寶而常縈疾瘵凡所營作
皆不如意而我隣家久為旃陀羅行而身常
勇健所作和合彼何幸而我何辜祖曰何足
疑乎且善惡之報有三時焉凡人但見仁夭
暴壽逆吉義凶便謂亡因果虛罪福殊不知
影響相隨毫釐靡忒縱經百千萬劫亦不磨

滅時闍夜多聞是語已頓釋所疑祖曰汝雖已信三業而未明業從惑生惑因識有識依不覺不覺依心心本清淨無生滅無造作無報應無勝負寂寂然靈靈然汝若入此法門可與諸佛同矣一切善惡有爲無爲皆如夢幻闍夜多承言領旨城五卽發宿慧懇十三求出家旣受具祖告曰吾今寂滅時至汝當紹行化迹乃付法眼偈曰性上本無生爲對求人說於法旣無得何懷決不決又云此是妙音如來見性清淨之句汝宜傳布後學言訖卽於座上以指爪剺面如紅蓮開出大光明照耀四衆而入寂滅闍夜多起塔當新室十四年壬午歲也

二十祖闍夜多尊者北天竺國人也智慧淵沖化導無量後至羅閱城敷揚頓敎彼有學衆唯尚辯論爲之首者名婆修盤頭（此云徧行）常一食不臥六時禮佛清淨無欲爲衆所歸祖將欲度之先問彼衆曰此徧行頭陀能修梵行可得佛道乎衆曰我師精進何故不可祖曰汝師與道遠矣設苦行歷於塵劫皆虛妄之本也衆曰尊者蘊何德行而譏我師祖曰我不求道亦不顚倒我不禮佛亦不輕慢我不長坐亦不懈怠我不一食亦不雜食我不知足亦不貪欲心無所希名之曰道時徧行聞已發無漏智歡喜讚歎祖又語彼衆曰會吾語否吾所以然者爲其求道心切夫絃急卽斷故吾不贊令其住安樂地入諸佛智復告徧行曰吾適對衆抑挫仁者得無惱於衷乎徧行曰我憶念七劫前生常安樂國師與智者月淨記我非久當證斯陀含果時有大光明菩薩出世我以老故策杖禮謁師叱我曰重子輕父一何鄙哉時我自謂無過請師示之曰汝禮大光明菩薩以杖倚壁畫佛面以此過慢遂失二果我責躬悔過以來聞諸惡言如風城五如響況今獲飮無上十四甘露而反生熱惱耶惟願大慈以妙道垂誨祖曰汝久植衆德當繼吾宗聽吾偈曰言下合無生同於法界性若能如是解通達事理竟祖付法已不起於座奄然歸寂闍維收舍利建塔當後漢明帝十七年甲戌歲也

二十一祖婆修盤頭尊者羅閱城人也姓毘舍佉父光蓋母嚴一家富而無子父母禱於佛塔而求嗣焉一夕母夢吞明暗二珠覺而有孕經七日有一羅漢名賢衆至其家光蓋設禮賢衆端坐受之嚴一出拜賢衆避席云回禮法身大士光蓋罔測其由遂取一寶珠跪獻試其眞僞賢衆卽受之殊無遜謝光蓋不能忍問曰我是丈夫致禮不顧我妻何德尊者避之賢衆曰我受禮納珠貴福汝耳汝婦懷聖子生當爲世燈慧日故吾避之非重女人也賢衆又曰汝婦當生二子一名婆修盤頭則吾所尊者也二名芻尼（此云野鵲子）昔如來在雪山修道芻尼巢於頂上佛旣成道芻尼受報爲那提國王佛記云汝至第二五百年生羅閱城城五毘舍佉家與聖同胞十五今無爽矣後一月果產二子尊者婆修盤頭年至十五禮光度羅漢出家感毘婆訶菩薩與之授戒行化至那提國彼王名常自在有二子一名摩訶羅次名摩拏羅王問祖曰羅閱城土風與此何異祖曰彼土曾三佛出世今王國有

二師化導王曰二師者誰祖曰佛記第二五百年有二神力大士出家繼聖卽王之次子摩拏羅是其一也吾雖德薄敢當其一王曰誠如尊者所言當捨此子作沙門祖曰善哉大王能遵佛旨卽與授具付法偈曰泡幻同無礙如何不了悟達法在其中非今亦非古祖付法已踊身高半由旬屹然而住四衆仰瞻虔請復坐跏趺而逝荼毘得舍利建塔當後漢殤帝十二年丁巳歲也

二十二祖摩拏羅尊者那提國常自在王之子也年三十遇婆修祖師出家傳法至西印度彼國王名得度卽瞿曇種族歸向佛乘勤行精進一日於行道處現一小塔欲取供養衆莫能舉王卽大會梵行禪觀咒術等三衆欲問所疑時祖亦赴此會是三衆皆莫能辯祖卽爲王廣說塔之所因（塔阿育王造者此不繁錄）今之出現王福力之所致也王聞是說乃曰至聖難逢世樂非久卽傳位太子投祖出家七日而證四果祖深加慰誨曰汝居此國善自度人今異域有大法器吾當往化得度曰師應跡十方動念當至寧勞往邪祖曰然於是焚香遙語月氏國鶴勒那比丘曰汝在彼國教導鶴衆道果將證宜自知之時鶴勒那爲彼國王寶印說修多羅偈忽覩異香成穗王曰是何祥也城五曰此是西印土十六傳佛心印祖師摩拏羅將至先降信香耳曰此師神力何如曰此師遠承佛記當於此土廣宣玄化時王與鶴勒那俱遙作禮祖知已卽辭得度比丘往月氏國受王與鶴勒那供養後鶴勒那問祖曰我止林間已經九白（印度以一年爲一白）有弟子龍子者幼而聰慧我於三世推窮莫知其本祖曰此子於第五劫中生妙喜國婆羅門家曾以旃檀施於佛宇作槌撞鐘受報聰敏爲衆欽仰又問我有何緣而感鶴衆祖曰汝第四劫中嘗爲比丘當赴會龍宮汝諸弟子咸欲隨從汝觀五百衆中無有一人堪任妙供時諸弟子曰師常說法於食等者於法亦等今既不然何聖之有汝卽令赴會自汝捨生趣生轉化諸國其五百弟子以福微德薄生於羽族今感汝之惠故爲鶴衆相隨鶴勒那問曰以何方便令彼解脫祖曰我有無上法寶汝當聽受化未來際而說偈曰心隨萬境轉轉處實能幽隨流認得性無喜復無憂時鶴衆聞偈飛鳴而去祖跏趺寂然奄化鶴勒那與寶印王起塔城五當後漢桓帝十九十七年乙巳歲也

二十三祖鶴勒那尊者（勒那梵語鶴卽華言以常感羣鶴戀慕故名耳）月氏國人也姓婆羅門父千勝母金光以無子故禱於七佛金幢卽夢須彌山頂一神童持金環云我來也覺而有孕年七歲遊行聚落覩民間淫祀乃入廟叱之曰汝妄興禍福幻惑於人歲費牲牢傷害斯甚言訖廟貌忽然而壞由是鄉黨謂之聖子年二十二出家三十遇摩拏羅尊者付法眼藏行化至中印度彼國王名無畏海崇信佛道祖爲說正法次王忽見二人緋素服拜祖王問曰此何人也祖曰此是日月天子吾昔曾爲說法故來禮拜良久不見唯聞異香王曰日月國土總有多少祖曰千釋迦佛所化世界各有百億迷盧日月我若廣說卽不能盡王聞忻然

時祖演無上道度有緣衆以上足龍子早夭有兄師子博通强記事婆羅門厥師既逝弟復云亡乃歸依尊者而問曰我欲求道當何用心祖曰汝欲求道無所用心曰既無用心誰作佛事祖曰汝若有用卽非功德汝若無作卽是佛事經云我所作功德而無我所故師子聞是語已卽入佛慧時祖忽指東北問曰是何氣象師子曰我見氣如白虹貫乎天地復有黑氣五道橫亘其中祖曰其兆云何曰莫可知矣祖曰吾滅後五十年北天竺國當有難起嬰在汝身吾將滅矣今以法眼付囑於汝善自護持乃說偈曰認得心性時可說不思議了了無可得得時不說知師子比丘聞偈欣愜然未曉將罹何難祖乃密示之言訖現十八城五變而歸寂十八闍維畢分舍利各欲興塔祖復現空中而說偈曰一法一切法一切一法攝吾身非有無何分一切塔大衆聞偈遂不復分就馱都場而建塔焉卽後漢獻帝二十年己丑歲也

二十四祖師子比丘者中印度人也姓婆羅門得法遊方至罽賓國有波利迦者本習禪觀故有禪定知見執相捨相不語之五衆祖詰而化之四衆皆默然心服唯禪定師達磨達者聞四衆被責憤悱而來祖曰仁者習定何當來此既至于此胡云習定彼曰我雖來此心亦不亂定隨人習豈在處所祖曰仁者既來其習亦至既無處所豈在人習彼曰定習人故非人習定我當來此其定常習祖曰人非習定定習人故當自來時其定誰習彼曰如淨明珠內外無瞖定若通達必當如此祖曰定若通達一似明珠今見仁者非珠之徒彼曰其珠明徹內外悉定我心不亂猶若此淨祖曰其珠無內外仁者何能定穢物非動搖此定不是淨達磨達蒙祖開悟心地朗然祖既攝城五五衆名聞遐邇十九方求法嗣遇一長者引其子問祖曰此子名斯多當生便拳左手今既長矣終未能舒願尊者示其宿因祖覩之卽以手接曰可還我珠童子遽開手奉珠衆皆驚異祖曰吾前報爲僧有童子名婆舍吾嘗赴西海齋受嚫珠付之今還吾珠理固然矣長者遂捨其子出家祖卽與授具以前緣故名婆舍斯多祖卽謂之曰吾師密有懸記罹難非久如來正法眼藏今轉付汝汝應保護普潤來際偈曰正說知見時知見俱是心當心卽知見知見卽於今祖說偈已以僧伽梨密付斯多俾之他國隨機演化斯多受教直抵南天祖謂難不可以苟免獨留罽賓時本國有外道二人一名摩目多二名都落遮學諸幻法欲共謀亂乃盜爲釋子形像潛入王宮且曰不成卽罪歸佛子妖既自作禍亦旋踵王果怒曰吾素歸心三寶何乃構害一至於斯卽命破毀伽藍祛除釋衆又自秉劍至尊者所問曰師得蘊空否祖曰已得蘊空王曰離生死否祖曰已離生死王曰既離生死可施我頭祖曰身非我有何恡於頭王卽揮刃斷尊者首白乳涌高數尺王之右臂旋亦墮地七日而終太子光首歎曰我父何故自取其禍時有象白山仙人者深明因果卽爲光首廣宣宿因解其疑網事具聖胄集及寶林傳遂以師子尊者報體而建塔焉當魏齊王

二十年巳卯歲也

二十五祖婆舍斯多尊者罽賓國人也姓婆羅門父寂行母常安樂初母夢得神劍因而有孕既誕拳左手遇師子尊者顯發宿因密授心印後適南天至中印度彼國王名迦勝設禮供養時有外道號無我尊先爲王禮重嫉祖之至欲與論義幸而勝之以固其事乃於王前謂祖曰我解默論不假言說祖曰孰知勝負彼曰不爭勝負但取其義祖曰汝以何爲義彼曰無心爲義祖曰汝既無心豈得義乎彼曰我說無心當名非義祖曰汝說無心當名非義我說非心當義非名彼曰當義非名誰能辨義祖曰汝名非義此名何名彼曰爲辨非義是名無名祖曰名既非名義亦非義辨者是誰當辨何物如是往返五十九番外道杜口信伏於時祖忽面北合掌長吁曰我師師子尊者今日遇難斯可傷焉即辭王南邁達於南天潛隱山谷時彼國王名天德迎請供養王有二子一名德勝凶暴而色力充盛一名不如密多和柔而長嬰疾苦祖乃爲陳因果王即頓釋所疑又有咒術師忌祖之道乃潛置毒藥於飲食中祖知而食之彼返受禍遂投祖出家祖即與授具後六十載德勝即位復信外道致難於祖不如密多以進諫被因王遽問祖曰予國素絕妖訛師所傳者當是何宗祖曰王國昔來實無邪法我所得者即是佛宗王曰佛滅已千二百載師從誰得邪祖曰飲光大士親受佛印展轉至二十四世師子尊者我從彼得王曰予聞師子比丘不能免於刑戮何能傳法後人祖曰我師難未起時密授我信衣法偈以顯師承王曰其衣何在祖即於囊中出衣示王王命焚之五色相鮮薪盡如故王即追悔致禮師子眞嗣既明乃赦密多密多遂求出家祖問曰汝欲出家當爲何事密多曰我若出家不爲其事祖曰不爲何事密多曰不爲俗事祖曰當爲何事密多曰當爲佛事祖曰太子智慧天至必諸聖降迹即許出家六年侍奉後於王宮受具羯磨之際大地震動頗多靈異祖乃命之曰吾已衰朽安可久留汝當善護正法眼藏普濟羣有聽吾偈曰聖人說知見當境無是非我今悟眞性無道亦無理不如密多聞偈再啓祖曰法衣宜可傳授祖曰此衣爲難故假以證明汝身無難何假其衣化被十方人自信向不如密多聞語作禮而退祖現於神變化三昧火自焚平地舍利可高一尺德勝王創浮圖而秘之當東晉明帝太寧三年乙酉歲也

二十六祖不如密多尊者南印度天德王之次子也既受度得法至東印度彼王名堅固奉外道師長爪梵志暨尊者將至王與梵志同覩白氣貫於上下王曰斯何瑞也梵志預知祖入境恐王遷善乃曰此是魔來之兆耳何瑞之有即鳩諸徒衆議曰不如密多將入都城誰能挫之弟子曰我等各有咒術可以動天地入水火何患哉祖至先見宮牆有黑氣乃曰小難耳直詣王所王曰師來何爲祖曰將度衆生王曰以何法度祖曰各以其類度之時梵志聞言不勝其怒即以幻法化大山於祖頂上祖指之忽在彼衆頭上梵志等

怖懼投祖懇其愚惑再指之化山隨滅乃爲王演說法要俾趣眞乘謂王曰此國當有聖人而繼於我是時有婆羅門子年二十許幼失父母不知名氏或自言瓔珞故人謂之瓔珞童子遊行閭里丐求度日若常不輕之類人問汝行何急卽荅曰汝行何緩或曰何姓乃曰與汝同姓莫知其故後王與尊者同車而出見瓔珞童子稽首於前祖曰汝憶往事否童曰我念遠劫中與師同居師演摩訶般若我轉甚深修多羅今日之事蓋契昔因祖又謂王曰此童子非他卽大勢至菩薩是也此聖之後復出二人一人化南印度一人緣在震旦四五年內却返此方遂以昔因故名般若多羅付法眼藏偈曰眞性心地藏無頭亦無尾應緣而化物方便呼爲智祖付法（城五 二三）巳卽辭王曰吾化緣巳終當歸寂滅願王於最上乘無忘外護卽還本座跏趺而逝化火自焚收舍利塔而瘞之當東晉孝武帝太元十三年戊子歲也

二十七祖般若多羅尊者東印度人也旣得法巳行化至南印度彼王名香至崇奉佛乘尊重供養度越倫等又施無價寶珠時王有三子曰月淨多羅曰功德多羅曰菩提多羅其季開士也祖欲試其所得乃以所施珠問三王子曰此珠圓明有能及否第一王子第二王子皆曰此珠七寶中尊固無踰也非尊者道力孰能受之第三王子曰此是世寶未足爲上於諸寶中法寶爲上此是世光未足爲上於諸光中智光爲上此是世明未足爲上於諸明中心明爲上此珠光明不能自照要假智光光辨於此旣辨此巳卽知是珠旣知是珠卽明其寶若明其寶寶不自寶若辨其珠珠不自珠珠不自珠者要假智珠而辨世珠寶不自寶者要假智寶以明法寶然則師有其道其寶卽現衆生有道心寶亦然祖歎其辯慧乃復問曰於諸物中何物無相曰於諸物中不起無相又問於諸物中何物最高曰於諸物中人我最高又問於諸物中何物最大曰於諸物中法性最大祖知是法嗣以時尚未至且默而混之及香至王厭世衆皆號絕唯第三子菩提多羅於柩前入定經七日而出乃求出家旣受具戒祖告曰如來以正法眼付大迦葉如是展轉乃至於我我今囑汝聽吾偈曰心地生諸種因事復生理果滿菩提圓華開世界起尊者付法巳卽於（城五 二四）座上起立舒左右手各放光明二十七道五色光耀又踊身虛空高七多羅樹化火自焚空中舍利如雨收以建塔當宋孝武帝大明元年丁酉歲祖因東印度國王請祖齋次王乃問諸人盡轉經唯師爲甚不轉祖曰貧道出息不隨衆緣入息不居蘊界常轉如是經百千萬億卷非但一卷兩卷

五燈會元卷第二

五燈會元卷第二

校勘記

一 底本，清藏本。

一 三一五頁上一行經名，[徑]無（未換卷）。

一 三一五頁下九行第五字「如」，[徑]作「汝」。

一 三一八頁上一三行「故我」，[徑]作「我故」。

一 三二〇頁中一三行第三字「曰」，[徑]作「師曰」。

一 三二二頁下一九行第一三字「綱」，[徑]作「網」。

一 三二三頁中五行第五字「因」，[徑]作「囚」。

一 三二四頁下卷末經名，[徑]無（未換卷）。

五燈會元卷第三　城六

宋沙門大川濟纂

東土祖師

初祖菩提達磨大師者南天竺國香至王第三子也姓剎帝利本名菩提多羅後遇二十七祖般若多羅至本國受王供養知師密迹因試令與二兄辨所施寶珠發明心要既而尊者謂曰汝於諸法已得通量夫達磨者通大之義也宜名達磨因改號菩提達磨祖乃告尊者曰我既得法當往何國而作佛事願垂開示者曰汝雖得法未可遠遊且止南天待吾滅後六十七載當往震旦設大法藥直接上根慎勿速行衰於日下祖又曰彼有大士堪為法器否千載之下有留難否者曰汝所化之方獲菩提者不可勝數吾滅後六十餘年彼國有難水中文布自善降之汝至時南方勿住彼唯好有為功業不見佛理汝縱到彼亦不可久留聽吾偈曰路逢跨水復逢羊獨自棲棲暗渡江日下可憐雙象馬二株嫩桂久昌昌又問曰此後更有何事者曰從是已去一百五十年而有小難聽吾讖曰心中雖吉外頭凶川下僧房名不中為遇毒龍生武子忽逢小鼠寂無窮又問此後如何者曰却後二百二十年林下見一人當得道果聽吾讖曰震旦雖闊無別路要假兒孫脚下行金雞解銜一粒粟供養十方羅漢僧復演諸偈皆預讖佛教隆替（事具寶林傳及聖胄集）祖恭稟教義服勤左右垂四十年未嘗廢闕迨尊者順世遂演化本國時有二師一名佛大先二名佛大勝多本與祖同學佛陀跋陀小乘禪觀佛大先既遇般若多羅尊者捨小趣大與祖並化時號二甘露門矣而佛大勝多更分徒而為六宗第一有相宗第二無相宗第三定慧宗第四戒行宗第五無得宗第六寂靜宗各封已解別展化源聚落崢嶸徒眾甚盛祖喟然歎曰彼之一師已陷牛迹況復支離繁盛而分六宗我若不除永纏邪見言已微現神力至有相宗所問曰一切諸法何名實相彼眾中有一尊長薩婆羅答曰於諸相中不互諸相是名實相祖曰一切諸相而不互者若名實相當何定邪彼曰於諸相中實無有定若定諸相何名為實祖曰諸相不定便名實相汝今不定當何得之彼曰我言不定不說諸相當說諸相其義亦然祖曰汝言不定當為實相定不定故即非實相彼曰定既不定即非實相知我非故不定不變祖曰汝今不變何名實相已變已往其義亦然彼曰不變當在不在故故變實相以定其義祖曰實相不變變即非實於有無中何名實相薩婆羅心知聖師懸解潛達即以手指虛空曰此是世間有相亦能空故當我此身得似此否祖曰若解實相即見非相若了非相其色亦然當於色中不失色體於非相中不礙有故若能是解此名實相彼眾聞已心意朗然欽禮信受祖瞥然匿跡至無相宗所問曰汝言無相當何證之彼眾中有波羅提答曰我明無相心不現故祖曰汝心不現當何明之彼曰我明無相心不取捨當於明時亦無當者祖曰於諸有無心不取捨又無當者諸明無故彼曰入佛三昧尚無所得何況無相

而欲知之祖曰相既不知誰云有無尚無所得何名三昧彼曰我說不證證無所證非三昧故我說三昧祖曰非三昧者何當名之汝既不證非證何證波羅提聞祖辯柝卽悟本心禮謝於祖懺悔往謬祖記曰汝當得果不久證之此國有魔非久降之言已忽然不現至定慧宗所問曰汝學定慧爲一爲二彼衆中有婆蘭陀者荅曰我此定慧非一非二祖曰既非一二何名定慧彼曰在定非定處慧非慧一卽非一二亦不二祖曰當一不一當二不二既非定慧約何定慧彼曰不一不二定慧能知非定非慧亦復然矣祖曰慧非定故然何知哉不一不二誰定誰慧婆蘭陀聞之疑心氷釋至第四戒行宗所問曰何者名戒云何名行當此戒行爲一爲二彼衆中有一賢者荅曰一二二一皆彼所生依教無染此名戒行祖曰汝言依教卽是有染一二俱破何言依教此二違背不及於行內外非明何名爲戒彼曰我有內外彼已知竟既得通達便是戒行若說違背俱是俱非言及清淨卽戒卽行祖曰俱是俱非何言清淨既得通故何談內外賢者聞之卽自慚伏至無得宗所問曰汝云無得無得何得既無所得亦無得得彼衆中有寶靜者荅曰我說無得非無得得當說得得無得是得祖曰得既不得得亦非得既云得得得得何得彼曰見得非得非得是得若見不得名爲得得祖曰得既非得得得無得既無所得當何得得寶靜聞之頓除疑網至寂靜宗所問曰何名寂靜於此法中誰靜誰寂彼衆中有尊者荅曰此心不動是名爲寂於法無染名之爲靜祖曰本心不寂要假寂靜本來寂故何用寂靜彼曰諸法本空以空空故於彼空空故名寂靜祖曰空空已空諸法亦爾寂靜無相何靜何寂彼尊者聞師指誨豁然開悟既而六衆咸誓歸依由是化被南天聲馳五印經六十載度無量衆後值異見王輕毀三寶每云我之祖宗皆信佛道陷於邪見壽年不永運祚亦促且我身是佛何更外求善惡報應皆因多智之者妄構其說至於國內耆舊爲前王所奉者悉從廢黜祖知已歎彼德薄當何救之卽念無相宗中二首領其一波羅提者與王有緣將證其果其二宗勝者非不博辯而無宿因時六宗徒衆亦各念言佛法有難師何自安祖遙知衆意卽彈指應之六衆聞云此是我師達磨信響我等宜速行以副慈命卽至祖所禮拜問訊祖曰一葉翳空孰能翦拂宗勝曰我雖淺薄敢憚其行祖曰汝雖辯慧道力未全宗勝自念我師恐我見王大作佛事名譽顯達映奪尊威縱彼福慧爲王我是沙門受佛教旨豈難敵也言訖潛去至王所廣說法要及世界苦樂人天善惡等事王與之往返徵詰無不詣理王曰汝今所解其法何在宗勝曰如王治化當合其道王所有道其道何在王曰我所有道將除邪法汝所有法將伏何人祖不起於座懸知宗勝義墮遽告波羅提曰宗勝不稟吾教潛化於王須臾理屈汝可速救波羅提恭稟祖旨云願假神力言已雲生足下至大王前默然而住時王正問宗勝忽見波羅提乘雲而至愕然忘其問荅

曰乘空之者是正是邪提曰我非邪正而來正邪王心若正我無邪正王雖驚異而憍慢方熾即擯宗勝令出波羅提曰王既有道何擯沙門我雖無解願王致問王怒而問曰何者是佛提曰見性是佛王曰師見性否提曰我見佛性王曰性在何處提曰性在作用王曰是何作用我今不見提曰今現作用王自不見王曰於我有否提曰王若作用無有不是王若不用體亦難見王曰若當用時幾處出現提曰若出現時當有其八王曰其八出現當爲我說波羅提即說偈曰在胎爲身處世爲人在眼曰見在耳曰聞在鼻辨香在口談論在手執捉在足運奔徧現俱該沙界收攝在一微塵識者知是佛性不識喚作精魂王聞偈已心即開悟悔謝前非咨詢法要朝夕忘倦迨於九旬時宗勝既被斥逐退藏深山念曰我今百歲八十爲非二十年來方歸佛道性雖愚昧行絶瑕疵不能禦難生何如死言訖即自投崖俄有神人以手捧承置於巖上安然無損宗勝曰我忝沙門當與正法

爲主不能抑絶王非是以捐身自責何神祐助一至於斯願垂一語以保餘年於是神人乃說偈曰師壽於百歲八十而造非爲近至尊故薰修而入道雖具小智慧而多有彼我所見諸賢等未嘗生珍敬二十年功德其心未恬靜聰明輕慢故而獲至於此得王不敬者當感果如是自今不踈怠不久成奇智諸聖悉存心如來亦復爾宗勝聞偈欣然即於巖間宴坐時王復問波羅提曰仁者智辯當師何人提曰我所出家即娑羅寺烏沙婆三藏爲受業師其出世師者即大王叔菩提達磨是也王聞祖名驚駭久之曰鄙薄忝嗣王位而趣邪背正忘我尊叔遽敕近臣特加迎請祖即隨使而至爲王懺悔往非王聞規誡泣謝於祖又詔宗勝歸國大臣奏曰宗勝被謫投崖今已亡矣王告祖曰宗勝之死皆自於吾如何大慈令免斯罪祖曰宗勝今在巖間宴息但遣使召當即至矣王即遣使入山果見宗勝端居禪寂宗勝蒙召乃曰深愧王意貧道誓處巖泉且王國賢德如林達磨是

王之叔六衆所師波羅提法中龍象願王崇仰二聖以福皇基使者復命未至祖謂王曰知取得宗勝否王曰未知祖曰一請未至再命必來良久使還果如祖語祖遂辭王曰當善修德不久疾作吾且去矣經七日王乃得疾國醫診治有加無瘳貴戚近臣憶師前記急發使告祖曰王疾殆至彌留願叔慈悲遠來診救祖即至慰問時宗勝再承王召即別巖間波羅提亦來問疾謂祖曰當何施爲令王免苦祖即令太子爲王宥罪施恩崇奉三寶復爲懺悔願罪消滅如是者三王疾有間師念震旦緣熟行化時至乃先辭祖塔次別同學後至王所慰而勉之曰當勤修白業護持三寶吾去非晚一九即回王聞師言涕淚交集曰此國何罪彼土何祥叔既有緣非吾所止惟願不忘父母之國事畢早回王即具大舟實以衆寶躬率臣寮送至海壖祖汎重溟凡三周寒暑達於南海實梁普通七年庚子歲九月二十一日也廣州刺史蕭昂具主禮迎接表聞武帝帝覽奏遣使齎詔迎請舊板

年甲差誤今依梁僧寶唱續法記宋嵩禪師正宗記前後改云十月一日至金陵帝問曰朕卽位已來造寺寫經度僧不可勝紀有何功德祖曰並無功德帝曰何以無功德祖曰此但人天小果有漏之因如影隨形雖有非實帝曰如何是真功德祖曰淨智妙圓體自空寂如是功德不以世求帝又問如何是聖諦第一義祖曰廓然無聖帝曰對朕者誰祖曰不識帝不領悟祖知機不契是月十九日潛回江北十一月二十三日屆於洛陽當魏孝明帝正光元年也寓止於嵩山少林寺面壁而坐終日默然人莫之測謂之壁觀婆羅門時有僧神光者曠達之士也久居伊洛博覽羣書善談玄理每歎曰孔老之教禮術風規莊易之書未盡妙理近聞達磨大士住止少林至人不遙當造玄境乃往彼晨夕參承祖常端坐面壁莫聞誨勵光自惟曰昔人求道敲骨取髓刺血濟饑布髮掩泥投崖飼虎古尚若此我又何人其年十二月九日夜天大雨雪光堅立不動遲明積雪過膝祖憫而問曰汝久立雪中當求何事光悲淚曰惟願和尚慈悲開甘露門廣度羣品祖曰諸佛無上妙道曠劫精勤難行能行非忍而忍豈以小德小智輕心慢心欲冀真乘徒勞勤苦光聞祖誨勵潛取利刀自斷左臂置於祖前祖知是法器乃曰諸佛最初求道爲法忘形汝今斷臂吾前求亦可在祖遂因與易名曰慧可可曰諸佛法印可得聞乎祖曰諸佛法印匪從人得可曰我心未寧乞師與安祖曰將心來與汝安可良久曰覓心了不可得祖曰我與汝安心竟越九年欲返天竺命門人曰時將至矣汝等盍各言所得乎時有道副對曰如我所見不執文字不離文字而爲道用祖曰汝得吾皮尼總持曰我今所解如慶喜見阿閦佛國一見更不再見祖曰汝得吾肉道育曰四大本空五陰非有而我見處無一法可得祖曰汝得吾骨最後慧可禮拜依位而立祖曰汝得吾髓乃顧慧可而告之曰昔如來以正法眼付迦葉大士展轉囑累而至於我我今付汝汝當護持并授汝袈裟以爲法信各有所表宜可知矣可曰請師指陳祖曰內傳法印以契證心外付袈裟以定宗旨後代澆薄疑慮競生云吾西天之人言汝此方之子憑何得法以何證之汝今受此衣法却後難生但出此衣并吾法偈用以表明其化無礙至吾滅後二百年衣止不傳法周沙界明道者多行道者少說理者多通理者少潛符密證千萬有餘汝當闡揚勿輕未悟一念回機便同本得聽吾偈曰吾本來茲土傳法救迷情一花開五葉結果自然成祖又曰吾有楞伽經四卷亦用付汝卽是如來心地要門令諸衆生開示悟入吾自到此凡五度中毒我常自出而試之置石石裂緣吾本離南印來此東土見赤縣神州有大乘氣象遂踰海越漠爲法求人際會未諧如愚若訥今得汝傳授吾意已終別記云祖初居少林寺九年爲二祖說法秖教外息諸緣內心無喘心如墻壁可以入道慧可種種說心性曾未契理祖秖遮其非不爲說無念心體可忽曰我已息諸緣祖曰莫成斷滅去否可曰不成斷滅祖曰此是諸佛所傳心體更勿疑也言已乃與徒衆往禹門千聖寺止三日有期城太守楊衒之早慕佛乘問祖曰西天五印師承爲祖其道如何

祖曰明佛心宗行解相應名之曰祖又問此外如何祖曰須明他心知其今古不厭有無於法無取不賢不愚無迷無悟若能是解故稱爲祖又曰弟子歸心三寶亦有年矣而智慧昏蒙尚迷眞理適聽師言罔知攸措願師慈悲開示宗旨祖知懇到即說偈曰亦不覩惡而生嫌亦不觀善而勤措亦不捨智而近愚亦不抛迷而就悟達大道兮過量通佛心兮出度不與凡聖同躔超然名之曰祖衖之聞得悲喜交并曰願師久住世間化導羣有祖曰吾即逝矣不可久留根性萬差多逢患難衖之曰未審何人弟子爲師除得否祖曰吾以傳佛秘密利益迷途害彼自安必無此理衖之曰師若不言何表通變觀照之力祖不獲已乃爲讖曰江槎分玉浪管炬開金鎖五口相共行九十無彼我衖之聞語莫究其端默記於懷禮辭而去祖之所讖雖當時不測而後皆符驗時魏氏奉釋禪隽如林光統律師流支三藏者乃僧中之鸞鳳也覩師演道斥相指心每與師論義是非蜂起祖遐振玄風普施法雨而偏局之量自不堪任競起害心數加毒藥至第六度以化緣已畢傳法得人遂不復救之端居而逝即魏莊帝永安元年戊申十月五日也其年十二月二十八日葬熊耳山起塔於定林寺後三歲魏宋雲奉使西域回遇祖於葱嶺見手攜隻履翩翩獨逝雲問師何往祖曰西天去雲歸具說其事及門人啓壙唯空棺一隻革履存焉舉朝爲之驚歎奉詔取遺履於少林寺供養至唐開元十五年丁卯歲爲信道者竊在五臺華嚴寺今不知所在初梁武遇祖因緣未契及聞化行魏邦遂欲自撰師碑而未暇也後聞宋雲事乃成之代宗謚圓覺大師塔曰空觀

年號依紀

年通譜

通論曰傳燈謂魏孝明帝欽祖異迹三屆詔命祖竟不下少林及祖示寂宋雲自西域還遇祖於葱嶺孝莊帝有旨令啓壙如南史普通八年即大通元年也孝明以是歲四月癸丑殂祖以十月至梁未至魏時孝明已去世矣其子即位未幾爲爾朱榮所弒乃立孝莊帝由是魏國大亂越三年而孝莊又五年分割爲東西魏然則吾祖在少林時正值其亂及宋雲之還則孝莊去世亦五六年其國至於分割久矣烏有孝莊令啓壙之說乎按唐史云後魏末有僧達磨航海而來既卒其年魏使宋雲於葱嶺回見之門徒發其墓但有隻履而已此乃實錄也

二祖慧可大師者武牢人也姓姬氏父寂未有子時嘗自念言我家崇善豈令無子禱之既久一夕感異光照室其母因而懷姙及長遂以照室之瑞名之曰光自幼志氣不羣博涉詩書尤精玄理而不事家産好遊山水後覽佛書超然自得即抵洛陽龍門香山依寶靜禪師出家受具於永穆寺浮游講肆徧學大小乘義年三十三却返香山終日宴坐又經八載於寂默中倏見一神人謂曰將欲受果何滯此邪大道匪遙汝其南矣祖知神助因改名神光翌日覺頭痛如刺其師欲治之空中有聲曰此乃換骨非常痛也祖遂以見神事白於師師視其頂骨即如五峰秀出矣乃曰汝相吉祥當有所證神令汝南者斯則少林達磨大士必汝之師也祖受教造於少室其得法傳衣事迹達磨章具之矣自少林託化西歸大師繼闡玄風博求法嗣至北齊天平二年有一居士年踰四十不言名氏聿來設禮而問祖曰弟子身纏風恙請和尚懺

讖六 十二

戰六 十二

罪祖曰將罪來與汝懺士良久曰覓罪不可得祖曰與汝懺罪竟宜依佛法僧住士曰今見和尚已知是僧未審何名佛法祖曰是心是佛是心是法法佛無二僧寶亦然士曰今日始知罪性不在內不在外不在中間如其心然佛法無二也祖深器之卽爲剃髮云是吾寶也宜名僧璨其年三月十八日於光福寺受具自茲疾漸愈執侍經二載祖乃告曰菩提達磨遠自竺乾以正法眼藏并信衣密付於吾吾今授汝汝當守護無令斷絕聽吾偈曰本來緣有地因地種華生本來無有種華亦不曾生祖付衣法已又曰汝受吾教宜處深山未可行化當有國難璨曰師既預知願垂示誨祖曰非吾知也斯乃達磨傳般若多羅懸記云心中雖吉外頭凶是也吾校年代正在於汝汝當諦思前言勿罹世難然吾亦有宿累今要酬之善去善行俟時傳付祖付囑已卽往鄴都隨宜說法一音演暢四衆皈依如是積三十四載遂韜光混跡變易儀相或入諸酒肆或過於屠門或習街談或隨厮役人問之曰師是道人何故如是祖曰我自調心何關汝事又於筦城縣匡救寺三門下談無上道聽者林會時有辯和法師者於寺中講涅槃經學徒聞師闡法稍稍引去辯和不勝其憤興謗於邑宰翟仲侃翟惑其邪說加祖以非法祖怡然委順識眞者謂之償債時年一百七歲卽隋文帝開皇十三年癸丑歲三月十六日也葬磁州滏陽縣東北七十里唐德宗謚大祖禪師（皓月供奉問長沙岑和尚古德云了卽業障本來空未了應須償宿債只如師子尊者二祖大師爲甚麼得償債去沙曰大德不識本來空月曰如何是本來空沙曰業障是曰如何是業障沙曰本來空是月無語沙以偈示之曰假有元非有假滅亦非無涅槃償債義一性更無殊）

三祖僧璨大師者不知何許人也初以白衣謁二祖既受度傳法隱於舒州之皖公山屬後周武帝破滅佛法祖往來太湖縣司空山居無常處積十餘載時人無能知者至隋開皇十二年壬子歲有沙彌道信年始十四來禮祖曰願和尚慈悲乞與解脫法門祖曰誰縛汝曰無人縛祖曰何更求解脫乎信於言下大悟服勞九載後於吉州受戒侍奉尤謹祖屢試以玄微知其緣熟乃付衣法偈曰華種雖因地從地種華生若無人下種華地盡無生祖又曰昔可大師付吾法後往鄴都行化三十年方終今吾得汝何滯此乎卽適羅浮山優游二載却還舊址逾月士民奔趨大設檀供祖爲四衆廣宣心要訖於法會大樹下合掌立終卽隋煬帝大業二年丙寅十月十五日也唐玄宗謚鑑智禪師覺寂之塔師信心銘曰至道無難唯嫌揀擇但莫憎愛洞然明白毫釐有差天地懸隔欲得現前莫存順逆違順相爭是爲心病不識玄旨徒勞念靜圓同太虛無欠無餘良由取捨所以不如莫逐有緣勿住空忍一種平懷泯然自盡止動歸止止更彌動唯滯兩邊寧知一種一種不通兩處失功遣有沒有從空背空多言多慮轉不相應絕言絕慮無處不通歸根得旨隨照失宗須臾返照勝却前空前空轉變皆由妄見不用求眞唯須息見二見不住愼莫追尋纔有是非紛然失心二由一有一亦莫守一心不生萬法無咎無咎無法不生不心

能由境滅境逐能沉境由能境能由境能欲
知兩段元是一空一空同兩齊含萬象不見
精麁寧有偏黨大道體寬無易無難小見狐
疑轉急轉遲執之失度必入邪路放之自然
體無去住任性合道逍遥絶惱繫念乖眞昬
沉不好不好勞神何用疎親欲取一乘勿惡
六塵六塵不惡還同正覺智者無爲愚人自
縛法無異法妄自愛著將心用心豈非大錯
迷生寂亂悟無好惡一切二邊良由斟酌夢
幻空華何勞把捉得失是非一時放却眼若
不睡諸夢自除心若不異萬法一如一如體
玄兀爾忘緣萬法齊觀歸復自然泯其所以
不可方比止動無動動止無止兩既不成一
何有爾究竟窮極不存軌則契心平等所作
俱息狐疑盡淨正信調直一切不留無可記
憶虛明自照不勞心力非思量處識情難測
眞如法界無他無自要急相應唯言不二不
二皆同無不包容十方智者皆入此宗宗非
促延一念萬年無在不在十方目前極小同
大忘絶境界極大同小不見邊表有卽是無

無卽是有若不如是必不須守一卽一切一
切卽一但能如是何慮不畢信心不二不二
信心言語道斷非去來今
四祖道信大師者姓司馬氏世居河内後徙
於蘄州廣濟縣生而超異幼慕空宗諸解脱
門宛如宿習既城六嗣祖風攝心無寐十六脅不至席
者僅六十年隋大業十三載領徒衆抵吉州
值羣盜圍城七旬不解萬衆惶怖祖愍之教
令念摩訶般若時賊衆望雉堞間若有神兵
乃相謂曰城内必有異人不可攻矣稍稍引
去唐武德甲申歲師却返蘄春住破頭山學
侶雲臻一日往黄梅縣路逢一小兒骨相奇
秀異乎常童祖問曰子何姓荅曰姓卽有不
是常姓祖曰是何姓荅曰是佛性祖曰汝無
姓邪荅曰性空故無祖默識其法器卽俾侍
者至其母所乞令出家母以宿緣故殊無難
色遂捨爲弟子以至付法傳衣偈曰華種有
生性因地華生生大緣與性合當生生不生
遂以學徒委之一日告衆曰吾武德中游廬
山登絶頂望破頭山見紫雲如蓋下有白氣

横分六道汝等會否衆皆默然忍曰莫是和
尚他後横出一枝佛法否祖曰善後貞觀癸
卯歲太宗嚮師道味欲瞻風彩詔赴京祖上
表遜謝前後三返竟以疾辭第四度命使曰
如果不起卽取首來使至山諭旨祖乃引頸
就刃神色儼城六然使異之回以狀十七聞帝彌加欽
慕就賜珍繒以遂其志迄高宗永徽辛亥歲
閏九月四日忽垂誡門人曰一切諸法悉皆
解脱汝等各自護念流化未來言訖安坐而
逝壽七十有二塔於本山明年四月八日塔
戶無故自開儀相如生爾後門人不敢復閉
代宗謚大醫禪師慈雲之塔
五祖弘忍大師者蘄州黄梅人也先爲破頭
山中栽松道者嘗請於四祖曰法道可得聞
乎祖曰汝已老脱有聞其能廣化邪儻若再
來吾尚可遲汝廼去行水邊見一女子浣衣
揖曰寄宿得否女曰我有父兄可往求之曰
諾我卽敢行女首肯之遂回策而去女周氏
季子也歸輙孕父母大惡逐之女無所歸日
傭紡里中夕止於衆館之下已而生一子以

爲不祥因抛瀾港中明日見之泝流而上氣體鮮明大驚遂舉之成童隨母乞食里人呼爲無姓兒逢一智者歎曰此子缺七種相不逮如來後遇信大師得法嗣化於破頭山咸亨中有一居士姓盧名慧能自新州來參謁祖問曰汝自何來盧曰嶺南祖曰欲須何事盧曰唯求作佛祖曰嶺南人無佛性若爲得佛盧曰人卽有南北佛性豈然祖知是異人乃訶曰著槽厰去盧禮足而退便入碓房服勞於杵臼之間晝夜不息經八月祖知付授時至遂告衆曰正法難解不可徒記吾言持爲已任汝等各自隨意述一偈若語意冥符則衣法皆付時會下七百餘僧上座神秀者學通内外衆所宗仰咸推稱曰若非尊秀疇敢當之神秀竊聆衆譽不復思惟乃於廊壁書一偈曰身是菩提樹心如明鏡臺時時勤拂拭莫使惹塵埃祖因經行忽見此偈知是神秀所述乃讚歎曰後代依此修行亦得勝果其壁本欲令處士盧珍繪楞伽變相及見題偈在壁遂止不畫各令念誦盧在碓房忽聆誦偈乃問同學是何章句同學曰汝不知和尚求法嗣令各述心偈此則秀上座所述和尚深加歎賞必將付法傳衣也盧曰其偈云何同學爲誦盧良久曰美則美矣了則未了同學訶曰庸流何知勿發狂言盧曰子不信邪願以一偈和之同學不答相視而笑盧至夜密告一童子引至廊下盧自秉燭請別駕張日用於秀偈之側寫一偈曰菩提本無樹明鏡亦非臺本來無一物何處惹塵埃祖後見此偈曰此是誰作亦未見性衆聞祖語遂不之顧逮夜祖潛詣碓房問曰米白也未盧曰白也未有篩祖於碓以杖三擊之盧卽以三鼓入室祖告曰諸佛出世爲一大事故隨機大小而引導之遂有十地三乘頓漸等旨以爲教門然以無上微妙秘密圓明真實正法眼藏付於上首大迦葉尊者展轉傳授二十八世至達磨屆於此土得可大師承襲以至於今以法寶及所傳袈裟用付於汝善自保護無令斷絕聽吾偈曰有情來下種因地果還生無情既無種無性亦無生盧行者跪受衣法啓曰法則既受衣付何人祖曰昔達磨初至人未之信故傳衣以明得法今信心已熟衣乃爭端止於汝身不復傳也且當遠隱俟時行化所謂受衣之人命如懸絲也盧曰當隱何所祖曰逢懷卽止遇會且藏盧禮足已捧衣而出是夜南邁大衆莫知五祖自後不復上堂大衆疑怪致問祖曰吾道行矣何更詢之復問衣法誰得邪祖曰能者得於是衆議盧行者名能尋訪既失潛知彼得卽共奔逐五祖既付衣法復經四載至上元二年忽告衆曰吾今事畢時可行矣卽入室安坐而逝壽七十有四建塔於黃梅之東山代宗謚大滿禪師法雨之塔

六祖慧能大師者俗姓盧氏其先范陽人父行瑫武德中左官于南海之新州遂占籍焉三歲喪父其母守志鞠養及長家尤貧窶師樵採以給一日負薪至市中聞客讀金剛經至應無所住而生其心有所感悟而問客曰此何法也得於何人客曰此名金剛經得於黃梅忍大師祖遂告其母以爲法尋師之意

直抵韶州遇高行士劉志畧結爲交友尼無
盡藏者卽志畧之姑也常讀涅槃經師暫聽
之卽爲解說其義尼遂執卷問字祖曰字卽
不識義卽請問尼曰字尚不識曷能會義祖
曰諸佛妙理非關文字尼驚異之告鄉里耆
艾曰能是有道之人宜請供養於是居人競
來瞻禮近有寶林古寺舊地衆議營緝俾祖
居之四衆霧集俄成寶坊祖一日忽自念曰
我求大法豈可中道而止明日遂行至昌樂
縣西山石室間遇智遠禪師祖遂請益遠曰
觀子神姿爽拔殆非常人吾聞西域菩提達
磨傳心印於黃梅汝當往彼參決祖辭去直
造黃梅之東山卽唐咸亨二年也忍大師一
見默而識之後傳衣法令隱於懷集四會之
間至儀鳳元年丙子正月八日屆南海遇印
宗法師於法性寺講涅槃經祖寓止廊廡間
暮夜風颺刹幡聞二僧對論一曰幡動一曰
風動往復酬荅曾未契理祖曰可容俗流輙
預高論否直以風幡非動動自心耳印宗竊
聆此語竦然異之明日邀祖入室徵風幡之

義祖具以理告印宗不覺起立曰行者定非
常人師爲是誰祖更無所隱直敘得法因由
於是印宗執弟子之禮請授禪要乃告四衆
曰印宗具足凡夫今遇肉身菩薩乃指座下
盧居士曰卽此是也因請出所傳信衣悉令
瞻禮至正月十五日會諸名德爲之剃髮二
月八日就法性寺智光律師授滿分戒其戒
壇卽宋朝求那跋陀三藏之所置也三藏記
云後當有肉身菩薩在此壇受戒又梁末眞
諦三藏於壇之側手植二菩提樹謂衆曰却
後一百二十年有大開士於此樹下演無上
乘度無量衆祖具戒已於此樹下開東山法
門宛如宿契明年二月八日忽謂衆曰吾不
願此居欲歸舊隱卽印宗與緇白千餘人送
祖歸寶林寺韶州刺史韋據請於大梵寺轉
妙法輪并受無相心地戒門人紀錄目爲壇
經盛行於世後返曹溪雨大法雨學者不下
千數中宗神龍元年降詔云朕請安秀二師
宮中供養萬機之暇每究一乘二師並推讓
曰南方有能禪師密受忍大師衣法可就彼

問今遣內侍薛簡馳詔迎請願師慈念速赴
上京祖上表辭疾願終林麓簡曰京城禪德
皆云欲得會道必須坐禪習定若不因禪定
而得解脫者未之有也未審師所說法如何
祖曰道由心悟豈在坐也經云若見如來若
坐若卧是行邪道何故無所從來亦無所去
若無生滅是如來清淨禪諸法空寂是如來
清淨坐究竟無證豈況坐邪簡曰弟子回主
上必問願和尚慈悲指示心要祖曰道無明
暗明暗是代謝之義明暗無盡亦是有盡相
待立名故經云法無有比無相待故簡曰明
喻智慧暗況煩惱修道之人儻不以智慧照
破煩惱無始生死憑何出離祖曰煩惱卽是
菩提無二無別若以智慧照煩惱者此是二
乘小見羊鹿等機大智上根悉不如是簡曰
如何是大乘見解祖曰明與無明其性無二
無二之性卽是實性實性者處凡愚而不減
在賢聖而不增住煩惱而不亂居禪定而不
寂不斷不常不來不去不在中間及其內外
不生不滅性相如如常住不遷名之曰道簡

曰師說不生不滅何異外道祖曰外道所說不生不滅者將滅止生以生顯滅滅猶不滅生說無生我說不生不滅者本自無生今亦無滅所以不同外道汝若欲知心要但一切善惡都莫思量自然得入清淨心體湛然常寂妙用恒沙簡蒙指教豁然大悟禮辭歸闕表奏祖語有詔謝師并賜磨衲袈裟絹五百匹寶鉢一口十二月十九日敕改古寶林爲中興寺三年十一月十八日又　敕韶州刺史重加崇飾賜額爲法泉寺祖新州舊居爲國恩寺一日祖謂衆曰諸善知識汝等各各淨心聽吾說法汝等諸人自心是佛更莫狐疑外無一物而能建立皆是本心生萬種法故經云心生種種法生心滅種種法滅若欲成就種智須達一相三昧一行三昧若於一切處而不住相彼相中不生憎愛亦無取捨不念利益成壞等事安閑恬靜虛融澹泊此名一相三昧若於一切處行住坐臥純一直心不動道場眞成淨土名一行三昧若人具二三昧如地有種能含藏長養成就其實一相一行亦復如是我今說法猶如時雨溥潤大地汝等佛性譬諸種子遇茲霑洽悉得發生承吾旨者決獲菩提依吾行者定證妙果先天元年告諸四衆曰吾忝受忍大師衣法今爲汝等說法不付其衣蓋汝等信根淳熟決定不疑堪任大事聽吾偈曰心地含諸種普雨悉皆生頓悟華情已菩提果自成說偈已復曰其法無二其心亦然其道清淨亦無諸相汝等愼勿觀淨及空其心此心本淨無可取捨各自努力隨緣好去嘗有僧舉臥輪禪師偈曰臥輪有伎倆能斷百思想對境心不起菩提日日長祖聞之曰此偈未明心地若依而行之是加繫縛因示一偈曰慧能沒伎倆不斷百思想對境心數起菩提作麼長（臥輪非名即住處也）祖說法利生經四十載其年七月六日命弟子往新州國恩寺建報恩塔仍令倍工又有蜀僧名方辯來謁曰善捏塑祖正色曰試塑看方辯不領旨乃塑祖眞可高七尺曲盡其妙祖觀之曰汝善塑性不善佛性酬以衣物辯禮謝而去先天二年七月一日謂門人曰吾欲歸新州汝速理舟檝時大衆哀慕乞師且住祖曰諸佛出現猶示涅槃有來必去理亦常然吾此形骸歸必有所衆曰師從此去早晚却回祖曰葉落歸根來時無口又問師之法眼何人傳授祖曰有道者得無心者通又問後莫有難否祖曰吾滅後五六年當有一人來取吾首聽吾記曰頭上養親口裏須飱遇滿之難楊柳爲官又曰吾去七十年有二菩薩從東方來一在家一出家同時興化建立吾宗締緝伽藍昌隆法嗣言訖往新州國恩寺沐浴跏趺而化異香襲人白虹屬地即其年八月三日也時韶新兩郡各修靈塔道俗莫決所之兩郡刺史共焚香祝曰香煙引處即師之欲歸焉時鑪香騰涌直貫曹溪以十一月十三日入塔壽七十六時韶州刺史韋據撰碑門人憶念取首之記遂先以鐵葉漆布固護師頸塔中有達磨所傳信衣（西域屈眴布也緝木綿華心織成後人以碧絹爲裏）　中宗賜磨衲寶鉢以辯塑眞道具等主塔侍者尸之開元十年壬戌八月三日夜半忽聞塔中如拽

鐵索聲僧衆驚起見一孝子從塔中走出尋見師頸有傷具以賊事聞於州縣縣令楊侃刺史柳無忝得牒切加擒捉五月於石角村捕得賊人送韶州鞫問云姓張名淨滿汝州梁縣人於洪州開元寺受新羅僧金大悲錢二十千令取六祖大師首歸海東供養柳守聞狀未即加刑乃躬至曹溪問祖上足令韜曰如何處斷韜曰若以國法論理須誅夷但以佛教慈悲寃親平等況彼欲求供養罪可恕矣柳守嘉歎曰始知佛門廣大遂赦之函後甚有名賢賛述檀施珍異文繁不錄上元元年肅宗遣使就請師衣鉢歸内供養至永泰元年五月五日代宗夢六祖大師請衣鉢七日敕刺史楊瑊曰朕夢感禪師請傳法袈裟却歸曹溪今遣鎮國大將軍劉崇景頂戴而送朕謂之國寶卿可於本寺如法安置專令僧衆親承宗旨者嚴加守護勿令遺墜後或爲人偷竊皆不遠而獲如是者數四憲宗謚大鑒禪師塔曰元和靈照皇朝開寶初王師平南海劉氏殘兵作梗祖之塔廟鞠爲煨燼而眞身爲守塔僧保護一無所損尋有制興修功未竟會太宗皇帝即位留心禪宗頗增壯麗焉

五燈會元卷第三

五燈會元卷第三

校勘記

一　底本，清藏本。

一　三二六頁上一行經名，徑無（未换卷）。

一　三三〇頁上一〇行第二字「得」，徑作「偈」。

一　三三〇頁中末行夾註右第八字「未」，徑作「末」。

一　三三三頁上一五行末字「壁」，徑作「壁」。

一　三三三頁中一一行「碓房」，徑作「碓坊」。

一　三三五頁下五行「傳授」，徑作「傳受」。

一　三三六頁中三行「卷第三」，徑作「卷第一」。

五燈會元卷第四　　　　城七

宋　沙　門　大　川　濟　纂

## 四祖大醫禪師旁出法嗣第一世

牛頭山法融禪師者潤州延陵人也姓韋氏年十九學通經史尋閱大部般若曉達眞空忽一日歎曰儒道世典非究竟法般若正觀出世舟航遂隱茅山投師落髮後入牛頭山幽棲寺北巖之石室有百鳥銜華之異唐貞觀中四祖遥觀氣象知彼山有奇異之人乃躬自尋訪問寺僧此間有道人否曰出家兒那箇不是道人祖曰阿那箇是道人僧無對别僧曰此去山中十里許有一懶融見人不起亦不合掌莫是道人麽祖遂入山見師端坐自若曾無所顧祖問曰在此作甚麽師曰觀心祖曰觀是何人心是何物師無對便起作禮曰大德高棲何所祖曰貧道不決所止或東或西師曰還識道信禪師否祖曰何以問他師曰嚮德滋久冀一禮謁祖曰道信禪師貧道是也師曰因何降此祖曰特來相訪莫更有宴息之處否師指後面曰别有小菴遂引祖至菴所遶菴唯見虎狼之類祖乃舉兩手作怖勢師曰猶有這箇在祖曰這箇是甚麽師無語少選祖却於師宴坐石上書一佛字師覩之竦然祖曰猶有這箇在師未曉乃稽首請說眞要祖曰夫百千法門同歸方寸河沙妙德總在心源一切戒門定門慧門神通變化悉自具足不離汝心一切煩惱業障本來空寂一切因果皆如夢幻無三界可出無菩提可求人與非人性相平等大道虚曠絶思絶慮如是之法汝今已得更無闕少與佛何殊更無别法汝但任心自在莫作觀行亦莫澄心莫起貪瞋莫懷愁慮蕩蕩無礙任意縱横　作諸善不作諸惡行住坐卧觸目遇緣總是佛之妙用快樂無憂故名爲佛師曰心既具足何者是佛何者是心祖曰非（城七）（二）心不問佛問佛非不心師曰既不許作觀行於境起時心如何對治祖曰境緣無好醜好醜起於心心若不强名妄情從何起妄情既不起眞心任徧知汝但隨心自在無復對治即名常住法身無有變異吾受璨大師頓教法門今付於汝汝今諦受吾言只住此山向後當有五人達者紹汝玄化祖付法訖遂返雙峰終老師自爾法席大盛唐永徽中徒衆乏糧師往丹陽緣化去山八十里躬負米一石八斗朝往暮還供僧三百二時不闕三年邑宰蕭元善請於建初寺講大般若經聽者雲集至滅靜品地爲之震動講罷歸山博陵王問師曰境緣色發時不言緣色起云何得知緣乃欲息其起師曰境色初發時色境二性空本無知緣者心量與知同照本發非發爾時起自息抱暗生覺緣心時緣不逐至如未生前色心非養育從空本無念想受言念生起發未曾起豈用佛教令問曰閉目不見色境慮乃便多色既不關心境從何處發師曰閉目不見色内心動慮多幻識假成用起名終不過知色不關心心亦不關人隨行有（城七）（三）相轉烏去空中眞問曰境發無處所緣覺了知生境謝覺還轉覺乃變爲境若以心曳心還爲覺所覺從之隨隨去不離生滅際師曰色心前後中實無緣起境一念自疑忘誰能

計動靜此知自無知知知緣不會當自檢本形何須求域外前境不變謝後念不來今求月執玄影討跡逐飛禽欲知心本性還如視夢裏聲之六月氷處處皆相似避空終不脫求空復不成借問鏡中像心從何處生問曰恰恰用心時若爲安隱好師曰恰恰用心時恰恰無心用曲譚名相勞直說無繁重無心恰恰用常用恰恰無今說無心處不與有心殊問曰智者引妙言與心相會當言與心路別合則萬倍乖師曰方便說妙言破病大乘道非關本性譚還從空化造無念爲眞常終當絕心路離念性不動生滅無乖悞谷響既有聲鏡像能回顧問曰行者體境有因覺知境亡前覺及後覺并境有三心師曰境用非體覺覺罷不應思因覺知境亡覺時境不起前覺及後覺并境有三邊問曰住定俱不轉將爲正三昧諸業不能牽不知細無明徐徐躡其後師曰復聞別有人虛執起心量三中事不成不轉還虛妄心爲正受縛爲之淨業障心塵萬分一不了說無明細細習因起徐

徐名相生風來波浪轉欲靜水還平更欲前途說恐畏後心驚無念大獸吼性空下霜雹星散穢草摧縱橫飛鳥落五道定紛綸四魔不前却既如猛火燎還如利劍斫問曰賴覺知萬法萬法本來然若假照用心只得照用心不應心裏事師曰賴覺知萬法萬法終無賴若假照用心應不在心外問曰隨隨無揀擇明心不現前復慮心闇昧在心用功行智障復難除師曰有此不可有尋此不可尋無揀卽眞擇得闇出明心慮者心寘昧存心託功行何論智障難至佛方爲病問曰折中消息間實亦難安怙自非用行人此難終難見師曰折中欲消息消息非難易先觀心處心次推智中智第三照推者第四通無記第五解脫名第六等眞僞第七知法本第八慈無爲第九徧空陰第十雲雨被最盡彼無覺無明生本智鏡像現三業幻人化四衢不住空邊盡當照有中無不出空有內未將空有俱號之名折中折中非言說安怙無處安用行何能決問曰別有一種人善解空無相口言

定亂一復道有中無同證用常寂知覺寂常用用心會眞理復言用無用智慧方便多言亂與理合如如理自如不由識心會既知心會非心心復相泯如是難知法永劫不能知同此用心人法所不能化師曰別有證空者還如前偈論行空守寂滅識見暫時翻會眞是心量終知未了原又說息心用多智疑相似良由性不明求空且勞已永劫住幽識抱相都不知放光便動地於彼欲何爲問曰前件看心者復有羅縠難師曰看心有羅縠幻心何待看況無幻心者從容下口難問曰久有大基業心路差互間得覺微細障卽達於眞際自非善巧師無能決此理仰惟我大師當爲開要門引導用心者不令失正道師曰法性本基業夢境成差互實相微細身色心常不悟忽逢混沌士哀怨懇羣生託疑廣設問抱理內常明生死幽徑徹毀譽心不驚野老顯分荅法相媿來儀蒙發羣生藥還如色性爲顯慶元年邑宰蕭元善請住建初師辭不獲免遂命入室上首智巖付囑法印令以

次傳授將下山謂衆曰吾不復踐此山矣時鳥獸哀號踰月不止菴前有四大桐樹仲夏之月忽自凋落明年正月二十三日不疾而逝窆於雞籠山

四祖下二世 旁出

金陵牛頭山融禪師法嗣

牛頭山智巖禪師者曲阿人也姓華氏弱冠智勇過人身長七尺六寸隋大業中爲郎將常以弓挂一漉水囊隨行所至汲用累從大將征討頻立戰功唐武德中年四十遂乞出家入舒州皖公山從寶月禪師爲弟子後一日宴坐覩異僧身長丈餘神姿爽拔詞氣清朗謂師曰卿八十生出家宜加精進言訖不見嘗在谷中入定山水瀑漲師怡然不動其水自退有獵者遇之因改過修善復有昔同從軍者二人聞師隱遁乃共入山尋之既見因謂師曰郎將狂邪何爲住此師曰我狂欲醒君狂正發夫嗜色淫聲貪榮冒寵流轉生死何由自出二人感悟歎息而去師後謁融禪師發明大事融謂師曰吾受信大師眞訣所得都亡設有一法勝過涅槃吾說亦如夢幻夫一塵飛而翳天一芥墮而覆地汝今已過此見吾復何云山門化導當付之於汝師稟命爲第二世後以正法付方禪師師住白馬栖玄兩寺又遷石頭城於儀鳳二年正月十日示滅顏色不變屈伸如生室有異香經旬不歇遺言水葬焉

金陵鍾山曇璀禪師者吳郡人也姓顧氏初謁融禪師融目而奇之乃告之曰色聲爲無生之鴆毒受想是至人之坑穽子知之乎師默而審之大悟玄旨尋晦迹鍾山多歷年所茅菴瓦缶以終老焉唐天授三年二月六日恬然入定七日而滅

四祖下三世四世 旁出不列章次

四祖下五世 旁出

金陵牛頭山持禪師法嗣

牛頭山智威禪師者江寧人也姓陳氏依天寶寺統法師出家謁法持禪師傳授正法自爾江左學徒皆奔走門下有慧忠者目爲法器師嘗有偈示曰莫繫念念成生死河輪廻六趣海無見出長波忠荅曰念想由來幻性自無終始若得此中意長波當自止師又示偈曰余本性虛無緣妄生人我如何息妄情還歸空處坐忠荅曰虛無是實體人我何所存妄情不須息卽汎般若船師知其了悟乃付以院事隨緣化導終於延祚寺

四祖下六世 旁出

金陵牛頭山威禪師法嗣

牛頭山慧忠禪師者潤州人也姓王氏年二十三受業於莊嚴寺聞威禪師出世乃往謁之威纔見曰山主來也師感悟微旨遂給侍左右後辭詣諸方巡禮威於具戒院見夌霄藤遇夏萎悴人欲伐之因謂之曰勿剪慧忠還時此藤更生及師回果如其言卽以山門付囑訖出居延祚寺師平生一衲不易器用唯一鐺嘗有供僧穀兩廩盜者窺伺虎爲守之縣令張遜者至山頂謁問師有何徒弟師曰有三五人遜曰如何得見師敲禪牀有三虎哮吼而出遜驚怖而退後衆請入城居莊嚴舊寺師欲於殿東別創法堂先有古木羣

鵲巢其上工人將伐之師謂鵲曰此地建堂汝等何不速去言訖羣鵲乃遷巢他樹初築基有二神人定其四角復潛資夜役遂不日而就繇是四方學徒雲集得法者有三十四人各住一方轉化多衆師有安心偈曰人法雙淨善惡兩忘直心眞實菩提道場大曆三年石室前挂鐺樹挂衣藤忽盛夏枯死四年六月十五日集僧布薩訖命侍者淨髮浴身至夜有瑞雲覆其精舍空中復聞天樂之聲詰旦怡然坐化時風雨暴作震折林木復有白虹貫於巖壑五年春荼毘獲舍利不可勝計

宣州安國寺玄挺禪師初參威禪師侍立次有講華嚴僧問眞性緣起其義云何威良久師遽召曰大德正興一念問時是眞性中緣起其僧言下大悟或問南宗自何而立曰心宗非南北

舒州天柱山崇慧禪師者彭州人也姓陳氏唐乾元初往舒州天柱山創寺永泰元年賜額僧問如何是天柱境師曰主簿山高難見日玉鏡峰前易曉人問達磨未來此土時還有佛法也無師曰未來且置卽今事作麼生曰某甲不會乞師指示師曰萬古長空一朝風月僧無語師復曰闍黎會麼曰不會師曰自已分上作麼生干他達磨來與未來作麼他家來大似賣卜漢見汝不會爲汝錐破卦文纔生吉凶盡在汝分上一切自看僧曰如何是解卜底人師曰汝纔出門時便不中也問如何是天柱家風師曰時有白雲來閉戶更無風月四山流問亡僧遷化向甚麼處去也師曰灊嶽峰高長積翠舒江明月色光暉問如何是大通智勝佛師曰曠大劫來未曾壅滯不是大通智勝佛是甚麼曰爲甚麼佛法不現前師曰只爲汝不會所以成不現前汝若會去亦無佛可成問如何是道師曰白雲覆青嶂蜂蝶戀庭華問從上諸聖有何言說師曰汝今見吾有何言說問宗門中事請師舉唱師曰石牛長吼眞空外木馬嘶時月隱山問如何是和尚利人處師曰一雨普滋千山秀色問如何是天柱山中人師曰獨步千峰頂優游九曲泉問如何是西來意師曰白猿抱子來青嶂蜂蝶銜華綠蘂間大曆十四年歸寂塔於山之北

潤州鶴林玄素禪師者延陵人也姓馬氏晚參威禪師遂悟性宗後居鶴林寺一日有屠者禮謁願就所居辦供師欣然而往衆皆見訝師曰佛性平等賢愚一致但可度者吾卽度之復何差別之有僧問如何是西來意師曰會卽不會疑卽不疑又曰不會不疑底不疑不會底有僧扣門師問是甚麼人曰是僧師曰非但是僧佛來亦不著曰爲甚麼不著師曰無汝棲泊處

四祖下七世旁出

金陵牛頭山忠禪師法嗣

天台山佛窟巖惟則禪師者京兆人也姓長孫氏初謁忠禪師大悟玄旨乃曰天地無物也物我無物也雖無物也而未嘗無物也如此則聖人如影百姓如夢孰爲死生哉至人以是能獨照能爲萬物主吾知之矣遂南游天台隱於瀑布之西巖元和中慕道者日至

有弟子可素遂築室廬漸成法席佛窟之稱自師始也僧問如何是那羅延箭師曰中的也忽一日告門人曰汝其勉之閱二日跏趺而寂後三年塔全身於本山（唐韓文公撰碑今存國清寺）

鶴林素禪師法嗣

杭州徑山道欽禪師者蘇州崑山人也姓朱氏初服膺儒教年二十八遇素禪師謂之曰觀子神氣温粹真法寶也師感悟因求爲弟子素躬與落髮乃戒之曰汝乘流而行逢徑卽止師遂南邁抵臨安見東北一山因問樵者樵曰此徑山也乃駐錫焉僧問如何是道師曰山上有鯉魚海底有蓬塵馬祖令人送書到書中作一圓相師發緘於圓相中著一點却封回（忠國師聞乃云欽師猶被馬師惑）問如何是祖師西來意師曰汝問不當曰如何得當師曰待吾滅後卽向汝說馬祖令智藏來問十二時中以何爲境師曰待汝回去時有信藏曰如今便回去師曰傳語却須問取曹溪崔趙公問弟子今欲出家得否師曰出家乃大丈夫事非將相之所能爲公於是有省唐大曆三年代宗詔至闕下親加瞻禮一日同忠國師在內庭坐次見帝駕來師起立帝曰師何以起師曰檀越何得向四威儀中見貧道帝悅謂國師曰欲錫欽師一名國師欣然奉詔乃賜號國一焉後辭歸本山於貞元八年十二月示疾說法而逝謚大覺禪師

四祖下八世（旁出）

佛窟則禪師法嗣

天台山雲居智禪師嘗有華嚴院僧繼宗問見性成佛其義云何師曰清淨之性本來湛然無有動摇不屬有無淨穢長短取捨體自翛然如是明見乃名見性性卽佛佛卽性故曰見性成佛曰性旣清淨不屬有無因何有見師曰見無所見曰旣無所見何更有見師曰見處亦無曰如是見時是誰之見師曰無有能見者曰究竟其理如何師曰汝知否妄計爲有卽有能所乃得名迷隨見生解便墮生死明見之人卽不然終日見未嘗見求名處體相不可得能所俱絕名爲見性曰此性徧一切處否師曰無處不徧曰凡夫具否師曰上言無處不徧豈凡夫而不具乎曰因何諸佛菩薩不被生死所拘而凡夫獨縈此苦何曾得徧師曰凡夫於清淨性中計有能所卽墮生死諸佛大士善知清淨性中不屬有無卽能所不立曰若如是說卽有能了不了人師曰了尚不可得豈有能了人乎曰至理如何師曰我以要言之汝卽心念清淨性中無有凡聖亦無了不了人凡之與聖二俱是名若隨名生解卽墮生死若知假名不實卽無有當名者又曰此是極究竟處若云我能了彼不能了卽是大病見有淨穢凡聖亦是大病作無凡聖解又屬撥無因果見有清淨性可棲止亦大病作不棲止解亦大病然清淨性中雖無動摇且不壞方便應用及興慈運悲如是興運之處卽全清淨之性可謂見性成佛矣繼宗踊躍禮謝而退

徑山國一欽禪師法嗣

杭州鳥窠道林禪師本郡富陽人也姓潘氏母朱氏夢日光入口因而有娠及誕異香滿室遂名香光九歲出家二十一於荆州果願

寺受戒後詣長安西明寺復禮法師學華嚴
經起信論禮示以眞妄頌俾修禪那師問曰
初云何觀云何用心禮久而無言師三禮而
退屬代宗詔國一禪師至闕師乃謁之遂得
正法及南歸孤山永福寺有辟支佛塔時道
俗共爲法會師振錫而入有靈隱寺韜光法
師問曰此之法會何以作聲師曰無聲誰知
是會後見秦望山有長松枝葉繁茂盤屈如
葢遂棲止其上故時人謂之鳥窠禪師復有
鵲巢於其側自然馴狎人亦目爲鵲巢和尚
有侍者會通忽一日欲辭去師問曰汝今何
往對曰會通爲法出家和尚不垂慈誨今往
諸方學佛法去師曰若是佛法吾此閒亦有
少許曰如何是和尚佛法師於身上拈起布
毛吹之通遂領悟玄旨元和中白居易侍郎
出守兹郡因入山謁師問曰禪師住處甚危
險師曰太守危險尤甚白曰弟子位鎮江山
何險之有師曰薪火相交識性不停得非險
乎又問如何是佛法大意師曰諸惡莫作衆
善奉行白曰三歲孩兒也解恁麽道師曰三

歲孩兒雖道得八十老人行不得白作禮而
退師於長慶四年二月十日告侍者曰吾今
報盡言訖坐亡有云師名圓修者恐是謚號

五祖大滿禪師旁出法嗣第一世

北宗神秀禪師者耶舍三藏誌云艮地生玄旨通尊嵋亦尊比有三九族足下一毛分開封人也姓李氏少親儒業博綜多
聞俄捨愛出家尋師訪道至蘄州雙峰東山
寺遇五祖以坐禪爲務乃歎伏曰此眞吾師
也誓心苦節以樵汲自役而求其道祖默識
之深加器重祖旣示滅秀遂住江陵當陽山
唐武后聞之詔至都下於内道場供養特加
欽禮命於舊山置度門寺以旌其德時王公
士庶皆望塵拜伏暨中宗卽位尤加禮重大
臣張說嘗問法要執弟子禮師有偈示衆曰
一切佛法自心本有將心外求捨父逃走神
龍二年於東都天宮寺入滅謚大通禪師羽
儀法物送殯於龍門帝送至橋王公士庶皆
至葬所張說及徵士盧鴻一各爲碑誄門人
普寂義福等並爲朝野所重
嵩嶽慧安國師耶舍三藏誌云九女出人倫八女絶婚姻朽林添六脚心祖衆中尊荆州枝江人也姓衛氏隋開皇十七年
括天下私度僧尼勘師師曰本無名遂遁於
山谷大業中大發丁夫開通濟渠饑殍相枕
師乞食以救之獲濟者衆煬帝徵師不赴潛
入大和山暨帝幸江都海内擾攘乃杖錫登
衡嶽行頭陀行唐貞觀中至黄梅謁忍祖遂
得心要麟德元年遊終南山石壁因止焉高
宗嘗召師不奉詔於是徧歷名迹至嵩少云
是吾終焉之地也自爾禪者輻湊有坦然懷
讓二僧來叅問曰如何是祖師西來意師曰
何不問自己意曰如何是自己意師曰當觀
密作用曰如何是密作用師以目開合示之
然於言下知歸讓乃卽謁曹溪武后徵至輦
下待以師禮與秀禪師同加欽重后嘗問師
甲子多少師曰不記后曰何不記耶師曰生
死之身其若循環環無起盡焉用記爲况此
心流注中間無閒見漚起滅者乃妄想耳從
初識至動相滅時亦只如此何年月而可記
乎后聞稽顙信受神龍二年中宗賜紫袈裟
度弟子二七人仍延入禁中供養三年又賜

摩衲辭歸嵩嶽是年三月三日囑門人曰吾死已將屍向林中待野火焚之俄爾萬回公來見師猖狂握手言論傍侍傾耳都不體會至八日閉戶偃身而寂春秋一百二十八（隋開皇二年壬寅生唐景龍三年己酉滅時稱老安國師）門人遵旨舁置林間果野火自然闍維得舍利八十粒內五粒色紫留於宮中至先天二年門人建浮圖焉

袁州蒙山道明禪師者鄱陽人陳宣帝之裔也國亡落於民間以其王孫嘗受署因有將軍之號少於永昌寺出家慕道頗切往依五祖法會極意研尋初無解悟及聞五祖密付衣法與盧行者即率同志數十人躡迹追逐至大庾嶺師最先見餘輩未及盧見師奔至即擲衣鉢於磐石曰此衣表信可力爭邪任君將去師遂舉之如山不動踟蹰悚慄乃曰我來求法非為衣也願行者開示於我盧曰不思善不思惡正恁麼時阿那箇是明上座本來面目師當下大悟徧體汗流泣禮數拜問曰上來密語密意外還更別有意旨否盧曰我今與汝說者即非密也汝若返照自己面目密却在汝邊師曰某甲雖在黃梅隨衆實未省自己面目今蒙指授入處如人飲水冷暖自知今行者即是某甲師也盧曰汝若如是則吾與汝同師黃梅善自護持師又問某甲向後宜往何所盧曰逢袁可止遇蒙即居師禮謝遽回至嶺下謂衆人曰向陟崔嵬遠望杳無蹤迹當別道尋之皆以為然師既回遂獨往廬山布水臺經三載後始往袁州蒙山大唱玄化初名慧明以避六祖上字故名道明弟子等盡遣過嶺南參禮六祖

## 五祖下二世（旁出）

### 北宗秀禪師法嗣

五臺山巨方禪師安陸人也姓曹氏幼稟業於明福院朗禪師初講經論後參禪會及造北宗秀問曰白雲散處如何師曰不昧秀又問到此間後如何師曰正見一枝生五葉秀默許之入室侍對應機無爽尋至上黨寒嶺居焉數歲之間衆盈千數後於五臺山闡化二十餘年示寂塔於本山

河中府中條山智封禪師姓吳氏初習唯識論滯于名相為知識所詰乃發憤罷講遊方見秀禪師疑心頓釋乃辭去居於蒲津安峯不下山十年木食澗飲州牧衛文昇建安國院居之緇素歸依憧憧不絕使君問曰某今日後如何師曰日從蒙汜出照樹全無影使君初不能諭拱揖而退少選開曉釋然自得師來往中條山二十餘年得其道者不可勝紀滅後門人於州城北建塔焉

兗州降魔藏禪師趙郡人也姓王氏父為亳掾師七歲出家時屬野多妖鬼魅惑於人師孤形制伏曾無少畏故得降魔名焉即依廣福院明讚禪師落髮後遇北宗盛化便誓摳衣秀問曰汝名降魔此無山精木怪汝翻作魔邪師曰有佛有魔秀曰汝若是魔必住不思議境界師曰是佛亦空何境界之有秀懸記之曰汝與少皞之墟有緣師尋入泰山數稔學者雲集一日告門人曰吾今老朽物極有歸言訖而逝

壽州道樹禪師唐州人也姓聞氏幼探經籍年將五十因遇高僧誘諭遂誓出家禮本部

明月山慧文爲師師恥乎年長求法淹遲勵志遊方無所不至後歸東洛遇秀禪師言下知微乃卜壽州三峰山結茅而居常有野人服色素朴言譚詭異於言笑外化作佛形及菩薩羅漢天仙等形或放神光或呈聲響師之學徒覩之皆不能測如此涉十年後寂無形影師告衆曰野人作多色伎倆眩惑於人只消老僧不見不聞伊伎倆有窮吾不見不聞無盡唐寶曆元年示疾而終

嵩嶽安國師法嗣

洛京福先寺仁儉禪師自嵩山罷問放曠郊鄽謂之騰騰和尚唐天冊萬歲中天后詔入殿前仰視天后良久曰會麼后曰不會師曰老僧持不語戒言訖而出翌日進短歌一十九首天后覽而嘉之厚加賜賚師皆不受又令寫歌辭傳布天下其辭並敷演眞理以警時俗唯了元歌一首盛行於世

嵩嶽破竈墮和尚不稱名氏言行叵測隱居高嶽山塢有廟甚靈殿中唯安一竈遠近祭祀不輟烹殺物命甚多師一日領侍僧入廟以杖敲竈三下曰咄此竈只是泥瓦合成聖從何來靈從何起恁麼烹宰物命又打三下竈乃傾破墮落須臾有一人青衣峩冠設拜師前師曰是甚麼人曰我本此廟竈神久受業報今日蒙師說無生法得脫此處生在天中特來致謝師曰是汝本有之性非吾彊言神再禮而沒少選侍僧問曰某等久侍和尚不蒙示誨竈神得甚麼徑旨便得生天師曰我只向伊道是泥瓦合成别也無道理爲伊侍僧無言師曰會麼僧曰不會師曰本有之性爲甚麼不會侍僧等乃禮拜師曰墮也墮也破也破也後義豐禪師舉似安國師安歎曰此子會盡物我一如可謂如朗月處空無不見者難搆伊語脉豐問曰未審甚麼人搆得他語脉安曰不知者時號爲破竈墮僧問物物無形時如何師曰禮卽唯汝非我不禮卽爲我非汝其僧乃禮謝師曰本有之物物非物也所以道心能轉物卽同如來有僧從牛頭處來師問曰來自何人法會僧近前叉手遶師一匝而出師曰牛頭會下不可有此人僧乃迴師上肩叉手而立師曰果然果然僧却問曰應物不由他時如何師曰爭得不由他曰恁麼則順正歸元去也師曰歸元何順曰若非和尚幾錯招愆師曰猶是未見四祖時道理見後道將來僧却遶師一匝而出師曰順正之道今古如然僧作禮又僧侍立久師乃曰祖祖佛佛只說如人本性本心别無道理會取會取僧禮謝師乃以拂子打之曰一處如是千處亦然僧乃叉手近前應喏一聲師曰更不信更不信僧問如何是大闡提人師曰尊重禮拜曰如何是大精進人師曰毀辱嗔恚其後莫知所終

嵩嶽元珪禪師伊闕人也姓李氏幼歲出家唐永淳二年受具戒隸閑居寺習毘尼無懈後謁安國師頓悟玄旨遂卜廬於嶽之龐塢一日有異人峩冠袴褶（徒頰切）而至從者極多輕步舒徐稱謁大師師覩其形貌奇偉非常乃諭之曰善來仁者胡爲而至彼曰師寧識我邪師曰吾觀佛與衆生等吾一目之豈分别邪彼曰我此嶽神也能生死於人師安得

一目我哉師曰吾本不生汝焉能死吾視身與空等視吾與汝等汝能壞空與汝乎苟能壞空及汝吾則不生不滅也汝尚不能如是又焉能生死吾邪神稽首曰我亦聰明正直於餘神詎知師有廣大之智辯乎願授以正戒令我度世師曰汝既乞戒即既戒也所以者何戒外無戒又何戒哉神曰此理也我聞茫昧止求師戒我身爲門弟子師即爲張座秉爐正几曰付汝五戒若能奉持即應曰能不能即曰否曰謹受教師曰汝能不淫乎曰我亦娶也師曰非謂此也謂無羅欲也曰能師曰汝能不盜乎曰何乏我也焉有盜取哉師曰非謂此也謂饗而福淫不供而禍善也曰能師曰汝能不殺乎曰實司其柄焉曰不殺師曰非謂此也謂有濫誤疑混也曰能師曰汝能不妄乎曰我正直焉有妄乎師曰非謂此也謂先後不合天心也曰能師曰汝不遭酒敗乎曰能師曰如上是爲佛戒也又言以有心奉持而無心拘執以有心爲物而無心想身能如是則先天地生不爲精後天地死不爲老終日變化而不爲動畢盡寂默而不爲休信此則雖娶非妻也雖饗非取也雖柄非權也雖作非故也雖醉非惛也若能無心於萬物則羅欲不爲婬福淫禍善不爲盜濫誤疑混不爲殺先後違天不爲妄惛荒顛倒不爲醉是謂無心也無心則無戒無戒則無心無佛無衆生無汝及無我孰爲戒哉神曰我神通亞佛師曰汝神通十句五能五不能佛則十句七能三不能神悚然避席跪啓曰可得聞乎師曰汝能戾上帝東天行而西七曜乎曰不能師曰汝能奪地祇融五嶽而結四海乎曰不能師曰是謂五不能也佛能空一切相成萬法智而不能即滅定業佛能知羣有性窮億劫事而不能化導無緣佛能度無量有情而不能盡衆生界是爲三不能也定業亦不牢久無緣亦是一期衆生界本無增減亘無一人能主其法有法無主是謂無法無法無主是謂無心如我解佛亦無神通也但能以無心通達一切法爾神曰我誠淺昧未聞空義師所授戒我當奉行今願報慈德効我所能師曰吾觀身無物觀法無常塊然更有何欲邪神曰師必命我爲世間事展我小神功使已發心初發心未發心不信心必信心五等人目我神蹤知有佛有神有能有不能有自然有非自然者師曰無爲是無爲是神曰佛亦使神護法師寧隳叛佛邪願隨意垂誨師不得已而言曰東巖寺之障莽然無樹北岫有之而背非屏擁汝能移北樹於東嶺乎神曰已聞命矣然昏夜必有喧動願師無駭即作禮辭去師門送而且觀之見儀衛逶迤如王者之狀嵐靄煙霞紛綸間錯幢幡環珮凌空隱沒焉其夕果有暴風吼雷奔雲掣電棟宇搖蕩宿鳥聲喧師謂衆曰無怖無怖神與我契矣詰旦和霽則北巖松栝盡移東嶺森然行植師謂其徒曰吾沒後無令外知若爲口實人將妖我以開元四年丙辰歲囑門人曰吾始居寺東嶺吾滅汝必寘吾骸於彼言訖若委蛻焉

五祖下三世 旁出

嵩山寂禪師法嗣

終南山惟政禪師平原人也姓周氏受業於本州延和寺詮澄法師得法於嵩山普寂禪師即入太一山中學者盈室唐文宗好嗜蛤蜊沿海官吏先時遞進人亦勞止一日御饌中有擘不張者帝以其異即焚香禱之乃開見菩薩形儀梵相具足帝遂貯以金粟檀香合覆以美錦賜興善寺令衆僧瞻禮因問羣臣斯何祥也或奏太一山惟政禪師深明佛法博聞强記詎詔問之帝即頒詔師至帝問其事師曰臣聞物無虛應此乃啓陛下之信心耳故契經云應以此身得度者即現此身而爲說法帝曰菩薩身已現且未聞說法師曰陛下覩此爲常邪非常邪信邪非信邪帝曰希奇之事朕深信焉師曰陛下已聞說法竟皇情悅豫得未曾有詔天下寺院各立觀音像以荅殊休留師於內道場累辭歸山詔令住聖壽寺至武宗即位師忽入終南山隱居人問其故師曰吾避仇矣終後闍維收舍利四十九粒而建塔焉

破竈墮和尚法嗣

嵩山峻極禪師僧問如何是修善行人師曰擔枷帶鎖曰如何是作惡行人師曰修禪入定曰某甲淺機請師直指師曰汝問我惡惡不從善汝問我善善不從惡僧良久師曰會麼僧曰不會師曰惡人無善念善人無惡心所以道善惡如浮雲俱無起滅處僧於言下大悟後破竈墮聞舉乃曰此子會盡諸法無生

五祖下四世

益州無相禪師法嗣

益州保唐寺無住禪師初得法於無相大師乃居南陽白崖山專務宴寂經累歲學者漸至勤請不已自此垂誨雖廣演言教而唯以無念爲宗唐相國杜鴻漸出撫坤維聞師名思一瞻禮遣使到山延請時節度使崔寧亦命諸寺僧徒遠出迎引至空慧寺時杜公與戎帥召三學碩德俱會寺中致禮訖公問曰弟子聞今和尚說無憶無念莫妄三句法門是否師曰然公曰此三句是一是三師曰無憶名戒無念名定莫妄名慧一心不生具戒定慧非一非三也公曰後句妄字莫是從心之忘乎曰從女者是也公曰有據否師曰法句經云若起精進心是妄非精進若能心不妄精進無有涯公聞疑情盪然公又問師還以三句示人否師曰初心學人還令息念澄停識浪水清影現悟無念體寂滅現前無念亦不立也於時庭樹鵶鳴公問師聞否師曰聞鵶去已又問師聞否師曰聞公曰鵶去無聲云何言聞師乃普告大衆曰佛世難值正法難聞各各諦聽聞無有聞非關聞性本來不生何曾有滅有聲之時是聲塵自生無聲之時是聲塵自滅而此聞性不隨聲生不隨聲滅悟此聞性則免聲塵之所轉當知聞無生滅聞無去來公與僚屬大衆稽首又問何名第一義第一義者從何次第得入師曰第一義無有次第亦無出入世諦一切有第一義即無諸法無性性說名第一義佛言有法名俗諦無性第一義公曰如師開示實不可思議公又曰弟子性識微淺昔因公暇撰得起信論章疏兩卷可得稱佛法否師曰夫造

章疏皆用識心思量分别有爲有作起心動念然可造成據論文云當知一切法從本以來離言説相離名字相離心緣相畢竟平等無有變異唯有一心故名眞如今相公著言説相著名字相著心緣相既著種種相云何是佛法公起作禮曰弟子亦曾問諸供奉大德皆讚弟子不可思議當知彼等但徇人情師今從理解説合心地法實是眞理不可思議公又問云何不生云何不滅如何得解脱師曰見境心不起名不生不生卽不滅既無生滅卽不被前塵所縛當處解脱不生名無念無念卽無滅無念卽無縛無念卽無脱舉要而言識心卽離念見性卽解脱離識心見性外更有法門證無上菩提者無有是處公曰何名識心見性師曰一切學道人隨念流浪蓋爲不識眞心眞心者念生亦不順生念滅亦不依寂不來不去不定不亂不取不捨不沈不浮無爲無相活鱍鱍平常自在此心體畢竟不可得無可知覺觸目皆如無非見性也公與大衆作禮稱讚踊躍而去師後居保唐寺而終

五燈會元卷第四

五燈會元卷第四

校勘記

一　底本，清藏本。

一　三三七頁上一行經名，徑作「五燈會元卷第二」。

一　三三八頁下末行第一六字「今」，徑作「令」。

一　三三九頁上一四行「瀑漲」，徑作「暴漲」。

一　三四二頁中一一行第六字「詔」，徑作「召」。

一　三四四頁中一七行第二字「爲」，徑作「唯」。

一　三四七頁中卷末經名，徑無（未換卷）。

五燈會元卷第五　　城八

宋沙門大川濟纂

六祖大鑒禪師旁出法嗣第一世

西域崛多三藏者天竺人也於六祖言下契悟後遊五臺見一僧結菴靜坐師問曰孤坐奚爲曰觀靜師曰觀者何人靜者何物其僧作禮問曰此理何如師曰汝何不自觀自靜彼僧茫然師曰汝出誰門邪曰秀禪師師曰我西域異道最下種者不墮此見兀然空坐於道何益其僧却問師所師者何人師曰我師六祖汝何不速往曹溪決其真要其僧即往參六祖六祖垂誨與師符合僧即悟入師後不知所終

韶州法海禪師者曲江人也初見六祖問曰即心即佛願垂指諭祖曰前念不生即心後念不滅即佛成一切相即心離一切相即佛吾若具說窮劫不盡聽吾偈曰即心名慧即佛乃定定慧等持意中清淨悟此法門由汝習性用本無生雙修是正師信受以偈贊曰即心元是佛不悟而自屈我知定慧因雙修離諸物

吉州志誠禪師者本州太和人也初參秀禪師後因兩宗盛化秀之徒衆往往譏南宗曰能大師不識一字有何所長秀曰他得無師之智深悟上乘吾不如也且吾師五祖親付衣法豈徒然哉吾所恨不能遠去親近虛受國恩汝等諸人無滯於此可往曹谿質疑他日回當爲吾說師聞此語禮辭至韶陽隨衆參請不言來處時六祖告衆曰今有盜法之人潛在此會師出禮拜具陳其事祖曰汝師若爲示衆師曰嘗指誨大衆令住心觀靜長坐不臥祖曰住心觀靜是病非禪長坐拘身於理何益聽吾偈曰生來坐不臥死去臥不坐一具臭骨頭何爲立功過師曰未審和尚以何法誨人祖曰吾若言有法與人即爲誑汝但且隨方解縛假名三昧聽吾偈曰心地無非自性戒心地無癡自性慧心地無亂自性定不增不減自金剛身去身來本三昧師聞偈悔謝即誓依歸乃呈偈曰五蘊幻身幻何究竟回趣真如法還不淨

匾擔山曉了禪師者傳記不載唯北宗門人忽雷澄禪師撰塔碑盛行於世其畧曰師住匾擔山號曉了六祖之嫡嗣也師得無心之心了無相之相無相者森羅眩目無心者分別熾然絕一言一響響莫可傳傳之行矣言莫可窮窮之非矣師得無無之無不無於無也吾今以有有之有不有於有也不有之有去來非增不無之無涅槃非減嗚呼師住世兮曹谿明師寂滅兮法舟傾師譚無說兮寰宇盈師示迷徒兮了義乘匾擔山色垂茲色空谷猶留曉了名

洪州法達禪師者洪州豐城人也七歲出家誦法華經進具之後禮拜六祖頭不至地祖訶曰禮不投地何如不禮汝心中必有一物蘊習何事邪師曰念法華經已及三千部祖曰汝若念至萬部得其經意不以爲勝則與吾偕行汝今負此事業都不知過聽吾偈曰禮本折慢幢頭奚不至地有我罪即生亡功福無比祖又曰汝名甚麼對曰名法達祖曰汝名法達何曾達法復說偈曰汝今名法達

勸誦未休歇空誦但循聲明心號菩薩汝今有緣故吾今爲汝說但信佛無言蓮華從口發師聞偈悔過曰而今而後當謙恭一切惟願和尚大慈畧說經中義理祖曰汝念此經以何爲宗師曰學人愚鈍從來但依文誦念豈知宗趣祖曰汝試爲吾念一徧吾當爲汝解說師卽高聲念經至方便品祖曰止此經元來以因緣出世爲宗縱說多種譬喻亦無越於此何者因緣唯一大事一大事卽佛知見也汝愼勿錯解經意見他道開示悟入自是佛之知見我輩無分若作此解乃是謗經毀佛也彼既是佛已具知見何用更開汝今當信佛知見者只汝自心更無別體蓋爲一切衆生自蔽光明貪愛塵境外緣內擾甘受驅馳便勞他從三昧起種種苦口勸令寢息莫向外求與佛無二故云開佛知見汝但勞勞執念謂爲功課者何異犛牛愛尾也師曰若然者但得解義不勞誦經邪祖曰經有何過豈障汝念只爲迷悟在人損益由汝聽吾偈曰心迷法華轉心悟轉法華誦久不明已與義作讐家無念念卽正有念念成邪有無俱不計長御白牛車師聞偈再啓曰經云諸大聲聞乃至菩薩皆盡思度量尚不能測於佛智今令凡夫但悟自心便名佛之知見自非上根未免疑謗又經說三車大牛之車與白牛車如何區別願和尚再垂宣說祖曰經意分明汝自迷背諸三乘人不能測佛智者患在度量也饒伊盡思共推轉加懸遠佛本爲凡夫說不爲佛說此理若不肯信者從他退席殊不知坐却白牛車更於門外覓三車況經文明向汝道無二亦無三汝何不省三車是假爲昔時故一乘是實爲今時故只教你去假歸實歸實之後實亦無名應知所有珍財盡屬於汝由汝受用更不作父想亦不作子想亦無用想是名持法華經從劫至劫手不釋卷從晝至夜無不念時也師既蒙啓發踴躍歡喜以偈贊曰經誦三千部曹谿一句亡未明出世旨寧歇累生狂羊鹿牛權設初中後善揚誰知火宅內元是法中王祖曰汝今後方可爲念經僧也師從此領旨亦不輟誦持

壽州智通禪師者安豐人也初看楞伽經約千餘徧而不會三身四智禮拜六祖求解其義祖曰三身者清淨法身汝之性也圓滿報身汝之智也千百億化身汝之行也若離本性別說三身卽名有身無智若悟三身無有自性卽名四智菩提聽吾偈曰自性具三身發明成四智不離見聞緣超然登佛地吾今爲汝說諦信永無迷莫學馳求者終日說菩提師曰四智之義可得聞乎祖曰既會三身便明四智何更問邪若離三身別譚四智此名有智無身也卽此有智還成無智復說偈曰大圓鏡智性清淨平等性智心無病妙觀察智見非功成所作智同圓鏡五八六七果因轉但用名言無實性若於轉處不留情繁與永處那伽定（轉識爲智者敎中云轉前五識爲成所作智轉第六識爲妙觀察智轉第七識爲平等性智轉第八識爲大圓鏡智雖六七因中轉五八果上轉但轉其名而不轉其體也）師禮謝以偈贊曰三身元我體四智本心明身智融無礙應物任隨形起修皆妄動守住匪眞精妙旨因師曉終亡汙染

名

江西志徹禪師姓張氏名行昌少任俠自南北分化二宗主雖亡彼我而徒侶競起愛憎時北宗門人自立秀禪師爲第六祖而忌大鑑傳衣爲天下所聞然祖預知其事卽置金十兩於方丈時行昌受北宗門人之囑懷刃入祖室將欲加害祖舒頸而就行昌揮刃者三都無所損祖曰正劒不邪邪劒不正只負汝金不負汝命行昌驚仆久而方蘇求哀悔過卽願出家祖遂與金曰汝且去恐徒衆翻害於汝汝可他日易形而來吾當攝受行昌稟旨宵遁投僧出家具戒精進一日憶祖之言遠來禮覲祖曰吾久念於汝汝來何晚曰昨蒙和尚捨罪今雖出家苦行終難報於深恩其唯傳法度生乎弟子嘗覽涅槃經未曉常無常義乞和尚慈悲畧爲宣說祖曰無常者卽佛性也有常者卽善惡一切諸法分別心也曰和尚所說大違經文祖曰吾傳佛心印安敢違於佛經曰經說佛性是常和尚却言無常善惡諸法乃至菩提心皆是無常和尚却言是常此卽相違令學人轉加疑惑祖曰涅槃經吾昔者聽尼無盡藏讀誦一徧便爲講說無一字一義不合經文乃至爲汝終無二說曰學人識量淺昧願和尚委曲開示祖曰汝知否佛性若常更說甚麼善惡諸法乃至窮劫無有一人發菩提心者故吾說無常正是佛說眞常之道也又一切諸法若無常者卽物物皆有自性容受生死而眞常性有不徧之處故吾說常者正是佛說眞無常義也佛比爲凡夫外道執於邪常諸二乘人於常計無常共成八倒故於涅槃了義敎中破彼偏見而顯說眞常眞樂眞我眞淨汝今依言背義以斷滅無常及確定死常而錯解佛之圓妙最後微言縱覽千徧有何所益行昌忽如醉醒乃說偈曰因守無常心佛演有常性不知方便者猶春池拾礫我今不施功佛性而見前非師相授與我亦無所得祖曰汝今徹也宜名志徹師禮謝而去

信州智常禪師者本州貴谿人也髫年出家志求見性一日參六祖祖問汝從何來欲求何事師曰學人近禮大通和尚蒙示見性成佛之義未決狐疑至吉州遇人指迷令投和尚伏願垂慈攝受祖曰彼有何言句汝試舉看吾與汝證明師曰初到彼三月未蒙開示以爲法切故於中夜獨入方丈禮拜哀請大通乃曰汝見虛空否對曰見彼曰汝見虛空有相貌否對曰虛空無形有何相貌彼曰汝之本性猶如虛空返觀自性了無一物可見是名正見無一物可知是名眞知無有青黃長短但見本源清淨覺體圓明卽名見性成佛亦名極樂世界亦名如來知見學人雖聞此說猶未決了乞和尚示誨令無凝滯祖曰彼師所說猶存見知故令汝未了吾今示汝一偈曰不見一法存無見大似浮雲遮日面不知一法守空知還如太虛生閃電此之知見瞥然興錯認何曾解方便汝當一念自知非自己靈光常顯現師聞偈已心意豁然乃述一偈曰無端起知解著相求菩提情存一念悟寧越昔時迷自性覺源體隨照枉遷流不入祖師室茫然趣兩頭

廣州志道禪師者南海人也初叅六祖問曰學人自出家覽涅槃經僅十餘載未明大意願和尚垂誨祖曰汝何處未了對曰諸行無常是生滅法生滅滅已寂滅爲樂於此疑惑祖曰汝作麽生疑對曰一切衆生皆有二身謂色身法身也色身無常有生有滅法身有常無知無覺經云生滅滅已寂滅爲樂者未審是何身寂滅何身受樂若色身者色身滅時四大分散全是苦苦不可言樂若法身寂滅卽同草木瓦石誰當受樂又法性是生滅之體五蘊是生滅之用一體五用生滅是常生則從體起用滅則攝用歸體若聽更生卽有情之類不斷不滅若不聽更生卽永歸寂滅同於無情之物如是則一切諸法被涅槃之所禁伏尚不得生何樂之有祖曰汝是釋子何習外道斷常邪見而議最上乘法據汝所解卽色身外別有法身離生滅求於寂滅又推涅槃常樂言有身受者斯乃執吝生死耽著世樂汝今當知佛爲一切迷人認五蘊和合爲自體相分別一切法爲外塵相好生惡死念念遷流不知夢幻虛假枉受輪迴以常樂涅槃翻爲苦相終日馳求佛愍此故乃示涅槃眞樂刹那無有生相刹那無有滅相更無生滅可滅是則寂滅見前當見前之時亦無見前之量乃謂常樂此樂無有受者亦無不受者豈有一體五用之名何况更言涅槃禁伏諸法令永不生斯乃謗佛毀法聽吾偈曰無上大涅槃圓明常寂照凡愚謂之死外道執爲斷諸求二乘人目以爲無作盡屬情所計六十二見本妄立虛假名何爲眞實義唯有過量人通達無取捨以知五蘊法及以蘊中我外現衆色象一一音聲相平等如夢幻不起凡聖見不作涅槃解二邊三際斷常應諸根用而不起用想分別一切法不起分別想劫火燒海底風鼓山相擊眞常寂滅樂涅槃相如是吾今强言說令汝捨邪見汝勿隨言解許汝知少分師聞偈踊躍作禮而退

永嘉眞覺禪師諱玄覺本郡戴氏子丱歲出家徧探三藏精天台止觀圓妙法門於四威儀中常冥禪觀後因左谿朗禪師激勵與東陽策禪師同詣曹溪初到振錫遶祖三帀卓然而立祖曰夫沙門者具三千威儀八萬細行大德自何方而來生大我慢師曰生死事大無常迅速祖曰何不體取無生了無速乎師曰體卽無生了本無速祖曰如是如是于時大衆無不愕然師方具威儀叅禮須臾告辭祖曰返大速乎師曰本自非動豈有速邪祖曰誰知非動師曰仁者自生分別祖曰汝甚得無生之意師曰無生豈有意邪祖曰無意誰當分別師曰分別亦非意祖歎曰善哉善哉少留一宿時謂一宿覺矣師翌日下山乃回溫州學者輻湊著證道歌一首及禪宗悟修圓旨自淺之深慶州刺史魏靖緝而序之成十篇目爲永嘉集並行於世△慕道志儀第一夫欲修道先須立志及事師儀則彰乎軌訓故標第一明慕道儀式戒憍奢意第二初雖立志修道善識軌儀若三業憍奢妄心擾動何能得定故次第二明戒憍奢意也淨修三業第三前戒憍奢畧標綱要今子細

檢責令麁過不生故次第三明淨修三業戒乎身口意也奢摩他頌第四已檢責身口令麁過不生次須入門修道漸次不出定慧五種起心六種料揀故次第四明奢摩他頌也毘婆舍那頌第五非戒不禪非禪不慧上既修定定久慧明故次第五明毘婆舍那頌也優畢叉頌第六偏修於定定久則沈偏學於慧慧多心動故次第六明優畢叉頌等於定慧令不沈動使定慧均等捨於二邊三乘漸次第七定慧既均則寂而常照三觀一心何疑不遣何照不圓自解雖明悲他未悟悟有深淺故次第七明三乘漸次也事理不二第八三乘悟理理無不窮窮理在事了事即理故次第八明事理不二即事而眞用祛倒見也勸友人書第九事理既融內心自瑩復悲遠學虛擲寸陰故次第九明勸友人書也發願文第十勸友雖是悲他專心在一情猶未普故次第十明發願文誓度一切也厶優畢叉頌畧曰復次觀心十門初則言其法爾次則出其觀體三則語其相應四則警其上慢

五則誡其疎怠六則重出觀體七則明其是非八則簡其詮旨九則觸途成觀十則妙契玄源第一言法爾者夫心性虛通動靜之源莫二眞如絕慮緣計之念非殊惑見紛馳窮之則唯一寂靈源不狀鑒之則以千差千差不同法眼之名自立一寂非異慧眼之號斯存理量雙銷佛眼之功圓著是以三諦一境法身之理常清三智一心般若之明常照境智冥合解脫之應隨機非縱非橫圓伊之道玄會故知三德妙性宛爾無乖一心深廣難思何出要而非路是以即心爲道者可謂尋流而得源矣第二出其觀體者只知一念即空不空非空非不空第三語其相應者心與空相應則譏毀讚譽何憂何喜身與空相應則刀割香塗何苦何樂依報與空相應則施與劫奪何得何失心與空不空相應則愛見都忘慈悲普救身與空不空相應則內同枯木外現威儀依報與空不空相應則永絕貪求資財給濟心與空不空非空非不空相應則實相初明開佛知見身與空不空非空非

不空相應則一塵入正受諸塵三昧起依報與空不空非空非不空相應則香臺寶閣嚴土化生第四警其上慢者若不爾者則未相應也第五誡其疎怠者然渡海應須上船非船何以能渡修心必須入觀非觀無以明心心尚未明相應何日思之勿自恃也第六重出觀體者只知一念即空不空非有非無不知即念即空不空非非有非非無第七明其是非者心不是有心不是無心不非有心不非無是有是無即墮是非有非無即墮非如是只是非之非未是非非非之是今以雙非破兩是是破非是猶是非又以雙非破兩非非非即是如是只是非非非非之是未是不非不不非不是不不是是非之感緜微難見神清慮靜細而研之第八簡其詮旨者然而至理無言假文言以明其旨旨宗非觀藉修觀以會其宗若旨之未明則言之未的若宗之未會則觀之未深深觀乃會其宗的言必明其旨旨宗既其明會言觀何得復存邪第九觸途成觀者夫再演言詞重

標觀體欲明宗旨無異言觀有逐方移移言則言理無差改觀則觀旨不異不異之旨卽理無差之理卽宗旨一而二名言觀明其弄引耳第十妙契玄源者夫悟心之士寧執觀而迷旨達教之人豈滯言而惑理理明則言語道斷何言之能議旨會則心行處滅何觀之能思心言不能思議者可謂妙契環中矣先天二年十月十七日安坐示滅塔於西山之陽謚無相大師塔曰淨光

溫州淨居尼玄機唐景雲中得度常習定於大日山石窟中一日忽念曰法性湛然本無去住厭喧趨寂豈爲達邪乃往參雪峰峰問甚處來曰大日山來峰曰日出也未師曰若出則鎔却雪峰峰曰汝名甚麽師曰玄機峰曰日織多少師曰寸絲不挂遂禮拜退纔行三五步峰召曰袈裟角拖地也師回首峰曰大好寸絲不挂（世傳玄機乃永嘉大師女弟嘗同遊方以景雲歲日考之是矣第所見雪峰非眞覺存也永嘉旣到曹溪必嶺下雪峰也未詳法嗣故附於此）

司空山本淨禪師者絳州人也姓張氏幼歲披緇於曹溪之室受記隸司空山無相寺唐天寶三年玄宗遣中使楊光庭入山採常春藤因造丈室禮問曰弟子慕道斯久願和尚慈悲畧垂開示師曰天下禪宗碩學咸會京師天使歸朝足可咨決貧道隈山傍水無所用心光庭泣拜師曰休禮貧道天使爲求佛邪問道邪曰弟子智識昏昧未審佛之與道其義云何師曰若欲求佛卽心是佛若欲會道無心是道曰云何卽心是佛師曰佛因心悟心以佛彰若悟無心佛亦不有曰云何無心是道師曰道本無心無心名道若了無心無心卽道光庭作禮信受旣回闕庭具以山中所遇奏聞卽敕光庭詔師到京敕住白蓮亭越明年正月十五日召兩街名僧碩學赴內道場與師闡揚佛理時有遠禪師者抗聲謂師曰今對聖上較量宗旨應須直問直荅不假繁辭只如禪師所見以何爲道師曰無心是道遠曰道因心有何得言無心是道師曰道本無名因心名道心名若有道不虛然窮心旣無道憑何立二俱虛妄總是假名遠曰禪師見有身心是道已否師曰山僧身心本來是道遠曰適言無心是道今又言身心本來是道豈不相違師曰無心是道心泯道無心道一如故言無心是道身心本來是道道亦本是身心身心本旣是空道亦窮源無有遠曰觀禪師形質甚小却會此理師曰大德只見山僧相不見山僧無相見相者是大德所見經云凡所有相皆是虛妄若見諸相非相卽見其道若以相爲實窮劫不能見道遠曰今請禪師於相上說於無相師曰淨名經云四大無主身亦無我無我所見與道相應大德若以四大有主是我若有我見窮劫不可會道也遠聞語失色逡巡避席師有偈曰四大無主復如水遇曲逢直無彼此淨穢兩處不生心壅決何曾有二意觸境但似水無心在世縱橫有何事復云一大如是四大亦然若明四大無主卽悟無心若了無心自然契道志明禪師問若言無心是道瓦礫無心亦應是道又曰身心本來是道四生十類皆有身心亦應是道師曰大德若作見聞覺知解會與道懸殊卽是求見聞覺知之者非

是求道之人經云無眼耳鼻舌身意六根尚無見聞覺知憑何而立窮本不有何處存心焉得不同草木瓦礫明杜口而退師有偈曰見聞覺知無障礙聲香味觸常三昧如鳥空中只麼飛無取無捨無憎愛若會應處本無心始得名爲觀自在眞禪師問道既無心佛有心否佛之與道是一是二師曰不一不二曰佛度衆生爲有心故道不度人爲無心故一度一不度何得無二師曰若言佛度衆生道無度者此是大德妄生二見如山僧卽不然佛是虛名道亦妄立二俱不實總是假名一假之中如何分二曰佛之與道總是假名當立名時是誰爲立若有立者何得言無師曰佛之與道因心而立推窮立心心亦是無心既是無卽悟二俱不實知如夢幻卽悟本空彊立佛道二名此是二乘人見解師乃說無修無作偈曰見道方修道不見復何修道性如虛空虛空何所修徧觀修道者撥火覓浮漚但看弄傀儡線斷一時休法空禪師問佛之與道俱是假名十二分教亦應不實何

以從前尊宿皆言修道師曰大德錯會經意道本無修大德彊修道本無作大德彊作道本無事彊生多事道本無知於中強知如此見解與道相違從前尊宿不應如是自是大德不會請思之師有偈曰道體本無修不修自合道若起修道心此人不會道棄却一眞性却入鬧浩浩忽逢修道人第一莫向道安禪師問道既假名佛云妄立十二分教亦是接物度生一切是妄以何爲眞師曰爲有妄故將眞對妄推窮妄性本空眞亦何曾有故故知眞妄總是假名二事對治都無實體窮其根本一切皆空曰既言一切是妄妄亦同眞眞妄無殊復是何物師曰若言何物何物亦妄經云無相似無比況言語道斷如鳥飛空安慙伏不知所措師有偈曰推眞眞無相窮妄妄無形返觀推窮心知心亦假名會道亦如此到頭亦只寧達性禪師問禪師至妙至微眞妄雙泯佛道兩亡修行性空名相不實世界如幻一切假名作此解時不可斷絕衆生善惡二根師曰善惡二根皆因心有窮

心若有根亦非虛推心既無根因何立經云善不善法從心化生善惡業緣本無有實師有偈曰善既從心生惡豈離心有善惡是外緣於心實不有捨惡歸何處取善令誰守傷嗟二見人攀緣兩頭走若悟本無心始悔從前咎又有近臣問曰此身從何而來百年之後復歸何處師曰如人夢時從何而來睡覺時從何而去曰夢時不可言無既覺不可言有雖有有無來往無所師曰貧道此身亦如其夢師有偈曰視生如在夢夢裏實是鬧忽覺萬事休還同睡時悟智者會悟夢迷人信夢鬧會夢如兩般一悟無別悟富貴與貧賤更無分別路上元二年歸寂謚大曉禪師玄策禪師者婺州金華人也遊方時屆於河朔有隍禪師者曾謁黃梅自謂正受師知隍所得未眞往問曰汝坐於此作麼隍曰入定師曰汝言入定有心邪無心邪若有心者一切蠢動之類皆應得定若無心者一切草木之流亦合得定曰我正入定時則不見有有無之心師曰既不見有有無之心卽是常定

何有出入若有出入則非大定隍無語良久問師嗣誰師曰我師曹谿六祖曰六祖以何爲禪定師曰我師云夫妙湛圓寂體用如如五陰本空六塵非有不出不入不定不亂禪性無住離住禪寂禪性無生離生禪想心如虛空亦無虛空之量隍聞此說遂造於曹谿請決疑滯而祖意與師冥符隍始開悟師後却歸金華大開法席

河北智隍禪師者始參五祖雖嘗咨決而循乎漸行乃往河北結菴長坐積二十餘載不見情容後遇策禪師激勵遂往參六祖祖愍其遠來便垂開決師於言下豁然契悟前二十年所得心都無影響其夜河北檀越士庶忽聞空中有聲曰隍禪師今日得道也後回河北開化四衆

南陽慧忠國師者越州諸暨人也姓冉氏自受心印居南陽白崖山黨子谷四十餘祀不下山道行聞於帝里唐肅宗上元二年敕中使孫朝進賚詔徵赴京待以師禮初居千福寺西禪院及代宗臨御復迎止光宅精藍十有六載隨機說法時有西天大耳三藏到京云得他心通肅宗命國師試驗三藏纔見師便禮拜立於右邊師問曰汝得他心通那對曰不敢師曰汝道老僧卽今在甚麼處曰和尚是一國之師何得却去西川看競渡良久再問汝道老僧卽今在甚麼處曰和尚是一國之師何得却在天津橋上看弄猢猻師良久復問汝道老僧只今在甚麼處藏罔測師叱曰這野狐精他心通在甚麼處藏無對（僧問仰山曰大耳三藏第三度爲甚麼不見國師山曰前兩度是涉境心後入自受用三昧所以不見△又有僧問玄沙曰汝道前兩度還見麼△玄覺云前兩度見後來爲甚麼不見且道利害在甚麼處△僧問趙州大耳三藏第三度不見國師未審國師在甚麼處州云在三藏鼻孔上僧後問玄沙既在鼻孔上爲甚麼不見沙云只爲太近）一日喚侍者者應諾如是三召三應師曰將謂吾孤負汝却是汝孤負吾（僧問玄沙國師喚侍者意作麼生沙云却是侍者會雲居錫云且道侍者會不會若道會國師又道汝孤負吾若道不會玄沙又道却是侍者會且作麼生商量玄覺徵問僧甚麼處是侍者會處僧云若不會爭解恁麼應玄覺云汝少會在又云若於這裏商量得去便識玄沙僧問法眼國師喚侍者意作麼生眼云且去別時來雲居錫云法眼恁麼道爲復明國師意不明國師意△僧問趙州國師喚侍者意作麼生趙州云如人暗裏書字字雖不成文彩已彰）南泉到參師問甚麼處來曰江西來師曰還將得馬師眞來否曰只這是師曰背後底聻南泉便休（長慶稜云大似不知△保福展云幾不到和尚此間△雲居錫云此二尊宿盡扶背後只如南泉休去爲當扶面前扶背後）麻谷到參繞禪床三匝振錫而立師曰汝旣如是吾亦如是谷又振錫師叱曰這野狐精出去上堂禪宗學者應遵佛語一乘了義契自心源不了義者互不相許如師子身中蟲夫爲人師若涉名利別開異端則自他何益如世大匠斤斧不傷其手香象所負非驢能堪僧問若爲得成佛去師曰佛與衆生一時放却當處解脫曰作麼生得相應去師曰善惡不思自見佛性曰若爲得證法身師曰越毘盧之境界曰清淨法身作麼生得師曰不著佛求耳曰阿那箇是佛師曰卽心是佛曰心有煩惱否師曰煩惱性自離曰豈不斷邪師曰斷煩惱者卽名二乘煩惱不生名大涅槃曰坐禪看靜此復若爲師曰不垢不淨寧用起心而看淨相問禪師見十方虛空是法身否師曰以想心取之是顛倒見問卽心是佛可更修萬行否師曰諸聖皆

具二嚴豈撥無因果邪又曰我今荅汝窮劫不盡言多去道遠矣所以道說法有所得斯則野干鳴說法無所得是名師子吼上堂青蘿夤緣直上寒松之頂白雲淡泞出没太虛之中萬法本閑而人自閙師問僧近離甚處曰南方師曰南方知識以何法示人曰南方知識秖道一朝風火散後如蛇退皮如龍換骨本爾真性宛然無壞師曰苦哉苦哉南方知識說法半生半滅曰南方知識卽如是未審和尚此間說何法師曰我此間身心一如身外無餘曰和尚何得將泡幻之身同於法體師曰你爲甚麼入於邪道曰甚麼處是某甲入於邪道處師曰不見教中道若以色見我以音聲求我是人行邪道不能見如來南陽張濆行者問承和尚說無情說法某甲未體其事乞和尚垂示師曰汝若問無情說法解他無情方得聞我說法汝但聞取無情說法去濆曰只約如今有情方便之中如何是無情因緣師曰如今一切動用之中但凡聖兩流都無少分起滅便是出識不屬有無熾然見覺只聞無其情識繫執所以六祖云六根對境分別非識有僧到叅禮師問蘊何事業曰講金綱經師曰最初兩字是甚麼曰如是師曰是甚麼僧無對有人問如何是解脫師曰諸法不相到當處解脫曰恁麼卽斷去也師曰向汝道諸法不相到斷甚麼師見僧來以手作圓相相中書日字僧無對師問本淨禪師汝已後見奇特言語如何淨曰無一念心愛師曰是汝屋裏事肅宗問師在曹谿得何法師曰陛下還見空中一片雲麼帝曰見師曰釘釘著懸挂著帝又問如何是十身調御師乃起立曰會麼帝曰不會師曰與老僧過淨瓶來帝又曰如何是無諍三昧師曰檀越蹋毗盧頂上行帝曰此意如何師曰莫認自己清淨法身帝又問師都不視之曰朕是大唐天子師何以殊不顧視師曰還見虛空麼帝曰見師曰他還貶目視陛下否魚軍容問師住白崖山十二時中如何修道師喚童子來摩頂曰惺惺直言惺惺歷歷直言歷歷已後莫受人謾師與紫璘供奉論議師陞座奉曰請師立義某甲破師曰立義竟奉曰是甚麼義師曰果然不見非公境界便下座一日師問紫璘供奉佛是甚麼義曰是覺義師曰佛曾迷否曰不曾迷師曰用覺作麼奉無對奉問如何是實相師曰把將虛底來曰虛底不可得師曰虛底尚不可得問實相作麼僧問如何是佛法大意師曰文殊堂裏萬菩薩曰學人不會師曰大悲千手眼師以化緣將畢涅槃時至乃辭代宗代宗曰師滅度後弟子將何所記師曰告檀越造取一所無縫塔帝曰就師請取塔樣師良久曰會麼帝曰不會師曰貧道去後有侍者應真却知此事乞詔問之大曆十年十二月十九日右脅長往塔於黨子谷諡大證禪師代宗後詔應真問前語真良久曰聖上會麼帝曰不會真述偈曰湘之南潭之北中有黃金充一國無影樹下合同船瑠璃殿上無知識

西京荷澤神會禪師者襄陽人也姓高氏年十四爲沙彌謁六祖祖曰知識遠來大艱辛將本來否若有本則合識主試說看師曰以

無住爲本見卽是主祖曰這沙彌爭合取次語便打師於杖下思惟曰大善知識歷劫難逢今既得遇豈惜身命自此給侍他日祖告衆曰吾有一物無頭無尾無名無字無背無面諸人還識否師乃出曰是諸法之本源乃神會之佛性祖曰向汝道無名無字汝便喚作本源佛性師禮拜而退祖曰此子向後設有把茆蓋頭也只成得箇知解宗徒（法眼云古人授記人終不錯如今立知解爲宗卽荷澤也）師尋往西京受戒唐景龍年中却歸曹谿閱大藏經於內六處有疑

問於六祖第一問戒定慧曰所用戒何物定從何處修慧因何處起所見不通流祖曰定卽定其心將戒戒其行性中常慧照自見自知深第二問本無今有何物本有今無無何物誦經不見有無義眞似騎驢更覓驢祖

城八　壬主

曰前念惡業本無後念善生今有念念常行善行後代人天不久汝今正聽吾言吾卽本無今有第三問將生滅却滅將滅滅却生不了生滅義所見似聾盲祖曰將生滅却滅令人不執性將滅滅却生令人心離境未卽離二邊自除生滅病第四問先頓而後漸先漸而後頓不悟頓漸人心裏常迷悶祖曰聽法頓中漸悟法漸中頓修行頓中漸證果漸中頓頓漸是常因悟中不迷悶第五問先定後慧先慧後定定慧後初何生爲正祖曰常生清淨心定中而有慧於境上無心慧中而有定定慧等無先雙修自心正第六問先佛而後法先法而後佛佛法本根源起從何處出祖曰說卽先佛而後法聽卽先法而後佛若論佛法本根源一切衆生心裏出祖滅後二十年間曹谿頓旨沈廢於荆吳嵩嶽漸門盛行於秦洛師入京天寶四年方定兩宗（南能頓宗北秀漸教）乃著顯宗記盛行於世一日鄉信至報二親亡師入堂白槌曰父母俱喪請大衆念摩訶般若衆纔集師便打槌曰勞煩大衆師於上元元年奄然而化塔於龍門

五燈會元卷第五

五燈會元卷第五

校勘記

一　底本，清藏本。

一　三四八頁上一行經名，徑無（未換卷）。

一　三五六頁中三行「金綱經」，徑作「金剛經」。

一　三五七頁中卷末經名，徑無（未換卷）。

五燈會元卷第六　城九

宋　沙　門　大　川　濟　纂

六祖下二世旁出

南陽忠國師法嗣

吉州躭源山應眞禪師爲國師侍者時一日國師在法堂中師入來國師乃放下一足師見便出良久却回國師曰適來意作麽生師曰向阿誰說卽得國師曰我問你師曰甚麽處見某甲師又問百年後有人問極則事如何國師曰幸自可憐生須要覔箇護身符子作麽異日師攜籃子歸方丈國師問籃裏甚麽物師曰青梅國師曰將來何用師曰供養國師曰青在爭堪供養師曰以此表獻國師曰佛不受供養師曰某甲只恁麽和尚如何國師曰我不供養師曰爲甚麽不供養國師曰我無果子百丈海和尚在泐潭山牽車次師曰車在這裏牛在甚麽處丈斫額師乃拭目麻谷問十二面觀音豈不是聖師曰是麻谷與師一摑師曰想汝未到此境國師諱日設齋有僧問曰國師還來否師曰未具他心曰又用設齋作麽師曰不斷世諦

荷澤會禪師法嗣

沂水蒙山光寶禪師并州人也姓周氏初謁荷澤澤謂之曰汝名光寶名以定體寶卽已有光非外來縱汝意用而無少乏長夜蒙照而無間歇汝還信否師曰信則信矣未審光之與寶同耶異耶澤曰光卽寶寶卽光何有同異之名乎師曰眼耳緣聲色時爲復抗行爲有回互澤曰抗互且置汝指何法爲聲色之體乎師曰如師所說卽無有聲色可得澤曰汝若了聲色體空亦信眼耳諸根及與凡與聖平等如幻抗行回互其理昭然師由是領悟禮辭而去初隱沂水蒙山於唐元和二年圓寂

六祖下三世四世旁出不列章次

六祖下五世旁出

遂州圓禪師法嗣

終南山圭峰宗密禪師者果州西充人也姓何氏家本豪盛髫亂通儒書冠歲探釋典唐元和二年將赴貢舉偶造圓和尚法席欣然契會遂求披剃當年進具一日隨衆僧齋于府吏任灌家居下位以次受經得圓覺十二章覽未終軸感悟流涕歸以所悟之旨告于圓圓撫之曰汝當大弘圓頓之教此諸佛授汝耳行矣無自滯於一隅也師涕泣奉命禮辭而去因謁荊南忠禪師南印忠曰傳教人也當宣導於帝都復見洛陽照禪師奉國神照照曰菩薩人也誰能識之尋抵襄漢因病僧付華嚴疏卽上都澄觀大師之所撰也師未嘗聽習一覽而講自欣所遇曰向者諸師述作罕窮厥旨未若此疏辭源流暢幽賾煥然吾禪遇南宗教逢圓覺一言之下心地開通一軸之中義天朗耀今復偶茲絕筆罄竭于懷暨講終思見疏主時屬門人泰恭斷臂醻恩師先齋書上疏主遥敘師資往復慶慰尋泰恭痊損方隨侍至上都執弟子之禮觀曰毗盧華藏能隨我遊者其汝乎師預觀之室惟日新其德而認筌執象之患永亡矣北遊清涼山回住鄠縣草堂寺未幾復入終南圭峰蘭若大和中徵入內賜紫衣帝累問法要朝士

歸慕唯相國裴公休深入堂奧受教爲外護師以禪教學者互相非毀遂著禪源諸詮寫錄諸家所述詮表禪門根源道理文字句偈集爲一藏（或云一百卷）以貽後代其都序畧云禪是天竺之語具云禪那此云思惟修亦云靜慮皆定慧之通稱也源者是一切衆生本覺眞性亦名佛性亦名心地悟之名慧修之名定定慧通名爲禪此性是禪之本源故云禪源亦名禪那理行者此之本源是禪理忘情契之是禪行故云理行然今所集諸家述作多譚禪理少説禪行故且以禪源題之今時有人但目眞性爲禪者是不達理行之旨又不辨華竺之音也然非離眞性別有禪體但衆生迷眞合塵卽名散亂背塵合眞方名禪定若直論本性卽非眞非妄無背無合無定無亂誰言禪乎況此眞性非唯是禪門之源亦是萬法之源故名法性亦是衆生迷悟之源故名如來藏藏識（出楞伽經）亦是諸佛萬德之源故名佛性（涅槃等經）亦是菩薩萬行之源故名心地（梵網經云是諸佛之本源行菩薩道之根本是大衆諸佛子之根本也）萬行不出六波羅蜜禪者但是六中之一當其第五豈可都目眞性爲一禪行哉然禪定一行最爲神妙能發起性上無漏智慧一切妙用萬行萬德乃至神通光明皆從定發故三乘人欲求聖道必須修禪離此無門離此無路至於念佛求生淨土亦修十六觀禪及念佛三昧般舟三昧等也又眞性卽不垢不淨凡聖無差禪門則有淺有深階級殊等謂帶異計欣上厭下而修者是外道禪正信因果亦以欣厭而修者是凡夫禪悟我空偏眞之理而修者是小乘禪悟我法二空所顯眞理而修者是大乘禪（上四類皆有四色四空之異也）若頓悟自心本來清淨元無煩惱無漏智性本自具足此心卽佛畢竟無異依此而修者是最上乘禪亦名如來清淨禪亦名一行三昧亦名眞如三昧此是一切三昧根本若能念念修習自然漸得百千三昧達磨門下展轉相傳者是此禪也達磨未到古來諸家所解皆是前四禪八定諸高僧修之皆得功用南嶽天台令依三諦之理修三止三觀教義雖最圓妙然其趣入門戶次第亦只是前之諸禪行相唯達磨所傳者頓同佛體迥異諸門故宗習者難得其旨得卽成聖疾證菩提失卽成邪速入塗炭先祖革昧防失故且人傳一人後代已有所憑故任千燈千照洎乎法久成弊錯謬者多故經論學人疑謗亦衆原夫佛説頓教漸教禪開頓門漸門二教二門各相符契今講者偏彰漸義禪者偏播頓宗禪講相逢胡越之隔宗密不知宿生何作熏得此心自未解脱欲解他縛爲法亡於軀命愍人切於神情（亦如淨名經云若自有縛能解他縛無有是處然欲罷不能驗是宿習難改故）每歎人與法差法爲人病故別撰經律論疏大開戒定慧門顯頓悟資於漸修證師説符於佛意意既本末而委示文乃浩博而難尋汎學雖多秉志者少況迹涉名相誰辨金鍮徒自疲勞未見機感雖佛説悲增是行而自慮愛見難防遂捨衆入山習定均慧前後息慮相繼十年微細習情起滅彰於靜慮差別法義羅列現於空心虛隙日光纖埃擾擾清潭水底影像昭昭豈比夫空守默之癡禪

但尋文之狂慧者也然本因了自心而辨諸教故懇情於心宗又因辨諸教而解修心故虔誠於教義教也者諸佛菩薩所留經論也禪也者諸善知識所述句偈也但佛經開張羅大千八部之衆禪偈撮畧就此方一類之機羅衆則莽蕩難依就機則指的易用今之纂集意在斯焉裴休爲之序曰諸宗門下皆有達人然各安所習通少局多故數十年來師法益壞以承稟爲戶牖各自開張以經論爲干戈互相攻擊情隨函矢而遷變周禮曰函人爲甲孟子曰矢人豈不仁於函人哉函人唯恐傷人矢人唯恐不傷人蓋所習之術使然也今學者但隨宗徒彼此相非耳法逐人我以高低是非紛拏莫能辨析則向者世尊菩薩諸方教宗適足以起諍後人增煩惱病何利益之有我圭峯大師久而歎曰吾丁此時不可以默矣於是城九以如來三種教義印禪宗三種法門六鎔缾盤釵釧爲一金攪酥酪醍醐爲一味振綱領而舉者皆順荀子云如振裘領屈五指而頓之順者不可勝數據會要而來者同趣周易畧例云據會要以觀方來則六合輻湊未足多也都序據圓教以印諸宗雖百家亦無所不統也尚恐學者之難明也又

復直示宗源之本末眞妄之和合空性之隱顯法義之差殊頓漸之異同遮表之回互權實之深淺通局之是非若吾師者捧佛日而委曲回照疑曀盡除順佛心而橫亘大悲窮劫蒙益則世尊爲闡教之主吾師爲會教之人本末相符遠近相照可謂畢一代時教之能事矣或曰自如來未嘗大都而通之今一旦違宗趣而不守廢關防而不據無乃乖秘藏密契之道乎荅曰如來初雖別說三乘後乃通爲一道三十年前或說小乘或說空教或說相教或說性教聞者各隨機證悟不相通知也四十年後坐靈鷲而會三乘詣拘尸而顯一性前後之軌則也故涅槃經迦葉菩薩曰諸佛有密語無密藏世尊讚之曰如來之言開發顯露清淨無翳愚人不解謂之秘藏智者了達則不名藏此其證也故王道興則外戶不閉而守在戎夷佛道備則諸法總持而防在魔外城九七涅槃圓教和會諸法唯揀別魔說及外道邪宗不當復執情攘臂於其間也師又著圓覺大小二疏鈔法界觀門原人等論皆裴休爲之序引盡行于世蕭俛相公呈已見解請禪師注釋荷澤云見清淨體於諸三昧八萬四千諸波羅蜜門皆於見上一

時起用名爲慧眼若當眞知相應之時萬化寂滅善惡不思空有不念萬法俱從思想緣念而生皆是虛空故云化也既一念不生則萬法不起故不待泯之自然寂滅也此時更無所見照體獨立夢智亡階三昧諸波羅蜜門亦一時空寂更無所得散亂與三昧此岸與彼岸是相待對治之說若知心無念見性無生則定亂眞妄一時空寂故無所得也不審此是見上一時起用否然見性圓明理絕相累卽絕相爲妙用住相爲執情於八萬法門一一皆爲一法有爲一聖一法空爲一用故云見清淨體則一時起用矣望於此後示及俛狀荅史山人十問一問如何是道何以修之爲復必須修成爲復不假功用荅無礙是道覺妄是修道雖本圓妄起爲累妄念都盡卽是修成二問道若因修而成卽是造作便同世間法虛僞不實成而復壞何名出世荅造作是結業名虛僞世間無作是修行卽眞實出世三問其所修者爲頓爲漸漸則忘前失後何以集合而成頓則萬行多方豈得一時圓滿荅眞理卽悟而頓圓妄情息之而漸盡頓圓如初生孩子一日而肢體已全漸修如長養成人多年而志氣方立四問凡修心地之法爲當悟心卽了爲當別有行門若別有行門何

名南宗頓旨若悟卽同諸佛何不發神通光明荅識冰池而全水藉陽氣而鎔消悟凡夫而卽眞資法力而修習冰消則水流潤方呈溉滌之功妄盡則心靈通始發通光之應修心之外無別行門五問若但修心而得佛者何故諸經復說必須莊嚴佛土敎化衆生方名成道荅鏡明而影像千差心淨而神通萬應影像類莊嚴佛國神通則敎化衆生莊嚴而卽非莊嚴影像而亦色非色六問諸經皆說度脫衆生且衆生卽非衆生何故更勞度脫荅衆生若是實度之則爲勞旣自云卽非衆生何不例度而無度七問諸經說佛常住或卽說佛滅度常卽不滅滅卽非常豈不相違荅離一切相卽名諸佛何有出世入滅之實乎見出沒者在乎機緣機緣應則菩提樹下而出現機緣盡則娑羅林間而涅槃其猶淨水無心無像不現像非我有蓋外質之去來相非佛身豈如來之出沒八問云何佛化所生吾如彼生佛旣無生生是何義若言心生法生心滅法滅何以得無生法忍邪荅旣云如化化卽是空空卽無生何詎生義生滅滅已寂滅爲眞忍可此法無生名曰無生法忍九問諸佛成道說法秪爲度脫衆生衆生旣有六道佛何但住在人中現化又佛滅後付法於迦葉以心傳心乃至此方六祖每代秪傳一人旣云於一切衆生皆得一子之地何以傳授不普荅日月麗天六合俱照而盲者不見盆下不知非日月不普是障隔之咎也度與不度義類如斯非局人天揀於鬼畜但人道能結集傳授不絕故秪知佛現人中也滅度後委付迦葉展轉相承一人者此亦槩論當代爲宗敎主如土無二王非得度者唯爾數也十問和尚因何發心慕何法而出家今如何修行得何法味所行得至何處地位今住心邪修心邪若住心妨修心若修心則動念不安云何名爲學道若安心一定則何異定性之徒伏願大德運大慈悲如理如如次第爲說荅覺四大如坏幻達六塵如空華悟自心爲佛心見本性爲法性是發心也知心無住卽是修行無住而知卽爲法味住著於法斯爲動念故如人入闇則無所見今無所住不染不著故如人有目及日光明見種種法豈爲定性之徒旣無所住著何論處所又山南溫造尚書問悟理息妄之人不結業一期壽終之後靈性何依師曰一切衆生無不具有覺性靈明空寂與佛無殊但以無始劫來未曾了悟妄執身爲我相故生愛惡等情隨情造業隨業受報生老病死長劫輪回然身中覺性未曾生死如夢被驅役而身本安閑如水作冰而濕性不易若能悟此性卽是法身本自無生何有依託靈靈不昧了了常知無所從來亦無所去然多生妄執習以性成喜怒哀樂微細流注眞理雖然頓達此情難以卒除須長覺察損之又損如風頓止波浪漸停豈可一生所修便同諸佛力用但可以空寂爲自體勿認色身以靈知爲自心勿認妄念妄念若起都不隨之卽臨命終時自然業不能繫雖有中陰所向自由天上人間隨意寄託若愛惡之念已泯卽不受分段之身自能易短爲長易麤爲妙若微細流

法一切寂滅唯圓覺大智朗然獨存即隨機應現千百億化身度有緣衆生名之爲佛謹對釋曰馬鳴菩薩撮畧百本大乘經宗旨以造大乘起信論論中立宗說一切衆生心有覺義不覺義覺中復有本覺義始覺義上所述者雖但約照理觀心處言之而法義亦同彼論謂從初至與佛無殊是本覺也從但以無始下是不覺也從若能悟此下是始覺也始覺中復有頓悟漸修從若能至亦無所去是頓悟也從然多生妄執下是漸修也漸修中從初發心乃至成佛有三位自在從初至隨意寄託者是受生自在也從若愛惡之念下是變易自在也從若微細流注下至末是究竟自在也又從但可以空寂爲自體至自然業不能繫正是悟理之人朝暮行心修習

城九　十一

止觀之要節也宗密先有八句之偈顯示此意曾於尚書處誦之奉命解釋偈曰作有義事是惺悟心作無義事是狂亂心狂亂隨情念臨終被業牽惺悟不由情臨終能轉業師會昌元年正月六日於興福院誡門人令舁屍施鳥獸焚其骨而散之勿得悲慕以亂禪觀每清明上山講道七日其餘住持儀則當合律科違者非吾弟子言訖坐滅道俗等奉全身于圭峰荼毘得舍利明白潤大後門人泣而求之皆得於煨燼乃藏之石室暨宣宗再闡眞教追諡定慧禪師塔曰青蓮

## 西天東土應化聖賢

文殊菩薩一日令善財採藥曰是藥者採將來善財偏觀大地無不是藥却來白曰無有不是藥者殊曰是藥者採將來善財遂於地上拈一莖草度與文殊文殊接得呈起示衆曰此藥亦能殺人亦能活人文殊問菴提遮女曰生以何爲義女曰生以不生生爲生義殊曰如何是生以不生生爲生義女曰若能明知地水火風四緣未嘗自得有所和合而能隨其所宜是爲生義殊曰死以何爲義女曰死以不死死爲死義殊曰如何是死以不死死爲死義女曰若能明知地水火風四緣未嘗自得有所離散而能隨其所宜是爲死義菴提遮女問文殊曰明知生是不生之理爲甚麼却被生死之所流轉殊曰其力未充

天親菩薩從彌勒内宮而下無著菩薩問曰人間四百年彼天爲一晝夜彌勒於一時中成就五百億天子證無生法忍未審說甚麽法天親曰秖說這箇法秖是梵音清雅令人樂聞

城九　十二

維摩會上三十二菩薩各說不二法門文殊曰我於一切法無言無說無示無識離諸問荅是爲菩薩入不二法門於是文殊又問維摩仁者當說何等是菩薩入不二法門維摩默然文殊讚曰乃至無有語言文字是菩薩眞入不二法門

善財參五十三員善知識末後到彌勒閣前見樓閣門閉瞻仰讚歎見彌勒從別處來善財作禮曰願樓閣門開令我得入尋時彌勒至善財前彈指一聲樓閣門開善財入已閣門即閉見百千萬億樓閣一一樓閣内有一彌勒領諸眷屬并一善財而立其前善財因

無著菩薩問曰我欲見文殊何者即是財曰汝發一念心清淨即是無著曰我發一念心

清淨爲甚麼不見財曰是眞見文殊

須菩提尊者在巖中宴坐諸天雨華讚歎者曰空中雨華讚歎復是何人云何讚歎天曰我是梵天敬重尊者善說般若者曰我於般若未嘗說一字汝云何讚歎天曰如是尊者無說我乃無聞無說無聞是眞說般若尊者一日說法次帝釋雨華者乃問此華從天得邪從地得邪從人得邪釋曰弗也者曰從何得邪釋乃舉手者曰如是如是

舍利弗尊者因入城遇見月上女出城舍利弗心口思惟此姉見佛不知得忍不得忍否我當問之纔近便問大姉往甚麼處去女曰如舍利弗與麼去弗曰我方入城汝方出城何言如我恁麼去女曰諸佛弟子當依何住弗曰諸佛弟子依大涅槃而住女曰諸佛弟子旣依大涅槃而住而我亦如舍利弗與麼去舍利弗問須菩提夢中說六波羅蜜與覺時同異提曰此義深遠吾不能說會中有彌勒大士汝往彼問舍利弗問彌勒彌勒云誰名彌勒誰是彌勒舍利弗問天女曰何以不轉女身女曰我從十二年來求女人相了不可得當何所轉卽時天女以神通力變舍利弗令如天女女自化身如舍利弗乃問言何以不轉女身舍利弗以天女像而荅言我今不知云何轉面而變爲女身

殃崛摩羅尊者未出家時外道受教爲嬌尸迦欲登王位用千人拇指爲花冠已得九百九十九唯欠一指遂欲殺母取指時佛在靈山以天眼觀之乃作沙門在殃崛前殃崛遂釋母欲殺佛佛徐行殃崛急行追之不及乃喚曰瞿曇住住佛告曰我住久矣是汝不住殃崛聞之心忽開悟遂棄刃投佛出家

賓頭盧尊者因阿育王內宮齋三萬大阿羅漢躬自行香見第一座無人王問其故海意尊者曰此是賓頭盧位此人近見佛來王曰今在何處者曰且待須臾言訖賓頭盧從空而下王請就座禮敬者不顧王乃問承聞尊者親見佛來是否者以手策起眉曰會麼王曰不會者曰阿耨達池龍王曾請佛齋吾是時亦預其數

障蔽魔王領諸眷屬一千年隨金剛齊菩薩覓起處不得忽一日得見乃問曰汝當依何而住我一千年覓汝起處不得齊曰我不依有住而住不依無住而住如是而住

那吒太子析肉還母析骨還父然後現本身運大神力爲父母說法

秦跋陁禪師問生法師講何經論生曰大般若經師曰作麼生說色空義曰衆微聚曰色衆微無自性曰空師曰衆微未聚喚作甚麼生罔措師又問別講何經論曰大涅槃經師曰如何說涅槃之義曰涅而不生槃而不滅不生不滅故曰涅槃師曰這箇是如來涅槃那箇是法師涅槃曰涅槃之義豈有二邪某甲秖如此未審禪師如何說涅槃師拈起如意曰還見麼曰見師曰見箇甚麼曰見禪師手中如意師將如意擲于地曰見麼曰見師曰見箇甚麼曰見禪師手中如意墮地師斥曰觀公見解未出常流何得名諠宇宙拂衣而去其徒懷疑不已乃追師扣問我師說色空涅槃不契未審禪師如何說色空義師曰

不道汝師說得不是汝師秖說得果上色空不會說得因中色空其徒曰如何是因中色空師曰一微空故衆微空衆微空故一微空一微空中無衆微衆微空中無一微

寶誌禪師初金陵東陽民朱氏之婦上巳日聞兒啼鷹巢中梯樹得之舉以爲子七歲依鍾山大沙門僧儉出家專修禪觀宋太始二年髮而徒跣著錦袍往來皖山劍水之下以翦尺拂子拄杖頭負之而行天鑑二年梁武帝詔問弟子煩惑未除何以治之答曰十二帝問其旨如何答曰在書字時節刻漏中帝益不曉帝嘗詔畫工張僧繇寫師像僧繇下筆輙不自定師遂以指務面門分披出十二面觀音妙相殊麗或慈或威僧繇竟不能寫他日與帝臨江縱望有物泝流而上師以杖引之隨杖而至乃紫旃檀也卽以屬供奉官俞紹令雕師像頃刻而成神釆如生師問一梵僧承聞尊者喚我作屠兒曾見我殺生麽曰見師曰有見見無見見不有不無見若有見見是凡夫見無見見是聲聞見不有不無見是外道見未審尊者如何見梵僧曰你有此等見邪汾陽曰不枉西來　師垂語曰終日拈香擇火不知身是道場又曰大道秖在目前要且目前難覩欲識大道眞體不離聲色言語又曰京都鄴都浩浩還是菩提大道法眼曰京都鄴都浩浩不是菩提大道

城九　十六

善慧大士者婺州義烏縣人也齊建武四年丁丑五月八日降于雙林鄉傅宣慈家本名翕年十六納劉氏女名妙光生普建普成二子二十四與里人稽亭浦漉魚獲已沈籠水中祝曰去者適止者留人或謂之愚會有天竺僧嵩頭陀曰我與汝毗婆尸佛所發誓今兜率宮衣鉢見在何日當還因命臨水觀影見圓光寶蓋大士笑謂之曰鑪鞴之所多鈍鐵良醫之門足病人度生爲急何思彼樂乎嵩指松山頂曰此可棲矣大士躬耕而居之有人盜菽麥瓜果大士卽與籃籠盛去日常營作夜則行道見釋迦金粟定光三如來放光襲其體大士乃曰我得首楞嚴定天嘉二年感七佛相隨釋迦引前維摩接後唯釋尊數顧共語爲我補處也其山頂黃雲盤旋若蓋因號雲黃山梁武帝請講金剛經士纔陞座以尺揮按一下便下座帝愕然聖師曰陛下還會麽帝曰不會聖師曰大士講經竟又一日講經次帝至大衆皆起唯士端坐不動

城九　十七

近臣報曰聖駕在此何不起士曰法地若動一切不安大士一日披衲頂冠靸履朝見帝問是僧邪士以手指冠帝曰是道邪士以手指靸履帝曰是俗邪士以手指衲衣大士心王銘曰觀心空王玄妙難測無形無相有大神力能滅千災成就萬德體性雖空能施法則觀之無形呼之有聲爲大法將心戒傳經水中鹽味色裏膠青決定是有不見其形心王亦爾身內居停面門出入應物隨情自在無礙所作皆成了本識心識心見佛是心是佛是佛是心念念佛心佛心念佛欲得早成戒心自律淨律淨心心卽是佛除此心王更無別佛欲求成佛莫染一物心性雖空貪嗔體實入此法門端坐成佛到彼岸已得波羅蜜慕道眞士自觀自心知佛在內不向外尋

卽心卽佛卽佛卽心心明識佛曉了識心離
心非佛離佛非心非佛莫測無所堪任執空
滯寂於此漂沉諸佛菩薩非此安心明心大
士悟此玄音身心性妙用無更改是故智者
放心自在莫言心王空無體性能使色身作
邪作正非有非無隱顯不定心性離空能凡
能聖是故相勸好自防愼刹那造作還復漂
沉淸淨心智如世黃金般若法藏並在身心
無爲法寶非淺非深諸佛菩薩了此本心有
緣遇者非去來今有偈曰夜夜抱佛眠朝朝
還共起起坐鎭相隨語默同居止纖毫不相
離如身影相似欲識佛去處秖這語聲是又
曰空手把鉏頭步行騎水牛人從橋上過橋
流水不流又曰有物先天地無形本寂寥能
爲萬象主不逐四時凋四相偈曰生曰老曰
十八
城九
病曰死識託浮泡起生從愛慾來昔時曾長
大今日復嬰孩星眼隨人轉朱脣向乳開爲
憐迷覺性還却受輪迴覽鏡容顏改登階氣
力衰咄哉今已老趨拜復還虧身似臨崖樹
心如念水龜尚猶耽有漏不肯學無爲忽染
沉痾疾因成臥病身妻兒愁不語朋友厭相
親楚痛抽千脉呻吟徹四隣不知前路險猶
尚恣貪嗔精魄隨生路遊魂入死關秖聞千
萬去不見一人還寶馬空嘶立庭華永絕攀
早求無上道應免四方山
南嶽慧思禪師武津李氏子因誌公令人傳
語曰何不下山教化衆生目視雲漢作甚麽
師曰三世諸佛被我一口吞盡何處更有衆
生可化示衆曰道源不遠性海非遥但向已
求莫從他覔覔卽不得得亦不眞偈曰頓悟
心源開寶藏隱顯靈通現眞相獨行獨坐常
巍巍百億化身無數量縱令逼塞滿虛空看
時不見微塵相可笑物兮無比況口吐明珠
光晃晃尋常見說不思議一語標名言下當
又曰天不能蓋地不載無去無來無障礙無
十九
城九
長無短無靑黃不在中間及內外超羣出衆
太虛玄指物傳心人不會
天台山修禪寺智者禪師諱智顗荊州華容
陳氏子在南嶽誦法華經至藥王品曰是眞
精進是名眞法供養如來於是悟法華三昧
獲旋陀羅尼見靈山一會儼然未散
泗州僧伽大聖或問師何姓師曰姓何曰何
國人師曰何國人
天台山豐干禪師因寒山問古鏡未磨時如
何照燭師曰冰壺無影像猿猴探水月曰此
是不照燭也更請道看師曰萬德不將來教
我道甚麽寒山拾得俱作禮而退師欲遊五
臺問寒山拾得曰汝共我去遊五臺便是我
同流若不共我去遊五臺不是我同流山曰
你去遊五臺作甚麽師曰禮文殊山曰你不
是我同流師尋獨入五臺逢一老人便問莫
是文殊麽曰豈可有二文殊師作禮未起忽
然不見趙州代曰文殊文殊
天台山寒山子因衆僧炙茄次將茄串向一
僧背上打一下僧回首山呈起茄串曰是甚
麽僧曰這風顛漢山向傍僧曰你道這僧費
却我多少鹽醋因趙州遊天台路次相逢山
見牛跡問州曰上座還識牛麽州曰不識山
指牛跡曰此是五百羅漢遊山州曰旣是羅
漢爲甚麽却作牛去山曰蒼天蒼天州呵呵

大笑山曰作甚麼州曰蒼天蒼天山曰這廝
兒宛有大人之作
天台山拾得子一日掃地寺主問汝名拾得
因豐干拾得汝歸汝畢竟姓箇甚麼拾得放
下掃帚义手而立主再問拾得拈掃帚掃地
而去寒山搥胸曰蒼天蒼天拾得曰作甚麼 城九 二十
山曰不見道東家人死西家人助哀二人作
舞笑哭而出國清寺半月念戒衆集拾得拍
手曰聚頭作想那事如何維那叱之得曰大
德且住無嗔卽是戒心淨卽出家我性與你
合一切法無差
明州奉化縣布袋和尚自稱契此形裁腲烏罪
切腇奴罪切蹙頞皤腹出語無定寢臥隨處常
以杖荷一布囊并破席凡供身之具盡貯囊
中入鄽肆聚落見物則乞或醯醢魚葅纔接
入口分少許投囊中時號長汀子一日有僧
在師前行師乃拊其背僧回首師曰乞我一
文錢曰道得卽與汝一文師放下布袋义手
而立白鹿和尚問如何是布袋師便放下布
袋曰如何是布袋下事師負之而去先保福

和尚問如何是佛法大意師放下布袋义手
福曰爲秖如此爲更有向上事師負之而去
師在街衢立有僧問和尚在這裏作甚麼師
曰等箇人曰來也來也歸宗柔和尚別曰歸去來師曰汝
不是這箇人曰如何是這箇人師曰乞我一
文錢師有歌曰秖箇心心心是佛十方世界 城九 二十一
最靈物縱橫妙用可憐生一切不如心眞實
騰騰自在無所爲閑閑究竟出家兒若覩目
前眞大道不見纖毫也大奇萬法何殊心何
異何勞更用尋經義心王本自絕多智智者
秖明無學地非聖非凡復若何不强分別聖
情孤無價心珠本圓淨凡是異相妄空呼人
能弘道道分明無量清高稱道情携錫若登
故國路莫愁諸處不聞聲又有偈曰是非憎
愛世偏多子細思量柰我何寬却肚腸須忍
辱豁開心地任從他若逢知已須依分縱遇
寃家也共和若能了此心頭事自然證得六
波羅我有一布袋虛空無罣礙展開遍十方
入時觀自在吾有三寶堂裏空無色相不高
亦不低無遮亦無障學者體不如來者難得

樣智慧解安排千中無一匠四門四果生十
方盡供養吾有一軀佛世人皆不識不塑亦
不裝不雕亦不刻無一滴灰泥無一點彩色
人畫畫不成賊偷偷不得體相本自然清淨
非拂拭雖然是一軀分身千百億又有偈曰
一鉢千家飯孤身萬里遊青目覩人少問路
白雲頭梁貞明三年丙子三月師將示滅於
岳林寺東廊下端坐磐石而說偈曰彌勒眞
彌勒分身千百億時時示時人時人自不識
偈畢安然而化其後復現于他州亦負布袋
而行四衆競圖其像
法華志言大士壽春許氏子弱冠遊東都繼
得度於七俱胝院留講肆久之一日讀雲門
錄忽契悟未幾宿命遂通獨語笑口吻囁嚅
日常不輟世傳誦法華因以名之丞相呂許
公問佛法大意師曰本來無一物一味却成 城九 二十二
眞集仙王質問如何是祖師西來意師曰青
山影裏潑藍起寶塔高吟撼曉風又曰請法
華燒香師曰未從齋戒覓不向佛邊求國子
助敎徐岳問祖師西來意師曰街頭東畔底

徐曰某甲未會師曰三般人會不得僧問世有佛不師曰寺裏文殊有問師凡耶聖耶師遂舉手曰我不在此住慶曆戊子十一月二十三日將化謂人曰我從無量劫來成就逝多國土分身揚化今南歸矣言畢右脇而逝

扣冰澡先古佛建寧新豐翁氏子母夢比丘風神炯然荷錫求宿人指謂曰是辟支佛已而孕生於武宗會昌四年香霧滿室彌日不散年十三求出家父母許之依烏山興福寺行全爲師咸通乙酉落髮受具初以講說爲衆所歸棄謁雪峰手攜鳬茈一包醬一器獻之峰曰包中是何物師曰鳬茈峰曰何處得來師曰泥中得峰曰泥深多少師曰無丈數峰曰還更有麼曰轉有轉深又問器中何物曰醬峰曰何處得來曰自合得峰曰還熟也未曰不較多峰異之曰子異日必爲王者師後自鷲湖歸温嶺結菴(今爲永豐寺)繼居將軍巖二虎侍側神人獻地爲瑞巖院學者爭集嘗謂衆曰古聖修行須憑苦節吾今夏則衣楮冬則扣冰而浴故世人號爲扣冰古佛後住靈曜上堂四衆雲臻教老僧說箇甚麼便下座有僧燒炭積成火龕曰請師入此修行曰眞玉不隨流水化琉璃爭奪衆星明曰莫祇這便是麼曰且莫認奴作郎曰畢竟如何曰梅華臘月開天成戊子應閩主之召延居內堂敬拜曰謝師遠降賜茶次師提起橐子曰大王會麼曰不會曰人王法王各自照了留十日以疾辭至十二月二日沐浴陞堂告衆而逝王與道俗備香薪蘇油荼毗之祥耀滿山獲舍利五色塔於瑞巖正寢謚曰妙應法師

威慈濟禪師

千歲寶掌和尚中印度人也周威烈十二年丁卯降神受質左手握拳七歲祝髮乃展因名寶掌魏晉間東遊此土入蜀禮普賢留大慈常不食日誦般若等經千餘卷有詠之者曰勞勞玉齒寒似迸巖泉急有時中夜坐堦前神鬼泣一日謂衆曰吾有願住世千歲今年六百二十有六故以千歲稱之次遊五臺徙居祝融峰之華嚴黃梅之雙峰廬山之東林尋抵建鄴會達磨入梁師就扣其旨開悟武帝高其道臘延入內庭未幾如吳有偈曰梁城遇導師參禪了心地飄零二浙遊更盡佳山水順流東下由千頃至天竺往鄮峰登太白穿鴈蕩盤礴於翠峰七十二菴回赤城憇雲門法華諸暨漁浦赤符大巖等處返飛來棲止石竇有行盡支那四百州此中偏稱道人遊之句時貞觀十五年也後居浦江之寶巖與郎禪師友善每通問遣白犬馳往朗亦以青猿爲使令故題朗壁曰白犬銜書至青猿洗鉢回師所經處後皆成寶坊顯慶二年正旦手塑一像至九日像成問其徒慧雲曰此肖誰雲曰與和尚無異卽澡浴易衣趺坐謂雲曰吾住世已一千七十二年今將謝世聽吾偈曰本來無生死今亦示生死我得去住心他生復來此頃時囑曰吾滅後六十年有僧來取吾骨勿拒言訖而逝入滅五十四年有剌浮長老自雲門至塔所禮曰冀塔洞開少選塔戶果啓其骨連環若黃金浮卽持往秦望山建窣堵波奉藏以周威烈丁卯至唐高宗顯慶丁巳攷之實一千七十二年

抵此土歲歷四百餘僧史皆失載開元中慧
雲門人宗一者嘗勒石識之

五燈會元卷第六

五燈會元卷第六

校勘記

一　底本，清藏本。

一　三五八頁上一行經名，徑無（未換卷）。

一　三六七頁上二行末字「師」，徑無。

一　三六八頁上卷末經名，徑作「五燈會元卷第二」。

# 五燈會元卷第七

宋沙門大川濟纂

## 六祖大鑑禪師法嗣

南嶽懷讓禪師者姓杜氏金州人也於唐儀鳳二年四月八日降誕感白氣應於玄象在安康之分太史瞻見奏聞高宗皇帝帝乃問是何祥瑞太史對曰國之法器不染世榮帝傳勑金州太守韓偕親往存慰其家家有三子唯師最小炳然殊異性唯恩讓父乃安名懷讓年十歲時唯樂佛書時有三藏玄靜過舍告其父母曰此子若出家必獲上乘廣度衆生至垂拱三年方十五歲辭親往荊州玉泉寺依弘景律師出家通天二年受戒後習毘尼藏一日自歎曰夫出家者爲無爲法天上人間無有勝者時同學坦然知師志氣高邁勸師謁嵩山安和尚安啓發之乃直指詣曹谿參六祖祖問甚麼處來曰嵩山來祖曰甚麼物恁麼來師無語遂經八載忽然有省乃白祖曰某甲有箇會處祖曰作麼生師曰說似一物即不中祖曰還假修證否師曰修證則不無污染即不得祖曰祇此不污染諸佛之所護念汝既如是吾亦如是西天般若多羅讖汝足下出一馬駒踏殺天下人病在汝心不須速說師執侍左右一十五年先天二年往衡嶽居般若寺開元中有沙門道一(即馬祖也)在衡嶽山常習坐禪師知是法器往問曰大德坐禪圖甚麼一曰圖作佛師乃取一甎於彼庵前石上磨一曰磨作甚麼師曰磨作鏡一曰磨甎豈得成鏡邪師曰磨甎既不成鏡坐禪豈得作佛一曰如何即是師曰如牛駕車車若不行打車即是打牛即是一無對師又曰汝學坐禪爲學坐佛若學坐禪禪非坐臥若學坐佛佛非定相於無住法不應取捨汝若坐佛即是殺佛若執坐相非達其理一聞示誨如飲醍醐禮拜問曰如何用心即合無相三昧師曰汝學心地法門如下種子我說法要譬彼天澤汝緣合故當見其道又問道非色相云何能見師曰心地法眼能見乎道無相三昧亦復然矣一曰有成壞否師曰若以成壞聚散而見道者非見道也聽吾偈曰心地含諸種遇澤悉皆萌三昧華無相何壞復何成一蒙開悟心意超然侍奉十秋日益玄奧入室弟子總有六人師各印可曰汝等六人同證吾身各契其一一人得吾眉善威儀(常浩)一人得吾眼善顧盻(智達)一人得吾耳善聽理(坦然)一人得吾鼻善知氣(神照)一人得吾舌善譚說(嚴峻)一人得吾心善古今(道一)又曰一切法皆從心生心無所生法無所住若達心地所作無礙非遇上根宜慎辭哉有一大德問如鏡鑄像像成後未審光向甚麼處去師曰如大德爲童子時相貌何在(法眼別云阿那箇是大德鑄成底像)曰祇如像成後爲甚麼不鑑照師曰雖然不鑑照謾他一點不得後馬大師闡化於江西師問衆曰道一爲衆說法否衆曰已爲衆說法師曰總未見人持箇消息來衆無對因遣一僧去囑曰待伊上堂時但問作麼生伊道底言語記將來僧去一如師旨回謂師曰馬師云自從胡亂後三十年不曾少鹽醬師然之天寶三年八月十一日圓寂於衡嶽謚大慧禪師最勝輪之塔

南嶽讓禪師法嗣第一世

江西道一禪師漢州什邡縣人也姓馬氏本邑羅漢寺出家容貌奇異牛行虎視引舌過鼻足下有二輪文幼歲依資州唐和尚落髮受具於渝州圓律師唐開元中習禪定於衡嶽山中遇讓和尚同參六人唯師密受心印讓之一猶思之遷也同源而異派故禪法之盛始于二師劉軻云江西主大寂湖南主石頭往來憧憧不見二大士為無知矣西天般若多羅記達磨云震旦雖闊無別路要假兒孫脚下行金雞解銜一粒粟供養十方羅漢僧又六祖謂讓和尚曰向後佛法從汝邊去馬駒踏殺天下人厥後江西嗣法布於天下時號馬祖始自建陽佛迹嶺遷至臨川次至南康龔公山大曆中隸名於鍾陵開元寺時連帥路嗣恭聆風景慕親受宗旨由是四方學者雲集座下一日謂衆曰汝等諸人各信自心是佛此心即是佛心達磨大師從南天竺國來至中華傳上乘一心之法令汝等開悟又引楞伽經文以印衆生心地恐汝顛倒不自信此一心之法各各有之故楞伽經以佛語心爲宗無門爲法門夫求法者應無所求心外無別佛佛外無別心不取善不捨惡淨穢兩邊俱不依怙達罪性空念念不可得無自性故故三界唯心森羅萬象一法之所印凡所見色皆是見心心不自心因色故有汝但隨時言說即事即理都無所礙菩提道果亦復如是於心所生即名爲色知色空故生即不生若了此意乃可隨時著衣喫飯長養聖胎任運過時更有何事汝受吾教聽吾偈曰心地隨時說菩提亦秖寧事理俱無礙當生即不生僧問和尚爲甚麼說即心即佛師曰爲止小兒啼曰啼止時如何師曰非心非佛曰除此二種人來如何指示師曰向伊道不是物曰忽遇其中人來時如何師曰且教伊體會大道問如何是西來意師曰即今是甚麼意龐居士問不昧本來人請師高著眼師直下覷士曰一等沒絃琴唯師彈得妙師直上覷士禮拜師歸方丈居士隨後曰適來弄巧成拙又問如水無筋骨能勝萬斛舟此理如何師曰這裏無水亦無舟說甚麼筋骨一夕西堂百丈南泉隨侍翫月次師問正恁麼時如何堂曰正好供養丈曰正好修行泉拂袖便行師曰經入藏禪歸海唯有普願獨超物外百丈問如何是佛法旨趣師曰正是汝放身命處師問百丈汝以何法示人丈竪起拂子師曰秖這箇爲當別有丈拋下拂子僧問如何得合道師曰我早不合道問如何是西來意師便打曰我若不打汝諸方笑我也有小師耽源行脚回於師前畫箇圓相就上拜了立師曰汝莫欲作佛否曰某甲不解捏目師曰吾不如汝小師不對鄧隱峯辭師師曰甚麼處去曰石頭去師曰石頭路滑曰竿木隨身逢場作戲便去纔到石頭即繞禪床一匝振錫一聲問是何宗旨石頭曰蒼天蒼天峯無語却回舉似師師曰汝更去問待他有荅汝便噓兩聲峯又去依前問石頭乃噓兩聲峯又無語回舉似師師曰向汝道石頭路滑有僧於師前作四畫上一畫長下三畫短曰不得道一畫長三畫短離此四字外請和尚荅師乃畫地一畫曰不得道長短荅汝了也忠國師聞別云何不問老僧有講僧來問曰未審禪宗傳持何法師却問曰座主傳持何法主曰忝講得經論二十餘

本師曰莫是師子兒否主曰不敢師作噓噓聲主曰此是法師曰是甚麼法主曰師子出窟法師乃默然主曰此亦是法師曰是甚麼法主曰師子在窟法師曰不出不入是甚麼法主無對（百丈代云見麼）遂辭出門師召曰座主主回首師曰是甚麼主亦無對師曰這鈍根阿師洪州廉使問曰喫酒肉即是不喫即是師曰若喫是中丞祿不喫是中丞福師入室弟子一百三十九人各爲一方宗主轉化無窮師於貞元四年正月中登建昌石門山於林中經行見洞壑平坦謂侍者曰吾之朽質當於來月歸茲地矣言訖而回既而示疾院主問和尚近日尊候如何師曰日面佛月面佛二月一日沐浴跏趺入滅元和中謚大寂禪師塔曰大莊嚴

## 南嶽下二世

### 馬祖一禪師法嗣

洪州百丈山懷海禪師者福州長樂人也姓王氏丱歲離塵三學該練屬大寂闡化江西乃傾心依附與西堂智藏南泉普願同號入室時三大士爲角立焉師侍馬祖行次見一群野鴨飛過祖曰是甚麼師曰野鴨子祖曰甚處去也師曰飛過去也祖遂把師鼻扭負痛失聲祖曰又道飛過去也師於言下有省却歸侍者寮哀哀大哭同事問曰汝憶父母邪師曰無曰被人罵邪師曰無曰哭作甚麼師曰我鼻孔被大師扭得痛不徹同事曰有甚因緣不契師曰汝問取和尚去同事問大師曰海侍者有何因緣不契在寮中哭告和尚爲某甲說大師曰是伊會也汝自問取他同事歸寮曰和尚道汝會也教我自問汝師乃呵呵大笑同事曰適來哭如今爲甚却笑師曰適來哭如今笑同事罔然次日馬祖陞堂衆纔集師出卷却席祖便下座師隨至方丈祖曰我適來未曾說話汝爲甚便卷却席師曰昨日被和尚扭得鼻頭痛祖曰汝昨日向甚處留心師曰鼻頭今日又不痛也祖曰汝深明昨日事師作禮而退師再參侍立次祖目視繩牀角拂子師曰即此用離此用祖曰汝向後開兩片皮將何爲人師取拂子豎起祖曰即此用離此用師挂拂子於舊處祖振威一喝師直得三日耳聾自此雷音將震檀信請於洪州新吳界住大雄山以居處巖巒峻極故號百丈既處之未朞月參玄之賓四方麏至溈山黃檗當其首一日師謂衆曰佛法不是小事老僧昔被馬大師一喝直得三日耳聾黃檗聞舉不覺吐舌師曰子已後莫承嗣馬祖去麼檗曰不然今日因和尚舉得見馬祖大機之用然且不識馬祖若嗣馬祖已後喪我兒孫師曰如是如是見與師齊減師半德見過於師方堪傳授子甚有超師之見檗便禮拜（溈山問仰山百丈再參馬祖因緣此二尊宿意旨如何仰云此是顯大機大用溈云馬祖出八十四人善知識幾人得大機幾人得大用仰云百丈得大機黃檗得大用餘者盡是唱導之師溈云如是如是）有僧哭入法堂來師曰作麼曰父母俱喪請師選日師曰明日來一時埋却溈山五峯雲巖侍立次師問溈山併却咽喉脣吻作麼生道山曰却請和尚道師曰不辭向汝道恐已後喪我兒孫又問五峯峯曰和尚也須併却師曰無人處斫額望汝又問雲巖巖曰和尚有也未師曰喪

我兒孫師謂衆曰我要一人傳語西堂阿誰
去得五峯曰某甲去師曰汝作麼生傳語峯
曰待見西堂即道師曰見後道甚麼峯曰却
來説似和尚師每上堂有一老人隨衆聽法
一日衆退唯老人不去師問汝是何人老人
曰某非人也於過去迦葉佛時曾住此山因
學人問大修行人還落因果也無某對云不
落因果遂五百生墮野狐身今請和尚代一
轉語貴脱野狐身師曰汝問老人曰大修行
人還落因果也無師曰不昧因果老人於言
下大悟作禮曰某已脱野狐身住在山後敢
乞依亡僧津送師令維那白椎告衆食後送
亡僧大衆聚議一衆皆安涅槃堂又無病人
何故如是食後師領衆至山後巖下以杖挑
出一死野狐乃依法火葬師至晚上堂舉前
因緣黄檗便問古人錯祇對一轉語墮五百
生野狐身轉轉不錯合作箇甚麼師曰近前
來向汝道檗近前打師一掌師拍手笑曰將
謂胡鬚赤更有赤鬚胡溈山舉問仰山仰曰黄檗常用此機溈曰
汝道天生得從人得仰曰亦是禀受師承亦是自性宗通溈曰如是如是時溈山

在會下作典座司馬頭陀舉野狐話問典座
作麼生座撼門扇三下司馬曰太麤生座曰
佛法不是這箇道理問如何是奇特事師曰
獨坐大雄峯僧禮拜師便打上堂靈光獨耀
迥脱根塵體露眞常不拘文字心性無染本
自圓成但離妄緣即如如佛問如何是佛師
曰汝是阿誰曰某甲師曰汝識某甲否曰分
明箇師乃舉起拂子曰汝還見麼曰見師乃
不語普請钁地次忽有一僧聞鼓鳴舉起钁
頭大笑便歸師曰俊哉此是觀音入理之門
師歸院乃喚其僧問適來見甚麼道理便恁
麼曰適來肚饑聞鼓聲歸喫飯師乃笑問依
經解義三世佛寃離經一字如同魔說時如
何師曰固守動靜三世佛寃此外别求即同
魔說因僧問西堂有問有答即且置無問無
答時如何堂曰怕爛却那師聞舉乃曰從來
疑這箇老兄曰請和尚道師曰一合相不可
得師謂衆曰有一人長不喫飯不道饑有一
人終日喫飯不道飽衆無對雲巖問和尚每
日區區爲阿誰師曰有一人要巖曰因甚麼

不教伊自作師曰他無家活問如何是大乘
頓悟法要師曰汝等先歇諸緣休息萬事善
與不善世出世間一切諸法莫記憶莫緣念
放捨身心令其自在心如木石無所辨别心
無所行心地若空慧日自現如雲開日出相
似但歇一切攀緣貪嗔愛取垢淨情盡對五
欲八風不動不被見聞覺知所縛不被諸境
所惑自然具足神通妙用是解脱人對一切
境心無靜亂不攝不散透過一切聲色無有
滞礙名爲道人善惡是非俱不運用亦不愛
一法亦不捨一法名爲大乘人不被一切善
惡空有垢淨有爲無爲世出世間福德智慧
之所拘繫名爲佛慧是非好醜是理非理諸
知見情盡不能繫縛處處自在名爲初發心
菩薩便登佛地問對一切鏡如何得心如木
石去師曰一切諸法本不自言空不自言色
亦不言是非垢淨亦無心繫縛人但人自虚
妄計著作若干種解會起若干種知見生若
干種愛畏但了諸法不自生皆從自已一念
妄想顛倒取相而有知心與境本不相到當

處解脱一一諸法當處寂滅當處道場又本有之性不可名目本來不是凡不是聖不是垢淨亦非空有亦非善惡與諸染法相應名人天二乘界若垢淨心盡不住繫縛不住解脱無一切有爲無爲縛脱心量處於生死其心自在畢竟不與諸妄虚幻塵勞藴界生死諸入和合逈然無寄一切不拘去留無礙往來生死如門開相似夫學道人若遇種種苦樂稱意不稱意事心無退屈不念名聞利養衣食不貪功德利益不爲世間諸法之所滯礙無親無愛苦樂平懷麤衣遮寒糲食活命兀兀如愚如聾稍有相應分若於心中廣學知解求福求智皆是生死於理無益却被知解境風之所漂溺還歸生死海裏佛是無求人求之即乖理是無求理求之即失若著無求復同於有求若著無爲復同於有爲故經云不取於法不取非法不取非法又云如來所得法此法無實無虚若能一生心如木石相似不被陰界五欲八風之所漂溺即生死因斷去住自由不爲一切有爲因果所縛不被有漏所拘他時還以無因縛爲因同事利益以無著心應一切物以無礙慧解一切縛亦云應病與藥問如今受戒身口清淨已具諸善得解脱否師曰少分解脱未得心解脱亦未得一切處解脱曰如何是心解脱及一切處解脱師曰不求佛法僧乃至不求福智知解等垢淨情盡亦不守此無求爲是亦不住盡處亦不欣天堂畏地獄縛脱無礙即身心及一切處皆名解脱汝莫言有少分戒身口意淨便以爲了不知河沙戒定慧門無漏解脱都未涉一毫在努力向前須猛究取莫待耳聾眼暗面皺髮白老苦及身悲愛纏綿眼中流淚心裏慞惶一無所據不知去處到恁麼時節整理脚手不得也縱有福智名聞利養都不相救爲心眼未開唯念諸境不知返照復不見佛道一生所有善惡業緣悉現於前或忻或怖六道五藴俱時現前盡敷嚴好舍宅舟船車轝光明顯赫皆從自心貪愛所現一切惡境皆變成殊勝之境但隨貪愛重處業識所引隨著受生都無自由分龍畜良賤亦總未定問如何得自由分師曰如今得即得或對五欲八風情無取舍慳嫉貪愛我所情盡垢淨俱亡如日月在空不緣而照心心如木石念念如救頭然亦如香象渡河截流而過更無疑滯此人天堂地獄所不能攝也夫讀經看教語言皆須宛轉歸就自己但是一切言教秖明如今鑒覺自性但不被一切有無諸境轉是汝導師能照破一切有無諸境是金剛慧即有自由獨立分若不能恁麼會得縱然誦得十二韋陁典秖成憎上慢却是謗佛不是修行但離一切聲色亦不住於離亦不住於知解是修行讀經看教若准世間是好事若向明理人邊數此是壅塞人十地之人脱不去流入生死河但是三乘教皆治貪瞋等病秖如今念念若有貪瞋等病先須治之不用求覓義句知解知解屬貪貪變成病秖如今但離一切有無諸法亦離於離透過三句外自然與佛無差既自是佛何慮佛不解語秖恐不是佛被有無諸法縛不得自由以理未立先有福智載

去如賤使貴不如先立理後有福智若要福智臨時作得撮土成金撮金爲土變海水爲酥酪破須彌爲微塵攝四大海水入一毛孔於一義作無量義於無量義作一義伏惟珍重師有時說法竟大衆下堂乃召之大衆回首師曰是甚麼（藥山目之爲百丈下堂句）師兒時隨母入寺拜佛指佛像問母此是何物母曰是佛師曰形容似人無異我後亦當作焉師凡作務執勞必先於衆主者不忍密收作具而請息之師曰吾無德爭合勞於人既徧求作具不獲而亦忘食故有一日不作一日不食之語流播寰宇矣唐元和九年正月十七日歸寂諡大智禪師塔曰大寶勝輪

池州南泉普願禪師者鄭州新鄭人也姓王氏幼慕空宗唐至德二年依大隗山大慧禪師受業詣嵩嶽受具足戒初習相部舊章究毘尼篇聚次遊諸講肆歷聽楞伽華嚴入中百門觀精練玄義後扣大寂之室頓然忘筌得遊戲三昧一日爲衆僧行粥次馬祖問桶裏是甚麼師曰這老漢合取口作甚麼語話祖便休自餘同參之流無敢詰問貞元十一年憩錫于池陽自建禪齋不下南泉三十餘載大和初宣城廉使陸公亘嚮師道風遂與監軍同請下山伸弟子之禮大振玄綱自此學徒不下數百言滿諸方目爲郢匠上堂然燈佛道了也若心相所思出生諸法虛假不實何以故心尚無有云何出生諸法猶如形影分別虛空如人取聲安置篋中亦如吹網欲令氣滿故老宿云不是心不是佛不是物且教你兄弟行履據說十地菩薩住首楞嚴三昧得諸佛秘密法藏自然得一切禪定解脫神通妙用至一切世界普現色身或示現成等正覺轉大法輪入涅槃使無量入毛孔演一句經無量劫其義不盡教化無量億千衆生得無生法忍尚喚作所知愚極微細所知愚與道全乖大難大難珍重上堂曰王老師自小養一頭水牯牛擬向溪東牧不免食他國王水草擬向溪西牧亦不免食他國王水草不如隨分納些些總不見得師問僧曰夜來好風曰夜來好風師曰吹折門前一枝松曰吹折門前一枝松次問一僧曰夜來好風曰是甚麼風師曰吹折門前一枝松曰是甚麼松師曰一得一失師有書與茱萸曰理隨事變寬廓非外事得理融寂寥非內僧達書了便問萸如何是寬廓非外萸曰問一答百也無妨曰如何是寂寥非內萸曰覩對聲色不是好手僧又問長沙沙瞪目視之僧又進後語沙乃閉目示之僧又問趙州州作喫飯勢僧又進後語州以手作拭口勢後僧舉似師師曰此三人不謬爲吾弟子南泉山下有一庵主人謂曰近日南泉和尚出世何不去禮見主曰非但南泉出世直饒千佛出興我亦不去師聞乃令趙州去勘州去便設拜主不顧州從西過東又從東過西主亦不顧州曰草賊大敗遂拽下簾子便歸舉似師師曰我從來疑著這漢次日師與沙彌携茶一瓶盞三隻到庵擲向地上乃曰昨日底昨日底主曰昨日底是甚麼師於沙彌背上拍一下曰賺我來賺我來拂袖便回上堂道箇如如早是變了也今時師僧須向異類中行歸

宗曰雖行畜生行不得畜生報師曰孟八郎漢又恁麼去也上堂文殊普賢昨夜三更相打每人與二十棒趁出院去也趙州曰和尚棒教誰喫師曰且道王老師過在甚處州禮拜而出師因至莊所莊主預備迎奉師曰老僧居常出入不與人知何得排辦如此莊主曰昨夜土地報道和尚今日來師曰王老師修行無力被鬼神覷見侍者便問和尚既是善知識為甚麼被鬼神覷見師曰土地前更下一分飯（玄覺云甚麼處是土地前更下一分飯雲居錫云是賞伊罰伊只如土地前見是南泉不是南泉）師有時曰江西馬祖說即心即佛王老師不恁麼道不是心不是佛不是物恁麼道還有過麼趙州禮拜而出時有一僧隨問趙州曰上座禮拜便出意作麼生州曰汝却問取和尚僧乃問適來諗上座意作麼生州曰他却領得老僧意旨黃蘗與師為首座一日捧鉢向師位上坐師入堂見乃問曰長老甚麼年中行道蘗曰威音王已前師曰猶是王老師兒孫在下去蘗便過第二位坐師便休師一日問黃蘗黃金為世界白銀為壁落此是甚麼人居處蘗曰是聖人居處師曰更有一人居何國土蘗乃叉手立師曰道不得何不問王老師蘗却問更有一人居何國土師曰可惜許師問黃蘗定慧等學明見佛性此理如何蘗曰十二時中不依倚一物師曰莫是長老見處麼蘗曰不敢師曰漿水錢且置草鞋錢教阿誰還師見僧斫木次師乃擊木三下僧放下斧子歸僧堂師歸法堂良久却入僧堂見僧在衣鉢下坐師曰賺殺人問師歸丈室將何指南師曰昨夜三更失却牛天明起來失却火師因東西兩堂爭猫兒師遇之白眾曰道得即救取猫兒道不得即斬却也眾無對師便斬之趙州自外歸師舉前語示之州乃脫履安頭上而出師曰子若在即救得猫兒也師在方丈與杉山向火次師曰不用指東指西直下本分事道來山插火箸叉手師曰雖然如是猶較王老師一線道有僧問訊叉手而立師曰太俗生其僧便合掌師曰太僧生僧無對一僧洗鉢次師乃奪却鉢其僧空手而立師曰鉢在我手裏汝口喃喃作麼僧無對師因入菜園見一僧師乃將瓦子打之其僧回顧師乃翹足僧無語師便歸方丈僧隨後入問訊曰和尚適來擲瓦子打某甲豈不是警覺某甲師曰翹足又作麼生僧無對（後有僧問石霜云南泉翹足意作麼生霜舉手云還恁麼無）上堂王老師賣身去也還有人買麼一僧出曰某甲買師曰不作貴不作賤汝作麼生買僧無對（臥龍代云屬某甲去也禾山代云是何道理趙州代云明年與和尚縫一領布衫）師與歸宗麻谷同去參禮南陽國師師於路上畫一圓相曰道得即去宗便於圓相中坐谷作女人拜師曰恁麼則不去也宗曰是甚麼心行師乃相喚便回更不去禮國師（玄覺云只如南泉恁麼道是肯語是不肯語雲居錫云比來去禮拜國師南泉為甚麼却相喚回且道古人意作麼生）師在山上作務僧問南泉路向甚麼處去師拈起鎌子曰我這茆鎌子三十錢買得曰不問茆鎌子南泉路向甚麼處去師曰我使得正快有一座主辭師師問甚麼處去對曰山下去師曰第一不得謗王老師對曰爭敢謗和尚師乃噴嚏曰多少主便出去（雲居膺云非師本意先曹山云賴也石霜云不為人斟酌長慶

云請領話雲居錫云座主當時出去是會不會師一日掩方丈門將灰圍却門外曰若有人道得即開或有衹對多未愜師意趙州曰蒼天師便開門師翫月次僧問幾時得似這箇去師曰王老師二十年前亦恁麼來曰即今作麼生師便歸方丈陸亘大夫問弟子從六合來彼中還更有身否師曰分明記取舉似作家曰和尚不可思議到處世界成就師曰適來總是大夫分上事陸異日謂師曰弟子亦薄會佛法師便問大夫十二時中作麼生曰寸絲不挂師曰猶是堦下漢師又曰不見道有道君王不納有智之臣上堂次陸大夫曰請和尚爲衆說法師曰教老僧作麼生說曰和尚豈無方便師曰道他欠少甚麼曰爲甚麼有六道四生師曰老僧不教他陸大夫與師見人雙陸指骰子曰恁麼不恁麼正恁麼信彩去時如何師拈起骰子曰臭骨頭十八又問弟子家中有一片石或時坐或時臥如今擬鐫作佛還得否師曰得陸曰莫不得否師曰不得雲巖云坐即佛不坐即非佛洞山云不坐即佛坐即非佛趙州問道非物外物外

非道如何是物外道師便打州捉住棒曰已後莫錯打人去師曰龍蛇易辨衲子難謾師喚院主主應諾師曰佛九十日在忉利天爲母說法時優塡王思佛請目連運神通三轉攝匠人往彼彫佛像秖雕得三十一相爲甚麼梵音相雕不得主問如何是梵音相師曰賺殺人師問維那今日普請作甚麼對曰拽磨師曰磨從你拽不得動著磨中心樹子那無語保福代云比來拽磨如今却不成法眼代云恁麼即不拽也一日有大德問師曰即心是佛又不得非心非佛又不得師意如何師曰大德且信即心是佛便了更說甚麼得與不得秖如大德喫飯了從東廊上西廊下不可總問人得與不得也師住庵時有一僧到庵師向伊道我上山去作務待齋時作飯自喫了送一分上來少時其僧自作飯喫了却一時打破家事就牀卧師待不見來便歸庵見僧卧師亦就伊邊卧僧便起去師住後曰我往前住庵時有箇靈利道者直至如今不見師拈起毬子問僧那箇何似這箇對曰不似師曰甚麼處見那箇便

道不似曰若問某甲見處和尚放下手中物師曰許你具一隻眼陸大夫向師道肇法師也甚奇怪解道天地與我同根萬物與我一體師指庭前牡丹花曰大夫時人見此一株花如夢相似陸罔測又問天王居何地位師曰若是天王即非地位曰弟子聞說天王是居初地師曰應以天王身得度者即現天王身而爲說法陸辭歸宣城治所師問大夫去彼將何治民曰以智慧治民師曰恁麼則彼處生靈盡遭塗炭去也師入宣州陸大夫出迎接指城門曰人人盡喚作雍門未審和尚喚作甚麼門師曰老僧若道恐辱大夫風化曰忽然賊來時作麼生師曰王老師罪過陸又問大悲菩薩用許多手眼作甚麼師曰秖如國家又用大夫作甚麼師洗衣次僧問和尚猶有這箇在師拈起衣曰爭奈這箇何玄覺云且道是一箇是兩箇師問僧良欽空劫中還有佛否對曰有師曰是阿誰對曰良欽師曰居何國土欽無語問祖祖相傳合傳何事師曰一二三四五問如何是古人底師曰待有即道曰

和尚爲甚麼妄語師曰我不妄語盧行者却妄語問十二時中以何爲境師曰何不問王老師曰問了也師曰還曾與汝爲境麼問青蓮不隨風火散時是甚麼師曰無風火不隨是甚麼僧無對師問不思善不思惡思總不生時還我本來面目來曰無容止可露（洞山云還曾將示人麼）師問座主你與我講經得麼曰某甲與和尚講經和尚須與某甲說禪始得師曰不可將金彈子博銀彈子去曰某甲不會師曰汝道空中一片雲爲復釘釘住爲復藤纜著問空中有一珠如何取得師曰斫竹布梯空中取曰空中如何布梯師曰汝擬作麼生取僧辭問曰學人到諸方有人問和尚近日作麼生未審如何秖對師曰但向道近日解相撲曰作麼生師曰一拍雙泯問父母未生時鼻孔在甚麼處師曰父母已生了鼻孔在甚麼處師將順世第一座問和尚百年後向甚麼處去師曰山下作一頭水牯牛去座曰某甲隨和尚去還得也無師曰汝若隨我即須銜取一莖草來師乃示疾告門人曰星翳燈幻亦久矣勿謂吾有去來也言訖而逝

杭州鹽官海昌院齊安國師海門郡人也姓李氏生時神光照室後有異僧謂之曰建無勝幢使佛日回照者豈非汝乎長依本郡雲琮禪師落髮受具後聞大寂行化於龔公山乃振錫而造焉師有奇相大寂一見深器之乃令入室密示正法僧問如何是本身盧舍那師曰與老僧過淨瓶來僧將淨瓶至師曰却安舊處著僧送至本處復來詰問師曰古佛過去久矣有講僧來參師問座主蘊何事業對曰講華嚴經師曰有幾種法界曰廣說則重重無盡略說有四種師竪起拂子曰這箇是第幾種法界主沉吟師曰思而知慮而解是鬼家活計日下孤燈果然失照（保福云若禮拜即喫和尚棒禾山代云某甲不煩和尚莫怪法眼代拊掌三下）僧問大梅如何是西來意大梅曰西來無意師聞乃曰一箇棺材兩箇死漢（玄沙云鹽官是作家）師一日喚侍者曰將犀牛扇子來者曰破也師曰扇子既破還我犀牛兒來者無對（投子代云不辭將出恐頭角不全資福代作圓相心中書牛字石霜代云若還和尚即無也保福云和尚年尊別請人好）師一日謂衆曰虛空爲鼓須彌爲椎甚麼人打得衆無對（有人舉似南泉泉云王老師不打這破鼓法眼別云王老師不打）有法空禪師到請問經中諸義師一一答了却曰自禪師到來貧道總未得作主人法空曰請和尚便作主人師曰今日夜也且歸本位安置明日却來法空下去至明旦師令沙彌屈法空禪師法空至師顧沙彌曰咄這沙彌不了事教屈法空禪師屈得箇守堂家人來法空無語法昕院主來參師問汝是誰對曰法昕師曰我不識汝昕無語師後不疾宴坐示滅謚悟空禪師

廬山歸宗寺智常禪師上堂從上古德不是無知解他高尚之士不同常流今時不能自成自立虛度時光諸子莫錯用心無人替汝亦無汝用心處莫就他覓從前秖是依他解發言皆滯光不透脫秖爲目前有物僧問如何是玄旨師曰無人能會曰向者如何師曰有向即乖曰不向者如何師曰誰求玄旨又曰去無汝用心處曰豈無方便門令學人得入師曰觀音妙智力能救世間苦曰如何是

觀音妙智力師敲禺盖三下曰子還聞否曰
聞師曰我何不聞僧無語師以棒趂下師嘗
與南泉同行後忽一日相别煎茶次南泉問
曰從來與師兄商量語句彼此已知此後或
有人問畢竟事作麼生師曰這一片地大好
卓庵泉曰卓庵且置畢竟事作麼生師乃打
翻茶銚便起泉曰師兄喫茶了普願未喫茶
師曰作這箇語話滴水也難銷僧問此事久
遠又如何用心師曰牛皮鞔露柱露柱啾啾
叫凡耳聽不聞諸聖呵呵笑師因官人來乃
拈起帽子兩帶曰還會麼曰不會師曰莫怪
老僧頭風不卸帽子師入園取菜次乃畫圓
相圍却一株語衆曰輙不得動著這箇衆不
敢動少頃師復來見菜猶在便以棒趂衆僧
曰這一隊漢無一箇有智慧底師問新到甚
城十 二十三
麼處來曰鳳翔來師曰還將得那箇來否曰
將得來師曰在甚麼處僧以手從頂擎捧呈
之師即舉手作接勢拋向背後僧無語師曰
這野狐兒師剗草次有講僧來參忽有一蛇
過師以鉏斷之僧曰久嚮歸宗元來是箇麤
行沙門師曰你麤我麤曰如何是麤師竪起
鉏頭曰如何是細師作斬蛇勢曰與麼則依
而行之師曰依而行之且置你甚處見我斬
蛇僧無對雲巖來參師作挽弓勢巖良久作
拔劒勢師曰來太遲生上堂吾今欲說禪諸
子總近前大衆近前師曰汝聽觀音行善應
諸方所問如何是觀音行師乃彈指曰諸人
還聞否曰聞師曰一隊漢向這裏覓甚麼以
棒趂出大笑歸方丈僧辭師問甚麼處去曰
諸方學五味禪去師曰諸方有五味禪我這
裏秖有一味禪曰如何是一味禪師便打僧
曰會也會也師曰道道僧擬開口師又打僧
後到黃檗舉前話檗上堂曰馬大師出八十
四人善知識問著箇箇屙漉漉地秖有歸宗
較些子江州刺史李渤問教中所言須彌納
芥子渤即不疑芥子納須彌莫是妄譚否師
曰人傳使君讀萬卷書籍還是否曰然師曰
摩頂至踵如椰子大萬卷書向何處著李俛
首而已李異日又問一大藏教明得箇甚麼
邊事師舉拳示之曰還會麼曰不會師曰這
箇措大拳頭也不識曰請師指示師曰遇人
即途中授與不遇即世諦流布師以目有重
瞳遂將藥手按摩以致兩目俱赤世號赤眼
歸宗焉後示滅謚至眞禪師
明州大梅山法常禪師者襄陽人也姓鄭氏
城十 二十四
幼歲從師於荆州玉泉寺初參大寂問如何
是佛寂曰即心是佛師即大悟遂之四明梅
子眞舊隱縛茆燕處唐貞元中鹽官會下有
僧因採拄杖迷路至庵所問和尚在此多少
時師曰秖見四山青又黃又問出山路向甚
麼處去師曰隨流去僧歸舉似鹽官官曰我
在江西時曾見一僧自後不知消息莫是此
僧否遂令僧去招之師荅以偈曰摧殘枯木
倚寒林幾度逢春不變心樵客遇之猶不顧
郢人那得苦追尋一池荷葉衣無盡數樹松
花食有餘剛被世人知住處又移茅舍入深
居大寂聞師住山乃令僧問和尚見馬大師
得箇甚麼便住此山師曰大師向我道即心
是佛我便向這裏住僧曰大師近日佛法又
别師曰作麼生曰又道非心非佛師曰這老

漢惑亂人未有了日，任他非心非佛，我秖管即心即佛。其僧回舉似馬祖，祖曰：「梅子熟也。」僧問禾山：大梅恁麼道意作麼生？禾山云：真師子兒。龐居士聞之，欲驗師實，特去相訪。纔相見，士便問：「久嚮大梅，未審梅子熟也未？」師曰：「熟也。你向甚麼處下口？」士曰：「百雜碎。」師伸手曰：「還我核子來。」士無語。自此學者漸臻，師道彌著。上堂：「汝等諸人，各自回心達本，莫逐其末。但得其本，其末自至。若欲識本，唯了自心。此心元是一切世間出世間法根本，故心生種種法生，心滅種種法滅。心且不附一切善惡，而生萬法本自如如。」問：「如何是佛法大意？」師曰：「蒲花柳絮，竹針麻線。」夾山與定山同行，言話次，定山曰：「生死中無佛，即無生死。」夾山曰：「生死中有佛，即不迷生死。」互相不肯，同上山見師。夾山便舉問：「未審二人見處，那箇較親？」師曰：「一親一踈。」夾山復問：「那箇親？」師曰：「且去，明日來。」夾山明日再上問，師曰：「親者不問，問者不親。」夾山住後自云：當時失一隻眼。新羅僧參，師問：「發足甚處？」曰：「欲通來處，恐遭怪責。」師曰：「不可無來處也。」曰：「新羅。」師曰：「爭怪得汝！」僧作禮，師曰：「是與不是，知與不知，秖是新羅國裏人。」忽一日謂其徒曰：「來莫可抑，往莫可追。」從容間聞鼯鼠聲，乃曰：「即此物，非他物。汝等諸人，善自護持。吾今逝矣。」言訖示滅。永明壽禪師讚曰：「師初得道，即心是佛。最後示徒，物非他物。窮萬法源，徹千聖骨。真化不移，何妨出没。」

洛京佛光如滿禪師曾住五臺山金閣寺。唐順宗問：「佛從何方來？滅向何方去？既言常住世，佛今在何處？」師答曰：「佛從無爲來，滅向無爲去。法身等虛空，常住無心處。有念歸無念，有住歸無住。來爲衆生來，去爲衆生去。清淨真如海，湛然體常住。智者善思惟，更勿生疑慮。」帝又問：「佛向王宫生，滅向雙林滅。住世四十九，又言無法說。山河與大海，天地及日月。時至皆歸盡，誰言不生滅？疑情猶若斯，智者善分别。」師答曰：「佛體本無爲，迷情妄分别。法身等虛空，未曾有生滅。有緣佛出世，無緣佛入滅。處處化衆生，猶如水中月。非常亦非斷，非生亦非滅。生亦未曾生，滅亦未曾滅。了見無心處，自然無法說。」帝聞大悅，益重禪宗。

五燈會元卷第七

五燈會元卷第七

校勘記

一　底本，清藏本。

一　三六九頁上一行經名，徑作「五燈會元卷第三」。

一　三七三頁上一七行第一二字「法」，徑作「非」。

一　三七五頁上一六行第三字「州」，徑作「師」。

一　三七九頁下卷末經名，徑無（未換卷）。

五燈會元卷第八　昆一

宋沙門大川濟纂

南嶽下二世

馬祖一禪師法嗣

婺州五洩山靈默禪師，毗陵人也。姓宣氏。初謁馬祖，遂得披剃受具。後遠謁石頭，便問：「一言相契即住，不契即去。」石頭據坐，師便行。頭隨後召曰：「闍黎！」師回首。頭曰：「從生至死，秖是這箇，回頭轉腦作麼？」師言下大悟，乃拗折拄杖而棲止焉。（洞山云：當時若不是五洩先師，大難承當。然雖如此，猶涉在途。長慶云：險。玄覺云：那箇是涉在途處？有僧云：爲伊三寸途中薦得，所以在途。玄覺云：爲復薦得自已，爲復薦得三寸？若是自已，爲甚麼成三寸？若是三寸，爲甚麼悟去？且道洞山意作麼生？莫亂說，子細好。）唐貞元初，住白沙道場，復居五洩。僧問：「何物大於天地？」師曰：「無人識得伊。」曰：「還可雕琢也無？」師曰：「汝試下手看。」問：「此箇門中，始終事如何？」師曰：「汝道目前底成來得多少時也？」曰：「學人不會。」師曰：「我此問無汝問底。」曰：「和尚豈無接人處？」師曰：「待汝求接，我即接。」曰：「便請和尚接。」師曰：「汝少欠箇甚麼？」問：「如何得無心去？」師曰：「傾山覆海晏然靜，地動安眠豈采伊。」元和十三年三月二十三日，沐浴焚香端坐，告衆曰：「法身圓寂，示有去來。千聖同源，萬靈歸一。吾今漚散，胡假興哀？無自勞神，須存正念。若遵此命，真報吾恩。儻固違言，非吾之子。」時有僧問：「和尚向甚麼處去？」師曰：「無處去。」曰：「某甲何不見？」師曰：「非眼所覩。」（洞山云：作家。）言畢，奄然順化。

幽州盤山寶積禪師，因於市肆行，見一客人買猪肉，語屠家曰：「精底割一斤來。」屠家放下刀，叉手曰：「長史，那箇不是精底？」師於此有省。又一日出門，見人舁喪，謌郎振鈴云：「紅輪決定沉西去，未委魂靈往那方。」幕下孝子哭曰：「哀！哀！」師忽身心踊躍。歸舉似馬祖，祖印可之。住後，僧問：「如何是道？」師便咄。僧曰：「學人未領旨。」師曰：「去。」上堂：「心若無事，萬法不生。意絕玄機，纖塵何立？道本無體，因體而立名；道本無名，因名而得號。若言即心即佛，今時未入玄微；若言非心非佛，猶是指蹤極則。向上一路，千聖不傳。學者勞形，如猨捉影。」上堂：「夫大道無中，復誰先後？長空絕際，何用稱量？空既如斯，道復何說？」上堂：「夫心月孤圓，光吞萬象。光非照境，境亦非存。光境俱亡，復是何物？禪德！譬如擲劍揮空，莫論及之不及。斯乃空輪無迹，劍刃無虧。若能如是，心心無知。全心即佛，全佛即人，人佛無異，始爲道矣。」上堂：「禪德！可中學道，似地擎山，不知山之孤峻；如石含玉，不知玉之無瑕。若如此者，是名出家。故導師云：法本不相礙，三際亦復然。無爲無事人，猶是金鎻難。所以靈源獨耀，道絕無生。大智非明，真空無迹。真如凡聖，皆是夢言。佛及涅槃，並爲增語。禪德！直須自看，無人替代。」上堂：「三界無法，何處求心？四大本空，佛依何住？璿璣不動，寂爾無言。覿面相呈，更無餘事。珍重！」師將順世，告衆曰：「有人邈得吾真否？」衆將所寫真呈，皆不契師意。普化出曰：「某甲邈得。」師曰：「何不呈似老僧？」化乃打筋斗而出。師曰：「這漢向後掣風狂去在。」師乃奄化，諡凝寂大師。

蒲州麻谷山寶徹禪師，侍馬祖行次，問：「如何是大涅槃？」祖曰：「急。」師曰：「急箇甚麼？」祖曰：「看水。」師與南泉、歸宗謁徑山……師使扇次，僧問：「風性常住，無處不周，和尚爲

甚麽却摇扇師曰你秖知風性常住且不知無處不周曰作麽生是無處不周底道理師却摇扇僧作禮師曰無用處師僧着得一千箇有甚麽益問僧甚處來僧不審師又問甚處來僧珍重師下牀擒住曰這箇師僧問着便作佛法秖對曰大似無眼師放手曰放汝命通汝氣僧作禮師欲扭住僧拂袖便行師曰休將三歲竹擬比萬年松師同南泉二三人去謁徑山路逢一婆乃問徑山路向甚處去婆曰驀直去師曰前頭水深過得否婆曰不濕脚師又問上岸稻得與麽好下岸稻得與麽怯婆曰總被螃蠏喫却也師曰禾好香婆曰没氣息師又問婆住在甚處婆曰秖在這裏三人至店婆煎茶一瓶携盞三隻至謂曰和尚有神通者即喫茶三人相顧間婆曰看老朽自逞神通去也於是拈盞傾茶便行僧問如何是佛法大意師默然僧又問石霜此意如何霜曰主人擎拳帶累闍黎拖泥涉水

湖南東寺如會禪師始興曲江人也初謁徑山後參大寂學徒既衆僧堂牀榻爲之陷折時稱折牀會也自大寂去世師常患門徒以即心即佛之譚誦憶不已且謂佛於何住而曰即心心如畫師而云即佛遂示衆曰心不是佛智不是道劍去遠矣爾方刻舟時號東寺爲禪窟焉相國崔公羣出爲湖南觀察使見師問曰師以何得師曰見性得師方病眼公譏曰既云見性其奈眼何師曰見性非眼眼病何害公稽首謝之（法眼别云是相公眼）公見鳥雀於佛頭上放糞乃問鳥雀還有佛性也無師曰有公曰爲甚麽向佛頭上放糞師曰是伊爲甚麽不向鷂子頭上放仰山參師問汝是甚麽人仰曰廣南人師曰我聞廣南有鎮海明珠是否仰曰是師曰此珠如何仰曰黑月即隱白月即現師曰還將得來也無仰曰將得來師曰何不呈似老僧仰叉手近前曰昨到溈山亦被索此珠直得無言可對無理可伸師曰眞師子兒善能哮吼仰禮拜了却入客位具威儀再上人事師纔見乃曰已相見了也仰曰恁麽相見莫不當否師歸方丈閉却門仰歸舉似溈山溈曰寂子是甚麽心行仰曰若不恁麽爭識得他後復有人問師曰某甲擬請和尚開堂得否師曰待將物裹石頭煖即得彼無語（藥山代云石頭煖也）唐長慶癸卯歲歸寂謚傳明大師

虔州西堂智藏禪師虔化廖氏子八歲從師二十五具戒有相者覩其殊表謂之曰骨氣非凡當爲法王之輔佐也師遂參禮大寂與百丈海禪師同爲入室皆承印記一日大寂遣師詣長安奉書于忠國師國師問曰汝師說甚麽法師從東過西而立國師曰秖這箇更别有師却從西過東邊立國師曰這箇是馬師底仁者作麽生師曰早箇呈似和尚了也尋又送書上徑山（語在國一章）屬連帥路嗣恭延請大寂居府應期盛化師回郡得大寂付授衲袈裟令學者親近僧問馬祖離四句絶百非請師直指西來意祖曰我今日勞倦不能爲汝說得問取智藏其僧乃來問師師曰汝何不問和尚僧曰和尚令某甲來問上座師曰我今日頭痛不能爲汝說得問取海兄

去僧又去問海百丈和尚海曰我到這裏却不會僧乃舉似馬祖祖曰藏頭白海頭黑馬祖一日問師曰子何不看經師曰經豈異邪祖曰然雖如此汝向後爲人也須得曰智藏病思自養敢言爲人祖曰子末年必興於世師便禮拜馬祖滅後師唐貞元七年衆請開堂李尚書嘗問僧馬大師有甚麼言教僧曰大師或說即心即佛或說非心非佛李曰總過這邊李却問師馬大師有甚麼言教師呼李翶李應諾師曰鼓角動也師普請次曰因果歷然爭奈何爭奈何時有僧出以手托地師曰作甚麼曰相救相救師曰大衆這箇師僧猶較些子僧拂袖便走師曰師子身中蟲自食師子肉僧問有問有荅賓主歷然無問無荅時如何師曰怕爛却那（後有僧舉問長慶慶云相逢盡道休官去林下何曾見一人）六

制空禪師謂師曰日出太早生師曰正是時師住西堂後有一俗士問有天堂地獄否師曰有曰有佛法僧寶否師曰有更有多問盡荅言有曰和尚恁麼道莫錯否師曰汝曾見尊宿來邪曰某甲曾參徑山和尚來師曰徑山向汝作麼生道曰他道一切總無師曰汝有妻否曰有師曰徑山和尚有妻否曰無師曰徑山和尚道無即得俗士禮謝而去師元和九年四月八日歸寂憲宗諡大宣教禪師穆宗重諡大覺禪師

京兆府章敬寺懷暉禪師泉州謝氏子上堂至理亡言時人不悉强習他事以爲功能不知自性元非塵境是箇微妙大解脫門所有鑒覺不染不礙如是光明未曾休廢曩劫至今固無變易猶如日輪遠近斯照雖及衆色不與一切和合靈燭妙明非假鍛鍊爲不了故取於物象但如捏目妄起空華徒自疲勞枉經劫數若能返照無第二人舉措施爲不虧實相僧問心法雙亡指歸何所師曰郢人無汙徒勞運斤曰請師不返之言師曰即無返句（後僧舉問洞山山云道即甚道罕遇作家）七百丈和尚令僧來候師上堂次展坐具禮拜了起來拈師一隻靸鞋以衫袖拂却塵了倒覆向下師曰老僧罪過或問祖師傳心地法門爲是眞如心妄想心非眞非妄心爲是三乘教外別立心師曰汝見目前虛空麼曰信知常在目前人自不見師曰汝莫認影像曰和尚作麼生師以手撥空三下曰作麼生即是師曰汝向後會去在有僧來遶師三匝振錫而立師曰是是（長慶代云和尚佛法身心何在）其僧又到南泉亦遶南泉三匝振錫而立泉曰不是不是此是風力所轉終成敗壞僧曰章敬道是和尚爲甚麼道不是泉曰章敬即是是汝不是（長慶代云和尚是甚麼心行雲居錫云章敬未必道是南泉未必道不是又云這僧當初但持錫出去恰好）小師行脚回師問曰汝離此間多少年邪曰離和尚左右將及八年師曰辨得箇甚麼小師於地畫一圓相師曰秖這箇更別有小師乃書破圓相便禮拜師曰不是不是僧問四大五蘊身中阿那箇是本來佛性師乃呼僧名僧應諾師良久曰汝無佛性唐元和十三年示滅諡大覺禪師

越州大珠慧海禪師建州朱氏子依越州大雲寺智和尚受業初參馬祖祖問從何處來曰越州大雲寺來祖曰來此擬須何事曰來求佛法祖曰我這裏一物也無求甚麼佛法

自家寶藏不顧抛家散走作麼曰阿那箇是慧海寶藏祖曰即今問我者是汝寶藏一切具足更無欠少使用自在何假外求師於言下自識本心不由知覺踊躍禮謝師事六載後以受業師老遽歸奉養乃晦迹藏用外示癡訥自撰頓悟入道要門論一卷法姪玄晏竊出江外呈馬祖祖覽訖告衆曰越州有大珠圓明光透自在無遮障處也衆中有知師姓朱者相推來越尋訪依附（特號大珠和尚）師謂曰禪客我不會禪並無一法可示於人不勞久立且自歇去時學侶漸多日夜叩激事不得已隨問隨答其辯無礙時有法師數人來謁曰擬伸一問師還對否師曰深潭月影任意撮摩問如何是佛師曰清譚對面非佛而誰衆皆茫然（法眼云是即沒交涉）僧良久又問師說何法度人師曰貧道未曾有一法度人曰禪師家渾如此師却問大德說何法度人曰講金剛經師曰講幾座來曰二十餘座師曰此經是阿誰說僧抗聲曰禪師相弄豈不知是佛說邪師曰若言如來有所說法則爲謗佛是人不解我所說義若言此經不是佛說則是謗經請大德說看僧無對師少頃又問經云若以色見我以音聲求我是人行邪道不能見如來大德且道阿那箇是如來曰某甲到此却迷去師曰從來未悟說甚却迷曰請禪師爲說師曰大德講經二十餘座却不識如來僧禮拜曰願垂開示師曰如來者是諸法如義何得忘却曰是諸法如義師曰大德是亦未是曰經文分明那得未是師曰大德如否曰如師曰木石如否曰如師曰大德如同木石如否曰無二師曰大德與木石何别僧無對良久却問如何得大涅槃師曰不造生死業曰如何是生死業師曰求大涅槃是生死業捨垢取淨是生死業有得有證是生死業不脫對治門是生死業曰云何即得解脫師曰本自無縛不用求解直用直行是無等等曰禪師如和尚者實謂希有禮謝而去有行者問即心即佛那箇是佛師曰汝疑那箇不是佛指出看者無對師曰達即徧境是不悟永乖疎律師法明謂師曰禪師家多落空師曰却是座主家落空明大驚曰何得落空師曰經論是紙墨文字紙墨文字者俱是空設於聲上建立名句等法無非是空座主執滯教體豈不落空明曰禪師落空否師曰不落空明曰何得却不落空師曰文字等皆從智慧而生大用現前那得落空明曰故知一法不達不名悉達師曰律師不唯落空兼乃錯會名言明作色曰何處是錯處師曰未辨華竺之音如何講說明曰請禪師指出錯處師曰豈不知悉達是梵語邪明雖省過而心猶憤然（梵語具云婆曷剌他悉陀中國翻云一切義成舊云悉達多猶是訛畧梵語也）又曰夫經律論是佛語讀誦依教奉行何故不見性師曰如狂狗趁塊師子齩人經律論是性用讀誦者是性法明曰阿彌陀佛有父母及姓否師曰阿彌陀姓憍尸迦父名月上母名殊勝妙顏明曰出何教文師曰出鼓音王經法明禮謝讚歎而退有三藏法師問真如有變易否師曰有變易藏曰禪師錯也師却問三藏有真如否曰有師曰若無變易決定是凡僧也豈不聞善知識者能回三毒爲

三聚淨戒回六識爲六神通回煩惱作菩提回無明爲大智眞如若無變易三藏眞是自然外道也藏曰若爾者眞如即有變易也師曰若執眞如有變易亦是外道曰禪師適來説眞如有變易如今又道不變易如何即是的當師曰若了了見性者如摩尼珠現色説變亦得説不變亦得若不見性人聞説眞如變易便作變易解會説不變易便作不變易解會藏曰故知南宗實不可測有道流問世間還有法過於自然否師曰有曰何法過得師曰能知自然者曰元氣是道不師曰元氣自元氣道自道曰若如是者則應有二也師曰知無兩人又問云何爲邪云何爲正師曰心逐物爲邪物從心爲正源律師問和尚修道還用功否師曰用功曰如何用功師曰饑

是 十二

來喫飯困來即眠曰一切人總如是同師用功否師曰不同曰何故不同師曰他喫飯時不肯喫飯百種須索睡時不肯睡千般計較所以不同也律師杜口韞光大德問禪師自知生處否師曰未曾死何用論生知生即是無生法無離生法有無生祖師曰當生即不生曰不見性人亦得如此否師曰自不見性不是無性何以故見即是性無性不能見識即是性故名識性了即是性喚作了性能生萬法喚作法性亦名法身馬鳴祖師云所言法者謂衆生心若心生故一切法生若心無生法無從生亦無名字迷人不知法身無象應物現形遂喚青青翠竹總是法身鬱鬱黃華無非般若黃花若是般若般若即同無情翠竹若是法身法身即同草木如人喫筍應總喫法身也如此之言寧堪齒錄對面迷佛長劫希求全體法中迷而外覓是以解道者行住坐臥無非是道悟法者縱橫自在無非是法光又問太虛能生靈智否眞心緣於善惡否貪欲人是道否執是執非人同後心通否觸境生心人有定否住寂寞人有慧否懷傲物人有我否執空執有人有智否尋文取證人苦行求佛人離心求佛人執心是佛人此智稱道否請禪師一一爲説師曰太虛不生靈智眞心不緣善惡嗜欲深者機淺是非交爭者未通觸境生心者少定寂寞忘機者慧沉傲物高心者我壯執空執有者皆愚尋文取證者益滯苦行求佛者俱迷離心求佛者外道執心是佛者爲魔曰若如是畢竟無所有也師曰畢竟是大德不是畢竟無所有光踊躍禮謝而去問儒釋道三教同異如何

是 十二

師曰大量者用之即同小機者執之即異總從一性上起用機見差別成三迷悟由人不在教之同異也

洪州百丈山惟政禪師有老宿見日影透窻問師爲復窻就日日就窻師曰長老房中有客歸去好師問南泉諸方善知識還有不説似人底法也無曰有師曰作麼生曰不是心不是佛不是物師曰恁麼則説似人了也曰某甲即甚麼和尚作麼生師曰我又不是善知識爭知有説不説底法曰某甲不會請和尚説師曰我太煞與汝説了也僧問如何是佛佛道齊師曰定也師因入京路逢官人喫飯忽見驢鳴官人召曰頭陀師舉頭官人却指驢師却指官人法眼別云但作驢鳴

洪州泐潭法會禪師問馬祖如何是祖師西來意祖曰低聲近前來向汝道師便近前祖打一摑曰六耳不同謀且去來日來師至來日獨入法堂曰請和尚道祖曰且去待老漢上堂出來問與汝證明師忽有省遂曰謝大眾證明乃遶法堂一匝便去

池州杉山智堅禪師初與歸宗南泉行脚時路逢一虎各從虎邊過了泉問歸宗適來見虎似箇甚麼宗曰似箇猫兒宗却問師師曰似箇狗子又問南泉泉曰我見是箇大蟲師喫飯次南泉收生飯乃曰生聻師曰無生泉曰無生猶是末泉行數步師召曰長老泉回頭曰作麼師曰莫道是末普請擇蕨次南泉拈起一莖曰這箇大好供養師曰非但這箇百味珍羞他亦不顧泉曰雖然如是箇箇須嘗過始得玄覺云是相見語不是相見語僧問如何是本來身師曰舉世無相似

洪州泐潭惟建禪師一日在法堂後坐禪馬祖見乃吹師耳兩吹師起見是祖却復入定祖歸方丈令侍者持一椀茶與師師不顧便自歸堂

澧州茗溪道行禪師嘗曰吾有大病非世所醫後僧問曹山古人曰吾有大病非世所醫未審是甚麼病山曰攢簇不得底病曰一切眾生還有此病也無山曰人人盡有曰和尚還有此病也無山曰正覓起處不得曰一切眾生爲甚麼不病山曰一切眾生若病即非眾生曰未審諸佛還有此病也無山曰有曰既有爲甚麼不病山曰爲伊惺惺僧問如何修行師曰好箇阿師莫客作曰畢竟如何師曰安置即不堪問如何是正修行路師曰涅槃後有曰如何是涅槃後有師曰不洗面曰學人不會師曰無面得洗

撫州石鞏慧藏禪師本以弋獵爲務惡見沙門因逐鹿從馬祖庵前過祖乃逆之師遂問還見鹿過否祖曰汝是何人曰獵者祖曰汝解射否曰解射祖曰汝一箭射幾箇曰一箭射一箇祖曰汝不解射曰和尚解射否祖曰解射曰一箭射幾箇祖曰一箭射一羣曰彼此生命何用射他一羣祖曰汝既知如是何不自射曰若教某甲自射直是無下手處祖曰這漢曠劫無明煩惱今日頓息師擲下弓箭投祖出家一日在廚作務次祖問作甚麼曰牧牛祖曰作麼生牧曰一回入草去驀鼻拽將回祖曰子真牧牛師便休師住後常以弓箭接機載三平章師問西堂汝還解捉得虛空麼堂曰捉得師曰作麼生捉堂以手撮虛空師曰汝不解捉堂却問師兄作麼生捉師把西堂鼻孔拽堂作忍痛聲曰太煞拽人鼻孔直欲脫去師曰直須恁麼捉虛空始得眾叅次師曰適來底甚麼處去也有僧曰在師曰在甚麼處僧彈指一聲問如何免得生死師曰用免作甚麼曰如何免得師曰這底不生死

江西北蘭讓禪師湖塘亮長老問承聞師兄畫得先師真暫請瞻禮師以兩手擘胸開示之亮便禮拜師曰莫禮莫禮亮曰師兄錯也某甲不禮師兄師曰汝禮先師真那亮曰因甚麼教莫禮師曰何曾錯

袁州南源道明禪師上堂快馬一鞭快人一言有事何不出頭來無事各自珍重僧問一言作麼生師乃吐舌云待我有廣長舌相即向汝道洞山參方上法堂師曰已相見了也

山便下去明日却上問曰昨日已蒙和尚慈悲不知甚麼處是與某甲已相見處師曰心心無間斷流入於性海山曰幾合放過山辭師曰多學佛法廣作利益山曰多學佛法即不問如何是廣作利益師曰一物莫違僧問如何是佛師曰不可道你是也

忻州酈村自滿禪師上堂古今不異法爾如然更復何也雖然如此這箇事大有人罔措在僧問不落古今請師直道師曰情知汝罔措僧欲進語師曰將謂老僧落伊古今曰如何即是師曰魚騰碧漢階級難飛曰如何免得此過師曰若是龍形誰論高下僧禮拜師曰苦哉屈哉誰人似我上堂除却日明夜暗更說甚麼即得珍重問如何是無諍之句師曰喧天動地

朗州中邑洪恩禪師每見僧來拍口作和和聲仰山謝戒師亦拍口作和和聲仰從西過東師又拍口作和和聲仰從東過西師又拍口作和和聲仰當中而立然後謝戒師曰甚麼處得此三昧仰曰於曹谿印子上脫來師曰汝道曹谿用此三昧接甚麼人仰曰接一宿覺仰曰和尚甚處得此三昧師曰我於馬大師處得此三昧仰問如何得見佛性義師曰我與汝說箇譬喻如一室有六窻內有一獮猴外有獮猴從東邊喚猩猩猩猩即應如是六窻俱喚俱應仰山禮謝起十六曰適蒙和尚譬喻無不了知更有一事秖如內獮猴睡着外獮猴欲與相見又且如何師下繩牀執仰山手作舞曰猩猩與汝相見了譬如蟭螟蟲在蚊子眼睫上作窠向十字街頭叫云土曠人稀相逢者少雲居錫云中邑當時若不得仰山這一句語何處有中邑也崇壽稠云還有人定得此道理麼若定不得只是箇弄精魂脚手佛性義在甚麼處玄覺云若不是仰山爭得見中邑且道甚麼處是仰山得見中邑處

洪州泐潭常興禪師僧問如何是曹谿門下客師曰南來燕曰學人不會師曰養羽候秋風問如何是宗乘極則事師曰秋雨草離披南泉至見師面壁乃拊師背師問汝是阿誰曰普願師曰如何曰也尋常師曰汝何多事

汾州無業禪師商州上洛杜氏子母李氏聞空中言寄居得否乃覺有娠誕生之夕神光滿室甫及丱歲行必直視坐即跏趺九歲依開元寺志本禪師受大乘經五行俱下諷誦無遺十二落髮二十受具戒於襄州幽律師習四分律疏纔終便能敷演每為衆僧講涅槃大部冬夏無廢後聞馬大師禪門鼎盛特往瞻禮祖覩其狀貌奇偉語音如十七鐘乃四巍巍佛堂其中無佛師禮跪而問曰三乘文學粗窮其旨常聞禪門即心是佛實未能了祖曰秖未了底心即是更無別物師曰如何是祖師西來密傳心印祖曰大德正閙在且去別時來師纔出祖召曰大德師回首祖曰是甚麼師便領悟乃禮拜祖曰這鈍漢禮拜作麼雲居錫云甚麼處是汾州正閙自得旨後詣曹溪禮祖塔及廬嶽天台徧尋聖迹後住開元精舍學者致問多荅之曰莫妄想唐憲宗屢召師皆辭疾不赴暨穆宗即位思一瞻禮乃命兩街僧錄靈阜等齎詔迎請至彼作禮曰皇上此度恩旨不同常時願和尚且順天心不可言疾也師微笑曰貧道何德累煩世主且請前行吾從別道去矣乃澡身剃髮至中夜告弟子

惠愔等曰汝等見聞覺知之性與太虛同壽不生不滅一切境界本自空寂無一法可得迷者不了即爲境惑一爲境惑流轉不窮汝等當知心性本自有之非因造作猶如金剛不可破壞一切諸法如影如響無有實者經云唯此一事實餘二則非真常了一切空無一物當情是諸佛用心處汝等勤而行之言訖跏趺而逝荼毗日祥雲五色異香四徹所獲舍利瑩若珠玉弟子等貯以金鉼藝于石塔當長慶三年謚大達國師

澧州大同廣澄禪師僧問如何得六根滅去師曰輪劍擲空無傷於物問如何是本來人師曰共坐不相識曰恁麼則學人禮謝去也師曰暗寫愁腸寄與誰

見一　十八

信州鵝湖大義禪師衢州須江徐氏子唐憲宗嘗詔入內於麟德殿論義有法師問如何是四諦師曰聖上一帝三帝何在又問欲界無禪禪居色界此土憑何而立禪師曰法師秖知欲界無禪不知禪界無欲曰如何是禪師以手點空法師無對帝曰法師講無窮經論秖這一點尚不柰何師却問諸碩德曰行住坐臥畢竟以何爲道有對知者是道師曰不可以智知不可以識識安得知者是乎有對無分別者是師曰善能分別諸法相於第一義而不動安得無分別是乎有對四禪八定是師曰佛身無爲不墮諸數安在四禪八定耶衆皆杜口師却舉順宗問尸利禪師大地衆生如何得見性成佛利曰佛性猶如水中月可見不可取因謂帝曰佛性非見必見水中月如何攫取帝乃問何者是佛性師對曰不離陛下所問帝默契真宗益加欽重有一僧乞置塔李翺尚書問曰教中不許將屍塔下過又作麼生僧無對僧卻問師師曰他得大闡提元和十三年歸寂謚慧覺禪師

見一　十九

伊闕伏牛山自在禪師吳興李氏子初依國一禪師受具後參馬祖發明心地祖令送書與忠國師國師曰馬大師以何法示徒曰即心即佛國師曰是甚麼語話良久又問曰此外更有何言教師曰非心非佛或曰不是心不是佛不是物國師曰猶較些子師曰馬大師即恁麼未審和尚此間如何國師曰三點如流水曲似刈禾鎌師後居伏牛山上堂曰即心即佛是無病求藥句非心非佛是藥病對治句僧問如何是脫灑底句師曰伏牛山下古今傳示滅於隨州開元寺

京兆興善寺惟寬禪師衢州信安祝氏子年十三見殺生者盭然不忍食乃求出家初習毘尼修止觀後參大寂乃得心要唐貞元六年始行化於吳越間八年至鄱陽山神求受八戒十三年止嵩山少林寺僧問如何是道師曰大好山曰學人問道師何言好山師曰汝秖識好山何曾達道問狗子還有佛性否師曰有曰和尚還有否師曰我無曰一切衆生皆有佛性和尚因何獨無師曰我非一切衆生曰既非衆生莫是佛不師曰不是佛曰究竟是何物師曰亦不是物曰可見可思否師曰思之不及議之不得故曰不可思議元和四年憲宗詔至闕下侍郎白居易嘗問曰既曰禪師何以說法師曰無上菩提者被於身爲律說於口爲法行於心爲禪應用者三

其致一也譬如江湖淮漢在處立名名雖不一水性無二律即是法法不離禪云何於中妄起分別曰既無分別何以修心師曰心本無損傷云何要修理無論垢與淨一切勿念起曰垢即不可念淨無念可乎師曰如人眼睛上一物不可住金屑雖珍寶在眼亦爲病曰無修無念又何異凡夫耶師曰凡夫無明二乘執著離此二病是曰眞修眞修者不得勤不得忘勤即近執著忘即落無明此爲心要云爾僧問道在何處師曰秖在目前曰我何不見師曰汝有我故所以不見曰我有我故即不見和尚還見否師曰有汝有我展轉不見曰無我無汝還見否師曰無汝無我阿誰求見元和十二年二月晦日陞堂說法訖就化謚大徹禪師

鄂州無等禪師尉氏人也出家於龔公山密受心要出住隨州土門一日謁州牧王常侍辭退將出門牧召曰和尚師回顧牧敲柱三下師以手作圓相復三撥之便行後住武昌大寂寺一日大衆晚參師見人人上來師前道不審適謂衆曰大衆適來聲向甚麼處去也有一僧竪起指頭師曰珍重其僧至來朝上參師乃轉身面壁而臥佯作呻吟聲曰老僧三兩日來不多安樂大德身邊有甚麼藥物與老僧些小僧以手拍淨缾曰這箇淨缾甚麼處得來師曰這箇是老僧底大德底在甚麼處曰亦是和尚底亦是某甲底

潭州三角山總印禪師僧問如何是三寶師曰禾麥豆曰學人不會師曰大衆欣然奉持上堂若論此事貶上眉毛早已蹉過也麻谷便問貶上眉毛即不問如何是此事師曰蹉過也谷乃掀倒禪牀師便打長慶代云悄然

池州魯祖山寶雲禪師僧問如何是諸佛師師曰頭上有寶冠者不是曰如何即是師曰頭上無寶冠洞山來參禮拜起侍立少頃而出却再入來師曰秖恁麼秖恁麼所以如此山曰大有人不肯師曰作麼取汝口辯山便禮拜僧問如何是不言言師曰汝口在甚麼處曰無口師曰將甚麼喫飯僧無對洞山代云他不飢喫甚麼飯師尋常見僧來便面壁南泉聞曰我尋常向師僧道向佛未出世時會取尚不得一箇半箇他恁麼驢年去玄覺云爲復唱和語不肯語保福問長慶秖如魯祖節文在甚麼處被南泉恁麼道長慶云退己讓於人萬中無一箇羅山云陳老師當時若見背上與五火抄何故爲伊解放不解收玄沙云我當時若見也與五火抄雲居錫云羅山玄沙總恁麼道爲復一般別有道理若擇得出許上座佛法有去處玄覺云且道玄沙五火抄打伊著不著

常州芙蓉山太毓禪師金陵范氏子因行食到龐居士前士擬接師乃縮手曰生心受施淨名早訶去此一機居士還甘否士曰當時善現豈不作家師曰非關他事士曰食到口邊被他奪却師乃下食士曰不消一句士又問馬大師著實爲人處還分付吾師否師曰某甲尚未見他作麼生知他著實處士曰秖此見知也無討處師曰居士也不得一向言說士曰一向言說師又失宗若作兩向三向師還開得口否師曰直是開口不得可謂實也士撫掌而出寶曆中歸齊雲入滅謚大寶禪師

唐州紫玉山道通禪師廬江何氏子隨父守官泉南因而出家詣建陽謁馬祖祖尋還龔

公山師亦隨之祖將歸寂謂師曰夫玉石潤山秀麗益汝道業遇可居之師不曉其言是秋遊洛回至唐州西見一山四面懸絕峯巒秀異因詢鄉人曰紫玉山師乃陟山頂見石方正瑩然紫色歎曰此其紫玉也先師之言懸記耳遂剪茅構舍而居焉後學徒四集僧問如何出得三界去師曰汝在裏許得多少時也曰如何出離師曰青山不礙白雲飛于頔相公問如何是黑風吹其船舫漂墮羅剎鬼國師曰于頔客作漢問恁麼事作麼于公失色師乃指曰這箇便是漂墮羅剎鬼國公又問如何是佛師喚相公公應諾師曰更莫別求（藥山聞曰噫可惜于家漢生埋向紫玉山中公聞乃謁見藥山山問曰聞相公在紫玉山中大作佛事是否公曰不敢乃曰承聞有語相救今日特來山曰有疑但問公曰如何是佛山召于頔公應諾山曰是甚麼[二十二]公於此有省）元和八年[二十三]弟子金藏參百丈回師曰汝其來矣此山有主也於是囑付訖策杖徑去襄州道俗迎之至七月十五日無疾而終

五臺山隱峯禪師邵武軍鄧氏子（時稱鄧隱峯）幼若不慧父母聽其出家初遊馬祖之門而未能覩奧復來往石頭雖兩番不捷（語見馬祖章）而後於馬祖言下相契師問石頭如何得合道去頭曰我亦不合道師曰畢竟如何頭曰汝被這箇得多少時耶石頭剗草次師在左側义手而立頭飛剗子向師前剗一株草師曰和尚秖剗得這箇不剗得那箇頭提起剗子師接得便作剗草勢頭曰汝秖剗得那箇不解剗得這箇師無對（洞山云還有堆阜麼）師一日推車次馬祖展脚在路上坐師曰請師收足祖曰已展不縮師曰已進不退乃推車碾損祖脚祖歸法堂執斧子曰適來碾損老僧脚底出來師便出於祖前引頸祖乃置斧師到南泉覩衆僧參次泉指淨缾曰銅缾是境缾中有水不得動著境與老僧將水來師拈起淨缾向泉面前瀉泉便休師後到溈山便入堂於上板頭解放衣鉢溈聞師叔到先具威儀下堂內相看師見來便作臥勢溈便歸方丈師乃發去少間溈山問侍者師叔在否曰已去溈曰去時有甚麼語曰無語溈曰莫道無語其聲如雷師冬居衡嶽夏止清涼唐元和中薦登五臺路出淮西屬吳元濟阻兵違拒王命官軍與賊軍交鋒未決勝負師曰吾當去解其患乃擲錫空中飛身而過兩軍將士仰觀事符預夢鬬心頓息師既顯神異慮成惑衆遂入五臺於金剛窟前將示滅先問衆曰諸方遷化坐去臥去吾嘗見之還[二十四]有立化也無曰有師曰還有倒立者否曰未嘗見有師乃倒立而化亭亭然其衣順體時衆議舁就茶毗屹然不動遠近瞻覩驚歎無已師有妹為尼時亦在彼乃拊而咄曰老兄疇昔不循法律死更熒惑於人於是以手推之僨然而踣遂就闍維收舍利建塔

潭州石霜（亦作龍）大善禪師僧問如何是佛法大意師曰春日雞鳴曰學人不會師曰中秋犬吠上堂大衆出來出來老漢有箇法要百年後不累汝衆曰便請和尚說師曰不消一堆火

泉州龜洋無了禪師本郡沈氏子年七歲父攜入白重院視之如家因而捨愛至十八剃度受具於靈巖寺後參大寂了達祖乘即還

本院之北樵采路絶師一日策杖披榛而行遇六牉巨龜斯須而失乃庵此峯因號龜洋一日有虎逐鹿入庵師以杖格虎遂存鹿命洎將示化乃述偈曰八十年來辨西東如今不要白頭翁非長非短非大小還與諸人性相同無來無去兼無住了却本來自性空偈畢儼然告寂瘞于正堂垂二十載爲山泉淹没門人發塔見全身水中而浮閩王聞之遣使舁入府庭供養忽臭氣遠聞王焚香祝之曰可還龜洋舊址建塔言訖異香普熏傾城瞻禮本道奏謚眞寂大師塔曰靈覺後弟子慧忠瘞于塔左今龜洋二眞身存焉忠得法於草庵義和尚

五燈會元卷第八

五燈會元卷第八

校勘記

一 底本，清藏本。

一 三八〇頁上一行經名，[徑]無（未换卷）。

一 三八〇頁上三行至四行「南嶽下二世 馬祖一禪師法嗣」，[徑]無。

一 三八一頁下九行第一一字「奉」，[徑]作「承」。

一 三八四頁上末行「師白」，[徑]作「師曰」。

一 三八四頁中一五行第一四字「同」，[徑]作「向」。

一 三八四頁下一五行「甚麼」，[徑]作「恁麼」。

一 三八五頁中二行「茗溪」，[徑]作「茗谿」。

一 三九〇頁上卷末經名，[徑]無（未换卷）。

# 五燈會元卷第九　昆二

宋沙門大川濟纂

## 南嶽下二世

### 馬祖一禪師法嗣

南嶽西園蘭若曇藏禪師受心印於大寂後謁石頭瑩然明徹出住西園禪侶日盛師一日自燒浴次僧問何不使沙彌師撫掌三下（僧舉似曹山山云一等是拍手撫掌就中西園奇怪俱胝一指頭禪蓋爲承當處不諦當僧却問曹山西園撫掌豈不是奴兒婢子邊事山曰是云向上更有事也無山云有云如何是向上事山叱云這奴兒婢子）

師養一犬常夜經行時其犬銜師衣師即歸方丈又常於門側伏守忽一夜頻吠奮身作猛噬之勢詰旦東廚有一大蟒長數丈張口呀氣毒焰熾然侍者請避之師曰死可逃乎彼以毒來我以慈受毒無實性激發則强慈苟無緣冤親一揆言訖其蟒按首徐行倏然不見復一夕有羣盜至犬亦銜衣師語盜曰茅舍有可意物一任將去終無所吝盜感其言皆稽首而散

袁州楊岐山甄叔禪師上堂羣靈一源假名爲佛體竭形銷而不滅金流朴散而常存性海無風金波自涌心靈絶兆萬象齊照體斯理者不言而徧歷沙界不用而功益玄化如何背覺反合塵勞於陰界中妄自囚執

禪月問如何是祖師西來意師呈起數珠月罔措師曰會麼曰不會師曰某甲參見石頭來曰見石頭得何意旨師指庭前鹿曰會麼曰不會師曰渠儂得自由唐元和十五年歸寂荼毗獲舍利七百粒於東峯下建塔

磁州馬頭峯神藏禪師上堂知而無知不是無知而說無知便下座（南泉云恁麼依師道始道得一半黃蘗云不是南泉駁他要圖前話）

潭州華林善覺禪師常持錫杖夜出林麓間七步一振錫一稱觀音名號夾山問遠聞和尚念觀音是否師曰然山曰騎却頭時如何師曰出頭即從汝騎不出頭騎甚麼山無對

僧參方展坐具師曰緩緩曰和尚見甚麼師曰可惜許磕破鐘樓其僧從此悟入

觀察使裴休訪之問曰還有侍者否師曰有一兩箇秖是不可見客裴曰在甚麼處師乃喚大空小空時二虎自庵後而出裴覩之驚悸師語二虎曰有客且去二虎哮吼而去裴問曰師作何行業感得如斯師乃良久曰會麼曰不會師曰山僧常念觀音

汀州水塘和尚問歸宗甚處人宗曰陳州人師曰年多少宗曰二十二師曰闍黎未生時老僧去來宗曰和尚幾時生師竪起拂子宗曰這箇豈有生邪師曰會得即無生曰未會在師無語

濛谿和尚僧問一念不生時如何師良久僧便禮拜師曰汝作麼生會曰某甲終不敢無慙愧師曰汝却信得及問本分事如何體悉師曰汝何不問曰請師荅話師曰汝却問得好僧大笑而出師曰秖有這僧靈利有僧從外來師便喝僧曰好箇來由師曰猶要棒在僧珍重便出師曰得能自在

溫州佛嶴和尚尋常見人來以柱杖卓地曰前佛也恁麼後佛也恁麼問正恁麼時作麼生師畫一圓相僧作女人拜師便打問如何是佛法大意師曰賊也賊也問如何是異類師敲椀曰花奴花奴喫飯來

烏曰和尚玄紹二上座參師乃問二禪客發足甚麼處玄曰江西師便打玄曰久知和尚有此機要師曰汝既不會後面箇師僧秖對看紹擬近前師便打曰信知同坑無異土參堂去問僧近離甚處曰定州師曰定州法道何似這裏曰不別師曰若不別更轉彼中去便打僧曰棒頭有眼不得草草打人師曰今日打著一箇也又打三下僧便出去師曰屈棒元來有人喫在曰爭柰杓柄在和尚手裏師曰汝若要山僧回與汝僧近前奪棒打師三下師曰屈棒屈棒曰有人喫在師曰草草打着箇漢僧禮拜師曰却與麼去也僧大笑而出師曰消得恁麼消得恁麼

古寺和尚丹霞來參經宿明旦粥熟行者秖盛一鉢與師又盛一椀自喫殊不顧丹霞霞亦自盛粥喫者曰五更侵早起更有夜行人霞問師何不教訓行者得恁麼無禮師曰淨地上不要點汚人家男女霞曰幾不問過這老漢

石曰和尚初參馬祖祖問甚麼處來師曰烏曰來祖曰烏曰近日有何言句師曰幾人於此茫然祖曰茫然且置悄然一句作麼生師乃近前三步祖曰我有七棒寄打烏曰你還甘否師曰和尚先喫某甲後甘

本谿和尚因龐居士問丹霞打侍者意在何所師曰大老翁見人長短在士曰為我與師同參方敢借問師曰若恁麼從頭舉來共你商量士曰大老翁不可共你說人是非師曰念翁年老士曰罪過罪過

石林和尚見龐居士來乃竪起拂子曰不落丹霞機試道一句子士奪却拂子却自竪起拳師曰正是丹霞機士曰與我不落看師曰丹霞患瘂龐公患聾士曰恰是師無語士曰向道偶爾又一日問士某甲有箇借問居士莫惜言語士曰便請舉來師曰元來惜言語士曰這箇問訊不覺落他便宜師乃掩耳士曰作家作家

亮座主蜀人也頗講經論因參馬祖祖問見說座主大講得經論是否師曰不敢祖曰將甚麼講師曰將心講祖曰心如工伎兒意如和伎者爭解講得師抗聲曰心既講不得虛空莫講得麼祖曰却是虛空講得師不肯便出將下堦祖召曰座主師回首祖曰是甚麼師豁然大悟便禮拜祖曰這鈍根阿師禮拜作麼師曰某甲所講經論將謂無人及得今日被大師一問平生功業一時氷釋禮謝而退乃隱于洪州西山更無消息

黑眼和尚僧問如何是不出世師師曰善財拄杖子問如何是佛法大意師曰十年賣炭漢不知秤畔星

米嶺和尚僧問如何是衲衣下事師曰醜陋任君嫌不挂雲霞色師將示滅遺偈曰祖祖不思議不許常住世大衆審思惟畢竟秖這是言訖而寂

齊峯和尚龐居士來師曰俗人頻頻入僧院討箇甚麼士回顧兩邊曰誰恁麼道師乃咄之士曰在這裏師曰莫是當陽道麼士曰背後底聻師回首曰看看士曰草賊大敗士却問此去峯頂有幾里師曰甚麼處去來士曰可謂峻硬不得問著師曰是多少士曰一二

三師曰四五六士曰何不道七師曰纔道七便有八士曰住得也師曰一任添取士喝便出去師隨後亦喝

大陽和尚因伊禪師相見乃問伊禪近日有一般知識向目前指教人了取目前事作這個爲人還會文彩未兆時也無曰擬向這裏致一問不知可否師曰荅汝已了莫道可否曰還識得目前也未師曰若是目前作麼生識曰要且遭人檢點師曰誰曰某甲師便喝伊退步而立師曰汝秖解瞻前不解顧後曰雪上更加霜師曰彼此無便宜

幽州紅螺山和尚有頌示門人曰紅螺山子近邊夷度得之流半是奚共語問醉都不會可憐秖解那斯祁

百靈和尚一日與龐居士路次相逢問曰南嶽得力句。還曾舉向人也無士曰曾舉來師曰舉向甚麼人士以手自指曰龐公師曰直是妙德空生也讚歎不及士却問阿師得力句是誰得知師戴笠子便行士曰善爲道路師更不回首

鎮州金牛和尚每自做飯供養衆僧至齋時舁飯桶到堂前作舞呵呵大笑曰菩薩子喫飯來（僧問長慶古人撫掌喚僧喫飯意旨如何慶云大似因齋慶讚僧問大光未審慶讚箇甚麼光作舞僧禮拜光云這野狐精東禪齊云古人自出手作飯舞了喚人來喫意作麼生還會麼秖如長慶與大光是明古人意別爲他分析今問上座每日持鉢掌盂時迎來送去時爲當與古人一般別有道理若道別且作麼生得別來若一般恰到他舞又被喚作野狐精有會處麼若未會行脚眼在甚麼處）

洛京黑澗和尚僧問如何是密室師曰截耳臥街曰如何是密室中人師乃換手搥胸

利山和尚僧問衆色歸空空歸何所師曰舌頭不出口曰爲甚麼不出口師曰內外一如故問不歷僧祇獲法身請師直指師曰子承父業曰如何領會師曰貶剝不施曰恁麼則大衆有賴去也師曰大衆且置作麼生是法身僧無對師曰汝問我與汝道僧問如何是法身師曰空華陽焰問如何是西來意師曰不見如何曰爲甚麼如此師曰秖爲如此

韶州乳源和尚上堂西來的的意不妨難道衆中莫有道得者出來試道看時有僧出禮拜師便打曰是甚麼時節出頭來便歸方丈（僧衆散長慶云不妨不妨資福代云爲和尚不惜身命）仰山作沙彌時念經聲高師咄曰這沙彌念經恰似哭曰慧寂秖恁麼未審和尚如何師乃顧視仰曰若恁麼與哭何異師便休

松山和尚同龐居士喫茶士舉槖子曰人人盡有分爲甚麼道不得師曰秖爲人人盡有所以道不得士曰阿兄爲甚麼却道得師曰不可無言也士曰灼然灼然師便喫茶士曰阿兄喫茶爲甚麼不揖客師曰誰士曰龐公師曰何須更揖後丹霞聞乃曰若不是松山幾被箇老翁惑亂一上士聞之乃令人傳語霞曰何不會取未舉槖子時

則川和尚蜀人也龐居士相看次師曰還記得見石頭時道理否士曰猶得阿師重舉在師曰情知久參事慢士曰阿師老耄不啻龐公師曰二彼同時又爭幾許士曰龐公鮮健且勝阿師師曰不似勝我秖欠汝箇幞頭士拈下幞頭曰恰與師相似師大笑而已師摘茶次士曰法界不容身師還見我否師曰不是老師洎荅公話士曰有問有荅蓋是尋常

師乃摘茶不聽士曰莫怪適來容易借問師亦不顧士喝曰這無禮儀老漢待我一一舉向明眼人師乃拋却茶藍便歸方丈

忻州打地和尚自江西領旨常晦其名凡學者致問唯以棒打地示之時謂之打地和尚一日被僧藏却棒然後致問師但張其口僧問門人曰秪如和尚每日有人問便打地意旨如何門人即於竈内取柴一片擲在釜中

潭州秀溪和尚谷山問聲色純眞如何是道師曰亂道作麼山却從東過西立師曰若不恁麼即禍事也山又從西過東立師乃下禪牀方行兩步被谷山捉住曰聲色純眞事作麼生師便打一掌山曰三十年後要箇人下茶也無在師曰要谷山這漢作甚麼山呵呵大笑

江西椑樹和尚臥次道吾近前牽被覆之師曰作麼吾曰蓋覆師曰臥底是坐底是吾曰不在這兩處師曰爭奈蓋覆何吾曰莫亂道師向火次吾問作麼師曰和合吾曰恁麼即當頭脱去也師曰隔濶來多少時邪吾便拂袖而去吾一日從外歸師問甚麼處去來吾曰親近來師曰用簸這兩片皮作麼吾曰借師曰他有從汝借無作麼生吾曰秪爲有所以借

京兆草堂和尚自罷叅大寂至海昌和尚處昌問甚麼處來師曰道場來昌曰這裏是甚麼處師曰賊不打貧人家僧問未有一法時此身在甚麼處師作一圓相於中書身字

洞安和尚有僧辭師曰甚麼處去曰本無所去師曰善爲闍黎曰不敢師曰到諸方分明舉似僧侍立次師問今日是幾曰不知師曰我却記得曰今日是幾師曰今日昬晦

京兆興平和尚洞山來禮拜師曰莫禮老朽山曰禮非老朽師曰非老朽者不受禮山曰他亦不止洞山却問如何是古佛心師曰即汝心是山曰雖然如此猶是某甲疑處師曰若恁麼即問取木人去山曰某甲有一句子不借諸聖口師曰汝試道看山曰不是某甲山辭師曰甚麼處去山曰沿流無定止師曰法身沿流報身沿流山曰總不作此解師乃拊掌（保福云洞山自是一家乃別云覓得幾人）

逍遙和尚鹿西和尚問念念攀緣心心永寂師曰昨晚也有人恁麼道西曰道箇甚麼師曰不知西曰請和尚說師以拂子驀口打西拂袖便出師召衆曰頂門上著眼

福谿和尚僧問古鏡無瑕時如何師良久僧曰師意如何師曰山僧耳背僧再問師曰猶較些子問如何是自己師曰你問甚麼曰豈無方便師曰你適來問甚麼曰得恁麼顛倒師曰今日合喫山僧手裏棒問緣散歸空空歸何所師乃召僧僧應諾師曰空在何處曰却請和尚道師曰波斯喫胡椒

洪州水潦和尚初叅馬祖問曰如何是西來的的意祖曰禮拜著師纔禮拜祖乃當胸蹋倒師大悟起來拊掌呵呵大笑曰也大奇也大奇百千三昧無量妙義秪向一毫頭上識得根源去禮謝而退住後每告衆曰自從一喫馬祖蹋直至如今笑不休有僧作一圓相以手撮向師身上師乃三撥亦作一圓相却指其僧僧便禮拜師打曰這虛頭漢問如何

是沙門行師曰動則影現覺則冰生問如何是佛法大意師乃拊掌呵呵大笑凡接機大約如此

浮盃和尚凌行婆來禮拜師與坐喫茶婆乃問盡力道不得底句分付阿誰師曰浮盃無剩語婆曰未到浮盃不妨疑着師曰別有長處不妨拈出婆斂手哭曰蒼天中更添冤苦師無語婆曰語不知偏正理不識倒邪爲人即禍生後有僧舉似南泉泉曰苦哉浮盃被這老婆摧折一上婆後聞笑曰王老師猶少機關在澄一禪客逢見行婆便問怎生是南泉猶少機關在婆乃哭曰可悲可痛一罔措婆曰會麼一合掌而立婆曰伎死禪和如麻似粟一舉似趙州州曰我若見這臭老婆問教口瘂一曰未審和尚怎生問他州便打一曰爲甚麼却打其甲州曰似這伎死漢不打更待幾時連打數棒婆聞却曰趙州合喫婆手裏棒後僧舉似趙州州哭曰可悲可痛婆聞此語合掌歎曰趙州眼光爍破四天下州令僧問如何是趙州眼婆乃竪起拳頭僧回舉似趙州州作偈曰當機覿面提覿面當機疾報汝凌行婆哭聲何得失婆以偈荅曰哭聲師已曉已曉復誰知當時摩竭國幾喪目前機

潭州龍山和尚（亦云隱山）問僧甚麼處來曰老宿處來師曰老宿有何言句曰說則千句萬句不說則一字也無師曰恁麼則蠅子放卵僧禮拜師便打洞山與密師伯經由見溪流菜葉洞曰深山無人因何有菜隨流莫有道人居否乃共議撥草溪行五七里間忽見師羸形異貌放下行李問訊師曰此山無路闍黎從何處來洞曰無路且置和尚從何而入師曰我不從雲水來洞曰和尚住此山多少時邪師曰春秋不涉洞曰和尚先住此山先住師曰不知洞曰爲甚麼不知師曰我不從人天來洞曰和尚得何道理便住此山師曰我見兩箇泥牛鬬入海直至于今絕消息洞山始具威儀禮拜便問如何是主中賓師曰青山覆白雲曰如何是賓中主師曰長年不出戶曰賓主相去幾何師曰長江水上波曰賓主相見有何言說師曰清風拂白月洞山辭退師乃述偈曰三間茅屋從來住一道神光萬境閑莫把是非來辨我浮生穿鑿不相關因茲燒庵入深山不見後人號爲隱山和尚

襄州居士龐蘊者衡州衡陽縣人也字道玄世本儒業少悟塵勞志求真諦唐貞元初謁石頭乃問不與萬法爲侶者是甚麼人頭以手掩其口豁然有省後與丹霞爲友一日石頭問曰子見老僧以來日用事作麼生士曰若問日用事即無開口處乃呈偈曰日用事無別唯吾自偶諧頭頭非取捨處處沒張乖朱紫誰爲號邱山絕點埃神通并妙用運水及搬柴頭然之曰子以緇邪素邪士曰願從所慕遂不剃染後參馬祖問曰不與萬法爲侶者是甚麼人祖曰待汝一口吸盡西江水即向汝道士於言下頓領玄旨乃留駐參承二載有偈曰有男不婚有女不嫁大家團欒頭共說無生話自爾機辯迅捷諸方嚮之因辭藥山山命十禪客相送至門首士乃指空中雪曰好雪片片不落別處有全禪客曰落

在甚處士遂與一掌全曰也不得草草士曰恁麼稱禪客闍羅老子未放你在全曰居士作麼生士又掌曰眼見如盲口說如瘂嘗遊講肆隨喜金剛經至無我無人處致問曰座主既無我無人是誰講誰聽主無對士曰某甲雖是俗人粗知信向主曰秖如居士意作麼生士以偈荅曰無我復無人作麼有踈親勸君休歷座不似直求眞金剛般若性外絕一纖塵我聞并信受總是假名陳主聞偈欣然仰歎居士所至之處老宿多往復問醻皆隨機應響非格量軌轍之可拘也元和中北遊襄漢隨處而居有女名靈照常鬻竹漉籬以供朝夕士有偈曰心如境亦如無實亦無虛有亦不管無亦不拘不是賢聖了事凡夫易復易即此五蘊有眞智十方世界一乘同無相法身豈有二若捨煩惱入菩提不知何方有佛地護生須是殺殺盡始安居會得箇中意鐵船水上浮士坐次問靈照曰古人道明明百草頭明明祖師意如何會照曰老老大大作這箇語話士曰你作麼生照曰明明百草頭明明祖師意士乃笑士因賣漉籬下橋喫撲靈照見亦去爺邊倒士曰你作甚麼照曰見爺倒地某甲相扶士將入滅謂靈照曰視日早晚及午以報照遽報日已中矣而有蝕也士出戶觀次靈照即登父座合掌坐亡士笑曰我女鋒捷矣於是更延七日州牧于公頔問疾次士謂之曰但願空諸所有慎勿實諸所無好住世間皆如影響言訖枕于公膝而化遺命焚棄江湖緇白傷悼謂禪門龐居士即毘耶淨名矣有詩偈三百餘篇傳於世

南嶽下三世

百丈海禪師法嗣

洪州黃蘗希運禪師閩人也幼於本州黃蘗山出家額間隆起如珠音辭朗潤志意沖澹後遊天台逢一僧與之言笑如舊相識熟視之目光射人乃偕行屬澗水暴漲捐笠植杖而止其僧率師同渡師曰兄要渡自渡彼即褰衣躡波若履平地回顧曰渡來渡來師曰咄這自了漢吾早知當斫汝脛其僧歎曰眞大乘法器我所不及言訖不見師後遊京師因人啓發乃往叅百丈丈問巍巍堂堂從何方來師曰巍巍堂堂從嶺南來丈曰巍巍堂堂當爲何事師曰巍巍堂堂不爲別事便禮拜問曰從上宗乘如何指示丈良久師曰不可教後人斷絕去也丈曰將謂汝是箇人乃起入方丈師隨後入曰某甲特來丈曰若爾則他後不得孤負吾丈一日問師甚麼處去來曰大雄山下採菌子來丈曰還見大蟲麼師便作虎聲丈拈斧作斫勢師即打丈一摑丈吟吟而笑便歸上堂曰大雄山下有一大蟲汝等諸人也須好看百丈老漢今日親遭一口師在南泉普請擇菜次泉問甚麼處去曰擇菜去泉曰將甚麼擇師竪起刀泉曰秖解作賓不解作主師以刀點三下泉曰大家擇菜去泉一日曰老僧有牧牛歌請長老和師曰某甲自有師在師辭南泉泉門送提起師笠曰長老身材沒量大笠子大小生師曰雖然如此大千世界總在裏許泉曰王老師聻師戴笠便行師在鹽官殿上禮佛次時唐

宣宗爲沙彌問曰不著佛求不著法求不著僧求長老禮拜當何所求師曰不著佛求不著法求不著僧求常禮如是事彌曰用禮何爲師便掌彌曰大麤生師曰這裏是甚麽所在說麤說細隨後又掌裴相國鎮宛陵建大禪苑請師說法以師酷愛舊山還以黄檗名之公一日拓一尊佛於師前跪曰請師安名師召曰裴休公應諾師曰與汝安名竟公禮拜師因有六人新到五人作禮中一人提起坐具作一圓相師曰我聞有一隻獵犬甚惡僧曰尋羚羊聲來師曰羚羊無聲到汝尋曰尋羚羊跡來師曰羚羊無跡到汝尋曰尋羚羊蹤來師曰羚羊無蹤到汝尋曰與麽則死羚羊也師便休去明日陞堂曰昨日尋羚羊僧出來僧便出師曰昨日公案未了老僧休去你作麽生僧無語師曰將謂是本色衲僧元來秖是義學沙門便打趁出師一日捏拳曰天下老和尚總在這裏我若放一線道從汝七縱八横若不放過不消一捏僧問放一線道時如何師曰七縱八横曰不放過不消一捏時如何師曰普裴相國一日請師至郡以所解一編示師師接置於座畧不披閱良久曰會麽裴曰未測師曰若便恁麽會得猶較些子若也形於紙墨何有吾宗裴乃贈詩一章曰自從大士傳心印額有圓珠七尺身挂錫十年棲蜀水浮盃今日渡漳濱一千龍象隨高步萬里香花結勝因擬欲事師爲弟子不知將法付何人師亦無喜色自爾黄檗門風盛于江表矣一日上堂大衆雲集乃曰汝等諸人欲何所求以拄杖趁之大衆不散師卻復坐曰汝等諸人盡是噇酒糟漢恁麽行脚取笑於人但見八百一千人處便去不可圖他熱鬧也老漢行脚時或遇草根下有一箇漢便從頂門上一錐看他若知痛痒可以布袋盛米供養他可中總似汝如此容易何處更有今日事也汝等既稱行脚亦須著些精神好還知道大唐國内無禪師麽時有僧問諸方尊宿盡聚衆開化爲甚麽卻道無禪師師曰不道無禪秖是無師闍黎不見馬大師下有八十四人坐道場得馬師正法眼者止三兩人廬山歸宗和尚是其一夫出家人須知有從上來事分始得且如四祖下牛頭横說竪說猶未知向上關捩子有此眼目方辨得邪正宗黨且當人事宜不能體會得但知學言語念向皮袋裏安著到處稱我會禪還替得汝生死麽輕忽老宿入地獄如箭我纔見汝入門來便識得了也還知麽急須努力莫容易事持片衣口食空過一生明眼人笑汝久後總被俗漢筭將去在宜自看遠近是阿誰面上事若會即便會若不會即散去珍重問如何是西來意師便打自餘施設皆被上機中下之流莫窺涯涘唐大中年終於本山謚斷際禪師

福州長慶大安禪師（號懶安）郡之陳氏子受業於黄檗山習律乘嘗自念言我雖勤苦而未聞玄極之理乃孤錫遊方將往洪井路出上元逢一老父謂師曰師往南昌當有所得師即造百丈禮而問曰學人欲求識佛何者即是丈曰大似騎牛覓牛師曰識得後如何丈曰如人騎牛至家師曰未審始終如何保任

丈曰如牧牛人執杖視之不令犯人苗稼師自茲領旨更不馳求同參祐禪師創居溈山師躬耕助道及祐歸寂衆請接踵住持上堂汝諸人總來就安求覓甚麼若欲作佛汝自是佛擔佛傍家走如渴鹿趁陽燄相似何時得相應去汝欲作佛但無許多顛倒攀緣妄想惡覺垢淨衆生之心便是初心正覺佛更向何處別討所以安在溈山三十年來喫溈山飯痾溈山屎不學溈山禪秖看一頭水牯牛若落路入草便把鼻孔拽轉來纔犯人苗稼即鞭撻調伏既久可憐生受人言語如今變作箇露地白牛常在面前終日露迥迥地趁亦不去汝諸人各自有無價大寶從眼門放光照見山河大地耳門放光領采一切善惡音響如是六門晝夜常放光明亦名放光三昧汝自不識[十七]取影在四大身中[十八]內外扶持不教傾側如人負重擔從獨木橋上過亦不教失脚且道是甚麼物任持便得如是且無絲髮可見豈不見誌公和尚云內外追尋覓總無境上施爲渾大有珍重僧問一切施爲是法身用如何是法身師曰一切施爲是法身用曰離却五蘊如何是本來身師曰地水火風受想行識曰這箇是五蘊師曰這箇異五蘊問此陰已謝彼陰未生時如何師曰此陰未謝那箇是大德曰不會師曰若會此陰便明彼陰問大用現前不存軌則時如何師曰汝用得但用僧乃脫膊遶師三匝師曰向上事何不道取僧擬開口師便打曰這野狐精出去有僧上法堂顧視東西不見師乃曰好箇法堂秖是無人師從門裏出曰作麼僧無對雪峯因入山採得一枝木其形似虵於背上題曰本自天然不假雕琢寄與師師曰本色住山人且無刀斧痕僧問佛在何處師曰不離心又問雙峯上人有何所得師曰法無所得設有所得得本無得問黃[十九]巢軍來和尚向甚麼處回[二十]避師曰五蘊山中曰忽被他捉著時如何師曰惱亂將軍師大化閩城唐中和三年歸黃蘗示寂塔于楞伽山謚圓智禪師

杭州大慈山寰中禪師蒲坂盧氏子頂骨圓聳其聲如鐘少丁母憂廬于墓所服闋思報罔極乃於并州童子寺出家嵩嶽登戒習諸律學後參百丈受心印辭往南嶽常樂寺結茅于山頂一日南泉至問如何是庵中主師曰蒼天蒼天泉曰蒼天且置如何是庵中主師曰會即便會莫忉忉泉拂袖而出後住大慈上堂山僧不解荅話秖能識病時有僧出師便歸方丈（法眼云衆中喚作病在目前不識玄覺云且道大慈識病不識病此僧出來是病不是病若言是病每日行住不可總是病若言不是病出來又作麼生）趙州問般若以何爲體師曰般若以何爲體州大笑而出明日州掃地次師曰般若以何爲體州置帚拊掌大笑師便歸方丈僧辭師問甚麼處去曰江西去師曰我勞汝一段事得否曰和尚有甚麼事師曰將取老僧去得麼曰更有過於和尚者亦不能將去師便休僧後舉似洞山山曰闍黎爭合甚麼道曰和尚作麼生山曰得（法眼別云和尚若去某甲提笠子）山又問其僧大慈別有甚麼言句曰有時示衆曰說得一丈不如行取一尺說得一尺不如行取一寸山曰我不恁麼道曰和尚作麼生山曰

說取行不得底行取說不得底（雲居云行時無說路說時無行路不說不行時合行甚麼路洛浦云行說俱到即本分事無行說俱不到即本分事在）後屬武宗廢教師短褐隱居大中歲重剃染大揚宗旨咸通三年不疾而逝僖宗謚性空大師

〔二十〕

天台平田普岸禪師洪州人也於百丈門下得旨後聞天台勝槩聖賢間出思欲高蹈方外遠追遐躅乃結茅薙草宴寂林下日居月諸爲四衆所知創平田禪院居之上堂神光不昧萬古徽猷入此門來莫存知解便下座僧參師打一拄杖其僧近前把住拄杖師曰老僧適來造次僧却打師一拄杖師曰作家作家僧禮拜師把住曰是闍黎造次僧大笑師曰這箇師僧今日大敗也臨濟訪師到路口先逢一嫂在田使牛濟問嫂平田路向甚麼處去嫂打牛一棒曰這畜生到處走到此路也不識濟又曰我問你平田路向甚麼處去嫂曰這畜生五歲尚使不得濟心語曰欲觀前人先觀所使便有抽釘拔楔之意及見師師問你還曾見我嫂也未濟曰已收下了也師遂問近離甚處濟曰江西黄檗師曰情知你見作家來濟曰特來禮拜和尚師曰已相見了也濟曰賓主之禮合施三拜師曰既是賓主之禮禮拜著有偈示衆曰大道虛曠常一眞心善惡莫思神清物表隨緣飲啄更復何爲終于本院遺塔存焉

〔二十一〕

瑞州五峯常觀禪師僧問如何是五峯境師曰險曰如何是境中人師曰塞僧辭師曰甚麼處去曰臺山去師竪一指曰若見文殊了却來這裏與汝相見僧無語師問僧甚麼處來曰莊上來師曰汝還見牛麼曰見師曰見左角見右角僧無語師代曰見無左右（仰山別云還辨左右麼）又僧辭師曰汝諸方去莫謗老僧在這裏曰某甲不道和尚在這裏師曰汝道老僧在甚麼處僧竪起一指師曰早是謗老僧也

潭州石霜山性空禪師僧問如何是祖師西來意師曰如人在千尺井中不假寸繩出得此人即荅汝西來意僧曰近日湖南暢和尚出世亦爲人東語西話師喚沙彌拽出這死屍著（沙彌即仰山山後問耽源如何出得井中人源曰咄癡漢誰在井中山復問溈山溈山召慧寂山應諾溈曰出也仰山住後常舉前話謂衆曰我在耽源處得名溈山處得地）

福州古靈神贊禪師本州大中寺受業後行脚遇百丈開悟却回受業本師問曰汝離吾在外得何事業曰並無事業遂遣執役一日因澡身命師去垢師乃拊背曰好所佛堂而佛不聖本師回首視之師曰佛雖不聖且能放光本師又一日在牕下看經蜂子投牕紙求出師覩之曰世界如許廣闊不肯出鑽他故紙驢年去遂有偈曰空門不肯出投窻也大癡百年鑽故紙何日出頭時本師置經問曰汝行脚遇何人吾前後見汝發言異常師曰某甲蒙百丈和尚指箇歇處今欲報慈德耳本師於是告衆致齋請師說法師乃登座舉唱百丈門風曰〔二十二〕靈光獨耀迥脫根塵體露眞常不拘文字心性無染本自圓成但離妄緣即如如佛本師於言下感悟曰何期垂老得聞極則事師後住古靈聚徒數載臨遷化剃浴聲鐘告衆曰汝等諸人還識無聲三昧

否衆曰不識師曰汝等靜聽莫別思惟衆皆
側聆師儼然順寂塔存本山
廣州和安寺通禪師婺州雙林寺受業自幼
寡言時人謂之不語通因禮佛次有禪者問
座主禮底是甚麼師曰是佛禪者乃指像曰
這箇是何物師無對至夜具威儀禮問今日
所問某甲未知意旨如何禪者曰座主幾夏
耶師曰十夏禪者曰還曾出家也未師轉茫
然禪者曰若也不會百夏奚爲乃命同參馬
祖及至江西祖已圓寂遂謁百丈頓釋疑情
有人問師是禪師否師曰貧道不曾學禪師
良久召其人其人應諾師指椶櫚樹子其人
無對師一日召仰山將牀子來山將到師曰
却送本處着山從之師召慧寂山應諾師曰
牀子那邊是甚麼物山曰枕子師曰枕子這 二十三
邊是甚麼物山曰無物師復召慧寂山應諾
師曰是甚麼山無對師曰去
江州龍雲臺禪師僧問如何是祖師西來意
師曰昨夜欄中失却牛
京兆衛國院道禪師新到衆師問何方來曰
河南來師曰黃河清也未僧無對（溈山代云小小狐兒要過但過用疑作甚麼）
師不安不見客有人來謁乃曰
久聆和尚道德忽承法體違和畧請和尚相
見師將鉢鐼盛鉢楮令侍者擎出呈之其人
無對
鎮州萬歲和尚僧問大衆雲集合譚何事師
曰序品第一（歸宗柔別云禮拜了去）
洪州東山慧禪師遊山見一巖僧問此巖還
有主也無師曰有曰是甚麼人師曰三家村
裏覓甚麼曰如何是巖中主師曰汝還氣急
麼小師行脚回師問汝離吾在外多少時耶
曰十年師曰不用指東指西直道將來曰對
和尚不敢慢語師喝曰這打野榸漢師同大
于南用到茶堂有僧近前不審用曰我既不
納汝汝亦不見我不審阿誰僧無語師曰不
得平白地恁麼問伊用曰大于亦無語那于
把定其僧曰是你恁麼累我亦然便打一摑
用大笑曰朗月與青天大于侍者到師問金
剛正定一切皆然秋去冬來且作麼生者曰
不妨和尚借問師曰即今即得去後作麼生
者曰誰敢問著某甲師曰大于還得麼者曰
猶要別人點檢在師曰輔弼宗師不廢光彩
侍者禮拜
清田和尚與瑫上座煎茶次師敲繩牀三下
瑫亦敲三下師曰老僧敲有箇善巧上座敲
有何道理瑫曰某甲敲有箇方便和尚敲作 二十四
麼生師舉起盞子瑫曰善知識眼應須恁麼
茶罷瑫却問和尚適來舉起盞子意作麼生
師曰不可更別有也
百丈山涅槃和尚一日謂衆曰汝等與我開
田我與汝說大義衆開田了歸請說大義師
乃展兩手衆罔措（洪覺範林間錄云百丈第二代法正禪師大智之高第其先嘗誦涅槃經不言姓名時呼爲涅槃和尚住成法席師功最多使衆開田方說大義者乃師也黃蘗古靈諸大士皆推尊之唐文人黃武翊撰其碑甚詳柳公權書妙絕今古而傳燈所載百丈惟政禪師又係於馬祖法嗣之列誤矣及觀正宗記則有惟政法正然百丈第代可數明數但皆見其名不能辨而俱存也今當以柳碑爲正）

五燈會元卷第九

五燈會元卷第九

校勘記

一　底本，清藏本。

一　三九一頁上一行經名，徑無（未换卷）。

一　三九一頁上三行至四行「南嶽下二世　馬祖一禪師法嗣」，徑無。

一　三九一頁上九行夾註左「山曰」，徑作「山云」。

一　三九三頁下一七行「不似」，徑作「不是」。

一　三九六頁中一一行「於世」，至此，徑卷第三終，卷第四始。

一　三九七頁中二行第九字「按」，徑作「接」。

一　三九八頁下一六行「甚麽」，徑作「恁麽」。

一　四〇〇頁下卷末經名，徑無（未换卷）。

五燈會元卷第十　昆三

宋沙門大川濟纂

南嶽下三世

南泉願禪師法嗣

趙州觀音院（亦曰東院）從諗禪師曹州郝鄉人也
姓郝氏童稚於本州扈通院從師披剃未納
戒便抵池陽參南泉值泉偃息而問曰近離
甚處師曰瑞像泉曰還見瑞像麼師曰不見
瑞像秖見臥如來泉便起坐問汝是有主沙
彌無主沙彌師曰有主沙彌泉曰那箇是你
主師近前躬身曰仲冬嚴寒伏惟和尚尊候
萬福泉器之許其入室他日問泉曰如何是
道泉曰平常心是道師曰還可趣向也無泉
曰擬向即乖師曰不擬爭知是道泉曰道不
屬知不屬不知知是妄覺不知是無記若真
達不疑之道猶如太虛廓然蕩豁豈可強是
非耶師於言下悟理乃往嵩嶽瑠璃壇納戒
仍返南泉一日問泉曰知有底人向甚麼處
去泉曰山前檀越家作一頭水牯牛去師曰
謝師指示泉曰昨夜三更月到牕泉曰今時
人須向異類中行始得師曰異即不問如何
是類泉以兩手拓地師近前一踏踏倒却向
涅槃堂裏叫曰悔悔泉令侍者問悔箇甚麼
師曰悔不更與兩踏南泉上堂師出問明頭
合暗頭合泉便下座歸方丈師曰這老和尚
被我一問直得無言可對首座曰莫道和尚
無語好自是上座不會師便打一掌曰此掌
合是堂頭老漢喫師到黃檗檗見來便閉方
丈門師乃把火於法堂内叫曰救火救火檗
開門捉住曰道道師曰賊過後張弓到寶壽
壽見來於禪牀上背坐師展坐具禮拜壽下
禪牀師便出又到道吾纔入堂吾曰南泉一
隻箭來也師曰看箭吾曰過也師曰中又到
茱萸執拄杖於法堂上從東過西萸曰作甚
麼師曰探水萸曰我這裏一滴也無探箇甚
麼師以杖倚壁便下師將遊五臺有大德作
偈留曰無處青山不道場何須策杖禮清涼
雲中縱有金毛現正眼觀時非吉祥師曰作
麼生是正眼德無對（法眼代云請上座領某甲情同安顯代云是上座眼）
師自此道化被於北地衆請住觀音院上
堂如明珠在掌胡來胡現漢來漢現老僧把
一枝草爲丈六金身用把丈六金身爲一枝
草用佛是煩惱煩惱是佛僧問未審佛是誰
家煩惱師曰與一切人煩惱曰如何免得師
曰用免作麼掃地次僧問和尚是大善知識
爲甚麼掃地師曰塵從外來曰既是清淨伽
藍爲甚麼有塵師曰又一點也師與官人遊
園次兎見乃驚走遂問和尚是大善知識兎
見爲甚麼走師曰老僧好殺問覺華未發時
如何辨眞實師曰開也曰是眞是實師曰眞
是實實是眞曰甚麼人分上事師曰老僧有
分闍黎有分曰其甲不招納時如何師佯不
聞僧無語師曰去石幢子被風吹折僧問陀
羅尼幢子作凡去作聖去師曰也不作凡亦
不作聖曰畢竟作甚麼師曰落地去也僧辭
師曰甚處去曰諸方學佛法去師豎起拂子
曰有佛處不得住無佛處急走過三千里外
逢人不得錯舉曰與摩則不去也師曰摘楊
花摘楊花問承聞和尚親見南泉是否師曰
鎮州出大蘿蔔頭大衆晚參師曰今夜荅話

去也有解問者出來時有一僧便出禮拜師曰比來拋甎引玉却引得箇墼子（保壽云射虎不眞徒勞沒羽長慶問覺上座云那僧纔出禮拜爲甚麼便收伊爲墼子覺云適來那邊亦有人恁麼問慶云向伊道甚麼覺云也向伊恁麼道玄覺云甚麼處是却成墼子去叢林中道纔出來便成墼子秖如每日出入行住坐臥不可總成墼子且道這僧出來具眼不具眼）上堂金佛不度爐木佛不度火泥佛不度水眞佛内裏坐菩提涅槃眞如佛性盡是貼體衣服亦名煩惱實際理地甚麼處著一心不生萬法無咎汝但究理坐看三二十年若不會截取老僧頭去夢幻空華徒勞把捉心若不異萬法一如既不從外得更拘執作麼如羊相似亂拾物安向口裏老僧見藥山和尚道有人問著但教合取狗口老僧亦教合取狗口取我是垢不取我是淨一似獵狗專欲得物喫佛法在甚麼處千人萬人盡是覓佛漢子於中覓一箇道人無若與空王爲弟子莫教心病最難醫未有世界早有此性世界壞時此性不壞一從見老僧後更不是别人秖是箇主人公這箇更向外覓作麼正恁麼時莫轉頭換腦若轉頭換腦即失却也僧問承師有言世界壞時此性不壞如何是此性師曰四大五陰曰此猶是壞底如何是此性師曰四大五陰（法眼云是一箇兩箇是壞不壞且作麼生會試斷看）師因老宿問近離甚處曰滑州宿曰幾程到這裏師曰一踔到宿曰好箇捷疾鬼師曰萬福大王宿曰叅堂去師應喏喏尼問如何是密密意師以手搯之尼曰和尚猶有這箇在師曰却是你有這箇在僧辭師問甚麼處去曰閩中去師曰彼中兵馬隘你須回避始得曰向甚麼處回避師曰恰好問如何是賓中主師曰山僧不問婦曰如何是主中賓師曰山僧無丈人有僧遊五臺問一婆子曰臺山路向甚麼處去婆曰驀直去僧便去婆曰好箇師僧又恁麼去後有僧舉似師師曰待我去勘過明日師便去問臺山路向甚麼處去婆曰驀直去師便去婆曰好箇師僧又恁麼去師歸院謂僧曰臺山婆子爲汝勘破了也（玄覺云前來僧也恁麼道趙州去也恁麼道甚麼處是勘破婆子處又云非唯被趙州勘破亦被這僧勘破）問恁麼來底人師還接否師曰接曰不恁麼來底師還接否師曰接曰恁麼來者從師接不恁麼來者如何接師曰止止不須說我法妙難思師因出路逢一婆婆問和尚住甚麼處師曰趙州東院西婆無語師歸問衆僧合使那箇西字或言東西字或言棲泊字師曰汝等總作得鹽鐵判官曰和尚爲甚恁麼道師曰爲汝總識字（法燈別衆僧云已知去處法燈別云莫說似人）問如何是囊中寶師曰合取口有一婆子令人送錢請轉藏經師受施利了却下禪牀轉一匝乃曰傳語婆轉藏經已竟其人回舉似婆婆曰比來請轉全藏如何秖爲轉半藏（玄覺云甚麼處是欠半藏處且道那婆子具甚麼眼便與麼道）因僧侍次遂指火問曰這箇是火你不得喚作火老僧道了也僧無對復笑起火曰會麼曰不會師曰此去舒州有投子和尚汝往禮拜問之必爲汝說因緣相契不用更來不相契却來其僧到投子子問近離甚處曰趙州子曰趙州有何言句僧舉前話子曰汝會麼曰不會乞師指示子下禪牀行三步却坐問曰會麼曰不會子曰你歸舉似趙州其僧却回舉似師師曰還會麼曰不會師曰投子與麼不較多

也有新到謂師曰某甲從長安來橫擔一條拄杖不曾撥著一人師曰自是大德拄杖短（同安顯別云老僧這裏不曾見恁麼人）僧無對（法眼代云呵呵同安顯代云也不短）僧寫師眞呈師曰且道似我不似我若似我即汀殺老僧不似我即燒却眞僧無對（玄覺代云留取供養）問如何是祖師西來意師曰庭前栢樹子曰和尚莫將境示人師曰我不將境示人曰如何是祖師西來意師曰庭前栢樹子問僧發足甚處曰雪峯師曰雪峯有何言句示人曰尋常道盡十方世界是沙門一隻眼你等諸人向甚處屙師曰闍黎若回寄箇鍬子去師謂衆曰我向行脚到南方火爐頭有箇無賓主話直至如今無人舉著上堂至道無難唯嫌揀擇纔有語言是揀擇是明白老僧不在明白裏是汝還護惜也無時有僧問既不在明白裏護惜箇甚麼師曰我亦不知僧曰和尚既不知爲甚道不在明白裏師曰問事即得禮拜了退別僧問至道無難唯嫌揀擇是時人窠窟否師曰曾有人問我老僧直得五年分疎不下又問至道無難唯嫌揀

擇如何是不揀擇師曰天上天下唯我獨尊曰此猶是揀擇師曰田厙奴甚處是揀擇僧無語問至道無難唯嫌揀擇纔有語言是揀擇和尚如何爲人師曰何不引盡此語僧曰某甲秖念得到這裏師曰至道無難唯嫌揀擇問如何是道師曰墻外底曰不問這箇師曰你問那箇曰大道師曰大道透長安問道人相見時如何師曰呈漆器上堂兄弟若從南方來者即與下載若從北方來者即與上載所以道近上人問道即失道近下人問道即得道師因與文遠行乃指一片地曰這裏好造箇巡鋪文遠便去路傍立曰把將公驗來師遂與一摑遠曰公驗分明過師與文遠論義曰鬪劣不鬪勝勝者輸果子遠曰請和尚立義師曰我是一頭驢遠曰我是驢胃師曰我是驢糞遠曰我是糞中蟲師曰你在彼中作甚麼遠曰我在彼中過夏師曰把將果子來新到參師問甚麼處來曰南方來師曰佛法盡在南方汝來這裏作甚麼曰佛法豈有南北邪師曰饒汝從雪峯雲居來秖是箇

擔板漢（崇壽稠云和尚是據客置主人）問如何是佛師曰殿裏底曰殿裏者豈不是泥龕塑像師曰是曰如何是佛師曰殿裏底問學人乍入叢林乞師指示師曰喫粥了也未曰喫粥了也師曰洗鉢盂去其僧忽然省悟上堂纔有是非紛然失心還有荅話分也無僧舉似洛浦浦扣齒又舉似雲居居曰何必僧回舉似師師曰南方大有人喪身失命曰請和尚舉師纔舉前語僧指傍僧曰這箇師僧喫却飯了作恁麼語話師休去問久嚮趙州石橋到來秖見箇畧彴師曰汝秖見畧彴且不見石橋曰如何是石橋師曰度驢度馬曰如何是畧彴師曰箇箇度人後有如前問師如前荅又僧問如何是石橋師曰過來過來（雲居錫云趙州爲當扶石橋扶畧彴）師聞沙彌喝參向侍者曰教伊去者乃教去沙彌便珍重師曰沙彌得入門侍者在門外（雲居錫云甚麼處是沙彌入門侍者在門外這裏若會得便見趙州）問僧甚麼處來曰從南來師曰還知有趙州關否曰須知有不涉關者師曰這販私鹽漢問如何是西來意師下禪牀立曰莫秖這箇便是否師

曰老僧未有語在問菜頭今日喫生菜喫熟菜頭拈起菜呈之師曰知恩者少負恩者多問狗子還有佛性也無師曰無曰上至諸佛下至螻蟻皆有佛性狗子爲甚麼却無師曰爲伊有業識在師問一婆子甚麼處去曰偷趙州筍去師曰忽遇趙州又作麼生婆便與一掌師休去師一日於雪中臥曰相救相救有僧便去身邊臥師便起去問如何是趙州一句師曰老僧半句也無曰豈無和尚在師曰老僧不是一句師問新到曾到此間麼曰曾到師曰喫茶去又問僧僧曰不曾到師曰喫茶去後院主問曰爲甚麼曾到也云喫茶去不曾到也云喫茶去師召院主主應喏師曰喫茶去問二龍爭珠誰是得者師曰老僧秖管看問空劫中還有人修行也無師曰汝喚甚麼作空劫曰無一物是師曰這箇始稱得修行喚甚麼作空劫僧無語問如何是玄中玄師曰汝玄來多少時耶曰玄之久矣師曰闍黎若不遇老僧幾被玄殺問萬法歸一一歸何所師曰老僧在青州作得一領布衫重七斤問夜生兜率晝降閻浮於其中間摩尼珠爲甚麼不現師曰道甚麼其僧再問師曰毘婆尸佛早留心直至如今不得妙問院主甚麼處來主曰送生來師曰鵶爲甚麼飛去主曰怕某甲師曰汝十年知事作恁麼語話主却問鵶爲甚麼飛去師曰院主無殺心師拓起鉢曰三十年後若見老僧留取供養若不見即撲破別僧曰三十年後敢道見和尚師乃撲破師在東司上見遠侍者過驀召文遠遠應諾師曰東司上不可與汝說佛法僧辭師問甚麼處去曰雪峯去師曰雪峯忽若問和尚有何言句汝作麼生秖對曰某甲道不得請和尚道師曰冬即言寒夏即道熱又曰雪峯更問汝畢竟事作麼生僧又曰道不得師曰但道親從趙州來不是傳語人其僧到雪峯一依前語秖對峯曰也須是趙州始得(玄沙聞曰大小趙州敗闕也不知雲居錫云甚麼處是趙州敗闕若檢得出是上座眼)問如何是出家師曰不履高名不求苟得問澄澄絕點時如何師曰這裏不著客作漢問如何是祖師意師敲牀脚僧曰秖這莫便是否師曰是即脫取去問如何是毘盧圓相師曰老僧自幼出家不曾眼花曰豈不爲人師曰願汝常見毘盧圓相官人問和尚還入地獄否師曰老僧末上入曰大善知識爲甚麼入地獄師曰我若不入阿誰教化汝眞定師王公攜諸子入院師坐而問曰大王會麼王曰不會師曰自小持齋身已老見人無力下禪牀王尤加禮重翌日令客將傳語師下禪牀受之侍者曰和尚見大王來不下禪牀今日軍將來爲甚麼却下禪牀師曰非汝所知第一等人來禪牀上接中等人來下禪牀接末等人來三門外接因侍者報大王來也師曰萬福大王者曰未到在師曰又道來也師到一庵主處問有麼有麼主豎起拳頭師曰水淺不是泊船處便行又到一庵主處問有麼有麼主亦豎起拳頭師曰能縱能奪能殺能活便作禮問僧一日看多少經曰或七八或十卷師曰闍黎不會看經曰和尚一日看多少師曰老僧一日秖看一字文遠侍者在佛殿禮拜次師見以拄杖打一下曰作

甚麼者曰禮佛師曰用禮作甚麼者曰禮佛也是好事師曰好事不如無上堂正人說邪法邪法悉皆正邪人說正法正法悉皆邪諸方難見易識我這裏易見難識問如何是趙州師曰東門西門南門北門問初生孩子還具六識也無師曰急水上打毬子僧却問投子急水上打毬子意旨如何子曰念念不停留問和尚姓甚麼師曰常州有曰甲子多少師曰蘓州有問十二時中如何用心師曰汝被十二時辰使老僧使得十二時乃曰兄弟莫久立有事商量無事向衣鉢下坐窮理好老僧行脚時除二時粥飯是雜用心處除外更無別用心處若不如是大遠在僧問如何是古佛心師曰三箇婆子排班拜問如何是不遷義師曰一箇野雀兒從東飛過西問學人有疑時如何師曰大宜小宜曰大疑師曰大宜東北角小宜僧堂後問栢樹子還有佛性也無師曰有曰幾時成佛師曰待虛空落地時曰虛空幾時落地師曰待栢樹子成佛時問如何是毘盧師師便起立僧曰如何是法身主師便坐僧禮拜師曰且道坐者是立者是師謂衆曰你若一生不離叢林不語五年十載無人喚你作瘂漢已後佛也不奈你何你若不信截取老僧頭去師魚鼓頌曰四大由來造化功有聲全貴裏頭空莫嫌不與凡夫說秖爲宮商調不同師因趙王問師尊年有幾箇齒在師曰秖有一箇王曰爭喫得物師曰雖然一箇下下齩着師寄拂子與王曰若問何處得來但說老僧平生用不盡者師之玄言布於天下時謂趙州門風皆悚然信伏矣唐乾寧四年十一月二日右脇而寂壽一百二十歲謚眞際大師

湖南長沙景岑招賢禪師初住鹿苑爲第一世其後居無定所但徇緣接物隨宜說法時謂之長沙和尚上堂我若一向舉揚宗教法堂裏須草深一丈事不獲已向汝諸人道盡十方世界是沙門眼盡十方世界是沙門全身盡十方世界是自已光明盡十方世界在自已光明裏盡十方世界無一人不是自已我常向汝諸人道三世諸佛法界衆生是摩訶般若光光未發時汝等諸人向甚麼處委悉光未發時尚無佛無衆生消息何處得山河國土來時有僧問如何是沙門眼師曰長長出不得又曰成佛成祖出不得六道輪廻出不得僧曰未審出箇甚麼不得師曰晝見日夜見星曰學人不會師曰妙高山色青又青問教中道而常處此菩提座如何是座師曰老僧正坐大德正立問如何是大道師曰沒却汝問諸佛師是誰師曰從無始劫來承誰覆蔭曰未有諸佛已前作麼生師曰魯祖開堂亦與師僧東道西說問學人不據地時如何師曰汝向甚麼處安身立命曰却據地時如何師曰拖出死屍著問如何是異類師曰尺短寸長問如何是諸佛師師曰不可更拗直作曲邪曰請和尚向上說師曰闍黎眼瞎耳聾作麼遊山歸首座問和尚甚處去來師曰遊山來座曰到甚麼處師曰始從芳草去又逐落花回座曰大似春意師曰也勝秋露滴芙蕖師遣僧問同叅會和尚曰和尚見南泉後如何會默然僧曰和尚未見南泉已

前作麼生會曰不可更別有也僧回舉似師師示偈曰百尺竿頭不動人雖然得入未爲眞百尺竿頭須進步十方世界是全身僧便問秖如百尺竿頭如何進步師曰朗州山澧州水曰不會師曰四海五湖皇化裏有客來謁師召尚書其人應諾師曰不是尚書本命曰不可離却即今秪對別有第二主人師曰喚尚書作至尊得麼曰恁麼總不秪對時莫是弟子主人否師曰非但秪對與不秪對時無始劫來是箇生死根本有偈曰學道之人不識眞秖爲從來認識神無始劫來生死本癡人喚作本來人有秀才看千佛名經問曰百千諸佛但見其名未審居何國土還化物也無師曰黃鶴樓崔顥題後秀才還曾題也未曰未曾師曰得閑題取一篇好問南泉遷化向甚麼處去師曰東家作驢西家作馬曰學人不會此意如何師曰要騎即騎要下即下皓月供奉問天下善知識證三德涅槃也未師曰大德問果上涅槃因中涅槃曰問果上涅槃師曰天下善知識未證曰爲甚麼未

證師曰功未齊於諸聖曰功未齊於諸聖何爲善知識師曰明見佛性亦得名爲善知識曰未審功齊何道名證大涅槃師示偈曰摩訶般若照解脫甚深法法身寂滅體三一理圓常欲識功齊處此名常寂光曰果上三德涅槃已蒙開示如何是因中涅槃師曰大德是月又問教中說幻意是有邪師曰大德是何言歟曰恁麼則幻意是無邪師曰大德是何言歟曰恁麼則幻意是不有不無邪師曰大德是何言歟曰如某三明盡不契於幻意未審和尚如何明教中幻意師曰大德信一切法不思議否曰佛之誠言那敢不信師曰大德言信二信之中是何信曰如某所明二信之中是名緣信師曰依何教門得生緣信曰華嚴云菩薩摩訶薩以無障無礙智慧信一切世間境界是如來境界又華嚴云諸佛世尊悉知世法及諸佛法性無差別決定無二又華嚴云佛法世間法若見其眞實一切無差別師曰大德所舉緣信教門甚有來處聽老僧與大德明教中幻意若人見幻本來

眞是則名爲見佛人圓通法法無生滅無滅無生是佛身月又問蚰蜒斷爲兩段兩頭俱動未審佛性在阿那頭師曰動與不動是何境界曰言不干典非智者之所談秖如和尚言動與不動是何境界出自何經師曰灼然言不干典非智者之所談大德豈不見首楞嚴云當知十方無邊不動虛空并其動搖地水火風均名六大性眞圓融皆如來藏本無生滅師示偈曰最甚深最甚深法界人身便是心迷者迷心爲衆色悟時刹境是眞心身界二塵無實相分明達此號知音月又問如何是陁羅尼師指禪牀右邊曰這箇師僧却誦得曰別還有人誦得否師又指禪牀左邊曰這箇師僧亦誦得曰某甲爲甚麼不聞師曰大德豈不知道眞誦無響眞聽無聞曰恁麼則音聲不入法界性也師曰離色求觀非正見離聲求聽是邪聞曰如何是不離色是正見不離聲是眞聞師示偈曰滿眼本非色滿耳本非聲文殊常觸目觀音塞耳根會三元一體達四本同眞堂堂法界性無佛亦無

人僧問南泉道三世諸佛不知有貍奴白牯却知有爲甚麼三世諸佛不知有師曰未入鹿苑時猶較些子曰貍奴白牯爲甚麼却知有師曰汝爭怪得伊僧問和尚繼嗣何人師曰我無人得繼嗣曰還叅學也無師曰我自叅學曰師意如何師有偈曰虚空問萬象萬象荅虛空誰人親得聞木叉丱角童問如何是平常心師曰要眠即眠要坐即坐曰學人不會意旨如何師曰熱即取涼寒即向火問向上一路請師道師曰一口針三尺線曰如何領會師曰益州布揚州絹問動是法王苗寂是法王根如何是法王師指露柱曰何不問大士師與仰山翫月次山曰人人盡有這箇秖是用不得師曰恰是倩汝用山曰你作麼生用師劈胸與一踏山曰囫直下似箇大蟲長慶云前彼此作家後彼此不作家乃别云邪法難扶自此諸方稱爲岑大蟲問本來人還成佛也無師曰汝見大唐天子還自種田割稻麼曰未審是何人成佛師曰是汝成佛僧無語師曰會麼曰不會師曰如人因地而倒依地而起地道甚麼

三聖令秀上座問曰南泉遷化向甚麼處去師曰石頭作沙彌時叅見六祖秀曰不問石頭見六祖南泉遷化向甚麼處去師曰教伊尋思去秀曰和尚雖有千尺寒松且無抽條石笋師默然秀曰謝和尚荅話師亦默然秀回舉似三聖聖曰若恁麼猶勝臨濟七步然雖如此待我更驗看至明日三聖上問承聞和尚昨日荅南泉遷化一則語可謂光前絶後今古罕聞師亦默然僧問如何是文殊師曰牆壁瓦礫是曰如何是觀音師曰音聲語言是曰如何是普賢師曰衆生心是曰如何是佛師曰衆生色身是曰河沙諸佛體皆同何故有種種名字師曰從眼根返源名文殊耳根返源名觀音從心返源名普賢文殊是佛妙觀察智觀音是佛無緣大慈普賢是佛無爲妙行三聖是佛之妙用佛是三聖之真體用則有河沙假名體則總名一薄伽梵問色即是空空即是色此理如何師曰聽老僧偈礙處非墻壁通處沒虛空若人如是解心色本來同又曰佛性堂堂顯現住性有情難

見若悟衆生無我我面何如佛面問第六第七識及第八識畢竟無體云何得名轉第八爲大圓鏡智師示偈曰七生依一滅一滅持七生一滅滅亦滅六七永無遷問蚯蚓斷爲兩段兩頭俱動未審佛性在阿那頭師曰妄想作麼曰其如動何師曰汝豈不知火風未散問如何轉得山河國土歸自己去師曰如何轉得自己成山河國土去曰不會師曰湖南城下好養民米賤柴多足四鄰僧無語師示偈曰誰問山河轉山河轉向誰圓通無兩畔法性本無歸華嚴座主問虛空爲是定有爲是定無師曰言有亦得言無亦得虛空有時但有假有虛空無時但無假無曰如和尚所說有何教文師曰大德豈不聞首楞嚴云十方虛空生汝心内猶如片雲點太清裏豈不是虛空生時但生假名又云汝等一人發真歸源十方虛空悉皆消殞豈不是虛空滅時但滅假名老僧所以道有是假有無是假無又問經云如淨瑠璃中内現真金像此意如何師曰以淨瑠璃爲法界體以真金像爲

無漏智體能生智智能達體故云如淨瑠璃中內現眞金像問如何是上上人行處師曰如死人眼曰上上人相見時如何師曰如死人手問善財爲甚麼無量劫遊普賢身中世界不徧師曰你從無量劫來還遊得徧否曰如何是普賢身師曰含元殿裏更覓長安問如何是學人心師曰盡十方世界是你心曰恁麼則學人無著身處也師曰是你著身處曰如何是著身處師曰大海水深又深曰學人不會師曰魚龍出入任升沉問有人問和尚即隨因緣荅無人問和尚時如何師曰困則睡健則起曰教學人作麼生會師曰夏天赤骨力冬寒須得被問亡僧遷化甚麼處去也師示偈曰不識金剛體却喚作緣生十方眞寂滅誰在復誰行師讚南泉眞曰堂堂南泉三世之源（吴三）金剛常住十方無（十八）邊生佛無盡現巳却還父依南泉有投機偈曰今日還鄉入大門南泉親道徧乾坤法法分明皆祖父回頭慚愧好兒孫衆荅曰今日投機事莫論南泉不道徧乾坤還鄉盡是兒孫事祖父從來不出門勸學偈曰萬丈竿頭未得休堂堂有路少人遊禪師願達南泉去滿目青山萬萬秋臨濟云赤肉團上有一無位眞人師因有偈曰萬法一如不用揀一如誰揀誰不揀即今生死本菩提三世如來同箇眼誠斫松竹偈曰千年竹萬年松枝枝葉葉盡皆同爲報四方玄學者動手無非觸祖公

鄂州茱萸山和尚初住隨州護國上堂擧起一橛竹曰還有人虛空裏釘得橛麼時有靈虛上座出衆曰虛空是橛師擲下竹便下座

趙州到雲居居曰老老大大何不覓箇住處曰甚麼處住得居曰山前有箇古寺基州曰和尚自住取後到師處師曰老老大大何不覓箇住處州曰向甚處住師曰老老大大住處也不知州曰三十年弄馬騎（吴三）今日却被驢（十九）撲（雲居錫云甚麼處是趙州被驢撲處）衆僧侍立次師曰秖恁麼白立無箇說處一場氣悶僧擬問師便打曰爲衆竭力便入方丈有行者參師曰會去看趙州麼曰和尚敢道否師曰非但茱萸一切人道不得曰和尚放某甲過師曰這裏從前不通人情曰要且慈悲心在師便打曰醒後來爲汝

衢州子湖巖利蹤禪師澶州人也姓周氏幽州開元寺出家依年受具後入南泉之室乃抵于衢州之馬蹄山結茅宴居唐開元二年邑人翁遷貴施山下子湖創院師於門下立牌曰子湖有一隻狗上取人頭中取人心下取人足擬議即喪身失命臨濟會下二僧參方揭簾師喝曰看狗僧回顧師便歸方丈與勝光和尚鉏園次驀按钁回視光曰事即不無擬心即差光便問如何是事被師攔胸踏倒從此有省尼到參師曰汝莫是劉鐵磨否曰不敢師曰左轉右轉曰和尚莫顚倒師便打師一夜於僧堂前叫曰有賊衆皆驚動有一僧在堂內出師把住曰維那捉得也捉得也曰不是某甲師曰是即是秖是汝不肯承當有偈示衆曰三十年來住子湖二時齋粥氣力麤無事上山行一轉借問時人會也無廣明中無疾歸寂塔于本山

荆南白馬曇照禪師常曰快活快活及臨終

時呌苦苦又曰閻羅王來取我也院主問曰
和尚當時被節度使抛向水中神色不動如
今何得恁麼地師舉枕子曰汝道當時是如
今是院主無對法眼代云此時但掩耳出去
終南山雲際師祖禪師初叅南泉問摩尼珠
人不識如來藏裏親收得如何二十是藏泉曰與
汝往來者是師曰不往來者如何泉曰亦是
曰如何是珠泉召師祖師應諾泉曰去汝不
會我語師從此信入
鄧州香嚴下堂義端禪師上堂兄弟彼此未
了有甚麼事相共商量我三五日即發去也
如今學者須了却今時莫愛他向上人無事
兄弟縱學得種種差别義路終不代得自己
見解畢竟著力始得空記持他巧妙章句即
轉加煩亂去汝若欲相應但恭恭地盡莫停
留纖毫直似虛空方有少分以虛空無鎖閉
無壁落無形段無心眼時有僧問古人相見
時如何師曰老僧不曾見古人曰今時血脉
不斷處如何仰羨師曰有甚麼仰羨處問某
甲不問閑事請和尚荅話師曰更從我覓甚

麼曰不爲閑事師曰汝教我道乃曰兄弟佛
是塵法是塵終日馳求有甚麼休歇但時中
不用挂情情不挂物無善可取無惡可棄莫
教他籠罩著始是學處也問某甲曾辭一老
宿宿曰去則親良朋附善友某今辭和尚未
審有何指示師曰禮拜著僧禮拜二十一師曰禮拜
一任禮拜不得認奴作郎上堂僧問如何是
直截根源師乃擲下拄杖便歸方丈上堂語
是謗寂是誑語寂向上有路在老僧口門窄
不能與汝說得便下座上堂問正因爲甚麼
無事師曰我不曾停留乃曰假饒重重剥得
淨盡無停留權時施設亦是方便接人若是
那邊事無有是處
池州靈鷲閑禪師上堂是汝諸人本分事若
教老僧道即是與蛇畫足時有僧問與蛇畫
足即不問如何是本分事師曰闍黎試道看
僧擬再問師曰畫足作麼明水和尚問如何
是頓獲法身師曰一透龍門雲外望莫作黄
河點額魚仰山問寂寂無言如何視聽師曰
無縫塔前多雨水僧問二彼無言時如何師

曰是常曰還有過常者無師曰有曰請師唱
起師曰玄珠自朗耀何須壁外光問今日供
養西川無染大師未審還來否師曰本自無
所至今豈隨風轉曰恁麼則供養何用師曰
功力有爲不換義相涉
洛京嵩山和尚僧問古路坦然時如何師曰
不前曰爲甚麼不前師曰無遮障處問如何
是嵩山境師曰日從東出月向西頹曰學人
不會師曰東西也不會問六識俱生時如何
師曰異曰爲甚麼如此師曰同日子和尚因
亞谿來叅師作起勢谿曰這老山鬼猶見某
甲在師曰罪過罪過適來失秖對谿欲進語
師便喝谿曰大陣當前不妨難禦師曰是是
谿曰不是不是趙州云可憐兩箇漢不識轉身句
蘇州西禪和尚僧問三乘十二分教則不問
如何是祖師西來的的意師舉拂二十二子示之其
僧不禮拜竟叅雪峯峯問甚麼處來曰浙中
來峯曰今夏甚麼處曰西禪峯曰和尚安否
曰來時萬福峯曰何不且在彼從容曰佛法
不明峯曰有甚麼事僧舉前話峯曰汝作麼

生不肯伊曰是境峯曰汝見蘓州城裏人家男女否曰見峯曰汝見路上林木池沼否曰見峯曰凡覩人家男女大地林沼總是境汝還肯否曰肯峯曰秖如舉起拂子汝作麼生不肯僧乃禮拜曰學人取次發言乞師慈悲峯曰盡乾坤是箇眼汝向甚麼處蹲坐僧無語

宣州刺史陸亘大夫問南泉古人瓶中養一鵝鵝漸長大出瓶不得如今不得毀瓶不得損鵝和尚作麼生出得泉召大夫陸應諾泉曰出也陸從此開解即禮謝暨南泉圓寂院主問曰大夫何不哭先師陸曰院主道得即哭院主無對（長慶代云合哭不合哭）

池州甘贄行者一日入南泉設齋黃蘗爲首座行者請施財座曰財法二施等無差別甘[二十二][二十三]曰恁麼道爭消得某甲覰便將出去須臾復入曰請施財座曰財法二施等無差別甘乃行覰又一日入寺設粥仍請南泉念誦泉乃白椎曰請大衆爲貍奴白牯念摩訶般若波羅蜜甘拂袖便出泉粥後問典座行者在甚處座曰當時便去也泉便打破鍋子甘常接待往來有僧問曰行者接待不易甘曰譬如餧驢餧馬僧休去有住庵僧緣化什物甘曰有一問若道得即施乃書心字問是甚麼字曰心字又問妻甚麼字妻曰心字甘曰某甲山妻亦合住庵其僧無語甘亦無施又問一僧甚麼處來曰溈山來甘曰曾有僧問溈山如何是西來意溈山舉起拂子上座作麼生會溈山意曰借事明心附物顯理甘曰且歸溈山去好（保福聞之乃仰手覆手）

## 鹽官安國師法嗣

襄州關南道常禪師僧問如何是西來意師舉拄杖曰會麼曰不會師便打師每見僧來參禮多以拄杖打趁或曰遲一刺或曰打動關南鼓而時輩鮮有唱和者

洪州雙嶺玄眞禪師初問道吾無神通菩薩爲甚麼足跡難尋吾曰同道者方知師曰和尚還知否吾曰不知師曰何故不知吾曰去你不識我語師後於鹽官處悟旨焉

杭州徑山鑒宗禪師湖州錢氏子依本州開元寺大德高閑出家學通淨名思益經後往鹽官決擇疑滯唐咸通三年住徑山有小師洪諲以講論自矜（諲即法濟大師）師謂之曰佛祖正法直截亡詮汝筭海沙於理何益但能莫存知見泯絶外緣離一切心即汝眞性諲茫然[二十四]遂禮辭遊方至溈山方悟玄旨乃嗣溈山師咸通七年示滅謚無上大師

## 歸宗常禪師法嗣

福州芙蓉山靈訓禪師初參歸宗問如何是佛宗曰我向汝道汝還信否曰和尚誠言安敢不信宗曰即汝便是師曰如何保任宗曰一翳在眼空華亂墜（法眼云若無後語有甚麼歸宗也）師辭宗問甚麼處去師曰歸嶺中去宗曰子在此多年裝束了却來爲子說一上佛法師結束了上去宗曰近前來師乃近前宗曰時寒途中善爲師聆此言頓忘前解歸寂謚弘照大師

漢南高亭和尚有僧自夾山來禮拜師便打僧曰特來禮拜何得打某甲僧再禮拜師又打趁僧回舉似夾山山曰汝會也無曰不會

山曰賴汝不會若會即夾山口瘂

新羅大茅和尚上堂欲識諸佛師向無明心内識取欲識常住不凋性向萬物遷變處識取僧問如何是大茅境師曰不露鋒曰爲甚麼不露鋒師曰無當者

五臺山智通禪師（自稱大禪佛）初在歸宗會下忽一夜連叫曰我大悟也衆駭之明日上堂衆集宗曰昨夜大悟底僧出來師出曰某甲宗曰汝見甚麼道理便言大悟試說看師曰師姑元是女人作宗異之師便辭去宗門送與提笠子師接得笠子戴頭上便行更不回顧後居臺山法華寺臨終有偈曰舉手攀南斗回身倚北辰出頭天外看誰是我般人

五燈會元卷第十

五燈會元卷第十

校勘記

一　底本，清藏本。

一　四〇二頁上一行經名，徑無（未換卷）。

一　四〇二頁上三行「南嶽下三世」，徑無。

一　四〇二頁下一八行「與摩」，徑作「與麼」。

一　四一二頁上卷末經名，徑無（未換卷）。

宋　沙　門　大　川　濟　纂

## 南嶽下三世

### 大梅常禪師法嗣

新羅國迦智禪師僧問如何是西來意師曰待汝裏頭來即與汝道問如何是大梅的旨師曰酪本一時拋

杭州天龍和尚上堂大衆莫待老僧上來便上來下去便下去各有華藏性海具足功德無礙光明各各參取珍重僧問如何得出三界去師曰汝即今在甚麼處

### 佛光滿禪師法嗣

杭州刺史白居易字樂天久參佛光得心法兼稟大乘金剛寶戒元和中造于京兆興善法堂致四問（語見興善章）十五年牧杭州訪鳥窠和尚有問荅語句（見鳥窠章）嘗致書于濟法師以佛無上大慧演出教理安有徇機高下應病不同與平等一味之說相反援引維摩及金剛三昧等六經闢二義而難之又以五蘊十二緣說名色前後不類立理而徵之並鉤深索隱通幽洞微然未覩法師醻對後來亦鮮有代荅者復受東都凝禪師八漸之目各廣一言而爲一偈釋其旨趣自淺之深猶貫珠焉凡守任處多訪祖道學無常師後爲賓客分司東都罄已俸修龍門香山寺寺成自撰記凡爲文動關教化無不讚美佛乘見于本集其歷官次第歸全代祀即史傳存焉

### 五洩默禪師法嗣

福州龜山正元禪師宣州蔡氏子嘗述偈示徒一曰滄溟幾度變桑田唯有虛空獨湛然已到岸人休戀筏未曾渡者要須船二曰尋師認得本心源兩岸俱玄一不全是佛不須更覓佛秖因如此便忘緣咸通十年終于本山謚性空大師

蘊溪和尚僧問如何是定光佛師曰鴨吞螺師曰還許學人轉身也無師曰眼睛突出

### 盤山積禪師法嗣

鎮州普化和尚者不知何許人也師事盤山密受真訣而佯狂出言無度暨盤山順世乃於北地行化或城市或塚間振一鐸曰明頭來明頭打暗頭來暗頭打四方八面來旋風打虛空來連架打一日臨濟令僧捉住曰總不恁麼來時如何師拓開曰來日大悲院裏有齋僧回舉似濟濟曰我從來疑著這漢凡見人無高下皆振鐸一聲時號普化和尚或將鐸就人耳邊振之或拊其背有回顧者即展手曰乞我一錢非時遇食亦喫嘗暮入臨濟院喫生菜濟曰這漢大似一頭驢師便作驢鳴濟謂直歲曰細抹草料著師曰少室人不識金陵又再來臨濟一隻眼到處爲人開師見馬步使出喝道師亦喝道作相撲勢馬步使令人打五棒師曰似即似是即不是師嘗於闤闠間搖鐸唱曰覓箇去處不可得時道吾遇之把住問曰汝擬去甚麼處師曰汝從甚麼處來吾無語師掣手便去臨濟一日與河陽木塔長老同在僧堂內坐正說師每日在街市掣風掣顛知他是凡是聖師忽入來濟便問汝是凡是聖師曰汝且道我是凡是聖濟便喝師以手指曰河陽新婦子木塔老婆禪臨濟小廝兒却具一隻眼濟曰這賊

師曰賊賊便出去唐咸通初將示滅乃入市謂人曰乞我一箇直裰人或與披襖或與布裘皆不受振鐸而去臨濟令人送與一棺師笑曰臨濟廝兒饒舌便受之乃辭衆曰普化明日去東門死也郡人相率送出城師厲聲曰今日葬不合青烏乃曰明日南門遷化人亦隨之又曰明日出西門方吉人出漸稀出已還返人意稍怠第四日自擎棺出北門外振鐸入棺而逝郡人奔走出城揭棺視之已不見唯聞空中鐸聲漸遠莫測其由

麻谷徹禪師法嗣

壽州良遂禪師參麻谷谷見來便將鉏頭去鉏草師到鉏草處谷殊不顧便歸方丈閉却門師次日復去谷又閉門師乃敲門谷問阿誰師曰良遂纔稱名忽然契悟曰和尚莫謾良遂良遂若不來禮拜和尚洎被經論賺過一生谷便開門相見及歸講肆謂衆曰諸人知處良遂總知良遂知處諸人不知

東寺會禪師法嗣

吉州薯山慧超禪師洞山來禮拜次師曰汝已住一方又來這裏作麼曰良价無奈疑何特來見和尚師召良价价應諾師曰是甚麼价無語師曰好箇佛祇是無光燄

西堂藏禪師法嗣

虔州處微禪師僧問三乘十二分教體理得妙與祖意是同是別師曰須向六句外鑒不得隨聲色轉曰如何是六句師曰語底默底不語不默總是總不是汝合作麼生僧無對問仰山汝名甚麼山曰慧寂師曰那箇是慧那箇是寂山曰秖在目前師曰猶有前後在山曰前後且置和尚見箇甚麼師曰喫茶去

章敬暉禪師法嗣

京兆大薦福寺弘辯禪師唐宣宗問禪宗何有南北之名對曰禪門本無南北昔如來以正法眼付大迦葉展轉相傳至二十八祖菩提達磨來遊此方爲初祖暨第五祖弘忍大師在蘄州東山開法時有二弟子一名慧能受衣法居嶺南爲六祖一名神秀在北揚化其後神秀門人普寂者立秀爲第六祖而自稱七祖其所得法雖一而開導發悟有頓漸之異故曰南頓北漸非禪宗本有南北之號也帝曰云何名戒對曰防非止惡謂之戒帝曰云何爲定對曰六根涉境心不隨緣名定帝曰云何爲慧對曰心境俱空照覽無惑名慧帝曰何爲方便對曰方便者隱實覆相權巧之門也被接中下曲施誘迪謂之方便設爲上根言捨方便但說無上道者斯亦方便之譚乃至祖師玄言忘功絕謂亦無出方便之迹帝曰何爲佛心對曰佛者西天之語唐言覺謂人有智慧覺照爲佛心心者佛之別名有百千異號體唯其一無形狀非青黃赤白男女等相在天非天在人非人而現天現人能男能女非始非終無生無滅故號靈覺之性如陛下日應萬機即是陛下佛心假使千佛共傳而不念別有所得也帝曰如今有人念佛如何對曰如來出世爲天人師善知識隨根器而說法爲上根者開最上乘頓悟至理中下者未能頓曉是以佛爲韋提希權開十六觀門令念佛生於極樂故經云是心是佛是心作佛心外無佛佛外無心帝曰有

人持經念佛持呪求佛如何對曰如來種種開讃皆爲最上一乘如百川衆流莫不朝宗于海如是差别諸數皆歸薩婆若海帝曰祖師既契會心印金剛經云無所得法如何對曰佛之一化實無一法與人但示衆人各各自性同一法藏當時然燈如來但印釋迦本法而無所得方契然燈本意故經云無我無人無衆生無壽者是法平等修一切善法不住於相帝曰禪師既會祖意還禮佛轉經否對曰沙門釋子禮佛轉經蓋是住持常法有四報焉然依佛戒修身叅尋知識漸修梵行履踐如來所行之迹帝曰何爲頓見何爲漸修對曰頓明自性與佛同儔然有無始染習故假漸修對治令順性起用如人喫飯不一口便飽師是日辯對七刻賜紫方袍號圓智禪師仍勅修天下祖塔各令守護（見四）六

福州龜山智具禪師揚州郲氏子初謁章敬敬問何所而至師曰至無所至來無所來敬雖默然師亦自悟住後上堂動容瞬目無出當人一念淨心本來是佛仍說偈曰心本絕塵何用洗身中無病豈求醫欲知是佛非身處明鑑高懸未照時後值武宗沙汰有偈示衆曰勑命如雷下翠微風前垂淚脱禪衣雲中有寺不容住塵裏無家何處歸明月分形處處新白衣寧墜解空人誰言在俗妨修道金粟曾爲居士身忍僊林下坐禪時曾被歌王割截肢況我聖朝無此事秖令休道亦何悲暨宣宗中興乃不復披緇咸通六年終于本山謚歸寂禪師

金州操禪師請米和尚齋不排坐位米到展坐具禮拜師下禪牀米乃坐師位師却席地而坐齋訖米便去侍者曰和尚受一切人欽仰今日坐位被人奪却師曰三日後若來即受救在米三日後果來曰前日遭賊（僧問鏡清古人道前日遭賊意旨如何清云秖見錐頭利不見鑿頭方）（見四）七

朗州古堤和尚尋常見僧來但曰去汝無佛性僧無對或有對者莫契其旨仰山到叅師曰去汝無佛性山叉手近前三步應喏師笑曰子甚麼處得此三昧來山曰我從耽源處得名溈山處得地師曰莫是溈山的子麼山曰世諦即不無佛法即不敢山却問和尚從甚處得此三昧師曰我從章敬處得此三昧山嘆曰不可思議來者難爲湊泊

河中府公畿和尚僧問如何是道如何是禪師以偈示之曰有名非大道是非俱不禪欲識箇中意黄葉止啼錢

## 永泰湍禪師法嗣

湖南上林戒靈禪師初叅溈山山曰大德作甚麼來師曰介冑全具山曰盡卸了來與大德相見師曰卸了也山咄曰賊尚未打卸作甚麼師無對仰山代曰請和尚屏却左右溈山以手揖曰喏喏師後叅永泰方諭其旨

五臺山祕魔巖和尚常持一木叉每見僧來禮拜即叉却頸曰那箇魔魅教汝出家那箇魔魅教汝行脚道得也叉下死道不得也叉下死速道速道學徒鮮有對者（法眼代云乞命法燈代但引頸示之玄覺代云老兒家放下叉子得也）霍山通和尚訪師纔見不禮拜便攛入懷裏師拊通背三下通起拍手曰師兄三千里外賺我來三千里外賺我來便回

湖南祇林和尚每叱文殊普賢皆爲精魅手
持木劒自謂降魔纔見僧來參便曰魔來也
魔來也以劒亂揮歸方丈如是十二年後置
劒無言僧問十二年前爲甚麼降魔師曰賊
不打貧兒家曰十二年後爲甚麼不降魔師
曰賊不打貧兒家 八

華嚴藏禪師法嗣

黄州齊安禪師上堂言不落句佛祖徒施玄
韻不墮誰人知得僧問如何識得自己佛師
曰一葉明時消不盡松風韻罷怨無人曰如
何是自己佛師曰草前駿馬實難窮妙盡還
須畜生行有人問師年多少師曰五六四三
不得類豈同一二實難窮師有偈曰猛熾燄
中人有路旋風頂上屹然棲鎮常歷劫誰差
互杲日無言運照齊

南嶽下四世

黄檗運禪師法嗣

睦州陳尊宿諱道明江南陳氏之後也生時
紅光滿室祥雲蓋空旬日方散目有重瞳面
列七星形相奇特與衆奪倫因往開元寺禮
佛見僧如故知歸白父母願求出家父母聽
許爲僧後持戒精嚴學通三藏遊方契旨於
黄檗後爲四衆請住觀音院常百餘衆經數
十載學者叩激隨問遽荅詞語峻險既非循
轍故淺機之流往往嗤之唯玄學性敏者欽
伏由是諸方歸慕咸以尊宿稱後歸開元 九 今改
居房織蒲鞋以養母故有陳蒲鞋之號巢
寇入境師標大草屨於城門巢欲棄之竭力
不能舉歎曰睦州有大聖人舍城而去遂免
擾攘一日晚參謂衆曰汝等諸人還得箇入
頭處也未若未得箇入頭處須覓箇入頭處
若得箇入頭處已後不得孤負老僧時有僧
出禮拜曰某甲終不敢孤負和尚師曰早是
孤負我了也又曰明明向你道尚自不會何
況蓋覆將來又曰老僧在此住持不曾見箇
無事人到來汝等何不近前時有一僧方近
前師曰維那不在汝自領去三門外與二十
棒曰某甲過在甚麼處師曰枷上更著杻師
尋常見衲僧來即閉門或見講僧乃召曰座
主主應諾師曰擔板漢或曰這裏有桶與我
取水一日在廊階上立僧問陳尊宿房在何
處師脫草屨驀頭打僧便走師召大德僧回
首師指曰却從那邊去天使問三門俱開從
那門入師喚尚書使應諾師曰從信門入使
又見畫壁問曰二尊者對譚何事師摑露柱
曰三身中那箇不說法座主參師問莫是講
唯識論否曰不敢師曰朝去西天暮歸唐土
會麼曰不會師曰吽吽五戒不持師問一長
老了即毛端吞巨海始知大地一微塵長老
作麼生曰問阿誰師曰問長老曰何不領話
師曰汝不領話我不領話問座主講甚麼經
曰講涅槃經師曰問一段義得麼曰得師以
脚踢空吹一吹曰是甚麼義曰經中無此義
師曰脫空謾語漢五百力士揭石義却道無
師見僧乃曰見成公案放汝三十棒曰某甲 十
如是師曰三門頭金剛爲甚麼舉拳曰金剛
尚乃如是師便打問如何是向上一路師曰
要道有甚麼難曰請師道師曰初三十一中
九下七問以一重去一重即不問不以一重
去一重時如何師曰昨朝栽茄子今日種冬

瓜問如何是曹谿的的意師曰老僧愛嗔不愛喜曰爲甚麼如是師曰路逢劒客須呈劒不是詩人莫說詩問僧甚處來曰瀏陽師曰彼中老宿秪對佛法大意道甚麼曰徧地無行路師曰老宿實有此語否曰實有師拈拄杖打曰這念言語漢師問一長老若有兄弟來將何秖對曰待他來師曰何不道曰和尚欠少甚麼師曰請不煩葛藤僧叅師曰汝豈不是行脚僧曰是師曰禮佛也未曰禮那土堆作麼師曰自領出去問某甲講兼行脚不會教意時如何師曰灼然實語當懺悔曰乞師指示師曰汝若不問老僧即緘口無言汝既問老僧不可緘口去也曰請師便道師曰心不負人面無慚色問一句道盡時如何師曰義墮也曰甚麼處是學人義墮處師曰三十棒教誰喫問高揖釋迦不拜彌勒時如何師曰昨日有人問趣出了也曰和尚恐某甲不實邪師曰拄杖不在苕帚柄聊與三十上堂我見百丈不識好惡大衆纔集以拄杖一時打下復召大衆衆回首乃云是甚麼有甚

共語處又黃檗和尚亦然復召大衆衆回首乃云月似彎弓少雨多風猶較些子問僧近離甚處僧便喝師曰老僧被你一喝僧又喝師曰三喝四喝後作麼生僧無語師便打曰這掠虛漢秀才訪師稱會二十四家書師以拄杖空中點一點曰會麼秀才罔措師曰又道會二十四家書永字八法也不識上堂裂開也在我捏聚也在我時有僧問如何是裂開師曰三九二十七菩提涅槃眞如解脫即心即佛我且與麼道你又作麼生曰某甲不與麼道師曰盞子撲落地碟子成七片曰如何是捏聚師乃斂手而坐問教意祖意是同是別師曰青山自青山白雲自白雲曰如何是青山師曰還我一滴雨來曰道不得請師道師曰法華鋒前陣涅槃句後收問僧今夏在甚麼處曰待和尚有住處即說師曰狐非師子類燈非日月明問僧甚處來僧瞪目視之師曰驢前馬後漢曰請師鑒師曰驢前馬後漢道將一句來僧無對師看經次陳操尚書問和尚看甚麼經師曰金剛經書曰六朝

翻譯此當第幾師舉起經曰一切有爲法如夢幻泡影看經次僧問和尚看甚麼經師曰涅槃經茶毘品最在後問僧今夏在甚處曰徑山曰這喫夜飯漢曰尊宿叢林何言喫夜飯師以棒趁出師聞一老宿難親近躬往相訪纔入方丈宿便喝師側掌曰兩重公案宿曰過在甚麼處師曰這野狐精便退問僧近離甚處曰江西師曰踏破多少草鞋僧無對與講僧喫茶次師曰我救汝不得也曰某甲不曉乞師垂示師拈油餅曰這箇是甚麼曰色法師曰這入鑊湯漢紫衣大德到禮拜師拈帽子帶問曰這箇喚作甚麼曰朝天帽師曰恁麼則老僧不卸也復問所習何業曰唯識師曰作麼生說曰三界唯心萬法唯識師指門扇曰這箇是甚麼曰是色法師曰簾前賜紫對御譚經何得不持五戒德無對問某甲作入叢林乞師指示師曰你不解問曰和尚作麼生師曰放汝三十棒自領出去問教意請師提綱師曰但問將來與你道曰請和尚道師曰佛殿裏燒香三門頭合掌問如何

是展演之言師曰量才補職曰如何是不展演之言師曰伏惟尚饗焦山借斧頭次師呼童子取斧來童取斧至曰未有繩墨且斫麤師便喝又問童曰作麼生是你斧頭童遂作斫勢師曰斫你老爺頭不得師問秀才先輩治甚經才曰治易師曰易中道百姓日用而不知且道不知箇甚麼才曰不知其道師曰作麼生是道才無對僧問一氣還轉得一大藏教也無師曰有甚饆饠餡子快下將來問如何是一代時教師曰上大人丘乙已問如何是禪師曰猛火著油煎僧叅師曰汝是新到否曰是師曰且放下葛藤會麼曰不會師曰擔枷陳狀自領出去僧便出師曰來來我實問你甚處來曰江西師曰泐潭和尚在汝背後怕你亂道見麼僧無對問寺門前金剛拓即乾坤大地不拓即絲髮不逢時如何師曰吽吽我不曾見此師却問先跳三千倒退八百你合作麼生曰諸師曰先責一紙罪狀好便打其僧擬出師曰來我共你葛藤拓即乾坤大地你且道洞庭湖水深多少曰不曾度量師曰洞庭湖又作麼生曰秖爲今時師曰秖這葛藤尚不會便打問如何是觸途無滯底句師曰我不恁麼道曰師作麼生道師曰箭過西天十萬里却向大唐國裏等候看華嚴經次僧問看甚麼經師曰大光明雲青色光明雲紫色光明雲却指面前曰那邊是甚麼雲曰南邊是黑雲師曰今日須有雨問以字不成八字不是是何章句師彈指一聲曰會麼曰不會師曰上來講讚無限勝因蝦蟇蹉跳上天蚯蚓驀過東海問僧近離甚處曰河北師曰彼中有趙州和尚你曾到否曰某甲近離彼中師曰趙州有何言句示徒僧舉喫茶話師乃呵呵大笑曰慚愧却問趙州意作麼生曰秖是一期方便師曰苦哉趙州被你將一杓屎潑了也便打師却問沙彌你作麼生會彌便設拜師亦打其僧往沙彌處問適來和尚打你作甚麼彌曰若不是我和尚不打某甲新到叅方禮拜師叱曰闍黎因何偷常住果子喫曰學人纔到和尚爲甚麼道偷果子師曰贓物見在問僧近離甚處曰仰山師曰五戒也不持曰某甲甚麼處是妄語師曰這裏不著沙彌師臨終召門人曰此處緣息吾當逝矣乃跏趺而寂郡人以香薪焚之舍利如雨乃收靈骨塑像于寺壽九十八臘七十六

杭州千頃山楚南禪師福州張氏子初叅芙蓉蓉見曰吾非汝師汝師江外黃蘗是也師禮辭遂叅黃蘗蘗問子未現三界影像時如何師曰即今豈是有邪蘗曰有無且置即今如何師曰非今古蘗曰吾之法眼已在汝躬住後上堂諸子設使解得三世佛教如瓶注水及得百千三昧不如一念修無漏道免被人天因果繫絆時有僧問無漏道如何修師曰未有闍黎時體取曰未有某甲時教誰體師曰體者亦無問如何是易師曰著衣喫飯不用讀經看教不用行道禮拜燒身煉頂豈不易邪曰如何是難師曰微有念生便具五陰三界輪回生死皆從汝一念生所以佛敕諸菩薩云佛所護念師雖應機無倦而常寂然處定或逾月或浹旬文德六年五月還化

塔于院之西隅。大順二年宣州孫儒寇錢塘，發塔覩師全身儼然，爪髮俱長，拜謝而去。

福州烏石山靈觀禪師（時稱老觀），尋常扃戶，人罕見之，唯一信士每至食時送供方開。一日雪峯伺便扣門，師開門，峯驀胷搊住曰：「是凡是聖？」師唾曰：「這野狐精！」便推出閉却門。峯曰：「也秖要識老兄。」剗草次，問僧：「汝何處去？」曰：「西院禮拜安和尚去。」時竹上有一青蛇，師指蛇曰：「欲識西院老野狐精，秖這便是。」師問西院：「此一片地堪著甚麼物？」院曰：「好著箇無相佛。」師曰：「好片地，被兄放不淨汙了也。」引麵次，僧參，師引麵示之，僧便去。師至暮問小師：「適來僧在何處？」小師曰：「當時便去也。」師曰：「是即是，秖得一橛。」（玄覺云：甚麼處是少一橛？）問：「如何是佛？」師出舌示之，其僧禮謝。師曰：「住住，你見甚麼便禮拜？」曰：「謝和尚慈悲，出舌相示。」師曰：「老僧近日舌上生瘡。」僧到敲門，行者開門便出去，僧入禮拜。問：「如何是西來意？」師曰：「適來出去者是甚麼人？」僧擬近前，師便推出閉却門。曹山行脚時問：「如何是毗盧師法身主？」師曰：「我若向你道，即別有也。」曹山舉似洞山，山曰：「好箇話頭，秖欠進語，何不問為甚麼不道？」曹却來進前語，師曰：「若言我不道，即瘂却我口；若言我道，即謇却我舌。」曹山歸舉似洞山，山深肯之。

杭州羅漢院宗徹禪師，湖州吳氏子。上堂，僧問：「如何是祖師[見四]西來意？」師曰：「骨剉也。」[十六]（師對機多用此語，時號骨剉和尚。）問：「如何是南宗北宗？」師曰：「心為宗。」曰：「還看教也無？」師曰：「教是心。」問：「性地多昏，如何了悟？」師曰：「煩雲風卷，太虛廓清。」曰：「如何得明去？」師曰：「一輪皎潔，萬里騰光。」

相國裴休居士，字公美，河東聞喜人也。守新安日，屬運禪師初於嶺南黃檗山捨衆，入大安精舍，混迹勞侶，掃灑殿堂。公入寺燒香，主事秖接。因觀壁畫，乃問：「是何圖相？」主事對曰：「高僧眞儀。」公曰：「眞儀可觀，高僧何在？」主事無對。公曰：「此間有禪人否？」曰：「近有一僧投寺執役，頗似禪者。」公曰：「可請來詢問得否？」於是遽尋檗至，公覩之欣然曰：「休適有一問，諸德吝辭，今請上人代酬一語。」檗曰：「請相公垂問。」公舉前話，檗朗聲曰：「裴休！」公應諾。檗曰：「在甚麼處？」公當下知旨，如獲髻珠，曰：「吾師眞善知識也，示人剋的若是，何故汩沒於此乎？」寺衆愕然。自此延入府署，執弟子禮，屢辭不已，復堅請住黃檗山，薦興祖道。有暇即躬入山頂謁，或渴聞玄論，即請入州中。公既通徹祖意，復博綜教[見四]相，諸方禪學咸謂裴相[十七]不浪出黃檗之門也。至遷鎮宣城，還思瞻禮，亦創精藍，迎請居之。雖圭峯該通禪講，為裴之所重，未若歸心於黃檗而傾竭服膺者也。又撰圭峯碑云：「休與師於法為昆仲，於義為交友，於恩為善知識，於教為內外護。」斯可見矣。仍集黃檗語要，親書序引，冠於編首，留鎮山門。又親書大藏經五百函號，迄今寶之。又圭峯禪師著禪源詮、原人論及圓覺經疏注、法界觀，皆為之序。公篤志內典，深入法會，有發願文傳於世。

## 長慶安禪師法嗣

益州大隨法眞禪師，梓州王氏子。妙齡夙悟，決志尋師，於慧義寺出家。圓具後南遊，初見藥山、道吾、雲巖、洞山，次至嶺外大溈會下，數

截食不至充臥不求暖清苦鍊行操履不羣
潙深器之一日問曰闍黎在老僧此間不曾
問一轉話師曰敎某甲向甚麼處下口潙曰
何不道如何是佛師便作手勢掩潙口潙歎
曰子眞得其髓從此名傳四海爾後還蜀寄
錫天彭堋口山龍懷寺於路旁煎茶普施三
年因往後山見一古院號大隨羣峯矗秀澗
水清泠中有一樹圍四丈餘南開一門中空
無礙不假斤斧自然一菴時自爲木禪菴師
乃居之十餘載影不出山聲聞于外四方玄
學千里趨風蜀主欽尚遣使屢徵師皆辭以
老病署神照大師上堂此性本來清淨具足
萬德但以染淨二緣而有差別故諸聖悟之
一向淨用而成覺道凡夫迷之一向染用沒
溺輪回其體不二故般若云無二無二分無
十八
別無斷故僧問劫火洞然大千俱壞未審這
箇壞不壞師曰壞曰恁麼則隨他去也師曰
隨他去僧不肯後到投子舉前話子遂裝香
遙禮曰西川古佛出世謂其僧曰汝速回去
懺悔僧回大隨師已殁僧再至投子子亦遷

化問如何是大人相師曰肚上不貼榜問僧
甚處去曰西山住菴去師曰我向東山頭喚
汝汝便來得麼曰不然師曰汝住菴未得問
生死到來時如何師曰遇茶喫茶遇飯喫飯
曰誰受供養師曰合取鉢盂庵側有一龜僧
問一切衆生皮裏骨這箇衆生爲甚骨裏皮
師拈草履覆龜背上僧無語問如何是諸佛
法要師舉拂子曰會麼曰不會師曰麈尾拂
子問如何是學人自己師曰是我自己曰爲
甚麼却是和尚自己師曰是汝自己問如何
是大隨一面事師曰東西南北問佛法徧在
一切處教學人向甚麼處駐足師曰大海從
魚躍長空任鳥飛問父子至親岐路各別時
如何師曰爲有父子問如何是無縫塔師曰
高五尺曰學人不會師曰鶻崙甎問和尚百
十九
年後法付何人師曰露柱火鑪曰還受也無
師曰火鑪露柱行者領衆叅師問叅得底人
喚東作甚麼曰不可喚作東師咄曰奥驢漢
不喚作東喚作甚麼者無語問如何是和尚
家風師曰赤土畫簸箕曰未審此理如何師

曰簸箕有脣米跳不出問僧講甚麼敎法曰
百法論師拈杖曰從何而起曰從緣而起師
曰苦哉苦哉問僧甚處去曰峨嵋禮普賢去
師舉拂子曰文殊普賢總在這裏僧作圓相
拋向後乃禮拜師喚侍者取一貼茶與這僧
衆僧叅次師以口作患風勢曰還有人醫得
吾口麼衆僧競送藥以至俗士聞之亦多送
藥師並不受七日後師自摑口令正乃曰如
許多時鼓這兩片皮至今無人醫得即端坐
而逝

韶州靈樹如敏禪師閩人也廣主劉氏奕世
欽重署知聖大師僧問佛法至理如何師展
手而已問如何是和尚家風師曰千年田八
百主曰如何是千年田八百主師曰郎當屋
舍沒人修問如何是西來意師曰童子莫傴
兒曰乞師指示師曰汝從虔州來問是甚麼
得恁麼難會師曰火官頭上風車子有尼送
瓷鉢與師師拓起問曰這箇出在甚麼處曰
出在定州（法燈別云不遠此間）師乃撲破尼無對（保福代云歟歡者云）
問和尚年多少師曰今日生來朝死又

問和尚生緣甚麼處師曰日出東月落西師四十餘年化被嶺表頗有興迹廣主將興兵躬入院請師決臧否師已先知怡然坐化主怒知事曰和尚何時得疾對曰不曾有疾適封一函子令呈大王主開函得一帖子云人天眼目堂中上座主悟師旨遂寢兵[二十]乃召第一座開堂說法(即雲門也)龕塔並儀廣主具辦諡靈樹禪師眞身塔焉

福州靈雲志勤禪師本州長谿人也初在溈山因見桃華悟道有偈曰三十年來尋劍客幾回落葉又抽枝自從一見桃華後直至如今更不疑溈覽偈詰其所悟與之符契溈曰從緣悟達永無退失善自護持(有僧舉似玄沙沙云諦當甚諦當敢保老兄未徹在衆疑此語沙問地藏我恁麼道汝作麼生會藏云不是桂琛即走殺天下人)住後上堂諸仁者所有長短盡至不常且觀四時草木葉落花開何況塵劫來天人七趣地水火風成壞輪轉因果將盡三惡道苦毛髮不曾添減唯根蔕神識常存上根者遇善友伸明當處解脫便是道場中下癡愚不能覺照沈迷三界流轉生死釋尊爲伊天上人間設教證明顯發智道汝等還會麼僧問如何得出離生老病死師曰青山元不動浮雲任去來問君王出陣時如何師曰春明門外不問長安曰如何得覲天子師曰盲鶴下清池魚從脚底過問如何是佛法大意師曰驢事未去馬事到來曰學人[二十一]不會師曰彩氣夜常動精靈日少逢雪峯有偈送雙峯末句云雷罷不停聲師別云雷震不聞聲峯聞乃曰靈雲山頭古月現峯後問曰古人道前三三後三三意旨如何師曰水中魚天上鳥峯曰意作麼生師曰高可射兮深可釣僧問諸方悉皆雜食未審和尚如何師曰獨有閩中異雄雄鎮海涯問久戰沙場爲甚麼功名不就師曰君王有道三邊靜何勞萬里築長城曰罷却干戈束手歸朝時如何師曰慈雲普潤無邊刹枯樹無華爭奈何長生問混沌未分時含生何來師曰如露柱懷胎曰分後如何師曰如片雲點太清曰未審太清還受點也無師不荅曰恁麼則含生不來也師亦不荅曰直得純清絶點時如何師曰猶是眞常流注曰如何是眞常流注師曰似鏡長明曰向上更有事也無師曰有曰如何是向上事師曰打破鏡來與汝相見僧問如何是西來意師曰井底種林檎曰學人不會師曰今年桃李貴一顆直千金問摩尼珠不隨衆色未審作何色師曰白色曰恁麼則隨衆色也師曰趙璧本無瑕相如誑秦主問僧甚處去曰雪峯去師曰我有一信寄雪峯得麼曰便請師脫隻履拋向面前僧便去至雪峯峯問甚處來曰靈雲來峯曰靈雲安否曰有一信相寄峯曰在那裏僧脫隻履拋向峯面前峯休去

福州壽山師解禪師嘗參洞山山問闍黎生緣何處師曰和尚若實問某甲即是閩中人也曰汝父名甚麼師曰今日蒙和尚致此一問直得忘前失後住後上堂諸上座[二十二]幸有眞實言語相勸諸兄弟合各自體悉凡聖情盡體露眞常但一時御却從前虛妄攀緣塵垢心如虛空相似他時後日合識得些子好惡闍師問壽山年多少師曰與虛空齊年曰虛

空年多少師曰與壽山齊年
饒州堯山和尚僧問如何是西來意師曰仲
冬嚴寒問如何是和尚深深處師曰待汝舌
頭落地即向汝道問如何是丈六金身師曰
判官斷案相公改長慶問從上宗乘此間如
何言論師曰有願不負先聖慶曰不負先聖
作麼生師曰不露慶曰恁麼則請師領話師
曰甚麼處去來慶曰秖守甚麼處去來
泉州國歡崇福院文矩慧日禪師福州黄氏
子生而有異及長爲縣獄卒每每棄役往神
光觀和尚及西院安禪師所吏不能禁後謁
萬歲塔譚空禪師落髮不披袈裟不受具戒
唯以雜綵爲挂子復至神光光曰我非汝師
汝禮西院去師携一小青竹杖入西院法堂
院遥見笑曰入涅槃堂去師應諾輪竹杖而
入時有五百許僧染時疾師以杖次第點之
各隨點而起閩王禮重創院以居之厥後頗
多靈跡唐乾寧中示滅
台州浮江和尚雪峯領衆到問即今有二百
人寄此過夏得麼師將拄杖畫一畫著不得

即道峰休去
潞州渌水和尚僧問如何是祖師西來意師
曰還見庭前華藥欄麼僧無語
廣州文殊院圓明禪師福州陳氏子絫大溈
得旨後造雪峰請益法無異味嘗遊五臺山
覩文殊化現乃隨方建院以文殊爲額開寶
中樞密使李崇矩巡護南方因入院覩地藏
菩薩像問僧地藏何以展手僧曰手中珠被
賊偷却也李却問師既是地藏爲甚麼遭賊
師曰今日捉下也李禮謝之

趙州諗禪師法嗣

洪州新興嚴陽尊者諱善信初絫趙州問一
物不將來時如何州曰放下著師曰既是一
物不將來放下箇甚麼州曰放不下擔取去
師於言下大悟住後僧問如何是佛師曰土
塊曰如何是法師曰地動也曰如何是僧師
曰契粥契飯問如何是新興水師曰面前江
裏問如何是應物現形師曰與我拈牀子過
來師常有一蛇一虎隨從手中與食
揚州光孝院慧覺禪師僧問覺華纔綻遍滿

娑婆祖印西來合談何事師曰情生智隔曰
此是教意師曰汝披甚麼衣服問一棒打破
虛空時如何師曰困即歇去師問相國宋齊
邱曰還會道麼宋曰若是道也著不得師曰
是有著不得是無著不得宋曰總不恁麼師
曰著不得底聻宋無對師領衆出見露柱乃
合掌曰不審世尊僧曰和尚是露柱師曰啼
得血流無用處不如緘口過殘春問遠遠投
師師意如何師曰官家嚴切不許安排曰豈
無方便師曰且向火倉裏一宿師到崇壽法
眼問近離甚處師曰趙州眼曰承聞趙州有
庭前栢樹子話是否師曰無眼曰往來皆謂
僧問如何是祖師西來意州曰庭前栢樹子
上座何得言無師曰先師實無此語和尚莫
謗先師好張居士問爭奈老何師曰年多少
張曰八十也師曰可謂老也曰究竟如何師
曰直至千歲也未在俗士問某甲平生殺牛
還有罪否師曰無罪曰爲甚麼無罪師曰殺
一箇還一箇
隴州國清院奉禪師僧問祖意教意是同是

別師曰雨滋三草秀春風不裹頭曰畢竟是一是二師曰祥雲競起巖洞不虧問如何是和尚家風師曰臺盤椅子火爐牕牖問如何是出家人師曰銅頭鐵額鳥觜鹿身曰如何是出家人本分事師曰早起不審夜問珍重

見四 二十五

問牛頭未見四祖時爲甚麼百鳥銜花師曰如陝府人送錢財與鐵牛曰見後爲甚麼不銜花師曰木馬投明行八百問十二時中如何降伏其心師曰敲氷求火論劫不逢問十二分教是止啼之義離却止啼請師一句師曰孤峰頂上雙角女問如何是佛法大意師曰釋迦是牛頭獄卒祖師是馬面阿旁問如何是西來意師曰東壁打西壁問如何是撲不破底句師曰不隔毫氂時人遠嚮

婺州木陳從朗禪師僧問放鶴出籠和雪去時如何師曰我道不一色因金剛倒僧問既是金剛不壞身爲甚麼却倒地師敲禪牀曰行住坐臥師將歸寂有偈曰三十年來住木陳時中無一假功成有人問我西來意展似眉毛作麼生

婺州新建禪師不度小師有僧問和尚年老何不畜一童子侍奉師曰有瞽聵者爲吾討來僧辭師問甚處去曰府下開元寺去師曰我有一信附與了寺主汝將去得否曰便請師曰想汝也不柰何

杭州多福和尚僧問如何是多福一叢竹師曰一莖兩莖斜曰學人不會師曰三莖四莖曲問如何是衲衣下事師曰大有人疑著在曰爲甚麼如是師曰月裏藏頭

益州西睦和尚上堂有俗士舉手曰和尚便是一頭驢師曰老僧被汝騎士無語去後三日再來白言某甲三日前著賊師拈杖趁出師有時驀喚侍者者應諾師曰更深夜靜共伊商量

長沙岑禪師法嗣

見四 二十六

明州雪竇常通禪師邢州李氏子叅長沙沙問何處人師曰邢州人沙曰我道汝不從彼來師曰和尚還曾住此否沙然之乃容入室住後僧問如何是密室師曰不通風信曰如何是密室中人師曰諸聖求覷不見僧作禮師曰千聖不能思萬聖不能議乾坤壞不壞虛空包不包一切無比倫三世唱不起問如何是三世諸佛出身處師曰伊不肯知有汝三世僧良乂師曰爲否不然者且向著佛不得處體取時中常在識盡功亡瞥然而起即是傷他而況言句乎天祐二年七月示寂塔於寺西南隅

五燈會元卷第十一

五燈會元卷第十一

校勘記

一　底本，清藏本。

一　四一三頁上一行經名，徑無（未換卷）。

一　四一三頁上三行「南嶽下三世」，徑無。

一　四一八頁上九行「鎚子」，徑作「鎚子」。

一　四一八頁中一行「度量」，徑作「量度」。

一　四二一頁下一九行「後日」，徑作「後日」。

一　四二二頁中一七行「契粥契飯」，徑作「喫粥喫飯」。

一　四二三頁下卷末經名，徑無（未換卷）。

五燈會元卷第十二　　　　昆五

宋　沙　門　大　川　濟　纂

南嶽下四世

茱萸和尚法嗣

石梯和尚因侍者請浴師曰既不洗塵亦不洗體汝作麼生者曰和尚先去某甲將皂角來師呵呵大笑有新到於師前立少頃便出去師曰有甚麼辨白處僧再回師曰辨得也曰辨後作麼生師曰埋却得也曰蒼天蒼天師曰適來却恁麼如今還不當僧乃出去一日見侍者拓鉢赴堂乃喚侍者者應諾師曰甚處去者曰上堂齋去師曰我豈不知汝上堂齋去者曰除此外別道箇甚麼師曰我秖問汝本分事者曰和尚若問本分事某甲實是上堂齋去師曰汝不謬爲吾侍者

子湖蹤禪師法嗣

台州勝光和尚僧問如何是和尚家風師曰福州荔枝泉州刺桐問如何是佛法兩字師曰要道即道曰請師道師曰穿耳胡僧笑點頭龍華照和尚來師把住曰作麼生照曰莫錯師乃放手照曰久嚮勝光師默然照乃辭師門送曰自此一別甚麼處相見照呵呵而去

漳州浮石和尚上堂山僧開箇卜鋪能斷人貧富定人生死僧問離却生死貧富不落五行請師直道師曰金木水火土

紫桐和尚僧問如何是紫桐境師曰汝眼裡著沙得麼曰大好紫桐境也不識師曰老僧不諱此事其僧擬出去師下禪牀擒住曰今日好箇公案老僧未得分文入手曰賴遇某甲是僧師拓開曰禍不單行

日容遠和尚因齋上座叅師拊掌三下曰猛虎當軒誰是敵者齋曰俊鷂冲天阿誰捉得師曰彼此難當齋曰且休未要斷這公案師將拄杖舞歸方丈齋無語師曰死却這漢也

關南常禪師法嗣

襄州關南道吾和尚始經村墅聞巫者樂神云識神無忽然省悟後叅常禪師印其所解復遊德山之門法味彌著住後凡上堂戴蓮華笠披襴執簡擊鼓吹笛口稱魯三郎神識神不識神神從空裏來却往空裏去便下座有時曰打動關南鼓唱起德山歌僧問如何是祖師西來意師以簡揖曰喏有時執木劔横肩上作舞僧問手中劔甚處得來師擲於地僧却置師手中師曰甚處得來僧無對師曰容汝三日內下取一轉語其僧亦無對師自代拈劔横肩上作舞曰須恁麼始得趙州訪師師乃著豹皮裩執吉獠棒在三門下翹一足等候纔見州便高聲唱喏而立州曰小心秖候著師又唱喏一聲而去問如何是和尚家風師下禪牀作女人拜曰謝子遠來無可秖待問灌溪作麼生溪曰無位師曰莫同虛空麼溪曰這屠兒師曰有生可殺即不倦

漳州羅漢和尚初叅關南問如何是大道之源南打師一拳師遂有省乃爲歌曰咸通七載初叅道到處逢言不識言心裏疑團若栲栳三春不樂止林泉忽遇法王氈上坐便陳疑懇向師前師從氈上那伽起袒膊當胸打一拳駭散疑團獦狚落舉頭看見日初圓從茲蹬蹬以碣碣直至如今常快活只聞肚裏

飽膨脝更不東西去持鉢又述偈曰宇內為閒客人中作野僧任從他笑我隨處自騰騰

高安大愚禪師法嗣

瑞州末山尼了然禪師因灌谿閑和尚到曰若相當即住不然即推倒禪牀便入堂內師遣侍者問上座遊山來為佛法來谿曰為佛法來師乃升座谿上叅師問上座今日離何處曰路口師曰何不蓋卻谿無對（末山代云爭得到這裏）始禮拜問如何是末山師曰不露頂曰如何是末山主師曰非男女相溪乃喝曰何不變去師曰不是神不是鬼變箇甚麼溪於是伏膺作園頭三載僧到叅師曰太繿縷生曰雖然如此且是師子兒師曰既是師子兒為甚麼被文殊騎僧無對問如何是古佛心師曰世界傾壞曰世界為甚麼傾壞師曰寧無我身

杭州天龍和尚法嗣

婺州金華山俱胝和尚初住庵時有尼名實際來戴笠子執錫遶師三匝曰道得即下笠子如是三問師皆無對尼便去師曰日勢稍晚何不且住尼曰道得即住師又無對尼去後師歎曰我雖處丈夫之形而無丈夫之氣不如棄庵往諸方叅尋知識去其夜山神告曰不須離此將有肉身菩薩來為和尚說法也逾旬果天龍和尚到庵師乃迎禮具陳前事龍豎一指示之師當下大悟自此凡有學者叅問師唯舉一指無別提唱有一供過童子每見人問事亦豎指祇對人謂師曰和尚童子亦會佛法凡有問皆如和尚豎指師一日潛袖刀子問童曰聞你會佛法是否童曰是師曰如何是佛童豎起指頭師以刀斷其指童叫喚走出師召童子童回首師曰如何是佛童舉手不見指頭豁然大悟師將順世謂眾曰吾得天龍一指頭禪一生用不盡言訖示滅（長慶代眾云美食不中飽人喫玄沙云我當時若見拗折指頭玄覺云且道玄沙恁麼道意作麼生雲居錫云祇如玄沙恁麼道肯伊不肯伊若肯何言拗折指頭若不肯俱胝過在甚麼處先曹山云俱胝承當處鹵莽祇認得一機一境一等是拍手拊掌是他西園奇怪玄覺又云且道俱胝還悟也無若悟為甚麼道承當處鹵莽若不悟又道用一指頭禪不盡且道曹山意在甚麼處）

南嶽下五世

睦州陳尊宿法嗣

睦州刺史陳操尚書齋次拈起餬餅問僧江西湖南還有這箇麼曰尚書適來喫箇甚麼公曰敲鐘謝響又齋僧次躬自行餅一僧展手擬接公卻縮手僧無語公曰果然果然問僧有箇事與上座商量得麼曰合取狗口公自摑口曰某甲罪過曰知過必改公曰恁麼則乞上座口喫飯得麼又齋僧自行食次乃曰上座施食僧曰三德六味公曰錯僧無對又與僚屬登樓次見數僧行來有一官人曰來者總是行脚僧公曰不是曰焉知不是公曰待來勘過須臾僧至樓前公驀喚上座僧皆舉首公謂諸官曰不信道又與禪者頌曰禪者有玄機機玄是復非欲了機前旨咸於句下違

光孝覺禪師法嗣

昇州長慶道巘禪師廬州人也初侍光孝便領悟微言即於湖南大光山剃度既化緣彌盛出住長慶上堂彌勒朝入伽藍暮成正覺說偈曰三界上下法我說皆是心離於諸心

法更無有可得看他恁麼道也太殺惺惺若比吾徒猶是鈍漢所以一念見道三世情盡如印印泥更無前後諸子生死事大快須薦取莫爲等閑業識茫茫蓋爲迷已逐物世尊臨入涅槃文殊請再轉法輪世尊咄曰吾四十九年住世不曾說一字汝請吾再轉法輪是吾曾轉法輪耶然今時衆中建立箇賓主問答事不獲已蓋爲初心耳僧問如何是長慶境師曰闍黎顧踐看問如何是佛法大意師曰今日三月三日學人不會師曰止止不須說我法妙難思便下座咸平二年示寂

六祖大鑒禪師法嗣

吉州青原山靜居寺行思禪師本州安城劉氏子幼歲出家每羣居論道師唯默然聞曹谿法席乃往參禮問曰當何所務即不落階級祖曰汝曾作甚麼來師曰聖諦亦不爲祖曰落何階級師曰聖諦尚不爲何階級之有祖深器之會下學徒雖衆師居首焉亦猶二祖不言少林謂之得髓矣一日祖謂師曰從上衣法雙行師資遞授衣以表信法乃印心吾今得人何患不信吾受衣以來遭此多難況乎後代爭競必多衣即留鎮山門汝當分化一方無令斷絕師既得法歸住青原六祖將示滅有沙彌希遷（即石頭和尚）問曰和尚百年後希遷未審當依附何人祖曰尋思去及祖順世遷每於靜處端坐寂若忘生第一座問曰汝師已逝空坐奚爲遷曰我稟遺誡故尋思爾座曰汝有師兄思和尚今住吉州汝因緣在彼師言甚直汝自迷耳遷聞語便禮辭祖龕直詣靜居參禮師曰子何方來遷曰曹谿師曰將得甚麼來曰未到曹谿亦不失師曰若恁麼用去曹谿作甚麼曰若不到曹谿爭知不失遷又曰曹谿大師還識和尚否師曰汝今識吾否曰識又爭能識得師曰衆角雖多一麟足矣遷又問和尚自離曹谿甚麼時至此間師曰我却知汝早晚離曹谿曰希遷不從曹谿來師曰我亦知汝去處也曰和尚幸是大人莫造次他日師復問遷汝甚麼處來曰曹谿師乃舉拂子曰曹谿還有這箇麼曰非但曹谿西天亦無師曰子莫曾到西天否曰若到即有也師曰未在更道曰和尚也須道取一半莫全靠學人師曰不辭向汝道恐已後無人承當師令遷持書與南嶽讓和尚曰汝達書了速回吾有箇鈯斧子與汝住山遷至彼未呈書便問不慕諸聖不重已靈時如何嶽曰子問太高生何不向下問遷曰寧可永劫受沉淪不從諸聖求解脫嶽便休（玄沙曰大小石頭被南嶽推倒直至如今起不得）遷便回師問子返何速書信達否遷曰書亦不通信亦不達去日蒙和尚許箇鈯斧子秖今便請師垂一足遷便禮拜尋辭往南嶽荷澤神會來參師問甚處來曰曹谿師曰曹溪意旨如何會振身而立師曰猶帶瓦礫在曰和尚此間莫有眞金與人麼師曰設有汝向甚麼處著（玄沙云果然雲居錫云秖如玄沙道果然是眞金是瓦礫）僧問如何是佛法大意師曰廬陵米作麼價師既付法石頭唐開元二十八年十一月十三日陞堂告衆跏趺而逝僖宗謚弘濟禪師歸眞之塔

青原思禪師法嗣

南嶽石頭希遷禪師端州高要陳氏子母初

懷娠不喜葷茹師雖在孩提不煩保母既冠然諾自許鄉洞獠民畏鬼神多淫祀殺牛釃酒習以爲常師輒往毀叢祠奪牛而歸歲盈數十鄉老不能禁後直造曹谿得度未具戒屬祖圓寂稟遺命謁青原乃攝衣從之（緣會語句）（青原章敘之）一日原問師曰有人道嶺南有消息師曰有人不道嶺南有消息曰若恁麼大藏小藏從何而來師曰盡從這裏去原然之師於唐天寶初薦之衡山南寺寺之東有石狀如臺乃結庵其上時號石頭和尚師因看肇論至會萬物爲己者其唯聖人乎師乃拊几曰聖人無己靡所不己法身無象誰云自他圓鑑靈照於其間萬象體玄而自現境智非一孰云去來至哉斯語也遂掩卷不覺寢夢自身與六祖同乘一龜游泳深池之内覺而詳之靈龜者智也池者性海也吾與祖師同乘靈智遊性海矣遂著參同契曰竺土大仙心東西密相付人根有利鈍道無南北祖靈源明皎潔枝派暗流注執事元是迷契理亦非悟門門一切境回互不回互回而更相涉不爾依位住色本殊質像聲元異樂苦暗合上中言明明清濁句四大性自復如子得其母火熱風動搖水濕地堅固眼色耳音聲鼻香舌鹹醋然依一一法依根葉分布本末須歸宗尊卑用其語當明中有暗勿以暗相遇當暗中有明勿以明相覩明暗各相對比如前後步萬物自有功當言用及處事存函蓋合理應箭鋒拄承言須會宗勿自立規矩觸目不會道運足焉知路進步非近遠迷隔山河固謹白參玄人光陰莫虛度上堂吾之法門先佛傳受不論禪定精進唯達佛之知見即心即佛心佛衆生菩提煩惱名異體一汝等當知自己心靈體離斷常性非垢淨湛然圓滿凡聖齊同應用無方離心意識三界六道唯自心現水月鏡像豈有生滅汝能知之無所不備時門人道悟問曹谿意旨誰人得師曰會佛法人得曰師還得否師曰不得曰爲甚麼不得師曰我不會佛法僧問如何是解脫師曰誰縛汝問如何是淨土師曰誰垢汝問如何是涅槃師曰誰將生死與汝師問新到從甚麼處來曰江西來師曰見馬大師否曰見師乃指一橛柴曰馬師何似這箇僧無對（却回舉似馬祖祖曰汝見橛柴大小曰沒量大祖曰汝甚有力僧曰何也祖曰汝從南嶽負一橛柴來豈不是有力）問如何是西來意師曰問取露柱曰學人不會師曰我更不會大顛問古人云道有道無俱是謗請師除師曰一物亦無除箇甚麼師却問併却咽喉脣吻道將來顛曰無這箇師曰若恁麼汝即得入門道悟問如何是佛法大意師曰不得不知悟曰向上更有轉處也無師曰長空不礙白雲飛問如何是禪師曰碌甎問如何是道師曰木頭自餘門屬領旨所有問答各於本章出焉南嶽鬼神多顯迹聽法師皆與授戒廣德二年門人請下于梁端廣闡玄化貞元六年順寂塔于東嶺德宗謚無際大師塔曰見相

## 青原下二世

### 石頭遷禪師法嗣

澧州藥山惟儼禪師絳州韓氏子年十七依朝陽西山慧照禪師出家納戒于衡嶽希操律師博通經論嚴持戒律一日自嘆曰大丈

夫當離法自淨誰能屑屑事細行於布巾邪首造石頭之室便問三乘十二分教某甲粗知嘗聞南方直指人心見性成佛實未明了伏望和尚慈悲指示頭曰恁麼也不得不恁麼也不得恁麼不恁麼總不得子作麼生師罔措頭曰子因緣不在此且往馬大師處去師稟命恭禮馬祖仍伸前問祖曰我有時教伊揚眉瞬目有時不教伊揚眉瞬目有時揚眉瞬目者是有時揚眉瞬目者不是子作麼生師於言下契悟便禮拜祖曰你見甚麼道理便禮拜師曰某甲在石頭處如蚊子上鐵牛祖曰汝既如是善自護持侍奉三年一日祖問子近日見處作麼生師曰皮膚脫落盡唯有一真實祖曰子之所得可謂協於心體布於四肢既然如是將三條篾束取肚皮隨處住山去師曰某甲又是何人敢言住山祖曰不然未有常行而不住未有常住而不行欲益無所益欲爲無所爲宜作舟航無久住此師乃辭祖返石頭一日在石上坐次石頭問曰汝在這裏作麼曰一物不爲頭曰恁麼即閑坐也曰若閑坐即爲也頭曰汝道不爲不爲箇甚麼曰千聖亦不識頭以偈讚曰從來共住不知名任運相將秖麼行自古上賢猶不識造次凡流豈可明後石頭垂語曰言語動用没交涉師曰非言語動用亦没交涉頭曰我這裏針劄不入師曰我這裏如石上栽華頭然之後居澧州藥山海衆雲會師與道吾說若溪上世爲節察來吾曰和尚上世曾爲甚麼師曰我痿痿羸羸且恁麼過時吾曰憑何如此師曰我不曾展他書卷（石霜別云書卷不曾展）院主報打鐘也請和尚上堂師曰汝與我擎鉢盂去曰和尚無手來多少時師曰汝秖是枉披袈裟曰某甲秖恁麼和尚如何師曰我無這箇眷屬謂雲巖曰與我喚沙彌來巖曰喚他來作甚麼師曰我有箇折脚鐺子要他提上挈下巖曰恁麼則與和尚出一隻手去也師便休園頭栽菜次師曰栽即不障汝栽莫教根生曰既不教根生大衆喫甚麼師曰汝還有口麼頭無對道吾雲巖侍立次師指按山上枯榮二樹問道吾曰枯者是榮者是吾曰榮者是師曰灼然一切處光明燦爛去又問雲巖枯者是榮者是巖曰枯者是師曰灼然一切處放教枯淡去高沙彌忽至師曰枯者是榮者是彌曰枯者從他枯榮者從他榮師顧道吾雲巖曰不是不是問如何得不被諸境惑師曰聽他何礙汝曰不會師曰何境惑汝問如何是道中至寶師曰莫諂曲曰不諂曲時如何師曰傾國不換有僧再來依附師問阿誰曰常坦師呵曰前也是常坦後也是常坦師久不陞堂院主白曰大衆久思和尚示誨師曰打鐘著衆纔集師便下座歸方丈院主隨後問曰和尚既許爲大衆說話爲甚麼一言不措師曰經有經師論有論師爭怪得老僧師問雲巖作甚麼巖曰擔屎師曰那箇聻巖曰在師曰汝來去爲誰曰替他東西師曰何不教並行曰和尚莫謗他師曰不合恁麼道曰如何道師曰還曾擔麼師坐次僧問兀兀地思量甚麼師曰思量箇不思量底曰不思量底如何思量師曰非思量問學人擬歸鄉時如何師曰汝父母徧身

紅爛臥在荆棘林中汝歸何所曰恁麼則不歸去也師曰汝却須歸去汝若歸鄉我示汝箇休糧方子曰便請師曰二時上堂不得齩破一粒米問如何是涅槃師曰汝未開口時喚作甚麼問僧甚處來曰湖南來師曰洞庭湖水滿也未曰未師曰許多時雨水爲甚麼未滿僧無語（道吾云滿也雲巖云湛湛地洞山云甚麼劫中曾增減來雲門云秖在這裏）師問僧甚處來曰江西來師以拄杖敲禪牀三下僧曰某甲粗知去處師抛下拄杖僧無語師召侍者點茶與這僧踏州縣困師問龐居士一乘中還著得這箇事麼士曰某甲秖管日求升合不知還著得麼師曰道居士不見石頭得麼士曰拈一放一未爲好手師曰老僧住持事繁士珍重便出師曰拈一放一的是好手士曰好箇一乘問宗今日失却也師曰是是上堂祖師秖教保護若貪嗔癡起來切須防禁莫教振觸是你欲知枯木石頭却須擔荷實無枝葉可得雖然如此更宜自看不得絕言語我今爲你說這箇語顯無語底他那箇本來無耳目等貌師與雲

巖遊山腰間刀響巖問甚麼物作聲師抽刀驀口作斫勢（洞山舉示衆云看他藥山横身爲這箇事今時人欲明向上事須體此意始得）遵布衲浴佛師曰這箇從汝浴還浴得那箇麼遵曰把將那箇來師乃休（長慶云邪法難扶玄覺云且道長慶恁麼道在賓在主衆中喚作浴佛語亦曰兼帶語且道盡善不盡善）問學人有疑請師決師曰待上堂時來與闍黎決疑至晚上堂衆集師曰今日請決疑上座在甚麼處其僧出衆而立師下禪牀把住曰大衆這僧有疑便與一推却歸方丈（玄覺曰且道與伊決疑否若決疑甚麼處是決疑若不與決疑又道待上堂時與汝決疑）師問飯頭汝在此多少時也曰三年師曰我總不識汝飯頭罔測發憤而去問身命急處如何師曰莫種雜種曰將何供養師曰無物者師令供養主抄化甘行者問甚處來曰藥山來甘曰來作麼曰教化甘曰將得藥來麼曰行者有甚麼病甘便捨銀兩鋌意山中有人此物却回無人即休主便歸納疏師問曰子歸何速主曰問佛法相當得銀兩鋌師令舉其語主舉已師曰速送還他子著賊了也主便送還甘曰由來有人遂添銀施之（同安顯云早知行者

恁麼問終不道藥山來）問僧見說汝解算是否曰不敢師曰汝試算老僧看僧無對（雲巖舉問洞山汝作麼生山曰請和尚生月）師書佛字問道吾是甚麼字吾曰佛字師曰多口阿師問已事未明乞和尚指示師良久曰吾今爲汝道一句亦不難秖宜汝於言下便見去猶較些子若更入思量却成吾罪過不如且各合口免相累及大衆夜參不點燈師垂語曰我有一句子待特牛生兒即向你道有僧曰特牛生兒也秖是和尚不道師曰侍者把燈來其僧抽身入衆（雲巖舉似洞山山曰這僧却會秖是不肯禮拜）問僧甚處來曰南泉來師曰在彼多少時曰粗經冬夏師曰恁麼則成一頭水牯牛去也曰雖在彼中且不曾上他食堂師曰口欲東南風那曰和尚莫錯自有拈匙把筯人在問達磨未來時此土還有祖師意否師曰有曰既有祖師又來作甚麼師曰秖爲有所以來看經次僧問和尚尋常不許人看經爲甚麼却自看師曰我秖圖遮眼曰某甲學和尚還得也無師曰汝若看牛皮也須穿（長慶云眼有何過玄覺云且道長慶會藥山意不會藥山意）問平田

淺草塵鹿成羣如何射得塵中主師曰看箭僧放身便倒師曰侍者拖出這死漢僧便走師曰弄泥團漢有甚麼限朗州刺史李翱問師何姓師曰正是時李不委却問院主某甲適來問和尚姓和尚曰正是時未審姓甚麼主曰恁麼則姓韓也師聞乃曰得恁麼不識好惡若是夏時對他便是姓熱師一夜登山經行忽雲開見月大嘯一聲應澧陽東九十里許居民盡謂東家明晨迭相推問直至藥山徒衆曰昨夜和尚山頂大嘯李贈詩曰選得幽居愜野情終年無送亦無迎有時直上孤峰頂月下披雲嘯一聲太和八年十一月六日臨順世叫曰法堂倒法堂倒衆皆持柱撑之師舉手曰子不會我意乃告寂塔于院東隅唐文宗謚弘道大師塔曰化城

鄧州丹霞天然禪師本習儒業將入長安應舉方宿於逆旅忽夢白光滿室占者曰解空之祥也偶禪者問曰仁者何往曰選官去禪者曰選官何如選佛曰選佛當往何所禪者曰今江西馬大師出世是選佛之場仁者可往遂直造江西纔見祖師以手拓幞頭額祖顧視良久曰南嶽石頭是汝師也遽抵石頭還以前意投之頭曰著槽廠去師禮謝入行者房隨次執爨役凡三年忽一日石頭告衆曰來日剗佛殿前草至來日大衆諸童行各備鍬钁剗草獨師以盆盛水沐頭[十六]於石頭前胡跪頭見而笑之便與剃髮又為說戒師乃掩耳而出再往江西謁馬祖未參禮便入僧堂內騎聖僧頸而坐時大衆驚愕遽報馬祖祖躬入堂視之曰我子天然師即下地禮拜曰謝師賜法號因名天然祖問從甚處來師曰石頭祖曰石頭路滑還躂倒汝麼師曰若躂倒即不來也乃杖錫觀方居天台華頂峯三年往餘杭徑山禮國一禪師唐元和中至洛京龍門香山與伏牛和尚為友後於慧林寺遇天大寒取木佛燒火向院主訶曰何得燒我木佛師以杖子撥灰曰吾燒取舍利主曰木佛何有舍利師曰既無舍利更取兩尊燒主自後眉鬚墮落後謁忠國師問侍者國師在否曰在即在不見客師曰太深遠生曰佛眼亦覰不見師曰龍生龍子鳳生鳳兒國師睡起侍者以告國師乃打侍者二十棒遣出師聞曰不謬為南陽國師明日再往禮拜見國師便展坐具國師曰不用不用師退後國師曰如是如是師却進前國師曰不是不是師遶國師一帀便出國師曰去聖時遥[十七]人多懈怠三十年後覓此漢也難得訪龐居士見女子靈照洗菜次師曰居士在否女子放下菜籃斂手而立師又問居士在否女子提籃便行師遂回須臾居士歸女子乃舉前話士曰丹霞在麼女曰去也士曰赤土塗牛妳天一日訪龐居士至門首相見師乃問居士在否士曰饑不擇食師曰龐老在否士曰蒼天蒼天便入宅去師曰蒼天蒼天便回師因去馬祖處路逢一老人與一童子師問公住何處老人曰上是天下是地師曰忽遇天崩地陷又作麼生老人曰蒼天蒼天童子噓一聲師曰非父不生其子老人便與童子入山去師問龐居士昨日相見何似今日士曰如法舉昨日事來作箇宗眼師曰秖如宗眼還

著得龐公麼士曰我在你眼裏師曰某甲眼窄何處安身士曰是眼何窄是身何安師休去士曰更道取一句便得此話圓師亦不對士曰就中這一句無人道得師與龐居士行次見一泓水士以手指曰便與麼也還辨不出師曰灼然是辨不出士乃扂水潑師二掬師曰莫與麼莫與麼士曰須與麼須與麼師却扂水潑士三掬師曰正與麼時堪作甚麼士曰無外物師曰得便宜者少士曰誰是落便宜者元和三年於天津橋橫臥會留守鄭公出呵之不起吏問其故師徐曰無事僧留守異之奉束素及衣兩襲日給米麪洛下翕然歸信至十五年春告門人曰吾思林泉終老之所時門人齊靜卜南陽丹霞山結庵三年間玄學者至盈三百衆建成大院上堂阿你渾家切須保見五護一靈之物不是十八你造作名邈得更說甚薦與不薦吾往日見石頭亦秖教切須自保護此事不是你談話得阿你渾家各有一坐具地更疑甚麼禪可是你解底物豈有佛可成佛之一字永不喜聞阿你自

麼善巧方便慈悲喜捨不從外得不著方寸善巧是文殊方便是普賢你更疑趁逐甚麼物不用經求落空去今時學者紛紛擾擾皆是叅禪問道吾此間無道可修無法可證一飲一啄各自有分不用疑慮在在處處有恁看底若識得釋迦即老凡夫是阿你須自看取莫一盲引衆盲相將入火坑夜裏暗雙陸賽彩若爲生無事珍重有僧到叅於山下見師便問丹霞山向甚麼處去師指山曰青黯黯處曰莫秖這箇便是麼師曰真師子兒一撥便轉問僧甚麼處宿曰山下宿師曰甚麼處喫飯曰山下喫飯師曰將飯與闍黎喫底人還具眼也無僧無對長慶問保福將飯與人喫感恩有分爲甚麼不具眼福云施者受者二俱瞎漢慶云盡其機來還成瞎不福云道某甲瞎得麼玄覺徵云且道長慶明丹霞意爲復自用家財見五長慶四年六月告門人十九曰備湯沐浴吾欲行矣乃戴笠策杖受屨垂一足未及地而化門人建塔謚智通禪師塔曰妙覺

潭州大川禪師亦曰大湖江陵僧叅師問幾時發足江陵僧提起坐具師曰謝子遠來下去僧繞禪牀一帀便出師曰若不恁麼爭知眼目端的僧拊掌曰苦殺人洎合錯判諸方師曰甚得禪宗道理僧舉似丹霞霞曰於大川法道即得我這裏不然曰未審此間作麼生霞曰猶較大川三步在僧禮拜霞曰錯判諸方者多洞山云不是丹霞難分玉石

潮州靈山大顛寶通禪師初叅石頭頭問那箇是汝心師曰見言語者是頭便喝出經旬日師却問前者既不是除此外何者是心頭曰除却揚眉瞬目將心來師曰無心可將來頭曰元來有心何言無心無心盡同謗師於言下大悟異日侍立次頭問汝是叅禪僧是州縣白蹋僧師曰是叅禪僧頭曰何者是禪師曰揚眉瞬目頭曰除却揚眉瞬目外將你本來面目呈看師曰請和尚除却揚眉瞬目外鑒頭曰我除竟師曰將呈了也頭曰汝既將呈我心如何師曰不異和尚頭曰不關汝事師曰本無物頭曰汝亦無物師曰既無物即真物頭曰真物不可得汝心見量意旨如此也大須護持師住後學者四集上堂夫學道人須識自家本心將心相示方可見道多

見時輩秖認揚眉瞬目一語一默驀頭印可以爲心要此實未了吾今爲你諸人分明說出各須聽受但除却一切妄運想念見量即汝真心此心與塵境及守認靜默時全無交涉即心是佛不待修治何以故應機隨照泠泠自用窮其用處了不可得喚作妙用乃是本心大須護持不可容易僧問其中人相見時如何師曰早不其中也曰其中者如何師曰不作箇問韓文公一日相訪問師春秋多少師提起數珠曰會麼公曰不會師曰晝夜一百八公不曉遂回次日再來至門前見首座舉前話問意旨如何座扣齒三下及見師理前問師亦扣齒三下公曰原來佛法無兩般師曰是何道理公曰適來問首座亦如是師乃召首座是汝如此對否座曰是師便打趁出院文公又一日白師曰弟子軍州事繁佛法省要處乞師一語師良久公罔措時三平爲侍者乃敲禪牀三下師曰作麼平曰先以定動後以智拔公乃曰和尚門風高峻弟子於侍者邊得箇入處僧問苦海波深以何爲船筏師曰以木爲船筏曰恁麼即得度也師曰盲者依前盲瘂者依前瘂一日將痒和子廊下行逢一僧問訊次師以痒和子驀口打曰會麼曰不會師曰大顛老野狐不曾孤負人

潭州長髭曠禪師曹溪禮祖塔回參石頭頭問甚麼處來曰嶺南來頭曰大庾嶺頭一鋪功德成就也未師曰成就久矣秖欠點眼在頭曰莫要點眼麼師曰便請頭乃垂下一足師禮拜頭曰汝見箇甚麼道理便禮拜師曰據某甲所見如紅爐上一點雪（玄覺云且道長髭具眼秖對不具眼秖對若具眼爲甚麼請道點眼若不具眼又道成就久矣且作麼生商量法燈代云和尚可謂眼昏）僧參遶禪牀一帀卓然而立師曰若是石頭法席一點也用不著僧又遶禪牀一帀師曰却是恁麼時不易道箇來處僧便出去師乃喚僧不顧師曰這漢猶少教詔在僧却回曰有一人不從人得不受教詔不落階級師還許麼師曰逢之不逢逢必有事僧乃退身三步師却遶禪牀一帀僧曰不唯宗眼分明亦乃師承有據師乃打三棒問僧甚處來曰九華山控石庵師曰庵主是甚麼人曰馬祖下尊宿師曰名甚麼曰不委他法號師曰他不委你不委曰尊宿眼在甚處師曰若是庵主親來今日也須喫棒曰賴遇和尚放過某甲師曰百年後討箇師僧也難得龐居士到師陞座衆集定士出曰各請自檢好却於禪牀右立時有僧問不觸主人翁請師答話師曰識龐公麼曰不識士便搊住曰苦哉苦哉僧無對士便拓開師少間却問適來這僧還喫棒否士曰待伊甘始得師曰居士秖見錐頭利不見鑿頭方士曰恁麼說話某甲即得外人聞之要且不好師曰不好箇甚麼士曰阿師秖見錐頭尖不見鑿頭利李行婆來師乃問憶得在絳州時事麼婆曰非師不委師曰多虛少實在婆曰有甚諱處師曰念你是女人放你拄杖婆曰某甲終不見尊宿過師曰老僧過在甚麼處婆曰和尚無過婆豈有過師曰無過的人作麼生婆乃竪拳曰與麼總成顛倒師曰實無諱處師見僧乃搊住曰師子兒野干屬僧以手作撥眉勢師

曰雖然如此猶欠哮吼在僧擒住師曰偏愛行此一機師與一摑僧拍手三下師曰若見同風汝甘與麼否曰終不由別人師作擬眉勢僧曰猶欠哮吼在師曰想料不由別人師見僧問訊次師曰步步是汝證明處汝還知麼曰某甲不知師曰汝若知我堪作甚麼僧禮拜師曰我不堪汝却好

京兆府尸利禪師問石頭如何是學人本分事頭曰汝何從吾覓曰不從師覓如何即得石頭曰汝還曾失麼師乃契會厥旨

潭州招提寺慧朗禪師始興曲江人也初參馬祖祖問汝來何求曰求佛知見祖曰佛無知見知見乃魔耳汝自何來曰南嶽來祖曰汝從南嶽來未識曹谿心要汝速歸彼不宜他往師歸石頭便問如何是佛頭曰汝無佛
見五
二十三
性師曰蠢動含靈又作麼生頭曰蠢動含靈却有佛性曰慧朗爲甚麼却無頭曰爲汝不肯承當師於言下信入住後凡學者至皆曰去去汝無佛性其接機大約如此時謂大朗

長沙興國寺振朗禪師初參石頭便問如何是祖師西來意頭曰問取露柱曰振朗不會頭曰我更不會師俄省悟住後有僧來參師召上座僧應諾師曰孤負去也曰師何不鑒師乃拭目而視之僧無語時謂小朗

汾州石樓禪師上堂僧問未識本來性乞師方便指師曰石樓無耳朵曰某甲自知非師曰老僧還有過曰和尚過在甚麼處師曰過在汝非處僧禮拜師便打問僧近離甚處曰漢國師曰漢國主人還重佛法麼曰苦哉賴遇問著某甲若問別人即禍生師曰作麼生曰人尚不見有何佛法可重師曰汝受戒得多少夏曰三十夏師曰大好不見有人便打

鳳翔府法門寺佛陀禪師尋常持一串數珠念三種名號曰一釋迦二元和三佛陀自餘是甚麼椀躂邱乃過一珠終而復始事迹異常時人莫測

水空和尚一日廊下見一僧乃問時中事作麼生僧良久師曰秖恁便得麼曰頭上安頭師打曰去去已後惑亂人家男女在

澧州大同濟禪師米胡領衆來纔欲相見師便拽轉禪牀面壁而坐米於背後立少時却回客位師曰是即是若不驗破已後遭人貶剝令侍者請米來却拽轉禪牀便坐師乃達禪牀一帀便歸方丈米却拽倒禪牀領衆便出師訪龐居士士曰憶在母胎時有一則語
見五
舉似阿師切不得作道理主持師曰猶是隔
二十四
生也士曰向道不得作道理師曰驚人之句爭得不怕士曰如師見解可謂驚人師曰不作道理却成作道理士曰不但隔一生兩生師曰粥飯底僧一任檢責士鳴指三下師一日見龐居士來便掩却門曰多知老翁莫與相見士曰獨坐獨語過在阿誰師便開門纔出被士把住曰師多知我多知師曰多知且置閉門開門卷之與舒相較幾許士曰秖此一問氣急殺人師默然士曰弄巧成拙僧問此箇法則如何繼紹師曰冬寒夏熱人自委知曰恁麼則蒙分付去也師曰顢頇少智動矒多癡問十二時中如何合道師曰汝還識十二時麼曰如何是十二時師曰子丑寅卯僧禮拜師示頌曰十二時中那事別子丑寅

卯吾今說若會唯心萬法空釋迦彌勒從茲
決

五燈會元卷第十二

五燈會元卷第十二　校勘記

一　底本，清藏本。
一　四二五頁上一行經名，徑無（未換卷）。
一　四二五頁上三行「南嶽下四世」，徑無。
一　四二七頁上一一行「示寂」，至此，徑卷第四終，卷第五始。
一　四二八頁中七行「含盖」，徑作「函蓋」。
一　四三二頁中一行首字「麼」，徑作「看」。
一　四三二頁中二行「更疑」，徑作「更擬」。
一　四三二頁中六行首字「看」，徑作「麼」。
一　四三五頁上卷末經名，徑無（未換卷）。

# 五燈會元卷第十三　　昆六

宋　沙　門　大　川　濟　纂

## 青原下三世

### 藥山儼禪師法嗣

潭州道吾山宗智禪師豫章海昏張氏子幼依槃和尚受教登戒預藥山法會密契心印一日山問子去何處來師曰遊山來山曰不離此室速道將來師曰山上烏兒頭似雪澗底遊魚忙不徹師離藥山見南泉泉問闍黎名甚麼師曰宗智泉曰智不到處作麼生宗師曰切忌道著泉曰灼然道著即頭角生三日後師與雲巖在後架把針泉見乃問智頭陀前日道智不到處切忌道著道著即頭角生合作麼生行履師便抽身入僧堂泉便歸方丈師又來把針巖曰師弟適來爲甚不祗對和尚師曰你不妨靈利巖不薦却問南泉適來智頭陀爲甚不祇對和尚某甲不會乞師垂示泉曰他却是異類中行巖曰如何是異類中行泉曰不見道智不到處切忌道著道著即頭角生直須向異類中行巖亦不會師知雲巖不薦乃曰此人因緣不在此却同回藥山山問汝回何速巖曰秖爲因緣不契山曰有何因緣巖舉前話山曰子作麼生會他這箇時節便回巖無對山乃大笑巖便問如何是異類中行山曰吾今日困倦且待別時來巖曰某甲特爲此事歸來山曰且去巖便出師在方丈外聞巖不薦不覺齩得指頭血出師却下來問巖師兄去問和尚那因緣作麼生巖曰和尚不與某甲說師便低頭（僧問雲居切忌道著意作麼生居云此語最毒云如何是最毒底語居云一棒打殺龍蛇）雲巖臨遷化遣書辭師師覽書了謂洞山密師伯曰雲巖不知有我悔當時不向伊道雖然如是要且不違藥山之子（玄覺云古人恁麼道還知有也未又云雲巖當時不會且道甚麼處是伊不會處）藥山上堂曰我有一句子未曾說向人師出曰相隨來也僧問藥山一句子如何說山曰非言說師曰早言說了也師一日提笠出雲巖指笠曰用這箇作甚麼師曰有用處巖曰忽遇黑風猛雨來時如何師曰葢覆著巖曰他還受葢覆麼師曰然雖如是且無滲漏潙山問雲巖菩提以何爲座巖曰以無爲爲座巖却問潙山山曰以諸法空爲座又問師作麼生師曰坐也聽伊坐卧也聽伊卧有一人不坐不卧速道速道山休去潙山問師甚麼處去來師曰看病來山曰有幾人病師曰有病底有不病底山曰不病底莫是智頭陀麼師曰病與不病總不干他事速道速道山曰道得也與他没交涉僧問萬里無雲未是本來天如何是本來天師曰今日好曬麥雲巖問師弟家風近日如何師曰教師兄指點堪作甚麼巖曰無這箇來多少時也師曰牙根猶帶生澁在僧問如何是今時著力處師曰千人萬人喚不回頭方有少分相應曰忽然火起時如何師曰能燒大地師却問僧除却星與燄那箇是火曰不是火別一僧却問師還見火麼師曰見曰見從何起師曰除却行住坐卧別請一問有施主施裩藥山提起示衆曰法身還具四大也無有人道得與他一腰裩師曰性地非空空非性地此是地大三大亦然山曰與汝一腰裩師指佛桑花問僧曰這箇何似那箇曰

直得寒毛卓竪師曰畢竟如何曰道吾門下
底師曰十里大王雲巖不安師乃謂曰離此
殼漏子向甚麼處相見巖曰不生不滅處相
見師曰何不道非不生不滅處亦不求相見
雲巖補鞋次師問作甚麼巖曰將敗壞補敗
壞師曰何不道即敗壞非敗壞師聞僧念維
摩經云八千菩薩五百聲聞皆欲隨從文殊
師利師問曰甚麼處去其僧無對師便打（後僧
問禾山山曰給侍者方諧）師到五峰峰問還識藥山老宿
否師曰不識峰曰爲甚麼不識師曰不識不
識問如何是祖師西來意師曰東土不曾逢
因設先師齋僧問未審先師還來也無師曰
汝諸人用設齋作甚麼石霜問和尚一片骨
敲著似銅鳴向甚麼處去也師喚侍者者應
諾師曰驢年去唐太和九年九月示疾有苦
僧衆慰問體候師曰有受非償子知之乎衆
皆愀然越十日將行謂衆曰吾當西邁理無
東移言訖告寂闍維得靈骨數片建塔道吾
後雷遷於石霜山之陽
潭州雲巖曇晟禪師鍾陵建昌王氏子少出
家於石門參百丈海禪師二十年因緣不契
後造藥山山問甚處來曰百丈來山曰百丈
有何言句示徒師曰尋常道我有一句子百
味具足山曰鹹則鹹味淡則淡味不鹹不淡
是常味作麼生見六是百味具足底句師無對山
曰爭奈目前生死何師曰目前無生死山曰四
在百丈多少時師曰二十年山曰二十年在
百丈俗氣也不除他日侍立次山又問百丈
更說甚麼法師曰有時道三句外省去六句
內會取山曰三千里外且喜沒交涉山又問
更說甚麼法師曰有時上堂大衆立定以拄
杖一時趂散復召大衆衆回首丈曰是甚麼
山曰何不早恁麼道今日因子得見海兄師
於言下頓省便禮拜一日山問汝除在百丈
更到甚麼處來師曰曾到廣南來曰見說廣
州城東門外有一片石被州主移去是否師
曰非但州主闔國人移亦不動山又問聞汝
解弄師子是否師曰是曰弄得幾出師曰弄
得六出曰我亦弄得師曰和尚弄得幾出曰
我弄得一出師曰一即六六即一後到溈山
溈問承聞長老在藥山弄師子是否師曰是
曰長弄有置時師曰要弄即弄要置即置曰
置時師子在甚麼處師曰置也置也僧問從
上諸聖甚麼處去師良久曰作麼作麼問暫
時不在如同死人時如何師曰好埋却問太
保任底人與那箇見六是一是二師曰一五機之絹
是一段是兩段（洞山代云如人接樹）師煎茶次道吾問
煎與阿誰師曰有一人要曰何不教伊自煎
師曰幸有某甲在師問石霜甚麼處來曰溈
山來師曰在彼中得多少時曰粗經冬夏師
曰恁麼即成山長也曰雖在彼中却不知師
曰他家亦非知非識石霜無對（道吾聞云得恁麼無佛法
身心）住後上堂示衆曰有箇人家兒子問著無
有道不得底洞山出問曰他屋裏有多少典
籍師曰一字也無曰爭得恁麼多知師曰日
夜不曾眠山曰問一段事還得否師曰道得
却不道問僧甚處來曰添香來師曰還見佛
否曰見師曰甚麼處見曰下界見師曰古佛
古佛道吾問大悲千手眼那箇是正眼師曰
如人夜間背手摸枕子吾曰我會也師曰作

麽生會吾曰遍身是手眼師曰道也太煞道秖道得八成吾曰師兄作麽生師曰通身是手眼掃地次道吾曰太區區生師曰須知有不區區者吾曰恁麽則有第二月也師竪起掃帚曰是第幾月吾便行（玄沙聞云正是第二月）問僧甚處來曰石上語話來師曰石還點頭也無僧無對師自代曰未語話時却點頭師作草鞋次洞山近前曰乞師眼睛得麽師曰汝底與阿誰去也曰良价無師曰設有汝向甚麽處著山無語師曰乞眼睛底是眼否山曰非眼師便喝出尼僧禮拜師問汝爺在否曰在師曰年多少曰年八十師曰汝有箇爺不年八十還知否曰莫是恁麽來者師曰恁麽來者猶是兒孫（洞山代云直是不恁麽來者亦是兒孫）僧問一念暫起便落魔界時如何師曰汝因甚麽却從佛界來僧無對師曰會麽曰不會師曰莫道體不得設使體得也秖是左之右之院主遊石室回師問汝去入到石室裏許爲秖恁麽便回主無對洞山代曰彼中已有人占了也師曰汝更去作甚麽山曰不可人情斷絶去也會昌元年辛酉十月二十六日示疾命澡身竟喚主事令備齋來日有上座發去至二十七夜歸寂荼毗得舍利一千餘粒瘞於石塔謚無住大師

秀州華亭船子德誠禪師節操高邈度量不羣自印心於藥山與道吾雲巖爲同道交洎離藥山乃謂二同志曰公等應各據一方建立藥山宗旨予率性疏野唯好山水樂情自遣無所能也他後知我所止之處若遇靈利座主指一人來或堪雕琢將授生平所得以報先師之恩遂分攜至秀州華亭泛一小舟隨緣度日以接四方往來之者時人莫知其高蹈因號船子和尚一日泊船岸邊閑坐有官人問如何是和尚日用事師竪橈子曰會麽官人曰不會師曰棹撥清波金鱗罕遇師有偈曰三十年來坐釣臺鈎頭往往得黄能金鱗不遇空勞力收取絲綸歸去來千尺絲綸直下垂一波纔動萬波隨夜静水寒魚不食滿船空載月明歸三十年來海上遊水清魚現不吞鈎釣竿斫盡重栽竹不計功程得便休有一魚兮偉莫裁混融包納信奇哉能變化吐風雷下線何曾釣得來別人秖看採芙蓉香氣長粘遶指風兩岸映一船紅何曾解染得虚空問我生涯秖是船子孫各自睹機緣不由地不由天除却簑衣無可傳道吾後到京口遇夾山上堂僧問如何是法身山曰法身無相曰如何是法眼山曰法眼無瑕道吾不覺失笑山便下座請問道吾某甲適來秖對這僧話必有不是致令上座失笑望上座不吝慈悲吾曰和尚一等是出世未有師在山曰某甲甚處不是望爲說破吾曰某甲終不說請和尚却往華亭船子處去山曰此人如何吾曰此人上無片瓦下無卓錐和尚若去須易服而往山乃散衆束裝直造華亭船子纔見便問大德住甚麽寺山曰寺即不住住即不似師曰不似似箇甚麽山曰不是目前法師曰甚處學得來山曰非耳目之所到師曰一句合頭語萬劫繫驢橛師又問垂絲千尺意在深潭離鈎三寸子何不道山擬開口被師一橈打落水中山纔上船師又

曰道道山擬開口師又打山豁然大悟乃點頭三下師曰竿頭絲線從君弄不犯清波意自殊山遂問拋綸擲釣師意如何師曰絲懸渌水浮定有無之意山曰語帶玄而無路舌頭談而不談師曰釣盡江波金鱗始遇山乃掩耳師曰如是如是遂囑曰汝向去直須藏身處沒蹤跡沒蹤跡處莫藏身吾三十年在藥山秖明斯事汝今已得他後莫住城隍聚落但向深山裏钁頭邊覓取一箇半箇接續無令斷絕山乃辭行頻頻回顧師遂喚闍黎山乃回首師豎起橈子曰汝將謂別有乃覆船入水而逝

宣州椑樹慧省禪師洞山參師問來作甚麼山曰來親近和尚師曰若是親近用動這兩片皮作麼山無對（曹山云子親得）僧問如何是佛師曰猫兒上露柱曰學人不會師曰問取露柱去

鄂州百巖明哲禪師藥山看經次師曰和尚休猱人好山置經曰日頭早晚也師曰正當午山曰猶有文彩在師曰某甲無亦無山曰汝太煞聰明師曰某甲秖恁麼和尚作麼生山曰跛跛挈挈百醜千拙且恁麼過洞山與密師伯到參師問二上座甚處來山曰湖南師曰觀察使姓甚麼曰不得姓師曰名甚麼曰不得名師曰還治事也無曰自有郎幕在師曰還出入也無曰不出入師曰豈不出入山拂袖便出師次早入堂召二上座曰昨日老僧對闍黎一轉語不相契一夜不安今請闍黎別下一轉語若愜老僧意便開粥相伴過夏山曰請和尚問師曰豈不出入山曰太尊貴生師乃開粥同共過夏

澧州高沙彌初參藥山山問甚處來師曰南嶽來山曰何處去師曰江陵受戒去山曰受戒圖甚麼師曰圖免生死山曰有一人不受戒亦無生死可免汝還知否師曰恁麼則佛戒何用山曰這沙彌猶挂唇齒在師禮拜而退道吾來侍立山曰適來有箇跛腳沙彌却有些子氣息吾曰未可全信更須勘過始得至晚山上堂召曰早來沙彌在甚麼處師出衆立山問我聞長安甚鬧你還知否師曰我國晏然（法眼別云見誰說）山曰汝從看經得請益得師曰不從看經得亦不從請益得山曰大有人不看經不請益為甚麼不得師曰不道他不得秖是不肯承當山顧道吾雲巖曰不信道師一日辭藥山山問甚麼處去師曰某甲在衆有妨且往路邊卓箇草菴接待往來茶湯去山曰生死事大何不受戒去師曰知是般事便休更喚甚麼作戒山曰汝既如是不得離我左右時復要與子相見師住菴後一日歸來值雨山曰你來也師曰是山曰可煞濕師曰不打這箇鼓笛雲巖曰皮也無打甚麼鼓道吾曰鼓也無打甚麼皮山曰今日大好一場曲調僧問一句子還有該不得處否師曰不順世藥山齋時自打鼓師捧鉢作舞入堂山便擲下鼓槌曰是第幾和師曰是第二和山曰如何是第一和師就桶舀一杓飯便出

鼎州李翱刺史嚮藥山玄化屢請不赴乃躬謁之山執經卷不顧侍者曰太守在此守性褊急乃曰見面不如聞名拂袖便出山曰太

守何得貴耳賤目守回拱謝問曰如何是道
山以手指上下曰會麼守曰不會山曰雲在
青天水在瓶守忻愜作禮而述偈曰鍊得身
形似鶴形千株松下兩函經我來問道無餘
說雲在青天水在瓶玄覺云且道李太守是讚他語明他語須是行
脚眼始得守又問如何是戒定慧山曰貧道這裏
無此閑家具守莫測玄旨山曰太守欲得保
任此事直須向高高山頂立深深海底行閨
閤中物捨不得便爲滲漏守見老宿獨坐問
曰端居丈室當何所務宿曰法身凝寂無去
無來法眼別云汝作甚麼來法燈別云非公境界

丹霞然禪師法嗣

京兆府翠微無學禪師初問丹霞如何是諸
佛師霞咄曰幸自可憐生須要執巾帚作麼
師退身三步霞曰錯師進前霞曰錯錯師翹
一足旋身一轉而出霞曰得即得孤他諸佛昆六 十一
師由是領旨住後投子問未審二祖初見達
磨有何所得師曰汝今見吾復何所得投子
頓悟玄旨一日師在法堂内行投子進前接
禮問曰西來密旨和尚如何示人師駐步少
時子曰乞師垂示師曰更要第二杓惡水那
子便禮謝師曰莫埰根子曰時至根苗自生
師因供養羅漢僧問丹霞燒木佛和尚爲甚
麼供養羅漢師曰燒也不燒著供養亦一任
供養曰供養羅漢羅漢還來也無師曰汝每
日還喫飯麼僧無語師曰少有靈利底

吉州孝義寺性空禪師僧參師乃展手示之
僧近前却退後師曰父母俱喪略不慘顏僧
呵呵大笑師曰少間與闍黎舉哀僧打筋斗
而出師曰蒼天蒼天僧參人事畢師曰與麼
下去還有佛法道理也無曰某甲結舌有分
師曰老僧又作麼生曰素非好手師便仰身
合掌僧亦合掌師乃撫掌三下僧拂袖便出
師曰烏不前兔不後幾人於此茫然走秖有
闍黎達本源結舌何曾著空有

米倉和尚新到參遶師三匝敲禪牀曰不見
主人公終不下參衆師曰甚麼處情識去來
曰果然不在師便打一拄杖僧曰幾落情識
師曰村草步頭逢著一箇有甚麼話處曰且
參衆去

丹霞山義安禪師僧問如何是佛師曰如何
是上座曰恁麼即無異去也師曰誰向汝道
本童禪師因僧寫師真呈師曰此若是我更
呈阿誰曰豈可分外也師曰若不分外汝却
收取僧擬收師打曰正是分外强爲曰若恁
麼即須呈於師也師曰收取收取昆六 十二

潭州川禪師法嗣

仙天禪師新羅僧參方展坐具擬禮拜師捉
住云未發本國時道取一句僧無語師便推
出曰問伊一句便道兩句僧參展坐具師曰
這裏會得孤負平生去也曰不向這裏會得
又作麼生師曰不向這裏會更向那裏會便
打出僧參纔展坐具師曰不用通時暄還我
文彩未生時道理來曰某甲有口瘂却即閑
苔死覓箇臘月扇子作麼師拈棒作打勢僧
把住曰還我未拈棒時道理師曰隨我者隨
之南北不隨我者死住東西曰隨與不隨且
置請師指出東西南北師便打披雲和尚來
纔入方丈師便問未見東越老人時作麼生
爲物雲曰秖見雲生碧嶂焉知月落寒潭師

曰秖與麼也難得曰莫是未見時麼師便喝雲展兩手師曰錯怪人者有甚麼限雲掩耳而出師曰死却這漢平生也洛瓶和尚參師問甚處來瓶曰南溪師曰還將南溪消息來麼曰消即消已息即未息師曰最苦是未息瓶曰且道未息箇甚麼師曰一回見面千載忘名瓶拂袖便出師曰弄死蛇手有甚麼限僧叅擬禮拜師曰野狐兒見甚麼了便禮拜曰老禿奴見甚麼了便恁麼問師曰苦哉苦哉仙天今日忘前失後曰要且得時終不補失師曰爭不如此曰誰甘師呵呵大笑曰遠之遠矣僧四顧便出

福州普光禪師僧侍立次師以手開胷曰還委老僧事麼曰猶有這箇在師却掩胷曰不妨太顯曰有甚麼避處師曰的是無避處曰即今作麼生師便打

大顛通禪師法嗣

漳州三平義忠禪師福州楊氏子初叅石鞏鞏常張弓架箭接機師詣法席鞏曰看箭師乃撥開胷曰此是殺人箭活人箭又作麼生鞏彈弓弦三下師乃禮拜鞏曰三十年張弓架箭秖射得半箇聖人遂拗折弓箭後叅大顛舉前話顛曰既是活人箭爲甚麼向弓弦上辨平無對顛曰三十年後要人舉此話也難得師問大顛不用指東劃西便請直指顛曰幽州江口石人蹲師曰猶是指東劃西顛曰若是鳳凰兒不向那邊討師作禮顛曰若不得後句前話也難圓師住三平上堂曰今時人出來盡學馳求造作將當自己眼目有甚麼相當阿汝欲學麼不要諸餘汝等各有本分事何不體取作麼心憤憤口悱悱有甚麼利益分明向汝說若要修行路及諸聖建立化門自有大藏教文在若是宗門中事宜汝切不得錯用心僧問宗門中還有學路也無師曰有一路滑如苔曰學人還躡得否師曰不擬心汝自看問黑豆未生芽時如何師曰佛亦不知講僧問三乘十二分教某甲不疑如何是祖師西來意師曰龜毛拂子兎角拄杖大德藏向甚麼處曰龜毛兎角豈是有耶師曰肉重千斤智無銖兩上堂諸人若未曾見知識即不可若曾見作者來便合體取些子意度向巖谷間木食草衣恁麼去方有少分相應若馳求知解義句即萬里望鄉關去也珍重問侍者姓甚麼者曰與和尚同姓師曰你道三平姓甚麼者曰問頭何在師曰幾時問汝者曰問姓者誰師曰念汝初機放汝三十棒師有偈曰即此見聞非見聞無餘聲色可呈君箇中若了全無事體用何妨分不分陞座次有道士出衆從東過西一僧從西過東師曰適來道士却有見處師僧未在士出作禮曰謝師接引師便打僧出作禮曰乞師指示師亦打復謂衆曰此兩件公案作麼生斷還有人斷得麼如是三問衆無對師曰既無人斷得老僧爲斷去乃擲下拄杖歸方丈

馬頰山本空禪師上堂秖這施爲動轉還合得本來祖翁麼若合得十二時中無虛棄底道理若合不得喫茶說話往往喚作茶話在僧便問如何免得不成茶話去師曰你識得口也未曰如何是口師曰兩片皮也不識曰

如何是本來祖翁師曰大衆前不要牽爺恃娘曰大衆欣然去也師曰你試點大衆性看僧作禮師曰伊往往道一性一切性在僧欲進語師曰孤負平生行腳眼問去却即今言句請師直指本來性師曰你迷源來得多少時曰即今蒙和尚指示師曰若指示你我即迷源曰如何即是師示頌曰心是性體性是心用心性一如誰別誰共妄外迷源秖者難洞古今凡聖如幻如夢

本生禪師拈拄杖示衆曰我若拈起你便向未拈起時作道理我若不拈起你便向拈起時作主宰且道老僧爲人在甚處時有僧出曰不敢妄生節目師曰也知闍黎不分外曰低低處平之有餘高高處觀之不足師曰節目上更生節目僧無語師曰掩鼻偷香空招罪犯

長髭曠禪師法嗣

潭州石室善道禪師作沙彌時長髭遣令受戒謂之曰汝回日須到石頭和尚處禮拜師受戒後乃參石頭一日隨頭遊山次頭曰汝與我斫却面前樹子免礙我師曰不將刀來頭乃抽刀倒與師曰何不過那頭來頭曰你用那頭作甚麼師即大悟便歸長髭髭問汝到石頭否師曰到即到秖是不通號髭曰從誰受戒師曰不依他髭曰在彼即恁麼來我這裏作麼生師曰不違背髭曰太忉忉生師曰舌頭未曾點著在髭喝曰沙彌出去師便出髭曰爭得不遇於人師尋值沙汰乃作行者居於石室每見僧便竪起杖子曰三世諸佛盡由這箇對者少得冥契長沙聞乃曰我若見即令放下拄杖別通箇消息三聖將此語秖對被師認破是長沙語杏山聞三聖失機乃親到石室師見杏山僧衆相隨潛入碓坊碓米杏曰行者接待不易貧道難消師曰開心椀子盛將來無蓋盤子合取去說甚麼難消杏便休仰山問佛之與道相去幾何師曰道如展手佛似握拳曰畢竟如何的當可信可依師以手撥空三下曰無恁麼事無恁麼事曰還假看教否師曰三乘十二分教是分外事若與他作對即是心境兩法能所雙行便有種種見解亦是狂慧未足爲道若不與他作對一事也無所以祖師道本來無一物汝不見小兒出胎時可道我解看教不解看教當恁麼時亦不知有佛性義無佛性義及至長大便學種種知解出來便道我能我解不知總是客塵煩惱十六行中嬰兒行爲最哆哆和和時喻學道之人離分別取捨心故讚歎嬰兒何況喻取之若謂嬰兒是道今時人錯會師一夕與仰山翫月山問這箇月尖時圓相甚麼處去圓時尖相又甚麼處去師曰尖時圓相隱圓時尖相在（雲巖云尖時圓相在圓時無尖相道吾云尖時亦不尖圓時亦不圓）仰山辭師送出門乃召曰闍黎山應諾師曰莫一向去却回這邊來僧問曾到五臺否師曰曾到曰還見文殊麼師曰見曰文殊向行者道甚麼師曰文殊道你生身父母在深草裏

青原下四世

道吾智禪師法嗣

潭州石霜山慶諸禪師廬陵新淦陳氏子依洪井西山紹鑾禪師落髮詣洛下學毗尼教

雖知聽制終爲漸宗回抵潙山爲米頭一日篩米次潙曰施主物莫抛撒師曰不抛撒潙於地上拾得一粒曰汝道不抛撒這箇是甚麼師無對潙又曰莫輕這一粒百千粒盡從這一粒生師曰百千粒從這一粒生未審這一粒從甚麼處生潙呵呵大笑歸方丈潙至晚上堂曰大衆米裡有蟲諸人好看後參道吾問如何是觸目菩提吾喚沙彌彌應諸吾曰添淨瓶水著良久却問師汝適來問甚麼師擬舉吾便起去師於此有省吾將順世垂語曰吾心中有一物久而爲患誰能爲我除之師曰心物俱非除之益患吾曰賢哉賢哉師後避世混俗于長沙瀏陽陶家坊朝遊夕處人莫能識後因僧自洞山來師問和尚有何言句示徒曰解夏上堂云秋初夏末兄弟昆六 十八或東去西去直須向萬里無寸草處去良久曰秪如萬里無寸草處作麼生去師曰有人下語否曰無師曰何不道出門便是草僧回舉似洞山山曰此是一千五百人善知識語因茲囊錐始露果熟香飄衆命住持上堂汝等諸人自有本分事不用馳求無你是非處無你斷嚼處一代時敎整理時人腳手凡有其由皆落今時直至法身非身此是敎家極則我輩沙門全無肯路若分則差不分則坐著泥水但由心意妄說見聞僧問如何是西來意師曰空中一片石僧禮拜師曰會麼曰不會師曰賴汝不會若會即打破汝頭問如何是和尚本分事師曰石頭還汗出麼問到這裏爲甚麼却道不得師曰腳底著口問眞身還出世也無師曰不出世曰爭奈眞身何師曰瑠璃缾子口問如何是和尚深深處師曰無鬚鎖子兩頭搖師在方丈內僧在牕外問咫尺之間爲甚麼不覩師顏師曰徧界不曾藏僧舉問雪峰徧界不曾藏意旨如何峰曰甚麼處不是石霜師聞曰這老漢著甚麼死急峰聞曰老僧罪過昆六 十九東禪齊云秪如雪峰是會石霜意不會石霜意若會他爲甚麼道死急若不會雪峰作麼不會然法且無異奈以師承不同解之差別他云徧界不曾藏也須會學來始得會亂說即不可裴相公來師拈起裴笏問在天子手中爲珪在官人手中爲笏在老僧手中且道喚作甚麼裴無對師乃畱下笏示衆初機未覯大事先須識取頭其尾自至踈山仁參問如何是頭師曰直須知有曰如何是尾師曰盡却今時曰有頭無尾時如何師曰吐得黃金堪作甚麼曰有尾無頭時如何師曰猶有依倚在曰直得頭尾相稱時如何師曰渠不作箇解會亦未許渠在僧辭師問船去陸去曰遇船即船遇陸即陸師曰我道半途稍難僧無對僧問三千里外遠聞石霜有箇不顧師曰是曰秪如萬象歷然是顧不顧師曰我道不驚衆曰不驚衆是與萬象合如何是不顧師曰徧界不曾藏問如何是祖師西來意師乃齩齒示之僧不會後問九峰曰先師齩齒意旨如何峰曰我寧可截舌不犯國諱又問雲蓋蓋曰我與先師有甚麼寃讐問僧近離甚處曰審道師於面前畫一畫曰汝剌腳與麼來還審得這箇麼曰審不得師曰汝納衣與麼厚爲甚却審這箇不得曰某甲納衣雖厚爭奈審這箇不得師曰與麼則七佛出世也救你不得曰說甚七佛千佛出世也救某甲不得師曰太懵懂

生曰爭奈聾師曰參堂去僧曰喏喏問童子不坐白雲牀時如何師曰不打水魚自驚洞山問向前一箇童子甚了事如今向甚處去也師曰火焰上泊不得却歸清涼世界去也問佛性如虛空是否師曰卧時即有坐時即無問忘收一足時如何師曰不共汝同盤問風生浪起時如何師曰湖南城裡太煞鬧有人不肯過江西問如何是佛法大意師曰落花隨水去曰意旨如何師曰脩竹引風來問如何是塵劫來事師曰冬天則有夏天則無

師頌洞山五位王子誕生曰天然貴亂本非功德合乾坤育勢隆始末一朝無雜種分宮六宅不他宗上和下睦陰陽順共氣連枝器量同欲識誕生王子父鶴冲霄漢出銀籠朝生曰苦學論情世莫羣出來凡事已超倫詩成五字三冬雪筆落分毫四海雲萬卷積功彰聖代一心忠孝輔明君鹽梅不是生知得金榜何勞顯至勳末生曰久棲巖壑用功夫草榻柴扉守志孤十載見聞心自委一身冬夏衣縑無澄凝含笑三秋思清苦高名上哲圖業就高科酬志極比來臣相不當途化生曰傍分帝位爲傳持萬里山河布政威紅影日輪凝下界碧油風冷暑炎時高低豈廢尊卑奉五袴蘇途遠近知妙印手持煙塞靜當陽那肯露纖機内生曰九重密處復何宣挂弊由來顯妙傳秖奉一人天地貴從他諸道自分權紫羅帳合君臣隔黃閤簾垂禁制全爲汝方隅宮屬戀遂將黃葉止啼錢師居石霜山二十年間學衆有長坐不卧屹若株杌天下謂之枯木衆也唐僖宗聞師道譽賜紫衣師牢辭不受光啟四年示疾告寂塟於院之西北隅謚普惠大師

潭州漸源仲興禪師在道吾爲侍者因過茶與吾吾提起盞曰是邪是正師义手近前目視吾吾曰邪則總邪正則總正師曰某甲不恁麼道吾曰汝作麼生師奪盞子提起曰是邪是正吾曰汝不虛爲吾侍者師便禮拜一日侍吾往檀越家弔慰師撫棺曰生邪死邪吾曰生也不道死也不道師曰爲甚麼不道吾曰不道不道歸至中路師曰和尚今日須與某甲道若不道打和尚去也吾曰打即任打道即不道師便打吾歸院曰汝宜離此去恐知事得知不便師乃禮辭隱于村院經三年後忽聞童子念觀音經至應以比丘身得度者即現比丘身忽然大省遂焚香遥禮曰信知先師遺言終不虛發自是我不會却怨先師先師既没唯石霜是嫡嗣必爲證明乃造石霜霜見便問離道吾後到甚處來師曰秖在村院寄足霜曰前來打先師因緣會也未師起身進前曰却請和尚道一轉語霜曰不見道生也不道死也不道師乃述在村院得底因緣遂禮拜石霜設齋懺悔他日持鍬復到石霜於法堂上從東過西從西過東霜曰作麼師曰覓先師靈骨霜曰洪波浩渺白浪滔天覓甚先師靈骨師曰正好著力霜曰這裏針劄不入著甚麼力源持鍬肩上便出（太原孚上座代云先師靈骨猶在）師後住漸源一日在紙帳内坐有僧來撥開帳曰不審師以目視之良久曰會麼曰不會師曰七佛以前事爲甚麼不會僧舉似石霜霜曰如人解射箭不虛發

一日寶蓋和尚來訪師便捲起簾子在方丈內坐蓋一見乃下却簾便歸客位師令侍者傳語長老遠來不易猶隔津在蓋擒住侍者與一掌者曰不用打某甲有堂頭和尚在蓋曰爲有堂頭老漢所以打你者回舉似師師曰猶隔津在

淥清禪師僧問不落道吾機請師道師曰庭前紅莧樹生葉不生華僧良久師曰會麼曰不會師曰正是道吾機因甚麼不會僧禮拜師打曰須是老僧打你始得問如何是無相師曰山青水綠僧參師以目視之僧曰是箇機關於某甲分上用不著師彈指三下僧遶禪牀一匝依位立師曰參堂去僧始出師便喝僧却以目視之師曰灼然用不著僧禮拜

雲巖晟禪師法嗣

涿州杏山鑒洪禪師臨濟問如何是露地白牛師曰吽吽濟曰瘂却杏山口師曰老兄作麼生濟曰這畜生師便休示滅後荼毗收五色舍利建塔

潭州神山僧密禪師師在南泉打羅次泉問作甚麼師曰打羅曰手打脚打師曰却請和尚道泉曰分明記取向後遇明眼作家但恁麼舉似（雲巖代云無手脚者始解打）師與洞山渡水山曰莫錯下脚師曰錯即過不得也山曰不錯底事作麼生師曰共長老過水一日與洞山鉏茶園山擲下钁頭曰我今日一點氣力也無師曰若無氣力爭解恁麼道山曰汝將謂有氣力底是裴大夫問僧供養佛佛還喫否僧曰如大夫祭家神大夫舉似雲巖巖曰這僧未出家在曰和尚又如何巖曰有幾般飯食但一時下來巖却問師一時下來又作麼生師曰合取鉢盂巖肯之問一地不見二地時如何師曰汝莫錯否汝是何地問生死事乞師一言師曰汝何時死去來曰某甲不會請師說師曰不會須死一場始得師與洞山行次忽見白兔走過師曰俊哉洞曰作麼生師曰大似白衣拜相洞曰老老大大作這箇說話師曰你作麼生洞曰積代簪纓暫時落魄師把針次洞山問曰作甚麼師曰把針洞曰把針事作麼生師曰針針相似洞曰二十年同行作這箇語話豈有與麼工夫師曰長老又作麼生洞曰如大地火發底道理師問洞山智識所通莫不遊踐徑截處乞師一言洞曰師伯意何得取功師因斯頓覺下語非常後與洞山過獨木橋洞先過了拈起木橋曰過來師喚价闍黎洞乃放下橋木

幽谿和尚僧問大用現前不存軌則時如何師起遶禪床一匝而坐僧擬進語師與一蹋僧歸位而立師曰汝恁麼我不恁麼汝不恁麼我却恁麼僧再擬進語師又與一蹋曰三十年後吾道大行問如何是祖師禪師曰泥牛步步出人前問處處該不得時如何師曰夜半石人無影像縱橫不辨往來源

五燈會元卷第十三

五燈會元卷第十三

校勘記

一　底本，清藏本。

一　四三六頁中一行經名，徑無（未換卷）。

一　四四〇頁下七行「潭州川禪師」，徑作「大川禪師」。

一　四四三頁上一一行「吾心中」，徑作「我心中」。

一　四四四頁中一二行「普惠」，徑作「普會」。

一　四四四頁中一六行「作麼生」，徑作「則麼生」。

一　四四五頁下卷末經名，徑無（未換卷）。

五燈會元卷第十四　　昆七

宋　沙　門　大　川　濟　纂

青原下四世

船子誠禪師法嗣

澧州夾山善會禪師廣州廖氏子幼歲出家依年受戒聽習經論該練三學出住潤州鶴林因道吾勸發往見船子由是師資道契微眹不留(語見船子章)恭禀遺命遁世忘機尋以學者交湊廬室星布曉夕參依咸通庚寅海衆卜於夾山遂成院宇上堂有祖以來時人錯會相承至今以佛祖言句爲人師範若或如此却成狂人無智人去他秖指示汝無法本是道道無一法無佛可成無道可得無法可取無法可捨所以老僧道目前無法意在目前他不是目前法若向佛祖邊學此人未具眼在何故皆屬所依不得自在本秖爲生死茫茫識性無自由分千里萬里求善知識須具正眼求脱虛謬之見定取目前生死爲復實有爲復實無若有人定得許汝出頭上根之人言下明道中下根器波波浪走何不向生死中定當取何處更疑佛疑祖替汝生死有智人笑汝汝若不會更聽一頌勞持生死法唯向佛邊求目前迷正理撥火覓浮漚僧問從上立祖意教意和尚爲甚麽却言無師曰三年不喫飯目前無餓人曰既是無餓人某甲爲甚麽不悟師曰秖爲悟迷却闍黎復示偈曰明明無悟法悟法却迷人長舒兩脚睡無僞亦無眞問十二分教及祖意和尚爲甚麽不許人問師曰是老僧坐具曰和尚以何法示人師曰虛空無挂針之路子虛徒撚線之功又曰會麽曰不會師曰金粟之苗裔舍利之眞身罔象之玄談是野狐之窟宅上堂不知天曉悟不由師龍門躍鱗不墮漁人之手但意不寄私緣舌不親玄旨正好知音此名俱生話若向玄旨疑去賺殺闍黎困魚止濼鈍鳥棲蘆雲水非闍黎闍黎非雲水老僧於雲水而得自在闍黎又作麽生西川座主罷講徧參到襄州華嚴和尚處問曰祖意教意是同是別嚴曰如車二輪如鳥二翼主曰將爲禪門別有長處元來無遂歸蜀後聞師道播諸方令小師持此語問師曰雕砂無鏤玉之談結草乖道人之意主聞舉遥禮曰元來禪門中別有長處上堂聞中生解意下丹青目前即美久蘊成病青山與白雲從來不相到機絲不挂梭頭事文彩縱横意自殊嘉祥一路智者知疎瑞草無根賢者不貴問如何是道師曰太陽溢目萬里不挂片雲曰不會師曰清清之水遊魚自迷問如何是本師曰飲水不迷源問古人布髮掩泥當爲何事師曰九烏射盡一翳猶存一箭墮地天下黯黑問祖意教意是同是別師曰風吹荷葉滿池青十里行人較一程問撥塵見佛時如何師曰直須揮劍若不揮劍漁父棲巢僧後問石霜撥塵見佛時如何霜曰渠無國土甚處逢渠僧回舉似師師上堂舉了乃曰門庭施設不如老僧入理深談猶較石霜百步問兩鏡相照時如何師曰蚌呈無價寶龍吐腹中珠問如何是寂默中事師曰寢殿無人師喫茶了自烹一椀過與侍者者擬接師乃縮手曰是甚麽者無對座主問若是教意某甲

即不疑秖如禪門中事如何師曰老僧秖解變生爲熟問如何是實際之理師曰石長無根樹山含不動雲問如何是出窠師子師曰虛空無影像足下野雲生師在潙山作典座潙問今日喫甚菜師曰二年同一春潙曰好好修事著師曰龍宿鳳巢問如何識得家中寶師曰忙中爭得作閑人問如何是相似句師曰荷葉團團團似鏡菱角尖尖尖似錐復曰會麽曰不會師曰風吹柳絮毛毬走雨打梨花蛺蝶飛問如何是一老一不老師曰青山元不動澗水鎮長流手執夜明符幾箇知天曉上堂金烏玉兎交互爭輝坐却日頭天下黯黑上唇與下唇從來不相識明明向君道莫令眼顢著何也日月未足爲明天地未足爲大空中不運斤巧匠不遺蹤見性不留佛悟道不存師尋常老僧道日睹瞿曇猶如黃葉一大藏教是老僧坐具祖師玄旨是破草鞋寧可赤腳不著最好僧問如何是佛師曰此問無賓主曰尋常與甚麽人對談師曰文殊與吾攜水去普賢猶未折花來上堂我二十年住此山未曾舉著宗門中事有僧問承和尚有言二十年住此山未曾舉著宗門中事是否師曰是僧便掀倒禪牀師休去至明日普請掘一坑令侍者請昨日僧至曰老僧二十年說無義語見七今日請上座打殺老僧埋向坑裡便請便請若不打殺老僧四上座自著打殺埋在坑中始得其僧歸堂束裝潛去上堂百草頭薦取老僧鬧市裏識取天子虎頭上座參師問甚處來曰湖南來師曰曾到石霜麽曰要路經過爭得不到師曰聞石霜有毬子話是否曰和尚也須悬著眼始得師曰作麽生是毬子曰跳不出師曰作麽生是毬杖曰沒手足師曰且去老僧未與闍黎相見明日陞座師曰昨日新到在麽頭出應諾師曰目前無法意在目前不是目前法非耳目之所到頭曰今日雖問要且不是師曰片月難明非關天地頭曰莫彖沸便作掀禪牀勢師曰且緩緩虧著上座甚麽處頭豎起拳曰目前還著得這箇麽師曰作家作家頭又作掀禪牀勢師曰大衆看這一員戰將若是門庭布列山僧不如他若據入理之談也較山僧一級地上堂眼不挂戶意不停玄直得靈草不生猶是五天之位珠光月魄不是出頭時此間無老僧五路頭無闍黎問如何是夾山境師曰猿抱子歸青嶂裏鳥銜華落碧巖前（法眼云我二十年秖作境話會）見七師問僧甚麽處來曰洞五山來師曰洞山有何言句示徒曰尋常教學人三路學師曰何者三路曰玄路鳥道展手師曰實有此語否曰實有師曰軌持千里鈔林下道人悲師再闡玄樞迨於一紀唐中和元年十一月七日召主事曰吾與衆僧話道累歲佛法深旨各應自知吾今幻質時盡即去汝等善保護如吾在日勿得雷同世人輒生惆悵言訖奄然而逝塔於本山謚傳明大師

翠微學禪師法嗣

鄂州清平山安樂院令遵禪師東平人也初參翠微便問如何是西來的的意微曰待無人即向汝說師良久曰無人也請和尚說微下禪牀引師入竹園師又曰無人也請和尚

說微指竹曰這竿得恁麼長那竿得恁麼短師雖領其微言猶未徹其玄旨出住大通上堂舉初見翠微機緣謂衆曰先師入泥入水爲我自是我不識好惡師自此化導次遷清平上堂諸上座夫出家人須會佛意始得若會佛意不在僧俗男女貴賤但隨家豐儉安樂便得諸上座盡是久處叢林徧參尊宿且作麼生會佛意試出來大家商量莫空氣高至後一事無成一生空度若未會佛意直饒頭上出水足下出火燒身鍊臂聰慧多辯聚徒一千二千說法如雲如雨講得天華亂墜秖成箇邪說爭競是非去佛法大遠在諸人幸值色身安健不值諸難何妨近前著些工夫體取佛意好僧問如何是大乘師曰井索曰如何是小乘師曰錢貫問如何是清平家風師曰一斗麪作三箇蒸餅問如何是禪師曰猢猻上樹尾連顛問如何是有漏師曰笊籬曰如何是無漏師曰木杓曰覿面相呈時如何師曰分付與典座自餘逗機方便靡徇時情逆順卷舒語超格量天祐十六年終於本山謚法喜禪師

舒州投子山大同禪師本州懷寧劉氏子幼歲依洛下保唐滿禪師出家初習安般觀次閱華嚴教發明性海復謁翠微頓悟宗旨（語見翠微章）由是放意周遊後旋故土隱投子山結茅而居一日趙州和尚至桐城縣師亦出山途中相遇乃逆而問曰莫是投子山主麼師曰茶鹽錢布施我州先歸庵中坐師後攜一缾油歸州曰久嚮投子及乎到來秖見箇賣油翁師曰汝秖識賣油翁且不識投子州曰如何是投子師提起油缾曰油油州問大死底人却活時如何師曰不許夜行投明須到州曰我早候白伊更候黑上堂汝諸人來這裏擬覓新鮮語句攢華四六圖口裏有可道我老兒氣力稍劣脣舌遲鈍亦無閑言語與汝汝若問我便隨汝答也無玄妙可及於汝亦不教汝垛根終不說向上向下有佛有法有凡有聖亦不存坐繫縛汝諸人變現千般總是汝自生見解擔帶將來自作自受我這裏無可與汝也無表無裏說似諸人有疑便問僧問表裏不收時如何師曰汝擬向這裏垛根便下座問大藏教中還有奇特事也無師曰演出大藏教問如何是眼未開時事師曰目淨修廣如青蓮問一切諸佛及諸佛法皆從此經出如何是此經師曰以是名字汝當奉持問枯木中還有龍吟也無師曰我道髑髏裏有師子吼問一法普潤一切羣生如何是一法師曰雨下也問一塵含法界時如何師曰早是數塵也問金鏁未開時如何師曰開也問學人擬欲修行時如何師曰虛空不曾爛壞巨榮禪客參次師曰老僧未曾有一言半句挂諸方脣齒何用要見老僧榮曰到這裏不施三拜要且不甘師曰出家兒得恁麼沒碑記榮乃遶禪牀一匝而去師曰有眼無耳朵六月火邊坐問一切聲是佛聲是不師曰是曰和尚莫屎沸盌鳴聲師便打問麤言及細語皆歸第一義是不師曰是曰喚和尚作頭驢得麼師便打問如何是十身調御師下禪牀立師指庵前一片石謂雪峰曰三世諸佛總在裏許峰曰須知有不在裏許

者師曰不快漆桶師與雪峰遊龍眠有兩路峰問那箇是龍眠路師以杖指之峰曰東去西去師曰不快漆桶問一槌便就時如何師曰不是性燥漢曰不假一槌時如何師曰不快漆桶峰問此間還有人參也無師將钁頭抛向峰（見七）面前峰曰恁（八）麼則當處掘去也師曰不快漆桶峰辭師送出門召曰道者峰回首應諾師曰途中善爲問故歲已去新歲到來還有不涉二途者也無師曰有曰如何是不涉二途者師曰元正啓祚萬物咸新問依稀似半月彷彿若三星乾坤收不得師於何處明師曰道甚麼曰想師秖有湛水之波且無滔天之浪師曰閑言語問類中來時如何師曰人類中來馬類中來問祖祖相傳傳箇甚麼師曰老僧不解妄語問如何是出門不見佛師曰無所覩曰如何是入室别爺娘師曰無所生問如何是火焰裏身師曰有甚麼掩處曰如何是炭庫裏藏身師曰我道汝黑似漆問的的不明時如何師曰明也問如何是末後一句師曰最初明不得問從苗辨地因

語識人未審將何辨識師曰引不著問院中有三百人還有不在數者也無師曰一百年前五十年後看取問僧久嚮踈山薑頭莫便是否僧無對法眼代云嚮重和尚日久問抱璞投師請師雕琢師曰不爲棟梁材曰恁麼則卞和無出身處也（見七）師曰擔帶即（九）竝辛苦曰不擔帶時如何師曰不教汝抱璞投師請師雕琢問那吒析骨還父析肉還母如何是那吒本來身師放下拂子义手問佛法二字如何辯得清濁師曰佛法清濁曰學人不會師曰汝適來問箇甚麼問一等是水爲甚麼海鹹河淡師曰天上星地下木法眼別云大似相違問如何是祖師意師曰彌勒見箇受記處不得問不斷煩惱而入涅槃時如何師作色曰這箇師僧好發業殺人問和尚自住此山有何境界師曰丫角女子白頭絲問如何是無情說法師曰惡問如何是毗盧師曰已有名字曰如何是毗盧師曰未有毗盧時會取問歷落一句請師道師曰好問四山相逼時如何師曰五蘊皆空問一念未生時如何師曰眞箇謾語問

凡聖相去幾何師下禪牀立問學人一問即和尚答忽若千問萬問時如何師曰如鷄抱卵問天上天下唯我獨尊如何是我師曰推倒這老胡有甚麼罪過問如何是和尚師師曰迎之不見其首隨之罔眺其後問鑄像未成身在甚麼處師曰莫造作曰爭柰現不現何師曰隱在甚麼處問無目底人如何進步師曰徧十方曰無目爲甚麼徧十方師曰還更著得目也無問如何是西來意師曰不諱問月未圓時如何師曰吞却三箇四箇曰圓後如何師曰吐却七箇八箇問日月未明佛與衆生在甚麼處師曰見老僧嗔便道嗔見老僧喜便道喜問僧甚麼處來曰東西山禮祖師來師曰祖師不在東西山僧無語法眼代云和尚識祖師問如（見七）何是玄中的師曰（十）不到汝口裏道問牛頭未見四祖時如何師曰與人爲師曰見後如何師曰不與人爲師問諸佛出世爲一大事因緣和尚出世當爲何事師曰尹司空請老僧開堂問如何是佛師曰幻不可求問千里投師乞師一接師曰今日老僧腰

痛萊頭請益師曰且去待無人時來頭明日伺得無人又來師曰近前來頭近前師曰輙不得舉似於人問併却咽喉脣吻請師道師曰汝秖要我道不得問達磨未來時如何師曰徧天徧地曰來後如何師曰蓋覆不得問如何是無情說法師曰莫惡口問和尚未見先師時如何師曰通身不奈何曰見後如何師曰通身撲不碎曰還從師得也無師曰終不相孤負曰恁麼則從師得也師曰得箇甚麼曰恁麼則孤負先師也師曰非但孤負先師亦乃孤負老僧問七佛是文殊弟子文殊還有師也無師曰適來恁麼道也大似屈已推人問金鷄未鳴時如何師曰無這箇音響曰鳴後如何師曰各自知時問師子是獸中之王爲甚麼被六塵吞師曰不作大無人我

師居投子山三十餘載往來激發請益者常盈於室縱以無畏之辯隨問遽答啐啄同時微言頗多今録少分而已中和中巢寇暴起天下喪亂有狂徒持刃問師曰住此何爲師乃隨宜說法渠魁聞而拜伏脫身服施之而去乾化四年四月六日示微疾大衆請醫師謂衆曰四大動作聚散常程汝等勿慮吾自保矣言訖跏趺而寂謚慈濟大師

安吉州道場山如訥禪師僧問如何是教意師曰汝自看僧禮拜師曰明月鋪霄漢山川勢自分問如何得聞性不隨緣去師曰汝聽看僧禮拜師曰聾人也唱胡笳調好惡高低自不聞曰恁麼則聞性宛然也師曰石從空裏立火向水中焚問虛空還有邊際否師曰汝也太多知僧禮拜師曰三尺杖頭挑日月一塵飛起任遮天問如何是道人師曰行運無蹤跡起坐絕人知曰如何即是師曰三爐力盡無煙燄萬頃平田水不流問一念不生時如何師曰堪作甚麼僧無語師又曰透出龍門雲雨合山川大地入無蹤師目有重瞳手垂過膝自翠微受訣止於此山薙草卓庵學徒四至廣闡法化遂成叢社焉

建州白雲約禪師僧問不坐徧空堂不居無學位此人合向甚麼處安置師曰青天無電影韶國師參師問甚麼處來韶曰江北來師曰船來陸來曰船來師曰還逢見魚鼈麼曰往往遇之師曰遇時作麼生韶曰咄縮頭去師大笑

孝義性空禪師法嗣

歙州茂源禪師因平田參師欲起身田乃把住曰開口即失閉口即喪去此二途請師速道師以手掩耳田放手曰一步易兩步難師曰有甚麼死急田曰若非此箇師不免諸方點檢師不對

棗山光仁禪師上堂衆集師於座前謂衆曰不負平生行脚眼目致箇問來還有麼衆無對師曰若無即陞座去也便登座僧出禮拜師曰負我且從大衆何也便歸方丈翌日有僧請辨前語意旨如何師曰齋時有飯與汝喫夜後有牀與汝眠一向煎迫我作甚麼僧禮拜師曰苦苦僧曰請師直指師乃垂足曰舒縮一任老僧

青原下五世

石霜諸禪師法嗣

潭州大光山居誨禪師京兆人也初造石霜

長坐不卧麻衣草履亾身爲法霜遂令主性空塔院一日霜知緣熟試其所得問曰國家每年放舉人及第朝門還得拜也無師曰有一人不求進霜曰憑何師曰他且不爲名霜曰除却今日別更有時也無師曰他亦不道今日是如是酬問往復無滯盤桓二十餘祀衆請出世僧問秖如達磨是祖否師曰不是祖曰既不是祖又來作甚麼師曰秖爲汝不薦曰薦後如何師曰方知不是祖問混沌未分時如何師曰時教阿誰叙上堂一代時教秖是整理時人手脚直饒剥盡到底也秖成得箇了事人不可將當衲衣下事所以道四十九年明不盡標不起到這裏合作麼生更若切切恐成負累珍重

瑞州九峰道虔禪師福州人也嘗爲石霜侍者洎霜歸寂衆請首座繼住持師白衆曰須明得先師意始可座曰先師有甚麼意師曰先師道休去歇去冷湫湫地去一念萬年去寒灰枯木去古廟香爐去一條白鍊去其餘則不問如何是一條白鍊去座曰這箇秖是明一色邊事師曰元來未會先師意在座曰你不肯我那但裝香來香煙斷處若去不得即不會先師意遂焚香香煙未斷座巳脱去師拊座背曰坐脱立亾即不無先師意未夢見在住後僧問無間中人行甚麼行師曰畜生行曰畜生復行甚麼行師曰無間行曰此猶是長生路上人師曰汝須知有不共命者曰不共甚麼命師曰長生氣不常師乃曰諸兄弟還識得命麼欲知命流泉是命湛寂是身千波競涌是文殊境界一亘晴空是普賢牀榻其次借一句子是指月於中事是話月從上宗門中事如節度使信旗相似且如諸方先德未建許多名目指陳巳前諸兄弟約甚麼體格商量到這裏不假三寸試話會看不假耳試采聽看不假眼試辯白看所以道聲前拋不出句後不藏形盡乾坤大地都來是汝當人箇體向甚麼處安眼耳鼻舌莫但向意根下圖度作解盡未來際亦未有休歇分所以洞山道擬將心意學玄宗大似西行卻向東珍重問承古有言向外紹則臣位向内紹則王種是否師曰是曰如何是外紹師曰若不知事極頭秖得了事喚則外紹是爲臣種曰如何是内紹師曰知向裏許承當擔荷是爲内紹曰如何是王種師曰須見無承當底人無擔荷底人始得同一色同一色了所以借爲誕生是爲王種曰恁麼則内紹亦須得轉師曰灼然有承當擔荷爭得不轉汝道内紹便是人王種你且道如今還有紹底道理麼所以古人道紹是功紹了非是功轉功位了始喚作人王種曰未審外紹還轉也無師曰外紹全未知有且教渠知有曰如何是知有師曰天明不覺曉問如何是外紹師曰不借別人家裏事曰如何是内紹師曰推爺向裏頭曰二語之中那語最親師曰臣在門裏王不出門曰恁麼則不出門者不落二邊師曰渠也不獨坐世界裏紹王種名外紹王種姓所以道紹是功名臣是偏中正紹了轉功名君是正中偏問誕生還更知聞也無師曰更知聞阿誰曰恁麼則莫便是否師曰若是古人爲甚麼道誕生王有父曰既有父

爲甚麼不知聞師曰同時不識祖問古人云直得不恁麼來者猶是兒孫意旨如何師曰古人不謾語曰如何是來底兒孫師曰猶守珍御在曰如何是父師曰無家可坐無世可興問諸聖間出秪是箇傳語底人豈不是和尚語師曰是曰秪如世尊生下一手指天一手指地云天上天下唯我獨尊爲甚麼喚作傳語底人師曰爲他指天指地所以喚作傳語底人僧禮拜而退問九重無信恩赦何來師曰流光雖徧閫内不周曰流光與閫内相去多少師曰緑水騰波青山秀色問人人盡言請益未審師將何拯濟師曰汝道巨嶽還曾乏寸土也無曰恁麼則四海參尋當爲何事師曰演若迷頭心自狂曰還有不狂者麼師曰有曰如何是不狂者師曰突曉途中眼不開問如何是學人自己師曰更問阿誰曰便恁麼承當時如何師曰須彌還更戴須彌問祖祖相傳復傳何事師曰釋迦慳迦葉富曰如何是釋迦慳師曰無物與人曰如何是加葉富師曰國内孟嘗君曰畢竟傳底事作麼生師曰百歲老人分夜燈問諸佛非我道如何是我道師曰我非諸佛曰既非諸佛爲甚麼却立我道師曰適來暫喚來如今却遣出曰爲甚麼却遣出師曰若不遣出眼裏塵生問一切處覓不得豈不是聖師曰是甚麼聖曰牛頭未[見七]見四祖時豈不[十六]是聖師曰是聖境未忘曰二聖相去幾何師曰塵中雖有隱形術爭奈全身入帝鄉問古人道因眞立妄從妄顯眞是否師曰是曰如何是眞心師曰不雜食是曰如何是妄心師曰攀援起倒是曰離此二途如何是本體師曰本體不離曰爲甚麼不離師曰不敬功德天誰嫌黑暗女問盡乾坤都來是箇眼如何是乾坤眼師曰乾坤在裏許曰乾坤眼何在師曰正是乾坤眼曰還照矚也無師曰不借三光勢曰既不借三光勢憑何喚作乾坤眼師曰若不如是髑髏前見鬼人無數問一筆丹青爲甚麼邈誌公眞不得師曰僧繇却許誌公曰未審僧繇得甚麼人證旨却許誌公師曰烏龜稽首須彌柱問動容沉古路身沒乃方知此意如何師曰偷佛錢買佛香曰學人不會師曰不會即燒香供養本爺娘師後住泐潭而終謚大覺禪師

台州涌泉景欣禪師泉州人也自石霜開示而止涌泉一日不披袈裟喫飯有僧問莫成俗否師曰即[見七]今豈是僧邪彊[十七]德二禪客於路次見師騎牛不識師忽曰蹄角甚分明爭奈騎者不鑒師驟牛而去彊德憩於樹下煎茶師回却下牛問曰二禪客近離甚麼處彊曰那邊師曰那邊事作麼生彊提起茶盞師曰此猶是這邊事那邊事作麼生彊無對師曰莫道騎者不鑒好上堂我四十九年在這裏尚自有時走作汝等諸人莫開大口見解人多行解人萬中無一箇見解言語總要知通若識不盡敢道輪廻去在爲何如此蓋爲識漏未盡汝但盡却今時始得成立亦喚作立中功轉功就他去亦喚作就中功親他去我所以道親人不得度渠不度親人恁麼譬喻尚不會薦取渾崙底但管取性亂動舌頭不見洞山道相續也大難汝須知有此事若不

知有啼哭有日在上堂拍盲不見佛開眼遇
途人借問途中事渠無丈六身不從五天來
漢地不曾踏不是張家生誰云李家子三人
拄一杖卧一牀似伊不似伊拈來搭肩上爲
他十八兒論不奈伊何

潭州雲蓋山志元圓淨禪師遊方時問雲居
曰志元不奈何時如何居曰秖爲闍黎功力
不到師不禮拜直造石霜亦如前問霜曰非
但闍黎老僧亦不奈何師曰和尚爲甚麼不
奈何霜曰老僧若奈何拈過汝不奈何師便
禮拜僧問石霜萬戶俱閉即不問萬戶俱開
時如何霜曰堂中事作麽生僧無對經半年
方始下一轉語曰無人接得渠霜曰道即太
煞道秖道得八成曰和尚又且如何霜曰無
人識得渠師知乃禮拜乞爲舉霜不肯師乃
抱霜上方丈曰和尚若不道打和尚去在霜（十八）
曰得在師頻禮拜霜曰無人識得渠師於言
下頓省住後僧問如何是佛師曰黃面底是
曰如何是法師曰藏裏是問然燈未出時如
何師曰昧不得問蛇爲甚麽吞却師師曰通

身色不同問如何是衲僧師曰參尋訪道潭
州道正表聞馬王乞師論義王請師上殿相
見茶罷師就王乞劒師握劒問道正曰你本
教中道恍恍惚惚其中有物是何物杳杳冥
冥其中有精是何精道得不斬道不得即斬
道正茫然便禮拜懺悔師謂王曰還識此人
否王曰識師曰是誰王曰道正師曰不是其
道若正合對得臣僧此秖是箇無主孤魂因
茲道士更不紛紜

潭州谷山藏禪師僧問法尚應捨何況非法
如何是法尚應捨師曰空裏撒醍醐曰如何
是非法師曰嵩山道士詐明頭問逼迫出來
時如何師曰還曾撥著汝麽

潭州中雲蓋禪師僧問和尚開堂當爲何事
師曰爲汝驢漢曰諸佛出世當爲何事師曰（十九）
爲汝驢漢問祖佛未出世時如何師曰像不
得曰出世後如何師曰闍黎也須側身始得
問如何是向上一句師曰文殊失却口曰如
何是門頭一句師曰頭上插花子問如何是
超百億師曰超人不得肯

河中南際山僧一禪師僧問幸獲親近乞師
指示師曰我若指示即屈著汝曰教學人作
麽生即是師曰切忌是非問如何是衲僧氣
息師曰還曾薰著汝也無問同類即不問如
何是異類師曰要頭斫將去問如何是法身
主師曰不過來問如何是毗盧師師曰不超
越師終於長慶諡本淨大師

廬山棲賢懷祐禪師泉州人也僧問如何是
五老峰前事師曰萬古千秋曰恁麽則成絕
嗣去也師曰躊躇欲與誰問自遠趨風請師
激發師曰他不憑時曰請師憑時師曰我亦
不換問如何是法法無差師曰雪上更加霜
上堂若會此箇事無有下口處問如何是祖
師西來意師曰井底寒蟾天中明月

福州覆船山洪薦禪師僧問如何是本來面
目師便閉目吐舌又開目吐舌曰本來有許
多面目師曰適來見甚麽僧無語問如何是
師子師曰善哮吼僧拊掌曰好手好手師曰
青天白日却被鬼迷僧作掀禪牀勢師便打
曰驢事未去馬事到來師曰灼然作家僧拂

袖便出師曰將甌盛水擬比大洋問如何是玄妙師曰未聞已前道吾問久嚮和尚會禪是否師曰蒼天蒼天吾近前掩師口曰低聲低聲師與一掌吾曰蒼天蒼天師把住曰得恁麼無禮吾却與一掌師曰老僧罪過吾拂袖便行師呵呵大笑曰早知如是不見如是僧參師便作起勢僧便出師曰闍黎且來人事僧回作抽坐具勢師却歸方丈僧曰蒼天蒼天師曰龍頭蛇尾僧近前叉手立師曰敗將投王不存性命問抱璞投師師還接否師以手拍香臺僧禮拜師曰禮拜則不無其中事作麼生僧却拍香臺師曰舌頭不出口師將示寂三日前令侍者喚第一座來師臥出氣一聲座喚侍者曰和尚渴要湯水喫師乃面壁而臥臨終令集衆乃展兩手出舌示之時第三座曰諸人和尚舌根硬也師曰苦哉苦哉誠如第三座所言舌根硬去也言訖而寂謚紹隆大師

鼎州德山存德慧空禪師僧問如何是一句師曰更請問問如何是和尚仙陁婆師曰昨夜三更見月明

吉州崇恩禪師僧問祖意教意是同是別師曰火林雖有月葱嶺不穿雲問如何是類師曰柰何橋畔斷聲切劒樹林中去復來

石霜暉禪師僧問世尊出世先度五俱輪和尚出世先度何人師曰總不度曰爲甚麼不度師曰爲伊不是五俱輪

郢州芭蕉禪師僧問從上宗乘如何舉唱師曰已被人冷眼覷破了問不落諸緣請師直指師曰有問有答問如何是和尚爲人一句師曰秖恐闍黎不問問如何是向去底人師曰董家稚子聲聲哭曰如何是却來底人師曰枯木驪龍露爪牙

潭州肥田慧覺伏禪師僧問如何是未出世邊事師曰瞖中珠未解石女歛雙眉曰出世後如何師曰靈龜呈卦兆失却自家身問此地名甚麼師曰肥田曰宜種甚麼師便打師有偈曰修多好句枉工夫返本還源是大愚祖佛不從修證得縱行玄路也崎嶇

潭州鹿苑暉禪師僧問不假諸緣請師道師敲火爐曰會麼曰不會師曰瞌睡漢問牛頭未見四祖時如何師曰如月在水曰見後如何師曰如水在月問祖祖相傳未審傳箇甚麼師曰汝問我我問汝曰恁麼則緇素不分也師曰甚麼處去來

潭州寶蓋約禪師僧問寶蓋高高挂其中事若何請師言下旨一句不消多師曰寶蓋挂空中有路不曾通儻求言下旨便是有西東

越州雲門山拯迷寺海晏禪師僧問如何是衲衣下事師曰如鹼硬石頭問如何是古寺一爐香師曰歷代無人齅曰齅者如何師曰六根俱不到問久嚮拯迷到來爲甚麼不見拯迷師曰闍黎不識拯迷

湖南文殊禪師僧問僧繇爲甚麼邈誌公眞不得師曰非但僧繇誌公也邈不得曰誌公爲甚麼邈不得師曰彩繪不將來曰和尚還邈得也無師曰我亦邈不得曰和尚爲甚麼邈不得師曰渠不以苟我顏色教我作麼生邈問如何是密室師曰緊不就曰如何是密室中人師曰不坐上色牛

鳳翔府石柱禪師遊方時到洞山時虔和尚垂語曰有四種人一人說過佛祖一步行不得一人行過佛祖一句說不得一人說得行得一人說不得行不得阿那箇是其人師出衆曰一人說過佛祖行不得者秖是無舌不許行一人行過佛祖一句說不得者秖是無足不許說一人說得行得者秖是函蓋相稱一人說不得行不得者如斷命求活此是石女兒披枷帶鎖山曰闍黎分上作麼生師曰該通分上卓卓寧彰山曰秖如海上明公秀又作麼生師曰幻人相逢拊掌呵呵

河中府棲巖山大通院存壽禪師初講經論後於石霜之室忘鑒住後僧問如何是和尚得力處師曰不居無理位豈坐白牛車問蓮華未出水時如何師曰汝莫問出水後蓮華事麼僧無語師平居罕言叩之則應謚眞寂禪師

南嶽玄泰禪師沉靜寡言未嘗衣帛時謂之泰布衲始見德山陞於堂矣後謁石霜遂入室焉掌翰二十年與貫休齊己爲友後居蘭若曰金剛臺誓不立門徒四方後進依附皆用交友之禮嘗以衡山多被山民斬伐燒畬爲害滋甚乃作畬山謠曰畬山兒畬山兒無所知年年斫斷青山嵋就中最好衡嶽色杉松利斧摧貞枝靈禽野鶴無因依白雲回避青煙飛猿猱路絕巖崖出芝术失根茆草肥年年斫罷仍再鉏千秋終是難復初又道今年種不多來年更斫當陽坡國家嶽域尚如此不知此理如之何遠邇傳播達於九重有詔禁止故嶽中蘭若無復延燎師之力也將示滅乃召一僧令備薪蒸留偈曰今年六十五四大將離主其道自玄玄箇中無佛祖不用剃頭不須澡浴一堆猛火千足萬足端坐垂一足而逝闍維收舍利建塔於迎雲亭側

潭州雲蓋禪師僧問佛未出世時如何師曰月中藏玉兔曰出後如何師曰日裏背金烏問不可以情測時如何師曰無舌童兒機智盡風穴叅師問石角穿雲路攜節意若何穴曰紅霞籠玉象擁嶂照川源師曰相隨來也穴曰和尚也須低聲師曰且坐喫茶

邵武軍龍湖普聞禪師唐僖宗太子也幼不茹葷長無經世意僖宗鍾愛之然百計陶寫終不能回中和初僖宗幸蜀師斷髮逸遊人無知者造石霜問曰祖師別傳事肯以相付乎霜曰莫謗祖師師曰天下宗旨盛大豈妄爲之耶霜曰是實事邪師曰師意如何霜曰待案山點頭即向汝道師於言下頓省辭去至邵武城外見山鬱然深秀遂撥草至煙起處有一苦行居焉苦行見師至乃曰上人當興此長揖而去師居十餘年一日有一老人拜謁師問住在何處至此何求老人曰住在此山然非人龍也行雨不職上天有罰當死願垂救護師曰汝得罪上帝我何能致力雖然可易形來俄失老人所在視坐傍有一小蛇延緣入袖至暮雷電震山風雨交作師危坐不傾達旦晴霽垂袖蛇墮地而去有頃老人拜而泣曰自非大士慈悲爲血腥穢此山矣念何以報斯恩即穴巖下爲泉曰此泉爲他日多衆之設今號龍湖邦人聞其事施財施力相與建寺衲子雲趨師闡化三十餘年

臨示寂聲鍾集衆說偈曰我逃世難來出家宗師指示箇歇處住山聚衆三十年尋常不欲輕分付今日分明說似君我斂目時齊聽取安然而逝塔於本山謚圓覺禪師

張拙秀才因禪月大師指參石霜霜問秀才何姓曰姓張名拙霜曰覓巧尚不可得拙自何來公忽有省乃呈偈曰光明寂照徧河沙凡聖含靈共我家一念不生全體現六根纔動被雲遮斷除煩惱重增病趣向眞如亦是邪隨順世緣無罣礙涅槃生死等空花

五燈會元卷第十四

五燈會元卷第十四

校勘記

一　底本，清藏本。

一　四四七頁上一行經名，徑無（未換卷）。

一　四四七頁上三行「青原下四世」，徑無。

一　四四八頁上二行第一六字「長」，徑作「上」。

一　四五一頁下一七行「老僧」，至此，徑卷第五終，卷第六始。

一　四五二頁上一九行「白鍊」，徑作「白練」。末行同。

一　四五七頁上卷末經名，徑無（未換卷）。

# 五燈會元卷第十五　昆八

宋　沙　門　大　川　濟　纂

## 青原下五世

### 夾山會禪師法嗣

澧州洛浦山元安禪師鳳翔麟遊人也丱年出家具戒通經論問道臨濟後爲侍者濟嘗對衆美之曰臨濟門下一隻箭誰敢當鋒師蒙印可自謂已足一日侍立次有座主參濟濟問有一人於三乘十二分教明得有一人不於三乘十二分教明得且道此二人是同是別主曰明得即同明不得即別師曰這裏是甚麼所在說同說別濟顧師曰汝又作麼生師便喝濟送座主回問師汝豈不是適來喝老僧者師曰是濟便打師後辭濟濟問甚麼處去師曰南方去濟以拄杖畫一畫曰過得這箇便去師乃喝濟便打師作禮而去濟明日陞堂曰臨濟門下有箇赤稍鯉魚搖頭擺尾向南方去不知向誰家虀甕裏淹殺師遊歷罷直往夾山卓菴經年不訪夾山山乃修書令僧馳往師接得便坐卻再展手索僧無對師便打曰歸去舉似和尚僧回舉似山山曰這僧若開書三日內必來若不開書斯人救不得也師果三日後至見夾山不禮拜乃當面叉手而立山曰鷄棲鳳巢非其同類出去師曰自遠趨風請師一接山曰目前無闍黎此間無老僧師便喝山曰住住且莫草草忽忽雲月是同谿山各異截斷天下人舌頭即不無闍黎爭教無舌人解語師佇思山便打因茲服膺（興化代云但知作佛莫愁衆生）一日問山佛魔不到處如何體會山曰燭明千里像闇室老僧迷又問朝陽已昇夜月不現時如何山曰龍銜海珠游魚不顧山將示滅垂語曰石頭一枝看看即滅矣師曰不然山曰何也師曰他家自有青山在山曰苟如是即吾宗不墜矣暨夾山順世師抵於涔陽遇故人因話武陵事問曰倏忽數年何處逃難師曰秖在闤闠中曰何不向無人處去師曰無人處有何難曰闤闠中如何逃避師曰雖在闤闠中要且人不識故人罔測又問佛佛相應祖祖相傳彼此不垂曲時如何師曰野老門前不話朝堂之事曰合譚何事師曰未逢別者終不開拳曰有人不從朝堂來相逢還話會否師曰量外之機徒勞目擊師尋之澧陽洛浦山卜築宴處後遷止朗州蘇谿四方玄侶憧憧奔湊上堂末後一句始到牢關鎖斷要津不通凡聖尋常向諸人道任從天下樂欣欣我獨不肯欲知上流之士不將佛祖言教貼在額頭上如龜負圖自取喪身之兆鳳縈金網趍霄漢以何期直須旨外明宗莫向言中取則是以石人機似汝也解唱巴歌汝若似石人雪曲也應和指南一路智者知疏僧問瞥然便見時如何師曰曉星分曙色爭似太陽輝又問恁麼來不立恁麼去不泯時如何師曰鬻薪樵子貴衣錦道人輕問供養百千諸佛不如供養一箇無心道人未審百千諸佛有何過無心道人有何德師曰一片白雲橫谷口幾多歸鳥盡迷巢問日未出時如何師曰水竭滄溟龍尚隱雲騰碧漢鳳猶飛問如何是本來事師曰一粒在荒由不耘苗自秀曰若也不耘莫被草埋卻也無師曰肌骨異

鵓鳩稊稗終難隱問不傷物命者如何師曰眼花山影轉迷者謾彷徨問不譚今古時如何師曰靈龜無卦兆空殼不勞鑽曰爭奈空殼何師曰見盡無機所邪正不可立曰恁麼則無棲泊處也師曰玄象始於未形虛勞煩於飾彩問龍機不吐霧滋益事如何師曰道本無名不存明暗曰不掛明暗底事又作麼生師曰言中易舉意外難提問不生如來家不坐華王座時如何師曰汝道火爐重多少問祖意教意是同是別師曰師子窟中無異獸象王行處絶狐蹤問一時舉來時如何師曰獻璞不知機徒勞招刖足問僧近離甚處曰荆南師曰有一人與麼去還逢麼曰不逢師曰爲甚不逢曰若逢即頭粉碎師曰闍黎三寸甚密雲門於江西見其僧乃問還有此語否曰是門曰洛浦倒退三千里問行不思議處如何師曰青山常舉足白日不移輪問枯盡荒田獨立事如何師曰鷺倚雪巢猶可辨烏投漆立事難分問如何是主中賓師曰逢人常問路足下鎮長迷曰如何是賓主雙

舉師曰枯樹無橫枝鳥來難措足問終日朦朧時如何師曰擲寶混沙中識者天然異曰恁麼則展手不逢師也師曰莫將鶴淚悞作鶯啼問圓伊三點人皆會洛浦家風事若何師曰雷霆一震布鼓聲銷問正當亭午時如何師曰亭午猶虧半烏沈始得圓要會箇中意牛頭尾上安問如何是祖師西來意師曰颯颯當軒竹經霜不自寒僧擬進語師曰秖聞風擊響知是幾千竿上堂孫臏收鋪去也有卜者出來僧曰請和尚卜師曰汝家爺死僧無對（法眼代拊掌三下）問如何是西來意師以拂子擊禪牀曰會麼曰不會師曰天上忽雷驚宇宙井底蝦蟇不舉頭問如何是佛法大意師曰雪覆孤峰峰不白雨滋石筍筍須生問法身無爲不墮諸數是否師曰惜取眉毛好曰如何免得斯咎師曰泥龜任你千年終不解隨雲鶴曰直是孫臏也遭貶剥師曰不穿鼻孔底牛有甚禦處僧便作牛吼師曰這畜生僧便喝師曰掩尾露牙終非好手問萬丈懸崖撒手去如何免得喪於身時如何師曰

須彌繫藕絲曰是何境界師曰刹竿頭上仰蓮心曰恁麼則湛湛澄澄去也師曰須彌頂上再翻身曰恁麼則兢兢切切去也師曰空隨媒鴿走虛喪網羅身曰如何得不隨去師曰罷鵝餅項小擬透望天飛問露不垂叢木時如何師曰有虎鵚須嗥無人鳥不驚問撥亂乾坤底人來師還接否師豎拂子僧曰恁麼則得遇明君去也師曰依稀似曲纔堪聽又被風吹別調中問佛魔不到處如何辨得師曰演若頭非失鏡中認取乖問如何是救離生死師曰執水苟延生不聞天樂妙問四大從何而有師曰湛水無波漚因風激曰漚滅歸水時如何師曰不渾不濁魚龍任躍問如何離得生死去師曰一念忘機太虛無玷問如何是道師曰存機猶滯迹去杌却通途問如何是一大藏教收不得者師曰雨滋三草秀片玉本來輝問一毫吞盡巨海於中更復何言師曰家有白澤之圖必無如是妖怪（保福別云家無白澤之圖亦無如是妖怪）問凝然時如何師曰時雷應節震嶽驚蟄曰千般運動不異箇凝然

時如何師曰靈鶴翥空外鈍鳥不離巢曰如何師曰白首拜少年舉世人難信問諸聖恁麼來將何供養師曰土宿雖持錫不是婆羅門問祖意教意是同是別師曰日月並輪輝誰家別有路曰恁麼則顯晦殊途事非一槩師曰但自不亾羊何須泣岐路問學人擬歸鄉時如何師曰家破人亾子歸何處曰恁麼則不歸去也師曰庭前殘雪日輪消室內游塵遣誰掃乃有偈曰決志歸鄉去乘船渡五湖舉篙星月隱停棹日輪孤解纜離邪岸張帆出正途到來家蕩盡免作屋中愚問動是法王苗寂是法王根根苗即不問如何是法王師舉拂子僧曰此猶是法王苗師曰龍不出洞誰人奈何侍者謂師曰肇法師制得四論甚奇怪師曰肇公甚奇怪要且不見祖師者無對（法燈代云和尚甚麼處是雲居錫云甚麼處是肇公不見祖師處莫是有許多言語麼又云肇公有多少言語）問如何是生機一路師曰敲空有響擊木無聲師兩山開法語播諸方光化元年八月誡主事曰出家之法長物不留播種之時切宜減省締搆之務悉從廢停流光迅速大道玄深苟或因循曷由體悟雖激厲懇切衆以爲常略不相儆至冬示微疾亦不倦參請十二月一日告衆曰吾非明即後也今有一事問汝等若道這箇是即頭上安頭若道不是即斬頭求活第一座對曰青山不舉足日下不挑燈師曰是甚麼時節作這箇語話時有彥從上座對曰離此二途請和尚不問師曰未在更道曰彥從道不盡師曰我不管汝盡不盡曰彥從無侍者祇對和尚師便休至夜令侍者喚從問曰闍黎今日祇對甚有道理汝合體得先師意先師道目前無法意在目前不是目前法非耳目之所到且道那句是賓那句是主若擇得出分付鉢袋子曰彥從不會師曰汝合會曰彥從實不會師喝出乃曰苦苦（玄覺云且道從上座實不會是怕見鉢袋子拈着伊）二日午時別僧舉前話問師師曰慈舟不棹清波上劒峽徒勞放木鵝便告寂

撫州逍遥山懷忠禪師僧問不似之句還有人道得否師曰或即五日齋前或即五日齋後問劒鏡明利毫毛何惑師曰不空罥索問洪鑪猛燄烹鍛何物師曰烹佛烹祖曰佛祖作麼生烹師曰業在其中曰喚作甚麼業師曰佛力不如問四十九年不說一句如何是不說底句師曰隻履西行道人不顧曰莫便是和尚消停處也無師曰馬是官馬不用印問如何是一老一不老師曰三從六義曰如何是奇特一句師曰坐佛牀斫佛朴問祖與佛阿那箇最親師曰眞金不肯博誰肯換泥丸曰恁麼則不肯去也師曰汝貴我賤問懸劒萬年松時如何師曰非言可及曰當爲何事師曰爲汝道話曰言外事如何明得師曰日久年多筋骨成問不敵魔軍如何證道師曰海水不勞杓子舀問不住有雲山常居無底船時如何師曰果熟自然香曰更請師道師曰門前眞佛子曰學人爲甚麼不見師曰處處王老師

袁州蟠龍山可文禪師僧問亾僧遷化向甚麼處去也師曰石牛沿古路日裏夜明燈問如何是佛師曰癡兒捨父逃

撫州黄山月輪禪師福唐許氏子初謁三峯

機緣靡契尋聞夾山盛化乃往叩之山問名甚麼師曰月輪山作一圓相曰何似這箇師曰和尚恁麼語話諸方大有人不肯在山曰闍黎作麼生師曰還見月輪麼山曰闍黎恁麼道此間大有人不肯諸方師乃服膺參訊[見八]一日夾山抗聲問曰子是甚麼處人師曰閩中人山曰還識老僧麼師曰和尚還識學人麼山曰不然子且還老僧草鞋錢然後老僧還子廬陵米價師曰恁麼則不識和尚也未委廬陵米作麼價山曰眞師子兒善能哮吼[八]乃入室受印依附七年衆請住黃山上堂祖師西來特唱此事自是諸人不薦向外馳求投赤水以尋珠就荊山而覓玉所以道從門入者不是家珍認影迷頭豈非大錯僧問如何是祖師西來意師曰梁殿不施功魏邦絕心迹問如何是道師曰石牛頻吐三春霧木馬嘶聲滿道途問如何得見本來面目師曰不勞懸石鏡天曉自鷄鳴問宗乘一句請師商量師曰黃峰獨脫物外秀年來月往冷颼颼問不辨中言如何指撥師曰劒去遠矣爾方刻舟問如何是衲衣下事師曰石牛水上卧東西得自由問如何是目前意師曰秋風有韻片月無方問如何是學人用心處師曰覺戶不掩對月莫迷問如何是青霄路師曰鶴棲雲外樹不倦苦風霜問過去事如何師曰龍吟清潭波瀾自肅[見八]師於同光三年示寂[九]塔於院之西北隅

洛京韶山寰普禪師有僧到參禮拜起立師曰大才藏拙戶僧過一邊立師曰喪却棟梁材問如何是韶山境師曰古今猿鳥吟翠色薄煙籠曰如何是境中人師曰退後看僧參師問莫是多口白頭因麼因曰不敢師曰有多少口曰通身是師曰尋常向甚麼處屙曰向韶山口裏屙師曰有韶山口即得無韶山口向甚麼處屙因無語師便打遵布衲訪師在山下相見遵問韶山路向甚麼處去師以手指曰嗚那青青黯黯處去遵近前把住曰久嚮韶山莫便是否師曰是即是闍黎有甚麼事遵曰擬伸一問師還答否師曰看君不是金牙作爭解彎弓射尉遲遵曰鳳凰直入煙霄去誰怕林間野雀兒師曰當軒畫鼓從君擊試展家風似老僧遵曰一句迥超千聖外松蘿不與月輪齊師曰饒君直出威音外猶較韶山半月程遵曰過在甚處師曰倜儻之辭時人知有遵曰恁麼則眞玉泥中異不撥萬機塵師曰魯班門下徒施巧妙遵曰學人即恁麼未審師意如何師曰玉女夜抛梭織錦於西舍遵曰莫便是和尚家風也無師曰耕夫製玉漏不是行家作遵曰此猶是文言如何是和尚家風師曰橫身當宇宙誰是出頭人遵無語師遂同歸山纔人事了師召近前曰闍黎有衝天之氣老僧有入地之謀闍黎橫吞巨海老僧背負須彌闍黎按劒上來老僧挃鎗相待向上一路速道速道遵曰明鏡當臺請師一鑒師曰不鑒遵曰爲甚不鑒[見八]師曰水淺無魚徒勞下釣遵無對師便打[十]僧問如何是一如相師曰鷺飛霄漢白山遠色深青問是非不到處還有句也無師曰有曰是甚麼句師曰一片白雲不露醜終後謚無畏禪師

洪州上藍令超禪師初住瑞州上藍山唱夾山之道學侶俱會後於洪井創禪苑還以上藍爲名化道益甚僧問如何是上藍本分事師曰不從千聖借豈向萬機求曰秖如不借不求時如何師曰不可拈放汝手裏得麼問鋒前如何辨的師曰鋒前不露影莫向舌頭尋問如何是無舌人唱歌師曰韻震青霄宮商不犯問二龍爭珠誰是得者師曰其珠徧地目覩如泥問善財見文殊後爲甚却往南方師曰學憑入室知乃通方曰爲甚麼彌勒却遣見文殊師曰道廣無涯逢人不盡至唐大順正月初告衆曰吾本約住此十年今化事既畢當即行矣齋畢聲鐘端坐長往謚元眞禪師

鄆州四禪禪師僧問古人有請不背今請和尚入井還去也無師曰深深無別源飲者消諸患問如何是和尚家風師曰會得底人意須知月色寒問諸佛未出世時如何師曰王宮絕消息曰出世後如何師曰榮枯各不同

太原海湖禪師因有人請灌頂三藏供養敷座訖師乃就彼位坐時有雲渋座主問曰和尚甚麼年行道師曰座主近前來渋近前師曰秖如憍陳如是甚麼年行道渋茫然師喝曰這尿牀鬼問和尚院內人何太少定水院人何太多師曰草深多野鹿巖高獮豸稀問如何是無問而自答師曰松韻琴聲響

嘉州白水禪師僧問如何是西來意師曰四溟無窟宅一滴潤乾坤問曹溪一路合譚何事師曰澗松千載鶴來聚月中香桂鳳凰歸問如何是此經師曰拋梭石女遼空響海底泥牛夜吽頻

鳳翔府天蓋山幽禪師僧問如何是天蓋水師曰四海滂沲不犯消滴問學人擬看經時如何師曰既是大商何求小利問對境不動時如何師曰邊方雖有令不是太平年

清平遵禪師法嗣

蘄州三角山令珪禪師初參清平平問來作麼師曰來禮拜平曰禮拜阿誰師曰特來禮拜和尚平咄曰這鈍根阿師師乃禮拜平以手斫師頸一下從此領旨住後僧問如何是佛師曰明日來向汝道如今道不得

投子同禪師法嗣

投子感溫禪師僧問師登寶座接示何人師曰如月赴千溪曰恁麼則滿地不虧也師曰莫恁麼道問父不投爲甚麼却投子師曰豈是別人屋裡事曰父與子還屬功也無師曰不屬曰不屬功底如何師曰父子各自脫曰爲甚麼如此師曰汝與我會師遊山見蟬蛻侍者問曰殼在這裏蟬向甚麼處去也師拈殼就耳畔摇三五下作蟬聲侍者於是開悟

福州牛頭微禪師上堂三世諸佛用一點伎倆不得天下老師口似匾擔諸人作麼生大不容易除非知有餘莫能知僧問如何是和尚家風師曰山畬脫粟飯野菜澹黃虀曰忽遇上客來又作麼生師曰喫即從君喫不喫任東西問不問驪龍頷下珠如何識得家中寶師曰忙中爭得作閑人

西川青城香山澄照禪師僧問諸佛有難向火焰裏藏身未審衲僧有難向甚麼處藏身師曰水精甕裏著波斯問如何是初生月師

曰大半人不見
陝府天福禪師僧問如何是佛法大意師曰
黃河無滴水華嶽總平沈
興元府中梁山遵古禪師僧問空劫無人能
問法即今有問法何安師曰大悲菩薩甕裏
坐問如何是祖師西來意師曰道士擔漏巵
襄州谷隱禪師僧問如何是不觸白雲機師
曰鶴帶鵶顏浮生不棄
安州九嵕山禪師僧問遠聞九嵕及乎到來
秖見一嵕師曰闍黎秖見一嵕不見九嵕曰
如何是九嵕師曰水急浪花麤
幽州盤山禪師第二世僧問如何出得三界師曰
在裏頭來多火時邪曰如何出得師曰青山
不礙白雲飛問承教有言如化人煩惱如石
女兒此理如何師曰闍黎直如石女兒去
九嵕敬慧禪師僧問解脫深坑如何過得師
曰不求過曰如何過得師曰求過亦非
東京觀音院巖俊禪師者邢臺廉氏子初參
祖席徧歷衡廬岷蜀嘗經鳳林深谷欻覩珍
寶發現同侶相顧意將取之師曰古人鉏園
觸黃金若瓦礫符吾菅覆頂須此供四方僧
言訖捨去謁投子子問昨夜宿何處師曰不
動道場子曰既言不動曷由至此師曰至此
豈是動邪子曰元來宿不著處投子默許之
尋住觀音衆常數百周高祖世宗二帝潛隱
時每登方丈必施禮及即位特賜紫衣署淨
戒大師示寂垂誡門人訖怡顏合掌而逝
濠州思明禪師在衆時僧問如何是上座沙
彌童行師曰諾問如何是清淨法身師曰屎
裏蛆兒頭出頭沒
鳳翔府招福禪師僧問東牙烏牙皆出隊和
尚爲甚麼不出隊師曰住持各不同闍黎爭
得怪

青原下六世

大光誨禪師法嗣

潭州谷山有緣禪師僧問玲𤥎之子如何得
歸向師曰會人路不通曰恁麼則無奉重處
也師曰我道你鉢盂落地拈不起問一撥便
轉時如何師曰野馬走時鞭轡斷石人撫掌
笑呵呵
潭州龍興禪師僧問一撥便轉時如何師曰
根不利問得坐披衣時如何師曰不端嚴曰
爲甚麼不端嚴師曰不從修證得問如何是
道中人師曰終日攢眉問文不加點時如
何師曰無目童兒不出戶問賓主未分時如
何師曰雙陸盤中不喝彩曰分後如何師曰
骰子未曾拋
潭州伏龍山禪師第一世僧問攪長河爲酥酪
變大地作黃金時如何師曰臂長衫袖短問
隨緣認得時如何師曰雪內牡丹花問如何
是祖師西來意師曰你得恁麼不識痛痒
京兆白雲善藏禪師僧問如何是和尚深深
處師曰矮子渡深谿問赤腳時如何師曰何
不脫却問如何是法法不生師曰萬類千差
曰如何是法法不滅師曰縱橫滿目
伏龍山禪師第二世僧問隨緣認得時如何師
曰汝道興國門樓高多少問子不諱父德時
如何師曰闍黎且低聲
陝府龍峻山禪師僧問如何是不知善惡底
人師曰千聖近不得曰此人還知有向上事

也無師曰不知曰爲甚麼不知師曰不識善
惡説甚麼向上事曰畢竟如何師曰不見道
犴狢問如何是佛向上人師曰不帶容問凡
有展拓盡落今時不展拓時如何師曰不展
不展曰畢竟如何師曰不拓不拓
伏龍山和尚第三世 僧問行盡千山路玄機事
若何師曰鳥道不曾棲問既是師爲甚却無
位次師曰古今排不出三際豈能安曰恁麼
則某甲隨手去也師曰春風吹栁絮往復幾
時休問如何是真際師曰曠劫無異不存階
級

九峯虔禪師法嗣

新羅國清院禪師僧問奔馬爭毬誰是得者
師曰誰是不得者曰恁麼則不在爭也師曰
直得不爭亦有過在曰如何免得此過師曰
要且不曾失曰不失處如何鍛鍊師曰兩手
捧不起
洪州泐潭神黨禪師僧問四威儀中如何辨
主師曰正遇寶峯不脱鞋問如何是佛法大
意師曰虛空駕鐵船岳頂浪滔天

袁州南源行修慧觀禪師亦曰光睦 僧問如何是
南源境師曰幾處峰巒猿鳥叫一帶平川遊
子迷問如何是南源深深處師曰衆人皆見
曰恁麼則淺也師曰也是兩頭搖問有口談
不得無心未見伊時如何師曰古洞有龍吟
昆八　十六
不出巖前木馬嘶無形
泐潭明禪師一日下到客位衆請師歸方丈
師曰道得即去時牟和尚對曰大衆請師乃
上法堂僧問非思量處識情難測時如何師
曰我不欲違古人曰不違古人意作麼生師
曰也合消得汝三拜僧問碓擣磨磨不得忘
却此意如何師曰虎口裏活雀兒問定慧不
生時如何師曰鐵牛草上卧昏昏不舉頭問
如何是道者師曰毛毶毶地曰如何是道者
家風師曰佛殿前逢尊者問如何是和尚終
日事師曰鉢盂裏無折筯曰如何是沙門日
用事師曰轟轟不借萬人機
吉州禾山禪師僧問如何是祖師西來意師
曰杉樹子問文殊以何爲師師曰風筆有韻
眞堪聽聽得由來曲不成

泐潭延茂禪師僧問如何是古佛心師曰終
不道土木瓦礫是問日落西山去林中事若
何師曰庭前花盛發室内不知春問如何是
閉門造車師曰失却斑猫兒曰如何是出門
合轍師曰坐地到長安問如何是和尚正主
昆八　十七
師曰畫鼓連槌響耳畔不聞聲
洪州鳳棲同安院常察禪師僧問如何是鳳
棲家風師曰鳳棲無家風曰既是鳳棲爲甚
麼無家風師曰不迎賓不待客曰恁麼則四
海叅尋當爲何事師曰盤飣自有旁人施問
如何是鳳棲境師曰千峰連岳秀萬嶂不知
春曰如何是境中人師曰孤巖倚石坐不下
白雲心問祖意教意是同是別師曰鐵狗吠
石牛幻人看月色問如何是披毛戴角底人
師曰簑衣箬笠賣黄金幾箇相逢不解喚問
學人未曉時機乞師指示師曰參差松竹煙
籠薄重疊峰巒月上遲僧擬進語師曰劒甲
未施賊身已露僧曰何也師曰精陽不剪霜
前竹水墨徒誇海上龍僧遶禪牀而出師曰
閉目食蝸牛一場酸澀苦問返本還源時如

何師曰蟭螟雖脫殼不免抱寒枝問如何是猛利底人師曰石牛步步吼深潭紙馬聲鏊火中吽新到持錫遶師三匝振錫一下曰凡聖不到處請師道師鳴指三下僧曰同安今日嚇得忘前失後師曰闍黎發足何處僧珍重便出師曰五湖衲子一錫禪人未到同安不妨疑著僧回首曰遠聞不如近見師曰貪他一杯酒失却滿船魚問如何是大没慚愧底人師曰老僧見作這業次問如何是祖師西來意師曰犀因翫月紋生角象被雷驚花入牙問如何是向去底人師曰寒蟬抱枯木泣盡不回頭曰如何是却來底人師曰火裏蘆花秀逢春恰似秋曰如何是不來不去底人師曰石羊遇石虎相看早晚休座主問三乘十二分教某甲粗知未審和〔十八〕尚說何法示人師曰我說一乘法曰如何是一乘法師曰幾般雲色出峯頂一樣泉聲落檻前曰不問這箇如何是一乘法師曰你不妨靈利翫月次謂僧曰奇哉奇哉星明月朗足可觀瞻豈異道乎僧曰如何是道師曰汝試道奉曰彼自無瘡勿傷之也師曰負笈攻文不閑弓矢問僧近離何處曰江西師曰江西法道何似此間曰頼遇問著某甲若問別人則禍生也師曰老僧適來造次曰某甲不是嬰兒徒用止啼黃葉師曰傷鷩恕龜殺活由我問僧甚處來曰五臺師曰還見文殊麼僧展兩手師曰展手頗多文殊誰覩曰氣急殺人師曰不覩雲中鴈焉知沙塞寒問遠趨丈室乞師一言師曰孫臏門下徒話鑽龜曰名不浪得師曰吃茶去僧便珍重師曰雖得一場榮刖却一雙足師看經次有僧來問訊師曰古佛今佛皆無別理曰和尚如何師打一掌僧曰如是如是師曰這風顛漢曰今古皆然師曰擬欲降龍却逢死虎曰同安甚生光彩師曰守株停船非汝而誰曰和尚聾師曰胡〔十九〕羊徃楚抱屈而歸師問僧眼界無光如何得見曰北斗東轉南斗西移師曰夫子入太廟曰與麼則同安門下道絕人荒去也師曰橫抱嬰孩擬彰皇簡師聞鵲聲謂衆曰喜鵲鳴寒檜心印是渠傳僧出問曰何別師曰衆中有人在曰同安門下道絕人荒師曰胡人飲乳返怪良醫曰休休師曰田老鶴入枯池不見魚蹤跡

洪州泐潭匡悟禪師僧問如何是直截一路師曰恰好消息曰還通向上事也無師曰魚從下過問幽關未度信息不通時如何師曰客路如天遠侯門似海深問香煙馥郁大張法筵從上宗乘如何舉唱師曰莫錯舉似人曰恁麼則總應如是師曰還是没交涉問六葉芬芳師傳何葉師曰六葉不相續花開果不成曰豈無今日事師曰若是今日即有曰今日事如何師曰葉葉連枝秀花開處處芳

吉州禾山無殷禪師福州吳氏子七歲從雪峯出家依年受具謁九峯峯問汝遠遠而來暉暉隨衆見何境界而可修行由何徑路而能出離師曰重昏廓闢盲者自盲峯乃許入室後住禾山學徒濟濟諸方降歎江南李氏召而問曰和尚何處來師曰禾山來曰山在甚麼處師曰人來朝鳳闕山嶽不曾移國主重之命居楊州祥光院復乞入山以翠巖而棲止焉時上藍亦虛其室命師來往闡化號

澄源禪師僧問學人乍入叢林乞師指示師曰於汝不惜問仰山揷鍬意旨如何師曰汝問我曰玄沙踏倒鍬又作麽生師曰我問汝曰未辯其宗如何體悉師曰頭大尾尖問咫尺之間爲甚麽不覩師顏師曰且與闍黎道一半曰爲甚麽不全道師曰盡法無民曰不怕無民請師盡法師曰推倒禾山也問習學謂之聞絕學謂之隣過此二者謂之眞過如何是眞過師曰禾山解打鼓曰如何是眞諦師曰禾山解打鼓問即心即佛則不問如何是非心非佛師曰禾山解打鼓曰如何是向上事師曰禾山解打鼓問萬法齊興時如何師曰禾山解打鼓問如何是古佛心師曰世界崩陷曰爲甚如此師曰寧無我身問尊者撥眉擊目視育王時如何師曰即今也恁麽曰學人如何領會師曰莫非摩利支山問摩尼寶殿有四角一角常露如何是露底角師舉手曰汝打我復曰汝還會麽曰不會師曰汝爭解打得我問如何是西來意師曰撲破著問已在紅爐請師烹鍊師曰槌下成器曰恁麽則烹鍊去也師曰池州和尚問四壁打禾中間刻草和尚赴阿那頭師曰甚麽處不赴曰恁麽則同於衆去也師曰小師弟子建隆元年二月示微疾三月二日辭衆乃曰後來學者未識禾山即今識取珍重言訖而寂謚法性禪師

洪州泐潭牟禪師僧問如何是學人著力處師曰正是著力處上堂僧問百丈捲席意旨如何師曰珍重便下座

涌泉欣禪師法嗣

台州六通院紹禪師一日涌泉問甚麽處去來師曰燒畬來泉曰火後事作麽生師曰鐵蛇鑽不入住後僧問不出咽喉脣吻事如何師曰待汝一钁斸斷巾子山我亦不向汝道問南山有一毒蛇如何近得師曰非但闍黎千聖亦近不得人問承聞南方有一劒話如何是一劒師曰不當鋒曰頭落又作麽生師曰我道不當鋒有甚麽頭其人禮謝而去問父母未生時那人何處立師曰卦兆未興孫臏失算問如何是大千頂師曰不與衆峰齊師休夏入天台山華頂峯晦迹莫知所終

雲蓋元禪師法嗣

潭州雲蓋山志罕禪師僧問如何是須彌頂上浪滔天師曰文殊正作鬧曰如何是正位中事師曰不向機前展大悲問如何是那邊人師曰鋒前不露影句後覓無蹤

新羅國卧龍禪師僧問如何是大人相師曰紫羅帳裏不垂手曰爲甚麽不垂手師曰不尊貴問十二時中如何用心師曰猢猻喫毛蟲問如何是潭中意師曰絲綸垂不到磻溪謾放鈎曰如何是潭外事師曰日裏金烏叫蟾中玉兎驚

彭州天台燈禪師僧問古佛向甚麽處去也師曰中央甲第高歲歲出靈苗問古鏡未磨時如何師曰不施功曰磨後如何師曰不照燭問如何是佛師曰紅蓮座上不覩天冠

谷山藏禪師法嗣

新羅國瑞巖禪師僧問黑白兩亡開佛眼時如何師曰恐你守內問如何是誕生王子師曰深宮引不出曰如何是朝生王子師曰宮

中不列位曰如何是末生王子師曰處處無標的不展萬人機

新羅國百巖禪師僧問如何是禪師曰古塚不爲家曰如何是道師曰徒勞車馬迹曰如何是教師曰貝葉收不盡

新羅國大嶺禪師僧問古人道秖到潼關便卽休會了便休未會便休師曰秖爲迷迯中活計曰離却迷迯還得其中活計也無師曰體卽得當卽不得曰旣是體得爲甚麼當不得師曰體是甚麼人分上事曰其中事如何師曰不作尊貴問如何是一切處清淨師曰截瓊枝寸寸是寶析栴檀片片皆香問如何是用中無礙師曰一片白雲繚亂飛

中雲蓋禪師法嗣

潭州雲蓋山證覺景禪師（見八）僧問國土晏清功（二三）歸何處師曰銀臺門下不展賀曰轉功無位時如何師曰王家事宛然曰如何是閫外底事師曰畫鼓聲終後將軍不點頭

吉州禾山師陰禪師僧問王子未來登誰人當治化師曰閫外不行邊塞令將軍自致太平年曰恁麼則治化之功猶不當師曰亦有當曰如何是當師曰十方國土盡屬於王問久久尋源爲甚麼不見師曰爲步數太多曰恁麼則不覓去也師曰還同避溺而投火問如何是佛師曰承當者不是好手

幽州柘溪從實禪師僧問如何是道師曰箇中無紫皂曰如何是禪師曰不與白雲連師問僧作甚麼來曰親近來師曰任你白雲朝嶽頂爭奈青山不展眉

五燈會元卷第十五

五燈會元卷第十五

校勘記

一　底本，清藏本。

一　四五八頁上一行經名，[徑]無（未換卷）。

一　四五八頁上三行「青原下五世」，[徑]無。

一　四六二頁上三行「益甚」，[徑]作「益盛」。

一　四六三頁中一行第七字「符」，[徑]作「待」。

一　四六五頁上二〇行第一五字「奉」，[徑]作「看」。

一　四六五頁下二行第七字「田」，[徑]作「曰」。

一　四六五頁下一四行「暉暉」下，[徑]有音註「音衮」。

一　四六七頁中卷末經名，[徑]無（未換卷）。

五燈會元卷第十六　昆九

宋　沙　門　大　川　濟　纂

青原下六世

洛浦安禪師法嗣

蘄州烏牙山彥賓禪師僧問未作人身已前作甚麼來師曰三腳石牛坡上走一枝瑞草目前分問疋馬單鎗直入時如何師曰饒你雄信解拈鎗猶較秦王百步在問久戰沙場爲甚麼功名不就師曰雙鵰隨箭落李廣不當名問百步穿楊中的者誰師曰將軍不上便橋金牙徒勞拈筈問蟭螏飲雲根時如何師曰金輪天子下閻浮鐵縷頭上金花異曰正當恁麼時如何師曰當今不坐靈明殿畫鼓休停八佾音

鳳翔府青峰傳楚禪師涇州人也一日洛浦問曰阬主去甚麼處來師曰掃雪來浦曰雪深多少師曰樹上總是浦曰得即得汝向後住箇靈窟定矣後訪白水水曰見說洛浦有生機一路是否師曰是水曰止却生路向熟路上來師曰生路上死人無數熟路上不著活漢水曰此是洛浦底你底作麼生師曰非但洛浦夾山亦不柰何水曰夾山爲甚麼不柰何師曰不見道生機一路住後僧問佛魔未現向甚麼處應師曰諸上座聽衹對問大事已明爲甚麼也如喪考妣師曰不得春風花不開及至花開又吹落問如何是一色師曰全無一滴水浪激似銀山問如何是臨機一句師曰便道將來曰請和尚道師曰穿過髑髏不知痛痒問如何是明了底人一句師曰駿馬寸步不移鈍鳥昇騰出路

京兆府永安院善靜禪師郡之王氏子母夢金像覺而有娠師幼習儒學博通群言年二十七忽厭浮幻潛詣終南山禮廣度禪師披削唐天復中南謁洛浦浦器之容其入室乃典園務力營衆事一日有僧辭浦浦曰四面是山闍黎向甚麼處去僧無對浦曰限汝十日下語得中即從汝去其僧經行冥搜偶入園中師問曰上座既是辭去今何在此僧具陳所以堅請代語師曰竹密豈妨流水過山高那阻野雲飛其僧喜踊師囑之曰不得道是某甲語僧遂白浦曰誰語曰某甲語浦曰非汝語僧具言園頭見敎浦至晚上堂謂衆曰莫輕園頭他日座下有五百人在後住永安衆餘五百果符洛浦之記僧問知有道不得時如何師曰知有箇甚麼曰不可無去也師曰恁麼則合道得曰道即不無爭柰語偏師曰水凍魚難躍山寒花發遲問如何是和尚家風師曰木馬背斜陽入草無蹤跡問如何是一色師曰易分雪裏粉難辯墨中煤問如何是衲衣向上事師曰龍魚不出海水月不吞光問不可以智知不可以識識時如何師曰鶴鷺並頭踏雪睡月明驚起兩遲疑問牛頭未見四祖時如何師曰異境靈松覩者皆羨曰見後如何師曰葉落已枝摧風來不得韻問如何得生如來家師曰披衣望曉論劫不明曰明後如何師曰一句不可得曰如何是不坐如來座師曰抱頭石女歸來晚衹園會裡沒蹤由師往遊雙道避昭宗蒙塵之亂以漢開運丙午冬鳴揵椎集僧囑累入方丈東向右脇而化諡淨悟禪師

鄧州中度禪師僧問海內不逢師如何是寰中主師曰金鷄常報曉時人自不聞問如何是暗中明鏡師曰昧不得曰未審照何物師曰甚麽物不照問如何是實際理地不受一塵佛事門中不捨一法師曰眞常塵不染海納百川流曰請和尚離聲色外荅師曰木人常對語有性不能言

嘉州洞谿戒定禪師初問洛浦月樹無枝長覆蔭請師直指妙玄微浦曰森羅秀處事不相依渌水千波孤峯自異師於是領旨住後僧問蛇師爲甚麽被蛇呑師曰幾度扣門招不出將身直入裏頭看有官人問既是清淨伽藍爲甚打魚鼓師曰直須打出青霄外免見龍門點額人

京兆府臥龍禪師僧問杲日符天際珠光照舊都浦津通法海今日意如何師曰寶劒揮時豈該明暗

逍遥忠禪師法嗣

泉州福清院師巍通玄禪師僧問枝分夾嶺的紹逍遥寶座既登法雷請震師曰逍遥迴物外物外霞不生問如何是西來的的意師曰立雪未爲勞斷臂方爲的曰恁麽則一華開五葉芬芳直至今師曰因圓三界外果滿十方知

京兆府白雲無休禪師僧問路逢猛虎如何降伏師曰歸依佛法僧問如何[四]是白雲境師曰月夜樓邊海客愁

蟠龍文禪師法嗣

廬山永安淨悟禪師僧問如何是出家底事師曰萬丈懸崖撒手去曰如何是不出家底事師曰迴殊雪嶺安巢節有異許由挂一瓢問六門不通如何達信師曰闍黎外邊與誰相識問脱籠頭卸角駄來時如何師曰換骨洗腸投紫塞厲門切忌更銜蘆問從上諸聖將何示人師曰有異祖龍行化節迴超樓鳳越揚塵問如何是解作客底人師曰寶御珍裝猶尚棄誰能歷劫傍他門問如何是西來意師曰海底泥牛吼雲中木馬嘶問衆手淘金誰是得者師曰黄帝不曾遊赤水神珠罔象也虚然問雪覆蘆華時如何師曰雖則冱凝呈瑞色太陽暉後却迷人

袁州木平山善道禪師初謁洛浦問一漚未發已前如何辨其水脉浦曰移舟諳水脉舉棹别波瀾師不契乃參蟠龍語同前問龍曰移舟不别水舉棹即迷源師從此悟入僧問如何是西來意師曰石羊頭子[五]向東看問如何是正法眼師曰拄杖孔問如何是不動尊師曰浪浪蕩蕩問如何是木平一句師曰畐塞虚空曰畐塞虚空即不問如何是一句師便打凡有新到未許參禮先令運土三擔而示偈曰南山路側東山低新到莫辭三轉泥嗟汝在途經日久明明不曉却成迷師肉髻螺紋金陵李氏嚮其道譽迎請供養待以師禮嘗問如何是木平師曰不勞斤斧曰爲甚麽不勞斤斧師曰木平法眼禪師有偈贈曰木平山裏人貌古言復少相看陌路同論心秋月皎壞衲線非蠶助歌聲有鳥城闕今日來一漚曾已曉滅後門人建塔謚真寂禪師

崇福志禪師僧問供養百千諸佛不如供養一無心道人未審諸佛有何過無心道人有

何德師曰雪深宜近火身煖覺春遲問貧子獻珠時如何師曰甚麽處得來問如何是道師曰回車有分

陜府龍溪禪師上堂僧問如何是無縫塔師曰百寶莊嚴今已了四門開豁幾多時師乃曰直饒說似箇無縫塔也不免老僧下箇橛作麽生免得去衆無對師曰下去

黄山輪禪師法嗣

郢州桐(或作潼)泉山禪師參黄山山問天門一合十方無路有人道得擺手出漳江師曰盭戸不開龍無龍句山曰是你恁麽道師曰是即直言是不是直言不是山曰擺手出漳江山復問卞和到處荊山秀玉印從他天子傳時如何師曰靈鶴不於林下憩野老不重太平年山深肯之住後僧問如何是相傳底事
昆九 六
師曰龍吐長生水魚吞無盡漚曰請師挑剔師曰擂鼓轉船頭棹穿波裏月

韶山普禪師法嗣

潭州文殊禪師僧問如何是祝融峰前事師曰巖前瑞草生問仁王登位萬姓霑恩和尚出世有何祥瑞師曰萬里長沙駕鐵船問如何是本爾莊嚴師曰菊花原上景行人去路長

耀州密行禪師僧問密室之言請師垂示師曰南方水潤北地風多曰不會乞師再指師曰烏棲林麓易人出是非難

濠州明禪師法嗣

襄州鷲嶺善本禪師浴次僧問和尚是離垢人爲甚麽却浴師曰定水湛然滿浴此無垢人問祖意教意是同是別師曰鷲嶺峯上青草參天鹿野苑中狐兎交横

青原下七世

潭州霞禪師法嗣

澧州藥山禪師上堂夫學般若菩薩不懼得失有事近前時有僧問藥山祖裔請師舉唱
昆九 七
師曰萬機挑不出曰爲甚麽萬機挑不出師曰他緣岸谷問如何是藥山家風師曰葉落不如初問法雷哮吼時如何師曰宇宙不曾震曰爲甚麽不曾震師曰徧地娑婆未嘗哮吼曰不哮吼底事如何師曰闔國無人知

雲蓋景禪師法嗣

衡嶽南臺寺藏禪師僧問遠遠投師請師一接師曰不隔戸問如何是南臺境師曰松韻拂時石不點孤峯山下壘難齊曰如何是境中人師曰巖前栽野葉接待往來賓曰恁麽則謝師供養師曰怎生滋味問如何是法堂師曰無壁落問不顧諸緣時如何師良久

潭州雲蓋山證覺禪師僧問如何是和尚家風師曰四海不曾通問如何是一塵含法界師曰通身體不圓曰如何是九世刹那分師曰繁興不布彩問如何是宗門中的的意師曰萬里胡僧不入波瀾

烏牙賓禪師法嗣

安州大安山興古禪師僧問亾僧遷化向甚麽處去也師曰昨夜三更拜南郊問維摩黙然意旨如何師曰黯黒石牛兒超然不出戸問如何是邪邊事師曰黒漆牧童不展手銀籠鶴畔野雲飛

蘄州烏牙山行朗禪師僧問未作人身已前作甚麽來師曰海上石牛歌三拍一條紅線

掌間分問迦葉上行衣何人合得披師曰天然無相子不挂出塵衣

青峯楚禪師法嗣

西川靈龕禪師僧問如何是諸佛出身處師曰出處非干佛春來草自青問碌碌地時如何師曰試進一步看

京兆府紫閣山端己禪師僧問四相俱盡立甚麽爲眞師曰你甚麽處去來問渭水正東流時如何師曰從來無間斷

房州開山懷晝禪師僧問作何行業卽得不違於千聖師曰妙行無倫匹情玄體自殊問有耳不臨清水洗無心誰爲白雲幽時如何師曰無木挂千金曰挂後如何師曰杳杳人難辨問如何是塵中師師曰荆棘林中隨處到栴檀林裡任縱横問如何是祖師西來意師曰月隱澄潭金輝正午

幽州傳法禪師僧問教意祖意是同是别師曰華開金線秀古洞白雲深問别人爲甚麽徒弟多師爲甚麽無徒弟師曰海島龍多隱茅茨鳳不棲

益州淨衆寺歸信禪師僧問蓮華未出水時如何師曰菡萏滿池流曰出水後如何師曰葉落不知秋問不假浮囊便登巨海時如何師曰紅鬃飛超三界外緑毛也解道煎茶問如何是自在底人師曰紉樹霜林去便行曰如何是不自在底人師曰釋迦在闍黎後

青峯山清勉禪師僧問久醖蒲萄酒今日爲誰開師曰飲者方知問如何是祖師西來意師曰耨池無一滴四海自滔滔

宋世玉音

宋太宗皇帝一日幸相國寺見僧看經問曰是甚麽經僧曰仁王經帝曰既是寡人經因甚却在卿手裏僧無對（雪竇代云皇天無親唯德是輔）幸開寶塔問僧卿是甚人對曰塔主帝曰朕之塔爲甚麽卿作主僧無對（雪竇代曰合國咸知）一日因僧朝見帝問甚處來對曰廬山卧雲庵帝曰朕聞卧雲深處不朝天爲甚到此僧無對（雪竇代云難逢至化）僧入對次奏曰陛下還記得麽帝曰甚處相見來奏曰靈山一别直至如今帝曰卿以何爲驗僧無對（雪竇代曰貧道得得而來）京寺回禄藏經悉爲煨燼僧欲乞宣賜召問昔日摩騰不燒如今爲甚却燒僧無對（雪竇代云陛下不忘付囑）帝嘗夢神人報曰請陛下發菩提心因早朝宣問左右街菩提心作麽生發街無對（雪竇代云實謂今古罕聞）智寂大師進三界圖帝問朕在那一界中寂無對（保寧勇代曰陛下何處不稱尊）一日朝罷帝擎鉢問丞相王隨曰既是大庾嶺頭提不起爲甚麽却在朕手裏隨無對

徽宗皇帝政和三年嘉州巡捕官奏本部路傍有大古樹因風催折中有一僧禪定鬚髮被體指爪遶身帝降旨令肩輿入京命西天摠持三藏以金磬出其定遂問何代僧曰我乃東林遠法師之弟名慧持因遊峨嵋入定於樹遠法師無恙否藏曰遠法師晉人也化去七百年矣持不復語藏問師既至此欲歸何所持曰陳留縣復入定帝製三偈令繪像頒行偈曰七百年來老古錐定中消息許誰知爭如隻履西歸去生死何勞木作皮藏山於澤亦藏身天下無藏道可親寄語莊周休擬議樹中不是負趍人有情身不是無情彼

此人人定裏身會得菩提本無樹不須辛苦
問盧能
孝宗皇帝宣問靈隱佛照光禪師曰釋迦佛
入山修道六年而成所成者何事請師明說
對曰將謂陛下忘却
未詳法嗣
實性大師因问条芙蓉訓禪師至上堂以右
手拈拄杖倚放左邊良久曰此事若不是芙
蓉師兄也大難委悉便下座
茶陵郁山主不曾行脚因廬山有化士至論
及宗門中事教令看僧問法燈百尺竿頭如
何進步燈云嗄凡三年一日乘驢度橋一踏
橋板而墮忽然大悟遂有頌云我有神珠一
顆久被塵勞關鏁今朝塵盡光生照破山河
萬朶因茲更不遊方師乃白雲端和尚得度
昆九　十一
師雲有贊曰百尺竿頭曾進步溪橋一路没
山河從茲不出茶川上吟嘯無非囉哩囉
僧肇法師遭秦王難臨就刑說偈曰四大元
無主五陰本來空將頭臨白刃猶似斬春風
玄沙云大小肇法師臨死猶寐語

禪月貫休禪師有詩曰禪客相逢秖彈指此
心能有幾人知大隨和尚舉問曰如何是此
心師無對歸宗柔代云能有幾人知
先淨照禪師問楞嚴大師經中道若能轉物
卽同如來若被物轉卽名凡夫秖如昇元閣
作麼生轉嚴無對汾陽代云彼此老大
公期和尚因往羅漢路逢一騎牛公子師問
羅漢路向甚麼處去公拍牛曰道道師喝曰
這畜生公曰羅漢路向甚麼處去師却拍牛
曰道道公曰直饒恁麼猶少蹄角在師便打
公拍牛便走
唐朝因禪師微時嘗運槌擊土次見一大塊
戲槌猛擊之應碎豁然大悟後有老宿聞云盡山河大地被
因禪師一擊百雜碎
福州東山雲頂禪師泉州人遺其氏以再下春
闈往雲臺大吼寺剃染具戒卽謁大愚芝神
鼎諲後見羅漢下尊宿始徹己事道學有聞
叢林稱爲項三教僧問如何是和尚日用事
師曰我喫飯汝受飢曰法法不相到又作麼
生師曰汝作罪我皆知問如何是和尚一枝

拂師曰打破修行窟曰恁麼則本來無一物
也師曰知無者是誰曰學人罪過師曰再思
可矣居士問洞山道有一物上拄天下拄地
未審是甚麼物師曰擔鐵枷喫鐵棒曰天地
黑山河走師曰閻老殿前添一鬼北邙山下
昆九　十二
卧千年士吽快活快活師曰也是野狐吞老
鼠九龍觀道士幷三士人請上堂儒門畫八
卦造契書不救六道輪回道門朝九皇鍊眞
氣不達三祇劫數我釋迦世尊洞三祇劫數
救六道輪回以大願攝人天如風輪持日月
以大智破生死若劫火焚秋毫入得我門者
自然轉變天地幽察鬼神使須彌鐵圍大地
大海入一毛孔中一切衆生不覺不知我說
此法門如虛空俱含萬象一爲無量無量爲
一若人得一卽萬事畢珍重
婺州雲幽重惲禪師今曰法雲初謁雪峰次依石
霜乃開悟旋里隱居蔽形唯一衲住後上堂
雲幽一隻箭虛空無背面射去徧十方要且
無人見時有僧問如何是和尚一隻箭師曰
盡大地入無髑髏

雙溪布衲如禪師因嵩禪師戲以詩悼之曰繼祖當吾代生緣行可規終身常在道識病懶尋醫貌古筆難寫情高世莫知慈雲布何處孤月自相宜師讀罷舉筆答曰道契平生更有誰閑卿於我最心知當初未欲成相別恐誤同參一首詩投筆坐亾於六十年[十三]後塔戶自啓其真容儼然

舒州投子通禪師僧問達磨未來時如何師曰兩岸唱漁歌曰來後如何師曰大海湧風波問如何是孤峯頂上節操長松師曰能爲萬象主不逐四時凋問如何是和尚這裡佛法師曰東壁打西壁

處州法海立禪師因朝廷有旨革本寺爲神宵宮師陞座謂衆曰都緣未徹所以說是說非蓋爲不真便乃分彼分此我身尚且不有身外烏足道哉正眼觀來一場笑具今則聖君垂旨更僧寺作神霄佛頭上添箇冠兒算來有何不可山僧今日不免橫擔拄杖高挂鉢囊向無縫塔中安身立命於無根樹下嘯月吟風一任乘雲仙客駕鶴高人來此呪水書符叩牙作法他年成道白日上昇堪報不報之恩以助無爲之化秖恐不是玉是玉也大奇然雖如是且道山僧轉身一句作麽生道還委悉麽擲下拂子竟爾趨寂郡守具奏其事奉旨改其寺曰真身

汝州天寧明禪師政德士日師登座謝恩畢乃曰木簡信手拈來坐具乘時放下雲散水流去寂然天地空卽斂目而逝

蜀中仁王欽禪師僧問如何是佛師曰聞名不如見面曰如何是祖師西來意師曰鬧市裏弄猢猻曰如何是道曰大蟲看水磨

金陵鐵索山主（遺其名）僧問久嚮鐵索未審作何面目主打露柱僧曰謝見示主曰你據箇甚麽便恁麽道僧却打露柱主曰且道索在恁麽處僧作量勢主曰今日遇箇同叅

樓子和尚不知何許人也遺其名氏[十四]一日偶經遊街市間於酒樓下整韈帶次聞樓上人唱曲云你既無心我也休忽然大悟因號樓子焉

神照本如法師嘗以經王請益四明尊者者褰聲曰汝名本如師卽領悟作偈曰處處逢歸路頭頭達故鄉本來成現事何必待思量

臨安府上竺圓智證悟法師台州林氏子依白蓮僊法師問具變之道蓮指行燈曰如此燈者離性絶非本自空寂理則具矣六凡四聖所見不同變則在焉師不契後因掃地誦法華經至知法常無性佛種從緣起始諭旨告蓮蓮然之師領徒以來嘗患本宗學者囿於名相膠於筆録至以天台之傳爲文字之學南宗鄙之乃謁護國此菴元禪師夜語次師舉東坡宿東林偈且曰也不易到此田地菴曰尚未見路徑何言到耶曰秖如他道溪聲便是廣長舌山色豈非清淨身若不到此田地如何有這箇消息菴曰是門外漢耳曰和尚不吝可爲說破菴曰却秖從這裡猛著精彩覷捕看若覷捕得他破則亦[十五]知本命元辰落著處師通夕不寐及曉鐘鳴去其秘畜以前偈別曰東坡居士太饒舌聲色關中欲透身溪若是聲山是色無山無水好愁人特以告此菴菴曰向汝道是門外漢師禮謝未

幾有化馬祖殿瓦者求語發揚師書曰寄語
江西老古錐從教日炙與風吹兒孫不是無
料理要見冰消瓦解時此庵見之笑曰須是
這闍黎始得
本嵩律師因無爲居士楊傑請問宣律師所
講毗尼性體師以偈答曰情智何嘗異犬吠
蚰自行終南的的意日午打三更
昔有一老宿一夏不爲師僧說話有僧歎曰
我秖恁麼空過一夏不敢望和尚說佛法得
聞正因兩字也得老宿聞乃曰闍黎莫讐速
若論正因一字也無道了叩齒云適來無端
不合與麼道隣壁有一老宿聞曰好一釜羮
被一顆鼠糞汚却雪竇代云誰家釜裏無一兩顆
昔有一僧在經堂內不看經每日打坐藏主
曰何不看經僧曰某甲不識字主曰何不問
人僧近前义手鞠躬曰這箇是甚麼字主無
對大通本代云又道不識
昔有一老宿住菴於門上書心字於牕上書
心字於壁上書心字法眼云門上但書門字牕上但書牕字壁上但書壁字玄覺云門上不要書門字牕上不要書牕字壁上不要書壁字何故字義炳然

昔有二庵主住庵旬日不相見忽相會上庵
主問下庵主多時不相見向甚麼處去下庵
主曰在庵中造箇無縫塔上庵主曰某甲也
要造一箇就兄借取塔樣子下庵主曰何不
早說恰被人借去了也法眼云且道是借他樣不借他樣見九十六
昔有一庵主見僧來豎起火筒曰會麼曰不
會主曰三十年用不盡底僧却問三十年前
用箇甚麼主無對歸宗柔代云也要知
昔有一老宿因江南國主問予有一頭水牯
牛萬里無寸草未審向甚麼處放宿無對歸宗柔代云好處放
昔有一老宿問僧甚麼處來僧曰牛頭山禮
拜祖師來宿曰還見祖師麼僧無對歸宗柔代云大似不相信
昔有一老宿有偈曰五蘊山頭一段空同門
出入不相逢無量劫來賃屋住到頭不識主
人公有老宿云既不識他當初問甚麼人賃
僧問老宿如何是客室中人老宿曰有客不
答話玄沙云何曾客歸宗柔別老宿云你因甚麼得見
昔有一老宿因僧問䰟兮歸去來食我家園

葚如何是家園葚玄覺代云是亦食不得法燈云汚却你口
昔有一老宿曰祖師九年面壁爲訪知音若
恁麼會得喫鐵棒有日在又一老宿曰祖師
九年面壁何不慚惶若恁麼會得更買草鞋
行脚三十年瑯琊覺云既不然且道祖師面壁意作麼生良久云欲得不招見九十七
無間業莫謗如來正法輪
昔有一老宿因僧問師子捉兎亦全其力捉
象亦全其力未審全箇甚麼力老宿曰不欺
之力法眼別云不會古人語
昔有一老宿曰這一片田地分付來多時也
我立地待汝搆去法眼云山僧如今坐地待汝搆去還有道理也無那箇親那箇疎試裁斷看
昔有老宿畜一童子竝不知軌則有一行脚
僧到乃教童子禮儀晚間見老宿外歸遂去
問訊老宿怪訝遂問童子曰阿誰教你童曰
堂中某上座老宿喚其僧來問上座傍家行
脚是甚麼心行這童子養來二三年了幸自
可憐生誰教上座教壞伊快束裝起去黃昏
雨淋淋地被趂出法眼云古人恁麼顯露些子家風甚怪且道意在於何

昔有僧到曹溪時守衣鉢僧提起衣曰此是大庾嶺頭提不起底僧曰爲甚麼在上座手裏僧無對（雲門云彼此不了又云將謂是師子兒）

昔有僧因看法華經至諸法從本來常自寂滅相忽疑不決行住坐卧每自體究都無所得忽春月聞鶯聲頓然開悟遂續前偈曰諸法從本來常自寂滅相春至百花開黄鶯啼柳上

昔有老宿問一座主疏鈔解義廣畧如何主曰鈔解疏疏解經宿曰經解甚麼主無對

昔高麗國來錢塘刻觀音聖像及舁上船竟不能動因請入明州開元寺供養後有設問無刹不現身聖像爲甚不去高麗國（長慶稜云現身雖普觀相生偏法眼別云識得觀音未）

泗州塔前一僧禮拜有人問上座日日禮拜還見大聖麼（法眼代云汝道禮拜是甚麼義）十八

泗州塔頭侍者及時鎖門有人問既是三界大師爲甚麼被弟子鎖侍者無對（法眼代云弟子鎖大師鎖法燈代云還我鎖匙來又老宿代云吉州鎖虔州鎖）

聖僧像被屋漏滴有人問僧既是聖僧爲甚麼有漏僧無對（韶國師代云無漏不是聖僧）

有人問僧點甚麼燈僧曰長明燈曰甚麼時點曰去年點曰長明何在僧無語（長慶稜代云若不如此知公不受人謾法眼別云利動君子）

有座主念彌陀名號次小師喚和尚及回顧小師不對如是數四和尚叱曰三度四度喚有甚麼事小師曰和尚幾年喚他卽得某甲纔喚便發業（法燈代云咄叱）

有僧與童子上經了令持經著函內童子曰某甲念底著向那裏（法燈代云汝念甚麼經）

一僧注道德經人問曰久嚮大德注道德經僧曰不敢曰何如明皇（法燈代云是弟子）

有僧入冥見地藏菩薩藏問你平生修何業僧曰念法華經曰止止不須說我法妙難思爲是說是不說僧無對（歸宗柔代云此回歸去敢爲流通）十九

監官會下有一主事僧忽見一鬼使來追僧告曰某甲身爲主事未暇修行乞容七日得否使曰待爲白王若許卽七日後來不然須臾便至言訖不見至七日後復來覓其僧了不可得後有人舉問一僧若被覓著時如何抵擬他（洞山代云被他覓得也）

台州六通院僧欲渡船有人問既是六通爲甚麼假船僧無對（天台韶國師代云不欲驚衆）

洪州太守宋令公一日大寧寺僧陳乞請第二座開堂公曰何不請第一座衆無語（法眼代云不勞如此）

江南相馮延巳與數僧遊鍾山至一人泉問一人泉許多人爭得足一僧對曰不教欠火延巳不肯乃別曰誰人欠火（法眼別云誰是不足者）

官人問僧名甚麼曰無揀官人曰忽然將一椀沙與上座又作麼生曰謝官人供養（法眼別云此猶是揀底）

廣南有僧住庵國主出獵左右報庵主大王來請起主曰非但大王來佛來亦不起王問佛豈不是汝師主曰是王曰見師爲甚麼不起（法眼代云未足酬恩）

福州洪塘橋上有僧列坐官人問此中還有佛麼僧無對（法眼代云汝是甚麼人）

昔有官人入鎮州天王院覩神像因問院主曰此是甚麼功德曰護國天王曰秪護此國

徧護餘國曰在秦爲秦在楚爲楚曰臘月二十九日打破鎮州城天王向甚處去主無對

昔有官人作無鬼論中夜揮毫次忽見一鬼出云汝道無我聻（五祖演云老僧當時若見但以手作鵓鴣觜向伊道谷呱呱）

昔有道流在佛殿前背佛而坐僧曰道士莫背佛道流曰大德本教中道佛身充滿於法界向甚麼處坐得僧無對（法眼代云識得汝）

有一行者隨法師入佛殿行者向佛而唾師曰行者少去就何以唾佛者曰將無佛處來與某甲唾師無對（溈山云仁者却不仁者不仁者却仁者仰山代法師云但唾行者又云行者若有語即向伊道還我無行者處來）

死魚浮於水上有人問僧魚豈不是以水爲命僧曰是曰爲甚麼却向水中死僧無對（杭州天龍機和尚代云是伊爲甚麼不去岸上死）

鵓子趂鵓子飛向佛殿欄干上顫有人問僧一切衆生在佛影中常安常樂鵓子見佛爲甚麼却顫僧無對（法燈代云怕佛）

昔有一僧去覆船路逢一賣鹽翁僧問覆船路向甚麼處去翁良久僧再問翁曰你患聾那僧曰你向我道甚麼翁曰向你道覆船路僧曰翁莫會禪麼翁曰莫道會禪佛法也會盡僧曰你試說看翁挑起鹽籃僧曰難翁曰你喚這箇作甚麼僧曰鹽翁曰有甚麼交涉僧曰你喚作甚麼曰不可更向你道是鹽

昔有婆子供養一庵主經二十年常令一二八女子送飯給侍一日令女子抱定曰正恁麼時如何主曰枯木倚寒巖三冬無暖氣女子舉似婆婆曰我二十年秖供養得箇俗漢遂遣出燒却庵

昔有一僧參米胡路逢一婆住菴僧問婆有眷屬否曰有僧曰在甚麼處曰山河大地若草若木皆是我眷屬僧曰婆莫作師姑來否曰汝見我是甚麼僧曰俗人婆曰汝不可是僧僧曰婆莫混濫佛法好婆曰我不混濫佛法僧曰汝恁麼豈不是混濫佛法婆曰你是男子我是女人豈曾混濫

龐行婆入鹿門寺設齋維那請意旨婆拈梳子插向髻後曰回向了也便出去

温州陳道婆嘗徧扣諸方名宿後於長老山淨和尚語下發明有偈曰高坡平頂上盡是採樵翁人人盡懷刀斧意不見山花映水紅

昔有施主婦人入院行衆僧隨年錢僧曰聖僧前著一分婦人曰聖僧年多少僧無對（法眼代云心明滿處即知）

五燈會元卷第十六

五燈會元卷第十六

校勘記

一 底本，清藏本。

一 四六八頁上一行經名，[徑]無（未換卷）。

一 四六八頁上三行「青原下六世」，[徑]無。

一 四七〇頁中七行「濠州明禪師」，[徑]作「思明禪師」。

一 四七〇頁中一三行「潭州霞禪師」，[徑]作「藤霞禪師」。

一 四七六頁下一行第九字「喝」，[徑]作「偈」。

一 四七六頁下卷末經名，[徑]作「五燈會元卷第六」。

五燈會元卷第十七　昆十

宋　沙　門　大　川　濟　纂

青原下二世

石頭遷禪師法嗣

荆州天皇道悟禪師婺州東陽張氏子神儀
昆十　一
挺異幼而生知年十四懇求出家父母不聽遂損減飲膳日纔一食形體羸悴父母不得已而許之依明州大德披削二十五詣杭州竹林寺具戒精修梵行推爲勇猛或風雨昏夜宴坐邱塚身心安靜離諸怖畏一日遊餘杭首謁徑山國一受心法服勤五載後㕘馬祖重印前解法無異說依止二夏乃謁石頭而致問曰離却定慧以何法示人頭曰我這裏無奴婢離箇甚麽曰如何明得頭曰汝還撮得虛空麽曰恁麽則不從今日去也頭曰未審汝早晚從那邊來曰道悟不是那邊人頭曰我早知汝來處也曰師何以贓誣於人頭曰汝身見在曰雖然如是畢竟如何示於後人頭曰汝道誰是後人師從此頓悟罄殫前二哲匠言下有所得心後卜荆州當陽紫陵山學徒駕肩接迹都人士女嚮風而至時崇業寺上首以狀聞於連帥迎入城郡之左有天皇寺乃名藍也因火而廢主僧靈鑒將謀修復乃曰苟得悟禪師爲化主必能福我乃中宵潛往哀請肩舁而至時江陵尹右僕射裴公稽首問法致禮勤至師素不迎送客無貴賤皆坐而揖之裴公愈加歸向由是石頭法道盛矣師因龍潭問從上相承底事如何師曰不是明汝來處不得潭曰這箇眼目幾人具得師曰淺草易爲長蘆僧問如何是玄妙之說師曰莫道我解佛法好曰爭奈學人疑滯何師曰何不問老僧曰即今問了也師曰去不是汝存泊處元和丁亥四月示疾命弟子先期告終至晦日大衆問疾師驀召典座座近前師曰會麽曰不會師拈枕子拋
昆十　二
於地上即便告寂壽六十臘三十五以其年八月五日塔于郡東按景德傳燈錄稱青原下出石頭遷遷下出天皇悟悟下出龍潭信信下出德山鑒鑒下出雪峯存存下出雲門偃玄沙備備再傳爲法眼益皆謂雲門法眼二宗來自青原石頭雖二家兒孫亦自謂青原石頭所自出不知其差撰所從來久矣道悟同時有二人一住荆南城西天王寺嗣馬祖一住荆南城東天皇寺嗣石頭其下出龍潭信者乃馬祖下天王道悟非石頭下天皇道悟也何以明之按唐正議大夫戶部侍郎平章事荆南節度使丘玄素所撰天王道悟禪師碑云道悟渚宮人姓崔氏子玉之後胤也年十五依長沙寺曇翥律師出家二十三詣嵩山受戒三十㕘石頭頻沐指示曾未投機次謁忠國師三十四與國師侍者應真南還謁馬祖祖曰識取自心本來是佛不屬漸次不假修持體自如如萬德圓滿師於言下大悟祖囑曰汝若住持莫離舊處師蒙旨已便返荆門去郭不遠結草爲廬後因節使顧問左右中其端緒節使親臨訪道見其路隘車馬難通極自荒榛曾未修削覩玆發怒令人擒師拋於水中旌旆纔歸乃見徧衙火發內外煙燄莫可近之唯聞空中聲曰我是天王神我是天王神節使回心設拜煙燄都息宛然如初遂往江邊見師在水都不濕衣節使重伸懺悔迎請在衙供養於府西造寺額號天王師常云快活快活及臨終時叫苦告又云閻羅王來取我也院主問曰和尚當時被節度使拋向水中神色不動如今何得恁麽地師舉枕子云汝道當時是如今是院主無對便入滅當元和三年戊子十月十三日也年八十二坐六十三夏嗣法一人曰崇信即龍潭也城東天皇道悟禪師者協律郎符載撰碑乃與景德傳燈合其碑云道悟姓張氏婺州東陽人十四出家依明州大德祝髮二十五受戒於杭
昆十　三
州竹林寺初㕘國一留五年大曆十一年隱於大梅山建中初謁江西馬祖二年㕘石頭乃大悟遂隱當陽紫陵山後於荆南城東有天皇廢寺靈鑒請居之元和二年丁亥四月十三日以背痛入滅年六十坐三十五夏法嗣三人曰慧真曰文賁曰幽閑今荆南城東有天皇巷存焉唐聞人歸登撰南嶽讓禪師碑列法孫數人於後有天王道悟名圭峯答裴相國宗趣狀列馬祖法嗣六人首曰江陵道悟權德輿撰馬

祖塔銘載弟子慧海智藏等十一人道悟其一也又呂夏卿張無盡著書皆稱道悟嗣馬祖宗門反以爲悞然佛國白續燈錄敘雪竇顯爲大寂九世孫祖源通要錄中收爲馬祖之嗣達觀穎以丘玄素碑證之疑信相半益獨見丘玄素碑而未見符載碑耳今以二碑參合則應以天皇道悟嗣石頭以慧眞文賁幽閑嗣之而於馬祖法嗣下增入天王道悟以龍潭崇信嗣之始爲不差悞矣

## 青原下三世

### 天皇悟禪師法嗣

澧州龍潭崇信禪師，渚宮人也。其家賣餅。師少而英異，初悟和尚爲靈鑒潛請居天皇寺，人莫之測。師家於寺巷，常日以十餅饋之。天皇受之，每食畢，常留一餅曰：「吾惠汝以蔭子孫。」師一日自念曰：「餅是我持去，何以返遺我邪？其別有旨乎？」遂造而問焉。皇曰：「是汝持來，復汝何咎？」師聞之，頗曉玄旨，因投出家。皇曰：「汝昔崇福善，今信吾言，可名崇信。」由是服勤左右。一日問曰：「某自到來，不蒙指示心要。」皇曰：「自汝到來，吾未嘗不指汝心要。」師曰：「何處指示？」皇曰：「汝擎茶來，吾爲汝接；汝行食來，吾爲汝受；汝和南時，吾便低首。何處不指示心要？」師低頭良久。皇曰：「見則直下便見，擬思即差。」師當下開解。復問：「如何保任？」皇曰：「任性逍遙，隨緣放曠。但盡凡心，別無聖解。」師後詣澧陽龍潭棲止。僧問：「髻中珠誰人得？」師曰：「不賞玩者得。」曰：「安著何處？」師曰：「有處即道來。」有尼問：「如何得爲僧去？」師曰：「作尼來多少時也？」曰：「還有爲僧時也無？」師曰：「汝即今是甚麼？」曰：「現是尼身，何得不識？」師曰：「誰識汝？」李翱刺史問：「如何是眞如般若？」師曰：「我無眞如般若。」李曰：「幸遇和尚。」師曰：「此猶是分外之言。」

## 青原下四世

### 龍潭信禪師法嗣

鼎州德山宣鑒禪師，簡州周氏子。丱歲出家，依年受具。精究律藏，於性相諸經貫通旨趣。常講金剛般若，時謂之周金剛。嘗謂同學曰：「一毛吞海，海性無虧；纖芥投鋒，鋒利不動。學與無學，唯我知焉。」後聞南方禪席頗盛，師氣不平，乃曰：「出家兒千劫學佛威儀，萬劫學佛細行，不得成佛。南方魔子敢言直指人心，見性成佛。我當摟其窟穴，滅其種類，以報佛恩。」遂擔青龍疏鈔出蜀。至澧陽路上，見一婆子賣餅，因息肩買餅點心。婆指擔曰：「這箇是甚麼文字？」師曰：「青龍疏鈔。」婆曰：「講何經？」師曰：「金剛經。」婆曰：「我有一問，你若答得，施與點心；若答不得，且別處去。金剛經道：過去心不可得，現在心不可得，未來心不可得。未審上座點那箇心？」師無語，遂往龍潭。至法堂曰：「久嚮龍潭，及乎到來，潭又不見，龍又不現。」潭引身曰：「子親到龍潭。」師無語，遂棲止焉。一夕侍立次，潭曰：「更深何不下去？」師珍重便出，却回曰：「外面黑。」潭點紙燭度與師，師擬接，潭復吹滅。師於此大悟，便禮拜。潭曰：「子見箇甚麼？」師曰：「從今向去，更不疑天下老和尚舌頭也。」至來日，龍潭陞座，謂衆曰：「可中有箇漢，牙如劍樹，口似血盆，一棒打不回頭，他時向孤峰頂上立吾道去在。」師將疏鈔堆法堂前，舉火炬曰：「窮諸玄辯，若一毫置於太虛；竭世樞機，似一滴投於巨壑。」遂焚之。於是禮辭。直抵溈山，挾複子上法堂，從西過東，從東過西，顧視方丈曰：「有麼？有麼？」山坐次，殊不顧盼。師曰：「無！無！」便出至門首，乃曰：「雖然如此，也不得草草。」遂具威

儀再入相見纔跨門提起坐具曰和尚山擬
取拂子師便喝拂袖而出溈山至晚問首座
今日新到在否座曰當時背却法堂著草鞋
出去也山曰此子已後向孤峰頂上盤結草
庵呵佛罵祖去在師住澧陽三十年屬唐武
宗廢教避難於獨浮山之石室大中初武陵
太守薛延望再崇德山精舍號古德禪院將
訪求哲匠住持聆師道行屢請不下山延望
乃設詭計遣吏以茶鹽誣之言犯禁法取師
入州瞻禮堅請居之大闡宗風上堂若也於
己無事則勿妄求妄求而得亦非得也汝但
無事於心無心於事則虛而靈空而妙若毛
端許言之本末者皆爲自欺何故毫釐繫念
三塗業因瞥爾情生萬劫羈鎖聖名凡號盡
是虛聲殊相劣形皆爲幻色汝欲求之得無
累乎及其厭之又成大患終而無益小參示
衆曰今夜不答話問話者三十棒時有僧出
禮拜師便打僧曰某甲話也未問和尚因甚
麼打某甲師曰汝是甚麼處人曰新羅人師
曰未跨船舷好與三十棒（法眼云大小德山話作兩橛玄覺云

叢林中喚作隔下語且從秖如德山道問話者三十棒意作麼生）僧參師問
維那今日幾人新到曰八人師曰喚來一時
生按著龍牙問學人仗鏌鎁劍擬取師頭時
如何師引頸近前曰㘞（法眼別云汝向甚麼處下手）牙曰
頭落也師呵呵大笑牙後到洞山舉前話山
曰德山道甚麼牙曰德山無語洞曰莫道無
語且將德山落底頭呈似老僧看牙方省便
懺謝有僧舉似師師曰洞山老人不識好惡
這漢死來多少時救得有甚麼用處僧問如
何是菩提師打曰出去莫向這裏屙問如何
是佛師曰佛是西天老比丘雪峯問從上宗
乘學人還有分也無師打一棒曰道甚麼曰
不會至明日請益師曰我宗無語句實無一
法與人峯因此有省巖頭聞之曰德山老人
一條脊梁骨硬似鐵拗不折然雖如此於唱
教門中猶較些子（保福問招慶秖如巖頭出世有何言教過於德山便恁麼道慶云汝不見巖頭道如人學射久久方中福云中後如何慶云展闍黎莫不識痛痒福云和尚今日非唯舉話慶云展闍黎是甚麼心行明招云大小招慶錯下名言）示
衆曰道得也三十棒道不得也三十棒臨濟
聞得謂洛浦曰汝去問他道得爲甚麼也三

十棒待伊打汝接住棒送一送看伊作麼生
浦如教而問師便打浦接住送一送師便歸
方丈浦回舉似臨濟濟曰我從來疑著這漢
雖然如是你還識德山麼浦擬議濟便打（巖頭云德山老人尋常秖據一條白棒佛來亦打祖來亦打爭奈較些子東禪齊云秖如臨濟道我從來疑著這漢是肯底語不肯底語爲當別有道理試斷看）上堂問即
有過不問猶乖有僧出禮拜師便打僧曰某
甲始禮拜爲甚麼便打師曰待汝開口堪作
甚麼師令侍者喚義存（即雪峯也）存上來師曰我
自喚義存汝又來作甚麼存無對上堂我先
祖見處即不然這裏無祖無佛達磨是老臊
胡釋迦老子是乾屎橛文殊普賢是擔屎漢
等覺妙覺是破執凡夫菩提涅槃是繫驢橛
十二分教是鬼神簿拭瘡疣紙四果三賢初
心十地是守古塚鬼自救不了有僧相看乃
近前作相撲勢師曰與麼無禮合喫山僧手
裏棒僧拂袖便行師曰饒汝如是也秖得一
半僧轉身便喝師打曰須是我打你始得曰
諸方有明眼人在師曰天然有眼僧擘開眼
曰猫便出師曰黃河三千年一度清師見僧

來乃開門其僧敲門師曰阿誰曰師子兒師乃開門僧禮拜師騎僧項曰這畜生甚處去來雪峰問南泉斬猫兒意旨如何師乃打趂却喚曰會麼峯曰不會師曰我恁麼老婆心也不會僧問凡聖相去多少師便喝師因疾僧問還有不病者也無師曰有曰如何是不病者師曰阿㖿阿㖿師復告衆曰捫空追響勞汝心神夢覺覺非竟有何事言訖安坐而化即唐咸通六年十二月三日也謚見性禪師

洪州泐潭寶峯和尚新到參師問其中事即易道不落其中事始終難道曰某甲在途中時便知有此一問師曰更與二十年行脚也不較多曰莫不契和尚意麼師曰苦瓜那堪待客問僧古人有一路接後進初心汝還知否曰請師指出古人一路師曰恁麼則闍黎知了也曰頭上更安頭師曰寶峯不合問仁者曰問又何妨師曰這裏不曾有人亂說道理出去巖頭僧來參師竪起拂子曰落在此機底人未具眼在僧擬近前師曰恰落在此機僧回舉似巖頭頭曰我當時若見奪却拂子看他作麼生師聞乃曰我竪起拂子從伊奪總不將物時又作麼生巖頭聞得又曰無星秤子有甚辨處

青原下五世

德山鑒禪師法嗣

鄂州巖頭全奯禪師泉州柯氏子少禮青原誼公落髮往長安寶壽寺稟戒習經律諸部優游禪苑與雪峰欽山爲友自杭州大慈山邐迤造于臨濟屬濟歸寂乃謁仰山纔入門提起坐具曰和尚仰山取拂子擬舉師曰不妨好手後參德山執坐具上法堂瞻視山曰作麼師便喝山曰老僧過在甚麼處師曰兩重公案乃下參堂山曰這箇阿師稍似箇行脚人至來日上問訊山曰闍黎是昨日新到否曰是山曰甚麼處學得這虛頭來師曰全奯終不自謾山曰他後不得孤負老僧一日參德山方跨門便問是凡是聖山便喝師禮拜有人舉似洞山山曰若不是奯公大難承當師曰洞山老人不識好惡錯下名言我當時一手擡一手搦雪峰在德山作飯頭一日飯遲德山擎鉢下法堂峰曬飯巾次見德山乃曰鐘未鳴鼓未響拓鉢向甚麼處去德山便歸方丈峰舉似師師曰大小德山未會末後句在山聞令侍者喚師去問汝不肯老僧那師密啓其意山乃休明日陞堂果與尋常不同師至僧堂前拊掌大笑曰且喜堂頭老漢會末後句他後天下人不奈伊何雖然也秖得三年活（山果三年後示滅）一日與雪峰欽山聚話峰驀指一椀水欽曰水清月現峰曰水清月不現師踢却水碗而去師與雪峰同辭德山山問甚麼處去師曰暫辭和尚下山去曰子他後作麼生師曰不忘曰子憑何有此說師曰豈不聞智過於師方堪傳受智與師齊減師半德曰如是如是當善護持二士禮拜而退師住鄂州巖頭值沙汰於湖邊作渡子兩岸各挂一板有人過渡打板一下師曰阿誰或曰要過那邊去師乃舞棹迎之一日因一婆抱一孩兒來乃曰呈橈舞棹即不問且道婆手中兒甚處得來師便打婆曰婆生七

子六箇不遇知音秖這一箇也不消得便抛向水中師後庵于洞庭卧龍山徒侶臻萃僧問無師還有出身處也無師曰聲前古毳爛問堂堂來時如何師曰刺破眼上堂吾嘗究涅槃經七八年覩三兩段義似衲僧説話又曰休休時有一僧出禮拜請師舉師曰吾教意如∴字三點第一向東方下一點點開諸菩薩眼第二向西方下一點點諸菩薩命根第三向上方下一點點諸菩薩頂此是第一段義又曰吾教意如摩醯首羅擘開面門竪亞一隻眼此是第二段義又曰吾教意猶如塗毒鼓擊一聲遠近聞者皆喪此是第三段義時小巖上座問如何是塗毒鼓師以兩手按膝亞身曰韓信臨朝底巖無語夾山下一僧到石霜纔跨門便道不審霜曰不必闍黎
昆十 十一
僧曰恁麼則珍重又到師處如前道不審師噓一噓僧曰恁麼則珍重方回步師曰雖是後生亦能管帶其僧歸舉似夾山山上堂曰前日到巖頭石霜底阿師出來如法舉似前話其僧舉了山曰大衆還會麼衆無對山曰

若無人道得山僧不惜兩莖眉毛道去也乃曰石霜雖有殺人刀且無活人劒巖頭亦有殺人刀亦有活人劒師與羅山卜塔基羅山中路忽曰和尚師回顧曰作麼山舉手指曰這裏好片地師咄曰瓜州賣瓜漢又行數里歇次山禮拜問曰和尚豈不是三十年前在洞山而不肯洞山師曰是又曰和尚豈不是嗣德山又不肯德山師曰是山曰不肯德山即不問秖如洞山有何虧闕師良久曰洞山好佛秖是無光山禮拜僧問利劍斬天下誰是當頭者師曰瞎僧擬再問師咄曰這鈍漢出去問不歷古今時如何師曰卓朔地曰古今事如何師曰任爛問僧甚處來曰西京來師曰黄巢過後還收得劒麼曰收得師引頸近前曰囫曰師頭落也師呵呵大笑僧後到雪峰峰問甚處來曰巖頭來峰曰巖頭有何言句僧舉前話峰便打三十棒趂出問二龍爭珠誰是得者師曰俱錯僧問雪峰聲聞人見性如夜見月菩薩人見性如晝見日未審和尚見性如何峰打拄杖三下僧後舉前語

問師師與三摑問如何是三界主師曰汝還解喫鐵棒麼德山一日謂師曰我這裏有兩僧入山住庵多時汝去看他怎生師遂將一斧去見兩人在庵内坐師乃拈起斧曰道得也一下斧道不得也一下斧二人殊不顧師
昆十 十二
擲下斧曰作家作家歸舉似德山山曰汝道他如何師曰洞山門下不道全無若是德山門下未夢見在僧參於左邊作一圓相又於右邊作一圓相又於中心作一圓相欲成未成被師以手一撥僧無語師便喝出僧欲跨門師却喚回問汝是洪州觀音來否曰是師曰秖如適來左邊一圓相作麼生曰是有句師曰右邊圓相聻曰是無句師曰中心圓相作麼生曰是不有不無句師曰秖如吾與麼又作麼生曰如刀畫水師便打瑞巖問如何是毗盧師師曰道甚麼巖再問師曰汝年十七八未問弓折箭盡時如何師曰去問如何是巖中的意師曰謝指示曰請和尚答話師曰珍重問三界競起時如何師曰坐却著曰未審師意如何師曰移取廬山來卽向汝

道問起滅不停時如何師喝曰是誰起滅問輪中不得轉時如何師曰溢問路逢猛虎時如何師曰撥問如何是道師曰破草鞋與拋向湖裏著問萬丈井中如何得到底師曰吽僧再問師曰脚下過也問古帆未挂時如何師曰小魚吞大魚又僧如前問師曰後園驢喫草遍後人或問佛問法問道問禪者師皆作噓聲師嘗謂衆曰老漢去時大吼一聲了去唐光啓之後中原盜起衆皆避地師端居晏如也一日賊大至責以無供饋遂傳刃焉師神色自若大叫一聲而終聲聞數十里即光啓三年丁未四月八日也門人後焚之獲舍利四十九粒衆爲起塔諡清嚴禪師

福州雪峰義存禪師泉州南安曾氏子家世奉佛師生惡葷茹於襁褓中聞鐘梵之聲或見幡花像設必爲之動容年十二從其父遊莆田玉澗寺見慶立律師遽拜曰我師也遂留侍焉十七落髮謁芙蓉常照大師照撫而器之後往幽州寶刹寺受戒久歷禪會緣契德山唐咸通中回閩中雪峰創院徒侶翕然

懿宗錫號眞覺禪師仍賜紫袈裟初與巖頭至澧州鼇山鎮阻雪頭每日秖是打睡師一向坐禪一日喚曰師兄師兄且起來頭曰作甚麼師曰今生不著便共文邃箇漢行脚到處被他帶累今日到此又秖管打睡頭喝曰噇眠去每日牀上坐恰似七村裏土地他時後日魔魅人家男女去在師自點胸曰我這裏未穩在不敢自謾頭曰我將謂你他日向孤峰頂上盤結草庵播揚大教猶作這箇語話師曰我實未穩在頭曰你若實如此據你見處一一通來是處與你證明不是處與你剗却師曰我初到鹽官見上堂舉色空義得箇入處頭曰此去三十年切忌舉著又見洞山過水偈曰切忌從他覓迢迢與我疎渠今正是我我今不是渠頭曰若與麼自救也未徹在師又曰後問德山從上宗乘中事學人還有分也無德山打一棒曰道甚麼我當時如桶底脫相似頭喝曰你不聞道從門入者不是家珍師曰他後如何即是頭曰他後若欲播揚大教一一從自己胸襟流出將來與

從甚麼路出師曰從飛猿嶺出山曰今回向甚麼路去師曰從飛猿嶺去山曰有一人不從飛猿嶺去子還識麼師曰不識山曰爲甚麼不識師曰他無面目山曰子既不識爭知無面目師無對住後僧問和尚見德山得箇甚麼便休去師曰我空手去空手歸問祖意教意是同是別師曰雷聲震地室內不聞又曰闍黎行脚爲甚麼事問我眼本正因師故邪時如何師曰迷逢達磨曰我眼何在師曰得不從師問剃髮染衣受佛依蔭爲甚麼不許認佛師曰好事不如無師問座主如是兩字盡是科文作麼生是本文主無對（五雲代云更分三段著）問如何是佛師曰寐語作甚麼問如何是覿面事師曰千里未是遠問如何是大人相師曰瞻仰即有分問文殊與維摩對談何事師曰義墮也問寂然無依時如何師曰猶是病曰轉後如何師曰船子下揚州問承古有言師便作臥勢良久起曰問甚麼僧再舉師曰虛生浪死漢問箭頭露鋒時如何師曰好手不中的曰盡眼沒標的時如何師曰不

妨隨分好手問古人道路逢達道人不將語默對未審將甚麼對師曰喫茶去問僧甚處來曰神光來師曰晝喚作日光夜喚作火光作麼生是神光僧無對師自代曰日光火光棲典座問古人有言知有佛向上事方有語話分如何是語話師把住曰道道棲無對師遂蹋倒棲當下汗流問僧甚處來曰近離浙中師曰船來陸來曰二途俱不涉師曰爭得到這裏曰有甚麼隔礙師便打問古人道覿面相呈時如何師曰是曰如何是覿面相呈師曰蒼天蒼天師謂衆曰此箇水牯牛年多少衆皆無對師自代曰七十九也僧曰和尚爲甚麼作水牯牛去師曰有甚麼罪過問僧甚處去曰禮拜徑山和尚去師曰徑山若問汝此間佛法如何汝作麼生祇對曰待問即 十六 昆十 道師便打後舉問鏡清這僧過在甚麼處清曰問得徑山徹困師曰徑山在浙中因甚麼問得徹困清曰不見道遠問近對師曰如是如是一日謂長慶曰吾見溈山問仰山從上諸聖向甚麼處去他道或在天上或在人間汝道仰山意作麼生慶曰若問諸聖出沒處恁麼道即不可師曰汝渾不肯忽有人問汝作麼生道慶曰但道錯師曰是汝不錯慶曰何異於錯問僧甚處來曰江西師曰與此間相去多少曰不遥師竪起拂子曰還隔這箇麼曰若隔這箇即遥去也師便打出問學人乍入叢林乞師指箇入路師曰寧自碎身如微塵終不敢瞎却一僧眼問四十九年後事即不問四十九年前事如何師以拂子驀口打僧辭去參靈雲問佛未出世時如何雲舉拂子曰出世後如何雲亦舉拂子其僧却回師曰返太速乎曰某甲到彼問佛法不契乃回師曰汝問甚麼事僧舉前話師曰汝問我爲汝道僧便問佛未出世時如何師舉起拂子曰出世後如何師放下拂子僧禮拜師便打 昆十 十七（後僧舉問玄沙沙云汝欲會麼我與汝說箇喻如人賣一片園東西南北一時結契了也中心樹子猶屬我在崇壽稠云爲當打伊解處別有道理）師舉六祖道不是風動不是幡動仁者心動乃曰大小祖師龍頭蛇尾好與二十拄杖時太原孚上座侍立不覺齩齒師曰我適來恁麼道也好喫二十拄杖師行脚時參烏石觀和尚纔敲門石問誰師曰鳳凰兒石曰來作麼師曰來啗老觀石便開門搊住曰道道師擬議石拓開閉却門師住後示衆曰我當時若入得老觀門你這一隊噇酒糟漢向甚麼處摸索師問慧全汝得入處作麼生全曰共和尚商量了師曰甚麼處商量曰甚麼處去來師曰汝得入處又作麼生全無對師便打全坦問平田淺草麈鹿成羣如何射得麈中主師喚全坦坦應諾師曰喫茶去問僧甚處來曰溈山來師曰溈山有何言句曰某甲曾問如何是祖師西來意溈山據坐師曰汝肯他否曰某甲不肯他師曰溈山古佛汝速去懺悔（玄沙云山頭老漢蹉過溈山也）閩王問曰擬欲蓋一所佛殿去時如何師曰大王何不蓋取一所空王殿曰請師樣子師展兩手（雲門云一舉四十九）僧問學人道不得處請師道師曰我爲法惜人師舉拂子示一僧其僧便出去（長慶舉似王延彬太傅了乃曰此僧合喚轉與一頓棒王曰和尚是甚麼心行曰幾放過）師問長慶古人道前三三後三三意作麼生慶便出去（鷲湖別云喏）問僧甚處

來曰藍田來師曰何不入草長慶云險上堂南山
有一條鼈鼻蛇汝等諸人切須好看長慶出
曰今日堂中大有人喪身失命雲門以拄杖
攛向師前作怕勢有僧舉似玄沙沙曰須是
稜兄始得然雖如是我即不然曰和尚作麼
生沙曰用南山昆十作麼一日有兩僧十八來師以手
拓庵門放身出曰是甚麼僧亦曰是甚麼師
低頭歸庵僧辭去師問甚麼處去曰湖南師
曰我有箇同行住巖頭附汝一書去書曰某
書上師兄某一自鼇山成道後迄至于今飽
不飢同叅某書上僧到巖頭問甚麼處來曰
雪峰來有書達和尚頭接了乃問僧別有何
言句僧遂舉前話頭曰他道甚麼曰他無語
低頭歸庵頭曰噫我當初悔不向伊道末後
句若向伊道天下人不柰雪老何僧至夏末
請益前話頭曰何不早問曰未敢容易頭曰
雪峰雖與我同條生不與我同條死要識末
後句秖這是上堂盡大地撮來如粟米粒大
抛向面前漆桶不會打鼓普請看長慶問雲門曰雪峰與麼道還有出頭不得處麼門曰有曰作麼生門曰不可總作野狐精見解又曰狼藉不少

問僧甚麼處去曰識得即知去處師曰你
是了事人亂走作麼曰和尚莫塗汙人好師
曰我即不塗汙你古人吹布毛作麼生與我
說來看曰殘羹餿飯已有人喫了師休去有
一僧在山下卓庵多年不剃頭畜一長柄杓
溪邊舀水時有僧昆十問如何是祖十九師西來意主
曰溪深杓柄長師聞得乃曰也甚奇怪一日
將剃刀同侍者去訪纔相見便舉前話問是
庵主語否主曰是師曰若道得即不剃你頭
主便洗頭胡跪師前師即與剃却師領徒南
遊時黃涅槃預知師至搘策前迎抵蘇溪邂
逅師問近離何處槃曰辟支巖師曰巖中還
有主麼槃以竹策敲師轎師乃出轎相見槃
曰曾郎萬福師遽展丈夫拜槃作女人拜師
曰莫是女人麼槃又設兩拜遂以竹策畫地
右繞師轎三匝師曰某甲三界內人你三界
外人你前去某甲後來槃回師隨至止囊山
憩數日槃供事隨行徒衆一無所缺上堂此
事如一片田地相似一任諸人耕種無有不
承此恩力者玄沙曰且作麼生是這田地師

曰看沙曰是即是某甲不與麼師曰你作麼
生沙曰秖是人人底三聖問透網金鱗以何
爲食師曰待汝出網來向汝道聖曰一千五
百人善知識話頭也不識師曰老僧住持事
繁上堂盡大地是箇解脫門把手拽伊不肯
入時一僧出曰和尚怪某甲不得又一僧曰
用入作甚麼師便打玄沙謂師曰某甲如今
大用去和尚作麼生師將三箇木毬一時拋
出沙作斫牌勢師曰你親在靈山方得如此
沙曰也是自家事一日陞座衆集定師輥出
木毬玄沙遂捉來安舊處師一日在僧堂內
燒火閉却前後門乃叫曰救火救火玄沙將
一片柴從牕櫺中抛入師便開門問古澗寒
泉時如何師曰瞪目不見底曰飲者如何師
曰不從口入僧舉似趙州州曰不從口入不
可從鼻孔裏昆十入僧却問古澗寒二十泉時如何州
曰苦曰飲者如何州曰死師聞得乃曰趙州
古佛遙望作禮自此不答話師因閩王封柑
橘各一顆遣使送至東問既是一般顏色爲
甚名字不同師遂依舊封回王復馳問玄沙

沙將一張紙蓋却問僧近離甚處曰覆船師曰生死海未渡爲甚麽覆却船僧無語乃回舉似覆船船曰何不道渠無生死僧再至進此語師曰此不是汝語曰是覆船恁麽道師曰我有二十棒寄與覆船二十棒老僧自喫不干闍黎事問大事作麽生師執僧手曰上座將此問誰有僧禮拜師打五棒僧曰過在甚麽處師又打五棒喝出問僧甚處來曰嶺外來師曰還逢達磨也無曰青天白日師曰自己作麽生曰更作麽生師便打師送僧出行三五步召曰上座僧回首師曰途中善爲問拈槌豎拂不當宗乘未審和尚如何師豎起拂子僧乃抱頭出去師不顧（法眼代云大衆看此一員戰將）問三乘十二分教爲凡夫開演不爲凡夫開演師曰不消一曲楊柳枝師謂鏡清曰古來有老宿引官人巡堂曰此一衆盡是學佛法僧官人曰金屑雖貴又作麽生老宿無對清代曰比來抛甎引玉（法眼別云官人何得貴耳賤目）上堂舉拂子曰這箇爲中下僧問上上人來時如何師舉拂子僧曰這箇爲中下師便打問國師三喚侍者意如何師乃起入方丈問僧今夏在甚麽處曰涌泉師曰長時涌暫時涌曰和尚問不著師曰我問不著僧曰是師乃打普請次路逢一獮猴師曰人人有一面古鏡這箇獮猴亦有一面古鏡三聖曰曠劫無名何以彰爲古鏡師曰瑕生也聖曰這老漢著甚麽死急話頭也不識師曰老僧住持事繁閩帥施銀交牀僧問和尚受大王如此供養將何報答師以手拓地曰輕打我輕打我（僧問踈山云雪峰道輕打我意作麽生山云頭上插瓜虀垂尾脚跟齊）問吞盡毗盧時如何師曰福唐歸來還平善否上堂我若東道西道汝則尋言逐句我若羚羊挂角汝向甚麽處捫摸（僧問保福秖如雪峰有甚麽言教便似羚羊挂角時福云我不可作雪峰弟子不得）師之法席常不減千五百衆梁開平戊辰三月示疾閩帥命醫師曰吾非疾也竟不服藥遺偈付法五月二日朝遊藍田暮歸澡身中夜入滅

洪州感潭資國禪師白兆問家內停喪請師慰問師曰苦痛蒼天曰死却爺死却孃師打了趂出師凡接機皆如此

天台瑞龍慧恭禪師福州羅氏子謁德山山問會麽曰作麽山曰請相見曰識麽山大笑遂許入室洎山順世乃開法焉

泉州瓦棺和尚在德山爲侍者一日同入山斫木山將一椀水與師師接得便喫却山曰會麽師曰不會山又將一椀水與師師又接喫却山曰會麽師曰不會山曰何不成褫取不會底師曰不會又成褫箇甚麽山曰子大似箇鐵橛住後雪峰訪師茶話次峰問當時在德山斫木因緣作麽生師曰先師當時肯我峰曰和尚離師太早時面前偶有一椀水峰曰將水來師便度與峰接得便潑却（雲門云莫壓良爲賤）

襄州高亭簡禪師參德山隔江纔見便云不審山乃摇扇招之師忽開悟乃横趨而去更不回顧

## 青原下六世

### 巖頭奯禪師法嗣

台州瑞巖師彥禪師閩之許氏子自幼披緇秉戒無缺初禮巖頭問曰如何是本常理頭

曰動也曰動時如何頭曰不是本常理師良久頭曰肯即未脫根塵不肯即永沈生死師遂領悟便禮拜頭每與語徵酬無忒後謁夾山山問甚處來曰卧龍來山曰來時龍還起也未師乃顧視之山曰灸瘡瘢上更著艾燋曰和尚又苦如此昆十作甚麼山休去二三師乃問山與麼即易不與麼即難與麼與麼即惺惺不與麼不與麼即居空界與麼不與麼請師速道山曰老僧謾闍黎去也師喝曰這老和尚而今是甚時節便出去（後有僧舉似巖頭頭云苦哉將我一枝佛法與麼流將去）師尋居丹丘瑞巖坐磐石終日如愚每自喚主人公復應諾乃曰惺惺著他後莫受人謾（後有僧參玄沙沙問近離甚處云瑞巖沙云有何言句示徒僧舉前話沙云一等是弄精魂也甚奇怪乃云何不且在彼住云已遷化也沙云而今還喚得應麼僧無對）師統衆嚴整江表稱之僧問頭上寶蓋現足下雲生時如何師曰披枷帶鎖漢曰頭上無寶蓋足下無雲生時如何師曰猶有杻在曰畢竟如何師曰齋後困鏡清問天不能覆地不能載豈不是師曰若是即被覆載清曰若不是瑞巖幾遭也師自稱曰師彥僧問如何是佛師曰石牛曰如何是法師曰石牛兒曰恁麼即不同也師曰合不得曰爲甚麼合不得師曰無同可同合甚麼問作麼生商量即得不落階級師曰排不出曰爲甚麼排不出師曰他從前無階級曰未審居何位次師曰不坐普光殿曰還理化也無師曰名聞三界重何處不歸朝一日有村媼作禮師曰汝速歸救取數千物命媼回舍見兒婦拾田螺歸媼遂放之水濱師之異迹頗多茲不繁錄逝後塔于本山諡空照禪師

懷州玄泉彥禪師僧問如何是道中人師曰日落投孤店問如何是佛師曰張家三箇兒曰學人不會師曰孟仲季也不會問如何是聲前一句師曰吽曰轉後如何師曰是甚麼

福州羅山道閑禪師長溪陳氏子出家於龜山年滿受具昆十徧歷諸方嘗謁石霜二四問去住不寧時如何霜曰直須盡却師不契乃參巖頭亦如前問頭曰從他去住管他作麼師於是服膺閩帥飲其法味請居羅山號法寶禪師開堂陞座方斂衣便曰珍重時衆不散良久師又曰未識底近前來僧出禮拜師抗聲曰也大苦哉僧擬伸問師乃喝出問如何是奇特一句師曰道甚麼問當鋒事如何辨明師舉如意僧曰乞和尚垂慈師曰大遠也問急相投請師一接師曰會麼曰不會師曰箭過也問九女不攜誰是哀提者師曰高聲問僧擬再問師曰甚麼處去也僧來參師問名甚麼曰明教師曰還會教也未曰隨分師豎起拳曰靈山會上喚這箇作甚麼曰拳教師笑曰若恁麼喚作拳教復展兩足曰這箇是甚麼教僧無語師曰莫喚作脚教麼師在禾山送同行矩長老出門次把拄杖向面前一擲矩無對師曰石牛攔古路一馬生雙駒（後僧舉似踈山山云石牛攔古路一馬生三寅）僧辭保福福問甚處去曰禮拜羅山福曰汝向羅山道保福秋間上府朝覲大王昆十置四十箇問頭問二五和尚忽若一句不相當莫言不道僧舉似師師呵呵大笑曰陳老師自入福建道洪塘橋下一寨未曾見有箇毛頭星現汝與我向從展道陳老師無許多問頭秖有一口劍一劍下須有分身

之意亦有出身之路若不明便須成末僧回舉似福福曰我當時也秖是謔伊至秋朝覲師特爲辦茶筵請福福不赴却向僧曰我中間曾有謔語恐和尚問著僧歸舉似師曰汝向他道猛虎終不食伏肉僧又去福遂來無軫上座問秖如巖頭道洞山好佛秖是無光未審洞山有何虧闕便道無光師召軫軫應諾師曰灼然好箇佛秖是無光曰大師爲甚麼撥無軫話師曰甚麼處是陳老師撥你話處快道快道軫無語師打三十棒趁出軫舉似招慶慶一夏罵詈至夏末自來問師乃分明舉似慶便作禮懺悔曰洎錯怪大師僧舉寒山詩問白鶴銜苦桃時如何師曰貞女室中吟曰千里作一息時如何師曰送客郵亭外曰欲往蓬萊山時如何師曰欹枕覷獼猴曰將此充糧食時如何師曰古劍髑髏前問如何是百草頭上盡是祖師意師曰剌破汝眼問如何是道師曰倚著壁問前是萬丈洪崖後是虎狼師子正當恁麼時如何師曰自在問三界誰爲主師曰還解喫飯麼臨遷化上堂集衆良久展左手主事罔測乃令東邊師僧退後又展右手又令西邊師僧退後迺曰欲報佛恩無過流通大教歸去也歸去也珍重言訖莞爾而寂

福州香谿從範禪師新到叅師曰汝豈不是鼓山僧曰是師曰額上珠爲何不現僧無對僧辭師門送復召上座僧回首師曰滿肚是禪曰和尚是甚麼心行師大笑而已師披衲衣次說偈曰迦葉上行衣披來須捷機纔分招的箭密露不藏龜

福州聖壽嚴禪師補衲次僧叅師提起示之曰山僧一衲衣展似衆人見雲水兩條分莫教露針線速道速道僧無對師曰如許多時作甚麼來

吉州靈巖慧宗禪師福州陳氏子受業於龜山僧問如何是靈巖境師曰松檜森森密密遮曰如何是境中人師曰夜夜有猿啼問如何是學人自己本分事師曰拋却真金拾瓦礫作麼

五燈會元卷第十七

蓋天蓋地去師於言下大悟便作禮起連聲叫曰師兄今日始是鼇山成道師在洞山作飯頭淘米次山問淘沙去米淘米去沙師曰沙米一時去山曰大衆喫箇甚麼師遂覆却米盆山曰據子因緣合在德山洞山一日問師作甚麼來師曰斫槽來山曰幾斧斫成師曰一斧斫成山曰猶是這邊事那邊事作麼生師曰直得無下手處山曰猶是這邊事那邊事作麼生師休去（汾陽代云某甲早困也）師辭洞山山曰子甚處去師曰歸嶺中去山曰當時

五燈會元卷第十七

## 校勘記

一 底本，清藏本。

一 四七八頁上一行經名，徑作「五燈會元卷第七」。

一 四七八頁上一〇行「邱塚」，徑作「丘塚」。

一 四七八頁下八行夾註左「煙燄」，徑作「烘燄」。

一 四八〇頁下六行夾註右「從來」，徑作「從前」。

一 四八三頁中末行末字「與」，徑作「與我」。

一 四八三頁下一行首字「從」上，徑有大段文字，兹附録於卷末，即「蓋天……當時」。

一 四八八頁中末行卷末經名，徑無（未換卷）。

五燈會元卷第十八　池一

宋　沙　門　大　川　濟　纂

青原下六世

雪峰存禪師法嗣

福州玄沙師備宗一禪師閩之謝氏子幼好垂釣泛小艇於南臺江狎諸漁者唐咸通初年甫三十忽慕出塵乃棄舟投芙蓉訓禪師落髮往豫章開元寺受具布衲芒屨食纔接氣常終日宴坐衆皆異之與雪峯本法門昆仲而親近若師資峯以其苦行呼爲頭陀一日峰問阿那箇是備頭陀師曰終不敢誑於人異日峰召曰備頭陀何不徧參去師曰達磨不來東土二祖不往西天峰然之暨登象骨山乃與師同力締搆玄徒臻萃師入室咨決罔替晨昏又閱楞嚴發明心地由是應機敏捷與修多羅冥契諸方玄學有所未決必從之請益至與雪峰徵詰亦當仁不讓峰曰備頭陀再來人也雪峰上堂要會此事猶如古鏡當臺胡來胡現漢來漢現師出衆曰忽遇明鏡來時如何峰曰胡漢俱隱師曰老和尚脚跟猶未點地在住後上堂佛道閑曠無有程途無門解脫之門無意道人之意不在三際故不可昇沈建立乖眞非屬造化動則起生死之本靜則醉昏沉之鄉動靜雙泯即落空亡動靜雙收瞞頇佛性必須對塵對境如枯木寒灰臨時應用不失其宜鏡照諸像不亂光輝鳥飛空中不雜空色所以十方無影像三界絕行蹤不墮往來機不住中間意鐘中無鼓響鼓中無鐘聲鐘鼓不相交句句無前後如壯士展臂不藉他力師子遊行豈求伴侶九霄絕翳何在穿通一段光明未曾昬昧若到這裏體寂寂常的的日赫燄無邊表圓覺空中不動搖呑爍乾坤迥然照夫佛出世者元無出入名相無體道本如如法爾天眞不同修證秖要虛閑不昧作用不涉塵泥箇中纖毫道不盡即爲魔王眷屬句前句後是學人難處所以一句當天八萬門永絕生死直饒得似秋潭月影靜夜鐘聲隨扣擊以無虧觸波瀾而不散猶是生死岸頭事道人行處如火銷冰終不却成冰箭既離弦無返回勢所以牢籠不肯住呼喚不回頭古聖不安排至今無處所若到這裏步步登玄不屬邪正識不能識智不能知動便失宗覺即迷旨二乘膽顫十地魂驚語路處絕心行處滅直得釋迦掩室於摩竭淨名杜口於毗耶須菩提唱無說而顯道釋梵絕聽而雨花若與麼見前更疑何事沒棲泊處離去來今限約不得心思路絕不因莊嚴本來眞淨動用語笑隨處明了更無欠少今時人不悟箇中道理妄自涉事涉塵處處染著頭頭繫絆縱悟則塵境紛紜名相不實便擬凝心斂念攝事歸空閉目藏睛終有念起旋旋破除細想纔生即便遏捺如此見解即是落空亡底外道魂不散底死人冥冥漠漠無覺無知塞耳偷鈴徒自欺誑這裏分別則不然也不是隈門傍户句句現前不得商量不涉文墨本絕塵境本無位次權名箇出家兒畢竟無踪迹眞如凡聖地獄人天秖是療狂子之方虛空尚無改變大道豈有昇沈悟則縱橫不離本際若到這裏凡聖也無立處若向句中作意

則没溺殺人若向外馳求又落魔界如如向上没可安排恰似熖爐不藏蚊蚋此理本來平坦何用剗除動靜揚眉是眞解脱道不彊爲意度建立乖眞若到這裏纖毫不受指意則差便是千聖出頭來也安一字不得久立珍重上堂我今問汝諸人且承當得箇甚麽事在何世界安身立命還辨得麽若辨不得恰似捏目生花見事便差知麽如今目前見有山河大地色空明暗種種諸物皆是狂勞花相喚作顛倒知見夫出家人識心達本源故號爲沙門汝今既已剃髮披衣爲沙門相即便有自利利他分如今看著盡黑漫漫地墨汁相似自救尚不得爭解爲得人仁者佛法因緣事大莫作等閑相似聚頭亂説雜話趂讚過時光陰難得可惜許大丈夫兒何不自省察看是甚麽事秖如從上宗乘是諸佛頂族汝既承當不得所以我方便勸汝但從迦葉門接續頓超去此一門超凡聖因果超毗盧妙莊嚴世界海超他釋迦方便門直下永劫不教有一物與汝作眼見何不自急急

究取未必道我且待三生兩生久積淨業仁者宗乘是甚麽事不可由汝用工莊嚴便得去不可他心宿命便得去會麽秖如釋迦出頭來作許多變弄説十二分教如瓶灌水大作一場佛事向此門中用一點不得用一毛頭伎倆不得知麽如同夢事亦如寱語沙門不應出頭來不同夢事蓋爲識得知麽識得即是大出脱大徹頭人所以超凡越聖出生離死離因離果超毗盧越釋迦不被凡聖因果所謾一切處無人識得汝知麽莫秖長戀生死愛網被善惡業拘將去無自由分饒汝鍊得身心同虛空去饒汝到精明湛不揺處不出識陰古人喚作如急流水流急不覺妄爲恬靜恁麽修行盡出他輪回際不得依前被輪回去所以道諸行無常直是三乘功果如是可畏若無道眼亦不究竟何似如今博地凡夫不用一毫工夫便頓超去解省心力麽還願樂麽勸汝我如今立地待汝搆去更不教汝加功煉行如今不恁麽更待何時還肯麽便下座上堂汝諸人如在大海裏坐没

頭浸却了更展手問人乞水喫夫學般若菩薩須具大根器有大智慧始得若有智慧即今便出脱得去若是根機遲鈍直須勤苦耐志日夜忘疲無眠失食如喪考妣相似恁麽急切盡一生去更得人荷挾尅骨究實不妨易得搆去且況如今誰是堪任受學底人仁者莫秖是記言記語恰似念陀羅尼相似蹋步向前來口裏哆哆和和地被人把住詰問著没去處便嗔道和尚不爲我答話恁麽學事大苦知麽有一般坐繩牀和尚稱善知識問著便揺身動手點眼吐舌瞪視更有一般説昭昭靈靈靈臺智性能見能聞向五蘊身田裏作主宰恁麽爲善知識大賺人知麽我今問汝汝若認昭昭靈靈是汝眞實爲甚麽瞌睡時又不成昭昭靈靈若瞌睡時不是爲甚麽有昭昭時汝還會麽這箇喚作認賊爲子是生死根本妄想緣氣汝欲識根由麽我向汝道昭昭靈靈秖因前塵色聲香等法而有分別便道此是昭昭靈靈若無前塵汝此昭昭靈靈同於龜毛兎角仁者眞實在甚麽

處汝今欲得出他五蘊身田主宰但識取汝祕密金剛體古人向汝道圓成正遍遍周沙界我今少分爲汝智者可以譬喻得解汝還見南閻浮提日麼世間人所作興營養身活命種種心行作業莫非皆承日光成立秖如日體還有許多般心行麼還有不周遍處麼欲識金剛體亦須如是看秖如今山河大地十方國土色空明暗及汝身心莫非盡承汝圓成威光所現直是天人羣生類所作業次受生果報有情無情莫非承汝威光乃至諸佛成道成果接物利生莫非盡承汝威光秖如金剛體還有凡夫諸佛麼有汝心行麼不可道無便得當去也知麼汝既有如是奇特當陽出身處何不發明取因何却隨他向五蘊身田中鬼趣裏作活計直下自謾去忽然無常殺鬼到來眼目譸張身見命見恁麼時大難支荷如生脫龜殼相似大苦仁者莫把瞌睡見解便當却去未解蓋覆得毛頭許汝還知麼三界無安猶如火宅且汝未是得安樂底人秖大作羣隊干他人世這邊那邊飛

走野鹿相似但求衣食若恁麼爭行他王道知麼國王大臣不拘執汝父母放汝出家十方施主供汝衣食土地龍神呵護汝也須具慚愧知恩始得莫孤負人好長連牀上排行著地銷將去道是安樂未在皆是粥飯將養得汝爛冬瓜相似變將去土裏埋將去業識茫茫無本可據沙門因甚麼到恁麼地秖如大地上蠢蠢者我喚作地獄劫住如今若不了明朝後日入驢胎馬肚裏牽犂拽耙銜鐵負鞍碓擣磨磨水火裏燒煮去大不容易受大須恐懼好是汝自累知麼若是了去直下永劫不曾教汝有這箇消息若不了此煩惱惡業因緣不是一劫兩劫得休直與汝金剛齊壽知麼師因參次聞燕子聲乃曰深談實相善說法要便下座時有僧請益曰某甲不會師曰去誰信汝鼓山來師作一圓相示之山曰人人出這箇不得師曰情知汝向驢胎馬腹裏作活計山曰和尚又作麼生師曰人人出這箇不得山曰和尚與麼道却得某甲爲甚麼道不得師曰我得汝不得上堂衆集

遂將拄杖一時趁下却回向侍者道我今日作得一解險入地獄如箭射者曰喜得和尚再復人身僧侍立次師以杖指面前地上白點曰還見麼曰見如是三問僧亦如是答師曰你也見我也見爲甚麼道不會師嘗訪三斗庵主纔相見主曰莫怪住山年深無坐具師曰人人盡有庵主爲甚麼無主曰且坐喫茶師曰庵主元來有在侍雪峰次有二僧從階下過峰曰此二人堪爲種草師曰某甲不與麼峰曰汝作麼生師曰便好與三十棒因雪峰指火曰三世諸佛在火焰裏轉大法輪師曰近日王令稍嚴峰曰作麼生師曰不許攙奪行市雲門曰火焰爲三世諸佛說法三世諸佛立地聽南際到雪峰峰令訪師師問古人道此事唯我能知長老作麼生際曰須知有不求知者（歸宗栞別拊掌三下）師曰山頭和尚喫許多辛苦作麼雪峰普請畬田次見一蛇以杖挑起召衆曰看看以刀芟爲兩段師以杖抛於背後更不顧視衆愕然峰曰俊哉侍雪峰遊山次峰指面前地曰這一片地好造箇

無縫塔師曰高多少峰乃顧視上下師曰人天福報即不無和尚若是靈山授記未夢見在峰曰你又作麽生師曰七尺八尺雪峰曰世界闊一尺古鏡闊一尺世界闊一丈古鏡闊一丈師指火爐曰火爐闊多少峰曰如古鏡闊師曰老和尚脚跟未點地在師初住普應院還止玄沙天下叢林皆望風而賓之閩帥王公待以師禮學徒餘八百室户不閉上堂良久曰我爲汝得徹困也還會麽僧問寂寂無言時如何師曰寐語作麽曰本分事請師道師曰瞌睡作麽曰學人即瞌睡和尚如何師曰爭得恁麽不識痛癢又曰可惜如許大師僧千里萬里行脚到這裏不消箇瞌睡寐語便屈却去問如何是學人自己師曰用自己作麽問從上宗乘如何理論師曰少人聽曰請和尚直道師曰患聾作麽又曰仁者如今事不獲已教我抑下如是威光苦口相勸百千方便如此如彼共汝相知聞盡成顛倒知見將此咽喉唇吻秖成得箇野狐精業謾汝我還肯麽秖如有過無過唯我自知汝爭得會若是恁麽人出頭來甘伏呵責夫爲人師匠大不易須是善知識始得知我如今恁麽方便助汝猶尚不能搆得可中純舉宗乘是汝向甚麽處安措還會麽四十九年是方便秖如靈山會上有百萬衆唯有迦葉一人親聞餘盡不聞汝道迦葉親聞底事作麽生不可道如來無説説迦葉不聞聞便得當去不可是汝修因成果福智莊嚴底事知麽且如道吾有正法眼藏付囑大迦葉我道猶如話月曹溪竪拂子還如指月所以道大唐國内宗乘中事未曾見有一人舉唱設有人舉唱盡大地人失却性命如無孔鐵鎚相似一時亡鋒結舌去汝諸人賴遇我不惜身命共汝顛倒知見隨汝狂意方有伸問處我若不共汝恁麽知聞去汝向甚麽處得見我會麽大難努力珍重師有偈曰萬里神光頂後相沒頂之時何處望事已成意亦休此箇來蹤觸處周智者撩著便提取莫待須臾失却頭又曰玄沙遊逕別時人切須知三冬陽氣盛六月降霜時有語非關舌無言切要詞會我最後句出世少人知問四威儀外如何奉王師曰汝是王法罪人爭會問事問古人拈槌竪拂還當宗乘也無師曰不當曰古人意作麽生師舉拂子僧曰宗乘中事如何師曰待汝悟始得問如何是金剛力士師吹一吹閩王送師上船師扣船召曰大王爭能出得這裏去王曰在裏許得多少時也(歸宗柔別云不因和尚不得到這裏)師問文桶頭下山幾時歸曰三五日師曰歸時有無底桶子將一擔歸文無對(歸宗柔代云和尚用作甚麽)師垂語曰諸方老宿盡道接物利生秖如三種病人汝作麽生接患盲者拈槌竪拂他又不見患聾者語言三昧他又不聞患瘂者教伊説又説不得若接不得佛法無靈驗時有僧出曰三種病人還許學人商量否師曰許汝作麽生商量其僧珍重出師曰不是不是羅漢曰桂琛現有眼耳口和尚作麽生接師曰慚愧便歸方丈中塔曰三種病人即今在甚麽處又一僧曰非唯謾他兼亦自謾(法眼云我當時見羅漢舉此僧語我便會三種病人雲居錫云秖如此僧會不會若道會玄沙又道不是若道不會法眼爲甚麽道我因此僧語便會三種病人上

座無事上來商量大家要知有僧請益雲門門曰汝禮拜著僧禮拜起門以拄杖挃之僧退後門曰汝不是患盲麽復喚近前來僧近前門曰汝不是患聾麽門曰會麽曰不會門曰汝不是患瘂麽僧於是有省長慶來師問除却藥忌作麽生道慶曰放憨作麽師曰雪峰山橡子拾食來這裏雀兒放糞師因僧禮拜師曰因我得禮汝普請斫柴次見一虎天龍曰和尚虎師曰是汝虎歸院後天龍問適來見虎云是汝未審尊意如何師曰娑婆世界有四種極重事若人透得不妨出得陰界東禪齊云上座古人見了道我身心如大地虛空如今人還透得麽師問長生維摩觀佛前際不來後際不去今則無住汝作麽生觀生曰放皎然過有箇道處師曰放汝過作麽生道生良久師曰教阿誰委悉生曰徒勞側耳師曰情知汝向鬼窟裏作活計崇壽稠別長生云喚甚麽作如來問古人皆以瞬視接人未審和尚以何接人師曰我不以瞬視接人曰學人爲甚道不得師曰畐塞汝口爭解道得法眼云古人恁麽道甚奇特且問上座口是甚麽問凡有言句盡落褫襀不落褫襀請和尚商量師曰拗折秤衡來與汝商量問承古有言舉足下足無非道場如何是道場師曰沒却你曰爲甚麽得恁麽難見師曰秖爲太近法眼曰也無可得近在下是上座師在雪峰時光侍者謂師曰師叔若學得禪某甲打鐵船下海去師住後問光曰打得鐵船也未光無對法眼代云和尚終不恁麽法燈代云請和尚下船玄覺代云貧兒思舊債師一日遣僧送書上雪峰峰開緘見白紙三幅問僧會麽曰不會峰曰不見道君子千里同風僧回舉似師曰山頭老漢蹉過也不知曰和尚如何師曰孟春猶寒也不解道師問鏡清教中道不見一法爲大過患且道不見甚麽法清指露柱曰莫是不見這箇法麽同安顯別云也知和尚不造次師曰浙中清水白米從汝喫佛法未會在問承和尚有言盡十方世界是一顆明珠學人如何得會師曰盡十方世界是一顆明珠用會作麽僧便休師來日却問其僧盡十方世界是一顆明珠汝作麽生會曰盡十方世界是一顆明珠用會作麽師曰知汝向鬼窟裏作活計玄覺云一般恁麽道爲甚麽却成鬼窟去問如何是無縫塔師曰這一縫大小韋監軍來謁乃曰曹山和尚甚奇怪師曰撫州取曹山幾里韋指傍僧曰上座曾到曹山否曰曾到韋曰撫州取曹山幾里曰百二十里韋曰恁麽則上座不到曹山韋却起禮拜師曰監軍却須禮此僧此僧却具慚愧雲居錫云甚麽處是此僧具慚愧若檢得出許上座有行脚眼問如何是清淨法身師曰膿滴滴地問如何是親切底事師曰我是謝三郎西天有聲明三藏至閩師請師辨驗師以鐵火筯敲銅爐問是甚麽聲藏曰銅鐵聲法眼別云請大師爲大王法燈別云聽和尚問師曰大王莫受外國人謾藏無對法眼代云大師久受大王供養法燈代云却是和尚謾大王師南遊莆田縣排百戲迎接來日師問小塘長老昨日許多喧鬧向甚麽處去也塘提起衲衣角師曰料掉没交涉法眼別云昨日有多少喧鬧法燈別云今日更好笑問僧乾闥婆城汝作麽生會曰如夢如幻法眼別敲物示之師與地藏在方丈說話夜深侍者閉却門師曰門總閉了汝作麽生得出去藏曰喚甚麽作門法燈別云和尚莫欲歇去師以杖拄地問長生曰僧見俗見男見女見汝作麽生見曰和尚

還見皎然見處麽師曰相識滿天下問承和尚有言聞性遍周沙界雪峰打皷這裏爲甚麽不聞師曰誰知不聞問險惡道中以何爲津梁師曰以眼爲津梁曰未得者如何師曰快救取好師舉誌公云每日拈香擇火不知身是道場乃曰每日拈香擇火不知眞箇道場（玄覺云秖如此二尊宿語還有親疎也無）師與韋監軍喫果子韋問如何是日用而不知師拈起果子曰喫韋喫果子了再問師曰秖這是日用而不知普請搬柴師曰汝諸人盡承吾力一僧曰既承師力何用普請師叱之曰不普請爭得柴歸師問明眞大師善財叅彌勒彌勒指歸文殊文殊指歸佛處汝道佛指歸甚麽處曰不知師曰情知汝不知（法眼別云喚甚麽作佛）大普玄通到禮覲師曰你在彼住莫誑惑人家男女曰玄通秖是開箇供養門晚來朝去爭敢作恁麽事師曰事難曰眞情是難師曰甚麽處是難處曰爲伊不肯承當師便入方丈拄却門僧問學人乍入叢林乞師指箇入路師曰還聞偃溪水聲麽曰聞師曰從這裏入泉守王公請師登樓先語客司曰待我引大師到樓前便舁却梯客司稟旨公曰請大師登樓師視樓復視其人乃曰佛法不是此道理（法眼云未舁梯時日幾度登樓）師與泉守在室中說話有一沙彌揭簾入見却退步而出師曰那沙彌好與二十拄杖守曰恁麽即某甲罪過（同安顯別云祖師來也）師曰佛法不是恁麽（鏡清云不爲打水有僧問不爲打水意作麽生清云青山碾爲塵敢保沒閑人）梁開平戊辰示寂閩帥爲之樹塔

福州長慶慧稜禪師杭州鹽官人也姓孫氏稟性淳澹年十三於蘇州通玄寺出家登戒歷叅禪苑後叅靈雲問如何是佛法大意雲曰驢事未去馬事到來師如是往來雪峰玄沙二十年間坐破七箇蒲團不明此事一日捲簾忽然大悟乃有頌曰也大差也大差捲起簾來見天下有人問我解何宗拈起拂子劈口打峰舉謂玄沙曰此子徹去也沙曰未可此是意識著述更須勘過始得至晚衆僧上來問訊峰謂師曰備頭陀未肯汝在汝實有正悟對衆舉來師又有頌曰萬象之中獨露身唯人自肯乃方親昔時謬向途中覓今日看來火裏氷峰乃顧沙曰不可更是意識著述師問峰曰從上諸聖傳受一路請師垂示峰良久師設禮而退峰乃微笑師入方丈叅峰曰是甚麽師曰今日天晴好普請自此酧問未嘗輒於玄旨師在西院問詵上座曰這裏有象骨山汝曾到麽曰不曾到師曰爲甚麽不到曰自有本分事在師曰作麽生是上座本分事詵乃提起衲衣角師曰爲當秖這箇別更有曰上座見箇甚麽師曰何得龍頭蛇尾保福辭歸雪峰謂師曰山頭和尚或問上座信作麽生秖對師曰不避腥羶亦有少許曰信道甚麽師曰教我分付阿誰曰從展雖有此語未必有恁麽事師曰若然者前程全自闍黎師與保福遊山福問古人道妙峰山頂莫秖這箇便是也無師曰是即是可惜許（僧問鼓山秖如長慶恁麽道意作麽生山云孫公若無此語可謂髑髏徧野）師來往雪峰二十九載天祐三年泉州刺史王延彬請住招慶開堂日公朝服趨隅曰請師說法師曰還聞麽公設拜師曰雖然如此

恐有人不肯僧問如何是正法眼師曰有願不撒沙一日王太傅入院見方丈門閉問演侍者曰有人敢道太師在否演曰有人敢道太師不在否（法眼別云太傅識太師）閩帥請居長慶號超覺太師上堂良久曰還有人相悉麼若不相悉欺謾兄弟去也秖今有甚麼事莫有窒塞也無復是誰家屋裏事不肯擔荷更待何時若是利根參學不到這裏還會麼如今有一般行脚人耳裏總滿也假饒收拾得底還當得行脚事麼僧問行脚事如何學師曰但知就人索取曰如何是獨脫一路師曰何煩更問問名言妙義教有所詮不涉三科請師直道師曰珍重師乃曰明明歌詠汝尚不會忽被暗裏來底事汝作麼生僧問如何是暗來底事師曰喫茶去（中塔代云便請和尚相伴）問如何是不隔毫端底事師曰當不當問如何得不疑不惑去師乃展兩手僧不進語師曰汝更問我與汝道僧再問師露膊而坐僧禮拜師曰汝作麼生會曰今日風起師曰恁麼道未定人見解汝於古今中有甚麼節要齊得長慶

若衆得許汝作話主其僧但立而已師却問汝是甚處人曰向北人師曰南北三千里外學妄語作麼僧無對上堂良久曰莫道今夜較些子便下座僧問衆手淘金誰是得者師曰有伎倆者得曰學人還得也無師曰大遠在上堂撞著道伴交肩過一生參學事畢上堂淨潔打疊了也却近前問我覓我劈脊與你一棒有一棒到你你須生慚愧無一棒到你你又向甚麼處會問羚羊挂角時如何師曰草裏漢曰挂角後如何師曰亂叫喚曰畢竟如何師曰驢事未去馬事到來問如何是合聖之言師曰大小長慶被汝一問口似匾擔曰何故如此師曰適來問甚麼上堂我若純舉唱宗乘須閉却法堂門所以道盡法無民僧問不怕無民請師盡法師曰還委落處麼問如何是西來意師曰香嚴道底一時坐却上堂總似今日老胡有望保福曰總似今日老胡絕望（玄覺云爲廢道是相見語不是相見語）安國瑫和尚得師號師去作賀國出接師曰師號來耶曰來也師曰是甚麼號曰明眞師乃展手國

曰甚麼處去來師曰幾不問過問僧甚處來曰鼓山來師曰鼓山有不跨石門底句有人借問汝作麼生道曰昨夜報慈宿師曰劈脊棒汝又作麼生曰和尚若行此棒不虛受人天供養師曰幾合放過問古人有言相逢不拈出舉意便知有時如何師曰知有也未（僧又問保福福云此是誰語云丹霞語福云去莫妨我打睡）師入僧堂舉起疏頭曰見即不見還見麼衆無對（法眼代云纔受得到別處亦不敢呈人）師到羅山見製龕子以杖敲龕曰太煞預備山曰拙布置師曰還肯入也無山乃吽吽上堂大衆集定師乃拽出一僧曰大衆禮拜此僧又曰此僧有甚麼長處便教大衆禮拜衆無對僧問如何是文彩未生時事師曰汝先舉我後舉其僧但立而已（法眼別云請和尚舉）師曰汝作麼生舉曰某甲截舌有分保福遷化僧問保福拋却殼漏子向甚麼處去也師曰且道保福在那箇殼漏子裏（法眼別云那箇是保福殼漏子）閩帥夫人崔氏（奉道自稱練師）遣使送衣物至曰練師令就大師請回信師曰傳語練師領取回信須臾使却來師前唱喏便回師明日

入府練師曰昨日謝大師回信師曰却請昨日回信看練師展兩手帥問師曰練師適來呈信還愜大師意否師曰猶較些子(法眼別云這一轉語大王自道取)曰未審大師意旨如何師良久帥曰不可思議大師佛法深遠後唐長興三年歸寂王氏建塔

漳州保福院從展禪師福州陳氏子年十五禮雪峰爲受業師遊吳楚間後歸執侍峰一日忽召曰還會麽師欲近前峰以杖拄之師當下知歸嘗以古今方便詢于長慶一日慶謂師曰寧說阿羅漢有三毒不可說如來有二種語不道如來無語秖是無二種語師曰作麽生是如來語慶曰聾人爭得聞師曰情知和尚向第二頭道慶曰汝又作麽生師曰喫茶去(雲居錫云甚麽處是長慶向第二頭道處)因舉盤山道光境俱亡復是何物洞山道光境未亡復是何物師曰據此二尊宿商量猶未得勦絕乃問長慶如今作麽生道得勦絕慶良久師曰情知和尚向鬼窟裏作活計慶却問作麽生師曰兩手扶犂水過膝長慶問見色便見心還見船子麽師曰見曰船子且置作麽生是心師却指船子(歸宗柔別云和尚秖解問人)雪峰上堂曰諸上座望州亭與汝相見了也烏石嶺與汝相見了也僧堂前與汝相見了也師舉問鵝湖僧堂前相見即且置秖如望州亭烏石嶺甚麽處相見鵝湖驟步歸方丈師低頭入僧堂梁貞明四年漳州刺史王公創保福禪苑迎請居之開堂日王公禮跪三請躬自扶掖陞座師乃曰須起箇笑端作麽然雖如此再三不容推免諸仁者還識麽若識得便與古佛齊肩時有僧出方禮拜師曰晴乾不肯去直待雨淋頭問郡守崇建精舍大闡真風便請和尚舉揚宗教師曰還會麽曰恁麽則羣生有賴也師曰莫塗汙人好又僧出禮拜師曰大德好與莫覆却船子僧問泯默之時將何爲則師曰落在甚麽處曰不會師曰瞌睡漢出去上堂此事如擊石火似閃電光搆得搆不得未免喪身失命僧問未審搆得底人還免喪身失命也無師曰適來且置闍黎還搆得麽曰若搆不得未免大衆怪笑師曰作家作家曰是甚麽心行師曰一杓屎攔面潑也不知臭師見僧以杖打露柱又打其僧頭僧作忍痛聲師曰那箇爲甚麽不痛僧無對(立覺代云負行拄杖)問摩騰入漢一藏分明達磨西來將何指示師曰上座行脚事作麽生曰不會師曰不會會取莫傍家取人處分若是久在叢林粗委些子遠近可以隨處任真其有初心後學未知次序山僧所以不惜口業向汝道塵劫來事秖在如今還會麽然佛法付囑國王大臣郡守昔同佛會今方如是若是福祿榮貴則且不論秖如當時受佛付囑底事還記得麽若識得便與千聖齊肩儻未識得直須諦信此事不從人得自己亦非言多去道轉遠直道言語道斷心行處滅猶未是在久立珍重上堂有人從佛殿後過見是張三李四從佛殿前過爲甚麽不見且道佛法利害在甚麽處僧曰爲有一分麤境所以不見師乃叱之自代曰若是佛殿即不見曰不是佛殿還可見否師曰不是佛殿見箇甚麽問十二時中如何據驗師曰恰好據驗曰學人爲

甚麼不見師曰不可更捏目去也問主伴重重極十方而齊唱如何是極十方而齊唱師曰汝何不教別人問問因言辯意時如何師曰因甚麼言僧低頭良久師曰掣電之機徒勞佇思師因僧侍立問曰汝得恁麼麁心僧曰甚麼處是某甲麁心處師拈一塊土度與僧曰拋向門前著僧拋了却來曰甚麼處是某甲麁心處師曰我見築著磕著所以道汝麁心師問羅山僧問巖頭浩浩塵中如何辨主頭曰銅沙鑼裏滿盛油意作麼生山召師師應諾山曰獼猴入道場山却問明招忽有人問你又作麼生招曰箭穿紅日影師問羅山巖頭道與麼與麼不與麼不與麼意作麼生山召師師應諾山曰雙明亦雙暗師禮謝三日後却問前日蒙和尚垂慈秖爲看不破山曰盡情向汝道了也師曰和尚是把火行山曰若與麼據汝疑處問將來師曰如何是雙明亦雙暗山曰同生亦同死師又禮謝而退別有僧問師同生亦同死時如何師曰彼此合取狗口曰和尚收取口喫飯其僧却問

羅山同生亦同死時如何山曰如牛無角曰同生不同死時如何山曰如虎戴角師見僧喫飯乃拓鉢曰家常僧曰和尚是甚麼心行有尼到參師問阿誰侍者報曰覺師姑師曰既是覺師姑用來作麼尼曰仁義道中即不無師別云和尚是甚麼心行師聞長生卓庵乃往相訪茶話次生曰曾有僧問祖師西來意某甲舉拂子示之不知得不得師曰某甲爭敢道得不得有箇問有人讚歎此事如虎戴角有人輕毀此事分文不直一等是恁麼事因甚麼毀讚不同生曰適來出自偶爾老宿云毀又爭得又老宿云惜取眉毛好太原孚云若無智眼難辨得失師問僧殿裏底是甚麼曰和尚定當看師曰釋迦佛曰和尚莫謾人好師曰却是汝謾我閩師遣使送朱記到師上堂提起印曰去即印住住即印破僧曰不去不住用印奚爲師便打僧曰恁麼則鬼窟裏全因今日也師持印歸方丈問僧甚處來曰江西師曰學得底那曰拈不出師曰作麼生法眼別云讀語僧無對師舉洞山眞讚云徒觀紙與墨不是山中人僧問如何是

山中人師曰汝試邈掠看曰若不黠兒幾成邈掠師曰汝是黠兒曰和尚是甚麼心行師曰來言不豐僧數錢次師乃展手曰乞我一錢曰和尚因何到恁麼地師曰我到恁麼地曰若到恁麼地將取一文去師曰汝因甚到恁麼地問僧甚處來曰觀音師曰還見觀音麼曰見師曰左邊見右邊見曰見時不歷左右法眼別云如和尚見問如何是入火不燒入水不溺師曰若是水火即被燒溺師問飯頭鑊闊多少曰和尚試量看師以手作量勢曰和尚莫謾某甲師曰却是汝謾我問欲達無生路應須識本源如何是本源師良久却問侍者適僧問甚麼其僧再舉師乃喝出曰我不患聾問學人近入叢林乞師全示入路師曰若教全示我却禮拜汝師問僧汝作甚麼業來得恁麼長大曰和尚短多少師却蹲身作短勢僧曰和尚莫謾人好師曰却是汝謾我師令侍者屈隆壽長老云但獨自來莫將侍者來壽曰不許將來爭解離得師曰太煞恩愛壽無對師代曰更謝和尚上足傳示閩師奏命

服一日示微疾僧入丈室問訊師曰吾與汝相識年深有何方術相救曰方術甚有聞說和尚不解忌口（法燈別云和尚解忌口麼）又謂衆曰吾旬日來氣力困劣別無他秖是時至也僧問時旣至矣師去即是住即是師曰道道曰恁麼則某甲不敢造次師曰失錢遭罪言訖而寂

福州鼓山神晏興聖國師大梁李氏子幼惡葷羶樂聞鐘梵年十二時有白氣數道騰于所居屋壁師題壁曰白道從玆速改張休來顯現作妖祥定祛邪行歸眞見必得超凡入聖鄉題罷氣即隨滅年甫志學遘疾甚亟夢神人與藥覺而頓愈明年又夢梵僧告曰出家時至矣遂依衛州白鹿山規禪師披削嵩嶽受具謂同學曰古德云白四羯磨後全體戒定慧豈準繩而可拘也於是杖錫徧扣禪關而但記語言存乎知解及造雪嶺朗然符契一日參雪峰峰知其緣熟忽起搊住曰是甚麼師釋然了悟亦忘其了心唯舉手搖曳而已峰曰子作道理邪師曰何道理之有峰審其懸解撫而印之後閩帥常詢法要創鼓山禪苑請舉揚宗旨上堂良久曰南泉在日亦有人舉要且不識南泉即今莫有識南泉者麼試出來對衆驗看時有僧出禮拜纔起師曰作麼生僧近前曰咨和尚師曰不才請退乃曰經有經師論有論師律有律師有函有號有部有帙各有人傳持且佛法是建立教禪道乃止啼之說他諸聖出興蓋爲人心不等巧開方便遂有多門受疾不同處方還異在有破有居空叱空二患旣除中道須遣鼓山所以道句不當機言非展事承言者喪滯句者迷不唱言前寧談句後直至釋迦掩室淨名杜口大士梁時童子當日一問二問三問盡有人了也諸仁者合作麼生時有僧出禮拜師曰高聲問曰學人咨和尚師喝曰出去曰已事未明以何爲驗師抗聲曰似未聞那其僧再問師曰一點隨流食咸不重問如何是包盡乾坤底句師曰近前來僧近前師曰鈍置殺人曰如何紹得師曰犴徭無風徒勞展掌曰如何即是師曰錯曰學人便承當時如何師曰汝作麼生承當（法燈別云莫費力）問如何是學人正立處師曰不從諸聖行（法燈別云汝擬亂走）問千山萬山那箇是正山師曰用正山作麼（法燈別云千山萬山）師與招慶相遇次慶曰家常師曰太無厭生慶曰且款款師却曰家常慶曰今日未有火師曰太鄙悋生慶曰穩便將取去上堂垂語曰鼓山門下不得咳嗽時有僧咳嗽一聲師曰作甚麼曰傷風師曰傷風即得僧問如何是宗門中事師乃側掌吽吽問如何是向上關棙子師便打問如何是鼓山正主師曰瞎作麼師問保福古人道非不非是不是意作麼生福拈起茶盞師曰莫是非好問如何是眞實人體師曰即今是甚麼體曰究竟如何師曰爭得到恁麼地問如何是佛法大意師曰金烏一點萬里無雲上堂欲知此事如一口劍僧問學人是死屍如何是劍師曰拽出這死屍著僧應喏便歸僧堂結束而去師至晚聞得乃曰好與拄杖（東禪齊云這僧若不肯鼓山有甚過若肯伊何得便發去又云鼓山拄杖賞伊罰伊具眼底試商量看）問僧鼓山有不跨石門句汝作麼生道僧曰請師便打問如何是古人省心力處師曰汝

何費力問言滿天下無口過如何是無口過師曰有甚麽過問如何是教外別傳底事師曰喫茶去師與閩帥瞻仰佛像帥問是甚麽佛師曰請大王鑒帥曰鑒即不是佛師曰是甚麽帥無對（長慶代云久承大師在衆何得造次）僧問從上宗乘如何舉唱師以拂子驀口打問如何是省要處師曰汝還恥麽師復曰今爲諸仁者剌頭入他諸聖化門裏抖擻不出所以向諸人道教排不到祖不西來三世諸佛不能唱十二分教載不起凡聖攝不得古今傳不得忽爾是箇漢未通箇消息向他恁麽道被他驀口摑還怪得他麽雖然如此也不得亂摑鼓山尋常道更有一人不跨石門須有不跨石門句作麽生是不跨石門句鼓山自住三十餘年五湖四海來者向高山頂上看山翫水未見一人快利通得箇消息如今還有人通得也未若通得亦不昧諸兄弟若無不如散去珍重師有偈曰直下猶難會尋言轉更賒若論佛與祖特地隔天涯師舉問僧汝作麽生會僧無語乃謂侍者曰某甲不會請代一轉語者曰和尚與麽道猶隔天涯在僧舉似師師喚侍者問汝爲這僧代語是否者曰是師便打趁出院

五燈會元卷第十八

五燈會元卷第十八

校勘記

一　底本，清藏本。

一　四九〇頁上一行經名，徑無（未換卷）。

一　四九〇頁上三行「青原下六世」，徑無。

一　四九三頁上一三行「千里」，徑作「千道」。

一　五〇〇頁中卷末經名，徑無（未換卷）。

五燈會元卷第十九　　池二

宋　沙　門　大　川　濟　纂

青原下六世

雪峰存禪師法嗣

杭州龍華寺靈照眞覺禪師高麗人也萍遊閩越陞雪峰之堂冥符玄旨居唯一衲服勤衆務閩中謂之照布衲一夕指半月問溥上座曰那一片甚麼處去也溥曰莫妄想師曰失却一片也衆雖歎美而恬澹自持初住婺州齊雲山上堂良久忽舒手顧衆曰乞取些子乞取些子又曰一人傳虛萬人傳實僧問草童能歌舞未審今時還有無師下座作舞曰沙彌會麼曰不會師曰山僧蹋曲子也不會問還丹一粒點鐵成金至理一言轉凡成聖請師一點師曰還知齊雲點金成鐵麼曰點金成鐵前之未聞至理一言敢希垂示師曰句下不薦後悔難追次遷越州鏡清上堂今日盡令去也時有僧出曰請師盡令師乃吽吽問如何是學人本分事師曰鏡清不惜口問請師彫琢師曰八成曰爲甚麼不十成師曰還知鏡清生修理麼問僧甚處來曰五峰來師曰來作甚麼曰禮拜和尚師曰何不自禮曰禮了也師曰鏡湖水淺問如何是第一句師曰莫錯下名言曰豈無方便師曰烏頭養雀兒問向上一路千聖不傳未審甚麼人傳得師曰千聖也疑我曰莫便是傳也無師曰晉帝斬嵇康問釋迦掩室於摩竭淨名杜口於毗耶此意如何師曰東廊下兩兩三三上堂諸方以毗盧法身爲極則鏡清這裏即不然須知毗盧有師法身有主僧問如何是毗盧師法身主師曰二公爭敢論問古人道見色便見心此即是色阿那箇是心師曰恁麼問莫欺山僧麼問未剖以前請師斷師曰落在甚麼處曰失口即不可師曰也是寒山送拾得僧禮拜師曰住住闍黎失口山僧失口曰惡虎不食子師曰驢頭出馬頭回師驀問一僧記得麼曰記得師曰道甚麼曰道甚麼師曰淮南小兒入寺問是甚麼即俊鷹俊鷂趁不及師曰闍黎別問山僧別答曰請師別答師曰十里行人較一程問金屑雖貴眼裏著不得時如何師曰著不得還著得麼僧禮拜師曰深沙神問菩提樹下度衆生如何是菩提樹師曰大似苦練樹曰爲甚麼似苦練樹師曰素非良馬何勞鞭影晉天福丁未示寂塔于杭之大慈山

明州翠巖令參永明禪師安吉州人也僧問不借三寸請師道師曰茶堂裏貶剝去問國師三喚侍者意旨如何師曰抑逼人作麼上堂一夏與兄弟東語西話看翠巖眉毛在麼（長慶云生也雲門云關保福云作賊人心虛翠巖芝云爲衆竭力禍出私門）問凡有言句盡是點汙如何是向上事師曰凡有言句盡是點汙問如何是省要處師曰大衆笑汝問還丹一粒點鐵成金至理一言轉凡成聖學人上來請師一點師曰不點曰爲甚麼不點師曰恐汝落凡聖曰乞師至理師曰侍者點茶來問古人拈槌竪拂意旨如何師曰邪法難扶問僧繇爲甚麼寫誌公眞不得師曰作麼生合殺問險惡道中以何爲津梁師曰藥山再三叮囑問不帶凡聖當機何示師曰莫向人道翠巖靈利問妙機言句盡皆不

當宗乘中事如何師曰禮拜著曰學人不會師曰出家行脚禮拜也不會師後遷龍册而終焉

越州鏡清寺道怤順德禪師永嘉陳氏子六歲不茹葷親黨強啖以枯魚隨即嘔噦遂求出家于本州開元寺受具遊方抵閩謁雪峰峰問甚處人曰溫州人峰曰恁麽則與一宿覺是鄉人也曰秖如一宿覺是甚麽處人峰曰好喫一頓棒且放過一日師問秖如古德豈不是以心傳心峰曰兼不立文字語句師曰秖如不立文字語句師如何傳峰良久師禮謝峰曰更問我一轉豈不好師曰就和尚請一轉問頭峰曰秖恁麽爲别有商量師曰和尚恁麽即得峰曰於汝作麽生師曰孤負殺人雪峰謂衆曰堂堂密密地師出問是甚麽堂堂密密峰起立曰道甚麽師退步而立雪峰垂語曰此事得恁麽尊貴得恁麽綿密師曰道怤自到來數年不聞和尚恁麽示誨峰曰我向前雖無如今已有莫有所妨麽曰不敢此是和尚不已而已峰曰致使我如此

師從此信入而且隨衆時謂之小怤布衲普請次雪峰舉溈山道見色便見心汝道還有過也無師曰古人爲甚麽事峰曰雖然如此要共汝商量師曰恁麽則不如道怤鉏地去師再參雪峰峰問甚處來師曰嶺外來峰曰甚麽處逢見達磨師曰更在甚麽處峰曰未信汝在師曰和尚莫恁麽粘泥好峰便休師後遍歷諸方益資權智因訪先曹山山問甚麽處來師曰昨日離明水山曰甚麽時到明水師曰和尚到時到山曰汝道我甚麽時到師曰適來猶記得山曰如是如是師初住越州鏡清唱雪峰之旨學者奔湊副使皮光業者日休之子辭學宏贍屢擊難之退謂人曰怤師之高論人莫窺其極也新到參師拈起拂子僧曰久嚮鏡清猶有這箇在師曰鏡清今日失利問學人啐請師啄師曰還得活也無曰若不活遭人怪笑師曰也是草裏漢問僧近離甚處曰三峰師曰夏在甚處曰五峰師曰放你三十棒曰過在甚麽處師曰爲汝出一叢林入一叢林師一日於僧堂自擊鐘曰玄沙道底玄沙道底僧問玄沙道甚麽師乃畫一圓相僧曰若不久參爭知與麽師曰失錢遭罪師住菴時有行者至徐徐近繩牀取拂子提起問某甲喚這箇作拂子庵主喚作甚麽師曰不可更安名立字也行者乃擲却拂子曰著甚死急問僧外面是甚麽聲曰蛇齩蝦蟆聲師曰將謂衆生苦更有苦衆生師問靈雲行脚事大乞師指南雲曰浙中米作麽價師曰若不是道怤洎作米價會却問如何是靈源一直道師曰鏡湖水可煞深問如何是清淨法身師曰紅日照青山曰如何是法身向上事師曰風吹雪不寒問僧趙州喫茶話汝作麽生會僧便出去師曰邯鄲學唐步問學人未達其源請師方便師曰是甚麽源曰其源師曰若是其源爭受方便僧禮拜退侍者問和尚適來莫是成褫伊麽師曰無曰莫是不成褫伊麽師曰無曰未審意旨如何師曰一點水墨兩處成龍師在帳中坐有僧問訊師撥開曰當斷不斷反招其亂曰既是當斷爲甚麽不斷師曰我若盡法直恐

無民曰不怕無民請師盡法師曰維那拽出此僧著又曰休休我在南方識伊和尚來普請鉏草次浴頭請師浴師不顧如是三請師舉钁作打勢頭便走師召曰來來頭回首師曰向後遇作家分明舉似頭後到保福舉前語未了福以手掩其口頭却回舉似師師曰饒伊恁麼也未作家師問荷玉甚處來曰天台來師曰阿誰問汝天台曰和尚何得龍頭蛇尾師曰鏡清今日失利師看經次僧問和尚看甚麼經師曰我與古人鬬百草師却問汝會麼曰少年也曾恁麼來師曰如今作麼生僧舉拳師曰我輸汝也問辨不得提不起時如何師曰爭得到這裏曰恁麼則禮拜去也師曰鏡清今日失利師見僧學書遂問學甚麼書曰請和尚鑒師曰一點未分三分著地曰今日又似遇人又似不遇人師曰鏡清今日失利僧問聲前絕妙請師指歸師曰許由不洗耳曰爲甚麼如此師曰猶縶腳在曰某甲秖如此師意又如何師曰無端夜來鴈驚起後池秋錢王命居天龍寺後創龍冊寺延請居焉上堂如今事不得已向汝道各自驗看實箇親切既恁麼親切到汝分上因何特地生疎秖爲拋家日久流浪年深一向緣塵致見如此所以喚作背覺合塵亦名捨父逃逝今勸兄弟未歇歇去好未徹徹去好大丈夫兒得恁麼無氣槩還惆悵麼終日茫茫地且覓取箇管帶路好也無人問我管帶一路僧問如何是管帶一路師噓噓曰要棒喫即道曰恁麼則學人罪過也師曰幾被汝打破蔡州問僧近離甚處曰石橋師曰本分事作麼生曰近離石橋師曰我豈不知你近離石橋本分事作麼生曰和尚何不領話師便打僧曰某甲話在師曰你但喫棒我要這話行僧問一等明機雙扣爲甚麼却遭違貶師曰打水魚頭痛驚林鳥散忙問十二時中以何爲驗師曰得力即向我道僧曰諾師曰十萬八千猶可近問如何是方便門速易成就師曰速易成就曰爭奈學人領覽未的師曰代得也代却問如何是人無心合道師曰何不問道無心合人曰如何是道無心合人師曰白雲乍可來青嶂明月那教下碧天問新年頭還有佛法也無師曰有曰如何是新年頭佛法師曰元正啓祚萬物咸新曰謝師答話師曰鏡清今日失利問學人問不到處請師不答和尚答不到處學人即不問師乃搊住曰是我道理是汝道理曰和尚若打學人學人也打和尚師曰得對相耕去問承師有言諸方若不是走人便是籠人罩人未審和尚如何師曰被汝致此一問直得當門齒落上堂衆集定師拋下拄杖曰大衆動著也二十棒不動著也二十棒時有僧出拈得頭上戴出去師曰鏡清今日失利問僧門外甚麼聲曰雨滴聲師曰衆生顛倒迷己逐物曰和尚作麼生師曰洎不迷己曰洎不迷己意旨如何師曰出身猶可易脫體道應難問如何是同相師將火筯插向爐中曰如何是別相師又將火筯插向一邊法眼別云問不當理有僧引一童子到曰此童子常愛問人佛法請和尚驗看師乃令點茶童子點茶來師啜了過盞橐與童子近前接師却縮手曰還道得麼子

曰問將來（法眼別云和尚更喫茶否）僧曰此童子見解如
何師曰也秖是一兩生持戒僧晉天福初示
滅塔于龍册山
漳州報恩院懷岳禪師泉州人也僧問十二
時中如何行履師曰動即死曰不動時如何
師曰猶是守古塚鬼問如何是學人出身處
師曰有甚麼纏縛汝曰爭奈出身不得何師
曰過在阿誰問如何是報恩一靈物師曰喫
如許多酒糟作麼曰還露脚手也無師曰這
裏是甚麼處所問牛頭未見四祖時如何師
曰萬里一片雲曰見後如何師曰廓落地問
黑雲陡暗誰當雨者師曰峻處先傾問宗乘
不却如何舉唱師曰山不自稱水無間斷問
佛未出世時如何師曰汝爭得知問撥塵見
佛時如何師曰甚麼年中得見來問師子在
窟時如何師曰師子是甚麼家具曰師子出
窟時如何師曰師子在甚麼處問如何是目
前佛師曰快禮拜臨遷化上堂山僧十二年
來舉揚宗教諸人怪我甚麼處若要聽三經
五論此去開元寺咫尺言訖告寂

福州安國院弘瑫明眞禪師泉州陳氏子泰
雪峰峰問甚麼處來曰江西來峰曰甚麼處
見達磨曰分明向和尚道峰曰道甚麼曰甚
麼處去來一日雪峰見師忽搊住曰盡乾坤
是箇解脫門把手拽伊不肯入曰和尚怪弘
瑫不得峰拓開曰雖然如此爭奈背後許多
師僧何師舉國師碑文云得之於心猗蘭作
旃檀之樹失之於吉甘露乃蒺藜之園問僧
曰一語須具得失兩意汝作麼生道僧舉拳
曰不可喚作拳頭也師不肯亦舉拳別云秖
爲喚這箇作拳頭出世囷山後閩帥命居安
國大闡玄風僧問如何是西來意師曰是即
是莫錯會問如何是第一句師曰問問問學
人上來未盡其機請師盡機師良久僧禮拜
師曰忽到別處人問汝作麼生舉曰終不敢
錯舉師曰未出門已見笑具問如何是達磨
傳底心師曰素非後躅問不落有無之機請
師全道師曰汝試斷看問如何是一毛頭事
師拈起袈裟僧曰乞師指示師曰抱璞不須
頻下淚來朝更獻楚王看問寂寂無言時如

何師曰更進一步問凡有言句皆落因緣方
便不落因緣方便事如何師曰桔槔之士頻
逢抱甕之流罕遇問向上一路千聖不傳未
審和尚如何傳師曰且留口喫飯著問如何
是高尚底人師曰河濵無洗耳之叟磻谿絶
垂釣之人問十二時中如何救得生死師曰
執鉢不須窺衆樂履冰何得步參差問學人
擬問宗乘師還許也無師曰但問僧擬問師
便喝出問目前生死如何免得師曰把將生
死來問知有底人爲甚麼道不得師曰汝爺
名甚麼問如何是活人劒師曰不敢瞎却汝
曰如何是殺人刀師曰秖這箇是問不犯鋒
鋩如何知音師曰驢年去問苦澁處乞師一
言師曰可煞沈吟曰爲甚麼如此師曰也須
相悉好問常居正位底人還消得人天供養
否師曰消不得曰爲甚麼消不得師曰是甚
麼心行曰甚麼人消得師曰著衣喫飯底消
得師舉稜和尚住招慶時在法堂東角立謂
僧曰這裏好致一問僧便問和尚爲何不居
正位稜曰爲汝恁麼來曰即今作麼生稜曰

用汝眼作麼師舉畢乃曰他家恁麼問别是箇道理汝今作麼生道後安國曰恁麼則大衆一時散去得也師自代曰恁麼即大衆一時禮拜

泉州睡龍山道溥弘教禪師福唐鄭氏子初住五峰上堂莫道空山無秖待便歸方丈僧問凡有言句不出大千頂未審頂外事如何師曰凡有言句不是大千頂曰如何是大千頂師曰摩醯首羅天猶是小千界問初心後學近入叢林方便門中乞師指示師敲門枋僧曰向上還有事也無師曰有曰如何是向上事師再敲門枋

南嶽金輪可觀禪師福唐薛氏子參雪峰峰曰近前來師方近前作禮峰與一蹋師忽契悟師事十二載復歷叢林住後上堂我在雪峰遭他一蹋直至如今眼不開不知是何境界僧問如何是西來意師曰不是大衆夜參後下堂師召大衆衆回首師曰看月衆乃看師曰月似彎弓少雨多風衆無對問古人道毗盧有師法身有主如何是毗盧師法身主師曰不可牀上安牀問如何是日用事師拊掌三下僧曰學人未領此意師曰更待甚麼問從上宗乘如何爲人師曰我今日未喫茶曰請師指示師曰過也問正則不問請師傍指師曰抱取猫兒去問僧甚處來曰華光師便推出閉却門僧無對問路逢達道人不將語默對未審將何對師咄曰出去問僧作麼生是覿面事曰請師鑒師曰恁麼道還當麼曰故爲即不可師曰别是一著問如何是靈源一路師曰蹋過作麼雪峰院主有書來招曰山頭和尚年尊也長老何不再入嶺一轉師回書曰待山頭和尚别有見解即再入嶺僧問如何是雪峰見解師曰我也驚

福州大普山玄通禪師本郡人也僧問驪龍頷下珠如何取得師乃拊掌瞬視問方便以前事如何師便推出其僧問如何是祖師西來意師曰骹骨頭漢出去問撥塵見佛時如何師曰脫枷來商量問急急相投請師接師曰鈍漢

福州長生山皎然禪師本郡人久依雪峰一日與僧斫樹次峯曰斫到心且住師曰斫却著峰曰古人以心傳心汝爲甚麼道斫却師擲下斧曰傳峯打一拄杖而去僧問雪峰如何是第一句峰良久僧舉似師師曰此是第二句峰再令其僧來問如何是第一句師曰蒼天蒼天普請次雪峰問古人道誰知席帽下元是昔愁人古人意作麼生師側戴笠子曰這箇是甚麼人語峰問師持經者能荷擔如來作麼生是荷擔如來師乃捧雪峰向禪床上普請次雪峰負一束藤路逢一僧便拋下僧擬取峰便蹋倒歸謂師曰我今日蹋這僧快師曰和尚却替這僧入涅槃堂始得峰便休去雪峰問光境俱亡復是何物師曰放皎然過有道處峰曰放汝過作麼生道曰皎然亦放和尚過峰曰放汝二十棒師便禮拜住後僧問古人有言無明即佛性煩惱不須除如何是無明即佛性師忿然作色舉拳呵曰今日打這師僧去也曰如何是煩惱不須除師以手擊頭曰這師僧得恁麼發人業問路逢達道人不將語默對未審將甚麼對師

曰上紙墨堪作甚麼闍帥署禪主大師莫知
所終
信州鵝湖智孚禪師福州人也僧問萬法歸
一一歸何所師曰非但闍黎一人忙問虛空
講經以何爲宗師曰闍黎不是聽衆出去問
池二 十三
五逆之子還受父約也無師曰雖有自裁未
免傷巳問如何是佛向上人師曰情知闍黎
不奈何曰爲甚麼不奈何師曰未必小人得
見君子問在前一句請師道師曰脚跟下探
取甚麼曰即今見問師曰看闍黎變身不得
問雪峰抛下拄杖意作麼生師以香匙抛下
地僧曰未審此意如何師曰不是好種出去
問如何是鵝湖第一句師曰道甚麼曰如何
即是師曰妨我打睡問不問不答時如何師
曰問人馬知問迷子未歸家時如何師曰不
在途曰歸後如何師曰正迷在問如何是源
頭事師曰途中覓甚麼問如何是一句師曰
會麼曰恁麼莫便是否師曰蒼天蒼天鏡清
問如何是即今底師曰何更即今清曰幾就
支荷師曰語逆言順師一日不赴堂侍者來

請赴堂師曰我今日在莊喫油糍飽者曰和
尚不曾出入師曰你但去問取莊主者方出
門忽見莊主歸謝和尚到莊喫油糍
杭州西興化度院師郁悟真禪師泉州人也
僧問如何是西來意師舉拂子僧曰不會師
曰喫茶去問如何是一塵師曰九世刹那分
曰如何含得法界師曰法界在甚麼處問谿
谷各異師何明一師曰汝喘作麼問學人初
機乞師指示入路師曰汝恠化度甚麼處問
如何是隨色摩尼珠師曰青黃赤白曰如何
是不隨色摩尼珠師曰青黃赤白問如何是
西來意師曰是東來西來問牛頭未見四祖
時如何師曰鳥獸俱迷曰見後如何師曰山
深水冷問維摩與文殊對談何事師曰唯有
門前鏡湖水清風不改舊時波
池二 十四
漳州隆壽紹卿興法禪師泉州陳氏子因侍
雪峰山行見芋葉動峰指動葉示之師曰紹
卿甚生怕怖峰曰是汝屋裏底怕怖甚麼師
於此有省尋居龍谿僧問古人道摩尼殿有
四角一角常露如何是常露底角師舉拂子

問糧不畜一粒如何濟得萬人飢師曰俠客
面前如奪劒看君不是黠兒郎問耳目不到
處如何師曰汝無此作曰恁麼即聞也師曰
真箇聾漢
福州僊宗院行瑫仁慧禪師泉州王氏子上
堂我與釋迦同叅汝道叅甚麼人時有僧出
禮拜擬伸問師曰錯便下座問如何是西來
意師曰熊耳不曾藏問直下事乞師方便師
曰不因汝問我亦不道問如何是西來意師
曰白日無閑人
福州蓮華永福院從弇超證禪師僧問儒門
以五常爲極則未審宗門以何爲極則師良
久僧曰恁麼則學人造次也師曰好與拄杖
問教中道唯有一乘法如何是一乘法師曰
池二 十五
汝道我在這裏作甚麼曰恁麼則不知教意
也師曰雖然如此却不孤負汝問不向問處
領猶是學人問處和尚如何師曰喫茶去上
堂長慶道盡法無民永福即不然若不盡法
又爭得民時有僧曰請師盡法師曰我不要
汝納稅問諸餘即不問聊徑處乞師垂慈師

曰不快禮三拜問大衆雲集請師說法師曰聞麽曰若更佇思應難得及師曰實即得問摩尼殿有四角一角常露如何是常露底角師曰不可更點師一日上堂於座邊立謂衆曰二尊不竝化便歸方丈

襄州雲蓋雙泉院歸本禪師京兆府人也初謁雪峰禮拜次峰下禪牀跨背而坐師於此有省住後僧問如何是雙泉師曰可惜一雙眉曰學人不會師曰不曾煩禹力湍流事不知問如何是西來的的意師乃搊住其僧變色師曰我這裏無這箇師手指纖長特異於人號手相大師

韶州林泉和尚僧問如何是一塵師曰不覺成邱山

洛京南院和尚僧問如何是法法不生師曰生也有儒者博覽古今時呼爲張百會謁師師問莫是張百會麽曰不敢師以手於空畫一畫曰會麽曰不會師曰一尚不會甚麽處得百會來

越州洞巖可休禪師僧問如何是洞巖正主師曰開著問如何是和尚親切爲人處師曰大海不宿死屍問如何是向上一路師舉衣領示之問學人遠來請師方便師曰方便了也

定州法海院行周禪師僧問風恬浪靜時如何師曰吹倒南牆問如何是道中寶師曰不露光曰莫便是否師曰是即露也

杭州龍井通禪師僧問如何是龍井龍師曰意氣天然別神工畫不成曰爲甚麽畫不成師曰出羣不帶角不與類中同曰還解行雨也無師曰普潤無邊際處處皆結粒曰還有宗門中事也無師曰有曰如何是宗門中事師曰從來無形段應物不曾虧

杭州龍興宗靖禪師台州人也初參雪峰誓充飯頭勞逾十載嘗於衆堂中袒一膊釘簾峰覩而記曰汝向後住持有千僧其中無一人衲子也師悔過回浙住六通院錢王命居龍興寺有衆千餘唯三學講誦之徒果如雪峰所誌僧問如何是六通奇特之唱師曰天下舉將去問如何是六通家風師曰一條布衲一斤有餘問如何是學人進前一路師曰誰敢謾汝曰豈無方便師曰早是屈抑也問如何是和尚家風師曰早朝粥齋時飯曰更請和尚道師曰老僧困曰畢竟作麽生師大笑而已

福州南禪契璠禪師上堂若是名言妙句諸方總道了也今日衆中還有超第一義者致將一問來若有即不孤負於人僧問如何是第一義師曰何不問第一義曰見問師曰已落第二義也問古佛曲調請師和師曰我不和汝雜亂底曰未審爲甚麽人和師曰甚麽處去來

越州越山師鼐鑒真禪師初參雪峰而染指後因閩王請於清風樓齋坐久舉目忽覩日光豁然頓曉而有偈曰清風樓上赴官齋此日平生眼豁開方信普通年遠事不從葱嶺帶將來歸呈雪峰峰然之住後僧問如何是佛身師曰你問阿那箇佛身曰釋迦佛身師曰舌覆三千界師臨終示偈曰眼光隨色盡耳識逐聲消還源無別旨今日與明朝乃跏

趺而逝
泉州福清院玄訥禪師高麗人也泉守王公問如何是宗乘中事師叱之僧問如何是觸目菩提師曰闍黎失却半年糧曰爲甚麽如此師曰秖爲圖他一斗米問如何是清淨法身師曰蝦蟇曲蟮問教云唯一堅密身一切塵中現如何是堅密身師曰驢馬猫兒曰乞師指示師曰驢馬也不會問如何是物物上辨明師展一足示之
衢州南臺仁禪師僧問如何是南臺境師曰不知貴曰畢竟如何師曰闍黎即今在甚麽處
泉州東禪和尚初開堂僧問人王迎請法王出世如何提唱宗乘即得不謬於祖風師曰還奈得麽曰若不下水焉知有魚師曰莫閑言語問如何是佛法最親切處師曰過也問學人末後來請師最先句師曰甚處去來問如何是學人已分事師曰苦問如何是佛法大意師曰幸自可憐生剛要異鄉邑
杭州大錢山從襲禪師雪峰之上足也自本師印解洞曉宗要常曰擊關南鼓唱雪峰歌後入浙中謁錢王王欽服道化命居此山而闡法焉僧問不因王請不因衆聚請師直道西來的的意師曰那邊師僧過這邊著曰學人不會乞師再指師曰爭得恁麽不識好惡問閉門造車出門合轍如何是閉門造車師曰造車即不問作麽生是轍曰學人不會乞師指示師曰巧匠施工不露斤斧
福州永泰和尚僧問承聞和尚見虎是否師作虎聲僧作打勢師曰這死漢問如何是天眞佛師乃拊掌曰不會不會
池州和龍壽昌院守訥妙空禪師福州林氏子僧問未到龍門如何湊泊師曰立命難存新到參師問近離甚處曰不離方寸師曰不易來僧亦曰不易來師與一掌問如何是傳底心師曰再三囑汝莫向人說問如何是從上宗乘師曰向闍黎口裏著得麽問省要處請師一接師曰甚是省要
建州夢筆和尚僧問如何是佛師曰不誑汝曰莫便是否師曰汝誑他閩王請齋問師還將得筆來也無師曰不是稽山繡管慚非月裏兔毫大王旣垂顧問山僧敢不通呈又問如何是法王師曰不是夢筆家風
福州極樂元儼禪師僧問如何是極樂家風師曰滿目看不盡問萬法本無根未審教學人承當甚麽師曰莫寐語問久處暗室未達其源今日上來乞師一接師曰莫閉眼作夜好曰恁麽即優曇華折曲爲今時向上宗風如何垂示師曰汝還識也無曰恁麽即息疑去也師曰莫向大衆前寐語問摩騰入漢即不問達磨來梁時如何師曰如今豈謬曰恁麽即理出三乘華開五葉師曰說甚麽三乘五葉出去
福州芙蓉山如體禪師僧問如何是古人曲調師良久曰聞麽曰不聞師示頌曰古曲發聲雄今時韻亦同若教第一指祖佛盡迷蹤
洛京憩鶴山和尚僧問如何是憩鶴師以兩手關云鵓鳩鳩（風穴云鶴喚一聲喧宇宙羣雞莫謂報知時）問駿馬不入西秦時如何師曰向甚麽處去
潭州溈山棲禪師僧問正恁麽時如何親近

池二　十八
池二　十九

師曰汝擬作麼生親近曰豈無方便師曰開元龍興大藏小藏問如何是速疾神通師曰新衣成弊帛問如何是黃尋橋師曰賺却多少人問不假忉忉如何是和尚家風師曰莫作野干聲

吉州潮山延宗池二禪師因資福來謁二十師下禪牀相接福問和尚住此山得幾年也師曰鈍鳥棲蘆困魚止濼曰恁麼則真道人也師曰且坐喫茶問如何是潮山師曰不宿屍曰如何是山中人師曰石上種紅蓮問如何是和尚家風師曰切忌犯朝儀

益州普通山普明禪師僧問如何是佛性師曰汝無佛性曰蠢動含靈皆有佛性學人為何却無師曰為汝向外求問如何是玄玄之珠師曰這箇不是曰如何是玄玄珠師曰失却也

隨州雙泉山梁家庵永禪師僧問達磨九年面壁意旨如何師曰賺不著師問護國長老隨陽一境是男是女各伸一問問問各別長老將何祇對國以手空中畫一圓相師曰謝長老慈悲國曰不敢師低頭不顧問如何是頓息諸緣去師曰雪上更加霜

漳州保福院超悟禪師僧問魚未透龍門時如何師曰養性深潭曰透出時如何師曰纔昇霄漢衆類難追曰昇後如何師曰垂雲普覆潤及大千池二曰還有不受潤者二十一也無師曰有曰如何是不受潤者師曰直杌撐太陽

太原孚上座初在揚州光孝寺講涅槃經有禪者阻雪因往聽講至三因佛性三德法身廣談法身妙理禪者失笑師講罷請禪者喫茶白曰某甲素志狹劣依文解義適蒙見笑且望見教禪者曰實笑座主不識法身師曰如此解說何處不是曰請座主更說一遍師曰法身之理猶若太虛豎窮三際橫亘十方彌綸八極包括二儀隨緣赴感靡不周徧曰不道座主說不是祇是說得法身量邊事實未識法身在師曰既然如是禪德當為我說曰座主還信否師曰焉敢不信曰若如是座主輟講旬日於室內端然靜慮收心攝念善惡諸緣一時放却師一依所教從初夜至五更聞鼓角聲忽然契悟便去扣門禪者曰阿誰師曰某甲禪者咄曰教汝傳持大教代佛說法夜來為甚麼醉酒臥街師曰禪德自來講經將生身父母鼻孔扭捏從今已去更不敢如是禪者曰且去來日相見師遂罷講徧歷諸方名聞宇內嘗遊浙中登徑山法會一日於大佛殿前有僧問上座曾到五臺否師曰曾到曰還見文殊麼師曰見曰甚麼處見師曰徑山佛殿前見其僧後適閩川舉似雪峰峰曰何不教伊入嶺來師聞乃趣裝而邁初至雪峰廨院憩錫因分柑子與僧長慶問甚麼處將來師曰嶺外將來曰遠涉不易擔負得來師曰柑子柑子次日上山雪峰聞乃集衆師到法堂上顧視雪峰便下看知事明日却上禮拜曰某甲昨日觸忤和尚峰曰知是般事便休峰池二一日見師乃指日二十二示之師搖手而出峰曰汝不肯我那師曰和尚搖頭某甲擺尾甚麼處是不肯峰曰到處也須諱却一日衆僧晚參峰在中庭臥師曰五州管內祇有這老和尚較些子峰便起去峰嘗問師

見說臨濟有三句是否師曰是曰作麼生是第一句師舉目視之峰曰此猶是第二句如何是第一句師叉手而退自此雪峰深器之室中印解師資道契更不他遊而掌浴焉一日玄沙上問訊雪峰峰曰此間有箇老鼠子今在浴室裏沙曰待與和尚勘過言訖到浴室遇師打水沙曰相看上座師曰已相見了沙曰甚麼劫中曾相見師曰瞌睡作麼沙却入方丈白雪峰曰已勘破了峰曰作麼生勘沙舉前話峰曰汝著賊也鼓山問師父母未生時鼻孔在甚麼處師曰老兄先道山曰如今生也汝道在甚麼處師不肯山却問作麼生師曰將手中扇子來山與扇子再徵前話師搖扇不對山罔測乃毆師一拳鼓山赴大王請雪峰門送回至法堂乃曰一隻聖箭直射九重城裏去也師曰是伊未在峰曰渠是徹底人師曰若不信待某甲去勘過遂趕至中路便問師兄向甚麼處去山曰九重城裏去師曰忽遇三軍圍繞時如何山曰他家自有通霄路師曰恁麼則離宮失殿去也山曰何處不稱尊師拂袖便回峰問如何師曰好隻聖箭中路折却了也遂舉前話峰乃曰奴渠語在師曰這老凍膿猶有鄉情在師在庫前立有僧問如何是觸目菩提師踢狗子作聲走僧無對師曰小狗子不消一踢保福簽瓜次師至福曰道得與汝瓜喫師曰把將來福度與一片師接得便去師不出世諸方目爲太原孚上座後歸維揚陳尚書留在宅供養一日謂尚書曰來日講一遍大涅槃經報荅尚書書致齋茶畢師遂陞座良久揮尺一下曰如是我聞乃召尚書書應諾師曰一時佛在便乃脫去

南嶽般若惟勁寶聞禪師福州人也師雪峰而友玄沙深入玄奧一日問鑑上座聞汝註楞嚴是否鑑曰不敢師曰二文殊作麼生註曰請師鑑師乃揚袂而去師嘗續寶林傳四卷紀貞元之後宗門繼踵之源流者又別著南嶽高僧傳皆行于世

感潭資國禪師法嗣

安州白兆志圓顯教禪師僧問諸佛心印甚麼人傳師曰達磨大師曰達磨爭能傳得師曰汝道甚麼人傳得問如何是直截一路師曰截問如何是佛法大意師曰苦問如何是道師曰普問如何是學人自己師曰失問如何是得無山河大地去師曰不起見問如何是畢鉢羅窟迦葉道場中人師曰釋迦牟尼佛問如何朱頂王菩薩師曰問那箇赤頭漢作麼

五燈會元卷第十九

五燈會元卷第十九

校勘記

一　底本，清藏本。

一　五〇一頁上一行經名，⃞經無（未换卷）。

一　五〇一頁上三行至四行「青原下六世　雪峯存禪師法嗣」，⃞經無。

一　五〇一頁上一七行「次還」，⃞經作「次還」。

一　五〇二頁上五行「不茹葷」，⃞經作「不葷茹」。

一　五一〇頁下卷末經名，⃞經作「五燈會元卷第七」。

五燈會元卷第二十　池三

宋沙門大川濟纂

青原下七世

瑞巖彥禪師法嗣

南嶽橫龍和尚初住金輪僧問如何是金輪第一句師曰鈍漢問如何是金輪一隻箭師曰過也問如何是祖師燈師曰八風吹不滅曰恁麼則暗冥不生也師曰白日沒閑人

温州瑞峯院神祿禪師福州人也久爲瑞巖侍者後開山創院學侶依附師有偈曰蕭然獨處意沉吟誰信無絃發妙音終日法堂唯靜坐更無人問本來心時有朋彥上座問曰如何是本來心師召朋彥彥應諾師曰與老僧點茶來彥於是信入

玄泉彥禪師法嗣

鄂州黃龍山誨機超慧禪師清河張氏子初參巖頭問如何是祖師西來意頭曰你還解救糍麼師曰解頭曰且救糍去後到玄泉問如何是祖師西來意泉拈起一莖皂角曰會麼師曰不會泉放下皂角作洗衣勢師便禮拜曰信知佛法無別泉曰你見甚麼道理師曰某甲曾問巖頭頭曰你還解救糍麼救糍也秖是解粘和尚提起皂角亦是解粘所以道無別泉呵呵大笑師遂有省住後僧問不問祖佛邊事如何是平常之事師曰我住山得十五年也問如何是和尚家風師曰琉璃鉢盂無底問如何是君王劒師曰不傷萬類曰佩者如何師曰血濺梵天曰大好不傷萬類師便打問佛在日爲衆生說法佛滅後有人說法否師曰慚愧佛問毛吞巨海芥納須彌不是學人本分事如何是學人本分事師曰封了合盤市裏揭問急切相投請師通信師曰火燒裙帶香問如何是大疑底人師曰對坐盤中弓落盞曰如何是不疑底人師曰再坐盤中弓落盞問風恬浪靜時如何師曰百尺竿頭五兩垂師將順世僧問百年後鉢囊子甚麼人將去師曰一任將去曰裏面事如何師曰線綻方知曰甚麼人得師曰待海驚雷聲即向汝道言訖而寂

洛京栢谷和尚僧問普滋法雨時如何師曰有道傳天位不汲鳳凰池問九旬禁足三月事如何師曰不墜蠟人機

懷州玄泉二世和尚僧問辭窮理盡時如何師曰不入理豈同盡問妙有玄珠如何取得師曰不似摩尼絕影藍碧眼胡人豈能見曰有口道不得時如何師曰三寸不能齊鼓韻瘂人解唱木人歌

潞府妙勝玄密禪師僧問四山相逼時如何師曰紅日不垂影暗地莫知音曰學人不會師曰鶴透羣峰何伸向背問雪峰一曲千人唱月裏挑燈誰最明師曰無音和不齊明暗豈能收

羅山閑禪師法嗣

婺州明招德謙禪師受羅山印記靡滯於一隅激揚玄旨諸老宿皆畏其敏捷後學鮮敢當其鋒者嘗到招慶指壁畫問僧那箇是甚麼神曰護法善神師曰會昌沙汰時向甚麼處去來僧無對師令僧問演侍者演曰汝甚麼劫中遭此難來僧回舉似師師曰直饒演上座他後聚一千衆有甚麼用處僧禮拜請

別語師曰甚麼處去也次到坦長老處坦曰夫衆學一人所在亦須到半人所在亦須到師便問一人所在即不問作麼生是半人所在坦無對後令小師問師師曰汝欲識半人所在麼也秖是弄泥團漢清上座舉仰山插鍬話問師古人意在叉手處插鍬處師召清清應諾師曰還夢見仰山麼清曰不要上座下語秖要商量師曰若要商量堂頭自有一千五百人老師在又到雙巖巖請喫茶次曰某甲致一問若道得便捨院與闍黎住若道不得即不捨院遂舉金剛經云一切諸佛及諸佛阿耨多羅三藐三菩提法皆從此經出且道此經是何人說師曰說與不說拈向這邊著秖如和尚決定喚甚麼作此經巖無對師又曰一切賢聖皆以無爲法而有差別則以無爲法爲極則憑何而有差別秖如差別是過不是過若是過一切賢聖悉皆是過若不是過決定喚甚麼作差別巖亦無語師曰噫雪峯道底師訪保寧於中路相遇便問兄是道伴中人乃點鼻頭曰這箇礙塞我不徹與我拈却少時得麼寧曰和尚有來多少時師曰噫泊賺我踏破一緉草鞋便回國泰代曰非但某甲諸佛亦不奈何師曰因甚麼以已方人師在婺州智者寺居第一座尋常不受淨水主事嗔曰上座不識觸淨爲甚麼不
池三
受淨水師跳下牀提起淨瓶曰這箇是觸是
四
淨事無語師乃撲破自爾道聲遐播衆請居明招山開法四來禪者盈於堂室上堂全鋒敵勝罕遇知音同死同生萬中無一尋言逐句其數河沙舉古舉今滅胡種族向上一路啐啄猶乖儒士相逢握鞭回首沙門所見誠實苦哉抛却真金隨隊撮土報諸稚子莫謾波波解得他玄猶兼瓦礫不如一擲騰過太虛秖者靈鋒阿誰敢近任君來箭方稱丈夫擬欲吞聲不消一攫僧問師子未出窟時如何師曰俊鷂趂不及曰出窟後如何師曰萬里正紛紛曰欲出不出時如何師曰嶮曰向去事如何師曰劄問如何是透法身外一句子師曰北斗後翻身問十二時中如何趣向師曰抛向金剛地上著問文殊與維摩對談何事師曰葛巾紗帽已拈向這邊著也問如何是和尚家風師曰覷得著是好手問放鶴出籠和煙去時如何師曰爭奈頭上一點何問無煙之火是甚麼人向得師曰不惜眉毛底曰和尚還向得麼師曰汝道我有多少莖
池三
五
眉毛在新到參纔上法堂師舉拂子却擲下其僧珍重便下去師曰作家作家問全身佩劒時如何師曰忽遇正恁麼時又作麼生僧無對一日天寒上堂衆纔集師曰風頭稍硬不是汝安身立命處且歸暖室商量便歸方丈大衆隨至立定師又曰纔到暖室便見瞌睡以拄杖一時趂下師問國泰古人道俱胝秖念三行呪便得名超一切人作麼生與他拈却三行呪便得名超一切人泰竪起一指師曰不因今日爭識得瓜洲客師有師叔在廨院不安附書來問曰某甲有此大病如今正受疼痛一切處安置伊不得還有人救得麼師回信曰頂門上中此金剛箭透過那邊去也會下有僧去住庵一年後却來禮拜曰古人道三日不相見莫作舊時看師撥開胸

曰汝道我有幾莖蓋膽毛僧無對師却問汝
甚麽時離庵曰今朝師曰來時折脚鐺子分
付與阿誰僧又無語師乃喝出問承師有言
我住明招頂興傳古佛心如何是明招頂師
曰換却眼曰如何是古佛心師曰汝還氣急
麽問學人拏雲攫浪上來請師展鉢師曰撥
破汝頂曰也須仙陀去師便打趂出師有頌
示衆曰明招一拍和人稀此是真宗上妙機
石火瞥然何處去朝生之子合應知臨遷化
上堂告衆囑付訖僧問和尚百年後向甚麽
處去師擡起一足曰足下看取中夜問侍者
昔日靈山會上釋迦如來展開雙足放百寶
光遂展足曰吾今放多少者曰昔日世尊今
宵和尚師以手撥眉曰莫孤負麽乃說偈曰
驀刀叢裏逞全威汝等諸人善護持火裏鐵
池三 六
牛生犢子臨岐誰解湊吾機偈畢端坐而逝
塔院存焉
洪州大寧院隱微覺寂禪師豫章新淦楊氏
子誕夕有光明貫室年七歲依本邑石頭院
道堅禪師出家受具歷參宗匠至羅山山導
以師子在窟出窟之要因而省悟後回江表
會龍泉宰李孟俊請居十善道場闡揚宗旨
上堂還有騰空底麽出來衆無出者師說偈
曰騰空正是時應須貶上眉從茲出倫去莫
待白頭兒僧問如何是十善橋師曰險曰過
者如何師曰喪問資福和尚遷化向甚麽處
去師曰草鞋破問如何是黃梅一句師曰即
今作麽生曰如何通信師曰九江路絕問初
心後學如何是學師曰頭戴天曰畢竟如何
師曰脚踏地問如何是法王劒師曰露曰還
殺人也無師曰作麽問如何是龍泉劒師曰
不出匣曰便請出匣師曰星辰失位問國界
安寧爲甚麽珠不現師曰落在甚麽處
衡州華光範禪師僧問靈臺不立還有出身
處也無師曰有曰如何是出身處師曰出問
池三 七
如何是西來意師曰道問如何是佛法大意
師曰驗問牛頭未見四祖時如何師曰自由
自在曰見後如何師曰自由自在問如何是
佛法中事師曰了
福州羅山紹孜禪師上堂有數僧爭出問話
師曰但一齊出來問待老僧一齊與汝答僧
便問學人一齊問請師一齊答師曰得問學
人作入叢林祖師的的意請師直指師曰好
西川定慧禪師初叅羅山山問甚麽處來師
曰遠離西蜀近發開元却近前問即今事作
麽生山揖曰喫茶去師擬議山曰秋氣稍熱
去師出至法堂歎曰我在西蜀峨嵋山脚下
拾得一隻蓬蒿箭擬撥亂天下今日打羅山
寨弓折箭盡也休休乃下叅衆山來日上堂
師出問豁開户牖當軒者誰山便喝師無語
山曰毛羽未備且去師因而摳衣久承印記
後謁台州勝光光坐次師直入身邊义手而
立光問甚處來師曰猶待答話在便出光拈
得拂子趂至僧堂前見師乃提起拂子曰闍
黎喚這箇作甚麽師曰敢死喘氣光低頭歸
方丈
建州白雲令弇禪師上堂遣往先生門誰云
對喪主珍重僧問已事未明以何爲驗師曰
木鏡照素容曰驗後如何師曰不爭多問三
台有請四衆臨筵既處當仁請師一唱師曰

要唱也不難曰便請師曰夜靜水寒魚不食滿船空載月明歸

虔州天竺義澄常真禪師在羅山數載後因山示疾師問百年後忽有人問和尚以何指示山乃放身便倒師從此契悟即禮謝住後僧問如何是佛法大意師曰寒暑相催

吉州清平惟曠真寂禪師上堂不動神情便有輸贏之意還有麼出來時有僧出禮拜師曰不是作家便歸方丈問如何是第一句師曰要頭將取去問如何是活人劒師曰會麼曰如何是殺人刀師叱之問如何是師子兒師曰毛頭排宇宙

婺州金柱山義昭禪師僧問如何是和尚家風師曰開門作活計曰忽遇賊來又作麼生師曰然新到參師揭簾以手作除帽勢僧擬欲近前師曰賺殺人因事有偈曰虎頭生角人難措石火電光須密布假饒烈士也應難惜底那能解回互

潭州谷山和尚僧問省要處乞師一言師便起去問羚羊挂角時如何師曰你向甚麼處覓曰挂角後如何師曰走

湖南道吾從盛禪師初住龍回僧問如何是覿面事師曰新羅國去也問如何是龍回家風師曰縱横射直問窮子投師乞師拯濟師曰莫是屈著汝麽曰爭奈窮何師曰大有人見

福州羅山義因禪師上堂良久曰若是宗師門下客必不怪於羅山珍重僧問承古有言自從認得曹谿路了知生死不相關曹谿路即不問如何是羅山路師展兩手僧曰恁麽則一路得通諸路亦然師曰甚麽諸路僧近前乂手師曰靈鶴煙霄外鈍鳥不離窠問教中道順法身萬象俱寂隨智用萬象齊生如何是萬象俱寂師曰有甚麽曰如何是萬象齊生師曰繩牀倚子

潭州靈巖和尚僧問如何是道中寶師曰地傾東南天高西北曰學人不會師曰落照機前異師頌石鞏接三平曰解擘當胸箭因何秖半人爲從途路曉所以不全身

吉州匡山和尚示徒頌曰匡山路匡山路巖崖嶮峻人難措遊人擬議隔千山一句分明超佛祖白牛頌曰我有古壇真白牛父子藏來經幾秋出門直往孤峰頂回來暫跨虎溪頭

福州興聖重滿禪師上堂覿面分付不待文宣對眼投機唤作參玄上士若能如此所以宗風不墜僧問如何是宗風不墜底句師曰老僧不忍問昔日靈山會裏今朝興聖筵中和尚親傳如何舉唱師曰欠汝一問

潭州寶應清進禪師僧問如何是實相師曰沒却汝問至理無言如何通信師曰千差萬別曰得力處乞師指示師曰瞌睡漢

玄沙備禪師法嗣

漳州羅漢院桂琛禪師常山李氏子爲童兒時日一素食出言有異既冠親事本府萬歲寺無相大師披削登戒學毗尼一日爲衆升臺宣戒本布薩已乃曰持戒但律身而已非真解脫也依文作解豈發聖智乎於是訪南宗初謁雲居雪峰參訊勤恪然猶未有所見後造玄沙一言啟發廓爾無惑沙問三界唯

心汝作麼生會師指倚子曰和尚喚這箇作甚麼曰倚子師曰和尚不會三界唯心曰我喚這箇作竹木汝喚作甚麼師曰桂琛亦喚作竹木曰盡大地覓一箇會佛法底人不可得師自爾愈加激勵沙每因諸迴學者流出諸三昧皆命師爲助發師雖處衆韜晦然聲譽甚遠時漳牧王公建精舍曰地藏請師開法因插田次見僧乃問從甚處來曰南州師曰彼中佛法如何曰商量浩浩地師曰爭如我這裏栽田博飯喫曰爭奈三界何師曰喚甚麼作三界問僧甚處來曰南方來師曰南方知識有何言句示徒曰彼中道金屑雖貴眼裏著不得師曰我道須彌在汝眼裏一日同中塔侍玄沙沙打中塔一棒曰就名就體中塔不對沙乃問師作麼生會師曰這僧著一棒不知來處僧報曰保福已遷化也師曰保福遷化地藏入塔（僧問法眼古人意旨如何眼云蒼天蒼天）後遷羅漢大闡玄要上堂宗門玄妙爲當秖恁麼也更別有奇特若別有奇特汝且舉將來看若無去不可將兩箇字便當却宗乘也何者兩箇字謂宗乘教乘也汝纔道著宗乘便是宗乘道著教乘便是教乘禪德佛法宗乘元來由汝口裏安立名字作取說取便是也斯須向這裏說平說實說圓說常禪德汝喚甚麼作平實把甚麼作圓常傍家行脚理須甄別莫相埋沒得些子聲色名字貯在心頭道我會解善能揀辨汝且會箇甚麼揀箇甚麼記持得底是名字揀辨得底是聲色若不是聲色名字汝又作麼生記持揀辨風吹松樹也是聲蝦蟇老鵶叫也是聲何不那裏聽取揀擇去若那裏有箇意度模様底如老師口裏又有多少意度與上座莫錯即今聲色摐摐地爲當相及不相及若相及即汝靈性金剛祕密應有壞滅去也何以如此爲聲貫破汝耳色穿破汝眼因緣即塞却汝幻妄走殺汝聲色體爾不可容也若不相及又甚麼處得聲色來會麼相及不相及試裁辨看少間又道是圓常平實甚麼人恁麼道未是黃夷村裏漢解恁麼說是他古聖垂些子相助顯發今時不識好惡便安圓實道我別有宗風玄妙釋迦佛無舌頭不如汝些子便恁麼點胸若論殺盜婬罪雖重猶輕尚有歇時此箇謗般若瞎却衆生眼入阿鼻地獄吞鐵丸莫將爲等閑所以古人道過在化主不干汝事珍重僧問如何是羅漢一句師曰我若向汝道便成兩句也問不會底人來師還接否師曰誰是不會者曰適來道了也師曰莫自屈麼保福僧到師問彼中佛法如何曰有時示衆道塞却你眼教你覷不見塞却你耳教你聽不聞坐却你意教你分別不得師曰吾問你不塞你眼見箇甚麼不塞你耳聞箇甚麼不坐你意作麼生分別（東禪齊云那僧聞了忽然省去更不他進上座如今還會麼若不會每日見箇甚麼）問以字不成八字不是未審是甚麼字師曰汝實不會那曰學人實不會師曰看取下頭註脚問如何是沙門正命食師曰喫得麼曰欲喫此食作何方便師曰塞却你口問如何是羅漢家風師曰不向你道曰爲甚麼不道師曰是我家風問如何是法王身師曰汝今是甚麼身曰恁麼即無身也師曰苦痛深上堂纔坐有二僧一時

禮拜師曰俱錯問如何是撲不破底句師曰撲問一佛出世普爲羣生和尚今日爲箇甚麽師曰甚麽處遇一佛曰恁麽即學人罪過師曰謹退問如何是諸聖玄旨師曰四楞塌地問大事未肯時如何師曰由汝問如何是十方眼師曰貶上眉毛著請保福齋令人傳語曰請和尚慈悲降重福曰慈悲爲阿誰師曰和尚恁麽道渾是不慈悲敵月次乃曰雲動有雨去有僧曰不是雲動是風動師曰我道雲亦不動風亦不動曰和尚適來又道雲動師曰阿誰罪過師見僧舉拂子曰還會麽曰謝和尚慈悲示學人師曰見我竪拂子便道示學人汝每日見山見水可不示汝又見僧來舉拂子其僧讚歎禮拜師曰見我竪拂子便禮拜讚歎那裏掃地竪起掃帚爲甚麽不讚歎問承教有言若見諸相非相即見如來如何是非相師曰燈籠子問如何是出家師曰喚甚麽作家問僧甚處來曰秦州師曰將得甚麽物來曰不將得物來師曰汝爲甚麽對衆謾語其僧無對師却問秦州豈不是出鸚鵡曰鸚鵡出在隴西師曰也不較多問僧甚處來曰報恩師曰何不且在彼中曰僧家不定師曰既是僧家爲甚麽不定僧無對（玄覺代云謝和尚顧問）王太傅上雪峯施衆僧衣時從弇上座不在師弟代上名受衣弇歸弟曰某甲爲師兄上名了弇曰汝道我名甚麽弟無對師代云師兄得恁麽貪又曰甚麽處是貪處又代云兩度上名（雲居錫云甚麽處是弇上座兩度上名處）師與長慶保福入州見牡丹障子保福曰好一朶牡丹花長慶曰莫眼花師曰可惜許一朶花（玄覺云三尊宿語還有親疎也無秖如羅漢恁麽道落在甚麽處）問僧汝在招慶有甚麽異聞底事試舉看曰不敢錯舉師曰真實底事作麽生舉曰和尚因甚麽如此師曰汝話墮也衆僧晚參聞角聲師曰羅漢三日一度上堂王太傅二時相助問如何是學人本來心師曰是你本來心問師居寶座說法度人未審度甚麽人師曰汝也居寶座度甚麽人問鏡裏看形見不難如何是鏡師曰還見形麽問但得本莫愁末如何是末師曰總有也師因疾僧問和尚尊候較否師以杖拄地曰汝道這箇還痛否曰和尚問阿誰師曰問汝曰還痛否師曰元來共我作道理天成三年秋復屆閩城舊止遍遊近城梵宇已乃示寂茶毗收舍利建塔於院之西隅謚真應禪師

杭州天龍寺重機明真禪師台州人也得法玄沙復回浙中錢武肅王請出世開法上堂若直舉宗風獨唱本分事便同於頑石若言絕凡聖消息無大地山河盡十方世界都是一隻眼此乃事不獲已恁麽道還會麽若更不會聽取一頌盲聾瘖瘂是仙陀滿眼時人不奈何秖向目前須體妙身心萬象與森羅僧問如何是璇璣不動師曰青山數重曰如何是寂爾無垠師曰白雲一帶問如何是歸根得旨師曰兔角生也曰如何是隨照失宗師曰龜毛落也問蓮花未出水時如何師曰誰人不知曰出水後如何師曰馨香目擊問朗月輝空時如何師曰正是分光景何消指玉樓

福州僊宗院契符清法禪師開堂日僧問師

登寶座合談何事師曰剔開耳孔著曰古人
爲甚麽却道非耳目之所到師曰金櫻樹上
不生梨曰古今不到處請師道師曰汝作麽
生問問衆手淘金誰是得者師曰擧手隔千
里休功任意看問飛岫巖邊華子秀仙境臺
前事若何師曰無價大寶光中現暗客惛惛
爭奈何曰優曇華拆人皆覩向上宗乘意若
何師曰闍黎若問宗乘意不如靜處薩婆訶
問如何是闍中諸佛境界師曰造化終難測
春風徒自輕問如何是道中寶師曰雲孫淚
亦垂問諸聖收光歸源後如何師曰三聲猿
屢斷萬里客愁聽曰未審今時人如何湊得
古人機師曰好心向子道切忌未生時
發州國泰院瑫禪師上堂不離當處咸是妙
明真心所以玄沙和尚道會我最後句出世
少人知爭似國泰有末頭一句僧問如何是
國泰末頭一句師曰闍黎問太遲生便歸方
丈問如何是毘盧師曰某甲與老兄是弟子
問達磨來時即不問如何是未來時事師曰
覩遇梁王問古鏡未磨時如何師曰古鏡未
磨後如何師曰古鏡
福州升山白龍院道希禪師本郡人也上堂
不要擧足是誰咸光還會麽若道自家去處
本自如是且喜沒交涉問如何是西來意師
曰汝從甚處來問如何是佛法大意師曰汝
池三
十六
早禮三拜問不責上來請師直道師曰得問
如何是正眞道師曰騎驢覓驢問請師答無
賓主話師曰昔年曾記得曰即今如何師曰
非但耳聾亦兼眼暗問情忘體合時如何師
曰別更夢見箇甚麽問學人擬伸一問請師
裁師曰不裁曰爲甚麽不裁師曰須知好手
問大衆雲集請師擧揚宗敎師曰少遇聽者
問不涉唇鋒乞師指示師曰不涉唇鋒問將
來曰恁麽即學生有賴師曰莫閑言語問請
和尚生機答話師曰把紙筆來錄將去問如
何是思大口師曰出來向你道曰學人即今
見出師曰曾賺幾人來
福州安國院慧球寂照禪師亦曰中塔泉州莆田
人也玄沙室中參訊居首因問如何是第一
月沙曰用汝箇月作麽師從此悟入梁開平
二年玄沙將示滅閩帥王氏遣子至問疾仍
請密示繼踵說法者誰沙曰球子得王默記
遺旨乃問鼓山臥龍法席孰當其任鼓山擧
城下宿德具道眼者十有二人皆堪出世王
亦默之至開堂日官僚與僧侶俱會法筵王
池三
十七
忽問衆曰誰是球上座於是衆人指出師王
氏便請陞座師良久曰莫嫌寂寞莫道不堪
未詳涯際作麽生論量所以尋常用其音響
聊撥一兩下助他發機若論來十方世界覓
一人爲侶伴不可得僧問佛法大意從何方
便頓入師曰入是方便問雲自何山起風從
何澗生師曰盡力施爲不離中塔上堂我此
間粥飯因緣爲兄弟擧唱終是不常欲得省
要却是山河大地與汝發明其道既常亦能
究竟若從文殊門入者一切無爲土木瓦礫
助汝發機若從觀音門入者一切音響蝦蟇
蚯蚓助汝發機若從普賢門入者不動步而
到以此三門方便示汝如將一隻折箸攪大
海水令彼魚龍知水爲命會麽若無智眼而
審諦之任汝百般巧妙不爲究竟問學人近

入叢林不明己事乞師指示師以杖指之曰會麼曰不會師曰我恁麼爲汝却成抑屈人還知麼若約當人分上從來底事不論初入叢林及過去諸佛不曾乏少如大海水一切魚龍初生及至老死所受用水悉皆平等問不謬正宗請師眞實師曰汝替我道曰或有不辨者作麼生師曰待不辨者來問諸佛還有師否師曰有曰如何是諸佛師師曰一切人識不得上堂良久有僧出禮拜師曰莫教髑髏搊損僧參問曰去却僕從便請相見師曰貶上眉毛看曰不與麼時如何師曰山北去也問從上宗乘事如何師良久僧再問師便喝出問如何是大庾嶺頭事師曰料汝承當不得曰重多少師曰這般底論劫不奈何師問了院主秖如先師道盡十方世界是眞實人體你還見僧堂麼了曰和尚莫眼花師曰先師遷化肉猶煖在 [池三 十八]

衡嶽南臺誠禪師僧問玄沙宗旨請師舉揚師曰甚麼處得此消息曰垂接者何師曰得人不迷已問潭清月現是何境界師曰不干你事曰借問又何妨師曰寬潭月不可得問離地四指爲甚麼却有魚紋師曰有聖量在曰此量爲甚麼人施師曰不爲聖人

福州螺峰冲奥明法禪師上堂人人具足人人成現爭怪得山僧珍重僧問諸法寂滅相不可以言宣如何是寂滅相師曰問答俱備曰恁麼則眞如法界無自無他師曰特地令人愁問牛頭未見四祖時如何師曰德重鬼神欽曰見後如何師曰通身聖莫測問如何是螺峰一句師曰苦問如何是本來人師曰惆悵松蘿境界危

泉州睡龍山和尚僧問如何是觸目菩提師以杖趁之僧乃走師曰住住向後遇作家舉看上堂舉拄杖曰三十年住山得他氣力時有僧問和尚得他甚麼氣力師曰過谿過嶺東拄西拄招慶云我不恁麼道僧問和尚作麼生道慶以杖下地拄行 [池三 十九]

天台山雲峯光緒至德禪師上堂但以衆生日用而不知譬如三千大千世界日月星辰江河淮濟一切含靈從一毛孔入一毛孔毛孔不小世界不大其中衆生不覺不知若要易會上座日用亦復不知時有僧問曰裏僧馱像夜裏像馱僧未審此意如何師曰闍黎豈不是從茶堂裏來

福州大章山契如庵主本郡人也素蘊孤操志探祖道預玄沙之室頴悟幽旨玄沙記曰子禪已逸格則他後要一人侍立也無師自此不務聚徒不畜童侍隱於小界山刳大朽杉若小庵但容身而已凡經遊僧至隨叩而應無定開示僧問生死到來如何回避師曰符到奉行曰恁麼則被生死拘將去也師曰阿哪哪問西天持錫意作麼生師拈錫杖卓地振之僧曰未審此是甚麼義師曰這箇是張家打僧擬進語師以錫擲之僧問雲臺欽和尚如何是眞言欽曰南無佛陀耶師别云作麼作麼清豁冲煦二長老嚮師名未嘗會遇一旦同訪之値師採栗豁問道者如庵主在何所師曰從甚麼處來曰山下來師曰因甚麼得到這裏曰這裏是甚麼處所師揖曰那下喫茶去二公方省是師遂詣庵所頗味高論晤坐於左右不覺及夜覩豺虎奔至庵

前自然馴遶谿因有詩曰行不等閑行誰知去住情一餐猶未飽萬户勿聊生非道應難伏空拳莫與爭龍吟雲起處閑嘯兩三聲二公壽於大章山創庵請師居之兩處孤坐垂五十二載而卒

福州蓮華山永興神祿禪師閩王請開堂日未陞座先於座前立曰大王大衆聽已有真正舉揚也此一會總是得聞豈有不聞者若有不聞彼此相謾去也方乃登座僧問大王請師出世未委今日一會何似靈山師曰徹古傳今問如何是和尚家風師曰毛頭顯沙界日月現其中

天台國清寺師靜上座始遇玄沙示衆曰汝諸人但能一生如喪考妣吾保汝究得徹去師躡前語問曰秖如教中道不得以所知心測度如來無上知見又作麼生沙曰汝道究得徹底所從心還測度得及否師從此信入後居天台三十餘載不下山博綜三學操行孤立禪寂之餘常閱龍藏遐邇欽重時謂大靜上座嘗有人問弟子每當夜坐心念紛飛未明攝伏之方願垂示誨師曰如或夜閑安坐心念紛飛却將紛飛之心以究紛飛之處究之無處則紛飛之念何存反究究心則能究之心安在又能照之智本空所緣之境亦寂寂而非寂者蓋無能寂之人也照而非照者蓋無所照之境也境智俱寂心慮安然外不尋枝内不住定二途俱泯一性怡然此乃還源之要道也師因覩教中幻義乃述一偈問諸學流曰若道法皆如幻有造諸過惡應無咎云何所作業不忘而藉佛慈興接誘時有小靜上座答曰幻人興幻幻輪圍幻業能招幻所治不了幻生諸幻苦覺知如幻幻無爲二靜上座竝終於本山

長慶稜禪師法嗣

泉州招慶院道匡禪師潮州人也稜和尚始居招慶師乃入室參侍遂作桶頭常與衆僧語話一日慶見乃曰尒每日口嘮嘮底作麼師曰一日不作一日不食慶曰與麼則磨弓錯箭去也師曰專待尉遲來慶曰尉遲來後如何師曰教伊筋骨遍地眼睛突出慶便出去洎慶被召師繼踵住持上堂聲前薦得孤負平生句後投機殊乖道體爲甚麼如此大衆且道從來合作麼生又曰招慶與諸人一時道却還委落處麼時有僧出曰大衆一時散去還稱師意也無師曰好與二十拄杖僧禮拜師曰雖有盲龜之意且無曉月之程曰如何是曉月之程師曰此是盲龜之意問如何是沙門行師曰非行不行問如何是西來意師曰蚊子上鐵牛問如何是在匣劒師良久僧罔措師曰也須感荷招慶始得問如何是提宗一句師曰不得昧著招慶其僧禮拜起師又曰不得昧著招慶囑汝作麼生是提宗一句僧無對問文殊劒下不承當時如何師曰未是好手人曰如何是好手人師曰是汝話墮也問如何是招慶家風師曰寧可清貧自樂不作濁富多憂問如何是南泉一線道師曰不辭向汝道恐較中更較去問如何是佛法大意師曰七顛八倒問學人根思遲回乞師曲運慈悲開一線道師曰這箇是老婆心曰悲華剖坼以領尊慈從上宗乘事如

何師曰恁麽須得汝親問始得問僧甚處去來曰劈柴來師曰還有劈不破底也無曰有師曰作麽生是劈不破底僧無語師曰汝若道不得問我我與汝道曰作麽生是劈不破底師曰賺殺人師拈鉢囊問僧你道値幾錢僧無對（歸宗柔代云留與人增價）因地動僧問還有不動者也無師曰有曰如何是不動者師曰動從東來却歸西去問法雨普霑還有不潤處否師曰有曰如何是不潤處師曰水灑不著問如何是招慶深深處師曰和汝沒却問如何是九重城裏人師曰還共汝知聞麽上堂次大衆擁法座而立師曰這裏無物諸人苦恁麽相促相挼作麽擬心早沒交涉更上門上戶千里萬里今既上來各著精彩招慶一時拋與諸人好麽乃曰還接得也無衆無對師曰勞而無功便陞座復曰汝諸人得恁麽鈍看他古人一兩箇得恁麽快纔見便負將去也較些子若有此箇人非但四事供養便以琉璃爲地白銀爲壁亦未爲貴帝釋引前梵王隨後攬長河爲酥酪變大地作黃金亦未爲足直得如是猶更有一級在還委得麽珍重

婺州報恩院寶資曉悟禪師僧問學人初心請師示箇入路師遂側掌示之曰還會麽曰不會師曰獨掌不浪鳴問如何是報恩家風師曰也知闍黎入衆日淺問古人拈槌竪拂意旨如何師曰報恩截舌有分僧曰爲甚麽如此師曰屈著作麽問如何是文殊劒師曰不知曰秖如一劒下活得底人作麽生師曰山僧秖管二時齋粥問如何是觸目菩提師曰背後是甚麽立地曰學人不會乞師再示師提拄杖曰汝不會合喫多少拄杖問如何是具大慚愧底人師曰開口取合不得曰此人行履如何師曰逢茶即茶逢飯即飯問如何是金剛一隻箭師曰道甚麽僧再問師曰過新羅國去也問波騰鼎沸起必全眞未審古人意如何師乃叱之曰恁麽則非次也師曰你話墮也又曰我話亦墮汝作麽生僧無對問去却賞罰如何是吹毛劒師曰延平屬劒州曰恁麽則喪身失命去也師曰錢塘江裏潮

處州翠峰從欽禪師上堂曰更不展席也珍重便歸方丈却問侍者還會麽曰不會師曰將謂汝到百丈來

襄州鷲嶺明遠禪師初參長慶慶問汝名甚麽師曰明遠慶曰那邊事作麽生師曰明遠退兩步慶曰汝無端退兩步作麽師無語慶曰若不退步爭知明遠師乃諭旨住後向火次僧問無一法當前應用無虧時如何師以手卓火其僧於此有省

杭州龍華寺彥球實相得一禪師開堂日謂衆曰今日既陞法座又爭解諱得秖如不諱底事此衆還有人與作證明麽若有即出來相共作箇牓樣僧問此座爲從天降下爲從地涌出師曰是甚麽曰此座高廣如何陞得師曰今日幾被汝安頓著問靈山一會迦葉親聞今日一會何人得聞師曰同我者擊其大節曰灼然俊哉師曰去搬水漿茶堂裏用去師復曰從前佛法付囑國王大臣及有力檀越今日郡尊及諸官僚特垂相請不勝荷

愧山僧更有末後一句子賤賣與諸人師乃起身立曰還有人買麽若有人買即出來若無人買即賤貨自收去也久立珍重僧問如何是學人自己師曰雪上更加霜

杭州保安連禪師僧問如何是保安家風師曰問有甚麽難問如何是吹毛劒師曰豫章鐵柱豎曰學人不會師曰漳江親到來問如何是沙門行師曰師僧頭上戴冠子問如何是西來意師曰死虎足人看問一問一答彼此興來如何是保安不驚人之句師曰汝到別處作麽生舉

福州報慈院光雲慧覺禪師上堂瘥病之藥不假驢馳若據如今各自歸堂去珍重問僧近離甚處曰臥龍師曰在彼多少時曰經冬過夏師曰龍門無宿客為甚在彼許多時曰師子窟中無異獸師曰汝試作師子吼看曰若作師子吼即無和尚師曰念汝新到放汝三十棒問承聞超覺有鎖口訣如何示人師曰賴我拄杖不在手曰恁麽則深領尊慈也師曰待我肯汝即得聞王問報慈與神泉相去近遠師曰若說近遠不如親到師却問大王曰應千差是甚麽心王曰甚麽處得心來師曰豈有無心者王曰那邊事作麽生師曰請向那邊問王曰大師謾別人即得問大衆臻湊請師舉揚師曰更有幾人未聞曰恁麽則不假上來也師曰不上來且從汝向甚麽處會曰若有處所即孤負和尚去也師曰秪恐不辨精麁問夫說法者當如法說此意如何師曰有甚麽疑訛問古人面壁意旨如何師便打問不假言詮請師徑直師曰何必更待商量

五燈會元卷第二十

五燈會元卷第二十

校勘記

一　底本，清藏本。

一　五一二頁上一行經名，徑作「五燈會元卷第八」。

一　五一八頁上末行末字「未」，徑作「曰」。

一　五一八頁下一〇行「侶伴」，徑作「伴侶」。

一　五二一頁下二行「從欽禪師」，徑作「從欣禪師」。

一　五二二頁中卷末經名，徑無（未換卷）。

宋沙門大川濟纂

青原下七世

長慶稜禪師法嗣

廬山開先寺紹宗圓智禪師姑蘇人也江南李主延幸洪井入山瞻謁請上堂令僧問如何是開先境師曰最好是一條界破青山色曰如何是境中人師曰拾枯柴煮布水國主益加欽重後終於本山靈塔存焉

杭州傾心寺法瑫宗一禪師上堂良久曰大衆不待一句語便歸堂去還有紹繼宗風分也無還有人酬得此問麼若有人酬得這裏與諸人爲怪笑若酬不得諸人與這裏爲怪笑珍重僧問如何朴實免見虛頭師曰汝問若當衆人盡鑒曰有恁麼來皆不丈夫秖如不恁麼來還有紹繼宗風分也無師曰出兩頭致一問來曰甚麼人辨得師曰波斯養兒問佛法去處乞師全示師曰汝但全致一問來曰爲甚麼却拈此問去師曰汝適來問甚麼曰若不遇於師幾成走作師曰賊去後關門問別傳一句如何分付師曰可惜許曰恁麼則別酬亦不當去也師曰也是閑辭問如何是不朝天子不羨王侯底人師曰每日三條線長年一衲衣曰未審此人還紹宗風也無師曰鵲來頭上語雲向眼前飛問承古有言不斷煩惱此意如何師曰又是發人業曰如何得不發業師曰你話墮也問請去賞罰如何是吹毛劒師曰如法禮三拜師後住龍冊寺歸寂

福州水陸院洪儼禪師上堂大衆集定師下座捧香鑪巡行大衆前曰供養十方諸佛便歸方丈僧問離却百非兼四句請師盡力與提綱師曰落在甚麼處曰恁麼則人天有賴去也師曰莫將惡水潑人好

杭州靈隱山廣嚴院咸澤禪師初參保福福問汝名甚麼師曰咸澤福曰忽遇枯涸者如何師曰誰是枯涸者福曰我是師曰和尚莫謾人好福曰却是汝謾我師後承長慶印記住廣嚴道場（今法安院）僧問如何是覿面相呈事師下禪牀曰伏惟尊體起居萬福問不與萬法爲侶者是甚麼人師曰城中青史樓雲外高峰塔問如何是佛法大意師曰幽澗泉清高峰月白問如何是廣嚴家風師曰一塢白雲三間茆屋曰畢竟如何師曰既無維那兼少典座問如何是廣嚴家風師曰師子石前靈水響鷄籠山上白猿啼

福州報慈院慧朗禪師上堂從上諸聖爲一大事因緣故出現於世遞相告報是汝諸人還會麼若不會大不容易僧問如何是一大事師曰莫錯相告報麼曰恁麼則學人不疑也師曰爭奈一翳在目問三世諸佛盡是傳語人未審傳甚麼人語師曰聽曰未審是甚麼語師曰你不是鍾期問如何是學人眼師曰不可更撒沙

福州長慶常慧禪師僧問王侯請命法嗣怡山鎖口之言請師不謬師曰得曰恁麼則深領尊慈師曰莫鈍置人好問不犯宗風不傷物義請師滿口道師曰今日豈不是開堂問談續雪峰印傳超覺不違於物不負於人不在當頭即今何道師曰違負即道曰恁麼則

善副來言淺深已辨師曰也須識好惡

福州石佛院靜禪師上堂若道素面相呈猶添脂粉縱離添過猶有負儠諸人且作麼生體悉僧問學人欲見和尚本來面目師曰洞上有言親體取曰恁麼則不得見去也師曰灼然客路如天遠侯門似海深

福州枕峰觀音院清換禪師上堂諸禪德若要論禪說道舉唱宗風秖如當人分上以一毛端上有無量諸佛轉大法輪於一塵中現寶王刹佛說衆生說山河大地一時說未嘗間斷如毗沙門王始終不求外寶既各有如是家風阿誰欠少不可更就別人處分也僧問如何是法界性師曰汝身中有萬象曰如何體得師曰虛谷尋聲更求本末

福州東禪契訥禪師上堂未曾暫失全體現前恁麼道亦是分外既恁麼道不得向兄弟前合作麼生道莫是無道處不受道麼莫錯會好僧問如何是現前三昧師曰何必更待道問已事未明乞師指示師曰何不禮謝問如何是東禪家風師曰一人傳虛萬人傳實

福州長慶院弘辯妙果禪師上堂於座前側立曰大衆各歸堂得也未還會得麼若也未會山僧謾諸人去也遂陞座僧問海衆雲臻請師開方便門示眞實相師曰這箇是方便門曰恁麼則大衆側聆去也師曰空側聆作麼

福州東禪院可隆了空禪師僧問如何是道師曰正是道曰如何是道中人師曰分明向汝道上堂大好省要自不仙陀若是聽響之流不如歸堂向火珍重問如何是普賢第一句師曰落第二句也

福州仙宗院守玭禪師久不上堂大衆入方丈懇師曰今日與大衆同請假未審還給假也無若未聞給假即先言者負珍重僧問十二時中常在底人還消得人天供養也無師曰消不得曰爲甚麼消不得師曰爲汝常在曰秖如常不在底人還消得也無師曰驢年問請師答無賓主話師曰向無賓主處問將來

撫州永安院懷烈淨悟禪師上堂顧視左右曰患聾作麼便歸方丈上堂良久曰幸自可憐生又被汚却也上堂大衆正是著力處切莫容易僧問怡山親聞一句請師爲學人道師曰向後莫錯舉似人

福州閩山令含禪師上堂還恩恩滿賽願願圓便歸方丈僧問既到妙峰頂誰人爲伴侶師曰到曰甚麼人爲伴侶師曰喫茶去問明明不會乞師指示師曰指示且置作麼生是你明明底事曰學人不會再乞師指師曰八棒十三

新羅國龜山和尚有人舉裴相國啟建法會問僧看甚麼經曰無言童子經公曰有幾卷曰兩卷公曰既是無言爲甚麼却有兩卷僧無對師代曰若論無言非唯兩卷

吉州資國院道殷禪師僧問如何是祖師西來意師曰普通八年遭梁怪直至如今不得雪問千山萬山如何是龍須山師曰千山萬山曰如何是山中人師曰對面千里問不落有無請師道師曰汝作麼生問

福州祥光院澄靜禪師僧問如何是道師曰

長安路上曰向上事如何師曰谷聲萬籟起松老五雲披問如何是和尚家風師曰門下平章事宮闈較幾重

杭州報慈院從瓌禪師福州陳氏子僧問承古有言今人看古教未免心中鬧欲免心中鬧應須看古教如何是古教師曰如是我聞曰如何是心中鬧師曰那畔雀兒聲

杭州龍華寺契盈廣辯周智禪師僧問如何是龍華境師曰翠竹搖風寒松鎖月曰如何是境中人師曰切莫唐突問如何是三世諸佛道場師曰莫別瞻禮曰恁麼則亙古亙今師曰是甚麼年中

大傅王延彬居士一日入招慶佛殿指鉢盂問殿主這箇是甚麼鉢主曰藥師鉢公曰秪聞有降龍鉢主曰待有龍即降公曰忽遇拏雲攫浪來時作麼生主曰他亦不顧公曰話墮也（玄沙曰盡你神力走向甚麼處去保福曰皈依佛法僧百丈恒作覆鉢勢雲門曰他日生天莫孤負老僧）長慶謂太傅曰雪峰竪拂子示僧其僧便出去若據此僧合喚轉痛與一頓公曰是甚麼心行慶曰泊合放過公到招慶煎茶朗上座與明招把銚忽翻茶銚公問茶爐下是甚麼朗曰捧爐神公曰既是捧爐神爲甚麼翻却茶朗曰事官千日失在一朝公拂袖便出明招曰朗上座喫却招慶飯了却向外邊打野榸朗曰上座作麼生招曰非人得其便

## 保福展禪師法嗣

潭州延壽寺慧輪禪師僧問寶劒未出匣時如何師曰不在外曰出匣後如何師曰不在內問如何是一色師曰青黃赤白曰大好一色師曰將謂無人也有一箇半箇

漳州保福可儔禪師僧問如何是和尚家風師曰雲在青天水在瓶問如何是吹毛劒師曰瞥落也曰還用也無師曰莫鬼語

舒州海會院如新禪師上堂良久曰禮繁即亂便下座僧問從上宗乘如何舉唱師曰轉見孤獨曰親切處乞師一言師曰不得雪也聽他問如何是迦葉頓領底事師曰汝若領得我即不恡曰恁麼則不煩於師去也師曰又須著棒爭得不煩問牛頭橫說竪說猶未知向上關捩子如何是向上關捩師曰賴遇娘生臂短問如何是祖師意師曰要道何難曰便請師道師曰將謂靈利又不仙陀

洪州漳江慧廉禪師僧問師登寶座曲爲今時四衆攀瞻請師接引師曰甚麼處屈汝曰恁麼則垂慈方便路直下不孤人也師曰也須收取好問如何是漳江境師曰地藏皺眉曰如何是境中人師曰普賢斂衽問如何是漳江水師曰苦問如何是漳江第一句師曰到別處不得錯舉

福州報慈院文欽禪師僧問如何是諸佛境師曰雨來雲霧暗晴乾日月明問如何是妙覺明心師曰今冬好晚稻出自秋雨成問如何是妙用河沙師曰雲生碧岫雨降青天問如何是平常心合道師曰喫茶喫飯隨時過看水看山實暢情

泉州萬安院清運資化禪師僧問諸佛出世震動乾坤和尚出世未審如何師曰向汝道甚麼曰恁麼則不異諸聖去也師曰莫亂道問如何是萬安家風師曰苦羮倉米飯曰忽

遇上客來將何祇待師曰飯後三巡茶問如何是萬安境師曰一塔松蘿望海青

漳州報恩院道熙禪師初與保福送書上泉州王太尉尉問漳南和尚近日還爲人也無師曰若道爲人即屈著和尚若道不爲人又屈著太尉來問太尉曰道取一句尉曰待鐵牛能齧草木馬解含煙師曰某甲惜口喫飯尉良久又問驢來馬來師曰驢馬不同途尉曰爭得到這裏師曰特謝太尉領話住後僧問明言妙句即不問請師真實道將來師曰不阻來意

泉州鳳凰山從琛洪忍禪師僧問如何是和尚家風師曰門風相似即無阻矣汝不是其人曰忽遇其人時又如何師曰不可預搔待癢問學人根思遲回方便門中乞師傍瞥師曰傍瞥曰深領師旨安敢言乎師曰太多也上堂有僧出禮拜起退身立師曰我不如汝僧應諾師曰無人處放下著問如何是學人自己事師曰暗算流年事可知問如何是鳳凰境師曰雪夜觀明月問如何是西來意師曰作人醜差曰爲人何在師曰莫屈著汝麽

福州永隆院明慧瀛禪師上堂謾言侵早起更有夜行人似則似是即不是珍重問無爲無事人爲甚麽却是金鎖難師曰爲斷麄纖貴重難留曰爲甚麽道無爲無事人逍遥實快樂師曰爲鬧亂且要斷送僧參師曰不要得許多般數速道速道僧無對上堂曰出卯用處不須生善巧便下座僧問如何進向得達本源師曰依而行之

洪州清泉山守清禪師福州人也僧問如何是佛師曰問曰如何是祖師曰答問和尚見古人得箇甚麽便住此山師曰情知汝不肯曰爭知某甲不肯師曰鑒貌辨色問親切處乞師一言師曰莫過於此問古人面壁爲何事師曰屈曰恁麽則省心力去也師曰何處有恁麽人問諸餘即不問如何是向上事師曰消汝三拜不消汝三拜

漳州報恩院行崇禪師僧問如何是佛法大意師曰碓搗磨磨問曹谿一路請師舉揚師曰莫屈著曹谿麽曰恁麽則群生有賴師曰也是老鼠喫鹽問不涉公私如何言論師曰喫茶去問丹霞燒木佛意作麽生師曰時寒燒火向曰翠微迎羅漢意作麽生師曰別是一家春

潭州嶽麓山和尚上堂良久曰昔日毗盧今朝嶽麓珍重僧問如何是聲色外句師曰猿啼鳥叫問師唱誰家曲宗風嗣阿誰師曰五音六律問截舌之句請師舉揚師曰日能熱月能涼

朗州德山德海禪師僧問靈山一會何人得聞師曰闍黎得聞曰未審靈山説箇甚麽師曰即闍黎會問如何是該天括地句師曰千界搖動問從上宗乘以何爲驗師曰從上且置即今作麽生曰大衆總見師曰話墮也問如何是祖師西來意師曰擘

泉州後招慶和尚僧問末後一句請師商量師曰塵中人自老天際月常明問如何是和尚家風師曰一缾兼一鉢到處是生涯問如何是佛法大意師曰擾擾忿忿晨雞暮鐘

泉州梁山簡禪師問僧甚處來曰藥山來師

曰還將得藥來否曰和尚住山也不錯師便休

洪州建山澄禪師僧問如何是法王劍師曰可惜許曰如何是人王劍師曰塵埋牀下履風動架頭巾問一代時教接引今時未審祖宗如何示人師曰一代時教已有人問了也曰和尚如何示人師曰惆悵庭前紅莧樹年年生葉不生花問故歲已去新歲到來還有不受歲者也無師曰作麼生曰恁麼則不受歲也師曰城上已吹新歲角牕前猶點舊年燈曰如何是舊年燈師曰臘月三十日

泉州招慶院省僜淨修禪師初叅保福福一日入大殿覩佛像乃舉手問師曰佛恁麼意作麼生師曰和尚也是橫身福曰一橛我自收取師曰和尚非唯橫身福然之後住招慶開堂陞座良久乃曰大衆向後到處遇道伴作麼生舉似他若有人舉得試對衆舉看若舉得免孤負上祖亦免埋沒後來古人道通心君子文外相見還有這箇人麼況是曹谿門下子孫合作麼生理論合作麼生提唱僧問如何得不傷於已不負於人師曰莫屈著汝這問麼曰恁麼上來已蒙師指也師曰汝又屈著我作麼問當鋒一句請師道師曰嗄僧再問師曰瞌睡漢問僧近離甚處曰報恩師曰僧堂大小曰和尚試道看師曰何不待問問學人全身不會請師指示師曰還解笑得麼乃曰叢林先達者不敢相觸忤若是初心後學未信直須信取未省直須省取不用掠虛諸人本分去處未有一時不顯露未有一物解蓋覆得如今若要知不用移絲髮地不用少許工夫但向博地凡夫位中承當取豈不省心力既能省得便與諸佛齊肩依而行之緣此事是箇白淨去處今日須得白淨身心合他始得自然合古合今脫生離死古人云識心達本解無爲法方號沙門如今諸官大衆各須體取好莫全推過師僧分上佛法平等上至諸佛下至一切共同此事既然如此誰有誰無王事之外亦須努力適來說如許多般蓋不得已而已莫道從上宗門合恁麼語話秖如從上宗門合作麼生還相悉麼若有人相悉山僧今日雪得去也久立大衆珍重示坐禪方便頌曰四威儀內坐爲先澄濾身心漸坦然瞥爾有緣隨濁界當須莫續是天年修持秖學從功路至理寧論在那邊一切時中常管帶因緣相湊豁通玄示執坐禪者曰大道分明絕點塵何須長坐始相親遇緣儻解無非是處憒那能有故新散誕肯齊支遁侶逍遙曷與慧休隣或遊泉石或闤闠可謂煙霞物外人

福州康山契穩法寶禪師初開堂僧問威音王佛已後次第相承未審師今一會法嗣何方師曰象骨舉手龍谿點頭問圓明湛寂非師意學人因底却無明師曰辨得也未曰恁麼則識性無根去也師曰隔靴搔痒

泉州西明院琛禪師僧問如何是和尚家風師曰竹箸瓦碗曰忽遇上客來時如何秖待師曰黃虀倉米飯問如何是祖師西來意師曰問取露柱看

鼓山晏國師法嗣

杭州天竺子儀心印水月禪師溫州樂清陳

氏子初遊方謁鼓山問曰子儀三千里外遠
投法席今日非時上來乞師非時荅話山曰
不可鈍置仁者師曰省力處如何山曰汝何
費力師於此有省後回浙中錢忠懿王命開
法於羅漢光福二道場上堂久立大衆更待
池四 十三
甚麼不辭展拓却恐悞於禪德轉迷歸路時
寒珍重僧問如何是從上來事師曰住曰如
何薦師曰可惜龍頭翻成蛇尾有僧禮拜起
將問話師曰如何且置僧乃問秖如興聖之
子還有相親分也無師曰秖待局終不知柯
爛問如何是維摩默師曰謗曰文殊因何讚
師曰同案領過曰維摩又如何師曰頭上三
尺巾手裏一枝拂問如何是諸佛出身處師
曰大洋海裏一星火曰學人不會師曰燒盡
魚龍問丹霞燒木佛意旨如何師曰寒即圍
爐向猛火曰還有過也無師曰熱即竹林溪
畔坐問如何是法界義宗師曰九月九日浙
江潮問諸餘即不問如何是光福門下超毘
盧越釋迦底人師曰諸餘奉納曰恁麼則平
生慶幸去也師曰慶幸事作麼生僧罔措師

便喝將下堂僧問下堂一句乞師分付師曰
擒履已歸西國去此山空有老猿啼問皷山
有掣皷奪旗之說師且如何師曰敗將不忍
誅曰或遇良將又如何師曰念子孤魂賜汝
三奠問世尊入滅當歸何所師曰鶴林空變
色真歸無所歸曰未審必定何之師曰朱實
殞勁風繁英落素秋曰我師將來復歸何所
師曰子今欲識吾歸處東西南北柳成絲問
如何修行即得與道相應師曰高卷吟中箔
濃煎睡後茶

建州白雲智作真寂禪師永真朱氏子容若
梵僧禮皷山披剃一日皷山上堂召大衆衆
皆回眸山披襟示之衆罔措唯師朗悟厥旨
入室印證又參次山召曰近前來師近前山
曰南泉喚院主意作麼生師斂手端容退身
池四 十四
而立山莞然奇之住後上堂還有人向宗乘
中致得一問來麼待山僧向宗乘中答時有
僧出禮拜師便歸方丈問如何是枯木裏龍
吟師曰火裏蓮生曰如何是髑髏裏眼睛師
曰泥牛入海問如何是主中主師曰汝還具

眼麼曰恁麼則學人歸堂去也師曰猢猻入
布袋問如何是延平津師曰萬古水溶溶曰
如何是延平劍師曰速須退步曰未審津與
劍是同是異師曰可惜許次遷奉先僧問如
何是奉先境師曰一任觀看曰如何是境中
人師曰莫無禮問如何是奉先家風師曰即
今在甚麼處曰恁麼則大衆有賴也師曰干
汝甚麼事問如何是爲人一句師曰不是奉
先道不得

皷山智嚴了覺禪師上堂多言復多語由來
反相悞珍重僧問石門之句即不問請師方
便示來機師曰問取露柱問國王出世三邊
靜法王出世有何恩師曰還會麼曰幸遇明
朝覿伸呈獻師曰吐却著曰若不禮拜幾成
無孔鐵鎚師曰何異無孔鐵鎚
池四 十五
福州龍山智嵩妙虛禪師上堂幸自分明須
作這箇節目作麼到這裏便成節目便成增
語便成塵玷未有如許多事時作麼生僧問
古佛化導今祖重興人天輻輳於禪庭至理
若爲於開示師曰亦不敢孤負大衆曰恁麼

則人天不謬殷勤請頻使凡心作佛心師曰仁者作麽生曰退身禮拜隨衆上下師曰我識得汝也

泉州鳳凰山彊禪師僧問燈傳皷嶠道化溫陵不跨石門請師通信師曰若不是今日攔胸撞出曰恁麽則今日親聞師子吼他時終作鳳凰兒師曰又向這裏塗汙人問白浪滔天境何人住太虚師曰靜夜思堯皷回頭聞舜琴

福州龍山文義禪師上堂若舉宗乘即院寂徑荒若留委問更待箇甚麽還有人委悉麽出來驗看若無人委悉且莫掠虚好便下座問如何是人王師曰威風人盡懼曰如何是法王師曰一句令當行曰二王還分不分師曰適來道甚麽

福州皷山智岳了宗禪師本郡人也初遊方至鄂州黄龍問久嚮黄龍及乎到來秖見赤班蛇龍曰汝秖見赤班蛇且不識黄龍師曰如何是黄龍龍曰滔滔地師曰忽遇金翅鳥來又作麽生龍曰性命難存師曰恁麽則被他吞却去也龍曰謝闍黎供養師便禮拜住後上堂我若全舉宗乘汝向甚麽處領會所以道古今常露體用無妨不勞久立珍重問虚空還解作用也無師拈起拄杖曰這箇師僧好打僧無語

襄州定慧禪師僧問如何是佛向上事[十六]師曰無人不驚曰學人未委在師曰不妨難向問不借時機用如何話祖宗師曰闍黎還具慙愧麽僧便喝師休去

福州皷山清諤宗曉禪師僧問亡僧遷化向甚麽處去也師曰時寒不出手

金陵淨德院冲煦慧悟禪師福州和氏子僧問如何是大道師曰我無小徑曰如何是小徑師曰我不知大道

金陵報恩院清護崇因妙行禪師福州長樂陳氏子六歲禮皷山披削於國師言下發明開堂日僧問諸佛出世天花亂墜和尚出世有何祥瑞師曰昨日新雷發今朝細雨飛問如何是諸佛玄旨師曰草鞵木履開寶三年示寂荼毗收舍利三百餘粒并靈骨歸於建州鷄足山卧雲院建塔

龍華照禪師法嗣

台州瑞巖師進禪師僧問如何是瑞巖境師曰重重疊嶂南來遠北向皇都咫尺間曰如何是境中人師曰萬里白雲朝瑞嶽微微細雨灑簾前曰未審如何親近此人[十七]師曰將謂闍黎親入室元來猶隔萬重關

台州六通院志球禪師僧問全身佩劍時如何師曰落曰當者如何師曰熏天炙地問如何是六通境師曰滿目江山一任看曰如何是境中人師曰古今自去來曰離此二途還有向上事也無師曰有曰如何是向上事師曰雲水千徒與萬徒問擁毳玄徒請師指示師曰紅爐不墜鴈門關曰如何是紅爐不墜鴈門關師曰青霄豈悋衆人攀曰還有不知者也無師曰有曰如何是不知者師曰金榜上無名問如何是和尚家風師曰萬家明月朗問如何是第二月師曰山河大地

杭州雲龍院歸禪師僧問久戰沙場爲甚麽功名不就師曰過在這邊曰還有昇進處也

無師曰氷消瓦解

杭州功臣院道閑禪師僧問如何是功臣家風師曰俗人東畔立僧衆在西邊問如何是學人自己師曰如汝與我曰恁麽則無二去也師曰十萬八千

福州報國院照禪師上堂我若全機汝向甚麽處摸索葢爲根器不等便成不具慚愧還委得麽如今與諸仁者作箇入底門路乃敲繩牀兩下曰還見麽還聞麽若見便見若聞便聞莫向意識裏卜度却成妄想顛倒無有出期珍重佛塔被雷霹有問祖佛塔廟爲甚麽却被雷霹師曰通天作用曰既是通天作用爲甚麽却霹佛師曰作用何處見有佛曰爭奈狼籍何師曰見甚麽

台州白雲迺禪師沈四僧問荊山有玉十八非爲寶囊裏真金賜一言師曰我家本貧曰慈悲何在師曰空慙道者名

翠巖祭禪師法嗣

杭州龍冊寺子興明悟禪師僧問正位中還有人成佛否師曰誰是衆生曰若恁麽則總成佛去也師曰還我正位來曰如何是正位師曰汝是衆生問如何是無價珍師曰卞和空抱璞曰忽遇楚王還進也無師曰凡聖相繼續問古人拈布毛意作麽生師曰闍黎舉不全曰如何舉得全師乃拈起袈裟

温州雲山佛嶼院知黙禪師僧問如何是佛嶼家風師曰送客不離三步内邀賓秖在草堂前上堂山僧如今看見諸上座恁麽行脚喫辛喫苦盤山涉澗終不爲觀看州縣參尋名山勝跡莫非爲此一大事如今且要諸人於本分參問中通箇消息來雲山敢與證明非但雲山證明乃至禪林佛刹亦與證明還有麽若無不如散去便下座

鏡清怤禪師法嗣

越州清化師訥禪師沈四僧問十二時中如何得不疑惑去師曰好曰恁麽則得遇十九於師去也師曰珍重僧來禮拜師曰子亦善問吾亦善答曰恁麽則大衆久立師曰抑逼大衆作甚麽問去却賞罰如何是吹毛劒師曰錢塘江裏好渡船問如何是西來意師曰可煞新鮮

衢州南禪遇緣禪師因有俗士謂之鐵脚忽騎馬至僧問師既是鐵脚爲甚麽却騎馬師曰腰帶不因遮腹痛幞頭豈是禦天寒官人問師和尚恁麽後生爲甚麽却爲尊宿師曰千歲秖言朱頂鶴朝生便是鳳凰兒上堂此箇事得恁麽難道時有僧出曰請師道師曰睦州溪苔錦軍石耳問衆手淘金誰是得者師曰谿畔披砂徒自困家中有寶速須還曰恁麽即始終不從人得去也師曰饒君便有擎山力未免肩頭有擔胝

福州資福院智遠禪師福州人也參鏡清問如何是諸佛出身處清曰大家要知師曰如斯則衆眼難瞞去也清曰理能伏豹師因此發悟立旨住後僧問師唱誰家曲宗風嗣阿誰師曰雪嶺峰前月鏡湖波裏明問諸佛出世天雨四華地搖六動和尚今日有何祥瑞師曰一物不生全體露目前光彩阿誰知問如何是直示一句師曰是甚麽師乃曰還會麽會去即今便了不會塵沙算劫秖據諸賢分上古佛心源明露現前匝天徧地森羅萬

衆自巳家風佛與衆生本無差別涅槃生死幻化所爲性地眞常不勞修證珍重

衢州烏巨山儀晏開明禪師呉興許氏子於唐乾符三年將誕之夕異香滿室紅光如晝光啟中隨父鎮信安强爲娶師不願遂遊歷諸方機契鏡清歸省父母乃於郭南刱別舍以遂師志舍旁陳司徒廟有禀禪師像師往瞻禮失師所之後郡守展祀祠下見師入定於廟後叢竹間蟻蠹其依敗葉没脛或者云是許鎮將之子也自此三昧或出或入子湖訥禪師未知師所造淺深問曰子所住定蓋小乘定耳時方啜茶師呈起槖曰是大是小訥駭然尋謁栝蒼唐山德嚴禪師嚴問汝何姓曰姓許嚴曰誰許汝曰不別嚴默識之遂與剃染嘗令摘桃浹旬不歸往尋見師攀桃倚石泊然在定嚴鳴指出之開運中遊江郎巖覩石龕謂弟子慧興曰予入定此中汝當壘石塞門勿以吾爲念興如所戒明年興意師長往啟龕視師素髮被肩胸臆尚暖徐自定起了無異容復回烏巨侍郎愼公鎮信安禮師之道命義學僧守榮詰其定相師不與之辯榮意輕之時信安人競圖師像而尊事皆獲舍利榮因媿服禮像謝愆亦獲舍利數曰此後不敢以淺解測度矣錢忠懿王感師見夢遣使圖像至適王患目疾展像作禮如夢所見隨雨舍利目疾頓瘳因錫號開明及述偈讚寶器供具千計端拱初太宗皇帝聞師定力詔本州加禮津發赴闕師力辭僧再至諭旨特令肩輿入對便殿命坐賜茗咨問禪定奏對簡盡深契上旨丐歸復詔入對得請還山送車塞途淳化元年示寂壽一百十五臘五十七闍維白光屬天舍利五色邦人以骨塑像至今州郡雨暘禱之如響斯答

報恩岳禪師法嗣

潭州妙濟院師浩傳心禪師僧問擬即第二頭不擬即第三首如何是第一頭師曰收問古人斷臂當爲何事師曰我寧可斷臂問如何是學人眼師曰須知我好心問如何是香山劍師曰異曰還露也無師曰不忍見問如何是松門第一句師曰切不得錯舉問如何是妙濟家風師曰左右人太多問如何是佛法大意師曰兩口一無舌問如何是香山一路師曰滔滔地曰到者如何師曰息汝平生問如何是世尊密語師曰阿難亦不知曰爲甚麼不知師曰莫非仙陀問如何是香山寶師曰碧眼胡人不敢定曰露者如何師曰龍王捧不起僧舉聖僧塑像被虎齩問師既是聖僧爲甚麼被大蟲齩師曰疑殺天下人問如何是無慚愧底人師曰闍黎合喫棒

安國瑫禪師法嗣

福州白鹿師貴禪師開堂日僧問西峽一派不異馬頭白鹿千峰何似雞足師曰大衆驗看問如何是白鹿家風師曰向汝道甚麼曰恁麼則便知時去也師曰知時底人合到甚麼田地曰不可更口喃喃也師曰放過即不可問牛頭未見四祖時百鳥銜花供養見後爲甚麼不來師曰曙色未分人盡望及乎天曉也如常

福州羅山義聰禪師上堂僧問如何是出窟師子師曰甚麼處不震裂曰作何音響師曰

聾者不聞問手指天地唯我獨尊爲甚麼却
被傍觀者責師曰謂言胡鬚赤曰秖如傍觀
者有甚麼長處師曰路見不平所以按劒師
乃曰若有分付處羅山即不具眼若無分付
處即勞而無功所以維摩昔日對文殊且問
如今會也無久立珍重
福州安國院從貴禪師僧問禪宮大敞法侶
雲臻向上一路請師決擇師曰素非時流上
堂禪之與道拈向一邊著佛之與祖是甚麼
破草鞋恁麼告報莫屈著諸人麼若道屈著
即且須行脚若道不屈著也須合取口始得
珍重上堂直是不遇梁朝安國也謾人不過
珍重僧問請師舉唱宗乘師曰今日打禾明
日搬柴問牛頭未見四祖時如何師曰香爐
對繩牀曰見後如何師曰門扇對露柱問如
何是和尚家風師曰若問家風即答家風曰
學人不問家風時作麼生師曰胡來漢去問
諸餘即不問省要處乞師一言師曰還得省
要也未復曰純陀獻供珍重
福州怡山長慶藏用禪師上堂集衆以扇子

抛向地上曰愚人謂金是土智者作麼生後
生可畏不可總守愚去也還有人道得麼出
來道看時有僧出禮拜退後而立師曰別更
作麼生曰請和尚明鑑師曰千年桃核問如
何是伽藍師曰長溪莆田曰如何是伽藍中
人師曰新羅白水問如何是靈泉正主師曰
南山北山問如何是和尚家風師曰齋前廚
蒸南國飯午後爐煎北苑茶問法身還受苦
也無師曰地獄豈是天堂曰恁麼則受苦去
也師曰有甚麼罪過
福州永隆院彥端禪師上堂大衆雲集師從
座起作舞謂衆曰會麼對曰不會師曰山僧
不捨道法而現凡夫事作麼生不會問本自
圓成爲甚麼却分明晦師曰汝自撿責看
福州林陽瑞峰院志端禪師本州人也初參
安國見僧問如何是萬象之中獨露身國舉
一指其僧不薦師於是冥契玄旨乃入室白
曰適來見那僧問話志端有箇省處國曰汝
見甚麼道理師亦舉一指曰這箇是甚麼國
然之師禮謝住後上堂舉拂子曰曹溪用不

盡底時人喚作頭角生山僧拈來拂蚊子薦
得乾坤陷落僧問如何是西來意師曰木馬
走似煙石人趂不及問如何是禪師曰今年
早去年曰如何是道師曰冬田半折耗問如
何是學人自己師與一踏僧作接勢師便與
一摑僧無語師曰賺殺人問如何是迥絕人
煙處佛法師曰巔山峭峙碧芬芳曰恁麼則
一真之理華野不殊師曰不是這箇道理問
如何是佛法大意師曰竹箸一文一雙有僧
夜參師曰阿誰曰某甲師曰泉州砂糖舶上
檳榔僧良久師曰會麼曰不會師曰你若會
即廓清五蘊吞盡十方開寶元年八月遺偈
曰來年二月二別汝暫相棄燒灰散四林免
占檀那地明年正月二十八日州民競入山
瞻禮師尚無恙參問如常至二月一日州牧
率諸官同至山詰伺經宵二日齋罷上堂辭
衆時圓應長老出問雲愁露慘大衆嗚呼請
師一言未在告別師垂一足應曰法鏡不臨
於此土寶月又照於何方師曰非君境界應
曰恁麼則漚生漚滅還歸水師去師來是本

常師長噓一聲下座歸方丈安坐至亥時問衆曰世尊滅渡是何時節衆曰二月十五日子時師曰吾今日前時前言訖長往

福州仙宗院明禪師上堂曰幸有如是門風何不烜赫地紹續取去若也紹得不在三界若出三界即壞三界若在三界即礙三界不礙不壞是出三界是不出三界恁麽徹去堪爲佛法種子人天有賴時有僧問拏雲不假風雷便迅浪如何透得身師曰何得棄本逐末

福州安國院祥禪師上堂良久失聲曰大是無端雖然如此事不得已於中若有未覯者更開方便還會麽時有僧問不涉方便乞師垂慈師曰汝問我答即是方便問應物現形如水中月如何是月師提起拂子僧曰古人爲甚麽道水月無形師曰見甚麽問如何是宗乘中事師曰淮軍散後問如何是和尚家風師曰衆眼難謾

五燈會元卷第二十一

五燈會元卷第二十一

校勘記

一 底本，清藏本。

一 五二三頁上一行經名，徑無（未換卷）。

一 五二三頁上三行至四行「青原下七世　長慶稜禪師法嗣」，徑無。

一 五二四頁中一三行「今日」，徑作「今夜」。

一 五二六頁中二行「謾言」，徑作「謂言」。

一 五三〇頁下一三行「伏豹」，徑作「縛豹」。

一 五三一頁上九行第一〇字「依」，徑作「衣」。

一 五三二頁上一四行第九字「曰」，徑作「四」。

一 五三二頁上末行「集衆」，徑作「衆集」。

一 五三三頁上五行「烜赫」，徑作「烜赫」。

一 五三三頁上卷末經名，徑無（未換卷）。

五燈會元卷第二十二　　池五

宋沙門大川濟纂

青原下七世

睡龍溥禪師法嗣

漳州保福院清豁禪師福州人也少而聰敏禮鼓山國師落髮稟具後謁大章山如菴主（語具如菴主章）後參睡龍龍問曰豁闍黎見何尊宿來還悟也未曰清豁嘗訪大章得箇信處龍於是上堂集衆召曰豁闍黎出來對衆燒香說悟處老僧與汝證明師出衆乃拈香曰香已拈了悟卽不悟龍大悅而許之上堂山僧今與諸人作箇和頭和者默然不和者說良久曰和與不和切在如今山僧帶些子事珍重僧問家貧遭劫時如何師曰不能盡底去曰爲甚麼不能盡底去師曰賊是家親曰旣是家親爲甚麼翻成家賊師曰內旣無應外不能爲曰忽然捉敗時如何師曰內外絕消息曰捉敗後功歸何所師曰賞亦未曾聞曰恁麼則勞而無功也師曰功卽不無成而不處曰旣是成功爲甚麼不處師曰不見道太平本是將軍致不使將軍見太平問如何是西來意師曰胡人泣漢人悲師忽捨衆欲入山待滅乃遺偈曰世人休說路行難鳥道羊腸咫尺間珍重苧谿谿畔水汝歸滄海我歸山卽往貴湖卓菴未幾謂門人曰吾滅後將遺骸施諸蟲蟻勿置墳塔言訖入湖頭山坐磐石儼然長往門人稟遺命延留七日竟無蟲蟻之所侵食遂就闍維散於林野

金輪觀禪師法嗣

南嶽金輪和尚僧問如何是金輪第一句師曰鈍漢問如何是金輪一隻箭師曰過也曰臨機一箭誰是當者師曰倒也

白兆圓禪師法嗣

鼎州大龍山智洪弘濟禪師僧問如何是佛師曰卽汝便是曰如何領會師曰更嫌鉢盂無柄那問如何是微妙師曰風送水聲來枕畔月移山影到牀前問如何是極則處師曰懊惱三春月不及九秋光問色身敗壞如何是堅固法身師曰山花開似錦澗水湛如藍

襄州白馬山行靄禪師僧問如何是清淨法身師曰井底蝦蟇吞卻月問如何是白馬正眼師曰面南看北斗

安州白兆竺乾院懷楚禪師僧問如何是句句須行玄路師曰沿路直到湖南問如何是師子兒師曰德山嗣龍潭問如何是和尚爲人一句師曰與汝素無寃讐一句元在這裏曰未審在甚麼方所師曰這鈍漢

蘄州四祖山清皎禪師福州王氏子僧問師唱誰家曲宗風嗣阿誰師曰楷師巖畔祥雲起寶壽峰前震法雷臨終遺偈曰吾年八十八滿頭垂白髮顒顒鎭雙峰明明千江月黃梅揚祖教白兆承宗訣日日告兒孫勿令有斷絕

蘄州三角山志操禪師僧問教法甚多宗歸一貫和尚爲甚麼說得許多周由者也師曰爲你周由者也曰請和尚卽古卽今師以手敲繩牀

晉州興教師普禪師僧問盈龍宮溢海藏眞詮卽不問如何是教外別傳底法師曰眼裏耳裏鼻裏曰秖此便是否師曰是甚麼僧便

喝師亦喝問僧近離甚處曰下寨師曰還逢著賊麼曰今日捉下師曰放汝三十棒

蘄州三角山眞鑑禪師僧問師唱誰家曲宗風嗣阿誰師曰忽然行正令便見下堂堦

郢州太陽山行冲禪師僧問如何是無盡藏師良久僧無語師曰近前來僧纔近前師曰去

青原下八世

黃龍機禪師法嗣

洛京紫蓋善沼禪師僧問死中得活時如何師曰抱鎌刮骨熏天地炮烈棺中求託生問纔生便死時如何師曰賴得覺疾

眉州黃龍繼達禪師僧問如何是衲師曰鍼去線不回曰如何是帔師曰橫鋪四世界豎葢一乾坤曰道滿到來時如何師曰要羮與羮要飯與飯問黃龍出世金翅鳥滿空飛時如何師曰問汝金翅鳥還得飽也無

棗樹和尚第二世住問僧發足甚處曰閩中師曰俊哉曰謝師指示師曰屈哉僧作禮師曰我與麼道落在甚麼處僧無語師曰彼自無瘡勿傷之也僧叅師乃問未到這裏時在甚處安身立命僧叉手近前師亦叉手近前相並而立僧曰某甲未到此時和尚與誰並立師指背後曰莫是伊麼僧無對師曰不獨自謾兼謾老僧僧作禮師曰正是自謾僧鉏地次見師來乃不審師曰見阿誰了便不審曰見師不問訊禮式不全師曰却是孤負老僧其僧歸舉似首座曰和尚近日可畏座曰作麼生僧舉前語座曰和尚近日可謂爲人切師聞乃打首座七棒座曰某甲恁麼道未有過在亂打作麼師曰枉喫我多少鹽醬又打七棒僧辭師乃問若到諸方有人問你老僧此間法道作麼生祇對曰待問卽道師曰何處有無口底佛曰秖這也還難師竪拂子曰還見麼曰何處有無眼底佛師曰秖這也還難僧遶禪牀一匝而出師曰善能祇對僧便喝師曰老僧不識子曰用識作麼師敲禪牀三下

興元府玄都山澄禪師僧問喜得趨方丈家風事若何師曰西風開曉露明月正當天曰如何拯濟師曰金鷄樓上一下鼓問如何是沙門行師曰一切不如

嘉州黑水和尚初叅黃龍便問雪覆蘆花時如何龍曰猛烈師曰不猛烈龍又曰猛烈師又曰不猛烈龍便打師於此有省卽便禮拜

鄂州黃龍智顒禪師僧問如何是諸佛之本源師曰卽此一問是何源曰恁麼則諸佛無異去也師曰延平劒已成龍去猶有刻舟求底人

眉州昌福達禪師僧問學人來問師則對不問時師意如何師曰謝師兄指示問本來則不問如何是今日事師曰師兄這問大好曰學人不會時如何師曰謾得卽得問國有寶刀誰人得見師曰師兄遠來不易曰此刀作何形狀師曰要也道不要也道曰請師道師曰難逢難遇問石牛水上臥時如何師曰異中還有異妄計不浮沉曰便恁麼去時如何師曰翅天日落把土成金

呂巖眞人字洞賓京川人也唐末三舉不第偶於長安酒肆遇鍾離權授以延命術自爾

人莫之究嘗遊廬山歸宗書鐘樓壁曰一日清閑自在身六神和合報平安丹田有寶休尋道對鏡無心莫問禪未幾道經黃龍山覩紫雲成蓋疑有異人乃入謁值龍擊鼓陞堂龍見意必呂公也欲誘而進厲聲曰座傍有竊法者呂毅然出問一粒粟中藏世界半升鐺內煮山川且道此意如何龍指曰這守屍鬼呂曰爭奈囊有長生不死藥龍曰饒經八萬劫終是落空亡呂薄訝飛劒脅之劒不能入遂再拜求指歸龍詰曰半升鐺內煮山川即不問如何是一粒粟中藏世界呂於言下頓契作偈曰棄却瓢囊摵碎琴如今不戀汞中金自從一見黃龍後始覺從前錯用心龍囑令加護後謁潭州智度覺禪師有曰余遊韶郴東下湘江今見覺公觀其禪學精明性源淳潔促膝靜坐收光內照一衲之外無餘衣一鉢之外無餘食達生死岸破煩惱殼方今佛衣寂寂兮無傳禪理懸懸兮幾絕扶而興者其在吾師乎聊作一絕奉記達者推心方濟物聖賢傳法不離眞請師開說西來意七祖如今未有人

明招謙禪師法嗣

處州報恩契從禪師開堂陞座乃曰烈士鋒前還有俊鷹俊鷂麼放一箇出來看良久曰所以道烈士鋒前少人陪雲雷擊鼓劒輪開誰是大雄師子種滿身鋒刃但出來時有僧出師曰好著精彩僧擬伸問師曰甚麼處去也僧乃問師子未出窟時如何師曰鋒鋩難擊曰出窟後如何師曰藏身無路曰欲出不出時如何師曰命似懸絲曰向去事如何師曰摐問如何是和尚家風師曰還奈何麽問十二時中如何即是師曰金剛頂上看曰恁麼則人天有賴師曰汝又誑謼人天作麼

婺州普照瑜禪師上堂三十年後大有人向這裏亡鋒結舌去在良久曰還會麼灼然若不是眞師子兒爭識得上來之機時有僧問師子未出窟特如何師曰衆獸徒然曰出窟後如何師曰狐絕萬里曰欲出不出時如何師曰當衝者喪曰向去事如何師曰決在臨鋒僧禮拜師有頌曰決在臨鋒處天然師子機嚬呻出三界非祖莫能知

婺州雙溪保初禪師上堂未透徹不須呈十方世界廓然明孤峰頂上通機照不用看他北斗星僧問九夏靈峰劒請師不露鋒師曰未拍金鎖前何不問曰千般徒設用難出髑髏前師曰背後擬殺人

處州涌泉究禪師上堂良久曰還有虎狼禪客麼有則放出一箇來僧纔出師曰還知喪命處麼曰學人咨和尚師曰甚麼處去也曰師子未出窟時如何師曰抖擻地曰出窟後如何師曰蓋天蓋地曰欲出不出時如何師曰一切人辨不得曰向去事如何師曰俊鶻亦迯蹤

衢州羅漢義禪師上堂衆集僧纔出師曰不是好底僧禮拜起問龍泉寶劒請師揮師曰甚麼處去也曰恁麼則龍谿南面盡鋒鋩師曰收取問不落古今請師道師曰還怪得麼曰猶落古今師曰莫錯

羅漢琛禪師法嗣

襄州清谿山洪進禪師在地藏時居第一座

一日地藏上堂二僧出禮拜藏曰俱錯二僧無語下堂請益修山主修曰汝自巍巍堂堂却禮拜擬問他人豈不是錯師聞之不肯修乃問未審上座又作麽生師曰汝自迷暗焉可爲人修憤然上方丈請指藏指廊下曰典座入庫頭去也修乃省過又一日師問修山主曰明知生是不生之理爲甚麽爲生死之所流修曰筍畢竟成竹去如今作篾使還得麽師曰汝向後自悟去在修曰某所見秖如此上座意旨又如何師指曰這箇是監院房那箇是典座房修卽禮謝住後僧問衆盲摸象各説異端忽遇明眼人又作麽生師曰汝但舉似諸方師經行次衆僧隨從乃謂衆曰古人有甚麽言句大家商量時有從漪上座出衆擬問次師曰這沒毛驢漪渙然省悟

昇州清涼院休復悟空禪師北海王氏子幼出家十九納戒嘗自謂曰苟尚能詮則爲滯筏將趣凝寂復患墮空旣進退莫決捨二何之乃叅尋宗匠依地藏經年不契直得成病入涅槃堂一夜藏去看乃問復上座安樂麽師曰某甲爲和尚因緣背藏指燈籠曰見麽師曰見藏曰秖這箇也不背師於言下有省後修山主問訊地藏乃曰某甲百劫千生曾與和尚違背來此者又値和尚不安藏遂竪起拄杖曰秖這箇也不背師忽然契悟後繼法眼住崇壽江南國主創清涼道場延請居之上堂古聖纔生下便周行七步目顧四方云天上天下唯我獨尊他便有這箇方便奇特秖如諸上座初生下時有甚麽奇特試舉看若道無卽對面諱却若道有又作麽生通得箇消息還會麽上座幸然有奇特事因甚麽不知去珍重僧問如何是佛師曰汝是衆生曰還肯也無師曰虛施此問問如何是西來意師曰汝道此土還有麽問省要處乞師一言師曰珍重問如何是道師曰本來無一物何處有塵埃僧禮拜師曰莫錯會問如何是一塵入正受師曰色卽空曰如何是諸塵三昧起師曰空卽色問諸餘卽不問如何是悟空一句師曰兩句也問牛頭未見四祖時爲甚麽百鳥銜華師曰未見四祖曰見後爲甚麽不銜華師曰見四祖問如何是自己事師曰幾處問人來問古人得箇甚麽卽便休歇去師曰汝得箇甚麽卽不休歇去問如何是學人出身處師曰千般比不得萬般況不及曰請和尚道師曰古亦有今亦有問如何是亡僧面前觸目菩提師曰問取髑髏後人問毒龍奮迅萬象同然時如何師曰你甚麽處得這箇問頭問忠座主講甚麽經曰法華經師曰若有説法華經處我現寶塔當爲證明大德講甚麽人證明忠無對（法燈代云謝和尚證明）天福八年十月朔日遣僧命法眼禪師至囑付訖又致書辭國主取三日夜子時入滅國主令本院至時擊鐘及期大衆普集師端坐警衆曰無棄光影語絶告寂時國主聞鐘登高臺遥禮深加哀慕仍致祭荼毘收舍利建塔

撫州龍濟紹修禪師初與法眼同叅地藏所得謂已臻極暨同辭至建陽途中譚次眼忽問古人道萬象之中獨露身是撥萬象不撥萬象師曰不撥眼曰説甚麽撥不撥師懵然

不知却回地藏藏問子去未久何以却來師曰有事未決豈憚跋涉山川藏曰汝跋涉許多山川也還不惡師未諭旨乃問古人道萬象之中獨露身意旨如何藏曰汝道古人撥萬象不撥萬象師曰不撥藏曰兩箇也師駭然沈思而却問未審古人撥萬象不撥萬象藏曰汝喚甚麼作萬象師方省悟再辭地藏覲于法眼眼語意與地藏開示前後如一師後居龍濟山不務聚徒而學者奔至上堂具足凡夫法凡夫不知具足聖人法聖人不會聖人若會卽是凡夫凡夫若知卽是聖人此兩語一理二義若人辨得不妨於佛法中有箇入處若辨不得莫道不疑好珍重僧問見色便見心露柱是色如何是心師曰幸然未會且莫詐明頭問如何得出三界師曰是三界則一任出曰不是三界又如何師曰甚麼處不是三界問當陽舉唱誰是委者師曰非汝不委問如何是萬法主師曰把將萬法來問承古有言須彌納芥子芥子納須彌如何是須彌師曰穿破汝心曰如何是芥子師曰塞却汝眼曰如何納得師曰把將須彌與芥子來曰前言何在師曰前有甚麼言問僧甚處來曰翠巖師曰翠巖有何言句示徒曰尋常道出門逢彌勒入門見釋迦師曰與麼道又爭得曰和尚又如何師曰出門逢阿誰入門見甚麼僧於言下有省上堂聲色不到處病在見聞言詮不及處過在唇吻僧問離却聲色請和尚道師曰聲色裏問將來問如何是學人心師曰阿誰恁麼問問劫火洞然大千俱壞未審這箇還壞也無師曰不壞曰爲甚麼不壞師曰爲同於大千上堂卷簾除却障閉戶生窒礙秖這障與礙古今無人會會得是障礙不會不自在問巨夜之中以何爲眼師曰暗問纖毫不隔爲甚麼覿之不見師曰作家弄影漢問古鏡未磨時如何師曰照破天地曰磨後如何師曰黑漆漆地問如何是普眼師曰纖毫覿不見曰爲甚麼戲不見師曰爲伊眼太大問如何是大敗壞底人師曰劫壞不曾遷曰此人還知有佛法也無師曰若知有佛法渾成顛倒曰如何得不顛倒去師曰直須知有佛法曰如何是佛法師曰大敗壞問如何是學人常在底心師曰還曾問荷王麼曰學人不會師曰若不會更未了問取曹山去師有頌曰風動心搖樹雲生性起塵若明今日事昧却本來人又欲識解脫道諸法不相到眼耳絕見聞聲色鬧浩浩又初心未入道不得鬧浩浩鐘聲裏薦取鼓聲裏顛倒又諸佛不出世四十九年說祖師不西來少林有妙訣又萬法是心光諸緣唯性曉本無迷悟人秖要今日了

潞府延慶院傳殷禪師僧問見色便見心燈籠是色那箇是心師曰汝不會古人意曰如何是古人意師曰燈籠是心問若能轉物卽同如來未審轉甚麼物師曰道甚麼僧擬進語師曰這漆桶

衡嶽南臺守安禪師僧問人人盡有長安路如何得到師曰卽今在甚麼處問寂寂無依時如何師曰寂寂底聻因示頌曰南臺靜坐一鑪香終日凝然萬慮亡不是息心除妄想都緣無事可思量

杭州天龍寺清慧秀禪師上堂諸上座多少無事十二時中在何世界安身立命且子細點檢看何不覓箇歇處因甚麼却與別人點檢若恁麼去早落第二頭也時有僧問承師有言恁麼去早落第二頭學人總不恁麼上來如何辯白師曰汝却作家曰恁麼則今日得遇於師也師曰且莫詐明頭

天龍機禪師法嗣

高麗雪嶽令光禪師僧問如何是和尚家風師曰分明記取問如何是諸法之根源師曰謝指示

僊宗符禪師法嗣

福州僊宗洞明真覺禪師僧問拏雲不假風雷便濬浪如何透得身師曰何得棄本逐末

泉州福清行欽廣法禪師上堂還有人鑑得麼若有人鑑得是甚麼湖裏破草鞵若也鑑不出落地作金聲無事从立僧問如何是佛法大意師曰諸上座大家道取問如何是談真逆俗師曰客作漢問甚麼曰如何是順俗違真師曰喫茶去問如何是然燈前師曰然燈後曰如何是然燈後師曰然燈前曰如何是正然燈師曰喫茶去問如何是第二月師曰汝問我荅

國泰瑫禪師法嗣

婺州齊雲寶勝禪師僧問如何是齊雲水師曰龍潭常徹底擬問卽波瀾曰莫秖這箇便是麼師曰古殿無香煙誰人辯清濁曰未審深深處如何師曰闍黎欲識深深處直須脚下絕雲生

白龍希禪師法嗣

福州廣平玄旨禪師上堂還有人證明麼若有人證明亦免孤負上祖埋沒後來若是尋言數句大藏分明若是祖宗門中怪及甚麼處恁麼道亦是傍瞥之辭僧問如何是廣平境師曰地負名山秀谿連海水清曰如何是境中人師曰汝問我荅問如何是法身體師曰廓落虛空絕玷瑕曰如何是體中物師曰一輪明月散秋江曰未審體與物分不分師曰適來道甚麼曰恁麼則不分也師曰穿耳胡僧笑點頭

福州昇山白龍清慕禪師僧問如何是白龍家用一機師曰汝每日用甚麼曰恁麼則徒勞側聆師喝曰出去問一切衆生日用而不知如何是日用底師曰別祇對你爭得問不責上來聲前一句請師道師曰莫是不辨麼

福州靈峰志恩禪師僧問如何是吹毛劒師曰我進前汝退後曰恁麼則學人喪身命去也師曰不打水魚自驚問如何是佛師曰更是阿誰曰旣然如此爲甚麼迷妄有差殊師曰但自不亡羊何須泣岐路問如何是靈峰境師曰萬疊青山如飣出兩條綠水若圖成曰如何是境中人師曰明明密密密明明

福州東禪玄亮禪師僧問本無迷悟爲甚麼却有佛有衆生師曰話墮也問祖祖相傳傳法印師今繼嗣何人師曰特謝證明曰恁麼則白龍當時親授記今日應聖度迷津師曰汝莫錯認定盤星

漳州報劬院玄應定慧禪師泉州晉江吳氏子漳州刺史陳文顥創院請師開法僧問如何是第一義師曰如何是第一義曰學人請

益師何以倒問學人師曰汝適來請益甚麽曰第一義師曰汝謂之倒問邪問如何是古佛道場師曰今夏堂中千五百僧開寶八年將順世先七日書辭陳公仍示偈曰今年六十六世壽有延促無生火熾然有爲薪不續出谷與歸源一時俱備足及期誡門人曰吾滅後不得以喪服哭泣言訖而寂

招慶匡禪師法嗣

泉州報恩院宗顯明慧禪師僧問昔日靈山一會迦葉親聞未審今日誰是聞者師曰却憶七葉巖中尊問昔日覺城東際象王回旋五衆咸臻今日太守臨筵如何提接師曰逓上眉毛著曰恁麽則一機顯處萬緣喪盡師曰何必繁辭問如何是西來意師曰日裏看鵶毛問學人都致一問請師道師曰不是創住這箇師僧也難容問離四句絶百非請師道師曰青紅花滿庭問不涉思量處從上宗乘請師直道師良久僧曰恁麽則聽響之流徒勞側耳師曰早是粘泥問如何是人王師曰奉對不敢造次曰如何是法王師曰莫孤負好曰未審人王與法王對談何事師曰非汝所聆

金陵龍光院澄忋禪師廣州人也新到叅師問甚處來曰江南來師曰汝還禮拜渡江船子麽曰和尚爲甚麽教某禮拜渡江船子師曰是汝善知識

池五 十六

永興北院可休禪師僧問如何是西來意師曰徧滿天下曰莫便是也無師曰是卽牢收取問大作業底人來師還接否師曰不接曰爲甚麽不接師曰幸是好人家男女

郴州太平院清海禪師僧問古人道不從請益得祖師爲甚麽道誰得作佛師曰悟了方知問從上宗乘次第指授未審今日如何舉唱師曰透出白雲深洞裏名華異草嶺頭生

連州慈雲慧深普廣禪師僧問匡王請佛旣奉法於當時我后延師益興宗於此日幸施方便無悋舉揚師曰不煩再問問如何是大圓鏡師曰著問如何是向上事師曰分明聽取

郢州興陽山道欽禪師僧問如何是興陽境師曰松竹乍栽山影緑水流穿過院庭中問如何是佛師曰更是甚麽

報恩資禪師法嗣

處州福林澄禪師僧問如何是伽藍師曰没幡幀曰如何是伽藍中人師曰瞻禮有分問下堂一句請師不吝師曰閑吟唯憶龐居士天上人間不可陪

池五 十七

翠峰欣禪師法嗣

處州報恩守眞禪師僧問如何是佛法大意師曰閃爍烏飛急奔騰兎走頻

鷲嶺遠禪師法嗣

襄州鷲嶺通禪師僧問世尊得道地神報虛空神和尚得道未審甚麽人報師曰謝汝報來

龍華球禪師法嗣

杭州仁王院俊禪師僧問古人道向上一路千聖不傳如何是不傳底事師曰向上問將來曰恁麽則上來不當去也師曰既知如是踏步上來作甚麽

酒仙遇賢禪師姑蘇長洲林氏子母夢吞大

珠而孕生多異祥貌偉怪口容雙拳七歲嘗沈大淵而衣不潤遂去家師嘉禾永安可依三十剃染圓具往叅龍華發明心印回居明覺院唯事飲酒醉則成歌頌警道俗因號酒仙偈曰綠水紅桃華前街後巷走百餘遭張三也識我李四也識我識我不識我兩箇拳頭那箇大兩箇之中一箇大曾把虛空一㲉破摩挲令教却恁麽拈取須彌枕頭臥楊子江頭浪最深行人到此盡沈吟他時若到無波處還自有波時用心金斝又聞泛玉山還報頹莫教更漏促趁取月明回貴買硃砂畫月算來枉用工夫醉臥綠楊陰下起來强說真如泥人再三叮囑莫教失却衣珠一六二六其事已足一九二九我要喫酒長伸兩脚眠一寤起來天地還依舊門前綠樹無啼鳥（池五）庭下蒼苔有落花聊與東風論（十八）箇事十分春色屬誰家秋至山寒水冷春來柳綠花紅一點動隨萬變江村煙雨濛濛有不有空不空笊籬撈取西北風生在閻浮世界人情幾多愛惡秖要喫些酒子所以倒街卧路死後却産婆婆不顧超生淨土何以故西方淨土且無酒酤師於祥符二年上元夌晨浴罷就室合拳右舉左張其口而化

延壽輪禪師法嗣

廬山歸宗道詮禪師吉州劉氏子僧問承聞和尚親見延壽來是否師曰山前麥熟也未問九峰山中還有佛法也無師曰有曰如何是九峰山中佛法師曰石頭大底大小底小尋屬江南國絶僧徒俾試經業師之衆並習禪觀乃述一偈聞於州牧曰比擬忘言合太虛免教和氣有親疎誰知道德全無用今日爲僧貴識書州牧閱之與僚佐議曰旃檀林中必無雜樹唯師一院特奏免試南康知軍張南金具疏集道俗迎請坐歸宗道場僧問如何是歸宗境師曰千邪不如一直問如何（池五）是佛師曰待得雪消後自然春到來（十九）問深山巖谷中還有佛法也無師曰無曰佛法徧在一切處爲甚麽却無師曰無人到問古人道不是風動不是幡動時如何師曰來日路口有市問如何是學人自己師曰牀窄先臥粥稀後坐雍熙二年順寂塔于牛首菴

潭州龍興裕禪師僧問如何是學人自己師曰張三李四曰比來問自己爲甚麽却道張三李四師曰汝且莫草草問諸餘卽不問如何是和尚家風師曰家風卽且置阿那箇是汝不問底諸餘

保福儔禪師法嗣

漳州隆壽無逸禪師開堂陞座良久曰諸上座若是上根之士早已掩耳中下之流競頭側聽雖然如此猶是不得已而言諸上座他時後日到處有人問著今日事且作麽生舉似他若也舉得舌頭鼓論若也舉不得如無三寸且作麽生舉

大龍洪禪師法嗣

鼎州大龍山景如禪師僧問如何是佛法大意師便喝僧曰尊意如何師曰會麽曰不會師又喝問太陽一顯人皆羨皷聲絶罷意如何師曰季秋凝後好晴天

鼎州大龍山楚勛禪師上堂良久曰大衆秖恁麽各自散去已是重宣此義了也久立又

奚爲然以立有以立底道理知了經一小劫如一食頃不知便見茫然還知麽有知者出來大家相共商量僧出提坐具曰展卽徧周沙界縮卽絲髮不存展卽是不展卽是師曰你從甚麽處得來曰恁麽則展去也師曰沒交涉問如何是大龍境師曰諸方舉似人曰如何是境中人師曰你爲甚麽謾我問亡僧遷化向甚麽處去師曰阿彌陀佛問善法堂中師子吼未審法嗣嗣何人師曰猶自恁麽問

興元府普通院從善禪師僧問法輪再轉時如何師曰助上座喜曰合譚何事師曰異人掩耳曰便恁麽領會時如何師曰錯問佩劒叩松關時如何師曰莫亂作曰誰不知有師曰出

白馬靄禪師法嗣

襄州白馬智倫禪師僧問如何是佛師曰眞金也須失色問如何是和尚出身處師曰牛舐墻曰學人不會意旨如何師曰已成八字

白兆楚禪師法嗣

唐州保壽匡祐禪師僧問如何是佛法大意師曰近前來僧近前師曰會麽曰不會師曰石火電光已經塵劫問如何是爲人底一句師曰開口入耳曰如何理會師曰逢人告人

青原下九世

黃龍達禪師法嗣

眉州黃龍禪師僧問如何是密室師曰斫不開曰如何是密室中人師曰非男女相問國內按劒者是誰師曰昌福曰忽遇尊貴時如何師曰不遺

清谿進禪師法嗣

相州天平山從漪禪師僧問如何得出三界師曰將三界來與汝出問如何是和尚家風師曰顯露地問如何是佛師曰不指天地曰爲甚麽不指天地師曰唯我獨尊問如何是天平師曰八凹九凸問洞深杳杳清谿水飲者如何不升墜師曰更夢見甚麽問大衆雲集合譚何事師曰香煙起處森羅見

廬山圓通緣德禪師臨安黃氏子事本邑東山勤老宿剃染徧遊諸方江南國主於廬山建院請師開法上堂諸上座明取道眼好是行脚本分事道眼若未明有甚麽用處秖是移盤喫飯漢道眼若明有何障礙若未明得强說多端也無用處無事切須尋究僧問如何是四不遷師曰地水火風問如何是古佛心師曰水鳥樹林曰學人不會師曰會取學人問以負沒絃琴請師彈一曲師曰負來多少時也曰未審作何音調師曰話墮也珍重問如何是佛法大意師曰過去燈明佛本光瑞如是本朝遣帥問罪江南後主納土矣而胡則者據守九江不降大將軍曹翰部曲渡江入寺禪者驚走師淡坐如平日翰至不起不揖翰怒訶曰長老不聞殺人不眨眼將軍乎師熟視曰汝安知有不懼生死和尚邪翰大奇增敬而已曰禪者何爲而散師曰擊鼓自集翰遣裨校擊之禪無至者翰曰不至何也師曰公有殺心故爾師自起擊之禪者乃集翰再拜問決勝之策師曰非禪者所知也太平興國二年十月七日陞堂曰脫離世緣乃在今日囑令門人壘青石爲塔乃曰他日

塔作紅色吾再至也言訖而逝謚道濟禪師

清涼復禪師法嗣

昇州奉先寺慧同淨照禪師魏府張氏子僧問教中道唯一堅密身一切塵中見又道佛身充滿於法界普見一切羣生前於此二途請師說師曰唯一堅密身一切塵中見問如何是古佛心師曰汝擬向那箇不是問如何是常在底人師曰更問阿誰

龍濟修禪師法嗣

河東廣原禪師僧問如何是佛法大意師曰聽取一偈刹刹現形儀塵塵具覺知性源常鼓浪不悟未曾移

南臺安禪師法嗣

襄州鷲嶺善美禪師僧問如何是鷲嶺境師曰峴山對碧玉江水往南流曰如何是鏡中人師曰有甚麼事問百川異流還歸大海未審大海有幾滴師曰汝還到海也未曰到海後如何師曰明日來向汝道

歸宗詮禪師法嗣

瑞州九峰義詮禪師僧問如何是祖師西來意師曰有力者負之而趨

隆壽逸禪師法嗣

隆壽法騫禪師泉州施氏子漳州刺史陳洪銛請開法上堂今日隆壽出世三世諸佛森羅萬象同時出世同時轉法輪諸人還見麼僧問如何是隆壽境師曰無汝插足處曰如何是境中人師曰未識境在有僧來參次日請問心要師曰昨日相逢序起居今朝相見事還如如何卻覓呈心要心要如何特地踈

五燈會元卷第二十二

五燈會元卷第二十二

校勘記

一　底本，清藏本。

一　五三四頁上一行經名，[徑]無（未換卷）。

一　五三四頁上三行「青原下七世」，[徑]無。

一　五三六頁上三行「對鏡」，[徑]作「對境」。

一　五三六頁上一二行末字「氶」，[徑]作「氶」。

一　五三七頁上五行「請指」，[徑]作「請益」。

一　五四一頁上一〇行第四字「自」，[徑]作「似」。

一　五四三頁中卷末經名，[徑]作「五燈會元卷第八」。

五燈會元卷第二十三　池六

宋沙門大川濟纂

溈仰宗

南嶽下三世

百丈海禪師法嗣

潭州溈山靈祐禪師福州長谿趙氏子年十
五出家依本郡建善寺法常律師剃髮於杭
州龍興寺究大小乘教二十三遊江西參百
丈丈一見許之入室遂居參學之首侍立次
丈問誰師曰某甲丈曰汝撥爐中有火否師
撥之曰無火丈躬起深撥得少火舉以示之
曰汝道無這箇聻師由是發悟禮謝陳其所
解丈曰此乃暫時岐路耳經云欲識佛性義
當觀時節因緣時節既至如迷忽悟如忘忽
憶方省己物不從他得故祖師云悟了同未
悟無心亦無法秖是無虛妄凡聖等心本來
心法元自備足汝今既爾善自護持次日同
百丈入山作務丈曰將得火來麼師曰將得
來丈曰在甚處師乃拈一枝柴吹兩吹度與
百丈丈曰如蟲禦木司馬頭陀自湖南來謂
丈曰頃在湖南尋得一山名大溈是一千五
百人善知識所居之處丈曰老僧住得否陀
曰非和尚所居丈曰何也陀曰和尚是骨人
彼是肉山設居徒不盈千丈曰吾衆中莫有
人住得否陀曰待歷觀之時華林覺為第一
座丈令侍者請至問曰此人如何陀請謦欬
一聲行數步陀曰不可丈又令喚師師時為
典座陀一見乃曰此正是溈山主人也丈是
夜召師入室囑曰吾化緣在此溈山勝境汝
當居之嗣續吾宗廣度後學而華林聞之曰
某甲忝居上首典座何得住持丈曰若能對
衆下得一語出格當與住持即指淨瓶問曰
不得喚作淨瓶汝喚作什麼林曰不可喚作
木楔也丈乃問師師踢倒淨瓶便出去丈笑
曰第一座輸却山子也師遂往焉是山峭絕
夐無人烟猿猱為伍橡栗充食經于五七載
絕無來者師自念言我本住持為利益於人
既絕往還自善何濟即捨庵而欲他往行至
山口見蛇虎狼豹交橫在路師曰汝等諸獸
不用攔吾行路吾若於此山有緣汝等各自
散去吾若無緣汝等不用動吾從路過一任
汝喫言訖蟲虎四散而去師乃回庵未及一
載安上座即懶安也同數僧從百丈來輔佐於師
安曰某與和尚作典座待僧及五百人不論
時節即不造粥便放某甲下自後山下居民
稍稍知之率衆共營梵宇連帥李景讓奏號
同慶寺相國裴公休嘗咨玄奧繇是天下禪
學輻輳焉上堂夫道人之心質直無偽無背
無面無詐妄心一切時中視聽尋常更無委
曲亦不閉眼塞耳但情不附物即得從上諸
聖秖說濁邊過患若無如許多惡覺情見想
習之事譬如秋水澄渟清淨無為澹泞無礙
喚他作道人亦名無事人時有僧問頓悟之
人更有修否師曰若真悟得本他自知時修
與不修是兩頭語如今初心雖從緣得一念
頓悟自理猶有無始曠劫習氣未能頓淨須
教渠淨除現業流識即是修也不可別有法
教渠修行趣向從聞入理聞理深妙心自圓
明不居惑地縱有百千妙義抑揚當時此乃
得坐披衣自解作活計始得以要言之則實

際理地不受一塵萬行門中不捨一法若也單刀直入則凡聖情盡體露真常理事不二卽如如佛仰山問如何是祖師西來意師指燈籠曰大好燈籠仰曰莫秖這便是麽師曰這箇是甚麽仰曰大好燈籠師曰果然不見一日師謂衆曰如許多人秖得大機不得大用仰山舉此語問山下庵主曰和尚恁麽道意旨如何主曰更舉看仰擬再舉被庵主踏倒仰歸舉似師師呵呵大笑師在法堂坐庫頭擊木魚火頭擲却火杪拊掌大笑師曰衆中也有恁麽人遂喚來問你作麽生火頭曰某甲不喫粥肚飢所以歡喜師乃點頭（後鏡清怤云將知溈山衆裏無人臥龍球云將知溈山衆裏有人）師摘茶次謂仰山曰終日摘茶秖聞子聲不見子形仰撼茶樹師曰子秖得其用不得其體仰曰未審和尚如何師良久仰曰和尚秖得其體不得其用師曰放子三十棒仰曰和尚棒某甲喫某甲棒教誰喫師曰放子三十棒（玄覺云且道過在甚麽處）上堂僧出曰請和尚爲衆說法師曰我爲汝得徹困也僧禮拜（後人舉似雪峯峯曰古人得恁麽老婆心切玄沙云山頭和尚蹉過古人事也雪峯聞之乃問沙曰甚麽處是老僧蹉過古人事處沙曰大小溈山被那僧一問直得百雜碎峯乃駭然）師坐次仰山入來師曰寂子速道莫入陰界仰曰慧寂信亦不立師曰子信了不立不信不立仰曰秖是慧寂更信阿誰師曰若恁麽卽是定性聲聞仰曰慧寂佛亦不立師問仰山涅槃經四十卷多少是佛說多少是魔說仰曰總是魔說師曰已後無人奈子何仰曰慧寂卽一期之事行履在甚麽處師曰秖貴子眼正不說子行履仰山蹋衣次提起問師曰正恁麽時和尚作麽生師曰正恁麽時我這裏無作麽生仰曰和尚有身而無用師良久却拈起問曰汝正恁麽時作麽生仰曰正恁麽時和尚還見伊否師曰汝有用而無身師後忽問仰山汝春間有話未圓今試道看仰曰正恁麽時切忌勃訴師曰停囚長智師一日喚院主主便來師曰我喚院主汝來作甚麽主無對（曹山代云也知和尚不喚某甲）又令侍者喚第一座座便至師曰我喚第一座汝來作甚麽座亦無對（曹山代云若令侍者喚恐不來法眼云適來侍者喚）師問雲巖聞汝久在藥山是否巖曰是師曰如何是藥山大人相巖曰涅槃後有師曰如何是涅槃後有巖曰水灑不著巖却問師百丈大人相如何師曰巍巍堂堂煒煒煌煌聲前非聲色後非色蚊子上鐵牛無汝下觜處師過淨瓶與仰山山擬接師却縮手曰是甚麽仰曰和尚還見箇甚麽師曰若恁麽何用更就吾覓仰山雖然如此仁義道中與和尚提瓶挈水亦是本分事師乃過淨瓶與仰山師與仰山行次指栢樹子問曰前面是甚麽仰曰栢樹子師却問耘田翁翁亦曰栢樹子師曰這耘田翁向後亦有五百衆師問仰山何處來仰曰田中來師曰禾好刈也未仰作刈禾勢師曰汝適來作青見作黃見作不青不黃見仰曰和尚背後是甚麽師曰子還見麽仰拈禾穗曰和尚何曾問這箇師曰此是鵝王擇乳師問仰山天寒人寒仰曰大家在這裏師曰何不直說仰曰適來也不曲和尚如何師曰直須隨流上堂仲冬嚴寒年年事晷運推移事若何仰山進前叉手而立師曰我情知汝答這話不得香嚴曰

某甲偏答得這話師躡前問嚴亦進前叉手而立師曰賴遇寂子不會師一日見劉鐵磨來師曰老牸牛汝來也磨曰來日臺山大會齋和尚還去麼師乃放身作臥勢磨便出去有僧來禮拜師作起勢僧曰請和尚不用起師曰老僧未曾坐僧曰某甲未曾禮師曰何故無禮僧無對（同安代云和尚不怪）僧問如何是道師曰無心是道曰某甲不會師曰會取不會底好曰如何是不會底師曰秖汝是不是別人復曰今時人但直下體取不會底正是汝心正是汝佛若向外得一知一解將爲禪道且沒交涉名運糞入不名運糞出汙汝心田所以道不是道問如何是百丈眞師下禪牀叉手立曰如何是和尚眞師却坐師坐次仰山從方丈前過師曰若是百丈先師見子須喫痛棒始得仰曰卽今事作麼生師曰合取兩片皮仰曰此恩難報師曰非子不才廼老僧年邁仰曰今日親見百丈師翁來師曰子向甚麼處見仰曰不道見秖是無別師曰始終作家師問仰山卽今事且置古來事作麼生仰叉手近前師曰猶是卽今事古來事作麼生仰退後立師曰汝屈我我屈汝仰便禮拜仰山香嚴侍立次師舉手曰如今恁麼者少不恁麼者多嚴從東過西立仰從西過東立師曰這箇因緣三十年後如金擲地相似仰曰亦須是和尚提唱始得嚴曰卽今亦不少師曰合取口師坐次仰山入來師以兩手相交示之仰作女人拜師曰如是如是師方丈內坐次仰山入來師曰寂子近日宗門令嗣作麼生仰曰大有人疑著此事師曰寂子作麼生仰曰慧寂秖管困來合眼健卽坐禪所以未曾說著在師曰到這田地也難得仰曰據慧寂所見秖如此一句也著不得師曰汝爲一人也不得仰曰自古聖人盡皆如此師曰大有人笑汝恁麼祇對仰曰解笑者是慧寂同參師曰出頭事作麼生仰繞禪牀一匝師曰裂破古今仰山香嚴侍立次師曰過去現在未來佛佛道同人人得箇解脫路仰曰如何是人人解脫路師回顧香嚴曰寂子借問何不答伊嚴曰若道過去未來現在某甲却有箇秖對處師曰子作麼生秖對嚴珍重便出師却問仰山曰智閑恁麼秖對還契寂子也無仰曰不契師曰子又作麼生仰亦珍重出去師呵呵大笑曰如水乳合一日師翹起一足謂仰山曰我每日得他負載感伊不徹仰曰當時給孤園中與此無別師曰更須道始得仰曰寒時與他襪著也不爲分外師曰不負當初子今已徹仰曰恁麼更要答話在師曰道看仰曰誠如是言師曰如是如是師問仰山生住異滅汝作麼生會仰曰一念起時不見有生住異滅師曰子何得遣法仰曰和尚適來問甚麼師曰生住異滅仰曰却喚作遣法師問仰山妙淨明心汝作麼生會仰曰山河大地日月星辰師曰汝秖得其事仰曰和尚適來問甚麼師曰妙淨明心仰曰喚作事得麼師曰如是如是石霜會下有二禪客到云此間無一人會禪後普請搬柴仰山見二禪客歇將一橛柴問曰還道得麼俱無對仰曰莫道無人會禪好仰歸舉似師曰今日二禪客被慧寂勘破師曰甚麼處被子

勘破仰舉前話師曰寂子又被吾勘破（雲居錫云甚處是溈山勘破仰山處）師睡次仰山問訊師便回面向壁仰曰和尚何得如此師起曰我適來得一夢你試爲我原看仰取一盆水與師洗面少頃香嚴亦來問訊師曰我適來得一夢寂子爲我原了汝更與我原看嚴乃點一椀茶來師曰二子見解過於鶖子師因泥壁次李軍容來具公裳直至師背後端笏而立師回首見便側泥盤作接泥勢李便轉笏作進泥勢師便抛下泥盤同歸方丈僧問不作溈山一頂笠無由得到莫傜村如何是溈山一頂笠師喚曰近前來僧近前師與一踏上堂老僧百年後向山下作一頭水牯牛左脅下書五字曰溈山僧某甲當恁麼時喚作溈山僧又是水牯牛喚作水牯牛又是溈山僧畢竟喚作甚麼即得仰山出禮拜而退雲居膺代曰師無異號資福寶曰當時但作此〇相拓呈之新羅和尚作此㊍相拓呈之又曰同道者方知芭蕉徹作此[illegible]相拓呈之又曰說也說了也注也注了也悟取好乃述偈曰不是溈山不是牛一身兩號實難酬離却兩頭應須道如何道得出常流師敷揚宗教凡四十餘年達者不可勝數大中七年正月九日盥漱敷坐怡然而寂壽八十三臘六十四塔於本山謚大圓禪師塔曰清淨

南嶽下四世

溈山祐禪師法嗣

袁州仰山慧寂通智禪師韶州懷化葉氏子年九歲於廣州和安寺投通禪師出家（即不語通）十四歲父母取歸欲與婚媾師不從遂斷手二指跪致父母前誓求正法以答劬勞父母乃許再詣通處而得披剃未登具即遊方初謁耽源已悟玄旨後參溈山遂升堂奧耽源謂師曰國師當時傳得六代祖師圓相共九十七箇授與老僧乃曰吾滅後三十年南方有一沙彌到來大興此教次第傳受無令斷絕我今付汝汝當奉持遂將其本過與師師接得一覽便將火燒却耽源一日問前來諸相甚宜秘惜師曰當時看了便燒却也源曰吾此法門無人能會唯先師及諸祖師諸大聖人方可委悉子何得焚之師曰慧寂一覽已知其意但用得不可執本也源曰然雖如此於子即得後人信之不及師曰和尚若要重錄不難即重集一本呈上更無遺失源曰然耽源上堂師出衆作此〇相以手拓呈了却叉手立源以兩手相交作拳示之師進前三步作女人拜源點頭師便禮拜師浣衲次耽源曰正恁麼時作麼生師曰正恁麼時向甚麼處見後參溈山溈問汝是有主沙彌無主沙彌師曰有主曰主在甚麼處師從西過東立溈異之師問如何是真佛住處溈曰以思無思之妙返思靈燄之無窮思盡還源性相常住事理不二真佛如如師於言下頓悟自此執侍前後盤桓十五載後參巖頭舉起拂子師展坐具巖拈拂子置背後師將坐具搭肩上而出巖曰我不肯汝放秖肯汝收掃地次溈問塵非掃得空不自生如何是塵非掃得師掃地一下溈曰如何是空不自生師指自身又指溈溈曰塵非掃得空不自生離此二途又作麼生師又掃地一下又指自

身并指潙潙一日指田問師這丘田那頭高
這頭低師曰却是這頭高那頭低潙曰你若
不信向中間立看兩頭師曰不必立中間亦
莫住兩頭潙曰若如是著水看水能平物師
曰水亦無定但高處高平低處低平潙便休
有施主送絹與潙山師問和尚受施主如是
供養將何報答潙敲禪牀示之師曰和尚何
得將衆人物作自己用師在潙山爲直歲作
務歸潙問甚麼處去來師曰田中來潙曰田
中多少人師插鍬叉手潙曰今日南山大有
人刈茅師拔鍬便行玄沙云我若見卽踏倒鍬子僧問鏡清仰山插
鍬意旨如何清云徇衙教書諸侯避道云秖如玄沙踏倒意旨如何清云不柰船何打破
戽斗云南山刈茅意旨如何清云李靖三兄久經行陣雲居錫云且道鏡清下此一判著
不著師在潙山牧牛時踢天泰上座問曰一毛
頭師子現卽不問百億毛頭百億師子現又
作麼生師便騎牛歸侍立潙山次舉前話方
了却見泰來師曰便是這箇上座潙遂問百
億毛頭百億師子現豈不是上座道泰曰是
師曰正當現時毛前現毛後現泰曰現時不
說前後潙山大笑師曰師子腰折也便下去

一日第一座舉起拂子曰若人作得道理卽
與之師曰某甲作得道理還得否座曰但作
得道理便得師乃掣將拂子去雲居錫云甚麼處是仰山
道理一日雨下天性上座謂師曰好雨師曰好
在甚麼處性無語師曰某甲却道得性曰好
在甚麼處師指雨性又無語師曰何得大智
而默師隨潙山遊山到磐陀石上坐師侍立
次忽鴟銜一紅柿落在面前潙拾與師師接
得洗了度與潙潙曰子甚處得來師曰此是
和尚道德所感潙曰汝也不得無分卽分半
與師玄沙云大小潙山被仰山一坐至今起不得潙山問師忽有
人問汝汝作麼生祇對師曰東寺師叔若在
某甲不致寂寞潙曰放汝一箇不祇對罪師
曰生之與殺秖在一言潙曰不負汝見別有
人不肯師曰阿誰潙指露柱曰這箇師曰道
甚麼潙曰道甚麼師曰白鼠推遷銀臺不變
師問潙山大用現前請師辨白潙山下座歸
方丈師隨後入潙問子適來問甚麼話師再
舉潙曰還記得吾答語否師曰記得潙曰你
試舉看師便珍重出去潙曰錯師回首曰閑

師弟若來莫道某甲無語好師問東寺曰借
一路過那邊還得否寺曰大凡沙門不可秖
一路也別更有麼師良久寺却問借一路過
那邊得否師曰大凡沙門不可秖一路也別
更有麼寺曰秖有此師曰大唐天子決定姓
金師在潙山前坡牧牛次見一僧上山不久
便下來師乃問上座何不且留山中僧曰秖
爲因緣不契師曰有何因緣試舉看曰和尚
問某名甚麼某答歸眞和尚曰歸眞何在某
甲無對師曰上座却回向和尚道某甲道得
也和尚問作麼生道但曰眼裏耳裏鼻裏僧
回一如所教潙曰脫空謾語漢此是五百人
善知識語師卧次夢入彌勒內院衆堂中諸
位皆足惟第二位空師遂就座有一尊者白
槌曰今當第二座說法師起白槌曰摩訶衍
法離四句絕百非諦聽諦聽衆皆散去及覺
舉似潙潙曰子已入聖位師便禮拜師侍潙
行次忽見前面塵起潙曰面前是甚麼師近
前看了却作此☰相潙點頭潙山示衆曰一
切衆生皆無佛性鹽官示衆曰一切衆生皆

有佛性鹽官有二僧往探問既到潙山聞潙山舉揚莫測其涯若生輕慢因一日與師言話次乃勸曰師兄須是勤學佛法不得容易師乃作此○相以手拓呈了却拋向背後遂展兩手就二僧索二僧罔措師曰吾兄直須勤學佛法不得容易便起去時二僧却回鹽官行三十里一僧忽然有省乃曰當知潙山道一切衆生皆無佛性信之不錯便回潙山一僧更前行數里因過水忽然有省自歎曰潙山道一切衆生皆無佛性灼然有他恁麼道亦回潙山久依法席潙山同師牧牛次潙曰此中還有菩薩也無師曰有潙曰汝見那箇是試指出看師曰和尚疑那箇不是試指出看潙便休師送果子上潙山潙接得問子甚麼處得來師曰家園底潙曰堪喫也未師曰未敢嘗先獻和尚潙曰是阿誰底師曰慧寂底潙曰既是子底因甚麼教我先嘗師曰和尚嘗千嘗萬潙便喫曰猶帶酸澀師曰酸澀莫非自知潙不答赤干行者聞鐘聲乃問有耳打鐘無耳打鐘師曰汝但問莫愁我

答不得干曰早箇問了也師喝曰去師夏末問訊潙山次潙曰子一夏不見上來在下面作何所務師曰某甲在下面鉏得一片畬下得一籮種潙曰子今夏不虛過師却問未審和尚一夏之中作何所務潙曰日中一食夜後一寢師曰和尚今夏亦不虛過道了乃吐舌潙曰寂子何得自傷已命潙山一日見師來卽以兩手相交過各撥三下却豎一指師亦以兩手相交過各撥三下却向胸前仰一手覆一手以目瞻視潙山休去潙山餧鴉生飯回頭見師曰今日爲伊上堂一上師曰某甲隨例得聞潙曰聞底事作麼生師曰鴉作鴉鳴鵲作鵲噪潙曰爭柰聲色何師曰和尚適來道甚麼潙曰我秖道爲伊上堂一上師曰爲甚麼喚作聲色潙曰雖然如此驗過也無妨師曰大事因緣又作麼生驗潙豎起拳師曰終是指東畫西潙曰子適來問甚麼師曰問和尚大事因緣潙曰爲甚麼喚作指東畫西師曰爲著聲色故某甲所以問過潙曰竝未曉了此事師曰如何得曉了此事潙曰

寂子聲色老僧東西師曰一月千江體不分水潙曰應須與麼始得師曰如金與金終無異色豈有異名潙曰作麼生是無異名底道理師曰瓶盤釵釧券盂盆潙曰寂子說禪如師子吼驚散狐狼野干之屬師後開法王莽山問僧近離甚處曰廬山師曰曾到五老峰麼曰不曾到師曰闍黎不曾遊山（雲門云此語皆爲慈悲之故有落草之談）上堂汝等諸人各自回光返照莫記吾言汝無始劫來背明投暗妄想根深卒難頓拔所以假設方便奪汝麁識如將黃葉止啼有甚麼是處亦如人將百種貨物與金寶作一鋪貨賣秖擬輕重來機所以道石頭是眞金鋪我這裏是雜貨鋪有人來覓鼠糞我亦拈與他來覓眞金我亦拈與他時有僧問鼠糞卽不要請和尚眞金師曰齧鏃擬開口驢年亦不會僧無對師曰索喚則有交易不索喚則無我若說禪宗身邊要一人相伴亦無豈況有五百七百衆耶我若東說西說則爭頭向前采拾如將空拳誑小兒都無實處我今分明向汝說聖邊事且莫將心湊泊

但向自己性海如實而修不要三明六通何以故此是聖末邊事如今且要識心達本但得其本不愁其末他時後日自具去在若未得本縱饒將情學他亦不得汝豈不見溈山和尚云凡聖情盡體露眞常事理不二卽如如佛問如何是祖師意師以手於空作此㊫相示之僧無語師謂第一座曰不思善不思惡正恁麼時作麼生座曰正恁麼時是某甲放身命處師曰何不問老僧座曰正恁麼時不見有和尚師曰扶我教不起師因歸溈山省覲溈問子既稱善知識爭辨得諸方來者知有不知有有師承無師承是義學是玄學子試說看師曰慧寂有驗處但見僧來便竪起拂子問伊諸方還說這箇不說又曰這箇且置諸方老宿意作麼生溈歎曰此是從上宗門中牙爪溈問大地衆生業識茫茫無本可據子作麼生知他有之與無師曰慧寂有驗處時有一僧從面前過師召曰闍黎僧回首師曰和尚這箇便是業識茫茫無本可據溈曰此是師子一滴乳迸散六斛驢乳師問

僧甚處來曰幽州師曰我恰要箇幽州信米作麼價曰某甲來時無端從市中過踏折他橋梁師便休師見僧來竪起拂子僧便喝師曰喝卽不無且道老僧過在甚麼處曰和尚不合將境示人師便打有梵師從空而至師曰近離甚處曰西天師曰幾時離彼曰今早師曰何太遲生曰遊山翫水師曰神通遊戲則不無闍黎佛法須還老僧始得曰特來東土禮文殊却遇小釋迦遂出梵書貝多葉與師作禮乘空而去自此號小釋迦師住東平時溈山令僧送書并鏡與師師上堂提起示衆曰且道是溈山鏡東平鏡若道是東平鏡又是溈山送來若道是溈山鏡又在東平手裏道得則留取道不得則撲破去也衆無語師遂撲破便下座僧參次便問和尚還識字否師曰隨分僧以手畫此○相拓呈師以衣袖拂之僧又作此○相拓呈師以兩手作背抛勢僧以目視之師低頭僧遶師一匝師便打僧遂出去師坐次有僧來作禮師不顧其僧乃問師識字否師曰隨分僧乃右旋一匝

曰是甚麼字師於地上書十字酬之僧又左旋一匝曰是甚字師改十字作卍字僧畫此○相以兩手拓如修羅掌日月勢曰是甚麼字師乃畫此(卍)相對之僧乃作婁至德勢師曰如是如是此是諸佛之所護念汝亦如是吾亦如是善自護持其僧禮謝騰空而去時有一道者見經五日後遂問師師曰汝還見否道者曰某甲見出門騰空而去師曰此是西天羅漢故來探吾道道者曰某雖覩種種三昧不辨其理師曰吾以義爲汝解釋此是八種三昧是覺海變爲義海體則同然此義合有因有果卽時異時總別不離隱身三昧也師問僧近離甚處曰南方師舉拄杖曰彼中老宿還說這箇麼曰不說師曰既不說這箇還說那箇否曰不說師召大德僧應諾師曰參堂去僧便出師復召曰大德僧回首師曰近前來僧近前師以拄杖頭上點一下曰去劉侍御問了心之旨可得聞乎師曰若要了心無心可了無了之心是名眞了師一日在法堂上坐見一僧從外來便問訊了向東

邊义手立以目視師師乃垂下左足僧却過西邊义手立師垂下右足僧向中間义手立師收雙足僧禮拜師曰老僧自住此未曾打著一人拈拄杖便打僧便騰空而去陸希聲相公欲謁師先作此〇相封呈師開封於相下面書云不思而知落第二頭思而知之落第三首遂封回（韋宙相公機語相似茲不重出）公見卽入山師乃門迎公纔入門便問三門俱開從何門入師曰從信門入公至法堂又問不出魔界便入佛界時如何師以拂子倒點三下公便設禮又問和尚還持戒否師曰不持戒曰還坐禪否師曰不坐禪公良久師曰會麼曰不會師曰聽老僧一頌滔滔不持戒兀兀不坐禪釅茶三兩椀意在钁頭邊師却問承聞相公看經得悟是否曰弟子因看涅盤經有云不斷煩惱而入涅盤得箇安樂處師竪起拂子曰秖如這箇作麼生入曰入之一字也不消得師曰入之一字不爲相公公便起去（法燈云上座且道入之一字爲甚麼人又云相公且莫煩惱）龐居士問久嚮仰山到來爲甚麼却覆師竪起拂子士曰恰是師曰是仰是覆士乃打露柱曰雖然無人也要露柱證明師擲拂子曰若到諸方一任舉似師指雪師子問衆有過得此色者麼衆無對（雲門云當時便好與推倒）師問雙峰師弟近日見處如何曰據某見處實無一法可當情師曰汝解猶在境曰某秖如此師兄又如何師曰汝豈不知無一法可當情者溈山聞曰寂子一句疑殺天下人（玄覺云經道實無有法然燈佛與我授記他道實無一法可當情爲甚麼道解猶在境且道利害在甚麼處）師臥次僧問曰身還解說法也無師曰我說不得別有一人說得曰說得底人在甚麼處師推出枕子溈山聞曰寂子用劒刃上事師閉目坐次有僧潛來身邊立師開目於地上作此㊌相顧視其僧僧無語師擕拄杖行次僧問和尚手中是甚麼師便拈向背後曰見麼僧無對師問一僧汝會甚麼曰會卜師提起拂子曰這箇六十四卦中阿那卦收僧無對師自代云適來是雷天大壯如今變爲地火明夷問僧名甚麼曰靈通師曰便請入燈籠曰早箇入了也（法眼別云喚甚麼作燈籠）問古人道見色便見心禪牀是色請和尚離却色指學人心師曰那箇是禪牀指出來看僧無語（玄覺云忽然被伊却指云却請和尚道玄覺代拊掌三下）問如何是毗盧師師乃叱之僧曰如何是和尚師師曰莫無禮師共一僧語旁有僧曰語底是文殊默底是維摩師曰不語不默底莫是汝否僧默然師曰何不現神通曰不辭現神通秖恐和尚收作教師曰鑒汝來處未有教外底眼問天堂地獄相去幾何師將拄杖畫地一畫師住觀音時出榜云看經次不得問事有僧來問訊見師看經旁立而待師卷却經問會麼曰某甲不看經爭得會師曰汝已後會去在其僧到巖頭頭問甚處來曰江西觀音來頭曰和尚有何言句僧舉前話頭曰這箇老師我將謂被故紙埋却元來猶在僧思鄒問禪宗頓悟畢竟入門的意如何師曰此意極難若是祖宗門下上根上智一聞千悟得大摠持其有根微智劣若不安禪靜慮到這裏總須茫然曰除此一路別更有入處否師曰有曰如何卽是師曰汝是甚處人曰幽州人師曰汝還思彼

處否曰常思師曰能思者是心所思者是境彼處樓臺林苑人馬駢闐汝反思底還有許多般也無曰某甲到這裏總不見有師曰汝解猶在心信位即得人位未在曰除却這箇別更有意也無師曰別有別無即不堪也曰到這裏作麼生即是師曰據汝所解秖得一玄得坐披衣向後自看鄧禮謝之師接機利物爲宗門標準再遷東平將順寂數僧侍立師以偈示之曰一二三子平目復仰視兩口一無舌即是吾宗旨至日午陞座辭衆復說偈曰年滿七十七無常在今日日輪正當午兩手攀屈膝言訖以兩手抱膝而終閱明年南塔涌禪師遷靈骨歸仰山塔於集雲峰下謚通智禪師妙光之塔

鄧州香嚴智閑禪師青州人也厭俗辭親觀方慕道在百丈時性識聰敏參禪不得洎丈遷化遂參溈山山問我聞汝在百丈先師處問一答十問十答百此是汝聰明靈利意解識想生死根本父母未生時試道一句看師被一問直得茫然歸寮將平日看過底文字從頭要尋一句酬對竟不能得乃自歎曰畫餅不可充飢屢乞溈山說破山曰我若說似汝汝已後罵我去我說底是我底終不干汝事師遂將平昔所看文字燒却曰此生不學佛法也且作箇長行粥飯僧免役心神乃泣辭溈山直過南陽覩忠國師遺跡遂憩止焉一日芟除草木偶拋瓦礫擊竹作聲忽然省悟遽歸沐浴焚香遙禮溈山讚曰和尚大慈恩逾父母當時若爲我說破何有今日之事乃有頌曰一擊忘所知更不假修持動容揚古路不墮悄然機處處無蹤跡聲色外威儀諸方達道者咸言上上機溈山聞得謂仰山曰此子徹也仰曰此是心機意識著述得成待某甲親自勘過仰後見師曰和尚讚歎師弟發明大事你試說看師舉前頌仰曰此是夙習記持而成若有正悟別更說看師又成頌曰去年貧未是貧今年貧始是貧去年貧猶有卓錐之地今年貧錐也無仰曰如來禪許師弟會祖師禪未夢見在師復有頌曰我有一機瞬目視伊若人不會別喚沙彌仰乃報溈山曰且喜閑師弟會祖師禪也玄覺云且道如來禪與祖師禪分不分長慶稜云一時坐却師初開堂溈山令僧送書并拄杖至師接得便哭蒼天蒼天僧曰和尚爲甚麼如此師曰秖爲春行秋令上堂道由悟達不在語言況是密密堂堂曾無間隔不勞心意暫借回光日用全功迷徒自背僧問如何是香嚴境師曰華木不滋問如何是僊陀婆師敲禪牀曰過這裏來問如何是現在學師以扇子旋轉示之曰見麼僧無語問如何是正命食師以手撮而示之問如何是無表戒師曰待闍黎作俗即說問如何是聲色外相見一句師曰如某甲未住香嚴時且道在甚麼處曰恁麼則亦不敢道有所在師曰如幻人心心所法問如何是直截根源佛所印師拋下拄杖撒手而去問如何是佛法大意師曰今年霜降早蕎麥總不收問如何是西來意師以手入懷作拳展開與之僧乃跪膝以兩手作受勢師曰是甚麼僧無對問離四句絕百非請和尚道師曰獵師前不得說本師戒上堂若論此事如人上樹口銜

樹枝脚不踏枝手不攀枝樹下忽有人問如何是祖師西來意不對他又違他所問若對他又喪身失命當恁麼時作麼生即得時有虎頭招上座出衆云樹上即不問未上樹時請和尚道師乃呵呵大笑師問僧甚處來曰溈山來師曰和尚近日有何言句曰有僧問如何是西來意和尚竪起拂子師曰彼中兄弟作麼生會曰彼中商量道即色明心附物顯理師曰會即便會著甚死急僧却問師意如何師亦竪起拂子（玄沙云秖這香嚴脚跟未點地雲居錫云甚麼處是香嚴脚跟未點地處）師有偈曰子啐母啄子覺母殼子母俱亡應緣不錯同道唱和妙玄獨脚師凡示學徒語多簡直有偈頌二百餘篇隨緣對機不拘聲律諸方盛行後謚襲燈禪師

杭州徑山洪諲禪師吳興人也僧問掩息如灰時如何師曰猶是時人功幹曰幹後如何師曰耕人田不種曰畢竟如何師曰禾熟不臨場問龍門不假風雷勢便透得者如何師曰猶是一品二品曰此既是階級向上事如何師曰吾不知有汝龍門問如霜如雪時如何師曰猶是汚染曰不汚染時如何師曰不同色許州全明上座先問石霜一毫穿衆穴時如何霜曰直須萬年去曰萬年後如何霜曰登科任汝登科拔萃任汝拔萃後問師曰一毫穿衆穴時如何師曰光靴任汝光靴結果任汝結果問如何是長師曰千聖不能量曰如何是短師曰蟭螟眼裏著不滿其僧不肯便去舉似石霜霜曰秖爲太近實頭僧却問霜如何是長霜曰不屈曲曰如何是短霜曰雙陸盤中不喝彩佛日長老訪師師問伏承長老獨化一方何以薦遊峰頂日曰朗月當空挂冰霜不自寒師曰莫是長老家風也無日曰峭峙萬重關於中含寶月師曰此猶是文言作麼生是長老家風日曰今日賴遇佛日却問隱密全真時人知有道不得太省無辜時人知有道得於此二途猶是時人升降處未審和尚親道自道如何道師曰我家道處無可道日曰如來路上無私曲便請玄音和一場師曰任汝二輪更互照碧潭雲外不相關日曰爲報白頭無限客此回年少莫歸鄉師曰老少同輪無向背我家玄路勿參差日曰一言定天下四句爲誰宣師曰汝言有三四我道其中一也無師因有偈曰東西不相顧南北與誰留汝言有三四我道一也無光化四年九月二十八日白衆而化

滁州定山神英禪師因椑樹省和尚行脚時參問不落數量請師道師提起數珠曰是落不落樹曰圓珠三竅時人知有請師圓前話師便打樹拂袖便出師曰三十年後槌胸大哭去在樹住後示衆曰老僧三十年前至定山被他熱謾一上不同小小師見首座洗衣遂問作甚麼座提起衣示之師曰洗底是甚衣座曰關中使鐵錢師喚維那移下座挂搭著

襄州延慶山法端禪師僧問蚯蚓斬爲兩段兩頭俱動佛性在阿那頭師展兩手（洞山別云問底在阿那頭）師滅後謚紹真禪師

益州應天和尚僧問人人盡有佛性如何是和尚佛性師曰汝喚甚麼作佛性曰恁麼則和尚無佛性也師乃叫快活快活

福州九峰慈慧禪師初在溈山山上堂曰汝等諸人秖得大機不得大用師便抽身出去溈召之師更不回顧溈曰此子堪爲法器一日辭溈山曰某甲辭違和尚千里之外不離左右溈動容曰善爲

京兆府米和尚（亦謂七師）參學後歸受業寺有老宿問月中斷井索時人喚作蛇未審七師見佛喚作甚麼師曰若有佛見卽同衆生（法眼別云此是甚麼時節問法燈別云喚底不是）老宿曰千年桃核師令僧去問仰山曰今時還假悟也無仰曰悟卽不無爭奈落在第二頭師深肯之又令僧問洞山曰那箇究竟作麼生洞曰却須問他始得師亦肯之僧問自古上賢還達眞正理也無師曰達曰秖如眞正理作麼生達師曰當時霍光賣假銀城與單于契書是甚麼人做曰某甲直得杜口無言師曰平地教人作保問如何是衲衣下事師曰醜陋任君嫌不挂雲霞色

晉州霍山和尚因仰山一僧到自稱集雲峰下四藤條天下大禪佛參師乃喚維那打鐘著大禪佛驟步而去

元康和尚因訪石樓樓纔見便收足坐師曰得恁麼威儀周足樓曰汝適來見箇甚麼師曰無端被人領過樓曰須是與麼始爲眞見師曰苦哉賺殺幾人來樓便起身師曰見則見矣動則不動樓曰盡力道不出定也師拊掌三下後有僧擧似南泉泉曰天下人斷這兩箇漢是非不得若斷得與他同參

蘄州三角山法遇庵主因荒亂魁師入山執刃而問和尚有甚財寶師曰僧家之寶非君所宜魁曰是何寶師震聲一喝魁不悟以刃加之

襄州王敬初常侍視事次米和尚至公乃擧筆示之米曰還判得虛空否公擲筆入宅更不復出米致疑明日憑鼓山供養主入探其意米亦隨至潛在屛蔽間偵伺供養主纔坐問曰昨日米和尚有甚麼言句便不相見公曰師子齩人韓獹逐塊米聞此語卽省前謬遽出朗笑曰我會也我會也公曰會卽不無你試道看米曰請常侍擧公乃竪起一隻筯米曰這野狐精公曰這漢徹也問僧一切衆生還有佛性也無曰有公指壁上畫狗子曰這箇還有也無僧無對公自代曰看齩著汝

五燈會元卷第二十三

五燈會元卷第二十三

校勘記

一　底本，清藏本。

一　五四四頁上一行經名，徑作「五燈會元卷第九」。

一　五五二頁上一四行「通智禪師」，徑作「智通禪師」。

一　五五二頁下一五行「撒手」，徑作「散手」。

一　五五四頁下卷末經名，徑無（未換卷）。

五燈會元卷第二十四　池七

宋　沙　門　大　川　濟　纂

南嶽下五世

仰山寂禪師法嗣

袁州仰山西塔光穆禪師，僧問：「如何是正聞？」師曰：「不從耳入。」曰：「作麼生？」師曰：「還聞麼？」問：「祖意教意，是同是別？」師曰：「同別且置，汝道缾觜裏甚麼物出來入去？」問：「如何是西來意？」師曰：「汝無佛性。」問：「如何是頓？」師作圓相示之。曰：「如何是漸？」師以手空中撥三下。

袁州仰山南塔光涌禪師，豫章豐城章氏子。母乳之夕，神光照庭，廐馬皆驚，因以光涌名之。少甚俊敏，依仰山剃度。北遊謁臨濟，復歸侍山。山曰：「汝來作甚麼？」師曰：「禮覲和尚。」山曰：「還見和尚麼？」師曰：「見。」山曰：「和尚何似驢？」師曰：「某甲見和尚亦不似佛。」山曰：「若不似佛，似箇甚麼？」師曰：「若有所似，與驢何別？」山大驚曰：「凡聖兩忘，情盡體露。吾以此驗人，二十年無決了者。子保任之。」山每指謂人曰：「此子肉身佛也。」僧問：「文殊是七佛之師，文殊還有師否？」師曰：「遇緣即有。」曰：「如何是文殊師？」師竪起拂子。僧曰：「莫秖這便是麼？」師放下拂子，叉手。問：「如何是妙用一句？」師曰：「水到渠成。」問：「真佛住在何處？」師曰：「言下無相，也不在別處。」

晉州霍山景通禪師，初參仰山，山閉目坐。師乃翹起右足曰：「如是如是。西天二十八祖亦如是，中華六祖亦如是，和尚亦如是，景通亦如是。」仰山起來，打四藤條。師因此自稱「集雲峯下四藤條天下大禪師」。歸宗下亦有大禪佛名智通。住後，有行者問：「如何是佛法大意？」師乃禮拜。者曰：「和尚為甚麼禮俗人？」師曰：「汝不見道，尊重弟子。」師問僧：「甚麼處來？」僧提起坐具。師曰：「龍頭蛇尾。」問：「如何是佛？」師便打，僧亦打。師曰：「汝打我有道理，我打汝無道理。」僧無語。師又打趂出。師化緣將畢，先備薪於郊野，徧辭檀信。食訖，至薪所，謂弟子曰：「日午當來報。」至日午，師自執炬登積薪上，以笠置頂後，作圓光相，手執拄杖，作降魔杵勢，立終於紅焰中。

杭州無著文喜禪師，嘉禾語溪人也。姓朱氏。七歲依本邑常樂寺今崇福也。國清出家，剃染後習律聽教。屬會昌澄汰，反服韜晦。大中初，例重懺度於鹽官齊峰寺。後謁大慈山性空禪師。空曰：「子何不徧參乎？」師直往五臺山華嚴寺，至金剛窟禮謁，遇一老翁牽牛而行，邀師入寺。翁呼「均提」，有童子應聲出迎。翁縱牛，引師陞堂。堂宇皆耀金色。翁踞牀，指繡墩命坐。翁曰：「近自何來？」師曰：「南方。」翁曰：「南方佛法如何住持？」師曰：「末法比丘，少奉戒律。」翁曰：「多少衆？」師曰：「或三百，或五百。」師却問：「此間佛法如何住持？」翁曰：「龍蛇混雜，凡聖同居。」師曰：「多少衆？」翁曰：「前三三，後三三。」翁呼童子致茶，并進酥酪。師納其味，心意豁然。翁拈起玻璃盞，問曰：「南方還有這箇否？」師曰：「無。」翁曰：「尋常將甚麼喫茶？」師無對。師覩日色稍晚，遂問翁：「擬投一宿得否？」翁曰：「汝有執心在，不得宿。」師曰：「某甲無執心。」翁曰：「汝曾受戒否？」師曰：「受戒久矣。」翁曰：「汝若無執心，何用受戒？」師辭退。翁令童子相送。師問童子：「前三三，後三三，是多少？」童召：「大德！」師應諾。童曰：「是多少？」師復問曰：「此為何處？」童曰：「此金剛窟般若寺也。」師悽然悟彼

翁者即文殊也不可再見即稽首童子願乞
一言爲别童說偈曰面上無嗔供養具口裏
無嗔吐妙香心裏無嗔是珍寶無垢無染是
眞常言訖均提與寺俱隱但見五色雲中文
殊乘金毛師子往來忽有白雲自東方來覆
之不見時有滄州菩提寺僧修政等至尚聞
山石震吼之聲師因駐錫五臺咸通三年至
洪州觀音參仰山頓了心契令充典座文殊
嘗現於粥鑊上師以攪粥篦便打曰文殊自
文殊文喜自文喜殊乃說偈曰苦瓠連根苦
甜瓜徹蔕甜修行三大劫却被老僧嫌一日
有異僧來求齋食師減已分饋之仰山預知
問曰適來果位人至汝給食否師曰輟已回
施仰曰汝大利益後旋浙住龍泉寺僧問如
何是涅槃相師曰香煙盡處驗問如何是佛
法大意師曰喚院主來這師僧患顛問如何
是自己師黙然僧罔措再問師曰青天蒙昧
不向月邊飛錢王奏賜紫衣署無著禪師將
順寂於子夜告衆曰三界心盡即是涅槃言
訖跏趺而終白光照室竹樹同色塔于靈隱
山之西塢天福二年宣城帥田頵應杭將許
思叛渙縱兵大掠發師塔覩肉身不壞爪髮
俱長武肅錢王異之遣禆將邵志重加封瘞
至皇朝嘉定庚辰遷于淨慈山智覺壽禪師
塔左

新羅國五觀山順池七支了悟禪師僧問如四何是
西來意師竪拂子僧曰莫這箇便是師放下
拂子問以字不成八字不是是甚麼字師作
圓相示之有僧於師前作五花圓相師畫破
作一圓相

袁州仰山東塔和尚僧問如何是君王劒師
曰落纜不采功曰用者如何師曰不落人手
問法王與君王相見時如何師曰兩掌無私
曰見後如何師曰中間絶像

香嚴閑禪師法嗣

吉州止觀和尚僧問如何是毘盧師師攔胸
與一拓問如何是頓師曰非梁陳

壽州紹宗禪師僧問如何是西來意師曰好
事不出門惡事行千里有官人謂師曰見說
江西不立宗師曰遇緣即立曰遇緣立箇甚
麼師曰江西不立宗

益州南禪無染禪師僧問無句之句師還答
也無師曰從來秖明恁麼事曰畢竟如何師
曰且問看

益州長平山和尚僧問視瞬不及處如何師
曰我眨眼也没池七工夫問如何五是祖師意師曰
西天來唐土去

益州崇福演敎禪師僧問如何是寬廓之言
師曰無口得道問如何是西來意師曰今日
明日

安州大安山清幹禪師僧問從上諸聖從何
而證師乃斫額問如何是祖師西來意師曰
羊頭車子推明月

終南山豐德寺和尚僧問如何是和尚家風
師曰觸事面墻問如何是本來事師曰終不
更問人

均州武當山佛巖暉禪師僧問某甲頃年有
疾又中毒藥請師醫師曰二宜湯一椀問如
何是佛向上事曰螺髻子曰如何是佛向下
事師曰蓮華座

江州盧山雙谿田道者僧問如何是啐啄之機師以手作啄勢問如何是西來意師曰甚麼處得箇問頭來

徑山諲禪師法嗣

洪州米嶺和尚常語曰莫過於此僧問未審是甚麼莫過於此師曰不出是僧後問長慶爲甚麼不出是慶曰汝擬喚作甚麼

雙峰和尚法嗣

福州雙峰古禪師本業講經因參先雙峰峰問大德甚麼處住曰城裏峰曰尋常還思老僧否曰常思和尚無由禮覲峰曰秖這思底便是大德師從此領旨即罷講席侍奉數年後到石霜但隨衆而已更不叅請衆謂古侍者嘗受雙峰印記往往聞于石霜霜欲詰其所悟而未得其便師因辭去霜將拂子送出門首召曰古侍者師回首霜曰擬著即差是著即乖不擬不是亦莫作箇會除非知有莫能知之好去好去師應喏喏即前邁尋屬雙峰示寂師乃繼續住持僧問和尚當時辭石霜石霜恁麼道意作麼生師曰秖教我不著是非（玄覺云且道他會石霜意不會）

南嶽下六世

西塔穆禪師法嗣

吉州資福如寶禪師僧問如何是應機之句師默然問如何是玄旨師曰汝與我掩却門問魯祖面壁意作麼生師曰沒交涉問如何是從上眞正眼師搥胸曰蒼天蒼天曰借問有何妨師曰困問這箇還受學也無師曰未曾钁地栽虛空問如何是衲僧急切處師曰不過此問曰學人未問已前請師道師曰噫問如何是一塵入正受師作入定勢曰如何是諸塵三昧起師曰汝問阿誰問如何是一路涅槃門師彈指一聲又展開兩手曰如何領會師曰不是秋月明子自橫行八九問如何是和尚家風師曰飯後三椀茶師一日拈起蒲團示衆曰諸佛菩薩入理聖人皆從這裏出便擲下擘開胸曰作麼生衆無對問學人創入叢林一夏將末未蒙和尚指教願垂提拯師拓開曰老僧住持已來未曾瞎却一人眼師有時坐良乆周視左右曰會麼衆曰不會師曰不會即謾汝去也師一日將蒲團於頭上曰汝諸人恁麼時難共語衆無對師將坐却曰猶較些子

南塔涌禪師法嗣

郢州芭蕉山慧清禪師新羅國人也上堂拈拄杖示衆曰你有拄杖子我與你拄杖子你無拄杖子我奪却你拄杖子靠拄杖下座僧問如何是芭蕉水師曰冬溫夏涼問如何是吹毛劍師曰進前三步曰用者如何師曰退後三步問如何是和尚爲人一句師曰秖恐闍黎不問上堂會麼相悉者少珍重問不語有問時如何師曰未出三門千里程問如何是自已師曰望南看北斗問光境俱亡復是何物師曰知曰知箇甚麼師曰建州九郎上堂如人行次忽遇前面萬丈深坑背後野火來逼兩畔是荆棘叢林若也向前則墮在坑塹若也退後則野火燒身若也轉側則被荆棘林礙當與麼時作麼生免得若也免得合有出身之路若免不得墮身死漢問如何是提婆宗師曰赤幡在左問僧近離甚處僧曰

請師試道看師曰將謂是舶上商人元來是當州小客問不問二頭三首請師直指本來面目師默然正坐問賊來須打客來須看忽遇客賊俱來時如何師曰屋裏有一緉破草鞋曰秖如破草鞋還堪受用也無師曰汝若將去前凶後不吉問北斗藏身意旨如何師曰九九八十一乃曰會麼曰不會師曰一二三四五師謂衆曰我年二十八到仰山叅見南塔見上堂曰汝等諸人若是箇漢從孃肚裏出來便作師子吼好麼我於言下歇得身心便住五載僧問古佛未出興時如何師曰千年茄子根曰出興後如何師曰金剛努出眼上堂良久曰也大相辱珍重問如何是祖師意師曰汝問那箇祖師意曰達磨西來意師曰獨自棲棲暗渡江問牛頭未見四祖時如何師曰知曰見後如何師曰知問甚麼物無兩頭甚麼物無背面師曰我身無兩頭我語無背面問如何是透法身句師曰一不得問二不得休曰學人不會師曰第三度來與汝相見

越州清化全怤禪師吳郡崑山人也初叅南塔塔問從何而來師曰鄂州塔曰鄂州使君名甚麼師曰化下不敢相觸忤曰此地道不畏師曰大丈夫何必相試塔囅然而笑遂乃印可時廬陵安福縣宰建應國禪苑迎師聚徒本道上聞賜名清化僧問如何是和尚急切爲人處師曰朝看東南暮看西北曰不會師曰徒訪東陽客不識西陽珍問如何是正法眼師曰我却不知曰和尚爲甚麼不知師曰不可青天白日尿牀也師後還故國錢氏文穆王特加禮重晉天福二年丁酉歲錢氏戍將闢雲峰山建院亦以清化爲名延師開堂僧問如何是佛法大意師曰華表柱頭木鶴飛問路逢達道人不將語默對未審將甚麼對師曰眼裏瞳人吹叫子問和尚年多少師曰始見去年九月九如今又見秋葉黃曰恁麼則無數也師曰問取黃葉曰畢竟事如何師曰六隻骰子滿盆紅問亡僧遷化向甚麼處去師曰長江無間斷聚沫任風飄曰還受祭祀也無師曰祭祀即不無曰如何祭祀師曰漁歌舉棹谷裏聞聲忠獻王賜紫方袍師不受王改以衲衣仍號純一禪師師曰吾非飾讓也慮後人倣吾而逞欲耳開運四年秋示寂時大風摧震竹木

韶州黃連山義初明微禪師僧問三乘十二分教即不問請師開口不答話師曰寶華臺上定古今曰如何是寶華臺上定古今師曰一點墨子輪流不移曰學人全體不會請師指示師曰靈覺雖轉空華不墜問古路無蹤如何進步師曰金烏遶須彌元與劫同時曰恁麼則得達於彼岸也師曰黃河三千年一度清廣主劉氏嚮師道化請入府內說法僧問人王與法王相見時如何師曰兩境相照萬象歷然曰法王心要達磨西來五祖付與曹谿自此不傳衣鉢未審碧玉階前將何付囑師曰石羊水上行木馬夜翻駒曰恁麼則我王有感萬國歸朝師曰時人盡唱太平歌問如何是佛師曰胸題卍字背負圓光問如何是道師展兩手示之僧曰佛之與道相去幾何師曰如水如波

韶州慧林鴻究妙濟禪師僧問千聖常行此路如何是此路師曰果然不見問魯祖面壁意旨如何師曰有甚麼雪處問如何是急切事師曰鈍漢問如何是和尚家風師曰諸方大例問定慧等學明見佛性此理如何師曰新修梵宇

### 南嶽下七世

#### 資福寶禪師法嗣

吉州資福貞邃禪師僧問和尚見古人得何意旨便歇去師作此(魚)相示之問如何是古人歌師作此○相示之問如何是最初一句師曰未具世界時闍黎亦在此問百丈卷席意旨如何師良久問古人道前三三後三三意旨如何師曰汝名甚麼曰某甲師曰喫茶去上堂隔江見資福刹竿便回去脚跟下好與三十棒況過江來時有僧纔出師曰不堪共語問如何是古佛心師曰山河大地

吉州福壽和尚僧問祖意教意是同是別師展手問文殊騎師子普賢騎象王未審釋迦騎甚麼師舉手云嘟嘟

潭州鹿苑和尚僧問餘國作佛還有異名也無師作此○相示之問如何是鹿苑一路師曰吉獠舌頭問將來問如何是閉門造車師曰南嶽石橋曰如何是出門合轍師曰拄杖頭鞋上堂展手曰天下老和尚諸上座命根總在這裏有僧出曰還收得也無師曰天台石橋側曰某甲不恁麼師曰伏惟尚饗問如何是世尊不說說師曰須彌山倒曰如何是迦葉不聞聞師曰大海枯竭

#### 芭蕉清禪師法嗣

郢州芭蕉山繼徹禪師初參風穴穴問如何是正法眼師曰泥彈子穴異之次謁先芭蕉上堂舉仰山道兩口一無舌此是吾宗旨師豁然有省住後僧問如何是林溪境師曰有山有水曰如何是境中人師曰三門前佛殿後問如何是深深處師曰石人開石户石鎖兩頭搖上堂昔日如來於波羅奈國梵王請轉法輪如來不已而已有屈宗風隨機逗教遂有三乘名字流傳於天上人間至今光揚不墜若據祖師門下天地懸殊上上根機頓超不異作麼生是混融一句還有人道得麼若道得有參學眼若道不得天寬地窄便下座上堂眼中無翳空裏無花水長船高泥多佛大莫將問來我也無答會麼問在答處答在問處便下座問三乘十二分教即不問如何是宗門一句師曰七縱八橫曰如何領會師曰泥裏倒泥裏起問如何是祖師西來意師曰著體汗衫問有一人不舍生死不證涅槃師還提攜也無師曰不提攜曰爲甚麼不提攜師曰林溪粗識好惡問如何是吹毛劍師曰透曰用者如何師曰鈍問寂寂無依時如何師曰未是衲僧分上事曰如何是衲僧分上事師曰要行即行要坐即坐師有偈曰芭蕉的旨不挂唇齒木童唱和石人側耳

郢州興陽山清讓禪師僧問大通智勝佛十劫坐道場佛法不現前不得成佛道時如何師曰其問甚諦當曰既是坐道場爲甚麼不得成佛道師曰爲伊不成佛

洪州幽谷山法滿禪師僧問如何是道師良久曰會麼曰學人不會師曰聽取一偈話道

語下無聲擧揚奧旨丁寧禪要如今會取不須退後消停

郢州芭蕉山遇禪師僧問如何是祖師西來意師曰是星皆拱北無水不朝東曰爭柰學人未會何師曰逢人但恁麼擧

郢州芭蕉山圓[池七]禪師僧問如何是[十三]和尚接人一句師曰要須截取去曰豈無方便師曰心不負人面無慚色上堂三千大千世界夜來被老僧都合成一塊輥向須彌頂上帝釋大怒拈得撲成粉碎諸上座還覺頭痛也無良久曰莫不識痛痒好珍重

彭州承天院辭確禪師僧問學人有一隻箭射即是不射即是師曰作麼生是闍黎箭僧便喝師曰這箇是草箭子曰如何是和尚箭師曰禁忌須屈指檮析便扣牙問心隨萬境轉阿那箇是轉萬境底心師曰嘉州大像古人鐫問衆罪如霜露慧日能消除時如何師曰亭臺深夜雨樓閣靜時鐘曰爲甚麼因緣會遇時果報還自受師曰管筆能書片舌解語開堂日示衆正令提綱猶是捏窠造僞佛法秖對特地謾驀上流問著即參差答著即交互大德擬向甚麼處下口然則如是事無一向權柄在手縱奪臨機有疑請問僧問如何是第一義師曰群峰穿海去滴水下巖來問師唱誰家曲宗風嗣阿誰師曰道頭會尾擧意知心

興元府牛頭山精禪師僧問如何是古佛心師曰東海浮漚曰如何領會師曰秤鎚落井問不居凡聖是甚麼人師曰梁朝傅大士曰此理如何師曰楚國孟嘗君

益州覺城院信禪師僧問如何是出身一路師曰三門前曰如何領會師曰緊峭草鞋

郢州芭蕉山閑禪師僧問十語九不中時如何師曰閉門屋裏坐抱首哭蒼天

郢州芭蕉山[池七]令遵禪師僧問直[十四]得無下口處時如何師曰更須進一步曰向甚麼處下脚師曰東山西嶺上

慧林究禪師法嗣

韶州靈瑞和尚俗士問如何是佛師喝曰汝是村裏人僧問如何是西來意師曰十萬八千里問如何是本來心師曰坐却毘盧頂出没太虛中問如何是教外別傳底事師曰兩箇靈龜泥裏鬬直至如今困未休曰不會師曰木鷄銜卵走燕雀乘虎飛潭中魚不現石女却生兒

南嶽下八世

報慈韶禪師法嗣

蘄州三角山志謙禪師僧問如何是佛師曰速禮三拜僧禮拜師曰一撥便轉

郢州興陽詞鐸禪師僧問佛界與衆生界相去多少師曰道不得曰眞箇那師曰有些些子

法眼宗

青原下八世

羅漢琛禪師法嗣

金陵清涼院[池七]文益禪師餘杭魯[十五]氏子七歲依新定智通院全偉禪師落髮弱齡稟具於越州開元寺屬律匠希覺師盛化於明州鄮山育王寺師往預聽習究其微旨復傍探儒典遊文雅之場覺師目爲我門之游夏也師以玄機一發雜務俱捐振錫南邁抵福州參長

慶不大發明後同紹修法進三人欲出嶺過地藏院阻雪少憩附爐次藏問此行何之師曰行脚去藏曰作麼生是行脚事師曰不知藏曰不知最親切又同三人舉肇論至天地與我同根處藏曰山河大地與上座自己是同是別師曰別藏竪起兩指師曰同藏又竪起兩指便起去雪霽辭去藏門送之問曰上座尋常說三界唯心萬法唯識乃指庭下片石曰且道此石在心内在心外師曰在心内藏曰行脚人著甚麼來由安片石在心頭師窘無以對即放包依席下求決擇近一月餘日呈見解說道理藏語之曰佛法不恁麼師曰某甲詞窮理絕也藏曰若論佛法一切見成師於言下大悟因議留止進師等以江表叢林欲期歷覽命師同往至臨川州牧請住崇壽院開堂日中坐茶筵未起時僧正白師曰四衆已圍繞和尚法座了也師曰衆人却叅真善知識少頃陞座僧問大衆雲集請師舉唱師曰大衆久立乃曰衆人既盡在此山僧不可無言與大衆舉一古人方便珍重便下座子方上座自長慶來師舉長慶偈問曰作麼生是萬象之中獨露身子方舉拂子師曰恁麼會又爭得曰和尚尊意如何師曰喚甚麼作萬象曰古人不撥萬象師曰萬象之中獨露身說甚麼撥不撥子方豁然悟解述偈投誠自是諸方會下有存知解者翕然而至始則行行如也師微以激發皆漸而服膺海衆之衆常不減千計上堂大衆立久乃謂之曰秖恁麼便散去還有佛法道理也無試說看若無又來這裏作麼若有大市裏人叢處亦有何須到這裏諸人各曾看還源觀百門義海華嚴論涅槃經諸多策子阿那箇教中有這箇時節若有試舉看莫是恁麼經裏有恁麼語是此時節麼有甚麼交涉所以道微言滯於心首嘗爲緣慮之場實際居於目前翻爲名相之境又作麼生得翻去若也翻去又作麼生得正去還會麼莫秖恁麼念策子有甚麼用處僧問如何披露即得與道相應師曰汝幾時披露即與道不相應問六處不知音時如何師曰汝家眷屬一羣子師又曰作麼生會莫道恁麼來問便是不得汝道六處不知音眼處不知音耳處不知音若也根本是有爭解無得古人道離聲色著聲色離名字著名字所以無想天修得經八萬大劫一朝退墮諸事儼然蓋爲不知根本眞實次地修行三生六十劫四生一百劫如是直到三祇果滿他古人猶道不如一念緣起無生超彼三乘權學等見又道彈指圓成八萬門刹那滅却三祇劫也須體究若如此用多少氣力僧問指即不問如何是月師曰阿那箇是汝不問底指又僧問月即不問如何是指師曰月曰學人問指和尚爲甚麼對月師曰爲汝問指江南國主重師之道迎住報恩禪院署淨慧禪師僧問洪鐘纔擊大衆雲臻請師如是師曰大衆會何似汝會問如何是古佛家風師曰甚麼處看不足問十二時中如何行履即得與道相應師曰取捨之心成巧僞問古人傳衣當記何人師曰汝甚麼處見古人傳衣問十方賢聖皆入此宗如何是此宗師曰十方賢聖皆入問如何是佛向上

人師曰方便呼爲佛問如何是學人一卷經
師曰題目甚分明問聲色兩字甚麼人透得
師却謂衆曰諸上座且道這箇僧還透得也
未若會此僧問處透聲色也不難問求佛知
見何路最徑師曰無過此問瑞草不凋時如
何師曰謾語問大衆雲集請師頓決疑網師
曰寮舍内商量茶堂内商量問雲開見日時
如何師曰謾語眞箇問如何是沙門所重處
師曰若有纖毫所重即不名沙門問千百億
化身於中如何是清淨法身師曰總是問簇
簇上來師意如何師曰是眼不是眼問全身
是義請師一決師曰汝義自破問如何是古
佛心師曰流出慈悲喜捨問百年暗室一燈
能破如何是一燈師曰論甚麼百年問如何
是正眞之道師曰一願也教汝行二願也教 池七 十八
汝行問如何是一眞之地師曰地則無一眞
曰如何卓立師曰轉無交涉問如何是古佛
師曰即今也無嫌疑問十二時中如何行履
師曰步步蹋著問古鏡未開如何顯照師曰
何必再三問如何是諸佛立旨師曰是汝也

有問承教有言從無住本立一切法如何是
無住本師曰形興未質名起未名問亡僧衣
衆人唱祖師衣甚麼人唱師曰汝唱得亡僧
甚麼衣問蕩子還鄉時如何師曰將甚麼奉
獻曰無有一物師曰日給作麼生師後住清
涼上堂曰出家人但隨時及節便得寒即寒
熱即熱欲知佛性義當觀時節因緣古今方
便不少不見石頭和尚因看肇論云會萬物
爲巳者其唯聖人乎他家便道聖人無巳靡
所不巳有一片言語喚作參同契首云竺土
大僊心無過此語也中間也秖隨時說話上
座今欲會萬物爲自巳去蓋爲大地無一法
可見他又囑云光陰莫虛度適來向上座道
但隨時及節便得若也移時失候即是虛度
光陰於非色中作色解上座於非色中作色 池七 十九
解即是移時失候且道色作非色解還當不
當上座若恁麼會便是没交涉正是癡狂兩
頭走有甚麼用處上座但守分隨時過好珍
重僧問如何是清涼家風師曰汝到別處但
道到清涼來問如何得諸法無當去師曰甚

麼法當著上座曰爭奈日夕何師曰閑言語
問觀身如幻法觀内亦復然時如何師曰還
得恁麼也無問要急相應唯言不二如何是
不二之言師曰更添些子得麼問如何是法
身師曰這箇是應身問如何是第一義師曰
我向你道是第二義師問修山主毫氂有差
天地懸隔兄作麼生會修曰毫氂有差天地
懸隔師曰恁麼會又爭得修曰和尚如何師
曰毫氂有差天地懸隔修便禮拜東禪齊云山主恁麼祇對爲甚麼不肯及乎再請益法眼亦祇恁麼道便得去且道疑訛在甚麼處若看得透道上座有來由
師與悟空禪師向火拈起香匙問曰
不得喚作香匙兄喚作甚麼空曰香匙師不
肯空後二十餘日方明此語僧參次師指簾
時有二僧同去捲師曰一得一失東禪齊云上座作麼生會有云爲伊不明旨便去捲簾亦有道指者即會不指而去者即失恁麼會還可不可既不許恁麼會且問上座阿那箇得阿那箇失
雲門問僧甚處來曰
江西來門曰江西一隊老宿寐語住也未僧
無對後僧問師不知雲門意作麼生師曰大
小雲門被這僧勘破問僧甚處來曰道場來
師曰明合暗合僧無語師令僧取土添蓮盆

僧取土到師曰橋東取橋西取曰橋東取師曰是眞實是虛妄問僧甚處來曰報恩來師曰衆僧還安否曰安師曰喫茶去問僧甚處來曰泗州禮拜大聖來師曰今年大聖出塔否曰出師却問傍僧曰汝道伊到泗州不到師問寶資長老古人道山河無隔礙光明處處透且作麼生是處處透底光明資曰東畔打鑼聲(歸宗柔別云和尚擬隔礙)師指竹問僧還見麼曰見師曰竹來眼裏眼到竹邊曰總不恁麼(法燈別云當時但擘眼向師歸宗柔別云和尚祇是不信某甲)有俗士獻畫障子師看了問曰汝是手巧心巧曰心巧師曰那箇是汝心士無對(歸宗柔代云某甲今日却成容易)僧問如何是第二月師曰森羅萬象曰如何是第一月師曰萬象森羅上堂盡十方世界皎皎地無一絲頭若有一絲頭即是一絲頭(法燈云若有一絲頭不是一絲頭)師指凳子曰識得凳子周匝有餘(雲門云識得凳子天地懸殊)僧問如何是塵劫來事師曰盡在于今師因患脚僧問訊次師曰非人來時不能動及至人來動不得且道佛法中下得甚麼語曰和尚且喜得較師不肯自別云和尚今日似减因開井被沙塞却泉眼師曰泉眼不通被沙礙道眼不通被甚麼礙僧無對師代曰被眼礙師見僧搬土次乃以一塊土放僧擔上曰吾助汝僧曰謝和尚慈悲師不肯一僧別云和尚是甚麼心行師便休去師謂小兒子曰因子識得你爺你爺名甚麼兒無對(法燈代云但將衣袖掩面)師却問僧若是孝順之子合下得一轉語且道合下得甚麼語僧無對師代曰他是孝順之子師問講百法論僧曰百法是體用雙陳明門是能所兼舉座主是能法座是所作麼生說兼舉(有老宿代云某甲喚作箇法座歸宗柔云不勞和尚如此)師一日與李王論道罷同觀牡丹花王命作偈師即賦曰擁毳對芳叢由來趣不同髮從今日白花是去年紅艷冶隨朝露馨香逐晚風何須待零落然後始知空王頓悟其意師頌三界唯心曰三界唯心萬法唯識唯識唯心眼聲耳色色不到耳聲何觸眼眼色耳聲萬法成辦萬法匪緣豈觀如幻山河大地誰堅誰變頌華嚴六相義曰華嚴六相義同中還有異異若異於同全非諸佛意諸佛意總別何曾有同異男子身中入定時女子身中不留意不留意絕名字萬象明明無理事師緣被於金陵三坐大道場朝夕演旨時諸方叢林咸遵風化異域有慕其法者涉遠而至玄沙正宗中興於江表師調機順物斥滯磨昏凡舉諸方三昧或入室呈解或叩激請益皆應病與藥隨根悟入者不可勝紀周顯德五年戊午七月十七日示疾國主親加禮問閏月五日剃髮澡身告衆訖跏趺而逝顏貌如生壽七十有四臘五十四城下諸寺院具威儀迎引公卿李建勳以下素服奉全身於江寧縣丹陽起塔謚大法眼禪師塔曰無相後李主勑報慈院命師門人玄覺言導師開法再謚師大智藏大導師

五燈會元卷第二十四

五燈會元卷第二十四

校勘記

一　底本，清藏本。

一　五五五頁上一行經名，徑無（未換卷）。

一　五五九頁中末行「祖師」，徑作「祖宗」。

一　五六〇頁上七行第六字「須」，徑作「頭」。

一　五六〇頁中一六行第六字「更」，徑作「便」。

一　五六〇頁下一一行「有些子」，至此，徑卷第九終，卷第十始。

一　五六二頁中一〇行「首云」，徑作「末上云」。

一　五六二頁下二行「幻法」，徑作「幻化」。

一　五六三頁下卷末經名，徑無（未換卷）。

五燈會元卷第二十五　池八

宋沙門大川濟纂

青原下九世

清涼益禪師法嗣

天台山德韶國師處州龍泉陳氏子也母葉氏夢白光觸體因而有娠及誕尤多奇異年十五有梵僧勉令出家十七依本州龍歸寺受業十八納戒於信州開元寺後唐同光中遊方首謁投子見同禪師次謁龍牙乃問雄雄之尊爲甚麼近之不得牙曰如火與火師曰忽遇水來又作麼生牙曰去汝不會我語師又問天不蓋地不載此理如何牙曰道者合如是師經十七次問牙秖如此答師竟不諭旨再請垂誨牙曰道者汝已後自會去師後於通玄峯澡浴次忽省前話遂具威儀焚香遙望龍牙禮拜曰當時若向我說今日決定罵也又問疎山百匝千重是何人境界山曰左搓芒繩縛鬼子師曰不落古今請師說曰不說師曰爲甚麼不說曰箇中不辯有無師曰師今善說山駭之如是歷叅五十四員善知識皆法緣未契最後至臨川謁法眼眼一見深器之師以徧涉叢林亦倦於叅問但隨衆而已一日法眼上堂僧問如何是曹源一滴水眼曰是曹源一滴水僧惘然而退師於坐側豁然開悟平生凝滯渙若冰釋遂以所悟聞於法眼眼曰汝向後當爲國王所師致祖道光大吾不如也自是諸方異唱古今玄鍵與之決擇不留微迹尋回本道遊天台山覩智者顗禪師遺蹤有若舊居師復與智者同姓時謂之後身也初止白沙時忠懿王爲王子時刺台州嚮師之名延請問道師謂曰他日爲霸主無忘佛恩漢乾祐元年戊申王嗣國位遣使迎之伸弟子之禮有傳天台智者教義寂者（即螺谿也）屢言於師曰智者之教年祀浸遠慮多散落今新羅國其本甚備自非和尚慈力其孰能致之乎師於是聞於王王遣使及齎師之書往彼國繕寫備足而回迄今盛行於世矣住後上堂古聖方便猶如河沙祖師道非風幡動仁者心動斯乃無上心印法門我輩是祖師門下客合作麼生會祖師意莫道風幡不動汝心妄動莫道不撥風幡就風幡道取莫道風幡動處是甚麼有云附物明心不須認物有云色即是空有云非風幡動應須妙會如是解會與祖師意旨有何交涉既不許如是會諸上座便合知悉若於這裏徹底悟去何法門而不明百千諸佛方便一時洞了更有甚麼疑情所以古人道一了千明一迷萬惑上座豈是今日會得一則明日又不會也莫是有一分向上事難會有一分下劣凡夫不會如此見解設經塵劫秖自勞神之思無有是處僧問諸法寂滅相不可以言宣和尚如何爲人師曰汝到諸方更問一徧曰恁麼則絕於言句去也師曰夢裏惺惺問艣棹俱停如何得到彼岸師曰慶汝平生問如何是三種病人師曰恰問著問如何是古佛心師曰此問不弱問如何是六相師曰即汝是問如何是方便師曰此問甚當問亡僧遷化向甚麼處去也師曰終不向汝道曰爲甚麼不向某甲道師曰恐汝不會問一華開五葉結果自然成如何是一華

開五葉師曰日出月明曰如何是結果自然
成師曰天地皎然問如何是無憂佛師曰愁
殺人問一切山河大地從何而起師曰此問
從何而來問如何是數起底心師曰爭諱得
問如何是沙門眼師曰黑如漆問絶消息時
如何師曰謝指示問如何是轉物即同如來
師曰汝喚甚麽作物曰恁麽則同如來也師
曰莫作野干鳴問那吒太子析肉還母析骨
還父然後於蓮華上爲父母說法未審如何
是太子身師曰大家見上座問曰恁麽則大
千同一眞性也師曰依稀似曲纔堪聽又被
風吹別調中問六根俱泯爲甚麽理事不明
師曰何處不明曰恁麽則理事俱如也師曰
前言何在上堂大凡言句應須絶滲漏始得
時有僧問如何是絶滲漏底句師曰汝口似
鼻孔問如何是不證一法師曰待言語在曰
如何是證諸法師曰醉作麽乃曰秖如山僧
恁麽對他諸上座作麽生體會莫是眞實相
爲麽莫是正恁麽時無一法可證麽莫是識
伊來處麽莫是全體顯露麽莫錯會好如此

見解喚作依草附木與佛法天地懸隔假饒
答話揀辨如懸河秖成得箇顚倒知見若秖
貴答話揀辨有甚麽難但恐無益於人翻成
賺悞如上座從前所學揀辨問答記持說道
理極多爲甚麽疑心不息聞古聖方便特地
不會秖爲多虛少實上座不如從脚跟下一
時覷破看是甚麽道理有多少法門與上座
作疑求解始知從前所學底事秖是生死根
源陰界裏活計所以古人道見聞不脫如水
裏月無事珍重師有偈曰通玄峯頂不是人
間心外無法滿目青山法眼聞云即此一偈
可起吾宗師後於般若寺開堂說法十二會
上堂毛吞巨海海性無虧纖芥投鋒鋒利無
動見與不見會與不會唯我知焉乃有頌曰
暫下高峯已顯揚般若圓通徧十方人天浩
浩無差別法界縱橫處處彰珍重上堂僧問
承古有言若人見般若即被般若縛若人不
見般若亦被般若縛既見般若爲甚麽却被
縛師曰你道般若見甚麽曰不見般若爲甚
麽亦被縛師曰你道般若甚麽處不見乃曰

若見般若不名般若不見般若亦不名般若
且作麽生說見不見所以古人道若欠一法
不成法身若剩一法不成法身若有一法不
成法身若無一法不成法身此是般若之眞
宗也僧問乍離凝峯丈室來坐般若道場今
日家風請師一句師曰虧汝甚麽處曰恁麽
則雷音震動乾坤界人人無不盡霑恩師曰
幸然未會且莫探頭僧禮拜師曰探頭即不
中諸上座相共證明令法久住國土安寧珍
重上堂僧問承教有言歸源性無二方便有
多門如何是歸源性師曰你問我答曰如何
是方便門師曰你答我問曰如何趣向師曰
顚倒作麽問一身即無量身無量身即一身
如何是無量身師曰一身曰恁麽則昔日靈
山今日親覲師曰理當即行乃曰三世諸佛
一時證明上座上座且作麽生會若會時不
還無絲毫可得移易何以故爲過去未來見
在三際是上座上座且非三際澤霖大海滴
滴皆滿一塵空性法界全收珍重上堂僧問
四衆雲集人天恭敬目覩尊顔願宣般若師

曰分明記取曰師宣妙法國王萬歲人民安樂師曰誰向你道曰法爾如然師曰你却靈利問三世諸佛不知有狸奴白牯却知有既是三世諸佛爲甚麼却不知有師曰却是你知有曰狸奴白牯爲甚麼却知有師曰你甚麼處見三世諸佛問承教有言眼不見色塵意不知諸法如何是眼不見色塵師曰却是耳見曰如何是意不知諸法師曰眼知曰恁麼則見聞路絕聲色喧然師曰誰向汝道乃曰夫一切問答如針鋒相投無纖毫參差事無不通理無不備良由一切言語一切三昧橫竪深淺隱顯去來是諸佛實相門秖據如今一時驗取珍重上堂古者道如何是禪三界綿綿如何是道十方浩浩因甚麼道三界綿綿何處是十方浩浩底道理要會麼塞却眼塞却耳塞却舌身意無空闕處無轉動處上座作麼生會橫亦不得竪亦不得縱亦不得奪亦不得無用心處亦無施設處若如是會得始會法門絕揀擇一切言語絕滲漏曾有僧問作麼生是絕滲漏底語向他道口似鼻孔甚好上座如此會自然不通風去如識得茲十方世界是金剛眼睛無事珍重上堂僧問天下太平大王長壽如何是王師曰日曉月明曰如何領會師曰誰是學人乃曰天下太平大王長壽國土豐樂無諸患難此是佛語古不易今不遷一言可以定古定今會取好諸上座又僧問承古有言有物先天地無形本寂寥如何是有物先天地師曰非同非合曰如何是無形本寂寥師曰誰問先天地曰恁麼則境靜林閑獨自遊去也師曰亂道作麼乃曰佛法不是這箇道理要會麼言發非聲色前不物始會天下太平大王長壽久立珍重上堂佛法現成一切具足豈不見道圓同太虛無欠無餘若如是也且誰欠誰剩誰是誰非誰是會者誰是不會者所以道東去亦是上座西去亦是上座南去亦是上座北去亦是上座因甚麼得成東西南北若會得自然見聞覺知路絕一切諸法現前何故如此爲法身無相觸目皆形般若無知對緣而照一時徹底會取好諸上座出家兒合作麼生此是本有之理未爲分外識心達本源故名爲沙門若識心皎皎地實無絲毫障礙上座久立珍重上堂僧問欲入無爲海先乘般若船如何是般若船師曰常無所住曰如何是無爲海師曰且會般若船問古德道登天不借梯徧地無行路如何是登天不借梯師曰不遺絲髮地曰如何是徧地無行路師曰適來向你道甚麼乃曰百千三昧門百千神通門百千妙用門盡不出得般若海中何以故爲於無住本建立諸法所以道生滅去來邪正動靜千變萬化是諸佛大定門無過於此諸上座大家究取增於佛法壽命珍重上堂僧問世尊以正法眼付囑摩訶迦葉秖如迦葉在畢鉢羅窟未審付囑何人師曰教我向誰說曰恁麼則靈山付囑不異今日師曰你甚麼處見靈山問法眼寶印和尚親傳未審今日當付何人師曰鼕鼕鼓一頭打兩頭鳴曰恁麼則千聖同儔古今不異師曰禪河浪靜尋水迷源僧清遇問帝王請命師赴王恩般若會中請師舉唱師曰分明記取

曰恁麽則雲臺寶網同演妙音師曰清遇何
在曰法王法如是師曰阿誰證明乃曰靈山
付囑分明諸上座一時驗取若驗得更無別
理秖是如今譬如太虛日明雲暗山河大地
一切有爲世界悉皆明現乃至無爲亦復如
是世尊付囑迄至于今並無絲毫差别更付
阿誰所以祖師道心自本來心本心非有法
有法有本心非心非本法此是靈山付囑榜
樣諸上座徹底會取好莫虛度時光國王恩
難報諸佛恩難報父母師長恩難報十方施
主恩難報況建置如是次第佛法興隆若非
國王恩力焉得如此若要報恩應須明徹道
眼入般若性海始得久立珍重上堂僧問古
德道人空法亦空二相本來同師曰山河大
地曰學人不會乞師方便師曰甚麽處不是
方便問名假法假人空法空向去諸緣請師
直指師曰謝此一問曰不覩王居壯焉知天
子尊師曰貪觀天上月失却手中橈問教中
道心清淨故法界清淨如何是清淨心師曰
迦陵頻伽共命之鳥曰與法界是一是二師

曰你自問别人乃曰大道廓然詎齊今古無
名無相是法是修良由法界無邊心亦無際
無事不彰無言不顯如是會得喚作般若現
前理同真際一切山河大地森羅萬象墻壁
瓦礫並無絲毫可得虧闕無事久立珍重上
堂僧問承師有言九天擎王印七佛兆前心
如何是印師曰不露文曰如何是心師曰你
名安嗣乃曰法界性海如函如蓋如鉤如鎖
如金與金位位皆齊無纖毫參差不相混濫
非一非異非同非别若歸實地去法法皆到
底不是上來問箇如何若何便是不問時便
非在長連牀上坐時是有不坐時是無秖如
諸方老宿言教在世如恒河沙如來一大藏
經卷卷皆說佛理句句盡言佛心因甚麽得
不會去若一向織絡言教意識解會饒上座
經塵沙劫亦不能得徹此喚作顛倒知見識
心活計並無得力處此蓋爲根脚下不明若
究盡諸佛法源河沙大藏一時現前不欠絲
毫不剩絲毫諸佛時常出世時常說法度人
未曾間歇乃至猿啼鳥叫草木叢林常助上

座發機未有一時不爲上座有如是奇特處
可惜許諸上座大家究取令法久住世間增
益人天壽命國王安樂無事珍重上堂舉古
者道吾有一言天上人間若人不會緑水青
山且作麽生是一言底道理古人語須是曉
達始得若是將言而名於言未有箇會處良
由究盡諸法根蔕始會一言不是一言半句
思量解會喚作一言若會言語道斷心行處
滅始到古人境界亦不是閉目藏睛暗中無
所見喚作言語道斷且莫賺會佛法不是這
箇道理要會麽假饒經塵沙劫說亦未曾有
半句到諸上座經塵沙劫不說亦未曾欠少
半句應須徹底會去始得若如是斟酌名言
空勞心力並無用處與諸上座共相證明後
學初心速須究取久立珍重上堂僧問髑髏
常干世界鼻孔摩觸家風如何是髑髏常干
世界師曰更待答話在曰如何是鼻孔摩觸
家風師曰時復舉一徧問一人執炬自爐其
身一人抱冰横屍於路此二人阿誰辨道師
曰不遺者曰不會乞師指示師曰你名敬新

曰未審還有人證明也無師曰有曰甚麽人
證明師曰敬新問牛頭未見四祖時如何師
曰異境靈蹤覩者皆羡曰見後如何師曰滴
來向你道甚麽問古者道敲打虛空鳴㲉㲉
石人木人齊應諾六月降雪落紛紛此是如
來大圓覺如何是敲打虛空底師曰崑崙奴
著鐵袴打一棒行一步曰恁麽則石人木人
齊應諾也師曰你還聞麽乃曰諸佛法門時
常如是譬如大海千波萬浪未嘗暫住未嘗
暫有未嘗暫無浩浩地光明自在宗三世於
毛端圓古今於一念應須徹底明達始得不
是問一則語記一轉語巧作道理風雲水月
四六入對便當佛法莫自賺諸上座究竟無
益若徹底會去實無可隱藏無刹不彰無塵
不現直下凡夫位齊諸佛不用纖毫氣力一
時會取好無事珍重師因與教明和尚問曰
飲光持釋迦丈六之衣在鷄足山候彌勒下
生將丈六之衣披在千尺之身應量恰好秖
如釋迦身長丈六彌勒身長千尺爲復是身
解短邪衣解長邪師曰汝却會明拂袖便出
去師曰小兒子山僧若答汝不是當有因果
汝若不是吾當見之明歸七日吐血浮光和
尚勸曰汝速去懺悔明乃至師方丈悲泣曰
願和尚慈悲許某懺悔師曰如人倒地因地
而起不曾教汝起倒明又曰若許懺悔某當
終身給侍師爲出語曰佛佛道齊宛爾高低
釋迦彌勒如印印泥開寶四年辛未華頂西
峰忽摧聲震一山師曰吾非久矣明年六月
大星殞於峰頂林木變白師乃示疾於蓮華
峰參問如常二十八日集衆言別跏趺而逝
金陵清涼泰欽法燈禪師魏府人也生而知
道辯才無礙入法眼之室海衆歸之僉曰敏
匠初住洪州雙林院開堂日指法座曰此山
先代尊宿曾說法來此座高廣不才何陞古
昔有言作禮須彌燈王如來乃可得坐且道
須彌燈王如來今在何處大衆要見麽一時
禮拜便陞座良久曰大衆秖如此也還有會
處麽僧問如何是雙林境師曰畫也畫不成
曰如何是境中人師曰且去境也未識且討
人又僧問一佛出世震動乾坤和尚出世震
動何方師曰甚麽處見震動曰爭奈即今何
師曰今日有甚麽事有僧出禮拜師曰道者
前時謝汝請我將甚麽與汝好僧擬問次師
曰將謂相悉却成不委問如何是西來密密
意師曰苦問一佛出世普潤羣生和尚出世
當爲何人師曰不徒然曰恁麽則大衆有賴
也師曰何必乃曰且住得也久立尊官及諸
大衆今日相請勤重此箇殊功比喻何及所
以道未了之人聽一言秖這如今誰動口便
下座立倚拄杖而告衆曰還會麽天龍寂聽
而雨華莫作須菩提幀子畫將去且恁麽信
受奉行問新到近離甚處僧曰盧山師拈起
香合曰盧山還有這箇也無僧無對師自代
云尋香來禮拜和尚問百骸俱潰散一物鎮
長靈未審百骸一物相去多少師曰百骸一
物一物百骸次住上藍護國院僧問十方俱
擊鼓十處一時聞如何是聞師曰汝從那方
來問善行菩薩道不染諸法相如何是菩薩
道師曰諸法相曰如何得不染去師曰染著
甚麽處問不久開選場還許學人選也無師

曰汝是點頟人又曰汝是甚麽科目問如何是演大法義師曰我演何似汝演次住金陵龍光院上堂維那白椎云法筵龍象衆當觀第一義師曰維那早是第二義長老即今是第幾義乃舉衣袖曰會麽大衆此是手舞足蹈莫道五百生前曾爲樂主來或有疑情請垂見示時有僧問如何是諸佛正宗師曰汝是甚麽宗曰如何師曰如何即不會問上藍一曲師親唱今日龍光事若何師曰汝甚麽時到上藍來曰諦當事如何師曰不諦當即別處覓問如何是佛法大意師曰且問小意却來與汝大意師後住清涼大道場上堂僧出禮拜次師曰這僧最先出爲大衆答國主深恩僧便問國主請命祖席重開學人上來請師直指心源師曰上來却下去問法眼一燈分照天下和尚一燈分照何人師曰法眼甚麽處分照來師乃曰某甲本欲居山藏拙養病過時奈緣先師有未了底公案出來與他了却時有僧問如何是先師未了底公案師便打曰祖禰不了殃及兒孫曰過在甚麽處師曰過在我殃及你江南國主爲鄭王時受心法於法眼之室暨法眼入滅復嘗問師曰先師有甚麽不了底公案師曰見分析次異日又問曰承聞長老於先師有異聞底事師作起身勢國主曰且坐師謂衆曰先師法席五百衆今秖有十數人在諸方爲導首你道莫有錯指人路底麽若錯指教他入水入火落坑落壍然古人又道我若向刀山刀山自摧折我若向鑊湯鑊湯自消滅且作麽生商量言語即熟及問著便生疎去何也秖爲隔闊多時上座但會我甚麽處去不得有去不得者爲眼等諸根色等諸法諸法且置上座開眼見甚麽所以道不見一法即如來方得名爲觀自在珍重師開寶七年六月示疾告衆曰老僧臥疾强牽拖與汝相見如今隨處道場宛然化城且道作麽生是化城不見古導師云寶所非遥須且前進及至城所又道我所化作今汝諸人試説箇道理看是如來禪祖師禪還定得麽汝等雖是晚生須知僥忝我國主凡所勝地建一道場所須不闕秖要汝開口如今不知阿那箇是汝口爭答効他四恩三有欲得會麽但識口必無咎縱有咎因汝有我今火風相逼去住是常道老僧住持將逾一紀每承國主助發至于檀越十方道侶主事小師皆赤心爲我默而難言或披麻帶布此即順俗我道違真且道順好違好然但順我道即無顛倒我之遺骸必於南山大智藏和尚左右乞一墳冢升沉皎然不淪化也努力珍重二十四日安坐而終

杭州靈隱清聳禪師福州人也初參法眼眼指雨謂師曰滴滴落在上座眼裏師初不喻旨後因閲華嚴感悟承眼印可回止明州四明山卓庵節度使錢億執事師之禮忠懿王命於臨安兩處開法後居靈隱上寺署了悟禪師上堂曰十方諸佛常在汝前還見麽若言見將心見將眼見所以道一切法不生一切法不滅若能如是解諸佛常現前又曰見色便見心且喚甚麽作心山河大地萬象森羅青黄赤白男女等相是心不是心若是心爲甚麽却成物象去若不是心又道見色便

見心還會麼秖爲迷此而成顛倒種種不同於無同異中强生同異且如今直下承當頓豁本心皎然無一物可作見聞若離心別求解脫者古人喚作迷波討源卒難曉悟僧問根塵俱泯爲甚麼事理不明師曰事理且從喚甚麼作俱泯底根塵問如何是觀音第一義師曰錯問無明實性即佛性如何是佛性師曰喚甚麼作無明問如何是和尚家風師曰亘古亘今問不問不答時如何師曰寐語作麼問牛頭未見四祖時如何師曰青山綠水曰見後如何師曰綠水青山師問僧汝會佛法麼曰不會師曰汝端的不會曰是師曰且去待別時來其僧珍重師曰不是這箇道理問如何是摩訶般若師曰雪落茫茫僧無語師曰會麼曰不會師示偈曰摩訶般若非取非捨若人不會風寒雪下

廬山歸宗義柔禪師開堂陞座維那白槌曰法筵龍象衆當觀第一義師曰若是第一義且作麼生觀恁麼道落在甚麼處爲復是觀爲復不許人觀先德上座共相證明後學初心莫喚作返問語倒靠語有疑請問僧問諸佛出世說法度人感天動地和尚出世有何祥瑞師曰人天大衆前寐語作麼問優曇華折人皆覩達本無心事若何師曰讒語曰恁麼則南能別有深深旨不是心心人不知師曰事須飽叢林問昔日金峯今日歸宗未審是一是二師曰謝汝證明問法眼一箭直射歸宗歸宗一箭當射何人師曰莫謗我法眼問此日知軍親證法師於何處答深恩師曰教我道甚麼即得乃曰一問一答也無了期佛法也不是恁麼道理大衆此日之事故非本心實謂秖箇住山寧有意向來成佛亦無心蓋緣是知軍請命寺衆誠心既到這裏且說箇甚麼即得還相悉麼若信不及古人便道相逢欲相喚脉脉不能語作麼生會若會堪報不報之恩足助無爲之化若也不會莫道長老開堂秖舉古人語此之盛事天高海深況喻不及更不敢讚祝皇風回向清列何以故古人道吾禱久矣豈況當今聖明者哉珍重僧問如何是空王廟師曰莫少神曰如何是廟中人師曰適來不謾道問靈龜未兆時如何師曰是吉是凶問未達其源乞師方便師曰達也曰達後如何師曰終不恁麼問問僧看甚麼經曰寶積經師曰既是沙門爲甚麼看寶積經僧無語師代云古今用無極

洪州百丈道恒禪師參法眼因請益外道問佛不問有言不問無言敘語未終眼曰住住汝擬向世尊良久處會那師從此悟入住後上堂秉此寶乘直至道場每日勞諸上座訪及無可秖延時寒不用久立却請回車珍重僧問如何是學人行脚事師曰拗折拄杖得也未問古人有言釋迦與我同參未審參見何人師曰唯有同參方知曰未審此人如何親近師曰恁麼則你不解參也問如何是祖師西來意師曰往往問不著問還鄉曲子作麼生唱師曰設使唱落汝後問如何是百丈境師曰何似雲居問如何是百丈爲人一句師曰若到諸方總須問過乃曰實是無事諸人各各是佛更有何疑得到這裏古人道十方同聚會箇箇學無爲此是選佛場心空及

第歸且作麼生是心空不是那裏閉目冷坐是心空此正是意識想解上座要會心空麼但且識心便見心空所以道過去已過去未來更莫算兀然無事坐何曾有人喚設有人喚上座應他好不應他好若應他阿誰喚上座若不應他又不患聾也三世體空且不是木頭也所以古人道心空得見法王還見法王麼也秖是老病僧又莫道渠自伐好珍重問如何是佛師曰汝有多少事不問僧舉人問玄沙三乘十二分教即不問如何是祖師西來意沙曰三乘十二分教不要某甲不會請師爲說師曰汝實不會曰實不會師示偈曰不要三乘要祖宗三乘不要與君同君今欲會通宗旨後夜猿啼在亂峰上堂諸上座適來從僧堂裏出來脚未跨門限便回去已

池八 十八

是重說偈言了也更來這裏不可重重下切脚也古人云叅他不如自參所以道森羅萬象是善財之宗師業惑塵勞乃普賢之境界若恁麼叅得與善財同叅若不肯與麼叅却歸堂向火叅取勝熱婆羅門珍重上堂衆纔

集便曰喫茶去或時衆集便曰珍重或時衆集便曰歇後有頌曰百丈有三訣喫茶珍重歇直下便承當敢保君未徹師終于本山

杭州永明寺道潛禪師河中府武氏子初謁法眼眼問曰子於叅請外看甚麼經師曰華嚴經眼曰總别同異成壞六相是何門攝屬師曰文在十地品中據理則世出世間一切法皆具六相也眼曰空還具六相也無師懵然無對眼曰汝問我我向汝道師乃問空還具六相也無眼曰空師於是開悟踊躍禮謝眼曰子作麼生會師曰空眼然之異日因四衆士女入院眼問師曰律中道隔壁聞釵釧聲即名破戒見覩金銀合雜朱紫駢闐是破戒不是破戒師曰好箇入路眼曰子向後有五百毳徒爲王侯所重在師尋禮辭駐錫於

池八 十九

衢州古寺閱大藏經忠懿王命入府受菩薩戒署慈化定慧禪師建大伽藍號慧日永明請居之師欲請塔下羅漢銅像過新寺供養王曰善矣予昨夜夢十六尊者乞隨禪師入寺何昭應之若是仍於師號加應眞二字師

坐永明常五百衆上堂佛法顯然因甚麼却不會諸上座欲會佛法但問取張三李四欲會世法則叅取古佛叢林無事久立僧問如何是永明的的意師曰今日十五明朝十六曰覽師的的意師曰何處覽問如何是永明家風師曰早被上座答了也問三種病人如何接師曰汝是聾人曰請師方便師曰是方便問牛頭未見四祖時爲甚麼百鳥銜華師曰見東見西曰見後爲甚麼不銜華師曰見南見北曰昔日作麼生師曰且會今日問達磨西來傳箇甚麼師曰傳箇冊子曰恁麼則心外有法去也師曰心內無法問如何是第二月師曰月問如何是覿面事師曰背後是甚麼問文殊仗劒擬殺何人師曰止止曰如何是劒師曰眼是問諸餘即不問向上宗乘亦且置請師不答師曰好箇師僧子曰恁麼則禮拜去也師曰不要三拜盡汝一生去衆叅次師指香爐曰汝諸人還見麼若見一時禮拜各自歸堂僧問至道無言借言顯道如何是顯道之言師曰切忌揀擇曰如何是不

揀擇師曰元帥大王太保令公問如何是慧
日祥光師曰此去報慈不遠曰恁麽則親蒙
照燭師曰且喜没交涉
杭州報恩慧明禪師姓蔣氏幼歲出家三學
精練志探玄旨乃南遊於閩越間歷諸禪會
池八　二十
莫埒本心後至臨川謁法眼師資道合尋回
鄞水大梅山庵居吳越部内禪學者雖盛而
以玄沙正宗置之閫外師欲整而導之一日
有新到叅師問近離甚處曰都城師曰上座
離都城到此山則都城少上座此間剩上座
剩則心外有法少則心法不周説得道理即
住不會即去僧無對僧問如何是大梅主師
曰闍黎今日離甚麽處僧無對師尋遷天台
山白沙卓庵有朋彦上座博學强記來訪師
敵論宗乘師曰言多去道轉遠今有事借問
秖如從上諸聖及諸先德還有不悟者也無
彦曰若是諸聖先德豈有不悟者哉師曰一
人發眞歸源十方虛空悉皆消殞今天台山
嶷然如何得消殞去彦不知所措自是他宗
泛學來者皆服膺矣漢乾祐中忠懿王延入
府中問法命住資崇院師盛談玄沙及地藏
法眼宗旨臻極王因命翠巖令叅等諸禪匠
及城下名公定其勝負天龍禪師問曰一切
諸佛及諸佛法皆從此經出未審此經從何
而出師曰道甚麽天龍擬進語師曰過也資
池八　二十一
嚴長老問如何是現前三昧師曰還聞麽嚴
曰某甲不患聾師曰果然患聾師復舉雪峰
塔銘問諸老宿云夫從緣有者始終而成壞
非從緣有者歷劫而長堅堅之與壞即且置
雪峰即今在甚麽處（法眼别云秖今是成是壞）宿無對設
有對者亦不能當其徵詰時羣彦弭伏王大
喜悦署圓通普照禪師上堂諸人還委悉麽
莫道語默動静無非佛事好且莫錯會僧問
如何是祖師西來意師曰汝還見香臺麽曰
某甲未會乞師指示師曰香臺也不識問離
却目前機如何是西來意師曰汝何不問曰
恁麽則委是去也師曰也是虛施問如何是
佛法大意師曰我見燈明佛本光瑞如此問
如何是學人自已師曰特地伸問是甚麽意
問如何是西來意師曰十萬八千眞跋涉直
下西來不到東問如何是第二月師曰捏目
看花花數朶見精明樹幾枝枝
金陵報慈行言玄覺導師泉州人也上堂凡
行脚人叅善知識到一叢林放下瓶鉢可謂
行菩薩道能事畢矣何用更來這裏舉論眞
如涅槃此是非時之説然古人有言譬如披
沙識寶沙礫若除眞金自現便唤作常住世
間具足僧寶亦如一味之雨一般之地生長
萬物大小不同甘辛有異不可道地與雨有
大小之名也所以道方即現方圓即現圓何
以故爾法無偏正隨相應現唤作對現色身
還見麽若不見也莫閑坐地僧問如何是祖
師西來意師曰此問不當問坐却是非如何
合得本來人師曰汝作麽生坐師聞鳩子叫
問僧甚麽聲曰鳩子聲師曰欲得不招無間
池八　二十二
業莫謗如來正法輪江南國主建報慈院命
師大闡宗猷海會二千餘衆别署導師之號
上堂此日英賢共會海衆同臻諒惟佛法之
趣無不備矣若是英鑒之者不須待言也然
言之本無何以默矣是以森羅萬象諸佛洪

源顯明則海印光澄冥昧則情迷自惑苟非通心上士逸格高人則何以於諸塵中發揚妙極卷舒物象縱奪森羅示生非生應滅非滅生滅洞已乃曰眞常言假則影散千途論眞則一空絶跡豈可以有無生滅而計之者哉僧問國王再請特薦先朝和尚今日如何舉唱師曰汝不是問再唱人曰恁麼則天上人間無過此也師曰沒交涉問遠遠投師請垂一接師曰却依舊處去

撫州崇壽院契稠禪師泉州人也上堂僧問四衆諦觀第一義如何是第一義師曰何勞更問乃曰大衆欲知佛性義當觀時節因緣作麼生是時節因緣上座如今便散去且道有也未若無因甚麼便散去若有作麼生是第一義上座第一義現成何勞更觀恁麼顯明得佛性常照一切法常住若見有法常住猶未是法之眞源作麼生是法之眞源上座不見古人道一人發眞歸源十方虛空悉皆消殞還有一法爲意解麼古人有如是大事因緣依而行之即是何勞長老多說衆中有未知者便請相示僧問法眼之燈親然汝水今日王侯請命如何是法眼之燈師曰更請一問問古人見不齊處請師方便師曰古人見甚麼處不齊問如何是佛師曰如何是佛曰如何領解師曰領解即不是問的的西來意師當第幾人師曰年年八月半中秋問如何是和尚爲人一句師曰觀音舉上藍舉

金陵報恩院法安慧濟禪師太和人也初住曹山上堂知幻即離不作方便離幻即覺亦無漸次諸上座且作麼生會不作方便又無漸次古人意在甚麼處若會得諸佛常現前若未會莫向圓覺經裏討夫佛法亘古亘今未嘗不現前諸上座一切時中咸承此威光須具大信根荷擔得起始得不見佛讚猛利底人堪爲器用亦不賞他向善久修淨業者要似他廣額屠兒拋下操刀便證阿羅漢果直須恁麼始得所以長者道如將梵位直授凡庸僧問大衆既臨於法會請師不吝句中玄師曰謾得大衆麼曰恁麼則全因此問也師曰不用得問古人有言一切法以不生爲宗如何是不生宗師曰好箇問處問佛法中請師方便師曰方便了也問如何是古佛心師曰何待問江南國主請居報恩署號攝衆上堂謂衆曰此日奉命令住持當院爲衆演法適來見維那白槌了多少好令教當觀第一義且作麼生是第一義若這裏叅得多少省要如今別更說箇甚麼即得然承恩旨不可杜默去也夫禪宗示要法爾常規圓明顯露亘古亘今至于達磨西來也秖與諸人證明亦無法可得與人秖道直下是便教立地搆取古人雖則道立地搆取如今坐地還搆得也無有疑請問僧問三德與樞從佛演一音玄路請師明師曰汝道有也未問如何是報恩境師曰大家見汝問開寶中示滅於本院

廬州長安院延規禪師僧問如何是庵中主師曰汝到諸方但道從長安來

南康軍雲居山清錫禪師泉州人也僧問如何是雲居境師曰汝喚甚麼作境曰如何是境中人師曰適來向汝道甚麼後住泉州西

明院有廖天使入院見供養法眼和尚眞乃問曰眞前是甚麽果子師曰假果子天使曰既是假果子爲甚麽将供養眞師曰也秖要天使識假僧問如何是佛師曰容顔甚奇妙

五燈會元卷第二十五　池八

二十五

## 五燈會元卷第二十五

### 校勘記

一　底本，清藏本。

一　五六五頁上一行經名，徑無（未換卷）。

一　五六五頁下二行「道取」，徑作「通取」。

一　五六五頁下一一行「之思」，徑作「乏思」。

一　五六八頁中六行「王印」，徑作「玉印」。

一　五七三頁中一行第六字「往」，徑作「住」。

一　五七三頁中八行第七字「云」，徑無。

一　五七三頁下一六行「國王」，徑作「國主」。

一　五七四頁中一六行「屠兒」，徑作「兇屠」。

一　五七四頁下一六行「庵中王」，徑作「庵中主」。

一　五七五頁上卷末經名，徑無（未換卷）。

# 五燈會元卷第二十六　池九

宋沙門大川濟纂

## 青原下九世

### 清涼益禪師法嗣

常州正勤院希奉禪師蘇州謝氏子上堂古聖道圓同太虛無欠無餘又道一一法一一宗衆多法一法宗又道起唯法起滅唯法滅又道起時不言我起滅時不言我滅據此說話屈滯久在叢林上座若是初心兄弟且須體道人身難得正法難聞莫同等閑施主衣食不易消遣若不明道箇箇盡須還他上座要會道麼珍重僧問如何是祖師西來意師曰甚麼處得這箇消息問如何是諸法空相師曰山河大地問僧衆雲集請師舉唱宗乘師曰舉來久矣問佛法付囑國王大臣今日正勤將何付囑師曰萬歲萬歲問古人有言山河大地是汝真善知識如何得山河大地爲善知識去師曰汝喚甚麼作山河大地問如何是合道之言師曰汝問我答問靈山會上迦葉親聞未審今日誰人得聞師曰迦葉親聞箇甚麼問古佛道場學人如何得到師曰汝今在甚麼處問如何是和尚圓通師敲禪牀三下問如何是脫却根塵師曰莫妄想問人王法王是一是二師曰人王法王問如何是諸法寂滅相師曰起唯法起滅唯法滅問如何是未曾生底法師曰汝爭得知問無著見文殊爲甚麼不識師曰汝道文殊還識無著麼問得意誰家新曲妙正勤一句請師宣師曰道甚麼曰豈無方便也師曰汝不會我語

漳州羅漢智依宣法禪師上堂盡十方世界無一微塵許法與汝作見聞覺知還信麼然雖如此也須悟始得莫將爲等閑不見道單明自己不悟目前此人秖具一隻眼還會麼僧問纖塵不立爲甚麼好醜現前師曰分明記取別處問人問大衆雲集誰是得者師曰還曾失麼問如何是佛師曰汝是行脚僧問如何是寶壽家風師曰一任觀看曰恁麼則大衆有賴師曰汝作麼生曰終不敢謾大衆師曰嫌少作麼問僧受業在甚麼處曰在佛跡師曰佛在甚麼處曰甚麼處不是師舉起拳曰作麼生曰和尚收取師曰放闍黎七棒問僧今夏在甚麼處僧曰在無言上座處師曰還曾問訊他否僧曰也曾問訊師曰無言作麼生問得僧曰若得無言甚麼處不問得師喝曰恰似問老兄師與彥端長老喫餅餤端曰百種千般其體不二師曰作麼生是不二體端拈起餅餤師曰秖守百種千般端曰也是和尚見處師曰汝也是羅公詠梳頭樣師將示滅乃謂衆曰今晚四大不和暢雲騰鳥飛風動塵起浩浩地還有人治得麼若治得永劫不相識若治不得時時常見我言訖告寂

金陵鍾山章義院道欽禪師太原人也初住廬山棲賢上堂道遠乎哉觸事而真聖遠乎哉體之則神我尋常示汝何不向衣鉢下坐地直下參取須要上來討箇甚麼既上來我即事不獲已便舉古德少許方便抖擻些子龜毛兔角解落向汝諸上座欲得省要僧堂裏三門下寮舍裏參取好還有會處也未若

有會處試說看與上座證明僧問如何是棲賢境師曰棲賢有甚麼境問古人拈椎豎拂還當宗乘中事也無師曰古人道了也問學人乍入叢林乞和尚指示師曰一手指天一手指地後江南國主請居章義道場上堂總來這裏立作甚麼善知識如河沙數常與汝爲伴行住坐卧不相捨離但長連牀上穩坐地十方善知識自來參上座何不信取作得如許多難易他古聖嗟見今時人不柰何乃曰傷夫人情之惑久矣目對眞而不覺此乃嗟汝諸人看却不知且道看却甚麼不知何不體察古人方便秖爲信之不及致得如此諸上座但於佛法中留心無不得者無事體道去便下座僧問百年暗室一燈能破時如何師曰莫謾語問佛法還受變異也無師曰上座是僧問大衆雲集請師舉揚宗旨師曰久矣問如何是玄旨師曰玄有甚麼旨

金陵報恩匡逸禪師明州人也江南國主請居上院署凝密禪師上堂顧視大衆曰依而行之即無累矣還信麼如太陽赫奕皎然地更莫思量思量不及設爾思量得及喚作分限智慧不見先德云人無心合道道無心合人人道既合是名無事人且自何而凡自何而聖於此若未會可謂爲迷情所覆便去離不得迷時即有窒礙爲對爲待種種不同忽然惺去亦無所得譬如演若達多認影迷頭豈不擔頭覓頭然正迷之時頭且不失及乎悟去亦不爲得何以故人迷謂之失人悟謂之得得失在於人何關於動靜僧問諸佛說法普潤羣機和尚說法甚麼人得聞師曰秖有汝不聞問如何是報恩一句師曰道不是得麼問十二時中思量不到處如何行履師曰汝如今在甚麼處問祖嗣西來如何舉唱師曰不違所請問如何是一句師曰我答爭似汝舉問佛爲一大事因緣出世未審和尚出世如何師曰恰好曰恁麼則大衆有賴師曰莫錯會

金陵報慈文遂導師杭州陸氏子嘗究首楞嚴甄會眞妄緣起本末精博於是節科注釋文句交絡厥功既就謁於法眼述已所業深符經旨眼曰楞嚴豈不是有八還義師曰是曰明還甚麼師曰明還日輪曰日還甚麼師懵然無對眼誡令焚其所注之文師自此服膺請益始忘知解金陵國主署雷音覺海大導師上堂天人羣生類皆承此恩力威權三界德被四方共稟靈光咸稱妙義十方諸佛常頂戴汝誰敢是非及乎向這裏喚作開方便門對根設教便有如此如彼流出無窮若能依而奉行有何不可所以清涼先師道佛是無事人且如今覓箇無事人也不可得僧問巔山巖崖還有佛法也無師曰汝喚甚麼作巔山巖崖問如何是道師曰妄想顛倒乃曰老僧平生百無所解日日一般雖住此間隨緣任運今日諸上座與本無異珍重僧問如何是無異底事師曰千差萬別僧再問師曰止止不須說且會取千差萬別問如何是和尚家風師曰方丈板門扇問如何是無相道場師曰四郎五郎廟問如何是吹毛劍師曰斷麵杖問如何是正直一路師曰遠遠近近曰便恁麼去時如何師曰咄哉癡人此是

險路問僧從甚麽處來曰曹山來師曰幾程到此曰七程師曰行却許多山林谿澗何者是汝自己曰總是師曰衆生顛倒認物爲己曰如何是學人自己師曰總是乃曰諸上座各在此經冬過夏還有人悟自己也無山僧與汝證明令汝眞見不被邪魔所惑問如何是學人自己師曰好箇師僧眼目甚分明

漳州羅漢院守仁禪師泉州人也上堂秖據如今誰欠誰剩然雖如此猶是第二義門上座若明達得去也且是一是二更須子細看僧問如何是祖師西來的的意師曰即今是甚麽意問如何是涅槃師曰生死曰如何是生死師曰適來道甚麽僧衆晚叅師曰物物本來無處所一輪明月印心池便歸方丈次住報恩上堂報恩這裏不曾與人揀話今日與諸上座揀一兩則話還願樂麽諸上座鶴脛長鳧脛短甘草甜黃蘗苦恁麽揀辨還愜雅意麽諸上座莫是血脉不通泥水有隔麽且莫錯會珍重僧問如何是西來意師曰喚甚麽作西來意曰恁麽則無西來也師曰由汝口頭道問如何是報恩家風師曰無汝著眼處問學人未委稟承請師方便師曰莫相孤負麽曰恁麽則有師資之分也師曰叢林見多問如何是佛法大意師曰向汝道甚麽問如何是無生之相師曰捨身受身曰恁麽則生死無過也師曰料汝恁麽會又曰人人皆備理一一盡圓常僧便問如何是圓常之理師曰無事不叅差曰恁麽則縱橫法界也師曰巧道有何難問如何是不到三寸師曰你問我答問僧甚麽處來曰福州來師曰跋涉如許多山嶺阿那箇是上座自己曰某甲親離福州師曰秖恁麽別更有商量曰更作甚麽商量師曰汝話墮也問不昧緣塵請師一接師曰喚甚麽作緣塵曰若不伸問焉息疑情師曰若不是今日便作官方

撫州黃山良匡禪師吉州人也僧問如何是黃山家風師曰築著汝鼻孔問如何是不遷義師曰春夏秋冬問如何是一路涅槃門師曰汝問宗乘中一句豈不是曰恁麽則不哆哆師曰莫哆哆好問衆星攢月時如何師曰喚甚麽作月曰莫秖這箇便是也無師曰這箇是甚麽問明鏡當臺森羅爲甚麽不現師曰那裏當臺曰爭奈即今何師曰又道不現

金陵報恩院玄則禪師滑州衛南人也初問青峰如何是學人自己峰曰丙丁童子來求火後謁法眼眼問甚處來師曰青峰眼曰青峰有何言句師舉前話眼曰上座作麽生會師曰丙丁屬火而更求火如將自己求自己眼曰與麽會又爭得師曰某甲秖與麽未審和尚如何眼曰你問我我與你道師曰如何是學人自己眼曰丙丁童子來求火師於言下頓悟開堂日李王與法眼俱在會僧問龍吟霧起虎嘯風生學人知是出世邊事到此爲甚麽不會師曰會取好僧舉頭看師又看法眼乃抽身入衆法眼與李王當時失色眼歸方丈令侍者喚問話僧至眼曰上座適來問底話許你具眼人天衆前何不禮拜蓋覆却眼搣一坐具其僧三日後吐光而終僧問了了見佛性如何是佛性師曰不欲便道問如何是金剛大士師曰見也未問如何是諸

聖密密處師曰却須會取自己曰如何是和尚密密處師曰待汝會始得上堂諸上座盡有常圓之月各懷無價之珍所以月在雲中雖明而不照智隱惑內雖眞而不通無事久立問如何是不動尊師曰飛飛颺颺問如何是了然一句師曰對汝又何難曰恁麼道莫便是也無師曰不對又何難曰深領和尚恁麼道師曰汝道我道甚麼問亡僧遷化向甚麼處去也師曰待汝生即道曰賓主歷然師曰汝立地見亡僧問如何是學人本來心師曰汝還會道著也未曰秖如道著如何體會師曰待汝問始得問教中道樹能生果作玻瓈色未審此果何人得喫師曰樹從何來曰學人有分師曰去果八萬四千問如何是不遷義師曰江河競注日月旋流問宗乘中玄要處請師一言師曰汝行脚來多少時也曰不曾逢伴侶師曰少瞌睡

金陵淨德院智筠達觀禪師河中府王氏子初住棲賢上堂從上諸聖方便門不少大抵秖要諸仁者有箇見處然雖未見且不參差一絲髮許諸仁者亦未嘗違背一絲髮許何以故烜赫地顯露如今便會取更不費一毫氣力還省要麼設道毗盧有師法身有主斯乃抑揚對機施設諸仁者作麼生會對底道理若也會且莫嫌他佛語莫重祖師直下是自己眼明始得僧問如何是的的之言師曰道甚麼問紛然覓不得時如何師曰覓箇甚麼不得問如何是祖師意師曰用祖師意作甚麼問今朝呈遠瑞正意爲誰來師曰大衆盡見汝恁麼問江南國主創淨德院延請居之署達觀禪師上堂夫欲慕道也須上上根器始得造次中下不易承當何以故佛法非心意識境界上座莫恁麼懺㦬地他古人道沙門眼把定世界函蓋乾坤綿綿不漏絲髮所以諸佛讚歎讚歎不及比喻比喻不及道上座威光赫奕亘古亘今幸有如是家風何不紹續取爲甚麼自生卑劣枉受辛勤不能曉悟秖爲如此所以諸佛出興於世秖爲如此所以諸佛唱入涅槃秖爲如此所以祖師特地西來僧問諸聖皆入不二法門如何是不二法門師曰但恁麼入曰恁麼則今古同然去也師曰汝道甚麼處是同問如何是佛法大意師曰恰問著曰恁麼則學人禮拜也師曰汝作麼生會問如何是佛師曰如何不是乃曰吾不能投身巖谷滅迹市鄽而出入禁庭以重煩世主吾之過也遂屢辭歸故山國主錫以五峰棲玄蘭若

高麗國道峰山慧炬國師始發機於法眼之室本國主思慕遣使來請遂回故地國主受心訣禮待彌厚一日請入王府上堂師指威鳳樓示衆曰威鳳樓爲諸上座舉揚了也還會麼儻若會且作麼生會若道不會威鳳樓作麼生不會珍重

杭州眞身寶塔寺紹巖禪師雍州劉氏子吳越王命師開法署了空大智常照禪師上堂山僧素寡知見本期閑放念經待死豈謂今日大王勤重若勉山僧劬諸方宿德施張法筵然大王致請也秖圖諸仁者明心此外別無道理諸仁者還明心也未莫不是語言譚笑時凝然杜默時參尋知識時道伴商畧時

觀山覩水時耳目絕對時是汝心否如上所解盡爲魔魅所攝豈曰明心更有一類人離身中妄想外別認徧十方世界含日月包太虛謂是本來眞心斯亦外道所計非明心也諸仁者要會麼心無是者亦無不是者汝擬執認其可得乎僧問六合澄清時如何師曰大衆誰信汝師開寶四年七月示疾謂門弟子曰諸行無常即常住相言訖跏趺而逝

台州般若寺敬遵通慧禪師上堂皎皎烜赫地亘古亘今也未曾有纖毫間斷相無時無節長時揆定上座無通氣處所以道山河大地是上座善知識放光動地觸處露現實無絲頭許法可作隔礙如今因甚麼却不會特地生疑去無事不用久立僧問優曇花折人皆覩般若家風賜一言師曰不因上座問不曾舉似人曰恁麼則般若雄峰詎齊今古師曰也莫錯會問牛頭未見四祖時爲甚麼百鳥銜華師曰汝甚麼處見曰見後爲甚麼不銜華師曰且領話好問靈山一會迦葉親聞未審今日一會何人得聞師曰試舉迦葉聞底看曰恁麼則迦葉親聞去也師曰亂道作麼師自述眞讚曰眞兮寥廓郢人圖臒嶽聳雲空澄潭月躍

廬山歸宗策眞法施禪師曹州魏氏子也初名慧超謁法眼問曰慧超咨和尚如何是佛眼曰汝是慧超師從此悟入住後上堂諸上座見聞覺知秖可一度秖如會了是見聞覺知不是見聞覺知要會麼與諸上座說破了也待汝悟始得久立珍重僧問如何是佛師曰我向汝道即別有也問如何是歸宗境師曰是汝見甚麼曰如何是境中人師曰出去問國王請命大啓法筵不落見聞請師速道師曰聞言語曰師意如何師曰又亂說問承教有言將此深心奉塵剎是則名爲報佛恩塵剎即不問如何是報佛恩師曰汝若是則報佛恩問無情說法大地得聞師子吼時如何師曰汝還聞麼曰恁麼則同無情也師曰汝不妨會得好問古人以不離見聞爲宗未審和尚以何爲宗師曰此問甚好曰猶是三緣四緣師曰莫亂道

洪州同安院紹顯禪師僧問王恩降旨師親受熊耳家風乞一言師曰已道了也問千里投師請師一接師曰好入處雲蓋山乞瓦造殿有官人問既是雲蓋何用乞瓦僧無對師代曰罕遇其人

廬山棲賢慧圓禪師上堂出得僧堂門見五老峰一生參學事畢何用更到這裏來雖然如此也勞上座一轉了也珍重僧問不是風動不是幡動未審古人意旨如何師曰大衆一時會取上堂有僧擬問師乃指其僧曰住住其僧進步問從上宗乘請師舉唱師曰前言不搆後語難追曰未審今日事如何師曰不會人言語問如何是佛法大意師曰好問如何是棲賢境師曰入得三門便合知問如何是祖師西來意師曰此土不欠少

洪州觀音院從顯禪師泉州人也上堂衆集良久曰文殊深讚居士未審居士受讚也無若受讚何處有居士邪若不受讚文殊不可虛發言也大衆作麼生會若會眞箇衲僧問居士默然文殊深讚此意如何師曰汝問

我答曰忽遇恁麽人出頭來又作麽生師曰行到水窮處坐看雲起時問如何是觀音家風師曰眼前看取曰忽遇作者來作麽生見待師曰貧家秖如此未必便言歸問久負沒絃琴請師彈一曲師曰作麽生聽其僧側耳師曰賺殺人乃曰盧行者當時大庾嶺頭謂明上座言莫思善莫思惡還我明上座本來面目來觀音今日不恁麽道還我明上座來恁麽道是曹溪子孫也無若是曹溪子孫又爭除却四字若不是又過在甚麽處試出來商量看良久曰此一衆眞行脚人也便下座

太平興國八年九月中師謂檀那袁長史曰老僧三兩日間歸鄉去袁曰和尚年尊何更思鄉師曰歸鄉圖得好鹽喫袁不測其言翌日師不疾坐亡袁建塔于西山

洛京興善棲倫禪師僧問如何是佛師曰向汝道甚麽即得問如何是西來意師曰適來猶記得

洪州嚴陽新興院齊禪師僧問如何得出三界去師曰汝還信麽曰信則深信乞和尚慈悲師曰秖此信心亘古亘今快須究取何必沉吟要出三界三界唯心師因雪謂衆曰諸上座還見雪麽見即有眼不見無眼有眼即常無眼即斷恁麽會得佛身充滿問學人辭去泐潭乞和尚示箇入路師曰好箇入路道心堅固隨衆參請隨衆作務要去便去要住便住去之與住更無他故若到泐潭不審馬祖

潤州慈雲匡達禪師僧問佛以一大事因緣故出現於世未審和尚出世如何師曰恰好曰作麽生師曰不好

蘇州薦福院紹明禪師州將錢仁奉請住持乃問如何是和尚家風師曰一切處看取

澤州古賢院謹禪師侍立法眼次眼問一僧曰自離此間甚麽處去來曰入嶺來眼曰不易曰虛涉他如許多山水眼曰如許多山水也不惡其僧無語師於此有省住後僧問如何是佛師曰築著你鼻孔問僧曰唯一堅密身一切塵中現如何是堅密身僧豎指師曰現則現你作麽生會僧無語

宣州興福院可勳禪師建州朱氏子僧問如何是興福正主師曰闍黎不識曰莫秖這便是麽師曰縱未歇狂頭亦何失問如何是道師曰勤而行之問何云法空師曰不空有偈示衆曰秋江煙島晴鷗鷺行行立不念觀世音爭知普門入

洪州上藍院守訥禪師上堂盡令提綱無人掃地叢林兄弟相共證明晚進之流有疑請問僧問願開甘露門當觀第一義不落有無中請師垂指示師曰大衆證明曰恁麽則莫相屈去也師曰閑言語問如何是佛師曰更問阿誰

撫州覆船和尚僧問如何是佛師曰不識問如何是祖師西來意師曰莫謗祖師好

杭州奉先寺法瓌法明普照禪師僧問釋迦出世天雨四華地搖六動未審今日有何祥瑞師曰大衆盡見曰法王法如是師曰人王見在問法眼寶印和尚親傳今日一會當付何人師曰誰人無分曰恁麽則雷音普震無邊剎去也師曰也須善聽

盧山化城寺慧朗禪師江南相國宋齊丘請開堂師陞座曰今日令公請山僧爲衆莫非承佛付囑不忘佛恩衆中有問話者出來爲令公結緣僧問令公親降大衆雲臻從上宗乘請師舉唱師曰莫是孤負令公麼問師常苦口爲甚麼學人已事不明師曰闍黎甚麼處不明曰不明處請師决斷師曰適來向汝道甚麼曰恁麼則全因今日去也師曰退後禮三拜

杭州慧日永明寺道鴻通辯禪師僧問遠離天台境來登慧日峰久聞師子吼今日請師通師曰聞麼曰恁麼則昔日崇壽今日永明也師曰幸自靈利何須亂道乃曰大道廓然古今常爾眞心周徧如量之智皎然萬象森羅咸眞實相該天括地亘古亘今大衆還會麼還辯白得麼僧問國主嘉命公貴臨筵未審今日當爲何事師曰驗取曰此意如何師曰甚麼處去來曰恁麼則成造次也師曰休亂道

高麗國靈鑒禪師僧問如何是清淨伽藍師曰牛欄是問如何是佛師曰拽出癲漢著

荊門上泉和尚僧問二龍爭珠誰是得者師曰我得問遠遠投師如何一接師按杖視之其僧禮拜師便喝問尺璧無瑕時如何師曰我不重曰不重後如何師曰火裏蝍蟟飛上天

池九 十六

盧山大林寺僧遁禪師初住圓通有僧舉僧問玄沙向上宗乘此間如何言論沙曰少人聽未審玄沙意旨如何師曰待汝移却石耳峰我即向汝道歸宗柔別云且低聲

池州仁王院緣勝禪師僧問農家擊壤時如何師曰僧家自有本分事曰不問僧家本分事農家擊壤時如何師曰話頭何在

青原下十世

天台韶國師法嗣

杭州慧日永明延壽智覺禪師餘杭王氏子總角之歲歸心佛乘既冠不茹葷日唯一食持法華經七行俱下纔六旬悉能誦之感羣羊跪聽年二十八爲華亭鎮將屬翠巖叅禪師遷止龍册寺大闡玄化時吳越文穆王知師慕道乃從其志遂禮翠巖爲師執勞供衆都忘身宰衣不繒纊食無重味野蔬布襦以遣朝夕尋往天台山天柱峰九旬習定有鳥類斥鷃巢於衣襵中暨謁韶國師一見而深器之密授玄旨仍謂師曰汝與元帥有緣他

池九 十七

日大興佛事初住雪竇上堂雪竇這裏迅瀑千尋不停纖粟奇巖萬仞無立足處汝等諸人向甚麼處進步僧問雪竇一徑如何履踐師曰步步寒華結言言徹底冰師有偈曰孤猿叫落中巖月野客吟殘半夜燈此境此時誰得意白雲深處坐禪僧忠懿王請開山靈隱新寺明年遷永明大道場衆盈二千僧問如何是永明妙旨師曰更添香著曰謝師指示師曰且喜沒交涉僧禮拜師曰聽取一偈欲識永明旨門前一湖水日照光明生風來波浪起問學人久在永明爲甚麼不會永明家風師曰不會處會取曰不會處如何會師曰牛胎生象子碧海起紅塵問成佛成祖亦出不得六道輪回亦出不得未審出甚麼處不得師曰出汝問處不得問教道中一切諸

佛及諸佛法皆從此經出如何是此經師曰長時轉不停非義亦非聲曰如何受持師曰若欲受持者應須著眼聽問如何是大圓鏡師曰破砂盆師居永明十五載度弟子一千七百人開寶七年入天台山度戒約萬餘人常與七衆授菩薩戒夜施鬼神食朝放諸生類不可稱算六時散華行道餘力念法華經計萬三千部著宗鏡錄一百卷詩偈賦詠凡千萬言播於海外高麗國王覽師言教遣使齎書叙弟子之禮奉金線織成袈裟紫水精數珠金澡罐等彼國僧三十六人皆承印記前後歸本國各化一方開寶八年十二月示疾越二日焚香告衆跏趺而寂塔于大慈山

蘇州長壽院朋彥廣法禪師永嘉秦氏子僧問如何是玄旨師曰四稜塌地問如何是絕絲毫底法師曰山河大地曰恁麼則即相而無相也師曰也是狂言問如何是徑直之言師曰千迂萬曲曰恁麼則無不總是也師曰是何言歟問如何是道師曰跛涉不易

溫州大寧院可弘禪師僧問如何是正真一路師曰七顛八倒曰恁麼則法門無別去也師曰我知汝錯會去問皎皎地無一絲頭時如何師曰話頭已墮曰乞師指示師曰適來亦不虛設問向上宗乘請師舉揚師曰汝問太遲生曰恁麼則不仙陀去也師曰深知汝恁麼去

杭州五雲山華嚴院志逢禪師餘杭人也生惡葷血膚體香潔幼歲出家於臨安東山朗瞻院依年受具通貫三學了達性相嘗夢陞須彌山覩三佛列坐初釋迦次彌勒皆禮其足唯不識第三尊但仰視而已釋尊謂之曰此是補彌勒處師子月佛師方作禮覺後因閱大藏經乃符所夢天福中遊方抵天台雲居參國師爲主緣契頓發玄祕一日入普賢殿中宴坐倏有一神人跪膝於前師問汝其誰乎曰護戒神也師曰吾患有宿愆未殄汝知之乎曰師有何罪唯一小過耳師曰何也曰凡折鉢水亦施主物師每傾棄非所宜也言訖而隱師自此洗鉢水盡飲之積久因致脾疾十載方愈（凡折退飲食及滌盞便利等並宜鳴指默念咒發施心而傾之）吳越國王嚮師道風召賜紫衣署普覺禪師命往臨安功臣院上堂諸上座捨一知識參一知識盡學善財南遊之式樣且問上座祇如善財禮辭文殊擬登妙峰謁德雲比丘及到彼所何以德雲却於別峰相見夫教意祖意同一方便終無別理彼若明得此亦昭然諸上座即今簇著老僧是相見是不相見此處是妙峰是別峰脫或從此省去可謂不孤負老僧亦嘗見德雲比丘未常剎那相捨離還信得及麼僧問叢林舉唱曲爲今時如何是功臣的的意師曰見麼曰恁麼則大衆咸欣也師曰將謂師子兒問佛佛授手祖祖傳心未審和尚傳箇甚麼師曰汝承當得麼曰學人承當不得還別有人承當得否師曰大衆笑汝問如何是如來藏師曰恰問著問如何是諸佛機師曰道是得麼上堂良久曰大衆看看便下座上堂古德爲法行腳不憚勤勞如雪峰三到投子九上洞山盤桓往返尚求箇入路不得看汝近世參學人纔跨門來便要老僧接引指示說禪且汝欲造玄

極之道豈同等閑而況此事亦有時節躁求爲得汝等要知悟時麼如今各且下去堂中靜坐直待仰家峰點頭老僧即爲汝說時有僧出曰仰家峰點頭也請師說師曰大衆且道此僧會老僧語不會老僧語僧禮拜師曰今日偶然失鑒有人問僧無爲無事人爲甚麼却有金鎖難僧無對師代云秖爲無爲無事僧問教道中文殊忽起佛見法見被佛威神攝向二鐵圍山意旨如何師曰甚麼處是二鐵圍山僧無語師曰還會麼如今若有人起佛法之見吾與烹茶兩甌且道賞伊罰伊同教意不同教意開寶四年大將凌超於五雲山剏院奉師爲終老之所師每攜大扇乞錢買肉飼虎虎每迎之載以還山雍熙二年示寂塔於本院

杭州報恩法端慧月禪師上堂數夜與諸上座東語西話猶未盡其源今日與諸上座大開方便一時說却還願樂也無久立珍重僧問學人恁麼上來請師接師曰不接曰爲甚麼不接師曰爲汝太靈利

杭州報恩紹安通辯明達禪師上堂僧問大衆側聆請師不吝師曰奇怪曰恁麼則今日得遇於師也師曰是何言歟乃曰一句染神萬劫不朽今日爲諸人舉一句子良久曰分明記取便下座上堂幸有樓臺匝地常提祖印不妨諸上座參取久立珍重僧問如何是和尚家風師曰一切處見成曰恁麼則亘古亘今也師曰莫閑言語

福州廣平院守威宗一禪師本州人也參天台國師得旨乃付衣法時有僧問大庾嶺頭提不起如何今日付於師師提起曰有人敢道天台得麼上堂達磨大師云吾法三千年後不移絲髮山僧今日不移達磨絲髮先達之者共相證明若未達者不移絲髮僧問洪鐘韻絶大衆臨筵祖意西來請師提唱師曰洪鐘韻絶大衆臨筵問古人云任汝千聖見我有天眞佛如何是天眞佛師曰千聖是弟問如何是廣平家風師曰誰不受用上堂不用開經作梵不用展鈔牒科還有理論處也無設有理論處亦是方便之談宗乘事合作麼生問如何是西來意師曰未曾有人答得曰請師方便師曰何不更問

杭州報恩永安禪師溫州翁氏子幼依本郡彙征大師出家後唐天成中隨本師入國忠懿王命征爲僧正師尤不喜俗務擬潛徃閩川投訪禪會屬路岐艱阻遂回天台山結茅尋遇韶國師開示頓悟本心乃辭出山征聞於王王命住越州清泰次召居上寺署正覺空慧禪師上堂十方諸佛一時雲集與諸上座證明諸上座與佛一時證明還信麼切忌卜度僧問四衆雲臻如何舉唱師曰若到諸方切莫錯舉曰非但學人大衆有賴師曰禮拜著問五乘三藏委者頗多祖意西來乞師指示師曰五乘三藏曰向上還有事也無師曰汝却靈利問如何大作佛事師曰嫌甚麼曰恁麼則親承摩頂去也師曰何處見世尊問如何是西來意師曰過這邊立僧纔移歩師召曰會麼曰不會師曰聽取一偈汝問西來意且過這邊立昨夜三更時雨打虛空濕電影忽然明不似蚰蜒急開寶七年示疾告

衆言別時有僧問昔日如來正法眼迦葉親
傳未審和尚玄風百年後如何體會師曰汝
甚麼處見迦葉來曰恁麼則信受奉行不忘
斯旨去也師曰佛法不是這箇道理言訖跏
趺而寂闍維舌根不壞柔輭如紅蓮華藏於
普賢道場
廣州光聖院師護禪師閩人也自天台得法
化行嶺表國王劉氏創大伽藍請師居焉署
大義禪師僧問昔日梵王請佛今日國主臨
筵祖意西來如何舉唱師曰不要西來山僧
已舉唱了也曰豈無方便師曰適來豈不是
方便問學人乍入叢林西來妙訣乞師指示
師曰汝未入叢林我已示汝了也曰如何領
會師曰不要領會
杭州奉先寺清昱禪師永嘉人也忠懿王召
入問道創奉先居之署圓通妙覺禪師僧問
如何是西來意師曰高聲舉似大衆
台州紫凝普聞寺智勤禪師僧問如何是空
手把鉏頭師曰但恁麼諦信曰如何是步行
騎水牛師曰汝自何來有偈示衆曰今年五
十五脚未蹋寸土山河是眼睛大海是我肚
太平興國四年有旨試僧經業山門老宿各
寫法名唯師不閑書札時通判李憲問世尊
還解書也無師曰天下人知淳化初不疾命
侍僧開浴浴訖垂誡徒衆安坐而逝塔於本
山三年後門人遷塔發龕覩師容儀儼若髭
髮仍長遂迎入新塔
溫州鴈蕩山願齊禪師錢塘江氏子上堂僧
問夜月舒光爲甚麼碧潭無影師曰作家弄
影漢其僧從東過西立師曰不唯弄影兼乃
怖頭
杭州普門寺希辯禪師蘇州人也忠懿王命
主越州清泰署慧智後遷上寺上堂山僧素
乏知見復寡聞持頃雖侍立於國師不蒙一
句開示以致今日與諸仁者聚會更無一法
可相助發何況能爲諸仁者區別緇素商量
古今還怪得山僧麼若有怪者且道此人具
眼不具眼有賓主義無賓主義晚學初機必
須審細僧問如何是普門示現神通事師曰
恁麼則闍黎怪老僧去也曰不怪時如何師
曰汝且下堂裏思惟去太平興國三年吳越
王入覲師隨寶塔至見于滋福殿賜紫衣號
慧明禪師端拱中乞還故里詔從之賜御製
詩忠懿王施金於常熟本山院創甎浮圖七
級高二百尺功既就至道三年八月示寂塔
于院之西北隅
杭州光慶寺遇安禪師錢塘沈氏子上堂僧
問無價寶珠請師分付師曰善能吐露曰恁
麼則人人具足去也師曰珠在甚麼處僧禮
拜師曰也是虛言問提綱舉領盡立主賓如
何是主師曰深委此問曰如何是賓師曰適
來向汝道甚麼曰賓主道合時如何師曰其
令不行問心月孤圓光吞萬象如何是吞萬
象底光師曰大衆總見汝恁麼問曰光吞萬
象從師道心月孤圓意若何師曰抖擻精神
著曰驚倚雪巢猶可辯光吞萬象事難明師
曰謹退問青山綠水處處分明和尚家風乞
垂一句師曰盡被汝道了也曰未必如斯請
師答話師曰不用閑言又一僧方禮拜師曰
問答俱備僧擬問師乃叱之上堂欲識曹溪

旨雲飛前面山分明眞實箇不用别追攀僧問古德有言井底紅塵生山頭波浪起未審此意如何師曰若到諸方但恁麽問曰和尚意旨如何師曰適來向汝道甚麽乃曰古今相承皆云塵生井底浪起山頭結子空華生兒石女且作麽生會莫是和聲送事就物呈心句裏藏鋒聲前全露麽莫是有名無體異唱玄譚麽上座自會即得古人意旨即不然既恁麽會不得合作麽生會上座欲得會麽但看泥牛行處陽燄飜波木馬嘶時空華墜影聖凡如此道理分明何須久立珍重

台州般若寺友蟾禪師錢塘人也初住雲居普賢忠懿王署慈悟禪師遷止上寺衆盈五百僧問鼓聲纔罷大衆雲臻向上宗乘請師舉唱師曰虧汝甚麽曰恁麽則人人盡霑恩去也師曰莫亂道

婺州智者寺全肯禪師初叅國師國師問汝名甚麽師曰全肯國師曰肯箇甚麽師於言下有省乃禮拜住後僧問有人不肯還甘也無師曰若人問我即向伊道

五燈會元卷第二十六

五燈會元卷第二十六

校勘記

一 底本，清藏本。

一 五七六頁上一行經名，徑無（未換卷）。

一 五七六頁上三行至四行「青原下九世清涼益禪師法嗣」，徑無。

一 五七八頁下一〇行「師曰」，徑作「師問」。

一 五七九頁中二行「煊赫」，徑作「烜赫」。次頁上九行同。

一 五八三頁上一一行首字「數」，徑無。

一 五八三頁下二行第四字「往」，徑作「住」。

一 五八三頁下九行「嘗見」，徑作「常見」。又「未常」，徑作「未嘗」。

一 五八四頁上八行「教道中」，徑作「教中道」。

一 五八五頁上四行第四字「也」，徑作「向」。

一 五八六頁中一行經名，徑無（未換卷）。

五燈會元卷第二十七　池十

宋沙門大川濟纂

青原下十世

天台韶國師法嗣

福州玉泉義隆禪師上堂山河大地盡在諸人眼睛裏因甚麽説會與不會時有僧問山河大地眼睛裏師今欲更指歸誰師曰秖爲上座去處分明曰若不上來伸此問焉知方便不虚施師曰依俙似曲纔堪聽又被風吹別調中

杭州龍冊寺曉榮禪師温州鄧氏子僧問祖祖相傳未審和尚傳阿誰師曰汝還識得祖也未僧慧文問如何是眞實沙門師曰汝是慧文問如何是般若大神珠師曰般若大神珠分形萬億軀塵塵彰妙體刹刹盡毗盧問如何是日用事師曰一念周沙界日用萬般通湛然常寂滅常展自家風小參次僧問向上事即不問如何是妙善臺中的的意師曰若到諸方分明舉似曰恁麽則雲有出山勢水無投澗聲師乃叱之

杭州功臣慶蕭禪師僧問如何是功臣家風師曰明暗色空曰恁麽則諸法無生去也師曰汝喚甚麽作諸法僧禮拜師曰聽取一偈功臣家風明暗色空法法非異心心自通恁麽會得諸佛眞宗

越州稱心敬璡禪師僧問結束囊裝請師分付師曰莫諱却曰甚麽處孤負和尚師曰却是汝孤負我

福州嚴峯師术禪師開堂陞座極樂和尚問曰大衆顒望請震法雷師曰大衆還會麽還辨得麽今日不異靈山乃至諸佛國土天上人間總皆如是亘古亘今常無變異作麽生會無變異底道理若會得所以道無邊刹境自他不隔於毫端十世古今始終不離於當念僧問靈山一會迦葉親聞嚴峯一會誰是聞者師曰問者不弱問如何是文殊師曰來處甚分明

潞府華嚴慧達禪師僧問如何是古佛心師曰山河大地問如何是華嚴境師曰滿目無形影

越州清泰院道圓禪師僧問亡僧遷化向甚麽處去也師曰今日遷化嶺中上座問如何是祖師西來意師曰不可向汝道庭前栢樹子

杭州九曲觀音院慶祥禪師餘杭人也辯才冠衆多聞強記時天台門下推爲傑出僧問湛湛圓明請師一決師曰十里平湖一輪秋月問險惡道中以何爲津梁師曰以此爲津梁曰如何是此師曰築著汝鼻孔問無根樹子向甚麽處栽師曰汝甚處得來

杭州開化寺行明傳法禪師本州于氏子禮雪竇智覺禪師爲師及智覺遷永明遂入天台國師之室蒙授記莿復歸永明翊贊迺師海衆傾仰忠懿王建六和寺（本朝賜開化額）延請住持聚徒説法僧問如何是開化門中流出方便師曰日日潮音兩度聞問如何是無盡燈師曰謝闍黎照燭

越州漁浦開善寺義圓禪師僧問一年去一年來方便門中請師開師曰分明記取曰恁麽則昔時師子吼今日象王回也師曰且喜

没交涉
温州瑞鹿寺上方遇安禪師福州人也得法於天台又常閲首楞嚴經到知見立知即無明本知見無見斯即涅槃師乃　向讀曰知見立　知即無明本　知見無　見斯即涅槃於此有省有人語師曰破句了也師曰此是我悟處畢生不易時謂之安楞嚴至道元年春將示寂有嗣子蘊仁侍立師乃說偈示之不是嶺頭攜得事豈從鷄足付將來自古聖賢皆若此非吾今日爲君裁付囑已澡身易衣安坐令舁棺至室良久自入棺經三日門人啟棺覩師右脇吉祥而臥四衆哀慟師乃再起陞堂說法訶責垂誡此度更啟吾棺者非吾之子言訖復入棺長往
杭州龍華寺慧居禪師閩人也自天台領旨忠懿王命住上寺開堂示衆曰從上宗乘到這裏如何舉唱秖如釋迦如來說一代時教如瓶注水古德尚云猶如夢事寱語一般且道據甚麼道理便恁麼道還會麼大施門開何曾壅塞生凡育聖不漏纖塵言凡則全凡舉聖則全聖凡聖不相待箇箇獨稱尊所以道山河大地長時說法長時放光地水火風一一如是時有僧出禮拜師曰好箇問頭如法問著僧擬進前師曰又没交涉也問諸佛出世放光動地和尚出世有何祥瑞師曰話頭自破上堂龍華這裏也秖是拈柴擇菜上來下去晨朝一粥齋時一飯睡後喫茶但恁麼叅取珍重問學人未明自己如何辨得淺深師曰識取自己眼曰如何是自己眼師曰向汝道甚麼
婺州齊雲山遇臻禪師越州楊氏子僧問如何是無縫塔師曰五六尺其僧禮拜師曰塔倒也問圓明了知爲甚麼不因心念師曰圓明了知曰何異心念師曰汝喚甚麼作心念秋夕閑坐偶成頌曰秋庭肅肅風颼颼寒星列空蟾魄高擡頭靜坐神不勞鳥窠無端吹布毛
温州瑞鹿寺本先禪師本州鄭氏子叅天台國師導以非風幡動仁者心動之語師即悟解爾後示徒曰吾初學天台法門語下便薦然千日之内四儀之中似物礙膺如讐同所千日之後一日之中物不礙膺讐不同所當下安樂頓覺前咎乃述頌三首一非風幡動仁者心動曰非風幡動唯心動自古相傳直至今今後水雲人欲曉祖師真是好知音二見色便見心曰若是見色便見心人來問著方難荅更求道理說多般孤負平生三事衲三明自己曰曠大劫來秖如是如是同天亦同地同地同天作麼形作麼形兮無不是師自爾足不歷城邑手不度財貨不設臥具不衣繭絲日唯一食終日晏坐申旦誦誘踰三十載其志彌厲上堂你諸人還見竹林蘭若山水院舍人衆麼若道見則心外有法若道不見爭奈竹林蘭若山水院舍人衆現在縱然地還會恁麼告示麼若會不妨靈利無事莫立上堂大凡叅學未必學問話是叅學未必學揀話是叅學未必學代語是叅學未必學別語是叅學未必學捻破經論中奇特言語是叅學未必學捻破祖師奇特言語是叅學若於如是等叅學任你七通八達於佛法中

儻無見處喚作乾慧之徒豈不聞古德道聰明不敵生死乾慧豈免苦輪諸人若也叅學應須真實叅學始得行時行時叅取立時立時叅取坐時坐時叅取眠時眠時叅取語時語時叅取默時默時叅取一切作務時一切作務時叅取既向如是等時叅且道叅箇甚人叅箇甚麽語到這裏須自有箇明白處始得若不如是喚作造次之流則無究了之旨上堂幽林鳥叫碧澗魚跳雲片展張瀑聲鳴咽你等還知得如是多景象示你等箇入處麽若也知得不妨叅取好上堂天台教中說文殊觀音普賢三門文殊門者一切色觀音門者一切聲普賢門者不動步而到我道文殊門者不是一切色觀音門者不是一切聲普賢門者是箇甚麽莫道别却天台教說話無事且退上堂舉僧問長沙南泉遷化向甚麽處去沙曰東家作驢西家作馬僧曰學人不會沙曰要騎便騎要下即下師曰若是求出三界修行底人聞這箇言語不妨狐疑不妨驚怛南泉遷化向甚處去東家作驢西家作馬或有會云千變萬化不出真常或有會云須會異類中行始會得這箇言語或有會云東家是南泉西家是南泉或有會云東家郎君子西家郎君子或有會云東家是甚麽西家是甚麽或有會云便作驢叫又作馬嘶或有會云喚甚麽作東家驢喚甚麽作西家馬或有會云既問遷化答在問處或有會云作露柱處去也或有會云東家作驢西家作馬虧南泉甚處如是諸家會也總於佛法有安樂處南泉遷化向甚處去東家作驢西家作馬學人不會要騎便騎要下即下這箇話不消得多道理而會若見法界性去也没多事珍重上堂鑑中形影唯憑鑑光顯現你等諸人所作一切事且道唯憑箇甚麽顯現還知得麽若也知得於叅學中千足萬足無事莫立上堂你等諸人夜間眠熟不知一切既不知一切且問你等那時有本來性無本來性若道那時有本來性又不知一切與死無異若道那時無本來性睡眠忽省覺知如故還會麽不知一切與死無異睡眠忽省覺知如故如是等時是箇甚麽若也不會各體究取無事莫立上堂諸法所生唯心所現如是言語好箇入底門戶且問你等諸人眼見一切色耳聞一切聲鼻嗅一切香舌了一切味身觸一切耎滑意分别一切諸法祇如眼耳鼻舌身意所對之物爲復唯是你等心爲復非是你等心若道唯是你等心何不與你等身都作一塊了休爲甚麽所對之物却在你等眼耳鼻舌身意外你等若道眼耳鼻舌身意所對之物非是你等心又爭奈諸法所生唯心所現言語留在世間何人不舉著你等見這箇說話還會麽若也不會大家用心商量教會去幸在其中莫令厭學無事且退大中祥符元年二月謂上足如晝曰可造石龕中秋望日吾將順化晝稟命即成及期遠近士庶奔趨瞻仰是日叅問如常至午坐方丈手結寶印謂晝曰古人云騎虎頭打虎尾中央事作麽生晝曰也秖是如晝師曰你問我晝乃問騎虎頭打虎尾中央事和尚作麽生師曰我也美不出言訖奄然開一目微視而

逝
杭州興教洪壽禪師同國師普請次聞墮薪
有省作偈曰撲落非他物縱橫不是塵山河
及大地全露法王身
蘇州承天永安道原禪師僧問如何是佛師
曰咄這旃陁羅曰學人初機乞師方便師曰
汝問甚麼曰問佛師曰咄這旃陀羅

清涼欽禪師法嗣

洪州雲居道齊禪師本州金氏子徧歷禪會
學心未息後於上藍院主經藏法燈一日謂
師曰有人問我西來意答它曰不東不西藏
主作麼生會師對曰不東不西燈曰與麼會
又爭得曰道齊秖恁麼未審和尚尊意如何
燈曰他家自有兒孫在師於是頓明厥旨有
頌曰接物利生絕妙外生終是不肖他家自
有兒孫將來用得恰好住後僧問如何是佛
師曰汝是阿誰問荆棘林中無出路請師方
便爲奮關師曰汝擬去甚麼處曰幾不到此
師曰開言語問不免輪回不求解脫時如何
師曰還曾問建山麼曰學人不會乞師方便
師曰放你三十棒問如何是三寶師曰汝是
甚麼寶曰如何師曰土木瓦礫師著語要搜
玄拈古代別等盛行叢林至道三年丁酉九
月示疾聲鐘集衆乃曰老僧三處住持三十
餘年十方兄弟相聚話道主事頭首勤心贊
助老僧今日火風相逼特與諸人相見諸人
還見麼今日若見是末後方便諸人向甚麼
處見爲向四大五陰處見六入十二處見這
裏若見可謂雲居山二十年間後學有賴吾
去後山門大衆分付契瓌開堂住持凡事勤
而行之各自努力珍重大衆纔散師歸西挾
而逝塔于本山

靈隱聳禪師法嗣

杭州功臣院道慈禪師僧問師登寶座大衆
咸臻便請舉揚宗教師曰大衆證明曰恁麼
則亘古亘今也師曰也須領話
秀州羅漢院願昭禪師錢塘人也上堂山河
大地是眞善知識時常説法時時度人不妨
諸上座參取僧問羅漢家風請師一句師曰
嘉禾合穗上國傳芳曰此猶是嘉禾家風如
何是羅漢家風師曰或到諸方分明舉似後
住杭州香嚴寺僧問不立纖塵請師直道師
曰衆人笑汝曰如何領會師曰還我話頭來
處州報恩院師智禪師僧問如何是和尚家
風師曰誰人不見問如何是一相三昧師曰
青黃赤白曰一相何在師曰汝却靈利問祖
祖相傳傳祖印師今法嗣嗣何人師曰靈鷲
峰前月輪皎皎
衢州瀫寧可先禪師僧問如何是瀫寧家風
師曰謝指示問如何是西來意師曰恠老僧
甚麼處曰學人不會乞師方便師曰適來豈
不是問西來意
杭州光孝院道端禪師僧問如何是佛師曰
高聲問著曰莫即便是也無師曰沒交涉後
住靈隱示滅
杭州西山保清院遇寧禪師開堂陞座有二
僧一時禮拜師曰二人俱錯僧擬進語師便
下座
福州支提雍熙辯隆禪師明州人也上堂巍
巍實相偪塞虛空金剛之體無有破壞大衆

還見不見若言見也且實相之體本非青黃赤白長短方圓亦非見聞覺知之法且作麽生說箇見底道理若言不見又道巍巍實相亘塞虛空爲甚麽不見僧問如何是向上一路師曰脚下底曰恁麽則尋常履踐師曰莫錯認問如何是堅密身師曰倮倮地曰恁麽則不密也師曰見箇甚麽

杭州瑞龍院希圓禪師僧問如何是和尚家風師曰特謝闍黎借問曰借問則不無家風作麽生師曰瞌睡漢

歸宗柔禪師法嗣

南康軍羅漢行林祖印禪師僧問天垂甘露地涌七珍是甚麽人分上事師曰謝汝相報曰恁麽則佛子住此地即是佛受用去也師曰更須子細上堂綿坐忽有猫兒跳上身師提起示衆曰昔日南泉親斬却今朝耶舍示玄徒而今賣與諸禪客文契分明要也無良久拋下猫兒便下座

明州天童新禪師僧問如何是密作用師曰何曾密問心徑未通時如何師曰甚麽物礙汝問求之不得時如何師曰用求作麽曰如何即是師曰何曾失却問如何是天童境師曰雲無人種生何極水有誰教去不回

杭州功臣覺軻心印禪師僧問祖師不在東西山未審在甚麽處師曰且討問如何是天眞佛師曰爭敢裝點

明州天童清簡禪師錢塘張氏子師爲事孤潔時謂之簡浙客僧問如何是祖師西來意師曰不欲向汝道曰請和尚道師曰達麽不可再來也師晚居雪竇而終塔于寺之東南隅

百丈恒禪師法嗣

廬山棲賢澄湜禪師僧問趙州石橋度驢度馬三峽石橋當度何人師曰蝦蟇蚯蚓曰恁麽則物物盡沾恩師曰踏不著問仙洞昨朝師罷唱棲賢今日請師宣師曰來日又作麽生曰未審如何領會師曰箭過新羅問如何是佛師曰張三李四問古人斬蛇意旨如何師曰猶未知痛痒問此是選佛場心空及第歸學人如何得及第歸師曰不才謹退晚參衆集師曰早晨不與諸人相見今晚不可無言便下座問毗目仙人執善財手見微塵諸佛秖如未執手時見箇甚麽師曰如今又見箇甚麽上堂良久曰幸好一盤飯不可糝椒薑雖然如此試喫噉看便下座

蘇州萬壽德興禪師僧問如何是佛師曰大衆一時瞻仰問如何是和尚爲人一句師曰汝且自爲乃曰問答俱備其誰得意若向他求還成特地老僧久處深山比爲藏拙何期今日入到萬壽門下可謂藏之不得旣藏不得分明露現未審諸人阿誰先見如有見處出來對衆吐露箇消息良久曰久立珍重

越州雲門雍熙永禪師僧問師子未出窟時如何師曰且莫哮吼曰出窟後如何師曰退後著問如何是古佛徑路師曰誰不履踐問如何是學人休心息意處師曰拗折拄杖得也未問心王出勅時如何師曰更宣一徧看問如何是決定義師曰不可執著問如何是佛法大意師曰此意不小

永明潛禪師法嗣

杭州千光王寺瓌省禪師溫州鄭氏子幼歲出家精究律部聽天台文句棲心於圓頓止觀後閱楞嚴文理宏濬未能洞曉一夕誦經旣久就案假寐夢中見日輪自空而降開口吞之自是倏然發悟差別義門渙然無滯後叅永明永明唯印前解無別指喻以忠懿王所遺衲衣授之表信住後上堂諸上座佛法無事昔之日月今之日月昔日風雨今日風雨昔日上座今日上座舉亦了說亦了一切成現好珍重開寶五年七月寶樹浴池忽現其前師曰凡所有相皆是虛妄越三日示疾集衆言別安坐而逝闍維收舍利建塔

衢州鎭境志澄禪師僧問如何是定乾坤底劍師曰不漏絲髮曰用者如何師曰不知因普請次僧問鉏頭損傷蝦蟇蚯蚓還有罪也無師曰阿誰下手曰恁麼則無罪過師曰因果歷然

明州崇福院慶祥禪師上堂諸禪德見性周徧聞性亦然洞徹十方無內無外所以古人道隨緣無作動寂常眞如此施爲全眞智用

僧問如何是本來人師曰堂堂六尺甚分明曰秖如本來人還依如此相貌也無師曰汝喚甚麼作本來人曰乞師方便師曰教誰方便

報恩明禪師法嗣

福州保明院道誠通法禪師上堂如爲一人衆多亦然珍重僧問圓音普震三等齊聞竺土僊心請師密付師良久僧曰恁麼則意馬已成於寶馬心牛頓作於白牛去也師曰七顚八倒曰若然者幾招哂笑師曰禮拜了退問如何是和尚西來意師曰我不會到西天曰如何是學人西來意師曰汝在東土多少時

報慈言導師法嗣

南康軍雲居義能禪師上堂不用上來堂中憍陳如上座爲諸上座轉第一義法輪還得麼若信得及各自歸堂叅取下座後却問一僧秖如山僧適來敎上座叅取聖僧聖僧還道箇甚麼僧曰特謝和尚再舉問如何是佛師曰即心是佛曰學人不會乞師方便師曰六便呼爲佛回光返照看身心是何物

崇壽稠禪師法嗣

泉州雲臺山令岑禪師僧問如何是雲臺境師曰前山後山曰如何是境中人師曰瞌睡漢

杭州資國圓進山主僧問丹霞燒木佛意旨如何師曰招因帶果問庭前栢樹子意旨如何師曰碧眼胡僧笑點頭問古人道東家作驢西家作馬意旨如何師曰相識滿天下

報恩安禪師法嗣

廬山棲賢道堅禪師有官人問某甲收金陵布陣殺人無數還有罪也無師曰老僧秖管看問如何是祖師西來意師曰洋瀾左蠡無風浪起

廬山歸宗慧誠禪師楊州人也開堂日於法堂前謂衆曰天人得道以此爲證恁麼便散去已是周遮其如未曉即爲重說遂陞座僧問知郡臨筵請師演法師曰我不及汝問如何是佛師曰如何不是問如何是祖師西來意師曰不知乃曰問話且住直饒問到窮劫

問也不著荅到窮刧荅也不及何以故秖爲諸人各有本分事圓滿十方亘古亘今乃至諸佛也不敢錯悞諸人便謂之頂族秖是助發上座所以道十方法界諸有情念念以證善逝果彼既丈夫我亦爾何得自輕而退屈諸上座不要退屈信取便休祖師西來秖道見性成佛其餘所說不及此說更有箇奇特方便舉似諸人良久曰分明記取若到諸方不得錯舉久立珍重僧問不通風處如何過得師曰汝從甚麽處來僧舉南泉問鄧隱峰曰銅缾是境缾中有水不得動著境與老僧將水來峰便拈缾瀉水未審此意如何師曰鄧隱峰甚奇怪要且亂瀉

長安規禪師法嗣

盧州長安院辯實禪師僧問如何是祖師西來意師曰少室靈峰住九霄

潭州雲葢用清禪師河州趙氏子僧問有一人在萬丈井底如何出得師曰且喜得相見曰恁麽則穿雲透月去也師曰三十三天事作麽生僧無對師曰謾語作麽問如何是雲葢境師曰門外三泉井曰如何是境中人師曰童行作子有頌示衆曰雲葢鎖口訣擬議皆腦裂拍手趂虚空雲露西山月僧問如何是鎖口訣師曰徧天徧地曰恁麽則石人點頭露柱拍手去也師曰一缾淨水一爐香曰此猶是井底蝦蟇師曰勞煩大衆師常節飲食隨衆二時但展鉢而已或逾年月亦不調練服餌無妨作務有請必開即便飽食而亡拘執至道二年四月二日示疾而逝

雲居錫禪師法嗣

台州般若從進禪師僧問古澗寒泉時如何師曰切忌飲著曰飲著又如何師曰喪却汝性命

越州清化志超禪師僧問如何是佛師曰汝是甚麽人曰莫便是也無師曰是即没交涉

青原下十一世

長壽彦禪師法嗣

蘇州長壽法齊禪師婺州人始講明門因明二論尋置遊方受心印於廣法禪師節使錢仁奉禮請繼廣法住持開堂日有百法座主問令公請命四衆雲臻向上宗乘請師舉唱師曰百法明門論曰畢竟作麽生師曰一切法無我問城東老母與佛同生爲甚麽却不見佛師曰不見即道曰恁麽則見去也師曰城東老母與佛同生

雲居齊禪師法嗣

南康雲居契瓌禪師僧問路逢死蛇莫打殺無底籃子盛將歸未審師還受也無師曰你甚麽處得來曰恁麽則不虚施也師曰却且提取去問如何是佛師曰讚歎不及曰莫秖這箇便是麽師曰不令人讚歎

杭州靈隱文勝慈濟禪師僧問古鑑未磨時如何師曰古鑑曰磨後如何師曰古鑑曰未審分不分師曰更照看問如何是和尚家風師曰莫訝荒踈曰忽遇客來作麽生師曰喫茶去

明州瑞巖義海禪師霅川人也造雲居法席居問甚麽物恁麽來師於言下大悟遂有頌曰雲居甚麽物問著頭恍惚直下便承當猶是生埋没出世住報本僧問如何是祖師西

來意師曰若到諸方但道報本不解答話問
如何是和尚家風師曰無忌諱曰忽遇觸忤
又且如何師曰不解作客勞煩主人問釋迦
掩室於摩竭淨名杜口於毘耶未審如何示
衆師曰汝不欲我開談曰未曉師機師曰且
退問如何是無位眞人師曰這裏無安排你
處
明州廣慧志全禪師上堂僧問如何是衲僧
本分事師曰你莫鈍置我僧禮拜師曰却是
大衆鈍置闍黎便下座問賊不打貧兒家時
如何師曰說向人也不信僧曰恁麽則禮拜
而退師曰得箇甚麽
明州大梅保福居煦禪師僧問古人面壁意
旨如何師曰但恁麽會曰未審如何領會師
曰禮拜者
處州南明惟宥禪師僧問法法不隱藏古今
常顯露如何是顯露底法師曰見示大衆曰
恁麽則學人謹退也師曰知過必改
荆門軍清溪清禪師僧問古路坦然如何履
踐曰你是行脚僧

支提隆禪師法嗣
杭州靈隱玄本禪師僧問蚌含未剖時如何
師曰光從何來問臨濟入門便喝德山入門
便棒此意如何師曰天晴不肯去師見僧看
經乃問看甚麽經僧無語乃示頌曰看經不
識經徒勞損眼睛欲得不損眼分明識取經
羅漢林禪師法嗣
臨江軍慧力院紹珍禪師僧問金鷄未鳴時
如何師曰是何時節曰鳴後如何師曰却不
知時問師子未出窟時如何師曰在那裏曰
出窟後如何師曰且走
洪州大寧院慶璁禪師僧問道泰不傳天子
令時人盡唱太平歌未審師令意旨如何師
曰山僧罪過問如何是佛師曰須彌山上堂
生死涅槃猶如昨夢且道三世諸佛釋迦老
子有甚麽長處雖然如是莫錯會好拍手一
下便下座問承古有言東山西嶺青未審意
旨如何師曰東山西嶺青雨下却天晴更問
固中意鷄鳩生鷂鷹
功臣軻禪師法嗣

蘇州尭峯顥暹禪師僧問學人乍入叢林乞
師一接師曰去問承教有言是法平等無有
高下如何是平等法師曰尭峯高寶華低曰
恁麽則却成高下去也師曰情知你恁麽會
聞雷聲示衆曰還聞雷聲麽還知起處麽若
知起處便知身命落處若也不知所以古人
道不知天地者剛道有乾坤不如喫茶去問
如何是道師曰夕死可矣問如何是金剛力
士師曰這裏用不著問亾僧遷化向甚麽處
去也師曰蒼天蒼天乃曰秖如末後僧問亡
僧遷化向甚麽處去也山僧向他道蒼天蒼
天且道意落在甚麽處莫是悲傷遷逝痛憶
道人麽若乃恁麽評論實謂罔知去處要知
去處麽更不用久立歇去上堂冬去春來樓
閣門開若也入得不用徘徊諸上座還向這
裏入得也未若也入得所以古人道是處是
彌勒無門無善財若也入之未得自是諸上
座狂走更不忉忉久立珍重
蘇州吳江聖壽志昇禪師上堂若論佛法更
有甚麽事所以道古今山河古今日月古今

人倫古今城郭喚作平等法門絶前後際諸
人還信得及麽若信得及依而行之久立珍
重
杭州功臣開化守如禪師上堂召大衆曰還
知道聖僧同諸人到這裏麽旣勞尊降焉敢
稽留久立珍重
棲賢湜禪師法嗣
杭州南山興教院惟一禪師僧問佛未出世
時如何師曰白雲數重曰出世後如何師曰
青山一朶問如何是道師曰刺頭入荒草曰
如何是道中人師曰乾屎橛曰大耳三藏第
三度爲甚麽不見國師師曰脚跟下看曰如
何得見師曰草鞋跟斷
安吉州西余體柔禪師上堂一人把火自燼
其身一人抱氷橫屍於路進前即觸途成滯
退後即噎氣塡胷直得上天無路入地無門
如今已不奈何也良久曰待得雪消去自然
春到來
眞州定山惟素山主僧問如何是不遷義師
曰暑往寒來曰恁麽則遷去也師曰嗁得血
流無用處問達磨心印師已曉試舉家風對
衆看師曰門前有箇長松樹夜半子規來上
嗁問知師洞達諸方旨臨機不答舊時禪如
何是新奇師曰若到諸方不得錯舉曰學人
慇懃於座右莫不秖此是新奇師曰折草量
天問如何是定山境師曰清風滿院曰忽遇
客來如何秖待師曰莫嫌冷淡乃曰若論家
風與境不易酬對多見指定處所教他不得
自在曾有僧問大隨如何是和尚家風隨曰
赤土畫簸箕又曰肚上不貼榜且問諸人作
麽生會更有夾山雲門臨濟風穴皆有此話
播於諸方各各施設不同又作麽生會法無
異轍殊途同歸若要省力易會但識取自家
桑梓便能紹得家業隨處解脱應用現前天
地同根萬物一體喚作衲僧眼睛綿綿不滿
絲髮苟或於此不明徒自竛竮辛苦僧問如
何是佛師曰含齒戴髮曰恁麽則人人具足
師曰遠之又遠問牛頭未見四祖時如何師
曰成家立業曰見後如何師曰立業成家問
如何是定山路師曰峭曰履踐者如何師曰
嶮問無上法王有大陁羅尼名爲圓覺流出
一切清淨眞如菩提涅槃未審圓覺從甚麽
處流出師曰山僧頂戴有分曰恁麽則信受
奉行師曰依俙似曲纔堪聽問十二時中如
何得與道相應師曰皇天無親唯德是輔曰
恁麽則不假修證也師曰三生六十劫
淨土素禪師法嗣
杭州淨土院惟正禪師秀州華亭黃氏子幼
從錢塘資聖院本如肄業且將較藝於有司
如使禱觀音像以求陰相師謝曰豈忍獨私
於已哉郡人朱紹安聞而嘉歎欲啟帑度之
師慨然曰古之度人以清機密旨今反是去
古遠矣吾墮三寶數當有其時已而遇祥符
覃恩得諧素志獨擁毳袍且弊同列慢之師
曰佛乎佛乎儀相云乎哉僧乎僧乎盛服云
乎哉厥後有頒輸奉歲時用度俾繼如之院
務亦復謝曰聞拓鉢乞食未聞安坐以享聞
歷謁諸祖未聞廢學自任況我齒茂氣完正
在筋力爲禮非從事屋廬之秋也於是提策
東引學三觀於天台復旋徑山咨單傳之旨

於老宿惟素素董臨安功臣山淨土院師輔相之久而繼席焉然爲人高簡律身精嚴名卿巨公多所推尊蔡內翰清臣牧金陵迎師語道一日蔡曰明日府有燕飲師固奉律能爲我少留一日欵清話否師諾之翌日遣使邀師留一偈而返曰昨日曾將今日期出門倚杖又思惟爲僧秖合居巖谷國士筵中甚不宜坐客皆仰其標致師識慮洗然不牽世累雅愛跨黃犢出入軍持巾鉢悉掛角上市人爭觀之師自若也杭守蔣侍郎堂與師爲方外友每往謁至郡庭下犢譚笑終日而去蔣有詩曰禪客尋常入舊都黃牛角上掛缾盂有時帶雪穿雲去便好和雲畫作圖師嘗作山中偈曰橋上山萬層橋下水千里唯有白鷺鷥見我常來此平生製作三十卷號錦溪集又工書筆法勝絕秦少游珍藏之冬不擁爐以荻花作毬納足其中客至共之夏秋好玩月盤膝大盆中浮池上自旋其盆吟笑達旦率以爲常九峰韶禪師嘗客於院一夕將卧師邀之曰月色如此勞生擾擾對之者能幾人峰唯唯而矣久之呼童子使熟炙峰方饑意作藥石頃乃橘皮湯一盃峰匿笑曰無乃太清乎有問曰師以禪師名乃不談禪何也師曰徒費言語吾懶寧假曲折但日夜煩萬象爲敷演耳言語有間而此法無盡所謂造物無盡藏也皇祐元年孟夏八日語衆曰夫動以對靜未始有極吾一動歷年六十有四今靜矣然動靜本何有哉於是泊然而逝

青原下十二世

靈隱勝禪師法嗣

杭州靈隱延珊慧明禪師僧問如何是道師曰道遠乎哉問如何是正眞一路師曰絲髮不通曰恁麼則依而行之師曰莫亂走上堂與上座一線道且作麼生持論佛法若也水洩不通便教上座無安身立命處當此之時祖佛出頭來也有二十棒分恁麼道山僧還有過也無不見世尊生下周行七步目顧四方一手指天一手指地云天上天下唯吾獨尊雲門云我當初若見一棒打殺與狗子喫却何以如此貴圖天下太平且道雲門恁麼說話有佛法道理也無雖然如此雲門秖具一隻眼久立珍重

常州薦福院歸則禪師僧問如何是祖師西來意師曰耳畔打鐘聲

瑞巖海禪師法嗣

明州翠巖嗣元禪師僧問如何是祖師西來意師曰見錢買賣不曾賒曰向來更有事也無師曰好不信人直

五燈會元卷第二十七

五燈會元卷第二十七

校勘記

一　底本，清藏本。

一　五八七頁上一行經名，徑無（未換卷）。

一　五八七頁上三行至四行「青原下十世　天台韶國師法嗣」，徑無。

一　五八八頁中二行「山何」，徑作「山河」。

一　五八八頁下一四行末字「樅」，徑作「摐」。

一　五九〇頁中四行「聲鐘」，徑作「鐘聲」。

一　五九一頁下四行第一六字「椽」，徑作「糁」。

一　五九二頁下一行「六便」，徑作「方便」。

一　五九三頁中二行第四字「作」，徑作「仔」。

一　五九四頁中一九行首字「固」，徑作「箇」。

一　五九五頁下九行「肄業」，徑作「隸業」。

一　五九六頁下八行「向來」，徑作「向上」。

一　五九六頁下卷末經名，徑作「五燈會元卷第十」。

五燈會元卷第二十八　碣一

宋 沙門 大川 濟 纂

南嶽下四世

黃檗運禪師法嗣

鎮州臨濟義玄禪師曹州南華邢氏子幼負出塵之志及落髮進具便慕禪宗初在黃檗會中行業純一時睦州爲第一座乃問上座在此多少時師曰三年州曰曾叅問否師曰不曾叅問不知問箇甚麼州曰何不問堂頭和尚如何是佛法的的大意師便去問聲未絕檗便打師下來州曰問話作麼生師曰某甲問聲未絕和尚便打某甲不會州曰但更去問師又問檗又打如是三度問三度被打師白州曰早承激勸問法累蒙和尚賜棒自恨障緣不領深旨今且辭去州曰汝若去須辭和尚了去師禮拜退州先到黃檗處曰問話上座雖是後生却甚奇特若來辭方便接伊已後爲一株大樹覆蔭天下人去在師來日辭黃檗檗曰不須他去秖往高安灘頭叅大愚必爲汝說師到大愚愚曰甚處來師曰黃檗來愚曰黃檗有何言句師曰某甲三度問佛法的的大意三度被打不知某甲有過無過愚曰黃檗與麼老婆心切爲汝得徹困更來這裏問有過無過師於言下大悟乃曰元來黃檗佛法無多子愚搊住曰這尿牀鬼子適來道有過無過如今却道黃檗佛法無多子你見箇甚麼道理速道速道師於大愚肋下築三拳愚拓開曰汝師黃檗非干我事師辭大愚却回黃檗檗見便問這漢來來去去有甚了期師曰秖爲老婆心切便人事了侍立檗問甚處去來師曰昨蒙和尚慈旨令叅大愚去來檗曰大愚有何言句師舉前話檗曰大愚老漢饒舌待來痛與一頓師曰說甚待來卽今便打隨後便掌檗曰這風顛漢來這裏捋虎鬚師便喝檗喚侍者曰引這風顛漢叅堂去（溈山舉問仰山臨濟當時得大愚力得黃檗力仰云非但騎虎頭亦解把虎尾）黃檗一日普請次師隨後行檗回頭見師空手乃問钁在何處師曰有一人將去了也檗曰近前來共汝商量箇事師便近前檗竪起钁曰秖這箇天下人拈掇不起師就手掣得竪起曰爲甚麼却在某甲手裏檗曰今日自有人普請便回寺（仰山侍溈山次溈舉此話未了仰便問钁在黃檗手裏爲甚麼却被臨濟奪却溈云賊是小人智過君子）師普請鉏地次見黃檗來拄钁而立檗曰這漢困那師曰钁也未舉困箇甚麼檗便打師接住棒一送送倒檗呼維那扶起我來維那扶起曰和尚爭容得這風顛漢無禮檗纔起便打維那師钁地曰諸方火葬我這裏活埋（溈山問仰山黃檗打維那意作麼生仰云正賊走却邏贓人喫棒）師一日在僧堂裏睡檗入堂見以拄杖打板頭一下師舉首見是檗却又睡檗又打板頭一下却往上間見首座坐禪乃曰下間後生却坐禪汝在這裏妄想作麼座曰這老漢作甚麼檗又打板頭一下便出去（溈山舉問仰山秖如黃檗意作麼生仰云兩彩一賽）師栽松次檗曰深山裏栽許多松作甚麼師曰一與山門作境致二與後人作標榜道了將钁頭坙地三下檗曰雖然如是子已喫吾三十棒了也師又坙地三下噓一噓檗曰吾宗到汝大興於世（溈山舉問仰山黃檗當時秖囑臨濟一人更有人在仰云有秖是年代深遠不欲舉似和尚溈云雖然如是吾亦要知汝但舉看仰云一人指南吳越令行遇

（大風即止）黃蘗因入廚下問飯頭作甚麼頭曰揀眾僧飯米蘗曰一頓喫多少頭曰二石五蘗曰莫太多麼頭曰猶恐少在蘗便打頭舉似師師曰我與汝勘這老漢纔到侍立蘗舉前話師曰飯頭不會請和尚代一轉語蘗曰汝但舉師曰莫太多麼蘗曰來日更喫一頓師曰說甚麼來日即今便喫隨後打一掌蘗曰這風顛漢又來這裏捋虎鬚師喝一喝便出去（溈山舉問仰山此二尊宿意作麼生仰山云和尚作麼生溈山云養子方知父慈仰山云不然溈山云子又作麼生仰山云大似勾賊破家）師半夏上黃蘗山見蘗看經師曰我將謂是箇人元來是唵（或作揞）黑豆老和尚住數日乃辭蘗曰汝破夏來何不終夏去師曰某甲暫來禮拜和尚蘗便打趁令去師行數里疑此事却回終夏後又辭蘗蘗曰甚處去師曰不是河南便歸河北蘗便打師約住與一掌蘗大笑乃喚侍者將百丈先師禪板几案來師曰侍者將火來蘗曰不然子但將去已後坐斷天下人舌頭去在師到達磨塔頭塔主問先禮佛先禮祖師曰祖佛俱不禮主曰祖佛與長老有甚寃家師拂袖便出師爲黃蘗馳書至溈山與仰山語次仰曰老兄向後北去有箇住處師曰豈有與麼事仰曰但去已後有一人佐輔汝此人秖是有頭無尾有始無終（懸記普化）師後住鎭州臨濟學侶雲集一日謂普化克符二上座曰我欲於此建立黃蘗宗旨汝且成褫我二人珍重下去三日後普化却上來問和尚三日前說甚麼師便打三日後克符上來問和尚前日打普化作甚麼師亦打至晚小參曰有時奪人不奪境有時奪境不奪人有時人境兩俱奪有時人境俱不奪（問答語具克符章）僧問如何是眞佛眞法眞道乞師開示師曰佛者心清淨是法者心光明是道者處處無礙淨光是三即一皆是空名而無實有如眞正作道人念念心不間斷自達磨大師從西土來秖是覓箇不受人惑底人後遇二祖一言便了始知從前虛用工夫山僧今日見處與祖佛不別若第一句中薦得堪與祖佛爲師若第二句中薦得堪與人天爲師若第三句中薦得自救不了僧便問如何是第一句師曰三要印開朱點窄未容擬議主賓分曰如何是第二句師曰妙解豈容無著問漚和爭負截流機曰如何是第三句師曰但看棚頭弄傀儡抽牽全藉裏頭人乃曰大凡演唱宗乘一句中須具三玄門一玄門須具三要有權有實有照有用汝等諸人作麼生會師謂僧曰有時一喝如金剛王寶劍有時一喝如踞地師子有時一喝如探竿影草有時一喝不作一喝用汝作麼生會僧擬議師便喝示眾參學之人大須子細如賓主相見便有言論往來或應物現形或全體作用或把機權喜怒或現半身或乘師子或乘象王如有眞正學人便喝先拈出一箇膠盆子善知識不辯是境便上他境上作模作樣便被學人又喝前人不肯放下此是膏肓之病不堪醫治喚作賓看主或是善知識不拈出物秖隨學人問處即奪學人被奪抵死不肯放此是主看賓或有學人應一箇清淨境出善知識前知識辯得是境把得抛向坑裏學人言大好善知識知識即云咄哉不識好惡學人便禮

拜此喚作主看主或有學人披枷帶鎖出善
知識前知識更與安一重枷鎖學人歡喜彼
此不辯喚作賓看賓大德山僧所舉皆是辯
魔揀異知其邪正師問洛浦從上來一人行
棒一人行喝阿那箇親曰總不親師曰親處
作麼生浦便喝師乃打上堂有一人論劫在
途中不離家舍有一人離家舍不在途中那
箇合受人天供養師問院主甚處去來曰州
中糶黃米來師曰糶得盡麼主曰糶得盡師
以拄杖畫一畫曰還糶得這箇麼主便喝師
便打典座至師舉前話座曰院主不會和尚
意師曰你又作麼生座禮拜師亦打上堂一
人在孤峯頂上無出身路一人在十字街頭
亦無向背且道那箇在前那箇在後不作維
摩詰不作傅大士珍重有一老宿叅便問禮
拜卽是不禮拜卽是師便喝宿便拜師曰好 碣一 六
箇草賊宿曰賊賊便出去師曰莫道無事好
時首座侍立師曰還有過也無座曰有師曰
賓家有過主家有過曰二俱有過師曰過在
甚麼處座便出去師曰莫道無事好（南泉聞云官馬

相踏）師到京行化至一家門首曰家常添鉢有
婆曰太無厭生師曰飯也未曾得何言太無
厭生婆便閉却門師陞堂有僧出師便喝僧
亦喝便禮拜師便打趙州游方到院在後架
洗脚次師便問如何是祖師西來意州曰恰
遇山僧洗脚師近前作聽勢州曰會卽便會
啗啄作什麼師便歸方丈州曰三十年行脚
今日錯爲人下註脚問僧甚處來曰定州來
師拈棒僧擬議師便打僧不肯師曰已後遇
明眼人去在僧後叅三聖纔舉前話三聖便
打僧擬議聖又打師應機多用喝會下叅徒
亦學師喝師曰汝等總學我喝我今問汝有
一人從東堂出一人從西堂出兩人齊喝一
聲這裏分得賓主麼汝且作麼生分若分不
得已後不得學老僧喝示衆我有時先照後
用有時先用後照有時照用同時有時照用 碣一 七
不同時先照後用有人在先用後照有法在
照用同時駈耕夫之牛奪饑人之食敲骨取
髓痛下針錐照用不同時有問有答立賓立
主合水和泥應機接物若是過量人向未舉

已前撩起便行猶較些子師行脚時到龍光
值上堂師出問不展鋒鋩如何得勝光據坐
師曰大善知識豈無方便光瞪目曰嗄師以
手指曰這老漢今日敗缺也次到三峯平和
尚處平問甚處來師曰黃檗來平曰黃檗有
何言句師曰金牛昨夜遭塗炭直至如今不
見蹤平曰金風吹玉管那箇是知音師曰直
透萬重關不住青霄內平曰子這一問太高
生師曰龍生金鳳子衝破碧琉璃平曰且坐
喫茶又問近離甚處師曰龍光平曰龍光近
日如何師便出去又往鳳林路逢一婆子婆
問甚處去師曰鳳林去婆曰恰值鳳林不在
師曰甚處去婆便行師召婆婆回首師便行
（一作師曰誰道不在）到鳳林林曰有事相借問得麼師
曰何得剜肉作瘡林曰海月澄無影游魚獨
自迷師曰海月既無影游魚何得迷林曰觀
風知浪起翫水野帆飄師曰孤蟾獨耀江山
靜長嘯一聲天地秋林曰任張三寸揮天地
一句臨機試道看師曰路逢劍客須呈劍不
是詩人不獻詩林便休師乃有頌曰大道絕

同任向西東石火莫及電光罔通（溈山問仰山石火莫及電光罔通從上諸聖以何爲人仰云和尚意作麼生溈云但有言說都無實義仰云不然溈云子又作麼生仰云官不容針私通車馬）麻谷問十二面觀音那箇是正面師下禪牀擒住曰十二面觀音甚處去也速道速道谷轉身擬坐師便打谷[八]接住棒相捉歸方丈師問一尼善來惡來尼便喝師拈棒曰更道更道尼又喝師便打師一日拈餬餅示洛浦曰萬種千般不離這箇其理不二浦曰如何是不二之理師再拈起餅示之浦曰與麼則萬種千般也師曰屙屎見解浦曰羅公照鏡師見僧來舉起拂子僧禮拜師便打又有僧來師亦舉拂子僧不顧師亦打又有僧來參師舉拂子僧曰謝和尚指示師亦打（雲門代云祇宜老漢大覺云得即得猶未見臨濟機在）麻谷問大悲千手眼那箇是正眼師搊住曰大悲千手眼作麼生是正眼速道速道谷拽師下禪牀却坐師問訊曰不審谷擬議師便喝拽谷下禪牀却坐谷便出上堂僧問如何是佛法大意師豎起拂子僧便喝師便打又僧問如何是佛法大意師亦豎拂子僧便喝師

亦喝僧擬議師便打乃曰大衆夫爲法者不避喪身失命我於黃檗先師處三度問佛法的的大意三度被打如蒿枝拂相似如今更思一頓誰爲下手時有僧出曰某甲下手師度與拄杖僧擬接師便打同普化赴施主齋[九]次師問毛吞巨海芥納須彌爲復是神通妙用爲復是法爾如然化趯倒飯牀師曰太麤生曰這裏是甚麼所在說麤說細次日又同赴齋師復問今日供養何似昨日化又趯倒飯牀師曰得即得太麤生化喝曰瞎漢佛法說甚麼麤細師乃吐舌師與王常侍到僧堂王問這一堂僧還看經麼師曰不看經曰還習禪麼師曰不習禪曰既不看經又不習禪畢竟作箇甚麼師曰總教伊成佛作祖去曰金屑雖貴落眼成翳師曰我將謂你是箇俗漢師上堂次兩堂首座相見同時下喝僧問師還有賓主也無師曰賓主歷然師召衆曰要會臨濟賓主句問取堂中二首座師後居大名府興化寺東堂咸通八年丁亥四月十日將示滅說傳法偈曰沿流不止問如何眞

照無邊說似他離相離名人不稟吹毛用了急須磨復謂衆曰吾滅後不得滅却吾正法眼藏三聖出曰爭敢滅却和尚正法眼藏師曰已後有人問你向他道甚麼聖便喝師曰誰知吾正法眼藏向這瞎驢邊滅却言訖端坐而逝塔全身於府西北隅謚慧照禪師塔曰澄靈

南嶽下五世

臨濟玄禪師法嗣

魏府興化存獎禪師在三聖會裏爲首座常曰我向南方行腳一遭拄杖頭不曾撥著一箇會佛法底人三聖聞得問曰你具箇甚麼眼便恁麼道師便喝聖曰須是你始得後大覺聞舉遂曰作麼生得風吹到大覺門裏來師後到大覺爲院主一日覺喚院主我聞你[十]道向南方行腳一遭拄杖頭不曾撥著一箇會佛法底你憑箇甚麼道理與麼道師便喝覺便打師又喝覺又打師來日從法堂過覺召院主我直下疑你昨日這兩喝師又喝覺又打師再喝覺又打師曰某甲於三聖師兄

處學得箇賓主句總被師兄折倒了也願與某甲箇安樂法門覺曰這瞎漢來這裏納敗缺脫下衲衣痛打一頓師於言下薦得臨濟先師於黃檗處喫棒底道理師後開堂日拈香曰此一炷香本為三聖師兄三聖於我太孤本為大覺師兄大覺於我太賒不如供養臨濟先師僧問多子塔前共談何事師曰一人傳虛萬人傳實師有時喚僧僧應諾師曰點即不到又喚一僧僧應諾師曰到即不點僧問四方八面來時如何師曰打中間底僧便禮拜師曰昨日赴箇村齋中途遇一陣卒風暴雨却向古廟裏嚲避得過問僧甚處來曰崔禪處來師曰將得崔禪喝來否曰不將得來師曰恁麼則不從崔禪處來僧便喝師便打示衆我聞前廊下也喝後架裏也喝諸子汝莫盲喝亂喝直饒喝得興化向虛空裏却撲下來一點氣也無待我蘇息起來向汝道未在何故我未曾向紫羅帳裏撒真珠與汝諸人去在胡喝亂喝作麼雲居住三峯庵時師問權借一問以為影草時如何居無對

師云想和尚答這話不得不如禮拜了退二十年後居云如今思量當時不消道箇何必後遣化主到師處師問和尚住三峯庵時老僧問伊話對不得如今道得也未主舉前話師云雲居二十年秖道得箇何必興化即不然爭如道箇不必師謂克賓維那曰汝不久為唱導之師賓曰不入這保社師曰會了不入不會了不入曰總不與麼師便打曰克賓維那法戰不勝罰錢五貫設饡飯一堂次日師自白椎曰克賓維那法戰不勝不得喫飯即便出院僧問國師喚侍者意作麼生師曰一盲引衆盲師在臨濟為侍者洛浦來參濟問甚處來浦曰鑾城來濟曰有事相借問得麼浦曰新戒不會濟曰打破大唐國覓箇不會底人也無參堂去師隨後請問曰適來新到是成褫他不成褫他濟曰我誰管你成褫不成褫師曰和尚秖解將死雀就地彈不解將一轉語蓋覆却濟曰你又作麼生師曰請和尚作新到濟遂曰新戒不會師曰却是老僧罪過濟曰你語藏鋒師擬議濟便打至晚

濟又曰我今日問新到是將死雀就地彈就窠子裏打及至你出得語又喝起了向青雲裏打師曰草賊大敗濟便打師見同參來纔上法堂師便喝僧亦喝師又喝僧亦喝師近前拈棒僧又喝師曰你看這瞎漢猶作主在僧擬議師直打下法堂侍者請問適來那僧有甚觸忤和尚師曰他適來也有權也有實也有照也有用及乎我將手向伊面前橫兩橫到這裏却去不得似這般瞎漢不打更待何時僧禮拜問寶劒知師藏已久今日當場略借看師曰不借曰為甚麼不借師曰不是張華眼徒窺射斗光曰用者如何師曰橫身當宇宙誰是出頭人僧便作引頸勢師曰嗄僧曰喏便歸衆後唐莊宗車駕幸河北回至魏府行宮詔師問曰朕收中原獲得一寶未曾有人酬價師曰請陛下寶看帝以兩手舒幞頭脚師曰君王之寶誰敢酬價(玄覺徵云且道興化肯莊宗不肯莊宗若肯莊宗興化眼在甚麼處若不肯莊宗過在甚麼處)龍顏大悅賜紫衣師號師皆不受乃賜馬與師乘騎馬忽驚師墜傷足帝復賜藥救療師喚院主

與我做箇木枴子主做了將來師接得遶院
行問僧曰汝等還識老僧麽曰爭得不識和
尚師曰躑腳法師說得行不得又至法堂令
維那聲鐘集衆師曰還識老僧麽衆無對師
擲下枴子端然而逝謚廣濟禪師
鎮州寶壽沼禪師第一世僧問萬境來侵時如
何師曰莫管他僧禮拜師曰不要動著動著
卽打折汝腰師在方丈坐因僧問訊次師曰
百千諸聖盡不出此方丈內曰秖如古人道
大千沙界海中漚未審此方丈向甚麽處著
師曰千聖現在曰阿誰證明師便擲下拂子
僧從西過東立師便打僧曰若不久叅焉知
端的師曰三十年後此話大行趙州來師在
禪牀背面而坐州展坐具禮拜師起入方丈
州收坐具而出師問僧甚處來曰西山來師
曰見獼猴麽曰見師曰作甚麽伎倆曰見某
甲一箇伎倆也作不得師便打胡釘鉸參師
問汝莫是胡釘鉸麽曰不敢師曰還釘得虛
空麽曰請和尚打破師便打胡曰和尚莫錯
打某甲師曰向後有多口阿師與你點破在

胡後到趙州舉前話州曰汝因甚麽被他打
胡曰不知過在甚麽處州曰秖這一縫尚不
柰何胡於此有省趙州曰且釘這一縫僧問
萬里無雲時如何師曰青天也須喫棒曰未
審青天有甚麽過師便打問如何是祖師西
來意師曰面黑眼睛白西院來叅問踏倒化
城來時如何師曰不斬死漢院曰斬師便打
院連道斬斬師又隨聲打師却回方丈曰適
來這僧將赤肉抵他乾棒有甚死急
鎮州三聖院慧然禪師自臨濟受訣遍歷叢
林至仰山山問汝名甚麽師曰慧寂山曰慧
寂是我名師曰我名慧然山大笑而已仰山
因有官人相訪山問官居何位曰推官山竪
起拂子曰還推得這箇麽官人無對山令衆
下語皆不契時師不安在涅槃堂內將息山
令侍者去請下語師曰但道和尚今日有事
山又令侍者問未審有甚麽事師曰再犯不
容到香嚴嚴問甚處來師曰臨濟嚴曰將得
臨濟喝來麽師以坐具驀口打又到德山纔
展坐具山曰莫展炊巾這裏無殘羹餿飯師

曰縱有也無著處山便打師接住棒推向禪
牀上山大笑師哭蒼天便下叅堂堂中首座
號躢天泰問行腳高士須得本道公驗作麽
生是本道公驗師曰道甚麽座再問師打一
坐具曰這漆桶前後觸忤多少賢良座擬人
事師便過第二座人事又到道吾吾預知以
緋抹額持神杖於門下立師曰小心祗候吾
應諾師叅堂了再上人事吾具威儀方丈內
坐師纔近前吾曰有事相借問得麽師曰也
是適來野狐精便出去住後上堂我逢人卽
出出則不爲人便下座（興化云我逢人則不出出則便爲人）僧
問如何是祖師西來意師曰臭肉來蠅（興化云破
驢脊上足蒼蠅）問僧近離甚處僧便喝師亦喝僧又
喝師又喝僧曰行棒卽瞎便喝師拈棒僧乃
轉身作受棒勢師曰下坡不走快便難逢便
棒僧曰這賊便出去師遂拋下棒次有僧問
適來爭容得這僧師曰是伊見先師來
魏府大覺和尚叅臨濟濟纔見竪起拂子師
展具坐濟擲下拂子師收坐具叅堂去時僧
衆曰此僧莫是和尚親故不禮拜又不喫棒

濟聞說令侍者喚適來新到上來師隨侍者到方丈濟曰大衆道汝來叅長老又不禮拜又不喫棒莫是長老親故師乃珍重下去師住後僧問如何是本來身師曰頭枕衡山脚踏北嶽問如何是佛法大意師曰良馬不窺鞭側耳知人意問如何是鎮國寶師曰穿耳賣不售問香草未生時如何師曰齅著腦裂曰生後如何師曰腦裂問如何是祖師西來意師曰十字街頭望空啟告問如何是大覺師曰惡覺曰乖極師便打問忽來忽去時如何師曰風吹栁絮毛毬走曰不來不去時如何師曰華嶽三峯頭指天問一飽忘百饑時如何師曰縱遇臨岐食隨分納些些臨終時謂衆曰我有一隻箭要付與人時有一僧出曰請和尚箭師曰汝喚甚麼作箭僧喝師打數下便歸方丈却喚其僧入來問曰汝適來會麼曰不會師又打數下擲却拄杖曰已後遇明眼人分明舉似便乃告寂

灌谿志閑禪師魏府館陶史氏子幼從栢巖禪師披剃受具後見臨濟濟驀胷搊住師曰領領濟拓開曰且放汝一頓師離臨濟至末山（語見末山章）師住後上堂曰我在臨濟爺爺處得半杓末山孃孃處得半杓共成一杓喫了直至如今飽不饑僧問請師不借借師曰滿口道不得師又曰大庾嶺頭佛不會黃梅路上沒衆生師會下一僧去叅石霜霜問甚處來曰灌谿來霜曰我南山不如他北山僧無對僧回舉似師師曰何不道灌谿修涅槃堂了也問久嚮灌谿到來秖見漚麻池師曰汝秖見漚麻池且不見灌谿曰如何是灌谿師曰劈箭急（後人舉似玄沙沙云更學三十年未會禪）問如何是古人骨師曰安置不得曰為甚麼安置不得師曰金烏那教下碧天問金鎖斷後如何師曰正是法汝處問如何是祖師西來意師曰鉢裏盛飯鐼裏盛羹曰學人不會師曰飢則食飽則休上堂十方無壁落四畔亦無門露裸裸赤灑灑無可把便下座問如何是一色師曰不隨曰一色後如何師曰有闍黎承當分也無問今日一會祇敵何人師曰不為凡聖問一句如何師曰不落千聖機問如何是洞中水師曰不洗人唐乾寧二年乙卯五月二十九日問侍者曰坐死者誰曰僧伽師曰立死者誰曰僧會師乃行七步垂手而逝

涿州紙衣和尚（即克符道者）初問臨濟如何是奪人不奪境濟曰煦日發生鋪地錦嬰兒垂髮白如絲師曰如何是奪境不奪人濟曰王令已行天下遍將軍塞外絕烟塵師曰如何是人境俱奪濟曰并汾絕信獨處一方師曰如何是人境俱不奪濟曰王登寶殿野老謳謌師於言下領旨後有頌曰奪人不奪境緣自帶諸訛擬欲求玄旨思量反責麼驪珠光燦爛蟾桂影婆娑覷面無差互還應滯網羅奪境不奪人尋言何處真問禪禪是妄究理理非親日照寒光澹山搖翠色新直饒玄會得也是眼中塵人境兩俱奪從來正令行不論佛與祖那說聖凡情擬犯吹毛劒還如值木盲進前求妙會特地斬精靈人境俱不奪思量意不偏主賓言少異問答理俱全踏破澄潭月穿開碧落天不能明妙用淪溺在無緣僧問如何是賓中賓師曰倚門傍戶猶如醉

出言吐氣不慚惶曰如何是賓中主師曰口念彌陀雙拄杖目瞽瞳人不出頭曰如何是主中賓師曰高提祖印當機用利物應知語帶悲曰如何是主中主師曰橫按鏌鎁全正令太平寰宇斬癡頑曰既是太平寰宇爲甚麽却斬癡頑師曰不許夜行剛把火直須當道與人看

定州善崔禪師州將王令公於衙署張座請師説法師陞座拈拄杖曰出來也打不出來也打僧出曰崔禪聻師擲下拄杖曰久立令公伏惟珍重僧問如何是祖師西來意師曰定州瓷器似鐘鳴曰學人不會意旨如何師曰口口分明没喝斜

鎮州萬壽和尚僧問如何是迦葉上行衣師曰鶴飛千點雪雲鎖萬重山問如何是丈六金身師曰袖頭打領腋下剜襟曰學人不會師曰不會請人裁師訪寶壽壽坐不起師展坐具壽下禪牀師却坐壽驟入方丈閉却門知事見師坐不起曰請和尚庫下喫茶師乃歸院翌日寶壽來復謁師踞禪牀壽展坐具師亦下禪牀壽却坐師歸方丈閉却門壽入侍者寮取灰圍却方丈門便歸去師遂開門見曰我不恁麽他却恁麽

幽州譚空和尚鎮州牧有姑爲尼行脚回欲開堂爲人牧令師勘過師問曰見説汝欲開堂爲人是否尼曰是師曰尼是五障之身汝作麽生爲人尼曰龍女八歲南方無垢世界成等正覺又作麽生師曰龍女有十八變你試一變看尼曰設使變得也秖是箇野狐精師便打牧聞舉乃曰和尚棒折那僧問德山棒臨濟喝未審那箇最親師曰已前在衆裏老僧也曾商量來僧便喝師曰却是汝會僧曰錯師便打上堂衆集有僧出曰擬問不問時如何師曰嗄僧便喝師曰囫僧又喝師拈拄杖僧曰瞎師抛下拄杖曰今日失利僧曰草賊大敗便歸衆師以手向空點一點曰大衆還有人辯得麽若有辯得者出來對衆道看師良久曰頂門上眼也鑒不破便下座寶壽和尚問除却中上二根人來時師兄作麽生師曰汝適來舉早錯也壽曰師兄也不得無過師曰汝却與我作師兄壽側掌曰這老賊

襄州歷村和尚僧問如何是觀其音聲而得解脱師將火筯敲柴曰汝還聞麽曰聞師曰誰不解脱師煎茶次僧問如何是祖師西來意師舉起茶匙僧曰莫秖這便當否師擲向火中

滄州米倉和尚州牧請師與寶壽入廳供養令人傳語請二長老譚論佛法壽曰請師兄答話師便喝壽曰某甲話也未問喝作麽師曰猶嫌少在壽却與一喝

新羅國智異山和尚一日示衆曰冬不寒臘後看便下座

常州善權山徹禪師僧問祖意教意是同是別師曰冬寒夏熱曰此意如何師曰炎天宜散袒冬後更深藏

金沙和尚僧問如何是祖師西來意師曰聽曰恁麽則大衆側聆師曰十萬八千

齊聳禪師僧問如何是佛師曰老僧並不知曰和尚是大善知識爲甚麽不知師曰老僧

不曾接下機問如何是道師曰往來無障礙復曰忽遇大海作麽生過僧擬議師便打

雲山和尚有僧從西京來師問還將得西京主人書來否曰不敢妄通消息師曰作家師僧天然有在曰殘羹餿飯誰喫師曰獨有闍黎不甘喫其僧乃作吐勢師喚侍者曰扶出這病僧著僧便出去師見僧來便作起勢僧便出去師曰得恁麽靈利僧便喝曰作這箇眼目承嗣臨濟也太屈哉師曰且望闍黎善傳僧回首師喝曰作這箇眼目錯判諸方若言隨後便打

虎谿庵主僧問庵主在這裏多少年也師曰秖見冬凋夏長年代總不記得曰大好不記得師曰汝得我在這裏得多少年也曰冬凋夏長嚮師曰閙市裏虎僧到相看師不顧僧曰知道庵主有此機鋒師鳴指一下僧曰是何宗旨師便打僧曰知道今日落人便宜師曰猶要棒喫在有僧纔入門師便喝僧黙然師便打僧却喝師曰好箇草賊有僧到近前曰不審庵主師曰阿誰僧便喝師曰得恁麽無賓主曰猶要第二喝在師便喝有僧問和尚何處人事師曰隴西人曰承聞隴西出鸚鵡是否師曰是曰和尚莫不是否師便作鸚鵡聲僧曰好箇鸚鵡師便打

覆盆庵主問僧甚處來僧曰覆盆山下來師曰還見庵主麽僧便喝師便打僧曰作甚麽師住棒僧擬議師又打一日有僧從山下哭上師閉却門僧於門上畫一圓相門外立地師從庵後出却從山下哭上僧喝曰猶作這箇去就在師便換手搥胸曰可惜先師一場埋沒僧曰苦苦師曰庵主被謾

桐峯庵主僧問和尚這裏忽遇大蟲作麽生師便作大蟲吼僧作怖勢師大笑僧曰這老賊師曰爭奈老僧何有僧到庵前便去師召闍黎僧回首便喝師良久僧曰死却這老漢師便打僧無語師呵呵大笑有僧入庵便把住師師叫殺人殺人僧拓開曰叫喚作甚麽師曰誰僧便喝師便打僧出外回首曰且待且待師大笑有老人入山叅師曰住在甚處老人不語師曰善能對機老人地上拈一枝草示師師便喝老人禮拜師便歸庵老人曰與麽疑殺一切人在

杉洋庵主有僧到叅師問阿誰曰杉洋庵主師曰是我僧便喝師作噓聲僧曰猶要棒喫在師便打僧問庵主得甚麽道理便住此山師曰也欲通箇來由又恐遭人點檢僧曰又爭免得師便喝僧曰恰是師便打僧大笑而出師曰今日大敗

定上座初叅臨濟問如何是佛法大意濟下禪牀擒住師擬議濟與一掌師佇思傍僧曰定上座何不禮拜師方作禮忽然大悟後南游路逢巖頭雪峯欽山三人巖頭問上座甚處來師曰臨濟來巖曰和尚萬福師曰和尚已順世也巖曰某甲三人特去禮拜薄福不遇不知和尚在日有何言句請上座舉一兩則師遂舉臨濟上堂曰赤肉團上有一無位真人常在汝等諸人面門出入未證據者看看時有僧問如何是無位真人濟下禪牀搊住曰道道僧擬議濟拓開曰無位真人是甚麽乾屎橛巖頭不覺吐舌雪峯曰臨濟大似

白拈賊欽山曰何不道赤肉團上非無位眞人師便擒住曰無位眞人與非無位眞人相去多少速道速道欽山被擒直得面黃面青語之不得巖頭雪峯曰這新戒不識好惡觸忤上座且望慈悲師曰若不是這兩箇老漢堅殺這尿牀鬼子師在鎮府齋回到橋上坐次逢三人座主一人問如何是禪河深處須窮到底師擒住擬拋向橋下二座主近前諫曰莫怪觸忤上座且望慈悲師曰若不是這兩箇座主直教他窮到底

龕上座離臨濟叅德山山纔見下禪牀作抽坐具勢師曰這箇且置或遇心境一如底人來向伊道箇甚麽免被諸方檢責山曰猶較昔日三步在別作箇主人公來師便喝山默然師曰塞却這老漢咽喉也拂袖便出溈山聞舉云龕上座雖得便宜爭柰掩耳偷鈴　又叅百丈茶罷丈曰有事相借問得麼師曰幸自非言何須甌茶丈曰與麼則許借問丈曰收得安南又憂塞北師擘開胷曰與麼不與麼丈曰要且難搆要且難搆師曰知即得知即得仰山云若有人知得此二人落處不妨奇特若辨不得大似日中迷路

五燈會元卷第二十八

五燈會元卷第二十八

校勘記

一　底本，清藏本。

一　五九八頁上一行經名，徑作「五燈會元卷第十一」。

一　六〇三頁下一九行「具坐」，徑作「坐具」。

一　六〇四頁中一六行第九字「碧」，徑作「壁」。

一　六〇七頁中卷末經名，徑無（未換卷）。

五燈會元卷第二十九　磧二

宋沙門大川濟纂

南嶽下六世

興化奬禪師法嗣

汝州南院慧顒禪師（亦曰寶應）上堂赤肉團上壁立千仞僧問赤肉團上壁立千仞豈不是和尚道師曰是僧便掀倒禪牀師曰這瞎驢亂作僧擬議師便打問僧近離甚處曰長水師曰東流西流曰總不恁麼師曰作麼生僧珍重師便打僧叅師舉拂子僧曰今日敗缺師放下拂子僧曰猶有這箇在師便打問僧近離甚處曰襄州師曰來作甚麼曰特來禮拜和尚師曰恰遇寶應老不在僧便喝師曰向汝道不在又喝作甚麼僧又喝師便打僧禮拜師曰這棒本是汝打我我且打汝要此話大行瞎漢叅堂去思明和尚未住西院時到叅禮拜了曰無可人事從許州來收得江西剃刀一柄獻和尚師曰汝從許州來爲甚却收得江西剃刀明把師手搯一搯師曰侍者收取明以衣袖拂一拂便行師曰阿剌剌阿剌剌上堂諸方秖具啐啄同時眼不具啐啄同時用僧便問如何是啐啄同時用師曰作家不啐啄啐啄同時失曰此猶未是某甲問處師曰汝問處作麼生僧曰失師便打其僧不肯後於雲門會下聞二僧舉此話一僧曰當時南院棒折那其僧忽契悟遂奔回省覲師已圓寂乃謁風穴穴一見便問上座莫是當時問先師啐啄同時話底麼僧曰是穴曰汝當時作麼生會曰某甲當時如在燈影裏行相似穴曰汝會也問古殿重興時如何師曰明堂瓦插簷曰與麼則莊嚴畢備也師曰斬草蛇頭落問如何是佛法大意師曰無量大病源曰請師醫師曰世醫拱手問匹馬單槍來時如何師曰且待我斫棒問如何是無相涅槃師曰前三點後三點曰無相涅槃請師證照師曰三點前三點後問凡聖同居時如何師曰兩箇猫兒一箇獰問如何是無縫塔師曰八花九裂曰如何是塔中人師曰頭不梳面不洗問如何是佛師曰待有卽向你道曰與麼則和尚無佛也師曰正當好處曰如何是好處師曰今日是三十日問園頭瓠子開花也未曰開花巳久師曰還著子也無曰昨日遭霜了也師曰大衆喫箇甚麼僧擬議師便打問僧名甚麼曰普叅師曰忽遇屎橛作麼生僧便不審師便打問人逢碧眼時如何師曰鬼爭漆桶問龍躍江湖時如何師曰瞥嗔瞥喜曰傾湫倒嶽時如何師曰老鴉沒嘴問萬里無雲時如何師曰餓虎投崖問二王相見時如何師曰十字路頭吹尺八問如何是薝蔔林師曰鬼厭箭問如何是金剛不壞身師曰老僧在汝脚底僧便喝師曰未在僧又喝師便打問上上根器人來師還接也無師曰接曰便請和尚接師曰且喜共你平交問祖意教意是同是別師曰王尚書李僕射曰意旨如何師曰牛頭南馬頭北問如何是祖師西來意師曰五男二女問擬伸一問師意如何師曰是何公案僧曰喏師曰放汝三十棒問如何是寶應主師曰杓大盌小問僧近離甚處曰龍興曰發足莫過葉縣也無僧便喝師曰好好問你又惡發作麼曰與

作惡發卽不得師却喝曰你旣惡發我也惡發近前來我也沒量罪過你也沒量罪過瞎漢參堂去問僧近離甚處曰襄州師曰是甚麼物恁麼來曰和尚試道看師曰適來禮拜底曰錯師曰禮拜底錯箇甚麼曰再犯不容師曰三十年弄馬騎今日被驢撲瞎漢參堂去問從上諸聖向甚麼處去師曰不上天堂則入地獄曰和尚又作麼生師曰還知寶應老漢落處麼僧擬議師打一拂曰你還知喫拂子底麼曰不會師曰正令却是你行又打一拂子

守廓侍者問德山曰從上諸聖向甚麼處去山曰作麼作麼師曰勅點飛龍馬跛鼈出頭來山便休去來日浴出師過茶與山山於背上拊一下曰昨日公案作麼生師曰這老漢今日方始瞥地山又休去師行脚到襄州華嚴和尚會下一日嚴上堂曰大衆今日若是臨濟德山高亭大愚烏窠船子兒孫不用如何若何便請單刀直入華嚴與汝證據師出禮拜起便喝嚴亦喝師又喝嚴亦喝師禮拜起曰大衆看這老漢一場敗缺又喝一喝拍手歸衆嚴下座歸方丈時風穴作維那上去問訊嚴曰維那汝來也巨耐守廓適來把老僧扭捏一上待集衆打一頓趂出穴曰趂他遲了也自是和尚言過他是臨濟下兒孫本分恁麼嚴方息怒〔三〕穴下來舉似師〔四〕師曰你著甚來由勸這漢我未問前早要棒喫得我話行如今不打搭却我這話也穴曰雖然如是已遍天下也

寶壽沼禪師法嗣

汝州西院思明禪師僧問如何是伽藍師曰荆棘叢林曰如何是伽藍中人師曰貛兒貉子問如何是不變易底物師曰打帛石問如何是臨濟一喝師曰千鈞之弩不爲鼷鼠而發機曰和尚慈悲何在師便打從漪上座到法席旬日常自曰莫道會佛法人覓箇舉話底人也無師聞而默之漪異日上法堂次師召從漪漪舉首師曰錯漪進三兩步師又曰錯漪近前師曰適來兩錯是上座錯是思明老漢錯曰是從漪錯師曰錯錯乃曰上座且在這裏過夏共汝商量這兩錯漪不肯便去後住相州天平山每舉前話曰我行脚時被惡風吹到汝州有西院長老勘我連下兩錯更留我過夏待共我商量我不道恁麼時錯我發足向南方去時早知錯了也〔五〕（首山念云據天平作恁麼解會未夢見〔三〕西院在何故話在）

寶壽和尚（第二世）在先寶壽爲供養主壽問父母未生前還我本來面目來師立至夜深下語不契翌日辭去壽曰汝何往師曰昨日蒙和尚設問某甲不契往南方參知識去壽曰南方禁夏不禁冬我此間禁冬不禁夏汝且作街坊過夏若是佛法闤闠之中浩浩紅塵常說正法師不敢違一日街頭見兩人交爭揮一拳曰你得恁麼無面目師當下大悟走見寶壽未及出語壽便曰汝會也不用說師便禮拜壽臨遷化時囑三聖請師開堂師開堂日三聖推出一僧師便打聖曰與麼爲人非但瞎却這僧眼瞎却鎮州一城人眼去在（法眼云甚麼處是瞎却人眼處）師擲下拄杖便歸方丈僧問不占閫域請師不謗師曰莫問種種莊嚴懸

懃奉獻時如何師曰莫汙我心田師將順寂
謂門人曰汝還知吾行履處否曰知和尚長
坐不卧師又召僧近前來僧近前師曰去非
吾眷屬言訖而化

三聖然禪師法嗣

鎭州大悲和尚僧問除上去下請師別道師
曰開口卽錯曰眞是學人師也師曰今日向
弟子手裏死問如何是和尚密作用師拈棒
僧轉身受棒師抛下棒曰不打這死漢問如
何是諦實之言師曰舌拄上齶曰爲甚麼如
此師便打問如何是大悲境師曰千眼都來
一隻收曰如何是境中人師曰手忙脚亂問
不著聖凡請師答話師曰好僧擬議師便喝
淄州水陸和尚僧問如何是學人用心處師
曰用心卽錯曰不起一念時如何師曰沒用
磧二 六
處漢問此事如何保任師曰切忌問如何是
最初一句師便喝僧禮拜師以拂子點曰且
放問狹路相逢時如何師便攔胸拓一拓

魏府大覺和尚法嗣

廬州大覺和尚僧問牛頭未見四祖時爲甚
麼鳥獸銜華師曰有恁麼畜生無所知曰見
後爲甚麼不銜華師曰無恁麼畜生有所知
廬州澄心院旻德禪師在興化遇示衆曰若
是作家戰將便請單刀直入更莫如何若何
師出禮拜起便喝化亦喝師又喝化亦喝師
禮拜歸衆化曰適來若是別人三十棒一棒
也較不得何故爲他旻德會一喝不作一喝
用住後僧問如何是澄心師曰我不作這活
計曰未審作麼生師便喝僧曰大好不作這
活計師便打問如何是道師曰老僧久住澄
心院曰如何是道中人師曰破衲長披經歲
年問露地不通風時如何師曰㴱問旣是澄
心爲甚麼出來入去師曰鼻孔上著灸僧禮
拜師便打
荆南府竹園山和尚僧問久嚮和尚會禪是
磧三 七
否師曰是僧曰蒼天蒼天師近前以手掩僧
口曰低聲低聲僧打一掌便拓開師曰山僧
招得僧拂袖出去師笑曰早知如是悔不如
是問旣是竹園還生笋也無師曰千株萬株
曰恁麼則學人有分也師曰汝作麼生僧擬
議師便打
宋州法華院和尚僧問如何是佛師曰獨坐
五峯前問如何是初生月師曰不高不低曰
還許學人瞻敬也無師曰三日後看問如何
是法華家風師曰寒時寒殺熱時熱殺曰如
何是寒時寒殺師曰三三兩兩抱頭行曰如
何是熱時熱殺師曰東西南北見者啞問學
人手持白刃直進化門時如何師曰你試用
看僧便喝師擒住僧隨手打一掌師拓開曰
老僧今日失利僧作舞而出師曰賊首頭犯

灌谿閑禪師法嗣

池州魯祖山教禪師僧問如何是祖師西來
意師曰今日不答話曰大好不答話師便打
問如何是雙林樹師曰有相身中無相身曰
如何是有相身中無相身師曰金香爐下鐵
崑崙問如何是孤峯獨宿底人師曰半夜日
頭明日午打三更問如何是格外事師曰化
道緣終後虛空更那邊問進向無門時如何
師曰太鈍生曰不是鈍生直下進向無門時
如何師曰靈機未曾論邊際執法無門在暗

中問如何是學人著力處師曰春來草自青月上已天明曰如何是不著力處師曰崩山石頭落平川燒火行

紙衣和尚法嗣

鎭州談空和尚僧問如何是佛師曰麻纏紙裹問百了千當時如何師和聲便打問格外之譚請師舉唱師曰臨路不通風曰莫秖這便是也無師乃噓噓

際上座行脚到洛京南禪時有朱行軍設齋入僧堂顧視曰直下是遂行香口不住道至師面前師便問直下是箇甚麼行軍便喝師曰行軍幸是會佛法底人又惡發作甚麼行軍曰喚作惡發卽不得師便喝行軍曰鉤在不疑之地師又喝行軍便休齋退令客司請適來下喝僧來師至便共行軍言論並不顧諸人僧錄曰行軍適來爭容得這僧無禮行軍曰若是你諸人喝下官有劒僧錄曰某等固是不會須是他禪長老始得行軍曰若是南禪長老也未夢見在僧問如何是佛法的的大意師曰龍騰滄海魚躍深潭曰畢竟如何師曰夜聞祭鬼鼓朝聽上灘歌問如何是上座家風師曰三脚蝦蟇背大象

南嶽下七世

南院顒禪師法嗣

汝州風穴延沼禪師餘杭劉氏子幼不茹葷習儒典應進士一舉不遂乃出家依本州開元寺智恭披削受具習天台止觀年二十五謁鏡清清問近離甚處師曰自離東來清曰還過小江也無師曰大舸獨飄空小江無可濟清曰鏡水秦山鳥飛不度子莫道聽途言師曰滄溟尚怯艨艟勢烈漢飛帆渡五湖清豎拂子曰爭奈這箇何師曰這箇是甚麼清曰果然不識師曰出沒卷舒與師同用清曰杓卜聽虛聲熟睡饒讇語師曰澤廣藏山理能伏豹清曰捨罪放愆速須出去師曰出去卽失便出到法堂乃曰夫行脚人因緣未盡其善不可便休去却回曰某甲適來輒陳小騃冒瀆尊顏伏蒙慈悲未賜罪責清曰適來言從東來豈不是翠巖來師曰雪竇親棲寶蓋東清曰不逐忘羊狂解息却來這裏念篇章師曰路逢劒客須呈劒不是詩人莫獻詩清曰詩速祕却略借劒看師曰梟首甑人攜劒去清曰不獨觸風化亦自顯顢頇師曰若不觸風化爭明古佛心清曰如何是古佛心師曰再許允容師今何有清曰東來衲子菽麥不分秖聞不已而已何得抑已而已師曰巨浪涌千尋澄波不離水清曰一句截流萬機寢削師便禮拜清曰衲子俊哉衲子俊哉師到華嚴嚴問我有牧牛歌輒請闍黎和師曰羯鼓掉鞭牛豹跳遠村梅樹觜盧都師叅南院入門不禮拜院曰入門須辯主師曰端的請師分院於左膝拍一拍師便喝院於右膝拍一拍師又喝院曰左邊一拍且置右邊一拍作麼生師曰瞎院便拈棒師曰莫盲枷瞎棒奪打和尚莫言不道院擲下棒曰今日被黃面淛子鈍置一場師曰和尚大似持鉢不得詐道不飢院曰闍黎曾到此間麼師曰是何言歟院曰老僧好好相借問師曰也不得放過便下叅衆了却上堂頭禮謝院曰闍黎曾見甚麼人來師曰在襄州華嚴與廓侍

看同夏院曰親見作家來院問南方一棒作
麼商量師曰作奇特商量師却問和尚此間
一棒作麼商量院拈住杖曰棒下無生忍臨
機不見師師於言下大徹玄旨遂依止六年
四衆請主風穴又八年李史君與闔城士庶
再請開堂演法矣上堂夫叅學眼目臨機直
須大用現前勿自拘於小節設使言前薦得
猶是滯殼迷封縱然句下精通未免觸途狂
見應是從前依他作解明昧兩岐與你一時
掃却直教箇箇如師子兒吒呀地哮吼一聲
壁立千仞誰敢正眼覰著覰著即瞎却渠眼
時有僧問如何是正法眼師曰即便戳瞎曰
戳瞎後如何師曰撈天摸地師後因本郡兵
寇作孽與衆避地于郢州謁前請主李史君
留於衙內度夏普設大會請師上堂纔陞座
乃曰祖師心印狀似鐵牛之機去即印住住
即印破秖如不去不住印即是不印即是還
有人道得麼時有盧陂長老出問學人有鐵
牛之機請師不搭印師曰慣釣鯨鯢澄巨浸
却嗟蛙步驟泥沙陂佇思師喝曰長老何不

進語陂擬議師便打一拂子曰還記得話頭
麼試舉看陂擬開口師又打一拂子牧主曰
信知佛法與王法一般師曰見甚麼道理牧
主曰當斷不斷反招其亂師便下座至九月
汝州太師宋侯捨宅爲寺復來郢州請師歸
新寺住持至周廣順元年賜額廣慧師住二
十二年常餘百衆上堂僧問如何是佛師曰
如何不是佛曰未曉玄言請師直指師曰家
住海門洲扶桑最先照問朗月當空時如何
師曰不從天上輥任向地中埋問古曲無音
韻如何和得齊師曰木鷄啼子夜芻狗吠天
明上堂舉寒山詩曰梵志死去來魂識見閻
老讀盡百王書未免受捶拷一稱南無佛皆
以成佛道僧問如何是一稱南無佛師曰燈
連鳳翅當堂照月映娥眉頻面看問如何是
佛師曰嘶風木馬緣無絆背角泥牛痛下鞭
問如何是廣慧劍師曰不斬死漢問古鏡未
磨時如何師曰天魔膽裂曰磨後如何師曰
軒轅無道問矛盾本成雙翳病帝網明珠事
若何師曰爲山登九仞捻土定千鈞問干木

奉文侯知心有幾人師曰少年曾決龍蛇陣
老倒還聽稚子歌問如何是清涼山中主師
曰一句不違無著問迄今猶作野盤僧問如
何是和尚家風師曰鶴有九皐難翥翼馬無
千里謾追風問未有之言請師試道師曰入
市能長嘯歸家著短衣問夏終今日師意如
何師曰不憐鵝護雪且喜蠟人氷問歸鄉無
路時如何師曰平窺紅爛處暢殺子平生問
滿目荒郊翠瑞草却滋榮時如何師曰新出
紅爐金彈子簉破闍黎鐵面皮問如何是互
換之機師曰和盲悉聽問眞性不隨緣如
何得證悟師曰猪肉案上滴乳香問如何是
清淨法身師曰金沙灘頭馬郎婦問一色難
分請師顯示師曰滿爐添炭猶嫌冷路上行
人秖守寒問如何是學人立身處師曰井底
泥牛吼林間玉兔驚問如何是道師曰五鳳
樓前曰如何是道中人師曰問取皇城使問
不傷物義請師便道師曰劈腹開心猶未性
爆問未定渾濁如何得照師曰下坡不走快
便難逢問如何是衲僧行履處師曰頭上喫

棒口裏喃喃問靈山話月曹溪指月去此二途請師直指師曰無言不當瘂曰請師定當師曰先度汨羅江問任性浮沉時如何師曰牽牛不入欄問疑然便會時如何師曰截耳卧街問狼烟永息時如何師曰兩脚捎空問祖令當行時如何師曰點問不施寸刃便登九五時如何師曰鞭屍屈項上堂舉古云我有一隻箭曾經久磨煉射時徧十方落處無人見師曰山僧卽不然我有一隻箭未嘗經磨煉射不徧十方要且無人見僧便問如何是和尚箭師作彎弓勢僧禮拜師曰拖出這死漢問牛頭未見四祖時如何師曰披席把盞曰見後如何師曰披席把盞問未達其源時如何師曰鶴冷移巢易龍寒出洞難問不露鋒鋩句如何辯主賓師曰口銜羊角驟膠粘問將身御險時如何師曰布露長書寫罪原問學人解問請訛句請師舉起許人機師曰心裏分明眼睛黑問生死到來時如何師曰青布裁衫招犬吠曰如何得不吠去師曰自宜韡避寂無聲問如何是眞道人師曰竹竿頭上禮西方問魚隱深潭時如何師曰湯盪火燒問如何是諸佛行履處師曰青松綠竹下問如何是大善知識師曰殺人不眨眼曰既是大善知識爲甚麼殺人不眨眼師曰壓埃影裏不拂袖畫戟門前磨寸金問一卽六六卽一一六俱亡時如何師曰一箭落雙鵰曰意旨如何師曰身亡跡謝問摘葉尋枝卽不問直截根源事若何師曰赴供凌晨去開塘帶雨歸問問盡是捏怪請師直指根源師曰罕逢穿耳客多遇刻舟人問正當恁麼時如何師曰盲龜值木雖優穩枯木生華物外春問寶塔元無縫金門卽日開時如何師曰智積佐來空合掌天王捧出不知音曰如何是塔中人師曰萎花風掃去香水雨飄來問隨緣不變者忽遇知音時如何師曰披簑側立千峰外引水澆蔬五老前問刻舟求不得常用事如何師曰大勲不立賞柴扉草自深問從上古人印印相契如何是相契底眼師曰輕囂道者知機變拈却招魂拭淚巾問九夏賞勞請師言薦師曰出袖拂開龍洞雨泛杯波涌鉢囊華問最初自恣合對何人師曰一把香芻拈未暇六環金錫響遙空問西祖傳來請師端的師曰一犬吠虛千猱啀實問王道與佛道相去幾何師曰芻狗吠時天地合木鷄啼後祖燈輝問祖師心印請師拂拭師曰祖月凌空圓聖智何山松檜不青青上堂若立一塵家國興盛野老顰蹙不立一塵家國喪亡野老安帖於此明得闍黎無分全是老僧於此不明老僧却是闍黎闍黎與老僧亦能悟却天下人亦能瞎却天下人欲識闍黎麼右邊一拍曰這裏是欲識老僧麼左邊一拍曰這裏是僧問大衆雲集請師說法師曰赤脚人趂兎著靴人喫肉問不曾博覽空王教略借玄機試道看師曰白玉無瑕卞和刖足問如何是無爲之句師曰寶燭當軒顯紅光爍太虛問如何是臨機一句師曰因風吹火用力不多問素面相呈時如何師曰拈却蓋面帛問紫菊半開秋已老月圓當戶意如何師曰月生蓬島人皆見昨夜遺霜子不知問如何是直截一路師曰直截是

透曲問如何是師子吼師曰阿誰要汝野干鳴問如何是諦實之言師曰口懸壁上上堂若是上上之流各有證據略赴箇程限中下之機各須英俊當處出生隨處滅盡如爆龜紋爆即成兆不爆成鈍欲爆不爆直下便捏問心不能緣口不能言時如何師曰逢人但恁麼舉問龍透清潭時如何師曰印駿捺尾問任性浮沉時如何師曰牽牛不入欄問有無俱無去處時如何師曰三月懶遊花下路一家愁閉雨中門問語默涉離微如何通不犯師曰常憶江南三月裏鷓鴣啼處百花香問百了千當時如何師曰不許夜行投明須到上堂三千劍客恥見莊周赤眉橫肩得無訛謬他時變豹後五日看珍重問心印未明時如何師曰雖聞酋帥投歸款未見牽羊納璧來問如何是臨濟下事師曰桀犬吠堯問如何是齧鏃事師曰孟浪借辭論馬角上堂大衆集定師曰不是無言各須英鑒問大衆雲集師意如何師曰景謝祁寒骨肉疎冷問不修禪定爲甚麼成佛無疑師曰金鷄專報曉漆桶夜生光問一念萬年時如何師曰拂石仙衣破問洪鐘未擊時如何師曰充塞大千無不韻妙含幽致豈能分曰擊後如何師曰石壁山河無障礙翳消開後好吞聞問古今纔分請師密要師曰截却重舌問如何是大人相師曰赫赤窮漢曰未審將何受用師曰攜蘿挈杖問如何是賓中主師曰入市雙瞳瞽曰如何是主中賓師曰回鑾兩曜新曰如何是賓中賓師曰攢眉坐白雲曰如何是主中主師曰磨礱三尺劍待斬不平人問如何是鑊頭邊意師曰山前一片青問如何是佛師曰杖林山下竹筋鞭

頴橋安禪師號鐵胡與鍾司徒向火次鍾忽問三界焚燒時如何出得師以香匙撥開火鍾擬議師曰司徒司徒鍾忽有省

西院明禪師法嗣

郢州興陽歸靜禪師初參西院便問擬問不問時如何院便打師良久院曰若喚作棒眉鬚墮落師於言下大悟住後僧問師唱誰家曲宗風嗣阿誰師曰少室山前無異路

南嶽下八世

風穴沼禪師法嗣

汝州首山省念禪師萊州狄氏子受業於本郡南禪寺纔具尸羅徧遊叢席常密誦法華經衆目爲念法華也晚於風穴會中充知客一日侍立次穴乃垂涕告之曰不幸臨濟之道至吾將墜於地矣師曰觀此一衆豈無人邪穴曰聰明者多見性者少師曰如某者如何穴曰吾雖望子之久猶恐耽著此經不能放下師曰此亦可事願聞其要穴遂上堂舉世尊以青蓮目顧視大衆乃曰正當恁麼時且道說箇甚麼若道不說而說又是埋沒先聖且道說箇甚麼師乃拂袖下去穴擲下拄杖歸方丈侍者隨後請益曰念法華因甚不祇對和尚穴曰念法華會也次日師與眞園頭同上問訊次穴問眞曰作麼生是世尊不說說眞曰鵓鳩樹頭鳴穴曰汝作許多癡福作麼何不體究言句又問師曰汝作麼生師曰動容揚古路不墮悄然機穴謂眞曰汝何不看念法華下語師受風穴印可之後泯迹

韜光人莫知其所以因白兆楚和尚至汝州宣化風穴令師往傳語纔相見提起坐具便問展即是不展即是兆曰自家看取師便喝兆曰我曾親近知識來未嘗輒敢恁麼造次師曰草賊大敗兆曰來日若見風穴和尚待一一舉似師曰一任一任不得忘却師乃先回舉似風穴穴曰今日又被你收下一員草賊師曰好手不張名兆次日纔到相見便舉前話穴曰非但昨日今日和贓捉敗師於是名振四方學者望風而靡開法首山爲第一世也入院上堂曰佛法付與國王大臣有力檀越令其佛法不斷絶燈燈相續至於今日大衆且道續箇甚麼良乂曰須是迦葉師兄始得時有僧問靈山一會何異今朝師曰墮坑落塹曰爲甚麼如此師曰瞎問師唱誰家碣二　十八
曲宗風嗣阿誰師曰少室巖前親掌示曰便請洪音和一聲師曰如今也要大家知問如何是徑截一路師曰或在山間或在樹下問如何是學人親切處師曰五九盡日又逢春曰畢竟事如何師曰冬到寒食一百五問如

何是和尚家風師曰一言截斷千江口萬仞峯前始得玄問如何是首山境師曰一任衆人看曰如何是境中人師曰喫棒得也未僧禮拜師曰喫棒且待别時問如何是祖師西來意師曰風吹日炙問從上諸聖向甚麼處行履師曰牽犂拽杷問古人拈槌竪拂意旨如何師曰孤峯無宿客曰未審意旨如何師曰不是守株人問如何是菩提路師曰此去襄縣五里曰向上事如何師曰往來不易問諸聖說不到處請師舉唱師曰萬里神光都一照誰人敢竝日輪齊問臨濟喝德山棒未審明甚麼邊事師曰汝試道看僧便喝師曰瞎僧又喝師曰這瞎漢秖麼亂喝作麼僧禮拜師便打問和尚是大善知識爲甚麼却首山師曰不坐孤峯頂常伴白雲閑問四衆圍碣二　十九
繞師說何法師曰打草蛇驚曰未審作麼生下手師曰適來幾合喪身失命問二龍爭珠誰是得者師曰得者失曰不得者又如何師曰珠在甚麼處問一切諸佛皆從此經出如何是此經師曰低聲低聲曰如何受持師曰

切不得汚染問世尊滅後法付何人師曰好箇問頭無人荅得曰如何是世尊不說說師曰任從滄海變終不爲君通曰如何是迦葉不聞聞師曰瞶人徒側耳問古人道見色便見心諸法無形將何所見師曰一家有事百家忙曰學人不會乞師再指師曰三日後看取問菩薩未成佛時如何師曰衆生曰成佛後如何師曰衆生衆生問路逢達道人不將語默對未審將甚麼對師曰瞥爾三千界曰與麼則目視不勞也師曰天恩未遇後悔難追上堂第一句薦得堪與祖佛爲師第二句薦得堪與人天爲師第三句薦得自救不了時有僧問如何是第一句師曰大用不揚眉棒下須見血曰慈悲何在師曰送出三門外問如何是第二句師曰不打恁麼驢漢曰將接何人師曰如斯爭奈何問如何是第三句師曰解問無人荅曰卽今秖對者是誰師曰莫使外人知曰和尚是第幾句薦得師曰月落三更穿市過問維摩默然文殊贊善未審此意如何師曰當時聽衆必不如是曰既不

如是維摩默然又且如何師曰知恩者少負恩者多乃曰若論此事實不挂一箇元字脚便下座問如何是古佛心師曰鎭州蘿蔔重三斤問如何是玄中的師曰有言須道却曰此意如何師曰無言鬼也瞋問如何是衲僧眼師曰此問不當曰當後如何師曰堪作甚麼問如何得離衆緣去師曰千年一遇曰不離時如何師曰立在衆人前問如何是大安樂底人師曰不見有一法曰將何爲人師曰謝闍黎領話問如何是常在底人師曰亂走作麼問如何是首山師曰東山高西山低曰如何是山中人師曰恰遇棒不在問如何是道師曰爐中有火無心撥處處縱横任意遊曰如何是道中人師曰坐看烟霞秀不與白雲齊問一毫未發時如何師曰路逢穿耳客曰發後如何師曰不用更遲疑問無絃一曲請師音韻師良久曰還聞麼曰不聞師曰何不高聲問著問學人久處沉迷請師一接師曰老僧無這閑工夫曰和尚豈無方便師曰要行卽行要坐卽坐問如何是離凡聖底句師曰嵩山安和尚曰莫便是和尚極則處否師曰南嶽讓禪師問學人作入叢林乞師指示師曰闍黎到此多少時也曰已經冬夏師曰莫錯舉似人問有一人蕩盡來時師還接否師曰蕩盡卽置那一人是誰曰風高月冷師曰僧堂內幾人坐卧僧無對師曰賺殺老僧問如何是梵音相師曰驢鳴狗吠乃曰要得親切第一莫將問來問還會麼問在答處答在問處汝若將問來問老僧在汝脚底汝若擬議卽沒交涉時有僧出禮拜師便打僧便問挂錫幽巖時如何師曰錯僧曰錯師又打問如何是佛師曰新婦騎驢阿家牽曰未審此語甚麼句中收師曰三玄收不得四句豈能該曰此意如何師曰天長地久日月齊明問曹谿一句天下人聞未審和尚一句甚麼人得聞師曰不出三門外曰爲甚麼不出三門外師曰舉似天下人問如何是和尚不欺人底眼師曰看看冬到來曰究竟如何師曰卽便春風至問遠聞和尚無絲可挂及至到來爲甚麼有山可守師曰道甚麼僧便喝師亦喝僧禮拜師曰放汝三十棒次住廣教及寶應三處法席海衆常臻淳化三年十二月四日午時上堂說偈曰今年六十七老病隨緣且遣日今年記却來年事來年記著今朝日至四年月日無爽前記上堂辭衆仍說偈曰白銀世界金色身情與非情共一眞明暗盡時俱不照日輪午後示全身言訖安坐而逝荼毗收舍利建塔

汝州廣慧眞禪師嘗在風穴作園頭穴問曰會昌沙汰時護法善神向甚麼處去師曰常在闤闠中要且無人識穴曰汝徹也師禮拜出世開堂日僧問如何是廣慧境師曰小寺前賓慶後問如何是和尚家風師曰杴爬钁子

鳳翔府長興院滿禪師僧問如何是古佛道場師曰行便踏著曰踏著後如何師曰氷消瓦解曰爲甚如此師曰城內君子郭外小兒問大用現前時如何師曰鬧市裏輥

潭州靈泉院和尚僧問如何是和尚活計師曰一物也無曰未審日用何物師便喝僧禮

拜師便打問先師道金沙灘上馬郎婦意旨如何師曰上東門外人無數曰便恁麼會時如何師曰天津橋上往來多

南嶽下九世

首山念禪師法嗣

汾州太子院善昭禪師太原俞氏子剃髮受具杖策遊方所至少留隨機叩發歷參知識七十一員後到首山問百丈卷席意旨如何山曰龍袖拂開全體現曰師意如何山曰象王行處絕狐蹤師於言下大悟拜起而曰萬古碧潭空界月再三撈摝始應知有問者曰見何道理便爾自肯師曰正是我放身命處後遊衡湘及襄沔間每爲郡守以名剎力致前後八請堅卧不答洎首山歿西河道俗遣僧契聰迎請住持師閉關高枕聰排闥而入讓之曰佛法大事靖退小節風穴懼應讖憂宗旨墜滅幸而有先師先師已棄世汝有力荷擔如來大法者今何時而欲安眠哉師矍起握聰手曰非公不聞此語趣辦嚴吾行矣住後上堂謂衆曰汾陽門下有西河師子當門踞坐但有來者即便齩殺有何方便入得汾陽門見得汾陽人若見汾陽人者堪與祖佛爲師不見汾陽人盡是立地死漢如今還有人入得麼快須入取免得孤負平生不是龍門客切忌遭點額那箇是龍門客一齊點下舉起拄杖曰速退速退珍重上堂先聖云一句語須具三玄門一玄門須具三要阿那箇是三玄三要底句快會取好各自思量還得穩當也未古德已前行脚聞一箇因緣未明中間直下飲食無味睡卧不安火急決擇莫將爲小事所以大覺老人爲一大事因緣出現於世想計他從上來行脚不爲遊山翫水看州府奢華片衣口食皆爲聖心未通所以驅馳行脚決擇深奥傳唱敷揚博問先知親近高德蓋爲續佛心燈紹隆祖代興崇聖種接引後機自利利他不忘先跡如今還有商量者麼有即出來大家商量僧問如何是接初機底句師曰汝是行脚僧曰如何是辯衲僧底句師曰西方日出卯曰如何是正令行底句師曰千里持來呈舊面曰如何是立乾坤底句師曰北俱盧洲長粳米食者無貪亦無瞋乃曰將此四轉語驗天下衲僧纔見你出來驗得了也問如何是學人著力處師曰嘉州打大像曰如何是學人轉身處師曰陝府灌鐵牛曰如何是學人親切處師曰西河弄師子乃曰若人會得此三句已辯三玄更有三要語在切須薦取不是等閑與大衆須出三玄三要事難分得意忘言道易親一句明明該萬象重陽九日菊花新師爲并汾苦寒乃罷夜參有異比丘振錫而至謂師曰會中有大士六人奈何不說法言訖而去師密記以偈曰胡僧金錫光爲法到汾陽六人成大器勸請爲敷揚上堂凡一句語須具三玄門每一玄門須具三要有照有用或先照後用或先用後照或照用同時或照用不同時先照後用且要共你商量先用後照你也須是箇人始得照用同時你作麼生當抵照用不同時你又作麼生湊泊僧問如何是大道之源師曰掘地覓天曰何得如此師曰不識幽玄問如何是賓中賓師曰合掌菴前問

世尊曰如何是賓中主師曰對面無儔侶曰如何是主中賓師曰陣雲橫海上拔劒攪龍門曰如何是主中主師曰三頭六臂擎天地忿怒那吒撲帝鐘上堂汾陽有三訣衲僧難辯別更擬問如何拄杖驀頭楔時有僧問如何是三訣師便打僧禮拜師曰爲汝一時頌出第一訣接引無時節巧語不能詮雲綻青天月第二訣舒光辯賢哲問答利生心拔却眼中楔第三訣西國胡人說濟水過新羅北地用鑌鐵復曰還有人會麼會底出來通箇消息要知遠近莫秖恁麼記言記語以當平生有甚麼利益不用久立珍重僧問如何是祖師西來意師曰青絹扇子足風涼問布鼓當軒擊誰是知音者師曰停鉏傾麥飯卧草不擡頭問如何是道場師曰下脚不得問如何是祖師西來意師曰徹骨徹髓曰此意如何師曰徧天徧地問眞正修道人不見世間過未審不見箇甚麼過師曰雪埋夜月深三尺陸地行舟萬里程曰和尚是何心行師曰却是你心行問大悲千手眼如何是正眼師曰瞎曰恁麼則一條拄杖兩人舁師曰三家村裏唱巴歌曰恁麼則和尚同在裏頭師曰謝汝慇懃問如何是和尚家風師曰三玄開正道一句破邪宗曰如何是和尚活計師曰尋常不掌握供養五湖僧曰未審喫箇甚麼師曰天酥陁飯非珍饌一味良羹飽卽休問牛頭未見四祖時如何師曰新神更著師婆賽曰見後如何師曰古廟重遭措大題上堂謂衆曰夫說法者須具十智同眞若不具十智同眞邪正不辯緇素不分不能與人天爲眼目決斷是非如鳥飛空而折翼如箭射的而斷弦弦斷故射的不中翼折故空不可飛弦壯翼牢空的俱徹作麼生是十智同眞與諸上座點出一同一質二同大事三總同參四同眞志五同徧普六同具足七同得失八同生殺九同音吼十同得入又曰與甚麼人同得入與阿誰同音吼作麼生是同生殺甚麼物同得失阿那箇同具足是甚麼同徧普何人同眞志孰能總同參那箇同大事何物同一質有點得出底麼點得出者不恡慈悲點不出來未有參學眼在切須辯取要識是非面目見在不可久立珍重龍德府尹李侯與師有舊虛承天寺致之使三反不赴使者受罰復至曰必欲得師俱往不然有死而已師笑曰老病業已不出山借往當先後之何必俱邪使曰師諾則先後唯所擇師令饌設且敘裝曰吾先行矣停箸而化闍維收舍利起塔

五燈會元卷第二十九

五燈會元卷第二十九

校勘記

一　底本，清藏本。

一　六〇八頁上一行經名，徑無（未換卷）。

一　六〇八頁中八行「穴曰」，徑作「師曰」。

一　六一三頁中一六行首字「簑」，徑作「莎」。

一　六一八頁下卷末經名，徑無（未換卷）。

# 五燈會元卷第三十 碣三

宋 沙 門 大 川 濟 纂

## 南嶽下九世

### 首山念禪師法嗣

汝州葉縣廣教院歸省禪師冀州賈氏子弱冠依易州保壽院出家受具後遊方叅首山山一日舉竹篦問曰喚作竹篦卽觸不喚作竹篦卽背喚作甚麼師掣得擲地上曰是甚麼山曰瞎師於言下豁然頓悟開堂僧問祖祖相傳傳祖印師今得法嗣何人師曰寰中天子塞外將軍曰汝海一滴業師指向上宗風事若何師曰高祖殿前樊噲怒須知萬里絕烟塵問維摩丈室不以日月爲明和尚丈室以何爲明師曰眉分八字曰未審意旨如何師曰雙耳垂肩問如何是超師之作師曰老僧眉毛長多少問如何是塵中獨露身師曰塞北千人帳江南萬斛船曰恁麼卽非塵也師曰學語之流一札萬行問如何是和尚深深處師曰猫有歃血之功虎有起屍之德曰莫便是也無師曰碓擣東南磨推西北問如何是金剛不壞身師曰百雜碎曰意旨如何師曰終是一堆灰問不落諸緣請師便道師曰落問如何是清淨法身師曰厠坑頭籌子問如何是戒定慧師曰破家具師一日陞座僧問纔上法堂來時如何師拍禪牀一下僧曰未審此意如何師曰無人過價打與三百問忽遇大闡提人來還相爲也無師曰法久成弊曰慈悲何在師曰年老成魔上堂宗師血脈或凡或聖龍樹馬鳴天堂地獄鑊湯爐炭牛頭獄卒森羅萬象日月星辰他方此土有情無情以手畫一畫云俱入此宗此宗門中亦能殺人亦能活人殺人須得殺人刀活人須得活人句作麼生是殺人刀活人句道得底出來對衆道看若道不得卽孤負平生珍重問如何是和尚四無量心師曰放火殺人曰慈悲何在師曰遇明眼人舉似問不在內不在外不在中間未審在甚麼處師曰南斗六北斗七問如何是毘盧師法身主師曰僧排夏臘俗列耆年曰向上更有事也無師曰有曰如何是向上事師曰萬里崖州君自去臨行惆悵怨他誰上堂良久曰夫行脚禪流直須著忖叅學須具叅學眼見地須得見地句方有相親分始得不被諸境惑亦不落於惡道畢竟如何委悉有時句到意不到妄緣前塵分別影事有時意到句不到如盲摸象各說異端有時意句俱到打破虛空界光明照十方有時意句俱不到無目之人縱橫走忽然不覺落深坑問如何是古今無異路師曰俗人盡裹頭曰意旨如何師曰闍黎無席帽問巳事未明以何爲驗師曰鬧市裏打靜槌曰意旨如何師曰日午點金燈問布鼓當軒擊誰是知音者師曰眼中有澁釘曰未審此意如何師曰喬翁賽南神僧請益栢樹子話師曰我不辭與汝說還信麼曰和尚重言爭敢不信師曰汝還聞簷頭水滴聲麼其僧豁然不覺失聲云㖿師曰你見箇甚麼道理僧便以頌對曰簷頭水滴分明歷歷打破乾坤當下心息師乃忻然問僧曰暮投林朝離何處曰新戒不曾學禪師曰生身入地獄下去後有僧舉到智門寬和尚處門曰何

不道鎖匙在和尚手裏師因去將息寮看病僧僧乃問曰和尚四大本空病從何來師曰從闍黎問處來僧喘氣又問曰不問時如何師曰撒手卧長空僧曰嘟便脫去

潭州神鼎洪諲禪師襄水扈氏子自遊方一衲以度寒暑嘗與數耆宿至襄沔間一僧舉論宗乘頗敏捷會野飯山店中供辦而僧論說不已師曰三界唯心萬法唯識唯識唯心眼聲耳色是甚麼人語僧曰法眼語師曰其義如何曰唯心故根境不相到唯識故聲色摐然師曰舌味是根境否曰是師以筋篊菜置口中含胡而語曰何謂相入邪坐者駭然僧不能答師曰途路之樂終未到家見解入微不名見道參須實參悟須實悟閻羅大王不怕多語僧拱而退後反長沙隱于衡嶽三生藏有湘陰豪貴來遊福嚴即師之室見其氣貌閑靜一鉢挂壁餘無長物傾愛之遂拜跪請曰神鼎乃我家植福之地久乏宗匠願師俱往何如師笑而諾之即以巳馬負師至十年始成叢席一杌牀爲說法座其甘枯淡無比又以德臘俱高諸方尊之如古趙州僧問諸法未聞時如何師曰風蕭蕭雨颯颯曰聞後如何師曰領話好問魚鼓未鳴時如何師曰看天看地曰鳴後如何師曰捧鉢上堂問古澗寒泉時如何師曰不是衲僧行履處曰如何是衲僧行履處師曰不見有古澗寒泉問兩手獻尊堂時如何師曰是甚麼問學人到寶山空手回時如何師曰臘月三十日問如何是和尚家風師曰飢不擇食問如何是和尚爲人句師曰拈柴擇菜曰莫秖這便是也無師曰更須子細問撥塵見佛時如何師曰佛亦是塵問如何是道人活計師曰山僧自小不曾入學堂官人指木魚問這箇是甚麼師曰驚回多少瞌睡人官曰泊不到此間師曰無心打無心問如何是清淨法身師曰灰頭土面曰爲甚麼如此師曰爭怪得山僧曰未審法身向上還有事也無師曰有曰如何是向上事師曰毗盧頂上金冠子問菩提本無樹何處得子來師曰喚作無得麼問持地菩薩修路等佛和尚修橋等何人師曰近後問和尚未見先德時如何師曰東行西行曰見後如何師曰橫擔拄杖上堂舉洞山曰貪瞋癡太無知賴我今朝識得伊行便打坐便槌分付心王子細推無量劫來不解脫問汝三人知不知師曰古人與麼道神鼎則不然貪瞋癡實無知十二時中任從伊行即往坐即隨分付心王擬何爲無量劫來元解脫何須更問知不知

襄州谷隱山蘊聰慈照禪師初參百丈恒和尚因結夏百丈上堂舉中觀論曰正覺無名相隨緣即道場師便出問如何是正覺無名相丈曰汝還見露柱麼師曰如何是隨緣即道場丈曰今日結夏次參首山問學人親到寶山空手回時如何山曰家家門前火把子師於言下大悟呈偈曰我今二十七訪道曾尋覓今朝喜得逢要且不相識後到太陽玄和尚問近離甚處師曰襄州陽曰作麼生是不隔底句師曰和尚住持不易陽曰且坐喫茶師便參衆去侍者問適來新到秖對住持不易和尚爲甚麼教坐喫茶陽曰我獻他新

羅附子他酬我船上茴香你去問他有語在侍者請師喫茶問適來祇對和尚道住持不易意旨如何師曰眞鍮不博金住後僧問如何是佛師曰邛州多出九節杖曰謝師指示師曰且莫作答佛話會却問來時無物去時空二路俱迷如何得不迷去師曰秤頭半斤秤尾八兩問如何是古佛心師曰踏著秤錘硬似鐵曰意旨如何師曰明日向汝道問青山淥水即不問急切一句作麼生道師曰手過膝耳垂肩問如何是道師日車碾馬踏曰如何是道中人師曰横眠竪坐問日往月來還不覺年衰老還有不老者麼師曰有曰如何是不老者師曰虬龍筋力高聲叫晚後精靈轉更多問如何是學人添深處師曰烏龜水底深藏六曰未審其中事若何師曰路上行人莫與知問古人索火意旨如何師曰任他滅曰滅後如何師曰初三十一因作清涼河堰僧問忽遇洪水滔天還堰得也無師曰上拄天下拄地曰劫火洞然又作麼生師曰横出竪没問深山巖崖中還有佛法也無師

曰有曰如何是深山巖崖中佛法師曰奇怪石頭形似虎火燒松樹勢如龍問古人道見色便見心露柱是色那箇是心師曰晝見簸箕星曰意旨如何師曰椰營節級横階上問如何是道師曰善犬帶牌曰爲甚如此師曰令人懼見上堂十五日已前諸佛生十五日已後諸佛滅十五日已前諸佛生你不得離我這裏若離我這裏我有鉤子鉤你十五日已後諸佛滅你不得住我這裏若住我這裏我有錐子錐你且道正當十五日用鉤即是用錐即是遂有偈曰正當十五日鉤錐一時息更擬問如何回頭日又出問如何是無縫塔師曰直下看曰如何是塔中人師曰退後退後問承古有言祇這如今誰動口意旨如何師曰莫認驢鞍橋作阿爺下頷張茂崇太保問摩騰入漢已涉繁詞達磨單傳請師直指師曰冬不寒臘後看問若能轉物即同如來萬象是物如何轉得師曰喫了飯無些子意智問寸絲不挂法網無邊爲甚麼却有迷悟師曰兩桶一擔問有情有用無情無用如

何是無情應用師曰獨扇門子盡夜開上堂春景温和春雨普潤萬物生芽甚麼處不沾恩且道承恩力一句作麼生道良久曰春雨一滴滑如油問如何是學人自己法身師曰每日般柴不易曰此是大衆底如何是學人底師曰三生六十劫問逐日開單展鉢以何報答施主之恩師曰被這一問和我愁殺曰恁麼則謝供養也師曰得甚麼人氣力僧禮拜師曰明日更喫一頓問古人急水灘頭毛毬子意旨如何師曰雲開月朗問急水灘頭連底石意旨如何師曰屋破見青天曰屋破見青天意旨如何師曰通上徹下問一處火發任從你救八方齊發時如何師曰快曰還求出也無師曰若求出即燒殺你僧禮拜師曰直饒你不求出也燒殺你示衆第一句道得石裏迸出第二句道得换撥將來第三句道得自救不了上堂五白貓兒爪距獰養來堂上絶蟲行分明上樹安身法切忌遺言許外生作麼生是許外生底句莫錯舉僧入室問正當與麼時還有師也無師曰燈明連夜

照甚處不分明曰畢竟事如何師曰來日是寒食

汝州廣慧院元璉禪師泉州陳氏到首山山問近離甚處師曰漢上山豎起拳曰漢上還有這箇麼師曰這箇是甚麼盌鳴聲山曰瞎師曰恰是拍一拍便出他日又問學人親到寶山空手回時如何山曰家家門前火把子師當下大悟云某甲不疑天下老和尚舌頭也山曰汝會處作麼生與我說來看師曰秖是地上水碙砂也山曰汝會也師便禮拜住後僧問如何是祖師西來意師曰竹竿頭上曜紅旗楊億侍郎問天上無彌勒地下無彌勒未審在甚麼處師曰敲甎打瓦又問風穴道金沙灘頭馬郎婦意旨如何師曰更道也不及僧問如何是無位眞人師曰上木下鐵曰恁麼則罪歸有處也師曰判官擲下筆僧禮拜師曰拖出問如何是佛師曰兩箇不是多上堂臨濟兩堂首座相見同時下喝諸人且道還有賓主也無若道有秖是箇瞎漢若道無亦是箇瞎漢不有不無萬里崖州若向這裏道得也好與三十棒若道不得亦與三十棒衲僧家到這裏作麼生出得山僧圖積去良久曰苦哉蝦蟆蚯蚓跨跳上三十三天撞著須彌山百雜碎拈拄杖曰一隊無孔鐵鎚速退速退

并州承天院三交智嵩禪師參首山問如何是佛法的的大意山曰楚王城畔汝水東流師於此有省頓契佛意乃作三玄偈曰須用直須用心意莫定動三歲師子吼十方没狐種我有眞如性如同幕裏隱打破六門關顯出毘盧印眞骨金剛體可誇六塵一拂永無遮廓落世界空爲體體上無爲眞到家山閫乃請喫茶問這三頌是汝作來邪師曰是山曰或有人教汝現三十二相時如何師曰某甲不是野狐精山曰惜取眉毛師曰和尚落了多少山以竹篦頭上打曰這漢向後亂作去在住後上堂文殊仗劒五臺橫行唐明一路把斷妖訛三世諸佛未出教乘網底游魚龍門難渡垂鉤四海秖釣獰龍格外玄談爲求知識若也舉揚宗旨須彌直須粉碎若也說佛說祖海水便須枯竭寶劒揮時毫光萬里放汝一路通方說話把斷咽喉諸人甚處出氣僧問鈍根樂小法不自信作佛作佛後如何師曰水裏捉麒麟曰與麼則便登高座也師曰騎牛上三十三天問古人拈槌豎拂意旨如何師曰騎驢不著靴問如何是奪人不奪境師曰家鄉有路無人到曰如何是奪境不奪人師曰瞎傳天子勑陪行一百程曰如何是人境兩俱奪師曰無頭蝦蟆脚指天曰如何是人境俱不奪師曰晉祠南畔長柳巷問古人東山西嶺青意作麼生師曰波斯鼻孔大曰與麼則西天迦葉東土我師師曰金剛手板濶問大悲千手眼那箇是正眼師曰開化石佛拍手笑晉祠娘子解謳歌問臨濟推倒黃蘗因甚維那喫棒師曰正狗不偷油鷄銜燈盞走問如何是截人之機師曰要用便用曰請和尚用師曰拖出這死漢鄭工部問百尺竿頭獨打毬萬丈懸崖絲繫腰時如何師曰幽州著脚廣南厮撲鄭無語師曰勘破這胡漢鄭曰二十年江南界裏這回却

見禪師師曰瞎老婆吹火僧問二邊純莫立
中道不須安未審意旨如何師曰廣南出象
牙曰不會請師直指師曰番國皮毬八百價
上堂寒温冷暖著衣喫飯自不欠少波波地
覓箇甚麼祇是諸人不肯承當如今還有承
當底麼有則不得孤負山河大地珍重問祖
師西來三藏東去當明何事師曰佛殿部署
修僧堂老僧蓋僧曰與麼則全明今日事也
師曰今日事作麼生僧便喝師便打問如何
是學人用心處師曰光剃頭淨洗鉢曰如何
是學人行履處師曰僧堂前佛殿後上堂舉
法眼偈曰見山不是山見水何曾別山河與
大地都是一輪月大小法眼未出涅槃堂三
交卽不然見山河與大地錐刀各自用珍重
忻州鐵佛院智嵩禪師有同叅到師見便問
還記得相識麼叅頭擬議第二僧打叅頭一
坐具曰何不快祇對和尚師曰一箭兩勬師
問僧甚處來曰臺山來師曰還見龍王麼曰
和尚試道看師曰我若道卽瓦解氷消僧擬
議師曰不信道問亡僧遷化向甚麼處去也
師曰下坡不走快便難逢
汝州首山懷志禪師僧問如何是祖師西來
意師曰三尺杖子破瓦盆問如何是佛師曰
桶底脫問從上諸聖有何言句師曰如是我
聞曰不會師曰信受奉行
池州仁王院處評禪師問首山如何是佛法
大意山便喝師禮拜山拈棒師曰老和尚没
世界那山抛下拄杖曰明眼人難謾師曰草
賊大敗
隨州智門迥罕禪師爲北塔僧使點茶次師
起揖曰僧使近上坐使曰鷂子頭上爭敢安
巢師曰棒上不成龍隨後打一坐具使茶罷
起曰適來却成觸忤和尚師曰江南杜禪客
覓甚麼第二盌
襄州鹿門慧昭山主楊億侍郎問曰入山不
畏虎當路却防人時如何僧曰君子坦蕩蕩
僧問如何是鹿門山師曰石頭大底大小底
小曰如何是山中人師曰横眠竪卧
承相王隨居士謁首山得言外之旨自爾履
踐深明大法臨終書偈曰畫堂燈已滅彈指
向誰說去住本尋常春風掃殘雪

南嶽下十世

汾陽昭禪師法嗣

潭州石霜楚圓慈明禪師全州李氏子少爲
書生年二十二依湘山隱靜寺出家其母有
賢行使之遊方聞汾陽道望遂往謁焉陽顧
而黙器之經二年未許入室每見必罵詬或
毀詆諸方及有所訓皆流俗鄙事一夕訴曰
自至法席已再夏不蒙指示但增世俗塵勞
念歲月飄忽已事不明失出家之利語未卒
陽熟視罵曰是惡知識敢裨販我怒舉杖逐
之師擬伸救陽掩師口乃大悟曰是知臨濟
道出常情服役七年辭去依唐明嵩禪師嵩
謂師曰楊大年內翰知見高入道穩實子不
可不見師乃往見大年年問曰對面不相識
千里却同風師曰近奉山門請年曰眞箇脫
空師曰前月離唐明年曰適來悔相問師曰
作家年便喝師曰恰是年復喝師以手劃一
劃年吐舌曰眞是龍象師曰是何言歟年喚
客司點茶來元來是屋裏人師曰也不消得

茶罷又問如何是上座爲人一句師曰切年曰與麽則長裙新婦拖泥走師曰誰得似內翰年曰作家作家師曰放你二十棒年拊膝曰這裏是甚麽所在師拍掌曰也不得放過年大笑又問記得唐明當時悟底因緣麽師曰唐明問首山如何是佛法的的大意山曰楚王城畔汝水東流年曰秖如此語意旨如何師曰水上挂燈毬年曰與麽則孤負古人去也師曰內翰疑則別叅年曰三脚蝦蟆跳上天師曰一任跨跳年乃大笑館於齋中日夕質疑智證因閱前言往行恨見之晚朝中見駙馬都尉李公遵勗曰近得一道人真西河師子李曰我以拘文不能就謁奈何年默然歸語師曰李公佛法中人聞道風遠至有願見之心政以法不得與侍從過從師於是遲明謁李公公閱謁使童子問曰道得即與上座相見師曰今日特來相看又令童子曰碑文刊白字當道種青松師曰不因今日節餘日定難逢童又出曰都尉言與麽則與上座相見去也師曰脚頭脚底公乃出坐定問曰我聞西河有金毛獅子是否師曰甚麽處得者消息公便喝師曰野干鳴公又喝師曰恰是公大笑師辭公問如何是上座臨行一句師曰好將息公曰何異諸方師曰都尉又作麽生公曰放上座二十棒師曰專爲流通公又喝師曰瞎公曰好去師應喏喏自是往來楊李之門以法爲友久之辭還河東年曰有一語寄與唐明得麽師曰明月照見夜行人年曰却不相當師曰更深猶自可午後更愁人年曰開寶寺前金剛近日因甚麽汗出師曰知年曰上座臨行豈無爲人底句師曰重疊關山路年曰與麽則隨上座去也師噓一聲年曰眞師子兒大師子吼師曰放去又收來年曰適來失脚踏倒又得家童扶起師曰有甚麽了期年大笑師還唐明李公遣兩僧訊師師於書尾畫雙足寫來僧名以寄之公作偈曰黑毫千里餘金鏁示雙趺人天渾莫測珍重赤鬚胡師以母老南歸至瑞州首衆於洞山時聰禪師居焉先是汾陽謂師曰我徧叅雲門兒孫特以未見聰爲恨故師依止三年乃遊仰山楊大年以書抵宜春太守黄宗旦使請師出世說法守以南源致師師不赴旋特謁守願行守問其故對曰始爲讓今偶欲之耳守大賢之住後上堂一切諸佛及諸佛阿耨多羅三藐三菩提法皆從此經出乃竪起拄杖曰這箇是南源拄杖子阿那箇是經良久曰向下文長付在來日喝一喝下座上堂良久曰無爲無事人猶是金鎖難喝一喝下座問如何是佛師曰水出高原問如何是南源境師曰黄河九曲水出崑崙曰如何是境中人師曰隨流人不顧斫手望扶桑上堂雲收霧卷杲日當空不落明暗如何通信僧問山深覔不得時如何師曰口能招禍問如何是佛法大意師曰洞庭湖裏浪滔天問東涌西沒時如何師曰尋問夜靜獨行時如何師曰三把茆問寶劍未出匣時如何師曰響曰出匣後如何師噓一聲問閙中取靜時如何師曰頭枕布袋問牛頭未見四祖時如何師曰堆堆地曰見後如何師曰堆堆地問一得永得時如何師曰抱石投河問仗

鏌鎁劒擬取師頭時如何師曰斬將去僧擬議師便打師住三年棄去謁神鼎諲禪師鼎首山高弟望尊一時衲子非人類精奇無敢登其門者住山三十年門弟子氣吞諸方師髮長不剪弊衣楚音通謁稱法姪一衆大笑鼎遣童子問長老誰之嗣師仰視屋曰親見汾陽來鼎杖而出顧見頎然問曰汾州有西河師子是否師指其後絶叫曰屋倒矣童子返走鼎回顧相矍鑠師地坐脱隻履而視之鼎老忘所問又失師所在師徐起整衣且行且語曰見面不如聞名遂去鼎遣人追之不可歎曰汾州乃有此兒耶師自是名重叢林定林沙門本延有道行雅爲士大夫所信敬鼎見延稱師知見可與臨濟會道吾虛席延白郡請以師主之法令整肅亡軀爲法者集焉上堂先賓應曰第一句薦得堪與祖佛爲師第二句薦得堪與人天爲師第三句薦得自救不了道吾則不然第一句薦得和泥合水第二句薦得無繩自縛第三句薦得四稜著地所以道起也海晏河清行人避路住也

乾坤失色日月無光汝輩向甚麼處出氣如今還有出氣者麼有卽出來對衆出氣看如無道吾爲汝出氣去也乃噓一聲卓拄杖下座上堂道吾打鼓四大部洲同叅拄杖橫也挑括乾坤大地鉢盂覆也蓋却恒沙世界且問諸人向甚麼處安身立命若也知得向北俱盧洲喫粥喫飯若也不知長連牀上喫粥喫飯次住石霜當解夏謂衆曰昨日作嬰孩今朝年已老未明三八九難踏古皇道手鑠黄河乾脚踢須彌倒浮生夢幻身人命夕難保天堂并地獄皆由心所造南山北嶺松北嶺南山草一雨潤無邊根苗壯枯槁五湖叅學人但問虛空討死脱夏天衫生披冬月襖分明無事人特地生煩惱喝一喝下座上堂一喝分賓主照用一時行要會箇中意日午打三更遂喝一喝曰且道是賓是主還有分得者麼若也分得朝打三千暮打八百若也未能老僧失利因同道相訪上堂颯颯凉風景同人訪寂寥煮茶山上水燒鼎洞中樵珍重問達磨未來時如何師曰長安夜夜家家

月曰來後如何師曰幾處笙歌幾處愁問一物不將來時如何師曰槐木成林曰四山火來時如何師曰物逐人興曰步步登高時如何師曰雲生足下問古人封白紙意旨如何師曰家貧路富問如何是祖師西來意師曰三日風五日雨上堂夫宗師者奪貧子之衣珠究達人之見處若不如是盡是和泥合水漢良久曰路逢劒客須呈劒不是詩人不獻詩喝一喝上堂我有一言絶慮忘緣巧說不得秖要心傳更有一語無過直舉且作麼生是直舉一句良久以拄杖畫一畫喝一喝問已事未明以何爲驗師曰玄沙曾見雪峰來曰意旨如何師曰一生不出嶺問祖意教意是同是別師曰馬有垂韁之報犬有驟草之恩曰與麼則不別也師曰西天東土問如何是學人自己師曰打骨出髓上堂入水見長人珍重上堂面西行向東北斗正離宮道去何曾去騎牛臥牧童珍重上堂春生夏長卽不問你諸人脚跟下一句作麼生道良久曰華光寺主便下座上堂藥多病甚網細魚稠

便下座示衆以拄杖擊禪牀一下云大衆還會麼不見道一擊忘所知更不假修持諸方達道者咸言上上機香嚴恁麼悟去分明悟得如來禪祖師禪未夢見在且道祖師禪有甚長處若向言中取則悞賺後人直饒棒下承當辜負先聖萬法本閑唯人自鬧所以山僧居福嚴秖見福嚴境界晏起早眠有時雲生碧嶂月落寒潭音聲鳥飛鳴般若臺前娑羅花香散祝融峰畔把瘦筇坐磐石與五湖衲子時話玄微灰頭土面住興化秖見興化家風迎來送去門連城市車馬駢闐漁唱瀟湘猿啼嶽麓絲竹謌謠時時入耳復與四海高人日談禪道歲月都忘且道居深山住城郭還有優劣也無試道看良久云是處是慈氏無門無善財問行脚不逢人時如何師曰釣絲絞水問尋枝摘葉即不問如何是直截根源師曰櫛栗拄杖曰意旨如何師曰行即肩挑雲水衲坐來安在掌中擎問既是護法善神爲甚麼張弓架箭師曰禮防君子問如何是佛師曰有錢使錢上堂祖師心印一印

印空一印印水一印印泥如今還有印不著者麼試向脚跟下道將一句來設你道得倜儻分明第一不得行過衲僧門下且道衲僧有甚麼長處良久曰人王三寸鐵徧地是刀鎗喝一喝卓拄杖下座上堂天已明鼓已響聖衆臻齊合掌如今還有不合掌者麼有即尼乾歡喜無則瞿曇惡發久立珍重問磨礱三尺劒去化不平人師意如何師曰好去僧曰點師曰你看僧拍手一下歸衆師曰了上堂北山南南山北日月雙明天地黑大海江河盡放光逢著觀音問彌勒珍重問有理難伸時如何師曰苦曰恁麼則舌拄上齶也師嘘一聲僧曰將謂胡鬚赤師曰夢見興化脚跟麼示徒偈曰黑黑黑道道道明明明得得得師室中插劒一口以草鞋一對水一盆置在劒邊每見入室即曰看看有至劒邊擬議者師曰險喪身失命了也便喝出師冬日牓僧堂作此字∴亖二二三八[illegible]杣其下注曰若人識得不離四威儀中首座見曰和尚今日放參師聞而笑之寶元戊寅李都尉遣使邀

師曰海內法友唯師與楊大年耳大年棄我而先僕年來頓覺衰落忍死以一見公仍以書抵潭帥敦遣之師惻然與侍者舟而東下舟中作偈曰長江行不盡帝里到何時既得涼風便休將艣棹施至京師與李公會月餘而李公果歿臨終畫一圓相又作偈獻師世界無依山河匪礙大海微塵須彌納芥拈起幞頭解下腰帶若覓死生問取皮袋師曰如何是本來佛性公曰今日熱如昨日隨聲便問師臨行一句作麼生師曰本來無罣礙隨處任方圓公曰晚來困倦更不答話師曰無佛處作佛公於是泊然而逝仁宗皇帝尤留神空宗聞李公之化與師問答加歎久之師哭之慟臨壙而別有旨賜官舟南歸中途謂侍者曰我忽得風痺疾視之口吻已喎斜侍者以足頓地曰當奈何平生呵佛罵祖今乃爾師曰無憂爲汝正之以手整之如故曰而今而後不鈍置汝後年正月五日示寂壽五十四臘三十二銘行實於興化塔全身於石霜續通鑑則平河東在太平興國己卯據佛運統紀則師入滅於康定庚辰以壽數逆

而推之則雍熙丁亥師始生僧寶傳所載恐失考證

滁州琅邪山慧覺廣照禪師西洛人也父爲衡陽太守因疾傾喪師扶櫬歸洛過澧陽藥山古剎宛若夙居緣此出家遊方參問得法汾陽應緣滁水與雪竇明覺同時唱道四方皆謂二甘露門逮今淮南遺化如在僧問如何是佛師曰銅頭鐵額曰意旨如何師曰鳥觜魚腮上堂奇哉十方佛元是眼中花欲識眼中花元是十方佛欲識十方佛不是眼中花欲識眼中花不是十方佛於此明得過在十方佛於此未明聲聞起舞獨覺臨粧珍重僧問阿難結集卽不問迦葉微笑事如何師曰赴時赴節曰自從靈鷲分燈後直至支那耀古今師曰爇朱點漆問如何是賓中賓師曰手攜書劍謁明君曰如何是賓中主師曰卷起簾來無可覩曰如何是主中賓師曰三更過孟津曰如何是主中主師曰獨坐鎮寰宇問蓮花未出水時如何師曰猫兒戴紙帽曰出水後如何師曰狗子著靴行問拈椎竪拂卽不問瞬目揚眉事若何師曰趙州曾見

南泉來曰學人未曉師曰今冬多雨雪貧家爭奈何上堂欲知常住身當觀爛壞體欲知常住性當觀拄杖子拄杖子呑卻須彌須彌呑卻拄杖子衲僧到這裏若也擬議劍梁落膊輸降欵鐵作胸襟到海隅擊禪牀下座上堂見聞覺知俱爲生死之因見聞覺知正是解脫之本譬如師子反躑南北東西且無定止汝等諸人若也不會且莫孤負釋迦老子吽上堂山僧今日爲諸人說破明眼衲僧莫去泥裏打坐珍重上堂天高莫測地厚寧知白雲片片嶺頭飛綠水潺潺澗下急東湧西沒一句卽不問你生前殺後一句作麼生道良乂曰時寒喫茶去上堂阿呵呵是甚麼開口是合口過輕舟短棹汎波心簑衣箬笠從他破噢上堂十方諸佛是箇爛木橛三賢十聖是箇茅溷頭籌子汝等諸人來到這裏作麼良乂曰欲得不招無間業莫謗如來正法輪上堂剪除狂寇掃蕩攙搶猶是功勳邊事君臣道合海晏河清猶是法身邊事作麼生是衲僧本分事良乂曰透網金鱗猶滯水回

途石馬出紗籠上堂承言須會宗勿自立規矩若人下得通方句我當刎頸而謝之上堂拈起拄杖曰山僧有時一棒作箇護天網打俊鷹快鷂有時一棒作箇布絲網摝蜆撈蝦有時一棒作金毛師子有時一棒作蝦蟇蚯蚓山僧打你一棒且作麼生商量你若緇素得出不妨拄杖頭上眼開照四天下若也未然從教立在古屏畔待使丹青入畫圖上堂擊水魚頭痛穿林宿鳥驚黃昏不擊鼓日午打三更諸禪德旣是日午爲甚卻打三更良乂曰昨見垂楊綠今逢落葉黃上堂拈起拄杖更無上上放下拄杖是何模樣髑髏峰後卽不問汝諸人馬鐙裏藏身一句作麼生道若道不得拄杖子道去也卓一下便歸方丈上堂進前卽死退後卽亡不進不退又落在無事之鄉何故長安雖樂不是久居上堂汝等諸人在我這裏過夏與你點出五般病一不得向萬里無寸草處去二不得孤峰獨宿三不得張弓架箭四不得物外安身五不得滯於生殺何故一處有滯自救難爲五處若

通方名導師汝等諸人若到諸方遇明眼作者與我通箇消息貴得祖風不墜若是常徒卽便寢息何故躶形國裏誇服飾想君太煞不知時上堂山僧因看華嚴金師子章第九由心回轉善成門又釋曰如一尺之鏡納重重之影象若然者道有也得道無也得道非亦得道是亦得雖然如是更須知有拄杖頭上一竅若也不會拄杖子穿燈籠入佛殿撞著釋迦磕倒彌勒露柱拊掌呵呵大笑你且道笑箇甚麼卓拄杖下座上堂拈拄杖曰盤山道向上一路滑南院道壁立千仞嶮臨濟道石火電光鈍琅邪有定乾坤底句各各高著眼高著眼卓拄杖下座

瑞州大愚山守芝禪師纔陞座僧問如何是和尚家風師曰一言出口駟馬難追問如何是城裏佛師曰十字街頭石幢子問不落三寸時如何師曰乾三長坤六短曰意旨如何師曰切忌地盈虛問昔日靈山分半座二師相見事如何師曰記得麼僧良久師打禪牀一下曰多年忘却也乃曰且住且住若向言中取則句裏明機也似迷頭認影若也舉唱宗乘大似一場寐語雖然如是官不容針私通車馬放一線道有箇葛藤處遂敲禪牀一下曰三世諸佛盡皆頭痛且道大衆還有免得底麼若一人免得無有是處若免不得海印發光師乃竪起拂子曰這箇是印那箇是光這箇是光那箇是印擊電之機徒勞佇思會麼老僧說夢且道夢見箇甚麼南柯十更若不會聽取一頌北斗挂須彌杖頭挑日月林泉好商量夏末秋風切珍重問如何是祖師西來意師曰天寒日短問心法無形如何雕琢師曰一丁兩丁曰未曉者如何領會師曰透七透八上堂一擊響玲瓏喧轟宇宙通知音纔側耳項羽過江東與麼會恰認得驢鞍橋作阿爺下頷上堂大愚相接大雄孫五湖雲水競頭奔競頭奔有何門擊箭寧知枯木存枯木存一年還曾兩度春兩度春帳裏眞珠撒與人撒與人思量也是慕西秦上堂竪窮三際橫徧十方拈起也帝釋心驚放下也地神膽戰不拈不放喚作甚麼自云蝦蟆上堂三世諸佛不知有狸奴白牯却知有乃拈起拂子云狸奴白牯總在這裏放光動地何謂如此兩段不同問如何是佛師曰鋸解秤鎚上堂大衆集定乃曰現成公案也是打揲不辦便下座上堂大洋海底排班立從頭第二鬢毛斑爲甚麼不道第一鬢毛斑要會麼金藥銀絲成玉露高僧不坐鳳凰臺上堂衆集乃曰爲衆竭力禍出私門便下座上堂翠巖路嶮巇舉步涉千溪更有洪源水滔滔在嶺西擊禪牀下座示衆擎起香合云明頭合暗頭合道得天下橫行若道不得且合却下座問如何是爲人一句師曰四角六張曰意旨如何師曰八凹九凸上堂沙裏無油事可哀翠巖嚼飯餧嬰孩他時好惡知端的始覺從前滿面埃擊禪牀下座

潭州石霜法永禪師僧問如何是佛師曰臂長衫袖短問如何是祖師西來意師曰布袴膝頭穿

五燈會元卷第三十

五燈會元卷第三十

校勘記

一　底本，清藏本。

一　六二〇頁上一行經名，徑無（未換卷）。

一　六二〇頁上三行至四行「南嶽下九世　首山念禪師法嗣」，徑無。

一　六二一頁下一六行至一七行「太陽玄和尚」，徑作「大陽玄和尚」。

一　六二四頁下一行「殘雪」，至此，徑卷第十一終，卷第十二始。

一　六二六頁下八行「不獻」，徑作「莫獻」。

一　六二七頁中一二行第一三字「挂」，徑作「拄」。

一　六二九頁中一五行「下領」，徑作「下頜」。

一　六二九頁下卷末經名，徑無（未換卷）。

# 五燈會元卷第三十一

宋沙門大川濟集

## 南嶽下十世

### 汾陽昭禪師法嗣

舒州法華院全舉禪師到公安遠和尚處安問作麼生是伽藍師曰深山藏獨虎淺草露蟒蛇曰作麼生是伽藍中人師曰青松蓋不得黃葉豈能遮曰道甚麼師曰少年翫盡天邊月潦倒扶桑沒日頭曰一句兩句雲開月露作麼生師曰照破佛祖到大愚芝和尚處愚問古人見桃花意作麼生師曰曲不藏直曰那箇且從這箇作麼生師曰大街拾得金四鄰爭得知曰上座還知麼師曰路逢劒客須呈劒不是詩人不獻詩曰作家詩客師曰一條紅線兩人牽曰玄沙道諦當甚諦當敢保老兄未徹在又作麼生師曰海枯終見底人死不知心曰却是師曰樓閣凌雲勢峰巒疊翠層到琅邪覺和尚處邪問近離甚處師曰兩浙曰船來陸來師曰船來曰船在甚處師曰步下曰不涉程途一句作麼生道師以坐具摵一摵曰杜撰長老如麻似粟拂袖而出邪問侍者此是甚麼人者曰舉上座邪曰莫是舉師叔麼先師教我尋見伊遂下旦過問上座莫是舉師叔麼莫怪適來相觸忤師便喝復問長老何時到汾陽邪曰某時到師曰我在浙江早聞你名元來見解秖如此何得名播寰宇邪遂作禮曰某甲罪過師到杭州西菴菴主曾見明招主舉頌曰絕頂西峯上峻機誰敢當超然凡聖外聳起兩重光師曰如何是兩重光主曰月從東出日向西沒師曰菴主未見明招時如何主曰滿盞油難盡師曰見後如何主曰多心易得乾住後僧問如何是奪人不奪境師曰白菊乍開重日暖百年公子不逢春曰如何是奪境不奪人師曰大地絕消息翛然獨任真曰如何是人境兩俱奪師曰草荒人變色凡聖兩齊空曰如何是人境俱不奪師曰清風與明月野老笑相親上堂釋迦不出世達磨不西來佛法徧天下談玄口不開上堂鐘鳴鼓響鵲噪鴉鳴爲你諸人說般若講涅槃了也諸人還信得及麼觀音菩薩向諸人面前作大神通若信不及却往他方救苦利生去也上堂開口又成增語不開口又成剩語乃曰金輪天子勑草店家風別上堂三世諸佛口挂壁上天下老和尚作麼生措手你諸人到諸方作麼生舉山僧恁麼道也是久日樺來脣喝一喝上堂古者道我若一向舉揚宗教法堂裏草深一丈不可爲闍黎鑽却僧堂門去也雖然如是也是烏龜陸地弄塵行上堂語漸也返常合道論頓也不留朕迹直饒論其頓返其常也是抑而爲之問牛頭未見四祖時爲甚麼百鳥銜花獻師曰果熟猿兼重曰見後爲甚麼不銜花師曰林疎鳥不過問七星光彩天將曉不犯皇風試道看師曰將軍馬蹄紅曰錯師便打僧禮拜展坐具始收師曰一展一收法法皆周擬欲更問著甚來由遂問會麼僧曰不會師便打

南嶽芭蕉菴大道谷泉禪師泉州人也受法汾陽放蕩湖湘後省同叅慈明禪師明問白雲橫谷口道人何處來師左右顧視曰夜來

何處火燒出古人墳明曰未在更道師作虎
聲明以坐具便摵師接住推明置禪牀上明
却作虎聲師大笑曰我見七十餘員善知識
今日始遇作家師因倚遇上座來叅遇後住法昌
問菴主在麼師曰誰曰行脚僧師曰作甚麼
曰禮拜菴主師曰恰值菴主不在曰你聻師
曰向道不在說甚麼你我拽棒趂出遇次日
再來師又趂出遇一日又來問菴主在麼師
曰誰曰行脚僧揭簾便入師攔胸搊住曰我
這裏狼虎縱橫尿牀鬼子三回兩度來討甚
麼曰人言菴主親見汾陽來師解衣抖擻曰
你道我見汾陽有多少奇特曰如何是菴中
主師曰入門須辯取曰莫秖這便是麼師曰
賺却幾多人曰前言何在師曰聽事不眞喚
鐘作甕曰萬法泯時全體現君臣合處正中
邪去也師曰驢漢不會便休亂統作麼曰未
審客來將何秖待師曰雲門餬餅趙州茶曰
恁麼則謝師供養去也師叱曰我這裏火種
也未有早言謝供養師因大雪作偈曰今朝
甚好雪紛紛如秋月文殊不出頭普賢呈醜

拙慈明遷住福嚴師又往省之少留而還作
偈寄之曰相别而今又半年不知誰共對談
禪一般秀色湘山裏汝自匡徒我自眠明覽
笑而已
蘄州黃梅龍華寺曉愚禪師到五祖戒和尚
處祖問曰不落唇吻一句作麼生道師曰老
老大大話頭也不照顧祖便喝師亦喝祖拈
棒師拍手便出祖召曰闍黎且住話在師將
坐具搭在肩上更不回首上堂摩騰入漢已
涉繁詞達磨西來不守已分山僧今日與麼
道也是爲他閑事長無明
安吉州天聖皓泰禪師到琅邪邪問埋兵掉
鬬未是作家匹馬單鎗便請相見師指邪曰
將頭不猛帶累三軍邪打師一坐具師亦打
邪一坐具邪接住曰適來一坐具是山僧令
行上座一坐具落在甚麼處師曰伏惟尚饗
邪拓開曰五更侵早起更有夜行人師曰賊
過後張弓邪曰且坐喫茶住後僧問如何是
佛師曰黑漆聖僧曰如何是佛法大意師曰
看墻似土色

唐州龍潭智圓禪師辭汾陽陽曰别無送路
與子一枝拄杖一條手巾師曰手巾和尚受
用拄杖卽不消得陽曰汝但將去有用處在
師便收陽曰又道不用師便喝陽曰已後不
讓臨濟師曰正令已行陽來日送出三門乃
問汝介山逢尉遲時如何師曰一刀兩段陽
曰彼現那吒又作麼生師便拽拄杖陽喝曰
這回全體分付住後僧問承教有言是眞精
進是名眞法供養如來如何是眞法師曰夜
聚曉散問如何是龍潭劒師曰觸不得曰用
者如何師曰白骨連山問昔日窮經今日叅
禪此理如何師曰兩彩一賽曰作麼生領會
師曰去後不留蹤曰如何是佛師曰火燒不
燃問古殿無佛時如何師曰三門前合掌
舒州投子圓修禪師僧問達磨未來時如何
師曰出口入耳曰來後如何師曰叉手並足
汾州太子院道一禪師僧問如何是佛師曰
賣扇老婆手遮日問紅輪未出時如何師曰
照燭分明曰出後如何師曰撈天摸地問如
何是學人親切處師曰慈母抱嬰兒曰如何

是學人轉身處師曰街頭巷尾曰如何是學人著力處師曰千斤擔子兩頭搖問古曲無音韻如何和得齊師曰三九二十七籬頭吹䫻栗曰宮商角徵非關妙石人拊掌笑呵呵師曰同道方知

葉縣省禪師法嗣

舒州浮山法遠圓鑒禪師鄭州人也投三交嵩和尚出家幼爲沙彌見僧入室請問趙州庭栢因緣嵩詰其僧師傍有省進具後謁汾陽葉縣皆蒙印可嘗與達觀頴薛大頭七八輩遊蜀幾遭橫逆師以智脫之衆以師曉吏事故號遠錄公開堂拈香曰汝海枯木上生花別迎春色僧問師唱誰家曲宗風嗣阿誰師曰八十翁翁輥繡毬曰恁麼則一句迥然開祖胄三玄戈甲振叢林師曰李陵元是漢朝臣問如何是佛師曰大者如兄小者如弟問如何是祖師西來意師曰平地起骨堆問祖師門下壁立千仞正令當行十方坐斷和尚將何表示師曰寒猫不捉鼠曰莫便是爲人處也無師曰波斯不繫腰問新歲已臨舊歲何往師曰目前無異怪不用貼鍾馗曰畢竟如何師曰將謂目前無僧以手畫曰爭奈這箇何師便打師與王質待制論道畫一圓相問曰一不得匹馬單鎗二不得衣錦還鄉鵲不得喜鴉不得殃速道速道王罔措師曰勘破了也上堂更莫論古話今秖據目前事與你諸人定奪區分僧便問如何是目前事師曰鼻孔曰如何是向上事師曰眼睛歐陽文忠公聞師奇逸造其室未有以異之與客碁師坐其旁文忠遂收局請因碁說法師卽令撾鼓陞座曰若論此事如兩家著碁相似何謂也敵手知音當機不讓若是綴五饒三又通一路始得有一般底秖解閉門作活不會奪角衝關硬節與虎口齊彰局破後徒勞綽斡所以道肥邊易得瘦肚難求思行則往往失粘心麤而時時頭撞休誇國手謾說神仙贏局輸籌卽不問且道黑白未分時一著落在甚麼處良久曰從來十九路迷悟幾多人文忠嘉歎從容謂同僚曰修初疑禪語爲虛誕今日見此老機緣所得所造非悟明於心地安能有此妙旨哉上堂天得一以淸地得一以寧君王得一以治天下衲僧得一禍患臨身擊禪牀下座上堂諸佛出世建立化門不離三身智眼亦如摩醯首羅三目何故一隻水泄不通緇素難辯一隻大地全開十方通暢一隻高低一顧萬類齊瞻雖然若是本分衲僧陌路相逢別具通天正眼始得所以道三世諸佛不知有狸奴白牯却知有且道狸奴白牯知有箇甚麼事要會麼深秋簾幙千家雨落日樓臺一笛風師暮年休於會聖巖敘佛祖與義作九帶曰佛正法眼帶佛法藏帶理貫帶事貫帶理事縱橫帶屈曲垂帶妙叶兼帶金針雙鎖帶平懷常實帶學者旣已傳誦師曰若據圓極法門本具十數今此九帶已爲諸人說了更有一帶還見得麼若也見得親切分明却請出來對衆說看說得分明許汝通前九帶圓明道眼若見不親切說不相應唯依吾語而爲已解則名謗法諸人到此如何衆無語師叱之而去

汝州寶應院法昭演教禪師僧問一言合道

時如何師曰七顛八倒曰學人禮拜師曰教休不肯休直待雨淋頭問大通智勝佛十劫坐道場佛法不現前不得成佛道爲甚麼不得成佛道師曰赤脚騎鐵驢直至海南居上堂十二時中許你一時絕學卽是學佛法不見阿難多聞第一却被迦葉擯出不得結集方知聰明博學記持憶想向外馳求與靈覺心轉沒交涉五蘊殼中透脫不過順情生喜違情生怒蓋覆深厚自纏自縛無有解脫流浪生死六根爲患衆苦所逼無自由分而被妄心於中主宰大丈夫兒早搆取好喝一喝曰叅上堂寶應門風險入者喪全身作麼生是出身一句若道不得三十年後

唐州大乘山慧果禪師僧問如何是從上來傳底意師曰金盤拓出衆人看問撥塵見佛時如何師曰撥塵卽乖見佛卽錯曰總不如是時如何師曰錯問如何是道師曰寬處寬窄處窄曰如何是道中人師曰苦處苦樂處樂曰道與道中人相去多少師曰十萬八千問如何是祖師西來意師曰天晴日出曰學人不會師曰雨下泥生

神鼎諲禪師法嗣

荆南府開聖寶情山主僧問如何是開聖境師曰三烏引路曰如何是境中人師曰二虎巡山

天台山妙智寺光雲禪師僧問如何是祖師西來意師曰東籬黄菊曰意旨如何師曰九日重陽

谷隱聰禪師法嗣

潤州金山曇頴達觀禪師首謁太陽玄禪師遂問洞山特設偏正君臣意明何事陽曰父母未生時事師曰如何體會陽曰夜半正明天曉不露師罔然遂謁谷隱舉前話隱曰太陽不道不是秖是口門窄滿口說未盡老僧卽不然師問如何是父母未生時事隱曰糞墼子師曰如何是夜半正明天曉不露隱曰牡丹花下睡貓兒師愈疑駭一日普請隱問今日運薪邪師曰然隱曰雲門問僧人般柴柴般人如何會師無對隱曰此事如人學書點畫可效者工否者拙蓋未能忘法耳當筆忘手手忘心乃可也師於是默契良久曰如石頭云執事元是迷契理亦非悟隱曰汝以爲藥語爲病語師曰是藥語隱呵曰汝以病爲藥又安可哉師曰事如函得蓋理如箭直鋒妙寧有加者而猶以爲病實未喻旨隱曰妙至是亦秖名理事祖師意旨智識所不能到矧事理能盡乎故世尊云理障礙正見知事障續諸生死師怳如夢覺曰如何受用隱曰語不離窠曰安能出蓋纏師歎曰纔涉唇吻便落意思盡是死門終非活路住後示衆曰纔涉唇吻便落意思盡是死門俱非活路直饒透脫猶在沉淪莫教孤負平生虛度此世要得不孤負平生麼拈拄杖卓一下曰須是莫被拄杖瞞始得看看拄杖子穿過你諸人髑髏踍跳入你鼻孔裏去也又卓一下僧問經文最初兩字是甚麼字師曰以字曰有甚麼交涉師曰八字曰好賺人師曰謗此經故獲罪如是問一百二十斤鐵枷教阿誰擔師曰老僧曰自作自受師曰苦苦問和尚還曾念佛也無師曰不曾念佛曰爲甚麼不念

佛師曰怕汚人口上堂衆集定𡎺座出禮拜
師曰好好問著座低頭問話次師曰今日不
答話便歸方丈上堂山僧門庭别已改諸方
轍爲文殊拔出眼裏楔教普賢休𡎺口中鍼
勸人放開髑蛇手與汝斫却繫驢橛駐意擬
思量喝曰捏捏參上堂山僧平生意好相撲
秖是無人搭對今日且共首座搭對捲起袈
裟下座索首座相撲座纔出師曰平地上喫
交便歸方丈上堂三世諸佛是奴婢一大藏
教是涕唾良久曰且道三世諸佛是誰奴婢
乃將拂子畫一畫曰三世諸佛過這邊且道
一大藏教是誰涕唾師乃自唾一唾上堂秤
錘井底忽然浮老鼠多年變作牛慧空見了
拍手笑三脚獼猻差異猴上堂五千教典諸
佛常談八萬塵勞衆生妙用猶未是金剛眼
睛在如何是金剛眼睛良久曰瞎上堂大衆
集定有僧纔出禮拜師曰欲識佛性義當觀
時節因緣僧便問如何是時節因緣師便下
座問如何是向去底人師曰從歸青嶂裏不
出白雲來曰如何是却來底人師曰自從遊

紫陌誰肯隱青山問如何是奪人不奪境師
曰家裏已無回日信路邊空有望鄉牌曰如
何是奪境不奪人師曰滄海盡教枯到底青
山直得碾爲塵曰如何是人境兩俱奪師曰
天地尚空秦日月山河不見漢君臣曰如何
是人境俱不奪師曰鶯囀千林花滿地客遊
三月草侵天問如何是和尚家風師曰伸手
不見掌曰忽遇仙陀客來又作麽生師曰對
面千里問師唱誰家曲宗風嗣阿誰師曰臨
濟曰恁麽則谷隱的子也師曰德山問如何
是長法身師曰拄杖六尺曰如何是短法身
師曰算子三寸曰恁麽則法身有二也師曰
更有方圓在上堂諸方鉤又曲餌又香夯湊
猶如蜂抱王因聖這裏鉤又直餌又無猶如
水底捺葫蘆舉拄杖作釣魚勢曰深水取魚
長信命不曾將酒祭江神擲拄杖下座
蘇州洞庭翠峰慧月禪師僧問一花開五葉
結果自然成時如何師曰脱却籠頭卸却角
馱曰撥出虚空去處處盡聞香師曰雲愁聞
鬼哭雪壓髑髏吟問和尚未見谷隱時一句

作麽生道師曰步步登山遠曰見後如何師
曰驅驅信馬蹄
明州仗錫山修己禪師與浮山遠公遊嘗卓
庵廬山佛手巖後至四明山心獨居十餘載
虎豹爲隣嘗曰羊腸鳥道無人到寂寞雲中
一箇人爾後道俗聞風而至遂成禪林僧問
如何是無縫塔師曰四稜著地曰如何是塔
中人師曰高枕無憂問如何是祖師西來意
師曰舶船過海赤脚回鄉
唐州大乘山德遵禪師問谷隱曰古人索火
意旨如何曰任他滅師曰滅後如何曰初三
十一師曰恁麽則好時節也曰汝見甚麽道
理師曰今日一場困隱便打師乃有頌曰索
火之機實快哉藏鋒妙用少人猜要會我師
親的旨紅爐火盡不添柴僧問世界圓融一
句請師道師曰圓圓七尺餘問如何是祖師
西來意師曰鼻大眼深上堂上來又不問下
去又不疑不知是不是是即也大奇便下座
荆南府竹園法顯禪師僧問如何是佛師曰
好手畫不成問如何是道師曰交橫十字曰

如何是道中人師曰往往不相識
彭州永福院延照禪師僧問如何是彭州境
師曰人馬合雜僧以手作挽弓勢師拈棒僧
擬議師便打
安吉州景清院居素禪師僧問即此見聞非
見聞爲甚麼法身有三種病二種光師曰塡
凹就缺問承和尚有言寰中天子勑塞外將
軍令如何是塞外將軍令師曰揭曰其中事
如何師曰蹴曰莫便是和尚爲人處也無師
彈指一下問遠遠投師乞師一接師曰新羅
人打鼓曰如何領會師曰舶主未曾逢問如
何是末上一句師曰金剛樹下曰如何是末
後一句師曰拘尸城邊曰向上更有事也無
師曰有曰如何是向上事師曰波旬拊掌呵
呵笑迦葉攘頭不識人
處州仁壽嗣珍禪師僧問知師已得禪中旨
當陽一句爲誰宣師曰土鷄瓦犬曰如何領
會師曰門前不與山童掃任意松釵滿路岐
上堂明明無悟有法即迷日上無雲麗天普
照眼中無翳空本無花無智人前不得錯舉

咨
越州雲門顯欽禪師上堂良久曰好箇話頭
若到諸方不得錯舉便下座
果州永慶光普禪師初問谷隱古人道來日
大悲院裏有齋意旨如何曰日出隈陽坐天
寒不舉頭師入室次隱曰適來因緣汝作麼
生會師曰會則途中受用不會則世諦流布
曰未在更道師拂袖便出住後僧問如何是
佛法大意師曰蜀地用鑌鐵
駙馬都尉李遵勗居士謁谷隱問出家事隱
以崔趙公問徑山公案答之公於言下大悟
作偈曰學道須是鐵漢著手心頭便判直趣
無上菩提一切是非莫管公一日與堅上座
送別公問近離上黨得屆中都方接塵談遽
回虎錫指雲屏之翠嶠訪雪嶺之清流未審
此處彼處的的事作麼生座曰利劒拂開天
地靜霜刀纔舉斗牛寒公曰恰直今日耳聵
座曰一箭落雙鵰公曰上座爲甚麼著草鞋
睡座以衣袖一拂公低頭曰今日可謂降伏
也座曰普化出僧堂公臨終時膈胃躁熱有
尼道堅謂曰衆生見劫盡大火所燒時都尉
切宜照管主人公公曰大師與我煎一服藥
來堅無語公曰這師姑藥也不會煎得公與
慈明問答罷泊然而終語見慈明傳中
英公夏竦居士字子喬自契機於谷隱日與
老衲遊偶上藍溥禪師至公問百骸潰散時
那箇是長老自家底藍曰前月二十離蘄陽
公休去藍却問百骸潰散時那箇是相公自
家底公便喝藍曰喝則不無畢竟那箇是相
公自家底公對以偈曰休認風前第一機太
虛何處著思惟山僧若要通消息萬里無雲
月上時藍曰也是弄精魂
廣慧璉禪師法嗣
東京華嚴道隆禪師初叅石門徹和尚問曰
古者道但得隨處安閑自然合他古轍雖有
此語疑心未歇時如何門曰知有乃可隨處
安閑如人在州縣住或聞或見千奇百怪他
總將作尋常不知有而安閑如人在村落住
有少聲色則驚怪傳說師於言下有省門盡
授其洞上厥旨後爲廣慧嗣一日福嚴承和

尚問曰禪師親見石門如何却嗣廣慧師曰我見廣慧渠欲剃髮使我擎凳子來慧曰道者我有凳子詩聽取乃曰放下便平穩我時便肯伊因敘在石門處所得廣慧曰石門所示如百味珍羞秖是飽人不得師至和初游京客景德寺日縱觀都市歸常二鼓一夕不得入卧於門之下仁宗皇帝夢至寺門見龍蟠地驚覺中夜遣中使視之覩師熟睡鼻鼾撼之驚覺問名歸奏帝聞名道隆乃喜曰吉徵也明日召至便殿問宗旨師奏對詳允帝大悅後以偈句相酬唱絡繹於道或入對留宿禁中禮遇特厚賜號應制明悟禪師皇祐間詔大覺璉禪師於化成殿演法召師問話機鋒迅捷帝大悅侍衛皆山呼師即奏疏舉璉自代禁林待問秘殿譚禪乞歸廬山帝覽表不允有旨於曹門外建精舍延師賜號華嚴禪院開堂僧問如何是道師曰高高低低曰如何是道中人師曰脚瘦草鞋寬師年八十餘示寂於盛暑安坐七日手足柔和全身塔于寺之東

臨江軍慧力慧南禪師僧問師唱誰家曲宗風嗣阿誰師曰鐵牛不喫欄邊草直上須彌頂上眠曰恁麼則昔日汝陽親得旨臨江今日大敷揚師曰禮拜了退問如何是佛師曰頭大尾小曰未曉玄言乞師再指師曰眉長三尺二曰恁麼則人人皆頂戴見者盡攢眉師長噓一聲僧拍一拍便禮拜師曰一任跨跳

汝州廣慧德宣禪師僧問祖祖相傳傳祖印師今得法嗣何人師曰仲氏吹壎伯氏吹篪曰恁麼則廣慧的子首山親孫也師曰椽塠裏坐地不打闍黎

文公楊億居士字大年幼舉神嬰及壯負才名而未知有佛一日過同僚見讀金剛經笑且罪之彼讀自若公疑之曰是豈出孔孟之右乎何佞甚因閱數板懵然始少敬信後會翰林李公維勉令參問及由秘書監出守汝州首謁廣慧慧接見公便問布鼓當軒擊誰是知音者慧曰來風深辯公曰恁麼則禪客相逢秖彈指也慧曰君子可入公應喏喏慧曰草賊大敗夜語次慧曰秘監曾與甚人道話來公曰某曾問雲巖諒監寺兩箇大蟲相齩時如何諒曰一合相某曰我秖管看未審恁麼道還得麼慧曰這裏即不然公曰請和尚別一轉語慧以手作拽鼻勢曰這畜生更跨跳在公於言下脫然無疑有偈曰八角磨盤空裏走金毛師子變作狗擬欲將身北斗藏應須合掌南辰後復杼其師承密證寄李翰林曰病夫夙以頑惷獲受獎顧預聞南宗之旨乂陪上國之遊動靜咨詢周旋策發俾其刳心之有詣墻面之無慙者誠出於席間牀下矣矧又故安公大師每垂誘導自雙林滅影隻履西歸中心浩然罔知所止仍歲沉痾神慮迷恍殆及小間再辯方位又得雲門諒公大士見顧蓬蒿諒之旨趣正與安公同轍並自廬山雲居歸宗而來皆是法眼之流裔去年假守茲郡適會廣慧禪伯實承嗣南院念念嗣風穴穴嗣先南院南院嗣興化興化嗣臨濟臨濟嗣黃檗黃檗嗣百丈丈嗣馬祖祖出讓和尚讓即曹溪之長嫡也齋中務

箇退食之暇或坐邀而至或命駕從之請扣無方蒙滯頓釋半歲之後曠然弗疑如忘忽記如睡忽覺平昔凝膺之物曝然自落積劫未明之事廓爾現前固亦決擇之洞分應接之無蹇矣重念先德率多參尋如雪峯九上洞山三到投子遂嗣德山臨濟得法於大愚終承黃蘗雲巖多蒙道吾訓誘乃爲藥山之子丹霞親承馬祖印可而終作石頭之裔在古多有於理無嫌病夫今繼紹之緣實屬於廣慧而提激之自良出於鷲峯也欣幸欣幸

公問廣慧曰承和尚有言一切罪業皆因財寶所生勸人疎於財利況南閻浮提衆生以財爲命邦國以財聚人教中有財法二施何得勸人疎財乎慧曰幡竿尖上鐵龍頭公曰海壇馬子似驢大慧曰楚鷄不是丹山鳳公曰佛滅二千歲比丘少慚愧公置一百問請廣慧答慧一一答回公問李都尉曰釋迦六年苦行成得甚麼事尉曰擔折知柴重公因微恙問環大師曰某今日忽違和大師慈悲如何醫療環曰丁香湯一盌公便作吐勢環曰恩愛成煩惱環爲煎藥次公叫曰有賊環下藥於公前叉手側立公瞠目眎之曰少叢林漢環拂袖而出又一日問曰某四大將欲離散大師如何相救環乃搥胸三下公曰賴遇作家環曰幾年學佛法俗氣猶未除公曰禍不單行環作噓噓聲公書偈遺李都尉曰漚生與漚滅二法本來齊欲識眞歸處趙州東院西尉見遂曰泰山廟裏賣紙錢尉卽至公已逝矣

南嶽下十一世

石霜圓禪師法嗣

洪州翠巖可眞禪師福州人也嘗參慈明因之金鑾同善侍者坐夏善乃慈明高弟道吾眞楊岐會皆推伏之師自負親見慈明天下無可意者善與語知其未徹笑之一日山行舉論鋒發善拈一片瓦礫置盤石上曰若向這裏下得一轉語許你親見慈明師左右視擬對之善叱曰竚思停機情識未透何曾夢見師自愧悚卽還石霜慈明見來叱曰本色行脚人必知時節有甚急事夏未了早已至此師泣曰被善兄毒心終礙塞人故來見和尚明遽問如何是佛法大意師曰無雲生嶺上有月落波心明嗔目喝曰頭白齒豁猶作這箇見解如何脫離生死師悚然求指示明曰汝問我師理前語問之明震聲曰無雲生嶺上有月落波心師於言下大悟師爽氣逸出機辯迅捷叢林憚之住翠巖日僧問如何是佛師曰同坑無異土問如何是祖師西來意師曰深耕淺種問如何是學人轉身處師曰一堵牆百堵調曰如何是學人著力處師曰千日斫柴一日燒曰如何是學人親切處師曰渾家送上渡頭船問利人一句請師垂示師曰三脚蝦蟆飛上天曰前村深雪裏昨夜一枝開師曰饑逢王膳不能餐問如何是道師曰出門便見曰如何是道中人師曰擔枷過狀上堂先德道此事如爆龜文爆卽成兆不爆成鈍爆與不爆直下便捏上監卽不然無固無必虛空走馬旱地行船南山起雲北山下雨遂拈拄杖曰拄杖子變作天大將軍巡歷四天下有守節不守節有戒行無戒

行一時奏與天帝釋乃喝一喝曰丈夫自有衝天志莫向如來行處行卓一下上堂舉龍牙頌曰學道如鑽火逢煙未可休直待金星現歸家始到頭神鼎曰學道如鑽火逢煙即便休莫待金星現燒脚又燒頭師曰若論頓也龍牙正在半途若論漸也神鼎猶少悟在於此復且如何諸仁者今年多落葉幾處掃歸家上堂臨陣抗敵不懼生死者將軍之勇也入山不懼虎兕者獵人之勇也入水不懼蛟龍者漁人之勇也作麼生是衲僧之勇拈拄杖曰這箇是拄杖子拈得把得動得三千大千世界一時搖動若拈不得把不得動不得文殊自文殊解脫自解脫絲上堂舉僧問巴陵如何是道陵曰明眼人落井又問寶應如何是道應曰五鳳樓前又問首山如何是道山曰脚下深三尺此三轉語一句壁立千仞一句陸地行船一句賓主交參諸人莫有揀得者麼出來道看如無且行羅漢慈破結賊故行菩薩慈安衆生故行如來慈得如相故問如何是佛法大意師曰五通賢聖曰學人不會師曰舌至梵天師將入滅示疾甚勞苦席藁于地轉側不少休喆侍者垂泣曰平生訶佛罵祖今何爲乃爾師熟視訶曰汝亦作此見解耶即起趺坐呼侍者燒香烟起遂示寂

蔣山贊元覺海禪師婺州義烏人姓傅氏乃大士之裔也夙修種智隨願示生父母感祥閭里稱異三歲出家七歲爲僧十五遊方遠造石霜陞於丈室慈明一見曰好好著槽廠師遂作驢鳴明曰真法器耳俾爲侍者二十年中運水搬柴不憚寒暑悉已躬親求道後出世蘇臺天峯龍華白雲府帥請居誌公道場提綱宗要機鋒迅敏解行相應諸方推服丞相王公安石重師德望特奏章服師號公又堅辭鼎席結廬定林山中與師蕭散林下清談終日贈師頌曰不與物違眞道廣每隨緣起自禪深舌根已淨誰能壞足跡如空我得尋此亦明世希有事也僧問如何是和尚家風師曰東壁打西壁曰客來如何祇待師曰山上樵井中水問如何是諸佛出身處師曰驢胎馬腹問達祖面壁意旨如何師曰住持事繁問如何是大善知識師曰屠牛剝羊曰爲甚麼如此師曰業在其中上堂這箇若是如虎戴角這箇若不是喚作甚麼良久曰餧驢餧馬珍重元祐元年師乃遷化丞相王公慟哭于塔讚師眞曰賢哉人也行厲而容寂知言而能默譽榮弗喜辱毀弗戚弗矜弗克人自稱德有緇有白來自南北弗順弗逆弗抗弗抑弗觀汝華唯食已實孰其嗣之我有遺則

瑞州武泉山政禪師僧問如何是佛法大意師曰衣成人水成田上堂黃梅席上海衆千人付法傳衣碓坊行者是則紅日西昇非則月輪東上參

南嶽雙峯寺省回禪師上堂南番人汎船塞北人搖艣波斯入大唐須彌山作舞是甚麼說話師元豐六年九月十七日淨髮沐浴辭衆偈曰九十二光陰分明對衆說遠洞散寒雲幽牕度殘月言訖坐逝荼毗齒頂不壞上有五色異光

洪州大寧道寬禪師僧問飲光正見爲甚麼見拈花却微笑師曰忍俊不禁問丹霞燒木佛院主爲甚麽眉鬚墮落師曰賊不打貧兒家問既是一眞法界爲甚麽却有千差萬别師曰根深葉茂僧打圓相曰還出得這箇也無師曰弄巧成拙問如何是前三三後三三師曰數九不到九問如何是佛法大意師曰點茶須是百沸湯曰意旨如何師曰喫盡莫留滓有僧造師之室問如何是露地白牛師以火筯挿火爐中曰會麽曰不會師曰頭不欠尾不剩師在同安日時有僧問既是同安爲甚麽却有病僧化去師曰布施不如還却債上堂少林妙訣古佛家風應用隨機卷舒自在如拳作掌開合有時似水成漚起滅無定動静俱顯語黙全彰萬用自然不勞心力到這裏喚作順水放船且道逆風舉棹誰是好手良乂曰弄潮須是弄潮人喝一喝曰珍重上堂無念爲宗無住爲本眞空爲體妙有爲用所以道盡大地是眞空徧法界是妙有且道是甚麽人用得四時運用日月長明法

本不遷道無方所隨緣自在逐物昇沈此土他方入凡入聖雖然如是且道入鄉隨俗一句作麽生道良乂曰西天梵語此土唐言潭州道吾悟眞禪師上堂古今日月依舊山河若明得去十方薄伽梵一路涅槃門若明不得謗斯經故獲罪如是上堂師子兒哮吼龍馬駒跨跳古佛鏡中明三山孤月皎遂作舞下座上堂舉洞山道五臺山上雲蒸飯佛殿堦前狗尿天剎竿頭上煎䭔子三箇猢猻夜簸錢老僧卽不然三面狸奴脚踏月兩頭白牯手拏烟戴冠碧兔立庭栢脫殼烏龜飛上天老僧葛藤盡被汝諸人覷破了也洞山老人甚是奇特雖然如是秖行得三步四步且不過七跳八跳且道誵訛在甚麽處老僧今日不惜眉毛一時布施良乂曰叮嚀損君德無言眞有功任從滄海變終不爲君通問凝然便會時如何師曰老鼠尾上帶研搥問如何是眞如體師曰夜叉屈膝眼睛黑曰如何是眞如用師曰金剛杵打鐵山摧問如何是常照師曰針鋒上須彌曰如何是寂照師

曰眉毛裏海水曰如何是本來照師曰草鞋裏跨跳僧退師曰寂照常照本來照草鞋底下常跨跳更會針鋒上須彌眉毛中水常渺渺問如何是佛師曰洞庭無蓋上堂山前麥熟廬陵米價鎭州蘿蔔更有一般良乂曰時挑野菜和根煑旋斫生柴帶葉燒上堂古人道認著依前還不是實難會土宿頷下髭鬚多波斯眼深鼻孔大甚奇怪欻然透過新羅界問僧甚處來曰堂中來師曰聖僧道甚麽僧近前不審師曰東家作驢西家作馬曰過在甚麽處師曰萬里崖州師不安僧問和尚近日尊位如何師曰粥飯頭不了事僧無語師鳴指一下上堂普化明打暗打布袋横撒豎撒石室行者踏碓因甚忘却下脚問如何是第一玄師曰釋尊光射阿難肩曰如何是第二玄師曰孤輪衆象攢曰如何是第三玄師曰泣向枯桑淚漣漣曰如何是第一要師曰最好精麄照曰如何是第二要師曰閃電乾坤光晃耀曰如何是第三要師曰路夾青松老上堂舉僧問首山如何是佛山曰新婦

騎驢阿家牽師曰手提巴鼻脚踏尾仰面看天聽流水天明送出路傍邊夜靜還歸茅屋裏

蔣山保心禪師僧問月未圓時如何師曰順數將去曰圓後如何師曰倒數將來問如何是吹毛劒師曰黑漆露柱問聲色兩字如何透得師曰一手吹一手拍

洪州百丈惟政禪師上堂巖頭和尚用三文錢索得箇妻秖解撈鰕摝蜆要且不解生男育女直至如今門風斷絕大衆要識巖公妻麼百丈今日不惜唇吻與你諸人注破蓬鬢荊釵世所稀布裙猶是嫁時衣僧問牛頭未見四祖時爲甚麼百鳥銜花獻師曰有錢千里通曰見後爲甚麼不銜花師曰無錢隔壁聾問達磨未來時如何師曰六六三十六曰來後如何師曰九九八十一問如何是祖師西來意師曰木耳樹頭生問一切法是佛法意旨如何師曰一重山下一重人問上行下斆未是作家背楚投吳方爲達士豈不是和尚語師曰是曰父財子用也師曰汝試用看僧擬議師便打上堂天台普請人人知有南嶽遊山又作麼生會則燈籠笑你不會有眼如盲

明州香山蘊良禪師僧問如何是透法身句師曰刹竿頭上舞三臺曰如何是接初機句師曰上大人曰如何是末後句師曰雙林樹下問如何是學人轉身處師曰磨坊裏上堂良久呵呵大笑曰笑箇甚麼笑他鴻鵠冲天飛烏龜水底逐魚兒三箇老婆六隻奶金剛背上爛如泥阿呵呵知不知東村陳大耆㕘

五燈會元卷第三十一

五燈會元卷第三十一

校勘記

一　底本，清藏本。

一　六三一頁上一行經名，徑無（未換卷）。

一　六三一頁上三行至四行「南嶽下十世　汾陽昭禪師法嗣」，徑無。

一　六三四頁中一〇行「太陽」，徑作「大陽」。下同。

一　六四一頁中卷末經名，徑無（未換卷）。

五燈會元卷第三十二　　碼五

宋　沙　門　大　川　濟　集

南嶽下十一世

石霜圓禪師法嗣

蘇州南峯惟廣禪師上堂一問一答如鐘含響似谷應聲葢爲事不獲已且於建化門中放一線道若據衲僧門下天地懸殊且道衲僧有甚麽長處良久曰盡日覓不得有時還自來咄

潭州大溈德乾禪師僧問如何是祖師西來意師曰水從山上出曰意旨如何師曰溪澗豈能留乃曰山花似錦文殊撞著眼睛幽鳥綿蠻觀音塞却耳際諸仁者更思量箇甚麽昨夜三更睡不著翻身捉得普賢貶向無生國裏一覺直至天明今朝又得與諸人相見說夢噫是甚麽說話卓拄杖下座

全州靈山本言禪師僧問如何是佛師曰誰教汝恁麽問曰今日起動和尚也師曰謝訪及

安吉州廣法院源禪師僧問如何是祖師西來意師曰魹頭尾片問閙中取靜時如何師曰寃不可結問如何是正法眼師曰眉毛下曰便與麽會時如何師曰瞳兒笑點頭問如何是向上事師曰日月星辰曰如何是向下事師曰地獄鑊湯問萬里無雲時如何師曰猢猻忍餓曰乞師拯濟師曰甚麽火色問古人拈槌舉拂意旨如何師曰白日無閑人曰如何承當師曰如風過耳問握劍當胸時如何師曰老鴉成隊曰正是和尚見處師曰蛇穿鼻孔僧拂袖便出師曰大衆相逢問從上諸聖向甚麽處行履師曰十字街頭曰與麽則敗缺也師曰知你不到這田地曰到後如何師曰家常茶飯問祖意教意是同是別師曰乾薑附子曰與麽則不同也師曰氷片雪團上堂春雨微微簷頭水滴聞聲不悟歸堂面壁上堂若論大道直教杼山無開口處你諸人試開口看僧便問如何是大道師曰擔不起曰爲甚麽擔不起師曰大道上堂若論此事切莫道著道著即頭角生有僧出曰頭角生也師曰禍事曰某甲罪過師曰龍頭蛇尾伏惟珍重師元豐八年十月十二晚忽書偈曰雪鬢霜髭九九年半肩毳衲盡諸緣廓然笑指浮雲散玉兔流光照大千擲筆而寂

靈隱德章禪師初住大相國寺西經藏院慶曆八年九月一日仁宗皇帝詔師於延春閣下齋宣普照大師問如何是當機一句師曰一言迥出青霄外萬仞峯前嶮處行曰作麽生是嶮處行師便喝曰皇帝面前何得如此師曰也不得放過明年又宣入內齋復宣普照問如何是奪人不奪境師曰雷驚細草萌芽發高山進步莫遲遲曰如何是奪境不奪人師曰戴角披毛異來往任縱橫曰如何是人境兩俱奪師曰出門天外迥流光影不與曰如何是人境俱不奪師曰寒林無宿客大海聽龍吟後再宣入化成殿齋宣守賢問齋筵大啟如何報答聖君師曰空中求鳥跡曰意旨如何師曰水內覓魚踪師進心珠歌曰心如意心如意任運隨緣不相離但知莫向外邊求外邊求終不是枉用工夫隱眞理識心珠光耀日秘藏深密無形質拈來掌內衆

人驚二乘精進爭能測碧眼胡須指出臨機妙用何曾失尋常切忌與人看大地山河動岌岌師皇祐二年乞歸山林養老御批杭州靈隱寺住持賜號明覺

瑯邪覺禪師法嗣

蘇州定慧院超信海印禪師僧問如何是佛法的的大意師曰湘源斑竹杖曰意旨如何師曰枝枝帶淚痕問如何是第一句師曰那吒忿怒曰如何是第二句師曰衲僧罔措曰如何是第三句師曰西天此土上堂泥蛇齩石鼈露柱啾啾叫須彌打一棒閻老呵呵笑參上堂若識般若卽被般若縛若不識般若亦被般若縛識與不識拈放一邊却問諸人如何是般若體參堂去上堂鶯聲闌蟬聲急入水烏龜頭不濕鷺鷥飛入蘆花叢雪月交輝俱不及吽

洪州泐潭曉月禪師僧問修多羅教如標月指未審指箇甚麼師曰請高著眼曰瞎色未分人盡望及乎天曉也尋常師曰年衰鬼弄人

越州姜山方禪師僧問如何是不動尊師曰單著布衫穿市過曰學人未曉師曰騎驢踏破洞庭波曰透過三級浪專聽一聲雷師曰伸手不見掌曰還許學人進向也無師曰踏地告虛空曰雷門之下布鼓難鳴師曰八花毬子上不用繡紅旗曰三十年後此話大行〔四〕師便打問蓮花未出水時如何師曰穿針嫌眼小曰出水後如何師曰盡日展愁眉問如何是一塵入正受師曰蛇銜老鼠尾曰如何是諸塵三昧起師曰鷺鷥釣魚竿曰恁麼則東西不辯南北不分去也師曰堂前一盌夜明燈簾外數莖青瘦竹問諸佛未出世時如何師曰不識酒望子曰出世後如何師曰釣魚船上謝三椎問如何是佛師曰留髭表丈夫問奔流度刃疾燄過風未審姜山門下還許借借也無師曰天寒日短夜更長曰錦帳繡鴛鴦行人難得見師曰髑髏裏面氣衝天僧召和尚師曰鷄頭鳳尾曰諸方泥裏洗姜山畫將來師曰姜山今日爲客且望闍黎善傳雖然如是不得放過便打上堂穿雲不渡水渡水不穿雲乾坤把定不把定虛空放行不放行橫三竪四乍離乍合將長補短卽不問汝諸人飯是米做一句要且難道良久曰私事不得官酬上堂不是道得道不得諸方盡把爲奇特寒山燒火滿頭灰笑罵豐干道〔五〕老賊

福州白鹿山顯端禪師僧問如何是道師曰九州百粵曰如何是道中人師曰乘肥衣錦問如何是大善知識師曰持刀按劍曰爲甚麼如此師曰禮防君子問如何是異類師曰鴉巢生鳳上堂摩騰入漢肉上剜瘡僧會來吳眼中添屑達磨九年面壁鬼魅之由二祖立雪求心翻成不肖汝等諸人到這裏如何吐露若也道得海上橫行若道不得林間獨卧以拄杖擊禪牀一下問如何是無相佛師曰灘頭石師子曰意旨如何師曰有心江上住不怕浪淘沙問凝然湛寂時如何師曰不是闍黎安身立命處曰如何是學人安身立命處師曰雲有出山勢水無投澗聲問如何是教意師曰楞伽會上曰如何是祖意師曰

熊耳山前曰教意祖意相去幾何師曰寒松連翠竹秋水對紅蓮

滁州瑯邪山智遷禪師僧問如何是瑯邪境師曰松因有限蕭疎老花爲無情取次開曰如何是境中人師曰髮長僧貌醜問如何是和尚爲人句師曰眼前三尺雪曰莫便是也無師曰腦後一枝花

泉州涼峯洞淵禪師僧問如何是涅槃師曰刀斫斧劈曰如何是解脫師曰衫長袴短問諸聖不到處師還知也無師曰老來無力下禪牀問離四句絶百非時如何師曰柴門草自深問狗子還有佛性也無師曰松直棘曲問如何是佛師曰金沙照影曰如何是道師曰玉女抛梭曰佛與道相去幾何師曰龜毛長二丈兎角長八尺

眞州眞如院方禪師叅瑯邪唯看栢樹子話每入室陳其所見不容措詞常被喝出忽一日大悟直入方丈曰我會也瑯邪曰汝作麽生會師曰夜來牀薦暖一覺到天明瑯邪可之

宣州興教院坦禪師永嘉牛氏子業打銀因淬礪缾器有省卽出家叅瑯邪機語頓契後依天衣懷禪師時住興教擢爲第一座衣受他請欲聞州乞師繼之時刁景純學士守宛陵衣恐刁涉外議乃於觀音前祝曰若坦首座道眼明白堪任住持願示夢於刁學士刁夜夢牛在興教法座上衣凌晨辭州刁擧所夢衣大笑刁問其故衣曰坦首座姓牛又屬牛刁就座出帖請之師受請陞座有雪竇化主省宗出問諸佛未出世人人鼻孔遼天出世後爲甚麽杳無消息師曰鷄足峯前風悄然宗曰未在更道師曰大雪滿長安宗曰誰人知此意令我憶南泉拂袖歸衆更不禮拜師曰新興教今日失利便歸方丈令人請宗至師曰適來錯祇對一轉語人天衆前何不禮拜蓋覆却宗曰大丈夫膝下有黃金爭肯禮拜無眼長老師曰我別有語在宗乃理前語至未在更道處師曰我有三十棒寄你打雪竇宗乃禮拜

江州歸宗可宣禪師漢州人也壯爲僧卽出峽依瑯邪一語忽投羣疑頓息瑯邪可之未幾令分座淨空居士郭功甫過門問道與厚及師領歸宗時功甫任南昌尉餞郡守恚師不爲禮捃甚遂作書寄功甫曰某世縁尚有六年奈州主抑逼當棄餘喘託生公家願無見阻功甫閱書驚喜且頷之中夜其妻夢間見師入其寢失聲曰此不是和尚來處功甫撼而問之妻詳以告呼燈取書示之相笑不已遂孕及生乃名宣老期年記問如昔至三歲白雲端禪師抵其家始見之曰吾姪來也雲曰與和尚相別幾年宣倒指曰四年矣叠與相別一年方死雲曰甚處相別曰白蓮莊上雲曰以何爲驗曰爹爹媽媽明日請和尚齋忽聞推車聲雲問門外是甚麽聲宣以手作推車勢雲曰過後如何曰平地兩條溝果六周無疾而逝

秀州長水子璿講師郡之嘉興人也自落髮誦楞嚴不輟從洪敏法師講至動靜二相了然不生有省謁敏曰敲空擊木木二作竹尚落筌蹄擧目揚眉以成擬議去此二途方契斯旨

敎附而證之然欲探禪源罔知攸往聞瑯邪道重當世卽趨其席値上堂次出問清淨本然云何忽生山河大地瑯邪憑陵答曰清淨本然云何忽生山河大地師領悟禮謝曰願侍巾瓶瑯邪謂曰汝宗不振久矣宜厲志扶持報佛恩德勿以殊宗爲介也乃如教再拜以辭後住長水承禀曰顧衆曰道非言象得禪非擬議知會意通宗曾無別致由是二宗仰之嘗疏楞嚴等經盛行於世

大愚芝禪師法嗣

南嶽雲峯文悅禪師南昌徐氏子初造大愚聞示衆曰大家相聚喫莖齏若喚作一莖齏入地獄如箭射便下座師大駭夜造方丈愚問來何所求師曰求心法愚曰法輪未轉食輪先轉後生趂色力健何不爲衆乞食我忍飢不暇何暇爲汝說禪乎師不敢違未幾愚移翠巖師納疏罷復過翠巖求指示巖曰佛法未到爛却雪寒宜爲衆乞炭師亦奉命能事罷復造方丈巖曰堂司闕人今以煩汝師受之不樂恨巖不去心地坐後架桶箍忽散自架墮落師忽然開悟頓見巖用處走搭伽黎上寢堂巖迎笑曰維那且喜大事了畢師再拜不及吐一辭而去服勤八年後出世翠巖時首座領衆出迎問曰德山宗乘卽不問如何是臨濟大用師曰你甚處去來座擬議師便掌座擬對師喝曰領衆歸去自是一衆畏服僧問如何是道師曰路不拾遺曰如何是道中人師曰草賊大敗僧禮拜師噓一聲問萬法歸一一歸何所師曰黃河九曲曰如何是第一句師曰垂手過膝曰如何是第二句師曰萬里崖州曰如何是第三句師曰糞箕掃帚問如何是深山巖崖佛法師曰猢猻倒上樹問如何是衲衣下事師曰皮裏骨問不涉廉纖請師速道師曰須彌山問如何是清淨法身師曰柴場荻草上堂語不離窠道焉能出益纏片雲橫谷口迷却幾人源所以道言無展事語不投機承言者喪滯句者迷汝等諸人到這裏憑何話會良久曰欲得不招無間業莫謗如來正法輪上堂過去諸佛已滅未來諸佛未生正當今日佛法委在翠巖放行則隨機利物把住則瓦解氷消且道把住好放行好良久曰咄這野狐精擊禪林下座上堂汝等諸人與麼上來大似刺腦入膠盆與麼下去也是平地喫交直饒不來不去朝打三千暮打八百上堂道遠乎哉觸事而眞聖遠乎哉體之則神所以娑婆世界以音聲爲佛事香積世界以香飯爲佛事翠巖這裏秖於出入息內供養承事過現未來塵沙諸佛無一空過者過現未來塵沙諸佛是翠巖侍者無一不到如一不到三十拄杖諸上座還會麼將此深心奉塵刹是則名爲報佛恩上堂有情之本依智海以爲源含識之流總法身而爲體秖爲情生智隔想變體殊達本情忘知心體合諸禪德會麼古佛與露柱相交佛殿與燈籠鬭額若也不會單重交折上堂竿木隨身逢場作戲然雖如是一手不獨拍衆中莫有作家禪客本分衲僧出來共相唱和有麼時有僧出禮拜師曰依稀似曲纔堪聽又被風吹別調中便下座上堂天明平旦萬事成辦北俱盧洲長粳米飯下座

上堂有佛處不得住無佛處急走過你等諸人橫擔拄杖向甚麼處行脚良久曰東勝身洲持鉢西瞿耶尼喫飯上堂假使心通無量時歷劫何曾異今日且道今日事作麼生良久曰烏龜鑽破壁上堂見聞覺知無障礙聲香味觸常三昧衲僧道會也山是山水是水飢來喫飯困來打睡忽然須彌山踍跳入你鼻孔裏摩竭魚穿你眼睛中作麼生商量良久曰參堂去上堂一刀兩段未稱宗師就下平高固非作者翠巖到這裏口似匾擔你等諸人作麼生商量良久曰欲得不招無間業莫謗如來正法輪上堂若見諸相非相卽山河大地竝無過咎諸上座終日著衣喫飯未曾齩著一粒米未曾挂著一縷絲便能變大地作黃金攪長河爲酥酪雖然如是著衣喫飯卽不無衲僧門下汗臭氣也未夢見在上堂普賢行文殊智補陁巖上清風起瞎驢趂隊過新羅吉獠舌頭三千里上堂拈起拄杖曰掌鉢盂向香積世界爲甚麼出身無路挑日月於拄杖頭上爲甚麼有眼如盲直得風行草偃響順聲和無纖芥可留猶是交爭底法作麼生是不交爭底法卓拄杖下座上堂臨濟先鋒放過一著德山後令且在一邊獨露無私一句作麼生道良久曰堪嗟楚下鍾離昧（音抹）以拂子擊禪牀下座上堂教中道種種取捨皆是輪回未出輪回而辯圓覺彼圓覺性卽同流轉若免輪回無有是處你等諸人到這裏且作麼生辯圓覺良久曰荷葉團團團似鏡菱角尖尖尖似錐以拂擊禪牀上堂古人道山河石壁不礙眼光師曰作麼生是眼拈拄杖打禪牀一下曰須彌山百雜碎卽不問你且道娑竭羅龍王年多少俗士問如何是佛師曰著衣喫飯量家道曰恁麼則退身三步叉手當胸去也師曰醉後添杯不如無小參舉百丈歲夜示衆曰你這一隊後生經律論固是不知入衆參禪禪又不會臘月三十日且作麼生折合去師曰灼然諸禪德去聖時遙人心澹泊看卻今時叢林更是不得所在之處或聚徒三百五百浩浩地秖以飯食豐濃寮舍穩便爲旺化中間孜孜爲道者無一人設有十箇五箇走上走下半青半黃會卽總道我會各各自謂握靈蛇之珠孰肯知非及乎挨撥攤通將來直是萬中無一苦哉苦哉所謂般若叢林歲歲凋無明荒草年年長就中今時後生纔入衆來便自端然拱手受他別人供養到處菜不擇一莖柴不搬一束十指不沾水百事不干懷雖則一期快意爭奈三塗累身豈不見教中道寧以熱鐵纏身不受信心人衣寧以洋銅灌口不受信心人食上座若也是去直饒變大地作黃金攪長河爲酥酪供養上座未爲分外若也未是至於滴水寸絲便須披毛戴角牽犁拽耙償他始得不見祖師道入道不通理復身還信施此是決定底事終不虛也諸上座光陰可惜時不待人莫待一朝眼光落地縕田無一簣之功鐵圍陷百刑之痛莫言不道

珍重

蘇州瑞光月禪師僧問俱胝一指意旨如何師曰月落三更穿市過

瑞州洞山子圓禪師上堂有僧出抛下坐具

師曰一釣便上僧提起坐具師曰弄巧成拙僧曰自古無生曲須是遇知音師曰波斯入唐土僧大笑歸衆

石霜永禪師法嗣

南嶽福嚴保宗禪師上堂世尊周行七步舉足全乖目顧四方觸途成滯金襴授去殃及兒孫玉偈傳來挂人唇吻風幡悟性未離色塵鉢水投針全成管見祖師九年面壁不見纖毫盧公六代傳衣圖他小利江西一喝不解慎初德嶠全施未知護末南山鼈鼻謾指蹤由北院枯松徒彰風彩雲門顧鑒落二落三臨濟全提錯七錯八若說君臣五位直如紙馬過江更推賓主交參恰似泥人澡洗獨超象外且非捉兎走鷹混迹塵中未是齩猪之狗何異越坑墮塹正是避溺投罝如斯之解正在常途出格道人如何話會豈不見陶潛俗子尚自覩事見機而今祖室子孫不可皮下無血喝一喝

郢州太陽如漢禪師僧問如何是敲磕底句師曰檻外竹搖風驚起幽人睡曰觀音門大啟也師曰師子齩人迺曰聞聲悟道失却觀音眼睛見色明心昧了文殊巴鼻一出一入半開半合泥牛昨夜遊滄海直至如今不見回咄

浮山遠禪師法嗣

東京淨因院道臻淨照禪師僧問如何是佛師曰朝裝香暮換水問如何是觀音妙智力師曰河南犬吠河北驢鳴上堂拈拄杖曰榔栗木杖子善能談佛祖聾人既得聞瘂人亦解語指白石爲玉點黃金爲土便恁麼會去他家未相許不相許莫莽鹵南街打鼓北街舞

廬州興化仁岳禪師泉南人也僧問如何是佛法大意師曰臨濟問黃檗曰學人不會師曰三回喫棒來問如何是和尚家風師曰曲彔禪床曰客來如何祇待師曰拄杖子問一大藏教盡是名言離此名言如何指示師曰癩馬揩枯柳曰學人不會師曰駱駝好喫鹽曰畢竟如何師曰鐵鞭指處馬空嘶

荆門軍玉泉謂芳禪師僧問從上諸聖以何法示人師拈起拄杖僧曰學人不會師曰兩手分付僧擬議師便打

宿州定林惠琛禪師僧問如何是道師曰秖在目前僧曰爲甚麼不見師曰瞎

秀州本覺若珠禪師僧問如何是道師舉起拳僧曰學人不會師曰拳頭也不識上堂說佛說祖埋沒宗乘舉古談今淹留衲子撥開上路誰敢當頭齊立下風不勞拈出無星秤子如何辯得斤兩若也辯得須彌秖重半銖若辯不得拗折秤衡向日本國與諸人相見

東京華嚴普孜禪師僧問如何是賓中賓師曰客路如天遠曰如何是賓中主師曰侯門似海深曰如何是主中主師曰寰中天子勅曰如何是主中賓師曰塞外將軍令乃曰賓中問主互換機鋒主中問賓同生同死主中辯主飲氣吞聲賓中覓賓白雲萬里故句中無意意在句中於斯明得一雙孤鴈撲地高飛於斯未明一對鴛鴦池邊獨立知音禪客相共證明影響異流切須子細良久曰若是陶淵明攢眉便歸去

南康軍清隱院淮湜禪師僧問如何是道師曰斜街曲巷曰如何是道中人師曰百藝百窮

潭州衡嶽寺奉能禪師上堂宗風纔舉萬里雲收法令若行千峰寒色須彌頂上白浪滔天大海波中紅塵滿地應思黃梅昔日少室當年不能退已讓人遂使舂糠答志斷臂酬心何似衡嶽這裏山畬粟米飯一桶没鹽羮苦樂共住隨高就低且不是南頭買貴北頭賣賤直教文殊稽首迦葉攢眉龍樹馬鳴吞聲飲氣目連鶖子且不能為為甚如此諦觀法王法法王法如是

寶應昭禪師法嗣

滁州琅邪方銳禪師上堂造化無生物之心而物物自成雨露非潤物之意而靈苗自榮所以藥劑不食而病自損良師不親而心自明故知妙慧靈光不從緣得到這裏方許你進步琅邪與你別作箇相見還有麼若無不可壓良為賤

郢州興陽山希隱禪師僧問如何是懸崖撒手底句師曰明月照幽谷曰如何是絕後再蘇底句師曰白雲生太虛曰恁麼則樵夫出林邱處處歌春色師曰是人道得上堂了見不見見了未了路上行人林間宿鳥月裏塔高十二層天外星躔五百杪要會麼手執夜明符幾箇知天曉參

石門進禪師法嗣

明州瑞巖智才禪師僧問如何是截斷衆流句師曰好曰如何是隨波逐浪句師曰隨曰如何是函蓋乾坤句師曰合曰三句蒙師指如何辯古今師曰向後不得錯舉上堂天平等故常覆地平等故常載日月平等故四時常明涅槃平等故聖凡不二人心平等故高低無諍拈拄杖卓一下曰諸禪者這拄杖子晝夜為諸人說平等法門還聞麼若聞去敢保諸人行脚事畢若言不聞亦許諸人頂門眼正何故是法平等無有高下是名阿耨多羅三藐三菩提良久笑曰向下文長

金山穎禪師法嗣

潤州普慈院崇珍禪師僧問如何是普慈境師曰出門便見鶴林山曰如何是境中人師曰入門便見珍長老

太平州瑞竹仲和禪師僧問得坐披衣人盡委向上宗乘事若何師曰但知冰是水曰更有事也無師曰休問水成冰曰弄潮須是弄潮人師曰這僧從浙中來

潤州金山懷賢圓通禪師僧問師揚宗旨得法何人師拈起拂子僧曰鐵甕城頭曾印證碧溪崖畔祖燈輝師拂一拂曰聽事不真喚鐘作甕

越州石佛寺顯忠祖印禪師僧問如何是不動尊師曰熱鏊上猢猻曰如何是千百億化身師曰添香換水點燈掃地曰如何是毘盧師法身主師曰繫馬柱曰有甚麼交涉師曰縛殺這漢問會殺佛祖底始是作家如何是殺佛祖底劒師曰不斬死漢曰如何是和尚劒師曰令不重行問如何是相生師曰山河大地曰如何是想生師曰兎子望月曰如何是流注生師曰無間斷曰如何是色空師曰五彩屏風上堂咄咄咄海底魚龍盡枯竭三

脚蝦蟇飛上天脫殼烏龜火中活上堂𦘕時不到皂白未分到時不黙和泥合水露柱跨跳入燈籠裏卽且從他汝眉毛因甚麼却拖在脚跟下直饒於此明得也是猢猻戴席帽於此未明何異曲蟮穿靴然雖如此笑我者多哂我者少

杭州淨住院居說眞淨禪師參達觀遂問曰某甲經論粗明禪直不信願師決疑觀曰旣不信禪豈可明經禪是經綱經是禪網提綱正網了禪見經師曰爲某甲說禪看觀曰向下文長師曰若恁麼經與禪乃一體觀曰佛及祖非二心如手搦拳如拳搦手師因而有省乃成偈曰二十餘年用意猜幾番曾把此心灰而今潦倒逢知已李白元來是秀才

安吉州西余山拱辰禪師上堂靈雲見華眼中著翳玄沙蹶指體上遭迍不知且恁麼過時自然身心安樂上堂理因事有心逐境生事境俱忘千山萬水作麼生得恰好去良久曰且莫剜肉成瘡師有祖源通要三十卷行於世

蘇州崑山般若寺善端禪師僧問有生有滅盡是常儀無生無滅時如何師曰崑崙著靴空中立曰莫便是爲人處也無師曰石女簪花火裏眠曰大衆證明師曰更看泥牛鬭入海

節使李端愿居士兒時在館舍常閱禪書長雖婚宦然篤志祖道遂於後圃築室類蘭若邀達觀處之朝夕咨參至忘寢食觀一日視公曰非示現力豈致爾哉奈無箇所入何公問曰天堂地獄畢竟是有是無請師明說觀曰諸佛向無中說有眼見空花太尉就有裏尋無手摝水月堪笑眼前見牢獄不避心外聞天堂欲生殊不知忻怖在心善惡成境太尉但了自心自然無惑公曰心如何了觀曰善惡都莫思量公曰不思量後心歸何所觀曰且請太尉歸宅公曰秖如人死後心歸何所觀曰未知生焉知死公曰生則某已知之觀曰生從何來公罔措觀起搊其胷曰秖在這裏更擬思量箇甚麼公曰會得也觀曰作麼生會公曰秖知貪程不覺蹉路觀拓開曰百年一夢今朝方省旣而說偈曰三十八歲懵然無知及其有知何異無知滔滔汴水隱隱隋堤師其歸矣箭浪東馳

洞庭月禪師法嗣

蘇州薦福亮禪師僧問不假言詮請師示誨師曰大衆總見汝恁麼問曰莫秖這便是也無師曰罕逢穿耳客

仗錫已禪師法嗣

台州黃巖保軒禪師僧問不欲無言略憑施設時如何師曰知而故犯僧禮拜師便打

龍華岳禪師法嗣

安吉州西余師子淨端禪師本郡人也姓邱氏始見弄師子發明心要往見龍華蒙印可遂旋里合緣爲師子皮時被之因號端師子丞相章公慕其道躬請開法吳山化風盛播開堂日僧官宣疏至推倒回頭趯翻不托七軸之蓮經未誦一聲之漁父先聞師止之遂登座拈香祝聖罷引聲吟曰本是瀟湘一釣客自西自東自南北大衆雖然稱善師顧笑曰諦觀法王法法王法如是便下座上堂二

月二禪翁有何謂春風觸目百花開公子王孫日日醺醺醉唯有殿前陳朝檜不入時人意禪家流秖這是莫思慮坦然齋後一甌茶長連牀上伸脚睡咄師到華亭衆請上堂靈山師子雲間哮吼佛法無可商量不如打箇觔斗便下座問羚羊未挂角時如何師曰怕曰既是善知識因何却怕師曰山僧不曾見恁麼差異畜生

南嶽下十二世

翠巖真禪師法嗣

潭州大溈慕喆真如禪師撫州臨川聞氏子僧問趙州庭栢意旨如何師曰夜來風色緊孤客已先寒曰先師無此語又作麼生師曰行人始知苦曰十載走紅塵今朝獨露身師曰雪上加霜問如何是城裏佛師曰萬人叢裏不插標曰如何是村裏佛師曰泥猪疥狗曰如何是山裏佛師曰絕人往還曰如何是教外別傳底一句師曰翻譯不出問牛頭未見四祖時如何師曰寒毛卓豎曰見後如何師曰額頭汗出上堂月生一天地茫茫誰受屈月生二東西南北沒巴鼻月生三善財特地向南參所以道放行也怛薩舒光把住也泥沙匿曜且道放行是把住是良久曰圖伊三點水萬物自尖新上堂古佛道昔於波羅柰轉四諦法輪墮坑落塹今復轉最妙無上大法輪土上加泥如今還有不歷階梯獨超物外者麼良久曰出頭天外看誰是箇中人上堂阿剌剌是甚麼翻思當年破竈墮杖子忽擊著方知孤負我以拄杖擊香臺一下曰墮墮上堂捫空追響勞汝精神夢覺覺非復有何事德山老人在汝諸人眉毛眼睫上諸人還覺麼若也覺去夢覺覺非若也未覺捫空追響終無了期直饒向這裏倜儻分明猶是梯山入貢還有獨超物外者麼良久曰且莫詐明頭問大通智勝佛十劫坐道場爲甚麼不得成佛道師曰苦殺人上堂白雲澹泞水注滄溟萬法本閑復有何事所以道也有權也有實也有照也有用諸人到這裏如何履踐良久曰但有路可上更高人也行上堂山僧本無積畜且得粥足飯足困來即便打眠一任東卜西卜上堂古者道一釋迦二元和三佛陀自餘是甚麼椀脫邱慧光即不然一釋迦二元和三佛陀總是椀脫邱諸人還知慧光落處麼若也知去許你具鐵眼銅睛若也不知莫謂幾經風浪險扁舟曾向五湖遊上堂拈起拄杖曰一塵纔起大地全收卓一下曰妙喜世界百雜碎且道不動如來即今在甚麼處若人識得可謂不動步而登妙覺若也未識向諸人眉毛眼睫裏涅槃去也又卓一下上堂不用思而知不用慮而解廬陵米價高鎮州蘿蔔大上堂拈起拄杖曰智海拄杖或作金剛王寶劒或作踞地師子或作探竿影草或不作拄杖用諸人還相委悉麼若也委悉去如龍得水似虎靠山出沒卷舒縱橫應用如未相委大似日中逃影上堂十方同聚會箇箇學無爲此是選佛場心空及第歸慧光門下直拔超升不歷科目諸人既到這裏風雲布地牙爪已成但欠雷聲燒尾如今爲你諸人震忽雷去也以拄杖擊禪牀下座師於紹聖二年十月八日無疾說偈

曰昨夜三更風雷忽作雲散長空前溪月落良久別衆趨寂闍維設利斗許大如豆目睛齒爪不壞門弟子分塔于京灊

南嶽西林崇奧禪師僧問一問一答賓主歷然不問不答如何辯別師曰坐底坐立底立曰便恁麼會時如何師曰舌拄上齶僧禮拜師曰不得諱却

蔣山元禪師法嗣

明州雪竇法雅禪師僧問學人不問西來意乞師方便指迷情師曰霹靂過頭猶瞌睡曰謝師答話師曰再三啟口問何人曰爭奈學人未禮拜何師曰休鈍置

邵州丞熙應悅禪師撫之宜黃戴氏子上堂我宗無語句徒勞尋路布現成公案已多端那堪更涉他門戶覿面當機直下提何用波吒受辛苦咄

雙峯回禪師法嗣

閬州光國文贊禪師僧問不二之法請師速道師曰領曰恁麼則人人有分也師曰了曰錦屏天下少光國世間稀師曰退

定慧信禪師法嗣

蘇州穹窿智圓禪師上堂福臻不說禪無事日高眠有問祖師意連擲兩三拳大衆且道爲甚麼如此不合惱亂山僧睡

雲峯悅禪師法嗣

桂州壽寧齊曉禪師上堂觸目不會道猶較些子運足焉知路錯下名言諸仁者山僧今日將錯就錯汝等諸人見有眼聞有耳嗅有鼻味有舌因甚麼却不會良久曰武帝求仙不得仙王喬端坐却昇天咄僧問大衆雲臻合談何事師曰波斯入鬧市曰恁麼則草偃風行去也師曰萬里望鄉關

淨因臻禪師法嗣

福州長慶惠暹文慧禪師僧問離上生之寶刹登延聖之道場如何是不動尊師曰孤舟載明月曰忽遇艣棹俱停又作麼生師曰漁人偏愛宿蘆花問長期進道西天以蠟人爲驗未審此間以何爲驗師曰鐵彈子曰意旨如何師曰大底大小底小

福州棲勝繼超禪師上堂拈拄杖良久曰三世諸佛盡在這裏𨁝跳大衆還會麼過去諸佛說了未來諸佛未說現在諸佛今說敢問諸人作麼生是說底事卓一下曰蘇嚧蘇嚧

興化岳禪師法嗣

潭州興化紹清禪師上堂祖師門下佛法不存善法堂前仁義休說然雖如是事無一向竊聞哀哀父母生我劬勞欲報深恩昊天罔極髮膚身體弗敢毀傷此曾仲尼之孝也輪轉三界中恩愛不能捨棄恩入無爲眞實報恩者故我大覺世尊雪山苦行摩竭成道往忉利天爲母說法此釋迦之孝也得大解脫運大神通手擎金錫掌拓龍盂詣地獄門卓然尋省見其慈母悲泣無量此目連之孝也作麼生是興化之孝良久曰興化今日不上天堂不入地獄於善法堂中燈王座上爲母說法以報劬勞且道我母卽今在甚麼處乃曰我母生前足善緣無勞問佛定生天人間上壽古今少九十春秋減一年下座敢煩大衆燒一炷香以助山僧報孝既是山僧之母爲甚麼却煩諸人燒香不見道東家人死西

家人助哀以手搥胸曰蒼天蒼天

玉泉芳禪師法嗣

臨江軍慧力善周禪師上堂遼天鶻萬重雲秖一突是甚麼咄師元祐元年十二月望日沐浴淨髮說偈曰山僧住瑞筠未嘗形言句七十三年來七十三年去言畢而逝五日後鬚髮再生

五燈會元卷第三十二

五燈會元卷第三十二

校勘記

一 底本，清藏本。

一 六四二頁上一行經名，徑無（未換卷）。

一 六四二頁上三行至四行「南嶽下十一世　石霜圓禪師法嗣」，徑無。

一 六四七頁上一九行「太陽」，徑作「大陽」。

一 六五二頁上卷末經名，徑無（未換卷）。

五燈會元卷第三十三　磧六

宋　沙　門　大　川　濟　纂

南嶽下十三世

大溈喆禪師法嗣

東京智海普融道平禪師上堂山僧不會佛法為人總沒來由或時半開半合或時全放全收還如萬人叢裏冷地掉箇石頭忽然打著一箇方知觸處周流上堂趙州有四門門門通大道玉泉有四路路路透長安門門通大道畢竟誰親到路路透長安分明進步看拍膝一下曰歲晚未歸客西風門外寒上堂舉盤山示衆曰似地擎山不知山之孤峻如石含玉不知玉之無瑕古人恁麼說話大似抱贓叫屈智海門下人人慷慨生擒虎兕活捉獰龍眼裏著得須彌山耳裏著得大海水遂拈拄杖曰不是向人誇伎倆丈夫標致合如斯卓拄杖下座

洪州泐潭景祥禪師建昌南城傅氏子僧問如何是祖師西來意師曰十箇指頭八箇了問我手何似佛手師曰金鍮難辯曰我脚何似驢脚師曰黃龍路險曰人人有箇生緣如何是和尚生緣師曰把定要津不通凡聖中秋上堂靈山話曹谿指放過初生斫額底未問龍眠老古錐昨夜三更轉向西正當恁麼時有人問如何是月向明暗未分處道得一句便與古人共出一隻手如或未然寶峯不免依模畫樣應箇時節乃打一圓相曰清光萬古復千古豈止人間一夜看師室中問僧達磨西歸手攜隻履當時何不兩隻都將去曰此土也要留箇消息師曰一隻脚在西天一隻脚在東土著甚來由僧無語問僧唯一堅密身一切塵中現如何是塵中現底身僧指香爐曰這箇是香爐師曰帶累三世諸佛生陷地獄僧罔措師便打師不安次有僧問和尚近日尊候如何師曰土地前燒二陌紙著師常叉手夜坐如對大賓初坐手與趺綴至五鼓必齊膺因號祥叉手焉

和州光孝慧蘭禪師不知何許人也自號碧落道人嘗以觸衣書七佛名叢林稱為蘭布裩有擬草庵歌一篇行于世具載普燈建炎末逆虜犯淮執師見酋長長曰聞我名否師曰我所聞者唯大宋天子之名長恚令左右以鎚擊之鎚至輒斷壞長驚異延麾下敬事之經旬師索薪自焚無敢供者親拾薪成龕怡然端坐烟焰一起流光四騰虜跪伏灼膚者多火絕得五色舍利併其骨而北歸所執僧尼悉得自便和人至今詠之

潭州東明仁仙禪師開堂日僧問世尊出世梵王前引帝釋後隨和尚出世有何祥瑞師曰任是百千諸佛一時趕向水牯欄裏曰有何祥瑞師曰山僧不曾眼花

泗州普照曉欽明悟禪師僧問師唱誰家曲宗風嗣阿誰師曰東邊更近東曰溈山的子智海親孫也師曰却笑傍人把釣竿上堂引手撮空展轉莫及翻身擲影徒自勞形當面拈來却成蹉過畢竟如何拍禪牀曰洎合錯商量

廬山東林自遵正覺禪師上堂十五日已前放過一著十五日已後未可商量正當十五日試道一句看良久曰山色翠攢春雨歇栢

庭香擁木蘭開
潭州福嚴寘禪師上堂福嚴山上雲舒卷任
朝昏忽爾落平地客來難討門
潭州東明遷禪師久侍眞如晚居潙山眞如
菴忠道者高其風每叩之一日閱首楞嚴次
忠問如我按指海印發光佛意如何師曰釋
迦老子好與二十棒曰爲甚麽如此師曰用
按指作麽曰汝暫舉心塵勞先起又作麽生
師曰亦是海印發光

雪竇雅禪師法嗣

衢州光孝普印慈覺禪師泉州許氏子室中
問僧父母未生已前在甚麽處行履僧擬對
即打出或曰達磨在你脚下僧擬看亦打出
或曰道道僧擬開口復打出

慶善震禪師法嗣

杭州慶善院普能禪師上堂事不獲已與諸
人葛藤一切衆生秖爲心塵未脱情量不除
見色聞聲隨波逐浪流轉三界汩没四生致
使正見不明觸途成滯若也是非齊泯善惡
都忘坐斷報化佛頭截却聖凡途路到這裏
方有少許相應直饒如是衲僧分上未爲奇
特何故如此纔有是非紛然失心出上堂拈
拄杖曰未入山僧手中萬法宛然既入山僧
手中復有何事良久曰有意氣時添意氣不
風流處也風流卓拄杖一下

淨土思禪師法嗣

杭州靈鳳山萬壽法詮禪師僧問如何是佛
師曰抱樁打拍浮曰如何是法師曰黃泥彈
子曰如何是僧師曰剃除鬚髮曰三寶外還
別有爲人處也無師舉起一指僧曰不會師
曰指在唯觀月風來不動幡上堂德山棒臨
濟喝盡是無風波帀帀燈籠跨跳過青天露
柱魂驚頭腦裂雖然如是大似食鹽加得渴
喝一喝
杭州慶善守隆禪師開堂日僧問知師久蘊
囊中寶今日當筵略借看師曰多少分明曰
師子吼時全露現文殊仗劒又如何師曰驚
殺老僧問千佛出世各有奇祥和尚今日以
何爲驗師曰木人把板雲中拍曰意旨如何
師曰石女拈笙水底吹上堂花簇簇錦簇簇
鹽醬年來事事足留得南泉打破鍋分付沙
彌煑晨粥晨粥一任諸人喫洗鉢盂一句作
麽生會多少人疑著

護國月禪師法嗣

江陵府護國慧本禪師僧問有物先天地無
形本寂寥未審是甚麽物師曰一鋌墨曰恁
麽則耀古照今去也師曰作麽生是耀古照
今底僧便喝師便打上堂好箇時節誰肯承
當苟或無人不如惜取良久曰彈雀夜明珠

南嶽下十四世

智海平禪師法嗣

東京淨因蹣庵繼成禪師袁之宜春劉氏子
上堂拈拄杖曰清淨本然云何忽生山河大
地看看富樓那穿過釋迦老子鼻孔釋迦老
子鑽破虛空肚皮且道山河大地在甚麽處
擲下拄杖召大衆曰虛空翻筋斗向新羅國
裏去也是你諸人切忌認葉止啼刻舟尋劒
上堂茫茫盡是覓佛漢舉世難尋閑道人棒
喝交馳成藥忌了亡藥忌未天眞上堂崑崙
奴著鐵袴打一棒行一步爭似火中釣鼈日

裏藏氷陰影門翻魍魎虛空縛殺麻繩上堂狹路相逢且莫疑電光石火已遲遲若教直下三心徹紙在如今一餉時到這裏直使問來答去火迸星飛互換主賓照用得失波翻嶽立玉轉珠回衲僧面前了無交涉豈不見拈花鷲嶺獨許飲光問疾毗耶讓當金粟那知微笑已成途轍縱使默然未免風波要須格外相逢始解就中顆契還會麼一曲寥寥動今古洛陽三十六峯西上堂舉不顧即差互擬思量何劫悟大衆枯桑知天風是顧不顧海水知天寒是思不思且喚甚麼作悟底道理兎角杖頭挑法界龜毛拂子舞三臺上堂鼻裏音聲耳裏香眼中鹹淡舌玄黃意能覺觸身分別氷室如春九夏涼如斯見得方知男子身中入定時女子身中從定出葵花隨日轉犀紋翫碛六月生香楓化老人蝢蠕成螺蠃若也不知苦哉佛陀耶許你具隻眼上堂一念心清淨佛居魔王殿一念惡心生魔王居佛殿懷禪師曰但恁麼信去喚作脚踏實地而行終無別法亦無別道理老僧恁麼舉

六

了紙恐你諸人見兎放鷹刻舟求劒何故功德天黑暗女有智主人二俱不受上堂舉汾陽拈拄杖示衆曰三世諸佛在這裏爲汝諸人無孔竅遂走向山僧拄杖裏去強生節目師曰汾陽與麼示徒大似擔雪填井傍若無人山僧今日爲汝諸人出氣拈起拄杖曰三世諸佛不敢強生節目却從山僧拄杖裏走出向諸人道我不敢輕於汝等汝等皆當作佛說是語已翻筋斗向拘尸羅城裏去也擲下拄杖曰若到諸方分明舉似師同圓悟法真慈受并十大法師禪講千僧赴太尉陳公良弼府齋時徽宗皇帝私幸觀之太師魯國公亦與焉有善華嚴者乃賢首宗之義虎也對衆問諸禪曰吾佛設教自小乘至于圓頓掃除空有獨證真常然後萬德莊嚴方名爲佛常聞禪宗一碛六喝能轉凡成聖則與諸經論似相違背今一喝若能入吾宗五教是爲正說若不能入是爲邪說諸禪視師師曰如法師所問不足三大禪師之酬淨因小長老可以使法師無惑也師召善善應諸師曰法師

七

所謂愚法小乘教者乃有義也大乘始教者乃空義也大乘終教者乃不有不空義也大乘頓教者乃即有即空義也一乘圓教者乃不有而有不空而空（或作空而不有有而不空）義也如我一喝非唯能入五教至於工巧技藝諸子百家悉皆能入師震聲喝一喝問善曰聞麼曰聞師曰汝既聞此一喝是有能入小乘教須臾又問善曰聞麼曰不聞師曰汝既不聞適來一喝是無能入始教遂顧善曰我初一喝汝既道有喝久聲銷汝復道無道無則元初實有道有則而今實無不有不無能入終教我有一喝之時有非是有因無故有無一喝之時無非是無因有故無即有即無能入頓教須知我此一喝不作一喝用有無不及情解俱忘道有之時纖塵不立道無之時橫徧虛空即此一喝入百千萬億喝百千萬億喝入此一喝是故能入圓教善乃起再拜師復謂曰非唯一喝爲然乃至一語一默一動一靜從古至今十方虛空萬象森羅六趣四生三世諸佛一切聖賢八萬四千法門百千三

眛無量妙義契理契機與天地萬物一體謂之法身三界唯心萬法唯識四時八節陰陽一致謂之法性是故華嚴經云法性徧在一切處有相無相一聲一色全在一塵中含四義事理無邊周徧無餘參而不雜混而不一於此一喝中皆悉具足猶是建化門庭隨機八方便謂之小歇場未至寶所殊不知吾祖師門下以心傳心以法印法不立文字見性成佛有千聖不傳底向上一路在善又問曰如何是向上一路師曰汝且向下會取善曰如何是寶所師曰非汝境界善曰望禪師慈悲師曰任從滄海變終不爲君通善膠口而退聞者靡不歎仰皇帝顧謂近臣曰禪宗玄妙深極如此淨因才辯亦罕有也近臣奏曰此宗師之緒餘也

南嶽法輪彥孜禪師處之龍泉陳氏子上堂若是諦當漢通身無隔礙舉措絕毫釐把手出紅塵撥開向上竅當頭劄定不犯鋒稜轉握將來應用恰好絲毫不漏函蓋相應任是諸佛諸祖覷著寒毛卓竪會麽喫茶去僧問如何是不涉烟波底句師曰皎皎寒松月飄飄谷口風曰萬差俱掃蕩一句截流機師曰點僧曰到師曰借人面具舞三臺問如何是佛師曰白額大蟲曰秪如洞山道麻三斤又作麽生師曰毒蛇鑽露柱曰學人不曉師曰踏著始驚人九

衡州開福崇哲禪師邵州劉氏子上堂妙體堂堂觸處彰快須回首便承當今朝對衆全分付莫道儂家有覆藏擲拂子召侍者曰因甚打下老僧拂子問一水吞空遠三峯峭壁危猊臺重拂拭共喜主人歸未審到家如何施設師曰空手捻雙拳曰意旨如何師曰突出難辯上堂山僧有三印更無增減剩觀面便相呈能轉凡成聖諸人還知麽若也未知不免重重註破一印印空日月星辰列下風一印印泥頭頭物物顯眞機一印印水撥轉魚龍頭作尾三印分明體一同看來非赤又非紅互換高低如不薦青山依舊白雲中

泐潭祥禪師法嗣

台州鴻福德昇禪師衡陽人也上堂諸人恁麽上來墮在見聞覺知恁麽下去落在動靜施爲若也不去不來正是鬼窟活計如何道得出身底句若也道得則分付拄杖子若道不得依而行之卓拄杖下座

建寧府萬壽慧素禪師上堂僧問劫火洞然大千俱壞未審這箇還壞也無大隨曰壞隨山主曰不壞未審孰是孰非師曰一壞一不壞笑殺觀自在師子驀齩人狂狗盡逐塊復曰會麽曰不會師曰漆桶不快便下座一日有僧來作禮師問甚處來曰和尚合知某來處師曰湖南擔屎漢江西刈禾客曰和尚眞人天眼目某在大溈充園頭東林作藏主師打三棒喝出紹興二十三年六月朔沐浴趺坐書偈曰昨夜風雷忽爾露柱生出兩指天明笑倒燈籠拄杖依前扶起拂子踍跳過流沙奪轉胡僧一隻履於是儼然而逝十

明州香山道淵禪師本郡人上堂酒市魚行頭頭寶所鷄鳴鵲噪一一妙音卓拄杖曰且道這箇是何佛事狼籍不少上堂香山有箇話頭彌滿四大神洲若以佛法批判還如認

馬作牛諸人既不作佛法批判畢竟是甚麼道理擊拂子無鑐鏁子不厭動搖半夜枕頭要須摸著下座

建寧府開善木菴道瓊首座信之上饒人叢林以耆德尊之泐潭亦謂其飽叅分座日嘗舉隻履西歸語謂衆曰坐脫立亡倒化卽不無要且未有逝而復出遺履者爲復後代兒孫不及祖師爲復祖師剩有這一著子乃大笑曰老野狐紹興庚申冬信守以超化革律爲禪迎爲第一祖師語專使曰吾初無意人間欲爲山子正爲宗派耳然恐多不能往受請已取所藏泐潭繪像與木菴二字仍書偈囑清泉亨老寄得法弟子慧山曰口嘴不中祥老子愛向叢林鼓是非分付雪峯山首座爲吾痛罵莫饒伊顱專使曰爲我傳語侍郎行計迫甚不及修答聲絕而化

景淳知藏梅州人於化度寺得度往依泐潭入室次潭問陝府鐵牛重多少師叉手近前曰且道重多少潭曰尾在黃河北頭枕黃河南善財無鼻孔依舊向南參師擬議潭便打忽頓徹巾侍有年竟隱居林壑嘗作偈曰怕寒懶剃髼鬆髮愛暖頻添榾柮柴破衲伽黎撩亂搭誰能勞力強安排

信州懷玉用宣首座四明彭氏子幼爲僧徑趨叢席侍泐潭於黃檗一日自臨川持鉢歸值潭晚叅有云一葉飄空便見秋法身須透鬧啾啾師聞領旨潭爲證據後依大慧慧亦謂其類已以是名卿鉅公列剎迎禮不就嘗有頌大愚答佛話曰鋸解秤鎚出老杜詩紅稻啄殘鸚鵡顆碧梧棲老鳳凰枝

光孝蘭禪師法嗣

明州蘆山無相法眞禪師江南李主之裔也上堂欲明向上事須具頂門眼若具頂門眼始契出家心既契出家心常具頂門眼要會頂門眼麽四京人著衣喫飯兩浙人飽暖自如通玄峯頂香風清花發蟠桃三四株

南嶽下十五世

淨因成禪師法嗣

台州瑞巖如勝佛燈禪師上堂人人領略釋迦箇箇平欺達磨及乎問著宗綱束手盡云放過放過卽不無秖如女子出定趙州洗鉢盂又作麽生話會鶴有九臯難翥翼馬無千里謾追風

無爲軍冶父實際道川禪師崑山狄氏子初爲縣之弓級聞東齋謙首座爲道俗演法往從之習坐不倦一日因不職遭笞忽於杖下大悟遂辭職依謙謙爲改名道川且曰汝舊呼狄三今名道川川卽三耳汝能竪起脊梁了辦箇事其道如川之增若放倒則依舊狄三也師銘於心建炎初圓頂游方至天封躡菴與語鋒投菴稱善歸憇東齋道俗愈敬有以金剛般若經請問者師爲頌之今盛行於世隆興改元殿撰鄭公喬年漕淮西適冶父虛席迎開法上堂羣陰剝盡一陽生草木園林盡發萌唯有衲僧無底鉢依前盛飯又盛羹上堂舉雪峯一日登座拈拄杖東覷曰東邊底又西覷曰西邊底諸人還知麽擲下拄杖曰向這裏會取師曰東邊覷了復西觀拄杖重重話歲寒帶雨一枝花落盡不煩公子倚闌干

青原下四世

雲巖晟禪師法嗣

瑞州洞山良价悟本禪師會稽俞氏子幼歲從師念般若心經至無眼耳鼻舌身意處忽以手捫面問師曰某甲有眼耳鼻舌等何故經言無其師駭然異之曰吾非汝師即指往五洩山禮默禪師披剃年二十一詣嵩山具戒遊方首詣南泉值馬祖諱辰修齋泉問衆曰來日設馬祖齋未審馬祖還來否衆皆無對師出對曰待有伴即來泉曰此子雖後生甚堪雕琢師曰和尚莫壓良為賤次參溈山問曰頃聞南陽忠國師有無情說法話某甲未究其微溈曰闍黎莫記得麼師曰記得溈曰汝試舉一徧看師遂舉僧問如何是古佛心國師曰墻壁瓦礫是僧曰墻壁瓦礫豈不是無情國師曰是僧曰還解說法否國師曰常說熾然說無間歇僧曰某甲為甚麼不聞國師曰汝自不聞不可妨他聞者也僧曰未審甚麼人得聞國師曰諸聖得聞僧曰和尚還聞否國師曰我不聞僧曰和尚既不聞爭知無情解說法國師曰賴我不聞我若聞即齊於諸聖汝即不聞我說法也僧曰恁麼則衆生無分去也國師曰我為衆生說不為諸聖說僧曰衆生聞後如何國師曰即非衆生僧曰無情說法據何典教國師曰灼然言不該典非君子之所談汝豈不見華嚴經云剎說衆生說三世一切說師舉了溈曰我這裏亦有秖是罕遇其人師曰某甲未明乞師指示溈竪起拂子曰會麼師曰不會請和尚說溈曰父母所生口終不為子說師曰還有與師同時慕道者否溈曰此去澧陵攸縣石室相連有雲巖道人若能撥草瞻風必為子之所重師曰未審此人如何溈曰他曾問老僧學人欲奉師去時如何老僧對他道直須絕滲漏始得他道還得不違師旨也無老僧道第一不得道老僧在這裏師遂辭溈山徑造雲巖舉前因緣了便問無情說法甚麼人得聞巖曰無情得聞師曰和尚聞否巖曰我若聞汝即不聞吾說法也師曰某甲為甚麼不聞巖竪起拂子曰還聞麼師曰不聞巖曰我說法汝尚不聞豈況無情說法乎師曰無情說法該何典教巖曰豈不見彌陁經云水鳥樹林悉皆念佛念法師於此有省乃述偈曰也大奇也大奇無情說法不思議若將耳聽終難會眼處聞時方得知師問雲巖某甲有餘習未盡巖曰汝曾作甚麼來師曰聖諦亦不為巖曰還歡喜也未師曰歡喜則不無如糞掃堆頭拾得一顆明珠師問雲巖擬欲相見時如何曰問取通事舍人師曰見問次曰向汝道甚麼師辭雲巖巖曰甚麼處去師曰雖離和尚未卜所止曰莫湖南去師曰無曰莫歸鄉去師曰無曰早晚却回師曰待和尚有住處即來曰自此一別難得相見師曰難得不相見臨行又問百年後忽有人問還邈得師真否如何秖對巖良久曰秖這是師沉吟巖曰价闍黎承當箇事大須審細師猶涉疑後因過水睹影大悟前旨有偈曰切忌從他覓迢迢與我踈我今獨自往處處得逢渠渠今正是我我今不是渠應須恁麼會方得契如如他日因供養雲巖真次僧問先師道

秖這是眞便是否。師曰是。曰意旨如何。師曰當時幾錯會先師意。曰未審先師還知有也無。師曰若不知有，爭解恁麼道。若知有，爭肯恁麼道。（長慶云：既知有，爲甚麼恁麼道。又云：養子方知父慈。）師在泐潭見初首座有語曰：也大奇，也大奇，佛界道界不思議。師遂問曰：佛界道界即不問，秖如說佛界道界底是甚麼人。初良久無對。師曰何不速道。初曰爭即不得。師曰道也未曾道，說甚麼爭即不得。初無對。師曰佛之與道俱是名言，何不引教。初曰教道甚麼。師曰得意忘言。初曰猶將教意向心頭作病在。師曰說佛界道界底病大小。初又無對。次日忽遷化。時稱師爲問殺首座。价師自唐大中末於新豐山接誘學徒，厥後盛化豫章高安之洞山。權開五位，善接三根。大闡一音，廣弘萬品。橫抽寶劒，剪諸見之稠林。妙叶弘通，截萬端之穿鑿。又得曹山深明的旨，妙唱嘉猷。道合君臣，偏正回互。由是洞上玄風播於天下，故諸方宗匠咸共推尊之曰曹洞宗。師因雲巖諱日營齋，僧問：和尚於雲巖處得何指示。師曰雖在彼中，不蒙指示。曰既不蒙指示，又用設齋作甚麼。師曰爭敢違背他。曰和尚初見南泉，爲甚麼却與雲巖設齋。師曰我不重先師道德佛法，秖重他不爲我說破。曰和尚爲先師設齋，還肯先師也無。師曰半肯半不肯。曰爲甚麼不全肯。師曰若全肯即孤負[十六]先師也。問：欲見和尚本來師，如何得見。師曰年牙相似，即無阻矣。僧擬進語，師曰不躡前蹤，別請一問。僧無對。（雲居代云：恁麼則不見和尚本來師也。僧問長慶：如何是年牙相似者。慶云：古人恁麼道，闍黎又向這裏覓箇甚麼。）問：寒暑到來，如何回避。師曰何不向無寒暑處去。曰如何是無寒暑處。師曰寒時寒殺闍黎，熱時熱殺闍黎。上堂：還有不報四恩三有者麼。衆無對。又曰：若不體此意，何超始終之患。直須心心不觸物，步步無處所，常無間斷，始得相應。直須努力，莫閑過日。問僧甚處來。曰遊山來。師曰還到頂麼。曰到。師曰頂上有人麼。曰無人。師曰恁麼則不到頂也。曰若不到頂，爭知無人。師曰何不且住。曰某甲不辭住，西天有人不肯。師曰我從來疑著這漢。師與泰首座冬節喫果子次，乃問：有一物，上拄天，下拄地，黑似漆，常在動用中，動用中收不得，且道過在甚麼處。泰曰過在動用中。（同安顯別云：不知。）師喚侍者掇退果卓。問雪峰從甚處來。曰天台來。師曰見智者否。曰義存喫鐵棒有分。僧問如何是西來意。師曰大似駭雞犀。問：蛇吞蝦蟇[十七]，救則是，不救則是。師曰救則雙目不睹，不救則形影不彰。有僧不安，要見師，師遂往。僧曰和尚何不救取人家男女。師曰你是甚麼人家男女。曰某甲是大闡提人家男女。師良久。僧曰四山相逼時如何。師曰老僧日前也向人家屋簷下過來。曰回互不回互。師曰不回互。曰教某甲向甚處去。師曰粟畬裏去。僧噓一聲曰珍重，便坐脫。師以拄杖敲頭三下，曰汝秖解與麼去，不解與麼來。因夜參不點燈，有僧出問話，退後師令侍者點燈，乃召適來問話僧出來。其僧近前，師曰將取三兩粉來與這箇上座。其僧拂袖而退，自此省發，遂罄捨衣資設齋。得三年後辭師，師曰善爲。時雪峰侍立，問曰秖如這僧辭去，幾時却來。師曰他秖知一

去不解再來其僧歸堂就衣鉢下坐化峰上
報師師曰雖然如此猶較老僧三生在雪峰
上問訊師曰入門來須有語不得道早箇入
了也峰曰某甲無口師曰無口且從還我眼
來峰無語（雲居別前語云待某甲有口即道長慶別云恁麼則某甲謹退）雪
峰般柴次乃於師面前拋下一束師曰重多
少峰曰盡大地人提不起師曰爭得到這裏
峰無語問僧甚處來曰三祖塔頭來師曰既
從祖師處來又要見老僧作甚麼曰祖師即
別學人與和尚不別師曰老僧欲見闍黎本
來師還得否曰亦須待和尚自出頭來始得
師曰老僧適來暫時不在官人問有人修行
否師曰待公作男子即修行僧問相逢不拈
出舉意便知有時如何師乃合掌頂戴問僧
作甚麼來曰孝順和尚來師曰世間甚麼物
最孝順僧無對上堂有一人在千人萬人中
不背一人不向一人你道此人具何面目雲
居出曰某甲叅堂去師有時曰體得佛向上
事方有些子語話分僧問如何是語話師曰
語話時闍黎不聞曰和尚還聞否師曰不語

話時即聞問如何是正問正答師曰不從口
裏道曰若有人問師還答否師曰也未曾問
問如何是從門入者非寶師曰便好休問和
尚出世幾人肯師曰並無一人肯曰為甚麼
並無一人肯師曰為他箇箇氣宇如王師問
講維摩經僧曰不可以智知不可以識識喚
作甚麼語曰讚法身語師曰喚作法身早是
讚也問時時勤拂拭為甚麼不得他衣鉢未
審甚麼人合得師曰不入門者曰秖如不入
門者還得也無師曰雖然如此不得不與他
却又曰直道本來無一物猶未合得他衣鉢
汝道甚麼人合得這裏合下得一轉語且道
下得甚麼語時有一僧下九十六轉語並不
契末後一轉始愜師意師曰闍黎何不早恁
麼道別有一僧密聽秖不聞末後一轉遂請
益其僧僧不肯說如是三年相從終不為舉
一日因疾其僧曰某三年請舉前話不蒙慈
悲善取不得惡取去遂持刀白曰若不為某
舉即殺上座去也其僧悚然曰闍黎且待我
為你舉乃曰直饒將來亦無處著其僧禮謝

有菴主不安凡見僧便曰相救相救多下語
不契師乃去訪之主亦曰相救師曰甚麼相
救主曰莫是藥山之孫雲巖嫡子麼師曰不
敢主合掌曰大家相送便遷化僧問亡僧遷
化向甚麼處去師曰火後一莖茆問師尋常
教學人行鳥道未審如何是鳥道師曰不逢
一人曰如何行師曰直須足下無私去曰秖
如行鳥道莫便是本來面目否師曰闍黎因
甚顛倒曰甚麼處是學人顛倒師曰若不顛
倒因甚麼却認奴作郎曰如何是本來面目
師曰不行鳥道師謂衆曰知有佛向上人方
有語話分僧問如何是佛向上人師曰非佛
（保福別云佛非法眼別云方便呼為佛）師與密師伯過水乃問
過水事作麼生伯曰不濕脚師曰老老大大
作這箇語話伯曰你又作麼生師曰脚不濕
問僧甚處去來曰製鞋來師曰自解依他曰
依他師曰他還指教汝也無曰允即不違僧
問茱萸如何是沙門行萸曰行則不無有覺
即乖別有僧舉似師師曰他何不道未審是
甚麼行僧遂進此語萸曰佛行佛行僧回舉

似師師曰幽州猶似可最苦是新羅(東禪齊拈云此語還有疑訛也無若有且道甚麼處不得若無他又道最苦是新羅還點檢得出麼他道行則不無有覺即乖却令再問是甚麼行又道佛行那僧是會了問不會了問請斷看)僧却問如何是沙門行師曰頭長三尺頸長二寸師令侍者持此語問三聖然和尚聖於侍者手上掐一掐侍者回舉似師師肯之師見幽上座來遽起向禪牀後立幽曰和尚為甚麼回避學人師曰將謂闍黎不見老僧問如何是玄中又玄師曰如死人舌師洗鉢次見兩烏爭蝦蟇有僧便問這箇因甚麼到恁麼地師曰秖為闍黎問如何是毗盧師法身主師曰禾莖粟榦問三身之中阿那身不墮眾數師曰吾常於此切(僧問曹山先師道吾常於此切意作麼生山云要頭便斫去又問雪峯峯以拄杖劈口打云我亦曾到洞山來)會下有老宿去雲巖回師問汝去雲巖作甚麼宿曰不會師代曰堆堆地師行腳時會一官人曰三祖信心銘弟子擬註師曰纔有是非紛然失心作麼生註(法眼代云恁麼則弟子不註也)師看稻次見朗上座牽牛師曰這箇牛須好看恐傷人苗稼朗曰若是好牛應不傷人苗稼僧問如何是

青山白雲父師曰不森森者是曰如何是白雲青山兒師曰不辯東西者是曰如何是白雲終日倚師曰去離不得曰如何是青山總不知師曰不顧視者是問清河彼岸是甚麼草師曰是不萌之草師作五位君臣頌曰正中偏三更初夜月明前莫怪相逢不相識隱隱猶懷舊日嫌偏中正失曉老婆逢古鏡分明覿面别無真休更迷頭猶認影正中來無中有路隔塵埃但能不觸當今諱也勝前朝斷舌才兼中至兩刃交鋒不須避好手猶如火裏蓮宛然自有沖天志兼中到不落有無誰敢和人人盡欲出常流折合還歸炭裏坐上堂向時作麼生奉時作麼生功時作麼生共功時作麼生功功時作麼生僧問如何是向師曰喫飯時作麼生曰如何是奉師曰背時作麼生曰如何是功師曰放下钁頭時作麼生曰如何是共功師曰不得色曰如何是功功師曰不共乃示頌曰聖主由來法帝堯御人以禮曲龍腰有時鬧市頭邊過到處文明賀聖朝淨洗濃粧為阿誰子規聲裏勸人

歸百花落盡啼無盡更向亂峯深處啼枯木花開劫外春倒騎玉象趁麒麟而今高隱千峯外月皎風清好日辰眾生諸佛不相侵山自高兮水自深萬别千差明底事鷓鴣啼處百花新頭角纔生已不堪擬心求佛好羞慚迢迢空劫無人識肯向南詢五十三師因曹山辭遂囑曰吾在雲巖先師處親印寶鏡三昧事窮的要今付於汝詞曰如是之法佛祖密付汝今得之宜善保護銀盌盛雪明月藏鷺類之弗齊混則知處意不在言來機亦赴動成窠臼差落顧佇背觸俱非如大火聚但形文彩即屬染汙夜半正明天曉不露為物作則用拔諸苦雖非有為不是無語如臨寶鏡形影相覩汝不是渠渠正是汝如世嬰兒五相完具不去不來不起不住婆婆和和有句無句終不得物語未正故重離六爻偏正回互疊而為三變盡成五如荎草味如金剛杵正中妙挾敲唱雙舉通宗通塗挾帶挾路錯然則吉不可犯忤天真而妙不屬迷悟因緣時節寂然昭著細入無間大絕方所毫忽

之差不應律呂今有頓漸緣立宗趣宗趣分矣即是規矩宗通趣極真常流注外寂中搖係駒伏鼠先聖悲之爲法檀度隨其顛倒以緇爲素顛倒想滅肯心自許要合古轍請觀前古佛道垂成十劫觀樹如虎之缺如馬之馵以有下劣寶几珍御以有驚異貍奴白牯羿以巧力射中百步箭鋒相直巧力何預木人方歌石女起舞非情識到寧容思慮臣奉於君子順於父不順非孝不奉非輔潛行密用如愚若魯但能相續名主中主師又曰末法時代人多乾慧若要辯驗真僞有三種滲漏一曰見滲漏機不離位墮在毒海二曰情滲漏滯在向背見處偏枯三曰語滲漏究妙失宗機昧終始濁智流轉於此三種子宜知之又綱要偈三首一敲唱俱行偈曰金針雙鎖備叶路隱全該寶印當風妙重重錦縫開二金鎖玄路偈曰交互明中暗功齊轉覺難力窮忘進退金鎖網鞔鞔三不墮凡聖（亦名理事不涉）偈曰事理俱不涉回照絕幽微背風無巧拙電火爍難追上堂道無心合人人無心合道欲識箇中意一老一不老（後僧問曹山如何是一老山云不扶持云如何是一不老山云枯木僧又舉似道膺膺云三從六義）問僧世間何物最苦曰地獄最苦師曰不然在此衣線下不明大事是名最苦師與密師伯行次指路傍院曰裏面有人說心說性伯曰是誰師曰被師伯一問直得去死十分伯曰說心說性底誰師曰死中得活問僧名甚麼曰某甲師曰阿那箇是闍黎主人公曰見祇對次師曰苦哉苦哉今時人例皆如此祇認得驢前馬後底將爲自己佛法平沈此之是也賓中主尚未分如何辯得主中主僧便問如何是主中主師曰闍黎自道取曰某甲道得即是賓中主（雲居代云某甲道得不是賓中主）如何是主中主師曰恁麼道即易相續也大難遂示頌曰嗟見今時學道流千千萬萬認門頭恰似入京朝聖主秖到潼關便即休師不安令沙彌傳語雲居乃囑曰他或問和尚安樂否但道雲巖路相次絕也汝下此語須遠立恐他打汝沙彌領旨去傳語聲未絕早被雲居打一棒沙彌無語（同安顯代云恁麼則雲巖一枝不墜也雲居錫云上座且道雲巖路絕不絕崇壽稠云古人打此一棒意作麼生）師將圓寂謂衆曰吾有閑名在世誰人爲吾除得衆皆無對時沙彌出曰請和尚法號師曰吾閑名已謝（石霜云無人得他肯雲居云若有閑名非吾先師曹山云從古至今無人辯得踈山云龍有出水之機無人辯得）僧問和尚違和還有不病者也無師曰有曰不病者還看和尚否師曰老僧看他有分曰未審和尚如何看他師曰老僧看時不見有病師乃問僧離此殼漏子向甚麼處與吾相見僧無對師示頌曰學者恒沙無一悟過在尋他舌頭路欲得忘形泯蹤跡努力殷勤空裏步乃命剃髮澡身披衣聲鐘辭衆儼然坐化時大衆號慟移晷不止師忽開目謂衆曰出家人心不附物是真修行勞生惜死哀悲何益復令主事辦愚癡齋衆猶慕戀不已延七日食具方備師亦隨衆齋畢乃曰僧家無事大率臨行之際勿須喧動遂歸丈室端坐長往當咸通十年三月壽六十三臘四十二諡悟本禪師塔曰慧覺

五燈會元卷第三十三

五燈會元卷第三十三

校勘記

一　底本，清藏本。

一　六五三頁上一行經名，[徑]無（未換卷）。

一　六五七頁下末行「倚闌干」，至此，[徑]卷第十二終，卷第十三始。

一　六六二頁下卷末經名，[徑]無（未換卷）。

五燈會元卷第三十四　碣七

宋　沙　門　大　川　濟　纂

青原下五世

洞山价禪師法嗣

撫州曹山本寂禪師泉州莆田黄氏子少業儒年十九往福州靈石出家二十五登戒尋謁洞山山問闍黎名甚麽師曰本寂山曰那箇聻師曰不名本寂山深器之自此入室盤桓數載乃辭去山遂密授洞上宗旨復問曰子向甚麽處去師曰不變異處去山曰不變異處豈有去邪師曰去亦不變異遂往曹溪禮祖塔回吉水衆嚮師名乃請開法師志慕六祖遂名山爲曹尋值賊亂乃之宜黄有信士王若一捨何王觀請師住持師更何王爲荷玉由是法席大興學者雲萃洞山之宗至師爲盛師因僧問五位君臣旨訣師曰正位即空界本來無物偏位即色界有萬象形正中偏者背理就事偏中正者舍事入理兼帶者冥應衆緣不墮諸有非染非淨非正非偏故曰虛玄大道無著眞宗從上先德推此一位最妙最玄當詳審辯明君爲正位臣爲偏位臣向君是偏中正君視臣是正中偏君臣道合是兼帶語僧問如何是君師曰妙德尊寰宇高明朗太虛曰如何是臣師曰靈機弘聖道眞智利羣生曰如何是臣向君師曰不墮諸異趣凝情望聖容曰如何是君視臣師曰妙容雖不動光燭本無偏曰如何是君臣道合師曰混然無内外和融上下平師又曰以君臣偏正言者不欲犯中故臣稱君不敢斥言是也此吾法宗要乃作偈曰學者先須識自宗莫將眞際雜頑空妙明體盡知傷觸力在逢緣不借中出語直教燒不著潛行須與古人同無身有事超岐路無事無身落始終復作五相◑偈曰白衣須拜相此事不爲奇積代簪纓者休言落魄時◐偈曰子時當正位明正在君臣未離兜率界烏雞雪上行⊙偈曰燄裏寒冰結楊花九月飛泥牛吼水面木馬逐風嘶○偈曰王宮初降日玉兔不能離未得無功旨人天何太遲●偈曰渾然藏理事眹兆卒難明威音王未曉彌勒豈惺惺稠布納問披毛帶角是甚麽墮師曰是類墮曰不斷聲色是甚麽墮師曰是隨墮曰不受食是甚麽墮師曰是尊貴墮乃曰食者即是本分事知有不取故曰尊貴墮若執初心知有自已及聖位故曰類墮若初心知有已事回光之時擯却色聲香味觸法得寧謐即成功勳後却不執六塵等事隨分而昧任之則礙所以外道六師是汝之師彼師所墮汝亦隨墮乃可取食食者即是正命食也亦是就六根門頭見聞覺知秖是不被他染汙將爲墮且不是同向前均他本分事尚不取旨況其餘事邪師凡言墮謂混不得類不齊凡言初心者所謂悟了同未悟耳師作四禁偈曰莫行心處路不挂本來衣何須正恁麽切忌未生時僧問學人通身是病請師醫師曰不醫曰爲甚麽不醫師曰教汝求生不得求死不得問沙門豈不是具大慈悲底人師曰是曰忽遇六賊來時如何師曰亦須具大慈悲曰如何具大慈悲師曰一劒揮盡曰盡後如何師曰始得和同問五位對賓時如何師

曰汝即今問那箇位曰某甲從偏位中來請師向正位中接師曰不接曰爲甚麼不接師曰恐落偏位中去師却問僧秖如不接是對賓是不對賓曰早是對賓了也師曰如是如是問萬法從何而生師曰從顛倒生曰不顛倒時萬法何在師曰在曰在甚麼處師曰顛倒作麼問不萌之草爲甚麼能藏香象師曰闍黎幸是作家又是曹山作麼問三界擾擾六趣昏昏如何辨色師曰不辨色曰爲甚麼不辨色師曰若辨色即昏也師聞鐘聲乃曰阿㖿阿㖿僧問和尚作甚麼師曰打著我心僧無對（五祖戒代云作賊人心虛）問維那甚處來曰牽醋槽去來師曰或到險處又作麼生牽那無對（雲居代云正好著力踈山代云切須放却始得）問金峰志曰作甚麼來曰蓋屋來師曰了也未曰這邊則了師曰那邊事作麼生曰候下工日白和尚師曰如是如是師一日入僧堂向火有僧曰今日好寒師曰須知有不寒者曰誰是不寒者師筴火示之僧曰莫道無人好師抛下火僧曰某甲到這裏却不會師曰日照寒潭明更明問不與萬法爲侶者是甚麼人師曰汝道洪州城裏如許多人甚麼處去問眉與目還相識也無師曰不相識曰爲甚麼不相識師曰爲同在一處曰恁麼則不分去也師曰眉且不是目曰如何是目師曰端的去曰如何是眉師曰曹山却疑[補七]曰和尚爲甚麼却疑[四]師曰若不疑即端的去也問如何是無刃劒師曰非淬鍊所成曰用者如何師曰逢者皆喪曰不逢者如何師曰亦須頭落曰逢者皆喪則固是不逢者爲甚麼頭落師曰不見道能盡一切曰盡後如何師曰方知有此劒問於相何眞師曰即相即眞曰當何顯示師竪起拂子問幻本何眞師曰幻本元眞（法眼別云幻本不眞）曰當幻何顯師曰即幻即顯（法眼別云幻即無當）曰恁麼則始終不離於幻也師曰覓幻相不可得問即心即佛即不問如何是非心非佛師曰兔角不用無牛角不用有問如何是常在底人師曰恰遇曹山暫出曰如何是常不在底人師曰難得僧問清稅孤貧乞師賑濟師召稅闍黎稅應諾師曰清原白家酒三盞喫三猶道未沾唇（玄覺云甚麼處是與他酒喫）問擬豈不是類師曰直是不擬亦是類曰如何是異師曰莫不識痛痒好鏡清問清虛之理畢竟無身時如何師曰理即如此事作麼生曰如理如事師曰謾曹山一人即得爭奈諸聖眼何曰若無諸聖眼爭鑑得箇[補七]不恁麼師曰官不容針私通車馬[五]雲門問不改易底人來師還接否師曰曹山無恁麼閑工夫問人人盡有弟子在塵中師還有否師曰過手來其僧過手師點曰一二三四五六足問魯祖面壁用表何事師以手掩耳問承古有言未有一人倒地不因地而起如何是倒師曰肯即是曰如何是起師曰起也問子歸就父爲甚麼父全不顧師曰理合如是曰父子之恩何在師曰始成父子之恩曰如何是父子之恩師曰刀斧斫不開問靈衣不挂時如何師曰曹山孝滿曰孝滿後如何師曰曹山好顛酒問教中道大海不宿死屍如何是大海師曰包含萬有者曰既是包含萬有爲甚麼不宿死屍師曰絶氣息者不著曰既是包含萬有爲甚麼絶氣息

者不著師曰萬有非其功絕氣息者有其德
曰向上還有事也無師曰道有道無即得爭
奈龍王按劍何問具何知解善能問難師曰
不呈句曰問難箇甚麼師曰刀斧斫不入曰
恁麼問難還有不肯者麼師曰有曰是誰師
曰曹山問世間甚麼物最貴師曰死猫兒頭
最貴曰爲甚麼死猫兒頭最貴師曰無人著
價問無言如何顯師曰莫向這裏顯曰甚麼
處顯師曰昨夜牀頭失却三文錢問日未出
時如何師曰曹山也曾恁麼來曰出後如何
師曰猶較曹山半月程問僧作甚麼曰掃地
師曰佛前掃佛後掃曰前後一時掃師曰與
曹山過靸鞋來僧問抱璞投師請師雕琢師
曰不雕琢曰爲甚麼不雕琢師曰須知曹山
好手問如何是曹山眷屬師曰白髮連頭戴
頂上一枝花問古德道盡大地唯有此人未
審是甚麼人師曰不可有第二月也曰如何
是第二月師曰也要老兄定當曰作麼生是
第一月師曰險師問德上座菩薩在定聞香
象渡河出甚麼經曰出涅槃經師曰定前聞

定後聞曰和尚流也師曰道也太煞道秖道
得一半曰和尚如何師曰灘下接取學人
十二時中如何保任師曰如經蠱毒之鄉水
也不得沾著一滴問如何是法身主師曰謂
秦無人曰這箇莫便是否師曰斬問親何道
伴即得常聞於未聞師曰同共一被蓋曰此
猶是和尚得聞如何是常聞於未聞師曰不
同於木石曰何者在先何者在後師曰不見
道常聞於未聞問國內按劍者是誰師曰曹
山（法燈別云汝不是恁麼人）曰擬殺何人師曰一切總殺
曰忽逢本生父母又作麼生師曰揀甚麼曰
爭奈自己何師曰誰奈我何曰何不自殺師
曰無下手處問一牛飲水五馬不嘶時如何
師曰曹山解忌口問常在生死海中沉沒者
是甚麼人師曰第二月曰還求出也無師曰
也求出秖是無路曰未審甚麼人接得伊師
曰擔鐵枷者問雪覆千山爲甚麼孤峰不白
師曰須知有異中異曰如何是異中異師曰
不墮諸山色紙衣道者來參師問莫是紙衣
道者否者曰不敢師曰如何是紙衣下事者

曰一裘纔挂體萬法悉皆如師曰如何是紙
衣下用者近前應諾便立脫師曰汝秖解恁
麼去何不解恁麼來者忽開眼問曰一靈真
性不假胞胎時如何師曰未是妙者曰如何
是妙師曰不借借者珍重便化師示頌曰覺
性圓明無相身莫將知見妄疎親念異便於
玄體昧心差不與道爲鄰情分萬法沉前境
識鑒多端喪本真如是句中全曉會了然無
事昔時人問強上座曰佛真法身猶若虛空
應物現形如水中月作麼生說箇應底道理
曰如驢覷井師曰道則太煞道秖道得八成
曰和尚又如何師曰如井覷驢僧舉藥山問
僧年多少曰七十二山曰是七十二那曰是
山便打此意如何師曰前箭猶似可後箭射
人深曰如何免得此棒師曰王勅既行諸侯
避道問如何是佛法大意師曰填溝塞壑問
如何是師子師曰衆獸近不得曰如何是師
子兒師曰能吞父母者曰既是衆獸近不得
爲甚麼却被兒吞師曰豈不見道子若哮吼
祖父俱盡曰盡後如何師曰全身歸父曰未

審祖盡時父歸何所師曰所亦盡曰前來爲甚麼道全身歸父師曰譬如王子能成一國之事又曰闍黎此事不得孤滯直須枯木上更撒些子華雲門問如何是沙門行師曰喫常住苗稼者是曰便恁麼去時如何師曰你還畜得麼曰畜得師曰你作麼生畜曰著衣喫飯有甚麼難師曰何不道披毛戴角門便禮拜陸亘大夫問南泉姓甚麼泉曰姓王曰王還有眷屬也無泉曰四臣不昧曰王居何位泉曰玉殿苔生後僧舉問師玉殿苔生意旨如何師曰不居正位曰八方來朝時如何師曰他不受禮曰何用來朝師曰違則斬曰違是臣分上未審君意如何師曰樞密不得旨曰恁麼則燮理之功全歸臣相也師曰你還知君意麼曰外方不敢論量師曰如是如是問纔有是非紛然失心時如何師曰斬僧問香嚴如何是道嚴曰枯木裏龍吟曰如何是道中人嚴曰髑髏裏眼睛（玄沙別云龍藏枯木）僧不領乃問石霜如何是枯木裏龍吟霜曰猶帶喜在曰如何是髑髏裏眼睛霜曰猶帶識在

又不領乃問師如何是枯木裏龍吟師曰血脉不斷曰如何是髑髏裏眼睛師曰乾不盡曰未審還有得聞者麼師曰盡大地未有一人不聞曰未審枯木裏龍吟是何章句師曰不知是何章句聞者皆喪遂示偈曰枯木龍吟眞見道髑髏無識眼初明喜識盡時消息盡當人那辨濁中清問朗月當空時如何師曰猶是堦下漢曰請師接上堦師曰月落後來相見師尋常應機曾無軌轍於天復辛酉夏夜問知事曰今日是幾何日月曰六月十五師曰曹山平生行脚到處秖管九十日爲一夏明日辰時行脚去及時焚香宴坐而化閱世六十二臘三十七葬全身於山之西阿謚元證禪師塔曰福圓

洪州雲居道膺禪師幽州玉田王氏子童丱出家於范陽延壽寺二十五成大僧其師令習聲聞篇聚非其好棄之遊方至翠微問道會有僧自豫章來盛稱洞山法席師遂造焉山問甚處來師曰翠微來山曰翠微有何言句示徒師曰翠微供養羅漢某甲問供養羅漢羅漢還來否微曰你每日噇箇甚麼山曰實有此語否師曰有山曰不虛參見作家來山問汝名甚麼師曰道膺山曰向上更道師曰向上即不名道膺山曰與老僧祇對這吾底語一般師問如何是祖師意山曰闍黎他後有把茅蓋頭忽有人問如何祇對師曰道膺罪過山謂師曰吾聞思大和尚生倭國作王是否師曰若是思大佛亦不作山然之山問師甚處去來師曰蹋山來山曰那箇山堪住師曰那箇山不堪住山曰恁麼則國內總被闍黎占却師曰不然山曰恁麼則子得箇入路師曰無路山曰若無路爭得與老僧相見師曰若有路即與和尚隔山（山或作生）去也山乃曰此子已後千人萬人把不住去在師隨洞山渡水次山問水深多少師曰不濕山曰麤人師曰請師道山曰不乾南泉問僧講甚麼經曰彌勒下生經泉曰彌勒幾時下生曰見在天宮當來下生泉曰天上無彌勒地下無彌勒師問洞山天上無彌勒地下無彌勒未審誰與安名山被問直得禪牀震動乃曰

膺闍黎吾在雲巖曾問老人直得火爐震動今日被子一問直得通身汗流師後結庵于三峰經旬不赴堂山問子近日何不赴齋師曰每日自有天神送食山曰我將謂汝是箇人猶作這箇見解在汝晚間來師晚至山召膺庵主師應諾山曰不思善不思惡是甚麼師回庵寂然宴坐天神自此竟尋不見如是三日乃絕山問師作甚麼師曰合醬山曰用多少鹽師曰旋入山曰作何滋味師曰得山問大闡提人作五逆罪孝養何在師曰始成孝養自爾洞山許為室中領袖初止三峰其化未廣後開法雲居四衆臻萃上堂舉先師道地獄未是苦向此衣線下不明大事却是最苦師曰汝等既在這箇行流十分去九不較多也更著些子精彩便是上座不屈平生行脚不孤負叢林古人道欲得保任此事須向高高山頂立深深海底行方有些子氣息汝若大事未辦且須履踐玄途上堂得者不輕微明者不賤用識者不咨嗟解者無厭惡從天降下則貧窮從地湧出則富貴門裏出

碣七 十一

身易身裏出門難動則埋身千丈不動則當處生苗一言迥脫獨拔當時言語不要多多則無用處僧問如何是從天降下則貧窮師曰不貴得曰如何是從地湧出則富貴師曰無中忽有劉禹端公問雨從何來師曰從端公問處來公歡喜讚歎師却問公雨從何來公無語（有老宿代云適來道甚麼 歸宗柔別云謝和尚再三）問如何是沙門所重師曰心識不到處問佛與祖還有階級否師曰俱在階級問如何是西來意師曰古路不逢人問如何是一法師曰如何是萬法曰未審如何領會師曰一法是你本心萬法是你本性且道心與性是一是二僧禮拜師示頌曰一法諸法宗萬法一法通唯心與唯性不說異兼同問如何是口訣師曰近前來僧近前師擲拂子曰會麼曰不會師曰趂雀兒也不會僧問有人衣錦繡入來見和尚後為甚寸絲不挂師曰直得瑠璃殿上行撲倒也須粉碎問馬祖出八十四人善知識未審和尚出多少人師展手示之問如何是向上人行履處師曰天下太平問遊子歸家時如何師曰且喜歸來曰將何奉獻師曰朝打三千暮打八百問如何是諸佛師師喝曰這田庫兒僧禮拜師曰你作麼生會僧喝曰這老和尚師曰元來不會僧作舞出去師曰沿臺盤乞兒師曾令侍者送袴與一住庵道者道者曰自有孃生袴竟不受師再令侍者問孃未生時著箇甚麼道者無語後遷化有舍利持似於師師曰直饒得八斛四斗不如當時下得一轉語好師在洞山作務悞剗殺蚯蚓山曰這箇聻師曰他不死山曰二祖往鄴都又作麼生師不對後有僧問和尚在洞山剗殺蚯蚓因緣和尚豈不是無語師曰當時有語秖是無人證明問山河大地從何而來曰一片也無消箇甚麼師曰消也僧問一時包裹時如何師曰旋風千匝上堂如人將三貫錢買箇獵狗秖解尋得有蹤跡底忽遇羚羊挂角莫道蹤跡氣息也無僧問羚羊挂角時如何師曰六六三十六曰挂角後如何

碣七 十二

師曰六六三十六僧禮拜師曰會麼曰不會
師曰不見道無蹤跡其僧舉似趙州州曰雲
居師兄猶在僧便問羚羊挂角時如何州曰
九九八十一曰挂角後如何州曰九九八十
一曰得恁麼難會州曰有甚麼難會曰請和
尚指示州曰新羅新羅又問長慶羚羊挂角
時如何慶曰草裏漢曰挂後如何慶曰亂叫
喚曰畢竟如何慶曰驢事未去馬事到來衆
僧彼叅侍者持燈來影在壁上僧見便問兩
箇相似時如何師曰一箇是影問學人擬欲
歸鄉時如何師曰秖這是新羅僧問佛陀波
利見文殊爲甚却回去師曰秖爲不將來所
以却回去問如何是佛師曰讚歎不及曰莫
秖這便是否師曰不勞讚歎問教中道是人
先世罪業應墮惡道以今世人輕賤故此意
如何師曰動則應墮惡道靜則爲人輕賤（崇壽
稠別云心外有法應墮惡道守住自己爲人輕賤）問香積飯甚麼人
得喫師曰須知得喫底人入口也須抉出有
僧在房内念經師隔窻問闍黎念者是甚麼
經僧曰維摩經師曰不問維摩經念者是甚

麼經其僧從此得入上堂孤迥迥峭巍巍僧
出問曰某甲不會師曰面前案山子也不會
新羅僧問是甚麼得恁麼難道師曰有甚麼
難道曰便請和尚道師曰新羅新羅問明眼
人爲甚麼黑如漆師曰何怪荆南節度使成
汭入山設供問曰世尊有密語迦葉不覆藏
如何是世尊密語師召尚書書應諾師曰會
麼書曰不會師曰汝若不會世尊有密語汝
若會迦葉不覆藏僧問纔生爲甚麼不知有
師曰不同生曰未生時如何師曰不曾滅曰
未生時在甚麼處師曰有處不收曰甚麼人
不受滅師曰是滅不得者上堂僧家發言吐
氣須有來由莫將等閑這裏是甚麼所在爭
受容易凡問箇事也須識些子好惡若不識
尊卑良賤不知觸犯信口亂道也無利益傍
家行脚到處覓相似語所以尋常向兄弟道
莫怪不相似恐同學太多去第一莫將來將
來不相似言語也須看前頭八十老人入塲
屋不是小兒嬉不是因循事一言參差即千
里萬里難爲取攝蓋爲學處不著力敲骨打

髓須有來由言語如鉗如夾如鉤如鎖須教
相續不斷始得頭頭上具物物上明豈不是
得妙底事一種學大須子細研窮直須諦當
的的無差到這裏有甚麼踈跳處有甚麼擬
議處向去底人常須慘悚戢翼始得若是知
有底人自解護惜終不取次十度發言九度
休去爲甚麼如此恐怕無利益體得底人心
如臘月扇子直得口邊醭出不是強爲任運
如此欲得恁麼事須是恁麼人既是恁麼人
不愁恁麼事恁麼事即難得上堂汝等諸人
直饒學得佛邊事早是錯用心不見古人講
得天花落石點頭亦不干自已事自餘是甚
麼閑擬將有限身心向無限中用如將方木
逗圓孔多少誵訛若無恁麼事饒你攢花蔟
錦亦無用處未離情識在一切事須向這裏
及盡若有一毫去不盡即被塵累豈況更多
差之毫氂過犯山嶽不見古人道學處不玄
盡是流俗閨閤中物捨不得俱爲滲漏直須
向這裏及取及去及來併盡一切事始得無
過如人頭頭上了物物上通秖喚作了事人

終不喚作尊貴將知尊貴一路自別不見道從門入者非實棒上不成龍知麼師爲南昌鍾王尊之願爲世世師天復元年秋示疾明年正月三日問侍者曰今日是幾日初三師曰三十年後但道秖這是乃告寂謚弘覺禪師

撫州踈山匡仁禪師吉州新淦人投本州元證禪師出家一日告其師往東都聽習未經歲月忽曰尋行數墨語不如默捨己求人假不如真遂造洞山值山早叅出問未有之言請師示誨山曰不諾無人肯師曰還可功也無山曰你即今還功得麼師曰功不得即無諱處山他日上堂曰欲知此事直須如枯木生花方與他合師問一切處不乖時如何山曰闍黎此是功勲邊事幸有無功之功子何不問師曰無功之功豈不是那邊人山曰大有人笑子恁麼問師曰恁麼則迢然去也山曰迢然非迢然非不迢然師曰如何是迢然山曰喚作那邊人即不得師曰如何是非迢然山曰無辨處山問師空劫無人家是甚麼人住處師曰不識山曰人還有意旨也無師曰和尚何不問他山曰現問次師曰是何意旨山不對洎洞山順世弟子禮終乃到潭州大溈值溈示衆曰行脚高士直須向聲色裏睡眠聲色裏坐臥始得師出問如何是不落聲色句溈竪起拂子師曰此是落聲色句溈放下拂子歸方丈師不契便辭香嚴嚴曰何不且住師曰某甲與和尚無緣嚴曰有何因緣試舉看師遂舉前話嚴曰某甲有箇語師曰道甚麼嚴曰言發非聲色前不物師曰元來此中有人遂囑香嚴曰向後有住處某甲却來相見乃去溈問嚴曰問聲色話底矮闍黎在麼嚴曰已去也溈曰曾舉向子麼嚴曰某甲亦曾對他來溈曰試舉看嚴舉前語溈曰他道甚麼嚴曰深肯某甲溈失笑曰我將謂這矮子有長處元來秖在這裏此子向去若有箇住處近山無柴燒近水無水喫師聞福州大溈安和尚示衆曰有句無句如藤倚樹師特入嶺到彼值溈泥壁便問承聞和尚道有句無句如藤倚樹是否溈曰是師曰忽遇樹倒藤枯句歸何處溈放下泥槃呵呵大笑歸方丈師曰某甲三千里賣却布單特爲此事而來和尚何得相弄溈喚侍者取二百錢與這上座去遂囑曰向後有獨眼龍爲子點破在溈山次日上堂師出問法身之理理絕玄微不奪是非之境猶是法身邊事如何是法身向上事溈舉起拂子師曰此猶是法身邊事溈曰如何是法身向上事師奪拂子摺折擲向地上便歸衆溈曰龍蛇易辨衲子難瞞後聞婺州明招謙和尚出世(謙眇一目)徑往禮拜招問甚處來師曰閩中來招曰曾到大溈否師曰到招曰有何言句師舉前話招曰溈山可謂頭正尾正秖是不遇知音師亦不省復問忽遇樹倒藤枯句歸何處招曰却使溈山笑轉新師於言下大悟乃曰溈山元來笑裏有刀遥望禮拜悔過招一日問虎生七子那箇無尾巴師曰第七箇無尾巴香嚴出世師不爽前約遂往訪之嚴上堂僧問不求諸聖不重己靈時如何嚴曰萬機休罷千聖不攜師在衆作嘔聲曰是何言歟嚴聞便下

座曰適對此僧語必有不是致招師叔如是未審過在甚麼處師曰萬機休罷猶有物在千聖不攜亦從人得如何無過嚴曰却請師叔道師曰若教某甲道須還師資禮始得嚴乃禮拜躡前問師曰何不道肯諾不得全嚴曰肯又肯箇甚麼諾又諾於阿誰師曰肯即肯他千聖諾即諾於已靈巖曰師叔恁麼道向去倒屙三十年在師到夾山山上堂師問承師有言目前無法意在目前如何是非目前法山曰夜月流輝澄潭無影師作掀禪牀勢山曰闍黎作麼生師曰目前無法了不可得山曰大衆看取這一員戰將師叅巖頭頭見來乃低頭佯睡師近前而立頭不顧師拍禪牀一下頭回首曰作甚麼師曰和尚且瞌睡拂袖便行頭呵呵大笑曰三十年弄馬騎今日被驢撲回謁石霜(機語具石霜章)遂歸故里出主藍田信士張霸遷問和尚有何言句師示偈曰吾有一寶琴寄之在曠野不是不解彈未遇知音者後遷疎山上堂病僧咸通年前會得法身邊事咸通年後會得法身向上事

雲門出問如何是法身邊事師曰枯椿曰如何是法身向上事師曰非枯椿曰還許某甲說道理也無師曰許曰枯椿豈不是明法身邊事師曰是曰非枯椿豈不是明法身向上事師曰是曰秖如法身還該一切也無師曰法身周徧豈得不該門指淨瓶曰秖如淨瓶還該法身麼師曰闍黎莫向淨瓶邊覓門便禮拜師問鏡清肯諾不得全子作麼生會清曰全歸肯諾師曰不得全又作麼生清曰箇中無肯路師曰始愜病僧意問僧甚處來曰雪峰來師曰我已前到時事事不足如今足也未曰如今足也師曰粥足飯足僧無對(雲門代云粥足飯足)有僧爲師造壽塔畢白師師曰將多少錢與匠人曰一切在和尚師曰爲將三錢與匠人爲將兩錢與匠人爲將一錢與匠人若道得與吾親造塔來僧無語後僧舉似大嶺庵閑和尚(即羅山也)嶺曰還有人道得麼僧曰未有人道得嶺曰汝歸與疎山道若將三錢與匠人和尚此生決定不得塔若將兩錢與匠人和尚與匠人共出一隻手若將一錢與

匠人累他匠人眉鬚墮落僧回如教而說師具威儀望大嶺作禮歎曰將謂無人大嶺有古佛放光射到此間雖然如是也是臘月蓮花大嶺後聞此語曰我恁麼道早是龜毛長三尺僧問如何是諸佛師師曰何不問疎山老漢僧無對師常握木蛇有僧問手中是甚麼師提起曰曹家女問如何是和尚家風師曰尺五頭巾曰如何是尺五頭巾師曰圓中取不得因鼓山舉威音王佛師師乃問作麼生是威音王佛師師山曰莫無慚愧好師曰闍黎恁麼道即得若約病僧即不然山曰作麼生是威音王佛師師曰不坐無貴位問靈機未運時如何師曰夜半放白牛問如何是一句師曰不道曰爲甚麼不道師曰少時輩問久負不逢時如何師曰饒你雄信解拈鎗比逐秦王較百步曰正當恁麼時如何師曰將軍不上便橋金牙徒勞拈筈問如何是直指師曰珠中有水君不信擬向天邊問太陽冬至上堂僧問如何是冬來意師曰京師出大黃問和尚百年後向甚麼處去師曰背抵芒

叢四脚指天師臨遷化有偈示衆曰我路碧
空外白雲無處閑世有無根樹黃葉風送還
偈終而逝塔于本山
青林師虔禪師初叅洞山山問近離甚處師
曰武陵曰武陵法道何似此間師曰胡地冬
抽笋山曰別甑炊香飯供養此人師拂袖便
出山曰此子向後走殺天下人在師在洞山
栽松次有劉翁者求偈師作偈曰長長三尺
餘鬱鬱覆青草不知何代人得見此松老劉
得偈呈洞山山謂曰此是第三代洞山主人
師辭洞山山曰子向甚麼處去師曰金輪不
隱的徧界絶紅塵山曰善自保任師珍重而
出洞山門送謂師曰恁麼去一句作麼生道
師曰步步踏紅塵通身無影像山良久師曰
老和尚何不速道山曰子得恁麼性急師曰
某甲罪過便禮辭師至山南府青鉎山住庵
經十年忽記洞山遺言乃曰當利羣蒙豈拘
小節邪遂往隨州衆請住青林後還洞山凡
有新到先令般柴三轉然後叅堂有一僧不
肯問師曰三轉內即不問三轉外如何師曰
鐵輪天子寰中旨僧無對師便打趂出僧問
昔年病苦又中毒藥請師醫師曰金鎞撥破
髑頭上灌醍醐曰恁麼則謝師醫師便打上
堂祖師門下鳥道玄微功窮皆轉不究難明
汝等諸人直須離心意識叅出凡聖路學方
可保任若不如是非吾子息問久負不逢時
如何師曰古皇尺一寸問請師答話師曰修
羅掌於日月上堂祖師宗旨今日施行法令
已彰復有何事僧問正法眼藏祖祉相傳未
審和尚傳付何人師曰靈苗生有地大悟不
存師問如何是道師曰回頭尋遠澗曰如何
是道中人師曰擁雪首揚眉問千差路別如
何頓曉師曰足下背驪珠空怨長天月問學
人徑往時如何師曰死蛇當大路勸子莫當
頭曰當頭者如何師曰喪子命根曰不當頭
者如何師曰亦無回避處曰正當恁麼時如
何師曰失却也曰向甚麼處去師曰草深無
覓處曰和尚也須隄防始得師拊掌曰一等
是箇毒氣
高安白水本仁禪師因設先洞山忌齋僧問
供養先師先師還來也無師曰更下一分供
養著上堂老僧尋常不欲向聲前色後鼓弄
人家男女何故且聲不是聲色不是色僧問
如何是聲不是聲師曰喚作色得麼曰如何
是色不是色師曰喚作聲得麼僧作禮師曰
且道爲汝說答汝話若向這裏會得有箇入
處上堂眼裏著沙不得耳裏著水不得僧問
如何是眼裏著沙不得師曰應眞無比曰如
何是耳裏著水不得師曰白淨無垢問文殊
與普賢萬法悉同源文殊普賢即不問如何
是同源底法師曰却問取文殊普賢曰如何
是文殊普賢師曰一釣便上師謂鏡清曰時
寒道者清曰不敢師曰還有臥單也無曰設
有亦無展底工夫師曰直饒道者滴水水生
亦不干他事曰滴水水生事不相涉師曰是
曰此人意作麼生師曰此人不落意曰不落
意此人聻師曰高山頂上無可與道者啗啄
長生然和尚問如何是西來意師曰還見庭
前杉檜樹否曰恁麼則和尚今日因學人致
得是非師曰多口座主然去後師方知是雪

峰禪客乃曰盜法之人終不成器（然住後衆緣不偶果符師記因僧問從上宗乘如何舉唱然云不可爲闍黎一人荒却長生山也玄沙聞云然師兄佛法即大行受記之緣亦就）僧問如何是不遷義師曰落花隨流水明月上孤岑師將順世焚香白衆曰香煙絕處是吾涅槃時也言訖跏趺而坐息隨煙滅

洛京白馬遁儒禪師僧問如何是衲僧本分事師曰十道不通風瘂子傳來信曰傳甚麼信師乃合掌頂戴問如何是密室中人師曰纔生不可得不貴未生時曰是箇甚麼不貴未生時師曰是汝阿爺問三千里外嚮白馬及乎到來爲甚麼不見師曰是汝不見不干老僧事曰請和尚指示師曰指即沒交涉問如何是學人本分事師曰昨夜三更月正午問如何是法身向上事師曰井底蝦蟆吞却月（僧問黃龍如何是井底蝦蟆吞却月龍曰不奈何曰恁麼則吞却去也龍曰一任吞曰吞後如何龍曰好蝦蟆）問如何是學人急切處師曰俊鳥猶嫌鈍瞥然早已遲問如何是西來意師曰點額猢猻探月波

潭州龍牙山居遁證空禪師撫州人也因參翠微乃問學人自到和尚法席一箇餘月不蒙一法示誨意在於何微曰嫌甚麼師又問洞山山曰爭怪得老僧（法眼別云祖師來也雲居齊云此三人尊宿還有親疏也無若有那箇親若無親疏眼在甚麼處）師又問翠微如何是祖師意微曰與我將禪板來師遂過禪板微接得便打師曰打即任打要且無祖師意又問臨濟如何是祖師意濟曰與我將蒲團來師乃過蒲團濟接得便打師曰打即任打要且無祖師意後有僧問和尚行脚時問二尊宿祖師意未審二尊宿明也未師曰明即明也要且無祖師意（東禪齊云衆中道佛法即有秖是無祖師意若恁麼會有何交涉別作麼生會無祖師意底道理）師復舉德山頭落底語因自省過遂止于洞山隨衆參請一日問如何是祖師西來意山曰待洞水逆流即向汝道師始悟厥旨服勤八稔湖南馬氏請住龍牙上堂夫參玄人須透過祖佛始得新豐和尚道祖佛言教似生冤家始有參學分若透不得即被祖佛謾去僧問祖佛還有謾人之心也無師曰汝道江湖還有礙人之心也無乃曰江湖雖無礙人之心爲時人過不得江湖成礙人去不得道江湖不礙人祖佛雖無謾人之心爲時人透不得祖佛成謾人去不得道祖佛不謾人若透得祖佛過此人過却祖佛若也如是始體得佛祖意方與向上人同如未透得但學佛學祖則萬劫無有出期僧曰如何得不被祖佛謾去師曰道者直須自悟去始得問十二時中如何著力師曰如無手人欲行拳始得問終日區區如何頓息師曰如孝子喪却父母始得（東禪齊云衆中道如喪父母向有閑暇恁麼會還息得人疑情麼除此外且作麼生會龍牙意）問如何是道師曰無異人心是乃曰若人體得道無異人心始是道人若是言說則沒交涉道者汝知行底道人否十二時中除却著衣喫飯無絲髮異於人心無誑人心此箇始是道人若道我得我會則沒交涉大不容易問如何是祖師西來意師曰待石烏龜解語即向汝道曰石烏龜語也師曰向汝道甚麼問古人得箇甚麼便休去師曰如賊入空室問無邊身菩薩爲甚麼不見如來頂相師曰汝道如來還有頂相麼問大庾嶺頭提不起時如

何師曰六祖爲甚麼將得去問二鼠侵藤時如何師曰須有隱身處始得曰如何是隱身處師曰還見儂家麼問維摩掌擎世界未審維摩向甚麼處立師曰道者汝道維摩掌擎世界問知有底人爲甚麼却有生死師曰恰似道者未悟時問如何是西來意師曰此一問最苦（報慈云此一問最好）問祖意教意是同是別師曰祖師在後來問如何是無事沙門師曰若是沙門不得無事曰爲甚麼不得無事師曰覓一箇也難得問蟾蜍無反照之功玉兔無伴月之意時如何師曰道者堯舜之君猶有化在問如何得此身安去師曰不被別身謾始得（法眼別云誰惱亂汝）報慈嶼讃師眞曰日出連山月圓當户不是無身不欲全露師一日在帳中坐僧問不是無身不欲全露請師全露師撥開帳子曰還見麼曰不見師曰不將眼來（報慈嶼聞云龍牙秖道得一半法眼別云飽叢林）師將順寂有大星隕于方丈前

五燈會元卷第三十四

五燈會元卷第三十四

校勘記

一　底本，清藏本。

一　六六四頁上一行經名，㊣無（未換卷）。

一　六七二頁中三行「頭上」，㊣作「頂上」。

一　六七三頁中一一行夾註右第四字「公」，㊣作「云」。

一　六七四頁上卷末經名，㊣無（未換卷）。

# 五燈會元卷第三十五

宋沙門大川濟纂

## 青原下五世

### 洞山价禪師法嗣

京兆華嚴寺休靜禪師在洛浦作維那時一日白槌普請曰上間般柴下間鋤地第一座問聖僧作甚麼師曰當堂不正坐不赴兩頭機師問洞山學人無箇理路未免情識運爲山曰汝還見有理路也無師曰見無理路山曰甚處得情識來師曰學人實問山曰恁麼則直須向萬里無寸草處去師曰萬里無寸草處還許某甲去也無山曰直須恁麼去師般柴次洞山把住曰狹路相逢時如何師曰反側反側山曰汝記吾言向南住有一千人向北住止三百而已初住福州東山之華嚴衆滿一千未幾屬後唐莊宗徵入輦下大闡玄風其徒果止三百莊宗問祖意教意是同是別師曰探盡龍宮藏衆義不能詮問大悟底人爲甚麼卻迷師曰破鏡不重照落花難上枝問大軍設天王齋求勝賊軍亦設天王齋求勝未審天王赴阿誰願師曰天垂雨露不揀榮枯莊宗請入內齋見大師大德總看經唯師與徒衆不看經帝問師爲甚麼不看經師曰道泰不傳天子令時清休唱太平歌帝曰師一人即得徒衆爲甚麼也不看經師曰師子窟中無異獸象王行處絕狐蹤帝曰大師大德爲甚麼總看經師曰水母元無眼求食須賴鰕帝曰既是後生爲甚麼卻稱長老師曰三歲國家龍鳳子百年殿下老朝臣師後遊河朔於平陽示滅荼毗獲舍利建四浮圖一晉州一房州一終南山逍遙園一華嚴寺謚寶智禪師無爲之塔

瑞州九峰普滿禪師僧問如何是不遷義師曰東生明月西落金烏曰非師不委師曰理當則行僧禮拜師便打僧曰仁義道中禮拜何咎師曰來處不明須行嚴令問眼不到色塵時如何師指香臺曰面前是甚麼曰請師子細師曰不妨遭人檢點問人人盡道請益未審師還拯濟也無師曰汝道巨嶽還乏寸土麼曰四海參尋當爲何事師曰演若迷頭心自狂曰還有不狂者也無師曰有曰如何是不狂者師曰突曉途中眼不開問僧近離甚處曰閩中師曰遠涉不易曰不難動步便到師曰有不動步者麼曰有師曰爭得到此間僧無對師以拄杖趁下問對境心不動時如何師曰汝無大人力曰如何是大人力師曰對境心不動曰適來爲甚麼道無大人力師曰在舍秖言爲容易臨川方覺取魚難問如何是道師曰見通車馬曰如何是道中人師便打僧作禮師便喝問十二時中如何合道師曰與心合道曰畢竟如何師曰土上加泥猶自可離波求水實堪悲問如何是不壞身師曰正是曰學人不會請師直指師曰適來曲多少問古人道真因妄立從妄顯真是否師曰是曰如何是真師曰不雜食曰如何是妄師曰起倒攀緣曰去此二途如何合得圓常師曰不敬功德天誰嫌黑暗女問九峰一路今古咸知向上宗乘請師提唱師豎起拂子僧曰大衆側聆願垂方便師曰清波不覯魚龍現迅浪風高下底鉤曰若不久參那

知今日師曰人生無定止像没鏡中圓問如何是祖師西來意師曰更問阿誰曰恁麼則學人全體是也師曰須彌頂上戴須彌

益州北院通禪師初參夾山問曰目前無法意在目前不是目前法非耳目之所到豈不是和尚語山曰是師乃掀倒禪牀叉手而立山起來打一拄杖師便下去（法眼云是他掀倒禪牀何不便去須待他打一棒了去意在甚麼處）次參洞山山上堂曰坐斷主人公不落第二見師出衆曰須知有一人不合伴山曰猶是第二見師便掀倒禪牀山曰老兄作麼生師曰待某甲舌頭爛即向和尚道後辭洞山擬入嶺山曰善爲飛猿嶺峻好看師良久山召通闍黎師應諾山曰何不入嶺去師因有省更不入嶺住後上堂諸上座有甚麼事出來論量取若上上根機不假如斯若是中下之流直須剗削門頭戶底教索索地莫教入泥水第一速須省事直須無心去學得千般萬般秖成知解與衲僧門下有甚麼交涉僧問直須無心學時如何師曰不管繫問如何是佛師曰峭壁本無苔灑墨圖斑駮問二龍爭珠誰是得者師曰得者失曰不得者如何師曰還我珠來問如何是清淨法身師曰無點汙問轉不得時如何師曰功不到問如何是大富貴底人師曰如輪王寶藏曰如何是赤窮底人師曰如酒店腰帶問水灑不著時如何師曰乾剎剎[四]地問一槌便成時如何師曰不是偶然問如何是祖師西來意師曰壁上畫枯松遊蜂競采蘂滅後謚證眞禪師

洞山道全禪師問先洞山如何是出離之要山曰闍黎足下煙生師當下契悟更不他遊雲居進語曰終不敢孤負和尚足下煙生山曰步步玄者即是功到暨洞山圓寂衆請踵迹住持僧問佛入王宮豈不是大聖再來師曰護明不下生曰爭奈六年苦行何師曰幻人呈幻事曰非幻者如何師曰王宮覓不得問清淨行者不入涅槃破戒比丘不入地獄時如何師曰度盡無遺影還他越涅槃問極目千里是甚麼風範師曰是闍黎風範曰未審和尚風範如何師曰不布婆娑眼

京兆府蜆子和尚不知何許人也事迹頗異居無定所自印心於洞山混俗閩川不畜道具不循律儀冬夏唯披一衲逐日沿江岸採掇鰕蜆以充其腹暮即宿東山白馬廟紙錢中居民目爲蜆子和尚華嚴靜禪師聞之欲決眞假先潛入紙錢中深夜師歸[五]嚴把住曰如何是祖師西來意師遽荅曰神前酒臺盤嚴放手曰不虛與我同根生嚴後赴莊宗詔入長安師亦先至每日歌唱自拍或乃佯狂泥雪去來俱無蹤跡厥後不知所終

台州幽棲道幽禪師鏡清問如何是少父師曰無標的曰無標的以爲少父邪師曰有甚麼過曰秖如少父作麼生師曰道者是甚麼心行問如何是佛師曰汝不信是衆生曰學人大信師曰若作勝解即受羣邪問如何是道師曰但有路可上更高人也行曰如何是道中人師曰解驅雲裏信師一日齋時入堂白槌曰白大衆衆舉頭師曰且喫飯師將示滅僧問和尚百年後向甚麼處去師曰迢然迢然言訖坐亡

越州乾峯和尚上堂法身有三種病二種光須是一一透得始解歸家穩坐須知更有向上一竅在雲門出問庵内人爲甚麽不知庵外事師呵呵大笑門曰猶是學人疑處師曰子是甚麽心行門曰也要和尚相委師曰直須與麽始解穩坐門應喏喏上堂舉一不得舉二放過一著落在第二雲門出衆曰昨日有人從天台來却往徑山去師曰典座來日不得普請便下座問僧甚處來曰天台師曰見說石橋作兩段是否曰和尚甚處得這消息來師曰將謂華頂峯前客元是平田莊裏人問如何得出三界去師曰喚院主來趁出這僧著師問衆僧輪回六趣具甚麽眼衆無對僧問如何是超佛越祖之談師曰老僧問嚮曰和尚問則且置師曰老僧問尚不柰何六說甚麽超佛越祖之談問十方薄伽梵一路涅槃門未審路頭在甚麽處師以拄杖畫云在這裏（僧後請益雲門門拈起扇子云扇子䟦跳上三十三天築著帝釋鼻孔東海鯉魚打一棒雨似盆傾會麽）

吉州禾山和尚僧問學人欲伸一問師還答否師曰禾山答汝了也問如何是西來意師曰禾山大頂問如何是和尚家風師曰滿目青山起白雲曰或遇客來如何祇待師曰滿盤無味醍醐果問無言童子居何國土師曰當軒木馬嘶風切

明州天童咸啓禪師問伏龍甚處來曰伏龍來師曰還伏得龍麽曰不曾伏這畜生師曰且坐喫茶筒大德問學人卓卓上來請師的的師曰我這裏一屙便了有甚麽卓卓的的曰和尚恁麽答話更買草鞋行脚好師曰近前來筒近前師曰祇如老僧恁麽答過在甚麽處筒無對師便打問如何是本來無物師曰石潤元含玉鑛異自生金問如何是眞常流注師曰涓滴無移

潭州寶蓋山和尚僧問一間無漏舍合是何七人居師曰無名不挂體曰還有位也無師曰不處問如何是寶蓋師曰不從人天得曰如何是寶蓋中人師曰不與時人知曰佛來時如何師曰覓他路不得問世界壞時此物何處去師曰千聖尋不得曰時人如何歸向師曰直須似他去曰還有的當也無師曰不立標則問不居正位底人如何行履師曰紅焰叢中駿馬嘶

澧州欽山文邃禪師福州人也少依杭州大慈山寰中禪師受業時巖頭雪峰在衆覩師吐論知是法器相率遊方二大士各承德山印記師雖屢激揚而終然凝滯一日問德山曰天皇也恁麽道龍潭也恁麽道未審和尚作麽生道山曰汝試舉天皇龍潭道底看師擬進語山便打師被打歸延壽堂曰是則是打我太煞巖頭曰汝恁麽道他後不得道見德山來（法眼別云是則是錯打我）後於洞山言下發解乃爲之嗣年二十七止于欽山對大衆前自省過舉叅洞山時語山問甚麽處來師曰大慈來曰還見大慈麽師曰見曰色前見色後見師曰非色前後見洞山默置師乃曰離師太早不盡師意（法眼云不盡師意不易承嗣得他）僧問如何是祖師西來意師曰梁公曲尺誌公剪刀問一切諸佛及諸佛法皆從此經出如何是此經師曰常轉曰未審經中說甚麽師曰有疑請

問問如何是和尚家風師曰錦繡銀香囊風吹滿路香巖頭聞令僧去云傳語十八子好好事潘郎有僧寫師真呈師曰還似我也無僧無對師自代曰衆僧看取德山侍者來叅纔禮拜師把住曰還甘欽山與麽也無者曰某甲却悔久住德山今日無言可對師乃放手曰一任祇對者擬開口曰且聽某通氣一上師曰德山門下即得這裏一點用不著者曰久聞欽山不通人情師曰累他德山眼目叅堂去師與巖頭雪峰坐次洞山行茶來師乃閉眼洞曰甚麽處去來曰入定來洞曰定本無門從何而入師入浴院見僧踏水輪僧下問訊師曰幸自轆轆地轉何須恁麽曰不恁麽又爭得師曰若不恁麽欽山眼堪作甚麽曰作麽生是師眼師以手作撥眉勢曰和尚又何得恁麽師曰是我恁麽你便不恁麽僧無對師曰索戰無功一場氣悶良久乃問曰會麽曰不會師曰欽山爲汝擔取一半師與巖頭雪峰過江西到一茶店喫茶次師曰不會轉身通氣者不得茶喫頭曰若恁麽我定不得茶喫峰曰某甲亦然師曰這兩箇老漢話頭也不識頭曰甚處去也師曰布袋裏老鴉雖活如死頭退後曰看看師曰奯公且置存公作麽生峰以手畫一圓相師曰不得不問頭呵呵曰太遠生師曰有口不得茶喫者多巨良禪客叅禮拜了便問一鏃破三關時如何師曰放出關中主看良曰恁麽則知過必改師曰更待何時良曰好隻箭放不著所在便出去師曰且來闍黎良回首師下禪牀擒住曰一鏃破三關即且置試爲欽山發箭看良擬議師打七棒曰且聽箇亂統漢疑三十年有僧舉似同安察安曰良公雖解發箭要且未中的僧便問未審如何得中的去安曰關中主是甚麽人僧回舉似師師曰良公若解恁麽也免得欽山口然雖如此同安不是好心亦須看始得僧叅師竪起拳曰開即成掌五指參差如今爲拳必無高下汝道欽山還通商量也無僧近前却竪起拳師曰你恁麽秖是箇無開合漢曰未審和尚如何接人師曰我若接人共汝一般去也曰特來叅師也須吐露箇消息師曰汝若特來我須吐露曰便請師便打僧無語師曰守株待兔枉用心神上堂横按拄杖顧視大衆曰有麽有麽如無欽山唱菩薩蠻去也囉囉哩哩便下座師與道士論義士立義曰麤言及細語皆歸第一義師曰道士是佛家奴士曰太麤生師曰第一義何在士無語

瑞州九峰通玄禪師郢州程氏子初叅德山後於洞山言下有省住後僧問自心他心得相見否師曰自已尚不見他人何可觀問罪福之性如何了達得無同異師曰絺綌不禦寒

## 青原下六世

### 曹山寂禪師法嗣

瑞州洞山道延禪師因曹山垂語云有一人向萬丈崖頭騰身直下此是甚麽人衆無對師出曰不存山曰不存箇甚麽師曰始得撲不碎山深肯之後有僧問請和尚密付真心師曰欺這裏無人作麽

撫州金峰從志玄明禪師僧問如何是金峰

正主師曰此去鎮縣不遠闍黎莫造次曰何不道取師曰口如椀盤問千峰萬峰那箇是金峰師乃斫額問千山無雲萬里絶霞時如何師曰飛猿嶺那邊何不吐却問如何是西來意師曰壁邊有鼠耳問如何是和尚家風師曰金峰門前無五里牌新到參師曰不用通時暄第一句道將來曰孟春猶寒伏惟和尚師曰猶有這箇在曰不可要人點檢去也師曰誰僧指自身師曰不妨遭人點檢拈起枕子示僧曰一切人喚作枕子金峰道不是僧曰未審和尚喚作甚麼師拈起枕子僧曰恁麼則依而行之師曰你喚作甚麼僧曰枕子師曰落在金峰窠窟問金盃滿酌時如何師曰金峰不勝酩酊僧掃地次師問作甚麼僧豎起苕帚師曰猶有這箇在曰和尚適來見箇甚麼師竪起拄杖僧繼入方丈師便打僧曰是是師又打僧曰不是不是師作禮拜勢僧作拓勢師曰老僧眼暗闍黎耳聾曰將飯餵魚還須克己師曰施食得長壽報曰和尚年多少師曰不落數量曰長壽者誰師曰金峰曰果然眼昏師曰是是問僧甚處來僧近前良久師曰闍黎參見甚麼人曰參甚麼椀師曰金峰有過曰是是師良久師問僧甚處來曰東國來師曰作麼生過得金峰關曰公驗分明師曰試呈似金峰看僧展兩手師曰金峰關從來無人過得曰和尚還過得麼師曰波斯喫胡椒問僧姓甚麼曰姓何師曰至竟不脫俗曰因師致得師曰若恁麼過在金峰曰不敢師曰灼然金峰有過僧問訊次師把住曰輒不得向人道我有一則因緣舉似你僧作聽勢師與一掌僧曰為甚麼打某甲師曰我要這話行看經次駢道者來師擎起經作攬衣勢以目視之駢提起坐具以目視師師曰一切人道你會禪駢曰和尚作麼生師笑曰草賊大敗問是身無知如土木瓦石此意如何師下禪牀扭僧耳朶僧負痛作聲師曰今日始捉著箇無知漢僧作禮出去師召闍黎僧回首師曰若到堂中不可舉著曰何故師曰大有人笑金峰老婆心上堂老僧二十年前有老婆心二十年後無老婆心僧問如何是二十年前有老婆心師曰問凡答凡問聖答聖曰如何是二十年後無老婆心師曰問凡不答凡問聖不答聖師見僧來乃舉手曰此是大人分上事你試通箇消息看曰某甲不欲瞞和尚師曰知孝養人也還稱有曰莫是大人分上事麼師曰老僧瞞闍黎曰到這裏不易辨白師曰灼然灼然僧禮拜師曰發足何處曰秖這裏師曰不唯自瞞兼瞞老僧上堂我若舉來又恐遭人唇吻不舉又遭人笑怪於其中間如何即是有僧纔出師便歸方丈至晚別僧請益曰和尚今日為甚不答這僧話師曰大似失錢遭罪問僧你還知金峰一句子麼曰知來久矣師曰作麼生僧便喝師良久僧曰金峰一句今日粉碎師曰老僧大曾聞人唯有闍黎門風峭峻曰不可須要人點檢師曰眞鍮不博金問如何是非言之言師曰不加文彩問四海晏清時如何師曰猶是堦下漢上堂事存函蓋合理應箭鋒拄還有人道得麼如有人道得金峰分半院與他住時有僧出作禮師曰相

見易得好共住難爲人便下座僧辭師問何
處去曰不敢妄通消息師曰若到諸方切忌
道著金峰爲人處曰已領尊旨師曰忽有人
問你作麼生僧提起袈裟角師曰旋窮於闍
黎
襄州鹿門山處眞禪師僧問如何是和尚家
風師曰有鹽無醋曰忽遇客來如何祇待師
曰柴門草戶謝子遠來問如何是道人師曰
口似鼻孔問祖祖相傳傳甚麼物師曰金襴
袈裟問如何是雨中般若師曰佛殿挾頭六
百卷問和尚百年後向甚麼處去師曰山下
李家使牛去曰還許學人相隨也無師曰汝
若相隨莫同頭角曰諾師曰合到甚麼處曰
佛眼辨不得師曰若不放過亦是茫茫問如
何是鹿門高峻處師曰汝還曾上主山也無
問如何是禪師曰鸑鷟入雞籠曰如何是道
師曰藕絲牽大象問劫火洞然大千俱壞未
審此箇還壞也無師曰臨崖看滸眼特地一
場愁問如何是和尚轉身處師曰昨夜三更
失却枕子問一句下豁然時如何師曰汝是

誰家子上堂一片凝然光燦爛擬意追尋卒
難見瞥然撞著豁人情大事分明總成辦實
快活無繫絆萬兩黃金終不換任他千聖出
頭來總是向渠影中現
撫州曹山慧霞了悟禪師僧問佛未出世時
如何師曰曹山不如曰出世後如何師曰不
如曹山問四山相逼時如何師曰曹山在裏
許曰還求出也無師曰在裏許即求出僧侍
立師曰道者可煞熱曰是師曰秖如熱向甚
處回避曰向鑊湯鑪炭裏回避師曰秖如鑊
湯鑪炭又作麼生回避曰衆苦不能到
華州草庵法義禪師僧問如何是祖師西來
意師曰爛沙浮漚飽滿喫問擬心即差如何
進道師曰有人常擬爲甚麼不差曰此猶是
和尚分上事師曰紅焰蓮花朶朶開問如何
是和尚得力處師曰如盲似聾曰不會師曰
恰與老僧同參
撫州曹山光慧玄悟禪師上堂良久曰雪峰
和尚爲人如金翅鳥入海取龍相似僧出問
未審和尚此間如何師曰甚處去來問如何

是西來的的意師曰不禮拜更待何時問如
何是密傳底心師良久僧曰恁麼則徒勞側
耳也師喚侍者來燒香著問古人云如紅鑪
上一點雪意旨如何師曰惜取眉毛好問如
何指示即得不昧去師曰不可雪上更加霜
曰恁麼則全因和尚去也師曰因箇甚麼問
如何是妙明眞性師曰款款莫磕損上堂良
久僧出曰爲衆竭力禍出私門未審放過不
放過師默然問古人道生也不道死也不道
意旨如何師良久僧禮拜師曰會麼曰不會
師曰也是廚寒甑足塵上堂舉拄杖曰從上
皆留此一路方便接人有僧出曰和尚又是
從頭起也師曰謝相委悉問機關不轉請師
商量師曰瘂得我口麼問路逢猛虎時如何
師曰放憨作麼
撫州曹山羌慧智炬禪師初問先曹山曰古
人提持那邊人學人如何體悉山曰退步就
己萬不失一師於言下頓忘玄解乃辭去徧
參至三祖因看經次僧問禪僧心不挂元字
脚何得多學師曰文字性異法法體空迷則

句句瘡疣悟則文文般若苟無取舍何害圓伊後離三祖到瑞州衆請住龍泉僧問如何是文殊師曰不可有第二月也曰即今事如何師曰正是第二月問如何是如來語師曰猛風可繩縛問如何履踐即得不昧宗風師曰須知龍泉好手曰請和尚好手師曰却憶鍾子期問古人道若記一句論劫作野狐精未審古人意旨如何師曰龍泉僧堂未曾鎖曰和尚如何師曰風吹耳朶問如何是一句師曰無聞問如何是聲前一句師曰恰似不道問如何是和尚為人一句師曰汝是九色鹿問抱璞投師時如何師曰不是自家珍曰如何是自家珍師曰不琢不成器

衡州育王山弘通禪師僧問混沌未分時如何師曰混沌曰分後如何師曰混沌上堂釋迦如來四十九年說不到底句今夜山僧不避羞恥與諸尊者共譯良久曰莫道錯珍重僧問學人有病請師醫師曰將病來與汝醫曰便請師曰還老僧藥價錢來問曹源一路即不問衡陽江畔事如何師曰紅爐焰上無根草碧潭深處不逢魚問心法雙亡時如何師曰三脚蝦蟇背大象問如何是西來意師曰老僧毛竪問如何是佛法大意師曰直待文殊過即向你道曰文殊過也請和尚道師便打問如何是和尚家風師曰渾身不直五文錢曰太貧寒生師曰古代如是曰如何施設師曰隨家豐儉問如何是急切處師曰鍼眼裏打筋斗問如何是本來身師曰向光影裏見方親

衡州華光範禪師僧問如何是無縫塔師指僧堂曰此間僧堂無門户問僧曾到紫陵麽曰曾到師曰曾到鹿門麽曰曾到師曰嗣紫陵即是嗣鹿門即是曰即今嗣和尚得麽師曰人情不打即不可便打問非隱顯處是和尚那箇是某甲師曰盡乾坤無一不是曰此猶是和尚那箇是某甲師曰木人石女笑分明

處州廣利容禪師初住貞溪僧參師舉拂子曰貞溪老僧還具眼麽曰某甲不敢見和尚過師曰老僧死在闍黎手裏也問如何是和尚家風師曰謝闍黎道破問西院拍手笑呵呵意作麽生師曰捲上簾子著問自己不明如何得明師曰不明曰為甚麽不明師曰不見道自己事問魯祖面壁意作麽生師良久曰還會麽曰不會師曰魯祖面壁因郡守受代歸師出送接話次守問和尚遠出山門將甚麽物來師曰無盡之寶呈獻守無對後有人進語曰便請師曰太守尊嚴問千途路絶語思不通時如何師曰猶是堦下漢曰如何是堦上漢師曰龍樓不舉手乃曰作麽生是尊貴底人試道看莫秖向長連牀上坐地見他人不肯忽被明眼人撥著便向鐵圍山裏藏身若到廣利門下須道得第一句即開一線道與兄弟商量時有僧出禮拜師曰將謂是異國舶主元來是此土商人

泉州廬山小谿院行傳禪師青原周氏子僧問久嚮廬山石門為甚麽入不得師曰鈍漢僧曰忽遇猛利者還許也無師曰喫茶去

益州布水巖和尚僧問如何是西來意師曰一回思著一傷心問寶劒未磨時如何師曰

用不得曰磨後如何師曰觸不得

蜀川西禪和尚僧問佛是摩耶降生未審和尚是誰家子師曰水上卓紅旗問三十六路阿那一路最妙師曰不出第一手曰忽遇出時如何師曰脊著地也不難

韶州華嚴和尚僧問既是華嚴還將得華來麼師曰孤峰頂上千枝秀一句當機對聖明僧錄問法身無相不可言宣皇帝詔師將何接引師曰金鐘迴出雲中響萬里歸朝賀聖君問如何是佛法大意師曰驚天動地曰還當也無師曰靈機永布千家月秪這如今萬世傳

雲居膺禪師法嗣

洪州鳳棲山同安丕禪師僧問如何是無縫塔師曰吽吽曰如何是塔中人師曰今日大有人從建昌來問一見便休去時如何師曰是也更來這裏作麼問如何是點額魚師曰不透波瀾曰慚恥時如何師曰終不仰面曰恁麼則不變其身也師曰是也青雲事作麼生問如何是和尚家風師曰金雞抱子歸霄漢玉兔懷胎入紫微曰忽遇客來將何祗待師曰金果朝來猿摘去玉花晚後鳳銜歸問無情還解說法也無師曰玉犬夜行不知天曉問路逢達道人不將語默對未審將甚麼對師曰要踢要拳問纔有言詮盡落今時不落言詮請師直說師曰木人解語非干舌石女抛梭豈亂絲問依經解義三世佛冤離經一字即同魔說此理如何師曰孤峰迴秀不掛煙蘿片月行空白雲自在新到參師問甚處來曰湖南師曰還知同安這裏風雲體道花檻璇璣麼曰知師曰非公境界僧便喝師曰短販樵人徒誇書劍僧擬進語師曰劍甲未施賊身已露問佛未出世時如何師曰藕絲繫大象曰出世後如何師曰鐵鎖鎖石牛問不傷王道如何師曰喫粥喫飯曰莫便是不傷王道也無師曰遷流左降問玉印開時何人受信師曰不是恁麼人曰親宮事如何師曰道甚麼問如何是毗盧師師曰闍黎在甚麼處出家問如何是觸目菩提師曰面前佛殿問片玉無瑕請師不觸師曰落汝後問玉印開時何人受信師曰不是小小問迷頭認影如何止師曰告阿誰曰如何即是師曰從人覓即轉遠也曰不從人覓時如何師曰頭在甚麼處問如何是同安一隻箭師曰腦後看曰腦後事如何師曰過也問亡僧衣衆人唱祖師衣甚麼人唱師曰打問將來不相似不將來時如何師曰甚麼處著問未有這箇時作麼生行履師曰尋常又作麼生曰恁麼則不改舊時人也師曰作何行履問如何是異類中人師曰露地藏白牛　日月

師看經次見僧來參遂以衣袖蓋却頭僧近前作弔慰勢師放下衣袖提起經曰會麼僧却以衣袖蓋頭師曰蒼天蒼天

廬山歸宗寺懷惲禪師僧問無佛無衆生時如何師曰甚麼人如此問水清魚現時如何師曰把一箇來僧無對（同安代云動即失）問如何是五老峰師曰突兀地問截水停輪時如何師曰磨不轉曰如何是磨不轉師曰不停輪問如何是塵中弟子師曰灰頭土面（同安代云不拂拭）問如何是世尊不說說師曰正恁麼曰如何

是迦葉不聞聞師曰不附物問不佛不衆生時如何師曰是甚麼人如此問學人不到處請師說師曰汝不到甚麼處來

池州稽山章禪師在投子作柴頭投子同喫茶次謂師曰森羅萬象總在裏許師潑却茶曰森羅萬象在甚麼處子曰可惜一椀茶師後謁雪峰峰問莫是章柴頭麼師乃作輪椎勢峰肯之

南康軍雲居懷岳禪師僧問如何是大圓鏡師曰不鑒照曰忽遇四方八面來時作麼生師曰胡來胡現漢來漢現曰大好不鑒照師便打問如何是一丸療萬病底藥師曰汝患甚麼問如何是本來瑞草師曰好手拈不出曰如何是無根樹師曰處處著不得

杭州佛日本空禪師初遊天台山嘗曰如有人奪得我機者即吾師矣尋謁雲居作禮問曰二龍爭珠誰是得者居曰卸却業身來與子相見師曰業身已卸居曰珠在甚麼處師無對（同安代云回頭即沒交涉）遂投誠入室時始年十三後四年參夾山纔入門見維那那曰此間不著後生師曰某甲不求挂搭暫來禮謁和尚維那白夾山山許相見師未陞堦山便問甚處來師曰雲居來曰即今在甚麼處師曰在夾山頂𩕳上山曰老僧行年在坎五鬼臨身師擬上堦山曰三道寶堦從何而上師曰三道寶堦曲爲今時向上一路請師直指山便揖師乃上堦禮拜山問闍黎與甚麼人同行師曰木上座山曰何不來相看老僧師曰和尚看他有分山曰在甚處師曰在堂中山便同師下到堂中師遂取拄杖擲在山面前山曰莫從天台得否師曰非五嶽之所生山曰莫從須彌得否師曰月宮亦不逢山曰恁麼則從人得也師曰自己尚是冤家從人得堪作甚麼山曰冷灰裏有一粒豆爆乃喚維那明窓下安排著師曰未審明窓還解語也無山曰待明窓解語即向汝道夾山來日上堂問昨日新到在甚麼處師出應喏山曰子未到雲居已前在甚麼處師曰天台國清山曰吾聞天台有潺潺之瀑淥淥之波謝子遠來此意如何師曰久居巖谷不挂松蘿山曰此猶是春意秋意作麼生師良久山曰看君秖是撐船漢終歸不是弄潮人來日普請維那令師送茶師曰某甲爲佛法來不爲送茶來那曰奉和尚處分師曰和尚尊命即得乃將茶去作務處搖茶甌作聲山回顧師曰釅茶三五盌意在钁頭邊山曰瓶有傾茶勢籃中幾箇甌師曰瓶有傾茶勢籃中無一甌便行茶時衆皆舉目師曰大衆鶴望請師一言山曰路逢死蛇莫打殺無底籃子盛將歸師曰手執夜明符幾箇知天曉山曰大衆有人也歸去來歸去來遂住普請歸院衆皆仰嘆師終于佛日卵塔存焉

蘇州永光院眞禪師上堂言鋒若差鄉關萬里直須懸崖撒手自肯承當絶後再蘇欺君不得非常之旨人焉廋哉問道無橫徑立者皆危如何得不被橫徑所侵去師以杖拄僧口僧曰此猶是橫徑師曰合取口問如何是常在底人師曰來往不易問如何是祖師西來意師曰鐵山夜鎖千家月金烏常照不當門

廬山歸宗澹權禪師僧問金雞未鳴時如何師曰失却威音王曰鳴後如何師曰三界平沉問盡身供養時如何師曰將甚麼來曰所有不惜師曰供養甚麼人僧無語問學人爲佛法來如何是佛法師曰正空閑曰便請商量師曰周匝有餘問大衆雲集合譚何事師曰三三兩兩問路逢達道人不將語默對未審將甚麼對師曰爭能肯得人僧良久師曰會麼曰不會師曰長安路上廁坑子問如何是佛法大意師曰三枷五棒問通徹底人如何語道師曰汝秖今作麼生曰任性隨流師曰不隨流爭得息

蘄州廣濟禪師僧問疋馬單槍時如何師曰頭落也問如何是方外之譚師曰汝道甚麼問如何是廣濟水師曰飲者絕饑渴曰恁麼則學人不虛到也師曰情知你受人安排問遠遠來投乞師指示師曰有口秖解喫飯問溫伯雪與仲尼相見時如何師曰此間無恁麼人問不識不見請師道出師曰不昧曰不昧時作麼生師曰汝喚作甚麼問如何是奇特事師曰焰裏牡丹花問如何是無心道人師曰丹霞放火燒

潭州水西南臺和尚僧問如何是此間一滴水師曰入口即抉出問如何是西來意師曰靴頭線綻問祖祖相傳未審傳箇甚麼師曰不因闍黎問老僧亦不知

歙州朱谿謙禪師韶國師到參次聞犬齩靈鼠聲國師便問是甚麼聲師曰犬齩靈鼠聲國師曰既是靈鼠爲甚麼却被犬齩師曰齩殺也國師曰好箇犬師便打國師曰莫打某甲話在師休去因造佛殿畢一僧同看師曰此殿著得甚麼佛曰著即不無有人不肯師曰我不問那箇人曰恁麼則某甲亦未曾秖對和尚

揚州豐化和尚僧問上無片瓦下無卓錐時如何師曰莫飄露麼問不具得失時如何師曰道甚麼

南康軍雲居道簡禪師范陽人也久入先雲居之室密受眞印而分掌寺務典司樵爨以臘高堂中爲第一座屬先雲居將順寂主事請問誰堪繼嗣居曰堂中簡主事雖承言而意不在師謂令揀擇可當說法者僉曰第二座可然且備禮先請第一座若謙讓即堅請第二座師既密承授記略不辭免即自持道具入方丈攝衆演法主事等不愜素志罔循規式師察其情乃潛弃去其夜安樂樹神號泣詰旦主事大衆奔至麥莊悔過哀請歸院衆聞空中連聲唱曰和尚來也僧問如何是和尚家風師曰隨處得自在問維摩豈不是金粟如來師曰是曰爲甚麼却在釋迦會下聽法師曰他不擔人我問橫身蓋覆時如何師曰還蓋覆得麼問蛇子爲甚麼吞却蛇師師曰在裏不傷問諸聖道不得處和尚還道得麼師曰汝道甚麼處諸聖道不得問路逢猛虎時如何師曰千人萬人不逢爲甚麼闍黎偏逢問孤峰獨宿時如何師曰閑却七間僧堂不宿阿誰教汝孤峰獨宿師後無疾而寂塔于本山

洪州大善慧海禪師僧問不坐青山頂時如何師曰且道是甚麼人問如何是解作客底

人師曰不占上問靈泉忽逢時如何師曰從甚麽處來問如何道即不違於師師曰莫惜口曰道後如何師曰道甚麽問如何道得相親去師曰快道曰恁麽則不道也師曰用口作甚麽問如何是西來意師曰三界平沉

鼎州德山和尚僧問路逢達道人不將語默對未審將甚麽對師曰秖恁麽僧良久師曰汝更問僧再問師乃喝出

南嶽南臺和尚僧問直上融峰時如何師曰見麽

南康軍雲居昌禪師僧問相逢不相識時如何師曰既相逢爲甚麽不相識問紅爐猛焰時如何師曰裹頭是甚麽問不受商量時如何師曰來作甚麽曰來亦不商量師曰空來何益問方丈前容身時如何師曰汝身大小

晉州大梵和尚僧問如何是學人顧望處師曰井底架高樓曰恁麽則超然去也師曰何不擺手

新羅國雲住和尚僧問諸佛道不得甚麽人道得師曰老僧道得曰諸佛道不得和尚作麽生道師曰諸佛是我弟子曰請和尚道師曰不是對君王好與二十棒問達磨未來時如何師曰夜半石牛吼曰來後如何師曰特地使人愁問既是普眼爲甚不見普賢師曰秖爲貪程太速

隆珏和尚僧問學人不負師機還免披毛帶角也無師曰闍黎何得對面不相識曰恁麽則吞盡百川水方明一點心師曰雖脱毛衣猶披鱗甲曰好來和尚具大慈悲師曰盡力道也出老僧格不得

五燈會元卷第三十五

五燈會元卷第三十五

校勘記

一　底本，清藏本。

一　六七五頁上一行經名，徑無（未換卷）。

一　六七五頁上三行至四行「青原下五世　洞山价禪師法嗣」，徑無。

一　六八五頁中卷末經名，徑無（未換卷）。

五燈會元卷第三十六　碼九

宋沙門大川濟纂

青原下六世

踈山仁禪師法嗣

隨州護國院守澄淨果禪師上堂諸方老宿盡在曲彔木牀上爲人及有人問著祖師西來意未曾有一人當頭道著時有僧問請和尚當頭道師曰河北驢鳴河南犬吠問如何是佛師咄曰這驢漢問盡大地是一隻眼底人來時如何師曰堦下漢問諸佛不到處是甚麼人行履師曰聃耳髴頭曰何人通得彼中信師曰驢面獸腮問隨緣認得時如何師曰錯問如何是西來意師曰一人傳虛萬人傳實問不落干將手如何是太阿師曰七星光彩耀六國罷煙塵問鶴立枯松時如何師曰地下底一場懡㦬問會昌沙汰時護法善神向甚麼處去師曰三門前兩箇一場懡㦬問滴水滴凍時如何師曰日出後一場懡㦬

洛京靈泉歸仁禪師初問踈山枯木生花始與他合是這邊句是那邊句山曰亦是這邊句師曰如何是那邊句山曰石牛吐出三春霧靈雀不棲無影林住後僧問如何是靈泉家風師曰十日作活九日病曰此病如何師曰回避不得曰還療得也無師曰耆婆稽首醫王皺眉問祖意教意是同是別師曰牛馬同羣放曰還分不分師曰夜半崑崙穿市過午後烏雞帶雪飛問急切相投時如何師曰見佛似冤家問如何是靈泉竹師曰不從栽種得曰還變動也無師曰二冬瑞雪應難改九夏凝霜色轉鮮問如何是靈泉心印師曰不傳不受曰或遇交代時如何師曰淮南船子看洛陽問六國未寧時如何師曰作亂者誰問如何是祖師西來意師曰仰面獨揚眉回頭自拍手問如何是和尚家風師曰騎牛戴席帽過水著靴衫問如何是無問而自說師曰死人口裏活人舌曰未審是何人領會師曰無角水牯牛曰如何是靈泉活計師曰東壁打倒西壁曰憑箇甚麼過朝夕師曰折腰鐺子無煙火曰二時將何奉獻師曰野老共炊無米飯溪邊大會不來人問如何是靈泉境師曰枯椿花爛熳曰如何是境中人師曰子規啼斷後花落布堦前問如何是沙門行師曰恰似箇屠兒曰如何行履師曰破齋犯戒曰究竟作麼生師曰因不收果不入俗士問俗人還許會佛法否師曰那箇臺無月誰家樹不春

瑞州五峰遇禪師僧問佛未出世時如何師曰一堆泥土問如何是不撥不觸底人師曰閉目藏三寸飜眉蓋眼睛

撫州踈山證禪師初叅先踈山得旨後歷諸方謁投子子問近離甚處曰延平子曰還將得劍來麼曰將得來子曰呈似老僧看師乃指面前地子便休至晚問侍者新到在麼者曰當時去也子曰三十年弄馬騎今日被驢撲住後僧問如何是就事學師曰著衣喫飯曰如何是就理學師曰騎牛去穢曰如何是向上事師曰溥際不收問如何是聲色混融句師曰不辨消不及曰如何是聲色外別行底句師曰難逢不可得問親切處乞一言師以拄杖敲之僧曰爲甚麼不道師曰得恁麼

不識好惡

洪州百丈明照安禪師新羅人也僧問一藏圓光如何是體師曰勞汝遠來曰莫使是一藏圓光麼師曰更喫一椀茶問如何是和尚家風師曰手巾寸半布問萬法歸一一歸何處師曰未有一箇人不問問如何是極則處師曰空王殿裏登九五野老門前不立人問隨緣認得時如何師曰未認得時作麼生問如何是毗盧師師曰人天收不得曰如何是一代時教師曰義例分明

瑞州黃檗山慧禪師洛陽人也少出家業經論因增受菩薩戒而歎曰大士攝律儀與吾本受聲聞戒俱止持作犯也然於篇聚增減支本通別制意且殊既微細難防復於攝善中未嘗行於少分況饒益有情乎且世間泡幻身命何可留戀哉由是置講課欲以身捐於水中飼鱗甲之類念已將行偶二禪者接之款話說南方頗多知識何滯於一隅師從此回志參尋屬關津嚴緊乃謂守吏曰吾非翫山水誓求祖道他日必不忘恩也吏者察其志遂不苟留且謂之曰師既爲法忘身回時願無吝所聞師欣謝直造疎山時仁和尚坐法堂受參師先顧視大衆然後致問曰剎那便去時如何山曰逼塞虛空汝作麼生去師曰逼塞虛空不如不去山便休師下堂參第一座座曰適來祇對甚奇特師曰此乃率爾敢望慈悲開示愚昧座曰一剎那間還有擬議否師於言下頓省禮謝住後僧問黃檗一路荒來久今日當陽事若何師曰虛空不假金鎚鍊日月何曾待照人師示滅塔于本山肉身至今如生

延州伏龍山奉璘禪師僧問如何是和尚家風師曰橫身臥海日裏挑燈問如何是伏龍境師曰山峻水流急三冬發異華問和尚還愛財色也無師曰愛曰既是善知識爲甚麼却愛財色師曰知恩者少師問火頭培火了也未曰低聲師曰甚麼處得這消息來曰不假多言師曰省錢易飽吃了還饑問如何是和尚家風師曰長虀冷飯曰太寂寞生師曰僧家合如是

安州大安山省禪師僧問失路迷人請師直指師曰三門前去問舉步臨危請師指月師曰不指月曰爲甚麼不指月師曰臨坑不推人問離四句絕百非請和尚道師曰我王庫內無如是刀問重重關鎖信息不通時如何師曰爭得到這裏曰到後如何師曰彼中事作麼生問如何是眞中眞師曰十字路頭泥佛子問無爲無事人猶是金鎖難金鎖牽不住是甚麼人師曰向闍黎道即得不可荒却大安山去也

洪州百丈超禪師海東人也僧問祖意教意是同是別師曰金雞玉兔聽遠須彌問日落西山去林中事若何師曰洞深雲出晚澗曲水流遲問某甲今日辭去或有人問和尚說甚麼法向他道甚麼師曰但道大雄山頂上虎生師子兒

洪州天王院和尚僧問國內按劒者是誰師曰天王問百骸俱潰散一物鎮長靈時如何師曰不墮無壞爛問如何是佛師曰錯問如何是無相道場師曰門外列金剛

常州正勤院蘊禪師魏府韓氏子幼而出家老有童顏僧問師唱誰家曲宗風事若何師曰迥出簫韶外六律豈能過曰不過底事作麼生師曰聲前拍不散句後覓無蹤問如何是正勤一路師曰泥深三尺曰如何到得師曰闍黎從甚麼處來問如何是禪師曰石上蓮華火裏泉曰如何是道師曰楞伽峰頂一莖草曰禪道相去幾何師曰泥人落水木人撈晉天福中順寂葬于院側經二稔門人發塔覩全身儼然髮爪俱長乃闍維收舍利真骨重建塔焉

襄州洞山瑞禪師僧問道有又無時如何師曰龍頭蛇尾腰問一劒問如何是無生曲師曰未問已前

京兆府三相和尚僧問如何是無縫塔師曰覓縫不得曰如何是塔中人師曰對面不相見問如何是西來意師曰雪覆孤峰白殘照露瑕痕

青林虔禪師法嗣

襄州萬銅山廣德延禪師僧問如何是和尚家風師曰山前人不住山後人更忙問如何是透法身句師曰無力登山水茅户絕知音問如何是佛法大意師曰始嗟黃葉落又見柳條青問盡大地是箇死屍向甚麼處葬師曰北邙山下千丘萬丘師不安僧問和尚患箇甚麼師曰無思不墜的曰恁麼則已知和尚病源也師曰你道老僧患甚麼曰和尚忌口好師便打問如何是佛師曰畫戟門開見墜仙僧後問悟空畫戟門開見墜仙意旨如何空曰直饒親見釋迦來智者咸言不是佛

襄州石門獻蘊禪師京兆人也初問青林如何用心得齊於諸聖林仰面良久曰會麼師曰不會林曰去無子用心處師禮拜乃契悟更不他遊遂作園頭一日歸侍立次林曰子今日作甚麼來師曰種菜來林曰徧界是佛身子向甚處種師曰金鉏不動土靈苗在處生林欣然來日入園喚蘊闍黎師應喏林曰剩栽無影樹留與後人看師曰若是無影樹豈受栽邪林曰不受栽且止你曾見他枝葉麼師曰不曾見林曰既不曾見爭知不受栽師曰秖為不曾見所以不受栽林曰如是如是林將順寂召師師應諾林曰日轉西山後不須取次安師曰雪滿金檀樹靈枝萬古春林曰或有人問你金針線囊事子道甚麼師曰若是毛羽相似者某甲終不敢造次初住南嶽蘭若未幾還夾山道由澧州時楚王馬氏出城延接便問如何是祖師西來大道師曰好大哥御駕六龍千古秀玉街排仗出金門王大喜延入天冊府供養數月方至夾山開堂僧問今日一會何異靈山師曰天垂寶蓋重重異地湧金蓮葉葉新曰未審將何法示人師曰無絃琴韻流沙界清音普應大千機問師唱誰家曲宗風嗣阿誰師曰一曲宮商纔品弄辨寶還他碧眼胡曰恁麼則清流分洞下滿月照青林去也師曰多子塔前分的意至今異世度洪音問如何是夾山正主師曰好手須知欒布作韓光虛妄立功勳問如何是西來意師曰玉璽不離天子手金箱豈許外人知問不落機關請師便道師曰湛月迅機無可比君今曾問幾人來曰即今問

和尚師曰好大哥雲綻不須藏九尾怨君殘壽速歸丘師以蠻夷作亂遂離夾山至襄州創石門寺再振玄風上堂瑠璃殿上光輝而日日無私七寶山中晃耀而頭頭有據泥牛運步木馬嘶聲野老謳歌樵人舞袖太陽路上古曲玄音林下相逢更有何事僧問月生雲際時如何師曰三箇孩兒抱華皷好大哥莫來攔我毬門路問如何是和尚家風師曰常騎駿馬驟高樓鐵鞭指盡胡人路問如何是石門境師曰徧界黃金無異色往來遊子能追尋曰如何是境中人師曰無相不居凡聖位經行鳥道没蹤由問猛虎當軒時如何師曰性命不存曰恁麼則遭他毒手師曰一任齩嚼問如何是淨土中人師曰披毛遊火聚戴角混塵泥問道界無窮際通身絕點痕時如何師曰渺渺曰雲漫雪嶽轉身玄路莫遲遲曰未審轉身路在甚麼處師曰石人舉手分明記萬年枯骨笑時看問如如不動時如何師曰有甚麼了日曰如何即是師曰石户非關鎖般若寺遭焚有人問曰既是般若爲甚麼被火燒師曰萬里一條鐵師應機多云好大哥時稱大哥和尚

韶州龍光諲禪師僧問人王與法王相見時如何師曰越國君王曾按劒龍光一句不曾虧上堂良久曰不煩珍重問如何是西來意師曰胡風一扇漢地成規問撥塵見佛時如何師拊掌顧視問如何是龍光一句師曰不空罥索曰學人不會師曰唵問如何是極則爲人處師曰殷勤囑付後來人問賓頭盧一身爲甚麼赴四天下供師曰千江同一月萬户盡逢春遂有偈曰龍光山頂寶月輪照耀乾坤爍暗雲尊者不移元一質千家影現萬家春

郢州芭蕉和尚僧問十二時中如何用心師曰攏摠一木盆問如何是道師曰或橫三或竪五曰如何是道中人師曰罷舉雲中信半夜太陽輝

定州石藏慧炬禪師僧問如何是西來意師曰樹帶滄浪色山橫一抹青問如何是伽藍師曰秖這是曰如何是伽藍中人師曰作麼作麼曰忽遇客來將何祗待師曰喫茶去

白水仁禪師法嗣

京兆府重雲智暉禪師咸秦高氏子總角之歲好遊佛宇誓志出家父母不能止禮圭峰溫禪師剃度後謁白水獨領微言潛通秘鍵尋回洛下于中灘創溫室院常施水給藥爲事有比丘患白癩衆惡之唯師與之摩洗如常俄有神光異香既而訝之遂失所在遺瘡痂馨香酷烈遂聚而塑觀音像以藏之師後忽欲歸終南圭峰舊居一日閑步巖岫間如常寢處倏覩摩衲數珠銅瓶樓笠觸之即壞謂侍者曰此吾前身道具耳就茲建寺以酬宿因當薙草間有祥雲蔽日屯于峰頂久而不散因目爲重雲山猛獸皆自引去及塞龍潭以通徑龍亦他徙後唐明宗賜額曰長興學侶臻萃上堂僧問如何是歸根得旨師曰早是忘却不憶塵生曰如何是隨照失宗師曰家遭劫賊問不憶塵生如何是進身一路師曰足下已生草前程萬丈坑問要路坦然如何踐履師曰我若指汝則東西南北去也

問如何是重雲秤師曰任將天下勘問如何是截鐵之言師曰寧死不犯問如何是迦葉親聞底事師曰重雲記不得問如何是重雲境師曰四時花蕤蕤三冬異草青師闡法四十餘年節度使王彥超微時常從師遊欲爲沙門師熟視曰汝世緣深當爲我家垣墻王公後果鎮永興申弟子禮師將順世先與王公言別囑護法門王公泣曰師忍棄弟子乎師笑曰借千年亦一別耳及歸書偈示衆曰我有一間舍父母爲修蓋住來八十年近來覺損壞早擬移別處事涉有憎愛待他摧毁時彼此無妨礙乃跏趺而逝塔于本山

杭州瑞龍院幼璋禪師唐相國夏侯孜之猶子也大中初伯父司空出鎮廣陵師方七歲遊慧照寺聞誦法華志求出家伯父初不允因師絕飲食不得已而許之師慧遠禪師後遊諸禪會著山白水咸受心訣咸通十三年至江陵謄騰和尚囑之曰汝往天台尋靜而棲遇安即止已而又值憨憨和尚撫而記曰汝却後四十年有巾子山下菩薩王於江南當此時吾道昌矣尋抵天台山於靜安鄉創福唐院乃契騰騰之言又住隱龍院中和四年浙東饑疫師於温台明三郡收瘞遺骸時謂悲增大士雪峰嘗往見之遺棕櫚拂子而去天祐三年錢尚父遣使童建賫衣服香藥入山致請至府庭署志德大師館于功臣堂日親問法師請每年於天台山建金光明道場諸郡黑白大會逾月而散（光明大會始於師也）將辭歸山王加戀慕於府城建瑞龍院（文穆王改爲寶山院）延請開法時禪門興盛斯則憨憨懸記應矣上堂老僧頃年遊歷江外嶺南荊湖但有知識叢林無不參問來蓋爲今日與諸人聚會各要知箇去處然諸方終無異說秖教當人歇却狂心休從他覓但隨方任眞亦無眞可任隨時受用亦無時可用設垂慈苦口且不可呼畫作夜更饒善巧終不能指東爲西脫或能爾自是神通作怪非干我事若是學語之流不自省已知非直欲向空裏採花波中取月還著得心力麽汝今各且退思忽然肯去始知瑞龍老漢事不獲已迂回太甚還肯麽時有僧問如何是瑞龍境師曰道汝不見得麽曰如何是境中人師曰後生可畏問廓然無雲如何是中秋月師曰最好是無雲曰恁麽則一輪高掛萬國同觀去也師曰捏目之子難與言天成二年丁亥四月乞墳塔于尚父父命陸仁璋於西關選勝地建塔創院改天台隱龍爲隱迹塔畢師入府庭辭尚父囑以護法尅期順寂尚父悲悼遣僧正集在城宿德迎引入塔

白馬儒禪師法嗣

興元府青剉山如觀禪師僧問如何是和尚家風師曰無底籃子拾生菜問如何是青剉境師曰三冬華木秀九夏雪霜飛

龍牙遁禪師法嗣

潭州報慈藏嶼匡化禪師僧問心眼相見時如何師曰向汝道甚麽問如何是實見處師曰絲毫不隔曰恁麽則見也師曰南泉甚好去處問如何是西來意師曰昨夜三更送過江問臨機便用時如何師曰海水有果樹頭心問如何是眞如佛性師曰阿（誰）無問如何

是向上一路師曰郴連道永問和尚年多少師曰秋來黃葉落春到便開花問僧甚處來曰臥龍來師曰在彼多少時曰經冬過夏師曰龍門無宿客爲甚麼在彼許多時曰師子窟中無異獸師曰汝試作師子吼看曰某甲若作師子吼即無和尚師曰念汝新到放汝三十棒問如何是湖南境師曰艛船戰棹曰還許學人遊翫也無師曰一任闍黎打僜問和尚百年後有人問如何祇對師曰分明記取問情生智隔想變體殊秖如情未生時如何師曰隔曰情未生時隔箇甚麼師曰這箇梢郎子未遇人在問如何是龍牙山師曰益陽那邊曰如何即是師曰不擬曰如何是不擬去師曰恁麼則不是問古人面壁意旨如何師良久却召僧僧應諾師曰你去别時來上堂一句徧大地一句纔問便道一句問亦不道僧問如何是徧大地句師曰無空闕曰如何是纔問便道句師曰低聲低聲曰如何是問亦不道句師曰便合知時

襄州含珠山審哲禪師僧問如何是和尚深深處師曰寸釘鐃入木九牛拽不出問如何是正法眼師曰門前神樹子問如何是佛法大意師曰貧兒抱子渡恩愛競隨流問僧有亦不是無亦不是不有不無亦不是汝本來名箇甚麼曰學人已具名了師曰具名即不無畢竟名箇甚麼曰秖這莫便是否師曰且喜没交涉曰如何即是師曰親切處更請一問曰學人道不得請和尚道師曰别日來與汝道曰即今爲甚麼不道師曰覔箇領話人不可得又問僧張王李趙不是汝本來姓汝本來姓箇甚麼曰與和尚同姓師曰同姓即且從汝本來姓箇甚麼曰待漢水逆流却向和尚道師曰即今爲甚麼不道曰漢水逆流也未師休去問隨緣認得時如何師曰是甚麼問如何是無位眞人師曰别安排又爭得曰不安排時如何師曰無位眞人問如何是眞經師曰阿彌陀

西川存禪師僧問學人解問請訛句請師舉起訝人機師曰巢父不牽牛許由不洗耳問具足底人來師還接否師便打

華嚴靜禪師法嗣

鳳翔府紫陵匡一定覺禪師初到蟠龍見僧問碧潭清似鏡蟠龍何處安龍曰沇沙不見底浮漚足嶮岏師不肯龍請師道師曰金龍迴透青霄外潭中豈滯玉輪機龍肯之住後僧問未作人身已前作甚麼來師曰石牛步火中行返顧休銜日中草問智識路絶思議併忘時如何師曰停囚長智養病喪軀

九峰滿禪師法嗣

洪州同安院威禪師僧問牛頭未見四祖時如何師曰路邊神樹子見者盡擎拳曰見後如何師曰室內無靈牀渾家不著孝問祖意教意是同是别師曰玉兔不曾知曉意金烏爭肯夜頭明問如何是同安一曲師曰靈琴不別人間韻知音豈度伯牙門曰未審何人和得師曰木馬嘶時從彼聽石人拊掌阿誰聞曰或遇知音時如何師曰知音不度耳達者豈同聞師一日遊山大衆隨後師曰堦前翠竹砌下黃花古人道眞如般若同安即不然有僧曰古人也好和尚師曰不貪香餌味

可謂碧潭龍曰諸方眼目不怪淵明師曰闍黎閉目中秋坐却笑月無光曰增前翠竹砌下黃花又作麼生師曰安南未伏塞北那降僧禮拜師曰名稱普聞師問僧寅晡飲啄無處藏身你道有此道理麼曰和尚作麼生師打一拂子僧曰揆手征人徒誇好手師曰握鞭側帽豈是闍黎曰今古之道何處藏身師曰闍黎作麼生僧珍重便出師曰未在

北院通禪師法嗣

京兆府香城和尚初叅北院問曰一似兩箇時如何院曰一箇賺汝師乃有省僧問三光景色謝照燭事如何師曰朝邑峰前卓五彩曰不涉文彩事作麼生師曰如今特地過江來問向上一路請師舉唱師曰釣絲鉤不出問牛頭還得四祖意否師曰沙書下點落千字曰下點後如何師曰別將一撮裹人天曰恁麼則人人有也師曰汝又作麼生問囊無繫蟻之絲廚絕聚蠅之糝時如何師曰日捨不求思從妄得

青原下七世

洞山延禪師法嗣

瑞州上藍院慶禪師初遊方問雪峰如何是雪峰的的意峰以杖子敲師頭師應諾峰大笑師後承洞山印解開法上藍僧問如何是上藍無刃劒師曰無曰為甚麼無師曰闍黎諸方自有

洪州同安慧敏禪師初叅洞山問諸聖以何為命山曰以不間斷師曰還有向上事也無山曰有師曰如何是向上事山曰不從間斷師於言下有省住後僧問請師一句師曰好記取

金峰志禪師法嗣

廬山天池智隆禪師在金峰普請般柴次峰問般柴人過水否師曰有一人不過水曰不過水還般柴否師曰雖不般柴也不得動著他

鹿門真禪師法嗣

襄州谷隱智靜悟空禪師僧問如何是和尚轉身處師曰臥單子下問如何是道師曰鳳林關曰學人不會師曰直至荆南問如何是指歸之路師曰莫用伊曰還使學人到也無師曰甚麼處著得汝問靈山一會何異今時師曰不異如今曰不異底事作麼生師曰如來密旨迦葉不聞問古澗寒泉甚麼人得飲師曰絕飢渴者曰絕飢渴者如何得飲師曰東畎東流西畎西流

益州崇真禪師僧問如何是禪師曰澄潭釣玉兔曰如何是道師曰拍手笑清風問如何是大人相師曰泥捏三官土地堂

襄州鹿門志行譚禪師僧問如何是實際理地師曰南贍部洲北鬱單越曰恁麼則事同一家也師曰隔須彌在問遠遠投師請師一接師曰從甚麼處來曰江北來師曰南堂裏安下問如何是清淨法身師曰戍亥年生

廬山佛手巖行因禪師鴈門人也首謁鹿門師資契會尋抵廬山山之北有巖如五指下有石窟可三丈餘師宴處其中因號佛手巖和尚江南李主三召不起堅請就棲賢開堂不逾月潛歸巖室僧問如何是對現色身師竪一指法眼別云還有也未後示微疾謂侍僧曰日午

吾去矣及期僧報日午也師下牀行數步屹然立化李主備香薪茶毗塔于巖之陰

曹山霞禪師法嗣

嘉州東汀和尚僧問如何是向去底人師曰石女紡麻纑曰如何是却來底人師曰扇車關棙斷問徧界是佛身教某甲甚麼處立師曰孤峰頂上木人叫紅焰輝中石馬嘶

草庵義禪師法嗣

泉州龜洋慧忠禪師本州陳氏子謁草庵庵問何方來師曰六眸峰庵曰還見六眸否師曰患非重瞳庵然之師尋回故山屬唐武宗廢教例民其衣暨宣宗中興師曰古人有言上昇道士不受籙成佛沙彌不具戒秖為白衣過中不食不宇而禪迹不出山者三十年述三偈以自見曰雪後始知松栢操雲收方見濟河分不因世主教還俗那辨雞羣與鶴羣多年塵事謾騰騰雖著方袍未是僧今日修行依善慧滿頭留髮候然燈形儀雖變道常存混俗心源亦不昏試讀善財巡禮偈當時豈例作沙門謂門弟子曰衆生不能解脫者情累爾悟道易明道難僧問如何得明道去師曰但脫情見其道自明矣夫明之為言信也如禁蛇人信其呪力藥力以蛇綰弄揣懷袖中無難未知呪藥等力者怖駭棄去但諦見自心情見便破今千疑萬慮不得用者未見自心者也忽索香焚罷安然而化全身葬于無了禪師塔之東後數年塔忽坼裂連階丈餘主僧將發視之是夜宴寂中見無了曰不必更發也今為沈陳二眞身無了姓沈見馬祖

同安丕禪師法嗣

洪州同安志禪師先同安將示寂上堂曰多子塔前宗子秀五老峰前事若何如是三舉未有對者末後師出曰夜明簾外排班立萬里歌謠道太平安曰須是這驢漢始得住後僧問二機不到處如何舉唱師曰徧處不逢玄中不失問凡有言句盡落今時學人上來請師直指師曰目前不現句後不迷曰向上事如何師曰迥然不換標的即乖

袁州仰山和尚僧問如何是仰山境師曰白雲峰下猿啼早碧嶂巖前虎起遲僧曰如何是境中人師曰寒來火畔坐熱向澗邊行

歸宗惲禪師法嗣

廬山歸宗弘章禪師僧問學人有疑時如何師曰疑來多少時也問小船渡大海時如何師曰較些子曰如何得渡師曰不過來問枯木生華時如何師曰把一朶來問混然覓不得時如何師曰是甚麼

嵇山章禪師法嗣

隨州雙泉山道虔禪師僧問洪鐘未擊時如何師曰絕音響曰擊後如何師曰絕音響問如何是在道底人師曰無異念問如何是希有底事師曰白蓮華向半天開

雲居岳禪師法嗣

楊州豐化院令崇禪師舒州人也僧問如何是敵國一著碁師曰下將來問一棒打破虛空時如何師曰把將一片來看

澧州藥山忠彥禪師僧問教中道諸佛放光明助發實相義光明即不問如何是實相義師曰會麼曰莫便是否師曰是甚麼問師唱

誰家曲宗風嗣阿誰師曰雲嶺龍昌月神風
洞上泉
梓州龍泉和尚僧問如何是祖師西來意師
曰不在闍黎分上問學人欲跳萬丈洪崖時
如何師曰撲殺
護國澄禪師法嗣 二十
隨州護國知遠演化禪師僧問舉子入門時
如何師曰緣情體物事作麼生問乾坤休駐
意宇宙不留心時如何師曰總是戰爭收拾
得卻因歌舞破除休
隨州智門寺守欽圓照禪師僧問兩鏡相照
為甚麼中間無像師曰自己亦須隱曰鏡破
臺亡時如何師豎起拳問如何是和尚家風
師曰額上不貼牓問如何是祖師西來意師
曰把火燒天徒自疲
安州大安山崇教能禪師僧問師唱誰家曲
宗風嗣阿誰師曰打動南山鼓唱起北山歌
問如何是三冬境師曰千山添翠色萬樹鎖
銀華
潁州薦福院思禪師僧問古殿無佛時如何
師曰梵音何來曰不假修證如何得成師曰
修證即不成
隨州護國志朗圓明禪師僧問如何是萬法
之源師曰空中收不得護國豈能該
靈泉仁禪師法嗣 二十一
郢州大陽慧堅禪師初在靈泉入室次泉問
甚麼處來師曰僧堂裏來泉曰為甚麼不槃
著靈柱師於言下有省住後僧問如何是玄
旨師曰壁上挂錢財問如何是法王劍師曰
腦後看問如何是無相道場師曰佛殿裏懸
幡問不借時機用如何話祖宗師曰老鼠皺
腰帶僧請益法身師示偈曰扶桑出日頭黃
河輥底流六六三十六陝府灌鐵牛
五峰遇禪師法嗣
瑞州五峰紹禪師僧問如何是第一義師拍
禪牀云若不是仙陀千里萬里問如何是祖
師西來意師曰迢迢十萬餘
廣德延禪師法嗣
襄州廣德義禪師謁先廣德作禮問曰如何
是和尚密密處德曰隱身不必須巖谷鬧鬧
堆堆覩者稀師曰恁麼則酌水獻華去也德
曰忽然雲霧靄闍黎作麼生師曰採汲不虛
施廣德忻然曰大衆看取第二代廣德師次
踵住持聚徒開法僧問如何是佛師曰披蓑
倒騎牛草深不露角問如何是祖師西來意
師曰魚躍無源水鶯啼枯木花問如何是常
在底人師曰臘月死蛇當大路觸著傷人不
柰何問如何是學人相契處師曰方木逗圓
孔問如何是大寂滅海師曰鬧市走馬不觸
一人曰如何是大通智勝佛師曰孤輪罷照
妙峰頂汝報巴猿莫斷腸問如何是作無間
業底人師曰猛火然鐺煮佛喋師因事示偈
曰纔到洪山便蹤根四方八面不言論他家
自有眠雲志蘆管橫吹宇宙喧問如何是古
佛心師曰多年曆日雖無用犯著應須總滅
門曰或遇新曆日又作麼生師曰運動修營 二十二
無滯礙何勞入市問孫臏問時人有病醫王
醫醫王有病甚人醫師展手曰與我診候看
曰不會師曰須彌徒作藥四海謾為湯問向
上一路千聖不傳和尚還傳也無師曰鐵丸

驀口塞難得解吞人問如何是佛法大意師曰雪寒向火日暖偎陽問如何是賓中賓師曰蕩子無家計飄蓬不自知曰如何是賓中主師曰茅户挂珠簾曰如何是主中賓師曰龍樓鋪草坐曰如何是主中主師曰東宮雖至嫡不面聖堯顏問有一室女未曾嫁娉生得一子姓箇甚麼師曰偶然衫子破闌外没人縫問如何是不落堦級底人師曰胎中童子眉如雪問如何是不睡底眼師曰昨夜三更擊不開問諦信底人信箇甚麼師曰莫道冰無火斯須紅焰生問如何是密室師曰茅茨當大道歷劫没人敲問如何是異日已前人師曰萬年枯木鳥銜來問懸崖峭峻還具得失也無師曰忻逢良便好與一推問牛頭未見四祖時如何師曰鮓甕乍開蠅咂咂曰見後如何師曰底穿蕩盡吟啾啾

襄州廣德周禪師僧問魚向深潭難避網龍居淺水却難尋時如何師曰徧體崑崙黑通身一點霜問貧子歸家時如何師曰入門不見面處處故園春問命盡祿絶時如何師曰死曰此人落歸何道師曰薰薰彌宇宙爛壞臭能拈問聞話不覺時如何師曰徧界没聲人誰是知音者曰如何是知音者師曰斷絃續不得歷劫響泠泠問教中道阿逸多不斷煩惱不修禪定佛記此人成佛無疑此理如何師曰鹽又盡炭又無曰鹽盡炭無時如何師曰愁人莫向愁人說說向愁人愁殺人問如何得念念相應去師曰驚水魚龍散曰念念相應後如何師曰海北天南各自行不勞魚鴈通消息

石門蘊禪師法嗣

襄州石門慧徹禪師僧問金烏出海光天地與此光陰事若何師曰龍出洞兮風雨至海岳傾時日月明問從上諸聖向甚麼處去也師曰露柱挂燈籠問如何是和尚家風師曰解接無根樹能挑海底燈問如何是祖師西來意師曰少林澄九鼎浪動百花新問如何是佛法大意師曰三門外松樹子見生見長問三身中那身是正師曰報化路頭横鳥道石人眼裏不栽花問雲光作牛意旨如何師曰陋巷不騎金色馬回途却著破襴衫問年窮歲盡時如何師曰東村王老夜燒錢問一毫未發時如何師曰后羿不調弓箭透三江口問如何是佛師曰樵子度荒郊騎牛草不露曰如何是騎牛草不露師曰遮掩不得問如何是靈利底物師曰古墓毒蛇頭戴角又曰維摩不離方丈室文殊未到却先知又曰垢膩汗衫皂角洗因令初上座領衆來參師問萬仞峰頭石牛吼穿雲渡水意如何初無對師曰山僧住持事大參堂去師後令僧下語或云久嚮和尚或云訪道尋師明的旨覺了根源顯異機師曰當時初上座若下得這語不將他作參學人上堂一切衆生本源佛性譬如朗月當空秖爲浮雲翳障不得顯現爲明爲照爲道爲路爲舟爲楫爲依爲止一切衆生本源佛性亦復如是時汾陽昭和尚在衆出問朗月海雲遮不得舒光直透水晶宮時如何師曰石壁山河非障礙閻浮界外任昇騰陽曰恁麼則千聖共傳無底鉢時人皆唱太平歌師曰太平曲子如何唱陽曰不

墮五音非關六律師曰還有人和得麼陽曰
請和尚不悋慈悲師曰仁者善自保任

五燈會元卷第三十六

五燈會元卷第三十六

校勘記

一　底本，清藏本。

一　六八六頁上一行經名，徑無（未換卷）。

一　六八六頁上三行「青原下六世」，徑無。

一　六八六頁中一七行第八字「曰」，徑作「問」。

一　六八九頁上一四行首字「任」，徑作「恁」。

一　六九一頁下五行首字「迴」，徑作「迥」。

一　六九二頁上一九行「妄得」，至此，徑卷第十三終，卷第十四始。

一　六九三頁中一九行第六字「迴」，徑作「迥」。

一　六九四頁中八行「靈柱」，徑作「露柱」。

一　六九六頁上卷末經名，徑無（未換卷）。

五燈會元卷第三十七　　碣十

宋沙門大川濟纂

青原下七世

舍珠哲禪師法嗣

洋州龍穴山和尚僧問如何是西來意師曰
騎虎唱巴歌問既是善知識爲甚麼却與土
地燒錢師曰彼上人者難爲醻對
唐州大乘山和尚僧問枯樹逢春時如何師
曰世間希有問如何是四方八面事師曰升
子裏踍跳斗子内轉身
襄州延慶院歸曉慧廣禪師僧問言語道斷
時如何師曰兩重公案曰如何領會師曰分
明舉似問如何是鳳山境師曰好生看取曰
如何是境中人師曰識麽
襄州舍珠山眞禪師僧問師唱誰家曲宗風
嗣阿誰師曰舍珠密意同道者知曰恁麽則
不假羽翼便登霄漢去也師曰鈍問古鏡未
磨時如何師曰昧不得曰磨後如何師曰黑
如漆

紫陵一禪師法嗣

幷州廣福道隱禪師僧問如何是指南一路
師曰妙引靈機事澄波顯異輪問三家同到
請未審赴誰家師曰月印千江水門門盡有
僧
紫陵微禪師初到來山山問近離甚處師曰
向北山曰是何宗徒師曰昔日老胡師子吼
項門一裂至如今住後僧問如何是紫陵境
師曰寂照燈光夜已深曰如何是境中人師
曰猿啼虎嘯問寶劒未出匣時如何師曰磐
陀石上栽松栢問如何是大猛烈底人師曰
石牛步步火中行返顧休銜日中草曰如何
是五逆底人師曰放火夜燒無相宅天明戴
帽入長安曰如何是孝順底人師曰步步手
提無米飯斂手堂前不舉頭問如何是祖師
西來意師曰紅爐焰上碧波流
興元府大浪和尚僧問既是喝河神爲甚麽
被水推却師曰隨流始得妙住岸却成迷
洪州東禪和尚僧問如何是密室師曰江水
深七尺曰如何是密室中人師曰此去江南
三十步僧問如何是新吳劒師作拔劒勢

同安威禪師法嗣

陳州石鏡和尚僧問石鏡未磨還鑒照否師
曰前生是因今生是果

青原下八世

谷隱靜禪師法嗣

襄州谷隱知儼宗教禪師登州人也僧問師
唱誰家曲宗風嗣阿誰師曰白雲南傘蓋北
問如何是迦葉親聞底事師曰速須吐却問
如何是諸佛照不著處師曰問這山鬼窟作
麽曰照著後如何師曰咄精怪問千山萬水
如何登陟師曰舉步便千里萬里曰不舉步
時如何師曰亦千里萬里
襄州普寧院法顯禪師僧問曩劫共住爲甚
麽不識親疎師曰誰曰更待某甲道師曰將
謂不領話問千山萬水如何登陟師曰青霄
無間路到者不迷機

同安志禪師法嗣

鼎州梁山緣觀禪師僧問如何是和尚家風
師曰益陽水急魚行澀白鹿松高鳥泊難問
家賊難防時如何師曰識得不爲冤曰識得

後如何師曰貶向無生國裏曰莫是他安身立命處也無師曰死水不藏龍曰如何是活水龍師曰興波不作浪曰忽然傾湫倒嶽時如何師下座把住曰莫教濕却老僧袈裟角問師唱誰家曲宗風嗣阿誰師曰龍生龍子鳳生鳳兒問如何是西來意師曰葱嶺不傳唐土印胡人謾唱太平歌問如何是從上傳來底事師曰渡水胡僧無膝袴背駝梵夾不持經問如何是正法眼師曰南華裏曰爲甚在南華裏師曰爲汝問正法眼問如何是學人自己師曰寰中天子塞外將軍曰便恁麼去時如何師曰朗月懸空室中暗坐問如何是衲衣下事師曰密師與瑞長老坐次僧問一尊不並化爲甚兩人居方丈師曰一亦非有偈曰梁山一曲歌格外人難和十載訪知音未嘗逢一箇問亡僧遷化向甚麼處去師曰亡僧幾時遷化曰爭奈相送何師曰紅爐焰上條絲縷鬉雲中不點頭上堂垂鈎四海秖釣獰龍格外玄機爲尋知己上堂垂絲千尺意在深潭一句橫空白雲自異孤舟獨棹不犯清波海上橫行罕逢明鑒問如何是衲衣下事師曰衆聖莫顯師後示偈曰紅焰藏吾身何須塔用新有人相肯重灰裏邈全真

歸宗章禪師法嗣

四 東京普淨院常覺禪師陳留李氏子初訪歸宗聞法省悟遂求出家未幾歸宗將順寂召師撫之曰汝於法有緣他後濟衆人莫測其童也仍以披剃事囑諸門人師至唐乾化二年落髮明年納戒於東林寺甘露壇尋遊五臺山還上都於麗景門外獨居二載間有北鄰信士張生者請師供養張素探玄理因叩師垂誨師乃隨宜開誘張生於言下悟入設榻留宿至深夜與妻竊窺之見師體徧一榻頭足俱出及令婢僕視之即如常倍加欽慕曰弟子夫婦垂老今願割宅之前堂以裨丈室師欣然受之至後唐天成三年遂成大院賜額曰普淨師以時機淺昧難任極旨苟啟之非器令彼招謗讟之咎我寧不務開法每月三八施浴僧道萬計師嘗謂諸徒曰但得意門無壅則福何滯哉一日給事中陶穀入院致禮而問曰經云離一切相則名諸佛今目前諸相紛然如何離得師曰給事見箇甚麼陶欣然仰重自是王公大人屢薦章服師號皆却而不受以開寶四年十二月二日示疾十一日告衆囑付訖右脇而化

護國遠禪師法嗣

五 懷安軍雲頂德敷禪師初叅護國問曰直截根源佛所印摘葉尋枝我不能時如何國曰罷攀雲樹三秋果休弄碧潭孤月輪師乃頓釋所疑住後成都帥請就衙陞座有樂營將出禮拜起回顧下馬臺曰一口吸盡西江水即不問請師吞却堦前下馬臺師展兩手唱曰細抹將來營將猛省

大陽堅禪師法嗣

襄州石門聰禪師僧問大陽遷化向甚麼處去師曰騎牛不戴帽正坐不偏行

潭州北禪契念禪師僧問如何是大道之源師曰衆流混不得曰獨脫事如何師曰穿雲透石問如何是不墜古今句師曰十五十六

日月相逐

石門徹禪師法嗣

襄州石門紹遠禪師初在石門作田頭門問如何是田頭水牯牛師曰角轉轟天地朝陽處處春他日門又問水牯牛安樂否師曰水草不曾虧曰田中事作麼生師曰深耕淺種曰如法著師曰某甲不曾取次住後僧問師唱誰家曲宗風嗣阿誰師曰十方無異路据覺鳳林前問先師已歸鴈塔去當陽一句請師宣師曰修羅掌內擎日月夜叉足下蹋泥龍問金龍不吐凡間霧請師舉唱鳳凰機師曰白眉不展手長安路坦平問如何是西來意師曰布袋盛烏龜問如何是石門境師曰孤峰對鳳嶺曰如何是境中人師曰巖中殘雪處處分輝問如何是和尚家作用師曰滴瀝非旨趣千山不露身問四方八面來時如何師曰赤脚波斯鼻嗅天問亡僧遷化向甚麼處去師曰灰飛煙滅白骨連天師與病僧炎次僧問正當與麼時如何師曰通玄一脉大似流星問如何是古佛心師曰白牛露地臥青谿問生死之河如何過得師曰風吹荷葉浮萍草問如何是教外別傳一句師曰羊頭車子入長安問生死浪前如何話道師曰毛袋橫身絕飲啄青谿常臥太陽春問如何是道師曰山深水冷曰如何是道中人師曰金鎚擊金鼓問天陰日不出光輝何處去師曰鐵蛇橫大路通身黑似煙問如何是宗乘中一句師曰石火夜燒山大地齊合掌問如何是祖師西來意師曰石牛攔古路木馬驟高樓

潭州北禪懷感禪師僧問如何是諸聖爲人底句師曰紅輪當萬户光燭本無心問師唱誰家曲師曰石户不留心洞玄通妙的問如何是佛師曰尺短寸長

鄂州靈竹守珍禪師僧問如何是西來意師曰錫帶胡天雪瓶添漢地泉問迷悟不入諸境時如何師曰境從何來曰恁麼則無諸境去也師曰龍頭蛇尾漢

舒州四面山津禪師僧問如何是佛師曰王字不著點曰學人不會師曰點問如何是祖師西來意師曰山寒水冷師有挂杖頌曰四由一條杖當機驗龍象頭角稍低昂電光臨背上

嘉州承天義懃禪師僧問如何是承天境師曰兩江夾却青盲漢一帶山藏赤脚蠻問如何是諦實之言師曰措大巾子黑

鳳翔府青峰義誠禪師僧問三際不生是何人境界師曰白雲連雪嶽明月混魚鉤曰未審向上更有事也無師曰有曰如何是向上事師曰靈光爍破瑠璃色大地明來絕點痕問如何是青峰家風師曰向火喫刮瓜

襄州廣德山智端禪師僧問牛頭未見四祖時如何師曰著衣喫飯曰見後如何師曰著衣喫飯問如何是廣德山師曰當陽花易發背陰雪難消曰如何是山中人師曰朝霞不出門暮霞行千里

筠首座者太原人也自至石門逾三十年叢林慕之有僧請喫茶次問如何是首座爲人一著子師曰適來猶記得曰即今又如何師曰好生點茶來一日荷鉏入園僧問三身中

那一身去作務師拄鉏而立僧曰莫便當也無師攜鉏便行

青原下九世

谷隱儼禪師法嗣

襄州谷隱契崇禪師僧問如何是祖師西來意師曰番人皮裘胡人著曰學人不會此理如何師曰聾人側耳瘂人歌

梁山觀禪師法嗣

郢州大陽山警玄禪師江夏張氏子依智通禪師出家十九為大僧聽圓覺了義講席無能及者遂遊方初到梁山問如何是無相道場山指觀音曰這箇是吳處士畫師擬進語山急索曰這箇是有相底那箇是無相底師遂有省便禮拜山曰何不道取一句師曰道即不辭恐上紙筆山笑曰此語上碑去在師獻偈曰我昔初機學道迷萬水千山覓見知明今辨古終難會直說無心轉更疑蒙師點出秦時鏡照見父母未生時如今覺了何所得夜放烏雞帶雪飛山謂洞上之宗可倚一時聲價籍籍山歿辭塔至大陽謁堅禪師堅讓席使主之僧問如何是大陽境師曰羸鶴老猿啼谷韻瘦松寒竹鎖青煙曰如何是境中人師曰作麼作麼曰如何是和尚家風師曰滿瓶傾不出大地沒饑人上堂嶫峨萬仞鳥道難通劍刃輕氷誰當履踐宗乘妙句語路難陳不二法門淨名杜口所以達磨西來九年面壁始遇知音大陽今日也大無端珍重問如何是透法身句師曰大洋海底紅塵起須彌頂上水橫流師問僧甚處來曰洪山師曰先師在麼曰在師曰在即不無請渠出來我要相見僧曰斲師曰這箇猶是侍者僧無對師曰喫茶去上堂諸禪德須明平常無生句妙玄無私句體明無盡句第一句通一路第二句無賓主第三句兼帶去一句道得師子嚬呻二句道得師子返擲三句道得師子踞地縱也周徧十方擒也一時坐斷正當恁麼時作麼生通得箇消息若不通得箇消息來朝更獻楚王看問如何是平常無生句師曰白雲覆青山青山頂不露曰如何是妙玄無私句師曰寶殿無人不侍立不種梧桐免鳳來曰如何是體明無盡句師曰手指空時天地轉回途石馬出紗籠曰如何是師子嚬呻師曰終無回顧意爭肯落平常曰如何是師子返擲師曰周旋往返全歸父繁興大用體無虧曰如何是師子踞地師曰迥絕去來機古今無變異問如何是大達底人師曰虛空類不得曰如何是清淨法身師曰白牛吐雪彩黑馬上烏雞上堂撒手那邊千聖外祖堂少室長根芽鷺倚雪巢猶自可更看白馬入蘆花上堂夜半烏雞抱鵲卵天明起來生老鸛鶴毛鷹觜鷺鷥身却共烏鵶為侶伴高入煙霄低飛柳岸向晚歸來子細看依俙恰似雲中鴈師嘗釋曹山三種墮曰此三語須明得轉位始得一作水牯牛是類墮師曰是沙門轉身語是異類中事若不曉此意即有所滯直是要伊一念無私即有出身之路二不受食是尊貴墮師曰須知那邊了却來這邊行履若不虛此位即坐在尊貴三不斷聲色是隨墮師曰以不明聲色故隨處墮須向聲色裏有出身之路作麼生是聲色外一

句乃曰聲不自聲色不自色故云不斷指掌
當指何掌也五位頌曰正中偏一輪皎潔正
當天宛轉虛玄事不彰明暗秖在影中圓偏
中正休覩朗月纔時鏡隱隱猶如日下燈明
暗混融誰辨影正中來脉路玄玄絕迂迴靜
照無私隨處現如行鳥道入鄽開偏中至法
法無依即智智横身物外雨不傷妙用玄玄
普周備兼中到叶路當風無中道莫守寒巖
異草青坐却白雲宗不妙師神觀奇偉有威
重從兒稚中日秖一食自以先德付授之重
足不越限脇不至席年八十歎無可以繼者
遂作偈并皮履布直裰寄浮山遠禪師使為
求法器偈曰楊廣山頭草憑君待價焞異苗
飜茂處深密固靈根偈尾云得法者潛衆十
年方可闡揚遠拜而受之遂賛師像曰黑狗
爛銀蹄白象崑崙騎於斯二無礙木馬火中
嘶師天聖五年七月十九陞座辭衆示寂塔
于本山
鼎州梁山巖禪師僧問如何是祖師西來意
師曰新羅附子蜀地當歸

澧州藥山利昱禪師上堂山河大地日月星
辰與諸上座同生三世諸佛與諸上座同參
三藏聖教與諸上座同時還信得及麼若也
信得及陝府鐵牛吞却乾坤雖然如是被法
身礙却轉身不得須知有出身之路作麼生
是諸上座出身之路道道良久曰若道不得
永沉苦海珍重僧問格外之談乞師垂示師
曰要道也不難曰恁麼則萬仞碧潭許垂一
線也師曰大衆笑你
鼎州羅紋得珍山主僧問親切處乞師指示
師曰老僧元是廣南人
石門遠禪師法嗣
潭州道吾契詮禪師僧問師唱誰家曲宗風
嗣阿誰師曰鳳嶺無私曲如今天下傳曰如
何是道吾境師曰溪花含玉露庭果落金臺
曰如何是境中人師曰擁爐披古衲曝日枕
山根問牛頭未見四祖時如何師曰玉上青
蠅曰見後如何師曰紅爐焰裏氷
懷安軍雲頂山鑒禪師僧問雪點紅爐請師
驗的師曰王婆煮餢曰爭奈即今何師曰猶
嫌少在
鄧州廣濟方禪師僧問如何是佛師曰騎牛
趂春草背却少年爺問寶劒未磨時如何師
曰烏龜陷黑豆曰磨後如何師曰庭柱掛燈
籠曰如何是修行師曰庭柱傷寒
果州青居山昇禪師僧問師唱誰家曲宗風
嗣阿誰師曰金雞啼石户得意逐波清曰未
審是誰之子師曰謝汝就門罵詈
北禪感禪師法嗣
濠州南禪聰禪師僧問如何是西來意師曰
冬月深林雨三春平地風問如何是大道根
源師曰雲與當午夜石虎叫連霄
青原下十世
太陽玄禪師法嗣
舒州投子義青禪師青社李氏子七齡頴異
往妙相寺出家試經得度習百法論未幾歎
曰三祇塗遠自困何益乃入洛聽華嚴義若
貫珠嘗讀諸林菩薩偈至即心自性猛省曰
法離文字寧可講乎即棄游宗席時圓鑑禪
師居會聖巖一夕夢畜青色鷹為吉徵届旦

師來鑑禮延之令看外道問佛不問有言不
問無言因緣經三載一日問曰汝記得話頭
麼試舉看師擬對鑑掩其口師了然開悟遂
禮拜鑑曰汝妙悟玄機耶師曰設有也須吐
却時資侍者在旁曰青華嚴今日如病得汗
師回顧曰合取狗口若更忉忉我即便嘔自
此復經三年鑑時出洞下宗旨示之悉皆妙
契付以太陽頂相皮履直裰囑曰代吾續其
宗風無久滯此善宜護持遂書偈送曰須彌
立太虛日月輔而轉羣峰漸倚他白雲方改
變少林風起叢曹溪洞簾卷金鳳宿龍巢宸
苔豈車碾令依圓通秀禪師師至彼無所叅
問唯嗜睡而已執事白通曰堂中有僧日睡
當行規法通曰是誰曰青上座通曰未可待
與按過通即曳杖入堂見師正睡乃擊牀呵
曰我這裏無閑飯與上座喫了打眠師曰和
尚教某何爲通曰何不叅禪去師曰美食不
中飽人喫通曰爭奈大有人不肯上座師曰
待肯堪作甚麼通曰上座曾見甚麼人來師
曰浮山通曰怪得恁麼頑賴遂握手相笑歸
方丈由是道聲籍甚初住白雲次遷投子上
堂召大衆曰若論此事如鸞鳳沖霄不留其
迹羚羊挂角那覓乎蹤金龍不守於寒潭玉
兔豈棲於蟾影其或主賓若立須威音世外
搖頭問答言陳仍玄路旁提爲唱若能如是
猶在半途更若凝眸不勞相見上堂宗乘若
舉凡聖絶蹤樓閣門開別户相見設使卷簾
悟去豈免旁觀春遇桃華重增眼病所以古
人道向上一路千聖不傳諸仁者既是不傳
爲甚鐵牛走過新羅國裏遂喝曰達者須知
暗裏驚僧問師唱誰家曲宗風嗣阿誰師曰
威音前一箭射透兩重山曰如何是相傳底
事師曰全因淮地月得照郢陽春曰恁麼則
入水見長人也師曰秖知荆玉異那辨楚王
心僧禮拜師以拂子擊之復曰更有問話者
麼如無彼此著便問和尚適來拈香祝延聖
壽且道當今年多少師曰月籠丹桂遠星拱
北辰高曰南山直聳齊天壽東海洪波比福
源師曰雙鳳朝金闕青松古韻高曰聖壽已
蒙師指示治化乾坤事若何師曰不如緘口
退却是報皇恩上堂默沉陰界語落深坑擬
著則天地懸殊棄之則千生萬劫洪波浩渺
白浪滔天鎮海明珠在誰收掌良久卓拄杖
曰百雜碎上堂孤村陋店莫挂瓶盂祖佛玄
關橫身直過早是蘇秦觸塞求路難回項主
臨江何逃困命諸禪德到這裏進則落於天
魔退則沈於鬼趣不進不退正在死水中諸
仁者作麼生得平穩去良久曰任從三尺雪
難壓寸靈松師作五位頌并序夫長天一色
星月何分大地無偏枯榮自異是以法無異
法何迷悟而可及心不自心假言象而提唱
其言也偏圓正到兼帶叶通其法也不落是
非豈關萬象幽旨既融於水月宗源派混於
金河不墜虛疑回途復妙須曰正中偏星河
橫轉月明前彩氣夜交天未曉隱裏俱彰暗
裏圓偏中正夜半天明羞自影朦朦霧色辨
何分混然不落秦時鏡正中來火裏金雞坐
鳳臺玄路倚空通脉上披雲鳥道出塵埃兼
中至雪仞籠身不回避天然猛將兩不傷暗
裏全施善周傋兼中到解走之人不觸道一

般拈掇與君殊不落是非方始妙師示寂書偈曰兩處住持無可助道珍重諸人不須尋討投筆奄息闍維多靈異茲不盡具獲設利五色同靈骨塔于寺北三峰庵

郢州興陽清剖禪師在太陽作園頭種瓜次陽問甜瓜何時得熟師曰即今熟爛了也曰揀甜底摘來師曰與甚麼人喫曰不入園者師曰未審不入園者還喫也無曰汝還識伊麼師曰雖然不識不得不與陽笑而去住後上堂西來大道理絕百非句裏投機全乖妙旨不已而已有屈祖宗豈況忉忉有何所益雖然如是事無一向且於唱教門中通一線道大家商量僧問娑竭出海乾坤震覿面相呈事若何師曰金翅鳥王當宇宙箇中誰是出頭人曰忽遇出頭時又作麼生師曰似鶻提鳩君不信髑髏前驗始知真曰恁麼則叉手當胸退身三步也師曰須彌座下烏龜子莫待重遭點額回問從上諸聖向甚麼處去師曰月照千江靜孤燈海底明鄭金部問和尚甚麼時開堂師曰不歷僧祇數日月未生前師臥疾次太陽問是身如泡幻泡幻中成辦若無箇泡幻大事無由辦若要大事辦識取箇泡幻作麼生師曰猶是這邊事陽曰那邊事作麼生師曰匝地紅輪秀海底不栽花陽笑曰乃爾惺惺邪師喝曰將謂我忘却奄爾趨寂

南嶽福嚴審承禪師侍立太陽次陽曰有一人徧身紅爛臥在荊棘林中周匝火圍若親近得此人大敞鄽開若親近不得時中以何爲據師曰六根不具七識不全陽曰你教伊出來我要見伊師曰適來別無左右秖對和尚陽曰官不容針師便禮拜師後至華嚴隆和尚處舉前話隆曰今如毛粟細如冰雪李相公特上山問如何是祖師西來意師指庭前栢樹公如是三問師如是三荅公欣然乃有頌曰出沒雲閑滿太虛元來真相一塵無重重請問西來意唯指庭前栢一株

惠州羅浮山顯如禪師初到太陽陽問汝是甚處人曰益州陽曰此去幾里曰五千里陽曰你與麼來還曾踏著麼曰不曾踏著陽曰汝解騰空那曰不解騰空陽曰爭得到這裏曰步步不迷方通身無辨處陽曰汝得超方三昧邪曰聖心不可得三昧豈彰名陽曰如是如是汝應信此即本體全彰理事不二善自護持住後僧問如何是羅浮境師曰突兀侵天際巍峩鎮海涯曰如何是境中人師曰頂上白雲散足下黑煙生

襄州白馬歸喜禪師初問太陽學人蒙昧乞指箇入路陽曰得良久乃召師師應諾陽曰與你箇入路師於言下有省住後僧問如何是佛法大意師曰善犬帶牌問如龜藏六時如何師曰布袋裹弓箭問不著佛求不著法求當於何求師曰村人跪拜石師子曰意旨如何師曰杜樹下設齋上堂急走即蹉過慢行趂不上沒量大衲僧無計奈何有多口饒舌底出來僧問一句即不問如何是半句師曰投身擲下曰這箇是一句也師曰半句也摸不著問如何是閒寂之門師曰莫鬧莫鬧

郢州太陽慧禪師僧問漢君七十二陣大霸寰中和尚臨筵不施寸刃承誰恩力師曰杲

日當軒際森羅一樣覷曰恁麼則金烏疑秀色玉兔瑞雲深師曰滴瀝無私旨通方一念玄問如何是和尚家風師曰麤布直裰重重補日用鉏頭旋旋揩曰向上客來如何秖待師曰要用便用問如何是西來意師曰日出東方月落西户復示頌曰朝朝日出東方夜夜月落西户如今大宋宫家盡是金枝玉樹

越州雲門山靈運寶印禪師上堂夜來雲雨散長空月在森羅萬象中萬象靈光無內外當明一句若爲通不見僧問大哥和尚云月生雲際時如何大哥曰三箇孩兒抱花鼓莫來攔我毬門路月生雲際是明甚麼邊事三箇孩兒抱花鼓擬思即隔莫來攔我毬門路須有出身處始得若無出身處也似黑牛臥死水出身一句作麼生道不勞久立十八

懷安軍雲頂海鵬禪師僧問如何是大疑底人師曰畢鉢巖中面面相覷曰如何是不疑底人師曰如是我聞須彌粉碎問祖意教意是同是别師曰達磨逢梁武摩騰遇漢明

復州乾明機聰禪師僧問如何是佛法大意師曰此問不虛問如何是東禪境師曰定水不曾離舊岸紅塵爭敢入波來

梁山巖禪師法嗣

鼎州梁山善冀禪師僧問撥塵見佛時如何師曰莫眼華問和尚幾時成佛師曰且莫壓良爲賤曰爲甚麼不肯承當師曰好事不如無師須魯祖面壁曰魯祖三昧最省力纔見僧來便面壁若是知心達道人不在揚眉便相悉

道吾詮禪師法嗣

相州天平山契愚禪師僧問師唱誰家曲宗風嗣阿誰師曰杖鼓兩頭打問如何是祖師西來意師曰鎮州蘿蔔石含茶居士問法無動搖時如何師曰你從潞府來士曰一步也不曾移師曰因甚得到這裏士曰和尚睡語十九作麼師曰放你二十棒官人問無鄰可隔爲甚麼不相見師曰怨阿誰師廊下行次見僧以拄杖示之僧便近前接師便打

青原下十一世

投子青禪師法嗣

東京天寧芙蓉道楷禪師沂州崔氏子自幼學辟穀隱伊陽山後遊京師籍名術臺寺試法華得度謁投子於海會乃問佛祖言句如家常茶飯離此之外別有爲人處也無子曰汝道寰中天子敕還假堯舜禹湯也無師欲進語子以拂子摵師口曰汝發意來早有三十棒也師即開悟再拜便行子曰且來闍黎師不顧子曰汝到不疑之地邪師即以手掩耳後作典座子曰廚務勾當不易師曰不敢子曰煑粥邪蒸飯邪師曰人工淘米著火行者煑粥蒸飯子曰汝作甚麼師曰和尚慈悲放他閑去一日侍投子遊菜園子度拄杖與師師接得便隨行子曰理合恁麼師曰與和尚提鞋挈杖也不爲分外子曰有同行在師曰那一人不受教子休去至晚問師早來說話未盡師曰請和尚舉子曰卯生日戌生月師即點燈來子曰汝上來下去總不徒然師曰在和尚左右理合如此子曰奴兒婢子誰家屋裏無師曰和尚年尊闕他不可子曰得恁麼殷勤師曰報恩有分住後僧問胡家曲

子不墮五音韻出青霄請師吹唱師曰木雞啼夜半鐵鳳叫天明曰恁麼則一句曲含千古韻滿堂雲水盡知音師曰無舌童兒能繼和曰作家宗師人天眼目師曰禁取兩片皮問夜半正明天曉不露如何是不露底事師曰滿船空載月漁父宿蘆花問如何是曹洞家風師曰繩牀風雨爛方丈草來侵問如何是直截根源師曰足下已生草舉步落危坡上堂晝入祇陀之苑皓月當天夜登靈鷲之山太陽溢目烏鵶似雪孤鴈成羣鐵狗吠而凌霄泥牛鬬而入海正當恁麼時十方共聚彼我何分古佛場中祖師門下大家出一隻手接待往來知識諸仁者且道成得箇甚麼事良久曰剩栽無影樹留與後人看上堂纔陞此座已涉塵勞更乃凝眸自彰瑕玷別傳一句勾賊破家不失本宗狐狸戀窟所以眞如凡聖皆是夢言佛及衆生並爲增語到這裏回光返照撒手承當未免寒蟬抱枯木泣盡不回頭上堂喚作一句已是埋没宗風曲爲今時通途消耗所以借功明位用在體處

借位明功體在用處若也體用雙明如門扇兩開不得向兩扇上著意不見新豐老子道峰巒秀異鶴不停機靈木迢然鳳無依倚直得功成不處電火難追擬議之間長途萬里上堂臘月三十日已前即不問臘月三十日事作麼生諸仁者到這裏佛也爲你不得法也爲你不得祖師也爲你不得天下老和尚也爲你不得山僧也爲你不得閻羅老子也爲你不得直須盡却今時去若也盡却今時佛也不奈他何法也不奈他何祖師也不奈他何天下老和尚也不奈他何山僧也不奈他何閻羅老子也不奈他何諸人且道如何是盡却今時底道理還會麼明年更有新條在惱亂春風卒未休問如何是道師曰無角泥牛犇夜欄上堂鐘鼓喧喧報未聞一聲驚起夢中人圓常靜應無餘事誰道觀音別有門良久曰還會麼休問補陀巖上客鶯聲啼斷海山雲上堂拈拄杖曰這裏薦得盡是諸佛建立邊事直饒東涌西没卷舒自在也未夢見七佛已前消息須知有一人不從人得

不受教詔不落階級若識此人一生參學事畢驀召大衆曰更若凝眸不勞相見上堂良久曰青山常運步石女夜生兒便下座上堂假言唱道落在今時設使無舌人解語無脚人能行要且未能與那一人相應還會麼龍吟徒側耳虎嘯謾沉吟問如何是幕帶之語師曰妙用全施該世界木人鬧步火中來曰如何是和尚家風師曰衆人皆見曰未審見箇甚麼師曰東壁打西壁大觀初開封尹李孝壽奏師道行卓冠叢林宜有褒顯即賜紫方袍號定照禪師内臣持勑命至師謝恩竟乃陳已志出家時嘗有重誓不爲利名專誠學道用資九族苟渝願心當弃身命父母以此聽許今若不守本志竊冐寵光則佛法親盟背矣於是修表具辭復降旨京尹堅俾受之師確守不回以拒命坐罪奉旨下棘寺與從輕寺吏聞有司欲徒淄州有司曰有疾與免刑及吏問之師曰無疾曰何有灸瘢邪師曰昔者疾今日愈吏令思之師曰已悉厚意但妄非所安乃恬然就刑而行從之者如歸

市及抵淄川僦居學者愈親明年冬勑令自便庵於芙蓉湖心道俗川湊示衆曰夫出家者爲厭塵勞求脱生死休心息念斷絶攀緣故名出家豈可以等閑利養埋沒平生直須兩頭撒開中間放下遇聲遇色如石上栽花見利見名似眼中著屑況從無始以來不是不曾經歷又不是不知次第不過翻頭作尾止於如此何須苦苦貪戀如今不歇更待何時所以先聖教人秖要盡却今時能盡今時更有何事若得心中無事佛祖猶是冤家一切世事自然冷淡方始那邊相應你不見隱山至死不肯見人趙州至死不肯告人匾擔拾橡栗爲食大梅以荷葉爲衣紙衣道者秖披紙玄泰上座秖著布石霜置枯木堂與人坐臥秖要死了你心投子使人辦米同煑共餐要得省取你事且從上諸聖有如此榜樣若無長處如何甘得諸仁者若也於斯體究的不虧人若也不肯承當向後深恐費力山僧行業無取忝主山門豈可坐費常住頓忘先聖付囑今者輒斅古人爲住持體例與諸人議定更不下山不赴齋不發化主唯將本院莊課一歲所得均作三百六十分日取一分用之更不隨人添減可以備飯則作飯作飯不足則作粥作粥不足則作米湯新到相見茶湯而已更不煎點唯置一茶堂自去取用務要省緣專一辦道又況活計具足風景不疎華解笑鳥解啼木馬長鳴石牛善走天外之青山寡色耳畔之鳴泉無聲嶺上猿啼露濕中宵之月林間鶴唳風回清曉之松春風起時枯木龍吟秋葉凋而寒林華散玉堦鋪苔蘚之紋人面帶烟霞之色音塵寂爾消息宛然一味蕭條無可趣向山僧今日向諸人面前說家門已是不著便豈可更去陞堂入室拈槌竪拂東喝西棒張眉努目如癎病發相似不唯屈沈上座況亦辜負先聖你不見達磨西來少室山下面壁九年二祖至於立雪斷臂可謂受盡艱辛然而達磨不曾措了一詞二祖不曾問著一句還喚達磨作不爲人得麼二祖做不求師得麼山僧每至說著古聖做處便覺無地容身慚愧後人軟弱又況百味珍羞遞相供養道我四事具足方可發心秖恐做手脚不迭便是隔生隔世去也時光似箭深爲可惜雖然如是更在他人從長相度山僧也強教你不得諸仁者還見古人偈麼山田脫粟飯野菜淡黃虀喫則從君喫不喫任東西伏惟同道各自努力珍重

政和七年冬賜額曰華嚴禪寺八年五月十四日索筆書偈付侍僧曰吾年七十六世緣今已足生不愛天堂死不怕地獄撒手橫身三界外騰騰任運何拘束移時乃逝

五燈會元卷第三十七

五燈會元卷第三十七

校勘記

一　底本，清藏本。

一　六九七頁上一行經名，徑無（未換卷）。

一　六九七頁上三行「青原下七世」，徑無。

一　七〇〇頁中五行第一〇字「富」，徑作「當」。

一　七〇一頁下一四行「太陽」，徑作「大陽」。

一　七〇一頁下末行第一二字「應」，徑作「鷹」。

一　七〇三頁上五行「太陽」，徑作「大陽」。下同。

一　七〇六頁下卷末經名，徑無（未換卷）。

五燈會元卷第三十八　石一

宋　沙　門　大　川　濟　纂

青原下十一世

投子青禪師法嗣

廬州大洪山報恩禪師衛之黎陽劉氏子世皆碩儒師未冠舉方略擢上第後厭塵境請于朝乞謝簪紱爲僧上從其請遂遊心祖道至投子未久即悟心要子曰汝再來人也宜自護持辭謁諸名宿皆蒙印可丞相韓公縝請開法於西京少林未幾大洪革律爲禪詔師居之上堂五五二十五案山雷主山雨明眼衲僧莫教錯舉僧問九鼎澄波即不問爲祥爲瑞事如何師曰古今不墜曰這箇且拈放一邊向上還有事也無師曰太無厭生曰作家宗師師曰也不消得上堂如斯話會誰是知音直饒向一句下千眼頓開端的有幾箇是迷逢達磨諸人要識達磨祖師麼乃舉手作揑勢曰達磨鼻孔在少林手裏若放開去也從教此土西天說黃道黑欺胡謾漢若不放過不消一揑有人要與祖師作主便請出來與少林相見還有麼良久曰果然上堂拈起拄杖曰昔日德山臨濟信手拈來便能坐斷十方壁立千仞直得冰河焰起枯木花芳諸人若也善能橫擔豎夯徧問諸方苟或不然少林倒行此令去也擊禪牀一下僧問一箭一拳即不問一箭一箇事如何師曰中也曰還端的也無師曰同聲相應同氣相求曰恁麼則石鞏猶在師曰非但一箇兩箇曰好事不如無師曰穿却了也問三玄三要即不問五位君臣事若何師曰非公境界曰恁麼則石人拊掌木女呵呵師曰杓卜聽虛聲熟睡饒譫語曰若不上來伸此問焉能得見少林機師曰放過即不可隨後便打上堂橫按拄杖曰便與麼休去已落二三更若忉忉終成異見既到這裏又不可弓折箭盡去也且衲僧家遠則能照近則能明乃拈起拄杖曰穿却德山鼻孔換却臨濟眼睛掀翻大海撥轉虛空且道三千里外誰是知音於斯明得大似杲日照天苟或未明不免雲騰致雨卓一下問祖師西來九年面壁最後一句請師舉唱師曰面黑眼睛白師嘗設百問以問學者其略曰假使百千劫所作業不忘爲甚麼一稱南無佛罪滅河沙劫又作此○相曰森羅萬象總在其中具眼禪人試請甄別上堂拈拄杖曰看看大地雪漫漫春來特地寒靈峰與少室料掉不相干休論佛意祖意謾謂言端語端鐵牛放去無蹤跡明月蘆花君自看卓拄杖下座師素與無盡居士張公商英友善無盡嘗以書問三教大要曰清涼疏第三卷西域邪見不出四見此方儒道亦不出此四見如莊老計自然爲因能生萬物即是邪因易曰太極生兩儀太極爲因亦是邪因若謂一陰一陽之謂道能生萬物亦是邪因若計一爲虛無則是無因今疑老子自然與西天外道自然不同何以言之老子曰常無欲以觀其妙常有欲以觀其徼無欲則常有徼則已入其道矣謂之邪因豈有說乎易曰一陰一陽之謂道陰陽不測之謂神神也者妙萬物而爲言寂然不動感而遂通天下之故今乃破陰陽變易之道爲邪因撥去不

測之神豈有說乎望紙後批示以斷疑網故也師答曰西域外道宗多途要其會歸不出有無四見而已謂有見無見亦有亦無見非有非無見也蓋不即一心爲道則道非我有故名外道不即諸法是心則法隨見異故名邪見如謂之有有則有無如謂之無無則無有有無則有見競生無有則無見斯起若亦有亦無見非有非無見亦猶是也夫不能離諸見則無以明自心無以明自心則不能知正道矣故經云言詞所說法小智妄分別不能了自心云何知正道又曰有見即爲垢此則未爲見遠離於諸見如是乃見佛以此論之邪正異途正由見悟殊致故也故清凉以莊老計道法自然能生萬物易謂太極生兩儀一陰一陽之謂道以自然太極爲因一陰一陽爲道能生萬物則是邪因計一爲虛無則是無因嘗試論之夫三界唯心萬緣一致心生故法生心滅故法滅推而廣之彌綸萬有而非有統而會之究竟寂滅而非無非無亦非非無非有亦非非有四執既亡百非斯遣則自然因緣皆爲戲論虛無眞實俱是假名矣至若謂太極陰陽能生萬物常無常有斯爲衆妙之門陰陽不測是謂無方之神雖聖人設教示悟多方然既異一心寧非四見何以明之蓋虛無爲道道則是無若自然若太極若一陰一陽爲道道則是有常無常有則是亦無亦有陰陽不測則是非有非無先儒或謂妙萬物謂之神則非物物物則亦是無故西天諸大論師皆以心外有法爲外道萬法唯心爲正宗蓋以心爲宗則諸見自亡言雖或異未足以爲異也心外有法則諸見競生言雖或同未足以爲同也雖然儒道聖人固非不知之乃存而不論耳良以未即明指一心爲萬法之宗雖或言之猶不論也如西天外道皆大權菩薩示化之所施爲橫生諸見曲盡異端以明佛法是爲正道此其所以爲聖人之道順逆皆宗非思議之所能知矣故古人有言緣昔眞宗未至孔子且以繫心今知理有所歸不應猶執權教然知權之爲權未必知權也知權之爲實斯知權矣是亦周孔老莊設教立言之本意一大事因緣之所成始所成終也然則三教一心同途異轍究竟道宗本無言說非維摩大士孰能知此意也

沂州洞山雲禪師上堂秋風卷地夜雨翻空可中別有清涼箇裏更無熱惱是誰活計到者方知繞落見聞即居途路且道到家後如何任運獨行無伴侶不居正位不居偏

長安福應文禪師上堂明明百草頭明明祖師意直下便承當錯認弓爲矢惺惺底築著磕著懵懵底和泥合水龜毛拂逼塞虛空兔角杖撑天拄地日射珊瑚林知心能幾幾擊禪牀下座

滁州龍蟠聖壽曇廣禪師僧問師唱誰家曲宗風嗣阿誰師曰楊廣山頭雲靄靄月華庵畔栢青青曰恁麽則投子嫡嗣太陽親孫也師曰未跨鐵牛棒如雨點曰今日已知端的師曰一任敲甎打瓦

青原下十二世

芙蓉楷禪師法嗣

鄧州丹霞子淳禪師劒州賈氏子弱冠爲僧徹證於芙蓉之室上堂乾坤之内宇宙之間中有一寶秘在形山肇法師恁麼道秖解指蹤話跡且不能拈示於人丹霞今日擘開宇宙打破形山爲諸人拈出具眼者辨取以拄杖卓一下曰還見麼鷺鷥立雪非同色明月蘆花不似他上堂舉德山示衆曰我宗無語句實無一法與人德山恁麼說話可謂是秖知入草求人不覺通身泥水子細觀來秖具一隻眼若是丹霞則不然我宗有語句金刀剪不開深深玄妙旨玉女夜懷胎上堂亭亭日午猶虧半寂寂三更尚未圓六户不曾知暖意往來常在月明前上堂寶月流輝澄潭布影水無蘸月之意月無分照之心水月兩忘方可稱斷所以道昇天底事直須颺却十成底事直須去却擲地金聲不須回顧若能如是始解向異類中行諸人到這裏還相委悉麼良久曰常行不舉人間步披毛戴角混塵泥僧問牛頭未見四祖時如何師曰金菊乍開蜂競採曰見後如何師曰苗枯華謝了無依宣和己亥春示寂塔全身於洪山之南

東京淨因枯木法成禪師嘉興崇德人也上堂燈籠忽爾笑咍咍如何露柱亦懷胎天明生得白頭女至今游蕩不歸來這冤家好歸來黃花與翠竹早晚爲誰栽上堂知有佛祖向上事方有說話分諸禪德且道那箇是佛祖向上事有箇人家兒子六根不具七識不全是大闡提無佛種性逢佛殺佛逢祖殺祖天堂收不得地獄攝無門大衆還識此人麼良久曰對面不仙陀睡多饒寐語上堂歸元性無二方便有多門但了歸元性何愁方便門諸人要會歸元性麼露柱將來作木杓旁人不肯任從伊要會方便門麼木杓將來作露柱撑天拄地也相宜且道不落方便門一句作麼生道三十年後莫教錯舉

洪州寶峰闡提惟照禪師簡州李氏子幼超邁而惡俗一日授書至性相近也習相遠也遽曰凡聖本一體以習故差別我知之矣即趨成都師鹿苑清泰年十九剃染登具泰令聽起信於大慈師輙歸臥泰詰之師曰既稱正信大乘豈言說所能了乃虛心游方謁芙蓉於大洪嘗夜坐閣道適風雪震薄聞警盜者傳呼過之聽有所得辭去大觀中芙蓉嬰難師自三吳欲趨沂水僕夫迷道師舉杖擊之忽大悟歎曰是地非鼇山也邪比至沂芙蓉望而喜曰紹隆吾宗必子數輩矣因留躬耕湖上累年智證成就出領招提遷甘露三祖宣和壬寅詔補圓通棄去復居泐潭上堂古佛道我初成正覺親見大地衆生悉皆成正覺後來又道深固幽遠無人能到因没見識漢好龍頭蛇尾便下座上堂過去諸佛已入涅槃了也汝等諸人不應追念未來諸佛未出於世汝等諸人不要妄想正當今日你是何人叅上堂伯夷隘柳下惠不恭君子不由也二邊不立中道不安時作麼生拈拄杖曰鴛鴦繡出從君看不把金針度與人上堂太陽門下妙唱彌高明月堂前知音蓋寡不免舟橫江渚棹舉清波唱慶堯年和清平樂如斯告報普請承當擬議之間白雲萬里上堂本自不生今亦無滅是死不得底樣子當

處出生隨處滅盡是活生受底規模大丈夫漢直須處生死流臥荊棘林俯仰屈伸隨機施設能如是也無量方便莊嚴三昧大解脫門蕩然頓開其或未然無量煩惱一切塵勞嶽立面前塞却古路上堂古人道墮肢體黜聰明離形去智同於大道正當恁麼時且道是甚麼人刪詩書定禮樂還委悉麼禮云禮云玉帛云乎哉樂云樂云鐘鼓云乎哉問承師有言雲黯黯處獨秀峰挺出月朦朦裏泐潭水光生豈不是寶峰境師曰若是寶峰境憑君子細看曰如何是境中人師曰看取令行時曰秖如承言須會宗勿自立規矩如何是和尚宗師曰須知雲外千峰上別有靈松帶露寒雪下僧問祖師西來即不問時節因緣事若何師曰一片兩片三四片落在眼中猶不薦建炎二年正月七日示寂閣維得設利如珠琲舌齒不壞塔于寺之西峰

襄州石門元易禪師潼川稅氏子上堂十方同聚會箇箇學無爲此是選佛場心空及第歸大衆秖如聞見覺知未嘗有間作麼生說箇心空底道理莫是見而不見聞而不聞爲之心空耶錯莫是忘機息慮萬法俱捐銷能所以入玄宗泯性相而歸法界爲之心空耶錯恁麼也不得不恁麼也不得恁麼不恁麼總不得未審畢竟作麼生還會麼良久曰若實無爲無不爲天堂地獄長相隨三尺杖子攪黃河八臂那吒冷眼窺無限魚龍盡奔走捉得循河三脚鼈脫取殼鐵錐錐吉凶之兆便分輝借問東村白頭老吉凶未兆若何爲休休休古往今來春復秋白日騰騰隨分過更嫌何處不風流咄上堂皓月當空澄潭無影紫微轉處夕陽輝彩鳳歸時天欲曉碧霄雲外石筍橫空綠水波中泥牛駕浪懷胎玉兔曉過西岑抱子金雞夜棲東嶺於斯明得始知夜明簾外別是家風空王殿中聖凡絕跡且道作麼生是夜明簾外事還委悉麼正值秋風來入戶一聲砧杵落誰家僧問古鏡未磨時如何師曰精靈皺眉曰磨後如何師曰波斯彈指曰爲甚麼如此師曰好事不出門紹興丁丑七月二十五日坐寂火後收設利塔于學射山

東京淨因自覺禪師青州王氏子幼以儒業見知於司馬溫公然事高尚而無意功名一旦落髮從芙蓉游履踐精密契悟超絕出世住大乘崇寧間詔居淨因上堂祖師西來特唱此事自是諸人不肯委悉向外馳求投赤水以尋珠詣荊山而覓玉殊不知從門入者不是家珍認影迷頭豈非大錯直得宗門提唱體寂無依念異不生古今無間森羅萬象觸目家風鳥道遼空不妨舉步金雞報曉丹鳳翱翔玉樹花開枯枝結子秖有太陽門下日日三秋明月堂前時時九夏要會麼無影樹垂寒澗月海潮東注斗移西

西京天寧禧誧禪師蔡州宋氏子初住韶山次過天寧丹霞上堂韶山近日沒巴鼻眼裏聞聲鼻嘗味有時一覺到天明不在牀上不落地大衆且道在甚麼處諸人於斯下得一轉語非唯救得韶山亦乃不孤行脚其或未然三級浪高魚化龍癡人猶戽夜塘水問如何是君師曰宇宙無雙日乾坤秖一人曰如

何是臣師曰德分明主化道契物情機曰如
何是臣向君師曰赤心歸舜日盡節報堯天
曰如何是君視臣師曰玄眸凝不瞬妙體鑒
旁來曰如何是君臣道合師曰帳符尊賤隔
潛信往來通政和五年九月四日忽召主事
令以楮囊分而爲四衆僧畫行常住津送各
一既而復曰丹霞有箇公案從來推倒扶起
今朝普示諸人且道是箇甚底顧視左右曰
會麼曰不會師曰偉哉大丈夫不會末後句
遂就寢右脇而化
長安天寧大用齊璉禪師上堂清虛之理佛
祖同歸畢竟無身聖凡一體理則如是滿目
森羅事作麼生纖塵絕際渠儂有眼豈在旁
窺官不容針私通車馬若到恁麼田地始可
隨機受用信手拈來妙應無方當風玄路直
石一　十一
得金針錦縫線脚不彰玉殿寶階珠簾未卷
正當此時且道是甚麼人境界古渡秋風寒
颯颯蘆花紅蓼滿江灣
潼川府梅山已禪師僧問如何是法身邊事
師曰枯木糝花不犯春曰如何是法身向上
事師曰石女不粧眉
福州普賢善秀禪師僧問如何是正中偏師
曰龍吟初夜後虎嘯五更前曰如何是偏中
正師曰輕煙籠皓月薄霧鎖寒巖曰如何是
正中來師曰松瘁何曾老花開滿未萌曰如
何是兼中至師曰猿啼音莫辨鶴唳響難明
曰如何是兼中到師曰撥開雲外路脫去月
明前
襄州鹿門法燈禪師成都劉氏子依大慈寶
範爲僧俾聽華嚴得其要棄謁芙蓉蓉問曰
如何是空劫已前自己師於言下心跡泯然
從容進曰靈然一句超羣象迥出三乘不假
修蓉撫而印之開法鹿門僧問虛玄不犯寶
鑑光寒時如何師曰掘地深埋問如何是逍
遙物外底人師曰徧身紅爛不可扶持
建昌軍資聖南禪師聖節上堂顧視左右曰
諸人還知麼夜明簾外之主萬化不渝瑠璃
殿上之尊四臣不昧端拱而治不令而行壽
逾百億須彌化洽大千沙界且道正恁麼時
如何行履野老不知黃屋貴六街慵聽靜鞭
聲
瑞州洞山微禪師上堂日暖風和柳眼青氷
消魚躍浪花生當鋒妙得空王印半夜崑崙
戴雪行僧問如何是默默相應底事師曰瘂
子喫苦瓜
太傅高世則居士字仲貽號無功初參芙蓉
石一　十二
求指心要蓉令去其所重扣已而參一日忽
造微密呈偈曰懸崖撒手任縱橫大地虛空
自坦平照壑輝巖不借月庵頭別有一簾明
大洪恩禪師法嗣
隨州大洪守遂禪師遂寧章氏子上堂召大
衆一拳拳倒黃鶴樓一踏踏翻鸚鵡洲慣向
高樓驟玉馬曾於急水打金毬然雖恁麼爭
奈有五色絲條繫手脚三鑄金鎖鎖咽喉直
饒鎚碎金鎖割斷絲條須知更有一重礙汝
在且道如何是那一重還會麼善吉維摩談
不到目連鶖子看如盲上堂舉李刺史問藥
山何姓山曰正是時李罔測乃問院主某甲
適來問長老何姓答道正是時的當是姓甚
麼主曰秖是姓韓山聞曰若六月對他便道

姓熱也又巖頭問講僧見說大德會教是否曰不敢巖頭舉拳曰是甚麼教曰是權教頭曰苦哉我若展脚問你不可道是脚教也師曰奇怪二老宿有殺人刀有活人劒一轉語似石上栽花一轉語似空中挂劒當時若無後語達磨一宗掃土而盡諸人要見二老宿麼寧可截舌不犯國諱

青原下十三世

丹霞淳禪師法嗣

眞州長蘆眞歇清了禪師左綿雍氏子襁褓入寺見佛喜動眉睫咸異之年十八試法華得度往成都大慈習經論領大意出蜀至沔漢扣丹霞之室霞問如何是空劫已前自已師擬對霞曰你閙在且去一日登鉢盂峰豁然契悟徑歸侍立霞掌曰將謂你知有師欣然拜之翌日霞上堂曰日照孤峰翠月臨溪水寒祖師玄妙訣莫向寸心安便下座師直前曰今日陞座更瞞某不得也霞曰你試舉我今日陞座看師良久霞曰將謂你瞥地師便出後游五臺之京師浮汴直抵長蘆謁祖照一語契投命為侍者踰年分座未幾照稱疾退閑命師繼席學者如歸建炎末游四明主補陀台之天封閩之雪峰詔住育王徙溫州龍翔杭之徑山慈寧皇太后命開山皐寧崇先上堂我於先師一掌下伎倆俱盡覓箇開口處不可得如今還有恁麼快活不徹底漢麼若無銜鐵負鞍各自著便上堂久默斯要不務速說釋迦老子待要欵曲責弄爭奈未出母胎已被人覷破且道覷破箇甚麼瞞雪峰不得上堂上孤峰頂過獨木橋驀直恁麼行猶是時人脚高脚低處若見得徹不出戶身徧十方未入門常在屋裏其或未然趂涼般取一轉柴上堂道得第一句不被拄杖子瞞識得拄杖子猶是途路中事作麼生是到地頭一句上堂處處覓不得秖有一處不覓自得且道是那一處良久曰賊身已露上堂口邊白醭去始得入門通身紅爛去方知有門裏事更須知有不出門底乃曰喚甚麼作門僧問三世諸佛向火焰裏轉大法輪還端的也無師大笑曰我却疑著曰和尚為甚麼却疑著師曰野花香滿路幽鳥不知春問不落風彩還許轉身也無師曰石人行處不同功曰向上事作麼生師曰妙在一漚前豈容千聖眼僧禮拜師曰秖恐不恁麼師一日入厨看煑麵次忽桶底脫衆皆失聲曰可惜許師曰桶底脫自合歡喜因甚麼却煩惱僧曰和尚即得師曰灼然可惜許一桶麵問僧你死後燒作灰撒却了向甚麼處去僧便喝師曰好一喝秖是不得錯款僧又喝師曰公案未圓更喝始得僧無語師打曰這死漢上堂苔封古徑不墮虛疑霧鎖寒林肯彰風要鉤針穩密孰云漁父棲巢秖麼承當自是平常快活還有具透關眼底麼良久曰直饒聞早便歸去爭似從來不出門上堂乍雨乍晴乍寒乍熱山僧底箇山僧自知諸人底箇諸人自說且道雪峰口除喫飯外要作甚麼問僧瑠璃殿上玉女擲梭明甚麼邊事曰回互不當機師曰還有斷續也無曰古今不曾間師曰正當不曾間時如何僧珍重便出上堂撼拄杖曰看看三千大千世界一時搖動雲

門大師即得雪峰則不然卓拄杖曰三千大千世界向甚麼處去還會麼不得重梅雨秧苗爭見青上堂幻化空身即法身遂作舞云見麼見麼恁麼恁麼見得過橋村酒美又作舞云見麼見麼恁麼不見隔岸野花香上堂還有不被玄妙汙染底麼良久曰這一點傾四海水已是沉脫不下僧問如何是空劫已前自己師曰白馬入蘆花上堂窮微喪本體妙失宗一句截流淵玄及盡是以金針密處不露光銋玉線通時潛舒異彩錐然如是猶是交互雙明且道巧拙不到作麼生相委良久曰雲蘿秀處青陰合巖樹高低翠鎖深上堂轉功就位是向去底人玉韞荊山貴轉位就功是却來底人紅爐片雪春功位俱轉通身不滯撒手亡依石女夜登機密室無人掃正恁麼時絕氣息一句作麼生相委良久曰歸根風墮葉照盡月潭空師終于皐寧崇先塔于寺西華桐嶋謐悟空禪師

明州天童宏智正覺禪師隰州李氏子母夢五臺一僧解環與環其右臂乃孕遂齋戒及生右臂特起若環狀七歲日誦數千言祖寂父宗道久叅佛陁遜禪師嘗指師謂其父曰此子道韻勝甚非塵埃中人苟出家必爲法器十一得度於淨明本宗十四具戒十八遊方訣其祖曰若不發明大事誓不歸矣及至汝州香山成枯木一見深所器重一日聞僧誦蓮經至父母所生眼悉見三千界瞥然有省即詣丈室陳所悟山指臺上香合曰裏面是甚麼物師曰是甚麼心行山曰汝悟處又作麼生師以手畫一圓相呈之復拋向後山曰弄泥團漢有甚麼限師曰錯山曰別見人始得師應喏喏即造丹霞霞問如何是空劫已前自己師曰井底蝦蟆吞却月三更不借夜明簾霞曰未在更道師擬議霞打一拂子曰又道不借師言下釋然遂作禮霞曰何不道取一句師曰某甲今日失錢遭罪霞曰未暇打得你且去霞領大洪師掌牋記後命首衆得法者已數人四年過圓通時眞歇初住長蘆遣僧邀至衆出迎見其衣鳥穿弊且易之眞歇俾侍者易以新履師却曰吾爲鞋來邪衆聞心服懇求說法居第一座六年出住泗州普照次補太平圓通能仁及長蘆天童屋廬湫隘師至創闢一新衲子爭集上堂黃閣簾垂誰傳家信紫羅帳合暗撒眞珠正恁麼時視聽有所不到言詮有所不及如何通得箇消息去夢回夜色依俙曉笑指家風爛熳春上堂心不能緣口不能議直饒退步荷擔切忌當頭觸諱風月寒清古渡頭夜船撥轉瑠璃地上堂空劫有眞宗聲前問已躬赤窮新活計清白舊家風的的三乘外寥寥一印中却來行異類萬派自朝東上堂今日是釋迦老子降誕之辰長蘆不解說禪與諸人畫箇樣子秖如在摩耶胎時作麼生以拂子畫此⊙相曰秖如以清淨水浴金色身時又畫此㊌相曰秖如周行七步目顧四方指天指地成道說法神通變化智慧辯才四十九年三百餘會說青道黃指東畫西入般涅槃時又作麼生乃畫此㊉相復曰若是具眼衲僧必也相許其或未然一一歷過始得上堂僧問如何是向去底人師曰白雲

[illegible]竪盡青嶂倚空高曰如何是却來底人師曰滿頭白髮離巖谷半夜穿雲入市鄽曰如何是不來不去底人師曰石女喚回三界夢木人坐斷六門機乃曰句裏明宗則易宗中辨的則難良久曰還會麼凍雞未報寒林曉隱隱行人過雪山僧問一絲不著時如何師曰合同船子並頭行曰其中事作麼生師曰快刀快斧斫不入問布袋頭開時如何師曰一任填溝塞壑問清虛之理畢竟無身時如何師曰文彩未痕初消息難傳際曰一步密移玄路轉通身放下劫壺空師曰誕生就父時合體無遺照曰理既如是事作麼生師曰歷歷纔回分化事十方機應又何妨曰恁麼則塵塵皆現本來身去也師曰透一切色超一切心曰如理如事又作麼生師曰路逢死蛇莫打殺無底籃子盛將歸曰入市能長嘯歸家著短衫師曰木人嶺上歌石女溪邊舞上堂諸禪德吞盡三世佛底人爲甚麼開口不得照破四天下底人爲甚麼合眼不得許多病痛與你一時拈却了也且作麼生得十成通暢去還會麼擘開華嶽連天色放出黃河到海聲師住持以來受無貪而施無厭歲歉食竭已有及贍衆之餘賴全活者數萬日常過午不食紹興丁丑九月謁郡僚及檀度次謁越帥趙公令誤與之言別十月七日還山翌日辰巳間沐浴更衣端坐告衆顧侍僧索筆作書遺育王大慧禪師請主後事仍書偈曰夢幻空花六十七年白鳥煙沒秋水連天擲筆而逝龕留七日顏貌如生奉全軀塔于東谷謚宏智塔名妙光

隨州大洪慧照慶預禪師上堂進一步踐他國王水草退一步踏他祖父田園不進不退正在死水中還有出身之路也無蕭騷晚籟松釵短游藻春風柳線長上堂舉船子囑夾山曰直須藏身處無蹤跡無蹤跡處莫藏身吾在藥山三十年秖明此事今時人爲甚麼却造次丹山無彩鳳寶殿不留冠有時愁有時癡非我途中爭得知

處州治平湡禪師上堂優游實際妙明家轉步移身指落霞無限白雲猶不見夜乘明月出蘆花

淨因成禪師法嗣

台州天封子歸禪師上堂卓拄杖一下召大衆曰八萬四千法門八字打開了也見得麼金鳳夜棲無影樹峰巒纔露海雲遮

太平州吉祥法宣禪師僧問如何是祖師西來意師曰久旱無甘雨田中稻穗枯曰意旨如何師曰今年米價貴容易莫嫌麤

台州護國守昌禪師上堂拈拄杖卓曰三十六旬之開始七十二候之起元萬邦迎和氣之時東帝布生成之令直得天垂瑞彩地擁貞祥微微細雨洗寒空淡淡春光籠野色可謂應時納祐慶無不宜盡大地人皆添一歲敢問諸人且道那一人年多少良久曰千歲老兒顏似玉萬年童子鬢如絲

鄧州丹霞普月禪師上堂威音已前誰當辨的然燈已後孰是知音直饒那畔承當未免打作兩橛縱向這邊行履也應未得十全良由杜口吡耶已是天機漏洩任使掩室摩竭終須縫鏬離披休云體露真常直是純清絕

點說甚皮膚脫落自然獨運孤明雖然似此新鮮未稱衲僧意氣直得五眼齊開三光洞啟從此竿頭絲線自然不犯波瀾須明轉位回機方解入鄽垂手所以道任使板齒生毛莫教眼睛顧著認著則空花繚亂言之則語路參差既然如是敢問諸人不犯鋒鋩一句作麼生道良久曰半夜烏龜眼豁開萬象曉來都一色

東京妙慧尼慧光淨智禪師上堂舉趙州勘婆話乃曰趙州舌頭連天老婆眉光覆地分明勘破歸來無限平人瞌睡

寶峰照禪師法嗣

江州圓通青谷真際德止禪師金紫徐閎中之季子也世居歷陽師雙瞳紺碧神光射人十歲未知書多喜睡其父目為懵然子暨成童強記過人學文有奇語弱冠夢異僧授四句偈已而有以南安嚴主像遺之者即傍所載聰明偈自是持念不忘後五年隨金紫將漕西洛一夕忽大悟連作數偈一曰不因言句不因人不因物色不因聲夜半吹燈方就枕忽然這裏已天明每嘯歌自若衆莫測之乃力求出家父弗許欲以官授之師曰某方將脫世網不著三界豈復剌頭於利名中邪請移授從兄珏遂祝髮受具未數載名振京師宣和三年春徽宗皇帝賜號真際俾居圓通上堂山僧二十年前兩目皆盲了無所覩唯是聞人說道青天之上有大日輪照三千大千世界無有不徧之處籌策萬端終不能見二十年後眼光漸開又值天色連陰濃雲亂湧四方觀察上下推窮見雲行時便於行處作計較見雲住時便於住處立箇窠臼正如是間忽遇著箇多知漢問道莫是要見日輪麼何不向高山頂上去山僧却徵他道那裏是高山頂上他道紅塵不到處是諸仁者好箇端的消息還會麼長連牀上佛陁耶上堂昨夜黃面瞿曇將三千大千世界來一口吞盡如人飲湯水蹤跡不留應時消散當爾時諸大菩薩聲聞羅漢及與一切衆生盡皆不覺不知唯有文殊普賢瞥然覩見雖然得見渺渺茫茫恰似向大洋海裏頭出頭沒諸人且道是甚麼消息若也撿點得破許他頂門上具一隻眼示寂闍維煙氣所及悉成設利塔司空山分窆疊石原

台州真如道會禪師上堂空劫中事自肯承當日用全彰有何滲漏正好歸家穩坐任他雪覆青山不留元字挂懷誰顧波飜水面且道正不立玄偏不附物一句如何舉似機絲不挂梭頭事文彩縱橫意自殊

興國軍智通大死翁景深禪師台州王氏子自幼不羣年十八依廣度院德芝披剃始謁淨慈象禪師一日聞象曰思而知慮而解皆鬼家活計與不自過遂往寶峰求入室峰曰直須斷起滅念向空劫已前掃除玄路不涉正偏盡却今時全身放下放盡還放方有自由分師聞頓領厥旨峰擊鼓告衆曰深得闡提大死之道後學宜依之因號大死翁建炎改元開法智通上堂來不入門去不出戶來去無痕如何提唱直得古路苔封羺羊絕迹蒼梧月鎖丹鳳不棲所以道藏身處沒蹤跡沒蹤跡處莫藏身若能如是去住無依了無

向背還委悉麼而今分散如雲鶴你我相忘蹁處玄僧問如何是正中偏師曰黑面老婆披白練曰如何是偏中正師曰白頭翁子著皂衫曰如何是正中來師曰屎裏飜筋斗曰如何是兼中至師曰雪刃籠身不自傷曰如何是兼中到師曰崑崙夜裏行曰向上還有事也無師曰捉得烏龜喚作鼈曰乞師再垂方便師曰入山逢虎臥出谷鬼來牽曰何得干戈相待師曰三兩綫一斤麻紹興初歸住寶藏巖以事民其服壬申二月示微恙乃曰世緣盡矣三月十三爲衆小參仍說偈曰不用剃頭何須澡浴一堆紅焰千足萬足雖然如是且道向上還有事也無遂斂目而逝

衡州華藥智朋禪師四明黃氏子依寶峰有年無省因爲衆持鉢峰自題其像曰雨洗淡紅桃蕚嫩風搖淺碧柳絲輕白雲影裏怪石露綠水光中古木清噫你是何人至焦山枯木成禪師見之歎曰今日方知此老親見先師來師遂請益其贊成曰豈不見法眼拈夾山境話曰我二十年秖作境會師即契悟藍湖野錄云成指以問師曰汝會麼師曰不會成曰汝記得法燈擬寒山否師遂誦至誰人知此意令我憶南泉於憶字處成遽以手掩師口曰住住師豁然有省乃曰元來恁麼地成曰汝作麼生會師曰春生夏長秋收冬藏成曰直須保任師應喏紹興初出住華藥遷之天寧後遷清涼上堂海風吹夢嶺猿啼月敢問諸人是何時節恁麼會得無影樹下任遨遊其或未然三條椽下直須打徹後退居明之瑞巖建康再以清涼挽之明守亦勉其行師不從作偈送使者曰相煩專使入煙霞灰冷無湯不點茶寄語甬東賢太守難教枯木再生花未幾而終

## 石門易禪師法嗣

吉州青原齊禪師福州陳氏子二十八辭父兄從雲蓋智禪師出家執事首座座一日秉拂罷師問曰某聞首座所說莫曉其義伏望慈悲指示座諄諄誘之使究無著說這箇法踰兩日有省以偈呈曰說法無如這箇親十方剎海一微塵若能於此明眞理大地何曾見一人座駭然因語智得度徧扣諸方後至石門深蒙器可出住青原僅一紀示寂日說偈遺衆曰昨夜三更過急灘灘頭雲霧黑漫漫一條拄杖爲知己擊碎千關與萬關

越州天衣法聰禪師上堂幽室寒燈不假挑虛空明月徹雲霄要知日用常無間烈焰光中發異苗因裝普賢大士開光明次師登梯秉筆顧大衆曰道得即爲下筆衆無對師召侍者與老僧牢扶梯子遂點之

遂寧府香山尼佛通禪師因誦蓮經有省往見石門乃曰成都喫不得也遂寧喫不得也門拈拄杖打出通忽悟曰榮者自榮謝者自謝秋露春風好不著便門拂袖歸方丈師亦不顧而出由此道俗景從得法者衆

## 淨因覺禪師法嗣

東京華嚴眞懿慧蘭禪師上堂達磨大師九年面壁未開口已前不妨令人疑著却被神光座主一覰脚手忙亂便道吾本來茲土傳法救迷情一華開五葉結果自然成當時若有箇漢腦後有照破古今底眼目手中有截斷虛空底鉗鎚纔見恁麼道便與驀胷搊住問他道一華五葉且拈放一邊作麼生是你

傳底法待伊開口便與掀倒禪牀直饒達磨
全機也倒退三千里免見千古之下負累兒
孫華嚴今日豈可徒然非唯重整頹綱且要
爲諸人雪屈遂拈拄杖橫按召大衆曰達磨
大師向甚處去也擲拄杖下座上堂拈拄杖
曰靈山會上喚作拈花少室峰前名爲得髓
從上古德秖可傍觀末代宗師盡皆拱手華
嚴今日不可逐浪隨波擬向萬仞峰前點出
普天春色會麼髑髏無喜識枯木有龍吟

天寧誧禪師法嗣

西京熊耳慈禪師上堂般若無知應緣而照
山僧今日撒屎撒尿這邊放那邊屙東山西
嶺笑呵呵幸然一片清涼地剛被熊峰染汙
他染汙他莫啾唧泥牛木馬盡呵叱過犯彌
天且莫論再得清明又何日還會麼來年更
有新條在惱亂春風卒未休

大洪遂禪師法嗣

隨州大洪慶顯禪師僧問須菩提巖中宴坐
帝釋雨華和尚新據洪峰有何祥瑞師曰鐵
牛耕破扶桑國迸出金烏照海門曰未審是
何宗旨師曰熨斗煎茶銚不同

大洪智禪師法嗣

越州天章樞禪師上堂召大衆曰春將至歲
已暮思量古往今來秖是箇般調度疑眸昔
日家風下足舊時岐路勸君休莽鹵貶上
眉毛須薦取東村王老笑呵呵此道今人棄
如土

五燈會元卷第三十八

五燈會元卷第三十八

校勘記

一　底本，清藏本。
一　七〇八頁上一行經名，徑無（未換卷）。
一　七〇八頁上三行至四行「青原下十一世　投子青禪師法嗣」，徑無。
一　七〇九頁下一六行「太陽」，徑作「大陽」。
一　七一〇頁上二行「徹證」，徑作「徹澄」。
一　七一三頁中五行第一六字「復」，徑作「覓」。
一　七一八頁中卷末經名，徑無（未換卷）。

五燈會元卷第三十九　石二

宋　沙　門　大　川　濟　纂

青原下十四世

長蘆了禪師法嗣

明州天童宗珏禪師僧問如何是道師曰十字街頭休斫額上堂劫前運步世外橫身妙契不可以意到眞證不可以言傳直得虛靜斂氛白雲向寒巖而斷靈光破暗明月隨夜船而來正恁麼時作麼生履踐偏正不曾離本位縱橫那涉語因緣

眞州長蘆妙覺慧悟禪師上堂盡大地是箇解脫門把手拽不肯入雪峰老漢抑逼人作麼既到這裏爲甚麼鼻孔在別人手裏良久曰貪觀天上月失却手中橈僧問鴈過長空影沈寒水鴈無遺蹤之意水無沈影之心還端的也無師曰蘆花兩岸雪江水一天秋曰便恁麼去時如何師曰鴈過長空暫僧擬議師曰靈利衲子

福州龜山義初禪師上堂久默斯要不務速說釋迦老子寐語作麼我今爲汝保任斯事終不虛也大似壓良爲賤既不恁麼畢竟如何白雲籠嶽頂翠色轉崔嵬

建康保寧興譽禪師上堂步入道場影涵宗鑑粲粲星羅齊夜英英花吐春時木人密運化機絲毫不爽石女全提空印文彩未彰且道不一不異無去無來合作麼生體悉的的縱橫皆妙用阿儂元不異中來

眞州北山法通禪師上堂吞盡三世底爲甚麼開口不得照破四天下底爲甚麼開眼不得作麼生得十成通暢去金針雙鎖備叶露隱全該僧問斷言語絕思惟處乞師指示師曰滴水不入石

天童覺禪師法嗣

明州雪竇聞庵嗣宗禪師徽州陳氏子幼業經圓具依妙湛慧禪師詰問次釋然契悟慧以麈尾拂付之後謁宏智蒙印可其道愈尊出住普照善權翠巖雪竇上堂人人有箇鼻孔唯有善權無鼻孔爲甚麼無二十年前被人掣落了也人人有兩箇眼睛唯有善權無眼睛爲甚麼無被人木槵子換了也人人有箇髑髏唯有善權無髑髏爲甚麼無借人作屎杓了也遂召大衆曰鼻孔又無眼睛又無髑髏又無諸人還識善權麼若也不識是諸人埋沒善權其或未然更聽一頌澗底泥牛金貼面山頭石女著眞紅繫驢橛上生芝草不是雲霞香爐峰上堂翠巖不是不說秖爲無箇時節今朝快便難逢一句爲君剖決露柱本是木頭秤鎚秖是生鐵諸人若到諸方莫道山僧饒舌僧問蓮花未出水時如何師曰沒却你鼻孔曰出水後如何師曰穿著你眼睛曰如何是正法眼師曰烏豆問如何是君師曰磨礱三尺劒待斬不平人曰如何是臣師曰白雲閑不徹流水太忙生曰如何是君臣道合師曰雲行雨施月皎星輝問如何是正中偏師曰菱花未照前曰如何是偏中正師曰團圝無少剩曰如何是正中來師曰偏界絕纖埃曰如何是兼中至師曰齧鏃功前戲曰如何是兼中到師曰十道不通耗問如何是轉功就位師曰撒手無依全體現扁舟漁父宿蘆花曰如何是轉位就功師曰半

夜嶺頭風月靜一聲高樹老猨啼曰如何是功位齊彰師曰出門不踏來時路滿目飛塵絶點埃曰如何是功位俱隱師曰泥牛飲盡澄潭月石馬加鞭不轉頭師終于本山塔全身寺之西南隅

常州善權法智禪師陝府栢氏子壯於西京聖果寺祝髮習華嚴棄謁南陽謹次參大洪智踰十年無所證後於宏智言下豁然出居善權次遷金粟上堂明月高懸未照前雪眉人凭玉欄干夜深雨過風雷息客散雲樓酒椀乾上堂三界無法何處求心驚虵入草飛鳥出林雨過山堂秋夜靜市聲終不到孤岑

杭州淨慈自得慧暉禪師會稽張氏子幼依澄照道凝染削進具甫二十扣眞歇於長蘆微有所證旋里謁宏智智舉當明中有暗不以暗相遇當暗中有明不以明相覩問之語不契初夜定回往聖僧前燒香而宏智適至師見之頓明前話次日入室智舉堪嗟去日顔如玉却歎回時鬢似霜詰之師曰其入離其出微自爾問答無滯智許爲室中眞子紹興丁巳開法補陀徙萬壽及吉祥雪竇淳熙三年勅補淨慈上堂朔風凛凛掃寒林葉落歸根露赤心萬派朝宗船到岸六窓虛映芥投針本成現莫他尋性地閑閑耀古今戶外凍消春色動四山渾作木龍吟上堂釋迦老子窮理盡性石二金口敷宣一代時四教珠回玉轉被人喚作拭不淨故紙達磨祖師以一乘法直指單傳面壁九年不立文字被人喚作壁觀婆羅門且道作麼生行履免被傍人指注去衲帔蒙頭萬事休此時山僧都不會上堂巢知風穴知雨甜者甜兮苦者苦不須計較作思量五五從來二十五萬般施設到平常此是叢林飽參句諸人還委悉麼野老不知堯舜力鼕鼕打鼓祭江神上堂谷之神樞之要裏許旁參回途得妙雲雖動而常閑月雖晦而彌照賓主交參正偏兼到十洲春盡花凋殘珊瑚樹林日杲杲僧問如何是正中偏師曰昨夜三更星滿天曰如何是偏中正師曰白雲籠嶽頂終不露崔嵬曰如何是正中來師曰莫謂鯤鯨無羽翼今日親從鳥道來曰如何是兼中至師曰應無跡用無痕曰如何是兼中到師曰石人衫子破大地沒人縫上堂皮膚脫落絶方隅明了身心一物無妙入道寰深靜處玉人端馭白牛車妙明田地達者還稀識情不到唯證方知白雲兒靈自照青山父石二卓卓常存機分頂五後光智契劫前眼所以道新豐路兮峻仍皴新豐洞兮湛然沃登者登兮不動搖游者游兮莫忽速亭堂雖有到人稀林泉不長尋常木諸檡德向上一著尊貴難明瑠璃殿上不稱尊翡翠簾前還合伴正與麼時針線貫通眞宗不墜合作麼生施設滿頭白髮離巖谷半夜穿雲入市鄽上堂舉傅大士法身頌云空手把鋤頭步行騎水牛人從橋上過橋流水不流雲門大師道諸人東來西來南來北來各各騎一頭水牯牛來然雖如是千頭萬頭秖要識取這一頭師曰雲門尋常乾爆爆地錐劄不入到這裏也解拖泥帶水諸人秖今要見這一頭麼天色稍寒各自歸堂上堂舉風幡話師曰風幡動處著得箇眼却是上座風幡動處

失却箇眼即是風幡其或未然不是風幡不是心衲僧徒自強錐針嚴房雨過昏煙淨臥聽涼風生竹林七年秋退歸雪竇十年仲冬二十九日中夜沐浴而逝窆全身於明覺塔右

明州瑞巖石窓法恭禪師郡之奉化林氏子於棲眞院下髮受具往延慶講下一夕誦法華至父母所生眼悉見三千界時聞風刺樓櫚葉聲忽然有省弃依天童始明大旨凡當世弘法者悉往咨決出住能仁光孝瑞巖上堂春風楊柳眉春禽弄百舌一片祖師心兩處俱漏泄不動步還家習漏頓消滅暗投玉線芒曉貫金針穴深固實幽遠無人孰辨別慚愧可憐生頭頭皆合轍不念阿彌陀南無乾屎橛無智癡人前第一不得說上堂見得徹用時親相逢盡是箇中人望空雨寶休誇富無地容錐未是貧踏著秤鎚硬似鐵八兩元來是半斤上堂舉世尊生下指天指地公案頌曰五天一隻蓬蒿箭攪動支那百萬兵不得雲門行正令幾乎錯認定盤星

襄州石門清涼法眞禪師劒門人也上堂柳色含煙春光迥秀一峰孤峻萬卉爭芳白雲淡泞已無心滿目青山元不動漁翁垂釣一溪寒雪未曾消野渡無人萬古碧潭清似鏡賓中有主拄杖橫挑日月輪主中有賓踏破草鞋赤脚走直得賓主互顯殺活自由理事渾融正偏不滯入荒田不揀信手拈來草且道如何委悉塵中雖有隱身術爭似全身入帝鄉

明州光孝了堂思徹禪師上堂羊頭車子推明月沒底船兒載曉風一句頓超情量外道無南北與西東所以却前消息非口耳之所傳格外眞規豈思量之能解須知佛佛祖祖了無一法爲人子子孫孫直下全身荷負既已萬機寢削自然一糝不留湛湛之波碧水冷涵於秋色靈靈之照齊天淨洗於氷輪宛轉旁參叶通兼帶夢手推開玉户飜身撥動機輪正令纔行又見一陽萌動化工密運俄驚三世變遷雖則默爾無言爭奈熾然常說無遷無變今朝拈置一邊有故有新且道如何話會諸人還委悉麼羣陰消剝盡來日是書雲

隨州大洪法爲禪師天台鮑氏子上堂法身無相不可以音聲求妙道亡言豈可以文字會縱使超佛越祖猶落階梯直饒說妙談玄終挂唇齒須是功勳不犯形跡不留枯木寒巖更無津潤幻人木馬情識皆空方能垂手入鄽轉身異類不見道無漏國中留不住却來煙塢臥寒沙

眞州長蘆琳禪師上堂拈拄杖曰其宗也離心意識其旨也超去來今離心意識故品萬類不見差殊超去來今故盡十方更無滲漏當頭不犯徹底無依悟向朕兆未生已前用在功勳不犯之處平常活計不用躊躕擬議之間即沒交涉

大洪預禪師法嗣

臨江軍慧力悟禪師上堂一切聲是佛聲簷前雨滴響泠泠一切色是佛色覿面相呈諱不得便恁麼若爲明碧天雲外月華清

福州雪峰慧深首座示衆未得入頭應切切

入頭巳得須教徹雖然得入本無無莫守無無無間歇大洪聞之乃曰深兒說禪若此惜福緣不勝耳一日普說罷揮偈辭衆以筆一拍而化

天封歸禪師法嗣

江州東林通理禪師上堂峯頭駕鐵船三更日輪杲心閑不自明落葉知誰掃等閑摘箇鄭州梨棗手元是青州棗

天衣聰禪師法嗣

蘇州慧日法安禪師本郡人僧問如何是和尚爲人一句師曰狗走抖擻口曰意旨如何師曰猴愁摟擻頭

溫州護國欽禪師上堂有句無句明來暗去活捉生擒捷書露布如藤倚樹物以類聚海外人參蜀中綿附樹倒藤枯切忌名模句歸何處蘇嚧蘇嚧呵呵大笑破鏡不照大地茫茫一任跨跳

無爲軍吉祥元實禪師高郵人自到天衣蚤夜精勤脇不至席一日偶失笑喧衆衣擯之中夜宿田里覩星月粲然有省曉歸趨方丈衣見乃問洞山五位君臣如何話會師曰我這裏一位也無衣令參堂謂侍僧曰這漢却有箇見處奈不識宗旨何入室次衣預令行者五人分序而立師至俱召實上座師於是容契奥旨述偈曰一位纔彰五位分君臣叶處紫雲屯夜明簾卷無私照金殿重重顯至尊衣稱善後住吉祥

舒州投子道宣禪師久侍天衣無所契衣叱之師忘寢食者月餘一夕聞巡更鈴聲忽猛省曰住住一聲直透青霄路寒潭月皎有誰知泥牛觸折珊瑚樹衣聞命職藏司住後凡有所問以拂子作搖鈴勢

青原下十五世

天童玨禪師法嗣

明州雪竇智鑒禪師滁州吳氏子兒時母與洗手瘍因曰是甚麼對曰我手似佛手長失恃怙依真歇於長蘆大休首衆即器之後遯象山百怪不能惑深夜開悟求證於延壽然復見大休住後上堂世尊有密語迦葉不覆藏一夜落花雨滿城流水香

雪竇宗禪師法嗣

泰州廣福徹庵道勤禪師本郡俞氏子上堂舉僧問同安如何是和尚家風同安曰金雞抱子歸霄漢玉兔懷胎入紫微曰忽遇客來將何祇待同安曰金果早朝猿摘去玉華晚後鳳銜來師曰廣福即不然有問如何是和尚家風秖向他道翠竹叢邊欹款乃碧巖深處臥煙蘿忽遇客來將何祇待没底籃兒盛皓月無心盌子貯清風

善權智禪師法嗣

越州超化藻禪師開爐上堂雪滿寒窓燒盡丹霞木佛氷交野渡凍殺陝府鐵牛直得寒灰發燄片雪不留任運縱橫現成受用諸禪德要會麼衲帔蒙頭坐冷煖了無知

青原下十六世

雪峯存禪師法嗣

韶州雲門山光奉院文偃禪師嘉興人也姓張氏幼依空王寺志澄律師出家敏質生知慧辯天縱及長落髮稟具於毗陵壇侍澄數年探窮律部以己事未明往叅睦州州纔見

乑便閉却門師乃扣門州曰誰師曰某甲州曰作甚麼師曰已事未明乞師指示州開門一見便閉却師如是連三日扣門至第三日州開門師乃拨入州便擒住曰道道師擬議州便推出曰秦時轑轢鑽遂掩門損師一足師從此悟入州指見雪峰師到雪峰莊見一僧廼問上座今日上山去那僧曰是師曰寄一則因緣問堂頭和尚秪是不得道是別人語僧曰得師曰上座到山中見和尚上堂衆纔集便出握腕立地曰這老漢項上鐵枷何不脫却其僧一依師教雪峰見這僧與麼道便下座攔胷把住曰速道速道僧無對峰拓開曰不是汝語僧曰是某甲語峰曰侍者將繩棒來僧曰不是某語是莊上一浙中上座教某甲來道峰曰大衆去莊上迎取五百人善知識來師次日上雪峰峰纔見便曰因甚麼得到與麼地師乃低頭從玆契合温研積稔密以宗印授焉師出嶺徧謁諸方覈窮殊軌鋒辯險絕世所盛聞後抵靈樹冥符知聖禪師接首座之說初知聖住靈樹二十年不請首座常云我首座生也我首座牧牛也我首座行脚也一日令擊鐘三門外接首座衆出迓師果至直請入首座寮解包（人天眼目見靈樹章）後廣主命師出世靈樹開堂日主親臨曰弟子請益師曰目前無異路（法眼別云不可無益於人）師乃曰莫道今日謾諸人好抑不得已向諸人前作一場狼籍忽遇明眼人見成一場笑具如今避不得也且問你諸人從上來有甚事欠少甚麼向你道無事已是相埋沒也雖然如是也須到這田地始得亦莫趂口快亂問自已心裏黑漫漫地明朝後日大有事在你若根思遲回且向古人建化門庭東覷西覷看是箇甚麼道理你欲得會麼都緣是你自家無量劫來妄想濃厚一期聞人說著便生疑心問佛問法問向上向下求覔解會轉没交涉擬心即差況復有言有句莫是不擬心是麼莫錯會好更有甚麼事珍重上堂我事不獲已向你諸人道直下無事早是相埋沒了也更欲踏步向前尋言逐句求覔解會千差萬別廣設問難贏得一場口滑去道轉遠有甚麼休歇時此事若在言語上三乘十二分教豈是無言語因甚麼更道教外別傳若從學解機智得秖如十地聖人說法如雲如雨猶被呵責見性如隔羅穀以此故知一切有心天地懸殊雖然如此若是得底人道火不能燒口終日說事未嘗挂著唇齒未嘗道著一字終日著衣喫飯未嘗觸著一粒米挂一縷絲雖然如此猶是門庭之說也須是實得恁麼始得若約衲僧門下句裏呈機徒勞佇思直饒一句下承當得猶是瞌睡漢時有僧問如何是一句師曰舉上堂三乘十二分教橫說豎說天下老和尚縱橫十字說與我拈針鋒許說底道理來看恁麼道早是作死馬醫雖然如此且有幾箇到此境界不敢望汝言中有響句裏藏鋒瞬目千差風恬浪靜伏惟尚饗僧來叅師乃拈起袈裟曰汝若道得落我袈裟圈繢裏汝若道不得又在鬼窟裏坐作麼生自代曰某甲無氣力師一日打椎曰妙喜世界百雜碎拓鉢向湖南城裏喫粥飯去來上堂諸兄弟盡是諸方叅尋知識決

擇生死到處豈無尊宿垂慈方便之詞還有
透不得底句麽出來舉看待老漢與你大家
商量有麽有麽時有僧出擬伸問次師曰去
去西天路迢迢十萬餘便下座舉世尊初生
下一手指天一手指地周行七步目顧四方
云天上天下唯我獨尊師曰我當時若見一
棒打殺與狗子喫却貴圖天下太平師在文
德殿赴齋有鞠常侍問靈樹果子熟也未師
曰甚麽年中得信道生僧問如何是西來意
師曰山河大地曰向上更有事也無師曰有
曰如何是向上事師曰釋迦老子在西天文
殊菩薩居東土問如何是雲門山師曰庚峰
定穴問如何是大修行人師曰一榼在手上
堂因聞鐘聲乃曰世界與麽廣濶爲甚麽鐘
聲披七條問一生積惡不知善一生積善不
知惡此意如何師曰燭問如何是和尚非時
爲人一句師曰早朝牽犂晚間拽杷舉雪峰
云三世諸佛向火燄上轉大法輪師曰火燄
爲三世諸佛說法三世諸佛立地聽上堂舉
一則語教汝直下承當早是撒屎著汝頭上

也直饒拈一毫頭盡大地一時明得也是剜
肉作瘡雖然如此汝亦須是實到這箇田地
始得若未切不得掠虛却須退步向自已根
脚下推尋看是箇甚麽道理實無絲毫許與
汝作解會與汝作疑惑況汝等各各當人有
一段事大用現前更不煩汝一毫頭氣力便
與祖佛無別自是汝諸人信根淺薄惡業濃
厚突然起得許多頭角擔鉢囊千鄉萬里受
屈作麽且汝諸人有甚麽不足處大丈夫漢
阿誰無分獨自承當得猶不著便不可受人
欺謾取人處分纔見老和尚開口便好把特
石驀口塞便是屎上青蠅相似鬬唼將去三
箇五箇聚頭商量苦屈兄弟古德一期爲汝
諸人不奈何所以方便垂一言半句通汝入
路知是般事拈放一邊自著些子筋骨豈不
是有少許相親處快與快與時不待人出息
不保入息更有甚麽身心別處閑用切須在
意珍重上堂盡乾坤一時將來著汝眼睫上
你諸人聞恁麽道不敢望你出來性燥把老
漢打一摑且緩緩子細看是有是無是箇甚

麽道理直饒你向這裏明得若遇衲僧門下
好槌折脚若是箇人聞說道甚麽處有老宿
出世便好驀面唾汚我耳目汝若不是箇手
脚纔聞人舉便承當得早落第二機也汝不
看他德山和尚纔見僧入門拽杖便趁睦州
和尚纔見僧入門來便云見成公案放汝三
十棒自餘之輩合作麽生若是一般掠虛漢
食人涎唾記得一堆一擔骨董到處馳騁驢
唇馬觜誇我解問十轉五轉話饒你從朝問
到夜論劫恁麽還曾夢見麽甚麽處是與人
著力處似這般底有人屈衲僧齋也道得飯
喫有甚堪共語處他日閻羅王面前不取汝
口解說諸兄弟若是得底人他家依衆遣日
若也未得切莫容易過時大須子細古人大
有葛藤相爲處秖如雪峰道盡大地是汝自
已夾山道百草頭上薦取老僧鬧市裏識取
天子洛浦云一塵纔起大地全收一毛頭師
子全身總是汝把取翻覆思量看日久歲深
自然有箇入路此事無汝替代處莫非各在
當人分上老和尚出世秖爲汝證明汝若有

少許來由亦昧汝不得若實未得方便撥汝即不可兄弟一等是踏破草鞋拋却師長父母行脚直須著些子精彩始得若未有箇入頭處遇著本色皶猪狗手脚不惜性命入泥入水相爲有可皶嚼眨上眉毛高挂鉢囊拗折拄杖十年二十年辦取徹頭莫愁不成辦直是今生不得徹頭來生亦不失人身向此門中亦乃省力不虛孤負平生亦不孤負師長父母十方施主直須在意莫空遊州獵縣橫擔拄杖一千里二千里走這邊經冬那邊過夏好山好水堪取性多齋供易得衣鉢苦屈苦屈圖他一粒米失却半年糧如此行脚有甚麼利益信心檀越把菜粒米作麼生消得直須自看無人替代時不待人忽然一日眼光落地到前頭將甚麼抵擬莫一似落湯螃蠏手脚忙亂無汝掠虛說大話處莫將等閑空過時光一失人身萬劫不復不是小事莫據目前俗人尚道朝聞道夕死可矣況我沙門合履踐箇甚麼事大須努力珍重僧問靈樹如何是祖師西來意樹默然遷化後門人立行狀碑欲入此語問師曰先師默然處如何上碑師對曰師上堂佛法也太煞有秖是舌頭短良久曰長也普請般柴次師遂拈一片拋下曰一大藏教秖說這箇見僧量米次問米籮裏有多少達磨眼睛僧無對師代曰斗量不盡上堂人人自有光明在看時不見暗昏昏作麼生是諸人自已光明自代曰廚庫三門又曰好事不如無示衆古德道藥病相治盡大地是藥那箇是你自已乃曰遇賤即貴僧曰乞師指示師拍手一下拈拄杖曰接取拄杖子僧接得拗作兩橛師曰直饒恁麼也好與三十棒上堂一言纔舉千車同轍該括微塵猶是化門之說若是衲僧合作麼生若將佛意祖意這裏商量曹谿一路平沈還有人道得麼道得底出來僧問如何是超佛越祖之談師曰餬餅曰這裏有甚麼交涉師曰灼然有甚麼交涉乃曰汝等諸人没可作了見人道著祖意便問超佛越祖之談汝且喚甚麼作佛喚甚麼作祖且說超佛越祖底道理看問箇出三界汝把將三界來看有甚麼見聞覺知隔礙著汝有甚麼聲塵色法與汝可了了箇甚麼椀以那箇爲差殊之見他古聖不奈何橫身爲物道箇舉體全真物物覿體不可得我向汝道直下有甚麼事早是相埋没了也汝若實未有入頭處且獨自叅詳除却著衣喫飯屙屎送尿更有甚麼事無端起得如許多般妄想作甚麼更有一般底如等閑相似聚頭學得箇古人話路識性記持妄想卜度道我會佛法了也秖管說葛藤取性過時更嫌不稱意千鄉萬里拋却父母師長作這去就這般打野榸漢有甚麼死急行脚去以拄杖趁下上堂故知時運澆漓代干像季近日師僧北去言禮文殊南去謂遊衡嶽恁麼行脚名字比丘徒消信施苦哉苦哉問著黑漆相似秖管取性過時設有三箇兩箇狂學多聞記持話路到處覓相似語句印可老宿輕忽上流作薄福業他日閻羅王釘釘之時莫道無人向你說若是初心後學直須擺動精神莫空記人說處多虛不如少實向後秖是自賺有甚麼事近前上堂

衆集師以拄杖指面前曰乾坤大地微塵諸
佛總在裏許爭佛法覔勝負還有人諫得麽
若無人諫得待老漢與你諫看僧曰請和尚
諫師曰這野狐精上堂拈拄杖曰天親菩薩
無端變作一條楖栗杖乃畫一畫曰塵沙諸
佛盡在這裏葛藤便下座上堂我看汝諸人
二三機中尚不能搆得空披衲衣何益汝還
會麽我與汝註破久後到諸方若見老宿舉
一指竪一拂子云是禪是道拽拄杖打破頭
便行若不如此盡落天魔眷屬壞滅吾宗汝
若實不會且向葛藤社裏看我尋常向汝道
微塵刹土中三世諸佛西天二十八祖唐土
六祖盡在拄杖頭上說法神通變現聲應十
方一任縱橫汝還會麽若不會且莫掠虛然
雖如此且諦當實見也未直饒到此田地也
石二　十八
未夢見衲僧沙彌在三家村裏不逢一人驀
拈拄杖畫一畫曰總在這裏又畫一畫曰總
從這裏出去也珍重師一日以手入木師子
口叫曰殺殺我也相救（歸宗柔代云和尚出手太殺）上堂
聞聲悟道見色明心遂舉起手曰觀世音菩
薩將錢買餬餅放下手曰元來秖是饅頭上
堂乾坤之內宇宙之間中有一寶秘在形山
拈燈籠向佛殿裏將三門來燈籠上作麽生
自代曰逐物意移又曰雲起雷興示衆曰十
五日已前不問汝十五日已後道將一句來
衆無對自代曰日日是好日上堂拈拄杖曰
凡夫實謂之有二乘析謂之無緣覺謂之幻
有菩薩當體即空衲僧家見拄杖便喚作拄
杖行但行坐但坐不得動著僧問如何是佛
法大意師曰春來草自青問新到甚處人曰
新羅師曰將甚麽過海曰草賊大敗師引手
曰爲甚麽在我這裏曰恰是師曰一任踍跳
僧無對問牛頭未見四祖時如何師曰家家
觀世音曰見後如何師曰火裏蝍蟟吞大蟲
問如何是雲門一曲師曰臘月二十五曰唱
石二　十九
者如何師曰且緩緩問如何是雪嶺泥牛吼
師曰山河走曰如何是雲門木馬嘶師曰天
地黑問從上來事請師提綱師曰朝看東南
暮看西北曰便恁麽會時如何師曰東家點
燈西家暗坐問十二時中如何即得不空過
師曰向甚麽處著此一問曰學人不會請師
舉師曰將筆硯來僧乃取筆硯來師作一頌
曰舉不顧即差互擬思量何劫悟問如何是
學人自己師曰遊山翫水曰如何是和尚自
己師曰賴遇維那不在問一口吞盡時如何
師曰我在你肚裏曰和尚爲甚麽在學人肚
裏師曰還我話頭來問如何是道師曰去曰
學人不會請師道師曰闍黎公驗分明何在
重判問生死到來如何排遣師展手曰還我
生死來問父母不聽不得出家如何得出家
師曰淺曰學人不會師曰深問如何是學人
自己師曰怕我不知問萬機喪盡時如何師
曰與我拈佛殿來與汝商量曰豈關他事師
喝曰這掠虛漢問樹凋葉落時如何師曰體
露金風問如何是佛師曰乾屎橛問如何是
諸佛出身處師曰東山水上行問古人面壁
意旨如何師曰念七問如何是祖師西來意
師曰日裏看山師問僧近離甚麽處曰南嶽
師曰我不曾與人葛藤近前來僧近前師曰
去僧問如何是和尚家風師曰有讀書人來

報問如何是透法身句師曰北斗裏藏身問如何是西來意師曰久雨不晴又曰粥飯氣問承古有言牛頭橫說竪說猶未知有向上關棙子如何是向上關棙子師曰東山西嶺青問如何是端坐念實相師曰河裏失錢河裏摝上堂函蓋乾坤目機銖兩不涉世緣作麼生承當衆無對自代曰一鏃破三關僧問如何是雲門劒師曰祖問如何是玄中的師曰墪問如何是吹毛劒師曰骼又曰胔問如何是正法眼師曰普問如何是啐啄機師曰響問如何是雲門一路師曰親問殺父殺母向佛前懺悔殺佛殺祖向甚麼處懺悔師曰露問鑿壁偷光時如何師曰恰問三身中那身說法師曰要問承古有言了即業障本來空未了應須償宿債未審二祖是了未了師曰確師垂語曰會佛法如河沙百草頭上道將一句來自代云俱僧問如何是一代時教師曰對一說問不是目前機亦非目前事時如何師曰倒一說問如何是法身向上事師曰向上與汝道即不難作麼生會法身曰請和尚鑒師曰鑒即且置作麼生會法身曰與麼與麼師曰這箇是長連牀上學得底我且問你法身還解喫飯麼僧無對師問嶺中順維那古人竪起拂子放下拂子意旨如何順曰拂前見拂後見師曰如是如是師後却舉問僧汝道當初諾伊不諾伊僧無對師曰可知禮也問僧甚處來曰禮塔來師曰謔我曰實禮塔來師曰五戒也不持師嘗舉馬大師道一切語言是提婆宗以這箇爲主乃曰好語秖是無人問我時有僧問如何是提婆宗師曰西天九十六種你是最下種問僧近離甚處曰西禪師曰西禪近日有何言句僧展兩手師打一掌僧曰某甲話在師却展兩手僧無語師又打師舉臨濟三句語問塔主秖如塔中和尚得第幾句主無對師曰你問我主便問師曰不快即道主曰作麼生是不快即道師曰一不成二不是問直歲甚處去來曰刈茆來師曰刈得幾箇祖師曰三百箇師曰朝打三千暮打八百東家杓柄長西家杓柄短又作麼生歲無語師便打僧問秋初夏末前程若有人問作麼生秖對師曰大衆退後曰未審過在甚麼處師曰還我九十日飯錢來有講僧參經時乃曰未到雲門時恰似初生月及乎到後曲彎彎地師得知乃召問是你道否曰是師曰甚好吾問汝作麼生是初生月僧乃斫額作望月勢師曰你如此已後失却目在僧經旬日復來師又問你還會也未曰未會師曰你問我僧便問如何是初生月師曰曲彎彎地僧罔措後果然失目上堂諸和尚子莫妄想天是天地是地山是山水是水僧是僧俗是俗良久曰與我拈案山來僧便問學人見山是山水是水時如何師曰三門爲甚麼騎佛殿從這裏過曰恁麼則不妄想去也師曰還我話頭來上堂你若不相當且覓箇入頭處微塵諸佛在你舌頭上三藏聖教在你脚跟底不如悟去好還有悟得底麼出來對衆道看示衆盡十方世界乾坤大地以拄杖畫云百雜碎三乘十二分教達磨西來放過即不可若不放過不消一唱示衆眞空不壞有眞空不異色僧便問作麼

生是真空師曰還聞鐘聲麼曰此是鐘聲師
曰驢年夢見麼上堂平地上死人無數過得
荆棘林者是好手時有僧出曰與麼則堂中
第一座有長處也師曰蘇嚕蘇嚕瑫長老舉
菩薩手中赤幡問師作麼生師曰你是無禮
漢瑫曰作麼生無禮師曰是你外道奴也作
不得僧問佛法如水中月是否師曰清波無
透路曰和尚從何得師曰再問復何來曰正
與麼時如何師曰重疊關山路上堂拈拄杖
曰拄杖子化爲龍吞却乾坤了也山河大地
甚處得來師有偈曰不露風骨句未語先分
付進步口喃喃知君大罔措示衆大用現前
不存軌則時有僧問如何是大用現前師拈
起拄杖高聲唱曰釋迦老子來也上堂要識
祖師麼以拄杖指曰祖師在你頭上踍跳要
識祖師眼睛麼在你脚跟下又曰這箇是祭
鬼神茶飯雖然如此鬼神也無猒足示衆一
人因說得悟一人因喚得悟一人聞舉便回
去你道便回去意作麼生復曰也好與三十
棒上堂光不透脱有兩般病一切處不明面

前有物是一又透得一切法空隱隱地似有
箇物相似亦是光不透脱又法身亦有兩般
病得到法身爲法執不忘已見猶存坐在法
身邊是一直饒透得法身去放過即不可子
細點檢將來有甚麼氣息亦是病問僧光明
寂照遍河沙豈不是張拙秀才語曰是師曰
話墮也僧問如何是法身師曰六不收問不
起一念還有過也無師曰須彌山問如何是
清淨法身師曰花藥欄曰便恁麼去時如何
師曰金毛師子問如何是塵塵三昧師曰鉢
裏飯桶裏水問一言道盡時如何師曰裂破
問如何是佛法大意師曰面南看北斗問一
切智通無障礙時如何師曰掃地潑水相公
來師到天童童曰你還定當得麼師曰和尚
道甚麼童曰不會則目前包裹師曰會則目
前包裹師到曹山見示衆云諸方盡把格則
何不與他道却令他不疑去師問窓窓處爲
甚麼不知有山曰秖爲窓窓所以不知有師
曰此人如何親近山曰莫向窓窓處親近師
曰不向窓窓處親近時如何山曰始解親近

師應喏喏師到鵝湖聞上堂曰莫道未了底
人長時浮逼逼地設使了得底明明得知有
去處尚乃浮逼逼地師下問首座適來和尚
意作麼生曰浮逼逼地師曰首座久在此住
頭白齒黄作這箇語話曰上座又作麼生師
曰要道即得見即便見若不見莫亂道曰秖
如道浮逼逼地又作麼生師曰頭上著枷脚
下著杻曰與麼則無佛法也師曰此是文殊
普賢大人境界僧舉灌溪上堂曰十方無壁
落四面亦無門淨躶躶赤灑灑没可把師曰
舉即易出也大難曰上座不肯和尚與麼道
那師曰你適來與麼舉那曰是師曰你驢年
夢見灌溪曰某甲話在師曰我問你十方無
壁落四面亦無門你道大梵天王與帝釋天
商量甚麼事曰豈干他事師喝曰逐隊喫飯
漢師到江州有陳尚書者請齋纔見便問儒
書中即不問三乘十二分教自有座主作麼
生是衲僧行脚事師曰曾問幾人來書曰即
今問上座師曰即今且置作麼生是教意書
曰黄卷赤軸師曰這箇是文字語言作麼生

是教意書曰口欲談而辭喪心欲緣而慮忘師曰口欲談而辭喪爲對有言心欲緣而慮忘爲對妄想作麽生是教意書無語師曰見說尚書看法華經是否書曰是師曰經中道一切治生產業皆與實相不相違背且道非非想天有幾人退位書無語師曰尚書且莫草草三經五論師僧拋却特入叢林十年二十年尚不奈何尚書又爭得會書禮拜曰某甲罪過師唱道靈樹雲門凡三十載機緣語句備載廣錄以乾和七年己酉四月十日順寂塔全身於方丈後十七載示夢阮紹莊曰與吾寄語秀華宮使特進李托奏請開塔遂致奉勑迎請內庭供養逾月方還因改寺爲大覺諡大慈雲匡眞弘明禪師

五燈會元卷第三十九

## 五燈會元卷第三十九

### 校勘記

一　底本，清藏本。

一　七一九頁上一行經名，[徑]無(未換卷)。

一　七二一頁中一二行第九字「却」，[徑]作「劫」。

一　七二二頁下一行至九行「雪竇……清風」，[徑]置於一四行「了無知」後，並換卷，爲卷第十四終、卷第十五始。

一　七二二頁下一五行「青原下十六世」，[徑]作「青原下六世」。

一　七二九頁上卷末經名，[徑]無(未分卷)。

五燈會元卷第四十　石三

宋沙門大川濟集

青原下七世

雲門偃禪師法嗣

韶州白雲子祥實性大師初住慈光院廣主召入府説法時有僧問覺華纔綻正遇明時不昧宗風乞師方便師曰我王有令問祖意教意是同是别師曰不别曰恁麼則同也師曰不妨領話問諸佛出世普徧大千白雲一會如何舉揚師曰賺却幾人來曰恁麼則四衆何依師曰沒交涉問即心即佛示誨之辭不涉前言如何指教師曰東西且置南北作麼生問如何是和尚家風師曰石橋那邊有這邊無會麼曰不會師曰且作丁公吟問衣到六祖爲甚麼不傳師曰海晏河清問從上宗乘如何舉揚師曰今日未喫茶上堂諸人會麼但向街頭市尾屠兒魁劊地獄鑊湯處會取若恁麼會得堪與人天爲師若向衲僧門下天地懸殊更有一般底秖向長連牀上作好人去汝道此兩般人那箇有長處無事珍重問僧甚麼處來曰雲門來師曰裏許有多少水牛曰一箇兩箇師曰好水牛問僧不壞假名而談實相作麼生僧指倚子曰這箇是倚子師以手撥倚曰與我將鞋袋來僧無對師曰這虛頭漢（雲門聞乃云須是我祥兄始得）師將示滅白衆曰某甲雖提祖印未盡其中事諸仁者且道其中事作麼生莫是無邊中間内外已否若如是會即大地如鋪沙良久曰去此即他方相見言訖而寂

鼎州德山緣密圓明禪師上堂僧堂前事時人知有佛殿後事作麼生上堂我有三句語示汝諸人一句函蓋乾坤一句截斷衆流一句隨波逐浪作麼生辯若辯得出有叅學分若辯不出長安路上輥輥地僧問如何是透法身句師曰三尺杖子攪黃河問百花未發時如何師曰黃河渾底流曰發後如何師曰幡竿頭指天問不犯辭鋒時如何師曰天台南嶽曰便恁麼去時如何師曰江西湖南問佛未出世時如何師曰河裏盡是木頭船曰出世後如何師曰這頭蹋著那頭掀上堂與麼來者現成公案不與麼來者粜生招箭總不與麼來者徐六擔板迅速鋒鋩猶是鈍漢萬里無雲青天猶在上堂但叅活句莫叅死句活句下薦得永劫無滯一塵一佛國一葉一釋迦是死句揚眉瞬目舉指豎拂是死句山河大地更無誵訛是死句時有僧問如何是活句師曰波斯仰面看曰恁麼則不謬去也師便打上堂舉臨濟示衆曰恁麼來者恰似失却不恁麼來者無繩自縛十二時中莫亂斟酌會與不會都盧是錯分明與麼道一任天下人貶剝師曰古鏡濶一丈屋梁長三尺是汝鉢盂鏁子濶多少上堂俱胝和尚凡有扣問秖豎一指寒則普天寒熱則普天熱僧問己事未明如何辯得師曰須彌山頂上曰便恁麼去時如何師曰脚下水淺深問達磨未來時如何師曰千年松倒挂曰來後如何師曰金剛努起拳問師未出世時如何師曰佛殿正南開曰出世後如何師曰白雲山上起曰出與未出還分不分師曰静處薩婆訶問如何是和尚家風師曰南山起雲北山

下兩問如何是應用之機師喝僧曰秖這箇爲復別有師便打問大用現前不存軌則時如何師曰黑地打破甕僧退步師便打問佛未出世時如何師曰猢猻繫露柱曰出世後如何師曰猢猻入布袋問文殊與維摩對談何事師曰幷汝三人無繩自縛問如何是佛師曰滿目荒榛曰學人不會師曰勞而無功問盡大地致一問不得時如何師曰話墮也曰大衆總見師便打問無蹤無跡是甚麼人行履師曰偷牛賊問羺羊未挂角時如何師曰獵屎狗曰挂後如何師曰獵屎狗問牛頭未見四祖時如何師曰秋來黃葉落曰見後如何師曰春來草自青

岳州巴陵新開院顥鑒禪師初到雲門門曰雪峯和尚道開却門達磨來也我問你作麽生師曰築著和尚鼻孔門曰地神惡發把須彌山一摑踍跳上梵天摑破帝釋鼻孔你爲甚麽向日本國裏藏身師曰和尚莫瞞人好門曰築著老僧鼻孔又作麽生師無語門曰將知你秖是學語之流師住後更不作法嗣書秖將三轉語上雲門僧問如何是道師曰明眼人落井問如何是吹毛劒師曰珊瑚枝枝撑著月問如何是提婆宗師曰銀椀裏盛雪門曰他後老僧忌日秖消舉此三轉語足以報恩自後忌辰果如所囑僧問祖意教意是同是別師曰雞寒上樹鴨寒下水問三乘十二分教即不疑如何是宗門中事師曰不是衲僧分上事曰如何是衲僧分上事師曰貪觀白浪失却手橈問僧遊山來爲佛法來曰清平世界說甚麽佛法師曰好箇無事禪客曰早是多事了也師曰上座去年在此過夏了曰不曾師曰與麽則先來不相識下去師將拂子遺僧僧曰本來清淨用拂子作甚麽師曰既知清淨切勿忘却（梁山觀別云也須排却）

隨州雙泉山師寬明教禪師上堂舉拂子曰這箇接中下之人時有僧問上上人來時如何師曰打鼓爲三軍問向上宗乘如何舉唱師曰不敢曰恁麽則含生有望師曰脚下水深淺問凡有言句盡落有無不落有無時如何師曰東弗于逮曰這箇猶落有無師曰支過雪山西僧問洞山初和尚如何是佛山曰麻三斤師聞之乃曰向南有竹向北有木問不可以智知不可以識識時如何師曰不入這箇野狐羣隊問如何是定師曰鰕跳不出斗曰如何出得去師曰南山起雲北山下雨問北斗裏藏身意旨如何師曰雞寒上樹鴨寒下水問竪起杖子意旨如何師曰一葉落知天下秋師遊山回首座同衆出接座曰和尚遊山巇嶮不易師提起拄杖曰全得這箇力座乃奪却師放身便倒大衆皆進前扶起師拈拄杖一時趂散回顧侍者曰向道全得這箇力師一日訪白兆兆曰老僧有箇木魚頌師曰請舉看兆曰伏惟爛木一橛佛與衆生不別若以杖子擊著直得聖凡路絶師曰此頌有成褫無成褫兆曰無成褫師曰佛與衆生不別聱侍僧救曰有成褫師曰直得聖凡路絶蹔當時白兆一衆失色僧問新年頭還有佛法也無師曰無曰日日是好日年年是好年爲甚却無師曰張公喫酒李公醉僧曰老老大大龍頭蛇尾師曰明敎今日失利

益州青城香林院澄遠禪師漢州綿竹人往
上官在衆日普請鉏草次有一僧曰看俗家
失火師曰那裏火曰不見那師曰不見曰這
瞎漢是時一衆皆言遠上座敗闕後明教寬
聞衆歎曰須是我遠兄始得住後僧問美味
醍醐爲甚麼變成毒藥師曰導江紙貴問見
色便見心時如何師曰適來甚麼處去來曰
心境俱忘時如何師曰開眼坐睡問北斗裏
藏身意旨如何師曰只似彎弓少雨多風問
如何是諸佛心師曰清則始終清曰如何領
會師曰莫受人謾好問如何是祖師西來意
師曰踏步者誰問如何是和尚妙藥師曰不
離衆味曰喫者如何師曰嘍唱看問如何是
室內一盌燈師曰三人證龜成鼈問如何是
衲衣下事師曰臘月火燒山問大衆雲集請
師施設師曰三不待兩問如何是學人時中
事師曰恰恰問如何是玄師曰今日來明日
去曰如何是玄中玄師曰長連牀上問如何
是香林一脉泉師曰念無間斷曰飲者如何
師曰隨方斗秤問如何是衲僧正眼師曰不

分別曰照用事如何師曰行路人失脚問萬
機俱泯迹方識本來人時如何師曰清機自
顯曰恁麼則不別人師曰方見本來人問魚
遊陸地時如何師曰發言必有後救曰却下
碧潭時如何師曰頭重尾輕問但有言句盡
是賓如何是主師曰長安城裏曰如何領會
師曰千家萬户問如何是西來的的意師曰
坐久成勞曰便回轉時如何師曰墮落深坑
問如何是無縫塔師曰合掌當胷曰如何是
塔中人師曰露也問教法未來時如何師曰
閻羅天子曰來後如何師曰大宋國裏問一
子出家九族解脫目連爲甚麼母入地獄師
曰確問如何是平常心師曰早朝不審晚後
珍重上堂是汝諸人盡是擔鉢囊向外行脚
還識得性也未若識得試出來道看若識不
得秪是被人熱謾將去且問汝諸人是汝叅
學日久用心掃地煎茶遊山翫水汝且釘釘
喚甚麼作自性諸人且道始終不變不異無
高無下無好無醜不生不滅究竟歸於何處
諸人還知得下落所在也未若於這裏知得

所在是諸佛解脫法門悟道見性始終不疑
不慮一任横行一切人不柰汝何出言吐氣
實有來處如人買田須是收得元本契書若
不得他元本契書終是不穩遮莫經官判狀
亦是不得其柰不收得元本契書終是被人
奪却汝等諸人叅禪學道亦復如是還有人
收得元本契書歷試拈出看汝且喚甚麼作
元本契書諸人試道看若是靈利底纔聞與
麼說著便知去處若不知去處向外邊學得
千般巧妙記持解會口似傾河終不究竟與
汝自己天地差殊且去衣鉢下體當尋覓看
若有箇見處上來這裏道看老僧與汝證明
若覓不得且依行隊去將示寂辭知府宋公
璫曰老僧行脚去通判曰這僧風狂八十歲
行脚去那裏宋曰大善知識去住自由師謂
衆曰老僧四十年方打成一片言訖而逝塔
于本山
襄州洞山守初宗慧禪師初叅雲門門問近
離甚處師曰查渡門曰夏在甚處師曰湖南
報慈曰幾時離彼師曰八月二十五門曰放

汝三頓棒師至明日却上問訊昨日蒙和尚放三頓棒不知過在甚麽處門曰飯袋子江西湖南便恁麽去師於言下大悟遂曰他後向無人煙處不蓄一粒米不種一莖菜接待十方往來盡與伊抽釘拔楔拈却炙脂帽子脫却鶻臭布衫教伊灑灑地作個無事衲僧豈不快哉門曰你身如椰子大開得如許大口師便禮拜住後上堂言無展事語不投機承言者喪滯句者迷還得麽你衲僧分上到這裏須具擇法眼始得秖如洞山恁麽道也有一場過且道過在甚麽處僧問迢迢一路時如何師曰天晴不肯去直待雨淋頭曰諸聖作麽生師曰入泥入水問心未生時法在甚麽處師曰風吹荷葉動決定有魚行問師登師子座請師唱道情師曰晴乾開水道無事設曹司曰恁麽則謝師指示師曰賣鞋老婆脚趔趄問如何是三寶師曰商量不下問如何是無縫塔師曰十字街頭石師子問僧甚處來曰汝州師曰此去多少曰七百里師曰踏破幾緉草鞋曰三緉師曰甚處得錢買

曰打笠子師曰叅堂去僧應喏問如何是免得生死底法師曰見之不取思之三年僧問離却心機意識請師一句師曰道士著黃襲裏坐問非時親覲請師一句師曰對衆怎生舉曰據現定舉師曰放汝三十棒曰過在甚麽處師曰罪不重科問如何是佛師曰麻三斤問蓮華未出水時如何師曰楚山頭倒卓曰出水後如何師曰漢水正東流問如何是吹毛劍師曰金州客曰用者如何師曰伏惟尚饗問車住牛不住時如何師曰用駕車漢作麽問如何是衲僧分上事師曰雲裏楚山頭決定多風雨問海竭人亡時如何師曰難得曰便恁麽去時如何師曰雲在青天水在瓶問文殊普賢來叅時如何師曰趁向水牯牛欄裏著曰和尚入地獄如箭射師曰全憑子力問如何是正法眼師曰紙燃無油問牛頭未見四祖時如何師曰椰栗木拄杖曰見後如何師曰賣八布衫問如何是佛師曰灼然諦當問萬緣俱息意旨如何師曰甕裏石人賣棗團問如何是洞山劍師曰作麽曰學人要知師曰罪過問乾坤休著意宇宙不留心學人秖恁麽師又作麽生師曰峴山亭起霧灘峻不留船問大衆雲臻請師撮其樞要略舉大綱師曰水上浮漚呈五色海底蝦蟇叫月明問正當恁麽時文殊普賢在甚麽處師曰長者八十一其樹不生耳曰意旨如何師曰一則不成二則不是

洪州泐潭道謙禪師僧問如何是泐潭家風師曰闍黎到來幾日也問但有纖毫即是塵不有時作麽生師以手掩兩目問當陽舉唱誰是聞者師曰老僧不患耳聾問悟本無門如何得入師曰阿誰教汝恁麽問

金陵奉先深禪師江南主請開堂纔升座維那白槌曰法筵龍象衆當觀第一義師便曰果然不識鈍置殺人時有僧出問如何是第一義師曰賴遇適來道了也曰如何領會師曰速禮三拜復曰大衆且道鈍置落在阿誰分上師同明和尚在衆時聞僧問法眼如何是色眼豎起拂子或曰雞冠花或曰貼肉汗衫二人特往請益問曰承聞和尚有三種色

語是否眼曰是師曰鶴子過新羅便歸衆時李主在座下不肯乃白法眼曰寡人來日致茶筵請二人重新問話明日茶罷備綵一箱劒一口謂二師曰上座若問話得是奉賞雜綵一箱若問不是秖賜一劒法眼陞座師復出問今日奉敕問話師還許也無眼曰許曰鶴子過新羅捧綵便行大衆一時散去時法燈作維那乃鳴鐘集衆僧堂前勘師衆集燈問承聞二上座久在雲門有甚奇特因緣舉一兩則來商量看師曰古人道白鷺下田千點雪黃鶯上樹一枝花維那作麼生商量燈擬議師打一坐具便歸衆師同明和尚到淮河見人牽網有魚從網透出師曰明兄俊哉一似箇衲僧相似明曰雖然如此爭如當初不撞入網羅好師曰明兄你欠悟在明至中夜方省

石三　十一

隨州雙泉郁禪師僧問如何是第一句師曰回頭終不顧曰如何是第二句師曰未語先分付曰如何是第三句師曰連根猶帶苦上堂初祖不虛傳二祖不虛受彼彼大丈夫因甚麼到恁麼地便下座後住舒州海會僧問如何是舒州境師曰浣水逆流山露骨曰如何是境中人師曰地有毒蛇沙有虱

韶州披雲智寂禪師僧問如何是披雲境師曰白日沒閑人問如何是不遷義師曰山高不礙白雲飛問以字不成八字不是未審是甚麼字師曰聽老僧一偈以字不是八不成森羅萬象此中明直饒巧說千般妙不是謳阿不是經問如何是色空師曰拾取落花生舊枝問如何是一塵師曰滿目是青山問如何是毗盧藏中有大經卷師曰拈不得曰爲甚拈不得師曰特地却成愁

韶州舜峯義韶禪師僧問正法無言時如何師曰言曰學人不會乞師端的師曰兩重公案曰豈無方便師曰無禮難容問祖意教意是同是別師曰日出東方月落西僧正到方丈曰方丈得恁麼黑師曰老鼠窟正曰放猫兒入好師曰試放看正無對師拊掌笑師與老宿渡江次師取錢與渡子宿曰囊中若有青銅片師揖曰長老莫笑

南嶽般若寺啓柔禪師僧問西天以蠟人爲驗此土如何師曰新羅人草鞋問如何是千聖同歸底道理師曰未達苦空境無人不歎嗟上堂衆聞板聲集師因示偈曰妙哉三下板知識盡來參既善分時節吾今不再三便下座

石三　十二

潞府妙勝臻禪師僧問金粟如來爲甚麼却降釋迦會裏師曰香山南雪山北曰南贍部洲事又作麼生師曰黃河水急浪花麤問如何是向上一路師曰一條濟水貫新羅

饒州薦福承古禪師操行高潔稟性虛明參大光敬玄禪師乃曰秖是箇草裏漢遂參福嚴雅和尚又曰秖是箇脫灑衲僧由是終日默然深究先德洪規一日覽雲門語忽然發悟自此韜藏不求名聞棲止雲居弘覺禪師塔所四方學者奔湊因稱古塔主也景祐四年范公仲淹出守鄱陽聞師道德請居薦福開闡宗風僧問大善知識將何爲人師曰莫曰恁麼則有問有答去也師曰莫問青青翠竹盡是真如鬱鬱黃花無非般若如何是般

若師曰黄泉無老少曰春來草自青師曰擊名不朽曰若然者碧眼胡僧也皺眉師曰退後三步僧曰苦師乃吽吽問臨濟舉拂學人舉拳是同是別師曰訛言亂衆曰恁麽則依令而行也師曰天涯海角問一喝分賓主照用一時行此意如何師曰乾柴濕燄僧便喝師曰紅燄炎天上堂夫出家者爲無爲法無爲法中無利益無功德近來出家人貪著福慧與道全乖若爲福慧須至明心若要達道無汝用心處所以常勸諸人莫學佛法但自休心利根者晝時解脱鈍根者或三五年遠不過十年若不悟去老僧與你入拔舌地獄參

金陵清涼智明禪師江南主請師上堂小長老問凡有言句盡落方便不落方便請師速道師曰國主在此不敢無禮

潭州南臺道遵法雲禪師上堂從上宗乘合作麽生提綱合作麽生言論佛法兩字當得麽眞如解脱當得麽雖然如是細不通風大通車馬若約理化門中一言纔啓震動乾坤山河大地海晏河清三世諸佛説法現前於此明得古佛殿前同登彼岸無事珍重問如何是祖師西來意師曰下坡不走問牛頭未見四祖時如何師曰著衣喫飯曰見後如何師曰鉢盂挂壁上問如何是眞如含一切師曰分明曰爲甚麽有利鈍師曰四天打鼓樓上擊鐘問如何是南臺境師曰金剛手指天問如何是色空師曰道士著眞紅問十二時中時時不離時如何師曰諦

韶州雙峰竟欽禪師益州人也開堂日雲門和尚躬臨證明僧問如何是佛法大意師曰日出方知天下朗無油那點佛前燈問如何是雙峯境師曰夜聽水流庵後竹晝看雲起面前山問如何是和尚爲人一句師曰因風吹火上堂進一步則迷理退一步則失事饒你一向兀然去又同無情僧問如何得不同無情去師曰動轉施爲曰如何得不迷理失事去師曰進一步退一步僧作禮師曰向來有人恁麽會老僧不肯伊曰請師直指師便打出問如何是正法眼師曰山河大地問如何是法王劒師曰鉛刀徒逞不若龍泉曰用者如何師曰藏鋒猶不許露刃更何堪問賓頭盧應供四天下還得徧也無師曰如月入水問如何是用而不雜師曰明月堂前垂玉露水晶殿裏璨眞珠有行者問某甲遇賊來時若殺即違佛敎不殺又違王敕未審師意如何師曰官不容針私通車馬廣主嘗親問法要錫慧眞廣悟號將示寂告門人曰吾不久去世汝可就山頂預修墳塔洎工畢以聞師曰後日子時行矣及期會雲門爽和尚等七人夜話侍者報三更也師索香焚之合掌而逝

韶州資福詮禪師僧問不問宗乘請師心印師曰不答這話曰爲甚麽不答師曰不副前言問覿面難逢處如何顧鑒咦乞師垂半偈免使後人疑師曰鋒前一句超調御擬問如何歷劫違曰恁麽則東山西嶺時人知有未審資福庭前誰家風月師曰且領前話

廣州黄雲元禪師初開堂日以手拊繩牀曰諸人還識廣大須彌之座也無若不識老僧

陞座去也師便坐僧問如何是大漢國境師
曰歌謠滿路上堂古人道觸目未曾無臨機
何不道山僧即不然觸目未曾無臨機道甚
麽珍重
廣州龍境倫禪師開堂陞座提起拂子曰還
會麽若會頭上更增頭若不會斷頭取活僧
問如何是龍境家風師曰豺狼虎豹問如何
是佛師曰勤耕田曰學人不會師曰早收禾
問僧甚麽處來曰黃雲來師曰作麽生是黃
雲郎當媚癡抹踺爲人一句僧無對示衆曰
作麽生是長連牀上取性一句道將來
韶州雲門山爽禪師上堂僧問如何是佛師
曰聖躬萬歲問如何是透法身句師曰銀香
臺上生蘿蔔
韶州白雲聞禪師上堂良久僧出問白雲一
路全因今日師曰不是不是曰和尚又如何
師曰白雲一路草深一丈便下座問擬伸一
問師還答否師曰皂莢樹頭懸風吹曲不成
問受施主供養將何報答師曰作牛作馬
韶州淨法禪想章禪師廣主問如何是禪師

乃良久主罔測因署其號僧問日月重明時
如何師曰日月雖明不鑒覆盆之下問既是
金山爲甚麽鑿石師曰金山鑿石問如何是
道師曰迢迢十萬餘
韶州溫門山滿禪師僧問如何是佛師曰賀
題卍字曰如何是祖師曰不遊西土有人指
壁上畫問既是千尺松爲甚麽却在屋下師
曰芥子納須彌作麽生問隔墻見角便知是
牛時如何師便打問如何是和尚家風師曰
汝曾讀書麽問太子初生爲甚麽不識父母
師曰迥然尊貴
英州大容諲禪師僧問如何是大容水師曰
還我一滴來問當來彌勒下生時如何師曰
慈氏宮中三春草問如何是眞空師曰拈却
拒陽著曰如何是妙用師乃握拳僧曰眞空
妙用相去幾何師以手撥之問長蛇偃月即
不問匹馬單槍時如何師曰麻江橋下會麽
曰不會師曰聖壽寺前問既是大容爲甚麽
趂出僧師曰大海不容塵小溪多搕𢶍問如
何是古佛一路師指地僧曰不問這箇師曰

去師與一老宿相期他往偶因事不去宿曰
佛無二言師曰法無一向
廣州羅山崇禪師僧問如何是大漢國境師
曰玉狗吠時天未曉金雞啼處五更初問丹
霞訪居士女子不攜籃時如何師曰也要到
這裏一轉問如何是羅山境師曰布水千尋
韶州雲門常寶禪師上堂至道無難唯嫌揀
擇還有揀擇者麽時有僧問十方國土中唯
有一乘法如何是一乘法師曰日月分明曰
學人不會師曰清風滿路
郢州林谿竟脫禪師僧問如何是法身師曰
四海五湖賓曰如何是透法身句師曰明眼
人笑汝問如何是本來人師曰風吹滿面塵
問牛頭未見四祖時如何師曰富貴多賓客
曰見後如何師曰貧窮絕往還問如何是佛
師曰十字路頭曰如何是法師曰三家村裏
曰佛之與法是一是二師曰露柱渡三江猶
懷感恨長問如何是無縫塔師曰復州城曰
如何是塔中人師曰龍興寺
韶州廣悟禪師僧問如何是和尚爲人一句

師曰因風吹火
廣州華嚴慧禪師僧問承古有言妄心無處即菩提正當妄時還有菩提也無師曰來音已照曰不會師曰妄心無處即菩提
韶州長樂山政禪師僧問祖師心印何人提掇師曰石人妙手在曰學人還有分也無師曰木人整不齊
英州觀音和尚因穿井次僧問井深多少師曰没汝鼻孔問牛頭未見四祖時如何師曰英州觀音曰見後如何師曰英州觀音問如何是觀音妙智力師曰風射破牕鳴
韶州林泉和尚僧問如何是林泉主師曰巖下白石曰如何是林泉家風師曰迎賓待客問如何是道師曰迢迢曰便恁麼領會時如何師曰久久忘緣者寧懷去住情
韶州雲門煦禪師僧問如何是祖師西來意師曰即今是甚麼意曰恰是師便喝
瑞州黃檗法濟禪師僧問如何是和尚家風師曰與天下人作榜樣問如何是佛師曰眉麤眼大上堂良久曰若識得黃檗帳子平生行脚事畢珍重
信州康國耀禪師僧問文殊與維摩對談何事師曰汝向髑髏後會始得曰古人道髑髏裏薦取又如何師曰汝還薦得麼曰恁麼則遠人得遇於師去也師曰莫謾語
潭州谷山豐禪師僧問師唱誰家曲宗風嗣阿誰師曰雪嶺梅花綻雲洞老僧驚上堂駿馬機前異遊人肘後懸既叅雲外客試爲老僧看時有僧纔出師便打曰何不早出頭來便下座
潁州羅漢匡果禪師僧問如何是吹毛劒師曰了問和尚百年後忽有人問向甚麼處去如何祗對師曰久後遇作家分明舉似曰誰是知音者師曰知音者即不恁麼問鑿壁偷光時如何師曰錯曰爭奈苦志專心師曰錯錯
鼎州滄谿璘禪師僧問是法住法位世間相常住雲門和尚向甚麼處去也師曰見麼曰錯師曰錯錯問如何是西來意師曰不錯師因事示頌曰天地之前徑時人莫疆移箇中生解會眉上更安眉
瑞州洞山清禀禪師泉州李氏子叅雲門門問今日離甚處曰慧林門舉拄杖曰慧林大師恁麼去汝見麼曰深領此問門顧左右微笑而已師自此入室印悟金陵主請居光睦未幾命入澄心堂集諸方語要經十稔迎住洞山開堂日維那白槌曰法筵龍象衆當觀第一義師曰好箇消息秖恐錯會時有僧問雲門一曲師親唱今日新豐事若何師曰也要道却
蘄州北禪悟通寂禪師上堂拈拄杖曰過去未來現在三世諸佛微塵菩薩一時在拄杖頭上轉大法輪盡向諸人鼻孔裏過還見麼若見與我拈將來若不見大似立地死漢良久曰風恬浪靜不如歸堂問僧甚處來曰黃州師曰夏在甚處曰資福師曰福將何資曰兩重公案師曰爭奈在北禪手裏曰在手裏即收取師便打僧不甘師隨後趂出問如何是佛師曰對面千里
廬州南天王永平禪師僧問如何是西來意

師曰不撒沙問如何是南天王境師曰一任
觀看曰如何是境中人師曰且領前話問久
戰沙場爲甚麽功名不就師曰秖爲眠霜臥
雪深曰恁麽則罷息干戈束手歸朝去也師
曰指揮使未到你在
湖南永安朗禪師僧問如何是洞陽家風師
曰入門便見曰如何是入門便見師曰客是
主人相師問如何是至極之談師曰愛别離
苦
湖南湘潭明照禪師僧問如何是湘潭境師
曰山連大嶽水接瀟湘曰如何是境中人師
曰便合知時問如何是佛法大意師曰百感
謾勞神
西川青城大面山乘禪師僧問如何是相輪
峯師曰直聳煙嵐際曰向上事如何師曰入
地三尺五問如何是佛法大意師曰興義門
前䵺䵺鼓曰學人不會師曰朝打三千暮打
八百
興元府普通封禪師僧問今日一會何似靈
山師曰震動乾坤問如何是普通境師曰庭
前有竹三冬秀户内無燈午夜明
韶州燈峯淨源眞禪師上堂古人道山河大
地普眞如大衆若得眞如即隱却山河大地
若不得即違古人至言衆中道得者出來道
看若道不得不如各自歸堂珍重僧問達磨
未來時如何師曰三家村裏兩兩三三曰來
後如何師曰千斜不如一直問諸法寂滅相
即不問如何是世間相師曰眞不掩假問如
何是和尚爲人一句師曰不著力
韶州大梵圓禪師因見聖僧乃問僧此箇聖
僧年多少僧曰恰共和尚同年師喝曰這竭
斗不易道得
澧州藥山圓光禪師僧問藥嶠燈聯師當第
幾師曰相逢盡道休官去林下何曾見一人
問水陸不涉者師還接否師曰蘇嚕蘇嚕師
問新到南來北來曰北來師曰不落言詮速
道速道曰某甲是福建道人善會鄉談師曰
然衆去僧曰灼然師曰更踍跳便打問如何
是祖師西來意師曰道甚麽
信州鵝湖雲震禪師僧問如何是佛師曰閑
黎不是問僧近離甚處曰兩浙師曰還將得
吹毛劍來否僧展兩手師曰將謂是箇爛柯
仙元來却是樗蒲漢問如何是鵝湖家風師
曰客是主人相師曰恁麽則謝師周旋去也
師曰難下陳蕃之榻
廬山開先清耀禪師僧問如何是燈燈不絶
師曰青楊䕭遞植曰學人不會師曰無根樹
下唱虛名問披雲一句師親唱長慶今朝事
若何師曰家家觀世音問如何是披雲境師
曰一缾淥水安牕下便當生涯度幾秋曰如
何是長慶境師曰堂裏老僧頭雪白曰二境
同歸應當别理師曰在處得人疑問古澗寒
泉誰人能到師曰乾曰恁麽則到也師曰深
多少
襄州奉國清海禪師僧問青青翠竹盡是眞
如如何是眞如師曰點鐵成金客聞名不見
形曰恁麽則禮謝去也師曰昔時妄想至今
猶存問承古有云見月休觀指歸家罷問程
如何是家師曰試舉話頭看問放過即東道
西說不放過怎生道師曰二年同一春

韶州慈光禪師僧問即心即佛誘誨之言不涉前蹤如何指教師曰東西且置南北事作麽生曰恁麽則學人罔測去也師曰龍頭蛇尾

韶州雙峯慧眞禪師僧問如何是和尚非時爲人一句師曰喫棒得也未僧禮拜師便打

潭州保安師密禪師僧問蜫芥投針時如何師曰落在甚麽處（梁山云落在汝眼裏）問不犯詞鋒時如何師曰天台南嶽曰便恁麽去時如何師曰江西湖南

韶州雲門法球禪師僧問如何是西來大道師曰當時妄想至今不絕問如何是雲門劒師曰長空不亙鋒鋩色曰用者又如何師曰四海唯清日月明問如何是道師曰頭上脚下曰如何是道中人師曰一任東西問如何是隨色摩尼珠師曰色即不無作麽生是珠曰學人不會特伸請益師曰雲有出山勢水無投澗聲問牛頭未見四祖時如何師曰香風吹萎花曰見後如何師曰更雨新好者

韶州佛陀山遠禪師僧問如何是佛師曰銅頭鐵額曰意旨如何師曰簸土颺塵

連州慈雲山深禪師僧問寶鏡當軒時如何師曰天地皆失色問如何是教外別傳一句師曰扣牙恐驚齒

廬山化城鑒禪師僧問如何是和尚正法眼師曰新羅人迷路上堂十方薄伽梵一路涅槃門諸禪德且作麽生是涅槃門莫是山僧這裏聚會少時便爲涅槃門麽莫錯會好諸禪德總不恁麽會莫別有商量底麽山僧這裏早是事不獲已向諸人恁麽道已是相鈍置了也更擬踏步向前有何所益諸禪德但自無事自然安樂任運天眞隨緣自在莫用巡他門户求覓解會記憶在心被他繫縛不得自在便被生死之所拘何時得出頭可惜光陰倏忽便是來生速須努力時有僧問生死到來如何免得師曰柴鳴竹爆驚人耳曰學人不會請師直指師曰家犬聲獰夜不休問如何是菩提路師曰月照舊房深問如何是和尚家風師曰不欲說似人曰爲甚麽却如此師曰家醜不外揚問如何是和尚尋常爲人底句師曰量才補職曰恁麽則學人無分也師曰心不負人問佛法畢竟成得甚麽邊事師曰好箇問頭無人荅得曰和尚豈無方便師曰雲有出山勢水無投澗聲問如何是向上關棙子師曰拔劒攪龍門

五燈會元卷第四十

五燈會元卷第四十

校勘記

一　底本，清藏本。

一　七三〇頁上一行經名，徑無（未換卷）。

一　七三〇頁上一三行「那邊有」，徑作「那畔有」。

一　七三二頁上一行末字「徃」，徑作「姓」。

一　七三三頁中一八行第七字「八」，徑作「入」。

一　七三四頁上二行「李主」，徑作「李王」。

一　七三九頁下卷末經名，徑無（未換卷）。

五燈會元卷第四十一　石四

宋沙門大川濟纂

青原下七世

雲門偃禪師法嗣

廬山護國和尚上堂曰有解問話者麽出來對衆問看時有僧出禮拜師曰來朝更獻楚王看便歸方丈上堂實際理地不受一塵佛事門中不捨一法又曰一法若有毗盧墮在凡夫萬法若無普賢失其境界諸上座作麽生理論朝夕恁麽上來向諸上座說箇甚麽即得若說三乘十二分教自有座主律師若說世諦因緣又非僧家之所議若論佛法從上祖宗多少佛法可與評量總不如是須知各各當人分上事作麽生是諸上座分上事知有底對衆吐露箇消息以表平生行腳參善知識具爍迦羅目不被人謾豈不快哉還有麽良久云若無人出頭買賣不當價徒勞更商量珍重僧問佛未出世時如何師曰雲遮海門樹曰出世後如何師曰擘破鐵圍山

蘆州天王㵾禪師僧問如何是一大藏教師曰高座不曾登曰登後如何師曰三段不同今當第一向下文長付在來日東家籬西家壁自已分上又作麽生僧無對師便打問如何是從天降下師曰風雨順時曰如何是從地湧出師曰稻麻竹葦

廬州慶雲和尚僧問三乘十二分教即不問如何是直截根源師曰十進九退曰如何即是師曰何日得休時問一言道斷時如何師曰未是極則處曰如何是極則處師曰冬後一陽生問諸法實相義和尚如何說師曰口挂東壁上問佛令祖令今已委向上機鋒事若何師曰令曰學人不曉如何指示師曰收

岳州永福院朗禪師問僧汝是甚處人曰荆南人師曰還過公安渡也無曰過公安渡師曰汝何不判公驗曰和尚何得特地師曰爭奈岳陽關頭何僧無語師便打

郢州芭蕉山弘義禪師僧問如何是最初一句師曰舉起分明曰如何受持師曰蘇嚕悉哩問學人非時上來乞師一接師曰汝是甚處人曰河北人師曰不易過黃河

郢州趙橫山和尚僧問十二時中如何用心師曰長連牀上喫粥喫飯問如何是諸佛師師曰平地看高

信州西禪欽禪師僧問如何是函蓋乾坤句師曰天上有星皆拱北曰如何是截斷衆流句師曰大地坦然平曰如何是隨波逐浪句師曰春生夏長問古殿重興時如何師曰一回春到一回新

廬州南天王海禪師僧問如何是一體眞如師曰五郎手裏鐵彈子問十度發言九度休時如何師曰口邊生荆棘曰如何免得此過師曰半路好抽身

桂州覺華普照禪師僧問大千世界爲甚麽轉身不得師曰誰礙闍黎曰爭奈轉不得師曰無用處問聲色二字如何透得師曰虛空無變易日月自紛拏問如何是眞如涅槃師曰秋風聲颯颯澗水響潺潺上堂總似今日老胡有望然燈佛不如闍黎總似今日老胡絶望闍黎不如然燈佛於此明得大地微塵諸佛西天二十八祖唐土六祖天下老宿一

時拈來山僧拄杖頭上轉妙法輪於此明不得百千諸佛穿你鼻孔西天二十八祖透過你髑髏還知麼若不知山僧與你指出良久曰山河大地有甚麼過久立珍重

益州鐵幢覺禪師僧問十二時中如何履踐師曰光剃頭淨洗鉢問如何是道師曰踏著曰如何是道中人師曰退後三步問諸佛出世當爲何事師曰截耳卧街

新州延長山和尚（後住龍景山真身現在）僧問如何是和尚家風師曰醜拙不可當曰客來如何祇待師曰瓦盌竹筯問從上古聖向甚麼處去師曰不在山間即居樹下曰未審成得箇甚麼師曰汝還知落處麼僧無語師便打

眉州福化克禪師僧問如何是大人相師曰山僧這裏不曾容易對闍黎曰如何得相承去師曰白雲雖有影綠竹且無陰問天皇也恁麼道龍潭也恁麼道未審和尚作麼生道師曰汝試道看曰比來請益豈無方便師曰將謂是海東舶主元來是北地番人問如何是佛法大意師曰十字路頭華表柱曰學人不會乞師再指師曰君自行東我向西

眉州黃龍贊禪師僧問如何是和尚關棙子師曰少人踏得著曰忽踏得著時如何師曰汝試進前看僧便喝師便打問僧近離甚處曰香林師曰在彼多少時曰六年師曰世尊在雪山六年[石四]證無上菩提汝在[四]香林六年成得箇甚麼僧無語師曰移廚喫飯漢

衡州大聖院守賢禪師僧問如何是古佛道場師曰五通廟裏沒香爐問如何是佛法大意師曰南斗七北斗八

舒州天柱山和尚上堂曰莫有作家戰將麼試出來與山僧相見時有僧出禮拜師曰山僧打退鼓曰和尚是甚麼心行師曰敗將不戰問北斗藏身意旨如何師曰闍黎豈不是荆南人曰是師曰祇見波瀾起不測洞庭深

韶州雲門山朗上座自幼肄業講肆聞僧問雲門如何是透法身句門曰北斗裏藏身師罔測微旨遂造雲門門纔見便把住曰道道師擬議門拓開乃示頌曰雲門聳峻白雲低水急遊魚不敢棲入戶已知來見解何勞再舉轢中泥師因斯大悟即便禮拜自此依雲門爲上座僧問如何是解脫師曰穿靴水上行問如何是透脫一路師曰南贍部州北鬱單越曰學人不會意旨如何師曰朝遊羅浮暮歸檀特

郢州募子[石四]山菴主僧問如何是[五]透法身句師曰朝看東南暮看西北

青原下八世

白雲祥禪師法嗣

韶州大歷和尚初叅白雲雲舉拳曰我近來不恁麼也師領旨禮拜自此入室住後僧問如何是西來意師曰破草鞋問如何是無爲師乃擺手問施主供養將何報答師以手撚髭曰有髭即撚無髭又如何師曰非公境界

連州寶華和尚上堂看天看地新羅國裏和南不審日銷萬兩黃金雖然如此猶是少分又曰盡十方世界是箇木羅漢幡竿頭上道將一句來又曰天上龍飛鳳走山間虎嘯猿啼拈向鼻孔道將一句來問僧甚處來曰大容來師曰大容近日作麼生曰近來合得一

甕醬師喚沙彌將一椀水來與這僧照影因有僧問大容曰天賜六銖披挂後將何報答我皇恩容曰來披三事衲歸挂六銖衣師聞之乃曰這老凍膿作恁麽語話容聞令人傳語曰何似奴緣不斷師曰比爲拋甎秖圖引玉師見一僧從法堂堦下過師乃敲繩牀僧曰若是這箇不請拈出師喜下地詰之僧無語師便打師有時戴冠子謂衆曰若道是俗且身披袈裟若道是僧又頭戴冠子衆無對

韶州月華山月禪師初謁白雲雲問業箇甚麽曰念孔雀經雲曰好箇人家男女隨烏雀後走師聞語驚異遂依附久之乃契旨尋住月華僧問如何是月華家風師曰若問家風即答家風曰學人問家風師曰金鋼羅漢上堂舉一句語徧大千界還有人會得這箇時節麽試出來道看要知親切良久曰不出頭是好手久立珍重僧問如何是祖師西來意師曰梁王不識曰意旨如何師曰隻履西歸師入京上堂有一官人出禮拜起低頭良久師曰掣電之機徒勞佇思有一老宿上法堂東西顧視曰好箇法堂要且無主師聞乃召曰且坐喫茶宿問曰玄中最的猶是龜毛兎角不向二諦中修如何密用師曰測宿曰恁麽則拗折拄杖割斷草鞋去也師曰細而詳之

南雄州地藏和尚上堂僧問今日供養地藏地藏還來否師曰打開佛殿門裝香換水師與大容和尚在白雲開火路容曰三道寶堦何似箇火路師曰甚麽處不是

英州樂淨含匡禪師上堂良久曰摩竭提國親行此令去却擔簦截流相見僧問如何是西來意師曰側耳無功問如何是樂淨家風師曰天地養人問如何是樂淨境師曰有工貪重竹無暇不栽松曰忽遇客來將何供養師曰滿園秋果熟要者近前嘗問龍門有意透者如何師曰灘下接取曰學人不會師曰喚行頭來問但得本莫愁末如何是本師曰不要問人曰如何是末師乃竪指問如何是樂淨境師曰滿月團圓菩薩面庭前棲樹夜义頭僧辭師問甚處去曰大容去師曰大容若問樂淨有何言教汝作麽生秖對僧無語師代云但道樂淨近日不肯大容因普請打籬次僧問古人種種開方便門和尚爲甚麽却攔截師曰牢下橛著

韶州後白雲和尚僧問古琴絕韻請師彈師曰伯牙雖妙手時人聽者希曰恁麽則再遇子期也師曰笑發驚絃斷寧知調不同問昔日靈山一會梵王爲主未審白雲甚麽人爲主師曰有常侍在曰恁麽則法雨霶霈羣生有賴師曰汝莫這裏賣梔子

韶州白雲福禪師僧問如何是佛法的的之意師曰直曰學人不會意旨如何師曰崖州路上問知音

德山密禪師法嗣

鼎州文殊應真禪師上堂直鉤釣獰龍曲鉤釣蝦蟆蚯蚓還有龍麽良久曰勞而無功僧問寶劒未出匣時如何師曰在甚麽處曰出匣後如何師曰臂長衫袖短問古人拊掌意旨如何師曰家無小使不成君子

南嶽南臺勤禪師僧問如何是祖師西來意

師曰一寸龜毛重七斤
鼎州德山紹晏禪師僧問如何是祖師西來
意師曰桃源水遶白雲亭上堂一塵纔起大
地全收一毛頭上師子全身且道一塵纔起
大地全收須彌山重多少一毛頭上師子全
身大海水有幾滴有人道得與汝拄杖子天
下橫行若道不得須彌山蓋却汝頭大海水
溺却汝身
潭州鹿苑文襲禪師僧問遠遠投師請師一
接師曰五門巷裏無消息僧良久師曰會麽
曰不會師曰長樂坡頭信不通
澧州藥山可瓊禪師上堂僧出曰請師答話
師曰好曰還當得也無師曰更問問巨嶽不
曾乏寸土師令苦口爲何人師曰延壽也要
道過曰不伸此問馬辯我師師便喝僧禮拜
師便打
巴陵乾明院普禪師僧問萬行齊修古人不
許不落功勳還許也無師曰一曰學人未曉
乞師再指師曰三十年後
興元府中梁山崇禪師僧問垂絲千尺意在
深潭時如何師曰紅鱗掌上躍
鄂州黄龍志愿禪師僧問迦葉上行衣何人
合得披師曰一片燒痕地春入又逢青
益州東禪秀禪師僧問既是善神爲甚麽却
被雷打師曰世亂奴欺主年衰鬼弄人問如
何是一代時教師曰多年故紙
鼎州普安道禪師三句頌函蓋乾坤曰乾坤
并萬象地獄及天堂物物皆眞見頭頭用不
傷截斷衆流曰堆山積嶽來一一盡塵埃更
擬論玄妙冰消瓦解摧隨波逐浪曰辯口利
舌問高低總不虧還如應病藥診候在臨時
三句外曰當人如舉唱三句豈能該有問如
何事南嶽與天台擡薦商量曰相見不揚眉
君東我亦西紅霞穿碧落白日繞須彌
巴陵鑒禪師法嗣
渤潭靈澄散聖因智門寬禪師問曰甚處來
師曰水清月現門曰好好借問師曰禰衫不
染皂門曰喫茶去師有西來意頌曰因僧問
我西來意我話居山七八年草履秖栽三箇
耳麻衣曾補兩番肩東菴每見西菴雪下澗
長流上澗泉半夜白雲消散後一輪明月到
牀前
襄州興化院興順禪師僧問如何是和尚深
深處師曰舉即易答即難曰爲甚麽如此師
曰過去問如何是百千妙門同歸方寸師曰
水底看夜市問如何是向上事師曰楚山頭
指天
雙泉寬禪師法嗣
蘄州五祖師戒禪師僧問如何是佛師曰鼻
孔長三尺曰學人不會師曰眞不掩僞曲不
藏直問如何是道師曰點曰點後如何師曰
荆三汴四問寶劍未出匣時如何師曰看曰
出匣後如何師曰收問如何是隨色摩尼珠
師曰隨曰隨後如何師曰一箇婆婆兩箇㜷
問得船便渡時如何師曰棹在誰人手僧擬
議師曰雲有出山勢水無投澗聲上堂佛病
祖病一時與諸禪德拈向三門外諸禪德還
拈得山僧病也無若拈得山僧病不妨見得
佛病祖病珍重問如何是祖師西來意師曰
擔不起曰爲甚麽擔不起師曰祖師西來意

問牛頭未見四祖時如何師曰高問低對曰見後如何師曰風蕭蕭雨颯颯上堂僧問名喧宇宙知師久雪嶺家風略借看師曰未在更道僧展兩手師便打僧禮拜師豎起拄杖曰大衆會麽言不再舉令不重行便下座問僧近離甚處曰東京師曰還見天子也無曰常年一度出金明池師曰有禮可恕無禮難容出去智門問曰暑往寒來即不問林下相逢事若何師曰五鳳樓前聽玉漏門曰爭奈主山高案山低師曰須彌頂上擊金鐘

江陵府福昌院重善禪師僧問如何是正法眼師曰夜覻乾象曰學人不會意旨如何師曰日裏看山問如何是佛法的的大意師曰東方甲乙木曰恁麽則粉骨碎身也師曰易開終始口難保歲寒心問浩浩塵中如何辯主師曰長安天子塞外將軍曰恁麽則權握在手師曰不斬無罪人問如何是不遷底法師曰死人不坐禪曰學人不會意旨如何師曰那伽常在定問離却咽喉唇吻請師速道師曰福昌口門窄曰和尚爲甚麽口門窄師曰還我話來問如何是離筌蹄底句師曰頭大帽子小曰意旨如何師曰側脚反穿靴問金烏東涌玉兎西沉時如何師曰措大不騎驢曰恁麽則謝師指南師曰更須子細問牛頭未見四祖時如何師曰檍子數珠曰見後如何師曰鐵磬行者問未施武藝便入戰場時如何師曰老僧打退鼓曰恁麽則展陣開旗去也師曰伏惟尚饗上堂盡乾坤大地微塵諸佛總在福昌這裏拈拄杖畫一畫曰說佛說法諸禪德若也會得出來與汝證據若也不會花須連夜發莫待曉風吹便下座

蘄州四祖志諲禪師僧問如何是透法身句師曰多年松樹老鄰皴問葉落歸根時如何師曰一歲一枯榮

襄州興化奉能禪師僧問如何是佛師曰髮長僧貌醜

唐州天睦山慧滿禪師僧問如何是佛師曰多年桃核曰意旨如何師曰打破裏頭人問如何是祖師西來意師曰三年逢一閏曰合談何事師曰九日是重陽

鄂州建福智同禪師僧問如何是透法身句師曰鷄䳃慕西秦僧禮拜師曰聽取一頌雲門透法身法身何許人鴈回沙塞北鷄䳃慕西秦

襄州延慶宗本禪師僧問魚未跳龍門時如何師曰擺手入長安曰跳過後如何師曰長安雖樂

鼎州大龍山炳賢禪師僧問昔日先師語如何透法身師曰萬仞峯前句不與白雲齊問如何是動乾坤句師曰透出龍宮黿大海掌開日月倒須彌問如何是出家人師曰深曰如何是出家法師曰苦

自巖上座僧問如何是無縫塔師曰甎瓦泥土曰如何是塔中人師曰含齒戴髮問如何是大人相師曰不曾作模樣曰如何是老人相師曰無力把拄杖問洞山麻三斤意旨如何師曰八十婆婆不梳梳

香林遠禪師法嗣

隨州智門光祚禪師（先住北塔）僧問如何是佛師曰踏破草鞋赤脚走曰如何是佛向上事師

曰拄杖頭上挑日月問如何是祖師西來意師曰眼不見鼻曰便恁麽領會時如何師曰鼻孔裏呷羹問曹谿路上還有俗談也無師曰六祖是盧行者問一切智智清淨還有地獄也無師曰閻羅王是鬼做上堂一法若有毗盧墮在凡夫萬法若無普賢失其境界正當恁麽時文殊向甚麽處出頭若也出頭不得金毛師子腰折幸好一盤飯莫待糝椒薑上堂山僧記得在母胎中有一則語今日舉似大衆諸人不得作道理商量還有人商量得麽若商量不得三十年後不得錯舉問如何是清淨法身師曰滿眼是埃塵問古鏡未磨時如何師曰也秖是箇銅片曰磨後如何師曰且收取問如何是般若體師曰蚌含明月曰如何是般若用師曰兎子懷胎問金剛眼中著得箇甚麽師曰一把沙曰爲甚麽如此師曰非公境界問如何是無縫塔師曰四稜著地曰如何是塔中人師曰鼻孔三斤秤不起問蓮花未出水時如何師曰蓮花曰出水後如何師曰荷葉上堂汝等諸人橫擔拄杖出一叢林入一叢林你道叢林有幾種或有旃檀叢林旃檀圍繞或有荊棘叢林荊棘圍繞或有荊棘叢林旃檀圍繞或有旃檀叢林荊棘圍繞秖如四種叢林是汝諸人在阿那箇叢林裏安身立命若無安身立命處虛踏破草鞋閻羅王徵你草鞋錢有日在上堂雪峰輥毬羅漢書字歸宗斬蛇大隨燒畬且道明甚麽邊事還有人明得麽試道看若明不得所以道斬蛇須是斬蛇手燒畬須是燒畬人瞥起情塵生妄見眼裏無筋一世貧上堂赫日裏我人雲霧裏慈悲霜雪裏假褐雹子裏藏身還藏得身麽若藏不得却被雹子打破髑髏上堂東家李四婆西家來乞火門外立少時嗔他停滯我惡發走歸家虛心屋裏坐可憐羣小兒終日受饑餓有眼不點睛空鑠髑髏破

灌州羅漢和尚僧問如何是佛師曰牛頭阿旁曰如何是法師曰劍樹刀山問如何是佛法大意師曰井中紅燄日裏浮漚曰如何領會師曰遙指扶桑日那邊問如何是本來心師曰蹉過了也

灌州青城香林信禪師僧問覿面相呈時如何師曰築著鼻孔

洞山初禪師法嗣

潭州福嚴良雅禪師居洞山第一座山衆次僧出問如何是佛山答曰麻三斤衆罷山至寮謂師曰我今日答這僧話得麽曰恰值某淨髮山曰你元來作這去就拂袖便出師曰這老漢將謂我明他這話頭不得因作偈呈曰五彩畫牛頭黃金爲點額春晴二月初農人皆取則寒食賀新正鐵錢三五百山見深肯之住福嚴日僧問如何是和尚家風師曰入門便見

荊南府開福德賢禪師僧問去離不得時如何師曰子承父業問如何是衲僧活計師曰耳裏種田上堂不用思而知不用慮而解知解俱泯合談何事良久曰一葉落天下秋問承和尚有言隔江招手意旨如何師曰被裏張帆曰恁麽則南山起雲北山下雨去也師曰踏不著

潭州報慈嵩禪師。僧問北斗藏身意旨如何師曰百歲老人入漆甕

岳州乾明睦禪師問洞山停機罷賞時如何山曰水底弄傀儡師曰誰是看翫者山曰停機罷賞者師曰恁麼則知音不和也山曰知音底事作麼生師曰大盡三十日山曰未在更道師曰某甲合喫和尚手中痛棒山休去問昔日靈山記今朝嗣阿誰師曰楚山突兀漢水東流曰恁麼則洞山的嗣也師曰聽事不真喚鐘作甕

鄧州廣濟院同禪師僧問萬緣息盡時如何師曰三脚蝦蟇飛上天問如何是透法身句師曰華嶽三峯小曰此意如何師曰黃河輥底流

韶州東平山洪教禪師僧問如何是向上關師竪起拂子僧曰學人未曉乞師再指師曰非公境界曰和尚豈無方便師曰再犯不容

泐潭謙禪師法嗣

虔州了山宗𢦏禪師上堂鐘聲清鼓聲響早晚相聞休妄想驀得徒勞別問津真道山僧無伎倆咄

奉先深禪師法嗣

天台蓮華峯祥菴主僧問如何是雪嶺泥牛吼師曰聽曰如何是雲門木馬嘶師曰響示寂日拈拄杖示眾曰古人到這裏為甚麼不肯住眾無對師[五四]乃曰為他途路[十六]不得力復曰畢竟如何以杖橫肩曰楖栗橫擔不顧人直入千峯萬峯去言畢而逝

江州崇聖御禪師僧問如何是學人受用三昧師曰橫擔拄杖曰意旨如何師曰步步踏實

雙泉郁禪師法嗣

鼎州德山慧遠禪師開堂示眾曰無量法門悉已具足然雖如是且須委悉始得其餘方便昔時聖人互出乃曰傳燈爾後賢者差肩故云繼祖是以心心相傳法法相印且作麼生傳作麼生印舉起拂子曰此乃人天同證若如是也遞相證明其或未曉之徒請垂下問僧問如何是祖師西來意師曰鐵門路險解夏上堂僧問九句禁足今已滿自恣之儀事若何師曰獅猻趂蛺蝶九步作一歇曰意旨如何師示頌曰兩箇童兒昇木鼓左邊打了右邊舞剎那變現百千般分明示君君記取問亡僧遷化向甚麼處去師曰烏龜鑽破壁上堂枕石漱流任運天真不見古者道撥霞掃雪和雲母[五四]掘石移松得茯苓[十七]當恁麼時復何言哉諸禪德要會麼聽取一頌雪霽長空迥野飛鴻段雲片片向西向東

襄州含珠山彬禪師僧問如何是正法眼師曰瞎問如何是和尚關棙子師竪起拂子僧便喝師便打問如何是三乘教師曰上大人曰意旨如何師曰化三千

披雲寂禪師法嗣

廬山開先照禪師僧問向上宗乘乞師垂示師曰白雲斷處見明月曰猶是學人疑處師曰黃葉落時聞擣衣問如何是和尚家風師曰一條寒澗木得力勝兒孫曰用者如何師曰百雜碎上堂叢林規矩古佛家風一參一請一粥一飯且道明得箇甚麼秪如諸人心心不停念念不住若能不停處停念處無念

自合無生之理與麽說話笑破他人口聻
金陵天寶和尚僧問白雲抱幽石時如何師
曰非公境界問如何是和尚家風師曰列半
作三曰學人未曉師曰鼻孔針筒

舜峯韶禪師法嗣

磁州桃園山曦朗禪師僧問如何是祖師西
來意師曰西來若有意斬下老僧頭曰爲甚
却如此師曰不見道爲法喪軀
安州法雲智善禪師僧問如何是古佛道場
師曰山青水緑

般若柔禪師法嗣

藍田縣眞禪師僧問如何是大定門師曰拈
柴擇菜上堂成山假就於始簣脩途託至於
初步上座適來從地爐邊來還與初步同别
若言同即不會不遷若言别亦不會不遷上（石四）（十八）
座作麽生會還會麽這裏不是那裏那裏不
是這裏且道是一處兩處是遷不遷是來去
不是來去若於此顯明得便乃古今一如初
終自爾念念無常心心永滅所以道觀方知
彼去去者不至方上座適來恁麽來却請恁
麽去聻

妙勝臻禪師法嗣

西川雪峯欽山主上堂昨日一今日二不用
思量快須瞥地不瞥地蹉過平生没巴鼻咄

薦福古禪師法嗣

和州淨戒守密禪師僧問如何是佛師曰稽
首稽首曰學人有分也無師曰頓首頓首僧
作舞而出師曰似則恰似是即未是

清凉明禪師法嗣

吉州西峯雲豁禪師郡之曾氏子早扣諸方
晚見清凉問佛未出世時如何凉曰雲遮海
門樹曰出世後如何凉曰擘破鐵圍山師於
言下大悟凉印可之歸住寶龍雲侶駢集眞
宗皇帝遣使召至訪問宗要留上苑經時寘
坐不食上嘉異賜號圓淨辭歸珍錫甚隆皆（石四）（十九）
不受以詩寵其行改寶龍曰祥符雄師之居
也嘗有問易中要旨者師曰夫神生於無形
而成於有形從有以至於無然後能合乎妙
圓正覺之道故自四十九衍以至於萬有一
千五百二十以窮天下之理以盡天下之性
不異吾聖人之教也示寂日爲衆曰天不高
地不厚自是時人覷不透但看臘月二十五
依舊面南看北斗瞑然而逝茶毗獲設利建
塔

青原下九世

文殊眞禪師法嗣

瑞州洞山曉聰禪師遊方時在雲居作燈頭
見僧說泗州大聖近在揚州出現有設問曰
既是泗州大聖爲甚麽却向揚州出現師曰
君子愛財取之以道後僧舉似蓮華峯祥庵
主主大驚曰雲門兒孫猶在中夜望雲居拜
之住後僧問達磨未傳心地印釋迦未解謦
中珠此時若問西來意還有西來意也無師
曰六月雨淋淋寬其萬姓心曰恁麽則雲散
家家月春來處處花師曰脚跟下到金剛水
際是多少僧無語師曰祖師西來特唱此事
自是上座不薦所以從門入者不是家珍認
影迷頭豈非大錯既是祖師西來特唱此事
又何必更對衆忉忉珍重問無根樹子向甚
麽處栽師曰千年常住一朝僧問如何是離

聲色句師曰南贍部洲北鬱單越曰恁麽則學人知恩不昧也師曰四大海深多少問古鏡未磨時如何師曰此去漢陽不遠曰磨後如何師曰黃鶴樓前鸚鵡洲問如何是佛師曰理長即就上堂教山僧道甚麽即得古即是今今即是古所以楞嚴經道松直棘曲鵠白烏玄還知得麽雖然如是未必是松一向直棘一向曲鵠便白烏便玄洞山道這裏也有曲底松也有直底棘也有玄底鵠也有白底烏久立上堂僧問學人進又不得退又不得時如何師曰抱首哭蒼天僧無語師曰汝還知鉢盂鏁子落處麽汝若知得落處也從汝問三十年後驀然問著也不定上堂舉寒山云井底生紅塵高峯起白浪石女生石兒龜毛寸寸長若要學菩提但看此模樣良久曰還知落處也無若也不知落處看看菩提入僧堂裏去也久立上堂春寒凝冱夜來好雪還見麽大地雪漫漫春風依舊寒說禪說道易成佛成祖難珍重上堂晨鷄報曉靈粥後便天明燈籠猶瞌睡露柱却惺惺復曰惺惺直言惺惺歷歷直言歷歷明朝後日莫認奴作郎珍重因事示衆天晴蓋却屋乘乾刈却禾早輸王稅了鼓腹唱巴歌問德山入門便棒猶是起模畫樣臨濟入門便喝未免捏目生花離此二途未審洞山如何爲人師曰天晴久無雨近日有雲騰曰他日若有人問洞山宗旨教學人如何舉似師曰園蔬枯槁甚擔水潑菠薐師一日不安上堂辭衆述法身頌曰參禪學道莫茫茫問透法身北斗藏余今老倒尪羸甚見人無力得商量唯有鑁頭知我意栽松時復上金剛言訖而寂塔于金剛嶺

南臺勤禪師法嗣

汝州高陽法廣禪師僧問如何是大悲千手眼師曰墮坑落壍

潭州石霜節誠禪師僧問古者道捲簾當白晝移榻對青山如何是捲簾當白晝師曰過淨瓶來曰如何是移榻對青山師曰却安舊處著上堂心外無法法外無心隨緣蕩蕩更莫沉吟你等諸人纔上堦道便好回去更要待第二杓惡水潑作甚麽

德山晏禪師法嗣

鼎州德山志先禪師僧問見色便見心時如何師曰角弓彎似月寶劒利如霜曰如何領會師曰金甲似魚鱗朱旗如火燄問遠遠投師乞師一接師曰不接曰恁麽則虚伸一問師曰少逢穿耳客多遇刻舟人問大通智勝佛十劫坐道場爲甚麽不得成佛道師曰貪觀天上月失却掌中珠問軍期急速時如何師曰十字街頭滿面塵曰爲甚麽如此師曰知而故犯問如何是無爲之談師曰石羊石虎喃喃語曰是何言教師曰長行書不盡短偈絶人聞問如何是一稱南無佛師曰皆以成佛道

黑水璟禪師法嗣

峩眉黑水義欽禪師上堂僧出禮拜師曰大地百雜碎便下座

五祖戒禪師法嗣

洪州泐潭懷澄禪師僧問見者是色聞者是聲離此二途請師別道師曰古寺新牌額問

不與萬法爲侶者是甚麽人師曰觀世音菩薩師一日見僧披衲師曰得恁麽好針線曰秖要牢固師曰打草驚蛇作甚麽曰客來須看師曰秖有這箇更別有曰雲生嶺上師曰未在更道曰水滴巖間問如何是佛法大意師曰文殊自文殊解脫自解脫

瑞州洞山自寶禪師上堂總恁麽風恬浪靜那裏得來忽遇洪波浩渺白浪滔天當恁麽時見箇水手也難得衆中莫有把柂者麽衆無對師曰賺殺一船人僧問如何是佛師曰腰長脚短

復州北塔思廣禪師僧問如何是衲僧變通之事師曰東涌西没曰變通後如何師曰地肥茄子嫩問如何是和尚家風師曰左手書右字曰學人不會師曰歐頭柳脚

蘄州四祖端禪師法身頌曰燈心刺著石人脚火急去請周醫博路逢龐公相借問六月日頭乾曬却

潭州雲葢志顒禪師僧問如何是祖師西來意師曰古寺碑難讀曰意旨如何師曰讀者盡攢眉

舒州海會通禪師僧問如何是佛法大意師曰柿桶葢樸笠曰學人不曉師曰行時頭頂戴坐則挂高壁

瑞州洞山妙圓禪師僧問如何是佛師曰頭腦相似

蘄州義臺子祥禪師僧問如何是義臺境師曰路不拾遺曰如何是境中人師曰禁犬吠尭

明州天童懷清禪師僧問如何是祖師西來意師曰眼裏不著沙曰如何領會師曰耳裏不著水曰恁麽則禮拜也師曰東家點燈西家暗坐

越州寶嚴叔芝禪師僧問如何是佛師曰土身木骨曰意旨如何師曰五彩金裝曰恁麽則頂禮去也師曰天台楖栗

蘄州五祖山秀禪師僧問無法可說是名說法既是無法可說又將何說師曰霜寒地凍曰空生不解巖中坐惹得天花動地來師曰日出冰消僧擬議師曰何不進語僧又無語師曰車不横推理無曲斷

襄州白馬辯禪師僧問如何是佛師曰水來河漲曰如何是法師曰風來樹動

隨州水南智昱禪師上堂欲識解脫道鷄鳴天巳曉趙州庭前栢打落青州棗咄

五燈會元卷第四十一

五燈會元卷第四十一

## 校勘記

一　底本，清藏本。

一　七四一頁上一行經名，徑無（未換卷）。

一　七四一頁上三行至四行「青原下七世　雲門偃禪師法嗣」，徑無。

一　七五〇頁下卷末經名，徑無（未換卷）。

# 五燈會元卷第四十二　石五

宋　沙　門　大　川　濟　纂

## 青原下九世

### 福昌善禪師法嗣

安吉州上方齊岳禪師僧問如何是菩提師曰甎頭瓦子曰意旨如何師曰苦上堂旋收黃葉燒青煙竹榻和衣半夜眠粥後放參三下鼓孰能更話祖師禪便下座

明州育王常坦禪師僧問如何是有中有師曰金河峯上曰如何是無中無師曰般若堂前上堂千花競發百鳥啼春是向上句諸佛出世知識興慈是向下句作麽生是不涉二途句若識得頂門上出氣若識不得土牛耕石田擊禪牀下座

潤州金山瑞新禪師僧問吾有大患爲吾有身父母未生未審此身在甚麽處師曰曠大劫來無處所若論生滅盡成非曰恁麽則周徧十方心不在一切處師曰泥裏摵椿上堂世間所貴者和氏之璧隋侯之珠金山喚作驢屎馬糞出世間所貴者眞如解脫菩提涅槃金山喚作屎沸碗鳴且道恁麽說話落在甚麽處故不是取舍心重信邪倒見諸人要知麽猛虎不顧几上肉洪爐豈鑄囊中錐

### 乾明信禪師法嗣

澧州藥山彝肅禪師僧問佛未出世時如何師曰大樹大皮裹曰出世後如何師曰小樹小皮纏問如何是不動尊師曰四王擡不起

### 智門祚禪師法嗣

明州雪竇重顯禪師遂寧府李氏子依普安院仁銑上人出家受具之後橫經講席究理窮玄詰問鋒馳機辯無敵咸知法器僉指南遊首造智門即伸問曰不起一念云何有過門召師近前師纔近前門以拂子驀口打師擬開口門又打師豁然開悟出住翠峯後遷雪竇開堂日於法座前顧視大衆曰若論本分相見不必高陞法座遂以手畫一畫曰諸人隨山僧手看無量諸佛國土一時現前各各子細觀瞻其或涯際未知不免拖泥帶水便陞座上首白椎罷有僧方出師約住曰如來正法眼藏委在今日放行則瓦礫生光把住則眞金失色權柄在手殺活臨時其有作者共相證據僧出問遠離翠峯祖席已臨雪竇道場未審是一是二師曰馬無千里謾追風曰恁麽則雲散家家月師曰龍頭蛇尾漢問德山臨濟棒喝已彰和尚如何爲人師曰放過一著僧擬議師便喝僧曰未審秖恁麽別有在師曰射虎不眞徒勞没羽問吹大法螺擊大法鼓朝宰臨筵如何即是師曰清風來未休曰恁麽則得遇於師也師曰一言已出駟馬難追僧禮拜師曰放過一著乃普觀大衆曰人天普集合發明箇甚麽事焉可互分賓主馳騁問答便當宗乘去廣大門風威德自在輝騰今古把定乾坤千聖秖言自知五乘莫能建立所以聲前悟旨猶迷顧鑒之端言下知宗尚昧識情之表諸人要知眞實相爲麽但以上無攀仰下絕己躬自然常光現前箇箇壁立千仞還辯明得也無未辯辯取未明明取既辯明得能截生死流同據佛祖位妙圓超悟正在此時堪報不報之恩以助無爲之化問如何是佛法大意師曰祥雲

五色曰學人不會師曰頭上漫漫問達磨未
來時如何師曰猿啼古木曰來後如何師曰
鶴唳青霄曰即今事作麼生師曰一不成二
不是問和尚未見智門時如何師曰爾鼻孔
在我手裏曰見後如何師曰穿過髑髏有僧
出禮拜起曰請師答話師便棒僧曰豈無方
便師曰罪不重科復有一僧出禮拜起曰請
師答話師曰兩重公案曰請師不答話師亦
棒問古人道北斗裏藏身意旨如何師曰千
聞不如一見曰此話大行師曰老鼠銜鐵問
古人道皎皎地絶一絲頭秖如山河大地又
且如何師曰面赤不如語直曰學人未曉師
曰徧問諸方問如何是學人自己師曰乘槎
斫額曰莫秖這便是師曰浪死虛生問如何
是緣生義師曰金剛鑄鐵券曰學人不會師
曰鬧市裏牌曰恁麼則行到水窮處坐看雲
起時師曰列下問四十九年說不盡底請師
說師曰爭之不足曰謝師答話師曰鐵棒自
看問如何是把定乾坤眼師曰拈却鼻孔曰
學人不會師曰一喜一悲僧擬議師曰苦問
如何是胝珍御服著弊垢衣師曰垂手不垂
手曰乞師方便師曰左眼挑筋右眼抉肉問
龍門爭進舉那箇是登科師曰重遭點額曰
學人不會師曰退水藏鱗問寂寂忘言誰是
得者師曰卸帽穿雲去曰如何領會師曰披
簑帶雨歸曰三[石五]十年後此話大行師曰一[四]場
酸澁問坐斷毗盧底人師還接否師曰殷勤
送別瀟湘岸曰恁麼則學人罪過也師曰天
寬地窄太愁人僧禮拜師曰苦屈之詞不妨
難吐問生死到來如何回避師曰定花板上
曰莫便是他安身立命處也無師曰符到奉
行上堂僧問如何是吹毛劒師曰苦曰還許
學人用也無師噓一噓乃曰大衆前共相酬
唱也須是箇漢始得若也未有奔流度刃底
眼不勞拈出所以道如大火聚近著即燎却
面門亦如按太阿寶劒衝前即喪身失命乃
曰太阿橫按祖堂寒千里應須息萬端莫待
冷光輕閃爍復云看看便下座上堂僧問如
何是維摩一默師曰寒山訪拾得曰恁麼則
入不二之門師噓一噓復曰維摩大士去何
從千古令人望莫窮不二法門休更問夜來
明月上孤峯上堂春山疊亂青春水漾虛碧
寥寥天地間獨立望何極便下座却顧謂侍
者曰適來有人看方丈麼者曰有師曰作賊
人心虛上堂十方無壁落四面亦無門古人
向甚麼處見[石五]客或若道得接手句許你天[五]上
天下上堂田地穩密底佛祖不敢近爲甚麼
擡脚不起神通游戲底鬼神不能測爲甚麼
下脚不得直饒十字縱橫朝打三千暮打八
百上堂大衆這一片田地分付來多時也爾
諸人四至界畔猶未識在若要中心樹子我
也不惜問如何是諸佛本源師曰千峯寒色
曰未委向上更有也無師曰雨滴巖花上堂
僧問雪覆蘆花時如何師曰點曰恁麼則爲
祥爲瑞去也師曰兩重公案乃曰雪覆蘆花
欲暮天謝家人不在漁船白牛放却無尋處
空把山童贈鐵鞭師一日遊山四顧周覽謂
侍者曰何日復來於此侍者哀乞遺偈師曰
平生唯患語之多矣翌日出杖屨衣盂散及
徒衆乃曰七月七日復相見耳至期盥沐攝

衣北首而逝塔全身於寺之西塢賜明覺大師

襄州延慶山子榮禪師僧問如何是隨色摩尼珠師曰三箇童兒弄花毬曰恁麽則終朝盡日也師曰頭白齒落上堂僧問靈光隱隱月照寒牕善法堂前請師舉唱師曰聽曰此猶是這邊事那邊事作麽生師曰脚下毛生問如何是佛師曰横身彰十號入榔示雙趺曰將何供養師曰合掌當胷問如何是祖師西來意師曰穿耳胡僧不著鞋

洪州百丈智映寶月禪師僧問師唱誰家曲宗風嗣阿誰師曰窣堵那吒掌上擎曰恁麽則北塔的子韶石兒孫也師曰斫額望新羅

韶州南華寶緣慈濟禪師僧問如何是祖師西來意師曰青山緑水曰未來時還有意也無師曰高者高低者低

黄州護國院壽禪師僧問如何是一路涅槃門師曰寒松青有千年色一徑風飄四季香問如何是靈山一會師曰如來纔一顧迦葉便低眉

瑞州九峯勤禪師僧問方便門中請師垂示師曰佛不奪衆生願曰恁麽則謝師方便師曰却須喫棒上堂口羅舌沸千喚萬喚露柱因甚麽不回頭良久曰美食不中飽人喫便下座

潭州雲蓋繼鵬禪師初謁雙泉雅禪師泉令充侍者示以芭蕉拄杖話經久無省發一日泉向火次師侍立泉忽問拄杖子話試舉來與子商量師擬舉泉拈火筯便擲師豁然大悟住後僧問如何是佛法大意師曰舌頭無骨問如何是祖師西來意師曰湯瓶火裏煨問佛未出世時如何師曰天曰出世後如何師曰地上堂高不在絶頂富不在福嚴樂不在天堂苦不在地獄良久曰相識滿天下知心能幾人

鄂州黄龍海禪師僧問如何是黄龍家風師曰看曰忽遇客來如何祇待師以拄杖點之問如何是最初一句師曰掘地討天

鼎州彰法澄泗禪師僧問如何是佛法大意師曰多少人摸索不著曰忽然摸著又作麽生師曰堪作甚麽

泉州雲臺因禪師僧問如何是和尚家風師曰嗔拳不打笑面曰如何施設師曰天台則有南嶽則無問如何是佛師曰月不破五曰意旨如何師曰初三十一問如何是佛法大意師曰今日好曬麥曰意旨如何師曰問取磨頭上堂菩薩子不在内不在外不在中間且道落在甚麽處良久曰南贍部洲北鬱單越

福嚴雅禪師法嗣

潭州北禪智賢禪師僧問如何是佛師曰匙挑不上曰如何是道師曰險路架橋歲夜小參曰年窮歲盡無可與諸人分歲老僧烹一頭露地白牛炊黍米飯煮野菜羹燒榾柮火大家喫了唱村田樂何故免見倚他門户傍他墻剛被時人喚作郎便下座歸方丈至夜深維那入方丈問訊曰縣裏有公人到勾和尚師曰作甚麽那曰道和尚宰牛不納皮角師遂捋下頭帽擲在地上那便拾去師跳下禪牀攔胸擒住叫曰賊賊那將帽子覆師頂

曰天寒且還和尚師呵呵大笑那便出去時法昌爲侍者師顧昌曰這公案作麽生昌曰潭州紙貴一狀領過

南嶽衡嶽寺振禪師山居頌曰呵呵呵瘦松寒竹鎖清波有時獨坐磐陀上無人共唱太平歌朝看白雲生洞口暮觀明月照娑婆有人問我居山事三尺杖子攪黄河

開福賢禪師法嗣

日芳上座僧問如何是函蓋乾坤句師竪起拄杖僧曰如何是截斷衆流句師横按拄杖僧曰如何是隨波逐浪句師擲下拄杖僧曰三句外請師道師便起去師贊開福真曰清儀瘦兮可瞻可仰仰之非親妙筆圖兮可擬可像像之非真非親非真秋月盈輪有言無味兮的中的旣徃如在兮覔焉覔當機隱顯兮絲髮諳訛金烏卓午兮迅風霹靂

報慈嵩禪師法嗣

郢州興陽山遜禪師僧問如何是佛師曰髮白面皺曰如何是法師曰暑徃寒來問如何是三界外事師曰洛陽千里餘不得舊時書

德山遠禪師法嗣

廬山開先善暹禪師臨江軍人也操行清苦徧游師席以明悟爲志絫德山見山上堂顧視大衆曰師子嚬呻象王回顧師忽有省入室陳所解山曰子作麽生會師回顧曰後園驢喫草山然之後至雪竇竇與語喜其超邁目曰海上横行暹道者遂命分座四方英衲敬畏之他日竇舉師出世金鵝師聞潛書二偈于壁而去曰不是無心繼祖燈道慚未廁嶺南能三更月下離巖竇眷眷無言戀碧層二十餘年四海間尋師擇友未嘗閑今朝得到無心地却被無心趣出山晚年衆請滋甚遂開法開先以慰道俗之望開堂日上首白椎罷師曰千聖出來也秖是稽首讃歎諸代祖師提挈不起是故始從迦葉迄至山僧二千餘年月燭慧燈星排道樹人天普照凡聖齊榮且道承甚麽人恩力老胡也秖道明星出現時我與大地有情同時成道如是則彼旣丈夫我亦爾孰爲不可良由諸人不肯承當自生退屈所以便推排一人半箇先達出來遞相開發也秖是與諸人作箇證明今日人天會上莫有久遊赤水夙在荆山懷袖有珍頂門有眼到處踐踏覺場底衲僧麽却請爲新出世長老作箇證明還有麽時有僧出師曰象駕崢嶸謾進途誰信螳螂能拒轍問一棒一喝猶是葛藤瞬目揚眉拖泥帶水如何是直截根源師曰速曰恁麽則祖師正宗和尚把定師曰野渡無人舟自横問如何是露地白牛師曰瞎問妙峯頂上即不問半山相見事如何師曰把手過江來曰高步出長安師曰脚下一句作麽生道僧便喝師曰山腰裏走問一雨所潤爲甚麽萬木不同師曰羊羹雖美衆口難調問年窮歲盡時如何師曰依舊孟春猶寒問更深夜静時如何師曰老鼠入燈籠問瞥瞋瞥喜時如何師曰適來菩薩面如今夜叉頭上堂一若是二即非東西南北人不知休話指天并指地青山白雲徒爾爲以拄杖擊香臺下座問雨雪連天爲甚麽孤峯露頂師曰有甚遮掩處上堂僧問如何是祖師西來意師曰洛陽城古曰學人

不會師曰少室山高僧禮拜師遂曰佛種從緣起遂舉拄杖曰拄杖子是緣且作麽生說箇起底道理良久曰金屑雖貴落眼成翳卓拄杖下座

吉州禾山楚材禪智禪師臨江軍人也僧問佛令祖令諸方並行未審和尚如何師曰山僧退後曰恁麽則諸方不別也師曰伏惟伏惟問如何是離凡聖底句師曰山河安掌上曰恁麽則迴超今古外師曰展縮在當人問一毫未發時如何師曰海晏河清曰發後如何師曰徧界無知已問如何是和尚說法底口師曰放一線道問抱璞投師請師雕琢師曰不雕琢曰為甚麽不雕琢師曰弄巧翻成拙

秀州資聖院盛勤禪師僧問如何是正法眼師曰山青水綠問四威儀中[十一]如何履踐師曰鷺鷥立雪曰恁麽則聞鐘持鉢日上欄干師曰魚躍千江水龍騰萬里雲曰畢竟如何師曰山中逢猛虎天上見文星上堂多生覺悟非干衲一點分明不在燈拈拄杖曰拄杖頭上祖師燈籠腳下彌勒須彌山腰鼓細即不問你作麽生是分明一點你若道得無邊剎境總在你眉毛上你若道不得作麽生過得羅剎橋良久曰水流千派月鎖一溪雲卓拄杖下座

潭州鹿苑圭禪師桂州人也僧問如何是道師曰吳頭楚尾曰如何是道中人師曰騎馬踏鐙不如步行問如何是第一義諦師曰胡人讀漢書上堂凡有因緣須曉其宗若曉其宗無是無不是用則波騰海沸全真體以運行體則鏡淨水沉舉隨緣而會寂且道兜率天宮幾人行幾人坐若向這裏辯得緇素許你諸人東西南北如雲似鶴於此不明踏破草鞋未有了日在參

青原下十世

洞山聰禪師法嗣

南康軍雲居曉舜禪師瑞州人也少年麤猛忽悟浮幻投師出家乃修細行參洞山一日如武昌行乞首謁劉公居士家士高行為時所敬意所與奪莫不從之師時年少不知其能參顧易之士曰老漢有一問若相契即開疏如不契即請還山遂問古鏡未磨時如何師曰黑似漆士曰磨後如何師曰照天照地士長揖曰且請上人還山拂袖入宅師懡㦬即還洞山山問其故師具言其事山曰你問我我與你道師理前問山曰此去漢陽[十二]不遠師進後語山曰黃鶴樓前鸚鵡洲師於言下大悟機鋒不可觸住後僧問承師有言不談玄不說妙去此二途如何指示師曰蝦蟇趯鷂子曰全因此問也師曰老鼠弄獼猴上堂唯一堅密身一切塵中現蝦蟇蚯蚓各有窟穴烏鵲鳩鴿亦有窠巢正當與麽時為甚麽人說法良久曰方以類聚物以羣分上堂三峽道無別朝朝祇麽說僧繇會寫真鎮府出鑌鐵上堂不長不短不小不大此箇道理是誰境界咄上堂聞說佛法兩字早是污我耳目諸人未跨雲居門腳跟下好與三十棒雖然如是也是為衆竭力上堂舉夾山道鬧市門頭識取天子百草頭上薦取老僧雲居即不然婦搖機軋軋兒弄口喎喎上堂諸方有

弄蛇頭撥虎尾跳大海劒刃裏藏身雲居這
裏寒天熱水洗脚夜間脱鞋打睡早朝旋打
行纒風吹籬倒喚人夫劈篾縳起上堂雲居
不會禪洗脚上牀眠冬瓜直儱侗瓠子曲彎
彎

潭州大溈懷宥禪師僧問人將語試金將火
試未審衲僧將甚麽試師曰拄杖子曰畢竟
如何師曰退後著僧應喏師便打曰教休不
肯休直待雨淋頭

杭州佛日契嵩禪師藤州鐔津李氏子七歲
出家十三得度十九遊方徧叅知識得法于
洞山師夜則頂戴觀音像而誦其號必滿十
萬乃寢以爲常自是世間經書章句不學而
能作原教論十餘萬言明儒釋之道一貫以
抗宗韓排佛之説讀之者畏服後居永安蘭
若著禪門定祖圖傳法正宗記輔教編上進
仁宗皇帝覽之加歎付傳法院編次入藏下
詔褒寵賜號明教宰相韓琦大叅歐陽脩皆
延見而尊禮之洎東還熈寧四年六月四日
晨興寫偈曰後夜月初明吾今喜獨行不學

大梅老貪隨䶉鼠聲至中夜而化闍維不壞
者五曰頂曰耳曰舌曰童眞曰數珠其頂骨
出舍利紅白晶潔道俗合諸不壞瘞於故居
永安之左後住淨慈北㵎居簡嘗著五種不
壞賛師有文集二十卷目曰鐔津盛行于世

洪州太守許式叅洞山得正法眼一日與泐
潭澄上藍溥坐次潭問閬郎中道夜坐連雲
石春栽帶雨松當時答洞山甚麽話公曰今
日放衙早潭曰聞答泗州大聖在揚州出現
底是否公曰别點茶來潭曰名不虛傳公曰
和尚早晚回山潭曰今日被上藍覰破藍便
喝潭曰須是你始得公曰不奈船何打破戽
斗

泐潭澄禪師法嗣

明州育王山懷璉大覺禪師漳州龍溪陳氏
子誕生之夕夢僧伽降室因小字泗州既有
異兆僉知祥應齠齓出家丱角圓頂篤志道
學寢食無廢一日洗面潑水于地微有省發
即慕叅尋遠造泐潭法席投機印可師事之
十餘年去遊廬山掌記於圓通訥禪師所皇

祐中仁廟有詔住淨因禪院召對化成殿問
佛法大意奏對稱旨賜號大覺禪師後遣中
使問曰才去竪拂人立難當師即以頌回進
曰有節非干竹三星偃月宮一人居日下弗
與衆人同帝覽大悦又詔入對便殿賜羅扇
一把題元寂頌於其上與師問荅詩頌書以
賜之凡十有七篇至中和乞歸老山中乃進
頌曰六載皇都唱祖機兩曾金殿奉天威青
山隱去欣何得滿篋唯將御頌歸帝和頌不
允仍宣諭曰山即如如體也將安歸乎再住
京國且與佛法師再進頌謝曰中使宣傳出
禁圍再令臣住此禪扉青山未許藏千拙白
髮將何補萬幾霄露恩輝方湛湛林泉情味
苦依依堯仁況是如天濶應任孤雲自在飛
既而遣使賜龍腦鉢師謝恩罷捧鉢曰吾法
以壞色衣以瓦鐵食此鉢非法遂焚之中使
回奏上加歎不已治平中上疏丐歸仍進頌
曰千簇雲山萬壑流閑身歸老此峯頭餘生
願祝無疆壽一炷清香滿石樓英廟依所乞
賜手詔曰大覺禪師懷璉受先帝聖眷累錫

宸章屢貢誠懇乞歸林下今從所請俾遂閑
心凡經過小可菴院任性住持或十方禪林
不得抑逼堅請師旣渡江少留金山西湖四
明郡守以育王虛席迎致九峯韶公作疏勸
請四明之人相與出力建大閣藏所賜詩頌
榜之曰宸奎翰林蘇公軾知杭時以書問師
曰承要作宸奎閣碑謹已撰成衰朽廢學不
知堪上石否見叅寥說禪師出京日英廟賜
手詔其略云任性住持者不知果有否如有
切請錄示全文欲添入此一節師終藏而不
出逮委順後獲於篋笥開堂日僧問諸佛出
世利濟羣生猊座師登將何拯濟師曰山高
水闊曰華發無根樹魚跳萬仞峯師曰新羅
國裏曰慈舟不棹清波上劒峽徒勞放木鵝
師曰脫却衣裳臥荆棘曰人將語試師曰慣
得其便僧拊掌師曰更跨跳問聖君御頌親
頒賜和尚將何報此恩師曰兩手拓地曰恁
麼則一人有慶兆民賴之師曰半尋拄杖攪
黄河問觸棹不停時如何師曰清波箭急曰
恁麼則移舟諳水勢舉棹別波瀾師曰濟水

過新羅曰古佛位中留不住夜來依舊宿蘆
花師曰兒童不識十字街問坐斷毗盧頂不
稟釋迦文猶未是學人行業如何是學人行
業師曰斫額望明月僧以手便拂師曰作甚
麼僧茫然師曰賺却一船人師曰若論佛法
兩字是加增之辭廉纖之說諸人向這裏承
當得盡是二頭三首譬如金屑雖貴眼裏著
不得若是本分衲僧纔聞舉著一擺擺斷不
受纖塵獨脫自在最爲親的然後便能在天
同天在人同人在僧同僧在俗同俗在凡同
凡在聖同聖一切處出沒自在並拘檢他不
得名邈他不得何也爲渠能建立一切法故
一切法要且不是渠渠旣無背面第一不用
妄與安排但知十二時中平常飮啄快樂無
憂秖此相期更無別事所以古人云放曠長
如癡兀人他家自有通人愛上堂文殊寶劒
得者爲尊乃拈拄杖曰淨因今日恁麼直得
千聖路絶雖然如是猶是矛盾相攻不犯鋒
鋩如何運用良久曰野蒿自發空臨水江燕
初歸不見人叅上堂太陽東昇爍破大千之

暗諸人若向明中立猶是影響相馳若向暗
中立也是藏頭露影漢到這裏作麼生吐露
良久曰逢人秖可三分語未可全拋一片心
叅上堂世法裏面迷却多少人佛法裏面醉
却多少人秖如不迷不醉是甚麼人分上事
上堂言鋒纔擊義海交深若用徑截一路各
請歸堂上堂應物現形如水中月遂拈起拄
杖曰這箇不是物即今現形也且道月在甚
麼處良久曰長空有路還須透潭底無蹤不
用尋擊香臺下座上堂白日東上白日西落
急如投壺閃寥廓神龍一舉透無邊纖鱗猶
向泥中躍靈龡中休湊泊三歲孩童鬉四角
叅上堂良久舉起拳頭曰握拳則五嶽倒卓
展手則五指叅差有時把定佛祖關有時拓
開千聖宅今日這裏相呈且道作何使用拍
禪牀曰向下文長付在來日
臨安府靈隱雲知慈覺禪師僧問一佛出世
各坐一華和尚出世有何祥瑞師曰白雲橫
谷口曰光前絶後去也師曰錯曰大衆證明
學人禮謝師曰點問如何是道師曰甚麼道

曰大道師曰欲行千里一步爲初曰如何是道中人師曰西天駐泊此地都監僧禮拜師乃吽吽上堂日月雲霞爲天標山川草木爲地標招賢納士爲德標閑居趣寂爲道標拈拄杖曰且道這箇是甚麽標會麽拈起則有文有彩放下則㸌㸌磕磕直得不拈不放又作麽生良久曰扶過斷橋水伴歸明月村卓一下下座上堂秋風起庭梧墜衲子紛紛看祥瑞張三李四賣買虛拾得寒山爭賤貴覷面相逢更無難易四衢道中棚欄瓦市畐塞虛空普天帀地任是臨濟赤肉團上雪峰南山鼈鼻玄沙見虎俱秖舉指一時拈來當面布施更若擬議千山萬水復曰過

婺州承天惟簡禪師僧問佛與衆生是一是二師曰花開滿樹紅花落萬枝空曰畢竟是一是二師曰唯餘一朶在明日恐隨風問如何是吹毛劒師曰星多不當月曰用者如何師曰落曰落後如何師曰觀世音菩薩問如何是和尚家風師曰理長即就曰如何領會師曰繪雉不成雞問開口即失閉口即喪未審如何說師曰舌頭無骨僧曰不會師曰對牛彈琴上堂夫遮那之境界衆妙之玄門知識說之而莫窮善財酌之而不竭文殊體之而寂寂普賢證之以重重若也隨其法性如雲收碧漢本無一物若也隨其智用如花開春谷應用無邊雖說徧恒沙乃同遵一道且問諸人作麽生是一道良久曰白雲斷處見明月黃葉落時聞擣衣參上堂莫離蓋纏莫求佛祖去此二途以何依怙江淹夢筆天龍見虎古老相傳月不跨五參上堂一刀兩段埋沒宗風師子翻身拖泥帶水直饒坐斷十方不通凡聖脚跟下好與三十上堂拈一放一妙用縱橫去解除玄收凡破聖若望本分草料大似磨甎作鏡衲僧家合作麽生良久曰寔

明州九峯鑒韶禪師僧問承聞和尚是泐潭嫡子是否師曰是曰還記得當時得力句否師曰記得曰請舉看師曰左手握拳右手把筆上堂山僧說禪如蚱蜢吐油揑著便出若不揑著一點也無何故秖爲不曾看讀古今因緣及預先排疊勝妙見知等候陞堂便磨唇捋觜將粥飯氣熏炙諸人凡有一問一答葢不得已豈獨山僧看他大通智勝如來默坐十劫無開口處後因諸天梵天及十六王子再三勸請方始說之却不是秘惜秖爲不敢埋沒諸人山僧既不埋沒諸人不得道山僧曾陞座參

婺州西塔顯殊禪師上堂黃梅席上數如麻句裏呈機事可嗟直是本來無一物青天白日被雲遮參

天台崇善寺用良禪師僧問三門與自己是同是别師曰八兩移來作半斤曰恁麽則秋水泛漁舟去也師曰東家點燈西家爲甚麽却見油曰山高月上遲師曰道甚麽曰莫瞌睡師曰入水見長人

臨江軍慧力有文禪師上堂建山寂寞坐倚城郭無味之談七零八落以拄杖敲香臺下座

福州雪峯象敦禪師僧問如何是佛師曰把火照魚行曰如何是法師曰唐人譯不出曰

佛法已蒙師指示未審畢竟事如何師曰臘月三十日

南康軍雲居守億禪師上堂馬祖纔陞堂雄峰便卷席春風一陣來滿地花狼籍便下座

瑞州洞山永孚禪師上堂棒頭挑日月木馬夜嘶鳴拈拄杖曰雲門大師來也卓一下曰炊沙作飯看井作袴參

令滔首座久參泐潭潭因問祖師西來單傳心印直指人心見性成佛子作麽生會師曰某甲不會潭曰子未出家時作箇甚麽師曰牧牛潭曰作麽生牧師曰早朝騎出去晚後復騎歸潭曰子大好不會師於言下大悟遂成頌曰放却牛繩便出家剃除鬚髮著袈裟有人問我西來意拄杖横挑囉哩囉

洞山寶禪師法嗣

瑞州洞山清辯禪師僧問百丈得大機黄檗得大用未審和尚得箇甚麽師便喝僧亦喝師便打僧曰爭奈大衆眼何便歸衆師噓兩噓

北塔廣禪師法嗣

荆門軍玉泉承皓禪師姓王氏眉州丹稜人也依大力院出家登具後遊方參北塔發明心要得大自在三昧製犢鼻褌書歷代祖師名字乃曰唯有文殊普賢較些子且書於帶上故叢林目爲皓布褌元豐間首衆於襄陽谷隱有鄉僧亦効之師見而詬曰汝具何道理敢以爲戲事耶嘔血無及耳尋於鹿門如所言而逝張無盡奉使京西南路就謁之致開法於郢州大陽時谷隱主者私爲之喜師受請陞座曰某在谷隱十年不曾飲谷隱一滴水嚼谷隱一粒米汝若不會來大陽爲汝說破携拄杖下座傲然而去尋遷玉泉有示衆曰一夜雨霶烹打倒蒲萄棚知事頭首行者人力拄底拄撐底撐撐撐拄拄到天明依舊可憐生自贊粥稀後坐牀窄先臥耳聵愛高聲眼昏宜字大冬至示衆曰晷運推移布褌赫赤莫怪不洗無來換替僧入室次狗子在室中師叱一聲狗便出去師曰狗却會你却不會師示寂門人圍繞師笑曰吾年八十一老死屛屍出兒郎齊著力一年三百六十日言畢而逝

四祖瑞禪師法嗣

福州廣明常委禪師僧問知師久蘊囊中寶今日當場略借看師曰看曰恁麽則謝師指示師曰等閑垂一釣容易上鈎來

雲蓋顒禪師法嗣

南康軍雲居文慶海印禪師僧問如何是函蓋乾坤句師曰合曰如何是隨波逐浪句師曰闊曰如何是截斷衆流句師曰窄上堂道本無爲法非延促一念萬年千古在目月白風恬山青水緑法法現前頭頭具足祖意教意非直非曲要識廬陵米價會取山前麥熟以拂子擊禪牀下座

上方岳禪師法嗣

越州東山國慶順宗禪師上堂心生則種種法生心滅則種種法滅拈起拄杖曰此箇是法那箇是滅底心若人道得許你頂門上具眼其或未然雲暗不知天早晚雪深難辯路高低參

金山新禪師法嗣

安吉州天聖守道禪師上堂日月遶須彌人間分晝夜南閻浮提人秪被明暗色空留礙且道不落明暗一句作麽生道良久曰柳色黄金嫩梨花白雪香㕘上堂不從一地至一地寂滅性中寧有位釋迦稽首問然燈仁者何名爲受記便下座

雪竇顯禪師法嗣

越州天衣義懷禪師永嘉樂清陳氏子也世以漁爲業母夢星殞于屋乃孕及產尤多吉祥兒時坐船尾父得魚付師貫之師不忍乃私投江中父怒笞之師恬然如故長遊京師依景德寺爲童行天聖中試經得度謁金鑾善葉縣省皆蒙印可遂由洛抵龍門復至都下欲繼宗風意有未決忽遇言法華拊師背曰雲門臨濟去及至姑蘇禮明覺於翠峰覺問汝名甚麽曰義懷覺曰何不名懷義曰當時致得覺曰誰爲汝立名曰受戒來十年矣覺曰汝行脚費却多少草鞋曰和尚莫瞞人好覺曰我也没量罪過汝也没量罪過你作麽生師無語覺打曰脱空謾語漢出去入室次覺曰恁麽也不得不恁麽也不得恁麽不恁麽總不得師擬議覺又打出如是者數四尋爲水頭因汲水折擔忽悟作投機偈曰一二三四五六七萬仞峰頭獨足立驪龍頷下奪明珠一言勘破維摩詰覺聞拊几稱善後七坐道場化行海内嗣法者甚衆住後僧問如何是佛師曰布髮掩泥横身臥地曰意旨如何師曰任是波旬也皺眉曰恁麽則謝師指示師曰西天此土問學人上來請師説法師曰林間鳥噪水底魚行上堂須彌頂上不扣金鐘畢鉢巖中無人聚會山僧倒騎佛殿諸人反著草鞋朝遊檀特暮到維浮拄杖針筒自家收取上堂衲僧横説竪説未知有頂門上眼時有僧問如何是頂門上眼師曰衣穿瘦骨露屋破看星眠上堂大衆集定乃曰上來道箇不審能銷萬兩黄金下去道箇珍重亦銷得四天下供養若作佛法話會滴水難消若作無事商量眼中著屑且作麽生即是良久曰還會麽珍重上堂夫爲宗師須是驅耕夫之牛奪飢人之食遇賤即貴遇貴即賤驅耕夫之牛令他苗稼豐登奪飢人之食令他永絶飢渴遇賤即貴握土成金遇貴即賤變金成土老僧亦不驅耕夫之牛亦不奪飢人之食何謂耕夫之牛我復何用飢人之食我復何餐我也不握土成金也不變金作土何也金是金土是土玉是玉石是石僧是僧俗是俗古今天地古今日月古今山河古今人倫雖然如此打破大散關幾箇迷逢達磨上堂鴈過長空影沉寒水鴈無遺蹤之意水無留影之心若能如是方解向異類中行不用續鳧截鶴夷嶽盈壑放行也百醜千拙收來也攣攣拳拳用之則敢與八大龍王鬭富不用都來不直半分錢㕘上堂髑髏常干世界鼻孔摩觸家風芭蕉聞雷開葵花隨日轉諸仁者芭蕉聞雷開還有耳麽葵花隨日轉還有眼麽若也會得西天即是此土若也不會七九六十三收上堂靈源絶眹普現色身法離斷常有無堪示所以道塵塵不見佛刹刹不聞經要會靈山親授記晝見日夜見星良久曰若到諸方不得錯舉㕘上堂夜來

寒霜凜冽黃河凍結陝府鐵牛腰折盡道女媧煉石補天爭奈西北一缺如今欲與他補卻又恐大地人無出氣處且留這一竅與大地人出氣參上堂虛明自照不勞心力上士見之鬼神茶飯中下得之狂心頓息更有一人切忌道著上堂光透日月明暗不收智出聖凡賢愚不歷所以道不用低頭思量難得良久曰是甚麼上堂青蘿夤緣直上寒松之頂白雲淡泞出沒太虛之中何似南山起雲北山下雨若也會得甜瓜徹蔕甜若也不會苦瓠連根苦上堂無邊刹境自他不隔於毫端且道妙喜世界不動如來說甚麼法十世古今始終不離於當念秖如威音王佛最初一會度多少人若是通方作者試爲道看良久曰行路難行路難萬仞峯頭君自看上堂枯桑知天風海水知天寒金色頭陀見處不眞雞足山中與他看守衣鉢三千大喻八百小喻大似泥裏洗土塊四十九年三百六十餘會摩竭提國猶較些子德山臨濟雖然丈人爭似罽賓國王一刀兩段如今若有箇人鼻孔遼天山僧性命何在良久曰太平本是將軍致不許將軍見太平喝一喝下座僧問天不能蓋地不能載未審是甚麼人師曰掘地深埋曰此人還受安排也無師曰土上更加泥問牛頭未見四祖時如何師曰長江無六月曰見後如何師曰一年一度春室中問僧無手人能行拳無舌人解言語忽然無手人打無舌人無舌人道箇甚麼又曰蜀魄連宵叫鵶鳴終夜啼圓通門大啓何事隔雲泥晚年以疾居池陽杉山菴門弟子智才住臨平之佛日迎歸侍奉才如蘇城未還師速其歸及踵門師告之曰時至吾行矣才曰師有何語示徒乃說偈曰紅日照扶桑寒雲封華嶽三更過鐵圍撥折驪龍角才問卯塔已成如何是畢竟事師舉拳示之遂就寢推枕而寂塔全身寺東之原崇寧中諡振宗禪師

五燈會元卷第四十二

五燈會元卷第四十二

校勘記

一 底本，清藏本。

一 七五一頁上一行經名，徑無（未換卷）。

一 七五一頁上三行「青原下九世」，徑無。

一 七五五頁中一五行「青原下十世」，徑作「青原下十世上」。

一 七五六頁上二行「脱鞋」，徑作「脱韈」。

一 七五八頁上七行「明月村」，徑作「無月村」。

一 七五八頁中一九行「蚱蜢」，徑作「蚝蜢」。

一 七五八頁下七行「曾陞座」，徑作「會陞座」。

一 七六〇頁上六行「便下座」，至此，徑卷第十五終，卷第十六始，並有「青原下十世下」一行。

一 七六一頁中卷末經名，徑無（未換卷）。

五燈會元卷第四十三　石六

宋沙門大川濟集

青原下十世

雪竇顯禪師法嗣

越州稱心省倧禪師僧問如何是祖師西來意師曰行人念路僧曰不會師曰緊峭草鞋上堂佛種從緣起是故說一乘拈拄杖曰拄杖是緣那箇是佛種拄杖是一乘法那箇是緣這裏恭見釋迦老子了却買草鞋行脚不得向衲僧門下過打折汝腰且道衲僧據箇甚麼良久曰三十年後莫孤負人卓拄杖下座

泉州承天傳宗禪師僧問大用現前不存軌則時如何師曰承天今日高竪降旗僧便喝師曰臨濟兒孫僧又喝師便打問如何是般若體師曰雲籠碧嶠曰如何是般若用師曰月在清池

處州南明日慎禪師僧問祖意教意是同是別師曰水天影交碧曰畢竟是同是別師曰松竹聲相寒

舒州投子法宗禪師（時稱道者）僧問如何是道者家風師曰袈裟裹草鞋曰意旨如何師曰赤脚下桐城

天台寶相蘊觀禪師僧問如何是佛師曰堂堂八尺餘

岳州君山顯昇禪師上堂大方無外含裹十虛至理不形圓融三際高超名相妙體全彰抵出古今眞機獨露握驪珠而鑑物物物流輝擲寶劍以揮空空空絕迹把定則摩竭掩室淨名杜詞放行則拾得搖頭寒山拊掌且道是何人境界拈拄杖卓一下曰瞬目揚眉處憑君子細看

平江府水月寺惠金典座依明覺於雪竇聞舉須彌山話默有契一日欲往訊遇之殿軒覺問汝名甚麼曰惠金覺曰阿誰惠汝金曰容少間去方丈致謝覺曰即今聻曰這裏容和尚不得

修撰曾會居士幼與明覺同舍及冠異途天禧間公守池州一日會于景德寺公遂引中庸大學恭以楞嚴符宗門語句質明覺覺曰這箇尚不與教乘合況中庸大學邪學士要徑捷理會此事乃彈指一下曰但恁麼薦取公於言下領旨天聖初公守四明以書幣迎師補雪竇既至公曰某近與清長老商量趙州勘婆子話未審端的有勘破處也無覺曰清長老道箇甚麼公曰又與麼去也覺曰清長老且放過一著學士還知天下衲僧出這婆子圈䙡不得麼公曰這裏別有箇道處趙州若不勘破婆子一生受屈覺曰勘破了也公大笑

延慶榮禪師法嗣

廬山圓通居訥祖印禪師梓州人姓蹇氏生而英特讀書過目成誦十一出家十七試法華得度受具後肄業講肆耆年多下之會禪者南遊回力勉其行於是徧叅荊楚間迄無所得至襄州洞山留止十年因讀華嚴論有省後游廬山道價日起由歸宗而遷圓通仁廟聞其名皇祐初詔住十方淨因禪院師稱目疾不能奉詔有旨令舉自代遂舉大覺璉應詔及引對問佛法大意稱旨天下賢師知

人也僧問祖刹重興時如何師曰人在破頭山曰一朝權在手師便打

百丈映禪師法嗣

臨安府慧因懷祥禪師上堂南山高北山低日出東方夜落西白牛上樹覓不得烏鷄入水大家知且道覓得後又如何良久曰堪作甚麽

臨安府慧因義寧禪師僧問佛未出世時如何師曰摩耶夫人曰出世後如何師曰悉達太子

南華緣禪師法嗣

嶍州興化延慶禪師上堂言前薦得孤負平生句後投機全乖道體離此二途祖宗門下又且如何良久曰眼裏瞳兒吹木笛

韶州寶壽行德禪師冬日在南華受請示衆曰新冬新寶壽言是舊時言若會西來意波斯上舶船

韶州白虎山守昇禪師僧問如何是佛師曰有眼無鼻孔

北禪賢禪師法嗣

潭州興化紹銑禪師上堂拈拄杖曰一大藏教是拭不淨故紙超佛超祖之談是誑謼閭閻漢若論衲僧門下一點也用不得作麽生是衲僧門下事良久曰多虛不如少實擊香臺下座

洪州法昌倚遇禪師漳州林氏子幼棄家依郡之崇福得度有大志自受具游方名著叢席浮山遠和尚嘗指謂人曰此後學行脚様子也叅北禪禪問近離甚處師曰福嚴禪曰思大鼻孔長多少師曰與和尚當時見底一般禪曰汝道我見時長多少師曰和尚大似不曾到福嚴禪曰學語之流又問來時馬大師安樂否師曰安樂禪曰向汝道甚麽師曰教和尚莫亂統禪曰念汝新到不能打得你師曰某甲亦放和尚過茶罷禪問鄉里甚處師曰漳州禪曰三平在彼作甚麽師曰說禪說道禪曰年多少師曰與露柱齊年禪曰有露柱且從無露柱年多少師曰無露柱一年也不少禪曰夜半放烏鷄師留北禪最久於是師資敲唱妙出一時晚至西山睠雙嶺深邃棲息三年始應法昌之請師在雙嶺受請與英勝二首座相别曰三年聚首無事不知撿點將來不無滲漏以拄杖畫一畫曰這箇即且止宗門事作麽生英曰須彌安鼻孔師曰恁麽則臨崖看滸眼特地一場愁英曰深沙努眼睛師曰爭奈聖凡無異路方便有多門英曰鐵蛇鑽不入師曰這般漢有甚共語處英曰自緣根力淺莫怨太陽春却畫一畫曰宗門事且止這箇事作麽生師便掌英曰這漳州子莫無去就師曰你這般見解不打更待何時又打英曰也是老僧招得上堂祖師西來特唱此事秖要時人知有如貧子衣珠不從人得三世諸佛秖是弄珠底人十地菩薩秖是求珠底人汝等正是衿𡡉乞丐懷寶迷邦靈利漢纔聞舉著眨上眉毛便知落處若更踏步向前不如策杖歸山去長嘯一聲烟霧深示衆我要一箇不會禪底作國師上堂汝若退身千尺我便當處生芽汝若覿面相呈我便藏身露影汝若春池拾礫我便撒下明珠直得水灑不著風吹不入如箇無

孔鐵鎚相似且道法昌還有爲人處也無良
久曰利刀割肉瘡猶合惡語傷人恨不銷上
堂春山青春水緑一覺南柯夢初足携筇縱
步出松門是處桃英香馥郁因思昔日靈雲
老三十年來無處討如今競愛摘楊花紅香
滿地無人掃上堂拈起拄杖曰我若拈起你
便喚作先照後用我若放下你便喚作先用
後照我若擲下你便喚作照用同時忽然不
拈不放你向甚麽處卜度直饒會得倜儻分
明若遇臨濟德山便須腦門著地且道伊有
甚麽長處良久曰曾經大海休誇水除却須
彌不是山上堂夜半烏鷄誰捉去石女無端
遭指注空王令下急搜求唯心便作軍中主
雲門長驅潙山隊伍列五位鎗旗布三玄戈
弩藥山持刀青原荷斧石鞏彎弓禾山打鼓
陣排雪嶺長蛇兵屯黄檗飛虎木馬帶毛烹
泥牛和角煮賞三軍犒師旅打葛藤分露布
截海颺塵横山簸土擊玄關除徼路多少平
人受辛苦無邊刹海競紛紛三界聖凡無覓
處無覓處還知否昨夜雲收天宇寛依然帶

月嚌高樹上堂閑來秖麽坐拍手誰賡和回
頭忽見簸箕星水墨觀音解推磨拍手一下
曰還會麽八十翁翁雖皓首看看不見老人
容上堂法昌今日開爐行脚僧無一箇唯有
十八高人緘口圍爐打坐不是規矩嚴難免
見諸人話墮直饒口似秤鎚未免燈籠勘破
不知道絶功勲妄自修因證果喝曰但能一
念回光定脱三乘羈鎖黄龍南禪師至上堂
拏雲攫浪數如麻點著銅睛眼便花除却黄
龍頭角外自餘渾是赤斑蛇法昌小刹路遠
山遥景物蕭疎游人罕到敢謂黄龍禪師曲
賜光臨不唯泉石生輝亦乃人天欣悦然雲
行雨施自古自今其奈爐韛之所鈍鐵尤多
良醫之門病者愈甚瘥病須求靈藥銷頑必
藉金鎚法昌這裏有幾箇垜根阿師病者病
在膏肓頑者頑入骨髓若非黄龍老漢到來
總是虚生浪死拈拄杖曰要會麽打麵還他
州土麥唱歌須是帝鄉人僧問古鏡未磨時
如何師曰却須磨取曰未審如何下手師曰
鏡在甚麽處僧遂作一圓相師便打曰這漆

桶礙輒也不識師與感首座歲夜喫湯次座
曰昔日北禪分歲曾烹露地白牛和尚今夜
分歲有何施設師曰臘雪連山白春風透戶
寒座曰大衆喫箇甚麽師曰莫嫌冷淡無滋
味一飽能消萬劫飢座曰未審是甚麽人置
辦師曰無慚愧漢來處也不知英勝二首座
到山相訪英曰和尚尋常愛點檢諸方今日
因甚麽却來古廟裏作活計師曰打草秖要
蛇驚英曰莫塗糊人好師曰你又刺頭入膠
盆作甚麽英曰古人道我見兩個泥牛鬭入
海所以住此山未審和尚見箇甚麽師曰你
他時異日有把茆蓋頭人或問你作麽生秖
對英曰山頭不如嶺尾師曰你且道還當得
住山事也無英曰使钁不及拖犂師曰還曾
夢見古人麽英曰和尚作麽生師展兩手英
曰鰕跳不出斗師曰休將三寸燭擬比太陽
輝英曰爭奈公案見在師曰亂統禪和如麻
似粟龍圖徐公禧布衣時與師往來爲法喜
之游師將化前一日作偈遺之曰今年七十
七出行須擇日昨夜問龜哥報道明朝吉徐

覽偈翛然邀靈源清禪師同往師方坐寢室以院務誡知事曰吾住此山二十三年護惜常住每自莅之今行矣汝輩著精彩言畢舉拄杖曰且道這箇分付阿誰徐與靈源皆屏息遂擲杖投牀枕臂而化

福州廣因擇要禪師上堂王臨寶位胡漢同風紐半破三佛殿倒卓藏身向即不問你透出一字作麼生道拈拄杖曰春風開竹戶夜雨滴花心上堂古者道秪恐爲僧心不了爲僧心了總輸僧且如何是諸上座了底心良久曰漁翁睡重春潭闊白鳥不飛舟自橫僧問如何是祖師西來意師曰長安東洛陽西問如何是佛師曰福州橄欖兩頭尖問佛未出世時如何師曰隈巖傍壑曰出世後如何師曰前山後山

開先暹禪師法嗣

南康軍雲居山了元佛印禪師饒州浮梁林氏子誕生之時祥光上燭鬚髮爪齒宛然具體風骨爽拔孩孺異常發言成章語合經史閭里先生稱曰神童年將頂角博覽典墳卷不再舒洞明今古才思俊邁風韻飄然志慕空宗投師出家試經圓具感悟夙習即徧參尋投機於開先法席出爲宗匠九坐道場四衆傾向名動朝野神宗賜高麗磨衲金鉢以旌師德僧問如何是佛師曰木頭雕不就曰恁麼則皆是虛妄也師曰梵音深遠令人樂聞問如何是諸佛說不到底法師曰蟻子解尋腥處走蒼蠅偏向臭邊飛曰學人未曉請師再指師曰九萬里鵬從海出一千年鶴遠天歸問達磨面壁意旨如何師曰閉口深藏舌曰學人未曉師曰一言已出駟馬難追問大修行人還入地獄也無師曰在裏許曰大作業人還上天堂也無師曰鰕跳不出斗曰恁麼則鑊湯爐炭吹教滅劒樹刀山喝使摧師曰自作自受乃曰適來禪客出衆禮拜各以無量珍寶布施大衆又於面門上放大光明照耀乾坤令諸人普得相見於此明得可謂十方諸佛各坐其前常爲勞生演說大法豈假山僧重重註破如或未然不免橫身狗物乃橫按拄杖曰萬般草木根苗異一得春風便放花上堂寒寒風撼竹聲乾水凍魚行澀林疎鳥宿難早是嚴霜威重那堪行客衣單休思紫陌山千朶且擁紅爐火一攢放下茱萸空中竹橛倒却迦葉門前剎竿直下更云不會算來也太無端衆師一日與學徒入室次適東坡居士到面前師曰此間無坐榻居士來此作甚麼士曰暫借佛印四大爲坐榻師曰山僧有一問居士若道得即請坐道不得即輸腰下玉帶子士欣然曰便請師曰居士適來道暫借山僧四大爲坐榻秪如山僧四大本空五陰非有居士向甚麼處坐士不能答遂留玉帶師却贈以雲山衲衣士乃作偈曰百千燈作一燈光盡是恒沙妙法王是故東坡不敢惜借君四大作禪牀病骨難堪玉帶圍鈍根仍落箭鋒機會當乞食歌姬院奪得雲山舊衲衣此帶閱人如傳舍流傳到我亦悠哉錦袍錯落猶相稱乞與佯狂老萬回

東京智海本逸正覺禪師僧問古鏡未磨時如何師曰青青河畔草曰磨後如何師曰鬱

蔞園中㧾曰磨與末磨是同是别師曰同别
且置還我鏡來僧擬議師便喝上堂開口是
合口是眼下無妨更著鼻開口錯合口錯眼
與鼻孔都拈却佛也打祖也打眞人面前不
說假佛也安祖也安衲僧肚皮似海寬此乃
一出一入半合半開是山僧尋常用底敢問
諸禪德剎竿因甚麽頭指天力士何故揎起
拳良久曰叅上堂拈拄杖曰這拄杖在天也
與日月並明在地也與山河同固在王侯也
以代蒲鞭在百姓也防身禦惡在衲僧也晝
橫肩上渡水穿雲夜宿旅亭撑門拄戶且道
在山僧手裏用作何爲要會麽有時放步東
湖上與僧遥指遠山青擊禪牀下座上堂憶
得老僧年七歲時於村校書處得一法門超
情離見絕妙絕玄爰自染神逾六十載今日
輙出普告大衆若欲傳持宜當諦聽遂曰寒
原耕種罷牽犢負薪歸此夜一爐火渾家身
上衣諸禪德逢人不得錯舉上堂古者道接
物利生絕妙外甥終是不肖他家自有兒孫
將來應用恰好諸禪德還會麽菜園墻倒䆐
方築房店籬穿雨過修院宇漏時隨分整兒
孫大小盡風流上堂舉暹和尚道寒寒地爐
火暖閑坐蒲團說迦葉不是談達磨無端此
也彼也必然一般師召大衆曰迦葉甚處不
是達磨那裏無端若檢點得出彼之二老一
場懡㦬若檢點不出三十年後莫道不被人
瞞好上堂我有這一著人人口裏嚼嚼得破
者速須吐却嚼不破者翻成毒藥乃召諸禪
德作甚麽滋味試請道看良久曰醫王不是
無方義千里蘇香象不回道士問如何是道
師曰龍吟金鼎虎嘯丹田曰如何是道中人
師曰吐故納新曰道與道中人相去多少師
曰胥鶴顚崖上冲天昧米民
越州天章元楚寶月禪師僧問如何是佛法
大意師曰一年三百六十日曰便恁麽會時
如何師曰迢迢十萬不是遠上堂鼓聲錯落
山色崔嵬本既不有甚處得來良久曰高著
眼

欽山勤禪師法嗣

鼎州梁山圓應禪師僧問如何是超佛越祖
之談師曰喫粥喫飯

青原下十一世

雲居舜禪師法嗣

金陵蔣山法泉佛慧禪師隨州時氏子僧問
古人說不到處請師說師曰夫子入太廟曰
學人未曉師曰春暖柳條青問如何是急切
一句師曰火燒眉毛問祖師面壁意旨如何
師曰撑天拄地曰便恁麽去時如何師曰落
七落八問二祖立雪齊腰意旨如何師曰三
年逢一閏曰爲甚麽付法傳衣師曰村酒足
人酤問蓮華未出水時如何師曰西瞿耶尼
曰出水後如何師曰泗州大聖問如何是祖
師西來意師曰鬓長僧貌醜曰未審意旨如
何師曰閉戶怕天寒問南禪結夏爲甚麽却
在蔣山解師曰衆流逢海盡曰恁麽則事同
一家師曰夢裏到家鄉上堂來不來去不去
脚下須彌山腦後擎天柱大藏不能宣佛眼
不能覷諸禪德漸老逢春解惜春非夜飛花
落無數上堂畫一圓相以手拓起曰諸仁者
還見麽團團離海嶠漸漸出雲衢諸人若也

未見真道南明長老揩大相却於寶華王座上念中秋月詩若也見得此夜一輪滿清光何處無上堂要去不得去要住不得住打破大散關脫却孃生袴諸仁者若到臘月三十日且道用箇甚麼良久曰柳絮隨風自西自東上堂古人恁麼南禪不恁麼古人不恁麼南禪却恁麼大衆還委悉麼王婆衫子短李四帽簷長聖節上堂拈拄杖擊法座一下曰以此功德祝延聖壽便下座上堂時人欲識南禪路門前有箇長松樹脚下分明不較多無奈行人恁麼去莫恁去急回顧樓臺烟鎖鐘鳴處師因雪下上堂召大衆曰還有過得此色者麼良久曰文殊笑普賢嗔眼裏無筋一世貧相逢盡道休官去林下何曾見一人上堂快人一言快馬一鞭若更眼睛定動未免紙裹麻纏脚下是地頭上是天不信但看八九月紛紛黄葉滿山川師晚奉詔住大相國智海禪寺問衆曰赴智海留蔣山去就孰是衆皆無對師索筆書偈曰非佛非心徒擬議得皮得髓謾商量臨行珍重諸禪侶門外千山正夕陽書畢坐逝

明州天童澹交禪師僧問臨雲閣聳太白峰高到這裏如何進步師曰但尋荒草際莫問白雲深曰未審如何話會師曰寒山逢拾得兩箇一時癡曰向上宗乘又且如何舉唱師曰前言不及後語上堂也大奇也大差十箇指頭八箇罅由來多少分明不用鑽龜打瓦便下座

建州崇梵餘禪師僧問臨濟喝少遇知音德山棒難逢作者和尚今日作麽生師曰山僧被你一問直得退身三步脊背汗流曰作家宗師今日遭遇師曰一語傷人千刀攪腹僧以手畫一畫曰爭奈這箇何師曰草賊大敗問恁麼來底人師還接否師曰孤峰無宿客曰不恁麼來底人師還接否師曰灘峻不留船曰恁麼不恁麼則且置穿過髑髏一句作麽生師曰堪笑亦堪悲上堂直須向黑豆未生芽時構取良久召大衆曰劒去遠矣

處州慈雲院修慧圓照禪師上堂片月浸寒潭微雲滿空碧若於達道人好箇真消息還有達道人麼微雲穿過你髑髏片月觸著你鼻孔珍重

大潙宥禪師法嗣

廬山歸宗慧通禪師僧問如何是函蓋乾坤句師曰日出東方夜落西曰如何是截斷衆流句師曰鐵山横在路曰如何是隨波逐浪句師曰船子下揚州問如何是塵塵三昧師曰灰飛火亂問如何是佛法大意師曰黄河水出崑崙山問十二時中如何履踐師曰鐵牛步春草問隻履西歸當爲何事師曰爲緣生處樂不是厭他鄉曰如何是當面事師曰眼下鼻頭垂上堂心隨相起見自塵生了見本心知心無相即十方刹海念念圓明無量法門心心周匝夫如是者何假覺城東際恭見文殊樓閣門開方親彌勒所以道一切法門無盡海會同一法道場中拈起拄杖曰這箇是一法那箇是道場這箇是道場那箇是一法良久曰看看拄杖子穿過諸人髑髏須彌山撲破諸人鼻孔擊香臺一下曰且向這裏會取上堂從無入有易從有入無難有無

俱盡處且莫自顢頇舉來看寒山拾得禮豐干

安州大安興教慧憲禪師上堂我有一條拄杖尋常將何比況探來不在南山亦非崑崙西嶂拈起滿目光生放下驪龍縮項同徒若也借看卓出人中之上擊香臺下座

育王璉禪師法嗣

臨安府佛日淨慧戒弼禪師僧問如何是毘盧印師曰草鞋踏雪曰學人不會師曰步步成蹤

福州天宮慎徽禪師上堂八萬四千波羅密門門門長開三千大千微塵諸佛佛說法不說有不說無不說非有非無不說亦有亦無何也離四句絕百非相逢舉目少人知昨夜霜風漏消息梅花依舊綴寒枝

靈隱知禪師法嗣

臨安府靈隱正童圓明禪師僧問如何是道師曰夜行莫踏白曰如何是道中人師曰黃張三黑李四

承天簡禪師法嗣

婺州智者山利元禪師上堂拈拄杖曰大用現前不存軌則東方一指乾坤肅靜西方一指瓦解冰消南方一指南斗作窟北方一指北斗潛藏上方一指築著帝釋鼻孔下方一指穿過金剛水際諸人面前一指成得甚麼邊事良久卓一下曰路上指奔鹿門前打犬兒

九峰韶禪師法嗣

明州大梅法英祖鏡禪師本郡張氏子業儒試經得度肄講延慶凡義學有困於宿德輒以詰師師縱辭辨之爲衆所敬忽曰名相迂曲豈吾所宗哉乃參九峯峯見器之與語若久在叢席因痛劄之師領旨自爾得譽住後上堂三十六旬之始七十二候之初末後句則且置秪如當頭一句又作麽生道拈拄杖曰歲朝把筆萬事皆吉急急如律令大衆山僧恁麽舉唱且道還有祖師意也無良久曰記得東村黑李四年年親寫在門前卓拄杖下座宣和初敕天下僧尼爲德士雖主法聚議無一言以回上意師肆筆解老子詣進上覽謂近臣曰法英道德經解言簡理詣於古未有宜賜入道藏流行仍就賜冠珮壇誥不知師意者往往以其爲佞諛明年秋詔復天下僧尼師獨無改志至紹興初晨起戴樺皮冠披鶴氅執象簡穿朱履使擊鼓集衆陞座召大衆曰蘭芳春谷菊秀秋籬物必榮枯各有時昔毀僧尼專奉道後平道俟復僧尼且道僧尼形相作麽生復取冠示衆曰吾頂從來似月圓雖冠其髮不成仙今朝抛下無遮障放出神光透碧天擲之于地隨易僧服提鶴氅曰如來昔日貿皮衣數載嘶將鶴氅披還我丈夫調御服須知此物不相宜擲之舉象簡曰爲嫌禪板太無端豈料遭他象簡瞞今日因何忽放下普天致仕老仙官擲之提朱履曰達磨攜將一隻歸兒孫從此赤脚走借他朱履代麻鞋休道時難事掣肘化鵬未遇不如鵰畫虎不成反類狗擲之橫拄杖曰今朝拄杖化爲龍分破華山千萬重復倚肩曰珍重佛心眞聖主好將堯德振吾宗擲下拄杖斂目而逝

玉泉皓禪師法嗣

郢州林溪興教文慶禪師上堂六六三十六東方甲乙木嘉州大像出關來陝府鐵牛入西蜀參

夾山遵禪師法嗣

江陵福昌信禪師僧問一花開五葉如何是第一葉師提起坐具僧曰雲生片片雨點霏霏師曰不痛不知傷僧曰這箇猶是風生雨意如何是第一葉師將坐具摵一摵僧拍掌師曰一任踍跳問如何是佛師曰東家兒郎西家織女僧曰學人不會師曰擲筆拋梭上堂召大衆衆舉頭師曰南山風色緊便下座

天衣懷禪師法嗣

東京慧林宗本圓照禪師常州無錫管氏子體貌厖碩所事淳厚年十九依姑蘇承天永安道昇禪師出家巾侍十載剃度受具又三年禮辭遊方至池陽謁振宗宗舉天親從彌勒內宮而下無著問云人間四百年彼天爲一晝夜彌勒於一時中成就五百億天子證無生法忍未審說甚麼法天親曰秖說這箇法如何是這箇法師久而開悟一日室中問師即心即佛時如何曰殺人放火有甚麼難於是名播寰宇漕使李公復圭命師開法瑞光法席日盛武林守陳公襄以承天興教二剎命師擇居蘇人擁道遮留又以淨慈堅請移文諭道俗曰借師三年爲此邦植福不敢久占道俗始從元豐五年神宗皇帝下詔闢相國寺六十四院爲八禪二律召師爲慧林第一祖既至上遣使問勞閱三日傳旨就寺之三門爲士民演法翌日召對延和殿問道賜坐師即跏趺帝問卿受業何寺奏曰蘇州承天永安帝大悅賜茶師即舉盞長吸又蕩而撼之帝曰禪宗方興宜善開導師奏曰陛下知有此道如日照臨臣豈敢自怠即辭退帝目送之謂左右曰眞福慧僧也後帝登遐命入福寧殿說法以老乞歸林下得旨任便雲遊州郡不得抑令住持擊鼓辭衆說偈曰本是無家客那堪任意遊順風加艣棹船子下揚州既出都城王公貴人送者車騎相屬師臨別誨之曰歲月不可把玩老病不與人期唯勤修勿怠是眞相爲鬭者莫不感涕晚居靈巖其嗣法傳道者不可勝紀僧問如何是祖師西來意師曰韓信臨朝曰中下之流如何領會師曰伏屍萬里曰早知今日事悔不愼當初師曰三皇塚上草離離問上是天下是地未審中間是甚麼物師曰山河大地曰恁麼則謝師答話師曰大地山河曰和尚何得瞞人師曰却是老僧罪過上元日僧問千燈互照絲竹交音正恁麼時佛法在甚麼處師曰謝布施曰莫便是和尚爲人處也無師曰大似不齊來上堂於一毫端現寶王剎坐微塵裏轉大法輪拈起拄杖曰這箇是塵作麼生說箇轉法輪底道理山僧今日不惜眉毛與汝諸人說破拈起也海水騰波須彌岌峇放下也四海晏清乾坤肅靜敢問諸人且道拈起即是放下即是丈當斷不斷兩重公案擊禪牀下座上堂看看爍爍瑞光照大千界百億微塵國土百億大海水百億須彌山百億日月百億四天下乃至微塵剎土皆於光中一時發現諸仁者還見麼若也見得許

汝親在瑞光若也不見莫道瑞光不照好叅上堂頭圓像天足方似地古觀稜層丈夫意氣趯倒須彌踏翻海水帝釋與龍王無著身處乃拈拄杖曰却來拄杖上回避咄任汝神通變化究竟須歸這裏以拄杖卓一下師全身塔于蘇之靈巖

石六　二十

東京法雲寺法秀圓通禪師秦州隴城辛氏子母夢老僧託宿覺而有娠先是麥積山老僧與應乾寺魯和尚者善嘗欲從魯游方魯老之既去緒語曰他日當尋我竹鋪坡前鐵場嶺下魯後聞其所俄有兒生即往觀焉兒為一笑三歲願隨魯歸遂從魯姓十九試經圓具勵志講肆習圓覺華嚴妙入精義因聞無為軍鐵佛寺懷禪師法席之盛徑往叅謁懷問曰座主講甚麼經師曰華嚴曰華嚴以何為宗師曰法界為宗曰法界以何為宗師曰以心為宗曰心以何為宗師無對懷曰毫釐有差天地懸隔汝當自看必有發明後聞僧舉白兆叅報慈情未生時如何慈曰隔師忽大悟直詣方丈陳其所證懷曰汝真法器吾宗異日在汝行矣初住龍舒四面後詔居長蘆法雲為鼻祖神宗皇帝上仙宣就神御前說法賜圓通號僧問不離生死而得涅槃不出魔界而入佛界此理如何師曰赤土搽牛妳曰謝師答話師曰你話頭道甚麼僧擬議師便喝問陽春二三月萬物盡生芽未審道芽還增長也無師曰自家看取曰莫便是指示處麼師曰芭蕉高多少曰野火燒不盡春風吹又生師曰這箇是白公底你底作麼生曰且待別時師曰看你道不出上堂看風使帆正是隨波逐浪截斷眾流未免依前滲漏量才補職寧越長短買帽相頭難得恰好直饒上不見天下不見地東西不辨南北不分有甚麼用處任是純鋼打就生鐵鑄成也須額頭汗出總不恁麼如何商量良久曰赤心片片誰知得笑殺黃梅石女兒上堂山僧不會巧說大都應箇時節相喚喫椀茶湯亦無祖師妙訣禪人若也未相諳踏著秤鎚硬似鐵上堂秋雲秋水青山滿目這裏明得千足萬足其或未然道士倒騎牛叅上堂寒雨細溯風高吹沙走石拔木鳴條諸人盡知有且道風作何色若識得去許你具眼若也不識莫怪相瞞叅上堂少林九年冷坐却被神光覷破如今玉石難分秖得麻纏紙裹還會麼笑我者多哂我者少上堂衲僧家高揖釋迦不拜彌勒未為分外秖如半偈亡軀一句投火又圖箇甚麼良久曰彼彼住山人何須更說破師示疾謂眾曰老僧六處住持有煩知事首座大眾今來四大不堅火風將散各宜以道自安無違吾囑遂曰來時無物去時空南北東西事一同六處住持無所補師良久監寺惠當進曰和尚何不道末後句師曰珍重珍重言訖而逝

石六　二十一

東京相國慧林院若冲覺海禪師江寧府鍾氏子上堂碧落靜無雲秋空明有月長江瑩如練清風來不歇林下道人幽相看情共悅諸仁者適來道箇清風明月猶是建化門中事作麼生是道人分上事良久曰閑來石上觀流水欲洗禪衣未有塵上堂無邊義海咸歸顧眄之中萬象形容盡入照臨之內你諸

石六　二十二

人築著磕著因甚麽却不知良久曰莫怪山僧太多事光陰如箭急相催珍重

眞州長蘆應夫廣照禪師滁州蔣氏子僧問古者道如來禪即許老兄會祖師禪未夢見在未審如來禪與祖師禪是同是別師曰一箭過新羅僧擬議師便喝問識得衣中寶時如何師曰你試拈出看僧展一手師曰不用指東畫西寶在甚麽處曰爭奈學人用得師曰你試用看僧拂坐具一下師曰衆人笑你上堂召衆曰江山遶檻宛如水墨屏風殿閣凌空麗若神仙洞府森羅萬象海印交叅一道神光更無遮障諸人還會麽良久曰寥寥天地間獨立望何極叅上堂顧大衆曰這箇爲甚麽擁不聚撥不散風吹不入水灑不著火燒不得刀斫不斷是箇甚麽衆中莫有釘觜鐵舌底衲僧試爲山僧定當看還有麽良久曰若無山僧今日失利久立

臨安府佛日智才禪師台州人僧問如何是道師曰水冷生冰曰如何是道中人師曰春雪易消曰如何談論師鳴指一下問東西密相付爲甚麽衆人皆知師曰春無三日晴曰特伸請益師曰拖泥帶水曰學人到這裏却不會師曰賊身已露上堂城裏喧繁空山寂靜然雖如此動靜一如死生不二四時輪轉物理湛然夏不去而秋自來風不涼而人自爽今也古也不改絲毫誰少誰多身無二用諸禪德既身無二用爲甚麽龍女現十八變君不見弄潮須是弄潮人珍重上堂風雨蕭騷塞汝耳根落葉交加塞汝眼根香臭叢雜塞汝鼻根冷熱甘甜塞汝舌根衣綿溫冷塞汝身根顚倒妄想塞汝意根諸禪德直饒汝翻得轉也是平地骨堆叅上堂嚴風刮地大野清寒萬里草離衰千山樹黯黲蒼鷹得勢俊鶻横飛頗稱衲僧鉢囊高挂獨步遐方似猛將出荒郊臨機須扣敵今日還有麽良久曰匣中寶劒袖裏金鎚幸遇太平挂向壁上叅上堂諸禪德還知麽山僧生身父母一時喪了直是無依倚處以手搥胷曰蒼天蒼天復顧大衆良久曰你等諸人也是鐵打心肝便下座上堂舉栢樹子話師曰趙州庭栢說與禪客黒漆屏風松欏亮隔僧問如何是無爲師曰山前雪半消曰請師方便師曰水聲轉嗚咽

北京天鉢寺重元文慧禪師青州千乘孫氏子母夢於佛前呑一金果後乃誕師相儀殊特迥異羣童十七出家冠歲圓具初遊講肆頗達宗教嘗晏坐古室忽聞空中有告師學上乘者無滯於此驚駭出視杳無人迹翌日客至出寒山集師一覽之即慕叅玄至天衣法席遇衆請益豁然大悟衣印可曰此吾家千里駒也出世後僧問如何是禪師曰入籠入檻僧拊掌師曰跳得出是好手僧擬議師曰了問如何是透法身句師曰上是天下是地上堂冬不受寒夏不受熱身上衣口中食應時應節既非天然自然盡是人人膏血諸禪德山僧恁麽說話爲是世法爲是佛法若也擇得分明萬兩黄金亦消得喝一喝上堂福勝一片地行也任你行住也任你住步步踏著始知落處若未然者直須退步脚下看取咄上堂古今天地萬象森然歲歲秋收冬

藏人人道我總會還端的也無直饒端的比他鷄足峯前是甚麽閑事良久曰今朝十月初旬天寒不得普請衆師四易名藍緇白仰重示寂正盛暑中清風透室異香馥郁荼毘煙燄到處獲舍利五色太史文公彦博以上賜白琉璃瓶貯之藉以錦褥躬瘞于塔居士何震所獲頷骨齒牙舍利别葅浮圖

五燈會元卷第四十三

五燈會元卷第四十三

校勘記

一 底本，清藏本。

一 七六二頁上一行經名，㊂無（未換卷）。

一 七六二頁上三行至四行「青原下十世　雪竇顯禪師法嗣」，㊂無。

一 七六二頁中八行首字「迴」，㊂作「迴」。

一 七六三頁中二行「超祖」，㊂作「越祖」。

一 七六六頁中六行「檢點」，㊂作「點檢」。

一 七六七頁下一六行「會同」，㊂作「同會」。

一 七七〇頁中一二行「長短」，㊂作「短長」。

一 七七二頁上五行「太史」，㊂作「太師」。

一 七七二頁上卷末經名，㊂無（未換卷）。

五燈會元卷第四十四　　石七

宋　沙　門　大　川　濟　纂

青原下十一世

天衣懷禪師法嗣

台州瑞巖子鴻禪師本郡吳氏子僧問如何是道師曰開眼覷不見問法爾不爾如何指南師曰話墮也曰乞師指示師呵呵大笑上堂一不守二不向上下四維無等量大洋海裏汎鐵船須彌頂上翻鯨浪臨濟縮却舌頭德山閣却拄杖千古萬古獨巍巍留與人間作榜樣

廬山棲賢智遷禪師僧問一問一答盡是建化門庭未審向上更有事也無師曰有曰如何是向上事師曰雲從龍風從虎曰恁麼則龍得水時添意氣虎逢山勢長威獰師曰興雲致雨又作麼生僧便喝師曰莫更有在僧擬議師咄曰念話杜家問如何是本來心師曰拆東籬補西壁曰恁麼則今日齋宴師曰退後著上堂聞佛法二字早是汙我耳目諸人未跨法堂門脚跟下好與三十棒雖然如是山僧今日也是為衆竭力珍重上堂是甚麼物得恁頑頑嚚嚚瞞瞞睍睍拊掌呵呵大笑曰今朝巴鼻直是黃面瞿曇通身是口也分疎不下久立

越州淨衆梵言首座示衆南陽國師道說法有所得斯則野干鳴說法無所得是名師子吼師曰國師恁麼道大似掩耳偷鈴何故說有說無盡是野干鳴諸人要識師子吼麼咄

舒州山谷三祖冲會圓智禪師臨安府人也初開堂日僧問如何是第一義諦師曰百雜碎曰恁麼則褒禪一會不異靈山師曰將糞箕掃帚來問師登寶座壁立千仞正令當行十方坐斷未審將何為人師曰千鈞之弩曰大衆承恩師曰量才補職問理雖頓悟事假漸除除即不問如何是頓悟底道理師曰言中有響曰便恁麼又且如何師曰金毛師子問生也猶如著衫死也還同脫袴未審意旨如何師曰譬如閑曰為甚麼如此師曰因行不妨掉臂問如何是天堂師曰太遠在曰如何是地獄師曰放你不得曰天堂地獄相去多少師曰七零八落問白雲綻處樓閣門開善財為甚麼從外而入師曰開眼即瞎曰未審落在甚麼處師曰塡溝塞壑問如何是不動尊師曰寸步千里

泉州資壽院捷禪師僧問如何是佛法大意師曰鐵牛生石卵曰如何是接人句師曰三門前合掌曰如何是大用句師曰腦門著地曰如何是無事句師曰橫眠大道曰如何是奇特句師曰的

洪州觀音啓禪師僧問如何是祖師西來意師曰松長栢短曰意旨如何師曰葉落歸根

越州天章元善禪師僧問大無外小無內既無內外畢竟是甚麼物師曰開口見膽曰學人未曉師曰苦中苦曰為衆竭力禍出私門師打曰教休不肯休須待雨淋頭問如何是最初句師曰末後問將來曰為甚如此師曰先行不到曰入水見長人也師曰秦皇擊缶上堂君問西來意馬師踏水潦若認一毛頭何曾知起倒劫火纔洞然愚夫覓乾草寧知明眼人為君長懊惱

眞州長蘆體明圓鑑禪師上堂顧視左邊曰師子之狀豈免顚狆顧右邊曰象王之儀寧忘回顧取此逃彼上士奚堪識變知機野狐窠窟到這裏須知有凡聖不歷處古今不到處且道是甚麼人行履良久曰丈夫自有衝天志莫向如來行處來

汀州開元智孜禪師上堂衲僧家向針眼裏藏身稍寬大海中走馬甚窄將軍不上便橋勇士徒勞挂甲晝行三千夜行八百即不問不動步一句作麼生道若也道得觀音勢至文殊普賢秖在目前若道不得直須撩起布裙緊峭草鞋叅上堂寒空落落大地漫漫雲生洞口水出高原若也把定則十方世界恍然若也放行則東西南北坦然茫茫宇宙人無數一箇箇鼻孔遼天且問諸人把定即是放行即是還有人斷得麼若無人斷得三門外有兩箇大漢一箇張眉握劒一箇努目揮拳叅

平江府澄照慧慈禪師僧問了然無所得爲甚麼天高地闊師曰窄上堂若論此事貶上眉毛早是蹉過那堪進步向前更要山僧說破而今說破了也還會麼昨日雨今日晴

臨安府法雨慧源禪師僧問如何是最初一句師曰梁王不識曰如何是末後一句師曰達磨渡江

秀州崇德智澄禪師上堂覿面相呈更無餘事若也如此豈不俊哉山僧蓋不得已曲爲諸人若向衲僧面前一點也著不得諸禪德且道衲僧面前說箇甚麼即得良久曰深秋簾幕千家雨落日樓臺一笛風

泉州棲隱有評禪師僧問如何是平常道師曰和尚合掌道士擎拳問十二時中如何趣向師曰著衣喫飯曰別還有事也無師曰有曰如何即是師曰齋餘更請一甌茶

平江府定慧雲禪師僧問如何是爲人一句師曰見之不取曰學人未曉師曰思之千里

建寧府乾符大同院旺禪師僧問如何是祖師西來意師曰入市烏龜曰意旨如何師曰得縮頭時且縮頭

無爲軍鐵佛因禪師僧問如何是和尚家風師曰一尋寒木自爲隣三事秋雲更誰識曰和尚家風蒙指示爲人消息又如何師曰新月有圓夜人心無滿時

安吉州報本法存禪師錢塘陸氏子僧問無味之談塞斷人口作麼生是塞斷人口底句師便打僧曰恁麼則一句流通天人聳耳師曰秖恐不是玉是玉也大奇曰專爲流通師曰一任亂道在天衣受請上堂曰吳江聖壽見召住持進退不遑且隨緣分此皆堂頭和尚提耳訓育終始奬諭若據今日正令當行便好一棒打殺那堪更容立在座前雖然如是養子方見父慈

和州開聖院棲禪師開堂垂語曰選佛場開人天普會莫有久歷覺場罷叅禪客出來相見時有僧出師曰作家作家僧曰莫著忙師曰元來不是作家僧提起坐具曰看看摩竭陀國親行此令師曰秖今作麼生僧禮拜師曰龍頭蛇尾問東西不辯南北不分學人上來乞師一接師曰不接曰爲甚麼不接師曰爲你東西不辯南北不分曰將謂胡鬚赤更

有赤鬚胡師曰蘇嚧蘇嚧問如何是道師曰
放汝三十棒曰爲甚麽如此師曰殺人可恕
無禮難容上堂拈拄杖曰大衆急著眼看須
彌山畫一畫百雜碎南贍部洲打一棒東傾
西側不免且收在開聖手中教伊出氣不得
卓一下

福州衡山惟禮禪師上堂若論此事直下難
明三賢罔測十聖不知到這裏須高提祖令
横按鏌鎁佛尚不存纖塵何立直教須彌粉
碎大海焦枯放一線道與諸人商量且道商
量箇甚麽良久曰鹽貴米賤

臨安府北山顯明善孜禪師僧問如何是祖
師西來意師曰九年空面壁懡㦬又西歸曰
爲甚麽如此師曰美食不中飽人餐問如何
是無情說法師曰燈籠挂露柱曰甚麽人得
聞師曰牆壁有耳

明州啓霞思安禪師僧問諸佛出世蓋爲羣
生和尚出世當爲何人師曰不爲闍黎曰恁
麽則潭深波浪靜學廣語聲低師曰棒上不
成龍

越州雲門靈侃禪師僧問十二時中如何用
心師曰佛殿裏燒香曰學人不會師曰山門
頭合掌上堂塵勞未破觸境千差心鑑圓明
絲毫不立靈光皎皎獨露現前今古兩忘聖
凡路絶到這裏始能卷舒自在應用無虧出
没往還人間天上大衆雖然如是忽被人把
住問你道拄杖子向甚麽處著又如何祇對
還有人道得麽出來道看衆無對乃拍禪牀
下座

天台太平元坦禪師上堂是法無宗隨緣建
立聲色動靜不昧見聞舉用千差如鐘待扣
於此薦得且隨時著衣喫飯若是德山臨濟
更須打草鞋行脚𠆙

臨安府佛曰文祖禪師僧問峭峻之機請師
垂示師曰十字街頭八字立曰秖如大洋海
底行船須彌山上走馬又作麽生師曰烏龜
向火曰恁麽則能騎虎頭善把虎尾師以拄
杖點一下曰禮拜著

沂州望仙山宗禪師僧問四時八節即不問
平常一句事如何師曰禾山打鼓曰莫是學
人著力處也無師曰歸宗拽石僧無語師曰
眞箇衲僧上堂南台烏藥北海天麻新羅附
子辰錦朱砂良久曰大衆會麽久立上堂你
等諸人還肯放下麽若不放下且擔取去便
下座

瑞州五峰淨覺院用機禪師僧問如何是道
師曰十字街頭踏不著曰便恁麽去時如何
師曰且緩緩上堂清平過水投子賣油一年
三百六十日不須頻向數中求以拂擊禪牀
下座

無爲軍佛足處祥禪師僧問如何是般若體
師曰琉璃殿裏隱寒燈曰如何是般若用師
曰活卓卓地問一色無變異喚作露地白牛
還端的也無師曰頭角生也曰頭角未生時
如何師曰不要犯人苗稼

平江府明因慧贇禪師上堂横按拄杖曰若
恁麽去直得天無二日國無二王釋迦老子
飲氣吞聲一大藏教如蟲蝕木設便鑽仰不
及正是無孔鐵鎚假饒信手拈來也是殘羹
餿飯一時吐却方有少分相應更乃墮在空

亡依舊是鬼家活計要會麽雨後始知山色翠㪍難方見丈夫心卓拄杖下座

興化軍西臺其辯禪師上堂舉臨濟無位眞人語乃召大衆曰臨濟老漢尋常一條脊梁硬似鐵及乎到這裏大似日中迷路眼見空花直饒道無位眞人是乾屎橛正是泥龜曳尾其僧秖知季夏極熱不知仲冬嚴寒若據當時合著得甚麽語塞斷天下人舌頭西臺秖恁麽休去又乃眼不見爲淨不免出一隻手狼籍去也臨濟一擔西臺一堆一擔一堆分付阿誰從教撒向諸方去笑殺當年老古錐

禮部楊傑居士字次公號無爲歷叅諸名宿晚從天衣遊衣每引老龐機語令研究深造後奉祠泰山一日鷄一鳴睹日如盤湧忽大悟乃別有男不婚有女不嫁之偈曰男大須婚女長須嫁討甚閑工夫更説無生話書以寄衣衣稱善後會芙蓉楷禪師公曰與師相別幾年蓉曰七年公曰學道來叅禪來蓉曰不打這鼓笛公曰恁麽則空遊山水百無所能也蓉曰別來未久善能高鑒公大笑公有辭世偈曰無一可戀無一可捨大虛空中之乎者也將錯就錯西方極樂

稱心倧禪師法嗣

彭州慧日堯禪師僧問古者道我有一句待無舌人解語却向汝道未審意旨如何師曰無影樹下好商量僧禮拜師曰瓦解冰消

報本蘭禪師法嗣

福州中際可遵禪師上堂咄咄咄井底啾啾是何物直饒三千大千也秖是箇鬼窟咄上堂昨夜四更起來呵呵大笑不歇幸然好一覺睡霜鐘撞作兩橛上堂禾山普化忽顚狂打鼓摇鈴戲一場劫火洞然宜煮茗嵐風大作好乘涼四蛇同篋看他弄二鼠侵藤不自量滄海月明何處去廣寒宮殿白銀牀咄上堂八萬四千深法門門門有路超乾坤如何箇箇踏不著秖爲蜈蚣太多脚不唯多脚亦多口釘觜鐵舌徒增醜拈椎竪拂泥洗泥揚眉瞬目籠中鷄要知佛祖不到處門掩落花春鳥啼

邢州開元法明上座依報本未久深得法忍後歸里㪍落魄多嗜酒呼盧每大醉唱柳詞數闋日以爲常鄉民侮之召齋則拒召飲則從如是者十餘年咸指曰醉和尚一日謂寺衆曰吾明旦當行汝等無他往衆竊笑之翌晨攝衣就座大呼曰吾去矣聽吾一偈衆聞奔視師乃曰平生醉裏顚蹶醉裏却有分別今宵酒醒何處楊柳岸曉風殘月言訖寂然撼之已委蛻矣

稱心明禪師法嗣

洪州上藍院光寂禪師上堂横按拄杖召大衆曰還識上藍老漢麽眼似木突口如匾擔無問精粗不知醎淡與麽住持百千過犯諸禪德還有爲山僧懺悔底麽良久曰氣急殺人卓拄杖下座

廣因要禪師法嗣

福州妙峯如璨禪師上堂今朝是如來降生之節天下緇流莫不以香湯灌沐共報洪恩爲甚麽教中却道如來者無所從來既是無所從來不知降生底是誰試請道看若道得

其恩自報若道不得明年四月八還是驀頭澆

雲居元禪師法嗣

臨安府百丈慶善院淨悟禪師僧問如何是佛師曰問誰曰特問和尚師曰鷂子過新羅

上堂說則搖脣行則動脚直饒不說不行時錯錯拍禪牀下座

常州善權慧泰禪師上堂諸佛出世廣演三乘達磨西來密傳大事上根之者言下頓超中下之流須當漸次發明心地或一言唱道或三句敷揚或善巧應機遂成多義撮其樞要總是空花一句窮源沉埋祖道敢問諸人作麼生是依時及節底句良久曰微雲淡河漢疏雨滴梧桐參

饒州崇福德基禪師上堂若於這裏會得便能入一佛國坐一道場水鳥樹林共談斯要樓臺殿閣同演眞乘續千聖不盡之燈照八面無私之燄所以道在天同天在人同人還有知音者麼良久曰水底金烏天上日眼中瞳子面前人

婺州寶林懷吉眞覺禪師上堂善慧遺風五百年雲黃山色秪依然而今祖令重行也一句流通徧大千大衆且道是甚麼句莫是函蓋乾坤截斷衆流隨波逐浪底麼咩有甚交涉自從有佛祖已來未曾動著今日不可漏泄眞機去也顧視大衆曰若到諸方不得錯舉

洪州資福宗誘禪師上堂龍泉今日與諸人說些葛藤良久曰枝蔓上更生枝蔓

智海逸禪師法嗣

瑞州黃檗志因禪師僧問如何是得力句師曰脚曰學人不會師曰一步進一步上堂四十九年說恩潤禽魚十萬途程來警悟人天這二老漢各人好與三十棒何故一箇說長說短一箇胡言漢語雖然如是且放過一著

福州大中德隆海印禪師上堂法無異法道無別道時時逢見釋迦處處撞著達磨放步即交肩開口即齩破不齩破大小大上堂夫欲智拔先須定動卓拄杖曰唵蘇嚧悉唎娑婆訶歸堂喫茶上堂觸境無滯底爲甚麼撞頭不起田地穩密底爲甚麼下脚不得譬如天王賜與華屋雖獲大宅要因門入乃曰門聻樊噲踏開眞主出巨靈擡手錦鱗噴參上堂平旦寅曉何人處處彌陀佛家家觀世音月裏麒麟看北斗向陽椑子一邊青

簽判劉經臣居士字興朝少以逸才登仕版於佛法未之信年三十二會東林照覺總禪師與語啓迪之乃敬服因醉心祖道既而抵京師謁慧林沖禪師於僧問雪竇如何是諸佛本源答曰千峰寒色語下有省歲餘官雒幕就參韶山杲禪師將去任辭韶山山囑曰公如此用心何愁不悟爾後或有非常境界無量歡喜宜急收拾若收拾得去便成法器若收拾不得則有不寧之疾成失心之患矣未幾復至京師趨智海依正覺逸禪師請問因緣海曰古人道平常心是道你十二時中放光動地不自覺知向外馳求轉疎轉遠公益疑不解一夕入室海舉傳燈所載香至國王問波羅提尊者何者是佛尊者曰見性是佛之語問之公不能對疑甚遂歸就寢熟睡

至五鼓覺來方追念間見種種異相表裏通徹六根震動天地回旋如雲開月現喜不自勝忽憶韶山臨別所囑之言姑抑之逗明趨智海悉以所得告海為證據且曰更須用得始得公曰莫要踐履否海厲聲曰這箇是甚麽事却說踐履公默契乃作發明心地頌八首及著明道諭儒篇以警世詞曰明道在乎見性余之所悟者見性而已孟子曰口之於味也目之於色也耳之於聲也鼻之於臭也四肢之於安佚也性也楊子曰視聽言貌思性所有也有見於此則能明乎道矣當知道不遠人人之於道猶魚之於水未嘗須臾離也唯其迷已逐物故終身由之而不知佛曰大覺儒曰先覺蓋覺此耳昔人有言曰今古應無墜分明在目前又曰大道秖在目前要且目前難睹欲識大道眞體不離聲色言語又曰夜夜抱佛眠朝朝還共起起倒鎮相隨語默同居止欲識佛去處秖這語聲是此佛者之語道為最親者立則見其參於前也在輿則見其倚於衡也瞻之在前也忽焉在後也取之左右逢其原也此儒者之語道最邇者奈何此道唯可心傳不立文字故世尊拈花而妙心傳於迦葉達磨面壁而宗旨付於神光六葉既敷千花競秀分宗列派各有門庭故或瞬目揚眉擎拳舉指或行棒行喝豎拂拈槌或持叉張弓輥毬舞笏或拽石般土打鼓吹毛或一默一言一吁一笑乃至種種方便皆是親切為人然秖為太親故人多罔措瞥然見者不隔絲毫其或沉吟迢迢萬里欲明道者宜無忽焉祖祖相傳至今不絕眞得吾儒所謂忿而不發開而弗達者矣余之有得實在此門反思吾儒自有其道良哉孔子之言默而識之一以貫之故目擊而道存指掌而意喻凡若此者皆合宗門之妙旨得教外之眞機然而孔子之道傳之子思子思傳之孟子孟子既沒不得其傳而所以傳於世者特文字耳故余之學必求自得而後已幸余一夕開悟凡目之所見耳之所聞心之所思口之所談手足之所運動無非妙者得之既久日益見前每以與人人不能受然後知其妙道果不可以文字傳也嗚呼是道也有其人則傳無其人則絕余既得之矣誰其似之乎終余之身而有其人邪無其人邪所不可得而知也故為記頌歌語以流播其事而又著此篇以諭吾徒云

青原下十二世

蔣山泉禪師法嗣

清獻公趙抃居士字悅道年四十餘擯去聲色系心宗教會佛慧來居衢之南禪公日親之慧未嘗容措一詞後典青州政事之餘多宴坐忽大雷震驚即契悟作偈曰默坐公堂虛隱几心源不動湛如水一聲霹靂頂門開喚起從前自家底慧聞笑曰趙悅道撞彩耳富鄭公初於宗門未有所趣公勉之書曰伏惟執事富貴如是之極道德如是之盛福壽康寧如是之備退休閑逸如是之高其所未甚留意者如來一大事因緣而已能專誠求所證悟則他日為門下賀也公年七十有二以太子少保致仕而歸親舊里民遇之如故作高齋以自適題偈見意曰腰佩黃金已退

藏箇中消息也尋常世人欲識高齋老秖是
柯村趙四郎復曰切忌錯認臨藁遺佛慧書
曰非師平日警誨至此必不得力矣慧悼以
偈曰仕也邦爲瑞歸歟世作程人間金粟去
天上玉樓成慧劒無纖鈌冰壺徹底清春風
瀫水路孤月照雲明

慧林本禪師法嗣

東京法雲善本大通禪師族董氏漢仲舒之
裔也太父琪父温皆官于穎遂爲穎人母無
子禱白衣大士乃得師及長博極羣書然清
修無仕宦意嘉祐八年與弟善思往京師地
藏院選經得度習毘尼東遊至姑蘇禮圓照
於瑞光照特顧之於是契旨經五稔益蹐徽
與照令依圓通秀師去又盡其要元豐七年
渡淮留太守巖久之出住雙林遷淨慈尋被
旨徙法雲僧問寶塔元無縫如何指示人師
曰煙霞生背面星月遶簷楹曰如何是塔中
人師曰竟日不知清世事長年占斷白雲鄉
曰向上更有事也無師曰太無厭生問若論
此事譬如兩家著碁學人上來請師一著師
曰早見輸了也僧曰錯師曰是僧曰進前無
路也師卓拄杖一下曰爭奈這箇何僧曰秖
如黑白未分時又作麼生師曰且饒一著問
百尺竿頭如何進步師曰險曰便恁麼去又
作麼生師曰百雜碎問九夏賞勞即不問從
今向去事如何師曰光剃頭淨洗鉢曰謝師
指示師曰滴水難消上堂上不見天下不見
地塞却虛空無處回避爲君明破即不中且
向南山看鼈鼻擲拄杖下座

鎮江府金山善寧法印禪師僧問天皇也恁
麼道龍潭也恁麼道未審和尚作麼生道師
曰手握白玉鞭驪珠盡擊碎曰退身有分師
曰知過必改上堂顧視大衆曰古人道在眼
曰見在耳曰聞在鼻嗅香在舌談論在身覺
觸在意攀緣雖然如是秖見錐頭利不見鑿
頭方若是金山即不然有眼覷不見有耳聽
不聞有鼻不知香有舌不談論有身不覺觸
有意絶攀緣一念相應六根解脫敢問諸禪
德且道與前來是同是別莫有具眼底衲僧
出來通箇消息若無復爲諸人重重注破放
開則私通車馬捏聚則毫末不存若是飽戰
作家一任是非貶剥

壽州資壽院圓澄巖禪師僧問大藏經中還
有奇特事也無師曰秖恐汝不信曰如何即
是師曰黑底是墨黃底是紙曰謝師答話師
曰領取鉤頭意莫認定盤星上堂雲生谷口
月滿長川樵父斫深雲漁翁釣沙島到這裏
便是吳道子張僧繇無你下手處良久曰歸
堂問取聖僧叅上堂乾坤肅靜海晏河清風
不鳴條雨不破塊春生夏長秋收冬藏這箇
是世間法作麼生是佛法良久曰欲得不招
無間業莫謗如來正法輪

秀州本覺寺守一法眞禪師江陰沈氏子僧
問如何是向中玄師曰崑崙騎象藕絲牽曰
如何是體中玄師曰影浸寒潭月在天曰如
何是玄中玄師曰長連牀上帶刀眠曰向上
還有事也無師曰放下著上堂舉拂子曰三
世諸佛六代祖師總在這裏還見麼見汝不
相當又爲說法云無二無二分無別無斷故
還聞麼汝又不惺惺一時却往上方香積世

界去也撼拂子曰退後退後突著你眼睛上堂折半列三人入道得去一拈七亦要商量正當今日雲門道底不要别作麽生露得箇消息良久曰日月易流

舒州投子修顒證悟禪師僧問是法平等無有高下爲甚麽趙州三等接人師曰入水見長人曰爭奈學人未會師曰喚不回頭爭奈何上堂楞伽峯頂誰能措足少室嚴前水泄不通正當恁麽時黃頭老子張得口碧眼胡僧開得眼雖然如是事無一向先聖幸有第二義門足可共諸人東說西說所以道春生夏長秋落冬枯四時遷改輪轉長途愚者心生彼此達者一味無殊良久曰陜府鐵牛吞大像嘉州佛向藕絲藏上堂巍巍少室永鎮羣峯有時雲中捧出有時霧罩無蹤有時突在目前有口道不得被人喚作壁觀胡僧諸仁者作麽生免得此過休休不如且持課良久曰一元和二佛陀三釋迦自餘是甚椀鍉丘參

福州地藏守恩禪師本州丘氏子僧問如何是佛師曰晝眠無益曰意旨如何師曰早起甚長問如何是西來祖意師曰風吹滿面塵上堂竪起拳曰或時爲拳復開曰或時爲掌若遇衲僧有功者賞遂放下曰直是土曠人稀相逢者少上堂兩後鳩鳴山前麥熟何處牧童兒騎牛笑相逐更把短笛橫吹風前一曲兩曲參上堂山僧今日畧通一線不用狐疑麥中有麪上堂拈拄杖擊禪牀一下曰有智若聞則能信解無智疑悔則爲永失三十年後不得道山僧今日上堂秖念法華經參

上堂衲僧現前三昧釋迦老子不會住世四十九年說得天花亂墜爭似饑餐渴飲展脚堂中打睡上堂諸人知處山僧盡知山僧知處諸人不知今日不免布施諸人良久曰頭上是天脚下是地參

衢州靈耀寺警良佛慈禪師饒州吳氏子清獻趙公命開法於越州福果衢州超化海會靈耀四刹僧問三變禪林四回出世於和尚分上成得甚麽邊事師曰鉢盂口向天曰三十年來關棙子而今流落五湖傳師曰那箇是山僧關棙子曰一言超影象不墜古人風師曰惜取眉毛上堂不知時分之延促不知日月之大小灰頭土面且與麽過山僧每遇月朔特地鬬釘家風抑揚問答一場笑具雖然如是因風撒土借水獻花有箇葛藤露布與諸人共相解摘看驀拈拄杖擊香臺曰參堂去

明州香山延泳正覺禪師上堂心隨境現境逐心生心境兩忘是箇甚麽拈起拄杖曰且道這箇甚處得來若道是拄杖瞎却汝眼若道不是拄杖眼在甚麽處是與不是一時拈却且騎拄杖出三門去也遂曳杖下座

安吉州道場慧印禪師上堂韶石渡頭舟橫野水汾陽浪裏棹撥孤煙雲月無私谿山豈異一言合轍千里同風敢問諸人作麽生是同風底句良久曰八千子弟今何在萬里山河屬帝家

臨安府西湖妙慧文義禪師上堂會麽已被熱謾了也今早起來無害可說下牀著鞋後架洗面堂內展鉢喫粥粥後打睡睡起喫茶

見客相喚喫時喫飯日日相似有甚麽過然雖如是更有一般令我笑金剛倒地一堆泥拍禪牀下座

處州靈泉山宗一禪師上堂美玉藏頑石蓮華出淤泥須知煩惱處悟得即菩提咄

泗州普照寺處輝眞寂禪師滁州趙氏子開堂日僧問世尊出世地湧金蓮和尚出世有何祥瑞師曰掃却門前雪

常州南禪寧禪師僧問廬陵米價作麽生詶師曰欵出囚口

越州石佛曉通禪師上堂冷似秋潭月無心合太虛山高流水急何處駐游魚僧問如何是頓教師曰月落寒潭曰如何是漸教師曰雲生碧漢曰不漸不頓時如何師曰八十老婆不言嫁

法雲秀禪師法嗣

東京法雲惟白佛國禪師上堂離婁有意白浪徒以滔天罔象無心明珠忽然在掌以手打一圓相召大衆曰還見麽良久曰看即有分上堂拈拄杖示衆曰山僧住持七十餘日未曾拈動這箇而今不免現些小神通供養諸人遂卓拄杖下座上堂過去已過去未來且莫算正當現在事令朝正月半明月正團圓打鼓普請看大衆看即不無畢竟喚甚麽作月休於天上覓莫向水中尋師有續燈録三十卷入藏

建康府保寧子英禪師錢塘人也上堂拈拄杖曰日月不能並明河海不能競深須彌不能同高乾坤不能同固聖凡智慧不及且道這箇有甚麽長處良久曰節目分明生來條直冰雪敲開片片分白雲點破承伊力擊禪牀下座

温州僊巖景純禪師僧問德山棒臨濟喝和尚如何作用師曰老僧今日困僧便喝師曰却是你惺惺

寧國府廣教守訥禪師（圓照上足時稱訥叔）僧問如何是古今常存底句師曰鐵牛橫海岸曰如何是衲僧正眼師曰針劄不入

興元府慈濟聰禪師僧問如何是道師曰此去長安三十七程曰如何是道中人師曰擔頭瞌額問不是風動不是幡動未審是甚麽動師曰低聲低聲問如何是隨色摩尼珠師曰青青翠竹鬱鬱黃花曰如何是正色師曰退後退後問釋迦已滅彌勒未生未審誰爲導首師曰鐵牛也須汗出曰莫便是爲人處也無師曰細看前話問如何是超佛越祖之談師曰陝府鐵牛上堂三乘教典不是眞詮直指本心未爲極則若是通心上士脫灑高流山來相見乃顧視大衆曰休上堂終日孜孜相爲恰似牽牛上壁大衆何故如此貪生逐日區區去喚不回頭爭奈何上堂一即一二即二把定要津何處出氣拈拄杖曰彼自無瘡勿傷之也卓一下下座

安州白兆山通慧珪禪師上堂幸逢嘉會須采異聞旣遇寶山莫令空手不可他時後日門扇後壁角頭自説大話也窮天地亘古今即是當人一箇自性於是中間更無他物諸人每日行時行著臥時臥著坐時坐著祇對語言時滿口道著以至揚眉瞬目嗔喜愛憎寂默游戲未始間斷因甚麽不肯承當自家

歇去良由無量劫來愛欲情重生死路長背覺合塵自生疑惑譬如空中飛鳥不知空是家鄉水裏游魚忘却水爲性命何得自抑却問傍人大似捧飯稱饑臨河叫渴諸人要得休去麼各請立地定著精神一念回光豁然自照何異空中紅日獨運無私盤裏明珠不撥自轉然雖如是秖爲初機向上機關未曾踏著且道作麼生是向上機關良久曰仰面看天不見天

廬州長安淨名法因禪師上堂天上月圓人間月半七八是數事却難算隱顯不辨即且置黑白未分一句作麼生道良久曰相逢秋色裏共話月明中上堂祖師妙訣別無可說直饒釘觜鐵舌未免弄巧成拙淨名已把天機泄

浮槎山福嚴守初禪師僧問如何是受用三昧師曰拈匙放筯問如何是正直一路師曰踏不著曰踏著後如何師曰四方八面乃曰若論此事放行則曹谿路上月白風清把定則少室峰前雲收霧卷如斯語論已涉多途但由一念相應方信不從人得大衆且道從甚麼處得良久曰水流元在海月落不離天上堂即性之相一亘晴空即相之性千波競起若徹來源清流無阻所以舉一念而塵沙法門頓顯拈一毫而無邊刹境齊彰且道文殊普賢在甚麼處下坡不走快便難逢便下座

鼎州德山仁繪禪師僧問如何是不動尊師曰來千去萬曰恁麼則脚跟不點地也師曰却是汝會上堂至道無難唯嫌揀擇但莫憎愛洞然明白山僧即不然至道最難須是揀擇若無憎愛爭見明白

澧州聖壽香積用旻禪師上堂木馬衝開千騎路鐵牛透過萬重關木馬鐵牛即今在甚麼處良久曰鷩起暮天沙上鴈海門斜去兩三行

瑞州瑞相子來禪師上堂顧視衆曰夫爲宗匠隨處提綱應機問答殺活臨時心眼精明那容妖怪若也棒頭取證喝下承當埋沒宗風恥他先作轉身一路不在遲疑一息不來還同死漢大衆直饒到這田地猶是句語埋藏未有透脫一路敢問諸人作麼生是透脫一路還有人道得麼若無山僧不免與諸人說破良久曰五離荊岫寒光動劒出豐城紫氣横

廬州眞空從一禪師上堂心鏡明鑑無礙遂拈起拄杖曰喚這箇作拄杖即是礙不喚作拄杖亦是礙離此之外畢竟如何要會麼礙不礙誰爲對大地山河廓然粉碎

襄州鳳凰山乾明廣禪師上堂曰頭東畔出月向西邊沒來去急如梭催人成白骨山僧有一法堪爲保命術生死不相干打破精魂窟咄咄是何物不是衆生不是佛參

慧林冲禪師法嗣

東京永興華嚴寺智明佛慧禪師常州史氏子上堂若論此事在天則列萬象而齊現在地則運四時而發生在人則出沒卷舒六根互用且道在山僧拄杖頭上又作麼生良久卓一下曰高也著低也著

鎭州永泰智航禪師上堂散爲氣者乃道之

涵適於變者爲法之弊靈機不昧亘古亘今大用現前何得何失雖然如是忽遇無孔鐵槌作麼生話會拈拄杖曰穿過了也上堂龍騰碧漢變化無方鳳翥青霄誰知蹤跡可行則行不出百千三昧可止則止寧忘萬象森羅所以道取不得舍不得不可得中秪麼得且道得箇甚麼良久曰莫妄想

江陰軍壽聖子邦圓覺禪師僧問祖意教意拈放一邊如何得速成佛去師曰有成終不是佛亦非真僧擬議師叱曰話頭道甚麼

長蘆夫禪師法嗣

明州雪竇道榮覺印禪師郡之陳氏子僧問寒山逢拾得時如何師曰揚眉飛閃電曰更有何事師曰開口放毫光曰如何是向上一路師曰七六八

真州長蘆宗賾慈覺禪師洺州孫氏子僧問達磨面壁此理如何師良久僧禮拜師曰今日被這僧一問直得口瘂上堂冬去寒食一百單五活人路上死人無數頭鑚荆棘林將謂衆生苦拜掃事如何骨堆上添土唯有出家人不踏無生路大衆且道向甚麼處去還會麼南天台北五臺叅上堂新羅別無妙訣當言不避截舌但能心口相應一生受用不徹且道如何是心口相應底句良久曰焦甎打著連底凍叅問六門未息時如何師曰鼻孔裏燒香曰學人不會師曰耳朶裏打鼓問如何是無功之功師曰泥牛不運步天下没荒田曰恁麼則功不浪施也師曰雖然廣大神通未免遭他痛棒上堂金屑雖貴落眼成翳金屑既除眼在甚麼處若如此者未出荆棘林中棒頭取證喝下承當正在金峰窠裏上堂樓外紫金山色秀門前甘露水聲寒古槐陰下清風裏試爲諸人再指看拈拄杖曰還見麼擊香卓曰還聞麼靠却拄杖曰眼耳若通隨處足水聲山色自悠悠

平江府慧日智覺廣燈禪師本郡梅氏子上堂良久曰休休休徒悠悠釣竿長在手魚冷不呑鈎喝一喝下座

五燈會元卷第四十四

五燈會元卷第四十四

校勘記

一　底本，清藏本。

一　七七三頁上一行經名，徑無（未換卷）。

一　七七三頁上三行至四行「青原下十一世天衣懷禪師法嗣」，徑無。

一　七七三頁上一五行第一一字「勢」，徑作「則」。

一　七八三頁中卷末經名，徑無（未換卷）。

五燈會元卷第四十五　石八

宋　沙　門　大　川　濟　纂

青原下十二世

佛日才禪師法嗣

澧州夾山靈泉自齡禪師常州周氏子僧問金鷄啄破琉璃殼玉兎挨開碧海門此是人間光影如何是祖師機師曰針劄不入曰秖如朕兆未生已前作麽生道師舉起拂子僧曰如何領會師曰斫額望扶桑問混沌未分時如何師曰春風飈飈曰分後如何師曰春日遲遲曰向上更有事也無師曰一年三百六十日上堂良久顧大衆曰月裏走金烏誰云一物無趙州東壁上挂箇大葫蘆參上堂良久打一圓相曰大衆五千餘卷詮不盡三世諸佛讚不及令人却憶賣油翁狠忙走下繩牀立參上堂便乃忘機守黙已被金粟占先擬欲展演詞鋒落在瞿曇之後離此二途作麽生是衲僧透脫一路良久曰好笑南泉提起處刈茆鐮子曲彎彎參

天鉢元禪師法嗣

衛州元豐院清滿禪師滄州田氏子僧問如何是佛師曰天寒地冷曰如何是道師曰不道曰爲甚麽不道師曰道是閑名字上堂無異思惟諦聽諦聽昨日寒今日寒抖擻精神著力看著力看看來看去轉顢頇要得不顢頇看參上堂堪作梁底作梁堪作柱底作柱靈利衲僧便知落處驀拈拄杖曰還知這箇堪作甚麽打香臺一下曰莫道無用處復打一下曰參上堂看看堂裏木師伯被聖僧打一摑走去見維那被維那打兩摑露柱呵呵笑打著這師伯元豐路見不平與你雪正拈拄杖曰來來然是聖僧也須喫棒擊香臺下座歲旦上堂憶昔山居絶糧有頌舉似大衆饑飡松栢葉渴飲澗中泉看罷青青竹和衣自在眠大衆更有山懷爲君說今年年是去年年上堂此劒刃上事須劒刃上漢始得有般名利之徒爲人天師懸羊頭賣狗肉壞後進初機滅先聖洪範你等諸人聞恁麽事豈不寒心由是疑悞衆生墮無間獄苦哉苦哉取一期快意受萬劫餘殃有甚麽死急來爲釋子喝曰聵人徒側耳便下座上堂喝一喝曰不是道不是禪每逢三五夜皓月十分圓參師凡見僧乃曰佛法世法眼病空花有僧曰翳消花滅時如何師曰將謂汝靈利

青州定慧院法本禪師僧問古人到這裏爲甚麽拱手歸降師曰理合如是曰畢竟如何師曰夜眠日走

西京善勝眞悟禪師上堂揚聲止響不知聲是響根弄影逃形不知形爲影本以法問法不知法本非法以心傳心不知心本無心心本無心知心如幻了法非法知法如夢心不實莫謾追求夢幻空花何勞把捉到這裏三世諸佛一大藏教祖師言句天下老和尚路布葛藤盡使不著何故太平本是將軍致不許將軍見太平

瑞巖鴻禪師法嗣

明州育王曇振眞戒禪師上堂今日布袋頭開還有買賣者麽時有僧出曰有師曰不作貴不作賤作麽生酬價僧無語師曰老僧失利

棲賢遷禪師法嗣

舒州王屋山崇福燈禪師上堂天不能蓋地不能載一室無私何處不在大衆直饒恁麽會去也是鬼弄精魂怎生說箇常在底道理良久曰金風昨夜起徧地是黃花

淨衆言首座法嗣

西京招提惟湛廣燈禪師嘉禾人也僧問如何是和尚家風師曰秋風黃葉亂遠岫白雲歸曰專爲流通也師曰即今作麽生舉僧便喝師便打上堂偏不偏正不正邪事從來難比並滿天風雨骨毛寒何須更入那伽定卓拄杖下座上堂六塵不惡還同正覺馬上誰家白面郎穿花折柳垂巾角夜來一醉明月樓呼盧輸却黃金宅臂鷹走犬歸不歸娥眉皓齒嗔無力此心能有幾人知黃頭碧眼非相識囉囉哩拍手一下下座

青原下十三世

法雲本禪師法嗣

臨安府淨慈楚明寶印禪師百粵張氏上堂祖師心印非長非短非方非圓非內非外亦非中間且問大衆決定是何形貌拈拄杖曰還見麽古篆不成文飛帛難同體從本自分明何須重特地擊禪牀下座上堂出門見山水入門見佛殿靈光觸處通諸人何不薦若不薦淨慈今日不著便上堂祖師道吾本來茲土傳法救迷情一花開五葉結果自然成淨慈當時若見恁麽道用黑漆拄杖子一棒打殺埋向無陰陽地上令他出氣不得何故叵耐他瞞我唐土人衆中莫有爲祖師出氣底麽出來和你一時埋却上堂若論此事如散鋪寶貝亂堆金玉昧已者自甘窮困有眼底信手拈來所以道閻浮有大寶見少得還稀若人將獻我成佛一餉時乃拈拄杖曰如今一時呈似普請大衆高著眼擲拄杖下座

眞州長蘆道和祖照禪師興化潘氏子僧問無遮聖會還有不到者麽師曰有曰誰是不到者師曰金剛脚下鐵崑崙問不許夜行投明須到意旨如何師曰羊頭車子推明月曰便恁麽去時如何師曰鐵門路嶮問一槌兩當時如何師曰踏藕得魚歸問教外別傳未審傳箇甚麽師曰鐵彈子問百城遊罷時如何師曰前頭更有趙州關上堂一二三四五六碧眼胡僧數不足泥牛入海過新羅木馬追風到天竺天竺茫茫何處尋補陀巖上問觀音普賢拍手呵呵笑歸去來兮秋水深

福州雪峯思慧妙湛禪師錢塘俞氏子僧問古殿無燈時如何師曰東壁打西壁曰恁麽則撞著露柱也師曰未敢相許上堂一法若通萬緣方透拈拄杖曰這裏悟了提起拄杖海上橫行若到雲居山頭爲我傳語雪峯和尚咄上堂布大教網攏人天魚護聖不似老胡拖泥帶水秖是見兔放鷹遇獐發箭乃高聲召衆曰中上堂昔日藥山早晚不叅動經旬月一日大衆纔集藥山便歸方丈諸禪德彼時佛法早自淡薄論來猶較些子如今每日鳴鼓陞堂忉忉怛怛地問者口似紡車答者舌如霹靂總似今日靈山慧命殆若懸絲少室家風危如累卵又安得箇慨然有志扶豎宗乘底衲子出來喝散大衆非唯耳邊靜辦當使正法久住豈不偉哉如或棒上不成

龍山僧倒行此令以拄杖一時趂散上堂眼睫横亘十方眉毛上透青天下徹黄泉且道鼻孔在甚麽處良久曰劄上堂妙高山頂雲海茫茫少室巖前雪霜凛凛齊腰獨立徒自苦疲七日不逢一場懡㦬别峯相見落在半途隻履西歸遠之遠矣卓拄杖下座上堂大道秖在目前要且目前難睹欲識大道眞體今朝三月十五不勞久立建炎改元上堂天地之大德曰生聖人之大寶曰位今上皇帝踐登寶位萬國歸仁草木禽魚咸被其德此猶是聖主應世邊事王宫降誕已前一句天下人摸索不著上堂一切法無差雲門胡餅趙州茶黄鶴樓中吹玉笛江城五月落梅花慚愧太原孚上座五更聞鼓角天曉弄琵琶喝一喝上堂南詢諸友踏破草鞋絶學無爲坐消日月凡情易脱聖解難忘但有纖毫皆成滲漏可中爲道似地擎山應物現形如驢覰井縱無計較途轍已成若論相應轉没交涉勉諸仁者莫錯用心各自歸堂更求何事

婺州寶林果昌寶覺禪師安州時氏子師與提刑楊次公入山同遊山次楊拈起大士飯石問既是飯石爲甚麽齩不破師曰秖爲太硬楊曰猶涉繁詞師曰未審提刑作麽生楊曰硬師曰也是第二月楊爲寫七佛殿額乃問七佛重出世時如何師曰一回相見一回新上堂一即一二即二齅著直是無香氣驀拈拄杖卓一下曰識得山僧楖栗條莫向南山尋鼈鼻

鄭州資福法明寶月禪師上堂資福别無所補五日一參擊鼓何曾説妙談玄秖是麤言直語甘草自來甜黄連依舊苦忽若鼻孔遼天逢人切忌錯舉參上堂若論此事譬如伐樹得根灸病得穴若也得根豈在千枝徧斫若也得穴不假六分全燒以拄杖卓一下曰這箇是根那箇是穴擲下拄杖曰這箇是穴又喚甚麽作根咄是何言歟

潭州雲峯志璿祖燈禪師南粤陳氏子上堂休去歇去一念萬年去寒灰枯木去古廟香爐去一條白練去大衆古人見處如日暉空不著二邊豈隨陰界堪嗟後代兒孫多作一色邊會山僧即不然不休去不歇去業識茫茫去七顛八倒去十字街頭鬧浩浩地聲色裏坐卧去三家村裏盈衢塞路荆棘裏游戲去刀山劒樹劈腹剜心鑊湯爐炭皮穿骨爛去如斯舉唱大似三歲孩兒輥繡毬上堂一切聲是佛聲塗毒鼓透入耳朶裏一切色是佛色鐵蒺藜穿過眼睛中好事不如無便下座上堂盡乾坤大地是箇熱鐵圓汝等諸人向甚麽處下口良久曰吞不進吐不出上堂瘦竹長松滴翠香流風疏月度炎涼不知誰住原西寺每日鐘聲送夕陽上堂聲色頭上睡眠虎狼羣裏安禪荆棘林内翻身雪刃叢中遊戲竹影掃堦塵不動月穿潭底水無痕上堂不是風動不是幡動衲僧失却鼻孔是風動是幡動分明是箇漆桶兩段不同眼暗耳聾澗水如藍碧山花似火紅上堂僧問如何是西來意師曰築著額頭磕著鼻曰意旨如何師曰驢馳馬載曰向上還有事也無師曰朝到西天暮歸唐土曰謝師答話師曰大乘砑郎當僧退師乃曰僧問西來意築著額

頭磕著鼻意旨又如何驢駝舁馬載朝到西
天暮歸唐大乘恰似砑郎當何故没量大人
被語脉裏轉却遂拊掌大笑下座僧問丹霞
燒木佛院主爲甚麽眉鬚墮落師曰一人傳
虚萬人傳實曰恁麽則不落也師曰兩重公
案曰學人未曉特伸請益師曰筠袁虔吉頭
上插筆問德山入門便棒意旨如何師曰束
杖理民曰臨濟入門便喝又作麽生師曰不
言而化曰未審和尚如何爲人師曰一刀兩
段問無縫鐵門請師一啓師曰進前三步曰
向上無關請師一閉師曰退後一尋曰不開
不閉又作麽生師曰吽吽便打
東京慧林常悟禪師僧問若不傳法度衆生
舉世無由報恩者未審傳箇甚麽法師曰開
宗明義章第一問達磨未來時如何師曰省
得草鞋錢曰來後如何師曰重疊關山路
安吉州道場有規禪師婺州姜氏子上堂拈
拄杖曰還見麽窮諸玄辯若一毫置於太虚
竭世樞機似一滴投於巨壑德山老人雖則
焚其疏鈔也是賊過後張弓且道文彩未彰

以前又作麽生理論三千劒客今何在獨許
莊周致太平上堂種田博飯地藏家風客來
喫茶趙州禮度且道護聖門下别有甚麽長
處良久曰尋常不放山泉出屋底清池冷燃
人化士出問促裝已辦乞師一言師曰好看
前路事莫比在家時曰恁麽則三家村裏十
字街頭等箇人去也師曰照顧打失布袋
越州延慶可復禪師上堂胡來胡現漢來漢
現忽然胡漢俱來時如何祇準良久曰落霞
與孤鶩齊飛秋水共長天一色參上堂驀拈
拄杖横按膝上曰苦痛深苦痛深碧潭千萬
丈那箇是知音卓一下下座
安吉州道場慧顏禪師上堂世尊按指海印
發光拈拄杖曰莫妄想便下座
温州雙峰普寂宗達佛海禪師僧問如何是
永嘉境師曰華蓋峰曰如何是境中人師曰
一宿覺上堂衆集定喝一喝曰究有頭債有
主珍重
越州五峰子琪禪師僧問學人上來乞師垂
示師曰花開千朶秀曰學人不會師曰雨後

萬山青曰謝指示師曰你作麽生會僧便喝
師曰未在僧又喝師曰一喝兩喝後作麽生
曰也知和尚有此機要師曰適來道甚麽僧
無語師便喝
西京韶山雲門道信禪師僧問如何是祖師
西來意師曰千年古墓蛇今日頭生角曰莫
便是和尚家風也無師曰卜度則喪身失命
問如何是學人自己師曰無人識者曰如何
得脱灑去師曰你問我答
臨安府上天竺從諫慈辯講師處之松陽人
也具大知見聲播講席於止觀深有所契每
與禪衲遊嘗以道力扣大通通一日作書寄
之師發緘睹黑白二圓相乃悟答偈曰黑相
白相擔枷過狀了不了兮無風起浪若問究
竟事如何洞庭山在太湖上
金山寧禪師法嗣
婺州普濟子淳圓濟禪師僧問摩尼珠人不
識如來藏裏親收得如何是珠師曰不撥自
轉曰如何是藏師曰一撥便轉曰轉後如何
師曰把不住上堂雨過山青雲開月白帶雪

寒松搖風庭栢山僧恁麽說話還有祖師意
也無其或未然良久曰看看
吉州禾山用安禪師僧問蓮華未出水時如
何師曰魚挨鷺倚曰出水後如何師曰水仙
頭上戴好手絕躋攀曰出與未出時如何師
曰應是乾坤措不教容易看
本覺一禪師法嗣
福州越峰粹珪妙覺禪師本郡林氏子僧問
如何是祖師西來意師曰瘦田損種曰未審
如何領會師曰刈禾鐮子曲如鉤問機關不
到時如何師曰抱甕灌園曰此猶是機關邊
事師曰須要雨淋頭
台州天台如庵主久依法真因看雲門東山
水上行語發明已見歸隱故山猿鹿爲伍郡
守聞其風遣使逼令住持師作偈曰三十年
來住此山郡符何事到林間休將瑣瑣塵寰
事換我一生閑又閑遂焚其廬竟不知所止
平江府西竺寺尼法海禪師實文呂嘉之姑
也首叅法雲秀和尚後領旨於法真言下諸
名儒屢挽應世堅不從沮日說偈曰霜天雲
霧結山月冷涵輝夜接故鄉信曉行人不知
屆明坐脫
投子顒禪師法嗣
壽州資壽灌禪師上堂良久曰便恁麽散去
已是葛藤更若喃喃有何所益以拂子擊禪
牀下座
西京白馬崇壽江禪師僧問知師久蘊囊中
寶今日開堂略借看師曰不借曰爲甚麽不
借師曰賣金須是買金人
鄧州香嚴智月海印禪師僧問法雷已震選
佛場開不昧宗乘請師直指師曰三月三日
時千花萬花拆曰普天匝地承恩力覺苑仙
葩一夜開師曰切忌隨他去乃曰判府吏部
此日命山僧開堂祝聖紹續祖燈秖如祖燈
作麽生續不見古者道六街鐘鼓響鼕鼕即
處鋪金世界中池長芰荷庭長栢更將何法
演真宗恁麽說話也是事不獲已有旁不肯
底出來把山僧拽下禪牀痛打一頓許伊是
箇本分衲僧若未有這箇作家手脚切不得
草草匆匆勘得脚跟下不實頭没去處却須
倒喫香嚴手中钁柄莫言不道上堂吾家寶
藏不慳惜覿面相呈人罕識輝今耀古體圓
時照地照天光赫赤荆山美玉奚爲貴合浦
明珠比不得借問誰人敢酬價波斯鼻孔長
三尺咄
丞相富弼居士字彦國由清獻公警勵之後
不舍晝夜力進此道聞顒禪師主投子法席
冠淮甸往質所疑會顒爲衆登座見其顧視
如象王回旋公微有得因執弟子禮趨函丈
命侍者請爲入室顒見即曰相公已入來富
弼猶在外公聞汗流浹背即大悟尋以偈寄
圓照本曰一見顒公悟入深夤緣傳得老師
心東南謾說江山遠目對靈光與妙音後奏
署顒師號顒上堂謝語有曰彼一期之惧我
亦將錯而就錯公作偈賛曰萬木千花欲向
榮臥龍猶未出滄溟彤雲彩霧呈嘉瑞依舊
南山一色青
甘露宣禪師法嗣
平江府妙湛寺尼文照禪師溫陵人上堂靈
源不動妙體何依歷歷孤明是誰光彩若道

真如實際大似好肉剜瘡更作祖意商量正是迷頭認影老胡四十九年說夢即且止僧堂裏憍陳如上座爲你諸人舉覺底還記得麼良久曰惜取眉毛好

瑞巖居禪師法嗣

台州萬年處[石八]幽禪師上[十三]堂先聖行不到處凡流恰到凡流既到先聖莫知到與不到知與不知總置一壁秖如僧問乾峰十方薄伽梵一路涅槃門未審路頭在甚麼處峰以拄杖畫一畫曰在這裏且道此老與他先聖凡流相去幾何南山虎齩石羊兒須向其中識生死

廣靈祖禪師法嗣

處州縉雲仙巖懷義禪師僧問如何是佛師曰自屈作麼曰如何是道師曰你道了曰向上更有事也無師曰無曰恁麼則小出大遇也師曰秖恐不恁麼曰也是師曰却恁麼去也

淨因岳禪師法嗣

福州鼓山體淳禪鑒禪師上堂由基弓矢不射田蛙任氏綠綸要投溟渤發則穿楊破的得則修鯨巨鼇隻箭既入重城長竿豈釣淺水而今莫有吞鉤齧鏃底麼若無山僧卷起綠綸拗折弓箭去也擲拄杖下座

乾明覺禪師法嗣

岳州平江長慶應圓禪師上堂寒氣將殘春日到無索泥牛皆踍跳築著崑崙鼻孔頭觸倒須彌成糞掃牧童兒鞭棄了懶吹無孔笛拍手呵呵笑歸去來兮歸去來煙霞深處和衣倒良久曰切忌睡著

長蘆信禪師法嗣

東京慧林懷深慈受禪師壽春府夏氏子生而祥光現舍文殊堅禪師遙見疑火也詰旦知師始生往訪之師見堅輒笑母許出家十四剗愛冠祝髮後四年訪道方外依淨照於嘉禾資聖[石八]照舉良遂見麻谷[十四]因緣問曰如何是良遂知處師即洞明出住資福履滿戶外蔣山佛鑑懃禪師行化至茶退師引巡寮至千人街坊鑑問既是千人街坊爲甚麼秖有一人師曰多虛不如少實鑑曰恁麼那師赧然偶朝廷以資福爲神霄宮因棄往蔣山留西庵陳請益鑑曰資福知是般事便休師曰某實未穩望和尚不外鑑舉倩女離魂話反覆窮之大豁疑礙呈偈曰秖是舊時行履處等閑舉著便諳訛夜來一陣狂風起吹落桃花知幾多鑑拊几曰這底豈不是活祖師意未幾被旨住焦山僧問如何是佛師曰面黃不是真金貼曰如何是佛向上事師曰一箭一蓮華僧作禮師彈指三下問知有道不得時如何師曰瘂子喫蜜曰道得不知有時如何師曰鸚鵡喚人僧禮拜師叱曰這傳語漢問甚麼人不被無常吞師曰秖恐他無下口處曰恁麼則一念通玄箭三尸鬼失奸也師曰汝有一念定被他吞了曰無一念時如何師曰捉著闍黎上堂古者道忍忍三世如來從此盡鐃鐃[石八]萬禍千殃從此[十五]消默默無上菩提從此得師曰會得此三種語了好箇不快活漢山僧秖是得人一牛還人一馬潑水相唾插觜廝罵卓拄杖曰平出平出上堂雲自何山起風從甚澗生好箇入頭處官路少人

行上堂不是境亦非心喚作佛時也陸沈箇
中本自無階級切忌無階級處尋總不尋過
猶深打破雲門飯袋子方知赤土是黄金咄
平江府萬壽如璸證悟禪師建寧魏氏開堂
日僧問如何是蘇臺境師曰山横師子秀水
接太湖清曰如何是境中人師曰衣冠皇宋
後禮樂大周前師凡見僧必問近日如何僧
擬對即拊其背曰不可思議將示寂衆集復
曰不可思議乃合掌而終
越州天衣如哲禪師族里未詳自退席寓平
江之萬壽飲啖無擇人多侮之有以瑞巖喚
主人公話問者師答以偈曰瑞巖長喚主人
公突出須彌最上峯大地掀翻無覓處笙歌
一曲畫樓中一日曰吾行矣令拂拭所乘笋
輿乃書偈告衆曰道在用處用在死處時人
秖管貪歡樂不肯學無爲叙平昔參問勉衆
進修已忽竪起拳曰諸人且道這箇落在甚
麼處衆無對師揮案一下曰一齊分付與秋
風遂入輿端坐而逝
婺州智者法銓禪師上堂要扣玄關須是有
節操極慷慨斫得釘截得鐵硬剥剥地漢始
得若是畏刀避箭碌碌之徒看即有分以拂
子擊禪牀下座
臨安府徑山智訥妙空禪師僧問牛頭未見
四祖時如何師曰坐久成勞曰見後如何師
曰不妨我東行西行
石八 十六

金山慧禪師法嗣

常州報恩覺然寶月禪師越州鄭氏子上堂
學者無事空言須求妙悟去妙悟而事空言
其猶遂臭耳然雖如是罕逢穿耳客多遇刻
舟人一日謂衆曰世緣易染道業難辦汝等
勉之語卒而逝

法雲白禪師法嗣

婺州智者紹先禪師潭州人也上堂根塵同
源縛脫無二不動絲毫十方遊戲于湖犬子
雖獰爭似南山鼈鼻遂高聲曰大衆看脚下
上堂團不聚撥不散日曬不乾水浸不爛等
閑挂在太虚中一任傍人冷眼看
沂州馬鞍山福聖院仲易禪師上堂一二三
四五陞堂擊法鼓簇簇齊上來一一面相睹
秋色滿虚庭秋風動寰宇更問祖師禪雪峯
到投子咄
東京慧林慧海月印禪師僧問師唱誰家曲
宗風嗣阿誰師曰黄金地上玉樓臺曰如何
是祖師西來意師曰三月洛陽人戴花上堂
黄金地上具眼者未肯安居荆棘林中本分
底留伊不得秖如去此二途作麼生是衲僧
行履處良久曰舉頭煙靄裏依約見家山上
堂顧視大衆拍禪牀一下曰聊表不空便下
座
石八 十七
楊州建隆原禪師姑蘇夏氏子上堂拈拄杖
曰買帽相頭依模畫樣從他野老自顰眉誌
公不是閑和尚卓拄杖下座

保寧英禪師法嗣

臨安府廣福院惟尚禪師初參覺印問曰南
泉斬貓兒意旨如何印曰須是南泉始得印
以前語詰之師不能對至僧堂忽大悟曰古
人道從今日去更不疑天下老和尚舌頭信
有之矣述偈呈印曰須是南泉第一機不知
不覺驀頭錐覿面若無青白眼還如鹼鷇守

空池衆未絶印竪拳曰正當恁麽時作麽生
師掀倒禪牀印遂喝師曰賊過後張弓便出
住廣福日室中問僧提起來作麽生會又曰
且道是箇甚麽要人提起
明州雪竇法寧禪師衢州杜氏子上堂百川
異流以海爲極森羅萬象以空爲極四聖六
凡以佛爲極明眼衲子以拄杖子爲極且道
拄杖子以何爲極有人道得山僧兩手分付
儻或未然不如閑倚禪牀畔留與兒孫指路
頭

開先珣禪師法嗣

廬州延昌熈詠禪師僧問少林面壁意旨如
何師曰慚惶殺人
廬州開先宗禪師上堂一不做二不休挨轉
鼻孔捺下雲頭禾山解打鹽官鼓僧繇不寫
石八　十八
戴嵩牛廬陵米投子油雪峯依舊輥雙毬夜
來風送衡陽信寒鴈一聲霜月幽

甘露顯禪師法嗣

楊州光孝元禪師僧問如何是和尚家風師
曰七顛八倒曰忽遇客來如何祇待師曰生
鐵蒺藜劈口塞

雪竇榮禪師法嗣

福州雪峯大智禪師僧問如何是祖師西來
意師銜拂柄示之僧曰此是香嚴底和尚又
作麽生師便喝僧大笑師叱曰這野狐精

元豐滿禪師法嗣

福州雪峯宗演圓覺禪師恩州人也僧問不
慕諸聖不重己靈時如何師曰欵出囚口曰
便恁麽會去時如何師曰換手搥胸問如何
是大善知識心師曰十字街頭片瓦子辭衆
日僧問如何是臨岐一句師曰有馬騎馬無
馬步行曰途中事作麽生師曰賤避貴上堂
遺迷求悟不知迷是悟之鉗鎚愛聖憎凡不
知凡是聖之鑪鞴秖如聖凡雙泯迷悟俱忘
石八　十九
一句作麽生道半夜彩霞籠玉像天明峯頂
五雲遮
衡州王大夫遺其名以喪偶猒世相遂叅元
豐於言下知歸豐一日謂曰子乃今之陸亘
也公便掩耳既而回壇山之陽縛茅自處者
三載偶歌曰壇山裏日何長青松嶺白雲鄉
吟烏啼猿作道場散髮采薇歌又笑從教人
道野夫狂

育王振禪師法嗣

明州岳林眞禪師上堂古人道初秋夏末合
有責情三十棒岳林則不然靈山會上世尊
拈華迦葉微笑正當恁麽時好與三十棒何
故如此太平時節强起干戈教人吹大法螺
擊大法鼓舉步則金蓮𨅆蹀端居則寶座巍
峩梵王引之於前香花繚繞帝釋隨之於後
龍象騈羅致令後代兒孫遞相倣斆三三兩
兩皆言出格風標劫劫波波未肯歸家穩坐
鼓脣摇舌宛如鐘磬笙竽奮臂㸃胸何啻稻
麻竹葦更逞遊山翫水撥草瞻風人前說得
石㸃頭天上飛來花撲地也好與三十棒且
道坐夏賞勞如何酬奬良久曰萬寶功成何
厚薄千鈞價重自低昂

招提湛禪師法嗣

秀州華亭觀音和尚僧問如何是佛師曰半
夜烏龜火裏行曰意作麽生師曰虚空無背
面僧禮拜師便打

青原下十四世

淨慈明禪師法嗣

臨安府淨慈象禪師越州山陰人也上堂古者道一翳在眼空花亂墜拈拄杖曰淨慈拈起拄杖豈石八不是一翳在二十眼百千諸佛總在拄杖頭現丈六紫磨金色之身乘其國土遊歷十方說一切法度一切衆豈不是空花亂墜即今莫有向拄杖未拈已前坐斷得麼出來與淨慈相見如無切忌向空本無花眼本無翳處著倒乃擲拄杖下座

福州雪峯隆禪師上堂一不成二不是口喫飯鼻出氣休云北斗藏身說甚南山鼈鼻家財運出任交關勸君莫競錐頭利

長蘆和禪師法嗣

鎮江府甘露達珠禪師福州人上堂聖賢不分古今惟一可謂火就燥水流濕鑿井而飲耕田而食大衆東村王老去不歸紛紛黃葉空狼籍

臨安府靈隱惠淳圓智禪師上堂吾心似秋月碧潭清皎潔乃喝曰寒山子話墮了也諸禪德皎潔無塵豈中秋之月可比盧明絶待非照世之珠可倫獨露乾坤光吞萬象普天匝地耀古騰今且道是箇甚麼良久曰此夜一輪滿清光何處無

雪峯慧禪師法嗣 石八 二十一

臨安府淨慈月堂道昌佛行禪師湖州寶溪吳氏僧問大用現前不存軌則時如何師曰張家兄弟太無良曰恁麼則一切處皆是去也師曰莫唐突人好問心生則法生心滅則法滅秖如心法雙忘時生滅在甚麼處師曰左手得來右手用問如何是從上宗門中事師曰一畝地曰便恁麼會時如何師曰埋沒不少問如何是諸佛本源師曰屋頭問路曰向上還有事也無師曰月下拋甎上堂未透祖師關千難與萬難既透祖師關千難與萬難未透時難即且置既透了因甚麼却難放下笊籬雖得價動他杓柄也無端上堂與我相似共你無緣打翻藥銚傾出爐煙還丹一粒分明在流落人間是幾年咄上堂鴈過長空影沉寒水鴈無遺蹤之意水無留影之心若能如是正好買草鞋行脚所以道動則影現覺則冰生不動不覺正在死水裏薦福老人出頭不得即且置育王今日又作麼生向道莫行山下路果聞猿叫斷腸聲歲旦上堂舉拂子曰歲朝把筆萬事皆吉忽有箇漢出來道和尚這箇是三家村裏保正書門底爲甚麼將來華王座上當作宗乘秖向他道牛進千頭馬入百疋

臨安府徑山照堂了一禪師明州人上堂叅玄之士觸境遇緣不能直下透脫者蓋爲業識深重情妄膠固六門未息一處不通絶點純清舍生難到直須入林不動草入水不動波始可順生死流入人間世諸人要會麼以拄杖畫曰秖向這裏薦取

鎮江府金山石八了心禪師二十二上堂佛之一字孰云無木馬泥牛滿道途倚遍欄干春色晚海風吹斷碧珊瑚還有同聲相應同氣相求者麼百鳥不來樓閣閉秖聞夜雨滴芭蕉

香嚴月禪師法嗣

鄧州香嚴倚松如壁禪師撫州饒氏子上堂

變化密移何大急剎那念念一呼吸八萬四千方便門且道何門不可入入不入曉來雨打芭蕉濕殷勤更問箇中人門外堂堂相對立聞啄木鳥鳴說偈曰剝剝剝裏面有蟲外面啄多少茫茫瞌睡人頂後一錐猶未覺若不覺更聽山僧剝剝剝

慧林深禪師法嗣

臨安府靈隱寂室慧光禪師錢塘夏侯氏僧問飛來山色示清淨法身合澗溪聲演廣長舌相正當恁麼時如何是雲門一曲師曰芭蕉葉上三更雨曰一句全提超佛祖滿筵朱紫盡知音師曰逢人不得錯舉上堂不用求真何須息見倒騎牛兮入佛殿羌笛一聲天地空不知誰識瞿曇面

台州國清愚谷妙印禪師上堂滿口道得底爲甚麼不知有十分知有底爲甚麼滿口道不得且道譊訛在甚麼處若也知得許你照用同時明闇俱了其或未然道得道不得知有不知有南山石大蟲解作師子吼

台州國清垂慈普紹禪師上堂靈雲悟桃花玄沙傍不肯多少癡禪和擔雪去塡井今春花又開此意誰能領端的少人知花落春風靜

泉州九座慧邃禪師上堂九座今日向孤峰絕頂駕一隻鐵船截斷天下人要津教他揮篙動棹不得有箇錦標子且道在甚麼人手裏拈拄杖曰看看向道是龍剛不信等閑奪得始驚人

報恩然禪師法嗣

秀州資聖元祖禪師僧問紫金蓮捧千輪足白玉毫輝萬德身如何是佛師曰拖槍帶甲曰貫花千偈雖殊品標月還歸理一如如何是法師曰元豐條紹興令曰林下雅爲方外客人間堪作火中蓮如何是僧師曰披席把椀

慧林海禪師法嗣

廬山萬杉壽堅禪師相州人歲旦上堂有一人不拜歲不迎新寒暑不能侵其體聖凡不能混其迹從來鼻孔遼天誰管多年曆日大衆且道此人卽今在甚麼處卓拄杖曰咄咄咄沒處去

開先宗禪師法嗣

瑞州黃檗惟初禪師常州蔡氏子上堂我見宗大哥平生槁默危坐所謂朽木形骸未嘗口角譊譊將佛祖言教以當門庭秖要當人歇得十成自然不向這般漏子上著倒有僧問既不向這般漏子上著倒未審如何保任師曰無你用心處曰和尚豈無方便師曰鍬餅既無汁壓沙那有油

潭州嶽麓海禪師僧問進前三步時如何師曰撞頭磕額曰退後三步時如何師曰墮坑落壍曰不進不退時如何師曰立地死漢

雪峰演禪師法嗣

福州西禪慧舜禪師眞定府人上堂五日一參三八普說千說萬說橫說竪說忽有箇漢出來道說卽不無爭奈三門頭兩箇不肯山僧卽向他道瞎漢若不得他兩箇西禪大似不遇知音

青原下十五世

雪竇明禪師法嗣

婺州嶒山寧禪師上堂有時孤峰頂上嘯月眠雲有時大洋海中翻波走浪有時十字街頭七穿八穴諸人還相委悉麼樟樹花開盛芭蕉葉最多

淨慈昌禪師法嗣

石八 二五

臨安府五雲悟禪師苕溪人也上堂月堂老漢道行不見行是箇甚麼坐不見坐是箇甚麼著衣時不見著衣是箇甚麼喫飯時不見喫飯是箇甚麼山僧雖與他同牀打睡要且各自做夢何故行見行坐見坐著衣時見著衣喫飯時見喫飯無有不見底道理亦無箇是甚麼諸人且道老漢底是五雲底是拈拄杖卓一下曰桃紅李白薔薇紫問著春風總不知

靈隱光禪師法嗣

臨安府中竺癡禪元妙禪師婺州王氏僧問如何是截斷衆流句師曰佛祖開口無分曰如何是函蓋乾坤句師曰匝地普天曰如何是隨波逐浪句師曰有時入荒草有時上孤峰上堂黃昏雞報曉半夜日頭明驚起雪師子瞠開紅眼睛上堂去年梅今歲柳顏色馨香喝一喝良久曰若不得這一喝幾乎道著依舊且道道著後如何眼睛突出

圓覺曇禪師法嗣

撫州靈巖圓日禪師上堂悟無不悟得無不得九年面壁空勞力三脚驢兒跳上天泥牛入海無蹤跡爲甚如此九九八十一

嶽麓海禪師法嗣

荊門軍玉泉思達禪師僧問如何是一印印空師曰萬象收歸古鑑中曰如何是一印印水師曰秋蟾影落千江裏曰如何是一印印泥師曰細觀文彩未生時

青原下十六世

中竺妙禪師法嗣

石八 二六

溫州光孝已菴深禪師本郡人也上堂曰龍生龍鳳生鳳老鼠養兒沿屋棟達磨大師不會禪歷魏遊梁乾打閧上堂一九二九相逢不出手三九二十七籬頭吹觱栗翻憶小釋迦雙手抱屈膝知不知實不實摩訶般若波羅蜜上堂維摩默然普賢廣說歷代聖人互呈醜拙君不見落花三月子規啼一聲聲是一點血上堂風蕭蕭葉飄飄雲片片水茫茫江干獨立向誰說天外飛鴻三兩行

五燈會元卷第四十五

五燈會元卷第四十五

校勘記

一 底本，清藏本。

一 七八四頁上一行經名，徑無（未換卷）。

一 七八四頁上三行「青原下十二世」，徑無。

一 七九〇頁中一〇行「遂臭耳」，徑作「逐臭耳」。

一 七九一頁中一四行「鑪精」，徑作「鑪鞴」。

一 七九四頁下卷末經名，徑作「五燈會元卷第十六」。

五燈會元卷第四十六　石九

宋沙門大川濟纂

南嶽下十一世

石霜圓禪師法嗣

隆興府黃龍慧南禪師信州章氏子依泐潭澄禪師分座接物名振諸方偶同雲峯悅禪師遊西山夜話雲門法道峯曰澄公雖是雲門之後法道異矣師詰其所以異峯曰雲門如九轉丹砂點鐵成金澄公藥汞銀徒可翫入煆則流去師怒以枕投之明日峯謝過又曰雲門氣宇如王甘死語下乎澄公有法授人死語也死語其能活人乎即背去師挽之曰若如是則誰可汝意峯曰石霜圓手段出諸方子宜見之不可後也師默計之曰悅師翠巖使我見石霜於悅何有哉即造石霜中途聞慈明不事事忽叢林遂登衡嶽乃謁福嚴賢賢命掌書記俄賢卒郡守以慈明補之既至目其貶剝諸方件件數爲邪解師爲之氣索遂造其室明曰書記領徒遊方借使有疑可坐而商略師哀懇愈切明曰公學雲門禪必善其旨如云放洞山三頓棒是有喫棒分無喫棒分師曰有喫棒分明色莊曰從朝至暮鵲噪鴉鳴皆應喫棒明即端坐受師炷香作禮明復問趙州道臺山婆子我爲汝勘破了也且那裏是他勘破婆子處師汗下不能加答次日又詣明詬罵不已師曰罵豈慈悲法施耶明曰你作罵會那師於言下大悟作頌曰傑出叢林是趙州老婆勘破沒來由而今四海清如鏡行人莫與路爲讎呈慈明明頷之後開法同安初受請日泐潭遣僧來審師提唱之語有曰智海無性因覺妄而成凡覺妄元虛即凡心而見佛便爾休去將謂同安無折合隨汝顛倒所欲南斗七北斗八僧歸舉似澄澄不懌自是泐潭舊好絕矣問儂家自有同風事如何是同風事師良久僧曰恁麼則起動和尚去也師曰靈利人難得僧禮拜示衆曰江南之地春寒秋熱近日已來滴水滴凍僧問滴水滴凍時如何師曰未是衲僧分上事曰如何是衲僧分上事師曰滴水滴凍問牛頭未見四祖時爲甚麼百鳥銜華獻師曰釘根桑樹闕角水牛曰見後爲甚麼不銜華師曰視無襠袴無口問無爲無事人猶是金鎖難未審過在甚麼處師曰一字入公門九牛車不出曰學人未曉乞師方便師曰大庾嶺頭笑却成哭問一不去二不住請師道師曰高祖殿前樊噲怒曰恁麼則今日得遇和尚也師曰仰面看天不見天問德山棒臨濟喝直至如今少人拈掇請師拈掇師曰千鈞之弩不爲鼷鼠而發機曰作家宗師今朝有在師便喝僧禮拜師曰五湖衲子一錫禪人未到同安不妨疑著上堂橫吞巨海倒卓須彌衲僧面前也是尋常茶飯行脚人須是荊棘林內坐大道場向和泥合水處認取本來面目且作麼生見得遂拈拄杖曰直饒見得未免山僧拄杖上堂聖凡情盡體露真常拈起拂子曰拂子踍跳上三十三天搊脫帝釋鼻孔驢屬先生拊掌大笑道盡十方世界覓箇識好惡底人萬中無一擊禪牀下座上堂說妙談玄乃太平之姦賊行棒行喝爲亂世之英雄英雄姦賊棒喝玄妙皆

為長物黃檗門下總用不著且道黃檗門下尋常用箇甚麼喝一喝上堂撞鐘鐘鳴擊鼓鼓響大衆般勤問訊同安端然合掌這箇是世法那箇是佛法咄上堂有一人朝看華嚴暮觀般若晝夜精勤無有暫暇有一人不叅禪不論義把箇破蒲日裏睡於是二人同到黃龍一人有為一人無為安下那一箇即是良乆曰功德天黑暗女有智主人二俱不受上堂心王不妄動六國一時通罷拈三尺劍休弄一張弓擊禪牀下座上堂道遠乎哉觸事而眞聖遠乎哉體之即神乃拈拄杖曰道之與聖總在歸宗拄杖頭上汝等諸人何不識取若也識得十方刹土不行而至百千三昧無作而成若也未識有寒暑兮促君壽有鬼神兮妬君福上堂半夜捉烏鷄驚起梵王睡毗嵐風忽起吹倒須彌山官路無人行私酒多人喫當此之時臨濟德山開得口張得眼有棒有喝用不得汝等諸人各自尋取祖業契書莫認驢鞍橋作阿爺下頷上堂舉大珠和尚道身口意清淨是名佛出世身口意

不淨是名佛滅度也好箇消息古人一期方便與你諸人討箇入路既得箇入路又須得箇出路登山須到頂入海須到底登山不到頂不知宇宙之寬廣入海不到底不知滄溟之淺深既知寬廣又知淺深一踏踏翻四大海一摑摑倒須彌山撒手到家人不識鵲噪鵶鳴栢樹間上堂千般說萬般喻秖要教君早回去去何處良乆云夜來風起滿庭香吹落桃華三五樹因化主歸上堂世間有五種不易一化者不易二施者不易三變生為熟者不易四端坐喫者不易更有一種不易是甚麼人良乆云嚬便下座（時翠巖眞為首座藏主問云適來和尚道第五種不易是甚麼人眞曰腦後見腮莫與往來）上堂拈拄杖曰橫拈倒用撥開彌勒眼睛明去暗來敲落祖師鼻孔當是時也目連鶖子飲氣吞聲臨濟德山呵呵大笑且道笑箇甚麼咄師室中常問僧曰人人盡有生緣上座生緣在何處正當問答交鋒却復伸手曰我手何似佛手又問諸方叅請宗師所得却復垂脚曰我脚何似驢脚三十餘年示此三問學者莫有契其

旨脫有酬者師未甞可否叢林目之為黃龍三關師自頌曰生緣有語人皆識水母何曾離得鰕但見日頭東畔上誰能更喫趙州茶我手佛手兼舉禪人直下薦取不動干戈道出當處超佛越祖我脚驢脚竝行步步踏著無生會得雲收日卷方知此道縱橫總頌曰生緣斷處伸驢脚驢脚伸時佛手開為報五湖叅學者三關一一透將來熈寧已酉三月十六日四祖演長老通嗣法書上堂山僧才輕德薄豈堪人師蓋不昧本心不欺諸聖未免生死今免生死未出輪迴今出輪迴未得解脫今得解脫未得自在今得自在所以大覺世尊於然燈佛所無一法可得六祖夜半於黃梅又傳箇甚麼乃說偈曰得不得傳不傳歸根得旨復何言憶得首山曾漏泄新婦騎驢阿家牽翌日午時端坐示寂闍維得五色舍利塔于前山謚普覺禪師

南嶽下十二世

黃龍南禪師法嗣

隆興府黃龍祖心寶覺禪師南雄鄔氏子叅

雲峯悅禪師三年無所得辭去悅曰必往依黃檗南禪師師至黃檗四年不大發明又辭再上雲峯會悅謝世就止石霜因閱傳燈至僧問多福如何是多福一叢竹福曰一莖兩莖斜曰不會福曰三莖四莖曲師於此開悟徹見二師用處徑回黃檗方展坐具檗曰子已入吾室矣師踊躍曰大事本來如是和尚何得教人看話百計搜尋檗曰若不教你如此究尋到無心處自見自肯即吾埋沒汝也住後僧問達磨九年面壁意旨如何師曰身貧無被蓋曰莫孤負他先聖也無師曰闍黎見處又作麼生僧畫一圓相師曰燕雀不離窠僧禮拜師曰更深猶自可午後始愁人問未登此座時如何師曰一事全無曰登後如何師曰仰面觀天不見天上堂愚人除境不忘心智者忘心不除境不知心境本如如觸目遇緣無障礙遂舉拂子曰看拂子走過西天却來新羅國裏知我者謂我拖泥帶水不知我者羸得一場怪誕上堂大凡窮生死根源直須明取自家一片田地教伊去處分明然後臨機應用不失其宜秪如鋒芒未兆已前都無是箇非箇瞥爾爆動便有五行金土相生相剋胡來漢現四姓雜居各任方隅是非鋒起致使玄黃不辨水乳不分疾在膏肓難爲救療若不當陽曉示窮子無以知歸欲得大用現前便可頓忘諸見諸見既盡昏霧不生大智洞然更非他物珍重上堂擊禪牀曰一塵纔舉大地全收諸人耳在一聲中一聲徧在諸人耳若是摩霄俊鶻便合乘時止濼困魚徒勞激浪上堂不與萬法爲侶即是無諍三昧便恁麼去爭奈絃急則聲促若能向紫羅帳裏撒真珠未必善因而招惡果上堂有句無句如藤倚樹且任諸人點頭及乎樹倒藤枯上無衝天之計下無入地之謀靈利漢這裏著得一隻眼便見七縱八橫舉拂子曰看太陽溢目萬里不挂片雲若是覆盆之下又爭怪得老僧上堂若也單明自己不悟目前此人有眼無足若悟目前不明自己此人有足無眼據此二人十二時中常有一物蘊在胷中物既在胷不安之相常在目前既在目前觸途成滯作麼生得平穩去祖不言乎執之失度必入邪路放之自然體無去住上堂良工未出玉石不分巧冶無人金沙混雜還有無師自悟底麼出來辨別看乃舉拂子曰且道是金是沙良久曰見之不取思之千里上堂有時開門待知識知識不來過有時把手上高山高山人不顧或作敗軍之將向闍黎手裏拱手歸降或爲忿怒那吒敲骨打髓正當恁麼時還有同聲相應同氣相求底麼有則向百尺竿頭進取一步如無少室峯前一場笑具上堂心同虛空界示等虛空法證得虛空時無是無非法便恁麼休去停橈把纜且向灣裏泊船若據衲僧門下天地懸隔且道衲僧門下有甚長處榔栗橫擔不顧人直入千峯萬峯去上堂一不向二不閑顢思南嶽與天台堪笑白雲無定止被風吹去又吹來上堂不是風動不是幡動明眼漢謾他一點也不得仁者心動且緩緩你向甚處見祖師乃擲下拂子曰看上堂過去諸佛已滅未來諸佛未生正當現在佛法委付

黃龍放行則恍恍惚惚其中有物把住則杳杳冥冥其中有精且道放行即是把住即是竿頭絲線從君弄不犯清波意自殊上堂虎頭生角人難措石火電光須密布假饒烈士也應難懵底那能善回互手擎日月背負須彌擲向他方其中衆生不覺不知其中衆生騎驢入諸人眼裏諸人亦不覺不知會麼將此身心奉塵刹是則名爲報佛恩上堂一漚未發古帆未征風信不來無人舉權正當恁麼時水脈如何辨的君不見雲門老垂手處落落清波無透路又不見華亭叟泄天機夜深空載月明歸莫怪相逢不相識從教萬古漫漫黑上堂馬祖陞堂百丈卷席後人不善來風盡道不留眹迹殊不知桃華浪裏正好張帆七里灘頭更堪垂釣如今必有辨浮沉識淺深底漢試出來定當水脈看如無且將漁父笛閑向海邊吹上堂風瀟瀟兮木葉飛鴻鴈不來音信稀還鄉一曲無人吹令余拍手空遲疑上堂鏡像或謂有攬之不盈手鏡像或謂無分明如儼圖所以取不得舍不得不可得中秖麼得還會麼不作維摩詰又似傅大士上堂夫玄道者不可以設功得聖智者不可以有心知真諦者不可以存我會至功者不可以營事爲古人一期應病與藥則不可若是丈夫漢出則經濟天下不出則卷而懷之爾若一向聲和響順我則排斥諸方爾若示現酒肆婬坊我則孤峯獨宿且道甚處是黃龍爲人眼師室中常舉拳問僧曰喚作拳頭則觸不喚作拳頭則背喚作甚麼將入滅命門人黃太史廷堅主後事荼毗日隣峯爲秉炬火不續黃顧師之得法上首死心新禪師曰此老師有待於吾兄也新以喪拒黃强之新執炬召衆曰不是餘殃累及我彌天罪過不容誅而今兩脚捎空去不作牛兮定作驢以火炬打一圓相曰秖向這裏雪屈擲炬應手而爇靈骨窆于普覺塔之東謚寶覺禪師

江州東林興龍寺常總照覺禪師延平施氏子久依黃龍密授大法決旨出住泐潭次遷東林皆符讖記僧問乾坤之內宇宙之間中有一寶秘在形山如何是寶師曰白月現黑月隱曰非但聞名今日親見師曰且道寶在甚麼處曰古殿戶開光燦爛白蓮池畔社中人師曰別寶還他碧眼胡又僧出衆提起坐具曰請師答話師曰放下著僧又作展勢師曰收曰昔年尋劍客今朝遇作家師曰這裏是甚麼所在僧便喝師曰喝老僧那僧又喝師曰放過又爭得便打上堂乾坤大地常演圓音日月星辰每談實相飜憶先黃龍道秋雨淋漓連宵徹曙點點無私不落別處復云滴穿汝眼睛浸爛汝鼻孔東林則不然終歸大海作波濤擊禪牀下座上堂老盧不識字頓明佛意佛意離文墨故白兆不識書圓悟宗乘宗乘非言詮故如此老婆心分明入泥水今時人猶尚抱橋柱洗澡把纜放船良久曰爭怪得老僧

隆興府寶峯克文雲庵真淨禪師陝府鄭氏子坐夏大溈聞僧舉僧問雲門佛法如水中月是否門曰清波無透路師乃領解往見黃龍不契却曰我有好處這老漢不識我遂往

香城見順和尚問甚處來師曰黃龍來曰黃龍近日有何言句師曰黃龍近日州府委請黃檗長老龍垂語云鐘樓上念讚牀脚下種菜有人下得語契便往住持勝上座云猛虎當路坐龍遂令去住黃檗順不覺云勝首座秖下得一轉語便得黃檗住佛法未夢見在師於言下大悟方知黃龍用處遂回見黃龍龍問甚處來師曰特來禮拜和尚龍曰恰值老僧不在師曰向甚麼處去龍曰天台普請南嶽遊山師曰恁麼則學人得自在去也龍曰脚下鞋甚處得來師曰廬山七百五十文唱來龍曰何曾得自在師指鞋曰何嘗不自在龍駭之開堂日拈香祝聖問答罷乃曰問話且止秖知問佛問法殊不知佛法來處且道從甚麼處來垂一足曰昔日黃龍親行此令十方諸佛無敢違者諸代祖師一切聖賢無敢越者無量法門一切妙義天下老和尚舌頭始終一印無敢異者無異則且置印在甚麼處還見麼若見非僧非俗無偏無黨一一分付若不見而我自收遂收足喝一喝曰兵隨印轉將逐符行佛手驢脚生緣老好痛與三十棒而今會中莫有不甘者麼若有不妨奇特若無新長老謾你諸人去也故我大覺世尊昔於摩竭陀國十二月八日明星現時豁然悟道大地有情一時成佛今有釋子沙門某於東震且國大宋筠陽城中六月十三日赫日現時又悟箇甚麼以拂子畫曰我不敢輕於汝等汝等皆當作佛僧問如何是佛師呵呵大笑僧曰何哂之有師曰笑你隨語生解曰偶然失利師喝曰不得禮拜僧便歸衆師復笑曰隨語生解問江西佛手驢脚接人和尚如何接人師曰鮎魚上竹竿曰全因今日師曰烏龜入水問新豐吟雲門曲舉世知音能和續大衆臨筵願清耳目師以右手拍禪牀僧曰木人拊掌石女揚眉師以左手拍禪牀僧曰猶是學人疑處師曰何不脚跟下薦取僧以坐具一拂師曰爭奈脚跟下何問遠遠馳符命禪師俯應機祖令當行也方便指羣迷師曰深曰深意如何師曰淺曰教學人如何領會師曰點問馬祖下尊宿一箇箇屙漉漉地唯有歸宗老較些子黃龍下兒孫一箇箇硬剥剥地秖有真淨老師較些子學人恁麼還扶得也無師曰打疊面前榼𣑊却曰若不同牀睡焉知被底穿師不答僧曰這箇爲上上根人忽遇中下之流如何指接師亦不答僧曰非但和尚懡㦬學人亦乃一場敗缺師曰三十年後悟去在問承古有言衆生日用而不知未審不知箇甚麼師曰道曰忽然知後如何師曰十萬八千僧提起坐具曰爭奈這箇何師便喝上堂天地與我同根萬物與我一體脚頭脚尾横三竪四北俱盧洲火發燒著帝釋眉毛東海龍王忍痛不禁轟一箇霹靂直得傾湫倒嶽雲黯長空十字街頭廖胡子醉中驚覺起來拊掌呵呵大笑曰筠陽城中近來少賊乃拈拄杖曰賊賊上堂道泰不傳天子令行人盡唱太平歌五九四十五莫有人從懷州來麼若有不得忘却臨江軍豆豉上堂世尊拈華迦葉微笑拈拄杖曰洞山拈起拄杖子你諸人合作麼生擊香棹下座上堂覩無襠袴無口頭上

青灰三五斗趙州老漢少賣弄然則國清才
子貴家富小兒驕其奈禾黍不陽艶競栽桃
李春龝令力耕者半作賣華人上堂佛法兩
字宜是難得人有底不信自已佛事唯憑少
許古人影響相似般若所知境界定相法門
動即背覺合塵黏將去脫不得或學者來如
印印泥遞相印授不唯自誤亦乃誤他洞山
門下無佛法與人秖有一口劍凡是來者一
一斬斷使伊性命不存見聞俱泯却向父母
未生前與伊相見見伊纔向前便爲斬斷然
則剛刀雖利不斬無罪之人莫有無罪底麼
也好與三十拄杖上堂洞山門下要行便行
要坐便坐鉢盂裏屙屎淨缾裏吐唾執法修
行如牛拽磨上堂洞山門下有時和泥合水
有時壁立千仞你諸方擬向和泥合水處見
洞山洞山且不在和泥合水處擬向壁立千
仞處見洞山洞山且不在壁立千仞處擬向
一切處見洞山洞山且不在一切處你擬不
要見洞山鼻索又在洞山手裏擬瞌睡也把
鼻索一掣秪見眼孔定動又不相識也不要
你識洞山但識得自已也得上堂汾陽與妄
想俱胝竪指頭古今佛法事到此一時休休
休却憶趙州勘婆子不風流處也風流拈拄
杖曰爲衆竭力上堂頭陁石被莓苔裹擲筆
峯遭薜荔纏羅漢院裏一年度三箇行者歸
宗寺裏叅退喫茶上堂師子不食鵰殘快鷹
不打死兔放出臨濟大龍抽却雲門一顧拈
起拄杖曰雲行雨施三草二木師崇寧改元
十月旦示疾望乃愈出道具散諸徒翌日中
夜沐浴更衣趺坐衆請說法示偈及遺誡宗
門大略言卒而逝火葬皶成五色白光上騰
煙所至處皆設利分骨塔于泐潭新豐
南康軍雲居眞如院元祐禪師信州王氏子
僧問如何是道林的旨師曰劄曰隨流認得
性無喜亦無憂師曰汝皮袋重多少曰高著
眼看師曰自領出去問如何是祖師西來意
師曰胡天雪壓玉麒麟問如龜藏六時如何
師曰文彩已彰曰爭奈處處無蹤跡師曰一
任拖泥帶水曰便與麼去時如何師曰果然
上堂過去諸如來更不再勘現在諸菩薩放
過即不可未來修學人謾他一點不得所以
教中道若人欲了知三世一切佛應觀法界
性一切惟心造雖然如是雲居門下正是金
屑落眼上堂凡見聖見春雲掣電眞說妄說
空華水月龝憶長髭見石頭解道紅鑪一點
雪擊禪牀下座上堂龜毛爲箭兔角爲弓那
吒忿怒射破虛空虛空撲落傾湫倒嶽牆壁
瓦礫放光明歸依如來大圓覺擊禪牀下座
上堂月色和雲白松聲帶露寒好箇眞消息
憑君子細看黃龍先師和身放倒還有人扶
得起麼祖禰不了殃及兒孫擊禪牀下座上
堂一切聲是佛聲以拂子擊禪牀曰梵音深
遠令人樂聞又曰一切色是佛色乃拈起拂
子曰今佛放光明助發實相義已到之者頂
戴奉行未到之者應如是知應如是信擊禪
牀下座今諸方三塔師始創也
潭州大溈懷秀禪師信州應氏子僧問昔日
溈山水牯牛自從放去絕蹤由今朝幸遇師
登座未審時人何處求師曰不得犯人苗稼
曰恁麼則頭角已分明師曰空把山童贈鐵

鞭

瑞州黃檗惟勝眞覺禪師，潼川羅氏子。居講聚時，偶以扇勦窻櫺有聲，忽憶教中道十方俱擊鼓十處一時聞，因大悟。白本講，講令叅問師，徑往黃龍。後因瑞州太守委龍遴選黃檗主人，龍集衆垂語曰：鐘樓上念讚，牀脚下種菜，若人道得，乃往住持。師出答曰：猛虎當路坐。龍大悅，遂令師往。由是諸方宗仰之。上堂：臨濟喝，德山棒，留與禪人作模範。歸宗磨，雪峯毬，此箇門庭接上流。若是黃檗即不然，也無喝也無棒，亦不推磨亦不輥毬。前面是案山，背後是主山，塞却你眼睛，撥破你面門。於此見得，得不退轉地，盡未來際不向他求。若見不得，醍醐上味飜成毒藥。上堂：寂兮寥兮，蟾蜍皎皎下空谷；寬兮廓兮，曦光赫赫流四海。曹谿路上勦絕人行，多子塔前駢闐如市。直饒這裏薦得，儱侗分明，未是衲僧活計。大丈夫漢須是向黑暗獄中敲枷打鎖，餓鬼隊裏放火奪漿，推倒慈氏樓，拆却空王殿，靈苗瑞草和根拔，滿地從教荆棘生。

隆興府祐聖法宮禪師，潮陽鄭氏子。晚見黃龍，深蒙印可。上堂：此事如醫家驗病，方且雜毒滿腹，未易攻治，必瞑眩之藥而後可瘳。就今狗意投之，適足狂惑，增其沈痼，求其已病，不亦左乎？法堂前草深於心無媿。

蘄州開元子[石九]琦禪師，泉州許氏子[十六]。依開元智訥試經得度，精楞嚴圓覺。棄謁翠巖眞禪師，問佛法大意，眞唾地曰：這一滴落在甚麼處？師捫膺曰：學人今日脾疼。眞解頤。舜衆積翠歲餘，盡得其道。乘間侍翠商搉古今，適大雪，翠指曰：斯可以一致苕帚否？師曰：不能。然則天霽日出，雲物解駁，豈復有哉？知有底人於一切言句，如破竹，雖百節當迎刃而解，詎容聲於擬議乎？一日翠遣僧逆問：老和尚三關語如何？師厲聲曰：你理會久遠時事作麼？翠聞益奇之。於是名著叢席。翠歿，四祖演禪師命分座。室中垂語曰：一人有口道不得，姓字爲誰？後傳至東林總禪師，歎曰：琦首座如鐵山萬仞，卒難廹他語脈。未幾以開元爲禪林，請師爲第一世。上堂：虛空無內外，事理有短長，順則成菩提，逆則成煩惱。燈籠常瞌睡，露柱亦懊惱。大道在目前，更於何處討？以拂子擊禪牀。上堂：四面亦無門，十方無壁落。頭髼鬆，耳卓朔，箇箇男兒大丈夫，何得無繩而自縛？且道透脫一句作麼生道？良久曰：踏破草鞋赤脚走。僧[石九]問：須彌納芥子即[十七]不問，微塵裏轉大法輪時如何？師曰：一步進一步。曰：恁麼則朝到西天，暮歸唐土。師曰：作客不如歸家。曰：久嚮道風，請師相見。師曰：雲月是同，谿山各異。

袁州仰山行偉禪師，河朔人也。東京大佛寺受具，聽習圓覺，微有所疑，挈囊遊方，專扣祖意。至南禪師法席，六遷星序。一日扣請，尋被喝出，足擬跨門，頓省玄旨。出世仰山，道風大著。上堂：大衆會麼？古今事掩不得，日用事藏不得。既藏掩不得，則日用現前。且問諸人現前事作麼生叅？上堂：大衆見麼？開眼則普觀十方，合眼則包含萬有，不開不合是何模樣？還見模樣麼？久叅高德舉處便曉，後進初機識取模樣，莫秪管貪睡，睡時眼見箇甚麼？若

道不見與死人何別畫饒丹青處士筆頭上畫出青山綠水夾竹桃華祇是相似模樣設使石匠錐頭鑽出羣羊走獸也祇是相似模樣若是真模樣任是處士石匠無你下手處諸人要見須是著眼始得良久曰廣則一線道狹則一寸半以拂子擊禪牀上堂皷聲纔動大衆雲臻諸人上觀山僧下覷上觀觀箇甚麼下覷覷箇甚麼良久曰對面不相識上堂道不在聲色而不離聲色凡一語一默一動一靜隱顯縱橫無非佛事日用現前古今凝然理何差互師自題其像曰吾真難邈斑斑駁駁擬欲安排下筆便錯示寂闍維獲五色舍利骨石栓索勾連塔于寺之東

南嶽福嚴慈感禪師潼川杜氏子上堂古佛心祇如今若不會苦沈吟秋雨微微秋風颯颯 百九 十八 乍此乍彼若爲酧答沙岸蘆華青黃交雜禪者何依良久曰劄

潭州雲蓋守智禪師劍州陳氏子遊方至豫章大寧時法昌遇禪師韜藏西山師聞其飽叅即之昌問曰汝何所來師曰大寧又問三門夜來倒汝知麼師愕然曰不知昌曰吳中石佛大有人不曾得見師惘然即展拜昌使謁翠巖真禪師雖久之無省且不舍寸陰及謁黃龍於積翠始盡所疑後首衆石霜遂開法道吾徙雲蓋僧問有一無絃琴不是世間木今朝負上來請師彈一曲師拊膝一下僧曰金風颯颯和清韻請師方便再垂音師曰陝府出鐵牛上堂緊峭離水靴踏破湖湘月手把鐵蒺藜打破龍虎穴𨃍身倒上樹始見無生滅却笑老瞿曇彈指超彌勒上堂昨日高山看釣魚步行騎馬失却驢有人拾得駱駝去重賞千金一也無若向這裏薦得不著還草鞋錢上堂舉趙州問僧向甚麼處去曰摘茶去州曰閑師曰道著不著何處摸索背後龍鱗面前驢脚𨃍身筋斗孤雲野鶴阿呵呵 百九 十九 示衆不離當處常湛然覓即知君不可見雖然先聖恁麼道且作箇模子搭却若也出不得祇抱得古人底若也出得方有少分相應雲蓋則不然騎駿馬繞須彌過山尋蟻跡能有幾人知師居院之東堂政和辛卯死心謝事黃龍由湖南入山奉覲日已夕矣侍僧通謁師曳履且行且語曰將燭來看其面目何似生而致名喧宇宙死心亦絕叫把近前來我要照是真師叔是假師叔師即當胷毆一拳死心曰却是真箇遂作禮賓主相得歡甚及死心復領黃龍至政和甲午示寂時師住開福得訃上堂法門不幸法幢摧五蘊山中化作灰昨夜泥牛通一線黃龍從此入輪廻

福州玄沙合文明慧禪師僧問如何是道師曰私通車馬僧進一步師曰官不容鍼

楊州建隆院昭慶禪師上堂始見新歲倏忽早是二月初一天氣和融擬舉箇時節因緣與諸人商量却被帝釋梵王在門外柳眼中努出頭來先說偈言裹裹颺輕絮且逐風來去相次走綿毬休言道我絮當時撞著阿修羅把住云任你絮忽逢西風吹渭水落葉滿長安一句作麼生道於是帝釋縮頭入柳眼中良久曰叅

安吉州報本慧元禪師潮州倪氏子十九爲

大僧徧歷叢席於黃龍三關語下悟入住後僧問諸佛不出世達磨不西來正當恁麼時未審來不來師曰撞著你鼻孔上堂白雲消散紅日東昇仰面看天低頭覷地東西南北一任觀光達磨眼睛斗量不盡演若何曾認影善財不往南方衲僧鼻孔遼天到此一時穿却僧出禮拜曰學人有一問和尚還答否師曰昨日答汝了也曰今日作麼生師曰明日來上堂僧問諸佛所說法種種皆方便是否師曰是曰爲甚麼諸法寂滅相不可以言宣師曰且莫錯會僧以坐具一畫師喝曰諸法寂滅相不可以言宣今之學者方見道不可以言宣便擬絕慮忘緣杜塞視聽如斯見解未有自在分諸人要會寂滅相麼出門不見一纖毫滿目白雲與青嶂師坐而不臥餘三十年示寂塔全身于峴山

吉州仁山隆慶院慶閑禪師福州卓氏子母夢胡僧授以明珠吞之而娠及生白光照室幼不近酒胾年十一棄俗十七得度二十徧參後謁黃龍於黃蘗龍問甚處來師曰百丈曰幾時離彼師曰正月十三龍曰脚跟好痛與三十棒師曰非但三十棒龍喝曰許多時行脚無點氣息師曰百千諸佛亦乃如是曰汝與麼來何曾有纖毫到諸佛境界師曰諸佛未必到慶閑境界龍問如何是汝生緣處師曰早晨喫白粥如今又覺饑問我手何似佛手師曰月下弄琵琶問我脚何似驢脚師曰鷺鷥立雪非同色龍嗟咨而視曰汝剃除鬚髮當爲何事師曰秖要無事曰與麼則數聲清磬是非外一箇閑人天地間也師曰是何言歟曰靈利衲子師曰也不消得龍曰此間有辯上座者汝著精彩師曰他有甚長處曰他拊汝背一下又如何師曰作甚麼曰他展兩手師曰甚處學這虛頭來龍大笑師却展兩手龍喝之又問㦕㦕鬆鬆兩人共一椀作麼生會師曰百雜碎曰盡大地是箇須彌山撮來掌中汝又作麼生會師曰兩重公案曰這裏從汝胡言漢語若到同安如何過得（時英邵武在同安作首座師欲往見之）師曰渠也須到這箇田地始得曰忽被渠指火爐曰這箇是黑漆火爐那箇是黑漆香桌甚處是不到處師曰慶閑面前且從恁麼說話若是別人笑和尚去龍拍一拍師便喝明日同看僧堂曰好僧堂師曰極好工夫曰好在甚處師曰一梁拄一柱曰此未是好處師曰和尚又作麼生龍以手指曰這柱得與麼圓那枋得與麼匾師曰人天大善知識須是和尚始得即趨去明日侍立龍問得坐披衣向後如何施設師曰遇方即方遇圓即圓曰汝與麼說話猶帶脣齒在師曰慶閑即與麼和尚作麼生曰近前來爲汝說師拊掌曰三十年用底今朝捉敗龍大笑曰一等是精靈師拂袖而去由是學者爭歸之廬陵太守張公鑑請居隆慶僧問鋪席新開不可放過師曰記取話頭曰請師高著眼師曰蹉過了也室中垂問曰禪師心印篆作何文諸佛本源深之多少又曰十二時中上來下去開單展鉢此是五蘊敗壞之身那箇是清淨法身又曰不用指東畫西實地上道將一句來又曰十二時中著衣喫飯承甚麼人恩力又曰魚行水濁鳥飛毛落亮座

主一入西山爲甚麼杳無消息師居隆慶未
朞年鍾陵太守王公韶請居龍泉不逾年以
病求去廬陵道俗舟載而歸居隆慶之東堂
事之益篤元豐四年三月七日將示寂遺偈
曰露質浮世奄質浮滅五十三歲六七八月
南嶽天台松風澗雪珍重知音紅罏優鉢泊
然坐逝俾畫工就寫其眞首忽自舉　仍
平視闍維日雲起風作飛瓦折木煙氣所至
東西南北四十里凡草木沙礫之間皆得舍
利如金色計其所獲幾數斛閱世五十五坐
夏三十六初蘊子由欲爲作記而疑其事方
臥痁夢有呵者曰閑師事何疑哉疑即病矣
子由夢中作數百言其銘略曰稽首三界尊
閑師不止此愍世狹劣故聊示其小者子由
其知言哉
石九　二十三
舒州三祖山法宗禪師僧問如何是佛師曰
喫鹽添得渴問如何是道師曰十里雙牌五
里單堠曰如何是道中人師曰少避長賤避
貴問如何是善知識所爲底心師曰十字街
頭一片甎曰如何是十字街頭一片甎師曰

不知曰既不知却恁麼說師曰無人踏著上
堂五五二十五時人盡解數倒拈第二籌茫
茫者無據爲甚麼無據愛他一縷失却一端
上堂明晃晃活鱍鱍十方世界一毫末拋向
面前知不知莫向意根上拈掇拍一拍上堂
架梯可以攀高雖升而不能達河漢鑄鍬可
以掘鑿雖利而不能到風輪其器者費功其
謀者益妄不如歸家坐免使走塵壞大衆那
箇是塵壞祖佛禪道
隆興府泐潭洪英禪師邵武陳氏子幼頴邁
一目五行長棄儒得度訪道曹山依雅禪師
久之辭登雲居睠其勝絶殆終于此山因閱
華嚴十明論乃證宗要即詣黃檗南禪師席
檗與語達旦曰荷擔大法盡在爾躬厚自愛
所至議論奪席晚遊西山與勝首座棲雙嶺
後開法石門久之遷泐潭僧問逢場作戲時
如何師曰紅罏爆出鐵烏龜曰當軒布鼓師
親擊百尺竿頭事若何師曰山僧不作這活
計僧擬議師曰不唧𠺕漢又僧禮拜起便垂
下袈裟角曰脱衣卸甲時如何師曰喜得狠

煙息弓消壁上懸僧却攬上袈裟曰重整衣
甲時如何師曰不到烏江畔知君未肯休僧
便喝師曰驚殺我僧拍一拍師曰也是死中
得活僧禮拜師曰將謂是收燕破趙之才元
來是販私鹽賊問臨濟栽松即不問百丈開
石九
田事若何師曰深著钁頭曰古人猶在師曰
二十四
更添钁頭僧禮拜師扣禪牀一下乃曰問也
無窮答也無盡問答去來於道轉遠何故況
爲此事直饒棒頭薦得不是丈夫喝下承當
未爲達士那堪更向言中取則句裏馳求語
路尖新機鋒捷疾如斯見解盡是埋沒宗旨
玷污先賢於吾祖道何曾夢見秖如我佛如
來臨般涅槃乃云吾有正法眼藏涅槃妙心
付囑摩訶大迦葉迦葉遂付阿難暨商那和
修優波毱多諸祖相繼至於達磨西來直指
人心見性成佛不立文字語言豈不是先聖
方便之道自是當人不信却自迷頭認影奔
逐狂途致使岭竮流浪生死諸禪德若能一
念回光返照到自巳脚跟下櫬剥究竟將來
可謂洞門豁開樓閣重重十方普現海會齊

彰便乃凡聖賢愚山河大地以海印三昧一
印印定更無纖毫逗漏山僧如是舉唱若是
衆中有本色衲僧聞之實謂掩耳而回笑破
他口大衆且道本色衲僧門下一句作麼生
道良久曰天際雪埋千尺石洞門凍折數株
松上堂釋迦老子當時一手指天一手指地
云天上天下唯我獨尊釋迦老子旁若無人
當時若遇箇明眼衲僧直教他上天無路入
地無門然雖如是也須是銅沙鑼裏滿盛油
始得上堂顧視大衆曰青山重疊疊綠水嚮
潺潺遂拈拄杖曰未到懸崖處擡頭子細看
卓一下上堂寶峯高士罕曾到巖前雪壓枯
松倒嶺前嶺後野猨啼一條古路清風掃禪
德雖然如是且道山僧拄杖長多少遂拈起
曰長者隨長使短者隨短用卓一下上堂顧
視大衆曰石門巇嶮鐵關牢舉目重重萬仞
高無角鐵牛衝得破毗盧海内作波濤且道
不涉波濤一句作麼生道良久曰一句不遑
無著問迄今猶作野盤僧師因知事紛爭止
之不可乃謂衆曰領衆不肅正坐無德吾有

愧黄龍叙行脚始末曰吾滅後火化以骨石
藏普同塔明生死不離清衆也言卒而逝
金陵保寧寺圓璣禪師福州林氏子僧問生
死到來如何回避師曰堂中瞌睡寮裏抽解
曰便恁麼時如何師曰須知有轉身一路曰
如何是轉身一路師曰傾出你腦髓拽脱你
鼻孔曰便從今日無疑去也師曰作麼生會
曰但知行好事不用問前程師曰須是恁麼
上堂道源不遠性海非遥但向己求莫從他
覓古人與麼説話大似認奴作郎指鹿爲馬
若是翠巖即不然也不向己求亦不從他覓
何故雙眉本來自横鼻孔本來自直直饒説
得天華亂墜頑石點頭算來多虚不如少實
且道如何是少實底事良久曰冬瓜直儱侗
瓠子曲彎彎上堂春雨微微百事皆宜禾苗
發秀蔬菜得時阿難如合掌迦葉亦攢眉直
饒靈山會上拈華微笑算來猶涉離微爭似
三家村裏老翁深耕淺種各知其時有事富
面便説誰管瞬目揚眉更有一般奇特事末
後一著更須知擊拂子下座上堂廣尋文義

鏡裏求形息念觀空水中捉月單傳心印特
地多端德山臨濟枉用工夫石鞏子湖龊成
特地若是保寧總不恁麼但自隨緣飲啄一
切尋常深遯白雲甘爲無學之者敢問諸人
保寧畢竟將何報答四恩三有良久曰愁人
莫向愁人説説向愁人愁殺人師示寂闍維
有終不壞者二檪以五色舍利塔于雨華臺
之左
南安軍雪峯道圓禪師南雄人也依積翠日
宴坐下板時二僧論野狐話一云不昧因果
也未脱得野狐身一云不落因果又何曾墮
野狐來師聞之悚然因詣積翠庵渡澗猛省
述偈曰不落不昧僧俗本無忌諱丈夫氣宇
如王爭受囊藏被蓋一條楖栗任縱横野狐
跳入金毛隊翠見爲助喜住後上堂舉風幡
話頌曰不是風兮不是幡白雲依舊覆青山
年來老大渾無力偷得忙中些子閑
五燈會元卷第四十六

## 五燈會元卷第四十六

### 校勘記

一　底本，清藏本。

一　七九五頁上一行經名，徑作「五燈會元卷第十七」。

一　七九八頁下一五行「洗澡」，徑作「澡洗」。

一　七九九頁下一行「屙漉漉」，徑作「阿漉漉」。

一　八〇一頁中四行首字「今」，徑作「令」。

一　八〇三頁下一五行「禪師」，徑作「祖師」。

一　八〇五頁下卷末經名，徑無（未換卷）。

五燈會元卷第四十七　石十
宋沙門大川濟纂
南嶽下十二世
黃龍南禪師法嗣
蘄州四祖山法演禪師桂州人也僧問如何
是心相師曰山河大地曰如何是心體師曰
汝喚甚麼作山河大地上堂葉辭柯秋已暮
參玄人須警悟莫謂來年更有春等閑蹉了
巖前路且道作麼生是巖前路良久曰嶮上
堂主山吞却案山尋常言論拄杖子普該塵
剎未足爲奇光境兩亡復是何物良久曰劫
火洞然毫末盡青山依舊白雲中上堂佛祖
之道壁立千仞擬議馳求還同點額識不能
識智不能知古聖到這裏垂一言半句要你
諸人有箇入處所以道低頭不見地仰面不
見天欲識白牛處但看髑髏前如今頭上是
屋脚下是地面前是佛殿且道白牛在甚麼
處乃召大衆衆舉頭師叱之
南康軍清隱潛庵清源禪師豫章鄧氏子上
堂寒風激水成氷杲日照氷成水氷水本自
無情各各應時而至世間萬物皆然不用強
生擬議上堂先師初事棲賢諟洌潭澄歷二
十年宗門奇奥經論玄要莫不貫穿及因雲
峯指見慈明則一字無用遂設三關語以驗
學者而學者如葉公畫龍龍現即怖
安州興國院契雅禪師僧問請師不於語默
裏答話師以拄杖卓一下僧曰和尚莫草草
忽忽師曰西天斬頭截臂僧禮拜師曰墮也
墮也上堂心如朗月連天靜遂打一圓相曰
寒山子聻性似寒潭徹底清是何境界良久
曰無價夜光人不識識得又堪作甚麼凡夫
虛度幾千春乃呵呵大笑曰爭如獨坐明窻
下華落華開自有時下座
齊州靈巖山重確正覺禪師上堂祖師心印
狀似鐵牛之機鍼挑不出匙挑不上過在阿
誰綠雖千種草香祗一株蘭上堂不方不圓
不上不下驢鳴狗吠十方無價拍禪牀下座
虔州廉泉院曇秀禪師僧問滿口道不得時
如何師曰話墮也問不與萬法爲侶時如何
師曰自家肚皮自家畫問如何是學人轉身
處師曰掃地澆華曰如何是學人親切處師
曰高枕枕頭曰總不恁麼時如何師曰鶯啼
嶺上華發巖前問如何是衲僧口師曰殺人
不用刀
南嶽高臺寺宣明佛印禪師僧問正法眼藏
涅槃妙心便請拈出師直上覷僧曰恁麼則
人天有賴師曰金屑雖貴
蘄州三角山慧澤禪師僧問師登寶座大衆
側聆師卓拄杖一下僧曰答即便答又卓箇
甚麼師曰百雜碎
南嶽法輪文昱禪師上堂以拄杖卓一卓喝
一喝曰雪上加霜眼中添屑若也不會北鬱
單越
信州靈鷲慧覺禪師上堂大衆百千三昧無
量妙義盡在諸人脚跟下各請自家回互取
會麼回互不回互認取歸家路智慧爲橋梁
柔和作依怙居安則慮危在樂須知苦君不
見龐居士黃金拋却如糞土父子團圞頭共
說無生語無生語仍記取九夏雪華飛三冬
汗如雨

黃檗積翠永庵主示衆山僧生庵來無禪可說無法可傳亦無差珍異寶秖収得續火柴頭一箇留與後人令他煙燄不絕火光長明遂擲下拂子時有僧就地拈起吹一吹師便喝曰誰知續火柴頭從這漢邊煙消火滅去乃拂袖歸庵僧吐舌而去

廬山歸宗志芝庵主臨江人也壯爲苾蒭依黃龍於歸宗遂領深旨有偈曰未到應須到到了令人笑眉毛本無用無渠底波俏未幾龍引退芝陸沉于衆一日普請罷書偈曰茶芽蔍蔌初離焙筍角狼忙又吐泥山舍一年春事辦得閑誰管板頭低由是衲子親之師不懌結茆絕頂作偈曰千峯頂上一間屋老僧半間雲半間昨夜雲隨風雨去到頭不似老僧閑

南嶽下十三世上

黃龍心禪師法嗣

隆興府黃龍死心悟新禪師韶州黃氏子生有紫肉幕左肩右袒如僧伽黎狀壯依佛陀院德修祝髮進具後遊方至黃龍謁晦堂堂竪拳問曰喚作拳頭則觸不喚作拳頭則背汝喚作甚麼師罔措經二年方領解然尚談辯無所抵捂堂患之偶與語至其銳堂遽曰住住說食豈能飽人師窘乃曰某到此弓折箭盡望和尚慈悲指箇安樂處堂曰一塵飛而翳天一芥墮而覆地安樂處政忌上座許多骨董直須死却無量劫來全心乃可耳師趨出一日聞知事捶行者而迅雷忽震即大悟趨見晦堂忘納其屨即自譽曰天下人總是叅得底禪某是悟得底堂笑曰選佛得甲科何可當也因號死心叟僧問如何是黃龍接人句師曰開口要罵人曰罵底是接人句驗人一句又作麼生師曰但識取罵人問弓箭在手智刃當鋒龍虎陣圓請師相見師曰敗將不斬曰恁麼則銅柱近標修水側鐵關高鏁鳳凰峯師曰不到烏江未肯休曰若然者七擒七縱正令全提師曰棺木裏瞠眼僧禮拜師曰苦苦問承師有言老僧今夏向黃龍潭內下三百六十箇釣筒未曾遇著箇錦鱗紅尾爲復是鉤頭不妙爲復是香餌難尋師曰雨過竹風清雲開山嶽露曰恁麼則尸得眞人好消息人間天上更無疑師曰是鉤頭不妙是香餌難尋曰出身猶可易脫體道應難師曰亂統禪和如麻似粟上堂深固幽遠無人能到釋迦老子到不到若到因甚麼無人若不到誰道幽遠上堂祖師心印狀似鐵牛之機去即印住住即印破秖如不去不住印即是不印即是金果早朝猿摘去玉華晚後鳳銜歸上堂行脚高人解開布袋放下鉢囊去却藥忌一人所在須到半人所在須到無人所在也須親到上堂拗折拄杖將甚麼登山渡水拈却鉢盂匙著將甚麼喫粥喫飯不如向十字街頭東卜西卜忽然卜著是你諸人有彩若卜不著也怪雲巖不得上堂文殊騎師子普賢騎象王釋迦老子足蹋紅蓮且道黃龍騎箇甚麼良久曰近來年老一步是一步上堂清珠下於濁水濁水不得不清念佛投於亂心亂心不得不佛佛既不亂濁水自清濁水既清功歸何所良久曰幾度黑風翻大海未曾聞道釣舟傾上堂有時破

二作三有時會三歸一有時三一混同有時
不落數量且道甚麼處是黃龍爲人處良久
曰珍重僧問如何是四大毒蛇師曰地水火
風曰如何是地水火風師曰四大毒蛇曰學
人未曉乞師方便師曰一大既爾四大亦同
室中問僧月晦之陰以五色彩著於暝中令
百千萬人夜覩其色寧有辯其青黃赤白者
麼僧無語師代曰箇箇是盲人師因王正言
問嘗聞三緣和合而生又聞即死即生何故
有奪胎而生者其甚疑之師曰如正言作漕
使隨所住處即居其位還疑否王曰不疑師
曰復何疑也王於言下領解師臨寂示偈曰
說時七顛八倒黙時落二落三爲報五湖禪
客心王自在休叅茶毗設利五色後有過其
區所者獲之尤甚塔于晦堂丈室之北
隆興府黃龍靈源惟清禪師本州陳氏子印
心於晦堂每謂人曰今之學者未脫生死病
在甚麼處病在偷心未死耳然非其罪爲師
者之罪也如漢高帝紿韓信而殺之信雖死
其心果死乎古之學者言下脫生死效在甚

麼處在偷心已死然非學者自能爾實爲師
者鉗鎚妙密也如梁武帝御大殿見侯景不
動聲氣而景之心已枯竭無餘矣諸方所說
非不美麗要之如趙昌畫華華雖逼眞而非
眞華也上堂鼓聲纔動大衆雲臻無限天機
一時漏泄不孤正眼便合歸堂更待繁詞沈
埋宗旨縱謂釋迦不出世四十九年說達磨
不西來少林有妙訣修山主也似萬里望鄉
關又道若人識祖佛當處便超越直饒恁麼
悟入親切去更有轉身一路勘過了打以拂
子擊禪牀下座上堂江月照松風吹永夜清
宵更是誰霧露雲霞遮不得箇中猶道不如
歸復何歸荷葉團團團似鏡菱角尖尖尖似
錐上堂三世諸佛不知有恩無重報狸奴白
牯却知有功不浪施明大用曉全機絕蹤跡
不思議歸去好無人知銜開碧落松千尺截
斷紅塵水一溪上堂至道無難唯嫌揀擇但
莫憎愛洞然明白祖師恁麼說話瞎却天下
人眼識是非別緇素底衲僧到這裏如何辨
明未能行到水窮處難解坐看雲起時

隆興府泐潭草堂善清禪師南雄州何氏子
初謁大潙喆禪師無所得後謁黃龍龍示以
風幡話久而不契一日龍問風幡話子作麼
生會師曰迥無入處乞師方便龍曰子見貓
兒捕鼠乎目睛不瞬四足踞地諸根順向首
尾一直擬無不中子誠能如是心無異緣六
根自靜黙然而究萬無失一也師從是屛去
閑緣歲餘豁然契悟以偈告龍曰隨隨昔
昔隨隨後無人識夜來明月上高峯元
來秖是這箇賊龍頷之復告之曰得道非難
弘道爲難弘道猶在已說法爲人難既明之
後在力行之大凡宗師說法一句中具三玄
一玄中具三要子入處眞實得坐披衣向後
自看自然七通八達去師復依止七年乃辭
徧訪叢林後出世黃龍終于泐潭僧問牛頭
未見四祖時如何師曰京三卞四曰見後如
何師曰灰頭土面曰畢竟如何師曰一場懡
儸開堂上堂舉浮山遠和尚云欲得英俊麼
仍須四事俱備方顯宗師蹊徑何謂也一者
祖師巴鼻二具金剛眼睛三有師子爪牙四

得衲僧殺活拄杖得此四事方可縱橫變態任運卷舒高聳人天壁立千仞儻不如是守死善道者敗軍之兆何故棒打石人貴論實事是以到這裏得不修江耿耿大野雲凝緑竹含煙青山鎖翠風雲一致水月齊觀一句該通已彰殘朽師曰黃龍今日出世時當末季佛法澆漓不用祖師巴鼻不用金剛眼睛不用師子爪牙不用殺活拄杖秖有一枝拂子以爲蹊徑亦能縱橫變態任運卷舒亦能高聳人天壁立千仞有時逢强即弱有時遇貴即賤拈起則羣魔屏迹佛祖潛蹤放下則合水和泥聖凡同轍且道拈起好放下好竿頭絲線從君弄不犯清波意自殊上堂色心不異彼我無差竪起拂子曰若喚作拂子入地獄如箭不喚作拂子有眼如盲直饒透脫兩頭也是黑牛卧死水

吉州青原惟信禪師上堂老僧三十年前未叅禪時見山是山見水是水及至後來親見知識有箇入處見山不是山見水不是水而今得箇休歇處依前見山秖是山見水秖是水大衆這三般見解是同是別有人緇素得出許汝親見老僧

灃州夾山靈泉院曉純禪師嘗以木刻作一獸師子頭牛足馬身每陞堂時持出示衆曰喚作師子又是馬身喚作馬身又是牛足且道畢竟喚作甚麼令僧下語莫有契者師示頌曰軒昂師子首牛足馬身材三道如能入玄門疊疊開上堂有箇漢自從曠大劫無住亦無依上無片瓦蓋頭下無寸土立足且道十二時中在甚處安身立命若也知得朝到西天暮歸東土

漢州三聖繼昌禪師彭州黎氏子上堂木佛不度火甘露臺前逢達磨惆悵落陽人未來面壁九年空冷坐金佛不度爐坐歎勞生走道途不向華山圖上看豈知潘閬倒騎驢泥佛不度水一道靈光照天地堪羨玄沙老古錐不要南山要鼈鼻上堂舉趙州訪二庵主師曰五陵公子爭誇富百衲高僧不厭貧近來世俗多顛倒秖重衣衫不重人

隆興府雙嶺化禪師上堂翠竹黃華非外境白雲明月露全眞頭頭盡是吾家物信手拈來不是塵遂舉拂子曰會麼認著依前還不是擊禪牀下座

泗州龜山水陸院曉津禪師僧問如何是賓中賓師曰巢父飲牛曰如何是賓中主師曰許由洗耳曰如何是主中賓師便喝曰如何是主中主師曰禮拜了退上堂田地穩密過犯彌天灼然擡脚不起神通遊戲無瘡自傷特地下脚不得且道過在甚麼處具叅學眼底出來共相理論要見本分家山不支岐路莫秖管自家點頭蹉過歲月他時異日頂上一椎莫言不道

漳州保福本權禪師臨漳人也性質直而勇於道乃於晦堂舉拳處徹證根源機辯捷出黃山谷初有所入問晦堂此中誰可與語堂曰漳州權師方督役開田山谷同晦堂往致問曰直歲還知露柱生兒麼師曰是男是女黃擬議師揮之堂謂曰不得無禮師曰這木頭不打更待何時黃大笑上堂舉寒山偈曰吾心似秋月碧潭清皎潔無物堪比倫教我

如何說老僧即不然吾心似燈籠點火內外紅有物堪比倫來朝日出東傳者以為笑死心和尚見之歎曰㩲兄提唱若此誠不負先師所付囑也

潭州南嶽雙峯景齊禪師上堂拈柱杖曰橫拈倒用諸方虎步龍行打狗撐門雙峯掉在無事甲裏因風吹火別是一家以柱杖靠肩顧視大衆曰喚作無事得麼良久曰刀尺高懸著眼看誌公不是閑和尚卓柱杖一下

温州護國寄堂景新禪師郡之陳氏子上堂三界無法何處求心欲知護國當陽句且看門前竹一林

鄂州黃龍智明禪師一日上堂衆纔集師乃曰不可更開眼說夢去也便下座上堂南北一訣斬釘截鐵切忌思量飜成途轍師同胡巡檢到公安二聖胡問達磨對梁武帝云廓然無聖公安為甚麼却有二聖師曰一點水墨兩處成龍

潭州道吾仲圓禪師上堂不是心不是佛不是物古人恁麼道譬如管中窺豹但見一斑設或入林不動草入水不動波亦如騎馬向冰凌上行若是射鵰手何不向虵頭上揩癢具正眼者試辨看良久曰鴛鴦繡出自金鍼

太史山谷居士黃庭堅字魯直以般若夙習雖膴仕澹如也出入宗門未有所向好作艷詞嘗謁圓通秀禪師秀呵曰大丈夫翰墨之妙甘施於此乎秀方戒李伯時畫馬事公誚之曰無乃復置我於馬腹中邪秀曰汝以艷語動天下人婬心不止馬腹中正恐生泥犂耳公悚然悔謝由是絕筆惟孳孳於道著發願文痛戒酒色但朝粥午飯而已往依晦堂乞指徑捷處堂曰秖如仲尼道二三子以我為隱乎吾無隱乎爾者太史居常如何理論公擬對堂曰不是不是公迷悶不已一日侍堂山行次時巖桂盛放堂曰聞木樨華香麼公曰聞堂曰吾無隱乎爾公釋然即拜之曰和尚得恁麼老婆心切堂笑曰秖要公到家耳久之謁雲巖死心新禪師隨衆入室心見張目問曰新長老死學士死燒作兩堆灰向甚麼處相見公無語心約出曰晦堂處參得底使未著在後左官黔南道力愈勝於無思念中頓明死心所問報以書曰往年嘗蒙苦苦提撕長如醉夢依俙在光影中蓋疑情不盡命根不斷故望崖而退耳謫官在黔南道中晝臥覺來忽爾尋思被天下老和尚謾了多少惟有死心道人不肯乃是第一相為也不勝萬幸後作晦堂塔銘曰某夙承記莂堪任大法道眼未圓而來贍窣堵實深宗仰之歎乃勒堅珉敬頌遺美公復設蘋蘩之供祭之以文弔之以偈曰海風吹落楞伽山四海禪徒著眼看一把柳絲收不得和煙塔在玉欄干

觀文王韶居士字子淳出刺洪州乃延晦堂問道默有所契因述投機頌曰晝曾忘食夜忘眠捧得驪珠欲上天却向自身都放下四稜塌地恰團圓呈堂堂深肯之

秘書吳恂居士字德夫居晦堂入室次堂謂曰平生學解記憶多聞即不問你父母未生已前道將一句來公擬議堂以拂子擊之即領深旨連呈三偈其後曰咄這多知俗漢畝

盡古今公案忽於狼藉堆頭拾得蜣蜋糞彈明明不直分文萬兩黃金不換等閑拈出示人秖爲走盤難看喚堂答曰水中得火世還稀看著令人特地疑自古不存師弟子如今却許老胡知

東林總禪師法嗣

隆興府泐潭應乾禪師袁州彭氏子上堂靈光洞耀逈脫根塵體露眞常不拘文字心性無染本自圓成但離妄緣即如如佛古人恁麼道殊不知是箇坑穽貼肉汗衫脫不去過不得直須如師子兒壁立千仞方能勦絶去然雖如是也是布袋裏老鴉拍禪牀下座

廬山開先行瑛廣鑑禪師桂州毛氏子僧問如何是道師曰良田萬頃曰學人不會師曰春不耕秋無望問如何是祖師西來意師曰君山點破洞庭湖曰意旨如何師曰白浪四邊繞紅塵何處來上堂談玄說妙譬如畫餅充饑入聖超凡大似飛蛾赴火一向無事敗種焦芽更若馳求水中捉月以拂子一拂云適來許多見解拂却了也作麼生是諸人透脫一句良久曰鐵牛不喫欄邊草直向須彌頂上眠以拂子擊禪牀上堂彎石鞏弓架興化箭運那羅延力定爍迦羅眼不射大雄虎不射藥山鹿不射雲巖師子不射象骨獮猴且道射箇甚麼良久曰放過一著上堂登山須到頂入海須到底學道須到佛祖道不得處若不如是盡是依草附木底精靈喫野狐涕唾底鬼子華嚴恁麼道譬如良藥然則苦口且要治疾阿哪哪

廬山圓通可遷法鏡禪師嚴州陳氏子僧問如何是佛法大意師曰寸釘牛力曰學人不會師曰叅取不會底

紹興府象田梵卿禪師嘉興人姓錢氏僧問大悲菩薩用許多手眼作甚麼師曰富嫌千口少曰畢竟如何是正眼師曰從來共住不知名問寒風乍起衲子開爐忽憶丹霞燒木佛因何院主墮眉鬚師曰張公喫酒李公醉曰爲復是逞强即弱爲復是妙用神通師曰堂中聖僧却諳此事僧問象田有屠龍之劍欲借一觀時如何師橫按柱杖僧便喝師擲下拄杖僧無語師曰這死蝦蟇上堂春已暮落華紛紛下紅雨南北行人歸不歸千林萬林鳴杜宇我無家兮何處歸十方剎土奚相依老夫有箇眞消息昨夜三更月在池上堂佛法到此命若懸絲異目超宗亦難承紹豎起拂子曰賴有這箇堪作流通於此覷得便見三世諸佛向燈籠露柱裏轉大法輪六趣衆生於鐵圍山得聞法要聲非聲見色非色隨異類四生各得解脫如斯舉唱非但埋沒宗風亦乃平沈自己且道如何得不犯令去拍禪牀下座

東京褒親旌德院有瑞佛海禪師興化軍陳氏子初叅黃龍南禪師龍問汝爲人事來爲佛法來師曰爲佛法來龍曰若爲佛法來即今便分付遂打一拂子師曰和尚也不得惱亂人龍即器之後依照覺深悟玄奧上堂有佛世界以一塵一毛而作佛事令見一法者而具足一切法故權爲架閣有佛化內以忘言寂默爲大佛事使其學者離一切相即名諸佛故好與三下火抄有佛土中以黃華翠

竹而爲佛事令覩相者見色即空故且付與彌勒有佛實刹以法空爲座而示佛事俾其行人不著佛求故勘破了勾下有佛道場以四事供養而成佛事使知足者斷異念故可與下載有佛妙域以一切語言三昧作其佛事令隨機入者不捨動靜故爲渠裝載大衆且道於中還有優劣也無良久曰到者須知是作家衆

臨江軍慧力院可昌禪師僧問佛力法力即不問如何是慧力師曰踏倒人我山扶起菩提樹曰菩提本無樹向甚麼處下手師曰無下手處正好著力曰今日得聞於未聞師曰莫把真金喚作鍮上堂佛法根源非正信妙智不能悟入祖師關鍵非大悲重願何以開通具信智則權實雙行如金在鑛全悲願則善惡可辨似月離雲大衆秖如父母未生時許多譬喻向甚麼處吐露良久曰十語九中不如一默

黃州柏子山棲眞院德嵩禪師上堂天地一指絕諍競之心萬物一馬無是非之論由是魔羅潛跡佛祖興隆寒山拊掌欣欣拾得呵呵大笑大衆二古聖笑箇甚麼良久呵呵大笑曰曇華一朶再逢春

廬山萬杉院紹慈禪師桂州趙氏子參照覺問曰世尊付金襴外別傳何物覺舉拂子師曰畢竟作麼生[五十]覺以拂子驀口[十六]打師擬開口覺又打師於是有省遂奪拂子便禮拜覺曰汝見何道理便禮拜師曰拂子屬某甲了也覺曰三十年老將今日被小卒折倒自此玄風大振推爲東林上首上堂先行不到若須彌立乎巨川末後太過猶猛士發乎狂矢或高或下未有準繩以是還非遺人點檢且道如何得相應去良久曰紅爐燄裏重添火烜赫金剛眼自開咄上堂我祖別行最上機縱橫生殺絕猜疑雖然塞斷羣狐路返擲須還師子兒衆中還有金毛烜赫牙爪生獰者麼試出哮吼一聲看良久曰直饒有也不免玉溪寨主撩鉤搭索參

南嶽衡嶽寺道辯禪師僧問拈槌舉拂即且置和尚如何爲人師曰客來須接曰便是爲人處也師曰麤茶淡飯僧禮拜師曰須知滋味始得

吉州禾山甘露志傳禪師僧問一等沒絃琴請師彈一曲師曰山僧耳聾曰學人請益師曰去曰慈悲何在師曰自有諸方眼

東京褒親旌德[五十]寺諭禪師上堂新[十七]羅打皷大宋上堂庭前柏子問話燈籠露柱著忙香臺拄杖起作舞臥病維摩猶在牀這老漢我也識得你病休訝即當咄

隆興府西山龍泉夔禪師上堂衆集師乃曰秖恁麼便散去不妨要妙雖然如是早是無風起浪釘橛空中豈況牽枝引蔓說妙譚玄正是金屑眼中翳衣珠法上塵且道拂塵出箇是甚麼人卓拄杖下座

南康軍兜率志恩禪師上堂落落魄魄居村居郭莽莽鹵鹵何今何古不重己靈休話佛祖搊定釋迦鼻孔揭却觀音耳朵任他雪嶺輥毬休管禾山打皷若是本色衲僧終不守株待兔參

福州興福院康源禪師上堂山僧有一訣尋

常不漏泄今日不囊藏分明為君說良久曰寒時寒熱時熱

慧圓上座開封酸棗干氏子世業農少依邑之建福寺德光為師性椎魯然勤渠祖道堅坐不臥居數歲得度出遊廬山至東林每以己事請問朋輩見其貌陋舉止乖疎皆戲侮之一日行殿庭中忽足顛而仆了然開悟作偈俾行者書於壁曰這一交這一交萬兩黃金也合消頭上笠腰下包清風明月杖頭挑即日離東林衆傳至照覺覺大喜曰衲子參究若此善不可加令人迹其所往竟無知者大慧武庫謂證悟顛語非也

內翰東坡居士蘇軾字子瞻因宿東林與照覺論無情話有省黎明獻偈曰溪聲便是廣長舌山色豈非清淨身夜來八萬四千偈他日如何舉似人石十未幾抵荊南聞十八玉泉皓禪師機鋒不可觸公擬抑之即微服求見泉問尊官高姓公曰姓秤乃秤天下長老底秤泉喝曰且道這一喝重多少公無對於是尊禮之後過金山有寫公照容者公戲題曰心似已灰之木身如不繫之舟問汝平生功業黃州惠州瓊州

寶峯文禪師法嗣

隆興府兜率從悅禪師贛州熊氏子初首衆於道吾領數衲謁雲蓋智和尚智與語未數句盡知所蘊乃笑曰觀首座氣質不凡奈何出言吐氣如醉人邪師面熱汗下曰願和尚不吝慈悲智復與語錐劄之師茫然遂求入室智曰曾見法昌遇和尚否師曰曾看他語錄自了可也不願見之智曰曾見洞山文和尚否師曰關西子沒頭腦拖一條布裙作尿臭氣有甚長處智曰你但向尿臭氣處參取師依教即謁洞山深領奧旨復謁智智曰見關西子後大事如何師曰若不得和尚指示洎乎蹉過一生遂禮謝師復謁真淨後出世鹿苑有清素者石十久參慈明寓居十九一室未始與人交師因食蜜漬荔枝偶素過門師呼曰此老人鄉果也可同食之素曰自先師亡後不得此食久矣師曰先師為誰素曰慈明也某忝執侍十三年耳師乃疑駭曰十三年堪忍執侍之役非得其道而何遂饋以餘果稍稍親之素問師所見者何人曰洞山文素曰文見何人師曰黃龍南素曰南匾頭見先師不久法道大振如此師益疑駭遂袖香詣素作禮素起避之曰吾以福薄先師授記不許為人師益恭素乃曰憐子之誠違先師之記子平生所得試語我師具通所見素曰可以入佛而不能入魔師曰何謂也素曰豈不見古人道末後一句始到牢關如是累月素乃印可仍戒之曰文示子者皆正知正見然子離文太早不能盡其妙吾今為子點破使子受用得大自在他日切勿嗣吾也師後嗣真淨

僧問提兵統將須憑帝主虎符領衆匡徒密佩祖師心印如何是祖師心印師曰滿口道不得曰秖這箇別更有師曰莫將支遁鶴喚作右軍鵞問如何是兜率境師曰一水挼藍色千峯削玉青曰如何是境中人師曰七凹八凸無人見百手千頭秖自知上堂耳目一何清端居幽谷裏秋風入古松秋月生寒水衲僧於此更求真兩箇猢猻垂四尾喝一喝

上堂兜率都無辨別却喚烏龜作鼈不能說妙談真秖解搖脣鼓舌遂令天下衲僧覷見眼中滴血莫有鬚眉作喜笑傲煙霞者麼良久曰笛中一曲昇平樂算得生平未解愁上堂始見新春又逢初夏四時若箭兩曜如梭不覺紅顏鬚成白首直須努力別著精神耕取自己田園莫犯他人苗稼既然如是牽犂拽杷須是雪山白牛始得且道鼻孔在甚麼處良久曰叱叱上堂常居物外度清時牛上橫將竹笛吹一曲自幽山自綠此情不與白雲知慶快諸禪德鬚思范蠡謾泛滄波因念陳摶空眠太華何曾夢見浪得高名實未神遊閑漂野跡既然如此具眼衲僧莫道龍安非他是己好上堂無法亦無心無心復何捨要真盡屬真要假全歸假平地上行船虛空裏走馬九年面壁人有口還如瘂參上堂夜夜抱佛眠朝朝還共起起坐鎮相隨語默同居止欲識佛去處秖這語聲是諸禪德大小傅大士秖會抱橋柱澡洗把纜放船印板上打將來模子裏脫將去豈知道本色衲僧塞除佛祖窠打破玄妙門跳出斷常坑不依清淨界都無一物獨奮雙拳海上橫行建家立國有一般漢也要向百尺竿頭凝然端坐泊乎鬚身之際捨命不得豈不見雲門大師道知是般事拈放一邊直須擺動精神著些筋骨向混沌未剖已前薦得猶是鈍漢那堪更於他人舌頭上咂啖滋味終無了日諸禪客要會麼剔起眉毛有甚難分明不見一毫端風吹碧落浮雲盡月上青山玉一團喝一喝下座一日漕使無盡居士張公商英按部過分寧請五院長老就雲巖說法師最後登座橫拄杖曰適來諸善知識橫拈豎放直立斜抛換步移身藏頭露角既於學士面前各納敗闕未免兜率手中痛棒到這裏不由甘與不甘何故見事不平爭忍得衲僧正令自當行卓拄杖下座室中設三語以驗學者一曰撥草擔風秖圖見性即今上人性在甚麼處二曰識得自性方脫生死眼光落地時作麼生脫三曰脫得生死便知去處四大分離向甚麼處去元祐六年冬浴訖集衆說偈曰四十有八聖凡盡殺不是英雄龍安路滑奄然而化其徒遵師遺誡欲火葬捐骨江中得法弟子無盡居士張公遣使持祭且曰老師於祖宗門下有大道力不可使來者無所起敬俾塔於龍安之乳峯謚真寂禪師

東京法雲佛照杲禪師自妙年遊方謁圓通璣禪師入室次璣舉僧問投子大死底人却活時如何子曰不許夜行投明須到意作麼生師曰恩大難酬璣大喜遂命首衆至晚爲衆秉拂機邊而訥衆笑之師有赧色次日於僧堂點茶因觸茶甌墜地見甌跳乃得應機三昧後依真淨因讀祖偈曰心同虛空界示等虛空法證得虛空時無是無非法豁然大悟每謂人曰我於紹聖三年十一月二十一日悟得方寸禪出住歸宗詔居淨因僧問達磨西來傳箇甚麼師曰周秦漢魏問昔日僧問雲門如何是透法身句門曰北斗裏藏身意旨如何師曰赤心片片曰若是學人即不然師曰汝又作麼生曰昨夜擡頭看北斗依稀却似點糖糕師曰但念水草餘無所知上

堂西來祖意教外别傳非大根器不能證入其證入者不被文字語言所轉聲色是非所迷亦無雲門臨濟之殊趙州德山之異所以唱道須明有語中無語無語中有語若向這裏薦得可謂終日著衣未嘗挂一縷絲終日喫飯未嘗齩一粒米直是呵佛罵祖有甚麼過雖然如是欲得不招無間業莫謗如來正法輪喝一喝下座上堂拈拄杖曰歸宗會斬蛇禾山解打鼓萬象與森羅皆從這裏去擲下拄杖曰歸堂喫茶師以力叅深到語不入時每示衆常舉老僧熙寧八年文帳在鳳翔府供申當年崩了華山四十里壓倒八十村人家汝輩後生茄子瓠子幾時知得或問曰寶華王座上因甚麼一向世諦師曰癡人佛性豈有二種邪

隆興府泐潭湛五十堂文準禪師興元二十三府梁氏子初謁眞淨淨問近離甚處師曰大仰淨曰夏在甚處師曰大潙淨曰甚處人師曰興元府淨展手曰我手何似佛手師罔措淨曰適來祗對一一靈明一一天眞及乎道箇我手何似佛手便成窒礙且道病在甚處師曰某甲不會淨曰一切見成更教誰會師當下釋然服勤十載所往必隨紹聖三年眞淨移石門衆益盛凡衲僧扣問但瞋目危坐無所示見來學則往治蔬圃率以爲常師謂同行恭上座曰老漢無意於法道乎一日舉杖決渠水濺衣忽大悟淨詬曰此乃敢爾磊苴邪自此迹愈晦而名益著顯謨李公景直守豫章請開法雲巖未幾移居泐潭僧問教意即且置未審如何是祖意師曰煙村三月裏别是一家春問寒食因悲郭外春墅田無處不傷神林間壘壘添新塚半是去年來哭人這事且拈放一邊如何是道師曰蒼天蒼天曰學人特伸請問師曰十字街頭吹尺八村酸冷酒兩三巡問一法若有毗盧墮在凡夫萬法若無普賢失其境界去此二途請師一決師曰大黃甘草曰此猶是學人疑處師曰放待冷來看問向上一路千聖不傳未審如何是向上一路師曰行到水窮處坐看雲起時曰爲甚不傳師曰家家有路透長安曰秖如衲僧門下畢竟作麼生師曰放你三十棒上堂曰五九四十五聖人作而萬物覩秦時轆轢鑽頭尖漢祖殿前樊噲怒曾聞黃鶴樓崔顥題詩在上頭晴川歷歷漢陽樹芳草萋萋鸚鵡洲可知禮也君子務本本立而道生道生一一生二二生三五十三生萬物驀拈二十四拄杖起身云大衆寶峯何似孔夫子良久曰酒逢知己飲詩向會人吟卓拄杖下座上堂劄久雨不晴直得五老峯頭黑雲靉靆洞庭湖裏白浪滔天雲門大師忍俊不禁向佛殿裏燒香三門頭合掌禱祝呪願黃梅石女生兒子母團圓少室無角鐵牛常甘水草喝一喝有甚麼交涉顧衆曰不因楊得意爭見馬相如上堂混元未判一氣岑寂不聞有天地玄黃宇宙洪荒日月盈昃秋收冬藏正當恁麼時也好箇時節叵耐雪峯老漢却向虛空裏釘橛輥三箇木毬直至後人搆占不上便見潙山水牯牛一向膽大心麤長沙大蟲到處齩人家猪狗雖然無禮難容而今放過一著孝經序云朕聞上古其風朴略山前華堯民解元且

喜尊候安樂參上堂今朝臘月十夜來天落
雪饔峯極目高低白緑竹青松難辨别必是
來年蠶麥熟張公李公皆忻悦皆忻悦鼓腹
謳歌笑不徹把得雲簫撩亂吹依稀有如楊
柳枝又不覺手之舞之足之蹈之左之右之
喝曰禪客相逢秖彈指此心能有幾人知上
堂太陽門下日日三秋明月堂前時時九夏
洞山和尚秖解夜半捉烏雞殊不知驚起憐
家睡寶峯相席打令告諸禪德也好冷處著
把火咄上堂古人道不看經不念佛看經念
佛是何物自從識得轉經人舉拂子曰龍藏
聖賢都一拂以拂子拂一拂曰諸禪德正當
恁麼時且道雲巖土地向甚麼處安身立命
擲下拂子以兩手握拳叩齒曰萬靈千聖千
聖萬靈上堂僧問教中道若有一人發真歸
源十方虛空悉皆消殞未審此理如何師遂
展掌黙指曰子丑寅卯辰巳午未一羅二土
三水四金五太陽六太陰七計都今日計都
星入巨蟹宮寶峯不打這皷笛便下座上堂
大道縱橫觸事現成雲開日出水緑山青拈
拄杖卓一下曰雲門大師來也説道觀音菩
薩將錢買胡餅放下手元來却是饅頭大衆
雲門秖見錐頭利不見鑿頭方寶峯即不然
擲下拄杖曰勿於中路事空王策杖須還達
本鄉昨日有人從淮南來不得福建信却道
嘉州大像吞却陝府鐵牛喝一喝曰是甚説
話笑倒雲居土地上堂祖師關棙子幽隱少
人知不是悟心者如何舉似伊喝一喝曰是
何言歟若一向恁麼達磨一宗掃土而盡所
以大覺世尊初悟此事便開方便門示真實
相普令南北東西四維上下郭大李二鄭四
張三同明斯事雲巖今日不免倣古去也擊
拂子曰方便門開也作麼生是真實相良久
云十八十九癡人夜走示衆拈拄杖曰衲僧
家竿木隨身逢場作戲倒把横拈自有意思
所以昔日藥山和尚問雲巖曰聞汝解弄師
子是否巖曰是山曰弄得幾出巖曰弄得六
出山曰老僧亦解弄巖曰和尚弄得幾出山
曰老僧秖弄得一出巖曰一即六六即一山
便休大衆藥山雲巖鈍置殺人兩父子弄一
箇師子也弄不出若是準上座秖消得自弄
㨿得來拈頭作尾拈尾作頭轉兩箇金睛攫
幾鉤鐵爪吼一聲直令百里内猛獸潛蹤滿
空裏飛禽亂墜準上座未弄師子請大衆高
著眼先做一箇定場擲下拄杖曰箇中消息
子能有幾人知師自浙回泐潭謁深禪師尋
命分座聞有悟侍者見所擲爨餘有省詣方
丈通所悟深喝出因喪志自經於延壽堂廁
後出没無時衆憚之師聞半夜特往登溷方
脱衣悟即提淨水至師曰待我脱衣脱罷悟
復到未幾悟供籌子師滌淨已召接淨桶去
悟纔接師執其手問曰汝是悟侍者那悟曰
諾師曰是當時在知客寮見掉火柴頭有箇
悟處底麼參禪學道秖要知箇本命元辰下
落處汝剗地作此去就汝在藏殿移首座鞋
豈不是汝當時悟得底又在知客寮移他枕
子豈不是汝當時悟得底汝每夜在此提水
度籌豈不是汝當時悟得底因甚麼不知下
落却在這裏惱亂大衆師猛推之索然如倒
壘甓由是無復見者政和五年夏師臥病進

藥者令忌毒物師不從有問其故師曰病有自性乎曰病無自性師曰既無自性則毒物寧有心哉以空納空吾未嘗顛倒汝輩一何昏迷十月二十日更衣說偈而化闍維得設利晶圓光潔睛齒數珠不壞塔于南山之陽

五燈會元卷第四十七

五燈會元卷第四十七

校勘記

一 底本，清藏本。

一 八〇七頁上一行經名，徑無（未換卷）。

一 八〇七頁上三行至四行「南嶽下十二世　黃龍南禪師法嗣」，徑無。

一 八一〇頁中四行第一〇字「陛」，徑作「陞」。

一 八一一頁下一一行第一五字「塔」，徑作「搭」。

一 八一一頁下一四行第一三字「畫」，徑作「晝」。

一 八一三頁下一四行「柱杖」，徑作「拄杖」。

一 八一六頁下四行「漢陽樹」，徑作「漢陽戍」。

一 八一七頁上四行「撩亂」，徑作「繚亂」。

一 八一八頁上卷末經名，徑無（未換卷）。

五燈會元卷第四十八　鉅一

宋　沙　門　大　川　濟　纂

南嶽下十三世

寶峯文禪師法嗣

廬山慧日文雅禪師受請日僧問向上宗乘乞師不吝師曰拄杖正開封曰小出大遇也師曰放過卽不可便打

瑞州洞山梵言禪師太平州人也上堂有二僧齊出一僧禮拜一僧便問得用便用時如何師曰伊蘭作旃檀之樹曰有意氣時添意氣不風流處也風流師曰甘露乃蒺藜之園上堂吾心似秋月碧潭清皎潔無物堪比倫教我如何說寒山子勞而無功更有箇拾得道不識這箇意修行徒苦辛恁麽說話自救不了尋常拈糞箕把掃帚掣風掣顛猶較些子直饒是文殊普賢再出若到洞山門下一時分付與直歲燒火底燒火掃地底掃地前廊後架切忌攙匙亂箸豐干老人更不饒舌參退喫茶上堂一生二二生三遇捺不住廊周沙界德雲直上妙峯善財却入樓閣新婦騎驢阿家牽山青水綠桃華紅李華白一塵一佛土一葉一釋迦乃合掌曰不審諸佛子今晨旦季春極暄起居輕利安樂行否少問尊到上寮問訊不勞久立上堂臘月二十日一年將欲盡萬里未歸人大衆總是他鄉之客還有返本還源者麽擊拂子曰門前殘雪日輪消室內紅塵遣誰掃

德安府文殊宣能禪師僧問如何是祖師燈師曰四生無不照一點任君看上堂石鞏箭秘魔叉直下會得眼裏空華堪悲堪笑少林客瞎擕隻履度流沙

桂州壽寧善資禪師上堂若論此事如鵶啄鐵牛無下口處無用心處更向言中問覓句下尋思縱饒卜度將來飜成戲論邊事殊不知本來具足直下分明佛及衆生纖毫不立尋常向諸人道凡夫具足聖人法凡夫不知聖人具足凡夫法聖人不會聖人若會卽同凡夫凡夫若知卽是聖人然則凡聖一致名相互陳不識本源迷其真覺所以逐境生心徇情附物苟能一念情忘自然真常體露良久曰便請薦取上堂諸方五日一參壽寧日日陞座莫怪重說偈言過在西來達磨上士處處逢渠後學時時蹉過且道蹉過一著落在甚麽處舉起拂子曰一片月生海幾家人上樓

南嶽祝融上封慧和禪師上堂未陞此座已前盡大地人成佛已畢更有何法可說更有何生可利況菩提煩惱本自寂然生死涅槃猶如昨夢門庭施設誑謼小兒方便門開羅紋結角於衲僧面前皆成幻惑且道衲僧有甚麽長處拈起拄杖曰孤根自有擎天勢不比尋常曲彔枝卓拄杖下座

瑞州五峯淨覺本禪師僧問同聲相應時如何師曰鵓鳩樹上啼曰同氣相求時如何師曰猛虎巖前嘯問一進一退時如何師曰脚在肚下曰如何是不動尊師曰行住坐臥上堂僧問寶座既陞願聞舉唱師曰雪裏梅華火裏開曰莫便是爲人處也無師曰井底紅塵已漲天上堂恁麽也不得不恁麽也不得恁麽不恁麽總不得諸人作麽生會直下會

得不妨奇特更或針錐西天此土上堂五峰家風南北西東要用便用以橛釘空咄

永州太平安禪師上堂有利無利莫離行市鎮州蘿蔔極貴廬陵米價甚賤爭似太平這裏時豐道泰商賈駢闐白米四文一升蘿蔔一文一束不用北頭買賤西頭賣貴自然物及四生自然利資王化又怎生說箇佛法道理良久云勸君不用鐫頑石路上行人口似碑

潭州報慈進英禪師僧問遠涉長途卽不問到家一句事如何師曰雪滿長空曰此猶是時人知有轉身一路又作麼生師便喝上堂報慈有一公案諸方未曾結斷幸遇改且拈出各請高著眼看遂趯下一隻鞋曰還知這箇消息也無達磨西歸時提攜在身畔上堂與麼上來猛虎出林與麼下去驚虵入草不上不下日輪杲杲喝一喝曰瀟湘江水碧溶溶出門便是長安道上堂擲下拄杖却召大衆曰拄杖吞却祖師了也教甚麼人說禪還有人救得也無喝一喝上堂驀拈拄杖曰三世一切佛同入這窠窟衲僧喚作遼天鶻卓拄杖一下

瑞州洞山至乾禪師上堂洞山不會談禪不會說道秖是饑來喫飰困來打睡你諸人必然別有長處試出來盡力道一句看有麼有麼良久曰睦州道底

平江府寶華普鑑佛慈禪師本郡周氏子幼不茹葷依景德寺清智下髮十七遊方初謁覺印英禪師不契遂扣眞淨之室淨舉石霜虔侍者話問之釋然契悟作偈曰枯木無華幾度秋斷雲猶挂樹梢頭自從闘折泥牛角直至如今水逆流淨肯之命侍巾鉢晚徇衆開法寶華次移高峰上堂參禪別無奇特秖要當人命根斷疑情脫千眼頓開如大洋海底輥一輪赫日上昇天門照破四天之下萬別千差一時明了便能握金剛王寶劍七縱八橫受用自在豈不快哉其或見諦不眞影像彷彿尋言逐句受人指呼驢年得快活去不如屏淨塵緣豎起脊梁骨著些精彩究教七穿八穴百了千當向水邊林下長養聖胎亦不枉受人天供養然雖如是臥雲門下有箇鐵門限更須猛著氣力跳過始得擬議之間墮坑落塹以拂子擊禪牀下座上堂月圓伏惟三世諸佛狸奴白牯各各起居萬福時中淡薄無可相延切希寬抱老水牯牛近日亦自多病多惱不甘水草遇著暖日和風當下和身便倒教渠拽杷牽犂直是搖頭擺腦可憐萬頃良田一時變爲荒草

瑞州九峰希廣禪師遊方日謁雲蓋智和尚乃問興化打克賓意旨如何智下禪牀展兩手吐舌示之師打一坐具智曰此是風力所轉又問石霜琳禪師琳曰你意作麼生師亦打一坐具琳曰好一坐具秖是不知落處又問眞淨淨曰你意作麼生師復打一坐具淨曰他打你也打師於言下大悟淨因有頌曰丈夫當斷不自斷興化爲人徹底漢已後從教眼自開棒了罰錢趂出院後住九峰衲子宗仰

瑞州黃蘗道全禪師上堂以拂子擊禪牀曰一槌打透無盡藏一切珍寶吾皆有拈來普

濟貧之人免使波吒路邊走遂喝曰誰是貧之者

瑞州清涼慧洪覺範禪師郡之彭氏子年十四父母俱亡乃依三峰靘禪師爲童子日記數千言覽羣書殆盡靘器之十九試經於東京天王寺得度從宣秘講成實唯識論逾四年棄謁眞淨於歸宗淨遷石門師隨至淨患其深聞之弊每舉玄沙未徹之語發其疑凡有所對淨曰你又說道理耶一日頓脫所疑述偈曰靈雲一見不再見紅白枝枝不著華叵耐釣魚船上客却來平地摝魚鰕淨見爲助喜命掌記未久去謁諸老皆蒙賞音由是名振叢林顯謨朱公彥請開法撫州北景德後住清涼示衆舉首楞嚴如來語阿難曰汝應齅此爐中栴檀此香若復然於一銖室羅筏城四十里內同時聞氣於意云何此香爲復生栴檀木生於汝鼻爲生於空阿難若復此香生於汝鼻稱鼻所生當從鼻出鼻非栴檀云何鼻中有栴檀氣稱汝聞香當於鼻入鼻中出香說聞非義若生於空空性常恒香應常在何藉爐中爇此枯木若生於木則此香質因爇成煙若鼻得聞合蒙煙氣其煙騰空未及遙遠四十里內云何已聞是故當知香鼻與聞俱無處所卽齅與香二處虛妄本非因緣非自然性師曰入此鼻觀親證無生又大智度論問曰聞者云何聞用耳根聞耶用耳識聞耶用意識聞耶若耳根聞耳根無覺識知故不能聞若耳識聞耳識一念故不能分別不應聞若意識聞意識亦不能聞何以故先五識識五塵然後意識識意識不能識現在五塵唯識過去未來五塵若意識能識現在五塵者盲聾人亦應識聲也何以故意識不破故師曰究此聞塵則合本妙既證無生又合本妙畢竟是何境界良久曰白猿已叫千巖晚碧縷初橫萬字鑪住景德日僧問南有景德北有景德德卽不問如何是景師曰頭在項上崇寧二年會無盡居士張公於峽之善溪張嘗自謂得龍安悅禪師末後句叢林畏與語因夜話及之曰可惜雲庵不知此事師問僧以張曰商英項自金陵酒官移知豫章過歸宗見之欲爲點破方敘悅末後句未卒此老大怒罵曰此吐血禿丁脫空妄語不得信既見其盛怒更不欲敘之師笑曰相公但識龍安口傳末後句而眞藥現前不能辨也張大驚起執師手曰老師眞有此意耶曰疑則別參乃取家藏雲庵頂相展拜贊之書以授師其詞曰雲庵綱宗能用能照天鼓希聲不落凡調冷面嚴眸神光獨耀孰傳其眞靚面爲肖前悅後洪如融如肇大慧處衆日嘗親依之每歎其妙悟辯慧建炎二年五月示寂于同安太尉郭公天民奏賜寶覺圓明之號

衢州超化靜禪師上堂聲前認得已涉廉纖句下承當猶爲鈍漢電光石火尚在遲疑點著不來橫屍萬里良久云有甚用處咄

南嶽石頭懷志庵主婺州吳氏子年十四師智慧院寶偁二十二試所習落髮肆講十二年宿學敬慕嘗欲會通諸宗正一代時教有禪者問曰杜順乃賢首宗祖師也談法身則曰懷州牛喫禾益州馬腹脹此偈合歸天台

何義耶師無對卽出遊方晚至洞山謁眞淨問古人一喝不作一喝用意旨如何淨叱之師趨出淨笑呼曰浙子齋後遊山好師忽領悟久之辭去淨曰子所造雖逸格惜緣不勝耳因識其意自爾諸方力命出世師却之庵居二十年不與世接士夫踵門略不顧有偈曰萬機休罷付癡憨蹤跡時容野鹿參不脫麻衣拳作枕幾生夢在綠蘿庵或問住山多年有何旨趣師曰山中住獨掩柴門無別趣三箇柴頭品字煨不用援毫文彩露崇寧改元冬曳杖造龍安人莫之留明年六月聯問侍僧曰早暮曰巳夕矣遂笑曰夢境相逢我睡巳覺汝但莫負叢林卽是報佛恩德言訖示寂於最樂堂茶毗收骨塔于乳峯之下

婺州雙溪印首座自見眞淨徹證宗猷歸遯雙溪一日偶書云折脚鐺兒謾自煨飯餘長是坐堆堆一從近日生涯拙百鳥銜華去不來又以觸衣碎甚作偈曰不挂寸絲方免寒何須特地褁長年而今落落零零也七佛之名甚處安

南嶽下十三世

雲居祐禪師法嗣

廬山羅漢院系南禪師汀州張氏子上堂禪不禪道不道三寸舌頭胡亂掃昨夜日輪飄桂華今朝月窟生芝草阿呵呵萬兩黃金無處討一向絕思量諸法不相到師臨示寂陞座告衆曰羅漢今日倒騎鐵馬逆上須彌踏破虛空不留朕迹乃歸方丈跏趺而逝

潭州慈雲彥隆禪師上堂舉玄沙示衆曰盡大地都來是一顆明珠時有僧問旣是一顆明珠學人爲甚不識沙曰全體是珠更教誰識曰雖然全體是爭柰學人不識沙曰問取你眼師曰諸禪德這箇公案喚作嚼飯餧小兒把手更與杖還會麼若未會須是扣巳而叅直要眞實不得信口掠虛徒自虛生浪死

郢州子陵山自瑜禪師僧問如何是古佛心師曰赤脚跋泥冷似冰曰未審意旨如何師曰休要拖泥帶水問泗洲大聖爲甚麼楊州出現師曰業在其中曰意旨如何師曰降尊就卑曰謝和尚答話師曰賊是小人智過君子

隆興府東山景福省悅禪師上堂十二時中跛跛挈挈且與麼過大衆利害在甚麼處良久曰聽諸方斷看擊禪牀下座

亳州白藻清儼禪師信州人僧問楊廣失橐駝到處無人見未審是甚麼人得見師以拂子約曰退後退後妨他別人所問曰畢竟落在甚麼處師曰可煞不識好惡便打

台州寶相元禪師僧問一切諸佛及諸佛阿耨多羅三藐三菩提皆從此經出如何是此經師曰長時誦不停非義亦非聲曰如何受持師曰若欲受持者應須用眼聽

信州永豐慧日庵主本郡丘氏子丱歲出家於明心寺得度自機契雲居熟遊湘漢暨歸永豐或處巖谷或居鄽市令鄉民稱丘師伯凡有所問以莫曉答之忽語邑人曰吾明日行脚去汝等可來相送於是賫路者畢集師笑不已衆問其故卽書偈曰丘師伯莫曉寂寂明皎皎日午打三更誰人打得了投筆而逝

泉州南峯永程禪師示衆始自雞峯續㣲少室流芳大布慈雲宏開慧日教分三藏直指一心或全提而棒喝齊施或縱奪而賓主互設或金剛按劍或師子飜身或照用雷奔或機鋒電掣無非剪除邪妄開廓玄微直下明宗到真實地諸仁者到此方許一線道與你商量苟或未然盡是依師作解無有是處

大溈秀禪師法嗣

潭州大溈祖瑃禪師福州吳氏子僧問如何是溈山家風師曰竹有上下節松無今古青曰未審其中欽敞何物師曰饑餐相公玉粒飯渴點神運倉前茶上堂道無定亂法離見知言句相投都無定義自古龍門無宿客至今鳥道絕行蹤欲會箇中端的意火裏蝍蟟吞大蟲咄上堂雨下堦頭濕晴乾水不流鳥巢滄海底魚躍石山頭衆中大有商量前頭兩句是平實語後頭兩句是格外談若如是會秖見石磊磊不見玉落落若見玉落落方知道寛廓咦

南嶽福巖文演禪師僧問如何是佛師當面便唾

南嶽南臺允恭禪師開堂日上堂稀逢難遇正在此時何謂釋迦已滅彌勒未生拈拂子曰正當今日佛法盡在這箇拂子頭上放行把住一切臨時放行也風行草偃瓦礫生光拾得寒山點頭拊掌把住也水洩不通精金失色德山臨濟飲氣吞聲當恁麼時放行即是把住即是良久曰後五日看

黃檗勝禪師法嗣

成都府昭覺純白紹覺禪師上堂寒便向火熱即搖扇饑時喫飯困來打眠所以趙州庭前柏香嚴嶺後松栽來無別用秖要引清風且道畢竟事作麼生甲子乙丑海中金丙寅丁卯鑪中火

開元琦禪師法嗣

饒州薦福道英禪師僧問佛未出世時如何師曰瑠璃缾貯華曰出世後如何師曰瑪瑙鉢盛果曰未審和尚今日是同是別師曰趯倒缾攧倒鉢上堂據道而論語也不得默也不得直饒語默兩忘亦沒交涉何故句中無路意在句中無意無不意非計較之所及若是劈頭點一點頂門豁然眼開者於此却有疾速分若低頭向意根下尋思卒摸索不著是知萬法無根欲窮者錯一源絕迹欲返者迷看他古佛光明先德風彩一一從無欲無依中發現或時孤峻峭拔竟不可攀或時含融混會了無所睹終不椿定一處亦不繫係兩頭無是無不是無非無不非得亦無所得失亦無所失不曾隔越纖毫不曾移易絲髮明明古路不屬玄微覿面擊來瞥然便過不居正位豈落邪途不蹈大方那趨小徑騰騰兀兀何住何爲回首不逢觸目無對一念普觀廓然空寂此之宗要千聖不傳直下了知當處超越是知赤灑灑處恁麼即易明歷歷處恁麼還難不用沾黏點染直須剿脫屏除若是本分手脚放去無收不來底一一放光現瑞一一剗跡絕蹤機上了不停語中無可露徹底攪不渾通身撲不碎且道畢竟是箇甚麼得恁麼靈通得恁麼奇特得恁麼堅確諸仁者休要識渠面孔不用安渠名字亦莫

覓渠所在何故渠無所在渠無名字渠無面孔纔起一念追求如微塵許便隔十生五生更擬管帶思惟益見紛紛叢雜不如長時放教自由自在要發便發要住便住卽天然非天然卽如如非如如卽湛寂非湛寂卽敗壞非敗壞無生戀無死畏無佛求無魔怖不與菩提會不與煩惱俱不受一法不嫌一法無在無不在非離非不離若能如是見得釋迦自釋迦達磨自達磨干我甚麽椀恁麽說話衲僧門下推勘將來布裙芒𨁽不免撩他些些泥水豈況汝等諸人更道這箇是平實語句這箇是差別門庭這箇是關棙巴鼻這箇是道眼根塵遞相教習如七家村裏傳口令相似有甚交涉無事珍重

泉州尊勝有朋講師本郡蔣氏子卅歲試經甲選下髮多歷敎肆嘗疏楞嚴維摩等經學石宗之每疑祖師直指之道故多與禪衲遊一日謁開元跡未及閫心忽領悟元出遂問座主來作甚麽師曰不敢貴耳賤目元曰老老大大何必如是師曰自是者不長元曰朝看華嚴夜讀般若則不問如何是當今一句師曰日輪正當午元曰閑言語更道來師曰平生仗忠信今日任風波然雖如是秖如和尚恁麽道有甚交涉須要新戒草鞋穿元曰這裏且放你過忽遇達磨問你作麽生道師便喝元曰這座主今日見老僧氣衝牛斗師曰再犯不容元拊掌大笑

仰山偉禪師法嗣

潭州龍王山善隨禪師僧問如何是龍王境師曰水晶宮殿曰如何是龍王如意寶珠師曰頂上髻中僧禮拜師曰莫道不如意好

瑞州黃檗山祇園永泰禪師僧問如何是祖師西來意師曰鐵鑄就僧擬議師曰會麽僧禮拜師曰何不早如此

廬山慧日明禪師上堂不用求心唯須息見三祖大師雖然回避金鉤殊不知巳吞紅線慧曰又且不然不用求眞幷息見倒騎牛兮入佛殿牧笛一聲天地寬稽首瞿曇眞箇黃面

福嚴感禪師法嗣

慶元府育王法達寶鑑禪師饒州余氏子僧問不落階級處請師道師曰蠟人向火曰畢竟如何師曰薄處先穿

雲蓋智禪師法嗣

安吉州道場法如禪師衢州徐氏子叅雲蓋悟汾陽十智同眞話尋常多說十智同眞故叢林號爲如十同也水庵圓極皆依之圓極嘗贊之曰生鐵面皮難湊泊等閑舉步動乾坤戲拈十智同眞話不負黃龍嫡骨孫上堂知見立知卽無明本知見無見斯卽涅槃無漏眞淨云何是中更容他物釋迦老子和身放倒後代兒孫如何接續要會麽通玄不是人間世滿目青山何處尋

福州寶壽最樂禪師古田人也上堂諸佛不眞實說法度羣生菩薩有智慧見性不分明白雲無心意灑爲世間雨大地不含情能長諸草木若也會得猶存知解若也不會墮在無記去此二途如何卽是海闊難藏月山深分外寒

紹興府石佛慧明解空禪師僧問如何是寶

相境師曰三生鑿成曰如何是境中人師曰一佛二菩薩

玄沙文禪師法嗣

福州廣慧達杲禪師上堂佛爲無心悟心因有佛迷佛心清淨處雲外野猿啼

建隆慶禪師法嗣

平江府泗洲用元禪師一日問建隆曰臨濟在黃檗三回問佛法大意三回被打意旨如何語猶未了被打一拂子師頓領宗旨開堂日僧問四衆雲臻請師說法師曰有眼無耳朶六月火邊坐曰一句截流萬機頓息師曰聽事不眞喚鐘作甕問朝叅暮請成得甚麼邊事師曰秖要你歇去曰早知燈是火飯熟已多時師曰你鼻孔因甚麼著拄杖子穿却曰拗曲作直又爭得師曰且款出氣上堂一二三四五火裏蝍蟟吞却虎六七八九十水底泥牛波上立一日一夜雨霖霖無孔鐵鎚灑不入灑不入著底急百川洶湧須彌岌八臂那吒撞出來稽首讚歎道難及噫上堂橫按拄杖顧視大衆曰今日平地上喫交便下座

報本元禪師法嗣

平江府承天永安元正傳燈禪師鄆州鄭氏子上堂天人羣生類皆承此恩力大衆有一人道我不承佛恩力不居三界不屬五行祖師不敢定當先佛不敢安名[無一]你且道是箇甚[十六]麼人良久曰倚石巖前燒鐵鉢就松枝上挂銅鉼

隆慶閑禪師法嗣

潭州安化啟寧聞一禪師上堂拈華微笑處勞力立雪齊腰枉用功爭似老盧無用處却傳衣鉢振眞風大衆且道那箇是老盧傳底衣鉢莫是大庾嶺頭提不起底麼且莫錯認定盤星以拂子擊禪牀下座

三祖宗禪師法嗣

寧國府光孝惟爽禪師上堂今朝六月旦一年已過半奉報叅玄人識取孃生面孃生面薦不薦鷺鷥飛入碧波中抖擻一團銀繡線

泐潭英禪師法嗣

南嶽法輪齊添禪師僧問學人上來乞師指示師曰汝適來聞鼓聲麼曰聞師曰還我話頭來僧禮拜師曰令人疑著上堂喝一喝曰師子哮吼又喝一喝曰象王嚬呻又喝一喝曰狂狗趁塊又喝一喝曰蝦跳不出斗乃曰此四喝有一喝堪與祖佛爲師明眼衲僧試請揀看若揀不出[無二]大似日中迷路上[十七]堂良久曰性靜情逸乃喝一喝曰心動神疲遂顧左右曰守眞志滿拈拄杖曰逐物意移驀召大衆曰見怪不怪其怪自壞靠拄杖便下座

泉州慧明雲禪師僧問般若海中如何爲人師曰雲開銀漢迥曰畢竟如何師曰棒頭見血問毗婆尸佛早留心直至如今不得妙意旨如何師曰醜拙不堪當

保寧璣禪師法嗣

慶元府育王無竭淨曇禪師嘉禾人也晚歸錢塘之法慧一日上堂本自深山臥白雲偶然來此寄閑身莫來問我禪兼道我是喫飯局屎人紹興丙寅夏辭朝貴歸付院事四衆擁聽揮扇久之書偈曰這漢從來沒縫罅五十六年成話霸今朝死去見閻王劍樹刀山

得人怕遂打一圓相曰嗄一任諸方鑽龜打
瓦收足而化火後設利如霰門人持骨歸阿
育王山建塔
台州眞如戒香禪師興化林氏子上堂孟冬
改是晚天寒葉落歸根露逺山不是見聞生
滅法當頭莫作見聞看
五祖常禪師法嗣
蘄州南烏崖壽聖楚清禪師僧問亡僧遷化
向甚麽處去師曰靈峰水急曰恁麽則不生
也師曰蒼天蒼天
黄龍肅禪師法嗣
瑞州百丈維古禪師上堂大衆集定拈拄杖
示衆曰多虛不如少實卓一下便起
嘉定府月珠祖鑑禪師僧請筆師語要師曰
達磨西來單傳心印曹谿六祖不識一字今
日諸方出世語句如山重增繩索乃拍禪牀
曰於斯薦得猶是鈍根若也未然白雲深處
從君臥切忌寒猿中夜啼
石霜琳禪師法嗣
鼎州德山靜照庵什庵主僧問如何是庵中
主師曰從來不相許僧擬議師曰會卽便會
本來底不得安名著字僧擬開口師便打出
師室中常以拂子示衆曰喚作拂子依前不
是不喚作拂子特地不識汝喚作甚麽因僧
請益師頌答之曰我有一柄拂子用處別無
調度有時挂在松枝任他頭垂角露
華光恭禪師法嗣
郴州萬壽念禪師僧問龍華勝會肇啟兹晨
未審彌勒世尊現居何處師曰猪肉案頭曰
旣是彌勒世尊爲甚麽却在猪肉案頭師曰
不是弄潮人休入洪波裏曰畢竟事又且如
何師曰番人不繫腰歲旦上堂往復無際動
靜一源含有德以還空越無私而逈出昔日
日今日日照無兩明昔日風今日風鼓無兩
動昔日雨今日雨澤無兩潤於其中間覔去
來相而不可得何故自他心起起處無蹤自
我心忘忘無滅迹大衆若向這裏會去與天
地而同根共萬物爲一體若也未明山僧爲
你重重頌出元正一古佛家風從此出不勞
向上用工夫歷劫何曾異今日元正二寂寥
冷淡無滋味趙州相喚喫茶來剔起眉毛須
瞥地元正三上來稽首各和南若問香山山
裏事靈源一派碧如藍遂喝一喝下座
上藍順禪師法嗣
叅政蘇轍居士字子由元豐三年以睢陽從
事左遷瑞州搉筦之任是時洪州上藍順禪
師與其父文安先生有契因往訪焉相得歡
甚公咨以心法順示搐鼻因緣已而有省作
偈呈曰中年聞道覺前非邂逅相逢老順師
搐鼻徑叅眞面目掉頭不受別鉗鎚枯藤破
衲公何事白酒青鹽我是誰慚愧東軒殘月
上一杯甘露滑如飴
南嶽下十四世
黄龍新禪師法嗣
吉州禾山超宗慧方禪師上堂舉拂子曰看
看祇這箇在臨濟則照用齊行在雲門則理
事俱備在曹洞則偏正叶通在潙山則暗機
圓合在法眼則何止唯心然五家宗派門庭
施設則不無直饒辯得倜儻分明去猶是光
影邊事若要抵敵生死則管壞有隔且超越

生死一句作麽生道良久曰泊合錯下注脚

臨安府崇覺空禪師姑孰人也上堂十方無壁落四面亦無門淨躶躶赤灑灑沒可把遂舉拂子曰灌溪老漢向十字街頭逞風流賣惺惺道我解穿真珠解玉版過亂絲卷筒絹婬坊酒肆尾合輿臺虎穴魔宮那吒忿怒遇文王興禮樂逢桀紂逞干戈今日被崇覺覷見一場懡㦬師頌野狐話曰含血噀人先汚其口百丈野狐失頭狂走驀地喚回打箇筋斗

潭州上封祖秀禪師常德府何氏子上堂枯木巖前夜放華鐵牛依舊臥煙沙儂家鞭影重拈出擊拂子曰一念回心便到家遂喝一喝下座

嘉定府九頂寂惺惠泉禪師僧問心迷法華轉心悟轉法華未審意旨如何師曰風暖鳥聲碎日高華影重上堂昔日雲門有三句謂函蓋乾坤句截斷衆流句隨波逐浪句九頂今日亦有三句所謂饑來喫飯句寒即向火句困來打睡句若以佛法而論則九頂望雲門直立下風若以世諦而論則雲門望九頂直立下風二語相違且如何是九頂為人處

嘉興府華亭性空妙普庵主漢州人久依死心獲證乃抵秀水追船子遺風結茅青龍之野吹鐵笛以自娛多賦詠得之者必珍藏其山居曰心法雙忘猶隔妄色塵不二尚餘塵百鳥不來春又過不知誰是住庵人又警衆曰學道猶如守禁城晝防六賊夜惺惺中軍主將能行令不動干戈治太平又曰不耕而食不蠶衣物外清閑適聖時未透祖師關棙子也須存意著便宜又曰十二時中莫住工窮來窮去到無窮直須洞徹無窮底踏倒須彌第一峰建炎初徐明叛道經烏鎮肆殺戮民多逃亡師獨荷策而往賊見其偉異疑必詭伏者問其來師曰吾禪者欲抵密印寺賊怒欲斬之師曰大丈夫要頭便斫取奚以怒為吾死必矣願得一飯以為送終賊奉肉食師如常齋出生畢乃曰孰當為我文之以祭賊笑而不答師索筆大書曰嗚呼惟靈勞我以生則大塊之過役我以壽則陰陽之乏我以貧則五行不正困我以命則時日不吉吁哉至哉賴有出塵之道悟我之性與其妙心則其妙心孰與為鄰上同諸佛之真化下合凡夫之無明纖塵不動本自圓成妙矣哉妙矣哉日月未足以為明乾坤未足以為大磊磊落落無罣無礙六十餘年和光混俗四十二臘逍遙自在逢人則喜見佛不拜笑矣乎笑矣乎可惜少年郎風流太光彩坦然歸去付春風體似虛空終不壞尚饗遂舉箸飫餐賊徒大笑食罷復曰劫數既遭離亂我是快活烈漢如今正好乘時便請一刀兩段乃大呼斬斬賊方駭異稽首謝過令衞而出烏鎮之廬舍免焚實師之惠也道俗聞之愈敬有僧睹師見佛不拜歌逆問曰既見佛為甚麽不拜師掌之曰會麽云不會師又掌曰家無二主紹興庚申冬造大盆穴而塞之修書寄雪竇持禪師曰吾將水葬矣壬戌歲持至見其尚存作偈嘲之曰咄哉老性空剛要餧魚鼈去不索性去秖管向人說師閱偈笑曰待兄來證明耳令徧告四衆衆集師為說法

要仍說偈曰坐脫立亡不若水葬一省柴燒二省開壙撒手便行不妨快暢誰是知音船子和尚高風難繼百千年一曲漁歌少人唱遂盤坐盆中順潮而下衆皆隨至海濱望欲斷目師取塞犀水而回衆擁覯水無所入復乘流而往唱曰船子當年返故鄉沒蹤跡處妙難量真風徧寄知音者鐵笛横吹作散場其笛聲嗚咽頃於蒼茫間見以笛擲空而沒衆號慕圖像事之後三日於沙上趺坐如生道俗爭往迎歸留五日闍維設利大如菽者莫計二鶴徘徊空中火盡始去衆奉設利靈骨建塔于青龍

嚴州鍾山道隆首座桐廬董氏子於鍾山寺得度自遊方所至耆衲皆推重晚抵黃龍死心延為座元心順世遂歸隱鍾山慕陳尊宿高世之風掩關不事事日竊數鑒自適人無識者手常穿一襪凡有禪者至提以示之曰老僧這襪著三十年了也有寺僧戲問如何是無諍三昧師便掌

揚州齊謐首座本郡人也死心稱為飽叅諸儒屢以名山致之不可後示化於潭之谷山異跡頗衆門人嘗繪其像請贊為書曰箇漢灰頭土面尋常不欲露現而今寫出人前大似虛空著箭怨怨可惜人間三尺絹

空室道人智通者龍圖范珣女也幼聰慧長歸丞相蘇頌之孫悌未幾厭世相還家求祝髮父難之遂清修因看法界觀頓有省連作二偈見意一曰浩浩塵中體一如縱横交互印毗盧全波是水波非水全水成波水自殊次曰物我元無異森羅鏡像同明明超主伴了了徹真空一體含多法交參帝網中重重無盡處動靜悉圓通後父母俱亡兄涓領分寧尉通偕行闖死心名重往謁之心見知其所得便問常啼菩薩賣却心肝教誰學般若通曰你若無心我也休又問一雨所滋根苗有異無陰陽地上生箇甚麼通曰一華五葉復問十二時中向甚麼處安身立命通曰和尚惜取眉毛好心打曰這婦女亂作次第通禮拜心然之於是道聲籍甚政和間居金陵嘗設浴於保寧揭榜于門曰一物也無洗箇甚麼纖塵若有起自何來道取一句子玄乃可大家入浴古靈秖解揩背開士何曾明心欲證離垢地時須是通身汗出盡道水能洗垢焉知水亦是塵直饒水垢頓除到此亦須洗却後為尼名惟久挂錫姑蘇之西竺縉白日夕師問得其道者頗衆俄示疾書偈趺坐而終有明心錄行於世

五燈會元卷第四十八

五燈會元卷第四十八

校勘記

一　底本，清藏本。

一　八一九頁上一行經名，徑無（未換卷）。

一　八一九頁上三行至四行「南嶽下十三世　寶峰文禪師法嗣」，徑無。

一　八二二頁上末行「甚處安」，至此，徑卷第十七終，卷第十八始。

一　八二二頁中一行「南嶽下十三世」，徑作「南嶽下十三世下」。

一　八二八頁下卷末經名，徑無（未換卷）。

五燈會元卷第四十九　鉅二

宋沙門大川濟纂

南嶽下十四世

黃龍清禪師法嗣

潭州上封佛心才禪師福州姚氏子幼得度受具遊方至大中依海印隆禪師見老宿達道者看經至一毛頭師子百億毛頭一時現師指問曰一毛頭師子作麼生得百億毛頭一時現達曰汝乍入叢林豈可便理會許事師因疑之遂發心領淨頭職一夕汎掃次印適夜叅至則遇結座擲拄杖曰了卽毛端吞巨海始知大地一微塵師豁然有省及出閩造豫章黃龍山與死心機不契乃叅靈源凡入室出必揮淚自訟曰此事我見得甚分明秖是臨機吐不出若爲柰何靈源知師勤篤告以須是大徹方得自在也未幾竊觀鄰案僧讀曹洞廣録至藥山採薪歸有僧問甚麼處來山曰討柴來僧指腰下刀曰鳴剥剥是箇甚麼山拔刀作斫勢師忽欣然摑鄰案僧一掌揭簾趨出衝口說偈曰徹徹大海乾枯虛空迸裂四方八面絕遮攔萬象森羅齊漏泄後分座於眞乘應上封之命屢遷名刹住乾元日開堂示衆曰百千三昧門無量福德藏放行也如開武庫錯落交輝把住也似雪覆蘆華通身莫辨使見之者撩起便行聞之者單刀直入箇箇具頂門正眼人人懸肘後靈符掃佛祖見知作叢林殃害憶得寶壽開堂日三聖推出一僧寶壽便打三聖云與麼爲人瞎却鎮州一城人眼去在且如乾元今日開堂或有僧出來山僧亦打不唯此話大行且要開却福州一城人眼去何也劒爲不平離寶匣藥因救病出金缾上堂達磨未來東土已前人人懷媚水之珠箇箇抱荆山之璞可謂壁立千仞及乎二祖禮却三拜之後一一南詢諸友北禮文殊好不丈夫或有一箇半箇不求諸聖不重已靈匹馬單鎗投虛置刃不妨慶快平生如今有麼自是不歸歸便得五湖煙景有誰爭上堂宗乘提唱妙絕名言一句該通乾坤函蓋直似首羅正眼竪亞面門又如圓∴三點橫該法界乃卓拄杖曰向這一點下明得出身猶可易脫體道應難又卓拄杖曰向第二點下明得縱橫三界外隱顯十方身又卓拄杖曰向第三點下明得魚龍鎖户佛祖潛蹤不然放過一著隨分有春色一枝三四華上堂一法有形該動植百川湍激競朝宗昭琴不鼓雲天淡想像毗耶老病翁維摩病則上封病上封病則拄杖子病拄杖子病則森羅萬象病森羅萬象病則凡之與聖病諸人還覺病本起處麼若也覺去情與無情同一體處處皆同眞法界其或未然甜瓜徹蔕甜苦瓠連根苦

隆興府黃龍德逢通照禪師郡之靖安胡氏子生有龐眉年十七從上藍晉禪師落髮往依靈源卽明深旨上堂舉夾山境話師曰法眼徒有此語殊不知夾山老漢被這僧輕輕撥著直得脚前脚後設使不作境話會未免猶在半途

潭州法輪應端禪師南昌徐氏子少依化度善月圓顱登具謁眞淨文禪師機不諧至雲居會靈源分座爲衆激昂師扣其旨然以妙

入諸經自負源嘗痛劄之師乃援馬祖百丈機語及華嚴宗旨爲表源笑曰馬祖百丈固錯矣而華嚴宗旨與箇事喜沒交涉師憤然欲他往因請辭及揭簾忽大悟汗流浹背源見乃曰是子識好惡矣馬祖百丈文殊普賢幾被汝帶累由此譽望四馳名士夫爭挽應世皆不就政和末太師張公司成以百丈堅命開法師不得已始從上堂舉大隋劫火洞然話遂曰六合傾翻劈面來暫披麻縷混塵埃因風吹火渾閑事引得遊人不肯回壞不壞隨不隨徒將聞見强鍼錐太湖三萬六千頃月在波心說向誰僧問如何是賓中賓師曰芒鞋竹杖走紅塵曰如何是賓中主師曰十字街頭逢上祖曰如何是主中賓師曰御馬金鞭混四民曰如何是主中主師曰金門誰敢攙肆覷曰賓主已蒙師指示向上宗乘又若何師曰昨夜霜風刮地寒老猿嶺上啼殘月

東京天寧長靈守卓禪師泉州莊氏子上堂曰三千劍客獨許莊周爲甚麼跳不出良醫之門多病人因甚麼不消一劄已透關者更請辯看上堂譬如眼根不自見眼性自平等無平等者便恁麼去無孔鐵鎚聊且安置直得入林不動草入水不動波也是一期方便若也籬内竹抽籬外筍澗東華發澗西紅更待勘過了打僧問丹霞燒木佛院主爲甚麼眉鬚墮落師曰猫兒會上樹曰早知如是終不如是師曰惜取眉毛問如何是衲衣下事師曰天旱爲民愁問佛未出世時如何師曰絶毫絶氂曰出世後如何師曰塡溝塞壑曰出與未出相去幾何師曰人平不語水平不流上堂平高就下勾賊破家截鐵斬釘狐狸戀窟總不恁麼合作麼生所以道萬仞崖頭親撒手須是其人秖如香積國中持鉢一句作麼生道良久曰切忌風吹別調中上堂釋迦掩室過犯彌天毗耶杜詞自救不了如何如何口門太小宣和五年十二月二十七日奄然示寂閣維日皇帝遣中使賜香持金盤求設利爇香罷盤中鏗然視之五色者數顆大如豆使者持還上見大悅

信州博山無隱子經禪師歲旦上堂和氣生枯枿寒雲散遠郊木人占吉兆夜半露龜爻諸禪德龜爻露處文彩已彰便見一年十二月月月如然一日十二時時時相似到這裏直似黃金之黃白玉之白自從曠大劫來未嘗異色還見麼其或未然且狗張三通節序從教李四鬢蒼浪

隆興府百丈以棲禪師興化人也上堂摩騰入漢達磨來梁途轍既成後代兒孫開眼迷路若是箇惺惺底終不向空裏採華波中捉月謾勞心力畢竟何爲山僧今日已是平地起骨堆諸人行時各自著精彩看

邵州光孝曇清禪師上堂殺父殺母佛前懺悔殺佛殺祖不消懺悔爲甚麼不消懺悔且得究家解脫

溫州光孝德週禪師信州璩氏子於景德尊勝院染削問道有年後至黃龍聞舉少林面壁頓悟述二偈以呈龍許之自爾名流江浙上堂曰舉體露堂堂十方無罣礙千聖不能傳萬靈成頂戴擬欲共商量開口百雜碎秖

如未開口已前作麼生咄上堂回互不回互覰見沒可覩透出祖師關踏斷人天路阿呵呵悟不悟落華流水知何處

寺丞戴道純居士字孚中杏扣靈源一日有省乃呈偈曰杳冥源底全機處一片心華露印紋知是幾生曾供養時時微笑動香雲

泐潭清禪師法嗣

隆興府黃龍山堂道震禪師金陵趙氏子少依覺印英禪師爲童子英移居泗之普照適淑妃擇度童行師得圓具久之辭謁丹霞淳禪師一日與論洞上宗旨師呈偈曰白雲深覆古寒巖異草靈華彩鳳銜夜半天明日當午騎牛背面著靴衫淳器之師自以爲礙棄依草堂一見契合日取藏經讀之一夕聞晚參皷步出經堂舉頭見月遂大悟亟趨方丈堂望見即爲印可初住曹山次遷廣壽黃龍上堂曰舉箇古人因緣問闍黎闍黎不得作古會若作古會失却當面眼舉箇即今因緣問闍黎闍黎不得作今會若作今會障却闍黎本來眼假饒不失不障非古非今猶是藥病相治止啼之說秪如透脫一句闍黎還道得也無若道不得直待羅漢峯深談實相即向汝道上堂少林冷坐門人各說異端大似衆盲摸象神光禮三拜依位而立達磨云汝得吾髓這黑面婆羅門脚跟也未點地在上堂石人問枯椿何時汝發華枯椿怒石人何得口吧吧石人呵呵笑枯椿吐異葩紅霞輝玉象白玉碾金沙借問通玄士何人不到家

台州萬年雪巢法一禪師太師襄陽郡王李公遵勗之玄孫也世居開封祥符縣母夢一老僧至而產年十七試上庠從祖仕淮南欲官之不就將棄家事長蘆慈覺頤禪師祖弗許母曰此必宿世沙門願勿奪其志未幾慈覺沒大觀改元禮靈巖通照愿禪師祝髮登具依愿十年迷悶不能入謁圓悟於蔣山悟曰此法器也悟奉詔從京師天寧師侍行靖康末謁草堂於疎山一語之及大法頓明紹興七年泉守寶文劉公彥修請居延福後四遷巨刹上堂拈拄杖曰拄杖子有時作出水蛟龍萬里雲煙不斷有時作踞地師子百年妖怪潛蹤有時心法兩忘照體獨立有時照用同時主賓互用以拄杖畫曰延福門下總用不著且道延福尋常用箇甚麼卓拄杖喝一喝下座上堂仰面不見天低頭不見地古叡髑髏前大海波濤沸退長蘆歸天台萬年觀音院忽示微疾書偈曰今年七十五歸作菴中主珍重觀世音泥虵吞石虎入龕趺坐而逝

福州雪峯東山慧空禪師本郡陳氏子十四圓頂即遊諸方徧謁諸老晚契悟於草堂紹興癸酉開法雪峯受請日上堂曰俊快底點著便行癡鈍底推挽不動便行則人人歡喜不動則箇箇生嫌山僧而今轉此癡鈍爲俊快去也彈指一下曰從前推挽不出而今出從前有院不住而今住從前嫌佛不做而今做從前嫌法不說而今說出不住不住即且置敢問諸人做底是甚麼佛空王佛耶然燈佛耶釋迦佛耶彌勒佛耶說底又是甚麼法根本法耶無生法耶世間法耶出世間法耶衆中莫有道得底麼若道得山僧出世事

畢如或未然逢人不得錯舉喝一喝下座上堂舉雲門示衆云秪這箇帶累殺人師曰雲門尋常氣宇如王作恁麽說話大似貧恨一身多山僧卽不然秪這箇快活殺人何故大雨方歸屋裏坐業風吹又遠山行然雖如是也是乞兒見小利且不傷物義一句作麽生道上堂一拳拳倒黃鶴樓一趯趯飜鸚鵡洲有意氣時添意氣不風流處也風流俊哉俊哉快活快活一似十七八歲狀元相似誰管你天誰管你地心王不妄動六國一時通罷拈三尺劍休弄一張弓自在自在快活快活恰似七八十老人作宰相相似風以時雨以時五穀植萬民安竪起拄杖曰大衆這兩箇并山僧拄杖子共作得一箇衲僧到雪峯門下但知隨例餐餽子也得三文買草鞋喝一喝卓拄杖下座僧問和尚未見革堂時如何師曰江南有曰見後如何師曰江北無

慶元府育王野堂普崇禪師本郡人也示衆舉巴陵和尚道不是風動不是幡動不是風幡又向甚麽處著有人爲祖師出氣出來與巴陵相見雪竇和尚道風動幡動既是風幡又向甚麽處著有人爲巴陵出氣出來與雪竇相見師曰非風非幡無處著是幡是風無著處遼天俊鶻悉迷蹤踞地金毛還失措阿呵呵悟不悟令人轉憶謝三郎一絲獨釣寒江雨

青原信禪師法嗣

潭州梁山惟禪師僧問大衆雲臻請師開示師曰天靜不知雲去處地寒留得雪多時曰學人未曉玄言乞師再垂方便師曰一重山後一重人

成都府正法希明禪師漢州人也解制上堂林葉紛紛落乾坤報早秋分明西祖意何用更馳求若恁麽會得始信佛祖之道本自平夷大解脫門元無關鑰彌綸宇宙偪塞虛空量不可窮智不能測若也未明此旨不達其源任是百劫熏功千生鍊行徒自疲苦了無交涉若深明此旨洞達其源乃知動靜施爲經行坐臥頭頭合道念念朝宗祖不云乎迷生寂亂悟無好惡得失是非一時放却如是則誰迷誰悟誰是誰非自是諸人獨生異見觀大觀小執有執無已靈獨耀不肯承當心月孤圓自生違背何異家中捨父衣内忘珠致使菩提路上荊棘成林解脫空中迷雲蔽日山僧今日幸直衆僧自恣化主還山諸上善人得得光訪不可緘默隨分葛藤曲爲今時少開方便也須是諸人著眼各自諦觀若更擬議尋思白雲萬里遂拈拄杖曰於斯明得靈山一會儼在目前其或未然更待來晨分付

祖菴主見青原之後縛屋衡嶽間三十餘年人無知者偶遺與作偈曰小鍋煮菜上蒸飥菜熟飥香人正饑一補饑瘡了無事明朝依樣畫貓兒由是衲子披榛扣之無盡張公力挽其開法不從竟終於此山

夾山純禪師法嗣

澧州欽山乾明普初禪師上堂良久曰舉揚宗旨上祝皇基伏願祥雲與景星俱現醴泉與甘露雙呈君乃堯舜之君俗乃成康之俗使林下野夫不覺成太平曲且作麽生是太

平曲無爲而爲神而化之灑德雨以霧霈鼓仁風而雍熙民如野鹿上如標枝十八子知不知哩哩囉邏囉哩拍一拍下座

溈潭乾禪師法嗣

楚州勝因戲魚咸靜禪師本郡高氏子上堂遊偏天下當知寸步不曾移歷盡門庭家家竈底少煙不得所以肩筇峭履乘興而行掣釣沉絲任性而住不爲故鄉田地好因緣熟處便爲家今日信手拈來從前幾曾計較不離舊時科段一回舉著一回新明眼底暫地便回未悟者識取面目且道如何是本來面目良久曰前臺華發後臺見上界鐘聲下界聞以拂子擊禪牀下座上堂舉世尊在摩竭陀國爲衆說法是時將欲白夏乃謂阿難曰諸大弟子人天四衆我常說法不生敬仰我今入因沙臼室中坐夏九旬忽有人來問法之時汝代爲我說一切法不生一切法不滅言訖掩室而坐師召衆曰釋迦老子初成佛道之時大都事不獲已纔方成箇保社便生退倦之心勝因當時若見將釘釘却室門教他一生無出身之路免得後代兒孫遞相倣效不見道若不傳法度衆生是不名爲報恩者擊拂子下座後晦處漣漪之天寧示微疾書偈曰弄罷影戲七十一載更問如何回來别賽置筆而逝

潭州龍牙宗密禪師豫章人僧問如何是佛師曰莫寐語問如何是一切法師曰早落第二上堂大衆集師曰已是圓圝不勞雕琢歸堂喫茶上堂休把庭華類此身庭華落後更逢春此身一往知何處三界茫茫愁殺人

福州東禪祖鑑從密禪師汀州人也上堂開口不是禪合口不是道踏步擬進前全身落荒草

慶元府天童普交禪師郡之萬齡畢氏子幼穎悟未冠得度往南屏聽台教因爲檀越修懺摩有問曰公之所懺罪爲自懺耶爲他懺耶若自懺罪罪性何來若懺他罪他罪非汝烏能懺之師不能對遂改服遊方造溈潭足纔踵門潭卽呵之師擬問潭卽曳杖逐之一日忽呼師至丈室曰我有古人公案要與你商量師擬進語潭遂喝師豁然領悟乃大笑潭下繩牀執師手曰汝會佛法耶師便喝復拓開潭大笑於是名聞四馳學者宗仰後歸桑梓寓天童掩關却掃者八年寺偶虛席郡僚命師開法恐其遯預遣吏候于道故不得辭受請日上堂曰咄哉黃面老佛法付王臣林下無情客官差逼殺人莫有知心底爲我免得麽若無不免將錯就錯便下座師凡見僧來必叱曰楖栗未擔時爲汝說了也且道說箇甚麽招手洗鉢拈扇張弓趙州柏樹子靈雲見桃華且擲放一邊山僧無恁麽閑唇吻與汝打葛藤何不休歇去拈拄杖逐之宣和六年三月二十日沐浴陞堂說偈脫然示寂偈曰寶杖敲空觸處春箇中消息特彌綸昨宵風動寒巖冷驚起泥牛耕白雲壽七十七臘五十八

江州圓通道旻圓機禪師世稱古佛興化蔡氏子母夢吞摩尼寶珠有孕生五歲足不履口不言母抱遊西明寺見佛像遽履地合爪稱南無佛仍作禮人大異之及官學大梁依

景德寺德祥出家試經得度徧往參激皆染指親潙山喆禪師最久晚慕泐潭往謁潭見黙器之師陳歷叅所得不蒙印可潭舉世尊拈華迦葉微笑語以問復不契後侍潭行次潭以拄杖架肩長嘘曰會麼師擬對潭便打有頃復拈草示之曰是甚麼師亦擬對潭遂喝於是頓明大法作拈華勢乃曰這回瞞旻上座不得也潭挽曰更道更道師曰南山起雲北山下雨卽禮拜潭首肯後開法灌溪次居圓通以符道濟禪師之記學者嚮臻朝廷聞其道會宰臣復爲之請錫以命服與圓機號上堂諸佛出世無法與人秖是抽釘拔楔除疑斷惑學道之士不可自謾若有一疑如芥子許是汝眞善知識喝一喝曰是甚麼切莫剌腦入膠盆

慶元府二靈知和庵主蘇臺玉峯張氏子兒時嘗習坐垂堂傾父母意其必死師瞑目自若因使出家年滿得度趨謁泐潭潭見乃問作甚麼師擬對潭便打復喝曰你喚甚麼作禪師驀領旨卽曰禪無後無先波澄大海月印青天又問如何是道師曰道紅塵浩浩不用安排本無欠少潭然之次謁衡嶽辯禪師辯尤器重元符間抵雪竇之中峯栖雲兩庵逾二十年嘗有偈曰竹筧二三升野水松窻七五片閑雲道人活計秖如此留與人間作見聞有志於道者多往見之僧至禮拜師曰近離甚處曰天童師曰太白峯高多少僧以手斫額作望勢師曰猶有這箇在曰却請庵主道師却作斫額勢僧擬議師便打師初侍天童交禪師問道盟曰他日吾二人宜踞孤峯絕頂目視霄漢爲世外之人不可作今時籍名官府屈節下氣於人者後交爽盟至則師竟不接正言陳公以計誘師出山住二靈三十年間居無長物唯二虎侍其右一日感於人以偈遣之宣和七年四月十二日趺坐而逝正言陳公狀師行實及示疾異跡甚詳仍塑其像二虎侍之至今存焉

開先瑛禪師法嗣

紹興府慈氏瑞仙禪師本郡人年二十去家以試經披削習毗尼因覩戒性如虛空持者爲迷倒師謂戒者束身之法也何自縛乎遂探台教又閱諸法不自生亦不從他生不共不無因是故說無生疑曰又不自他不共不無因生畢竟從何而生卽省曰因緣所生空假三觀抑揚性海心佛衆生名異體同十境十乘轉識成智不思議境智照方明非言詮所及棄謁諸方後至投子廣鑑問鄉里甚處師曰兩浙東越鑑曰東越事作麼生師曰秦望峯高鑑湖水闊鑑曰秦望峯與你自巳是同是別師曰西天梵語此土唐言鑑曰此猶是叢林秖對畢竟是同是別師便喝鑑便打師曰恩大難酬便禮拜後歸里開法慈氏室中嘗問僧三箇槖驢兩隻脚日行萬里趂不著而今收在玉泉山不許時人亂斟酌諸人向甚麼處與仙上座相見

潭州大溈海評禪師上堂曰燈籠上作舞露柱裏藏身深沙神惡發崑崙奴生嗔喝一喝曰一句合頭語萬劫墮迷津

圓通僊禪師法嗣

溫州淨光了威佛日禪師僧問如何是祖師

西來意師曰一宿二宿程千山萬山月曰意旨如何師曰朝看東南暮看西北曰向上更有事也無師曰人心難滿谿壑易塡問時節因緣卽不問惠超佛話事如何師曰波斯彎弓面轉黑曰意旨如何師曰穿過髑髏笑未休曰學人好好借問師曰黃泉無邸店今夜宿誰家

象田卿禪師法嗣

慶元府雪竇持禪師郡之盧氏子僧問中秋不見月時如何師曰更待夜深看曰忽若黑雲未散又且如何師曰爭怪得老僧上堂悟心容易息心難息得心源到處閑斗轉星移天欲曉白雲依舊覆青山

紹興府石佛益禪師上堂一葉落天下秋一塵起大地收一法透萬法周且道透那一法遂喝曰切忌錯認驢鞍橋作阿爺下頷便下座

褒親瑞禪師法嗣

安州應城壽寧道完禪師僧問雲從龍風從虎未審和尚從箇甚麽師曰一字空中畫曰得恁麽奇特師曰千手大悲提不起問十方國土中唯有一乘法如何是一乘法師曰斗量不盡曰恁麽則動容揚古路不墮悄然機師曰作麽生是悄然機僧擧頭看師擧起拂子僧喝一喝師曰大好悄然上堂古人見此月今人見此月此月鎭常存古今人還別若人心似月碧潭光皎潔決定是心源此說更無說咄上堂諸禪德三冬告盡臘月將臨三十夜作麽生祗準良久曰衣穿瘦骨露屋破看星眠

兜率悅禪師法嗣

撫州踈山了常禪師僧問如何是踈山爲人底句師曰懷中玉尺未輕擲袖裏金鎚劈面來上堂等閑放下佛手掩不住特地收來大地絶纖埃向君道莫疑猜處處頭頭見善財鎚下分明如得旨無限勞生眼自開

隆興府兜率慧照禪師南安郭氏子上堂龍安山下道路縱橫兜率宮中樓閣重疊雖非天上不是人間到者安心全忘諸念善行者不移雙足善入者不動雙扉自能笑傲煙蘿誰管坐消歲月旣然如是且道向上還有事也無良久曰莫教推落巖前石打破下方遮日雲上堂擧拂子曰端午龍安亦鼓橈青山雲裏得逍遙饑餐渴飮無窮樂誰愛爭先奪錦標卻向乾地上划船高山頭起浪明椎玉鼓暗展鐵旗一盞菖蒲茶數箇沙糖粽且移取北鬱單越來與南閻浮提鬭額看擊禪牀下座上堂兜率都無伎倆也數諸方榜樣五日一度陞堂起動許多龍象禪道佛法又無到此將何供養須知達磨西來分付一條拄杖乃拈起曰所以道你有拄杖子我與你拄杖子你無拄杖子我奪你拄杖子且道那箇是賓句那箇是主句若斷得去卽途中受用若斷不得且世諦流布乃拋下拄杖

丞相張商英居士字天覺號無盡年十九應擧入京道由向氏家向預夢神人報曰明日接相公凌晨公至向異之勞問勤腆乃曰秀才未娶當以女奉灑掃公謙辭再三向曰此行若不了當吾亦不爽前約後果及第乃娶之初任主簿因入僧寺見藏經梵莢金字齊

整乃佛然曰吾孔聖之書不如胡人之教人所仰重夜坐書院中研墨吮筆憑紙長吟中夜不眠向氏呼曰官人夜深何不睡去公以前意白之正此著無佛論向應聲曰既是無佛何論之有當須著有佛論始得公疑其言遂已之後訪一同列見佛龕前經卷乃問曰此何書也同列曰維摩詰所說經公信手開卷閱到此病非地大亦不離地大處歎曰胡人之語亦能爾耶問此經幾卷曰三卷乃借歸閱次向氏問看何書公曰維摩詰所說經向曰可熟讀此經然後著無佛論公悚然異其言由是深信佛乘留心祖道元祐六年爲江西漕首謁東林照覺總禪師覺詰其所見處與已符合乃印可覺曰吾有得法弟子住玉谿乃慈古鏡也亦可與語公復因按部過分寧諸禪迓之公到先致敬玉谿慈次及諸山最後問兜率悅禪師悅爲人短小公曾見䫻德莊說其聰明可人乃曰聞公善文章悅大笑曰運使失却一隻眼了也從悅臨濟九世孫對運使論文章政如運使對從悅論禪

也公不然其語乃强屈指曰是九世也問玉谿去此多少曰三十里曰兜率聻曰五里公是夜乃至兜率悅先一夜夢日輪昇天被悅以手摶取乃說與首座曰日輪運轉之義聞張運使非久過此吾當深錐痛劄若肯回頭則吾門幸事座曰今之士大夫受人取奉慣恐其惡發別生事也悅曰正使煩惱秖退得我院也別無事公與悅語次稱賞東林悅未肯其說公乃題寺後擬瀑軒詩其畧曰不向廬山尋落處象王鼻孔謾遼天意譏其不肯東林也公與悅語至更深論及宗門事悅曰東林既印可運使運使於佛祖言教有少疑否公曰有悅曰疑何等語公曰疑香嚴獨脚頌德山拓鉢話悅曰既於此有疑其餘安得無耶秖如巖頭言末後句是有耶是無耶公曰有悅大笑便歸方丈閉却門公一夜睡不穩至五更下牀觸翻溺器乃大徹猛省前話遂有頌曰鼓寂鐘沉拓鉢回巖頭一拶語如雷果然秖得三年活莫是遭他授記來遂扣方丈門曰某已捉得賊了悅曰賊在甚處公

無語悅曰都運且去來日相見翌日公遂舉前頌悅乃謂曰參禪秖爲命根不斷依語生解如是之說公已深悟然至極微細處使人不覺不知墮在區宇乃作頌證之曰等閑行處步步皆如雖居聲色寧滯有無一心靡異萬法非殊休分體用莫擇精麤臨機不礙應物無拘是非情盡凡聖皆除誰得誰失何親何踈拈頭作尾指實爲虛翻身魔界轉脚邪塗了無逆順不犯工夫公邀悅至建昌途中一一伺察有十頌敘其事悅亦有十頌酬之時元祐八年八月也公一日謂大慧曰余閱雪竇拈古至百丈再參馬祖因緣曰大冶精金應無變色投卷歎曰審如是豈得有臨濟今日耶遂作一頌曰馬師一喝大雄峯深入髑髏三日聾黃檗聞之驚吐舌江西從此立宗風後平禪師致書云去夏讀臨濟宗派乃知居士得大機大用且求頌本余作頌寄之曰吐舌耳聾師已曉搥胸秖得哭蒼天盤山會裏翻筋斗到此方知普化顛諸方往往以余聰明博記少知余者師自江西法窟來必

辨優劣試爲老夫言之大慧曰居士見處與眞淨死心合公曰何謂也大慧舉眞淨頌曰客情步步隨人轉有大威光不能現突然一喝雙耳聾那吒眼開黃蘗面死心拈曰雲巖要問雪竇旣是大冶精金應無變色爲甚麽却三日耳聾諸人要知麽從前汗馬無人識秖要重論蓋代功公拊几曰不因公語爭見眞淨死心用處若非二大老難顯雪竇馬師爾公於宣和四年十一月黎明口占遺表命子弟書之俄取枕擲門䆫上聲如雷震衆視之已薨矣公有頌古行于世茲不復錄

法雲杲禪師法嗣

隨州洞山辯禪師上堂不是心不是佛不是物鑽天鷂子遼天鶻不度火不度水不度鑪離弦箭發沒回途直饒會得十分去笑倒西來碧眼胡

東京慧海儀禪師上堂無相如來示現身破魔兵衆絕纖塵七星斜暎風生處四海還歸舊主人諸仁者大迦葉靈山會上見佛拈華投機微笑須菩提聞佛說法深解義趣涕淚悲泣且道笑者是哭者是不見道萬派橫流總向東超然八面自玲瓏萬人膽破沙場上一箭雙鵰落碧空上堂舉潙山坐次仰山問和尚百年後有人問先師法道如何秖對潙曰一粥一飰仰曰前面有人不肯又作麽生潙曰作家師僧仰便禮拜潙曰逢人不得錯舉師曰自古及今多少人下語道嚴而不威恭而無禮橫按拄杖竪起拳頭若秖恁麽却如何知得他父子相契處山僧今日也要諸人共知莫分彼我彼我無殊困魚止濼病鳥棲蘆逡巡不進泥中履爭得先生一卷書

西蜀鑾法師通大小乘佛照謝事居景德師問照曰禪家言多不根何也照曰汝習何經論曰諸經粗知頗通百法照曰秖如昨日雨今日晴是甚麽法中收師懵然照舉癢和子擊曰莫道禪家所言不根好師憤曰昨日雨今日晴畢竟是甚麽法中收照曰第二十四時分不相應法中收師恍悟卽禮謝後歸蜀居講會以直道示徒不泥名相而衆多引去遂說偈罷講曰衆賣華兮獨賣松青青顏色不如紅算來終不與時合歸去來兮翠巖中由是隱居二十年道俗追慕復命演法笑答偈曰遯跡隱高峯高峯又不容不如歸錦里依舊賣青松衆列拜悔過兩川講者爭依之

泐潭準禪師法嗣

隆興府雲巖典牛天遊禪師成都鄭氏子初試郡庠復往梓州試二處皆與貢籍師不敢承竄名出關適會山谷道人西還因見其風骨不凡議論超卓乃同舟而下竟往廬山投師剃髮不改舊名首叅死心不契遂依湛堂於泐潭一日潭普說曰諸人苦苦就準上座覓佛法遂拊膝曰會麽雪上加霜又拊膝曰若也不會豈不見乾峯示衆曰舉一不得舉二放過一著落在第二師聞脫然穎悟出世雲蓋次遷雲巖嘗和忠道者牧牛頌曰兩角指天四足踏地拽斷鼻繩牧甚屎屁張無盡見之甚擊節後退雲巖過廬山棲賢主翁意不欲納乃曰老老大大正是質庫中典牛也師聞之述一偈而去曰質庫何曾解典牛秖緣價重實難酬想君本領無多子畢竟難禁

這一頭因庵于武寧扁曰典牛終身不出塗毒見之已九十三矣上堂卓拄杖曰久雨不晴劄金烏飛在鐘樓角又卓一下曰猶在轂復卓曰一任衲僧名邈上堂馬祖一喝百丈蹉過臨濟小厮兒向糞掃堆頭拾得一隻破草鞋胡喝亂喝師震聲喝曰喚作胡喝亂喝得麼上堂象骨輥毬能已盡玄沙斫牌伎亦窮還知麼火星入袴口事出急家門上堂三百五百銅頭鐵額木笛横吹誰來接拍時有僧出師曰也是賊過後張弓上堂寶峯有一訣對衆分明說昨夜三更前烏龜吞却鱉至節上堂朞運推移日南長至布裩不洗無來換替大小玉泉無風浪起雲巖路見不平直下一鎚粉碎遂高聲曰看脚下上堂舉梁山曰南來者與你三十棒北來者與你三十棒然雖與麼未當宗乘後來琅瑘和尚道梁山好一片眞金將作頑鐵賣却琅瑘則不然南來者與你三十棒北來者與你三十棒從教天下貶剝師拈曰一人能舒不能卷一人能卷不能舒雲巖門下一任南來北來且恁麼過驀然洗面摸著鼻頭却來與你三十上堂日可冷月可熱衆魔不能壞眞說作麼生是眞說初三十一中九下七若信不及雲巖與汝道破萬人齊指處一鴈落寒空病起上堂舉馬大師日面佛月面佛後來東山演和尚頌曰丫鬟女子畫蛾眉鸞鏡臺前語似癡自說玉顏難比並却來架上著羅衣師曰東山老翁滿口讚歎則故是點檢將來未免有鄉情在雲巖又且不然打殺黃鶯兒莫教枝上啼幾回驚妾夢不得到遼西

潭州三角智堯禪師上堂揑土定千鈞秤頭不立蠅箇中些子事走殺嶺南能還有薦得底麼直饒薦得也是第二月

慧日雅禪師法嗣

隆興府九僊法清祖鑑禪師嚴陵人也嘗於池之天寧以伽黎覆頂而坐侍郎曾公開問曰上座僊鄉甚處曰嚴州曰與此間是同是別師拽伽黎下地揖曰官人曾到嚴州否曾罔措師曰待官人到嚴州時却向官人道住後上堂曰萬柳千華暖日開一華端有一如來妙談不二虛空藏動著微言徧九垓笑哈哈且道笑箇甚麼笑覺苑脚跟不點地上堂舉睦州示衆曰汝等諸人未得箇入頭處須得箇入頭處既得箇入頭處不得忘却老僧明明向汝道尚自不會何況蓋覆將來師曰睦州恁麼道意在甚麼處其或未然聽覺苑下箇注脚張僧見王伴王伴叫張僧昨夜放牛處嶺上及前村溪西水不飲溪東草不吞教覺苑如何卽得會麼不免與麼去遂以兩手按空下座僧問如何是奪人不奪境師曰惺惺寂寂曰如何是奪境不奪人師曰寂寂惺惺曰如何是人境兩俱奪師曰惺惺惺惺曰如何是人境俱不奪師曰寂寂寂寂曰學人今日買鐵得金去也師曰甚麼處得這話頭來

平江府覺海法因庵主郡之嵎山朱氏子年二十四披緇服進具遊方至東林謁慧日日舉靈雲悟道機語問之師擬對日曰不是不是師忽有所契占偈曰巖上桃華開華從何處來靈雲纔一見回首舞三臺日曰子所見

雖已入徹然更著鞭當明大法師承教居廬
阜三十年不與世接叢林尊之建炎中盜起
江左順流東歸邑人結庵命居緇白繼踵問
道嘗謂衆曰汝等飽持定力無憂晨炊而事
千求也晚年放浪自若稱五松散人

錐二　二十五

龍牙言禪師法嗣

瑞州洞山擇言禪師僧問如何是十身調御
投子下禪牀立未審意旨如何師曰脚跟下
七穿八穴

文殊能禪師法嗣

常德府德山瓊禪師受請日上堂曰作家撈
龍不肯住呼喚不回頭爲甚麽從東過西自
代曰後五日看

智海清禪師法嗣

蘄州四祖仲宣禪師上堂諸佛出世爲一大
事因緣祖師西來直指人心是佛凡聖本來
不二迷悟豈有殊途非涅槃之可欣非死生
之可厭但能一言了悟不起坐而卽證無生
一念回光不舉步而徧周沙界如斯要徑引
曰宗門山僧既到這裏不可徒然乃舉拂子
曰看看山河大地日月星辰若凡若聖是人
是物盡在拂子頭上一毛端裏出入遊戲諸
人還見麽設或便向這裏見得倜儻分明更
須知有向上一路試問諸人作麽生是向上
一路良久曰六月長天降大雪三冬嶺上火
雲飛

泉州乾峯圓慧禪師上堂達磨正宗衲僧巴
鼻堪嗟迷者成羣開眼瞌睡頭上是天脚下
是地耳朶聞聲鼻孔出氣敢問雲堂之徒時
中甚處安置還見麽可憐雙林傅大士却言
秖這語聲是咄

大溈瑃禪師法嗣

眉州中巖慧目蘊能禪師本郡呂氏子年二
十二於村落一富室爲校書偶遊山寺見禪
冊閱之似有得卽裂冠圓具一鉢遊方首叅

錐二　二十六

寶勝澄甫禪師所趣頗異至荆湖謁永安喜
眞如喆德山繪造諸益高追抵大溈溈問上
座桑梓何處師曰西川曰我聞西川有普賢
菩薩示現是否師曰今日得瞻慈相曰白象
何在師曰爪牙已具曰還會轉身麽師提坐
具繞禪牀一帀溈曰不是這箇道理師趨出
一日溈爲衆入室問僧黃巢過後還有人收
得劒麽僧竪起拳溈曰菜刀子僧曰爭奈受
用不盡溈喝出次問師黃巢過後還有人收
得劒麽師亦竪起拳溈曰也秖是菜刀子師
曰殺得人卽休遂近前攔胷築之溈曰三十
年弄馬騎今日被驢子撲後還蜀庵於舊址
應四衆之請出住報恩上堂龍濟道萬法是
心光諸緣唯性曉本無迷悟人秖要今日了
師曰既無迷悟了箇甚麽咄上堂舉雪峯一
日普請搬柴中路見一僧遂擲下一段柴曰
一大藏教秖說這箇後來眞如喆道一大藏
教不說這箇據此二尊宿說話是同是別山
僧則不然竪起拂子曰提起則如是我聞放
下則信受奉行室中問崇眞氊頭如何是你

錐二　二十七

空劫已前父母眞領悟曰和尚且低聲遂獻
投機頌曰萬年倉裏曾饑饉大海中住儘長
渴當初尋時尋不見如今避時避不得師爲
印可一日與黃提刑奕碁次黃問數局之中
無一局同千著萬著則故是如何是那一著

師提起碁子示之黄竹思師曰不見道從前十九路迷殺幾多人師住持三十餘載凡說法不許録其語臨終書偈趺坐而化闍維時暴風忽起煙所至處皆雨設利道俗斸其地皆得之心舌不壞塔于本山

懷安軍雲頂寶覺宗印禪師上堂古者道識得凳子周帀有餘又道識得凳子天地懸殊山僧總不恁麽識得凳子是甚麽閑家具一日普說罷師曰諸子未要散去更聽一頌乃曰四十九年一場熱鬧八十七春老漢獨弄誰少誰多一般作夢歸去來兮梅梢雪重言訖下座倚杖而逝

五燈會元卷第四十九

五燈會元卷第四十九

校勘記

一　底本，清藏本。

一　八三〇頁上一行經名，徑無（未換卷）。

一　八三〇頁上三行「南嶽下十四世」，徑無。

一　八三二頁中一〇行「遵勗」，徑作「遵勉」。

一　八四〇頁上一四行第三字「清」，徑作「青」。

一　八四一頁上卷末經名，徑無（未換卷）。

五燈會元卷第五十　　鉅三

宋　沙　門　大　川　濟　纂

南嶽下十四世

昭覺白禪師法嗣

成都府信相宗顯正覺禪師潼川王氏子少爲進士有聲甞晝掬溪水爲戲至夜思之遂見水泠然盈室欲汲之不可而塵境自空曰吾世網裂矣往依昭覺得度具滿分戒後隨衆咨叅覺一日問師高高峯頂立深深海底行汝作麽生會師於言下頓悟曰釘殺腳跟也覺拈起拂子曰這箇又作麽生師一笑而出服勤七祀南遊至京師歷淮浙晚見五祖演和尚於海會出問未知關棙子難過趙州橋趙州橋即不問如何是關棙子祖曰汝且在門外立師進歩一踏而退祖曰許多時茶飯元來也有人知滋味明日入室祖云你便是昨日問話底僧否我固知你見處秖是未過得白雲關在師珍重便出時圜悟爲侍者師以白雲關意扣之悟曰你但直下會取師笑曰我不是不會秖是未諳待見這老漢共伊理會一上明日祖往舒城師與悟繼往適會於興化祖問師記得曾在郡裏相見來師曰全火秖候祖顧悟曰這漢饒舌自是機緣相契遊廬阜回師以高高峯頂立深深海底行所得之語告五祖祖曰吾嘗以此事詰先師先師云我曾問遠和尚遠曰貓有歃血之功虎有起屍之德非素達本源不能到也師給侍之久祖鍾愛之後辭西歸爲小叅復以頌送曰離鄉四十餘年一時忘却蜀語禪人回到城都切須記取魯語時覺尚無恙師再侍之名聲藹著遂出住長松遷保福信相僧問三世諸佛六代祖師總出這圈䙡不得如何是這圈䙡師曰井欄脣上堂舉仰山問中邑如何是佛性義邑曰我與你說箇譬喻汝便會也譬如一室有六窻内有一獼猴外有獼猴從東邊喚狌狌獼猴即應如是六窻俱喚俱應仰乃禮拜適蒙和尚指示某有箇疑處邑曰你有甚麽疑仰曰秖如内獼猴睡時外獼猴欲與相見又作麽生邑下禪牀執仰山手曰狌狌與你相見了師曰諸人要見二老麽我也與你說箇譬喻中邑大似箇金師仰山將一塊金來使金師酬價金師亦盡價相酬臨成交易賣金底更與貼秤金師雖然闍喜心中未免偷疑何故若非細作定是賊贓便下座

道林一禪師法嗣

潭州大溈大圓智禪師四明人也上堂舉南泉道三世諸佛不知有狸奴白牯却知有師曰三世諸佛既不知有狸奴白牯又何曾夢見灼然須知向上有知有底人始得且作麽生是知有底人喫官酒臥官街當處死當處埋沙場無限英靈漢堆山積嶽露屍骸

南嶽下十五世

上封秀禪師法嗣

文定公胡安國草庵居士字康侯久依上封得言外之旨崇寧中過藥山有禪人舉南泉斬貓話問公公以偈答曰手握乾坤殺活機縱橫施設在臨時玉堂兎馬非龍象大用堂堂總不知又寄上封有曰祝融峯似杜城天萬古江山在目前須信死心元不死夜來秋

月又同圓

上封才禪師法嗣

福州普賢元素禪師，建寧人也。上堂兵隨印轉三千里外絶煙塵將逐符行二六時中淨躶躶不用鐵旗鐵皷自然草偃風行何須七縱七擒直得無思不服所謂大丈夫秉慧劍般若鋒兮金剛燄非但能摧外道心早曾落却天魔膽正恁麼時且道主將是甚麼人喝一喝上堂南泉道我十八上便解作活計臺無繫蟻之絲廚乏聚蠅之糝趙州道我十八上便解破家散宅南頭買賤北頭賣貴點檢將來好與三十棒且放過一著何故曾爲浪子偏憐客自愛貪杯惜醉人上堂未開口時先分付擬思量處隔千山莫言佛法無多子未透玄關也大難秖如玄關作麼生透喝一喝

福州皷山山堂僧洵禪師本郡阮氏子上堂黃蘖手中六十棒不會佛法的的大意却較些子大愚肋下築三拳便道黃蘖佛法無多子鈍置殺人須知有一人大棒驀頭打他不回頭老拳劈面槌他亦不顧且道是誰上堂朔風掃地卷黃葉門外千峯凜寒色夜半烏龜帶雪飛石女谿邊皺兩眉卓拄杖云大家在這裏且道天寒人寒喝一喝云歸堂去

福州皷山別峯祖珍禪師興化林氏子僧問趙州遶禪牀一帀轉藏已竟此理如何師曰畫龍看頭畫蛇看尾曰婆子道比來請轉全藏爲甚麼秖轉得半藏此意又且如何師曰人無遠慮必有近憂曰未審甚麼處是轉半藏處師曰不是知音者徒勞話歲寒上堂尋牛須訪跡學道貴無心跡在牛還在無心道易尋豎起拂子曰這箇是跡牛在甚麼處直饒見得頭角分明鼻孔也在法石手裏上堂向上一路千聖不傳卓拄杖曰恁麼會得十萬八千畢竟如何桃紅李白薔薇紫問著春風總不知示衆云大道秖在目前要且目前難覩欲識大道真體不離聲色言語卓拄杖云這箇是聲豎起拄杖云這箇是色喚甚麼作大道真體直饒向這裏見得也是鄭州出曹門示衆若論此事如人喫飯飽則便休若也不飽必有思食之心若也過飽又有傷心之患到這裏作麼生得恰好去良久云且歸巖下宿同看月明時

黃龍逢禪師法嗣

饒州薦福常庵擇崇禪師寧國府人也上堂舉僧問古德生死到來如何免得德曰柴鳴竹爆驚人耳僧曰不會德曰家犬聲獰夜不休師曰諸人要會麼柴鳴竹爆驚人耳大洋海底紅塵起家犬聲獰夜不休陸地行舡三萬里堅牢地神笑呵呵須彌山王眼覷鼻把手東行却向西南山聲應北山裏千手大悲開眼看無量慈悲是誰底良久曰頭長腳短少喜多瞋上堂問侍者曰還記得昨日因緣麼曰記不得復顧大衆曰還記得麼衆無對豎起拂子曰還記得麼良久曰也忘却了也三處不成一亦非有諸人不會方言露柱且莫開口以拂子擊禪牀下座

天寧卓禪師法嗣

慶元府育王無示介諶禪師溫州張氏子謝知事上堂尺頭有寸鑑者猶稀秤尾無星且

莫錯謬若欲定古今輕重較佛祖短長但請
於中著一隻眼果能一尺還他十寸八兩原
是半斤自然内外和平家國無事山僧今日
已是兩手分付汝等諸人還肯信受奉行也
無尺量刀剪徧世間誌公不是閑和尚上堂
文殊智普賢行多年曆日德山棒臨濟喝亂
世英雄汝等諸人穿僧堂入佛殿還知嶮過
鐵圍關歷忽然踏著釋迦頂顙磕著聖僧額
頭不免一場禍事上堂我若說有你爲有礙
我若說無你爲無礙我若橫說你又跨不過
我若竪說你又跳不出若欲叢林平怗大家
無事不如推倒育王且道育王如何推得倒
去召大衆曰著力著力復曰苦哉苦哉育王
被人推倒了也還有路見不平拔劔相爲底
麼若無山僧不免自倒自起擊拂子下座師
鉅三 六
性剛殺蒞衆有古法時以諶鐵面稱之
安吉州道場普明慧琳禪師福州人上堂有
漏笊籬無漏木杓庭白牡丹檻紅芍藥因思
九年面壁人到頭不識這一著且道作麼生
是這一著以拄杖擊禪牀下座上堂一即多
多即一毗盧頂上明如日也無一也無多現
成公案没諸譌拈起舊來氈拍板明時共唱
太平歌
安吉州道場無傳居慧禪師本郡吳氏子上
堂鍾馗醉裏唱涼州小妹門前秖點頭巡海
夜叉相見後大家拍手上高樓大衆若會得
去鑠却天下人舌頭若會不得將謂老僧别
有奇特上堂百尺竿頭弄影戲不唯瞞你又
瞞天自笑平生歧路上投老歸來没一錢上
堂舉臨濟示衆曰一人在高高峯頂無出身
之路一人在十字街頭亦無向背且道那箇
在前那箇在後師曰更有一人不在高高峯
頂亦不在十字街頭臨濟老漢因甚不知便
下座
臨安府顯寧松堂圓智禪師上堂蘆華白蓼
鉅三 七
華紅溪邊脩竹碧煙籠閑雲抱幽石玉露滴
巖叢昨夜烏龜變作鼈今朝水牯悟圓通咄
安吉州烏回唯庵良範禪師上堂塵劫已前
事堂堂無背面動靜莫能該舒卷快如電莫
道凡不知佛也覷不見決定在何處合取這
兩片驀不驀更爲諸人通一線良久曰天下
太平皇風永扇上堂舉僧問趙州至道無難
唯嫌揀擇是時人窠窟否州曰曾有人問老
僧直得五年分疎不下師召衆曰趙州具頂
門眼向擊石火裏分緇素閃電光中明縱奪
爲甚麼却五年分疎不下還委悉麼易分雪
裏粉難辨墨中煤
温州本寂靈光文觀禪師本郡葉氏子上堂
過去諸如來斯門已成就好事不如無現在
諸菩薩今各入圓明好事不如無未來修學
人當依如是住好事不如無還知麼除却華
山陳處士何人不帶是非行參
黄龍震禪師法嗣
常德府德山無諍慧初禪師靜江府人也上
堂顧視大衆曰見麼在天成象在地成形在
日月爲晦爲朔在四時爲寒爲暑皷之以雷
霆潤之以風雨且道在衲僧分上又作麼生
一趯趯飜四大海一拳拳倒須彌山佛祖位
中留不住又吹漁笛汨羅灣上堂九月二十
五聚頭相共舉瞎却正法眼拈却雲門普德

山不會説禪羸得村歌社舞阿呵呵邏囉哩遂作舞下座

萬年一禪師法嗣

嘉興府報恩法常首座開封人也丞相薛居正之裔宣和七年依長沙益陽華嚴元軾下髮徧依叢林於首楞嚴經深入義海自湖湘至萬年謁雪巢機契命掌牋翰後首衆報恩至中唯一矮榻餘無長物庚子九月中語寺僧曰一月後不復留此十月二十一往方丈謁飯將晚書漁父詞於室門就榻收足而逝詞曰此事楞嚴嘗露布梅華雪月交光處一笑寥寥空萬古風甌語迥然銀漢横天宇蝶夢南華方栩栩斑斑誰跨豐干虎而今忘却來時路江山暮天涯目送鴻飛去

嶽山祖菴主法嗣

廬山延慶叔禪師僧問多子塔前共談何事師曰一回相見一回老能得幾時爲弟兄僧禮拜師曰唐興今日失利

勝因靜禪師法嗣

漣水軍萬壽夢菴普信禪師上堂殘雪既消畫春風日漸多若將時節會佛法又如何且道時節因緣與佛法道理是同是別良久曰無影樹栽人不見開華結果自馨香

平江府慧日默庵興道禪師上堂同雲欲雪未雪愛日似暉不暉寒雀啾啾閙籬落朔風列列舞簾帷要會韶陽親切句今朝覿面爲提撕卓拄杖下座

廣德軍光孝果慜禪師常德桃源人也上堂舉南泉斬貓兒話乃曰南泉提起下刀誅六臂脩羅救得無設使兩堂俱道得也應流血滿街衢

雪峯需禪師法嗣

福州雪峯毬堂慧忠禪師上堂終日忙忙那事無妨作麽生是那事良久曰心不負人面無慚色

天童交禪師法嗣

慶元府蓬萊圓禪師住山三十年足不越閫道俗尊仰之師有偈曰新縫紙被烘來煖一覺安眠到五更聞得上方鐘鼓動又添一日在浮生

圓通旻禪師法嗣

江州廬山圓通守慧冲真密印通慧禪師上堂但知今日復明日不覺前秋與後秋平步坦然歸故里却乘好月過滄洲喚不是苦心人不知

隆興府黄龍道觀禪師上堂曰古人道眼色耳聲萬法成辦你諸人爲甚麽從朝至暮諸法不相到遂喝一喝曰牽牛入你鼻孔禍不入慎家之門

左丞范冲居士字致虚由翰苑守豫章過圓通謁旻禪師茶罷曰某行將老矣墮在金紫行中去此事稍遠通呼内翰公應喏通曰何遠之有公躍然曰乞師再垂指誨通曰此去洪都有四程公佇思通曰見即便見擬思即差公乃豁然有省

樞密吴居厚居士擁節歸鍾陵謁圓通旻禪師曰某頃赴省試過此過趙州關因問前住訥老透關底事如何訥曰且去做官今不覺五十餘年旻曰曾明得透關底事麽公曰八次經過常存此念然未甚脱灑在旻度扇與

之曰請使俞公郎揮扇旻曰有甚不脫灑處公忽有省曰便請末後句旻乃揮扇兩下公曰親切親切旻曰吉獠舌頭三千里

諫議彭汝霖居士手寫觀音經施圓通通拈起曰這箇是觀音經那箇是諫議經公曰此是某親寫通曰寫底是字那箇是經公笑曰却了不得也通曰即現宰官身而爲說法公曰人人有分通曰莫謗經好公曰如何即是通舉經示之公拊掌大笑曰嗄通曰又道了不得公禮拜

中丞盧航居士與圓通擁爐次公問諸家因緣不勞拈出直截一句請師指示通厲聲指曰看火公急撥衣忽大悟謝曰灼然佛法無多子通喝曰放下著公應喏喏

左司都貺居士問圓通曰是法非思量分別之所能解當如何湊泊通曰全身入火聚公曰畢竟如何曉會通曰驀直去公沈吟通曰可更喫茶麼公曰不必通曰何不恁麼會公契旨曰元來太近通曰十萬八千公占偈曰不可思議是大火聚便恁麼去不離當處通曰嘆猶有這箇在公曰乞師再垂指示通曰便恁麼去鐺是鐵鑄公頓首謝之

明昭慧禪師法嗣

楊州石塔宣秘禮禪師僧問山河大地與自己是同是別師曰長亭涼夜月多爲客鋪舒曰謝師答話師曰網大難爲鳥綸稠始得魚僧作舞歸衆師曰長江爲硯墨頻寫斷交書上堂舉百丈野狐話乃曰不是翻濤手徒誇跨海鯨由基方撚鏃枝上衆猿驚上堂至座前師搊一僧上法座僧憚惶欲走師遂指座曰這棚子若牽一頭驢上去他亦須就上扃在汝諸人因甚麼却不肯以拄杖一時趕散顧侍者曰嶮

浮山眞禪師法嗣

峨嵋靈巖徽禪師僧問文殊是七佛之師未審誰是文殊之師師曰金沙灘頭馬郎婦

祥符立禪師法嗣

湖南報慈淳禪師上堂曰青眸一瞬金色知歸授手而來如王寶劍而今闢張門戶各說異端可謂古路坦而荆棘生法眼正而還自翳孤負先聖埋沒已靈且道不埋沒不孤負正法眼藏如何吐露還有吐露得底麼出來吐露看如無擔取詩書歸舊隱野華啼鳥一般春（聯燈作鳥同範語）

雲巖遊禪師法嗣

臨安府徑山塗毒智策禪師天台陳氏子幼依護國僧楚光落髮十九造國清謁寂室光灑然有省次謁大圓於明之萬壽圓問曰甚處來師曰天台來曰見智者大師麼師曰即今亦不少曰因甚在汝脚跟下師曰當面蹉過圓曰上人不耘而秀不扶而直一日辭去圓送之門拊師背曰寶所在近此城非實師頌之往豫章謁典牛道由雲居風雪塞路坐閱四十二日午初版聲鏗然豁爾大悟及造門典牛獨指師曰甚處見神見鬼來師曰雲居聞版聲來牛曰是甚麼師曰打破虛空全無柄靶牛曰向上事未在師曰東家暗坐西家厮罵牛曰嶄然超出佛祖他日起家一麟足矣住後上堂舉教中道若以色見我以音聲求我是人行邪道不能見如來雖然恁麼

正是捕得老鼠打破油甕懷禪師道你眼在甚麼處雖則識破釋迦老子爭奈拈饋舐指若是塗毒即不然色見聲求也不妨百華影裏繡鴛鴦自從識得金鍼後一任風吹滿袖香師將示寂陞座別衆囑門人以文祭之師危坐傾聽至尚饗爲之一笑越兩日沐浴更衣集衆說偈曰四大旣分飛煙雲任意歸秋天霜夜月萬里轉光輝俄頃泊然而逝塔全身於東岡之麓

信相顯禪師法嗣

成都府金繩文禪師僧問如何是大道之源師曰黃河九曲曰如何是不犯之令師曰鐵蛇鑽不入僧擬議師便打

南嶽下十六世

育王諶禪師法嗣

台州萬年心聞曇賁禪師永嘉人住江心病起上堂維摩病說盡道理龍翔病咳嗽不已咳嗽不已說盡道理說盡道理咳嗽不已汝等諸人還識得其中意旨也未本是長江湊風冷却教露柱患頭風上堂一見便見八角磨盤空裏轉一得永得辰錦朱砂如墨黑秋風吹渭水已落雲門三句裏落葉滿長安幾箇而今被眼瞞豎拂子曰瞞得瞞不得總在萬年手裏還見麼華頂月籠招手石斷橋水落捨身巖僧問百丈卷席意旨如何師曰賊過後張弓四明太守以雪竇命師主之師辭以偈曰鬧籃方喜得抽頭退鼓而今打未休莫把乳峯千丈雪重來換我一雙眸

慶元府天童慈航了朴禪師福州人上堂酷暑如焚不易禁炎炎赫赫欲流金夜明簾外無人到靈木迢然轉綠陰上堂久雨不晴半睡半醒可謂天地合其德日月合其明四時合其序鬼神合其吉凶遂喝曰住住內卦已成更求外象卓拄杖曰適來撕得雷天大壯如今變作地火明夷上堂牛皮靴露柱露柱啾啾叫燈籠佯不知虛明還自照殿脊老蚩吻聞得呵呵笑三門側耳聽就上打之遶聲如十日菊鬧徹阿誰要阿呵呵未必秋香一夜衰熨斗煎茶不同銚室中問僧賊來須打客來須看秖如三更夜半人面似賊賊面似人作麼生辨上堂觀音巖玲玲瓏瓏太白石丁丁東東西園菜蟥似不堪食東谷華發却無賴紅且道是祖意敎意遂中受用世諦流布若辨不出雪峯覆却飯桶若辨得出甘贊禮拜蒸籠參上堂德山入門便棒臨濟入門便喝臨濟喝處德山棒頭耳聾德山棒時臨濟喝下眼瞎雖然一搦一擡就中全生全殺遂喝一喝卓拄杖一下云敢問諸人是生是殺良久云君子可入

南劍州西巖宗回禪師婺州人也久依無示深得法忍因寺僧以茶禁鬪有司吏捕知事師謂衆曰此事不直之則罪坐於我若自直彼復得罪不忍爲也令擊鼓陞座說偈曰縣吏追呼不暫停爭如長往事分明從前有箇無生曲且喜今朝調已成言訖而逝

高麗國坦然國師少嗣王位欽卿宗乘因海商方景仁抵四明録無示語歸師閱之啟悟即棄位圓顱作書以語要及四威儀偈令景仁呈無示示答曰佛祖出興於世無一法與人實使其自信自悟自證自到具大知見如

所見而說如所說而行山河大地草木叢林
相與證明其來久矣後復通嗣法其書略曰
生死海廣劫彈同通得遇本分宗師以三要
印子驗定其法實謂盲龜值浮木孔耳
臨安府龍華無住本禪師廣德人也上堂舉
雲門大師拈起胡餅曰我秖供養兩淛人不
供養向北人衆無語門自代曰天寒日短兩
人共一椀師曰韶陽老漢言中有響痛處著
錐檢點將來𪎊成毒藥諸人要會麼半在河
南半河北一片虛凝似墨黑冷地思量愁殺
人叵耐雲門這老賊賊賊下座更不巡堂

道場琳禪師法嗣

臨江軍東山吉禪師因李朝請與𨱎鄰林居
士向公子諲謁之遂問家賊惱人時如何師
曰誰是家賊李竪起拳師曰賊身已露李曰
莫塗糊人好師曰贓證見在李無語師示以
偈曰家賊惱人孰奈何千聖回機秖爲他徧
界徧空無影跡無依無住絶籠羅賊賊猛將
雄兵收不得疑殺天下老禪和笑倒鬧市古
彌勒休休不用將心向外求回頭瞥爾賊身
露和贓捉獲世無儔世無儔眞可仰從茲不
復誇伎倆怗怗安家樂業時萬衆森羅齊拊
掌

道場慧禪師法嗣

臨安府靈隱懶庵道樞禪師吳興四安徐氏
子初住何山次[校三]移華藏隆興初詔[十六]居靈隱孝
宗皇帝召至內殿問禪道之要師答以此事
在陛下堂堂日用應機處本無知見起滅之
勞聖凡迷悟之別第護正念則與道相應情
却物則業不能繫盡去沉掉之病自忘問答
之意矧令補處見在佛般若光明中何事不
成見耶上爲之首肯數四師示衆曰仙人張
果老騎驢穿市過但聞蹄撥剌誰知是紙做
後退居明教永安蘭若逍遥自適有偈題於
壁曰雪裏梅花春信息池中月色夜精神年
來可是無佳趣莫把家風舉似人淳熙丙申
八月示微疾書偈而逝塔于永安

光孝愍禪師法嗣

廣德軍光孝悟初首座分座日示衆舉風幡
話至仁者心動處乃曰祖師恁麼道賺殺一
船人今時衲僧也不可恁麼會既不恁麼會
畢竟作麼生良久曰六月好合醬切忌著鹽
多

南嶽下十七世

萬年賁禪師法嗣

溫州龍鳴在[校三]庵賢禪師上堂舉[十七]崇壽示衆曰
識得凳子周帀有餘雲門道識得凳子天地
懸殊師曰崇壽老漢坐殺天下人雲門大師
走殺天下人龍鳴則不然識得凳子四脚著
地要坐便坐要起便起上堂舉趙州勘婆話
頌曰氷雪佳人貌最奇常將玉笛向人吹曲
中無限華心動獨許東君第一枝
潭州大溈噦庵鑑禪師會稽人也上堂木落
霜空天寒水冷釋迦老子無處藏身拆東籬
補西壁撞著不空見菩薩請示念佛三昧也
甚奇怪却向道金色光明雲叅退喫茶去上
堂老胡開一條路甚生徑直秖云歇即菩提
性淨明心不從人得後人不得其門一向奔
馳南北往復東西極歲窮年無箇歇處諸人
還歇得麼休休上堂舉晦堂和尚一日問僧

甚處來曰南雄州堂曰出來作甚麼曰尋訪尊宿堂曰不如歸鄉好曰未審和尚令其歸鄉意旨如何堂曰鄉里三錢買一片魚鮓如手掌大師曰寧可碎身如微塵終不瞎箇師僧眼晦堂較些子有般漢便道熟處難忘有甚共語處上堂舉罽賓國王問師子尊者蘊空公案師頌曰尊者何曾得蘊空罽賓徒自斬春風桃華雨後已零落染得一溪流水紅

南嶽下十一世

石霜圓禪師法嗣

袁州楊岐方會禪師郡之宜春冷氏子少警敏及冠不事筆硯繫名征商課最坐不職乃宵遁入瑞州九峯恍若舊遊眷不忍去遂落髮每閱經心融神會能折節扣參老宿慈明自南源徙道吾石霜師皆佐之總院事依之雖久然未有省發每咨參明曰庫司事繁且去他日又問明曰監寺異時兒孫徧天下在何用忙爲一日明適出雨忽作師偵之小徑既見遂搊住曰這老漢今日須與我說不說打你去明曰監寺知是般事便休語未卒師大悟即拜於泥途問曰狹路相逢時如何明曰你且嚲避我要去那裏去師歸來日具威儀詣方丈禮謝明呵曰未在自是明每山行師輒瞰其出雖晚必擊鼓集眾明遽還怒曰少叢林暮而陞座何從得此規繩師曰汾陽晚參也何謂非規繩乎一日明上堂師出問幽鳥語喃喃辭雲入亂峯時如何明曰我行荒草裏汝又入深村師曰官不容鍼更借一問明便喝師曰好喝明又喝師亦喝明連喝兩喝師禮拜明曰此事是箇人方能擔荷師拂袖便行明移興化師辭歸九峯後道俗迎居楊岐次遷雲蓋受請日拈法衣示眾曰會麼若也不會今日無端走入水牯牛隊裏去也還知麼筠陽九岫萍實楊岐遂陞座時有僧出師曰漁翁未擲釣躍鱗衝浪來僧便喝師曰不信道僧拊掌歸眾師曰消得龍王多少風問師唱誰家曲宗風嗣阿誰師曰有馬騎馬無馬步行曰少年長老足有機籌師曰念汝年老放汝三十棒問如何是佛師曰三腳驢子弄蹄行曰莫秖這便是麼師曰湖南長老乃曰更有問話者麼試出來相見楊岐今日性命在汝諸人手裏一任橫拖倒拽爲甚麼如此大丈夫兒須是當眾決擇莫背地裏似水底按葫蘆相似當眾引驗莫便面赤有麼有麼出來決擇看如無楊岐今日失利師便下座九峯勤和尚把住云今日喜得箇同參師曰作麼生是同參底事勤曰九峯牽犁楊岐拽耙師曰正恁麼時楊岐在前九峯在前勤擬議師拓開曰將謂同參元來不是僧問人法俱遣未是衲僧極則佛祖雙亡猶是學人疑處未審和尚如何爲人師曰你秖要勘破新長老曰恁麼則旋斫生柴帶葉燒師曰七九六十三問古人面壁意旨如何師曰西天人不會唐言上堂霧滃長空風生大野百草樹木作大師子吼演說摩訶大般若三世諸佛在你諸人腳跟下轉大法輪若也會得功不浪施若也不會莫道楊岐山勢嶮前頭更有最高峯上堂舉古人一轉公案布施大眾良久曰口秖堪喫飯上堂踏著秤鎚硬似鐵瘂子得夢向誰說須彌頂上浪滔天

大洋海裏遭火爇參上堂楊歧一要千聖同
妙布施大衆拍禪牀一下云果然失照參上
堂楊歧一句急著眼覷長連牀上拈匙把筯
上堂拈拄杖云一卽一切一切卽一畫一畫
云山河大地天下老和尚百雜碎作麽生是
諸人鼻孔良久云劍爲不平離寶匣藥因救
病出金鉼喝一喝卓一下上堂楊歧無旨的
種田博飯喫説夢老瞿曇何處覓蹤跡喝一
喝拍禪牀一下上堂薄福住楊歧年來氣力
衰寒風凋敗葉猶喜故人歸囉囉哩拈上死
柴頭且向無煙火上堂楊歧乍住屋壁疎滿
牀盡布雪眞珠縮却項暗嗟吁良久曰飜憶
古人樹下居上堂雲蓋是事不如説禪似吞
栗蒲若向此處會得佛法天地懸殊上堂擲
下拄杖曰釋迦老子著跌偷笑雲蓋亂説雖
然世界坦平也是將勤補拙上堂釋迦老子
初生時周行七步目顧四方一手指天一手
指地今時衲僧盡皆打模畫樣便道天上天
下惟我獨尊雲蓋不惜性命亦爲諸人打箇
樣子遂曰陽氣發時無硬地示衆一切智通

無障礙拈起拄杖曰拄杖子向汝諸人面前
逞神通去也擲下曰直得乾坤震裂山嶽搖
動會麽不見道一切智智清淨拍禪牀曰三
十年後明眼人前莫道楊歧龍頭虵尾僧問
撥雲見日時如何師曰東方來者東方坐問
天得一以清地得一以寧衲僧得一堪作甚
麽師曰鉢盂口向天慈明忌辰設齋衆纔集
師於眞前以兩手揑拳安頭上以坐具畫一
畫打一圓相便燒香退身三步作女人拜首
座曰休捏怪師曰首座作麽生座曰和尚休
捏怪師曰兔子喫牛妳第二座近前打一圓
相便燒香亦退身三步作女人拜師近前作
聽勢座擬議師打一掌曰這漆桶也亂做龍
興孜和尚遷化僧至下遺書師問世尊入滅
槨示雙趺和尚歸眞有何相示僧無語師搥
胷曰蒼天蒼天室中問僧栗棘蓬你作麽生
吞金剛圈你作麽生透一日三人新到師問
三人同行必有一智提起坐具曰參頭上座
喚這箇作甚麽曰坐具師曰眞箇耶曰是師
復曰喚作甚麽曰坐具師顧視左右曰參頭

却具眼問第二人欲行千里一步爲初如何
是最初一句曰到和尚這裏爭敢出手師以
手畫一畫僧曰了師展兩手僧擬議師曰了
問第三人近離甚處曰南源師曰楊歧今日
被上座勘破且坐喫茶問僧敗葉堆雲朝離
何處曰觀音師曰觀音脚跟下一句作麽生
道曰適來相見了也師曰相見底事作麽生
僧無對師曰第二上座代參頭道看亦無對
師曰彼此相鈍置示衆云春風如刀春雨如
膏律令正行萬物情動你道脚踏實地一句
作麽生道出來向東涌西没處道看直饒道
得也是梁山頌子示衆云身心清淨諸境清
淨諸境清淨身心清淨還知楊歧老人落處
麽河裏失錢河裏摝示衆云景色乍晴物情
舒泰舉步也千身彌勒動用也隨處釋迦文
殊普賢總在這裏衆中有不受人謾底便道
楊歧和麩糶麵然雖如是布袋裏盛錐子示
衆云雪雪處處光輝明皎潔黄河凍鎖絶纖
流赫日光中須迸裂須迸裂那吒頂上喫蒺
藜金剛脚下流出血皇祐改元示寂塔于雲

盖

南嶽下十二世

楊岐會禪師法嗣

舒州白雲守端禪師衡陽葛氏子幼事翰墨冠依茶陵郁禪師披削往參楊岐岐一日忽問受業師爲誰師曰茶陵郁和尚岐曰吾聞伊過橋遭攧有省作偈甚奇能記否師誦曰我有明珠一顆久被塵勞關鎖今朝塵盡光生照破山河萬朵岐笑而趨起師愕然通夕不寐黎明咨詢之適歲暮岐曰汝見昨日打敺儺者麼曰見岐曰汝一籌不及渠師復駭曰意旨如何岐曰渠愛人笑汝怕人笑師大悟巾侍久之辭遊廬阜圓通訥禪師舉住承天聲名籍甚又遷居圓通次徙法華龍門興化海會所至衆如雲集僧問如何是佛師曰鑊湯無冷處曰如何是佛法大意師曰水底按葫蘆曰如何是祖師西來意師曰烏飛兔走問不求諸聖不重己靈未是衲僧分上事如何是衲僧分上事師曰死水不藏龍曰便恁麼去時如何師曰蝦蟆你到棲賢上堂承天自開堂後便安排些葛藤來山南東葛西葛却爲在歸宗開先萬杉打疊了也今日到三峽會裏大似臨嫁醫癭卒著手腳不辨幸望大衆不怪伏惟珍重上堂鳥有雙翼飛無遠近道出一隅行無前後你衲僧家尋常拈匙放箸盡道知有及至上嶺時爲甚麼却氣急不見道人無遠慮必有近憂上堂乾坤之內宇宙之間中有一寶秘在形山大衆眼在鼻上腳在肚下且道寶在甚麼處良久云人面不知何處去桃華依舊笑春風上堂古者道將此深心奉塵剎是則名爲報佛恩圓通則不然時挑野菜和根煮旋斫生柴帶葉燒上堂江月照松風吹到這裏還有滲漏者麼良久曰皇天無親上堂入林不動草入水不動波入鳥不亂行大衆這箇是把纜放船底手腳且道衲僧家合作麼生以手拍禪牀曰掀翻海嶽求知己撥亂乾坤見太平上堂忌口自然諸病減多情未免有時勞貧居動便成違順落得清閑一味高雖然如是莫謂無心云是道無心猶隔一重關示衆云泥佛不度水木佛不度火金佛不度鑪眞佛內裏坐大衆趙州老子十二劑骨頭八萬四千毛孔一時拋向諸人懷裏了也圓通今日路見不平爲古人出氣以手拍禪牀云須知海嶽歸明主未信乾坤陷吉人示衆云佛身充滿於法界普現一切羣生前隨緣赴感靡不周而常處此菩提座大衆作麼生說箇隨緣赴感底道理秖於一彈指間盡大地含生根機一時應得周足而未嘗動著一毫頭便且喚作隨緣赴感而常處此座秖如山僧此者受法華請相次與大衆相別去宿松縣裏開堂了方歸院去且道還離此座也無若道離則世諦流布若道不離作麼生見得箇不離底事莫是無邊剎境自他不隔於毫端十世古今始終不離於當念麼又莫是一切無心一時自徧麼若恁麼正是掉棒打月到這裏直須悟始得悟後更須遇人始得你道既悟了便休又何必更須遇人若悟了遇人底當垂手方便之時著著自有出身之路不瞎却學者眼若秖悟得乾蘿蔔頭底不唯瞎却學者眼

兼自己動便先自犯鋒傷手你看我楊岐先師問慈明師翁道幽鳥語喃喃辭雲入亂峯時如何答云我行荒草裏汝又入深村進云官不容鍼更借一問師翁便喝進云好喝師翁又喝先師亦喝師翁乃連喝兩喝先師遂禮拜大衆須知悟了遇人者向十字街頭與人相逢却在千峯頂上握手向千峯頂上相逢却在十字街頭握手所以山僧當有頌云他人住處我不住他人行處我不行不是爲人難共聚大都緇素要分明山僧此者臨行解開布袋頭一時撒在諸人面前了也有眼者莫錯怪好珍重開堂示衆云昔日靈山會上世尊拈華迦葉微笑世尊道吾有正法眼藏分付摩訶大迦葉次第流傳無令斷絕至于今日大衆若是正法眼藏釋迦老子自無分將箇甚麼分付將箇甚麼流傳何謂如此泥諸人分上各各自有正法眼藏每日起來是是非非分南分北種種施爲盡是正法眼藏之光影此眼開時乾坤大地日月星辰森羅萬象秖在面前不見有毫釐之相此眼未

開時盡在諸人眼睛裏今日已開者不在此限有未開者山僧不惜手爲諸人開此正法眼藏看乃舉手竪兩指曰看看若見得去事同一家若也未然山僧不免重說偈言諸人法眼藏千聖莫能當爲君通一線光輝滿大唐須彌走入海六月降嚴霜法華雖恁道總句得商量大衆既滿口道了爲甚麼却無句得商量喝一喝曰分身兩處看上堂釋迦老子有四弘誓願云衆生無邊誓願度煩惱無盡誓願斷法門無量誓願學佛道無上誓願成法華亦有四弘誓願饑來要喫飯寒到即添衣困時伸脚睡熱處愛風吹上堂古人留下一言半句未透時撞著鐵壁相似忽然一日覷得透後方知自己便是鐵壁如今作麼生透復曰鐵壁鐵壁上堂若端的得一回汗出便向一莖草上現瓊樓玉殿若未端的得一回汗出縱有瓊樓玉殿却被一莖草蓋却作麼生得汗出去自有一雙窮相手不會容易舞三臺上堂安居之首禁足爲名禁足之意意在進道而護生衲僧家更有何生而可

護何道而可進唾一唾唾破釋迦老子面門踏一步踏斷釋迦老子背脊骨猶是隨羣逐隊漢未是本分衲僧良久曰無限風流慵賣弄免教人指好郎君上堂絲毫有趣皆能進畢竟無歸若可當逐日退身行興盡忽然得見本爺孃作麼生是本爺孃乃云萬福便下座示衆云如我按指海印發光拈起拄杖云山河大地水鳥樹林情與無情今日盡向法華拄杖頭上作大師子吼演說摩訶大般若且道天台南嶽說箇甚麼法門南嶽說洞上五位修行君臣父子各得其宜莫守寒巖異草青坐却白雲宗不妙天台說臨濟下三玄三要四料揀一喝分賓主照用一時行要會箇中意日午打三更廬山出來道你兩箇正在葛藤窠裏不見道欲得不招無間業莫謗如來正法輪大衆據此三箇漢見解若上衲僧秤子上稱一箇重八兩一箇重半斤一箇不直半分錢且道那箇不直半分錢良久云但願春風齊著力一時吹入我門來卓拄杖下座熈寧五年遷化壽四十八

# 五燈會元卷第五十

## 五燈會元卷第五十　校勘記

一　底本，清藏本。

一　八四二頁上一行經名，徑無（未換卷）。

一　八四二頁上三行「南嶽下十四世」，徑無。

一　八四二頁中一〇行「城都」，徑作「成都」。

一　八四三頁上一二行末字「浪」，徑作「宕」。

一　八四六頁上一一行第一一字「盧」，徑作「爐」。

一　八四六頁中三行「明昭」，徑作「明招」。

一　八四九頁上八行「流水紅」，至此，徑卷第十八終，卷第十九始。

一　八四九頁下一四行第一二字「演」，徑作「鎖」。

一　八五二頁上一七行首字「泥」，徑作「況」。

一　八五三頁上卷末經名，徑無（未換卷）。

五燈會元卷第五十一　　　　鉅四

宋　沙　門　大　川　濟　纂

南嶽下十二世

楊岐會禪師法嗣

金陵保寧仁勇禪師四明竺氏子容止淵秀齠爲大僧通天台教更衣謁雪竇明覺禪師覺意其可任大法誚之曰央庠座主師憤悱下山望雪竇拜曰我此生行脚參禪道不過雪竇誓不歸鄉卽往泐潭踰紀疑情未泮聞楊岐移雲蓋能鈐鍵學者直造其室一語未及頓明心印岐殁從同參白雲端禪師遊研極玄奧後出世兩住保寧而終僧問如何是佛師曰近火先焦曰如何是道師曰泥裏有刺曰如何是道中人師曰切忌踏著問先德道寒風凋敗葉猶喜故人歸未審誰是故人師曰楊岐和尚遷化久矣曰正當恁麼時更有甚麼人爲知音師曰無眼村翁暗點頭問如何是佛師曰自屎不覺臭問如何是保寧境師曰主山頭倒卓曰如何是境中人師曰鼻孔無半邊問如何是塵中自在底人師曰因行不妨掉臂問如何是佛師曰鐵鎚無孔曰如何是佛法大意師曰鑊湯無冷處問靈山指月曹谿話月未審保寧門下如何師曰嗄曰有華當面貼師便喝問摘葉尋枝卽不問如何是直截根源師曰蚊子上鐵牛曰直截根源人已曉中下之流如何指示師曰石人脊背汗通流上堂山僧二十餘年挑囊負鉢向寰海之內參善知識十數餘人自家並無箇見處有若頑石相似參底尊宿亦無長處可相利益自此一生作箇百無所解底人幸自可憐生忽然被業風吹到江寧府無端被人上當推向十字路頭住箇破院作粥飯主人接待南北事不獲已隨分有鹽有醋粥足飯足且恁過時若是佛法不曾夢見上堂侍者燒香罷師指侍者曰侍者已爲諸人說法了也上堂看看山僧入拔舌地獄去也以手拽古云阿㖿阿㖿上堂相罵無好言相打無好拳大衆直須恁麼始得一句句切害一拳拳著實忽然打著箇無面目漢也不妨暢快殺人上堂滿口是舌都不能說碧眼胡僧當門齒缺上堂秋風涼松韻長未歸客思故鄉且道誰是未歸客何處是故鄉良久曰長連牀上有粥有飯上堂天上無彌勒地下無彌勒打破太虛空如何尋不得垂下一足曰大衆向甚麼處去也上堂若說佛法供養大衆未免眉鬚墮落若說世法供養大衆入地獄如箭射去此二途且道保寧今日當說甚麼三寸舌頭無用處一雙空手不成拳上堂古人底今人用今人底古人爲古今無背面今古幾人知㖿嗚咿一九與二九相逢不出手上堂有手脚無背面明眼人看不見天左旋地右轉拍膝曰西風一陣來落葉兩三片上堂風鳴條雨破塊曉來枕上鶯聲碎蝦蟆蚯蚓一時鳴妙德空生都不會都不會三箇成羣四箇作隊窈窈窕窕飄飄颻颻向南北東西折得梨華李華一佩兩佩上堂智不到處切忌道著道著則頭角生大衆頭角生了也是牛是馬上堂無漏真淨云何是中更容他物喝一喝曰好人不肯做須要屎裏臥上堂夜靜月明水清魚現金鉤一擲何處尋蹤

提起拄杖曰歷細歷細示衆云有箇漢怪復醜眼直鼻藍鏡面南看北斗解使日午金烏啼夜半鐵牛吼天地旋山河走羽族毛羣失其所守直得文殊普賢出此沒彼七縱八横千生萬受驀然逢著箇黄面瞿曇不惜眉毛再三與伊摩頂授記云善哉善哉大作佛事希有希有於是乎自家𢤱𢤱㦬㦬慞慞惶惶藏頭縮手召云大衆此話大行何必更待三十年後示衆云大方無外大圓無内無内無外聖凡普會瓦礫生光須彌粉碎無量法門百千三昧拈起拄杖云總在這裏會麽蘇嚕蘇嚕悉哩悉哩娑訶示衆云釋迦老子四十九年說法不曾道著一字優波毱多丈室盈籌不曾度得一人達磨不居少室六祖不住曹谿誰是後昆誰爲先覺既然如是彼自無瘡勿傷之也拍膝顧衆云且喜得天下太平示衆云眞相無形示形現相千怪萬狀自此而彰喜則滿面光生怒則雙眉陡竪非凡非聖或是或非人不可量天莫能測直下搆得未稱丈夫喚不回頭且莫錯怪

潭州石霜守孫禪師僧問生也不道死也不道爲甚麽不道師曰一言已出曰從東過西又作麽生師曰駟馬難追曰學人總不與麽師曰易開終始口難保歲寒心

比部孫居士因楊岐會禪師來謁值視斷次公曰某爲王事所牽何由免離岐指曰委悉得麽公曰望師點破岐曰此是比部弘願深廣利濟羣生公曰未審如何岐示以偈曰應現宰官身廣弘悲願深爲人重指處棒下血淋淋公於此有省

南嶽下十三世

白雲端禪師法嗣

蘄州五祖法演禪師綿州鄧氏子三十五始棄家祝髮受具往成都習唯識百法論因聞菩薩入見道時智與理冥境與神會不分能證所證西天外道嘗難比丘曰既不分能證所證却以何爲證無能對者外道貶之令不鳴鐘鼓反披袈裟三藏奘法師至彼救此義曰如人飲水冷暖自知乃通其難師曰冷暖則可知矣作麽生是自知底事遂質本講曰不知自知之理如何講莫疏其問但誘曰汝欲明此當往南方扣傳佛心宗者師卽負笈出關所見尊宿無不以此咨決所疑終不破泊謁圓照本禪師古今因緣會盡唯不會僧問興化四方八面來時如何化云打中間底僧作禮化云我昨日赴箇村齋中途遇一陣卒風暴雨却向古廟裏避得過請益本本云此是臨濟下因緣須是問他家兒孫始得師遂謁浮山遠禪師請益前話遠云我有箇譬喻說似你你一似箇三家村裏賣柴漢子把箇匾擔向十字街頭立地問人中書堂今日商量甚麽事師默計云若如此大故未在遠一日語師曰吾老矣恐虛度子光陰可往依白雲此老雖後生吾未識面但見其頌臨濟三頓棒話有過人處必能了子大事師潸然禮辭至白雲遂舉僧問南泉摩尼珠話請問雲叱之師領悟獻投機偈曰山前一片閑田地叉手叮嚀問祖翁幾度賣來還自買爲憐松竹引清風雲特印可令掌磨事未幾雲至語師曰有數禪客自廬山來皆有悟入處教

伊說亦說得有來由舉因緣問伊亦明得教伊下語亦下得秖是未在師於是大疑私自計曰既悟了說亦說得明亦明得如何却未在遂參究累日忽然省悟從前寶惜一時放下走見白雲雲爲手舞足蹈師亦一笑而已師後曰吾因茲出一身白汗便明得下載清風雲一日示衆曰古人道如鏡鑄像像成後鏡在甚麽處衆下語不契舉以問師師近前問訊曰也不較多雲笑曰須是道者始得乃命分座開示方來㓜住四面遷白雲晚居東山僧問攜筇領衆祖令當行坐斷要津師意如何師曰秋風吹渭水落葉滿長安曰四面無門山嶽秀今朝且得主人歸師曰你道路頭在甚麽處曰爲甚麽對面不相識師曰且喜到來問祖意教意是同是別師冂人貪智短馬瘦毛長問如何是白雲爲人親切處師曰拕轉鼻孔曰便恁麽去時如何師曰不知痛癢漢問達磨面壁意旨如何師曰計較未成曰二祖立雪時如何師曰將錯就錯曰秖如斷臂安心又作麽生師曰煬帝開汴河問百尺竿頭如何進步師曰快走始得問如何是臨濟下事師曰五逆聞雷曰如何是雲門下事師曰紅旗閃爍曰如何是曹洞下事師曰馳書不到家曰如何是潙仰下事師曰斷碑橫古路僧禮拜師曰何不問法眼下事曰留與和尚師曰巡人犯夜問如何是白雲一滴水師曰打碓打磨曰飲者如何師曰教你無著面處問天下人舌頭盡被白雲坐斷白雲舌頭甚麽人坐斷師曰東村王大翁師乃曰適來思量得一則因緣而今早忘了也却是拄杖子記得乃拈拄杖曰拄杖子也忘了遂卓一下曰同坑無異土咄上堂幸然無一事行脚要參禪却被禪相惱不透祖師關如何是祖師關把火入牛欄上堂恁麽恁麽鰕跳不出斗不恁麽不恁麽弄巧成拙輭似鐵硬如泥金剛眼睛十二兩衲僧手裏秤頭低有價數沒商量無鼻孔底將甚麽聞香上堂難難幾何般易易沒巴鼻好好催人老默默從此得過這四重關了泗州人見大聖參上堂若要七縱八橫見老和尚打鼓陞堂七十三八十四將拄杖驀口便築然雖如是拈却門前下馬臺剪却五色索方始得安樂僧問承師有言山前一片閑田地秖如威音王已前未審甚麽人爲主師曰問取寫契書人曰和尚爲甚倩人來答師曰秖爲你教別人問曰與和尚平出去也師曰大遠在問如何是佛師曰口是禍門又曰肥從口入問一代時教是箇切脚未審切那箇字師曰鉢囉娘曰學人秖問一字爲甚麽却答許多師曰七字八字問如何是和尚家風師曰鐵旗鐵鼓曰秖有這箇爲復別有師曰採石渡頭看曰忽遇客來將何秖待師曰龍肝鳳髓且待別時曰客是主人相師師曰謝供養問如何是先照後用師曰王言如絲曰如何是先用後照師曰其出如綸曰如何是照用同時師曰舉起軒轅鑑蚩尤頓失威曰如何是照用不同時師曰金將火試問佛未出世時如何師曰大憨不如小憨曰出世後如何師曰小憨不如大憨問牛頭未見四祖時如何師曰頭上戴纍垂曰見後如何師曰青布遮前曰未見

時爲甚麽百鳥銜華獻師曰富與貴是人之所欲曰見後爲甚麽不銜華獻師曰貧與賤是人之所惡問如何是佛師曰露胸跣足曰如何是法師曰大赦不放曰如何是僧師曰釣魚船上謝三郎問四面無門山嶽秀箇中時節若爲分曰東君知子細偏地發萌芽曰春去秋來事宛然也師曰纔方搓彈子便要捏金剛上堂古人道我若向你道郎禿却我舌若不向你道郎瘂却我口且道還有爲人處也無四面有時擬爲你吞却秖被當門齒礙擬爲你吐却又爲咽喉小且道還有爲人處也無乃曰四面自來柳下惠上堂結夏無可供養作一家燕管顐諸人遂擡手曰囉邏招囉邏搖囉邏送莫怪空疎伏惟珍重上堂白雲不會說禪三門開向兩邊有人動著關捩兩片東扇西扇上堂一向恁麽去路絕人稀一向恁麽來孤負先聖去此二途祖佛不能近設使與白雲同生同死亦未稱平生何也鳳凰不是凡間物不得梧桐誓不棲上堂千峰列翠岸柳垂金樵父謳歌漁人鼓舞笙

簧聒地鳥語呢喃紅粉佳人風流公子一一爲汝諸人發上上機開正法眼若向這裏薦得金色頭陀無容身處若也不會喫粥喫飯許你七穿八穴上堂此箇物上拄天下拄地皖口作眼皖山作鼻太平退身三步放你諸人出氣上堂狗子還有佛性也無也勝猫兒十萬倍上堂太平淈涾漢事事盡經徧如是三十年也有人讚歎且道讚歎箇甚麽好箇淈涾漢上堂汝等諸人見老和尚鼓動脣吻竪起拂子便作勝解及乎山禽聚集牛動尾巴却將作等閑殊不知簷聲不斷前旬雨電影還連後夜雷謝監收上堂人之性命事第一須是○欲得成此○先須防於○若是眞○人○○上堂有佛處不得住換却你心肝五臟無佛處急走過鴈過留聲三千里外逢人不得錯舉出門便錯恁麽則不去也種粟却生豆摘楊華摘楊華不覺日又夜爭教人少年上堂悟了同未悟歸家尋舊路一字是一字一句是一句自小不脫空兩歲學移步湛水生蓮華一年生一度僧問如何是奪人

不奪境師曰秋風吹渭水落葉滿長安曰如何是奪境不奪人師曰路上逢人半是僧曰如何是人境兩俱奪師曰高空有月千門照大道無人獨自行曰如何是人境俱不奪師曰少婦棹孤舟歌聲逐水流小參舉德山云今夜不答話問話者三十棒衆中舉者甚多會者不少且道向甚處見德山有不顧性命者試出來道看若無山僧爲大衆與德山老人相見去也待德山道今夜不答話問話者三十棒但向伊道某甲話也不問棒也不喫你道還契他德山老人麽到這裏須是箇漢始得況某甲十有餘年海上參尋見數人尊宿自爲了當及到浮山會裏直是開口不得後到白雲門下齩破一箇鐵酸餡直得百味具足且道餡子一句作麽生道乃曰華發鷄冠媚早秋誰人能染紫絲頭有時風動頻相倚似向堦前鬬不休上堂山僧昨日入城見一棚傀儡不免近前看或見端嚴奇特或見醜陋不堪動轉行坐青黃赤白一一見了子細看時元來青布幔裏有人山僧忍俊不禁

乃問長史高姓他道老和尚看便了問甚麽姓大衆山僧被他一問直得無言可對無理可伸還有人爲山僧道得麽昨日那裏落節今日這裏拔本上堂說佛說法拈槌竪拂白雲萬里德山入門便棒臨濟入門便喝白雲萬里然後恁麽也不得不恁麽也不得恁麽不恁麽總不得也則白雲萬里忽有箇漢出來道長老你恁麽道也則白雲萬里這箇說話喚作矮子看戲隨人上下三十年後一場好笑且道笑箇甚麽笑白雲萬里示衆云祖師道吾本來兹土傳法救迷情一華開五葉結果自然成達磨大師信脚來信口道後代兒孫多成計較要會開華結果處麽鄭州梨青州棗萬物無過出處好示衆云眞如凡聖皆是夢言佛及衆生竝爲增語或有人出來道盤山老聻但向伊道不因紫陌華開早爭得黄鸎下柳條若更問道五祖老聻自云諾惺惺著示衆云十方諸佛六代祖師天下善知識皆同這箇舌頭若識得這箇舌頭始解大脫空便道山河大地是佛草木叢林是佛若也未識得這箇舌頭秖成小脫空自謾去明朝後日大有事在五祖恁麽說話還有實頭處也無自云有如何是實頭處歸堂喫茶去示衆云每日起來拄却臨濟棒吹雲門曲應趙州拍擔仰山鍬驅潙山牛耕白雲田七八年來漸成家活更告諸公每人出一隻手相共扶助唱村田樂麤羹淡飯且恁麽過何也但願今年蠶麥熟羅睺羅兒與一文示衆舉德山和尚因僧問從上諸聖以何法示人山云我宗無語句亦無一法與人雪峰從此有省後有僧問雪峰云和尚見德山得箇甚麽便休去峰云我當時空手去空手歸白雲今日說向透未過者有箇人從東京來問伊甚處來他却道蘇州來問伊蘇州事如何伊道一切尋常雖然如是謾白雲不過何故秖爲語音各別畢竟如何蘇州菱部伯藕示衆佛祖生冤家悟道染泥土無爲無事人聲色如聾瞽且道如何卽是恁麽也不得不恁麽也不得恁麽不恁麽總不得忽有箇出來道恁麽也得不恁麽也得恁麽不恁麽總得秖向伊道我也知你向鬼窟裏作活計小衆舉陸亘大夫問南泉弟子家中有一片石也曾坐也曾臥擬鐫作佛得麽云得陸曰莫不得麽云不得大衆夫爲善知識須明決擇爲甚麽他人道得也道得他人道不得也道不得還知南泉落處麽白雲不惜眉毛與汝注破得又是誰道來不得又是誰道來汝若更不會老僧今夜爲汝作箇樣子乃擧手云將三界二十八天作箇佛頭金輪水際作箇佛脚四大洲作箇佛身雖然作此佛兒子了汝諸人又却在那裏安身立命大衆還會也未老僧作第二箇樣子去也將東弗於逮作一箇佛南贍部洲作一箇佛西瞿耶尼作一箇佛北鬱單越作一箇佛草木叢林是佛蠢動含靈是佛既恁麽又喚甚麽作衆生還會也未不如東弗於逮還他東弗於逮南贍部洲還他南贍部洲西瞿耶尼還他西瞿耶尼北鬱單越還他北鬱單越草木叢林還他草木叢林蠢動含靈還他蠢動含靈所以道是法住法位世間相常住既恁麽汝又喚甚麽作佛

還會麽忽有箇漢出來道白雲休寐語大衆記取這一轉三佛侍師於一亭上夜話及歸燈已滅師於暗中曰各人下一轉語佛鑑曰彩鳳舞丹霄佛眼曰鐵蛇橫古路佛果曰看脚下師曰滅吾宗者乃克勤爾崇寧三年六月二十五日上堂辭衆曰趙州和尚有末後句你作麽生會試出來道看若會得去不妨自在快活如或未然這好事作麽說良久曰說即說了也秖是諸人不知要會麽富嫌千口少貧恨一身多珍重時山門有土木之役躬往督之且曰汝等勉力吾不復來矣歸丈室淨髮澡身迄且吉祥而化是夕山摧石隕四十里内巖谷震吼闍維設利如雨塔於東山之南

潭州雲葢山智本禪師瑞州郭氏子開堂日僧問諸佛出世天雨四華和尚出世有何祥瑞師曰千聞不如一見曰見後如何師曰瞎問如何是清淨法身師曰家無小使不成君子問將心覔心如何覔得師曰波斯學漢語問如何是學人出身處師曰雪峰元是嶺南人問素面相呈時如何師曰一場醜拙問人人盡有一面古鏡如何是學人古鏡師曰打破來向你道曰打破了也師曰胡地冬抽筍問古人道說取行不得底行取說不得底未審行不得底作麽生說師曰口在脚下曰說不得底作麽生行師曰踏著舌頭問知師久蘊囊中寶今日當場略借看師曰適來恰被人借去上堂去者鼻孔遼天來者脚踏實地且道祖師意向甚麽處著良久曰長恨春歸無覔處不知流入此中來上堂高臺巴鼻開口便是若也便是有甚巴鼻月冷風高水清山翠上堂以楔出楔有甚休歇欲得休歇以楔出楔喝一喝上堂高聲喚侍者侍者應諾師曰大衆集也未侍者曰大衆已集師曰那一箇爲甚麽不來赴參侍者無語師曰到即不點上堂滿口道不出句句甚分明滿目覷不見山山疊亂青鼓聲猶不會何況是鐘鳴喝一喝上堂祖翁卓卓犖犖兒孫齷齷齪齪有處藏頭沒處露角借問衲僧如何摸索上堂橫按拄杖曰牙如刀劍面如鐵眼放電光光不敢手把蒺棃一萬斤等閑敲落天邊月卓一下僧問如何是齩人師子師曰五老峰前曰這箇豈會齩人師曰今日拾得性命上堂頭戴須彌山脚踏四大海呼吸起風雷動用生五彩若能識得渠一任歲月改且道誰人識得渠喝一喝云田厙奴

滁州瑯邪永起禪師襄陽人也僧問菴内人爲甚麽不見菴外事師曰東家點燈西家暗坐曰如何是菴内事師曰眼在甚麽處曰三門頭合掌師曰有甚交涉乃曰五更殘月落天曉白雲飛分明目前事不是目前機既是目前事爲甚麽不是目前機良久曰此去西天路迢迢十萬餘上堂良久拊掌一下曰阿呵呵阿呵呵還會麽法法本來法遂拈拄杖曰這箇是山僧拄杖那箇是本來法還定當得麽卓一下

英州保福殊禪師僧問諸佛未出世時如何師曰山河大地曰出世後如何師曰大地山河曰恁麽則一般也師曰敲甎打兎問如何是和尚家風師曰椀大椀小曰客來將何祗

待師曰一杓兩杓曰未飽者作麽生師曰少喫少喫問如何是大道師曰鬧市裏曰如何是道中人師曰一任人看問如何是禪師曰秋風臨古渡落日不堪聞曰不問這箇禪師曰你問那箇禪曰祖師禪師曰南華塔外松陰裏飲露吟風又更多問如何是眞正路師曰出門看堠子乃曰釋迦何處滅俱尸彌勒幾會在兜率西竟普賢好慚愧北討文殊生受屈坐壓毗盧額汗流行築觀音鼻血出回頭摸著箇匾擔却道好箇木牙笏喝一喝下座

袁州崇勝院珙禪師上堂舉石鞏張弓架箭接機公案頌曰三十年來握箭弓三平纔到擘開胸半箇聖人終不得大顛弦外幾時逢

提刑郭祥正字功甫號淨空居士志樂泉石不羨紛華因謁白雲雲上堂曰夜來枕上作得箇山頌謝功甫大儒廬山二十年之舊今日遠訪白雲之勤當須舉與大衆請已後分明舉似諸方此頌豈唯謝功甫大儒直要與天下有鼻孔衲僧脫却著肉汗衫莫言不道乃曰上大人丘乙已化三千七十士爾小生八九子佳作仁可知禮也公切疑後聞小兒誦之忽有省以書報雲雲以偈答曰藏身不用縮頭斂跡何須收脚金烏半夜遶天玉兔趕他不著元祐中往衢之南禪謁泉萬卷請陞座公趨前拈香曰海邊枯木入手成香爇 鉅四 十六 向爐中橫穿香積如來鼻孔作此大事須是對衆白過始得雲居老人有箇無縫布衫分付南禪禪師著得不長不短進前則諸佛讓位退步則海水澄波今日嚬呻六種震動遂名曰大衆還委悉麽有意氣時添意氣不風流處也風流泉曰遁相鈍置公曰因誰致得崇寧初到五祖命祖陞座公趨前拈香曰此一瓣香爇向爐中供養我堂頭法兄禪師伏願於方廣座上擘開面門放出先師形相與他諸人描邈何以如此白雲巖畔舊相逢往日今朝事不同夜靜水寒魚不食一爐香散白蓮峰祖遂云曩謨薩怛哆鉢囉野恁麽恁麽幾度白雲谿上望黄梅華向雪中開不恁麽不恁麽嫩柳垂金線且要應時來不見龐居士問馬大師云不與萬法爲侶者是甚麽人大師云待汝一口吸盡西江水卽向汝道大衆一口吸盡西江水萬丈深潭窮到底略彴不是趙州橋明月清風安可比後又到保寧亦請陞座公拈香曰法鼓既鳴寶香初爇 鉅四 十七 楊岐頂𩕳門請師重著楔保寧卓拄杖一下曰著楔已竟大衆證明又卓一下便下座又到雲居請佛印陞座公拈香曰覺地相逢一何早鶻臭布衫今脫了要識雲居一句玄珍重後園驢喫草名大衆曰此一瓣香熏天炙地去也印曰今日不著便被這漢當面塗糊便打乃曰謝公千里來相訪共話東山竹徑深借與一龍騎出洞若逢天旱便爲霖擲拄杖下座公拜起印曰收得龍麽公曰已在這裏印曰作麽生騎公擺手作舞便行印拊掌曰秖有這漢猶較些子

保寧勇禪師法嗣

郢州月掌山壽聖智淵禪師僧問祖意西來卽不問如何是一色師曰目前無闍黎此間無老僧曰既不如是如何曉會師曰領取鉤

頭意莫認定盤星乃曰凡有問答一似擊石
迸火流出無盡法財三草二木普霑其潤放
行也雲生谷口霧罩長空把定也碧眼胡僧
亦須罔措壽聖如斯舉唱猶是化門要且未
有衲僧巴鼻敢問諸人作麽生是衲僧巴鼻
良久曰布針開兩眼君向那頭看
安吉州烏鎮壽聖院楚文禪師上堂拈拄杖
曰華藏木楖栗等閑亂拈出不是不惜手山
家無固必點山山動搖攪水水波溢忽然把
定時事事執法律要横不得横要屈不得屈
驀名大衆曰莫謂棒頭有眼明如日上面光
生盡是漆隨聲敲一下上堂一叉一劄著骨
連皮一摑一攄粘手綴脚電光石火頭垂尾
垂劈箭追風半生半死撞著磕著討甚眉毛
明頭暗頭是何眼目總不恁麽正在半途設
鉅四　十八
使全機未至涯岸直饒淨躶躶赤灑灑没可
把尚有廉纖山僧恁麽道且道口好作甚麽
良久曰嘻留取喫飯
信州靈鷲山寶積宗暎禪師開堂日乃横按
拄杖曰大衆到這裏無親無踈自然不孤無
內無外縱横自在自在不孤清淨毗盧釋迦
舉令彌勒分踈觀根逗教更相回互看取寶
積拄杖子黑漆光生兩頭相副呵呵是何
言歟良久曰世事但將公道斷人心難與月
輪齊卓一下下座
隆興府景福日餘禪師僧問如何是道師曰
天共白雲曉水和明月流曰如何是道中人
師曰先行不到末後太過又僧出衆畫一圓
相師以手畫一畫僧作舞歸衆師曰家有白
澤之圖必無如是妖怪乃拈拄杖曰無量諸
佛向此轉大法輪今古祖師向此演大法義
若信得及法法本自圓成念念悉皆具足若
信不及山僧今日因行不妨掉臂更爲重説
偈言卓一下下座
安吉州上方日益禪師開堂日上首白槌罷
鉅四　十九
師曰白槌前觀一又不成白槌後觀二又不
是到這裏任是鐵眼銅睛也須百雜碎莫有
不避危亡底衲僧試出來看時有兩僧齊出
師曰一箭落雙鵰僧曰某甲話猶未問何得
著忙師曰莫是新羅僧麽僧擬議師曰撞露
柱漢便打問如何是未出世邊事師曰井底
蝦蟇吞却月曰如何是出世邊事師曰鷺鷥
踏折枯蘆枝曰去此二途如何是和尚爲人
處師曰十成好箇金剛鑽攤向街頭賣與誰
問如何是多年水牯牛師曰齒踈眼暗問閙
市相逢事若何師曰東行買賤西行賣貴曰
忽若不作貴不作賤又作麽生師曰鎮州蘿
蔔問一切含靈具有佛性既有佛性爲甚麽
却撞入驢胎馬腹師曰知而故犯曰未審向
甚麽處懺悔師打曰且作死馬醫問覿面相
呈時如何師曰左眼半斤右眼八兩僧提起
坐具曰這箇聻師曰不勞拈出乃左右顧視
曰黄面老周行七步脚跟下正好一錐碧眼
胡兀坐九年頂門上可惜一劄當時若有箇
爲衆竭力底衲僧下得這毒手也免得拈花
微笑空破面顏立雪齊腰翻成轍迹自此將
錯就錯相籛打籛遂有五葉芬芳千燈續燄
向曲彔木上唱二作三於楖栗杖頭指南爲
北直得進前退後有問法問心之徒倚門傍
墻有覓佛覓祖底漢庭前指柏便喚作祖意

西來日裏看山更錯認學人自已殊不知此一大事本自靈明盡未來際未嘗間斷不假修證豈在思惟雖鷲子有所不知非滿慈之所能辯不見馬祖一喝百丈三日耳聾寶壽令行鎮州一城眼瞎大機大用如迅雷不可停一唱一提似斷崖不可履正當恁麼時三世諸佛秖可傍觀六代祖師證明有分大衆且道今日還有證明底麽良久曰劄上堂拾得擻柴寒山燒火唯有豐干巖中冷坐且道豐干有甚麽長處良久曰家無小使不成君子

南嶽下十四世

五祖演禪師法嗣

成都府昭覺寺克勤佛果禪師彭州駱氏子世宗儒師兒時日記千言偶遊妙寂寺見佛書三復悵然如獲舊物曰予殆過去沙門也卽去家依自省祝髮從文照通講說又從敏行授楞嚴俄得病瀕死歎曰諸佛涅槃正路不在文句中吾欲以聲求色見宜其無以死也遂棄去至真覺勝禪師之席勝方創臂出血指示師曰此曹谿一滴也師矍然良久曰道固如是乎卽徒步出蜀首謁玉泉皓次依金鑾信大溈喆黃龍心東林度僉指爲法器而晦堂稱他日臨濟一派屬子矣最後見五祖盡其機用祖皆不諾乃謂祖強移換人出不遜語忿然而去祖曰待你著一頓熱病打時方思量我在師到金山染傷寒困極以平日見處試之無得力者追繹五祖之言乃自誓曰我病稍間卽歸五祖病痊尋歸祖一見而喜令卽參堂便入侍者寮方半月會部使者解印還蜀詣祖問道祖曰提刑少年曾讀小艷詩否有兩句頗相近頻呼小玉元無事秖要檀郎認得聲提刑應喏喏祖曰且子細師適歸侍立次問曰聞和尚舉小艷詩提刑會否祖曰他秖認得聲師曰秖要檀郎認得聲他既認得聲爲甚麽却不是祖曰如何是祖師西來意庭前柏樹子聻師忽有省遽出見雞飛上欄干鼓翅而鳴復自謂曰此豈不是聲遂袖香入室通所得呈偈曰金鴨香銷錦繡幃笙歌叢裏醉扶歸少年一段風流事秖許佳人獨自知祖曰佛祖大事非小根劣器所能造詣吾助汝喜祖徧謂山中耆舊曰我侍者參得禪也由此所至推爲上首崇寧中還里省親四衆迓拜成都帥翰林郭公知章請開法六祖更昭覺政和間謝事復出峽南遊時張無盡寓荆南以道學自居少見推許師艤舟謁之劇談華嚴旨要曰華嚴現量境界理事全真初無假法所以卽一而萬了萬爲一一復一萬復萬浩然莫窮心佛衆生三無差別卷舒自在無礙圓融此雖極則終是無風帀帀之波公於是不覺促榻師遂問曰到此與祖師西來意爲同爲別公曰同矣師曰且得沒交涉公色爲之慍師曰不見雲門道山河大地無絲毫過患猶是轉句直得不見一色始是半提更須知有向上全提時節彼德山臨濟豈非全提乎公乃首肯翌日復舉事法界理法界至理事無礙法界師又問此可說禪乎公曰正好說禪也師笑曰不然正是法界量裏在蓋法界量未滅若到事事無礙法界法界量滅始好說禪如何是佛

乾屎橛如何是佛麻三斤是故真淨偈曰事事無礙如意自在手把豬頭口誦淨戒趂出婬坊來還酒債十字街頭解開布袋公曰美哉之論豈易得聞乎於是以師禮留居碧巖復徙道林樞密鄧公子常奏賜紫服師號詔住金陵蔣山學者無地以容勅補天寧萬壽上名見褒寵甚渥建炎初又遷金山適駕幸維揚入對賜圜悟禪師改雲居久之復領昭覺僧問雲門道須彌山意旨如何師曰推不向前約不退後曰未審還有過也無師曰坐却舌頭問法不孤起仗境方生提坐具曰這箇是境那箇是法師曰却被闍黎奪却鎗問古人道楖栗橫擔不顧人直入千峰萬峰去未審那裏是他住處師曰騰蛇纏足路布繞身曰朝看雲片片暮聽水潺潺師曰却須截斷始得曰此回不是夢真箇到廬山師曰高著眼問猿抱子歸青嶂後鳥銜華落碧巖前此是和尚舊時安身立命處如何是道林境師曰寺門高開洞庭野殿脚插入赤沙湖曰如何是境中人師曰僧寶人人滄海珠曰此

是杜工部底作麽生是和尚底師曰且莫亂道曰如何是奪人不奪境師曰山僧有眼不曾見曰如何是奪境不奪人師曰闍黎問得自然親曰如何是人境俱奪師曰收曰如何是人境俱不奪師曰放問有句無句如藤倚樹如何得透脫師曰倚天長劍逼人寒曰秖如樹倒藤枯潙山為甚麽呵呵大笑師曰愛他底著他底曰忽被學人掀倒禪牀拗折拄杖又作箇甚麽伎倆師曰也是賊過後張弓問明歷歷露堂堂因甚麽乾坤收不得師曰金剛手裏八稜棒曰忽然一喚便回還當得活也無師曰驚子目連無奈何曰不落照不落用如何商量師曰放下雲頭曰忽遇其中人時如何師曰騎佛殿出山門曰萬象不來渠獨語教誰招手上高峰師曰錯下名言上堂通身是眼見不及通身是耳聞不徹通身是口說不著通身是心鑒不出直饒盡大地明得無絲毫透漏猶在半途據令全提且道如何展演域中日月縱橫掛一亘晴空萬古春上堂山頭鼓浪井底揚塵眼聽似震雷霆

耳觀如張錦繡三百六十骨節一一現無邊妙身八萬四千毛端頭頭彰寶王剎海不是神通妙用亦非法爾如然苟能千眼頓開直是十方坐斷且超然獨脫一句作麽生道試玉須經火求珠不離泥上堂本來無形段那復有唇觜特地廣稱揚替他說道理且道他是阿誰上堂十五日已前千牛拽不回十五日已後俊鶻趂不及正當十五日天平地平同明同暗大千沙界不出當處可以含吐十虛進一步超越不可說香水海退一步坐斷千里萬里白雲不進不退莫道闍黎老僧也無開口處舉拂子曰正當恁麽時如何有時拈在千峰上劃斷秋雲不放高上堂十方同聚會本來身不昧箇箇學無為頂上用鉗鎚此是選佛場深廣莫能量心空及第歸利劍不如錐麤居士舌拄梵天口包四海有時將一莖草作丈六金身有時將丈六金身作一莖草甚是奇特雖然如此要且不曾動著向上關且如何是向上關鑄印築高壇上堂有句無句超宗越格如藤倚樹銀山鐵壁及至

捌倒藤枯多少人失却鼻孔直饒收拾得來已是千里萬里秖如未有恁麼消息時如何還透得麼風暖鳥聲碎日高華影重上堂第一句薦得祖師乞命第二句薦得人天膽路第三句薦得虎口横身不是然途守轍亦非華轍移途透得則六臂三頭未透亦人間天上且三句外一句作麼生道生涯秖在絲綸上明月扁舟泛五湖示衆云一言截斷千聖消聲一劒當頭横屍萬里所以道有時句到意不到有時意到句不到句能劃意意能劃句意句交馳衲僧巴鼻若能恁麼轉去青天也須喫棒且道憑箇甚麼可憐無限弄潮人畢竟還落潮中死示衆云萬仞崖頭撒手要須其人千鈞之弩發機豈爲鼷鼠雲門睦州當面蹉過德山臨濟誑謼閭閻自餘立境立機作窠作窟故是滅胡種族且獨脫一句作麼生道萬緣遷變渾閑事五月山房冷似冰紹興五年八月己酉示微恙趺坐書偈遺衆投筆而逝荼毗舌齒不壞設利五色無數塔于聪覺寺之側謚眞覺禪師

五燈會元卷第五十一

五燈會元卷第五十一

校勘記

一　底本，清藏本。

一　八五四頁上一行經名，徑無（未換卷）。

一　八五四頁上三行至四行「南嶽下十二世　楊岐會禪師法嗣」，徑無。

一　八六四頁中一行經名，徑無（未換卷）。

宋　沙　門　大　川　濟　纂

南嶽下十四世

五祖演禪師法嗣

舒州太平慧懃佛鑑禪師本郡汪氏子丱歲
師廣教圓深試所習得度每以唯此一事實
餘二則非眞味之有省乃徧參名宿往來五
祖之門有年恚祖不爲印據與圜悟相繼而
去及悟歸五祖方丈徹證而師忽至意欲他
邁悟勉令挂搭且曰某與兄相別始月餘比
舊相見時如何師曰我所疑者此也遂參堂
一日聞祖與僧問趙州如何是和尚家風州
曰老僧耳聾高聲問將來僧再問州曰你問
我家風我却識你家風了也師卽大豁所疑
曰乞和尚指示極則祖曰森羅及萬象一法
之所印師展拜祖令主翰墨後同圜悟語話
次舉東寺問仰山鎭海明珠因緣至無理可
伸處圜悟徵曰既云收得逮索此珠又道無
言可對無理可伸師不能加答明日謂悟曰
東寺秖索一顆珠仰山當下傾出一栲栳悟
深肯之乃告之曰老兄更宜親近老和尚去
師一日造方丈未及語被祖詬罵懡㦬而退
歸寮閉門打睡恨祖不已悟已密知卽往扣
門師曰誰悟曰我師卽開門悟問你見老和
尚如何師曰我本不去被你賺累我遭這老
漢詬罵悟呵呵大笑曰你記得前日下底語
麼師曰是甚麼語悟曰你又道東寺秖索一
顆仰山傾出一栲栳師當下釋然悟遂領師
同上方丈祖纔見遽曰懃兄且喜大事了畢
明年命師爲第一座會太平靈源赴黃龍其
席既虛源薦師於舒守孫鼎臣遂命補處五
祖付法衣師受而捧以示衆曰昔釋迦文佛
以丈六金襴袈裟披千尺彌勒佛身佛身不
長袈裟不短會麼卽此樣無他樣自是法道
大播政和初詔住東都智海五年乞歸得旨
居蔣山樞密鄧公子常奏賜徽號椹服僧問
如何是祖師西來意師曰喫醋知酸喫鹽知
鹹曰弓折箭盡時如何師曰一場懡㦬問不
與萬法爲侶者是甚麼人師曰撥破露柱曰
歸鄉無路時如何師曰王程有限曰前三三
後三三又作麼生師曰六六三十六問承聞
和尚親見五祖是否師曰鐵牛嚙碎黃金草
曰恁麼則親見五祖也師曰我與你有甚冤
讎曰秖如達磨見武帝意旨如何師曰胡言
易辨漢語難明曰爲甚棲棲暗渡江師曰因
風借便問如何是主中賓師曰進前退後愁
殺人曰如何是賓中主師曰眞實之言成妄
語如何是賓中賓師曰夫子遊行厄在陳曰
如何是主中主師曰終日同行非伴侶曰賓
主已蒙師指示向上宗乘事若何師曰大斧
斫了手摩挲問卽心卽佛卽不問非心非佛
事如何師曰昨日有僧問老僧不對曰未審
與卽心卽佛相去多少師曰近則千里萬里
遠則不隔絲毫曰忽被學人截斷兩頭歸家
穩坐又作麼生師曰你家在甚麼處曰大千
沙界內一箇自由身師曰未到家在更道曰
學人到這裏直得東西不辨南北不分去也
師曰未爲分外上堂至道無難唯嫌揀擇桃
華紅李華白誰道融融只一色燕子語黃鸝
鳴誰道閑關秖一聲不透祖師關揀子空認

山河作眼睛上堂日日西沉日日東上若欲學菩提擲下拄杖曰但看此模樣五祖周祥上堂去年今日時紅爐片雪飛今日去年時曹娥讀夜碑末後一句子佛眼莫能窺白蓮峰頂上紅日繞須彌烏啄珊瑚樹鯨呑離水犀太平家業在千古襲楊岐上堂橫拄杖曰先照後用豎起曰先用後照倒轉曰照用同時卓一下曰照用不同時汝等諸人被拄杖一口呑盡了也自是你不覺若向這裏道得轉身句免見一場氣悶其或未然老僧今日失利上堂金烏急玉兎速急急流光七月十無窮遊子不歸家縱歸秖在門前立門前立把手牽伊不肯入萬里看看寸草無殘華落地無人拾無人拾一回雨過一回濕上堂世尊有密語迦葉不覆藏乃曰你尋常說黃道黑評品古今豈不是密語你尋常折旋俯仰拈匙把箸秖揖萬福是覆藏不覆藏忽然瞥地去也不可知要會麽世尊有密語冬到寒食一百五迦葉不覆藏水泄不通已露贓靈利衲僧如會得一重雪上一重霜上堂十五日已前事錦上鋪華十五日已後事如海一漚發正當十五日大似一尺鏡照千里之像雖則眞空絶跡其奈海印發光任他靈柱開華說甚佛面百醜何故到頭霜夜月任運落前溪上堂舉僧問趙州如何是不遷義州以手作流水勢其僧有省又僧問法眼不取於相如如不動如何是不取於相見於如如不動眼曰日出東方夜落西其僧亦有省若也於此見得方知道旋嵐偃嶽本來常靜江河競注元自不流其或未然不免更爲饒舌天左旋地右轉古往今來經幾徧金烏飛玉兎走纔方出海門又落青山後江河波渺渺淮濟浪悠悠直入滄溟晝夜流遂高聲曰諸禪德還見如如不動麽師室中以木毬子六隻面面皆書幺字僧纔入師擲曰會麽僧擬不擬師即打出七年九月八日上堂祖師心印狀似鐵牛之機去即印住住即印破直饒不去不住亦未是衲僧行履處且作麽生是衲僧行履處待十月前後爲諸人注破至後月八日沐浴更衣端坐手寫數書別故舊停筆而化闍維收靈骨設利塔於本山

衢州龍門清遠佛眼禪師臨邛李氏子嚴正寡言十四圓具依毗尼究其說因讀法華經至是法非思量分別之所能解持以問講師講師莫能答師歎曰義學名相非所以了生死大事遂卷衣南遊造杭州太平演禪師法席因丐於信州偶雨足跌仆地煩懣間聞二人交相惡罵諫者曰你猶自煩惱在師於言下有省及歸凡有所問演即曰我不如你你自會得好或曰我不會我不如你師愈疑遂咨決於元禮首座禮乃以手引師之耳繞圍爐數帀且行且語曰你自會得好師曰有冀開發乃爾相戲耶禮曰你他後悟去方知今日曲折耳太平將遷海會師慨然曰吾持鉢方歸復參隨往一荒院安能究決己事耶遂作偈告辭之蔣山坐夏邂逅靈源禪師日益厚善從容言話間師曰比見都下一尊宿語句似有緣靈源曰演公天下第一等宗師何故捨而事遠遊所謂有緣者蓋知解之師與公初心相應耳師從所勉徑趨海會後命典

謁適寒夜孤坐撥爐見火一豆許怳然自喜曰深深撥有些子平生事只如此遽起閱几上傳燈錄至破竈墮因緣忽大悟作偈曰刀刀林鳥啼披衣終夜坐撥火悟平生窮神歸破墮事皎人自迷曲淡誰能和念之永不忘門開少人過圓悟因詰其案舉青林般土話驗之且謂古今無人出得你如何會師曰也有甚難悟曰秖如他道鐵輪天子寰中旨意作麼生師曰我道帝釋宮中放赦書悟退語人曰且喜遠兄便有活人句也自是隱居四面大乘菴屬天下一新崇寧萬壽寺常守王公渙之命師開法次補龍門道望尤振後遷和之褒禪樞密鄧公洵武奏賜師號紫衣上堂臺山路上過客全稀破竈堂前感恩無地雪埋庭栢冰鎖偃谿雖在南方火爐頭不入

劍五　六

他家甕𤮹裏看看臘月三十日便是孟春猶寒你等諸人各須努力向前切忌自生退屈上堂卓拄杖曰圓明了知不由心念抵死要道墮坑落壍畢竟如何乃倚拄杖下座上堂泡幻同無礙如何不了悟眼裏瞳人吹叫子達法在其中非今亦非古六隻骰子滿盆紅大衆時人爲甚麼坐地看楊州鉢盂著柄新鬣樣牛上騎牛笑殺人上堂趙州不見南泉山僧不識五祖甜瓜徹蔕甜苦瓠連根苦上堂一葉落天下春無路尋思笑殺人下是天上是地此言不入時流意南作北東作西動而止喜而悲蛇頭蝎尾一試之猛虎口裏活雀兒是何言歸堂去上堂千說萬說不如親面一見縱不說亦自分明王子寶刀喻衆盲摸象喻禪學中隔江招手事望州亭相見事迥絶無人處事深山巖崖處事此皆親面而見之不在說也上堂蘇武牧羊辱而不屈李陵望漢樂以忘歸是在外國在本國佛諸弟子中有者雙足越坑有者聆箏起舞有者身埋糞壤有者呵罵河神是習氣是妙用至於

劍五　七

擎叉打地竪拂敲牀睦州一向閉門魯祖終年面壁是爲人是不爲人信知一切凡夫埋沒寶藏殊不丈夫諸人何不擺杹張帆拋江過岸休更釘樁搖艣何日到家既作曹谿人又是家裏漢還見家裏事麼僧問劫火洞然大千俱壞未審這箇壞不壞師曰黑漆桶裏黃金色問道遠乎哉觸事而眞如何是道師曰頂上八尺五曰此理如何師曰方圓七八寸問劫火威音前別是一壺天御樓前射獵不是刈茆田提起坐具曰這箇喚作甚麼師曰正是刈茆田僧便喝師曰猶作主在問僧孤燈獨照時如何僧無對師代曰露柱證明師聞開靜板聲乃曰據款結案師嘗題語于龍門延壽壁間曰佛許有病者當療治容有將息所也禪林凡有數名或曰涅槃見法身常住了法不坐也或曰省行知此違緣皆從行苦也或曰延壽欲得慧命扶持色身也其實使人了生死處也多見少覺欲恙便入此堂不强支吾便有補益及乎久病思念鄉閭不善退思滅除苦本先聖云病者衆生之良藥若善服食無不瘥者也宣和初以病辭歸蔣山之東堂二年書雲前一日飯食訖趺坐謂其徒曰諸方老宿臨終必留偈辭世世可辭耶且將安往乃合掌怡然趨寂門人函骨歸龍門塔於靈光臺側

潭州開福道寧禪師歙溪汪氏子壯爲道人於崇果寺執浴一日將濯足偶誦金剛經至於此章句能生信心以此爲實遂忘所知忽垂足沸湯中發明已見後祝髮蔣山依寓審老良禪師踰一年偏歷叢林參諸名宿晚至白蓮聞五祖小參舉忠國師古佛淨瓶趙州狗子無佛性話頓徹法源大觀中潭帥席公震請住開福衲子景從浴佛上堂未離兜率已降王宮未出母胎度人已畢諸禪德日日日從東畔出朝朝鷄向五更啼雖然不是桃華洞春至桃華亦滿溪又道毗藍園內右脇降生七步周行四方目顧天上天下唯我獨尊大似貪觀天上月失却手中珠還知落處麽若知落處方爲孝子順孫苟或未然不免重下註脚良久曰天生伎倆能奇怪末上輪他弄一場示衆云秋日耀長空秋江浸虛碧傷嗟門外人處處尋彌勒驀路忽擡頭相逢不相識諸禪德既是相逢爲甚麽却不相識剪盡霜前竹臨溪不化龍上堂徧界不曾藏通身無影像相逢莫訝太愚癡曠劫至今無伎倆無伎倆少人知大抵還他肌骨好何須臨鏡畫蛾眉上堂摩竭正令未免崎嶇少室垂慈早傷風骨腰囊挈錫孤負平生煉行灰心遞相鈍置爭似春雨晴春山青白雲三片四片黃鳥一聲兩聲千眼大悲看不足王維雖巧畫難成直饒便恁麽猶自涉途程且不涉途程一句作麽生道人從汴州來不得東京信僧問蓮華未出水時如何師曰人天合掌曰出水後如何師曰不礙往來看問如何是句到意不到師曰瑞草本無根信手拈來用曰如何是意到句不到師曰領取鉤頭意莫認定盤星曰如何是意句俱到師曰大悲不展手通身是眼睛曰如何是意句俱不到師曰君向瀟湘我向秦政和三年十一月四日淨髮沐浴次日齋罷小參勉衆行道辭語誠切期初七示寂至日酉時跏趺而逝闍維獲設利五色歸藏於塔

彭州大隨南堂元靜禪師（後名道興）閬之玉山大儒趙公約仲之子也十歲病甚每禱之感異夢捨令出家師成都大慈寶生院宗裔元祐三年通經得度留講聚有年而南下首參永安恩禪師於臨濟三頓棒話發明次依諸名宿無有當意者聞五祖機峻欲抑之遂謁祖祖乃曰我此間不比諸方凡於室中不要汝進前退後竪指擎拳繞禪牀作女人拜提起坐具千般伎倆秖要你一言下諦當便是汝見處師茫然退參三載一日入室罷祖謂曰子所下語已得十分試更與我說看師卽剖而陳之祖曰說亦說得十分更與我斷看師隨所問而判之祖曰好卽好秖是未曾得老僧說話在齋後可來祖師塔所與汝一一按過始得及至彼祖便以卽心卽佛非心非佛睦州擔板漢南泉斬貓兒趙州狗子無佛性有佛性之語編辟之其所對了無凝滯至子胡狗話祖遽轉面曰不是師曰不是却如何祖曰此不是則和前面皆不是師曰望和尚慈悲指示祖曰看他道子胡有一狗上取人頭中取人腰下取人脚入門者好看纔見僧入門便道看狗向子胡道看狗處下一轉語教子胡結舌老僧鈐口便是你了當處次日

入室師默啟其說祖笑曰不道你不是千了百當底人此語秖似先師下底語師曰某何人得似端和尚祖曰不然老僧雖承嗣他謟他語拙蓋秖用遠錄公手段接人故也如老僧共遠錄公便與百丈黃檗南泉趙州輩把手共行纔見語拙即不堪師以爲不然乃曳杖渡江適大水泛漲因留四祖儕輩挽其歸又二年祖方許可嘗商略古今次執師手曰得汝說須是吾舉得汝舉須是吾說而今而後佛祖秘要諸方關鍵無逃子掌握矣遂創南堂以居之於是名冠寰海成都帥席公旦請開法嘉祐未幾徙昭覺遷能仁及大隨上堂君王了了將帥惺惺一回得勝六國平寧上堂舉臨濟參黃檗之語白雲端和尚頌云一拳拳倒黃鶴樓一趯趯飜鸚鵡洲有意氣時添意氣不風流處也風流師曰大隨即不然行年七十老躘踵眼目精明耳不聾忽地有人欺負我一拳打倒過關東上堂問答已乃曰有沮已來時人錯會秖將言句以爲禪道殊不知道本無體因體而得名道本無名

因名而立號秖如適來上座纔恁麽出來便恁麽歸衆且道具眼不具眼若道具眼纔恁麽出來眼在甚麽處若道不具眼爭合便恁麽去諸仁者於此見得倜儻分明則知二祖禮拜依位而立真得其髓秖這些子是三世諸佛命根六代祖師命脉天下老和尚安身立命處雖然如是須是親到始得上堂自已田園任運耕祖宗基業力須爭悟須千聖頭邊坐用向三塗底下行僧問祖師心印請師直指師曰你聞熱麽曰聞師曰且不聞寒曰和尚還聞熱否師曰不聞曰爲甚麽不聞師搖扇曰爲我有這箇問如何是奪人不奪境師曰活捉魔王鼻孔穿曰如何是奪境不奪人師曰中心樹子屬吾曹曰如何是人境兩俱奪師曰一釣三山連六鼇曰如何是人境俱不奪師曰白日騎牛穿市過問蓮華未出水時如何師曰好曰出水後如何師曰好曰如何是蓮華師曰好僧禮拜師曰與他三箇好萬事一時休問藏天下於天下即不問乃舉拳曰秖如這箇作麽生藏師曰有甚麽難

曰且作麽生藏師曰衫袖裏曰未審如何是紀綱佛法底人師曰不可是鬼曰忽遇殺佛殺祖底來又作麽生支遣師曰老僧有眼不曾見問學人乍入叢林乞師指示師曰喫粥喫飯莫教放在腦後曰終日喫時未嘗喫師曰負心衲子不識好惡問劫火洞然大千俱壞未審這箇壞也無師曰阿誰教你恁麽問僧進前鞠躬曰不審師曰是壞不壞僧無語問如何是山裏禪師曰庭前嫩竹先生筍澗下枯松長老枝曰如何是市裏禪師曰六街鐘鼓韻鼕鼕即處鋪金世界中曰如何是村裏禪師曰賊盜消亡蠶麥熟謳歌鼓舞樂昇平問如何是諸佛出身處師曰問得甚當曰便恁麽去時如何師曰答得更奇問因山見水見水忘山山水俱忘理歸何所師曰山僧坐却舌頭天地黯黑有一老宿垂語云十字街頭起一間茅廁秖是不許人屙僧舉以扣師師曰是你先屙了更教甚麽人屙宿聞焚香遙望大隨再拜謝之紹興乙卯秋七月大雨雪山中有異象師曰吾期至矣十七日別

郡守以次越三日示少恙於天彭二十四夜謂侍僧曰天曉無月時如何僧無對師曰倒教我與汝下火始得翌日還堋口廨院留遺誡蛻然示寂門弟子奉全身歸煙霧四合猿鳥悲鳴荼毗異香徧野舌本如故設利五色者不可計瘞於定光塔之西後住天童天目文禮作師畫像贊可補行實之缺因併錄此贊曰東山一會人唯他不喞嵧別處著閑房叢林難講究邠水潭虵出驚人鈍鐵鍋雞啼白晝雜劇打來全火祇候晚歲放疎慵却與俗和同勤巴子使人勘驗擲香貼便顯家風定光無佛枉費羅龍臨行搖鐸向虛空那知喪盡白雲宗

漢州無爲宗泰禪師涪城人自出關徧遊叢社至五祖告香日祖舉趙州洗鉢盂話俾參洎入室舉此話問師你道趙州向伊道甚麽這僧便悟去師曰洗鉢盂去蹔祖曰你秖知路上事不知路上滋味師曰旣知路上事路上有甚滋味祖曰你不知耶又問你曾遊浙否師曰未也祖曰你未悟在師自此凡五年不能對祖一日陞堂顧衆曰八十翁翁輥繡毬便下座師欣然出衆曰和尚試輥一輥看祖以手作打仗鼓勢操蜀音唱綿州巴歌曰豆子山打瓦鼓楊平山撒白雨白雨下取龍女織得絹二丈五一半屬羅江一半屬玄武師聞大悟掩祖口曰秖消唱到這裏祖大笑而歸師後還蜀四衆請開法無爲遷正法上堂此一大事因緣自從世尊拈華迦葉微笑世尊曰吾有正法眼藏分付摩訶大迦葉以後燈燈相續祖祖相傳迄至於今綿綿不墜直得徧地生華故號涅槃妙心亦曰本心亦曰本性亦曰本來面目亦曰第一義諦亦曰槃迦羅眼亦曰摩訶大般若在男曰男在女曰女汝等諸人但自悟去這般盡是閑言語遂拈起拂子曰會了喚作禪未悟果然難難難目前隔箇須彌山悟了易易易信口道來無不是僧問如何是佛師曰阿誰教你恁麽問僧擬議師曰了

蘄州五祖表自禪師懷安人也初依祖最久禾有省時圓悟爲座元師往請益悟曰兄有疑處試語我師遂舉德山小參不答話問話者三十棒悟曰禮拜著我作得你師舉話歷不會師作禮竟悟令再舉前話師曰德山小參不答話悟掩其口曰但恁麽看師出揚聲曰屈屈豈有公案秖教人看一句底道理有僧謂師曰兄不可如此說首座須有方便因靜坐體究及旬頓釋所疑詣悟禮謝悟曰兄始知吾不汝欺又詣方丈祖迎笑自爾日深玄奥祖將歸寂遺言郡守守命嗣其席衲子四至不可遏師牓侍者門曰東山有三句若人道得即挂搭衲子皆披靡一日有僧攜坐具徑造丈室謂師曰某甲道不得秖要挂搭師大喜呼維那於明窻下安排上堂世尊拈華迦葉微笑時人秖知拈華微笑要且不識世尊僧問如何是祖師西來意師曰荊棘林中舞柘枝曰如何是佛師曰新生孩子擲金盆

蘄州龍華道初禪師梓之馬氏子爲祖侍者有年住龍華日上堂曰雞見便鬬犬見便齩殿上鴟吻終日相對爲甚麽却不瞋便下座

師機辯峻捷門人罔知造詣一日謂衆曰昨日離城市白雲空往還松風清耳目端的勝人間名衆曰此是先師末後句有頃脫然而逝

嘉州九頂清素禪師本郡郭氏子於乾明寺剃染徧和禪扃晚謁五祖聞舉首山荅西來意語倏然契悟述偈曰顛倒顛顛倒顛新婦騎驢阿家牽便恁麼太無端回頭不覺布衫穿祖見乃問百丈野狐話又作麼生師曰來說是非者便是是非人祖大悅久之辭歸住清溪次遷九頂太守呂公來瞻大像問曰旣是大像因甚麼肩負兩楹師曰船上無散工至閣下覩觀音像又問彌勒化境觀音何來師曰家富小兒嬌守乃禮敬勤老宿至師問舞劍當咽時如何曰伏惟尚饗師詬曰老賊死去你問我勸理前語問之師叉手揖曰拽破絡與乙卯四月二十四日得微疾書偈遺衆曰木人備舟鐵人備馬丙丁童子穩穩登唱散白雲歸去也竟爾趨寂

元禮首座閩人也受業焦山初參演和尚於白雲凡入室必謂曰衲僧家明取緇素好師疑之不已一日演陞堂舉首山新婦騎驢阿家牽語乃曰諸人要會麼莫問新婦阿家免煩路上波吒遇飯卽飯遇茶卽茶同門出入宿世冤家師於言下豁如且曰今日緇素明矣二年演遷席祖山命分座不就演歸寂卽他往崇寧聞再到五祖僧問五祖遷化向甚麼處去師曰有眼無耳朶六月火邊坐曰意旨如何師曰家貧猶自可路貧愁殺人或問金剛經云一切善法如何是法師曰上是天下是地中間坐底坐立底立喚甚麼作善法僧無對師便打後終於四明之瑞巖

普融藏主福州人也至五祖入室次祖舉倩女離魂話問之有契呈偈曰二女合爲一媳婦機輪截斷難回互從來往返絕蹤由行人莫問來時路凡有鄉僧來謁則發閩音誦俚語曰書頭教娘勤作息書尾教娘莫瞌睡且道中間說箇甚麼僧擬對師卽推出

法閦上座久依五祖未有所入一日造室祖問不與萬法爲侶者是甚麼人曰法閦卽不然祖以手指曰住住法閦卽不然作麼生師於是啟悟後至東林宣密度禪師席下見其得平實之旨一日拈華繞度禪牀一帀背手插香爐中曰和尚且道意作麼生度屢下語皆不契踰兩月遂問師令試說之師曰某秪將華插香爐中和尚自疑有甚麼事來

雲蓋本禪師法嗣

潭州南嶽承天院自賢禪師僧問大衆已集仰聽雷音猊座旣登請師剖露師曰剎竿頭上翻筋斗曰恁麼則嶽麓山前祥霧起祝融峰下瑞雲生師曰紫羅帳裏璨眞珠上堂拈拄杖曰不是心不是佛不是物擊禪牀一下曰與君打破精靈窟簸土揚塵無處尋千山萬山空突兀復擊一下曰歸堂去參上堂一身高隱惟南嶽自笑孤雲未是閑松下木邊端坐者也應隨例說居山咄上堂五更殘月落天曉白雲飛分明目前事不是目前機旣是目前事爲甚麼不是目前機良久曰欲言言不及林下却商量

琅邪起禪師法嗣

兪道婆金陵人也市油餈爲業常隨衆參問琅邪邪以臨濟無位眞人話示之一日聞丐者唱蓮華樂云不因柳毅傳書信何緣得到洞庭湖忽大悟以餈盤投地夫傍睨曰你顛邪婆掌曰非汝境界往見琅邪邪望之知其造詣問那箇是無位眞人婆應聲曰有一無位人六臂三頭努力駃一擘華山分兩路萬年流水不知春由是聲名藹著凡有僧至則曰兒兒僧擬議卽掩門佛燈珣禪師往勘之婆見如前所問珣曰爺在甚麼處婆轉身拜露柱珣卽踏倒曰將謂有多少奇特便出婆蹶起曰兒兒來惜你則箇珣竟不顧安首座至婆問甚處來安曰德山婆曰德山泰乃老婆兒子安曰婆是甚人兒子婆曰被上座一問直得立地放屎婆嘗頌馬祖不安因緣曰日面月面虛空閃電雖然截斷天下衲僧舌頭分明秖道得一半

南嶽下十五世

昭覺勤禪師法嗣

臨安府徑山宗杲大慧普覺禪師宣城奚氏子夙有英氣年十二入鄉校一日因與同窻戲以硯投之悞中先生帽償金而歸曰大丈夫讀世間書曷若究出世法卽詣東山慧雲院事慧齊年十七薙髮具毗尼偶閱古雲門錄恍若舊習往依廣教珵禪師棄遊四方從曹洞諸老宿既得其說去登寶峰謁湛堂準禪師堂一見異之俾侍巾裓指以入道捷徑師橫機無所讓堂訶曰汝曾未悟病在意識領解則爲所知障堂疾革囑師曰吾去後當見川勤必能盡子機用（勤卽圓悟）堂卒師趨謁無盡居士求堂塔銘無盡門庭高少許可與師一言相契下榻延之名師菴曰妙喜泊後再謁且囑令見圓悟師至天寧一日聞悟陞堂舉僧問雲門如何是諸佛出身處門曰東山水上行若是天寧卽不然忽有人問如何是諸佛出身處只向他道薰風自南來殿閣生微涼師於言下忽然前後際斷雖然動相不生却坐在淨躶躶處悟謂曰也不易你得到這田地可惜死了不能得活不疑言句是爲大病不見道懸崖撒手自肯承當絕後再蘇欺君不得須信有這箇道理遂令居擇木堂（擇木乃朝士止息處）爲不釐務侍者日同士大夫入室悟每舉有句無句如藤倚樹問之師纔開口悟便曰不是不是經半載遂問悟曰聞和尚當時在五祖曾問這話不知五祖道甚麼悟笑而不答師曰和尚當時須對衆問如今說亦何妨悟不得已謂曰我問有句無句如藤倚樹意旨如何祖曰描也描不成畫也畫不就又問樹倒藤枯時如何祖曰相隨來也師當下釋然曰我會也悟遂舉數因緣詰之師酧對無滯悟曰始知吾不汝欺遂著臨濟正宗記付之俾掌記室未幾令分座室中握竹篦以驗學者叢林浩然歸重名振京師右丞相呂公舜徒奏賜紫衣佛日之號會女眞之變其酋欲取禪僧十數人師在選得免趨吳虎丘度夏因閱華嚴至菩薩登第七地證無生法忍洞曉向所請問湛堂殃崛摩羅持鉢至產婦家因緣時圓悟詔住雲居師往省覲至山次日卽請爲第一座時會中多龍象以圓悟久虛座元俟師之來頗有不平之心及

冬至秉拂昭覺元禪師出衆問云眉間挂劍時如何師曰血濺梵天圓悟於座下以手約云住住問得極好答得更奇元乃歸衆叢林由是改觀圓悟歸蜀師於雲居山後古雲門舊址創菴以居學者雲集久之入閩結茅於長樂洋嶼從之得法者十有三人[二十]又從小溪雲門菴後應張丞相魏公浚徑山之命開堂日僧問人天普集選佛場開祖令當行如何舉唱師云鈍鳥逆風飛曰徧界且無尋覓處分明一點座中圓師曰人間無水不朝東復有僧競出師約住云假使大地盡末爲塵一一塵有一口一一口具無礙廣長舌相一一舌相出無量差別音聲一一音聲發無量差別言詞一一言詞有無量差別妙義如上塵數衲僧各各具如是口如是舌如是音聲如是言詞如是妙義同時致百千問難問問各別不消長老咳嗽一聲一時答了乘時於其中間作無量無邊廣大佛事一一佛事周徧法界所謂一毛現神變一切佛同說經於無量劫不得其邊際便恁麼去閙熱門庭卽得

正眼觀來正是業識茫茫無本可據祖師門下一點也用不著況復勾章棘句展弄詞鋒非唯埋沒從上宗乘亦乃笑破衲僧鼻孔所以道毫釐繫念三塗業因瞥爾情生萬劫羈鎖聖名凡號盡是虛聲殊相劣形皆爲幻色汝欲求之得無累乎及其厭之[二十一]又成大患看他先聖恁麼告報如國家兵器豈得已而用之本分事上亦無這箇消息山僧今日如斯舉唱大似無夢說夢好肉剜瘡檢點將來合喫拄杖只今莫有下得毒手者麼若有堪報不報之恩共助無爲之化如無倒行此令去也驀拈拄杖云橫按鏌鎁全正令太平寰宇斬癡頑卓拄杖喝一喝便下座道法之盛冠於一時衆二千餘皆諸方俊乂侍郎張公九成亦從之遊灑然契悟一日因議及朝政與師連禍紹興辛酉五月毀衣牒屏居衡陽乃裒先德機語間與拈提離爲三帙目曰正法眼藏凡十年移居梅陽又五年高宗皇帝特恩放還明年春復僧伽棃四方虛席以邀率不就後奉朝命居育王逾年有旨改徑山道

俗歆慕如初孝宗皇帝爲普安郡王時遣內都監入山謁師師作偈爲獻及在建邸復遣內知客詣山供五百應眞請師說法祝延聖壽親書妙喜菴三字并製贊寵寄之上堂欲識佛性義當觀時節因緣時節若至其理自彰舉起拂子曰還見麼擊禪牀曰還聞麼聞見分明是箇甚麼若向這裏提得去皇恩佛恩一時報足其或未然徑山打葛藤去也復舉起拂子曰看看無量壽世尊在徑山拂子頭上放大光明照不可說不可說又不可說佛刹微塵數世界中轉大法輪作無量無邊廣大佛事其中若凡若聖若正若邪若草若木有情無情遇斯光者皆獲無上正等菩提所以諸佛於此得之具一切種智諸大菩薩於此得之成就諸波羅蜜辟支獨覺於此得之出無佛世現神通光明諸[二十二]聲聞衆洎夜來迎請五百阿羅漢於此得之得八解脫具六神通天人於此得之增長十善修羅於此得之除其憍慢地獄於此得之頓超十地餓鬼傍生及四生九類一切有情於此得之隨其

根性各得受用無量壽世尊放大光明作諸佛事已竟然後以四大海水灌彌勒世尊頂與授阿耨多羅三藐三菩提記當於補處作大佛事無量壽世尊有如是神通有如是自在有如是威神到這裏還有知恩報恩者麽若有出來與徑山相見爲汝證明如無聽取一頌十方法界至人口法界所有即其舌秖憑此口與舌頭祝吾君壽無間歇億萬斯年注福源如海混漾永不竭師子窟內産俊猊鸑鷟定出丹山穴爲瑞爲祥徧九垓草木昆蟲盡歡悅稽首不可思議事喻若衆星拱明月故今宣暢妙伽陀第一義中眞實說上堂祖師道一心不生萬法無咎無咎無法不生不心能隨境滅境逐能沈境由能境能由境能大小祖師却作座主見解徑山即不然眼不自見刀不自割喫飯濟饑飲水定渴臨濟德山特地迯枉費精神施棒喝除却棒拈却喝孟八郎漢如何止遏上堂拈拄杖卓一下喝一喝曰德山棒臨濟喝今日爲君重拈掇天何高地何濶休向糞掃堆上更添搕㩉搕

却骨洗却腸徑山退身三步許你諸人商量且道作麽生商量擲下拄杖喝一喝曰紅粉易成端正女無錢難作好兒郎上堂正月十四十五雙徑椎鑼打鼓要識祖意西來看取村歌社舞上堂久雨不曾晴豁開天地清祖師門下事何用更施呈上堂舉圓通秀禪師示衆曰少林九年冷坐剛被神光覷破如今玉石難分秖得麻纏紙裹這一箇那一箇更一箇若是明眼人何須重說破徑山今日不免狗尾續貂也有些子老胡九年話墮可惜當時放過致令黙照之徒鬼窟長年打坐這一箇那一箇更一箇雖然苦口叮嚀却似樹頭風過結夏上堂文殊三處安居誌公不是閑和尚迦葉欲行正令未免眼前見鬼且道徑山門下今日事作麽生下座後大家觸禮三拜上堂僧問有麽有麽菴主竪起拳頭還端的也無師便下座歸方丈上堂水底泥牛嚼生鐵憍梵鉢提咬著舌海神怒把珊瑚鞭須彌燈王痛不徹上堂纔方八月中秋又是九月十五卓拄杖曰唯有這箇不遷擲拄杖

曰一衆耳聞目覩圓悟禪師忌師拈香曰這箇尊慈平昔强項氣壓諸方逞過頭底顢頇用格外底儱侗自言我以木槵子換天下人眼睛殊不知被不孝之子將斷貫索穿却鼻孔索頭旣在徑山手裏要教伊生也由徑山要教伊死也由徑山且道以何爲驗遂燒香曰以此爲驗僧問達磨西來將何傳授師曰不可總作野狐精見解曰如何是麤入細師曰香水海裏一毛孔曰如何是細入麤師曰一毛孔裏香水海問古鏡未磨時如何師曰火不待日而熱曰磨後如何師曰風不待月而涼曰磨與未磨時如何師曰交問不與萬法爲侶者是甚麽人待汝一口吸盡西江水即向汝道意作麽生師曰釘釘膠黏問一法若有毗盧墮在凡夫萬法若無普賢失其境界去此二途請師速道師曰脫殼烏龜飛上天問高揖釋迦不拜彌勒時如何師曰夢裏惺惺問大修行底人還落因果也無前百丈曰不落因果爲甚麽墮野狐身師曰逢人但恁麽舉曰秖如後百丈道不昧因果爲甚麽

胧野狐身師曰逢人但恁麼舉曰或有人問徑山大修行底人還落因果也無未審和尚向他道甚麼師曰向你道逢人但恁麼舉問明頭來時如何師曰頭大尾顛纖曰暗頭來時如何師曰野馬嘶風蹄撥剌曰明日大悲院裏有齋又作麼生師曰雪峰道底問過去心不可得現在心不可得未來心不可得時如何師曰親言出親口曰未審如何受持師曰但恁麼受持決不相賺問我宗無語句實無一法與人時如何師曰五味鑽秤鎚問心佛俱忘時如何師曰賣扇老婆手遮日問教中道塵塵說剎剎說無間歇未審以何為舌師拍禪牀右角一下僧曰世尊不說說迦葉不聞聞也師拍禪牀左角一下僧曰也知今日令不虛行師曰識甚好惡師室中問僧不是心不是佛不是物你作麼生會僧曰領師曰領你屋裏七代先靈僧便喝師曰適來領而今喝干他不是心不是佛不是物甚麼事僧無語師打出僧請益夾山境話聲未絕師便喝僧茫然師曰你問甚麼僧擬舉師連打喝出師纔見僧入便曰不是出去僧便出師曰沒量大人被語脉裏轉却次一僧入師亦曰不是出去僧却近前師曰向你道不是更近前覓箇甚麼便打出復一僧入曰適來兩僧不會和尚意師低頭噓一聲僧罔措師打曰却是你會老僧意問僧我前日有一問在你處你先前日答我了也即今因甚麼瞌睡僧曰如是如是師曰道甚麼僧曰不是不是師連打兩棒曰一棒打你如是一棒打你不是舉竹篦問僧曰喚作竹篦則觸不喚作竹篦則背不得下語不得無語速道速道僧曰請和尚放下竹篦即與和尚道師放下竹篦僧拂袖便出師曰侍者認取這僧著又舉問僧僧曰甕裏怕走却鼈那師下禪牀擒住曰此是誰語速道僧曰實不敢謾昧老師此是竹菴和尚教某恁麼道師連打數棒曰分明舉似諸方師年邁求解辛巳春得旨退居明月堂隆興改元一夕星殞於寺西流光赫然尋示微恙八月九日學徒問安師勉以弘道徐曰吾翌日始行至五鼓親書遺奏又貽書辭紫巖居士侍僧了賢請偈復大書曰生也秖恁麼死也秖恁麼有偈無偈是甚麼熱大擲筆委然而逝平明有虵尺許腰首白色伏於龍王井欄如義服者乃龍王示現也四衆哀號皇帝聞而歎惜上製師真贊曰生滅不滅常住不住圓覺空明隨物現處丞相以次致祭者沓來門弟子塔全身於明月堂之側壽七十有五夏五十有八詔以明月堂為妙喜菴諡曰普覺塔名寶光淳熙初賜其全錄八十卷隨大藏流行

五燈會元卷第五十二

五燈會元卷第五十二

校勘記

一　底本，清藏本。

一　八六五頁上一行經名，[徑]無（未換卷）。

一　八六五頁上三行至四行「南嶽下十四世　五祖演禪師法嗣」，[徑]無。

一　八七一頁中一三行「藏主」，[徑]作「知藏」。

一　八七五頁下卷末經名，[徑]無（未換卷）。

五燈會元卷第五十三　　　　　　　　　　　鉅六

宋　沙　門　大　川　濟　纂

南嶽下十五世

昭覺勤禪師法嗣

平江府虎丘紹隆禪師和之含山人也九歲謝親居佛慧院踰六年得度受具又五年荷包謁長蘆信禪師得其大略有傳圓悟語至者師讀之嘆曰想酢生液雖未澆腸沃胃要且使人慶快第恨未聆謦欬耳遂由寶峰依湛堂客黃龍叩死心禪師次謁圓悟一日入室悟問曰見見之時見非是見見猶離見見不能及舉拳曰還見麼師曰見悟曰頭上安頭師聞脫然契證悟叱曰見箇甚麼師曰竹密不妨流水過悟肯之尋俾掌藏教有問悟曰隆藏主柔易若此何能爲哉悟曰瞌睡虎耳後歸邑住城西開聖建炎之擾乃結廬銅峰之下郡守李公光延居彰教次徙虎丘道大顯著因追繹白雲端和尚立祖堂故事乃曰爲人之後不能躬行遺訓於義安乎遂圖其像以奉安之上堂曰凡有展托盡落今時不展不托墮坑落塹直饒風吹不入水灑不著檢點將來自救不了豈不見道直似寒潭月影靜夜鐘聲隨扣擊以無虧觸波瀾而不散猶是生死岸頭事拈拄杖劃一劃云劃斷古人多年葛藤點頭石不覺拊掌大笑且道笑箇甚麼腦後見腮莫與往來上堂目前無法萬象森然意在目前突出難辨不是目前法觸處逢渠非耳目之所到不離見聞覺知雖然如是也須踏著他向上關捩子始得所以道羅籠不肯住呼喚不回頭佛祖不安排至今無處所如是則不勞斂念樓閣門開寸步不移百城俱到驀拈拄杖劃一劃云路逢死蛇莫打殺無底籃子盛將歸上堂曰百鳥不來春又暄凭欄溢目水連天無心還似今宵月照見三千與大千上堂孛竭陁國親行此令拈拄杖卓一下曰大盡三十日小盡二十九僧問爲國開堂一句作麼生道師曰一願皇帝萬壽二願重臣千秋曰秖如生佛未興時一著落在甚麼處師曰吾常於此切曰官不容鍼更借一問時如何師曰踞虎頭收虎尾曰中間事作麼生師曰草繩自縛漢曰毗婆尸佛早留心直至如今不得妙師曰幾行腳下路少見白頭人問九旬禁足意旨如何師曰理長即就曰秖如六根不具底人還禁得也無師曰穿過鼻孔曰學人今日小出大遇師曰降將不斬曰恁麼則和尚放某甲逃便也師曰停囚長智問雪峰道盡大地撮來如粟米粒大拋向面前漆桶不會打鼓普請看未審此意如何師曰一畝之地三蛇九鼠曰乞師再垂指示師曰海口難宣問如何是大道真源師曰和泥合水曰便恁麼去時如何師曰截斷草鞋跟問如何是佛法大意師曰地頭生角問古人到這裏因甚麼不肯住師曰老僧也恁麼曰忽然一刀兩段時如何師曰平地神仙問萬機休罷千聖不攜時如何師曰未足觀光曰還有奇特事也無師曰獨坐大雄峰紹興丙辰示微疾而逝塔全軀於寺之西南隅

慶元府育王山佛智端裕禪師吳越王之裔也六世祖守會稽因家焉師生而岐嶷眉目

淵秀十四驅烏於大善寺十八得度受具往
依淨慈一禪師未幾偶聞僧擊露柱曰你何
不說禪師忽微省去謁龍門遠甘露卓泐潭
祥皆以穎邁見推晚見圜悟於鍾阜一日悟
問誰知正法眼藏向這瞎驢邊滅却卽今是
滅不滅曰請和尚合取口好悟曰此猶未出
常情師擬對悟擊之師頓去所滯侍悟居天
寧命掌記室尋分座道聲藹著京西憲請開
法丹霞次還虎丘徑山謝事徇平江道俗之
請庵于西華閱數稔勅居建康保寧後移蘇
城萬壽及閩中玄沙壽山西禪復被旨補靈
隱慈寧皇太后幸韋王第召師演法賜金襴
袈裟乞歸西華舊隱紹興戊辰秋赴育王之
命上堂曰德山入門便棒多向皮袋裏埋蹤
臨濟入門便喝總在聲塵中出沒若是英靈
衲子直須足下風生超越古今途轍拈拄杖
卓一下喝一喝曰秖這箇何似生若喚作棒
喝瞎睡未惺不喚作棒喝未識德山臨濟畢
竟如何復卓一下曰總不得動著上堂盡大
地是沙門眼徧十方是自巳光爲甚麽東弗
于逮打鼓西瞿耶尼不聞南贍部洲點燈北
鬱單越暗坐直饒向箇裏道得十全猶是光
影裏活計撼拂子曰百雜碎了也作麽生是
出身一路擲下拂子曰參上堂動則影現覺
則冰生直饒不動不覺猶是秦時𨍏轢鑽到
這裏便須千差密照萬户俱開毫端撥轉機
輪命脉不沈毒海有時覺如湛水有時動若
星飛有時動覺俱忘有時照用自在且道正
恁麽時是動是覺是照是用還有區分得出
底麽鐵牛横古路觸著骨毛寒上堂曰行時
絕行跡說時無說蹤行說若到則埰生招箭
行說未明則神鋒劃斷就使說無滲漏行不
迷方猶滯觳漏在若是大鵬金翅奮迅百千
由旬十影神駒馳驟四方八極不取次啗啄
不隨處埋身且總不依倚還有履踐分也無
剎剎塵塵是要津上堂曰易填巨壑難滿漏
卮若有操持了無難易拈却大地寬綽有餘
放出纖毫礙塞無路忽若不拈不放向甚麽
處履踐同誠共休戚飲水亦須肥僧問如何
是賓中賓師曰你是田厙奴曰如何是賓中
主師曰相逢猶莽鹵曰如何是主中賓師曰
剱氣爍愁雲曰如何是主中主師曰敲骨打
髓師蒞衆色必凜然寢食不背衆唱道無倦
紹興庚午十月初示微疾至十八日首座法
全請遺訓師曰盡此心意以道相資語絕而
逝火後目睛齒舌不壞其地發光終夕得設
利者無計踰月不絕黃冠羅肇常平日問道
於師適外歸獨無所獲道念勤切方與客食
咀嚼間若有物吐哺則設利也大如菽色若
琥珀好事者持去遂再拜於闍維所聞香匳
有聲亟開所獲如前而差紅潤門人奉遺骨
分塔於鄮峰西華諡大悟禪師
潭州大溈佛性法泰禪師漢州李氏子僧問
理隨事變該萬有而一片虛疑事逐理融等
千差而咸歸實際如何是理法界師曰山河
大地曰如何是事法界師曰萬象森羅曰如
何是理事無礙法界師曰東西南北曰如何
是事事無礙法界師曰上下四維上堂推眞
眞無有相窮妄妄無有形眞妄兩無所有廓
然露出眼睛眼睛旣露見箇甚麽曉日爍開

巖畔雪朔風吹綻臘梅華上堂寶劍拈來便用豈有遲疑眉毛剔起便行更無回互一切處騰今煥古一切處截斷羅籠不犯鋒鋩亦非顧鑑獨超物外則且置萬機寢盡時如何八月秋何處熱上堂涅槃無異路方便有多門拈起拄杖曰看看山僧拄杖子一口吸盡西江水東海鯉魚跨跳上三十三天帝釋忿怒把須彌山一摑粉碎堅牢地神合掌讚歎曰諦觀法王法法王法如是以拄杖擊禪牀下座上堂達得人空法空未稱祖佛家風體得全用全照亦非衲僧要妙直須打破牢關識取向上一竅如何是向上一竅春寒料峭凍殺年少上堂今朝正月巳半是處燈火繚亂滿城羅綺駢闐交互往來遊翫文殊走入鬧籃中普賢端坐高樓看且道觀音在甚麼處震天椎畫鼓聒地奏笙歌上堂渺渺邈邈十方該括坦坦蕩蕩絕形絕相目欲眎而睛枯口欲談而詞喪文殊普賢全無伎倆臨濟德山不妨提唱龜吞陝府鐵牛虵齩嘉州大像嚇得東海鯉魚直至如今肚脹嚐上堂火

雲燒田苗泉源絕流注娑竭大龍王不知在何處以拄杖擊禪牀曰在這裏看看南山起雲北山下雨老僧更為震雷聲助發威光令遠布乃高聲曰閧弄閧弄上堂開口有時非開口有時是麤言及細語皆歸第一義釋迦老子碗鳴聲達磨西來屎臭氣唯有山前水牯牛身放毫光照天地上堂得念失念無非解脫是甚麼語話成法破法皆名涅槃料掉沒交涉智慧愚癡通為般若顢頇佛性菩薩外道所成就法皆是菩提猶較些子然雖如是也是楊廣失駱駝上堂欲識佛去處秖這語聲是咄傅大士不識好惡以昭昭靈靈教壞人家男女被誌公和尚一喝曰大士莫作是說別更道看大士復說偈曰空手把鉏頭步行騎水牛人從橋上過橋流水不流誌公呵呵大笑曰前頭猶似可末後更愁人上堂憶昔遊方日穫得二種物一是金剛鎚一是千聖骨持行宇宙中氣岸高突兀如是三十年用之為準則而今年老矣一物知何物擲下金剛鎚擊碎千聖骨拋向四衢道不能更

惜得任意過浮生指南將作北呼龜以為鼈喚豆以為粟從他明眼人笑我無繩墨

台州護國此庵景元禪師永嘉楠溪張氏子年十八依靈山希拱圓具後習台教一禩棄謁圓悟於鍾阜因僧讀死心小參語云既迷須得箇悟既悟須識悟中迷迷中悟迷悟雙忘却從無迷悟處建立一切法師聞而疑即趨佛殿以手托開門扉豁然大徹繼而執侍機辯逸發圓悟目為聱頭元侍者遂自題肖像付之曰生平只說聱頭禪撞著聱頭如鐵壁脫却羅籠截腳跟大地撮來墨漆黑晚年轉復沒刀刀奮金剛椎碎窠窟他時要識圓悟面一為渠儂併拈出圓悟歸蜀師還淛東鏟彩埋光不求聞達括蒼守耿公延禧嘗問道於圓悟因閱其語錄至題肖像得師為人乃致開法南明山遣使物色至台之報恩獲於衆寮迫其受命方丈古公乃靈源高弟聞其提唱亦深駭異僧問三聖道我逢人即出出則不為人意旨如何師曰八十翁翁嚼生鐵曰興化道我逢人則不出出即便為人又

作麼生師曰須彌頂上浪翻空問天不能蓋地不能載是甚麼物師曰無孔鐵鎚曰天人羣生類皆承此恩力也師曰莫妄想問三世諸佛說不盡底句請師速道師曰眨上眉毛問昔年三平道場重興是日圓悟高提祖印始自師傳如何是臨濟宗師曰殺人活人不眨眼曰目前抽顧鑑領略者還稀如何是雲門宗師曰頂門三眼耀乾坤曰未舉先知未言先見如何是潙仰宗師曰推不向前約不退後曰三界唯心萬法唯識如何是法眼宗師曰箭鋒相直不相饒曰建化何妨行鳥道回途復妙顯家風如何是曹洞宗師曰手執夜明符幾箇知天曉曰向上還有路也無師曰有曰如何是向上路師曰黑漫漫地僧便喝師曰貪他一粒粟失却半年糧上堂威音王已前這一隊漢錯七錯八威音王已後這一隊漢落二落三而今這一隊漢坐立儼然且道是錯七錯八落二落三還定當得出麼舉拂子曰吽吽浴佛上堂這釋迦老子初生下來便作箇笑具一手指天一手指地云天上天下唯我獨尊後來雲門大師道我當時若見一棒打殺與狗子喫却貴圖天下太平尚有人不肯放過却道讚祖須是雲門始得且道那裏是讚他處莫是一棒打殺處是麼且喜沒交涉今日南明乍此住持秖得放過若不放過盡大地人並皆乞命始得如今事不獲已且同大衆向佛殿上每人與他一杓何故豈不見道乍可違條不可越例以拂子擊禪牀下座上堂野干鳴師子吼張得眼開得口動南星蹉北斗大衆還知落處麼金剛堦下蹲神龜火裏走師退居西山耿龍學請就淨光陞座靈峯古禪師舉白雲見楊岐岐令舉茶陵悟道頌公案請師批判師乃曰諸禪德楊岐大笑眼觀東南意在西北白雲悟去聽事不眞喚鐘作甕檢點將來和楊岐老漢都在架子上將錯就錯若是南明卽不然我有明珠一顆切忌當頭蹉過雖然覿面相呈也須一鎚打破舉拂子曰還會麼碁逢敵手難藏行詩到重吟始見功師示疾請西堂應庵華禪師爲座元付囑院事示訓如常俄握拳而逝茶毗得五色舍利齒舌右拳無少損塔于寺東劉阮洞前壽五十三

福州玄沙僧昭禪師上堂天上無彌勒地下無彌勒且道彌勒在甚麼處良久曰夜行莫踏白不是水便是石

平江府南峯雲辯禪師本郡人依閶之瑞峯章得度旋里謁穹窿圓忽有得遂通所見圓曰子雖得入未至當也切宜著鞭乃辭扣諸席後參圓悟値入室纔踵門悟曰看脚下師打露柱一下悟曰何不著實道取一句師曰師若搖頭弟子擺尾悟曰你試擺尾看師翻筋斗而出悟大笑由是知名住後僧問如何是奪人不奪境師曰霸主到烏江曰如何是奪境不奪人師曰築壇拜將曰如何是人境兩俱奪師曰萬里山河獲太平曰如何是人境俱不奪師曰龍吟霧起虎嘯風生曰向上還有事也無師曰當面蹉過曰眞箇作家師曰白日鬼迷人一日入城與道俗行至十郎巷有問巷在這裏十郎在甚處師奮臂曰隨我來

臨安府靈隱慧遠佛海禪師眉山彭氏子年十三從藥師院宗辯爲僧諳大慈聽習棄依靈巖徽禪師微有省會圓悟復領昭覺師即之聞悟普說舉龐居士問馬祖不與萬法爲侶因緣師忽頓悟仆於衆衆掖之師乃曰吾夢覺矣至夜小參師出問曰淨躶躶空無一物赤骨力貧無一錢戶破家亡乞師賑濟悟曰七珍八寶一時拏師曰禍不入謹家之門悟曰機不離位墮在毒海師隨聲便喝悟以拄杖擊禪牀云喫得棒也未師又喝悟連喝兩喝師便禮拜自此機鋒峻發無所抵捂圓悟順寂師即東下屢遷名刹由虎丘奉詔住皋亭崇先復被旨補靈隱孝廟召對賜佛海禪師上堂新歲有來由煮茶上酒樓一雙爲兩脚半箇有三頭突出神難辨相逢鬼見愁倒吹無孔笛促拍舞涼州咄上堂好是仲春漸暖那堪寒食清明萬疊雲山聳翠一天風月良鄉在處華紅柳綠湖天浪穩風平山禽枝上語諄諄再三瑣瑣碎碎囑付叮叮嚀嚀你且道他叮嚀囑付箇甚麼卓拄杖曰記取明年今日依舊寒食清明上堂舉僧問睦州以一重去一重即不問不以一重去一重時如何州曰昨日栽茄子今朝種冬瓜師曰問者善問答者善答不解問山僧今日向饑鷹爪下奪肉猛虎口裏橫身爲你諸人說箇樣子登壇道士羽衣輕呪力雖窮法轉新拇指破開天地闇觔頭攧落鬼神驚僧問十二時中教學人如何用心師曰蘿蔔喫冬瓜問浩浩塵中如何辨主師曰木杓頭邊鑱切菜曰莫便是和尚爲人處也無師曰研槌撩飪飥問即心即佛時如何師曰頂分丫角曰非心非佛時如何師曰耳墜金鐶曰不是心不是佛不是物又作麼生師曰禿頂修羅舞柘枝問東山水上行意旨如何師曰初三十一不用擇日問文殊是七佛之師爲甚麼出女子定不得師曰擔頭不挂針問昔有一秀才作無鬼論論成有一鬼叱曰爭奈我何意作麼生師以手斫額曰何似生曰秖如五祖以手作鵓鴣觜曰谷呱呱又且如何師曰自領出去問庵內人爲甚麼不知庵外事師曰拄杖橫挑鐵蒺藜問不與萬法爲侶者是甚麼人師曰脚踏轆轤一日鳴鼓陞堂師潛坐帳中侍僧尋之師忽撥開帳曰秖在這裏因甚麼不見僧無對師曰大斧斫三門問僧一大藏教是惡口如何是本身盧舍那僧曰天台普請南嶽遊山師別曰阿耨達池深四十丈闊四十丈乙未秋示衆曰淳熙二年閏季秋九月旦鬧處莫出頭冷地著眼看明暗不相干彼此分一半一種作貴人教誰賣柴炭向你道不可毀不可讚體若虛空沒涯岸相喚相呼歸去來上元定是正月半都下喧傳而疑之明年忽感微疾果以上元揮偈安坐而化偈曰拗折秤鎚掀飜露布突出機先鴉飛不度留七日顏色不異塔全身於寺之烏峰

台州鴻福子文禪師上堂不昧不落作麼會會得依前墮野狐一夜涼風生畫角滿船明月泛江湖

成都府正法建禪師上堂兎馬有角牛羊無角絕毫絕氂如山如嶽針鋒上師子翻身藕

皴中大鵬展翼等閑突過北俱盧日月星辰一時黑

建康府華藏密印安民禪師嘉定府朱氏子初講楞嚴於成都爲義學所歸時圓悟居昭覺師與勝禪師爲友因造焉聞悟小參舉國師三喚侍者因緣趙州拈云如人暗中書字字雖不成文彩已彰那裏是文彩已彰處師心疑之告香入室悟問座主講何經師曰楞嚴悟曰楞嚴有七處徵心八還辨見畢竟心在甚麽處師多呈藝解悟皆不肯師復請益悟令一切處作文彩已彰會偶僧請益十玄談方舉問君心印作何顏悟厲聲曰文彩已彰師聞而有省遂求印證悟示以本色鉗鎚師則罔措一日白悟曰和尚休舉話待某說看悟諾師曰尋常拈槌竪拂豈不是經中道一切世界諸所有相皆卽菩提妙明真心悟笑曰你元來在這裏作活計師又曰下喝敲牀時豈不是返聞聞自性性成無上道悟曰你豈不見經中道妙性圓明離諸名相師於言下釋然悟出蜀居夾山師罷講侍行悟爲衆夜參舉古帆未挂因緣師聞未領遂求決悟曰你問我師舉前話悟曰庭前柏樹子師卽洞明謂悟曰古人道如一滴投於巨壑殊不知大海投於一滴悟笑曰奈這漢何未幾令分座悟說偈曰休誇四分罷楞嚴按下雲頭徹底參莫學亮公親馬祖還如德嶠訪龍潭七年往返遊昭覺三載翺翔上碧巖今日煩充第一座百華叢裏現優曇後謁佛鑑於蔣山鑑問佛果有不曾亂爲人說底句曾與你說麽師曰合取狗口鑑震聲曰不是這箇道理師曰無人奪你鹽茶袋叫作甚麽鑑曰佛果若不爲你說我爲你說師曰和尚疑時退院別參去鑑呵呵大笑師未幾開法保寧遷華藏旋里領中峰上堂衆寶華兮獨賁松青青顏色不如紅算來終不與時合歸去來兮翠靄中可笑古人恁麽道大似逃峰赴壑避溺投火爭如隨分到尺八五分鑁頭邊討一箇半箇雖然如是保寧半箇也不要何故富嫌千口少貧恨一身多冬至上堂舉玉泉皓和尚云雪雪片片不別下到臘月再從來年正月二月三月四月五月六月七月八月九月十月依前不歇凍殺餓殺免教胡說亂說師曰不是罵人亦非贊歎高出臨濟德山不似雲居羅漢且道玉泉意作麽生良久曰但得雪消去自然春到來師後示寂於本山闍維設利頻膭細民穴地尺許皆得之尤光明瑩潔心舌亦不壞

成都府昭覺徹庵道元禪師綿州鄧氏子幼於降寂寺圓具東遊謁大別道禪師因看廓然無聖之語忽爾失笑曰達磨元來在這裏遁譽之往參佛鑑佛眼蒙賞識依圓悟於金山以所見告悟弗之許悟被詔住雲居師從之雖有信入終以鯁胷之物未去爲疑會悟問參徒生死到來時如何僧曰香臺子笑和尚次問師汝作麽生師曰草賊大敗悟曰有人問你時如何師擬答悟憑陵曰草賊大敗師卽徹證圓悟以拳擊之師拊掌大笑悟曰汝見甚麽便如此師曰毒拳未報永劫不忘悟歸昭覺命首衆悟將順世以師繼席焉

臨安府中天竺㑥堂中仁禪師洛陽人也少

依東京奉先院出家宣和初賜牒於慶基殿落髮進具後往來三藏譯經所諦窮經論特於宗門未之信時圓悟居天寧淩晨謁之悟方爲衆入室師見敬服奮然造前悟曰依經解義三世佛寃離經一字卽同魔說速道速道師擬對悟劈口擊之因墜一齒卽大悟留天寧由是師資契合請問無間後開法大暨遷中天竺次徙靈隱上堂九十春光已過半養華天氣正融和海棠枝上鶯聲好道與時流見得麽然雖如是且透聲透色一句作麽生道金勒馬嘶芳草地玉樓人醉杏華天上堂舉狗子無佛性話乃曰二八佳人刺繡遲紫荆華下囀黃鸝可憐無限傷春意盡在停鍼不語時淳熙甲午四月八日孝宗皇帝詔入賜座說法帝舉不與萬法爲侶因緣俾拈提師拈罷頌曰秤鎚搦出油閑言長語休騰纏十萬貫騎鶴上揚州癸亥中壓堂告衆而逝

眉州象耳山袁覺禪師郡之袁氏子出家傳燈試經得度本名圓覺郡守塡祠牒誤作袁字疑師慊然戲謂之曰一字名可乎師笑曰一字已多郡守異之旣受具出蜀徧謁有道尊宿後往大潙依佛性頃之入室陳所見性曰汝忒煞遠在然知其爲法器俾充侍者掌賓客師每侍性性必舉法華開示悟入四字令下語又曰直待我竪點頭時汝[十六]方是也偶不職被斥制中無依寓俗士家一日誦法華至亦復不知何者是火何者爲舍乃豁然制罷歸省性見首肯之圓悟再得旨住雲居師至彼以所得白悟悟呵云本是淨地屙屎作麽師所疑頓釋紹興丁巳眉之象耳虛席郡守謂此道場久爲蟊螣囊橐非名流勝士莫能起廢諸禪舉師應聘嘗語客曰東坡云我持此石歸袖中有東海山谷云惠崇煙雨蘆鴈坐我瀟湘洞庭欲喚扁舟歸去傍人謂是丹青此禪髓也又曰我敲牀竪拂時釋迦老子孔夫子都齊立在下風有舉此語似佛海遠禪師遠曰此覺老語也我此間卽不恁麽

眉州中巖華嚴祖覺禪師嘉州楊氏子幼聰慧書史過目成誦著書排釋氏惡境忽現悔過出家依慧目能禪師未幾疽發膝上五年醫莫愈因書華嚴合論畢夜感異夢旦卽捨杖步趨一日誦至現相品曰佛身無有生而能示出生法性如虛空諸佛於中住無住亦無去處處皆見佛遂悟華嚴宗旨洎登僧籍府帥請講于千部堂詞辯宏放衆所[十七]歎服適南堂靜禪師過門謂師曰觀公講說獨步西南惜未解離文字相耳儻問道方外卽今之周金剛也師欣然罷講南遊依圓悟於鍾阜一日入室悟舉德山道有言時踞虎頭收虎尾第一句下明宗旨無言時覿露機鋒如同電拂作麽生會師莫能對夙夜參究忽然有省作偈呈悟曰家住孤峰頂長年半掩門自嗟身已老活計付兒孫悟見許可次日入室悟又問昨日公案作麽生師擬對悟便喝曰佛法不是這箇道理師復留五年愈更逃罔後於廬山棲賢閱浮山遠禪師削執論云若道悟有親疎豈有旃檀林中却生臭草豁然契悟作偈寄圓悟曰出林依舊入蓬蒿天網恢恢不可逃誰信業緣無避處歸來不怕語

聲高悟大喜持以示衆曰覺華嚴徹矣住後
僧問最初威音王末後婁至佛未審參見甚
麽人師曰家住大梁城更問長安路曰只如
德山擔疏鈔行脚意在甚麽處師曰撥破你
眼睛曰與和尚悟華嚴宗旨相去幾何師曰
同途不同轍曰昔日德山今朝和尚師曰夕
陽西去水東流上堂舉石霜和尚遷化衆請
首座繼踵住持虔侍者所問公案師曰宗師
行處如火消冰透過是非關全機亡得喪盡
道首座滯在一色侍者知見超師可謂體妙
失宗全迷向背殊不知首座如鷺鷥立雪品
類不齊侍者似鳳凰丹霄不繫金網一人高
高山頂立一人深深海底行各自隨方而來
同會九重城裏而今要識此二人麽竪起拂
子曰龍臥碧潭風凜凜垂下拂子曰鶴歸霄
漢背摩天僧問如何是一喝如金剛王寶劒
師曰血濺梵天曰如何是一喝如踞地師子
師曰驚殺野狐狸曰如何是一喝如探竿影
草師曰驗得你骨出曰如何是一喝不作一
喝用師曰直須識取把鍼人莫道鴛鴦好毛

羽

潭州福嚴文演禪師成都府楊氏子僧問如
何是定林正主師曰坐斷天下人舌頭曰未
審如何親近師曰覷著則瞎上堂當陽坐斷
凡聖跡絶隨手放開天同地轉直得日月交
互虎嘯龍吟頭頭物物耳聞目睹安立諦上
是甚麽還委悉麽阿斯吒咄

平江府西山明因曇玩禪師溫州黃氏子徧
參叢席宣和庚子同抵鍾阜適朝廷改僧爲
德士師與同志數人入頭陁巖食松自處久
之圓悟被旨居是山親至巖所令去鬚髮及
悟詔補京師天寧與師俱往命掌香水海未
幾因舉枹擊鼓頓明大法凡有所問皆對曰
莫理會故流輩咸以莫理會稱之住後上堂
汝有一對眼我也有一對眼汝若瞞還自瞞
汝若成佛作祖老僧無汝底分汝若做驢做
馬老僧救汝不得衆檀越入山請上堂說偈
曰我無長處名虛出謝汝殷勤特地來明因
無法堪分付謾把山門爲汝開

平江府虎丘雪庭元淨禪師雙溪人也上堂
知有底人過萬年如同一日不知有者過一
日如同萬年不見死心和尚道山僧行脚三
十餘年以九十日爲一夏增一日也不得減
一日也不得取不得捨不得不可得中秖麽
得翠雲見處又且不然山僧行脚三十來年
誰管他一日九十日也無得也無不得處處
當來見彌勒且道彌勒在甚麽處金風吹渭
水落葉滿長安上堂說得須是見得見得又
須說得見得說不得落在陰界見解偏枯說
得見不得落在時機墮在毒海若是翠雲門
下直饒說得見得好與三十棒說不得見不
得也好與三十棒翠雲恁麽道也好與三十
棒遂高聲召大衆曰喚上堂日日日東出日
日日西沒是時人知有自古自今如麻似粟
忽然捩轉話頭亦不從東出亦不從西沒且
道從甚處出沒若是透關底人聞恁麽道定
知五里牌在郭門外若是透不過者往往道
半山熱瞞人僧問如何是到家一句師曰坐
觀成敗問不與萬法爲侶者是甚麽人師曰
遠親不如近鄰曰待汝一口吸盡西江水即

向汝道又作麽生師曰近鄰不如遠親問亡僧遷化向甚麽處去師曰糞堆頭曰意旨如何師曰築著磕著

衢州天寧訥堂梵思禪師蘇臺朱氏子上堂趯飜生死海踏倒涅槃岸世上無活人黃泉無死漢遂拈拄杖曰訥堂今日拄杖子有分付處也還有承當得者麽試出來擔荷看有麽有麽良久擲拄杖下座上堂知有底也喫粥喫飯不知有底也喫粥喫飯如何直下驗得他有之與無是之與非邪之與正若驗不出衆學事大遠在喝一喝下座上堂山僧屛楊岐四世孫這老漢有箇三脚驢子弄蹄行公案雖人人舉得秖是不知落處山僧不惜眉毛爲諸人下箇注脚乃曰八角磨盤空裏走

岳州君山佛照覺禪師上堂舉古者道仰之彌高鑽之彌堅瞻之在前忽焉在後諸人還識得麽若也不識爲你註破仰之彌高不隔絲毫要津把斷佛祖難逃鑽之彌堅眞體自然鵶鳥啼華笑在碧巖前瞻之在前非正非偏十方坐斷威鎮大千忽焉在後一場漏逗堪笑雲門藏身北斗咄

平江府寶華顯禪師本郡人也上堂曰喫粥了也頭上安頭洗鉢盂去爲甚畫足更問如何自納敗闕良久高聲召大衆衆舉首師曰歸堂喫茶上堂禪莫參道休學歇意忘機常廓落現成公案早周遮秖箇無心已穿鑿直饒坐斷未生前難透山僧錯錯錯

紹興府東山覺禪師後住因聖上堂三通鼓罷諸人各各上來擬待理會祖師西來意還知劒去久矣麽設使直下悟去也是斬頭覓活東山事不獲已且向第二頭鞠撥看以手拍禪牀下座上堂花爛熳景暄妍休說壺中別有天百草頭邊如薦得東高三丈西闊八寸上堂舉昔廣額屠兒一日至佛所颺下屠刀曰我是千佛一數世尊曰如是如是今時叢林將謂廣額過去是一佛權現屠兒如此見廣額且喜沒交涉又曰廣額正是箇殺人不眨眼底漢颺下屠刀立地成佛且喜沒交涉又道廣額颺下屠刀曰我是千佛一數這一佛多少分明且喜沒交涉要識廣額麽夾路桃華風雨後馬蹄何處避殘紅

台州天封覺禪師上堂無生國裏未是安居鳥仍崖頭豈容駐足且望空撒手直下飜身一句作麽生道人逢好事精神爽入火眞金色轉鮮

成都府昭覺道祖首座初見圓悟於卽心是佛語下發明久之悟命分座一日爲衆入室餘二十許人師忽問曰生死到來如何迴避僧無對師擲下拂子奄然而逝衆皆愕眙亟以聞悟悟至召曰祖首座師張目眎之悟曰抖擻精神透關去師點頭竟爾趨寂

南康軍雲居宗振首座丹丘人也依圓悟於雲居一日仰瞻鐘閣倏然契證有詰之者座酧以三偈其後曰我有一機直下示伊青天霹靂電卷星馳德山臨濟棒喝徒施不傳之妙於汝何虧悟見大悅竟以節操自高道望愈重嘗書壁曰住在千峰最上層年將耳順任騰騰免教名字挂人齒甘作今朝百拙僧

樞密徐俯字師川號東湖居士每侍先龍圖

謁法昌及靈源語論終日公聞之貌如也及法昌歸寂在笑談間公興之始篤信此道後丁父憂念無以報罔極命靈源歸孝址說法源登座問答巳乃曰諸仁者秖如龍圖平日讀萬卷書如水傳器涓滴不遺且道尋常著在甚麼處而今捨識之後這著萬卷書底又却向甚麼處著公聞灑然有得遂曰吾無惑矣源下座問曰學士適來見箇甚麼便恁麼道公曰若有所見則鈍置和尚去也源曰恁麼則老僧不如公曰和尚是何心行源大笑

靖康初為尚書外郎與朝士同志者挂鉢於天寧寺之擇木堂力叅圓悟悟亦喜其見地超邁一日至書記寮指悟頂相曰這老漢脚跟猶未點地在悟顛面曰甕裏何曾走却鼈公曰且喜老漢脚跟點地悟曰莫謗他好公休去

郡王趙令衿字表之號超然居士任南康政成事簡多與禪衲遊公堂間為摩詰丈室適圓悟居顯阜公欣然就其鑪錘悟不少假公固請悟曰此事要得相應直須是死一回始得公黙契嘗自疏之其略曰家貧遭劫誰知盡底不存空屋無人幾度賊來亦打悟見囑令加護紹興庚申冬公與汪內翰藻李叅政邴會侍郎開詣徑山謁大慧慧聞至乃令擊鼓入室公欣然袖香趨之慧曰趙州洗鉢盂話居士作麼生會公曰討甚麼碗拂袖便出慧起搊住曰古人向這裏悟去你因甚麼却不悟公擬對慧掀之曰討甚麼碗公曰還這老漢始得

侍郎李彌遜號普現居士少時讀書五行俱下年十八中鄉舉登第京師旋歷華要至一十八歲為中書舍人常入圓悟室一日早朝回至天津橋馬躍忽有省通身汗流直造天寧適悟出門遙見便喚曰居士且喜大事了畢公厲聲曰和尚眼華作甚麼悟便喝公亦喝於是機鋒迅捷凡與悟問答當機不讓公後還吏部乞祠祿歸閩連江築庵自娛忽一日示微恙遽索湯沐浴畢遂趺坐作偈曰謾說從來牧護今日分明呈露虛空撲倒須彌說甚向上一路擲筆而逝

覺庵道人祖氏建寧游察院之姪女也幼志不出適留心祖道於圓悟示衆語下了然明白悟曰更須颺却所見始得自由祖答偈曰露柱抽橫骨虛空弄爪牙直饒玄會得猶是眼中沙

令人本明號明室自機契圓悟徧叅名宿皆蒙印可紹興庚申二月望親書三偈寄呈草堂清微露謝世之意至旬末別親里而終草堂跋其偈後為刊行大慧亦嘗垂語發揚偈曰不識煩惱是菩提若隨煩惱是愚癡起滅之時須要會鷂過新羅人不知不識煩惱是吾提淨華生淤泥人來問我若何為喫粥喫飯了洗鉢盂莫管他莫管他終日癡憨弄海沙要識本來真面目便是祖師一木叉道不得底叉下死道得底也叉下死畢竟如何不許夜行投明須到

成都府范縣君者嫠居歲久常坐而不臥聞圓悟住昭覺往禮拜請示入道因緣悟令看不是心不是佛不是物是箇甚麼久無所契范泣告悟曰和尚有何方便令某易會悟曰

印有箇方便遂令紙看是箇甚麼後有省曰元來恁麼地近那

太平懃禪師法嗣

常德府文殊心道禪師眉州徐氏子年三十得度詣成都習唯識自以爲至同舍詰之曰三界唯心萬法唯識今目前萬象摐然心識安在師茫然不知對遂出關周流江淮既抵舒之太平聞佛鑑禪師夜叅舉趙州柏樹子話至覺鐵觜云先師無此語莫謗先師好因大疑提撕既久一夕豁然即趨丈室擬敘所悟鑑見來便閉門師曰和尚莫謾某甲鑑云十方無壁落何不入門來師以拳搗破窗紙鑑即開門搊住云道道師以兩手捧鑑頭作口啐而出遂呈偈曰趙州有箇柏樹話禪客相傳徧天下多是摘葉與尋枝不能直向根源會覺公說道無此語正是惡言當面罵禪人若具通方眼好向此中辨真假鑑深然之每對客稱賞後命分座襄守請開法天寧未幾擢大别文殊上堂曰師子頻呻象王哮吼雲門北斗裏藏身白雲因何喚作手三世諸佛不能知狸奴白牯却知有且道作麼生是他知有底事雨打梨華蛺蝶飛風吹柳絮毛毬走上堂拈拄杖直上指曰恁麼時刺破憍尸迦脚跟卓一下曰恁麼時卓碎閻羅王頂背乃指東畔曰恁麼時穿過東海鯉魚眼睛指西畔曰恁麼時塞却西王母鼻孔且道總不恁麼時如何今年雨水多各宜頻曬眼宣和改元下詔改僧爲德士上堂祖意西來事今朝特地新昔爲比丘相今作老君形鶴氅披銀褐頭包蕉葉巾林泉無事客兩度受君恩所以道欲識佛性義當觀時節因緣且道即今是甚麼時節毗盧遮那頂戴寶冠爲顯真中有俗文殊老叟身披鶴氅且要俯順時宜一人既爾衆人亦然大家成立叢林喜得羣僊聚會共酌迷僊酎同唱步虛詞或看靈寶度人經或說長生不死藥琴彈月下指端發太古之音碁布軒前妙著出神機之外進一步便到大羅天上退一步却入九幽城中祇如不進不退一句又作麼生道直饒羽化三清路終是輪迴一幻身二年九月復僧上堂不挂田衣著羽衣老君形相頗相宜一年半内閑思想大底興衰各有時我佛如來預讖法之有難教中明載無不委知較量年代正在于茲魔得其便惑亂正宗僧改俗形佛更名字妄生邪解删削經文鐃鈸停音鉢盂添足多般矯詐欺罔聖君賴我皇帝陛下聖德聖明不忘付囑不廢其教特賜宸章頒行天下仍許僧尼重新披削實謂寒灰再焰枯木重榮不離俗形而作僧形不出魔界而入佛界重鳴法鼓再整頹綱迷僊酎變爲甘露瓊漿步虛詞飜作還鄉曲子放下銀木簡拈起尼師壇昨朝稽首擎拳今日和南不審祇改舊時相不改舊時人敢問大衆舊時人是一箇是兩箇良久曰秋風也解嫌狼籍吹盡當年道教灰建炎三年春示衆舉臨濟入滅囑三聖因緣師曰正法眼藏瞎驢滅臨濟何曾有是說今古時人皆妄傳不信但看後三月至閏三月賊鍾相叛其徒欲舉師南奔者師曰學道所以了生死何避之有賊至師曰速見殺以快汝心賊即舉槊殘之血皆白乳

賊駭引席覆之而去

韶州南華知昺禪師蜀之永康人也上堂此事最希奇不礙當頭說東鄰田舍翁隨例得一橛非唯貫聲色亦乃應時節若問是何宗八字不著丿擊禪牀下座上堂日日說時時舉似地擎山爭幾許隴西鸚鵡得人憐大都秖爲能言語休思惟帶伴侶智者聊聞猛提取更有一般也大奇猫兒偏解捉老鼠上堂以拄杖向空中攪曰攪長河爲酥酪鱖蟹猶自眼搭眵卓一下曰變大地作黃金窮漢依前赤骨力爲復自家無分爲復不肯承當可中有箇漢荷負得行多少人失錢遭罪再卓一下曰還會麽寶山到也須開眼勿使忙忙空手回上堂春光爛熳華爭發子規啼落西山月皤梵鉢提長吐舌底事分明向誰說嗄上堂迷不自迷對悟立迷悟不自悟因迷諦悟所以悟爲迷之體迷爲悟之用迷悟兩無從箇中無別共無別共撥不動祖師不將來鼻孔千斤重

五燈會元卷第五十三

五燈會元卷第五十三

校勘記

一　底本，清藏本。

一　八七七頁上一行經名，徑無（未換卷）。

一　八七七頁上三行至四行「南嶽下十五世　昭覺勤禪師法嗣」，徑無。

一　八八三頁下一〇行「德山」，徑作「羅山」。

一　八八八頁上卷末經名，徑無（未換卷）。

五燈會元卷第五十四　　　　　　　　　　　　　　　鉅七

宋　沙　門　大　川　濟　集

南嶽下十五世

太平懃禪師法嗣

灃州龍牙智才禪師，舒州施氏子。早服勤於佛鑑法席，而局務不辭難。名已聞於叢林，及遊方，追慕至黃龍。適死心在三門，問其所從來，既稱名，則知為舒州太平才莊主矣。翌日入室，死心問曰：「會得最初句，便會末後句；會得末後句，便會最初句。最初末後，拈放一邊，百丈野狐話作麼生會？」師曰：「入戶已知來見解，何須更舉轢中泥。」心曰：「新長老死在上座手裏也。」師曰：「語言雖有異，至理且無差。」心曰：「如何是無差底事？」師曰：「不扣黃龍角，焉知頷下珠？」心便打。初住黴麓，開堂日，僧問：「德山棒，臨濟喝，今日請師為拈掇。」師曰：「蘇嚕蘇嚕。」曰：「蘇嚕蘇嚕還有西來意也無？」師曰：「蘇嚕蘇嚕蘇嚕。」由是叢林呼為才蘇嚕。後遷龍牙，因欽宗皇帝登位，衆官請上堂，祝聖已，就座拈拄杖卓一下，曰：「朝奉疏中道，本來與境，諸佛妙場，適來拄杖子已為諸人說了也。於斯悟去，理無不顯，事無不周。如或未然，不免別通箇消息。舜日重明四海清，滿天和氣樂昇平。延祥拄杖生歡喜，擲地山呼萬歲聲。」擲拄杖下座。上堂，彈指一下曰：「彈指圓成八萬門，剎那滅卻三祇劫。若也見得，行得，健即經行，困即歇。若也不會，兩箇鸕鷀扛箇鱉。」上堂：「死心和尚小參曰：『若論此事，如人家有三子：第一子聰明智慧，孝養父母，接待往來，主掌家業；第二子光頑狡猾，貪婬嗜酒，倒街臥巷，破壞家業；第三子盲聾瘖瘂，菽麥不分，是事不能，秪會喫飯。』三人中，黃龍要選一人用。更有四句：死中有活，活中有死，死中常死，活中常活。將此四句驗天下衲僧。」師曰：「喚甚麼作四句三人？姓甚名誰？若也識得，與黃龍把手並行，更無纖毫間隔。如或未然，不免借水獻華去也。三人共體用非用，四句同音空不空。欲識三人并四句，金烏初出一團紅。」師居龍牙十三載，以清苦蒞衆，衲子敬畏。大帥席公震遷住雲溪，經四稔。紹興戊午八月望，俄集衆付寺事，仍書偈曰：「戊午中秋之日，出家住持事畢。臨行自己尚無，有甚虛空可覓。」其垂訓如常。二十三日再集衆，示問曰：「涅槃生死，盡是空華，佛及衆生，並為增語。汝等諸人，合作麼生？」衆皆下語，不契。師喝曰：「苦苦。」復曰：「白雲湧地，明月當天。」言訖，儼然而逝。火浴，獲設利五色，併靈骨塔於寺之西北隅。

明州蓬萊卿禪師，上堂：「有句無句，如藤倚樹。且任諸方點頭，及乎樹倒藤枯，上無衝天之計，下無入地之謀，靈利漢這裏著得一隻眼，便見七縱八橫。」舉拂子曰：「看看，一曲兩曲無人會，雨過夜塘秋水深。」上堂：「杜鵑聲裏春光暮，滿地落華留不住。瑠璃殿上絕行蹤，誰人解插無根樹？」舉拄杖曰：「這箇是無根底。且道解開華也無？」良久曰：「秪因連夜雨，又過一年春。」上堂，舉法眼道：「識得凳子，周帀有餘。」雲門道：「識得凳子，天地懸殊。」師曰：「此二老人，一人向高高山頂立，一人向深深海底行。然雖如是，一不是，二不成。落華流水裏，啼鶯鬧亭雨，歇夜將半，片月還從海底生。」

安吉州何山佛燈守珣禪師郡之施氏子參廣鑑瑛禪師不契遂造太平隨衆咨請邈無所入乃封其衾曰此生若不徹去誓不展此於是晝坐宵立如喪考妣逾七七日忽佛鑑上堂曰森羅及萬象一法之所印師聞頓悟往見鑑鑑曰可惜一顆明珠被這風顛漢拾得乃詰之曰靈雲道自從一見桃華後直至如今更不疑如何是他不疑處師曰莫道靈雲不疑只今覓箇疑處了不可得鑑曰玄沙道諦當甚諦當敢保老兄未徹在那裏是他未徹處師曰深知和尚老婆心切鑑然之師拜起呈偈曰終日看天不舉頭桃華爛熳始擡眸饒君更有遮天網透得牢關即便休鑑囑令護持是夕厲聲謂衆曰這回珣上座穩睡去也圓悟聞得疑其未然乃曰我須勘過始得遂令人召至因與遊山偶到一水潭悟推師入水遽問曰牛頭未見四祖時如何師曰潭深魚聚悟曰見後如何師曰樹高招風悟曰見與未見時如何師曰伸脚在縮脚裏悟大稱之鑑移蔣山命分座說法出住廬陵之禾山退藏故里道俗迎居天聖後徙何山及天寧上堂輹轢鑽住山斧佛祖出頭未輕與縱使醍醐滿世間你無寶器如何取阿呵呵神山打羅道吾作舞甜瓜徹蔕甜苦瓠連根苦上堂舉婆子燒庵話師曰大凡扶宗立教須是其人你看他婆子雖是箇女人宛有丈夫作畧二十年簁油費醬固是可知一日向百尺竿頭做箇失落直得用盡平生腕頭氣力自非箇俗漢知機洎乎巧盡拙出然雖如是諸人要會麼雪後始知松柏操事難方見丈夫心上堂如來禪祖師道切忌將心外邊討從門所得即非珍特地埋藏衣裏寶禪家流須及早撥動祖師關棙抖擻多年布衲是非毀譽付之空豎闊橫長渾恰好君不目寒山老終日嬉嬉長年把掃人問其中事若何入荒田不揀信手拈來草參僧問如何是賓中賓師曰客路如天遠候門似海深曰如何是賓中主師曰長因送客處憶得別家時曰如何是主中賓師曰相逢不必問前程曰如何是主中主師曰一朝權祖令誰是出頭人曰賓主已蒙師指示向上宗乘事若何師曰向上問將來曰如何是向上事師曰大海若知足百川應倒流僧禮拜師曰珣上座三十年學得底師嘗謂衆曰兄弟如有省悟處不拘時節請來露箇消息雪夜有僧扣方丈門師起秉燭震威喝曰雪深夜半求決疑情因甚麼威儀不具僧顧眎衣裓師遂出院每曰先師秪年五十九吾年五十六矣來日無多紹興甲寅解制退天寧之席謂雙槐居士鄭績曰十月八日是佛鑑忌則吾時至矣乞還鄣南十月四日鄭公遣弟僧道如訊之師曰汝來正其時也先一日不著便後一日蹉過了吾雖與佛鑑同條生終不同條死明早可為我尋一隻小船子來如曰要長者要高者師曰高五尺許越三日雞鳴端坐如平時侍者請遺偈師曰不曾作得言訖而逝闍維舌根不壞郡人陳師顏以寶函藏其家門弟子奉靈骨塔於普應院之側

隆興府泐潭擇明禪師上堂舉趙州訪茱萸探水因緣師曰趙老雲收山嶽露茱萸雨過

竹風清誰家别館池塘裏一對鴛鴦畫不成又舉德山托鉢話師曰從來家富小兒嬌偏向江頭弄畫橈引得老爺把不住又來船上助歌謡上堂永嘉道一月普現一切水一切水月一月攝豎起拂子云看看千江競注萬派爭流若也素善行舟便諳水脉可以優游性海笑傲煙波其或未然且歸林下坐更待月明時

台州寶藏本禪師上堂清明已過十餘日華雨闌珊方寸深春色惱人眠不得黄鸝飛過緑楊陰遂大笑下座

吉州大中祥符清海禪師初見佛鑑鑑問三世諸佛一口吞盡何處更有衆生可教化此理如何師擬進語鑑喝之師忽領旨述偈曰實際從來不受塵箇中無舊亦無新青山況六是吾家物不用尋家别問津鑑曰放下著師禮拜而出

漳州淨衆佛真了燦禪師泉南羅氏子上堂重陽九日菊花新一句明明亘古今楊廣橐駞無覓處夜來足跡在松陰

隆興府谷山海禪師上堂一舉不再説已落二三相見不揚眉鹹成造作設使動絃别曲告往知來見鞭影便行望刹竿回去脚跟下好與三十棒那堪更向這裏擬摩石火收捉電光工夫枉用渾閑事笑倒西來碧眼胡卓拄杖下座

## 南嶽下十五世

### 龍門遠禪師法嗣

温州龍翔竹菴士珪禪師成都史氏子初依大慈宗雅心醉楞嚴逾五秋南遊謁諸尊宿始登龍門即以平時所得白佛眼眼曰汝解心已極但欠著力開眼耳遂俾職堂司一日侍立次問云絶對待時如何眼曰如汝僧堂中白椎相似師罔措眼至晚抵堂司師理前話眼曰閑言語師於言下大悟政和末出世七和之天寧屢遷名刹紹興間奉詔開山鴈蕩能仁時眞歇居江心聞師至恐緣法未熟特過江迎歸方丈大展九拜以誘温人由是翕然歸敬未覩篆其徒懼行規法深夜放火鞠爲瓦礫之墟師竟就樹縛屋陞座示衆云愛閙不打皷山皷投老來看鴈蕩山傑閣危樓渾不見谿邊茆屋兩三間還有共相出手者麼喝一喝下座聽法檀施併力營建未幾復成寶坊次補江心上堂曰萬年一念一念萬年和衣泥裏輥洗脚上牀眠歷劫來事秖在如今大海波濤湧小人方寸深拈起拄杖曰汝等諸人未得箇入頭須得箇入頭既得箇入頭須有出身一路始得大衆且作麼生是出身一路良久曰雪壓難摧澗底松風吹不動天邊月卓拄杖下座上堂萬機不到眼見色耳聞聲一句當堂頭戴天脚踏地你諸人秖知今日是五月初一殊不知金烏半夜忙忙去玉兔天明上海東以拂子擊禪牀下座上堂明明無悟有法即迷諸人向這裏立不得諸人向這裏住不得若立則危若住則瞎直須意不停玄句不停意用不停機此三者既明一切處不須管帶自然現前不須照顧自然明白雖然如是更須知有向上事久而不睛咄上堂一葉落天下秋欲窮千里目更上一層樓一塵起大地收嘉州打大像陝府

灌鐵牛明眼漢合作麼生良久曰久旱簷頭句橋流水不流阜拄杖下座上堂見見之時見非是見見猶離見見不能及落華有意隨流水流水無情戀落華諸可還者自然非汝不汝還者非汝而誰長恨春歸無覓處不知轉入此中來喝一喝曰三十年後莫道能仁教壞人家男女上堂僧問如何是祖師西來意師曰東家點燈西家暗坐曰未審意旨如何師曰馬便搭鞍驢便推磨僧禮拜師曰靈利衲僧秪消一箇遂曰馬搭鞍驢推磨靈利衲僧秪消一箇縱使東家明點燈未必西家暗中坐西來意旨問如何多口阿師自招禍僧問如何是第一義師曰你問底是第二義問狗子還有佛性也無趙州道無意旨如何師曰一度著蛇齩怕見斷井索問燕子深談實相善說法要此理如何師曰不及鴈銜蘆問如何是佛師曰華陽洞口石烏龜問魯祖面壁意旨如何師曰金木水火土羅睺計都星問有句無句如藤倚樹時如何師曰作賊人心虛曰國師三喚侍者又作麼生師曰打皷弄猢猻皷破猢猻走丙寅七月十八日召法屬長老宗範付後事次日沐浴聲鐘集衆就座泊然而逝荼毘日送者均獲設利奉骨塔於皷山

南康軍雲居高庵善悟禪師洋州李氏子年十一去家業經得度有夙慧聞冲禪師舉武帝問達磨因緣如獲舊物遽曰我既廓然何勝之有冲異其語勉之南詢蒙授記於龍門一日有僧被蛇傷足佛眼問曰既是龍門爲甚麼却被蛇齩師即應曰果然現大人相眼盖器之後傳此語到昭覺圓悟云龍門有此僧耶東山法道未寂寥爾住後上堂少林面壁懷藏東土西天歐阜陞堂充塞四維上下致使山巍巍而砥掌平水昏昏而常自清華非豔而結空果風不搖而片葉零人無法而得浴問佛無心而更可成野蔬淡飯延時日任運隨緣道自靈畢竟如何日午打三更遂寧府西禪文璉禪師郡之張氏子上堂一向恁麼去直得凡聖路絕水泄不通鐵蛇鑽不入鐵鎚打不破至於千里萬里鳥飛不度一向恁麼來未免灰頭土面帶水拖泥唱九作十指鹿爲馬非唯孤負先聖亦乃埋沒已靈敢問大衆且道恁麼去底是恁麼來底是芍藥華開菩薩面椶櫚葉散夜叉頭上堂諸方浩浩談玄每日撞鐘打皷西禪無法可說勘破燈籠露柱門前不置下馬臺免被傍人來借路若借路須照顧脚下若參差邯鄲學唐步上堂心生種種法生森羅萬像縱橫信手拈來便用日輪午後三更心滅種種法滅四句百非路絕直饒達磨出頭也是眼中著屑心生心滅是誰木人攜手同歸歸到故鄉田地猶遭頂上一鎚上堂正月孟春猶寒直下言端語端拈起衲僧鼻孔穿開祖佛心肝知有者達磨不來東土二祖不往西天不知有者誰知當面蹉過迢迢十萬八千山僧爲你重說偈言大衆莫教孤負孟春猶寒僧問師子未出窟時如何師曰爪牙已露曰出窟後如何師曰龍頭蛇尾曰出與未出時如何師曰正好喫棒問以一重去一重即不問不以一重去一重時如何師曰闍黎有許多工

夫
隆興府黃龍牧庵法忠禪師四明姚氏子十
九試經得度習台教悟一心三觀之旨未能
泯跡徧叅名宿至龍門觀水磨旋轉發明心
要乃述偈曰轉大法輪目前包裹更問如何
水推石磨呈佛眼眼曰其中事作麼生師曰
澗下水長流眼曰我有末後一句待分付汝
師即掩耳而去後至廬山於同安枯樹中絕
食清坐宣和間湘潭大旱禱而不應師躍入
龍淵呼曰業畜當雨一尺雨隨至居南嶽每
跨虎出遊儒釋望塵而拜住後上堂張公喫
酒李公醉子細思量不思議李公醉醒問張
公恰使張公無好氣無好氣不如歸家且打
睡上堂今朝正月半有事爲君斷切忌兩眼
睛被他燈火換上堂我有一句子不借諸聖
口不動自己舌非聲氣呼吸非情識分別假
使淨名杜口於毘耶釋迦掩室於摩竭大似
掩耳偷鈴未免天機漏泄直饒德山入門便
棒臨濟入門便喝若向牧庵門下檢點將來
秖得一橛千種言萬般說秖要教君自家歇

一任大地虛空七凹八凸僧問如何是佛師
曰莫向外邊覓曰如何是心師曰莫向外邊
尋曰如何是道師曰莫向外邊討曰如何是
禪師曰莫向外邊傳曰畢竟如何師曰靜處
薩婆訶問大衆臨筵請師舉唱師竪起拂子
僧曰乞師再垂方便師擊禪牀一下後示寂
塔於香原洞
衢州烏巨雪堂道行禪師處州葉氏子依泗
州普照英禪師得度去叅佛眼一日聞舉玄
沙築著脚指話遂大悟住後上堂會即便會
玉本無瑕若言不會碓觜生華試問九年面
壁何如大會拈華南明恁麼商確也是順風
撒沙叅上堂雲籠嶽頂百鳥無聲月隱寒潭
龍珠自耀正當恁麼時直得石梁忽然大悟
石洞頓爾心休虛空開口作證溪北石僧點
頭諸人總在這裏瞌睡笑殺陝府鐵牛上堂
佛說三乘十二分頓漸偏圓癡人面前不得
說夢祖師西來直指人心見性成佛癡人面
前不得說夢臨濟三玄雲門三句洞山五位
癡人面前不得說夢南明恁麼道還免得遭

人檢責也無所以古人道石人機似汝也解
唱巴歌汝若似石人雪曲也應和還有和雪
曲底麼若有喚來與老僧洗脚上堂通身是
口說得一半通身是眼用得一橛用不到處
說有餘說不到處用無盡所以道當用無說
當說無用用說同時用說不同時諸人若也
擬議西峯在你脚底到國清衆請上堂句亦
剗意亦剗絕毫絕氂處如山如嶽句亦到意
亦到如山如嶽處絕毫絕氂忽若撥通一線
意句俱到俱不到俱剗俱不剗直得三句外
絕牢籠六句外無標的正當恁麼時一句作
麼生道傾蓋同途不同轍相將攜手上高臺
上堂舉趙州示衆云老僧除却二時齋粥是
雜用心處師曰今朝六月旦行者擊皷長老
陞堂你諸人總來這裏雜用心上堂舉僧問
雲門如何是驚人句門曰響師曰雲門答這
僧話不得便休却皷粥飯氣以當平生上堂
黃梅雨麥秋寒恁麼會太無端時節因緣佛
性義大都須是髑髏乾示衆舉璣和尚問僧
禪以何爲義衆下語皆不契理僧請益璣璣

代云以謗爲義師曰三世諸佛是謗西天二十八祖是謗唐土六祖是謗天下老和尚是謗諸人是謗山僧是謗於中還有不謗者也無談玄說妙河沙數爭似雙峯謗得親師示疾門弟子教授汪公喬年至省候師以後事委之示以偈曰識則識自本心見則見自本性識得本心本性正是宗門大病註曰爛泥中有刺莫道不疑好黎明沐浴更服跏趺而逝闍維五色設利煙所至處纍然齒舌不壞塔於寺之西

撫州白楊法順禪師綿州文氏子依止佛眼聞普說舉傅大士心王銘云水中鹽味色裏膠青決定是有不見其形師於言下有省後觀寶藏迅轉頓明大法趨丈室作禮呈偈曰頂有異峯雲冉冉源無別派水泠泠遊山未到山窮處終被青山礙眼睛眼笑而可之住後上堂好事堆堆疊疊來不須造作與安排落林黃葉水推去橫谷白雲風卷回寒鴈一聲情念斷霜鐘纔動我山摧白楊更有過人處盡夜寒爐撥死灰忽有箇衲僧出來道長老少賣弄得恁麼窮乞相山僧秖向他道却被你道著上堂我手何似佛手天上南星北斗我脚何似驢脚往事都來忘却人人盡有生緣箇箇足方頂圓大愚灘頭立處孤月影射深灣會不得見還難一曲漁歌過遠灘示衆染緣易就道業難成不了目前萬緣差別秖見境風浩浩凋殘功德之林心火炎炎燒盡菩提之樹道念若同情念成佛多時爲衆一似爲己彼此事辦不見他非我是自然上敬下恭佛法時時現前煩惱塵塵解脫上堂雞啼曉月狗吠枯樁只可默會難入思量看不見處動地放光說不到處天地玄黃撫城尺六狀紙元來出在清江大衆分明話出人難見昨夜三更月到窻上堂風吹茆茨屋脊漏雨打闍黎眼睛濕恁麼分明却不知却來這裏低頭立（時紹鑒上座聞之有省後住麥之廣教）因病示衆久病未嘗推木枕人來多是問如何山僧據問隨緣對窻外黃鸝口更多只如七尺之軀甚處受病衆中具眼者試爲山僧指出病源衆下語皆不契師自拊掌一下作嘔吐聲又云好箇木枕子師律身清苦出入唯杖笠獨行後示寂闍維收舍利目睛齒舌數珠同靈骨塔於寺西

南康軍雲居法如禪師丹邱胡氏子依護國瑞禪師祝髮登具徧叅淛右諸宗匠晚至龍門以平日所證白佛眼眼曰此皆學解非究竟事欲了生死當求妙悟師駭然諦信一日命主香積以道業未辦固辭眼勉曰姑就職其中大有人爲汝說法未幾晨興開厨門望見聖僧契所未證即白佛眼眼曰這裏還見聖僧麼師詣前問訊叉手而立眼曰向汝道大有人爲汝說法住後上堂一法若有毘盧墮在凡夫萬法若無普賢失其境界向這裏有無俱遣得失兩忘直得十方諸佛不見諸人且道十二時中向甚麼處安身立命拔蘘側立千峯外引水澆蔬五老前上堂乾坤之內宇宙之間中有一寶秘在形山居雲又且不然乾坤之內宇宙之間中有一寶擲下拄杖云大衆也須識取

南康軍歸宗眞牧正賢禪師潼川陳氏子世

爲名儒纫從三聖海澄爲苾蒭具滿分戒遊成都依大慈秀公習經論凡典籍過目成誦義亦頓曉秀稱爲經藏子出蜀謁諸尊宿穢扣佛眼一日入室眼舉殷勤抱得旃檀樹語聲未絶師頓悟眼曰經藏子漏逗了也自是與師商確淵奥亹亹無盡眼稱善因手書眞牧二字授之紹興巳巳歸宗虛席郡侯以禮請堅卧不應寶文李公懋嘗問道於師同屬官強之乃就上堂且第一句如何道汝等若向世界未成時父母未生時佛未出世時祖師未西來時道得已是第二句且第一句如何道直饒你十成道得未免左之右之卓拄杖下座上堂良久召大衆曰作麽生若也擬議賢上座謾你諸人去也打地和尚瞋他秘魔巖主擎箇叉兒胡説亂道遂將一摑成虀粉散在十方世界還知麽舉拂子曰而今却在拂子頭上説一切智智清淨無二無二分無別無斷故還聞麽闍老子知得乃曰賢上座你若相當去不妨奇特或不相當總在我手裏秖向他道闍老子你也退步摸索鼻孔看擊禪牀下座僧問久默斯要巳泄眞機學人上來請師開示師曰耳朶在甚麽處曰一句分明該萬象師曰分明底事作麽生曰台星照臨枯木回春師曰換却你眼睛

安吉州道場正堂明辯禪師本郡俞氏子纫事報本蘊禪師圓顱受具後謁[十六]諸名宿至西京少林聞僧舉佛眼以古詩發明罽賓王斬師子尊者話曰楊子江頭楊柳春楊華愁殺渡江人一聲羌笛離亭晚君向瀟湘我向秦師默有所契即趨龍門求入室佛眼問從上祖師方冊因緣許你會得忽舉拳曰這箇因何喚作拳師擬對眼築其口曰不得作道理於是頓去知見住後上堂猛虎口邊拾得蠹虵頭上安排更不釘椿搖艣回頭別有生涯婆子被我勘破了大悲院裏有村齋上堂淨五眼湧金春色曉得五力吹落碧桃華唯證乃知難可測卓拄杖曰一片何人得流經十萬家上堂三祖道但莫憎愛洞然明白當時老僧若見便與一摑且道是憎邪是愛邪近來經界稍嚴不許詭名挾佃解夏上堂十五日已前不得去少林變履無藏處十五日已後不得住桂子天香和雨露正當十五日又且如何阿呵呵風流不在著衣多上堂舉僧問投子大死底人却活時如何子曰不許夜行投明須到師曰我疑千年蒼玉精化爲一片秋水骨海神欲護護不得一旦[十七]驚頭忽擊出上堂華開隴上柳綻堤邊黄鶯調叔夜之琴芳草入謝公之句何必聞聲悟道見色明心非唯水上見漚巳是眼中著屑擘開胷曰汝等當觀吾紫磨金色之身今日則有明日則無大似無風起浪全不知羞且道今日事作麽生好箇迷逢達磨不知誰解承當僧問如何是佛師乃鳴指三下問語默涉離微如何通不犯師曰横身三界外獨脱萬機前曰秖如風穴道長憶江南三月裏鷓鴣啼處百華香又作麽生師曰説這箇不唧𠺕漢作麽曰嫩竹揺金風細細百花鋪地日遲遲師曰你向甚麽處見風穴曰眼裏耳裏絶瀟灑師曰料掉無交涉問蓮華未出水時如何師曰未過冬至莫道寒曰出水後如何師曰未過

夏至其道熱曰出與未出時如何師曰三十
年後不要错舉問如何是佛師曰無柴猛燒
火曰如何是法師曰貧做富裝裹曰如何是
僧師曰賣扇老婆手遮日曰如何是和尚栗
棘蓬師曰不答此話曰爲甚麼不答師大笑
曰吞不進吐不出問如何是一喝如金剛王
寶劍師曰古墓毒蛇頭戴角曰如何是一喝
如踞地師子師曰虛空笑點頭曰如何是一
喝如探竿影草師曰石人拍手笑呵呵曰如
何是一喝不作一喝用師曰布袋裏豬頭曰
四喝已蒙師指示向上還有事也無師曰有
曰如何是向上事師曰鋸解秤鎚隨聲便喝
佛眼忌拈香龍門和尚闌提潦倒不信佛法
滅除禪道撥破毘盧向上關猫兒洗面自道
好一炷沈香爐上然換手槌胷空懊惱遂摇
手曰休懊惱以坐具搭肩上作女人拜曰莫
怪下房媳婦觸忤大人好室中垂問曰猫兒
爲甚麼愛捉老鼠又曰板鳴因甚麼狗吠師
家風嚴冷初機多憚之因贊達磨曰昇元閣
前懡㦬洛陽峯畔乖張皮髓傳成話霸隻履
無處埋藏不是一番寒徹骨爭得梅華撲鼻
香雪堂行一見大稱賞曰先師猶有此人在
只消此贊可以坐斷天下人舌頭由是衲子
奔湊臨終登座拈拄杖於左邊卓一下曰三
十二相無此相於右邊卓一下曰八十種好
無此好僧録一筆畫成誌公露出草藁又卓
一下顧大衆曰莫懊惱直下承當休更討下
座歸方丈儼然趺坐而逝火後收靈骨設利
藏所建之塔曰仙人山

潭州方廣深禪師僧問一法若有毘盧墮在
凡夫萬法若無普賢失其境界未審意旨如
何師曰富嫌千口少貧恨一身多

世奇首座者成都人也徧依師席晚造龍門
一日燕坐瞌睡聞羣蛙忽鳴誤聽爲淨髮版
響亟趨往有曉之者曰蛙鳴非版也師恍然
詣方丈剖露佛眼曰豈不見羅睺羅師遽止
曰和尚不必舉待去自看未幾有省乃占偈
曰夢中聞版響覺後蝦蟆啼蝦蟆與版響山
嶽一時齊由是益加參究洞臻玄奧眼命分
座師固辭曰此非細事也如金針剌眼毫髮
若差睛則破矣願生生居學地而自煆煉眼
因以偈美之曰有道只因頻退步謙和元自
慣回光不知巳在青雲上猶更將身入衆藏
暮年學者力請不容辭後因說偈曰諸法空
故我心空我心空故諸法同諸法我心無別
體秖在而今一念中且道是那一念衆罔措
師喝一喝而終

溫州淨居尼慧溫禪師上堂舉法眼示衆曰
三通皷罷簇簇上來佛法人事一時周畢師
曰山僧道三通皷罷簇簇上來拄杖不在茗
帚柄聊與三十

給事馮楫濟川居士自壯扣諸名宿最後居
龍門從佛眼遠禪師再歲一日同遠經行法
堂偶童子趨庭吟曰萬象之中獨露身遠拊
公背曰好聻公於是契入紹興丁巳除給事
會大慧禪師就明慶開堂慧下座公挽之曰
和尚每言於士大夫前曰此生決不作這蟲
豸今日因甚却納敗缺慧曰盡大地是箇杲
上座你向甚處見他公擬對慧便掌公曰是
我招得越月特丐祠坐夏徑山榜其室曰不

動軒一日慈陞座舉藥山問石頭曰三乘十二分教某甲粗知承聞南方直指人心見性成佛實未明了伏望慈悲示誨頭曰恁麼也不得不恁麼也不得恁麼不恁麼總不得你作麼生山罔措頭曰子緣不在此可往江西見馬大師去山至馬祖處亦如前問祖曰有時教伊揚眉瞬目有時不教伊揚眉瞬目有時教伊揚眉瞬目者是有時教伊揚眉瞬目者不是山大悟慈拈罷公隨至方丈曰適來和尚所舉底因緣某理會得了慈曰你如何會公曰恁麼也不得囌嚧娑婆訶不恁麼也不得㗭唎娑婆訶恁麼不恁麼總不得囌嚧㗭唎娑婆訶慈印之以偈曰梵語唐言打成一塊咄哉俗人得此三昧公後知邛州所至宴晦無倦宵自詠曰公事之餘喜坐禪少曾將脇到牀眠雖然現出宰官相長老之名四海傳至二十三年秋乞休致預報親知期以十月三日報終至日令後廳置高座見客如平時至辰巳間降堦望闕肅拜請漕使攝邛事著僧衣履踞高座囑諸官吏及道俗各宜向道扶持教門建立法幢遂拈拄杖按膝蛻然而化漕使請曰安撫去住如此自由何不留一頌以表罕聞公張目索筆書曰初三十一中九下七老人言盡龜哥眼赤竟爾長往建炎後名山巨刹教藏多不存公累以己俸印施凡一百二十八藏用祝君壽以康兆民門人蒲大聘嘗誌其事有語錄頌古行於世

開福寧禪師法嗣

潭州大溈月庵善果禪師信州余氏子上堂奚仲造車一百輻拈却兩頭除却軸以拄杖打一圓相曰且莫錯認定盤星卓一卓下座謝供頭上堂解猛虎頷下金鈴驚羣動衆取蒼龍穴裏明珠光天照地山僧今日到此讚歎不及汝等諸人合作麼生豎起拂子曰眨上眉毛速須薦取擲拂子下座上堂心生法亦生心滅法亦滅心法兩俱忘烏龜喚作鼈諸禪德道得也未若道得道林與你拄杖子其或未然歸堂喫茶去僧問達磨九年面壁時如何師曰魚行水濁曰二祖禮三拜爲甚麼却得其髓師曰地肥茄子大曰秪如一華開五葉結果自然成明甚麼邊事師曰賊以賊爲驗曰有時乘好月不覺過滄洲師曰闍黎無分問有句無句如藤倚樹時如何師曰驗盡當行家曰樹倒藤枯句歸何處又作麼生師曰風吹日炙曰溈山呵呵大笑聻師曰波斯讀梵字曰道吾推倒泥裏溈山不管此意又且如何師曰有理不在高聲曰羅山道道吾是撮馬糞漢又作麼生師曰多口呵師曰今日足見老師七通八達師曰仰面哭蒼天僧禮拜師曰過問蓮華未出水時如何師曰乾坤無異色曰出水後如何師曰徧界有清香

大隨靜禪師法嗣

台州釣魚臺石頭自回禪師本郡人也世爲石工雖不識字志慕空宗每求人口授法華能誦之棄家投大隨供掃灑寺中令取崖石師手不釋鎚鑿而誦經不輟口隨見而語曰今日硿磕明日硿磕死生到來作甚折合師愕然釋其器設禮願聞究竟法因隨至方丈隨令且罷誦經看趙州勘婆因緣師念念不

去心久之因鑿石石稍堅盡力一鎚瞥見火
光忽然省徹走至方丈禮拜呈頌曰用盡工
夫渾無巴鼻火光迸散元在這裏隨忻然曰
子徹也復獻趙州勘婆頌曰三軍不動旗閃
爍老婆正是魔王脚趙州無柄鐵掃帚掃蕩
煙塵空索索隨可之遂授以僧服人以其爲
石工故有回頭石之稱也上堂參禪學道大
似井底叫渴相似殊不知塞耳塞眼回避不
及且如十二時中行住坐卧動轉施爲是甚
麼人使作眼見耳聞何處不是路頭若識得
路頭便是大解脫路方知老漢與你證明山
河大地與你證明所以道十方薄伽梵一路
涅槃門諸仁者大凡有一物當途要見一物
之根源一物無處要見一物之根源見得根
源源無所源所源既非何處不圓諸禪德你
看老漢有甚麼勝你處諸人有甚麼不如老
漢處還會麼太湖三萬六千頃月在波心說
向誰

潼川府護聖愚丘居靜禪師成都楊氏子年
十四禮白馬安慧爲師聞南堂道望遂往依
馬堂舉香嚴枯木裏龍吟話往返酧詰師於
言下大悟一日堂問曰莫守寒巖異草青坐
却白雲宗不妙汝作麼生師曰直須揮劍若
不揮劍漁父棲巢堂矍然曰這小厮兒師珍
重便行出住東巖上堂月生一東巖乍住增
愁寂紅塵世路有多端米麪倉儲無顆粒崖
爲伴泉爲匹颯颯清風來入室山王土地暗
中忙雲版鐘魚偷淚滴世人莫道守空巖亦
有東籬打西壁嘗謂衆曰參學至要不出先
南堂道最初句及末後句透得過者一生事
畢儻或未然更與你分作十門各各印證自
心還得穩當也未一須信有教外別傳二須
知有教外別傳三須會無情說法與有情說
法無二四須見性如觀掌中之物了了分明
一一田地穩密五須具擇法眼六須行鳥道
玄路七須文武兼濟八須摧邪顯正九須大
機大用十須向異類中行凡欲紹隆法種須
盡此綱要方坐得這曲彔牀子受得天下人
禮拜敢與佛祖爲師若不到恁麼田地秖一
向虛頭他時異日閻老子未放你在問有學
者各門頌出呈師師以頌示曰十門綱要掌
中施機會來時自有爲作者不須排位次大
都首末是根基

簡州南巖勝禪師上堂召大衆曰護生須是
殺殺盡始安居會得箇中意分明在半途且
道到家一句又作麼生釋迦彌勒沒量大看
來猶秖是他奴僧問放行五位即不問把定
三關事若何師曰横按鏌鎁全正令曰把定
三關蒙指示放行五位事如何師曰太平寰
宇斬癡頑曰恁麼則南巖門下土曠人稀師
曰靈利衲僧秖消一點曰自古自今同生同
死時如何師曰家賊難防曰今日學人小出
大遇去也師便打曰須是老僧打你始得僧
禮拜師曰切忌詐明頭

常德府梁山廓庵師遠禪師合川魯氏子上
堂舉楊岐三脚驢子話乃召大衆曰揚其湯
者莫若撲其火壅其流者莫若杜其源此乃
智人之明鑒佛法之至論正在斯焉這因緣
如今叢林中提唱者甚多商量者不少有般
底秖道宗師家無固必凡有所問隨口便答

似則也似是即末是若恁麼秖作箇乾無事會不見楊岐用處乃至祖師千差萬别方便門庭如何消遣又有般底秖向佛邊會却與自己没交涉古人道凡有言句須是一一消歸自己又作麼生又有般底一向秖作自己會棄却古人用處唯知道明自己事古人方便却如何消遣既消遣不下却似抱橋柱澡洗要且放手不得此亦是一病又有般底却去脚多少處會若恁麼會此病最難醫也所以他語有巧妙處參學人卒難摸索纔擬心則差了也前輩謂之楊岐宗旨須是他屋裏人到恁麼田地方堪傳授若不然者則守死吾道之謂也這公案直須還他透頂徹底漢方能了得此非止禪和子會不得而今天下叢林中出世爲人底亦少有會得者若要會去直須向威音那畔空劫已前輕輕覷著提起便行捺著便轉却向萬仭峯前進一步可以籠罩古今坐斷天下人舌頭如今還有恁麼者麼有則出來道看如無更聽一頌三脚驢子弄蹄行直透威音萬丈坑雲在嶺頭閑不徹水流淵下太忙生湖南長老誰解會行人更在青山外上堂天得一以清地得一以寧君王得一以治天下這箇說話是家常茶飯須知衲僧家别有奇特處始得且道衲僧門下有甚奇特處天得一斗牛女虛危室壁地得一萬象森羅及尾箕君王得一上下四維無等匹且道衲僧得一時如何要見客從何處來閑持經卷倚松立浴佛上堂舉藥山浴佛公案拈云這僧問處依稀越國髣髴楊州藥山答來眼似流星機如掣電點檢將來二俱不了若是山僧即不然當是時纔見他問只浴得這箇且不浴得那箇但轉木杓柄與伊待他擬議之間攔面便潑假饒這僧有大神通具大智慧也無施展處敢問大衆這箇即且置喚甚麼作那箇下座佛殿燒香爲你說破師有十牛圖并頌行于世

嘉州能仁默堂紹悟禪師結夏上堂最初一步十方世界現全身末後一言一微塵中深鎖斷有時提起如倚天長劍光耀乾坤有時放下似紅爐點雪虛含萬象得到恁麼田地天魔外道拱手歸降三世諸佛一時稽首便可以大圓覺爲我伽藍於一毫端現寶王剎如是則朝往西天暮歸東土亦是禁足百華叢裏坐婬坊酒肆行亦是禁足雖然如是不曾動著這裏一步恁麼則九旬無虛棄之功百劫有今時之用堪報不報之恩以助無爲之化此即是涅槃妙心金剛王寶劍敢問大衆作麼生得到這田地去如人上山各自努力上堂舉趙州訪二庵主公案頌曰一重山盡一重山坐斷孤峯子細看霧捲雲收山嶽静楚天空闊一輪寒

彭州土溪智陀子言庵主綿州人也初至大隨聞舉石頭和尚示衆偈倏然領旨歸隱土溪懸崖絶壑間有石若蹲異獸師鑿以爲室中發異泉無涸溢四衆訝之居三十年化風盛播室成日作偈曰一擊石庵全縱横得自然清涼無暑氣涓潔有甘泉寬廓含沙界寂寥絶衆緣箇中無限意風月一牀眠

劍門南修道者淳厚之士也自大隨一語契投服勤不息歸謁崇化贇禪師坐次贇以宗

門三印問之南曰印空印泥印水平地寒濤競起假饒去就十分也是靈龜曳尾

莫將尚書字少虛家世豫章分寧因官西蜀謁南堂靜禪師咨決心要堂使其向好處提撕適如廁俄聞穢氣急以手掩鼻遂有省即呈以偈曰從來姿韻愛風流幾笑時人向外求萬別千差無覓處得來元在鼻尖頭南堂荅曰一法纔通法法周縱橫妙用更何求青蛇出匣魔軍伏碧眼胡僧笑點頭

龍圖王蕭居士字觀復留昭覺日聞開靜板聲有省問南堂曰某有箇見處纔被人問却開口不得未審過在甚處堂曰過在有箇見處堂却問朝旆幾時到任公曰去年八月四日堂曰自按察幾時離衙公曰前月二十堂曰爲甚麼道開口不得公乃契悟

### 五祖自禪師法嗣

蘄州龍華高禪師上堂象王行師子住赤脚崑崙眉卓竪寒山拾得笑呵呵指點門前老松樹且道他指點箇甚麼忽然風吹倒時好一堆柴

## 五燈會元卷第五十四

五燈會元卷第五十四

### 校勘記

一　底本，清藏本。

一　八八九頁上一行經名，徑無（未換卷）。

一　八八九頁上三行至四行「南嶽下十五世　太平懃禪師法嗣」，徑無。

一　八九一頁中六行「下座」，至此，徑卷第十九終，卷第二十始。

一　八九二頁中三行末字「骨」，徑作「靈骨」。

一　八九三頁下一二行第一〇字「徹」，徑作「轍」。

一　八九四頁下一四行「兩忘」，徑作「兩亡」。

一　八九四頁下一七行「居雲」，徑作「雲居」。

一　八九七頁下八行「呵師」，徑作「阿師」。

一　八九八頁上七行「回頭石」，徑作「回石頭」。

一　九〇〇頁中卷末經名，徑無（未換卷）。

五燈會元卷第五十五　鉅八

宋　沙　門　大　川　濟　纂

南嶽下十六世

徑山杲禪師法嗣

泉州教忠晦庵彌光禪師閩之李氏子兒時寡言笑聞梵唄則喜十五依幽巖文慧禪師圓頂猶喜閱聲書一日曰既剃髮涤衣當期悟徹豈醉於俗典耶遂出嶺謁圓悟禪師於雲居次叅黃檗祥高庵悟機語皆契以淮楚盜起歸謁佛心會大慧寓廣因往從之慧謂曰汝在佛心處所得者試舉一二看師舉佛心上堂拈普化公案曰佛心即不然總不恁麼來時如何劈脊便打從教徧界分身慧曰汝意如何師曰某不肯他後頭下箇注脚慧曰此正是以病爲法師毅然無信可意慧曰汝但揣摩看師竟以爲不然經旬因記海印信禪師拈曰雷聲浩大雨點全無始無滯趣告慧慧以舉道者見琅邪并玄沙未徹語詰之師對已慧笑曰雖進得一步秖是不著所在如人斫樹根下一刀則命根斷矣汝向枝上斫其能斷命根乎今諸方浩浩說禪者見處總如此何益於事其楊岐正傳三四人而已師慍而去翌日慧問汝還疑否師曰無可疑者慧曰秖如古人相見未開口時已知虛實或聞其語便識淺深此理如何師悚然汗下莫知所詣慧令究有句無句慧過雲門庵師侍行一日問曰某到這裏不能得徹病在甚處慧曰汝病最癖世醫拱手何也別人死了活不得汝今活了未曾死要到大安樂田地須是死一回始得師疑情愈深後入室慧問喫粥了也洗鉢盂了也去却藥忌道將一句來師曰裂破慧震威喝曰你又說禪也師即大悟慧擊鼓告衆曰龜毛拈得笑咍咍一擊萬重關鎖開慶快平生在今日孰云千里賺吾來師亦以頌呈之曰一拶當機怒雷吼驚起須彌藏北斗洪波浩渺浪滔天拈得鼻孔失却口住後上堂有句無句如藤倚樹放憨作麼及乎樹倒藤枯句歸何處情知汝等諸人卒討頭鼻不著爲甚如此秖爲分明極翻令所得遲上堂夢幻空華何勞把捉得失是非一時放却擲拂子曰山僧今日已是放下了也汝等諸人又作麼生復曰侍者收取拂子僧問文殊爲甚麼出女子定不得師曰山僧今日困曰罔明爲甚麼却出得師曰令人疑著曰恁麼則擘開華嶽千峯秀放出黃河一派清師曰一任卜度

江州東林卍庵道顏禪師潼川人族鮮于氏久叅圓悟微有省發洎悟還蜀囑依妙喜仍以書致喜曰顏川彩繪已畢但欠點眼耳他日嗣其後未可量也喜居雲門及洋嶼師皆在焉朝夕質疑方大悟住後上堂一葉落天下秋一塵起大地收鳥窠吹布毛便有人悟去今時學者爲甚麼却不識自己良久曰莫錯怪人好上堂欲識諸佛心但向衆生心行中識取欲識常住不凋性但向萬物遷變處會取還識得麼欲得不招無間業莫謗如來正法輪上堂諸人知處良遂總知良遂知處諸人不知作麼生是良遂知處乃曰鷓鴣語鶴上堂仲冬嚴寒三界無安富者快樂貧者饑寒不識玄旨錯認定盤何也牛頭安尾上

北斗面南看上堂一滴滴水一滴滴凍天寒人寒風動幡動雲門扇子踍跳上三十三天築著帝釋鼻孔東海鯉魚打一棒雨似盆傾不出諸人十二時中尋常受用上堂云圓通門戶八字打開若是從門入得不堪共語須是入得無門之門方可坐登堂奧所以道過去諸如來斯門已成就現在諸菩薩今各入圓明未來參學人當依如是法從上諸聖幸有如此廣大門風不能繼紹甘自鄙棄穿窬墻壁好不丈夫敢問大衆無門之門作麼生入良久云非唯觀世音我亦從中證上堂元宵已過化主出門六輩比丘各從其類此衆無復枝葉純有貞實如是增上慢人退亦佳矣麒麟不為瑞鸑鷟不為榮麥秀兩岐禾登九穗總不消得但願官中無事林下棲禪水牯牛飽卧斜陽擔板漢清貧長樂粥足飯足俯仰隨時著籠不亂攙匙老鼠不咬甑算山家活計淡薄長情不敬功德天誰嫌黑暗女有智主人二俱不受良久曰君子愛財取之以道上堂去年寒食後今年寒食前日日是好日不是正中偏上堂客舍久留連家鄉夕照邊簷懸三月雨水沒兩湖蓮鑊漏燒燈盞柴生滿竈煙已忘南北念入望盡平川上堂旃檀林無雜樹鬱密深沉師子住所以旃檀叢林栴檀圍繞荊棘叢林荊棘圍繞一人為主兩人為伴成就萬億國土士農工商若夜叉若羅剎見行魔業優哉游哉聊以卒歲僧問香嚴上樹話意旨如何師曰描不成畫不就曰李陵雖好手爭奈陷番何師曰甚麼處去來問如何是佛師曰汝是元固僧近前曰喏喏師曰裩無襠袴無口問如何是佛師曰誌公和尚曰學人問佛何故答誌公和尚師曰誌公不是閑和尚曰如何是法師曰黃絹幼婦外孫虀臼曰是甚麼章句師曰絕妙好辭曰如何是僧師曰釣魚船上謝三郎曰何不直說師曰玄沙和尚曰三寶已蒙師指示向上宗乘事若何師曰王喬詐仙得仙僧呵呵大笑師乃叩齒

福州西禪懶庵鼎需禪師本郡林氏子幼舉進士有聲年二十五因讀遺教經忽曰幾為儒冠誤欲去家母難之以親迎在期師乃絕之曰夭桃紅杏一時分付春風翠竹黃花此去永為道伴竟依保壽樂禪師為比丘一錫湖湘徧參名宿法無異味歸里結庵於羌峯絕頂不下山者三年佛心才禪師挽出首衆於大乘嘗問學者即心即佛因緣時妙喜庵于洋嶼師之友彌光與師書云庵主手段與諸方別可來少款如何師不答光以計邀師飯師往赴之會妙喜為諸徒入室師隨喜焉妙喜舉僧問馬祖如何是佛祖云即心是佛作麼生師下語妙喜詬之曰你見解如此敢妄為人師耶鳴鼓普說訐其平生珍重得力處排為邪解師淚交頤不敢仰視默計曰我之所得既為所排西來不傳之旨豈止此耶遂歸心弟子之列一日喜問曰內不放出外不放入正恁麼時如何師擬開口喜拈竹篦劈脊連打三下師於此大悟厲聲曰和尚已多了也喜又打一下師禮拜喜笑云今日方知吾不汝欺也遂印以偈云頂門豎亞摩醯眼肘後斜懸奪命符瞎却眼卸却符趙州東

壁挂葫蘆於是聲名宣動叢林住後上堂曰句中意意中句須彌舉于巨川句刬意意刬句烈士發乎狂矢任待牙如劍樹口似血盆徒逞詞鋒虛張意氣所以淨名杜口早涉繁詞摩竭掩關已揚家醜自餘尾棺老漢嚴頭大師向鼇峯頂上興風鼓浪翫弄神變腳跟下好與三十且道過在甚麼處良久云機關不是韓光作莫把胷襟當等閑至節上堂云二十五日已前羣陰消伏泥龍閉戶二十五日已後一陽來復鐵樹開華正當二十五日塵中醉客騎驢騎馬前街後街遞相慶賀物外閑人衲被蒙頭圍爐打坐風蕭蕭雨蕭蕭冷湫湫誰管你張先生李道士胡達磨上堂懶翁懶中懶最懶懶說禪亦不重自已亦不重先賢又誰管你地又誰管你天物外翛然無箇事日上三竿猶更眠上堂舉僧問趙州如何是古人言州云諦聽諦聽師曰諦聽即不無切忌與鐘作甕室中問僧萬法歸一一歸何處曰新羅國裏師曰我在青州作一領布衫重七斤聻曰今日親見趙州師曰前頭見後頭見僧乃作斫額勢師曰上座甚處人曰江西師曰因甚麼却來這裏納敗缺僧擬議師便打

福州東禪蒙庵思岳禪師上堂蛾羊蟻子說一切法墻壁瓦礫現無邊身見處既精明聞中必透脫所以雪峯和尚凡見僧來輥出三箇木毬如弄雜劇相似玄沙便作斫牌勢畢末謾道將來普賢今日謗古人千佛出世不通懺悔這裏有人謗普賢定入拔舌地獄且道謗與不謗者是誰心不負人面無慚色上堂達磨來時此土皆知梵語及乎去後西天悉會唐言若論直指人心見性成佛大似羚羊挂角獵犬尋蹤一意乖踈萬言無用可謂來時他笑我不知去後我笑他唐言梵語親分付自古齋僧怕夜茶上堂臘月初歲云徂黃河凍已合深處有嘉魚活鱍鱍跳不脫又不能相煦以濕相濡以沫慚愧菩薩摩訶薩春風幾時來解此黃河凍令魚化作龍直透桃華浪會即便會癡人面前且莫說夢上堂僧問如何是初日分以恒河沙等身布施師曰從苗辨地因語識人曰如何是中日分復以恒河沙等身布施師曰禁著磕著曰如何是後日分亦以恒河沙等身布施師曰向下文長付在來日復曰一轉語如天普蓋似地普擎一轉語舌頭不出口一轉語且喜沒交涉要會麼慚愧世尊面赤不如語直大小岳上座口似磉盤今日爲這閒話僧講經不覺和注脚一時說破便下座上堂啞却我口直須要道塞却你耳切忌蹉過昨日有人從天台來却道泗州大聖在洪州打坐十字街頭賣行貨是甚麼斷跟草鞋尖簷席帽

福州西禪此庵守淨禪師上堂談玄說妙撒屎撒尿行棒行喝將鹽止渴立主立賓華擘宗乘設或總不恁麼又是鬼窟裏坐到這裏山僧已是打退鼓且道諸人尋常心憤憤口悱悱合作麼生莫將閑學解埋沒祖師心上堂若也單明自已不悟目前此人有眼無足若也秖悟目前不明自已此人有足無眼直得眼足相資如車二輪如鳥二翼正好勘過了打上堂九夏炎炎大熱木人汗流不輟夜

來一雨便凉莫道山僧不說以拂子擊禪牀下座上堂若欲正提綱直須大地荒欲來銜雪刃未免露鋒鋩當恁麼時釋迦老子出頭不得即不問你諸人秖如馬鐙裏藏身又作麼生話會上堂道是常道心是常心汝等諸人聞山僧恁麼道便道我會也大盡三十日小盡二十九頭上是天脚下是地耳裏聞聲鼻裏出氣忽若四大海水在汝頭上毒蛇穿你眼睛蝦蟆入你鼻孔又作麼生上堂文殊普賢談理事臨濟德山行棒喝東禪一覺到天明偏愛風從凉處發咄上堂善鬬者不顧其首善戰者必獲其功其功既獲坐致太平太平既致高枕無憂罷拈三尺劍休弄一張弓歸馬于華山之陽放牛于桃林之野風以時而雨以時漁父歌而樵人舞雖然如是堯舜之君猶有化在爭似乾坤收不得堯舜不知名渾家不管興亡事偏愛和雲占洞庭上堂閑却口時時說截却舌無間歇無間歇最奇絕最奇絕眼中屑既是奇絕爲甚麼却成眼中屑了了了時無可了玄玄玄處亦須呵

上堂祖佛頂顊上有潑天大路未透生死關如何敢進步不進步大千沒遮護一句絕言詮那吒擘鐵柱開堂拈香罷就座南堂和尚白槌曰法筵龍象衆當觀第一義師隨聲便喝曰此是第幾義久參先德已辨來端後學有疑不妨請問僧問阿難問迦葉世尊傳金襴外別傳何物迦葉喚阿難阿難應諾未審此意如何師曰切忌動著曰秖如迦葉道倒却門前刹竿著又作麼生師曰石牛横古路曰秖如和尚於佛日處還有這箇消息也無師曰無這箇消息曰爭柰定光金地遥招手智者江陵暗點頭師曰莫將庭際柏輕比路傍蒿僧禮拜師乃曰定光金地遥招手智者江陵暗點頭已是白雲千萬里那堪於此未知休設或於此便休去一場狼籍不少還有檢點得出者麼如無山僧今日失利僧問佛佛授手祖祖相傳未審傳箇甚麼師曰速禮三拜問不施寸刃請師相見師曰逢强即弱曰何得埋兵掉鬬師曰秖爲闍黎寸刃不施曰未審向上還有事也無師曰有曰如何是向上事師曰敗將不斬問古佛堂前甚麼人先到師曰無眼村翁曰未審如何趣向師曰榔栗横擔

建寧府開善道謙禪師本郡人初之京師依圓悟無所省發後隨妙喜庵居泉南及喜領徑山師亦侍行未幾令師往長沙通紫巖居士張公書師自謂我參禪二十年無入頭處更作此行決定荒廢意欲無行友人宗元者叱曰不可在路便參禪不得也去吾與汝俱往師不得已而行在路泣語元曰我一生參禪殊無得力處今又途路奔波如何得相應去元告之曰你但將諸方參得底悟得底圓悟妙喜爲你說得底都不要理會途中可替底事我盡替你只有五件事替你不得你須自家支當師曰五件者何事願聞其要元曰著衣喫飯屙屎放尿駝箇死屍路上行師於言下領旨不覺手舞足蹈元曰你此回方可通書宜前進吾先歸矣元即回徑山師半載方返妙喜一見而喜曰建州子你這回別也住後上堂竺土大仙心東西密相付如何是

冢付底心良久云八月秋何處熱上堂壁立千仞三世諸佛措足無門是則是太殺不近人情放一線道十方刹海放光動地是則是爭奈和泥合水須知通一線道處壁立千仞壁立千仞處通一線道橫拈倒用正按旁提電激雷奔崖頹石裂是則是猶落化門到這裏壁立千仞也沒交涉通一線道也沒交涉不近人情和泥合水總沒交涉只這沒交涉也則沒交涉是則是又無佛法道理若也出得這四路頭管取乾坤獨步且獨步一句作麼生道莫怪從前多意氣他家曾踏上頭關上堂去年也有箇六月十五今年也有箇六月十五去年六月十五少却今年六月十五今年六月十五多却去年六月十五多處不用減少處不用添既不用添又不用減則多處多用少處少用乃喝一喝曰是多是少良久曰箇中消息子能有幾人知上堂洞山麻三斤將去無星秤子上定過每一斤恰有一十六兩二百錢重更不少一毫正與趙州殿裏底一般秖不合被大愚鋸解秤鎚却教人理會不得如今若要理會得但問取雲門乾屎橛上堂有句無句如藤倚樹撞倒燈籠打破露柱佛殿奔忙僧堂回顧子細看來是甚家具咄秖堪打老鼠上堂諸人從僧堂裏恁麼上來少間從法堂頭恁麼下去並不曾差了一步因甚麼却不會良久曰秖為分明極翻令所得遲

慶元府育王佛照德光禪師臨江軍彭氏子志學之年依本郡東山光化寺吉禪師落髮一日入室吉問不是心不是佛不是物是甚麼師罔措遂致疑通夕不寐次日詣方丈請益吉曰蒙和尚垂問既不是心又不是佛又不是物畢竟是甚麼望和尚慈悲指示吉震威一喝曰這沙彌更要我與你下注脚在拈棒劈脊打出師於是有省後謁月庵杲應庵華百丈震終不自肯適大慧領育王四海英材鱗集師亦與焉大慧室中問師喚作竹篦則觸不喚作竹篦則背不得下語不得無語師擬對慧便棒師豁然大悟從前所得氷解冰消初住台之光孝僧問浩浩塵中如何辨主師曰中峯頂上塔心失上堂臨濟三遭痛棒大愚言下知歸興化於大覺棒頭明得黃檗意旨若作棒會入地獄如箭射若不作棒會入地獄如箭射衆中商量盡道赤心片片恩大難酧總是識情卜度未出陰界且如臨濟悟去是得黃檗力是得大愚力若也見得許你頂門眼正肘後符靈其或未然鴻福更為諸人通箇消息丈夫氣宇衝牛斗一踏鴻門兩扇開上堂七手八脚三頭兩面耳聽不聞眼覷不見苦樂逆順打成一片且道是甚麼路逢死蛇莫打殺無底籃子盛將歸上堂聞聲悟道落二落三見色明心錯七錯八生機一路猶在半途且道透金剛圈吞栗棘蓬底是甚麼人披簑側立千峯外引水澆蔬五老前師住靈隱日孝宗皇帝嘗詔問道留宿內觀堂奏對機緣備于本錄後示寂塔全身於鄮峯東庵

常州華藏遯庵宗演禪師福州鄭氏子上堂拈起拄杖曰識得這箇一生參學事畢古人恁麼道華藏則不然識得這箇更須買草鞋

行脚何也到江呉地盡隔岸越山多臘且上
堂一九與二九相逢不出手世間出世間無
剩亦無少遂出手曰華藏不惜性命爲諸人
出手去也劈面三拳攔腮一掌靈利衲僧自
知痛痒且轉身一句作麽生道巡堂喫茶去
上堂舉南泉和尚道我十八上便解作活計
趙州和尚道我十八上便解破家散宅師云
南泉趙州也是徐六擔板秖見一邊華藏也
無活計可作亦無家宅可破逢人突出老拳
要伊直下便到且道到後如何三十六峯觀
不足却來平地倒騎驢
慶元府天童無用淨全禪師越州翁氏子上
堂學佛止言真不立參禪多與道相違忘機
忘境急回首無地無錐轉歩歸佛不是心亦
非覩體承當絶所依萬古碧潭空界月再三
撈攎始應知上堂良久召衆曰還知麽復曰
敗鈌不少上堂舉長沙示衆曰百尺竿頭坐
底人雖然得入未爲真百尺竿頭須進歩十
方世界現全身大慧先師道要見長沙麽更
進一步保寧則不然要見長沙麽更退一步

畢竟如何換骨洗腸重整頻通身是眼更須
參師到靈隱請上堂靈山正派達者猶迷明
來暗來誰當辨的雙收雙放孰辨端倪直饒
千聖出來也秖結舌有分何故人歸大國方
爲貴水到瀟湘始是清復曰適來松源和尚
舉竹篦話令天童納敗鈌諸人要知麽聽取
一頌黑漆竹篦握起迅雷不及掩耳德山臨
濟茫然懵底如何挿觜大慧嘗舉靈雲悟桃
華問師師曰靈雲一見兩眉横引得漁翁良
計生白浪起時抛一釣任教魚鼈競頭爭師
自贊曰匙挑不上箇村夫文墨胷中一點無
曾把虚空揣出骨惡聲嬴得滿江湖後示寂
塔于本山
大潙法寶禪師福州人也上堂喚作竹篦則
觸不喚作竹篦則背直須師子咬人莫學韓
獹逐塊阿呵呵會不會金剛脚下鐵崑崙捉
得明州憨布袋上堂千般言萬種喻秖要教
君早回去夜來一片黑雲生莫教錯却山前
路咄
福州玉泉曇懿禪師久依圜悟自謂不疑紹

興初出住興化祥雲法席頗盛大慧入閩知
其所見未諦致書令來師遲遲慧小參且痛
斥仍榜告四衆師不得已破夏謁之慧鞫其
所證既而曰汝恁麽見解敢嗣圜悟老人耶
師退院親之一日入室慧問我要箇不會禪
底做國師師曰我做得國師去也慧喝出居
無何語之曰香嚴悟處不在擊竹邊俱胝得
處不在指頭上師乃頓明後住玉泉爲慧拈
香繼省慧於小溪慧陞座舉雲門一日拈拄
杖示衆曰凡夫實謂之有二乘析謂之無緣
覺謂之幻有菩薩當體即空衲僧見拄杖子
但喚作拄杖子行但行坐但坐總不得動著
慧曰我不似雲門老人將虚空剜窟籠驀拈
拄杖曰拄杖子不屬有不屬無不屬幻不屬
空卓一下曰凡夫二乘緣覺菩薩盡向這裏
各隨根性悉得受用唯於衲僧分上爲害爲
寃要行不得行要坐不得坐進一步則被拄
杖子迷却路頭退一步則被拄杖子穿却鼻
孔即今莫有不甘底麽試出來與拄杖子相
見如無來年更有新條在惱亂春風卒未休

正恁麼時合作麼生下座煩玉泉爲衆拈出師登座叙謝畢遂舉前話曰適來堂頭和尚恁麼批判大似困魚止濼病鳥棲蘆若是玉泉則不然拈拄杖曰拄杖子能有能無能幻能空凡夫二乘緣覺菩薩卓一下曰向這裏百雜碎唯於衲僧分上如龍得水似虎靠山要行便行要坐便坐進一步則乾坤震動退一步則草偃風行且道不進不退一句作麼生道良久曰閑持經卷倚松立笑問客從何處來

饒州薦福悟本禪師江州人也自江西雲門參侍妙喜至泉南小谿于時英俊畢集受印可者多矣師私謂其棄已且欲發去妙喜知而語之曰汝但專意參究如有所得不待開口吾已識也既而有聞師入室者故謂師曰本侍者參禪許多年逐日只道得箇不會師詬之曰這小鬼你未生時我已三度雲山廟裏退牙了好教你知由是益銳志以狗子無佛性話舉無字而提撕一夕將三鼓倚殿柱昏寐間不覺無字出口吻忽爾頓悟後三日妙喜歸自郡城師趨丈室足纔越閫未及吐詞妙喜曰本翁子這回方是徹頭也住後上堂高揖釋迦不拜彌勒者與三十拄杖何故爲他祇會步步登高不會從空放下東家牽犂西家拽耙者與三十拄杖何故爲他祇會從空放下不會步步登高山僧恁麼道還有過也無衆中莫有點檢得出者麼若點檢得出須彌南畔把手共行若點檢不出布袋裏老鵶雖活如死上堂釋迦掩室於摩竭淨名杜口於毗耶須菩提唱無說而顯道釋梵絕聽而雨華大衆這一隊不喞㗟漢無端將祖父田園私地結契各據四至界分方圓長短一時花擘了也致令後代兒孫千載之下上無片瓦蓋頭下無卓錐之地博山當時若見十字路頭掘箇無底深坑喚來一時埋却免見遞相鈍置何謂如此不見道家肥生孝子國霸有謀臣上堂乾闥婆王曾奏樂山河大地皆作舞爭如跛脚老雲門解道臘月二十五博山今日有條攀條無條攀例也要應箇時節驀拈拄杖橫按膝上作撫琴勢云還有聞絃賞音者麼良久云直饒便作鳳凰鳴畢竟有誰知指法卓一下下座

慶元府育王大圓遵璞禪師福州人幼同玉泉懿問道圓悟數載後還里佐懿於莆中祥雲紹興甲寅大慧居洋嶼師往訊之入室次慧問三聖興化出不出爲人不爲人話你道這兩箇老漢還有出身處也無師於慧膝上打一拳慧曰秖你這一拳爲三聖出氣爲興化出氣速道速道師擬議慧便打復謂曰你第一不得忘了這一棒後因慧室中問僧曰德山見僧入門便棒臨濟見僧入門便喝雪峯見僧入門便道是甚麼睦州見僧便道現成公案放你三十棒你道這四箇老漢還有爲人處也無僧曰有慧曰劄僧擬議慧便喝師聞遽領微旨大慧欣然許之

溫州鴈山能仁枯木祖元禪師七閩林氏子初謁雪峯預次依佛心才皆已機契及依大慧於雲門庵夜坐次睹僧剔燈始徹證有偈曰剔起燈來是火歷劫無明照破歸堂撞見聖僧幾乎當面蹉過不蹉過是甚麼十五年

前奇特依前秖是這箇慧以偈贈之曰萬仞
崖頭解放身起來依舊却惺惺饑飡渴飲渾
無事那論昔人非昔人紹興乙巳春出住能
仁上堂有佛處不得住踏著秤鎚硬似鐵無
佛處急走過脚下草深三尺三千里外逢人
不得錯舉北斗挂須彌恁麼則不去也棒頭
挑日月摘楊華摘楊華眼裏瞳人著繡鞋卓
拄杖下座上堂鴈山枯木實頭禪不在尖新
語句邊背手忽然摸得著長鯨吞月浪滔天
真州靈巖東庵了性禪師上堂勘破了也放
過一著是衲僧破草鞋現修羅相作女人拜
是野狐精魅打箇圓相虛空裏下一點是小
兒伎倆攔腮贈掌拂袖便行正是業識茫茫
無本可據直饒向黑豆未生已前一時坐斷
未有喫靈巖拄杖分敢問大衆且道爲人節
徑八　十八
文在甚麼處還相委悉麼自從春色來嵩少
三十六峯青至今上堂一葦江頭楊柳春波
心不見昔時人雪庭要識安心士鼻孔依然
搭上唇豎起拂子曰祖師來也還見麼若也
見得即今薦取其或未然此去西天路迢迢

十萬餘僧問人天交接如何開示師曰金剛
手裏八稜棒曰忽被學人橫穿凡聖擊透玄
關時又作麼生師曰海門橫鐵柱問如何是
獨露身師曰牡丹花下睡猫兒
建康府蔣山一庵善直禪師德安雲夢人初
參妙喜於回鴈峯下一日喜問之曰上座甚
處人師曰安州人喜曰我聞你安州人會厮
撲是否師便作相撲勢喜曰湖南人喫魚因
甚湖北人著鯁師打筋斗而出喜曰誰知冷
灰裏有粒豆爆出住保寧上堂諸佛不曾出
世人人鼻孔遼天祖師不曾西來箇箇壁立
千仞高揖釋迦不拜彌勒理合如斯坐斷千
聖路頭獨步大千沙界不爲分外若向諸佛
出世處會得祖師西來處承當自救不了一
生受屈莫有大丈夫承當大丈夫事者麼出
徑八　十九
來與保寧爭交其或未然不如攙破好便下
座一日留守陳丞相俊卿會諸山茶話次舉
有句無句如藤倚樹公案令諸山批判皆以
奇語取奉師最後曰張打油李打油不打渾
身只打頭陳大喜

劒州萬壽自護禪師上堂古者道若人識得
心大地無寸土萬壽即不然若人識得心未
是究竟處且那裏是究竟處拈拄杖卓一下
曰甜瓜徹蔕甜苦瓠連根苦
潭州大潙了庵景暈禪師上堂雲門一曲臘
月二十五瑞雪飄空積滿江山塢峻嶺寒梅
華正吐手把須彌槌笑打虛空皷驚起磚梵
鉢提冷汗透身如雨忿怒阿修羅王握拳當
胷問云畢竟是何宗旨咄少室峯前亦曾錯
舉
臨安府靈隱誰庵了演禪師上堂面門槌破
天地懸殊打透牢關白雲萬里饒伊兩頭坐
斷別有轉身三生六十劫也未夢見在喝一
喝下座
泰州光孝寺致遠禪師上堂舉女子出定話
乃曰從來打皷弄琵琶須是相逢兩會家佩
玉鳴鸞歌舞罷門前依舊夕陽斜
福州雪峯崇聖普慈藴聞禪師洪州沈氏子
示衆云栴檀叢林栴檀圍繞師子叢林師子
圍繞虎狼叢林虎狼圍繞荊棘叢林荊棘圍

繞大衆四種叢林合向那一種叢林安居好若也明得九十日内管取箇箇成佛作祖其或未然般若叢林歲歲凋無明荒草年年長

處州連雲道能禪師漢州人姓何氏僧問鏡清六刮意旨如何師曰穿却你鼻孔曰學人有鼻孔即穿無鼻孔又穿箇甚麼師曰抱贜叫屈曰如何是就毛刮塵師曰筠袁虔吉頭上挿筆曰如何是就皮刮毛師曰石城虔化説話厮罵曰如何是就肉刮皮師曰嘉眉果閬懷裏有狀曰如何是就骨刮肉師曰漳泉福建頭匾如扇曰如何是就髓刮骨師曰洋瀾左蠡無風浪起曰髓又如何刮師曰十八十九癡人夜走曰六刮已蒙師指示一言直截意如何師曰結舌有分

臨安府靈隱最庵道印禪師漢州人上堂大雄山下虎南山鼈鼻蛇等閑撞着抱頭歸家若也不惜好手便與拔出重牙有麼有麼上堂五五二十五擊碎虚空鼓大地不容針十方無寸土春生夏長復何云甜者甜兮苦者苦中秋上堂舉馬大師與西堂百丈南泉翫月公案師云馬大師垂絲千尺意在深潭西堂振鬣百丈擺尾雖則銜波激浪未免上他鉤線南泉自謂躍過禹門誰知依前落在巨網即今莫有絶羅籠出窠臼底麼也好出來露箇消息貴知華藏門下不致寂寥其或未然此夜一輪滿清光何處無

建寧府竹原宗元庵主本郡連氏子久依大慧分座西禪丞相張公浚帥三山以數院迎之不就歸舊里結茆號衆妙園宿衲士夫交請開法示衆曰若究此事如失却鑰匙相似秖管尋來尋去忽然撞著噁在這裏開箇鑰了便見自家庫藏一切受用無不具足不假他求別有甚麼事示衆曰諸方爲人抽釘拔楔解黏去縛我這裏爲人添釘著楔加繩加縛了送向深潭裏待他自去理會示衆曰主法之人氣吞宇宙爲大法王若是釋迦老子達磨大師出來也教伊叉手向我背後立地直得寒毛卓竪亦未爲分外一日舉世尊生下一手指天一手指地云天上天下唯我獨尊師乃曰見怪不怪其怪自壞垂語云這一些子恰如撞著殺人漢相似你若不殺了他他便殺了你

近禮侍者三山人久侍大慧嘗默究竹篦話無所入一日入室罷求指示慧曰你是福州人我説箇喻向你如將名品荔枝和皮殼一時剥了以手送在你口裏秖是你不解吞師不覺失笑曰和尚吞却即禍事慧後問師曰前日吞了底荔枝秖是你不知滋味師曰若知滋味轉見禍事

溫州淨居尼妙道禪師延平尚書黄公裳之女開堂日乃曰問話且止直饒有傾湫之辯倒嶽之機衲僧門下一點用不著且佛未出世時一事全無我祖西來便有許多建立列剎相望星分派列以至今日累及兒孫遂使山僧於人天大衆前無風起浪向第二義門通箇消息語默該不盡底彌亘大方言詮説不及處徧周沙界通身是眼覿面當機雷奔星馳如何湊泊有時一喝生殺全威有時一喝佛祖莫辨有時一喝八面受敵有時一喝自救不了且道那一喝是生殺全威那一喝

是佛祖莫辨那一喝是入面受敵那一喝是
自救不了若向這裏薦得堪報不報之恩脫
或未然山僧無夢說夢去也拈起拂子曰還
見麼若見被見刺所障擊禪牀曰還聞麼若
聞被聲塵所惑直饒離見絕聞正是二乘小
果跳出一步蓋色騎聲全放全收主賓互換
所以道欲知佛性義當觀時節因緣敢問諸
人即今是甚麼時節蕩蕩仁風扶聖化熙熙
和氣助昇平擲拂子下座尼問如何是佛師
曰非佛曰如何是佛法大意師曰骨底骨董
問言無展事語不投機時如何師曰未篙已
前墮坑落壍
平江府資壽尼無著妙總禪師丞相蘇公頌
之孫女也年三十許厭世浮休脫去緣飾咨
叅諸老已入正信作夏徑山大慧陞堂舉藥
山初叅石頭後見馬祖因緣師聞豁然省悟
慧下座不動居士馮公檝隨至方丈曰其理
會得和尚適來所舉公案慧曰居士如何曰
恁麼也不得嚇嚧娑婆訶不恁麼也不得嚤
哩娑婆訶恁麼不恁麼總不得嚤嚧嚤哩娑
婆訶慧舉似師師曰曾見郭象註莊子識者
曰却是莊子註郭象慧見其語異復舉巖頭
婆子話問之師答偈曰一葉扁舟泛渺茫呈
橈舞棹別宮商雲山海月都拋却贏得莊周
蝶夢長慧休去馮公疑其所悟不根後過無
錫招至舟中問曰婆生七子六箇不遇知音
秖這一箇也不消得便棄水中大慧老師言
道人理會得且如何會師曰已上供通並是
詣實馮公大驚慧挂牌次師入室慧問古人
不出方丈爲甚麼却去莊上喫油餈師曰和
尚放妙總過妙總方敢通箇消息慧曰我放
你過你試道看師曰妙總亦放和尚過慧曰
爭奈油餈何師喝一喝而出於是聲聞四方
隆興改元舍人張公孝祥來守是郡以資壽
挽開法入院上堂宗乘一唱三藏絕詮祖令
當行十方坐斷二乘聞之怖走十地到此猶
疑若是俊流未言而諭設使用移星換斗底
手段施攙旗奪鼓底機關猶是空拳豈有實
義向上一路千聖不傳學者勞形如猿捉影
靈山付囑俯狗時機演唱三乘各隨根器始
於鹿野苑轉四諦法輪度百千萬衆山僧今
日與此界他方乃佛乃祖山河大地草木叢
林現前四衆各轉大法輪交光相羅如寶絲
網若一草一木不轉法輪則不得名爲轉大
法輪所以道於一毫端現寶王刹坐微塵裏
轉大法輪乘持於其中間作無量無邊廣大
佛事周徧法界一爲無量無量爲一小中現
大大中現小不動步遊彌勒樓閣不返聞入
觀音普門情與無情性相平等不是神通妙
用亦非法爾如然於此倜儻分明皇恩佛恩
一時報足且道如何是報恩一句天高羣象
正海闊百川朝上堂舉雲門示衆云十五日
已前則不問十五日已後道將一句來自代
云日日是好日師曰日日是好日佛法世法
盡周畢不須特地覓幽玄秖管鉢盂兩度濕
上堂黃面老人橫說竪說權說實說法說喻
說建法幢立宗旨與後人作榜樣爲甚麼却
道始從鹿野苑終至跋提河於是二中間未
嘗說一字點檢將來大似抱贓叫屈山僧今
日人事忙冗且放過一著便下座尼問如何

是奪人不奪境師曰野華開滿路徧地是清香曰如何是奪境不奪人師曰茫茫宇宙人無數幾箇男兒是丈夫曰如何是人境俱不奪師曰處處綠楊堪繫馬家家門首透長安曰如何是人境兩俱奪師曰雪覆蘆華舟横斷岸曰人境已蒙師指示向上宗乘事若何師便打

五燈會元卷第五十五

五燈會元卷第五十五

校勘記

一　底本，清藏本。

一　九〇一頁上一行經名，〔徑〕無（未換卷）。

一　九〇五頁下一行「塔心失」，〔徑〕作「塔心尖」。

一　九〇八頁中八行「相樸」，〔徑〕作「相撲」。

一　九〇八頁下一一行「樛破」，〔徑〕作「摎破」。

一　九一〇頁下六行第六字「持」，〔徑〕作「時」。

一　九一一頁上卷末經名，〔徑〕無（未換卷）。

五燈會元卷第五十六　鉅九

宋　沙　門　大　川　濟　集

南嶽下十六世

徑山杲禪師法嗣

侍郎無垢居士張九成未第時因客談楊文公呂微仲諸名儒所造精妙皆由禪學而至也於是心慕之聞寶印楚明禪師道傳大通居淨慈即之請問入道之要明曰此事唯念念不捨久久純熟時節到來自然證入復舉趙州栢樹子話令時時提撕公久之無省辭謁善權清禪師公問此事人人有分箇箇圓成是否清曰然公曰為甚麼某無箇入處清於袖中出數珠示之曰此是誰底公俛仰無對清復袖之曰是汝底則拈取去纔涉思惟即不是汝底公悚然未幾留蘇氏館一夕如廁以栢樹子話究之聞蛙鳴釋然契入有偈曰春天月夜一聲蛙撞破乾坤共一家正恁麼時誰會得嶺頭脚痛有玄沙屆明謁法印一禪師機語頗契適私忌就明靜庵供雲水主僧惟尚禪師纔見乃展手公便喝尚批公頰公趨前尚曰張學錄何得謗大般若公曰某見處秖如此和尚又作麼生尚舉馬祖陞堂百丈卷席話詰之敘語未終公推倒桌子尚大呼張學錄殺人公躍起問傍僧曰汝又作麼生僧罔措公毆之顧尚曰祖禰不了殃及兒孫尚大笑公獻偈曰卷席因緣也大奇諸方聞舉盡攢眉臺盤趯倒人星散直漢從來不受欺尚答曰從來高價不饒伊百戰場中奮兩眉奪角衝關君會也叢林誰敢更相欺紹興癸丑魁多士復謁尚於東庵尚曰浮山圓鑑云饒你入得汾陽室始到浮山門亦未見老僧在公作麼生公叱侍僧曰何不祗對僧罔措公打僧一掌曰蝦蟆窟裏果沒蛟龍丁巳秋大慧禪師董徑山學者仰如星斗公閱其語要歎曰是知宗門有人持以語尚恨未一見及為禮部侍郎偶叅政劉公請慧說法于天竺公三往不值暨慧報謁公見但寒暄而已慧亦默識之尋奉祠還里至徑山與馮給事諸公議格物慧曰公秖知有格物而不知有物格公茫然慧大笑公曰師能開諭乎慧曰不見小說載唐人有與安祿山謀叛者其人先為閬守有畫像在焉明皇幸蜀見之怒令侍臣以劍擊其像首時閬守居陝西首忽墮地公聞頓領深旨題不動軒壁曰子韶格物妙喜物格欲識一貫兩箇五百慧始許可後守邵陽丁父難過徑山飯僧秉鈞者意慧議及朝政遂竄慧於衡陽令公居家守服服除安置南安丙子春蒙恩北還道次新淦而慧適至與聯舟劇談宗要未嘗語往事于氏心傳錄曰憲自嶺下侍舅氏歸新淦因會大慧舅氏令拜之憲曰素不拜僧舅氏曰汝姑扣之憲知其嘗執卷遂舉子思中庸天命之謂性率性之謂道修道之謂教三句以問慧曰凡人既不知本命元辰下落處又要牽好人入火坑如何聖賢於打頭一著不鑿破憲曰吾師能為聖賢鑿破否慧曰天命之謂性便是清淨法身率性之謂道便是圓滿報身修道之謂教便是千百億化身憲得以告舅氏曰子拜何辭繼鎮永嘉丁丑秋丐祠枉道訪慧於育王越明年慧得旨復領徑

山謁公於慶善院曰其每於夢中必誦語孟何如慧舉圜覺曰由寂靜故十方世界諸如來心於中顯現如鏡中像公曰非老師莫聞此論也其頌黃龍三關曰我手何似佛手天下衲僧無口縱饒撩起便行也是鬼窟裏走(辭不得)我脚何似驢脚又被黐膠粘著黐身直上兜率天已是遭他老鼠藥(吐不出)人人有箇生緣處鐵圍山下幾千年三災直到四禪天這驢猶自在旁邊(煞得工夫)公設心六度不爲子孫計因取華嚴善知識日供其二回食以飯緇流又嘗供十六大天而諸位茶杯悉變爲乳書偈曰稽首十方佛法僧稽首一切護法天我今供養三寶天如海一滴牛一毛有何妙術能感格試借意識爲汝說我心與佛天無異一塵纔起大地隔儻或塵銷覺圓淨是故佛天來降臨我欲供佛佛即現我欲供天天亦現佛子若或生狐疑試問此乳何處來狐疑即塵塵即疑終與佛天不相似我今爲汝掃狐疑如湯沃雪火銷氷汝今微有疑與惑鷂子便到新羅國

叅政李邴居士字漢老醉心祖道有年聞大慧排默照爲邪禪疑怒相半及見慧示衆舉趙州庭栢垂語曰庭前栢樹子今日重新舉打破趙州關特地尋言語敢問大衆既是打破趙州關爲甚麼却特地尋言語良久曰當初秖道茆長短燒了方知地不平〔四〕公領悟謂慧曰無老師後語幾蹉過後以書咨決曰某近扣籌室承擊發蒙滯忽有省入顧惟根識暗鈍平生學解盡落情見一取一捨如衣壞絮行草棘中適自纏繞今一笑頓釋所疑欣幸可量非大宗匠委曲垂慈何以致此自到城中著衣喫飯抱子弄孫色色仍舊既無拘執之情亦不作奇特之想其餘夙習舊障亦稍輕微臨行叮嚀之語不敢忘也重念始得入門而大法未明應機接物觸事未能無礙更望有以提誨使卒有所至庶無玷於法席矣又書曰某比蒙誨答備悉深旨其自驗者三一事無逆順隨緣即應不留胷中二宿習濃厚不加排遣自爾輕微三古人公案舊所茫然時復瞥地此非自昧者前書大法未明之語蓋恐得少爲足當擴而充之豈別求勝解耶淨勝現流理則不無敢不銘佩

寶學劉彥修居士字子羽出知永嘉問道於大慧禪師慧曰僧問趙州狗子還有佛性也無趙州道無但恁麼看公後乃於栢樹子上發明有頌曰趙州栢樹太無端〔五〕境上追尋也大難處處綠楊堪繫馬家家門底透長安

提刑吳偉明居士字元昭久叅真歇了禪師得自受用三昧爲極致後訪大慧於洋嶼庵隨衆入室慧舉狗子無佛性話問之公擬答慧以竹篦便打公無對遂留咨叅一日慧謂曰不須呈伎倆直須啐地折曝地斷方敵得生死若秪呈伎倆有甚了期即辭去道次延平倏然契悟連書數頌寄慧皆室中所問者有曰不是心不是佛不是物通身一具金鎖骨趙州親見老南泉解道鎮州出蘿蔔慧即說偈證之曰通身一具金鎖骨堪與人天爲軌則要識臨濟小廝兒便是當年白拈賊

門司黃彥節居士字節夫號妙德於大慧一喝下疑情頓脫慧以衣付之嘗舉首山竹篦

話至葉縣近前奪得拗折擲向堦下曰是甚麼山曰瞎公曰妙德到這裏百色無能但記得曾作蠟梅絶句曰擬嚼枝頭蠟驚香却肖關前村深雪裏莫作嶺梅看

秦國夫人計氏法真自寡處屏去紛華常蔬食習有為法因大慧遣謙禪者致問其子魏公公留謙以祖道誘之真一日問謙曰徑山和尚尋常如何為人謙曰和尚祇教人看狗子無佛性及竹篦子話祇是不得下語不得思量不得向舉起處會不得向開口處承當狗子還有佛性也無無祇恁麼教人看真遂諦信於是夜坐力究前話忽爾洞然無滯謙辭歸真親書入道概略作數偈呈慧其後曰逐日看經文如逢舊識人莫言頻有礙一舉一回新

虎邱隆禪師法嗣

明州天童應菴曇華禪師蘄州江氏子生而奇傑年十七於東禪去髮首依水南遂禪師染指法味因徧歷江湖與諸老激揚無不契者至雲居禮圓悟禪師悟一見痛與提策及入蜀指見彰教教移虎邱師侍行未半載頓明大事去謁此菴分座連雲開法妙嚴後遷諸巨刹住歸宗日大慧在梅陽有僧傳師垂示語句慧見之極口稱歎後以偈寄曰坐斷金輪第一峯千妖百怪盡潛蹤年來又得真消息報道楊岐正脉通其歸重如此上堂九年面壁壞却東土兒孫隻履西歸鈍置黃面老子以拄杖畫一畫曰石牛攔古路一馬生三寅上堂德章老瞎禿從來沒滋味拈得口失却鼻三更二點唱巴歌無端驚起梵王睡喝一喝曰我行荒草裏汝又入深村上堂臨濟在黃檗處三度喫棒底意旨你諸人還覷得透也未直饒一咬便斷也未是大丈夫漢三世諸佛口挂壁上天下老和尚將甚麼喫飯上堂十五日已前水長船高十五日已後泥多佛大正當十五日東海鯉魚打一棒雨似盆傾直得三千大千世界一切衆生悉皆歡喜謂言打這一棒不妨應時應節報恩不覺通身踊躍遂作詩一首舉似大衆蜻蜓許是好蜻蜓飛來飛去不曾停被我捉來摘却兩邊翼恰是一枚大鐵釘上堂若作一句商量喫粥飯阿誰不會不作一句商量屎坑裏蟲子笑殺闍黎拈拄杖曰拄杖子罪犯彌天貶向二鐵圍山且道薦福還有過也無卓拄杖曰遲一刻上堂明不見暗暗不見明明暗雙忘無異流俗阿師野干鳴師子吼師子吼野干鳴三家村裏與猢猻價增十倍驪龍頷下明月珠分文不直若作衲僧巴鼻甚處得來三十年後換手搥胸未是苦在上堂飯籮邊漆桶裏相唖饒你潑水相罵饒你接觜黃河三千年一度清蟠桃五百年一次開華鶴勒那咬定牙關朱頂王呵呵大笑歸宗五十年前有一則公案今日舉似諸人且道是甚麼公案王節級失却帖上堂三十二相八十種好從朝至暮啾啾唧唧說黃道黑不知那裏是二時上堂喫粥喫飯不覺嚼破舌頭血濺梵天四天之下霈然有餘玉皇大帝發追東海龍王向金輪峯頂鞫勘頃刻之間追汝諸人作證見也且各請依實供通切忌回避儻若不實喪汝性命上堂趙州喫茶我也怕

他若非債主便是寃家倚牆靠壁成羣隊不知誰解辨龍蛇上堂五百力士揭石義萬仞崖頭撒手行十方世界一團鐵虛空背上白毛生直饒拈却臙脂帽子脫却鶻臭布衫向報恩門下正好喫棒何故半夜起來屈膝坐毛頭星現衲僧前上堂三世諸佛眼裏無筋六代祖師皮下無血明果咬定牙關跨跳也出他圈繢不得何故南泉斬貓兒上堂云參禪人切忌錯用心悟明見性是錯用心成佛作祖是錯用心看經講教是錯用心行住坐卧是錯用心喫粥喫飯是錯用心屙屎送尿是錯用心一動一靜一往一來是錯用心更有一處錯用心歸宗不敢與諸人說破何故一字入公門九牛車不出上堂云良工未出玉石不分巧冶無人金沙混雜縱使無師自悟向天童門下正好朝打三千暮打八百懸拈拄杖云喚作拄杖玉石不分不喚作拄杖金沙混雜其間一箇半箇著別端由管取平步丹霄苟或未然卓拄杖云急著眼看僧問婆子問巖頭呈橈舞棹則不問且道婆手中兒子甚處得來巖頭扣船舷三下意旨如何師曰燋磚打著連底凍曰當時若問和尚如何對他師曰一棒打殺曰這老和尚大似買帽相頭師曰你向甚處見巖頭曰劄師曰杜撰禪和曰婆生七子六箇不遇知音秖這一箇也不消得擲向水中又且如何師曰少賣弄曰巖頭當時不覺吐舌意作麼生師曰樂則同歡曰僧問雲門如何是清淨法身雲門曰華藥欄此意如何師曰深沙努眼睛問秖這是埋沒自己秖這不是孤負先聖去此二途和泥合水處請師道師曰玉箸撐虎口曰一言金石談來重萬事鴻毛脫去輕師曰莫謾老僧好問人皆畏炎熱我愛夏日長熏風自南來殿閣生微涼時如何師曰倒戈卸甲虎邱忌日拈香曰平生沒興撞著這無意智老和尚做盡伎倆湊泊不得從此卸却干戈隨分著衣喫飯二十年來坐曲彔木懸羊頭賣狗肉知他有甚憑據雖然一年一度燒香日千古令人恨轉深師於室中能鍛鍊耆艾故世稱大慧與師居處爲二甘露門嘗誡徒曰衲僧家著草鞋住院何啻如蚖蛇戀窟乎隆興改元六月十三日奄然而化塔全身于本山

育王裕禪師法嗣

福州清涼坦禪師有僧舉大慧竹篦話請益師示以偈曰徑山有箇竹篦直下別無道理佛殿廚庫三門穿過衲僧眼耳其僧言下有省

臨安府淨慈水庵師一禪師婺州馬氏子十六披削首參雪峯慧照禪師照舉藏身無迹話問之師數日方明呈偈曰藏身無迹更無藏脫體無依便廝當古鏡不勞還自照淡煙和霧濕秋光照質之曰畢竟那裏是藏身無迹處師曰嘎照曰無蹤迹處因甚麼莫藏身師曰石虎吞却木羊兒照深肯之住後上堂舉圓悟師翁道參禪參到無參處參到無參始徹頭水庵則不然參禪參到無參處參到無參未徹頭若也欲窮千里目直須更上一層樓上堂凍雲欲雪未雪普賢象駕崢嶸鎖梅半合半開少室風光漏泄便恁麼去猶是

半提作麼生是全提底事無智人前莫說打你頭破額裂上堂舉法眼示衆曰盡十方世界明皎皎地若有一絲頭即是一絲頭師豎起拂子曰還見麼穿過髑髏猶未覺法燈云盡十方世界自然明皎皎地若有一絲頭不是一絲頭師曰夜來月色十分好今日秋山無限清上堂寂然不動感而遂通古人恁麼說話大似預搔待痒若教渠踏著衲僧關棙管取別有生涯喝一喝卓拄杖下座

安吉州道場無庵法全禪師姑蘇陳氏子東齋川和尚為落髮師久依佛智每入室智以狗子無佛性話問之師罔對一日聞僧舉五祖頌云趙州露刃劍忽大悟有偈曰皷吹轟轟祖半肩龍樓香噴益州船有時赤脚弄明月踏破五湖波底天住後上堂欲得現前莫存順逆卓拄杖云三祖大師變作馬面夜叉向東弗于逮西瞿耶尼南贍部洲北鬱單越却來山僧手裏首身元來只是一條黑漆拄杖還見麼直饒見得入地獄如箭射卓拄杖下座上堂拈拄杖曰汝等諸人箇箇頂天立地肩橫楖栗到處行脚勘驗諸方更來這裏覓箇甚麼纔輕輕拶著便言天台普請南嶽遊山我且問你還曾收得大食國裏寶刀麼卓拄杖曰切忌口銜羊角僧問牛頭未見四祖時如何師曰天下無貧人曰見後如何師曰四海無富漢乾道己丑七月二十五日將入寂衆求偈師瞪目下視衆請益堅遂書無無二字棄筆而逝火後設利五色塔于金斗峯

泉州延福寒巖慧升禪師建寧人也上堂喝一喝曰盡十方世界會十世古今都盧在裏許畐畐塞塞了也若乃放開一綫鋒許則大海西流巨嶽倒卓黿鼉魚龍鰕蟹蚯蚓盡向平地上湧出波瀾游泳鼓舞然雖如是更須向百尺竿頭自進一步則步步踏轉無盡藏轉方知道鼻孔搭在上唇眉毛不在眼下還相委悉麼復喝一喝曰切忌轉喉觸諱

大溈泰禪師法嗣

潭州慧通清旦禪師蓬州嚴氏子初出關至德山值泰上堂舉趙州曰臺山婆子已為汝勘破了也且道意在甚麼處良久曰就地撮將黃葉去入山推出白雲來師聞釋然翌日入室山問前百丈不落因果因甚麼墮野狐後百丈不昧因果因甚麼脫野狐師曰好與一坑埋却住後上堂說佛說祖正如好肉剜瘡舉古舉今猶若殘羹餿飯一聞便悟已落第二頭一舉便行早是不著便須知箇事如天普蓋似地普擎師子遊行不求伴侶壯士展臂不借他力佛祖拈掇不起衲僧顧見無門迷悟雙忘聖凡路絕且道從上諸聖以何法示人喝一喝曰莫妄想佛性和尚忌日上堂三脚驢子弄蹄行步步相隨不相到樹頭驚起雙雙魚拈來一老一不老為憐松竹引清風其柰出門便是草因喚檀郎識得渠大機大用都推倒燒香勘證見根源糞埽堆頭拾得寶叢林浩浩謾商量勸君莫謗先師好

澧州靈巖仲安禪師幼為比丘壯遊講肆後謁圓悟於蔣山時佛性為座元師扣之即領旨逮性住德山遣師至鍾阜通嗣書圜悟問曰千里馳來不辱宗風公案現成如何通信

師曰覿面相呈更無回互曰此是德山底那箇是上座底師曰豈有第二人曰背後底聻師投書悟笑曰作家禪客天然有在師曰付與蔣山次至僧堂前師捧書問訊首座座曰玄沙白紙此自何來師曰久默斯要不務速說今日拜呈幸希一覽座便喝師曰作家首座座又喝師以書便打座擬議師曰未明三八九不免自沈吟師以書復打一下曰接時圓悟與佛眼見悟曰打我首座死了也佛眼曰官馬厮踢有甚憑據師曰說甚官馬厮踢正是龍象蹴踏悟喚師至曰我五百人首座你為甚麼打他曰和尚也須喫一頓始得悟顧佛眼吐舌眼曰未在却顧師問曰空手把鉏頭步行騎水牛人從橋上過橋流水不流意作麼生師鞠躬曰所供並是詣實眼笑曰元來是屋裏人又往見五祖自和尚通法眷書祖曰書裏說箇甚麼師曰文彩已彰曰畢竟說箇甚麼師曰當陽揮寶劍曰近前來這裏不識幾箇字師曰莫詐敗祖顧侍者曰是那裏僧曰此上座向曾在和尚會下去祖曰怪得恁麼滑頭師曰被和尚鈍置來祖乃將書於香爐上熏曰南無三曼多沒陁南師近前彈指而已祖便開書回德山日佛果佛眼皆有偈送之未幾靈巖虛席衲子投牒乞師住持遂師法焉上堂叅禪不究淵源觸途盡為留礙所以守其靜默澄寂虛閑墮在毒海以弱勝强自是非他立人我量見處偏枯遂致優劣不分照不構用用不離窠此乃學處不玄盡為流俗到這裏須知有殺中透脫活處藏機佛不可知祖莫能測所以古人道有時先照後用且要共你商量有時先用後照你須是箇漢始得有時照用同時你又作麼生抵當有時照用不同時你又向甚麼處湊泊還知麼穿楊箭與驚人句不是臨時學得來

成都府正法灝禪師上堂舉永嘉到曹溪因緣乃曰要識永嘉麼撼鬣海獄求知已要識祖師麼撥動乾坤建太平二老不知何處去卓拄杖曰宗風千古播嘉聲

成都府昭覺辯禪師上堂毫釐有差天地懸隔陽江人唱鷓鴣詞錯認胡笳十八拍要會麼欲得現前莫存順逆五湖煙浪有誰爭自是不歸歸便得

護國元禪師法嗣

台州國清簡堂行機禪師本郡人姓楊氏風姿挺異才壓儒林年二十五棄妻孥學出世法晚見此庵密有契證出應莞山刀耕火種單丁者一十七年嘗有偈云地爐無火客囊空雪似楊華落歲窮拾得斷麻穿壞衲不知身在寂寥中每謂人曰某猶未穩在豈以住山樂吾事耶一日偶看斫樹倒地忽然大悟平昔礙膺之物泮然氷釋未幾有江州圓通之命乃曰吾道將行即欣然曳杖而去登座說法云圓通不開生藥鋪單單只賣死猫頭不知那箇無思筭喫著通身冷汗流上堂單明自己樂是苦因趣向宗乘地獄劫住五日一絲三八普說自揚家醜更若問理問事問心問性克由叵耐若是英靈漢窺落不入據鼎不嘗便於未有生佛已前轉得身却於今時大官路上撓行闊步終不向老鼠窟草窠

裏頭出頭没若也根性陋劣要去有滋味處咬嚼遇著義學阿師遞相錮鏴直饒說得雲興雨現也是蝦蟇化龍下梢依舊喫泥喫土堪作甚麼上堂中秋八月旦庭戶入新涼不露風骨句愁人知夜長上堂無隔宿恩可叅臨濟禪有肯諾意難續楊岐派窮廝煎餓廝炒大海秖將折箸攪你死我活猛火然鐺煮佛喋恁麼作用方可撑門拄戶更說聲和嚮順形直影端驢年也未夢見僧問三聖問雪峯透網金鱗未審以何爲食峯云待汝出網來即向汝道意旨如何師曰同途不同轍曰三聖道一千五百人善知識話頭也不識峯云老僧住持事繁又作麼生師曰前箭猶輕後箭深曰秖如雪竇道可惜放過好與三十棒這棒一棒也較不得直是罕遇作家意又作麼生師曰陣敗說兵書曰遮棒是三聖合喫雪峯合喫師以拂子擊禪牀曰這裏薦取示衆云衲僧拄杖子不用則已用則如鵕鳥落水魚驚皆死正按旁提風颭颭地獨步大方殺活在我所以道千人排門不如一人拔關若一人拔關千人萬人得到安樂田地還知麼鴛鴦繡出從君看不把金鍼度與人示衆云觀色即空成大智故不住生死觀空即色成大悲故不證涅槃生死不住涅槃不證漢地不收秦地不管且道在甚麼處安身立命莫是昭昭於心目之間而相不可覩晃晃於色塵之內而理不可分麼莫是起動鎮相隨語默同居止麼若恁麼總是髑髏前鼓磕須知過量人自有過量用且作麼生是過量用北斗藏身雖有語出羣消息少人知

無九　十六

鎮江府焦山或庵師體禪師台州羅氏子上堂舉臨濟示衆四喝公案乃召衆曰這箇公案天下老宿拈掇甚多第恐皆未盡善焦山不免四稜著地與諸人分明注解一徧如何是踞地師子喝如何是金剛王寶劒喝如何是探竿影草喝如何是一喝不作一喝用喝若也未曾拄杖子與焦山吐露看卓一下曰笑裏有刀又卓一下曰毒蛇無眼又卓一下曰忍俊不禁又卓一下曰出門是路更有一機衆話長老也理會不得上堂年年浴佛在今朝目擊迦維路不遥果是當時曾示現宜乎惡水驀頭澆上堂熱月須揺扇寒來旋著衣若言空過日大似不知時上堂道生一無角鐵牛眠少室一生二祖父開田說大義二生三梁間紫燕語呢喃三生萬物男兒活計離窠窟多處添少處減大蟲怕喫生人膽有若無實若虛爭掩驪龍明月珠是則是秖如焦山坐斷諸方舌頭一句作麼生道肚無偏僻病不怕冷油虀拍禪牀下座僧問如何是即心即佛師曰鼎州出獰爭神曰如何是非心非佛師曰閩蜀同風曰如何是不是心不是佛不是物師曰窮坑難滿問起滅不停時如何師曰謝供養問我有沒絃琴久居在曠野不是不會彈未遇知音者知音既遇未審如何品弄師曰鐘作鐘鳴皷作皷響曰雲門放洞山三頓棒意旨如何師曰和身倒和身攧曰飯袋子江西湖南便恁麼去又作麼生師曰淚出痛腸曰真金須是紅爐煆白玉還他妙手磨師曰添一點也難爲室中常舉苕帚柄問學者曰依佛苕帚柄髮鬅赤斑蛇衆

鉢九　十七

皆下語不契有僧請益師示以頌曰依係甚帚柄拶鬅赤斑虵棒下無生忍臨機不識爺淳熙巳亥八月朔示微疾洊輸別郡守曾公逮夜半書偈辭衆曰鐵樹開花雄雞生卯七十二年摇籃繩斷擲筆示寂

常州華藏湛堂智深禪師武林人也佛涅槃日上堂兜率降生雙林示滅掘地討天虛空釘橛四十九年播土揚塵三百餘會納盡敗缺盡力布網張羅未免喚龜作鼈末後拘尸城畔槨示雙趺旁人冷眼看來大似弄巧成拙卓拄杖曰若無這箇道理千古之下誰把口說且道是甚麼道理癡人面前切忌漏洩

參政錢端禮居士字處和號松窻從此庵發明己事後於宗門旨趣一一極之淳熙丙申冬簡堂歸住平田遂與往來丁酉秋微恙修書召堂及國清瑞巖主僧有訣別之語堂與二禪詣榻次公起趺坐言笑移時即書曰浮世虛幻本無去來四大五蘊必歸終盡雖佛祖具大威德力亦不能免這一著子天下老和尚一切善知識還有跳得過者無蓋爲地水火風因緣和合暫時湊泊不可錯認爲巳有大丈夫磊磊落落當用處把定立處皆真順風使帆上下水皆可因齋慶贊去留自在此是上來諸聖開大解脫一路涅槃門本來清淨空寂境界無爲之大道也今吾如是豈不快哉塵勞外緣一時掃盡荷諸山垂顧咸願證明伏惟珍重置筆顧簡堂曰某坐去好卧去好堂曰相公去便了理會甚坐與卧耶公笑曰法兄當爲祖道自愛遂斂目而逝

靈隱遠禪師法嗣

慶元府東山全庵齊巳禪師邛州謝氏子上堂舉修山主偈曰是柱不見柱非柱不見柱是非巳去了是非裏薦取召大衆曰薦得是移華兼蝶至薦得非擔泉帶月歸是也好鄭州棃勝青州棗非也好象山路入蓬萊島是亦没交涉踏著秤鎚硬似鐵非亦没交涉金剛寶劒當頭截阿呵呵會也麼知事少時煩惱少識人多處是非多蓮社會道友請上堂漸漸雞皮鶴髮父少而子老看看行步躘踵疑殺木上座直饒金玉滿堂照顧白拈賊豈免衰殘老病正好著精彩任汝千般快樂渠儂合自由無常終是到來歸堂喫茶去唯有徑路修行依舊打之遶但念阿彌陀佛念得不濟事復曰噁這條活路巳被善導和尚直截指出了也是你諸人朝夕在徑路中往來因甚麼當面蹉過阿彌陀佛這裏薦得便可除迷倒障拔猶豫箭截疑惑網斷癡愛河伐心稠林浣心垢濁正心諂曲絶心生死然後轉入那邊撞起脚向佛祖跳履不到處進一步開却口向佛祖言詮不到處說一句喚回善導和尚別求徑路修行其或準前捨父逃走流落他鄉撞東磕西苦哉阿彌陀佛

撫州踈山歸雲如本禪師台城人也上堂久雨不晴戊在丙丁通身泥水露出眼睛且道是甚麼眼睛卓拄杖曰林間泥滑滑時吽兩三聲

覺阿上人日本國滕氏子也十四得度受具習大小乘有聲二十九屬商者自中都回言禪宗之盛阿奮然拉法弟金慶航海而來袖香拜靈隱佛海禪師海問其來阿輙書而對

復書曰我國無禪宗唯講五宗經論國主無姓氏號金輪王以嘉應改元捨位出家名行真年四十四壬子七歲令受位今已五載度僧無進納而講義高者賜之某等仰服聖朝遠公禪師之名特詣丈室禮拜願傳心印以度迷津且如心佛及衆生是三無差別離相二十離言假言顯之禪師如何開示海曰衆生虛妄見佛見世界阿書曰無明因何而有海便打阿即命海陞座決疑明年秋辭遊金陵抵長蘆江岸聞鼓聲忽大悟始知佛海垂手旨趣旋靈隱述五偈叙所見辭海東歸偈曰航海來探教外傳要離知見脫蹄筌諸方參徧草鞋破水在澄潭月在天其一掃盡葛藤與知見信手拈來全體現腦後圓光徹太虛千機萬機一時轉其二妙處如何說向人倒地便起自分明驀然踏著故田地倒裹幞頭孤路行其三求真滅妄元非妙即妄明真都是錯堪笑靈山老古錐當陽拋下破木杓其四豎拳下喝少賣弄說是說非入泥水截斷千差休指注一聲歸笛囉囉哩其五海稱善書偈贈行歸

本國住叡山寺洎通嗣法書海已入寂矣內翰曾開居士字天游久參圓悟暨往來大慧之門有日矣紹興辛未佛海補三衢光孝公與超然居士趙公訪之問曰如何是善知識海曰燈籠露柱貓兒狗子公曰為甚麼讚即歡喜毀即煩惱海曰侍郎曾見善知識否公曰某三十年參問何言不見海曰向歡喜處見煩惱處見公擬議海震聲便喝公擬對海曰開口底不是公罔然海召曰侍郎向甚麼處去也公猛省遂點頭說偈曰咄哉瞎驢叢林妖孽震地一聲天機漏泄有人更問意如何拈起拂子劈口截海曰也祇得一橛二十一知府葛郯居士字謙問號信齋少擢上第玩意禪悅首謁無庵全禪師求指南庵令究即心即佛久無所契請曰師有何方便使某得入庵曰居士太無厭生已而佛海來居劒池公因從遊乃舉無庵所示之語請為衆普說海發揮之曰即心即佛眉拖地非心非佛雙眼橫蝴蝶夢中家萬里子規枝上月三更留旬日而後返一日舉不是心不是佛不是物

豁然頓明頌曰非心非佛亦非物五鳳樓前山突兀艶陽影裏倒翻身野狐跳入金毛窟無庵肯之即遣書頌呈佛海海報曰此事非紙筆可既居士能過我當有所聞矣遂復至虎邱海迎之曰居士見處止可入佛境界入魔境界猶未得在公加禮不已海正容曰何不道金毛跳入野狐窟公乃痛領嘗問諸禪曰夫婦二人相打通兒子作證且道證父即是證母即是或庵體禪師著語曰小出大遇淳熙六年守臨川八年感疾一夕忽索筆書偈曰大洋海裏打鼓須彌山上聞鐘業鏡忽然撲破翻身透出虛空召僚屬示之曰生之與死如晝與夜無足怪者若以道論安得生死若作生死會則去道遠矣語畢端坐而化

### 華藏民禪師法嗣

臨安府徑山別峯寶印禪師二十二嘉州李氏子自幼通六經而厭俗務乃從德山清素得度具戒後聽華嚴起信既盡其說棄依密印於中峯一日印舉僧問巖頭起滅不停時如何巖叱曰是誰起滅師豁悟即首肯會圓悟歸昭

覺印遣師往省因隨衆入室悟問從上諸聖以何接人師竪拳悟曰此是老僧用底作麽生是從上諸聖用底師以拳揮之悟亦舉拳相交大笑而止後至徑山謁大慧慧問甚處來師曰西川慧曰未出劒門關與汝三十棒了也師曰不合起動和尚慧忻然掃室延之慧南還師乃西還連主數刹後再出峽住保寧金山雪竇徑山開堂陞座曰世尊初成正覺於鹿野苑中轉四諦法輪憍陳如比丘最初悟道後來真淨禪師初住洞山拈云今日新豐洞裏秖轉箇拄杖子遂拈拄杖著左邊云還有最初悟道者麽若無丈夫自有衝天志莫向如來行處行遂喝一喝下座若是印上座則不然今日向鳳凰山裏初無工夫轉四諦法輪亦無氣力轉拄杖子秖教諸人行須緩步語要低聲何故欲得不招無間業莫謗如來正法輪上堂三世諸佛以一句演百千萬億句收百千萬億句秖在一句祖師門下半句也無秖恁麽合喫多少痛棒諸仁者且諸佛是祖師是若道佛是祖不是祖是佛不是取捨未忘若道佛祖一時是佛祖一時不是顢頇不少且截斷葛藤一句作麽生道大蟲裹紙帽好笑又驚人復舉僧問巖頭浩浩塵中如何辨主頭云銅沙鑼裏滿盛油師曰大小巖頭打失鼻孔忽有人問保寧浩浩塵中如何辨主秖對他道天寒不及卸帽上堂六月初一燒空赤日十字街頭雪深一尺掃除不暇回避不及凍得東村廖胡子半夜著靴水上立上堂將心除妄妄難除即妄明心道轉迂桶底趯穿無忌諱等閑一步一芺蕘師至徑山彌浹孝宗皇帝召對選德殿稱旨入對日賜肩輿於東華門內十年二月上注圓覺經遣使馳賜命作序師年邁益厭住持十五年冬奏乞庵居得請紹熙元年十一月往見交承智策禪師與之言別策問行日師曰水到渠成歸索紙書十二月初七夜雞鳴時九字如期而化奉蛻質返寺之法堂留七日顏色明潤髮長頂溫越七日葬于庵之西岡謚慈辯禪師塔曰智光

昭覺元禪師法嗣

鳳棲慧觀禪師上堂前村落葉盡深院桂華殘此夜初冬節從茲特地寒所以道欲識佛性義當觀時節因緣時節若至其理自彰喝一喝恁麽說話成人者少敗人者多

文殊道禪師法嗣

潭州楚安慧方禪師本郡許氏子參道禪師於大別未幾改寺爲神霄宮附商舟過湘南舟中聞岸人操鄉音厲聲云叫那由是有省即說偈曰㵎水江心喚一聲此時方得契平生多年相別重相見千聖同歸一路行住後上堂臨老方稱住持全無些子玄機開口十字九乖問東便乃答西如斯出世討甚玄微有時拈三放兩有時就令而施雖然如是同道方知且道知底事作麽生直須打𦤶鼻孔始得上堂達磨祖師在脚底踏不著今提不起子細當頭放下看病在當時誰爭裏張公會看脉李公會使藥兩箇競頭醫一時用不著藥不相投錯錯喫茶去

常德府文殊思業禪師世爲屠宰一日戮豬次忽洞徹心源即棄業爲比丘述偈曰昨日

夜叉心今朝菩薩面菩薩與夜叉不隔一條線往見文殊殊曰你正殺豬時見箇甚麼便乃剃頭行脚師遂作鼓刀勢殊喝曰這屠兒參堂去師便下參堂住文殊日上堂舉趙州勘婆話乃曰勘破婆子面青眼黑趙州老漢瞞我不得

何山珣禪師法嗣

婺州義烏稠巖了賛禪師上堂舉趙州狗子無佛性話乃曰趙州狗子無佛性萬疊青山藏古鏡赤脚波斯入大唐八臂那吒行正令咄

待制潘良貴居士字義榮年四十回心祖闈所至挂鉢隨衆參扣後依佛燈久之不契因訴曰某秖欲死去時如何燈曰好箇封皮且留著使用而今不了不當後去忽被他換却封皮卒無整理處公又以南泉斬貓兒話問曰某看此甚久終未透徹告和尚慈悲燈曰你秖管理會別人家貓兒不知走却自家狗子公於言下如醉醒燈復曰不易公進此一步更須知有向上事始得如今士大夫說禪說道秖依著義理便快活大率似將錢買油餈喫了便不饑其餘便道是瞞他亦可笑也公唯唯

五燈會元卷第五十六

五燈會元卷第五十六

校勘記

一　底本，清藏本。

一　九一二頁上一行經名，徑無（未換卷）。

一　九一二頁上三行至四行「南嶽下十六世　徑山杲禪師法嗣」，徑無。

一　九一三頁下七行「大難」，徑作「太難」。

一　九一八頁中七行「起動」，徑作「起坐」。

一　九一九頁下九行「踐履」，徑作「履踐」。

一　九二二頁中卷末經名，徑無（未換卷）。

五燈會元卷第五十七　鉅十

宋沙門大川濟纂

南嶽下十六世

泐潭明禪師法嗣

漢州無爲隨庵守緣禪師本郡人姓史氏年十三病目去依棲禪慧目能禪師圓具出峽至寶峯值峯上堂舉永嘉曰一月普現一切水一切水月一月攝師聞釋然領悟住後上堂曰以一統萬一月普現一切水會萬歸一一切水月一月攝展則彌綸法界收來毫髮不存雖然收展殊途此事本無異致但能於根本上著得一隻眼去方見三世諸佛歷代祖師盡從此中示現三藏十二部一切修多羅盡從此中流出天地日月萬象森羅盡從此中建立三界九地七趣四生盡從此中出沒百千法門無量妙義乃至世間工巧諸伎藝盡現行此事所以世尊拈華迦葉便乃微笑達磨面壁二祖於是安心桃華盛開靈雲疑情盡淨擊竹作響香嚴頓忘所知以至盤山於肉案頭悟道彌勒向魚市裏接人誠謂造次顛沛必於是經行坐卧在其中既有如是奇特更有如是光輝既有如是廣大又有如是周徧你輩諸人因甚麼却有迷有悟要知麼幸無偏照處剛有不明時

龍翔珪禪師法嗣

南康軍雲居頑庵德昇禪師漢州何氏子二十得度習講久之棄謁文殊道禪師問佛法省要殊示偈曰契丹打破波斯寨奪得寶珠村裏賣十字街頭窮乞兒腰間挂箇風流袋師擬對殊曰莫錯師退參三年方得旨趣往見佛性機不投入閩至皷山禮覲便問國師不跨石門句意旨如何竹庵應聲喝曰閑言語師即領悟住後僧問應真不借三界高超即不問如何是無位真人師曰聞時富貴見後貧窮曰撞頭須掩耳側掌便飜身師曰無位真人在甚麼處曰老大宗師話頭也不識師曰放你三十棒

通州狼山蘿庵慧溫禪師福州人姓鄭氏徧參諸老晚依竹庵於東林未幾庵謝事復謁高庵悟南華昺草堂清皆蒙賞識會竹庵從閩之乾元師歸省次庵問情生智隔想變體殊不用停囚長智道將一句來師乃釋然述偈曰拶出通身是口何妨罵雨訶風昨夜前村猛虎咬殺南山大蟲庵首肯住後上堂釋迦老子四十九年坐籌帷幄彌勒大士九十一劫帶水拖泥凡情聖量不能剗除理照覺知猶存露布佛意祖意如將魚目作明珠大乘小乘似認橘皮爲猛火諸人須是豁開胷襟寶藏運出自己家珍向十字街頭普施貧乏衆中忽有箇靈利漢出來道美食不中飽人喫山僧只向他道幽州猶自可最苦是新羅

雲居悟禪師法嗣

婺州雙林德用禪師本郡戴氏子上堂拈槌豎拂祖師門下將黃葉以止啼說妙談玄衲僧面前望梅林而止渴際山今日去却之乎者也更不指東畫西向三世諸佛命脉中六代祖師骨髓裏盡情傾倒爲諸人說破良久曰啼得血流無用處不如緘口過殘春

台州萬年無著道閑禪師本郡洪氏子上堂

全機敵勝猶在半途啐啄同時白雲萬里纔生眹兆已落二三不露鋒鋩成何道理且道從上來事合作麼生誣人之罪以罪加之上堂舉乾峯示衆云舉一不得舉二放過一著落在第二雲門出衆云昨日有人從天台來却往徑山去峯曰典座來日不得普請師曰相見不須瞋君窮我亦貧謂言侵早起更有夜行人

福州中際善能禪師嚴陵人往來龍門雲居有年未有所證一日普請擇菜次高菴忽以貓兒擲師懷中師擬議菴攔胷踏倒於是大事洞明上堂萬古長空一朝風月不可以一朝風月昧却萬古長空不可以萬古長空不明一朝風月且如何是一朝風月人皆畏炎熱我愛夏日長熏風自南來殿閣生微涼會與不會切忌承當

南康軍雲居普雲自圓禪師綿州雍氏子年十九試經得度留教苑五祀出關南下歷扣諸大尊宿始請龍門一日於廊廡間覩繪胡人有省夜白高菴菴舉法眼偈曰頭戴貂鼠帽腰懸羊角錐語不令人會須得人譯之復災火示之曰我爲汝譯了也於是大法明了呈偈曰外國言音不可窮起雲亭下一時通口門廣大無邊際吞盡楊岐栗棘蓬菴遣師依佛眼眼謂曰吾道東矣上堂舉僧問雲門如何是透法身句門曰北斗裏藏身師曰南北東西萬萬千乾坤上下兩無邊相逢相見呵呵笑屈指擡頭月半天

烏巨行禪師法嗣

饒州薦福退菴休禪師上堂風動邪幡動邪風鳴邪鈴鳴邪非風鈴鳴非風幡動此土與西天一隊黑漆桶誑惑世間人看看滅胡種山僧不柰何趁後也打閧猻子曲彎彎冬爪直儱侗上堂結夏時左眼半斤解夏時右眼八兩謾云九十日安居贏得一肚皮妄想直饒七穴八穿未免山僧拄杖雖然如是千鈞之弩不爲鼷鼠而發機上堂先師尋常用腦後一錐卸却學者胷中許多屈曲當年克賓維那曾中興化此毒往往天下叢林喚作超宗異目非惟孤負興化亦乃克賓受辱若是臨濟兒孫終不依草附木賚福書見同叅今日傾腸倒腹遂卓拄杖喝一喝曰還知先師落處麼伎死禪和如麻似粟上堂言發非聲是箇甚麼色前不物莫亂針錐透過禹門風波更險咄

信州龜峯晦菴慧光禪師建寧人上堂數日暑氣如焚一箇渾身無處安著思量得也是煩惱人這箇未是煩惱更有已躬下事不明便是煩惱所以達磨大師煩惱要爲諸人吞却又被咽喉小要爲諸人吐却又被牙齒礙取不得捨不得煩惱九年若不得二祖不惜性命往往轉身無路煩惱教死所謂祖禰不了殃及兒孫後來蓮華峯菴主到這裏煩惱不肯住南嶽思大到這裏煩惱不肯下山更有臨濟德山用盡自已查滓煩惱鉢盂無柄龜峯今日爲他閑事長無明爲你諸人從頭點破卓拄杖一下曰一人腦後露腮一人當門無齒更有數人鼻孔沒半邊不勞再勸你諸人休向這裏立地瞌睡殊不知家中飯籮鍋子一時失却了也你若不信但歸家檢點

看

真州長蘆且庵守仁禪師越之上虞人依雪堂於烏巨聞普說曰今之兄弟做工夫正如習射先安其足後習其法後雖無心以久習故箭發皆中喝一喝云只今箭發也看看師不覺倒身作避箭勢忽大悟上堂百千三昧無量妙門今日且庵不惜窮性命秪做一句子說與諸人乃卓拄杖下座嘗頌臺山婆話云開箇燈心皁角鋪日求升合度朝昏只因風雨連綿久本利一空愁倚門

白楊順禪師法嗣

吉州青原如禪師僧問達磨未來時如何師曰生鐵鑄崑崙曰來後如何師曰五彩畫門神

雲居如禪師法嗣　第十

六

太平州隱靜圓極彥岑禪師台城人也上堂韓信打關未免傷鋒犯手張良燒棧大似曳尾靈龜既然席卷三秦要且未能囊弓裹革煙塵自靜我國晏然四海九州盡歸皇化自然牛閑馬放風以時雨以時五穀熟萬民安大家齊唱村田樂月落參橫夜向闌上堂今朝八月初五好事分明爲舉嶺頭漠漠秋雲樹底鳴鳩喚雨昨夜東海鯉魚吞却南山猛虎雖然有照有用畢竟無賓無主唯有文殊普賢住住我識得你上堂舉正堂辯和尚室中問學者蚯蚓爲甚麼化爲百合師曰客舍并州已十霜歸心日夜憶咸陽無端更度桑乾水却望并州是故鄉

郢州報恩成禪師上堂秋雨乍寒汝等諸人青州布衫成就也未良久喝曰雲溪今日令處著一把火便下座

道場辯禪師法嗣

第十

七

平江府覺報清禪師上堂舉僧問雲門如何是諸佛出身處門曰東山水上行師曰諸佛出身處東山水上行石壓筍斜出岸懸華倒生

安吉州何山然首座姑蘇人侍正堂之久入室次堂問貓兒爲甚麼偏愛捉老鼠曰物見主眼卓竪堂欣然因命分座

黃龍忠禪師法嗣

成都府信相戒修禪師上堂舉馬祖不安公案乃曰兩輪舉處煙塵起電急星馳擬何止目前不礙往來機正令全施無表裏丈夫意氣自衝天我是我兮你是你

西禪璉禪師法嗣

遂寧府西禪第二代希秀禪師上堂曰秋光將半暑氣漸消鴻鴈橫空點破碧天似水猿猱挂樹撼翻玉露如珠直饒對此明機未免認龜作鼈且道應時應節一句作麼生道野色併來三島月溪光分破五湖秋

淨居尼溫禪師法嗣

溫州淨居尼無相法燈禪師上堂拈拄杖卓曰觀音出普賢入文殊水上穿靴立撞頭鷂子過新羅石火電光追不及咄

大溈果禪師法嗣

荆門軍玉泉窮谷宗璉禪師合州董氏子開堂日問答已乃曰衲僧向人天衆前一問一答一擒一縱一卷一舒一挨一拶須是具金剛眼睛始得若是念話之流君向西秦我之東魯於宗門中殊無所益這一段事不在有

言不在無言不礙有言不礙無言古人垂一言半句正如國家兵器不得已而用之橫說竪說秖要挫人入處其實不在言句上今時人不能一徑徹證根源秖以語言文字而爲至道一句來一句去唤作禪道唤作向上向下謂之菩提涅槃謂之祖師巴鼻正似鄭州出曹門從上宗師會中往往真箇以行脚爲事底纔有疑處便對衆決擇秖一句下見諦明白造佛祖直指不傳之宗與諸有情盡未來際同得同證猶未是洎頭處豈是空開唇皮胡言漢語來所以南院示衆云諸方秖具啐啄同時眼不具啐啄同時用時有僧問如何是啐啄同時用院曰作家不啐啄啐啄同時失僧曰猶是學人問處院曰如何是你問處僧曰失院便打其僧不契後至雲門會中因二僧舉此話一僧曰當時南院棒折那其僧忽悟即回南院院已遷化時風穴作維那問曰你是問先師啐啄同時話底僧那僧曰是穴曰你當時如何曰我當時如在燈影裏行穴曰你會也師乃召大衆曰暗穿玉線竅度金針如水入水似金博金敢問大衆啐啄同時是親切處因甚却失若也會得堪報不報之恩共助無爲之化便可橫身宇宙獨步大方若跳不出依前秖在架子下上堂拈拄杖曰破無明暗截生死流度三有城泛無爲海須是識這箇始得乃召大衆曰唤作拄杖則觸不唤作拄杖則背若也識得荊棘林中撒手是非海裏橫身脫或未然普賢乘白象土宿跨泥牛參上堂一切數句非數句與吾靈覺何交涉師曰永嘉恁麼道大似含元殿上更覓長安殊不知有水皆含月無山不帶雲雖然如是三十年後趙婆酤醋上堂宗乘一唱殊途絕萬別千差俱泯滅通身是口難分雪金剛腦後三斤鐵好大哥僧問保壽開堂三聖推出一僧保壽便打意旨如何師曰利動君子曰爲復棒頭有眼爲復見機而作師曰獼猴繫露柱曰秖如三聖道你恁麼爲人瞎却鎮州一城人眼又作麼生師曰錦上鋪華又一重問行脚逢人時如何師曰一不成二不是曰行脚不逢人時如何師曰虎咬大蟲曰秖如慈明道釣絲絞水意作麼生師曰水浸鋼石卵問三聖道我逢人則出出則不爲人意旨如何師曰兵行詭道曰興化道我逢人則不出出則便爲人又作麼生師曰綿裹秤鎚問不落因果爲甚麼墮野狐身師曰盧山五老峯曰不昧因果爲甚麼脫野狐身師曰南嶽三生藏曰秖如不落不昧未審是同是別師曰倚天長劒逼人寒問初生孩子還具六識也無趙州道急水上打毬子意旨如何師曰兩手扶犂水過膝曰秖如僧又問投子急水上打毬子意旨如何曰念念不停流又作麼生師曰水晶甕裏浸波斯問楊岐道三脚驢子弄蹄行意旨如何師曰過蓬州了便到巴州

潭州大潙行禪師上堂橫拄杖曰你等諸人若向這裏會去如紀信登九龍之輦不向這裏會去似項羽失千里烏騅饒你總不恁麼落在無事甲裏若向這裏撥得一路轉得身吐得氣山僧與你拄杖子遂靠拄杖下座上堂不是心不是佛不是物且道是箇甚麼不

在內不在外不在中間畢竟在甚麼處菩菩有口說不得無家何處歸

潭州道林淵禪師僧問鐘未鳴鼓未響拓鉢向甚麼處去德山便低頭歸方丈意旨如何師曰奔雷迸火曰巖頭道這老漢未會末後句在又作麼生師曰相隨來也曰巖頭密啓其意未審那裏是他密啓處師曰萬年松在祝融峯曰雖然如是秖得三年三年後果遷化還端的也無師曰摩呢嗟唎吽嚩吒臨示寂上堂拈拄杖示衆曰離却色聲言語道將一句來衆無對師曰動靜聲色外時人不肯對世間出世間畢竟使誰會言訖倚杖而逝

隨州大洪老衲祖證禪師潭州潘氏子上堂萬象之中獨露身如何說箇獨露底道理豎起拂子曰到江吳地盡隔岸越山多僧問雲門問僧光明寂照徧河沙豈不是張拙秀才語僧云是門云話墮也未審那裏是這僧話墮處師曰鮎魚上竹竿問離却言句請師直指師豎拂子僧曰還有向上事也無師曰有曰如何是向上事師曰速禮三拜

隆興府泐潭山堂德淳禪師上堂俱胝一指頭一毛拔九牛華嶽連天碧黃河徹底流截却指急回眸青箬笠前無限事綠蓑衣底一時休

常州宜興保安復菴可封禪師福州林氏子上堂天寬地大風清月白此是海宇清平底時節衲僧家等閑問著十箇有五雙知有秖如夜半華嚴池吞却楊子江開明橋撞倒平山塔是汝諸人還知麼若也知去試向非非想天道將一句來其或未知擲下拂子曰須是山僧拂子始得

隆興府石亭野庵祖璿禪師上堂曰喫粥了也未趙州無忌諱更令洗鉢盂太煞没巴鼻悟去由來不丈夫這僧那免受塗糊有指示無指示部石四楞渾塌地入地獄如箭射雲岬清風生大厦相逢攜手上高山作者應須辨真假真假分若爲論午夜寒蟾出海門

潭州石霜宗鑒禪師上堂曰送舊年迎新歲動用不離光影內澄輝湛湛夜堂寒借問諸人會不會若也會增瑕纇若不會依前昧與君指箇截流機白雲更在青山外

石頭回禪師法嗣

南康軍雲居蓬庵德會禪師重慶府何氏子上堂舉教中道若見諸相非相即見如來作麼生是非相底道理佯走詐羞偷眼覷竹門斜掩半枝華

南嶽下十七世

教忠光禪師法嗣

泉州法石中庵慧空禪師贛州蔡氏子春日上堂拈拄杖卓一下曰先打春牛頭又卓一下曰後打春牛尾驚起虛空入藕絲裏釋迦無路潛蹤彌勒急走千里文殊却知落處拊掌大笑歡喜且道歡喜箇甚麼春風昨夜入門來便見千華生碓觜上堂千家樓閣一霎秋風秖知襟袖涼生不覺園林落葉於斯薦得徧處全真其或未然且作寒溫相見上堂舉金剛經云佛告須菩提爾所國土中所有衆生若干種心如來悉知何以故如來說諸心皆爲非心是名爲心要會麼春風得意馬蹄疾一日看盡長安華僧問先佛垂範禁足

安居未審是何宗旨曰瑠璃鉢内拓須彌僧
便喝師便打
臨安府淨慈混源曇密禪師天台盧氏子依資福道榮出家十六圓具習台教棄參大慧於徑山謁雪巢一此菴元入閩留東西禪無省發之泉南教忠俾悦衆解職歸前資偶舉香嚴擊竹因緣豁然契悟述偈呈忠忠舉玄沙未徹語詰之無滯忠曰子方可見妙喜即辭往梅陽服勤四載住後上堂諸佛出世打劫殺人祖師西來吹風放火古今善知識佛口蛇心天下衲僧自投籠檻莫有天然氣槩特達丈夫為宗門出一隻手主張佛法者麽良久曰設有也須斬為三段上堂德山小參不答話千古叢林成話霸問話者三十棒慣能説訶説夯時有僧出的能破的德山便打風流儒雅某甲話也未問頭上著枷脚下著匣你是那裏人一回相見一傷神新羅人把手笑欣欣未跨船舷好與三十棒依前相厮誑混源今日恁麽批判責情好與三十棒且道是賞是罰具參學眼者試辨看上堂舉雲門問僧光明寂照徧河沙因緣師曰平地摝魚蝦遼天射飛鶚跛脚老雲門千錯與萬錯
後示寂塔于本山

東林顔禪師法嗣

荆南府公安遯菴祖珠禪師南平人上堂不是心不是佛不是物瀝盡野狐涎趯飜山鬼窟平田淺草裏露出焦尾大蟲太虛寥廓中放出遼天俊鶻阿呵呵露風骨等閑拈出衆人前畢竟分明是何物咄咄上堂玉露垂青草金風動白蘋一聲寒鴈叫喚起未惺人
汀州報恩法演禪師果州人上堂舉俱胝竪指因緣師曰佳人睡起懶梳頭把得金釵插便休大抵還他肌骨好不塗紅粉也風流
臨安府淨慈肯堂彦充禪師於潛盛氏子幼依明空院義堪為師首參大愚宏智正堂大圓後聞東林謂衆曰我此間别無玄妙秖有木札羹鐵釘飯任汝咬嚼師竊喜之直造謁陳所見解林曰據汝見處正坐在鑑覺中師疑不已將從前所得底一時颺下一日聞僧舉南泉道時人見此一株華如夢相似黙有所覺曰打草秖要蛇驚次日入室林問那裏是巖頭密啓其意處師曰今日捉敗這老賊林曰達磨大師性命在汝手裏師擬開口驀被攔胷一拳忽大悟直得汗流浹背點首自謂曰臨濟道黄檗佛法無多子豈虛語耶遂呈頌曰為人須為徹殺人須見血德山與巖頭萬里一條鐵林然之住後上堂世尊不説説迦葉不聞聞卓拄杖曰水流黄葉來何處牛帶寒鴉過遠村上堂舉雪峯示衆云盡大地是箇解脱門因甚把手拽不入師曰大小雪峯話作兩橛既盡大地是箇解脱門用拽作麽上堂一向與麽去法堂前草深一丈一向與麽來脚下泥深三尺且道如何即是三年逢一閏鷄向五更啼上堂舉卍菴先師道坐佛牀斫佛脚不敬東家孔夫子却向他鄉習禮樂師曰入泥入水即不無先師爭奈寒蟬抱枯木泣盡不回頭卓拄杖曰灼然有不回頭底淨慈向升子裏禮汝三拜上堂三世諸佛無中説有蘭蕩拾華針六代祖師有裏尋無猿猴探水月去此二途如何話會儂家

不管興亡事盡日和雲占洞庭元庵受智者請引座曰南山有箇老魔王烱烱雙眸放電光口似血盆呵佛祖牙如劒樹罵諸方幾度業風吹不動吹得動雲黃山畔與萬頭陀傳大士一火破落戶依舊孟八郎賺他無限癡男女開眼堂堂入鑊湯忽有箇衲僧出來道既是善知識爲甚賺人入鑊湯只向他道非公境界後示寂塔于寺之南庵

婺州智者元庵真慈禪師潼川人姓李氏初依成都正法出家具戒後遊講肆聽講圓覺至四大各離今者妄身當在何處畢竟無體實同幻化因而有省作頌曰一顆明珠在我這裏撥著動著放光動地以呈諸講師無能曉之者歸以呈其師遂舉狗子無佛性話詰之師曰雖百千萬億公案不出此頌也其師以爲不遜乃叱出師因南遊至廬山圓通挂搭時卍庵爲西堂爲衆入室舉僧問雲門撥塵見佛時如何門云佛亦是塵師隨聲便喝以手指胸曰佛亦是塵師復頌曰撥塵見佛佛亦是塵問了答了直下翻身勸君更盡一杯酒西出陽關無故人又頌塵塵三昧曰鉢裏飯桶裏水別寶崑崙坐潭底一塵塵上走須彌明眼波斯笑彈指笑彈指珊瑚枝上清風起卍庵深肯之

西禪需禪師法嗣

（紹十　十六）福州鼓山木庵安永禪師閩縣吳氏子弱冠爲僧未幾謁懶庵於雲門一日入室庵曰不問有言不問無言世尊良久不得向世尊良久處會隨後便喝倏然契悟作禮曰不因今日問爭喪目前機庵許之住後上堂要明箇事須是具擊石火閃電光底手段方能嶮峻巖頭全身放捨白雲深處得大安居如其覿地覓金針直下腦門須迸裂到這裏假饒見機而變不犯鋒鋩全身獨脫猶涉泥水秖如本分全提一句又作麼生道擊拂子曰猝出七星光燦爛解拈天下任橫行上堂舉睦州示衆云諸人未得箇入處須得箇入處既得箇入處不得忘却老僧師曰恁麼說話面皮厚多少木庵則不然諸人未得箇入處須得箇入處既得箇入處直須飈下入處始得上堂拈拄杖曰臨濟小廝兒未曾當頭道著今日全身放憨也要諸人知有擲拄杖下座僧問須彌頂上翻身倒卓時如何師曰未曾見毛頭星現曰恁麼則傾湫倒嶽去也師曰莫亂做僧便喝師曰雷聲浩大雨點全無

（紹十　十七）溫州龍翔栢堂南雅禪師上堂曰瑞峯頂上棲鳳亭邊一杯淡粥相依百衲蒙頭打坐二祖禮三拜依位而立已是周遮達磨老臊胡分盡髓皮一場狼籍其餘之輩何足[illegible]戚栢堂恁麼道還免諸方檢責也無拍繩牀云[illegible]合停囚長智上堂曰大機貴直截大用貴頓發縱有嚙鏃機一鎚須打殺何故我王庫內無如是刀上堂曰紫蕨伸拳筍破梢楊華飛盡綠陰交分明西祖單傳句黃栗留鳴燕語巢這裏見得諦信得及若約諸方決定明窻下安排龍翔門下直是一槌槌殺何故不是與人難共住大都緇素要分明

福州天王志清禪師上堂豎起拂子云只這箇天不能蓋地不能載徧界徧空成團成塊到這裏三世諸佛向甚麼處摸索六代祖師

向甚麼處提持天下衲僧向甚麼處名邈除非自得自證便乃敲唱雙行雖然如是未是衲僧行履處作麼生是衲僧行履處是非海裏橫身入豺虎叢中縱步行

南劒州劒門安分庵主少與木庵同肄業安國後依懶庵未有深證辭謁徑山大慧行次江干仰瞻宮闕聞街司喝侍郎來釋然大悟作偈曰幾年箇事挂胸懷問盡諸方眼不開肝膽此時俱裂破一聲江上侍郎來遂徑回西禪懶庵迎之付以伽棃自爾不規所寓後庵居劒門化被嶺表學者從之所作偈頌走手而成凡千餘首盛行於世示衆這一片田地汝等諸人且道天地未分已前在甚麼處直下徹去已是鈍置分上座不少了也更若擬議思量何啻白雲萬里驀拈拄杖打散大衆示衆上至諸佛下及衆生性命總在山僧手裏檢點將來有沒量罪過還有檢點得出者麼卓拄杖一下曰寃有頭債有主遂左右顧視曰自出洞來無敵手得饒人處且饒人示衆十五日已前天上有星皆拱北十五日

十八

已後人間無水不朝東已前已後總拈却到處鄉談各不同乃屈指曰一二三四五六七八九十十一十二十三十四諸兄弟今日是幾良久曰本店買賣分文不賒

東禪岳禪師法嗣

福州鼓山宗逮禪師上堂世尊道應如是知如是見如是信解不生法相遂喝曰玉本無瑕却有瑕

西禪淨禪師法嗣

福州乾元宗穎禪師上堂卓拄杖曰性燥漢秖在一槌靠拄杖曰靈利人不勞再舉而今莫有靈利底麼良久曰比擬張麟兔亦不遇

開善謙禪師法嗣

建寧府仙州山吳十三道人每以己事扣諸禪及開善歸結茆於其左遂往給侍紹興庚申三月八日夜適然啓悟占偈呈善曰元來無縫罅觸著便光輝既是千金寶何須彈雀兒善答曰啐地折時真慶快死生凡聖盡平沉儂州山下呵呵笑不負相期宿昔心

十九

天童華禪師法嗣

慶元府天童密庵咸傑禪師福州鄭氏子母夢廬山老僧入舍而生自幼穎悟出家為僧不憚遊行徧參知識後謁應庵於衢之明果庵孫硬難入屢遭呵一日庵問如何是正法眼師遽答曰破沙盆庵頷之未幾辭回省親庵送以偈曰大徹投機句當陽廓頂門相從今四載徵詰洞無痕雖未付鉢袋氣宇吞乾坤却把正法眼喚作破沙盆此行將省覲切忌便蹉跟吾有末後句待歸要汝遵出世衢之烏巨次遷祥符蔣山華藏未幾詔住徑山靈隱晚居太白僧問虛空銷殞時如何師曰罪不重科上堂牛頭橫說竪說不知有向上關棙子有般漆桶輩東西不辨南北不分便問如何是向上關棙子何異開眼尿牀華藏有一轉語不在向上向下千手大悲摸索不著雨寒無處曬眼今日普請布施大衆良久曰達磨大師無當門齒上堂世尊不說說拗曲作直迦葉不聞聞望空啓告馬祖即心即佛懸羊頭賣狗肉趙州勘庵主貴買賤賣分文不直秖如文殊是七佛之師因甚出女子

定不得河天月暈魚分子榭葉風微鹿養茸

上堂卓拄杖曰迷時秖迷這箇復卓一下曰悟時秖悟這箇迷悟雙忘糞掃堆頭重添搕㩲莫有向東涌西沒全機獨脫處道得一句底麼若道不得華藏自道去也擲拄杖曰三十年後上堂舉金峯和尚示衆云老僧二十年前有老婆心二十年後無老婆心時有僧問如何是和尚二十年前有老婆心峯云問凡答凡問聖答聖曰如何是二十年後無老婆心峯云問凡不答凡問聖不答聖師曰烏巨當時若見但冷笑兩聲這老漢忽若瞥地自然不墮聖凡窠臼上堂舉婆子燒庵話師曰這箇公案叢林中少有拈提者傑上座裂破面皮不免納敗一上也要諸方檢點乃召大衆曰這婆子洞房深穩水泄不通偏向枯木上糝華寒巖中發焰箇僧孤身迥迥慣入洪波等閑坐斷滔天潮到底身無涓滴水子細檢點將來敲枷打鎖則不無二人若是佛法未夢見在烏巨與麼提持畢竟意歸何處良久曰一把柳絲收不得和煙搭在玉欄干

上堂動絃別曲葉落知秋舉一明三目機銖兩如王秉劒殺活臨時猶是無風帀帀之波向上一路千聖把手共行合入泥犂地獄正當與麼時合作麼生江南兩浙春寒秋熱上堂盡乾坤大地喚作一句子擔枷帶鎖不喚作一句子業識茫茫兩頭俱透脫淨倮倮赤洒洒沒可把達磨一宗掃土而盡所以雲門大師道盡乾坤大地無纖毫過患猶是轉句不見一法始是半提更須知有全提底時節大小雲門劒去久矣方乃刻舟後示寂塔于寺之中峯

南書記者福州人久依應庵於趙州狗子無佛性話豁然契悟有偈曰狗子無佛性羅睺星入命不是打殺人被人打殺定庵見喜其脫略紹興末終於歸宗

侍郎李浩居士字德遠號正信幼聞首楞嚴經如遊舊國志而不忘持橐後造明果投誠入室應庵揕其胷曰侍郎死後向甚麼處去公駭然汗下庵喝出公退參不旬日竟躋堂與以偈寄同參嚴康朝曰門有孫臏鋪家存甘贅妻夜眠還早起誰悟復誰迷庵見稱善有鬻胭脂者亦久參應庵頗自負公贈之偈曰不塗紅粉自風流往往禪徒到此休透過古今圈繢後却來這裏喫拳頭

道場全禪師法嗣

常州華藏伊庵有權禪師臨安昌化祁氏子年十四得度十八歲禮佛智裕禪師于靈隱時無庵爲第一座室中以從無住本建一切法問之師久而有省答曰暗裏穿針耳中出氣庵可之遂密付心印嘗夜坐達旦行粥者至忘展鉢鄰僧以手觸之師感悟爲偈曰黑漆崑崙把釣竿古帆高挂下驚湍蘆華影裏弄明月引得盲龜上釣船佛智嘗問心包太虛量廓沙界時如何師曰大海不宿死屍智撫其座曰此子他日當據此座呵佛罵祖去在師自是埋藏頭角益自韜晦歷遊湖湘江浙幾十年依應庵於歸宗參大慧於徑山無庵住道場招師分座說法於是聲名隱然住後上堂今朝結却布袋口明眼衲僧莫亂走心行滅處解髑髏身噴嚏也成師子吼栴檀林

任馳騾剔起眉毛頂上生釖肉成瘡露家醜上堂禪禪無黨無偏迷時千里隔悟在口皮邊所以僧問石霜如何是禪霜云甎甎又僧問睦州如何是禪州云猛火著油煎又僧問首山如何是禪山云猢猻上樹尾連顛大衆道無横徑立處孤危此三大老行聲前活路用劫外靈機若以衲僧正眼檢點將來不無優劣一人如張良入陣一人如項羽用兵一人如孔明料敵若人辨白得可與佛祖齊肩雖然如是忽有箇衲僧出來道長老話作兩橛也適來道道無横徑無黨無偏而今又却分許多優劣且作麽生祇對還委悉麽把手上山齊著力咽喉出氣自家知淳熙庚子秋示微疾留偈趺坐而逝茶毗齒舌不壞獲五色舍利無數瘞于横山之塔分骨歸葬萬年山寺

臣十　二十三

雙林用樺師法嗣

婺州三峯印樺師上堂舉野狐話曰不落不昧誣人之罪不昧不落無繩自縛可憐柳絮隨春風有時自西還自東

大溈行禪師法嗣

常德府德山子涓禪師潼川人也上堂見見之時見非是見見猶離見見不能及遂喝曰鯨呑海水盡露出珊瑚枝衆中忽有箇衲僧出來道長老休寐語却許伊具一隻眼上堂横按拄杖曰一二三四五六七七六五四三二一循環逆順數將來數到未來無盡日因七見一因一七七踏破太虚空鐵牛也汗出絕氣息無蹤跡擲拄杖曰更須放下這箇始是參學事畢上堂拈拄杖曰有時奪人不奪境拄杖子七縱八横有時奪境不奪人山僧七顛八倒有時人境兩俱奪拄杖子與山僧削迹吞聲有時人境俱不奪卓拄杖曰伴我行千里攜君過萬山忽然撞著臨濟大師時如何喝曰未明心地印難透祖師關

五燈會元卷第五十七

五燈會元卷第五十七

校勘記

一　底本，清藏本。

一　九二三頁上一行經名，徑無（未换卷）。

一　九二三頁上三行「南嶽下十六世」，徑無。

一　九二五頁中一〇行末字「令」，徑作「冷」。

一　九三二頁中卷末經名，徑作「五燈會元卷第二十」，並有夾註「終」。

御製緣識并序　第一

朕聞法門不二非賢聖無以皆通
清淨自然非智慧無以長久經文
妙覺識種緣深譯華嚴而性海分
明演菩提而眞修實行慈悲喜捨
法相周圓窮究化元絶其靈妄坦
塗平而無滯擲去人我而順陰陽
夫佛理者思極無涯遠譯東流之
教悉行方便調御西域之民莫不
澄察消深利益眞讀恒沙喻於千
界彼岸混於一法廣博談幽善能
破於昏衢靈光照耀豈較量乎深
深化導應機善惡應緣予將興无
為之大教力救蒼生之福業以日
繼時因果必從常以百姓心而為
念恢張一切而行利益聖人之教
未得莫莫天子之風未得周英自
千古以降迄於今來寰宇廓清士
民舒泰豈敢因循上天垂莫大之
恩覆地有詠謌之樂恬澹以靈無
而雅丘念禮讓以明祀其可交修
治乎中衷示信廼心眞而面南方
發願興懷慶靈高而連北斗隨意
廻向盡為法界之人觀境通達變
成華胥之國三輪淨而華摩始永
契神清十善暢而達無生慈為忍
辱成功無間光烜赫於無邊邇遠
益明觀群生於掌内然慧譬於無
極之際香散雲騰持寶剎於煩惱
之中詮深妙用方知定力眞如猛
利以從心去住自由妄想求虛而
逆影譜作迷情之津要湛然色相
以安閑顯現煙幕莊嚴灌頂歸依

誥信紀作序六

御製緣識卷第一

重無知大道極意恩愍慈摩日
靈中應漾湘水似天孤峯高遠
近寶月瑩圓圓信解明開悟青
霄在目前

往事與人感徘徊思寂寞繡紫
霄古道鮮品似相邀春臺松栢
靜秋風海岳搖時遷何餘怨落
葉自零飄

推測主機聖天功地久長群生
皆是性道德有圓方妍醜隨情
意於識細酌量達人知藩籬
緊見非常
汝看浮生業朝歎暮亦悲嘆迎
光陰日悉至累飲眉正直通斜
曲寬達不用諍小人心似狀君
子定無歎
恍悟人難曉天仙話默玄修心
無道理終日自忙然我命真中
越長生認宿緣機權饒使用聖
事不虛傳
大道常恭謹明鑒不降威少言
知有信多事自招非年壽看松
栢軒鬱短布衣我心忙也樂清
淨得同歸
清靜真空理不無解者難縱横
依見性廓落智中觀坦蕩歸仁
德幸動文達看勿教為迷顛乎
地入要端
寧靜人謗誅愚情豈易知但求
心目樂不怕面相欺枉直四邪

滅顛狂道德持高明常鑒照方
寸欲何之
天界珠勝理充愚不易知蒙因
誰可究淺近故懷疑的實歸真
休區邪入正持衆耶親大道報
聽自然之
浮生人怕死螻蟻命何輕福業
隨緣寧慈悲譽善名在家行孝
愛食祿盡忠貞天道不務改悔
心化有情
逍遥賢聖衆我觀俗情愚鄙俚
何堪數斟量解奉舒惡發酒盡
去善事好相於忙急莫如夢泉
坤造化殊
讓遜明然得滋章道理昧榮枯
皆定分巧拙亦何如撫俗從仁
感臨民用教數高明歸補德建
立紀功書
形影隨人得精修道不迷研窮
深理路造化陽然倪雲引龍吟
穴風生虎嘯溪少知愚豈解南
北與東西

無窮思廣大幽隱便知深智達
千經論方開一寸心聰明懷往
古業劫順從今此理人須信周
旅子細尋
伏藏終不見巧拙是難非至道
光懷古周通隱聖歎清天何物
性濁地故相似修鍊真堪皆致
慵有順達
為人能者已就靜亦皆忙春去
秋來定年諸日遠長英姿終有
異疑品足類狂蠢動含靈性善
生無自亡
知之條鍊法便是聖中人有象
霊無覺邪緣不見真恒持功行
益響應甚乎均渾然天地理大
道遍乾坤
庶事情多感光陰自古長貪癡
何意遺愚輩為梅忙紅葉隨時
變白頭寒易傷世淪該及輪善
德遠馨香
清虛閑靜得奉道見真歸契合
皆堪用因緣事好休精誠求諦

信須有是善非器遠幽深建樂
妙入玄機
終日窮經史思惟事轉深公忠
懷士意是理好相尋聰慧玄高
豎回邪枉用心縱慾開啟月學
古便知今
真境撲條伏周還四叙妙人忙
闡聖跡心遠靈派乏像遺皆流
品達勝即是師二從案暑變舊
洛風皇池
一途又一別來往幾時休塵世
皆名利貪生去不留善緣看似
藥患事勿聽頭如病心常怕生
前緣自由
頂戴尊天地聰明識見高無為
通理性猛利豈靈慧出淵終難
認因緣不可逃中原多聖境四
海湧滔滔
遲罪勝餘福莫為理一般齊勝
果利益公道不欺瞞濁世貪婪
操明時善致官逸群修撫弱容
亡勢皆敬

如水潑交融界思道更殊乎藏
顛覆易知己便相於路坦如平
掌風傳語不害爐貴明月靜留
志話清靈
天上與人間賢愚不覺開精修
歸玉理道大隱玄關聖境皆奇
絕凡情豈易攀辟仙克坦蕩卻
差盡童顏
世途含萬象稽古便知今大樹
垂清影如花燦碧岑虛勞空自
白德行勝黃金有過而能改無
為積善深
法演雙林下凡情世眼都靄蘊
光而潔秋月淨雲端意思皆晴
暫樂橫大教寬含情能息魔物
外不相干
表裏分明說深窮妙更玄愚迷
行不到聖事決中傳欲界情無
定真空本自然今生隨業劫清
淨照三天
愛差及憐貪達迎善者親道高
明似日世有幾般人咸著觀燈

納眾魚探海津開忙皆自得名
去後知春
多言心不善由口莫能追如夢
歡娛樂歸家說盛衰擬於何所
用理亂別公私方寸巧施設小
人亦可悲
推潛玄中得常人故不知幽深
無遠近道外細柳之碧落神仙
境煙霞日月隨參詳寰宇內鄉
正豈相離
世間何所益樂善有馨香貴賤
雖差等非遠定不祥春臺宜勝
地花木敗嚴霜求取立身行恒
持似久長
道遠能自在大道亦何殊滿籌
隨情違優遊靜惡除春出凡作
則秋謝擁悲跡利益玄宮鑒公
平信史書
紫陌紅塵裏貪名利好爭世情
皆擾攘大道甚擻機紅直終無
曲心邪自不平若能如遠喜後
學法先生

民間天上事通理一言之仙積
十年壽人終百歲期禮客分次
第汎愛别募早福業有輕重部
堪亂作爲
世上多虛飾方知一切心不辭
絲是異儀學古同今逸士寬恢
辭爲官無道源幾時非獨見今
我思沉吟
真一生天地因依認省緣智高
通理性凡下少周旋語默河奇
絶幽深隱聖賢諦人解我意大
道寸心玄
石室集新驚人心在巖前農雲
高去影取葉辨派泉取捨遠諱
定外沉勿自尊守貧知大道成
事好攀緣
谿意何清淨慈人不信是石叢
孤野携仙路躋雲梯標木生深
谷宗鷄入夜啼怡頻歎待客遊
酒釀烹鷄
利鈍隨根性無緣枉用心鄒娄
皆是相正定理玄渾巧拙高合

識輕浮力不任大乘通語默嚮
古便知今
智使千般用思量也大愚貴賢
直至曉皎日瑩康備瑞典通三
界華胥樂四隅論關方便治平
坦絶崎嶇
皆欺眼前急鋒刀蘊利名懸心
遠善道慧眼自分明大海波浪
沒深山棲木成身求存古意後
學法先生
得道超凡聖道理本是緣斯迷
難解會我且不虛傳但信恆無
斷精窮用意專審聽明譬喻勿
被俗情牽
古來高遠士數自衆多人積德
千花秀温良七寶跡緣因終可
作好事福齋隣守內光陰遠仙
天夜月春
君子懷幽趣謝恭禮樂才知心
皆識見書史盡通誼有德譽還
遠清虛道亦聞先生宜法則當
習自擇來

道路深巖谷身閒未是關迷竅
暮語默靜香冥閒欲富達邪
見難聞大道閒金丹無効用帶
可返童顔
人本心田静機關實是非聰明
存節操曲直自相依思窮知玄
與區分有頓遠精通含識性理
義憤然奇
行止由修鍊輝光朗自然深山
藏虎豹大海隱龍象鶴唳沖霄
溟龜生得壽年怡情含道識浩
鄉九重天
誰人信我說我說亦非常普行
分明樂緣深解即仕乘持如似
夢慕道得清涼影響隨聲應玄
門可度量

御製緣識卷第一

御製緣識卷第一

校勘記

一　底本，金藏廣勝寺本。

一　九三三頁中一行「御製緣識并序」下「第一」，麗無。卷二、三、四同。

一　九三三頁中一〇行第八字「濟」，麗作「際」。

一　九三五頁下一三行末字「恒」，麗作「恒」。

一　九三六頁中末行第二字「自」，麗作「日」。

御製緣識并序 第一

朕聞法門不二非賢聖無以研通清淨自然非智慧無以長久經文妙覺識種緣深顯華嚴而性海分明演菩提而真俗實行慈悲喜捨法相周圓窮究化元絶其虛妄坦塗平而無滯縱去人我而領陰陽夫佛理者恩惟無涯遠譯東流之教志行方便調御西域之民莫不澄寂消深利益真際恒沙霑於千界彼岸泥於一法廣博該幽普被域於昏衢靈光照耀世較量乎深汲化導應機善惡隨緣予將興無爲之大教力救蒼生之福業以日繼時因果必從常以百姓心爲念低張一切而行利益聖人之教未得異矣天子之風未得周矣自千古以降迄于今來寰宇肅清士民舒泰皇猷因觞上天垂其大化恩覆地有詠誦之樂情以處邦而惟在念禮讓以明祀其可交儲洎乎中天示現洒心真而宜西方發願興懷慶雲高而運北斗隨意迴向盡爲法界之人觀境消遣愛成華胥之國三輪淨而離垢永離神清十善暢而達無生覺爲忍原成功無間光烜赫於無邊遠遠顯明觀群生於掌內燃慧炬於無物之際香散雲騰持寶刹於煩惱之中詮深妙用方知定力真如體利以從心去住自由妄想求虛而遣影勝作迷情之津要湛然色相以安群類聚煙華菩薩灌頂歸依歸信記作序云

御製緣識卷第二

高山不峯半空巖選取靈芝草蓋
夏法意要修心一等道情爲用口
三藏六妙佛重開清境由破相宜
倚界巖疊動緣中因體在布衣纖
神駐來衙
歸依妙法要精專棲日煙霄路不
佛日月明通三界眼靈神上有十
洲仙慈悲願力弥何遠頓攝能除

慣寂堅敘苦御音名利益經文留
與世間傳
修心慕道入玄機方便門傳次第
依種性真教拘執究因緣去住不
相違離他少歇陰功積淺薄深果
絶是非浮世利名常自遣真空妄
想一時歸
耳根清靜本來無萬法從心不外
求滿岳動搖山色與寶珠盡在眼
中牧持齋道士壽紅顏醉卧仙人
求白頭塵塵同謝方可信逢春但
笑嚼花秋
忘機悟即見真詮慕道成儀立善
緣語默但教方外用玄微通達自
潤盤利名滌垢還如澄性相歸來
猛似泉三業之中堪發開句今萬
法不精尊
隨機發問施觀瞭法界明文本不
殊默若群生合萬像歸依大覺達
三無邊開濫散真如壞屋裏空磐
摇見虚緣起性中平等用真須樂
道善心居

道高人但懷周旋歸聽如龍似不
言洗滌要教心地靜松疑勿類水
濟酬經書說盡修真理歎月休防
聽引接雅合無爲深見識陰陽去
住促寒暄
神丹妙道駐延年豈是凡流識大
仙老子尚猶歎歸事軒皇不許亂
相傳誰知造化功夫力早見今生
度宿緣猛虎伏來龍駕馭雲騰五
色思悠然
大道達來是宿緣終期定可訪真
仙山中修煉非州郡城裏無荒隱
市鄽秘術豈教容易得幽深還許
逸相傳也凡入聖渾閑事問取人
間十洞天
青松本不樹蕭條學士因何留自
勞金水朗然明皎潔雪山堆積皎
中高志心但息三神藥凡目難觀
萬里龜我獨閒吟詠解意悠哉麗
首堅靈鷲
天地爲爐我自知人無違慮必先
鍊功夫未至爭懸想境外爭聞不

攻妙機巧豈達容易得是非終究
欲何之思量大海深淵理光輝虛
夜影參差
崑崙山上聚神仙羽駕幸行意不
偏續寶蓮香歆下界巔峯高認湧
流泉眞空的實難堪比與景皆從
造化還秘奧豈輕容易辨玄中之
外更深玄
溟溟滄海波濤深霧蔽山藏不易
尋紫蓋洞庭人駕鶴虹霓城郭道
崇林幽玄相去何多少巧拙無由
智慧優盡是同殊相引接從容語
話八仙心
彩雲輕舉駕天津舞鶴迎鸞自在
身蜂影枝開三島樹桃花風弄十
洲春相傳蓬萊無虛說道理分明
盡是真但信此中深護慎修行所
願勿因循
天非愛道許人修學士易迷不副
願內境凝精何所用香知深遠故
難求丹霞隱塞堪依仗晝月職禎
入品流消息頓然清世慮凡故聖

海育鬮柔
逍遙裏外混諸天瀟蕩其中四叙
閒拂拭塵埃明印月輪駙神鬼緣
攢山蒙漆出混何奇異秘隱藏真
未見闘但好消詳清京內勿生疑
意勤换關
龍虎剛柔隱聖方一時和合運陰
陽周如配類無躲失物採從來理
白衣藉裏花開紫五彩心明火儀
割三黃吏能通得藥池妙南地栗
西不可當
水精宮殿月華明白玉為輪火不
侵八境風高駢羽駕九重天上醉
霞深物情見朗無遮隔非是凡間
比類事汗湯真遊誰得到桂花香
寰影森森
還元到即見真歸不是盛傳羽化
飛大道勿將閑設用精修別得便
忘機安排鑪入龍宮內變易修藏
虎鼎威降達乾坤神妙理逍遙似
承共相依
識九本是命根宮消息幽時語話

道大道比來行氣術莫驗功驗藉
陰功物情之理皆清淨造化玄微
事奚同琢重此言深可憲顆中日
還鼎花空
天生頗具熟何般輪骨換霞體
觀赤水華池誰淶用白銀為關又
堪看來傳音旨俱然混位有尊卑
勿興婦進頓之中關理性心田靜
外並相干
逍遙我命在玄穹鶴宿霞栖景致
中自得安寧兼養道更將利益靡
群術淵深引古知今用勞研區分
盡可通和暢五音從降達乾坤之
內露深濛
巔峯一望水深潭誰解歸情語話
堪暗室自開明日月道心奇異老
山巷研窮妙理真消息誠忘先皆
讓不貪餘古尚為今法則懸紫大
甚苦該誠
非人口似瀉淶河此華處中有甚
多心懷貞恭無定止吉詩端正亂
乖訛為官害政身繁雜利錮休教

不上靈丘許滿盈似隔水愚風藏
被海神拖
精詳語識四門關舒條陽和量外
我達見風塵思往事無窮日月去
還家樂耶指越歸三體周旋道理
備九垓賢聖人天常法則卿雲擁
上白鯉鯉
貪淫備來理不通虛勞歲月而西
東從前自是凡心別到益須歸上
帝羽洞府名高同景致慶泥蹤跡
莫知空去非但向鉛中作變化藏
騰大道雄
達道真人見者歸直教家易等閑
知陰陽造化無非實天地元精曲
令宜羽行三千須及物還丹九轉
上昇時忙中歲月忙中達我本名
來性不移
福心隱遠故非常大約修持要久
長清淨好為宮是益周旋理度密
安詳法乾取物類平穩順日成功
自酌量被患之間堪匹配臨時巧
□見圓方

香湯沐浴更齋清還動形骸四體
輕魔鬼自然生怕怖神魂必定將
安寧從无入有皆真實去住何難
妙寂精五行聚散歸一體靈源不
用苦煎熬
一身獨善欲何之身及永衍群黎
緣淨世淺情無限量愚蒙自是不
相規直須急仗分明說話取靈源
問將知要覓網中、日月除時濟
事謗非為
尋思道妙詠吟噫去住先賢有幾
何性識無凝閑要妙淨況依約不
言多但將子細分明說猶恐閑非
卻被塵牽世比來心所願道過盡
入扣玄歌
無爲道大入幽玄幾許風光慕昔
賢對境盡同閑見識忙中皆是急
相兼配四直須寬雅淡會有達時
不偶然修鍊但教堅志氣恭謹修
審更周旋
人心多是少相投昧識塵中上品
賢不見真宗歸物理難知心道後

先休生前內鼎丸豈鍊珠勝學油
好漸修但見究金爐土德能調火
候藥皆款
玄之玄又見真空巧捉臨時要妙
中大智伏藏知遠近纖微盡達了
然通用旋物性詳區別坦蕩由來
是且同覺致三才隨有位神光照
靈瑩西東
千般萬類不相逢天地尋早豈易
窮海嶽高深隨日轉神仙聚散隱
塵中鮮求名利知貪少多事關忙
搖長空幾箇心賢平坦蕩十洲三
島自從容
九重天上帝仙居悉昧求真道理
踪混沌初分長日月精魂聚散記
丹書离男坎女皆相類壬子丙丁
異境殊塵劫因緣隨世在陰功及
物家玄殊
還知受氣稟天然百法方爲事理
全假合都來歸至道修持遠大要
通玄二儀交感成祥瑞八卦剛柔
被俗牽何謂此中生佗德直須歇

曲細精研
玄門至道故無涯自是人心所見
邪智識未能通大藥豈將容易難
禁宗千年聖境何處尋百劫曾修
不用遠觀虎獄成堪鍊鼎功為利
除亂交加
因緣業障遇真鋪黃帝乘龍豈是
非遠識尚凝常恍惚愚蒙學解故
相逢華池秘密人天授神室光揚
日月輝會者無言皆口點歌將客
易論玄微
鳳皇鸞鶴不同群非類宜然信有
聞好景銷磨還尔香方知虛誕似
浮雲閑吟比喻明如日難道留情
背典墳堪與言論誰是識尋琴意
舜鼓南薰
何爲禪定性心同解說真如物外
空幾許修行緣上得威多妄想障
於聰名彰道理千世永善惡都歸
萬法中塵魂識關俱蔽黑暗知明
靈照昏蒙
無縈無慮離如塵步執仙經杖一

叢林剎鎖磨開熊月出中妙道入
雲霓紅塵世界何拘束白日山川
高又任去住自然皆寂默逍遙不
假上仙梯
高山樹葉翠森森寂靜園中道家
深刹將崑崙皆璞玉不須嚴水有
真金洗滌漸變同堯日薄俗將更
理舜琴橋福年長隨世改玄門大
戒喻飛沉
玄珠道在口中銜未信前人明似
璧試問心田伴兀兀可憐肌骨瘦
纍纍自言世界歸依重志誦經文
不用擒鍊得氣來身且健日料常
玺鶴栖杉
四敘相逢亦可觀斜靠半掩半欹
閑詩吟海岳皆空盡扇覺秋涼漸
放閒樹影臨窗迷遠思渴侖聽水
復飛還淡教橋界頭心語葉木蒼
蒼天地間
欲鍊煙嵐日未曉遣情欲話走僧
潮旋烹茶寬心先喜撥掾松風瞻
思遲鶴唳九霄堪入鑑雲乎三界

化無私真宗衆教非虛說封壇戒
堅是我師
夜熟星壇海嶽飛龍車擋曳羽蓋
衣紅霞影裏輕煙色玉燭風清皓
月輝三島花明綿錦繡千年鶴遊
下金扉仙家莫道無多事十二瓊
樓恨不歸
往事悲歡笑一場乾坤有甚可思
盡空知造化情多矣却是愚衷不
久長世上周通添眷戀入鬧營惡
自舒張熙熙盡入無為內明月清
風道路忙
事思往事便堪嗟空有閑雲萬里
餘滿目都來情郡郁勞心筆把誇
驅驅星辰日月高天際雲散煙花
徧海隅道德流行寬世界時拾筆
硯亦看書
是非人我利名心情偽言同海似
深浩渺無涯成理性無為志大可
勝任千年歲月周遊在萬卷詩書
不易尋世界之中寬更遠從分遐
乞至如今

御製緣識卷第二

御製緣識卷第二

校勘記

一　底本，金藏廣勝寺本。
一　九三九頁中二〇行首字「百」，麗作「日」。
一　九三九頁中二一行末字「先」，麗作「生」。
一　九三九頁中末行第五字「至」，麗作「石」。
一　九四〇頁上五行第九字「京」，麗作「景」。
一　九四〇頁上六行第四字「閙」，麗作「閙」。
一　九四〇頁上一八行第三字「道」，麗作「謹」。
一　九四〇頁上末行第四字「是」，麗作「凡」。
一　九四一頁上一九行末字「㤂」，麗作「稳」。
一　九四一頁上末行第三字「見」，麗作「是」。
一　九四一頁中七行第一二字「先」，麗作「光」。
一　九四一頁下一三行第七字「尔」，麗作「作」。
一　九四二頁中末行第四字「今」，麗作「人」。

御製緣識并序　第三

朕聞法門不二非賢聖無以皆通
清淨自然非智慧無以長久經文
妙覺識種緣深誦華嚴而性海分
明濟菩提而真修實行慈悲喜捨
法相周圓竊究化元絕其虛妄坦
塗平而無滯破去人我而順陰隲
夫佛理者恩極無涯遠譯東流之
教志行方便調御西域之民莫不
澄寂清深利益真際恒沙喻於千
界彼岸混於一法廣博該幽善能
破於昏衢靈光顯耀豈較量乎深
淺化導應機善惡隨緣予持興無
為之大教力救蒼生之福業以日
繼時因果必從常以百姓心而為
念弛張一切而行利益聖人之教
未得美矣天子之風未得周矣自
千古以降迄於今来寰宇廓清士
民節泰豈敢因循上天垂其大之
恩履地有詠謌之樂恬澹以虛無
而惟在念禮讓以明祀其可交修

洎乎由衷示信通心真而且南方
第二張　孝字
發願興懷慶雲高而連北斗隨意
迴向盡為法界之人觀境逍遙變
成華胥之國三輪淨而塵垢永
契神清十善暢而達無生慧為忍
辱成功無間光焰耀於無邊迩遠
益明觀羣生於掌內懸慧燈於無
極之際香散雲騰持寶刹於煩惱
之中詮深妙用方知定力真如猛
利以絕心去住自由妄想求虛而
逐影謁作迷情之津要湛然色相
以安閑類乘煙華莊嚴灌頂歸依
諦信紀作序云

御製緣識卷第三

我一囊盛克世界從頭點取人數
在萬里山河寬更寬一切衆生智
者解因緣殊勝是因緣方便法門
天寂大天寂大無比擬經文秘在
無生理知之修鍊是聖人光陰急
達流如水孤雲野鶴笑龍吟扣寂
希奇求妙旨但知懸慢常飄蓋更
能通達解區達畢貝琴書得自由

勿令攀根金刀剪金刀剪靜煩惱

天仙上品十洲婷利他貴重無親
踪便是菩提心至老
自家未達莫來看解者衆生真是
漢世塗煩惱一齊休修取菩提心
不亂大覺因明凡聖同皆空圓滿
光不散含識緣中曉了難愛河須
渡達彼岸我見人見衆生見菩薩
行持終不憚靜貪嗔絶情欲定相
安然無反覆從頭法眼鎮長開豁
髻黄花生畢竹天高地廣遍周遊
十方妙色能照燭七寶山高三界
中撥去浮雲深水深離他一念是
因緣珎重賢聖皆知足
天心即是道佛心即是佛人生有
善緣修行豈虛力悟來瞬息間曉
昧藏五賊非干智慧中虛妄不可
得小乘尚執迷大乘堪法則經教
有明文守白便知黑
春長秋風敗黄葉白鬚老人嬌把
鏡光景如許亦如飛我不聰明暫
者說知近知深知更遠善緣惡境

勿交涉勿交涉話盡蹔古往今來

閑日月
還淳返朴非用智黄老之術何簡
易不衒聰明時俗清整使人人懷
惠義審賊得之不下堂單父得之
公私利無為之道隨時化無為之
道隨時理者能可行則清淨矣
子持齋常清淨心田澄寂無爭覺
聞爾志念誦真經明月窓中轉孤
影風自悠颯香滿室因地修行不
可得善事是芝蘭惡事是荆棘實
實實實
勤恤憂勞風夜匪急政教猶豫懲
誠中外三皇致理百姓為心不嚴
而肅自古從今刑賞不忒後代為
鑑求己之短利害知深就人所欲
良吏不酷繩直於木政無反覆即
食宵衣無是無非
孤雲野鶴鎮常閑隨宜自在杳冥
開衿松高檄千萬尺寒泉引望峭
青山大道煙霞看更遠精臨海嶠
叩玄開知之修鍊丸超聖忘月空

深不易攀

弟蕃叅道靜深山解笑光陰瞬眇
頗誰能苦志離人間孤雲情寧豈
客舉日食松栢知其味不聞侯朱
紫貴修行但好偕精專十洲洞府
有神仙
無為本從清靜出知之修鍊皆家
默大道玄門幾百般不拘東西及
南北觀其形色然共語風雲可變
龍与虎靈源欣訪不曾關捉將之
時為伴侶日有魂月有魄棄累祛
除靜死厄十二時中可追遣五行
造化人豈測也曾愛也曾笑世間
心為求諸要長生之法在目前天
門地戶無顛倒
秋風生遣悲令我上高臺花木將
零落雲雨霧山來世間何事有情
睞南鷹將賓萬里餘去有其聲為
韓去來有其聲為韓來
尋常無事信天緣饒得慈癡滿
眼前名利世間多用意悉迷不
肯數先賢

玄珠玄珠存今古搖在眼前無可
覩圓似明珠隱十方或來或去寒
暑雨本是真玄中聖天仙、地仙收
不盡虛無出向方寸方寸之間
還遠近此玄珠何分別超凡得道
須自證四時運轉如帶關任從顛
倒非常性玄珠玄珠實非實虛非
空五色相依憑似紅境象軒輝安
掌內不在方外隱形中扣玄關源
奇異具足凡情無四智人或達識
此玄珠一念失則心如醉可追求
可尋討明取開忙身內了經年作
相熟知之三藏漸印觀懷抱買
亦無顯奇秘溫在世間無滋味
龍宮海藏不拘收萬男坎女離
區配神仙道陰陽是幾人顛從
幾人背凡情不識智者會坐臥
行持窮三味
耳根唯願常清淨更得四時風
雨順關得眼來一切心盡為好
事善相近
三天境象驗人間不在江湖不



在山大約顏回隨報應耳根清
靜道心閑
善惡由人作修心勿亂為邪求無
實事如影定相隨妄想終成偽行
貪未可知天生分異等道德立尊
早日月須明照聲文番大教非言
息不及長順歸仁孝志廣來還述
忠日持節操體我自伏洞達德
機要逆性滅予憂玄門境象幽躬
躬勤政理化被遠恩流省已光陰
速一春度一秋輸他閑取靜每猜
更溫柔智者察詳意警聽如夢寐
玄穹平覆載種種乾坤惠煩惱深
無岸量寬苞天地眼前一切顛執
非執為是
遊達清夜坐更深自日忙忙各
是情南北東西誰定準無窮天
地始知名
上元齋醮卷清風瞻使度誠望
聖功垂彩動容光碧落步虛聲
在半天中
京都繁盛鄰比爽十二樓臺重疊

起九衢車馬日喧喧齊隨歡呼歌
帝里我今御宇臨天下物泰熙熙
祈朝野村夫擊壤荷豐年俟門朱
熙皆風雅無為一坦已成功關防
絶塞閑戰馬唯願君臣千萬世六
合同心歸華夏
進春撫有看花情觸節心迷不
可輕但欲逞遊貪聚樂幾人顛
幾個三清
君子淡交如似水小人交締甘如
醴微塵淚息汹汹分流倏忽之間生
謗毀但去驕矜添惡氣貞松全勝
凡花卉狂風秖是有塵埃大海潮
宗源無底
儼亞松筆跡高來更妙甚奇特三
十年前曾收得上下度量有短長
平頭一操青煙色半枯半嫩小枝
斜節風磨石皆法則左偃右欹四
繚繞堪在畫堂誰分別鳴起諸山
未是奇千年鶴坐方可觀松蟠龍
籠春雪圓圓引出枝華月照聚風
生歌枕觀臨逐邪魔無情滅苦在

靈山片時久處動天人師子吼稀
教心地起自然好看縱横如意手
偃亞松偃亞松或真箇生在深谷
為棟梁之異木任彼霜雪摧殘無
歸衆人之瞻矚
看花終不似春雷牽引衅情蹊
目開而順風調為上瑞蒼生家
足降天來
中秋夜圓轉晚東昇皆上靈先
濕起清風明似靈壽衣階下衆
泉滴隨宜情何豁達五音愿去
無蹤迹畫稀斗曉天寬窄祉攀
望彦諱不惜
蘋蘋排紘聲流異圖風獨弄無宫
微開處引思道情中五音不入行
人耳仰望雲霄聽來是何翔到了
不成曲秋蟬夜噪叢聚鳴連城角
聚春水滴高懸韻響聲來去堂添
興衆無相阻不頻樂中得此名圓
月明時何自苦凄清激切繁萃影
日夜如流孩天永無窮之外更無
窮依傍群雄方始品

遥遥本意離塵埃日見愚癡是
可哀車顛人心齊一等花香常
近慧風關
棲真大道於南北清淨之間求變力
堅持雅志窮諸識尋常如觀在眼前
唯仰三光無變息愛念蒼生不暇食
自推周遮背反側
玩成物立意偷得姮娥月三柱應
琴徽五音更平發堪聽諸調弄幻
鏁無伏歌閑暇優遊子順風吟索
揭時閑宜九奏鳳翅手輪抹引思
何奇妙廣陵散白雪稀中逢絶藝
解彈能指撥放縱如狂逸四絃憑
審祭傷來長不斷急則聲相軋春
驚雖好語聲將比並誰
月琴三柱四條水圓軌移來巡俗
可自古從今清且奇五音一弄驚
神見勾挑指下何纖細傍觀側聽
心先醉胡笳十八笑思歸悲風切
切摘朱翠鳳遊雲衷情蕩颺不無
蕭灑真高尚寒蹤聚散得聲香鬟
為絲竹無歌唱傷錦失紘意如洒

疑似春鶯相共語莫憚辭勞用意
彈堪對鸞吟与鳳舞
一言有善亦須聽終日飽飡不
易任他識他辨歸惆念世途諱
是愛人心
日月何恒恒相遞有出沒催將壯
志心少年如須曉人生苦海中否
泰知通塞四季蹤忽來寒暑變為
賊偷人面上花春人頭上黑
結束分明相鬪鏡立在散庭還不
弱錦繡為袍供奉儀流星電轉爭
揮霍文晏烏巾皆一樣三春景色
花蕩腸承平此事比應難感世歡
娛情好尚添興況堪可愛香塵墜
裏無妨斂月秋懷抉華雲門引衆
風光何意慈令人駭目着窺觀華
劇教坊華袂奉藝鈴珂珮白玉鞍
恣縱奔馳汗如雨笑中語審聽言
逯排絲竹調宮徵高高樹影抑球
陰頭籌先得稱心喜畫鼓紅旗雙
對鳳留憂龍吟嗾斯送年少來來
善乘晴因依所習且隨衆

駐駐常不變安時勤苦終朝景
易移遠得物情深道理無為堪
作後人師
六銖衣破是神仙劫劫曾修不
偶然大道目前人豈會九天常
有萬千千
白鬚長眉似雪宗禪和尚何分別
百尺高山足淨雲萬丈海中有明
月十地本因菩薩證大乘俱是如
来說有空相無空相深淺是非皆
為妄一切諸法歸何物忽然覺悟
波浪沒安樂常在信心中真空根
本難滅黙貪嗔戒定如幻夢祖師
源流獄者衆方便門群生用除他
煩惱知識重謗引迷途如風止囂
眼觀瞻恒沙水三珠八萬四千智
清淨法身依道理
大道何異俗情如花生前覺趣
事礙黄砂無垢住相勿用翻譜
非親我親六合為家
忙即但忙閑即便閑無為之見
与道相関言雖鄙俚勿生謗毀

利他何疑嗔乃興善善惡萬端
古今如此非善轉君非過稱已
道大幽玄世使如然君臨宇宙
輔弼須賢求之不見形衣影連
論而非細我慈如塊救世心勞
方便之智短又何難長又何易
真實語言勿將為戲
終朝煩惱諍相牽却是他非我
自然祇願蒼生添景福康寧常
得過豈年
從来非不求知已方覺俗情似
流水消息毫端搖是空奇哉道
味深無比
若言筆法窮絶藝書一字王百字
八法從前亦非細分間布白要審
詳濃淡均勻看可識一則一二則
二消息點由纖穠態試為陣筆為
精將軍須是有謀略量要純研清
神思點畫臨時要廓落形勢奇狀
似龍蛇平頭大小宜斟酌曲須曲
直須直意氣方剛須雅飾閑暇規
矩有楷歸圓轉楷模堪法則堪法

則有遲速相鈎相連光焰目古餘
衆雜故不拘顛草挑撥似花簇偃
仰莫把筆鋒挫先須順逆迴収左
經心健硬曉淨沈鏗鏘骨發勿急
墮研窮體象良亦同博學精微先
賢播化陰陽勢出矣蔵頭護尾深
有理真乎人性是常情掩相映帶
可行止遲遊飛動似玲瓏暢引急
牽如流水上捺下挑猛如虎蜂腰
鶴膝不堪觀壯士屈臂鳳凰飛張
弓發箭勝於弩提撕秘思不可傳
常存形影勿孤露勿孤露誰別辨
戲之平穩知深淺自然觀察往還
来斗迴角立能馳遣痾瘵經身溺
水之禽長似死蛇短似蝦蟆古人
最慎愚蒙大忌名為不嘉
二月寒食經新雨開花綻柳人
無語近水溪邊嫩枝條攀折悠
颺還似舞車騎園林看不若村
笛歌聲更釆作光陰審次不困
循民安萬歲家家樂
性成孤僻愛青山鶴唳雲霄意

御製緣識卷三　第十五張　享字号

自關物外更將和氣納精脩使
得和玄關
河決洪波東南流迤邐蒼生昏墊
困其止去年今歲豈追安勞我闔
心情不已奔衝浩渺故無涯十二
州民皆受水諸般度議自哉之乃
出禁軍為夫使倍加慰諭頒登先
悅隨衣易漲如此大將聞命効勞
馳連夜使晨順從理未經月餘便
成功龍門一合士民喜歡乎欣忻
斯覩土木如山杵如雨浪平變化
盡為空力役忙忙無朝暮錫賜錢
与衣遺災免稅租皇天睠命八方
同惟德惟馨似是輔
神仙洞府好道通不似人間歲
月鎖海岳高深誰可測九重天
上自相邊
我有真金色常鍛鍊不得我有
智慧空使頭即是寶我有拋羅
綿豈受凡情羈勸尓世間人善
道須平直
人心爍爍耀神形秀飛壇霞曙十

御製緣識卷三　第十六張　享字号

州細柳高來齊拂岸飛危時下傍
輕身風擺碧浪藏魚寒圃裹朱櫻
滿樹頻歌唱新聲慢搊調抗前別
是一般流檢衣整羽揩金鉄圓月
臘弓射白鷗窠与山連恒為日春
生夏長莫知秋三天得路迷仙府
百辟盈衢使覓疏務本含靈皆自
化和平咸世緩遨遊
心間心心非色相心清靜之心道
理深驗在目前諸境界不是凡音
有正音大道本來入難解豈數難
樂易求尋
恤刑偏空於囹圄八風調順興時
洒我且慈無及物功哀哉獄訟經
炎暑清凉坐起受官業幾許能仁
善覩矩矯忽從天降下來雰霏敢
望如斯觀預豈肯祿瑞三秋有感必
通消災苦
中秋尋直至鼎月要須情緒不堪
說閒祈頂戴上玄穹今日高明降
瑞霧時間喜靄萬千家片逐輕風
四六花飛遶永寬何阡思紅鑪旋

煖酒須誇解面來壯渾無力幾當　享字
人憐栽處皆想得歡心盡一般先
報田農後稼穡呈祥天地共盈懷
自沙擁砌王為階動靜蒼生施災
寄安康四叙豎氣靈
金剛般若心菩破無明因我佛
慈悲日祇園見法身菩薩開慧
眼生死轉為輪五蘊皆空盡六
根不染塵
不曾師受有文章天与聰明作
久長道味自然玄境外凡中奇
異必非常
從小莫頻誤長大如成人經史須
勤學然可侍尊覩勿謗他已短但
祇自脩身所作行慈善見者生欽
羨好事審還聽情要去貪戀我即
說分明誠遠絕驕矜携子受天蔭
不織不蠶耕願尔多聰悟孝順於
君父逆耳必從之少慾減嗔怒證
守作童兒緣是正愚癡貴重在心
知認取世間為
道門長嘯扣玄關坦實盈虛口

不閧峯頂怡精松作笠五湖来往看人間

年過百歲嬈如鷄到處安然便是家醉後有時相話閒更言我解種黃芽

善事多兮惡事少君子能言兮心自了杳杳实实幻化中舉目因緣還大小匆縱貪匆縱巧知有寒人飢是能良圖子細寛更寛下見如痴何草草逆莫嗔顧莫好尋思久遠除煩惱雖然我漸近中年歸依佛歸依道餘外閑来物外閒誰聽膚音聲浩浩

崑崙山上玉樓前五色祥光混紫煙景物不同人世界群仙時醉卧花眠

一莖枯竹作漁竿豈畏蛟螭坐釣灘若獲得魚舡許大想應恐悚不心安

御製緣識卷第三

御製緣識卷第三

校勘記

一　底本，金藏廣勝寺本。

一　九四五頁中一三行末字「懲」，麗作「從」。

一　九四五頁中一七行首字「良」，麗作「史」。

一　九四六頁上一行末字「可」，麗作「一」。

一　九四六頁中一四行第二字「岸」，麗作「崖」。

一　九四八頁中一八行第一一字「乾」，麗作「軌」。

一　九四九頁中一行末字「傍」，麗作「滂」。

一　九四九頁中一三行首字「恤」，麗作「猛」。

一　九四九頁中末行末字「旋」，麗作「淀」。

一　九五〇頁上一一行第二字「除」，麗作「生」。

御製緣識并序　第四亭

朕聞法門不二非賢聖無以皆通清淨自然非智慧無以長久經文妙覺識種緣深誦華嚴而性海分明演菩提而真修實行慈悲喜捨法相周圓窮究化元絕其塵妄坦塗平而無滯礙去人我而順陰陽夫佛理者思極無涯達譯東流之教志行方便調御西域之民莫不澄寂清深利益真濟恒沙喻於千界彼岸洪於一法廣博談幽善能破於昏衢靈光縱耀豈較量乎深演化導愚機善應隨緣予將與經為之大教力救蒼生之福業以圖繼時因果必從常以百姓心而為念恢張一切而行利益聖人之教來得美矣天子之風來歸爾矣自千古以降迄於今來寰宇廓清士民舒泰豈敢因循上天垂其大之恩嚴地有詠謌之樂恬淡以垂無而惟在念禮讓以明祀其可交修

御製緣識卷第四　第二張　李宇早

洎乎由衷示信處心冥而亘南方發願興懷慶雲高而達北斗隨意迴向盡為法界之人觀境逍遙蹔成華胥之國三輪淨而離塵劫永契神清十善暢而達無生意為尋辱成功無間光煇赫於無邊迩遠益明觀鮮生於掌內燃慧燈於無極之際香散靈騰持實剎於煩惱之中詮深妙用方知定力真如猛利以使心去住自由妄想求虛而遠影隨作迷情之津要法然色相以安閑類聚煩華莊嚴灌頂歸依歸信紀作序云

御製緣識卷第四

慈悲与喜捨慈如自然深法要
無拘束緣歸一寸心
性相華嚴海愛河激要津法門
千萬偈真妙演無倫
玄微通造化得一不言三剎益
衆生類情迷勝口談
靜非山裏住閑即擬何之緣識
圓空寂生育亦知

晴霽夜清秋星繁月似鈎懸耶
興我意絶唱入冥搜
雨多七八月遍地生秋草蘚部
辛鈎閑看書心更好
妙道藏真世莫藏勿言聖事似
尋常眼前不見非常境別有三
天照十方
般若須持法相宗四生九類化
歸空雖然應物隨緣境自是凡
夫道不通
賢愚善惡未嘗休是箇衆生儔
佛求真實持經甚鄭重非心不
定謗勞修
修行緣識近宗師長想真空各
自持慕道終來歸正法無窮方
寸莫教疑
真修學道有科儀裏外緣中境
不移莫放身閑甚諦信乘違替
道欲何之
眼前清靜莫相違方便門中好
仗依名利勿貪常滿薄真來悟
即一時歸



意生於物外心恢渺爾根正持
閑語然清淨法中存
皮毛非實相四大擬真為悟印
真空法愚迷自不知
卑流如泉涌盡無本不同深源
知冷暖擬盡一時空
心復知意馬方便自須調劫自
生煩惱菩提道不通
群生宗法界秘密十方尊大教
緣心識周通一念存
大道傳來慧緣窮識外因善言
論治如天是法王身
依要唯心法淨生普海中經傳
歸實相水印月皆空
心緣身外境法相本常存希求
無生理先明取著擬
煩惱淨生業愚迷智自通報塵
如不滌識默囊緣空
大覺如來指心王作智鄰剎塵
千萬億實相不差殊
五花牋紙好下筆欲書之其意
阿深遠沉吟復尋思



仰望秋天色月華露濕衣傳更
力興罷登遊御階飛
人競愛於花花應亦愛人徒頭
堪好笑差畫少年春
夜靜風還靜凝情一弄琴看書
閑窓筆自在信緣心
知靜求辯靜壯心不可閑艷陽
天地慈恩暮日銜山
黃昏初入夜漏促九天春各自
隨緣意悲懷舊亦新
早起階前蜜禁藥堅竹竿行入
迷失路紛登覓書憚
高下不相及非今自古來十洲
花滿樹豈用俗情哈
老少讀淨況須知歲月深開花
如似夢世有幾般心
清高宜養性善事好相兼莫孤
招賢客心開道味添
促軫調絃急碎聲用意彈指頭
輕妙裹鶯舌五音端
天地自相懸何急大道堅聰明
無滯礙愚昧莫知前

御製緣識卷第四

深秋雲物冷細雨斗添寒盡日
綠情坐霜葉易摧乾
寂息何情思良猶本不真群心
皆有異老盡少年人
無事勝多事非緣不是緣浮窮
淺近意奉性便知前
行幸一何得民安君子樂求富
利益人勤善懲諸惡
來天收已去寒氣飄幽襟稽古
看書臨時聽一弄琴
常負歲寒色貞姿不動搖任從
霜雪裹凡木易乾燥
常讀古人書隨宜道更殊明壯
心各興恬淡入清靈
麗句實搜得灰心大道尋從人
言潘海占僻是玄門
少年雖共語不解老人心莫作
高闊事高山似海深
少年多語笑終日逐心娛不會
凡情識如癡我亦愚
假合於形影如同夢裏身若言
尋厭頻誰是較量人

緣識卷第四 第七頁

時流求法界門取本真詮了悟
空皆寂心明海月圓
如夢復性坐森思境外任閒緣
關利能語默自清凉
邪見終成僻真如是久長因心
通物外日月四時壯
出利祛煩惱紅塵棄道衣悟來
持一念尋大默玄機
識重隨緣喜精心住處安慈心
常淡濟人我定心難
南北及東西千山與萬溪路歧
長不斷曲直幾人迷
識識諸緣相行持妙決存明闢
邪見性不見有無根
谷響耳中音根塵不易尋詮譯
祛得盡識執本緣心
鼻聞心所喜香臭不同根窮究
緣中識非干妄想門
口爽於滋味深思命本根心邪
遠妄相聖法教中言
身惟知冷暖假合是緣根了達
真空相金剛不二門

御製緣識卷第四

念中十種善為緣達得真宗有
後前利口饒教清似水爭如無
事靈心田
圓點都來罷日光玄珠應感必
為祥若悟一真能自守始知大
道隱非常
至道非凡要審知當仁不必用
邊疑修行怨若無靈應還信神
仙白晝飛
白雲風散聚天香震彩高明道
味長銀漢影沉星乍沒又看紅
日起扶桑
異草蜜芝發瑞光不澆滋潤自
然芳何勞更問延齡藥必可同
天地久長
塵中同測上玄機日月忙忙速
似飛閒境不能精妙道疑情謗
說六鍊衣
繫志清齋仰昊穹九天雲雨匝
濛濛都緣學道心無定豈是靈
仙秘尔功
懸鑒高明見亦然方知妍醜更

玄幽恒持大道真空理清靜燈
波可自由
遙觀極目望雲頭碧海波瑩端
日淨霞彩連天長不斷須憑仙
子叙敢由
太家仙壇幾萬秋碧雲梳翠照
崑丘抱書童子躡言語笑阻迷
情不解纏
緊峻焚修德自知天冥不許亂
施為真心實行無歸循善事緣
多悪可悲
照燭靈源躍甚長直須清淨有
馨香俱含萬像人難見讚讚昔
花翠竹光
功成一旦等閑休豈信昇沉滿
眼愁莫道蓬靈千甚事天仙寂
靜鎮常幽
玉殿金扉百道光迴旋隱霧對
朝陽世人不悟幽深理却疏序
生事久長
堅心不退遣皆同元始天尊大
教通多是世人迷自感豈能容

易見仙蹤
乾剛展轉運陰陽一味清靈道
不忙玄妙永通天地大未言大
海變田桑
一年去住幾周遊日月高懸萬
億秋但好心求方外境勿教妄
想浸剛柔
道在希夷不易尋忘言息慮便
知深黄金白玉將何用爭比靈
原一寸心
靈爽未必盡無知上聖功成亦
化之大道須歸真見性厭心達
吾即為師
照耀乾坤大道光神仙隱見不
相妨非凡非聖能迴向始信三
天日月長
天門地戶秘機深誰測玄微妙
理心唯有丹田身外境清靈恬
落影森森
慕道虔心仰聖徽玄關寂寂少
人知不求世寶無名利始悟無
心合道時

故無形像顯教昏隱秘敢由自
古今妙法不傳經上字玄門消
息罔知深
淨生好道勿虛忙鍊藥修行事
久長輕舉不由他假借一登清
境入仙鄉
能知養性道中求須要虔祈事
轉幽通遠遠聞明了悟一真守
靜萬緣休
誰是知非便肯休空言大道難
前頭惟思利已凖名重豈修功
萬入品流
心直慕道莫空談話潜清靈好
到頭如斯修行皆盡達十洲仙
侶道相求
物分上下順陰陽草木浮生地
久長日月星辰隨大道天心便
是法中王
治世求歸濟物功希夷入我道
情中從頭日日被煩惱煩惱愍
量捨是空
五色雲煙乘十洲蓬萊海寂鑑

靈頭化成霄閒遏睹礼大衆神
仙玉洞遊
人悬學道勝神仙豈違靈妙物
外緣多是六情貪愛障更纏綿
要不心堅
沖和道德勿相違聖事紐凡好
仗依但有陰功存世界何疑白
日化身飛
來朝賍盛同天色花柳逢春誰
不惜義許人心違久長光陰知
道留難得
經到玄科大法中先持道德濟
陰功三清有路入難到但守虛
緣一遥同
細月衡山似玉鈎先陳眺聽聞
瀛洲徒來萬劫番名在王母行
天得自由
遠春便見野花新往覆閒佗磨
路塵輪走蹄輕多少意世途常
似夢中人
慕道焚修萬法通一心清淡來
真宗方知異境人難見見即靈

無事不空
世俗忙忙似海深愚迷豈解聖
人心分明教法生靈長情鍊歸
真不易金
莫問仙家不死鄉泥丸秘家臨
身先華池積潤緣拘束勤習通
流看上方
聖人棄智妄中尋質實充明昇
在心坦蕩玄門常不違邪非鄉
是始源深
修持須是要精專常恐他人業
難奉真把我言為戲弄輪迴斷
延不遷延
救物功深好自持知之修鍊善
心為神仙豈謂人間惜自是迷
流識見早
語言端謹易求尋己是他非禍
返使必信先修鍊大偽何曾翻
隔聖緣心
邪應從教見祖宗先持清靜儀
論功紅蓮花出青泥裏方信仙
九道本同

任從寒暑鑠常使一氣潛藏萬
種心堪笑愚癡澆薄甚知非淳
朴不幽深

御製緣識卷第四

御製緣識卷第四

校勘記

一　底本，金藏廣勝寺本。

一　九五二頁上一行首字至末行末字「晴……歸」與次頁中一行首字至末行末字「時……門」，麗互置。

一　九五二頁中末行「何深遠」，麗作「同源遠」。

一　九五三頁中三行第一一字「閑」，麗作「因」。

一　九五三頁中五行第一一字「困」，麗作「閑」。

一　九五四頁上九行第一一字「許」，麗作「語」。

一　九五四頁上一六行第七字「千」，麗作「干」。

一　九五四頁下末行末字「壂」，麗作「猒」。

一　九五五頁下一行第五字「鎮」，麗作「銷」。

御製緣識幷序

朕聞法門不二非賢聖無以導通清淨自然非智慧無以長久緣文妙覺識種緣深誦華嚴而性海分明演菩提而眞修實行慈悲喜捨淨相周圓窮究化元絕其虛妄恒達乎而無滯礙去人我而順陰陽夫佛理者悉極無涯遠譯東流之教志行方便調御西域之民莫不登叙清深利益眞際恒沙喻於千界彼岸渡於一法廣博談幽普被破於昏衢雲光照燿豈較量乎深濟化導應機善惡隨緣予特興元爲之大教力拯蒼生之福業以日繼時因果必施常以百姓心而爲念恢張一切而行利益聖人之教未傳美是天子之風未得周安自千古以降迄于今來寰宇廓清士民舒泰豈能因循上天垂其大之恩履地有詠讚之樂怡濟以虛元而伸在俗禮儀以明紀其可交像

緣識卷第五　第四張

洎乎由東示信通心眞而五兩方發願興像慶雲高而遠北斗通意迴向靈爲法界之人觀情道道變成華胥之國三輪淨而離塵垢永契神清十善暢而遠離生滅爲忍集成功無間光相勝於無邊迹達益明觀群生於掌內燃慈燈於無極之際香散雲騰持寶剎於煩惱之中詮深妙用方知定力眞如種剎以從心去住自由無想求虛而迷能誘作達情之津要落然色相以契開類染煙籠殺嚴灌頂歸依

讀信紀作序六

御製緣識卷第五

淳化四年五春節善遍翻光書白香積雲書夜一時五燭清齋都比難說人心不藥類家別讒天恩叙皆育悅工牛蜂俊俊駝耕萬物徙幽朗芽發展日通達影漸長梅花嶺上明皎瀾懷比陳儀隨九重執坤瑞氣祀翻北眞賦大市色無窮春盤鮮盛排羅列滿興燦雄太半

緣識卷第五　第五張

五項祈豐稔名奇勢淡情之人莫共語引於回邪非處所爭似淡交德文長小人終是無規矩

玉漿牌從出於津通暢金勝百味珍滿口馨香兼自掃顏容改變作眞人

歎握金線撚綸感撥弄朱絲繞冰玉指法從來天下聞諸成畫入異平曲傳之世上五音足令爽道韻化民俗聲龍面對膝整頭古徽風散萬態流良春花內半酣酒陽和自悲低飛首聲高細咽淡潛幽不勝情狀佈還有韻響寒空明月裏亦非容易凡愚可謗說俗家調言微絲竹都堪并比擬溫柔婉歌一雙鞭擒星聲香來四起玦囊使破無多力好似風集張羽翼當時昇悠用心勞幾許名揚彈畫得和合象同琴異覓微神巧妙通南北鶯嬌舌急逸芳菲水精籠外欲含輝此藝人間堪可重杏足

楊柳色依依
雅頌文章順化風聲音不必在
芳菲陽和遠近隨四節來時如
實有大功
如花過自渴瀧凍審此言談大
道中吐上幾人知舉措故然不
與我心同
月光如鏡影　卷九膺藏素瑩瑕
聯車馬往來碎無礙幾人相逐幾
人隨天河夜靜色如銀半捲紅衢
半捲春　商市色燈前處處燭挾露
混伴香塵　傳更漏唱欲將催百萬
攀花醉裏閑醉酒伍歌家家客行
坐歎銀其自哉去年今夕一般遊
植樹增宮博軟様更深漸覺寒氣
冷江攜五色晴情流
上知下長人莫哭信緣挨得便
首行衣裳不是頼象倒憑仗丹
青盡取戌
花間來鳥語喈喈道在其中動
我懷紅艷幾時長丈住年年依
舊蕃相投

緣識第五卷　第五張　杠

靈合千潤混幻化齊歸踐心重一
時間寸陰堪可惜明根坐高拉德
行多饒益掌握龍珠縱橫不放
易冷休在眼前海變黃沙破萬里
似閑雷天高華陣隔泰來又復秋
正自鎖那禪梵界決如深恆河皇
萬緣虛空有路改人還情去負彩
裏梁金挑豎神須是一念寂流龍
中道朴歸澤黃鼓養諸萬頂終身
逐不言河水泣東流自怨無塚盤
上下五華岸端恐何得變
年年柳與留光與春風使作開
花使貧營到處不絕發嶽業芽
新生翡翠
信天緣便信天緣那是凡夫緣
是仙句掘用心閑道日窮隨播
極極如來
我曾聞昆香有螺九螻方成冰似
雲五彩精晶輝日月風霜凜凜甚
威烈新磨刃上七星文誰敢鋒前
前嘩靈照頻凌空槐蛇怕鋪畫邪
變升說詐寒光到處鬼神愁宰吼

緣識第六卷　第六張　杠

乾坤一片秋龍泉劍龍泉劍我用
似波流界平無事匣中收
五蘊貪嗔皆自起高深海嶽猶
寬矣無明黯在一時間對面如
隔千萬里
酒一杯深深情不足請做流連青
草綠春日暖飛句灼灼柳搖似舞
春風曲葉嫩舒張芽倫拼錦遍步
菲壽未揚嫩妍艷艷高誰流露徹
花墜落人頭世間萬事難成負愁
透積臺舉遠遠斷續高低去復來
梅瞭霧郁松枝低遮和鳥滿坏醬
拂燕播積騷日播霧紅香峯拔家
閒拔野禽賴
凡愚不取自道遠長奈如如似
火燒庭過光陰迅似棄隨緣盡
向暗中鎖
三春二月一樣同舉柳我我解
歸風池水湛然經雨復桃花始
覺半開紅半開紅黑天曝斷紫
雨歸舊亦飛
君恩重人心重未知各各將何用

思量二事一般情賢愚愛樂皆知
緣識卷第五　第七張　經
論大道不見是非心名利罷居如
幻夢騁縱虛勞恍惚周旋未信猶暴
蹤生風此照前淺究深言意爲端
調神沁總制持太賦仁德真果變
本體隨他相凡夫生料自家身關
既如言說笑界生於亂世通時平
掌握騰拔論紀現著命入秘達修
也不知源
大矣義文道合南豐包卜六爻稱
究三墳傳述造化恭要存聞書典
能範疇一之介
道參希夷乃詠歌之辭特養吞達
來相追風勝不失千載一時偶僅
江革大器氣規
體道前賢禮樂爲先職積逸殊言
發自然多知博物文德心懸執能
若此宇宙推遷
編出宏材賭輿自開拓摩三教百
行供奉真宗起名擬掌握喻識業
之欽試論熙
造化事務不分高低神華才智年

擬淒淒輪代爲寶樂書東西范鴻
緣識卷第五　第八張　經
萬象效端紅塵
春色來于景爐研萬風吹洞滿華
辯上林花抽才者寡言堅難輕款
似拂家中遇華大平年文武須精
百鬱今昇影易照無擁物龍玄論
雅來鈞天妙依儀辯機自然電轉
基證來進御宮之氣妙得真玄見
皇人前來止鑾設制真帶雨分行
七寶職華五內年一紅千兮鳳蟠
場圓樂調于芸錦祥歌天海清晶
遙致遠朴純誠教三五祈延僧仰
相憶悅乾坤日月畫舒光龍馬神
細多步驟生得播英回春鞍轡韁
紅樓金碧映蓋斜兩環水精紫玉
雲慶金鶴爲寫如花新樣去鳳雅
東西相望賀頌著歲今瑞響金階
下隣宿開門宣待月嚴中令標則
良馬紫象立換含目伏逸藥畫去
手如掌造捷神沖簇簇輕雷摩喝
唳迎空響依然斗轉借輝雷示神
驂目瑣人作學之玄妙似通神鳳

異徵殊宜易落傳精巫擊有多門
緣識第五卷　第九張　經
斜身用力輕蹤所戲圍閒觀自誇
傍對手臨神相架闘深似文疏立
興功四馬散橫豬節脚孤屈遠逆
何人能雲開瑞色天清摩打三籌
父子五樣第一流摩高唱好瑞媒
舉響老數摩動十洲序理深度次
王珈香隨寶數壁鼓現奔驊擊令
班供奉內日側禪燈漆漾深清風
御建閒庭泮春色綵管調高甚諧
和排優次第用心扣鍾中賓御人
種獲圖即暖來四玉殿苑花方盛
盡虛和持會群且開廣燕衷、諸初
昏日遙遠時飲醺酣紅滿面酒帶
幽貫插異恩被觀噴最龍香散四
害獨忘征伴關來勝犬猶身不見
牡丹清兮白如雪打睫妙兮多福
被似展氣機清智謀風旋雨除甚
奇論東來號逐向前衝易高隱遐
相鉤棧聲傳士庶萬千家諸漆餅
鐵多對罪從人巧拙決于書歡呼動
地臺之知我緣事漸非明主標漆

緣識第五卷　第十張

風俗風規俱笑他左右皇紅洒文
臣戰將多如雨倏持管筆敵無疑
承循退蓋用神武條軍端而是者
崖一造得失前先補事實混化同
五國拙周卜世方高數依言落鷹
射使職中原靜亂平胡奢
皇天不事但多屏莫道無緣奈
我何上有天堂下地獄分明舊
更不生來
南來北去無靈首奉趣搖頭走
似雪雪日晴來今日秋湘江浦
上舊明月
吳又凡夫何行何著奪錫天台高
知者者利東述情人天齊樂聖境
芝蘭多山操敬喚福懷松清神去
酒入口暮香風和露可以救暗
千年之稿寒平來由勿無繫縛網
有相無化為雲間上有鳳皇下水
魚躍辛殘自為宜用音度
春風綠野徧天地枯朽漸隨紅日
麗世界包含雨露新東郊好暢芳
菲烟短被行歆總挪水畔還薄鵝

緣識第五卷　第十二張

情已矣不言拙昔與今來海岳高
深千萬里
朱明日盛鉄花丹瓊莞爭嶽嫌帝
呈寶為者率安倘未難許人心數
不已金明水上淨仙古宣知龍井
秋宜草世寧情靜驗如燕老者携
小步頤老匡迎煙霧揚柳岸麗綺
雖體長不斷五穀豊登順四時億
地嬌語艷艷黃鹿衣鬧啼芳林下
一看鄰時千萬貫外平驚在樂舉
中北座可討民自化
常思清淨世情鬧逐囂天平哉
知關其道玄談此子是鼠逃竊
苗九疑山
乾坤運轉是尋常人有依還自
孤長不覺貪生身外皆如驅過
限百年光
大丈夫兮兼文武君子脩仁禮和
場強月非共蓋開旋滿緣真如不
自平三春花卉正茶芳發作滋迷
我也細道德備來也不斷害從龍
凌解舒張海浪翻滷百川水庫魚

緣識第五卷　第十三張

高深難此觀今古猶未出界寬析
開高眷愚高趾看率有利便道津
斟量難事日其新勿哭哉心玫玫
化貪為人主不為身於愛贏事高
衰虛須福之中常克急先王典教
是吾師可以知宗後法則道遠物
外無縣默默椿長養萬年莖臟萶
引他擒益惡風皇爭興當准調心
從雲為須自縛斯言之理還不若
碑牽邪開似虛空日月見明開鎖
謙阿誠明言察來情察者定不
可行飄飄文變為致幽凡言俗態
遊經營
遠達物外未曾拋念講瘴持玉
聲觀肆不路壇深贊願發規常
循大仙教
居山城市罕逢人微世名高濕
世塵滿日理寶常作伴方知寒
暑易為春
清聖恭虔禮上帝郊儀大設康哉
世人心骨悅化來可植樂成碑依
古制景福照明何舉措千官嫗雅

緣識第二葉 第三張

瑩雲搖一陽初發照仁風氣運唯符
萬物偏布道德仰慈悲不已向如
取柯九皇衷衣曾一日貴爲尊撫
念蒼生皆赤子羽儀擁護花作隊
雍熙氏泰俱閭閻承平豈足盡言
之萬里山河觀掌內
惠輸法師不解走少年心盡變
抱柯身知道味却無言時得蒙
香金膝酒
逍遙物外世相傳遠望清虛羽
似天冥遠精微無痕應今生便
見着贈詠
凡棊妙旨不可得聽惟自在能消
息不貪小利遠施張疑措安評求
覺力由須由直須直打節斜飛時.
不測智慮靜嘉一時間取捨照時
万便進率已理場熟三思不驕不
快當算算勢輸他多勤色間妙機
等係非節極持自因寧高強尤宜
閒暇心先折
手談勝負氣其智能述識非不自
斜徹播四化貪上務後他理路藏

緣識第五葉 第十四張幅

渾計何論說河岐澤畢爾留謀太詩
客易惰嶮崎嶇仙善明更翻切子
遠求覺欲他不見心先來相對前
人先尚勞已死更填隨乎下叢蒙
拈拂一般藏
十幽出破海湧浪天上人間是
可觀風暴長空清境界允大異
念大悲難
如來千百億化身奈是真驗驗
頃偶不解真我不能談說妙密
都知對
元正子慶從此日萬物咸新利貞
春送舊迎春一夜來三元爲首泉
請得萬象瀋璨俱是春女化昭彰
天作盛氣和玉燭調陰陽磨磐整
頌如明代知明代歌刑政王道兴
張千官感施土陳儀四遠來衣珮
鑄辯吉不盡擬標之心文与武乾
沖淡澹接今古升風來儀見九重
我朝五運還難遇感通玄既時緣
比五穀精華從茲始五色高叢日
月明百川盡歸潮宗水

緣識第六葉 第十六張幅

無名大道氣雄雄日月昭明宗
聖功普蓋好將浮世誉亦同天
上在人中
逍遙聖境洞中天五色雲藏大
道仙七寶裝成依世界玉人皆
是菩心四
重陽佳節菊花黃兩嫩如金叢青
翠傍籬傍落一叢叢秋在秋天為
祥瑞引步登高喜奇見想出儀形
植霄淡蕩情淋竹中又滿袖冷
嗜音不徹日飛黃鳥何堪呼者頭
袞袞光毫樹頭細聽聲向耳前合
珠露色應無價好是秋庭半開猜
風搖去住還難得清霜未有轉白
雪香寄非常意南北柳岸煙沉和
水寒獨亦个朝看不足俗態時間
滕於泰隨分狂心無拘束
心如明鏡照纖微大道之中渡
是非挑試庭唉高桂間天遠四
月有光輝
道經念誦信無私清靜玄言好
自持者行精修心不倦漸津作

往還聲晴
永平無事上元節然竹歌聲更牙
發自從雨後家晴明不似往年今
歲別老來無菴在遊遊賞愧三光
明皎潔千門萬戶樂騰騰就中華
少無能歌天街紅燄布轉星晃物
人間明明月
上元時節皆相慕盡都城裏萬家
燈笙歌有處共諧細架肩壹足染
許質輕塵霧如月明中事亦羣雜
真夜風寒氣盡返華少擣丸雜案
咽雜聲同
木人莫把石牛騎滿更粟四故
不知耕地種禾熟是真空相
偶更無疑
遙來酒一杯百許向陽開梨花
香似梅光揚迎日歇芳柳引清
風黃鳥聲吹臺
峯陽之山傳名日桐六律相和五
音中七節總調皆是志善評識則
非如空清秋微靜華堂深聽之令
我思沉吟幽蘭臺韻冬夜永且合

大道古人心齊發與風瀟灑生方
知見化廣趣明細彈精了將聲去
悲風秋露對更零鳥鳴別鶴何淒
涼紙閒斷腸平禪怡陽引來催急
風雨寒泉妙幽散馨香
識性任凡故不如且傳好事卻
為非可得此鼻居人世連悉求
真善不易
達來別有洞中天播光揮靈五
色鮮不是凡人常到處精誇要
貫在心身
中秋八月神風遍佈上東輪垂遊
轉清境精閑照五京一時宮闕為
銀破夜靜發光華欲接寧入簾帷
白如練素啟動地露添菜落華佳
客隨情翫開萬下玄一般爽氣
同天如香霧千家萬家如天排滿
永更添方麗看
貴華乘既成金貯理與緣同
共一般切是究求功打力知
歷內見識應難
玄元一氣不相監清靜如杳慧

為衛大隱居鄽逸小道赴嶺頂
上白雲巖
牡丹花深紅淺恐把金刀妙上剪
從是含露萬芭香見者無非情願
釋警華影裏皆乘錦香菜交如開
間爍朱欄別是一般春妖嬈悲感
閒自樂晨天和日景遲遲早重往
事不逢廷風送國中來又去愁然
拜歲梵娘哱
妙手彈琴無向來如上階線五音
足先歸浮沉有抽歸拈頭制度細
保促左手抑揚樂濁邪右子律細
遺時鳴法於天象於地伏義所造
與心異光明理世見其真六律合
徹聲喉喚從拉化披先賢慕激濁
揚清消喜怒太素仁風去任開元
和之氣守備有飛鳳在天不可側
大小體本不貴力學感聽時有自
然舉指安詳般雅帥南風忍政民
降化順從平等無高下事樸相傳
今後興道遠道德後宗祖植安益
掌消及善對安神膺似喜取聲來

妙玄更玄振無文武情展時古与
緣識第五卷　第九張　牢
今來千萬昇幾人通達能妙用廣
陵敷好足仙蹤兩拍十八基郡重
堪聽重何清切依隱復循叙淺別
離挽重打善關韻遠彈擒下輕微
抹拍才彈時如何美汪汪洋洋似
流水類倒研究得盡奧深陵武思
無比擬叙志神和暢調物然合心
性氣幽隱蒼龍鶴舞三次飛鳳防耆
止欲皆掴牢
拙弄聲相引無能鋒五一沉思掛山
切句度更加吟緊慢紅中得疑情指
法深精英閑雅瀟灑歌世達心
全無體段第一弱十指章張三更
識五音不辨僧手彈薄會人前言
自樂絃不調手不洗更無相下撫
道理吟為失度故不如把手也扣
說言微合準怡愛卻彈急急豪堪
笑情兀兀脩持嚴寒甚難哉回知
瀟灑心中出客易撫之何事尊源
來例去直互老又恥人歌知去嘆
慮度時光摘音好

不聽之言御指法故然無相見
緣識第五卷　第十張　牢
閑聲撫無韻亦自然盧決舉不
歸日月歲風雅相共知音訊能
彈好破除

御製緣識卷第五

甲辰歲高麗國大藏都監奉
勅彫造

御製緣識卷第五

校勘記

一　底本，麗藏本。無校。

# 中華大藏經（漢文部分）

## 校勘凡例

一　《中華大藏經（漢文部分）》的底本以《趙城金藏》爲主；《趙城金藏》缺佚，則以《高麗藏》等作底本。各卷所用底本的名稱及涉及底本的其他問題，均在校勘記的第一條中説明。

一　《中華大藏經（漢文部分）》選用的參校本共八種，即《房山雲居寺石經》（石）、宋《資福藏》（資）、《影印宋磧砂藏》（磧）、元《普寧藏》（普）、明《永樂南藏》（南）、明《徑山藏》（徑）、《清藏》（清）、《高麗藏》（麗）。

一　校勘記中的「諸本」，若底本爲金藏，即包括石、資、磧、普、南、徑、清、麗全部八種校本；若底本爲麗藏，則包括石、資、磧、普、南、徑、清全部七種校本。其他情況若用「諸本」，校勘記中則另加説明。

一　校勘採用底本與校本逐字對校的办法，只勘出經文中的異同及字句錯落，一般不加評注。參校本若有缺卷，或有殘缺、漫漶等字迹無可辨認者，則略去不校，校勘記亦不作記録。

一　一經多卷，經名、譯者、品名出現同樣性質的問題，一般只在第一卷出校，並注明以下各卷同；分卷不同時，以底本爲主出校。

一　古今字、異體字、正俗字、通假字及同義字，一般不出校。如：

古今字：宍（肉）；猗（倚）；距（跛）；鉾（矛）；誼（義）等。

異體字：脎（槃）；剎（刹）；皃（貌）；惱（惱）；导（碍、礙、閡）等。

正俗字：怪（恠）；滴（渧）；體（躰）；刺（刾）；閉（閇）等。

通假字：惟（唯）；嫉（疾）；頻（嚬、顰）；揣（摶）；尠（鮮）等。

同義字：言（曰）；如（若）；弗（不）等。